I0048132

LAURENCHET 1977

LÉGISLATION DES DOUANES DE L'EMPIRE FRANÇAIS.

Cette Législation est la seconde édition,

mise au courant, de l'ouvrage publié en avril 1810, sous le titre de

CODE DES DOUANES.

Ouvrages qui se rattachent à cette Législation, soit pour l'application, soit comme suite, et qui se trouvent à la même adresse.

LÉGISLATION DES DOUANES DE L'EMPIRE FRANÇAIS,

D'APRÈS LES SEULES DISPOSITIONS EN VIGUEUR, RANGÉES DANS UN ORDRE MÉTHODIQUE;

Avec des explications puisées dans les motifs des lois, dans les décisions ministérielles, dans les circulaires administratives, et sur-tout dans les arrêts de la cour de cassation.

PAR DUJARDIN-SAILLY.

SECONDE ÉDITION.

PRIX 15 FRANCS.

A PARIS,

Chez l'AUTEUR, rue de Vaugirard, n° 60, vis-à-vis la grille du Luxembourg.

DE L'IMPRIMERIE DE P. DIDOT L'AINÉ.

JUILLET 1812.

Mars 1813.

LÉGISLATION DES DOUANES de l'Empire françois, d'après les seules dispositions en vigueur, rangées dans un ordre méthodique; avec des explications puisées dans les motifs des lois, dans les décisions ministérielles, dans les circulaires administratives, et sur tout dans les arrêts de la cour de cassation; par DUJARDIN-SAILLY.—SECONDE ÉDITION, de format in-4°.

Prix, à Paris, ... 18 francs.

Et franc de port. . . . . 21.

Cette Législation est la seconde édition, mise au courant, de l'Ouvrage publié en avril 1810, sous le titre de CODE DES DOUANES.

Comme la première, elle est divisée en six livres, qui traitent :

Le *premier*, de l'Organisation des douanes : Personnel et matériel de l'administration.

Le *second*, du Régime général des marchandises à l'importation, exportation et circulation.

Le *troisième*, des Exceptions au régime général, telles que marchandises qui ont un régime spécial, commerce par licence, etc.

Le *quatrième*, des Faveurs accordées au commerce, telles que transit, entrepôts, traités de commerce, etc.

Le *cinquième*, de la Procédure, des Peines cumulatives et des Transactions.

Le *sixième*, de la Navigation marchande, et privilèges attachés aux bâtimens francisés.

L'ouvrage est précédé d'une table des titres, et terminé par deux autres tables, l'une historique des lois de douanes, l'autre alphabétique des matières.

N. B. Quoique cette édition soit d'un tiers plus volumineuse que celle publiée en avril 1810, nonobstant les plus petits caractères dont on a fait usage pour la composition typographique des notes, le prix n'en a été augmenté que de TROIS FRANCS.

Cette augmention, quelque légère qu'elle soit, ne porte pas sur les exemplaires de souscription.

Ainsi MM. les Souscripteurs qui ont payé *quinze francs* en prenant la partie de cet ouvrage qui a paru en juillet dernier, n'ont rien autre chose à acquitter, pour retirer celle qui vient de paroître, que le déboursé du port qu'aura coûté le volume pour être rendu à l'endroit où la souscription a été faite.

TARIF CHRONOLOGIQUE DES DOUANES de l'Empire français, avec des explications, des observations et la description des marchandises, etc.; le Tarif des droits de navigation, et un Tableau analytique des contraventions aux lois de Douanes, désignant les peines et amendes qu'elles déterminent; le tout précédé d'une instruction sommaire sur les formalités de douanes, l'acquittement des droits, les entrepôts, le cabotage, le transit, le commerce par licences, etc.; par DUJARDIN-SAILLY. — SEPTIEME ÉDITION, de format in-4°, imprimée en tableau sur papier à écrire, le 5 juin 1812. Prix, 15 francs.

Cette septième édition a été revue avec le plus grand soin, et mise en harmonie avec les états de balance sanctionnés dans les bureaux de M. le directeur général.

Indépendamment du Tarif général, elle contient encore des Tarifs particuliers pour les denrées coloniales venant des possessions françaises, pour les marchandises provenantes des prises, et pour celles arrivant de l'Illyrie et de la Corse.... Il en a aussi été établi un spécial, d'après les tarifs français et italien pour les productions du royaume d'Italie qui peuvent être importées en France sous les droits mitigés.

Le Tableau analytique des Contraventions qui termine l'ouvrage est coordonné d'après les derniers décrets sur les cours prévôtales et tribunaux de douanes.

Comme dans les éditions précédentes, il a été laissé entre chaque article des intervalles assez grands pour y annoter quatre à cinq changemens.—Les bas de pages sont divisés en une colone de RENVOIS pour les noms synonymes des marchandises, et en OBSERVATIONS puisées dans les décisions ministérielles et dans les circulaires administratives. — On y a tarifé qu'en vertu de dispositions positives dont les dates sont toujours citées.

BULLETIN DES DOUANES, rédigé par DUJARDIN-SAILLY. — Ouvrage de format in-4°, paroissant par demi-feuilles qui sont expédiées franches de port.

Le Bulletin se compose des décrets impériaux, des ordres de SA MAJESTÉ, des décisions ministérielles, des circulaires administratives, et enfin de toutes les dispositions qui ont les douanes pour objet. — On y rapportera aussi les arrêts de la cour de cassation lorsqu'ils décideront de nouvelles questions sur la matière.

Son but est de tenir le Code et le Tarif des douanes au courant des changemens qui surviennent après l'impression de ceux-ci...... A cet effet, des notes explicatives sont jointes aux décisions nouvelles, afin de coordonner ces dernières, soit avec les numéros de la Législation et du Code, soit avec les articles du Tarif, et des renvois marginaux sont indiqués pour que ces ouvrages, en se rapportant l'un à l'autre, se trouvent réciproquement en harmonie avec ce qu'on a à faire.

Le Bulletin des douanes date du mois d'avril 1810, époque à laquelle la première édition du Code des douanes a paru...... Il est actuellement à son troisième abonnement, et il suffit de commencer par ce troisième abonnement pour tenir au courant la seconde édition du Code et la septième du tarif.

Comme la publication des lois, des décrets, des décisions et des arrêts sur la matière, n'a pas lieu à des époques déterminées, on ne fixe pas non plus les jours de l'émission des demi-feuilles du Bulletin ; et par la même raison le prix de la souscription, au lieu d'être établi par semestre, l'est par le nombre des feuilles d'impression...... Ce prix est de six francs par abonnement de 25 demi-feuilles, formant cent pages in-4°.

N. B. Le Bulletin n'est tiré qu'à très-peu d'exemplaires en sus du nombre demandé ; ainsi les personnes qui désirent se le procurer doivent se faire inscrire en prenant la Législation des douanes, sinon elles courroient la chance de ne pas avoir les numéros qui auroient été publiés.

Les lettres relatives à la Législation, au tarif, ou au Bulletin des douanes, doivent être adressées, franches de port, à M. DUJARDIN-SAILLY, *rue de Vaugirard, n° 60 à Paris.*

NOTA. Vous êtes prié de vouloir bien communiquer cette note à MM. vos collègues.

TABLE

DE LA CLASSIFICATION DE CET OUVRAGE.

numéros

LIVRE II. — *Du Régime général des marchandises.*

numéros

numéros

EXPLICATION DES ABRÉVIATIONS.

DI. *signifie* Décret impérial.
AC....... Arrêté des consuls.
AD...... Arrêté du directoire.
DM...... Décision ministérielle.
LM...... Lettre ministérielle.
OM ...... Ordre ministériel.
CD...... Circulaire du directeur général.
LD. *signifie* Lettre du directeur général.
OD .... Ordre du directeur général.
DG........ Directeur général.
CA........ Circulaire administrative.
LA........ Lettre administrative.

Lorsqu'aucun de ces signes ne précède la date de la disposition citée, c'est alors celle d'une loi.

FAUTES D'IMPRESSION A CORRIGER A LA MAIN.

Page 58, *ligne* 15, *il y a :* 1 procureur général; *il faut* : 1 procureur impérial.
N° 145, *seconde ligne de la note*, *il y a :* semestre; *il faut :* trimestre.
N° 165, *ligne* 2, *il y a :* sur les premiers cinq mille francs; *supprimez le mot* cinq.
.... *ligne* 3, *il y a :* sur les mille francs suivans; *il faut :* sur les cinq mille francs suivans.
N° 179, *ligne* 4, *il y a :* art. 9; *il faut :* art. 15.
N° 181, *second paragraphe de la note*, *il y a :* art. 1; *il faut :* art. 2.
N° 258, *au* 3° *du* §. *fabrications du grand-duché de Berg*, *il y a :* la loi du 6 juillet an 10; *il faut :* la loi du 6 nivose an 10.
N° 301, *ligne* 6, *il y a :* 22 août 1741; *il faut :* 1791.
N° 311, *ligne* 2 *de la seconde colonne*, *il y a :* faute de vent; *il faut :* vente.
N° 337, *dernière ligne de la page*, *il y a :* du 14; *il faut :* du 16.
N° 440, *ligne* 3, *il y a :* janvier 1813; *il faut :* janvier 1812.
N° 452, *ligne première de la note*, *il y a :* ne s'effectue par; *il faut :* pas.
Page 222, *ligne première*, *il y a :* sant inconvénient; *il faut :* sans.
N° 580, *ligne* 10 *de la note*, *il y a :* du 22 août 1806; *il faut :* du 12 août 1806.
N° 597, *ligne* 4, *il y a :* art. 1; *il faut :* art. 51.
N° 1005, *ligne* 6 *de la note*, *il y a :* le 31 juillet 1810; *il faut :* le 31 juillet 1812.
N° 1030, *on renvoie au* n° 1024; *il faut :* au n° 1025.
N° 1047, *ligne* 16 *de la note renvoie* au *n°* 1070; *il faut :* au n° 1069.
N° 1126, *ligne* 19 *de la note*; *à effacer* l'à qui termine la ligne.
Page 470, *il y a numéro* 1140; *il faut :* 1150.
N° 1152, *ligne* 10 *de la seconde colonne*, *il y a :* 360; *il faut :* 380.
Page 474, *ligne* 17, *il y a :* an 12; *il faut :* an 11.
N° 1170, *ligne* 2 *de la note*, *il y a :* juin 1812; *il faut :* juin 1811.

LÉGISLATION

DES DOUANES.

DISPOSITIONS GÉNÉRALES.

1. A compter du 1er décembre 1790, tous les droits de traites et tous les bureaux placés dans l'intérieur de la *France* pour leur perception.... sont abolis. (5 *novembre* 1790, *art.* 1.)

2. Ces.... droits seront remplacés par un tarif unique et uniforme, ... et dont les droits seront perceptibles..... à toutes les entrées et sorties de *France*, sauf les exceptions, entrepôts et transits reconnus nécessaires.... (5 *novembre* 1790, *second paragraphe de l'art.* 3.)

3. Pour assurer l'exécution des articles ci-dessus, il sera.... établi des employés.... sur *toutes* les limites de la *France*.... (5 *novembre* 1790, *premier paragraphe de l'art.* 4.)

4. Le gouvernement pourra provisoirement hausser ou baisser les taxes des douanes, établir ou défendre des entrepôts, prohiber ou permettre l'importation ou l'exportation de toutes marchandises, sous les peines de droit. (29 *floréal an* 10, *art.* 1.)

5. Aucun changement ne pourra être fait, même momentanément, au tarif des douanes, sans un décret de SA MAJESTÉ. (*DI.* 26 *novembre* 1808, *premier paragraphe de l'art.* 1.)

LES autres dispositions de ce décret sont ainsi conçues :

« Les facultés accordées à notre ministre des « finances et à notre directeur général des douanes « sur cet objet sont rapportées.

Art. 2. « Sous quelque prétexte que ce soit, au- « cun de nos ministres ne pourra se permettre de « faire, de son propre mouvement, aucun règle- « ment de prohibition ou de législation de nos doua- « nes. Toute mesure prise sans notre décret est de « fait rapportée ; et notre directeur général des « douanes fera exécuter strictement toutes les me- « sures de douanes prescrites par nos décrets, et « expédiées par notre ministre secrétaire d'état ».

6. *Le Ministre des manufactures et du commerce sera chargé* de la surveillance de l'administration des douanes ; du personnel de cette administration ; de la propo-

sition des tarifs et de tous les règlemens relatifs à cet objet. (*DI.* 19 *janvier* 1812, *second paragraphe de l'art.* 1.)

VOICI le texte des décrets qui ont créé le ministère du commerce.

Au palais de Saint-Cloud, le 22 *juin* 1811.

NAPOLÉON, etc. Notre conseil d'état entendu, nous avons décrété et décrétons ce qui suit :

« Il est créé un ministère des manufactures et du « commerce.

« Il aura dans son département les manufactures, « les fabriques, le commerce, les subsistances, les « douanes, le conseil des prises.

« Il correspondra avec nos consuls chez les puis- « sances étrangères pour les affaires du commerce. »

Au palais des Tuileries, le 16 *janvier* 1812.

NAPOLÉON, etc. Nous avons décrété et décrétons ce qui suit :

« Le comte Collin-de-Sussy, conseiller en notre « conseil d'état, est nommé ministre des manufac- « tures et du commerce. »

Au palais des Tuileries, le 19 *janvier* 1812.

NAPOLÉON, etc. Nous avons décrété et décrétons ce qui suit :

Art. 1. « Les attributions du ministère des ma- « nufactures et du commerce se composeront :

« 1°. De la direction et de l'administration du « commerce; de son mouvement dans les ports et « dans les diverses places de l'intérieur; des manu- « factures; des règlemens de police qui y sont re- « latifs; de la nomination des commissaires, cour- « tiers et agens de change; de la formation et de « l'administration des manufactures de produits indi- « gènes; de l'examen des divers procédés d'amélio- « ration des fabriques;

« 2°. De la surveillance de l'administration des « douanes; du personnel de cette administration; de « la proposition des tarifs et de tous les règlemens « relatifs à cet objet;

« 3°. De la surveillance relative aux approvision- « nemens généraux de l'empire; aux mouvemens, « à l'entrée et à la sortie des denrées;

« 4°. La correspondance avec nos consuls près les « puissances étrangères pour les affaires relatives « au commerce;

« 5°. Du rapport de toutes les affaires soumises « ou à soumettre au conseil des prises, et dont il « y aura lieu à Nous rendre compte.

Art. 2. « Les bureaux du ministère du commerce « et des manufactures seront organisés ainsi qu'il « suit :

« 1°. Un secrétaire général nommé par Nous, qui « sera chargé de l'enregistrement et de la distribu- « tion des dépêches;

« De la connoissance des affaires dont le ministre « lui réservera l'expédition;

« Des archives du ministère;

« Des dépenses intérieures du ministère;

« 2°. D'une division du commerce, qui sera divisée « en quatre bureaux :

« Le bureau de l'administration du commerce, « comprenant les mouvemens du commerce dans « les ports et dans les places de l'intérieur; les « nominations de courtiers et agens de change; le « conseil général du commerce; les chambres et « bourses de commerce, et les conseils de prud'- « hommes;

« Le bureau des licences chargé de l'expédition « des licences; de toutes les vérifications qui doivent « en précéder la délivrance, et des résultats de celles « exécutées;

« Le bureau de la balance du commerce, chargé « de recueillir tous les renseignemens généraux sur « les importations et exportations;

« Le bureau des douanes, chargé de la corres- « pondance avec la direction générale des douanes, « et, en outre, de toutes les affaires relatives au « conseil des prises.

« 3°. D'une division des fabriques et manufac- « tures, composée de deux bureaux :

« L'un chargé de la direction, du perfectionne- « ment et de la statistique des manufactures et de « la délivrance des brevets d'invention. Il aura dans « ses attributions le conseil général des manufactures, « les agens de l'administration dans les départemens, « et le comité consultatif des manufactures;

« L'autre chargé des fabriques de produits indi- « gènes destinés à remplacer les produits exotiques.

« 4°. D'une division des subsistances, composée de « deux bureaux :

« L'un chargé des recensemens généraux des « subsistances dans l'empire, des marchés publics, « des approvisionnemens de réserve et de l'état des « récoltes;

« L'autre chargé de la surveillance du mouvement « des denrées dans l'intérieur; de l'importation et « de l'exportation.

« 5°. Le directeur général des douanes travail- « lera avec notre ministre des manufactures et du « commerce.

Art. 3. « Notre ministre de l'intérieur et notre « ministre des manufactures et du commerce sont « chargés de l'exécution du présent décret, qui sera « inséré au bulletin des lois. »

Ce n'est pas tout-à-fait comme le porte ce décret que les bureaux du ministère ont été organisés; ils sont divisés comme il suit :

1°. Le secrétariat général : il se compose du

bureau des renseignemens et de l'enregistrement, et du bureau des archives.

2°. Le bureau particulier du ministre.

3°. La première division dans laquelle se trouvent, 1°. le bureau des douanes; 2°. le bureau des consulats; 3°. le bureau de la comptabilité.

4°. Le bureau des licences.

5°. La seconde division. Elle est chargée de l'administration et de la balance du commerce.

6°. La troisième division (celle des fabriques et manufactures). Elle est composée de deux bureaux.

7°. La quatrième division (celle des subsistances).

7. *Le Gouvernement* est préféré à tous créanciers pour droits, confiscation, amende et restitution, et avec contrainte par corps. (*4 germinal an 2, art. 4, tit. 6.*)

Les art. 22, 23 et 32 du tit. 13 de la loi du 22 août 1791 édictoient déjà la préférence et la contrainte par corps pour recouvrement des droits de douanes.

Ces dispositions spéciales des lois du 22 août 1791 et du 4 germinal an 2 n'ont pas cessé d'être en vigueur; et ce que les ministres de la justice et des finances avoient décidé le 5 prairial an 9 a été confirmé de la manière la plus absolue par un avis du conseil d'état, du 7 fructidor an 12, conçu en ces termes :

« Le conseil d'état, qui, d'après le renvoi fait par « Sa Majesté d'un rapport du grand-juge ministre « de la justice sur l'exercice de la contrainte par « corps en matière de douane, a entendu la section « de législation;

« Considérant que la contrainte par corps avoit « été prononcée, par la loi du 30 mars 1793, contre « tous les débiteurs directs du trésor public;

« Que cette disposition est renouvelée par la loi du « 4 germinal an 2, contre les redevables des droits « de douane, amende et confiscation;

« Qu'elle est maintenue par la loi du 15 germinal « an 6, pour le versement des deniers publics et « nationaux;

« Que l'art. 19 de cette dernière loi, qui abroge « tous les règlemens et ordonnances précédemment « rendus sur l'exercice de la contrainte par corps, « ne s'applique qu'à ceux rendus en matière civile « ou de commerce;

« Que l'art. 2070 du code civil ne déroge point « aux lois concernant l'administration des deniers « publics;

« Est d'avis que, la loi du 4 germinal an 2 n'ayant « pas été rapportée, les redevables des droits de « douane, amende et confiscation, peuvent être « poursuivis par la voie de contrainte par corps ».

On remarquera que les derniers considérans de cette délibération portent que l'article 19 de la loi du 15 germinal de l'an 6, qui abroge tous les règlemens sur l'exercice de la contrainte par corps, ne s'applique qu'à ceux rendus en matière civile et de commerce, et que l'art. 2070 du code civil ne déroge pas aux lois concernant l'administration des deniers publics.

Il suit nécessairement de ce principe que la loi de germinal an 6 et le code civil n'ayant pas dérogé à ces lois particulières, celles-ci doivent être exécutées, non seulement en ce qui concerne la contrainte en elle-même, mais encore quant au mode d'exécution de cette contrainte.

Ce principe d'exception relativement au mode de l'exécution de la contrainte par corps, en matière de douane, avoit déjà été reconnu par un arrêt de la cour de cassation, du 14 vendémiaire an 11.

Une lettre du grand-juge ministre de la justice, en date du 12 septembre 1807, a jeté un nouveau jour sur cette matière quant à l'exécution; cette lettre est conçue en ces termes :

« Les formalités établies par le code de procé-« dure civile, pour l'exécution de la contrainte « par corps en matière civile, ne sont pas appli-« cables à la contrainte par corps en matière cor-« rectionnelle. Cette dernière espèce de la contrainte « par corps est toute différente de la première. « Celle-ci n'est ouverte que dans certains cas; il « faut qu'elle soit demandée et prononcée par un « jugement. Elle ne tend qu'au recouvrement d'une « dette purement civile, et elle n'est exercée que « par un simple particulier. Celle-là, au contraire, « n'a besoin ni d'être demandée, ni d'être pronon-« cée par un jugement; elle est de droit, elle existe « par la force de la loi, elle a pour objet la répres-« sion d'un délit, le recouvrement des condamna-« tions pénales, et elle s'exerce par des agens du « trésor public. Toutes ces raisons de différences « ne permettent pas d'appliquer par analogie à la « contrainte par corps, en matière correctionnelle, « les règles qui n'ont été établies par le code Napo-« léon et par le code de procédure, que pour « l'exercice de la contrainte par corps en matière civile.

« Ainsi les préposés de l'administration peuvent, « en se conformant *au code d'instruction criminelle*, « faire toutes les diligences nécessaires pour l'exé-« cution de la contrainte par corps, sans s'as-« treindre à aucune des formalités prescrites par « le code Napoléon et le code judiciaire, qui ne « peuvent recevoir d'application en matière cor-« rectionnelle. »

Depuis ces délibérations, le code pénal est encore venu à l'appui de l'application de la contrainte par corps pour amendes, restitutions, etc. : son article 52 s'exprime ainsi :

Art. 52. « L'exécution des condamnations à l'a-« mende, aux restitutions, aux dommages-intérêts « et aux frais, pourra être poursuivie par la voie « de la contrainte par corps. »

8. Les propriétaires des marchandises seront responsables civilement du fait de leurs facteurs, agens, serviteurs et domestiques, en ce qui concerne les droits, confiscations, amende et dépens. (22 *août* 1791, *art.* 20, *tit.* 13.)

LES articles 1 et 5 du titre 12 de cette même loi du 22 août 1791 confirment le principe ci-dessus; les *voir* au liv. V, chap. *des Jugemens.*

Si les propriétaires sont responsables du fait de leurs facteurs, à plus forte raison les marchandises et les moyens de transport le sont-ils des amendes, lorsque ceux-ci ne sont pas eux-mêmes confiscables..... On a eu cependant l'inconséquence de soutenir et de juger le contraire; mais il a été fait justice de cette fausse prétention par les deux arrêts de cassation rapportés sous le n° 306.

Les amendes payées d'après condamnations sont passibles du décime additionnel imposé par la loi du 6 prairial an 7; mais les sommes payées par suite d'accommodemens n'y sont pas sujettes. (*CA.* 24 *vendémiaire an* 8.)

La régie de l'enregistrement a écrit à ses receveurs qu'ils ne s'immiscent plus dans la perception des amendes concernant les douanes. (*CA.* 1er. *nivose an* 6.)

JURISPRUDENCE. — 1°. *Peut-on poursuivre l'amende contre les héritiers d'un prévenu?*

L'article 2 du code d'instruction criminelle dit : « L'action publique pour l'application de la peine « s'éteint par la mort du prévenu. — L'action civile, « pour la réparation du dommage, peut être exercée « contre le prévenu et contre ses représentans ».

L'art. 7 du code des délits et des peines disoit : « L'action publique s'éteint par la mort du coupable. « — l'action civile peut être exercée contre ses hé-« ritiers ».

On appliquoit la disposition *s'éteint par la mort du coupable* aux amendes pour délits et confiscations, soit que l'action publique eût été intentée du vivant du prévenu, soit qu'elle l'eût été après sa mort, et c'est ainsi que le jugea la cour de cassation dans l'espèce suivante :

Une saisie de marchandises angloises ayant été faite au domicile du nommé Mitchell qui décéda bientôt après, la douane fit des poursuites pour le paiement de l'amende, contre le curateur de la succession Mitchell, devant le tribunal correctionnel de Bruxelles, et successivement devant la cour de justice criminelle de la Dyle, qui condamna le curateur au paiement de l'amende; mais ce jugement fut cassé par la cour suprême, le 8 messidor an 8, pour violation de l'art. 7 ci-dessus du code du 3 brumaire an 4.

Mais est-il encore vrai que, dans le système actuel des douanes, les amendes pour introductions frauduleuses soient personnelles?

Je sais bien que le décès d'un prévenu doit faire cesser l'action publique par cet axiome qu'on ne peut pas dire de l'héritier d'un prévenu, que cette qualité le constitue lui-même prévenu..... Je sais encore que, sous l'empire du code du 3 brumaire an 4, on jugeoit que la confiscation étoit relative à la chose, et que les amendes étoient personnelles; que conséquemment les héritiers ne pouvoient en être tenus alors qu'elles n'avoient pas été prononcées contre le contrevenant même.....

Mais aujourd'hui que l'action civile peut être exercée, pour réparation du dommage, contre les représentans du prévenu, il s'agit d'examiner s'il y a ou non dommage dans une introduction de marchandises dont la consommation est défendue, et si la douane peut en demander la réparation aux héritiers du prévenu.

Le dommage ne peut être révoqué en doute : si l'introduction des marchandises angloises ne faisoit pas tort aux fabrications françoises, on ne les auroit pas prohibées.

Sous le code du 3 brumaire an 4, *l'action civile appartenoit à ceux qui avoient souffert du dommage;* sous le nouveau code pénal, « l'action en réparation « du dommage causé par un crime, par un délit ou « par une contravention, peut être exercée par tous « ceux qui ont souffert de ce dommage ». (*Second paragraphe de son art.* 1)...... Certes, sous le premier code, la douane ne souffrant pas personnellement de l'introduction, puisque la confiscation lui étoit acquise, l'action civile ne lui appartenoit pas contre les héritiers.... Mais sous l'empire de la loi du 18 octobre 1810, la confiscation ne lui étant plus dévolue, puisque les marchandises angloises doivent être brûlées, elle se trouve nécessairement privée de la rétribution de ses peines pour les saisir, et comme le code pénal en vigueur accorde l'action en réparation *à tous ceux* qui ont souffert du dommage, il paroît évident que la douane peut l'exercer même contre les héritiers d'un prévenu.

Qu'on ne vienne pas dire que le gouvernement indemnise les saisissans du brûlement des marchandises, et que par-là la douane ne souffre pas plus qu'auparavant..... Oui, le gouvernement paye aux saisissans les marchandises qu'il fait brûler, mais il ne les paye qu'au prix du cours étranger, il ne les paye que comme gratification..... C'est peut-être par cela même qu'il s'est imposé cette munificence, que l'action de la douane a plus de force; le sixième du produit des confiscations et amendes appartient au trésor; si on ne recouvre pas ces dernières, le trésor se trouve donc lésé; or, comme pour ce recouvrement la douane est l'agent du trésor, il doit encore s'ensuivre qu'elle a action pour réparation de dommages.

Bien certainement, d'après le second paragraphe de l'art. 15 de la loi du 10 brumaire an 5, *le délin-*

quant étant, outre la confiscation, condamné à une amende triple de la valeur des objets saisis, et à un emprisonnement, les héritiers du prévenu n'étoient pas plus passibles de l'amende que de l'emprisonnement, puisque cette amende, cet emprisonnement étoient infligés à la personne même du délinquant; que c'étoit lui personnellement que la loi vouloit atteindre et pour l'amende et pour l'emprisonnement; donc, une fois mort sans être condamné, toute action pour amende étoit éteinte....

Mais aujourd'hui il ne paroît plus en être de même; le décret du 8 mars 1811 dit : « Toute introduction « de marchandises prohibées sera, indépendamment « de la confiscation, punie des peines déterminées « par les lois et règlemens, et, quant à l'amende, dans « tous les cas elle sera du triple de la valeur des « objets saisis. » (*Voir* sous le n° 262.)

Par cette nouvelle rédaction l'amende ne se rapporte plus à la personne du délinquant, elle se rapporte au délit même; aujourd'hui donc les héritiers d'un introducteur de marchandises angloises me semblent pouvoir et devoir être condamnés à l'amende, puisque l'amende est la réparation civile du délit, due pour le délit plutôt que pour le délinquant.

2°. *Peut-on poursuivre la confiscation contre les héritiers d'un prévenu décédé pendant le procès?*

(Réponse affirmative.)

Le tribunal criminel de l'Escaut avoit jugé pour la négative, le 20 germinal an 9, en faveur des héritiers d'A. L. Baussaert. — Il s'étoit fondé sur l'article 7 du Code des délits et des peines. — Mais la régie s'étant pourvue en cassation, le jugement a été cassé le 9 prairial suivant : « Attendu que la « confiscation prononcée par l'article précité, étant « une disposition particulièrement relative à la chose « même, ne sauroit être rangée dans la classe des « dispositions pénales qui, étant uniformément ap- « plicables à la personne, cessent d'avoir leur effet « quand le prévenu est décédé; d'où il suit que la « confiscation de l'objet saisi pour contravention à « une loi prohibitive peut être demandée et poursui- « vie contre les héritiers mêmes du contrevenant « après le décès de celui-ci. »

OBSERVATIONS. On voit ici que, même sous l'empire du code du 3 brumaire an 4, on jugeoit que lorsqu'il s'agissoit d'une confiscation prononcée par la loi comme peine d'une contravention commise par ou sur la chose même qui est assujettie à cette peine, la réparation pouvoit être poursuivie contre les héritiers du contrevenant, quoique celui-ci fût décédé avant le jugement définitif.

Et le 11 floréal an 10 la cour de cassation rendit encore un arrêt qui eut le même résultat; le *voir* au livre V, section de l'*Appel*.

9. Tous traités d'alliance et de commerce existant entre l'ancien gouvernement français et les puissances avec lesquelles la *France* est en guerre sont annullés. (1 *mars* 1793, *art.* 1.)

10. Les traités de navigation et de commerce existant entre la France et les nations avec lesquelles elle est en paix seront exécutés selon leur forme et teneur. (4 *germinal an* 2, *art.* 1, *tit.* 1.)

L'ARTICLE premier de l'acte de navigation s'étoit exprimé dans les mêmes termes.

LIVRE PREMIER.

DE L'ORGANISATION DES DOUANES.

TITRE PREMIER.

Du Service des douanes.

CHAPITRE I. — *Des Emplois.*

SECTION I. — *Désignation des emplois.*

11. Il y aura un directeur général des douanes et quatre administrateurs. (*AC.* 29 *fructidor an* 9, *art.* 1.)

12. *Il y aura aussi un secrétaire général des douanes.*

13. Tous les préposés nécessaires à la perception et au maintien des droits de douanes seront divisés en bureaux, brigades et directions ainsi qu'il va être expliqué ci-après; ils seront entièrement subordonnés à l'administration. (1er. *mai* 1791, *art.* 3, *remis en vigueur par l'arrêté du comité de commerce du* 3 *floréal an* 3, *par la loi du* 23 *germinal an* 5, *et par des règlemens postérieurs qui ont recréé les emplois dans la hiérarchie suivante :*

BUREAUX ADMINISTRATIFS. — 1°. *Au ministère du commerce*, un chef du bureau des douanes; un sous-chef; un sous-chef adjoint rédacteur; commis d'ordre; rédacteurs de seconde classe; plusieurs commis aux expéditions.

2°. *A l'administration des douanes*, chefs de division; sous-chefs; premiers commis; commis principaux; commis d'ordre; commis aux expéditions.

3°. *Dans les directions*, premier commis, second commis, troisième commis, quatrième commis.

EMPLOIS SUPÉRIEURS : inspecteurs généraux; directeurs; inspecteurs principaux, particuliers et sédentaires; sous-inspecteurs.

BUREAUX DE PERCEPTION. — 1°. *Dans les grandes douanes :* receveurs principaux; contrôleurs aux visites; premiers commis à la navigation; contrôleurs aux entrepôts; vérificateurs; receveurs aux déclarations; commis aux expéditions; commis à la recette; aides-vérificateurs; — peseurs; emballeurs; concierges ou portiers.

2°. *Dans les douanes subordonnées :* receveurs particuliers; visiteurs; commis aux expéditions.

BRIGADES : contrôleurs de brigades ; capitaines de ville ; lieutenans principaux et d'ordre ; lieutenans et sous-lieutenans à pied et à cheval ; cavaliers d'ordre ; préposés.

MARINE : commandans d'embarcation ; maîtres d'équipage ; pilotes ; patrons ; mousses et novices.

QUANT à la composition des cours et tribunaux des douanes, comme elle tient à l'organisation judiciaire et non au service proprement dit, il en sera traité dans le livre V.

SECTION II. — *Conditions de l'admission et de l'avancement dans les emplois.*

14. L'*administration* ne pourra avoir aucuns préposés qui ne soient âgés au moins de vingt ans ; et il n'en sera point admis qui aient plus de trente ans, s'ils n'ont été précédemment employés dans d'autres parties de régie ou d'administration, à l'exception des hommes qui auront servi huit ans dans les troupes de terre ou de mer, et se présenteront dans l'année de leur congé, lesquels pourront y être admis jusqu'à l'âge de quarante ans. (22 *août* 1791, *premier paragraphe de l'art.* 12, *titre* 13.)

15. Les nominations aux places de directeurs, inspecteurs, contrôleurs, receveurs, seront présentées au ministre (*du commerce,*) par le directeur général, et proposées par le ministre à SA MAJESTÉ. (*AC.* 29 *fructidor an* 9, *art.* 6.)

LE mode d'admission et d'avancement dans les douanes a été réglé par une délibération administrative du 8 thermidor an 9, que le ministre a approuvée le 19 du même mois ; cette délibération est ainsi conçue :

« LES ADMINISTRATEURS DES DOUANES, considérant, 1° qu'il importe de fixer d'une manière précise les conditions d'admission dans les emplois de cette partie ; 2°. que le moyen le plus efficace pour entretenir l'émulation, est d'établir un mode qui, en écartant la paresse et l'ignorance, puisse offrir aux employés qui l'auront mérité une perspective d'avancement, et la certitude que leurs services seront récompensés ; 3°. qu'une conduite irréprochable et un zèle soutenu dans tous les grades à parcourir peuvent seuls, lorsqu'ils sont réunis à des talens, donner des droits aux emplois supérieurs, et notamment à ceux d'inspecteurs et de directeurs, ont délibéré ce qui suit :

Art. 1er. « Nul ne sera nommé à un emploi de douanes s'il a moins de vingt ans et plus de trente ; cependant les citoyens qui auront servi huit années consécutives dans les troupes de terre ou de mer pourront être placés dans les brigades jusqu'à l'âge de quarante ans, pourvu qu'ils se présentent dans l'année de leur congé : le tout conformément à la loi du 22 août 1791.

2. « Pour être pourvu d'une sous-lieutenance de brigade, il faut avoir servi trois mois comme simple employé.

3. « Le grade de lieutenant ne pourra être conféré qu'après six mois d'exercice dans celui de sous-lieutenant.

4. « Les lieutenans d'ordre et principaux ne pourront être choisis que parmi les lieutenans de brigades employés en cette dernière qualité depuis deux années. Celui qui aura occupé un an une recette ou une visite concourra pour les places de lieutenant d'ordre ou principal, pourvu qu'il ait été commandant de brigade pendant six mois.

5. « Les contrôles de brigade ne seront donnés qu'aux lieutenans d'ordre, ou principaux, ayant deux années de service en cette qualité. Il suffira d'avoir exercé une de ces places pendant un an, si on a occupé, pendant trois années, un emploi de receveur ou de visiteur.

6. « Les employés qui ont droit aux sous-inspections sont les contrôleurs de brigades ayant dix années de service dans la partie active ; les préposés de même grade qui, n'y étant que depuis un an, ont exercé pendant cinq ans un emploi dans les bureaux de perception, ou une place de premier commis au bureau central.

7. « Nul ne pourra être nommé à un emploi dans un bureau de perception, s'il n'a acquis, dans l'exercice d'une place de commandant de brigade, ou pendant son surnumérariat dans les bureaux, les talens nécessaires à exercer une recette subordonnée.

8. « Pour être admis au surnumérariat, il faut au

« moins dix-huit ans d'âge, et n'en avoir pas plus « de vingt-sept, une belle écriture et beaucoup de « facilité pour le calcul. Le surnuméraire qui refu- « sera de passer dans le bureau auquel on voudra « l'attacher sera rayé du tableau.

9. « Les recettes dont les appointemens sont de « 2,400 à 3,600 francs sont réservées aux inspecteurs « qui, ayant au moins vingt années de service, seront « hors d'état de remplir leurs fonctions avec l'activité « nécessaire.

« Les sous-directeurs de correspondance, les con- « trôleurs de visite, les receveurs d'une classe infé- « rieure, les commis principaux à la navigation, « premiers visiteurs ou premiers commis aux décla- « rations dans les douanes de première classe, auront « aussi droit à ces emplois.

10. « Les recettes dont les appointemens sont de « 4,000 fr. et au-dessus ne seront accordées qu'à « des receveurs dont les traitemens seront au moins « de 3,000 fr., et à des directeurs de correspondance « ou inspecteurs de première classe qui auront seize « années de service.

11. « Les recettes d'un traitement au-dessous de « 2,400 fr., les emplois de commis à la navigation, « receveurs aux déclarations, visiteurs et commis « aux expéditions, seront accordés aux préposés de « grade ou traitement inférieur, qui, ayant constam- « ment donné des preuves d'activité, auront le plus « de talens. Les contrôleurs de brigades ayant dix ans « de service en cette qualité concourront avec les « préposés des bureaux pour toutes celles de ces « places qu'ils seront en état d'exercer.

12. « Les employés admis à concourir pour les « contrôles de visite sont, — 1°. Les sous-inspec- « teurs et les contrôleurs de brigades qui auront « exercé une première visite dans un grand bureau; « — 2°. Les commis principaux de navigation dont les « appointemens excèdent 2,400 fr.; — 3°. Les pre- « miers visiteurs à 2,000 fr. de traitement, dans les « lieux où il n'existe pas d'emploi de contrôleur des « visites; — 4°. Les receveurs principaux; — 5°. Les « receveurs subordonnés dont le traitement est de « 1,800 francs; — 6°. Les sous-chefs et premier « commis de correspondance qui, ayant au moins « quatre années de service, ont été employés dans « toutes les divisions.

13. « Les employés qui auront droit à l'inspection « sont, 1°. les sous-inspecteurs en activité dans ce « grade depuis deux ans; 2°. les contrôleurs de visite « en exercice de leur emploi depuis quatre ans; « 3°. les mêmes préposés qui, n'ayant ce grade que « depuis deux ans, ont exercé plus de trois celui de « premier commis de direction, et servent depuis « dix ans; 4°. les sous-directeurs du bureau central « ayant huit années de service, dont deux dans ce « dernier grade, et une comme sous-inspecteurs ou « contrôleurs de visite; 5° les receveurs dont les trai- « temens s'élèvent à 4,000 francs.

14. « Les inspections de première classe sont celles « de Bordeaux, Paimbœuf, le Havre, Anvers, Bourg- « Libre, Genève, la Ciotat, *Gênes*, *Livourne*, *Rome*, « *Amsterdam*, *Hambourg*, etc. Pour y être nommé, « il faut avoir exercé pendant deux années une autre « inspection, ou une recette de 4,000 fr. d'appointe- « mens et au-dessus.

15. « Les directions de département ne seront « données qu'aux employés qui auront servi avec ap- « pointemens au moins pendant quinze années. Les « employés parmi lesquels les directeurs seront « choisis sont, 1°. ceux qui ont exercé plus de « cinq ans une inspection de première classe, ou dix « ans une inspection de classe inférieure; 2°. les di- « recteurs de correspondance depuis douze années « consécutives, ou seulement depuis cinq ans, s'ils « ont été autant de temps inspecteurs; 3°. les rece- « veurs de première classe qui ont été inspecteurs « pendant deux ans.

16. « Les directions de première classe sont celles « de Bordeaux, Nantes, Rouen, Anvers, Stras- « bourg, Marseille, *Gênes*, *Livourne*, *Rome*, *Ham- « bourg*, etc. — Pour en obtenir une, il faudra en « avoir exercé une autre pendant deux années, ou « avoir au moins seize années de service, dont « sept comme directeur de correspondance et ins- « pecteur de première classe, et trois comme rece- « veur principal; ou enfin, avoir été receveur de « première classe pendant cinq ans, et inspecteur « pendant trois.

17. « — *Abrogé par l'art.* 6 *de l'arrêté du* 29 « *fructidor an* 9.

18. « Dans la distribution des emplois, et princi- « palement pour les places supérieures, on aura égard « à la bonne conduite; et, à mérite égal, le plus « ancien employé, ou celui qui aura servi effective- « ment dans les armées pendant deux campagnes, « obtiendra la préférence.

19. « Nul ne pourra être nommé à un emploi de « douane dans le lieu où il est né, ni dans celui de « la naissance de sa femme; ni à un contrôle de vi- « site dans un bureau où il a exercé un emploi su- « balterne; ni à une inspection dans la division où « il aura été contrôleur de brigades. »

L'art. 10 de l'arrêté du comité de commerce, du 3 floréal an 3, disoit: *Nul ne pourra être employé dans le lieu de sa naissance, si ce n'est pour une recette dont le traitement soit au-dessous de 800 fr.; les préposés actuellement en activité dans les communes où ils sont nés ne pourront y être conservés qu'en qualité de commis aux déclarations, ou de commis aux expéditions.*

Par décret du 8 mars 1811, il a été ordonné que « les emplois ci-après désignés seront accordés aux « militaires de terre et de mer jouissant de la solde « de retraite, ou à ceux qui, sans avoir obtenu cette « solde, auront été réformés par suite d'infirmités, « d'accidens ou de blessures provenant d'un service « de guerre, et lorsque, dans l'un ou l'autre cas, ils

« auront satisfait aux conditions nécessaires pour « remplir ces emplois. (*Art.* 1.)

« Seront affectées aux officiers particuliers de tout « grade les places de lieutenans et sous-lieutenans « des douanes, dans la proportion de la moitié de « celles qui seront déterminées, pour le moment, par « le cadre d'organisation. (*Art.* 3.)

« Seront affectées aux sous-officiers et soldats les « places de préposés des douanes. (*Art* 4 *et* 5.)

« Ces emplois de douanes ne pourront cependant « être donnés qu'à des militaires encore en état de « mener une vie très-active. (*Art.* 8.)

« A l'avenir, nul ne pourra être admis à exercer « un emploi dans aucune administration civile, s'il « ne compte cinq années de service, s'il ne jouit de « sa retraite, ou s'il n'a été réformé pour les causes « énoncées en l'art. 1er. Cependant, s'il ne se présen- « toit pas un nombre suffisant de militaires, ou si « ceux qui se présenteroient ne remplissoient pas les « conditions exigées, il pourra être nommé, comme « par le passé, aux emplois qui leur sont réservés. » (*Art.* 12.)

OBSERV. On ne peut entendre cet article final que dans ce sens : que les militaires ne peuvent avoir la préférence *qu'autant qu'ils sont susceptibles d'occuper l'emploi vacant selon que le bien du service l'exige.....* C'est au moins l'esprit du considérant de ce décret.

SECTION III. — *Uniforme des différens emplois.*

16. Le directeur général, les administrateurs, le secrétaire général, les directeurs et employés des douanes porteront un uniforme qui est réglé ainsi qu'il suit :

Pour tous, habit croisé de drap, pantalon ou culotte verts, gilet blanc ou vert ;

Pour le directeur général, broderie en argent au collet, aux paremens, aux pattes et autour des poches, et double baguette autour de l'habit, selon le modèle joint à l'arrêté ; gilet et pantalon brodés ; chapeau françois, bouton avec ces mots, *Douanes impériales*, et une ganse d'argent ;

Les administrateurs, broderie simple au collet, aux paremens, aux pattes et autour des poches, et baguette simple autour de l'habit ; gilet avec baguette, pantalon uni ;

Le secrétaire général et les directeurs des départemens, broderie au collet, aux paremens et à la patte des poches seulement, sans baguette autour de l'habit; gilet et pantalon unis ;

Les inspecteurs, broderie aussi en argent au collet et aux paremens;

Les receveurs principaux, un galon double au collet et aux paremens, de treize millimètres de largeur ;

Pour ces cinq derniers grades, chapeaux pareils au directeur général;

Les contrôleurs aux visites, un galon double au collet, un simple au parement;

Les receveurs particuliers, un galon simple au collet et au parement;

Les commis à la navigation, un galon double au collet;

Les commis aux déclarations, un galon simple au parement;

Les visiteurs, un galon simple au collet et au parement ;

Les employés des bureaux, habit uni ;

Les contrôleurs des brigades, galon simple au collet et double au parement;

Les capitaines, galon double au parement;

Les lieutenans principaux et d'ordre, galon simple au parement;

Les lieutenans, deux boutonnières au collet en galon d'argent ;

Les sous-lieutenans, deux boutonnières de même à chaque parement;

Pour ces onze derniers grades, chapeau à la françoise avec ganse d'argent, et bouton portant ces mots, *Douanes impériales;*

Les préposés, habit, gilet et culotte unis ;

Pour tous, une arme. (*AC. 7 frimaire an* 10.)

CET arrêté ne parle pas de l'uniforme des commis de direction, ni de celui des contrôleurs aux entrepôts et des commis aux expéditions; mais il a été obvié à ces lacunes par l'usage... Les commis de direction qui ont été gradés portent l'uniforme du grade supérieur à celui qu'ils viennent de quitter, mais sans palmes.

Les commis de direction qui n'ont encore rempli aucun emploi portent le galon au collet, mais aussi sans palmes.

Les contrôleurs aux entrepôts portent l'uniforme des contrôleurs aux visites, mais sans palmes.

Les commis aux expéditions un galon au collet.

Les habits ne se font plus croisés : on les taille actuellement dans la forme de l'uniforme des lycées; c'est-à-dire, à boutonner sur la poitrine, mais échancrés de manière à laisser apercevoir les poches de la veste, et à ce que les pans puissent être retroussés; sur les retroussis, on y applique deux aigles brodés en argent; le collet est montant et ne se rabat plus.

Par circulaire du 14 brumaire an 13, M. le directeur général a ordonné que les employés des deux services seroient toujours revêtus de leurs uniformes lorsqu'ils seroient en fonctions.

ARMEMENT DES PRÉPOSÉS. Le premier paragraphe de l'article 15 du titre 13 de la loi du 22 août 1791 avoit déjà prescrit que les préposés auroient pour l'exercice de leurs fonctions le port d'armes à feu et autres.... Tous ceux qui sont gradés portent l'épée à garde d'argent.

Voici les ordres qui ont été transmis relativement à l'achat des armes pour les préposés :

Par circulaire du 29 janvier 1808, il a été annoncé, qu'attendu que l'achat et le transport d'armes de guerre ne peut se faire qu'avec des précautions qui en assurent la destination, et d'après l'autorisation du ministre de la police générale, il étoit arrivé que des fusils destinés à l'armement des préposés, pour lesquels on avoit négligé d'observer les formalités, avoient été saisis; — en conséquence, pour prévenir ces difficultés à l'avenir, lorsqu'il s'agira d'achats d'armes dans les manufactures....., les directeurs en informeront M. le directeur général, en lui indiquant le nombre et l'espèce de ces armes, le lieu de l'achat et celui de destination, le nom de la manufacture.... avec laquelle on traitera, afin qu'il en soit référé au ministre pour que la commission relative aux achats s'exécute en vertu de sa permission. — Mais cette formalité ne concerne que les achats d'armes assez considérables pour donner de l'inquiétude dans leur transport, et pour lesquels les inspecteurs et contrôleurs ne peuvent passer aucuns marchés sans y avoir été autorisés.

Là où il y a des points, la circulaire ajoutoit, *ou dans les magasins des marchands ;* mais par une autre circulaire du 14 février 1809, il a été dit que les achats d'armes ne pouvoient se faire qu'aux manufactures impériales, en remplissant les formalités voulues par la circulaire ci-dessus du 29 janvier 1808.

Les fusils de calibre et baïonnettes ne doivent jamais être des objets de commerce; ainsi les préposés, à qui il en est accordé pour leur service, ne peuvent les vendre à des particuliers : cette infraction ayant eu lieu, le ministre s'en est plaint, et pour éviter qu'elle se renouvelât, le directeur général a prescrit aux directeurs de donner les ordres les plus précis afin qu'en cas de démission, de destitution ou de changement des préposés pour une autre direction, les fusils de calibre et baïonnettes soient retenus dans les postes auxquels ils sont attachés, sauf, à l'égard de ceux qu'ils auroient payés par l'effet de la retenue sur leurs appointemens ou de toute autre manière, à leur en remettre la valeur actuelle d'après une juste estimation; les contrôleurs de brigades en feront l'avance et en seront remboursés par les individus qui rempliront les places. — Les inspecteurs seront obligés de former, dans chaque poste, un état des armes de calibre existantes, de se les faire représenter dans leurs tournées, et lorsque des fusils manqueront, d'en informer le directeur. (*CD.* 2 *août* 1809.)

CHAPITRE II. — *Des fonctions et attributions particulières aux différens emplois.*

SECTION I. — *Administration.*

§. 1. *Directeur général.*

17. Le directeur général des douanes travaillera avec le ministre des manufactures et du commerce. (*DI.* 19 *janvier* 1812, *cinquième paragraphe de l'art.* 2.)

18. Les frontières et les côtes de *l'empire* seront divisées par le directeur général entre les quatre administrateurs. (*AC.* 29 *fructidor an* 9, *art.* 2.)

19. Le directeur général dirigera toutes les opérations; .... il sera particulière-

ment chargé de faire former les états des produits, et de remettre les résultats au ministre. (*AC.* 29 *fructidor an* 9, *art.* 5.)

LE ministre du commerce et des manufactures, sur le rapport du directeur général des douanes, relatif à la distribution dont le travail qui lui est confié est susceptible, a arrêté ce qui suit :

Art. 1. « Le directeur général traite seul les affaires « relatives aux licences, au blocus, aux produits « extraordinaires, aux prises, aux grains, et en géné- « ral tout ce qui a des rapports immédiats au système « commercial actuel. Il donne seul les instructions « générales.

Art. 2. « Il correspond avec le ministre des ma- « nufactures, les autorités extérieures et le com- « merce.

Art. 3. « Il propose aux places qui sont à la no- « mination du ministre, après avoir pris le vœu des « administrateurs.

Voir les autres articles de cet arrêté, qui est du 23 février 1812, sous le n° 21.

§. II. *Administrateurs.*

20. Les administrateurs se réuniront en conseil d'administration ; ce conseil sera présidé par le directeur général. (*AC.* 29 *fructidor an* 9, *art.* 3.)

21. Toutes les affaires contentieuses seront rapportées dans ce conseil ; elles seront décidées à la majorité des voix. Les quatre administrateurs seuls délibéreront : en cas de partage des opinions, l'avis du directeur général les départagera. Dans les affaires contentieuses, il pourra, lorsqu'il le jugera nécessaire, suspendre l'effet d'une délibération, afin d'en référer au ministre *du commerce.* (*AC.* 29 *fructidor an* 9, *art.* 4.)

L'ARRÊTÉ du 23 février 1812, dont j'ai rapporté les premiers articles sous le n° 19, ajoute :

Art. 4. « Les administrateurs sont chargés de la « correspondance et des détails du service, dans leurs « divisions respectives, pour les parties non désignées « par l'article premier.

Art. 5. « Ils en rendent compte au directeur gé- « néral dans tous les cas qui en sont susceptibles.

Art. 6. « Ils émettent leur opinion sur les nomi- « nations aux emplois qui sont dans les attributions « du directeur général.

Art. 7. « Ils signent individuellement les lettres de « leurs divisions; ils en remettent chaque jour extrait « sommaire au directeur général.

Art. 8. « Il est fait exception au premier para- « graphe de l'article précédent en ce qui concerne « le contentieux, dont la correspondance reste assu- « jettie à la signature en commun.

Art. 9. « Les affaires contentieuses et toutes celles « qui peuvent donner lieu à discussion sont rappor- « tées au conseil d'assemblée par le chef de la division « dont elles ressortent.

Art. 10. « Les directeurs des départemens en- « voient toutes les lettres adressées aux administra- « teurs au directeur général, qui fait l'examen des « affaires, conserve celles dont il s'est réservé l'expé- « dition directe, et renvoie les autres aux adminis- « trateurs.

Art. 11. « M. de Saint-Cricq, l'un des admi- « nistrateurs, est spécialement chargé de la suite de « toutes les affaires relatives à l'impôt du sel. Il en « rend compte au directeur général.

Art. 12. « La division des directions entre les « quatre administrateurs est fixée ainsi qu'il suit :

« PREMIÈRE DIVISION, M. CHASLON, *adminis-* « *trateur.*

« Toulon, Cette, Perpignan, Saint-Gaudens, « Baïonne, Bordeaux, La Rochelle, Nantes, Lo- « rient.

« DEUXIÈME DIVISION, M. DELAPIERRE, *admi-* « *nistrateur.*

« Brest, Saint-Malo, Cherbourg, Rouen, Abbe- « ville, Boulogne, Dunkerque, Besançon.

« TROISIÈME DIVISION, M. COLLIN, *adminis-* « *trateur.*

« Marseille, Nice, Gênes, Livourne, Florence, « Rome, Foligno, Parme, Voghère, Verceil, Ge- « nève, Trieste.

« QUATRIÈME DIVISION, M. DE SAINT-CRICQ, « *administrateur.*

« Anvers, Rotterdam, Amsterdam, Groningue, « Embden, Hambourg, Lunebourg, Wesel, Co- « logne, Mayence, Strasbourg.

Art. 13. « Le directeur général est chargé de l'exé- « cution du présent.

« *Signé* le comte DE SUSSY.

« Paris, 23 février 1812.

« Pour copie conforme,

« Le directeur général des douanes,

« *signé* FERRIER. »

Il résulte de l'arrêté ci-dessus que les directeurs devront correspondre avec l'administrateur de leur division pour les détails du service, et directement avec M. le directeur général dans toutes les affaires qui concernent le blocus, les licences, les prises, les produits extraordinaires, les grains, et en général le système commercial actuel.

Ils remarqueront que l'article 10 leur impose l'obligation de n'écrire à l'administrateur de leur division que sous le couvert du directeur général. Ainsi toutes les lettres de service qu'ils lui adresseront seront envoyées ouvertes à M. le directeur général, qui en effectuera ensuite le renvoi.

Ils devront indiquer, sur l'enveloppe des dépêches particulières adressées aux administrateurs ou au directeur général, qu'elles sont *pour eux seuls.*

Cet ordre de travail aura lieu à partir du 1er mars. (*CD.* 25 *février* 1812.)

§. III. *Secrétaire général.*

22. *Il y aura un secrétaire général des douanes.*

Je n'ai pas trouvé la disposition qui a créé la place de secrétaire général; mais je sais que dans ses attributions entrent : l'enregistrement des demandes et mémoires, les instructions générales, les rapports et la transmission des décisions qui interviennent sur la législation, les prohibitions, les tarifications, la navigation, l'admission à la retraite; la discussion de demandes tendantes à des changemens dans la quotité des droits; la suite des certificats d'origine et des licences, etc.

SECTION II. — *Bureaux administratifs.*

§. I. *Bureaux des douanes du ministère du commerce.*

23. Le bureau des douanes *établi au ministère du commerce sera* chargé de la correspondance avec la direction générale des douanes, et, en outre, de toutes les affaires relatives au conseil des prises. (*DI.* 19 *janvier* 1812, *troisième alinéa du paragraphe* 2°. *de l'art.* 2.)

Le bureau des douanes du ministère est encore chargé des rapports à Sa Majesté et de la correspondance avec les ministres des différens départemens, en tout ce qui concerne les douanes et les prises. Il répond aussi aux demandes du commerce.

§. II. *Bureaux de la direction générale des douanes.*

24. *Les bureaux de la direction générale des douanes sont organisés comme suit :*

1°. Le secrétariat général. *Voir* le n° 22.

2°. La première division. — Mouvement et police des bureaux, brigades et embarcations; discussion des dépenses et devis de constructions nouvelles, d'anciennes à réparer.

3°. La seconde division. — La suite des saisies et affaires contentieuses.

4°. La troisième division. — *La première section* a la suite des caisses, les ordonnances de paiemens, la fourniture des registres et impressions, les cautionnemens; — *la seconde section* a la vérification des comptes.

5°. La division des colonies et entrepôts, du transit, et de la suite des acquits-à-caution.

6°. La division des sels. — La perception des droits sur les sels, et la suite des acquits-à-caution relatifs à cette partie.

Enfin il y a encore à l'administration des douanes, 1°. un bureau de la vérification des relevés de commerce; 2°. un bureau des retraites; 3°. un bureau de la topographie et de la statistique des douanes.

§. III. *Bureaux des directions.*

25. *Les bureaux des directions sont composés d'un premier, second, troisième et quatrième commis.* (CD. 11 prairial an 3.)

Le premier commis de direction est porté sur les états de frais d'administration, et tient rang avec les receveurs principaux...... C'est le chef du bureau.

Le second commis est traité comme vérificateur de grande douane.... Il est ordinairement chargé de la comptabilité.

Le troisième commis est réputé receveur aux déclarations..... Il est chargé du personnel de la direction.

Le quatrième commis a rang de commis aux expéditions, ainsi que le cinquième et le sixième, si la direction est assez considérable pour avoir ce nombre de commis.

Voici les obligations que les commissions imposent aux commis de direction.... Ils sont chargés de tenir, sous les ordres du directeur, la correspondance relative à toutes les parties de l'administration des douanes, les registres de signalemens et autres; de former tous les états, faire toutes les expéditions nécessaires, suivre les affaires contentieuses, et se conformer à l'ordre de travail que le directeur aura établi dans ses bureaux pour le bien du service.

SECTION III. — *Emplois supérieurs aux frontières.*

§. I. *Inspecteurs généraux.*

26. *Les quatre inspecteurs généraux institués pour inspecter les frontières vérifieront le travail des préposés des deux services de bureaux et de brigades, sous les ordres et d'après les instructions du directeur général.* (AC. 21 pluviose an 11.)

Je n'ai pu me procurer le texte de cet arrêté, c'est pourquoi j'en transcris ici la substance *en italique*...

Ces inspecteurs remplacent les administrateurs dans les tournées annuelles que l'art. 7 de l'arrêté consulaire, du 29 fructidor an 9, prescrivoit à ces derniers; et ils sont tenus de se rendre sur tous les points où le directeur général juge leur présence nécessaire.

§. II. *Directeurs.*

27. Les employés..... des bureaux et brigades correspondront à *des* directions, entre lesquelles seront divisées les côtes et frontières *de France*. Il y aura à la tête de chacune de ces directions un directeur qui entretiendra la correspondance et les rapports avec *l'administration*. (1er. *mai* 1791, *art.* 7.)

Au premier abord, cette loi du 1er mai 1791, que je cite ici, peut paroître abrogée à cause de sa contrariété avec celle postérieure du 26 frimaire an 2, qui supprimoit la régie des douanes, ses directeurs, agens, vérificateurs, inspecteurs, et tous commis employés à la balance du commerce, pour diviser la France en quarante inspections commerciales.... Mais si l'on considere que cette contrariété n'a été qu'instantanée, et qu'un arrêté du comité de commerce, du 3 floréal an 3, en déterminant les chefs-lieux de directions et les fonctions des préposés des bureaux, a, par le fait, abrogé la seconde loi et remis en vigueur tous les articles de la première qui ne le contrarioient pas...; si on considère encore qu'une loi du 23 germinal an 5 a sanctionné cet arrêté, sans à la vérité s'en expliquer autrement qu'en donnant la nomenclature des emplois; mais cette nomenclature suffit pour démontrer que les inspections commerciales étoient supprimées, les directions rétablies, et par conséquent les fonctions de ces places...; si on considère, en dernière analyse, que l'organisation actuelle des emplois de douanes est conforme à celle ordonnée par les articles que je cite de la loi du 1er mai 1791, on verra que ces articles *tacitement* abrogés ont été *tacitement* remis en vigueur, et qu'ainsi je puis rappeler une loi qu'on exécute, puisque celles postérieures se taisent sur les fonctions de plusieurs places qu'elles rétablissent.

28. Les directeurs transmettront aux différens préposés de leur arrondissement les ordres qu'ils recevront de l'administration; ils tiendront la main à l'exécution de ces ordres, veilleront à ce que le produit des recettes soit exactement versé dans les caisses, et adresseront à l'administration les états généraux des produits et des versemens de fonds de leur direction. (1er. *mai* 1791, *art.* 13.)

Les directeurs des douanes représentant dans les départemens le directeur général de cette partie, les lettres adressées à ces directeurs par des citoyens non fonctionnaires publics, pour des objets relatifs à cette administration, doivent être écrites sur papier timbré, conformément à l'art. 12 de la loi du 13 brumaire an 7. Les administrateurs donneront les ordres nécessaires pour l'exécution de ces dispositions, et pour qu'il ne soit répondu ni donné aucune suite aux lettres qui ne seroient pas timbrées. (*DM. 22 germinal an 7.*)

29. Indépendamment des fonctions précédemment attribuées aux directeurs, ils seront encore tenus.... de faire, au moins une fois tous les ans, une tournée générale dans les bureaux et brigades de leur direction; ils devront s'assurer de l'exactitude du service dans toutes ses parties, et ils seront responsables de son exécution. (*Arrêté du comité de commerce, du 3 floréal an 3, art.* 2.)

Voici, pour plus amples renseignemens, les trente articles qui composent la commission d'un directeur :

1°. Il doit régir, dans l'étendue du territoire qui lui sera indiqué, les droits de douanes et tous autres qui sont ou pourront être réunis à cette administration; transmettre sans délai les ordres qu'il recevra aux préposés de son arrondissement, même leur donner provisoirement ceux qu'il jugera nécessaires pour assurer la perception des divers droits et l'exécution des lois qui y ont ou qui y auront rapport, à charge d'en rendre compte.

Nota. *Les directeurs correspondront directement avec le directeur général sur toutes les affaires qui présentent une contravention aux lois prohibitives, soit qu'il s'agisse de demander des instructions, soit qu'il y ait lieu à référer de propositions d'arrangement.* (CD. 11 janvier 1809.) *Ils doivent également correspondre avec lui pour tout ce qui concerne les subsistances et pour lui faire connoître* [illegible] *ou sous-préfets.* (CD. 4 brumaire an 10.) — *Voir* d'ailleurs sous les nos 19 et 22.

2°. Il veillera à ce que tous les préposés remplissent leurs fonctions avec zèle et exactitude.

3°. Il fera remettre dans les premiers jours de chaque mois, par les receveurs, trois états certifiés des recettes et dépenses du mois précédent et des fonds qui resteront en caisse, et il en formera un état général qu'il enverra de suite.

4°. Lorsqu'un receveur sera en retard de compter, le directeur s'y transportera, ou enverra un préposé supérieur pour constater sa situation. Le montant du débet, s'il est représenté, ou la somme qui existe entre les mains du comptable, si elle est inférieure au débet, sera versée dans la caisse de l'arrondissement, aux frais dudit receveur.

5°. Si la somme n'est pas suffisante pour solder le débet, le directeur décernera contrainte contre ledit receveur, et le suspendra de ses fonctions, commettra à sa place *par interim*, et en rendra compte à M. le directeur général, à peine de demeurer responsable des pertes qui pourroient en résulter.

6°. Dans les deux premiers mois de l'année, il se fera remettre, par les receveurs, les comptes de l'année précédente, avec les registres et pièces à l'appui, et les fera vérifier dans ses bureaux, et, après les avoir visés et certifiés, il enverra ces comptes et pièces à l'appui; les registres resteront entre ses mains, pour y avoir recours au besoin.

Nota. *Les directeurs sont tenus d'adresser chaque trimestre, au directeur général, un compte d'ordre de recettes et dépenses des produits de toute nature de leur direction, avec les pièces à l'appui. — Un pareil compte est adressé chaque année à l'administration pour les produits de la caisse des retraites.*

7°. Il tiendra registre des saisies, très-détaillé, par bureaux.

8°. Il fera tenir de pareils registres par les receveurs.

9°. Il arrêtera les états de répartition, et adressera à l'administration ceux qui excéderont 500 fr. pour être ordonnancés.

Nota. *Les états de répartition pour les saisies de numéraire, quelque modique que* [illegible] *somme, doivent être adressés pour être ordonnancés, à moins que la répartition, si elle est au-dessous de 500 fr., n'ait déjà été autorisée par un ordre particulier.*

10°. Il lui adressera tous les mois un état des saisies et instances, et tous les trois mois un état de celles qui étoient indécises à la fin du quartier.

Nota. *Les directeurs correspondront directement avec le directeur général pour lui rendre compte sur-le-champ des saisies importantes et des évènemens d'un intérêt majeur* (CD. 28 frimaire an 10), — *Sans que cet ordre puisse les dispenser d'en référer également à l'administration de la manière accoutumée.* (CD. 14 nivose an 10.)

11°. Il tiendra un registre détaillé de tous les préposés de la direction, pour en fournir l'état à l'administration lorsqu'elle le demandera.

12°. Il interdira provisoirement de toutes fonctions les préposés qui lui paroîtront ne pouvoir plus continuer leurs fonctions sans inconvénient pour la chose publique; il pourvoira à ce que le service dont ils sont chargés n'en souffre point, et il en rendra compte.

Nota. *Les directeurs doivent indiquer à l'administration les préposés qui s'absenteroient de leurs postes sans permissions, et pourvoir provisoirement à leur remplacement.* (LD. 12 février 1808.

13°. Il nommera aux places vacantes dans les brigades, jusqu'à celle de lieutenant particulier inclusivement, et il veillera à ce qu'ils prêtent le serment prescrit par la loi.

NOTA. *Les directeurs nomment aux places de sous-lieutenans d'ordre.*

14°. Il s'assurera que les préposés des bureaux et ceux supérieurs des brigades, jusqu'au lieutenant d'ordre inclusivement, soient pourvus d'une commission de la direction générale, et en délivrera lui-même aux lieutenans et préposés de la partie extérieure.

15°. Il veillera à ce que les préposés ne s'occupent pas de fonctions étrangères au service dont ils sont chargés, et, en cas de contravention, il en informera.

16°. Il adressera à l'administration, tous les mois, l'état des changemens, avancemens, dégradations, etc., avec leurs motifs.

17°. Il veillera à ce que les rôles ne présentent que des sujets ayant rempli les fonctions auxquelles les appointemens sont attachés, et que tous résident dans les lieux qui leur sont désignés.

18°. Il ne donnera des congés que pour causes légitimes; après les délais il y aura perte d'appointemens; il pourvoira à ce que les fonctions des absens soient remplies; l'administration se réserve de donner ceux des inspecteurs, comptables et contrôleurs de brigades.

NOTA. *Les directeurs ne peuvent plus donner de congés aux employés à la nomination de M. le directeur général, sinon dans le cas d'urgence absolue, et lorsque la destination n'est pas pour Paris.*

Ils rendent compte à la direction générale du jour du départ, et adressent copie certifiée des pièces qui ont prouvé l'urgence. — Ils ne doivent demander des congés à M. le directeur général que lorsque les motifs mis en avant par les préposés paroissent légitimes. Si un préposé excède son congé, il sera suspendu de son emploi, et ne pourra être réintégré que sur l'autorisation du directeur général. Le congé dont on n'aura pas fait usage dans les deux mois de sa date sera nul, et le préposé obligé d'en solliciter un nouveau. (CA. 1er vendémiaire an 14.)

Il sera tenu un registre des congés dont on adressera des extraits au plus tard le 10 de chaque mois. (CA. même date.)

19°. Il tiendra deux registres, l'un des lettres qu'il écrira à la direction générale, l'autre de celles aux préposés de sa division.

20°. Il fera copier sur un autre registre les décrets, ordres, instructions, etc., qu'il recevra de la direction générale, et en fera tenir un semblable dans chaque bureau et poste.

21°. Il veillera à la conservation des poids, balances, meubles, immeubles, etc., servant à l'administration; — à ce que les préposés chargés de ces objets, ou leurs héritiers, les remettent à ceux qui les remplaceront.

22°. Il ne pourra arrêter aucun marché, traité, ou abonnement, que lorsque les conditions, le prix et les époques des paiemens auront été arrêtés par l'agence, à qui il adressera à cet effet les soumissions, plans ou devis.

23°. Il ne pourra faire payer d'autres appointemens, frais et dépenses, que ceux fixés par les états qui lui seront envoyés; il ne pourra ordonner le paiement des dépenses imprévues qu'autant qu'elles n'excèderont pas 50 fr., et que l'objet en sera tellement urgent, qu'il ne pourroit sans danger en attendre l'autorisation nécessaire, etc., à la charge d'en rendre compte sur-le-champ à la direction générale; il ne pourra recevoir sur ses ordres particuliers aucuns deniers des percepteurs et du redevable, sous prétexte d'apuremens de comptes, amendes, confiscations, frais de justice ou autrement, à peine de révocation de sa commission.

NOTA. *Le directeur autorise les dépenses de 50 fr. et au-dessous, excepté les frais de saisies restés à la charge du trésor public, et ceux du transport de fonds.*

24°. Il sera tenu de parapher, par premier et dernier feuillets, tous les registres des receveurs et autres préposés; d'y joindre une instruction, et de s'en faire donner un reçu avec soumission de les représenter à toute réquisition.

25°. Il vérifiera les états de fournitures des registres et impressions, s'assurera si celles énoncées ont été réellement faites, si les prix sont conformes à ceux convenus, si les papiers sont de la qualité indiquée par le marché, et si l'impression a été faite avec soin; il visera lesdits états, et les enverra à l'administration, pour qu'elle puisse en ordonnancer le paiement.

26°. Il veillera à ce qu'il ne soit délivré aucune expédition qui ne soit revêtue du timbre dont elle est susceptible.

27°. Il se conformera aux ordres et instructions qui lui seront donnés par M. le directeur général sur tous les objets non prévus par la présente, ou qui pourroient changer quelques-unes de ses dispositions.

28°. Il est autorisé à plaider, si besoin est, pardevant tous juges, soit en défendant, soit en demandant; opposer en tous cas et à toutes fins, soutenir les oppositions ou s'en désister; appeler de toute ordonnance, grief et jugement; prendre à partie; élire domicile; coter des gens de loi, si besoin est, et généralement faire pour la perception et conservation des droits de douanes et autres dont l'administration seroit confiée à M. le directeur général, ce qu'il feroit lui-même s'il étoit présent en personne sur les lieux, encore que le cas requière mandement spécial.

29°. Il fournit sans délai soumission au bas d'une ampliation de sa commission.

30°. Il est tenu de prêter le serment prescrit par la loi.

Les directeurs doivent dénoncer aux procureurs-généraux impériaux des cours prévôtales, ou à leurs substituts, les délits de douanes qui auroient échappé à la surveillance, ou qui, par leur nature, n'auroient pu faire l'objet d'un procès-verbal. (CD. 24 avril 1811.)

§. IV. *Inspecteurs et sous-inspecteurs.*

30. Les bureaux et brigades seront surveillés par des inspecteurs sédentaires, particuliers et principaux. (1er. *mai* 1791, *art.* 6.)

31. Il y aura dans .... *les* principales douanes un inspecteur sédentaire, dont les fonctions consisteront à indiquer les commis qui devront être chargés de la vérification des déclarations, à assister à la reconnoissance et à l'estimation des marchandises dont les droits sont perceptibles à la valeur; enfin, à assurer dans toutes les parties l'exactitude du service des différens préposés de leur résidence. (1er. *mai* 1791, *art.* 11.)

32. Les ... fonctions *des inspecteurs principaux et particuliers* seront de vérifier la perception, la comptabilité et la manutention des receveurs et autres préposés des douanes de leur arrondissement, de diriger et surveiller le service des brigades et les opérations des *sous-inspecteurs.* (1er. *mai* 1791, *art.* 12.)

La réintégration des inspecteurs a été fixée par un arrêté du 16 germinal an 3.

Voici ce que contient leur commission :

INSPECTEUR. — Il est chargé de veiller à la conservation des droits de douanes et autres qui pourroient être réunis à ladite administration, ainsi qu'à l'exécution des lois relatives aux prohibitions.

Ledit inspecteur est tenu de se rendre une fois par mois dans tous les postes et bureaux de sa division, et plus souvent dans ceux qui ne sont point éloignés de plus de deux myriamètres et cinq kilomètres de sa résidence.

Toutes les fois qu'il se rendra dans un bureau, il vérifiera si les perceptions faites depuis sa tournée précédente sont régulières, et il constatera cette opération par un arrêté au pied du dernier article perception; il suivra avec exactitude les opérations de la douane de sa résidence.

Ledit inspecteur s'assurera que les versemens aux caisses de receveurs généraux de département auront été effectués dans les délais prescrits.

Ledit inspecteur s'attachera, d'une manière spéciale, à constater les preuves d'activité et de zèle que chaque préposé aura données. Les témoignages qu'il rendra de la conduite et de l'intelligence des préposés, en les appuyant sur des faits, seront, toutes les fois qu'il y aura lieu à des promotions, adressées par le directeur à l'administrateur de la division, et mis sous les yeux du directeur général.

Le premier et le seize de chaque mois, ledit inspecteur instruira l'administration de ce qui se sera passé d'important dans sa division pendant la quinzaine précédente, et il rendra, au moins tous les dix jours, compte de l'état de son inspection au directeur, dont il est tenu d'exécuter les ordres en ce qui concerne les fonctions dont il est chargé.

Il prêtera serment, s'il ne l'a déjà fait, devant le juge de paix de l'arrondissement, de bien et fidèlement remplir les fonctions de l'emploi qui lui est confié, et il en fera enregistrer l'acte au greffe dudit juge.

INSPECTEUR SÉDENTAIRE. — Il veillera à la conservation des droits de douanes et autres qui pourroient être réunis à l'administration, ainsi qu'à l'exécution des lois relatives aux prohibitions.

Ledit inspecteur est chargé de la surveillance spéciale sur les opérations de la douane et des entrepôts, des mouvemens du port, du travail des brigades de ce port et postes en dépendant, et généralement de toutes les parties du service de la douane de.....

Avant le 5 de chaque mois, ledit inspecteur sédentaire remettra au directeur, dont il devra exécuter les ordres relatifs aux fonctions dont il est chargé, et auquel il est tenu de rendre compte de son travail, un journal de ses opérations pendant le mois précédent.

Il prêtera serment, etc.

SOUS-INSPECTEUR. — Il est chargé de veiller à la conservation des droits de douanes et autres qui pourroient être réunis à ladite administration, ainsi qu'à l'exécution des lois relatives aux prohibitions.

Ledit sous-inspecteur est chargé de suivre exactement les différentes parties du service, conformément aux instructions qui lui seront données par le directeur.

Ledit sous-inspecteur communiquera, avant le 5 de chaque mois, son journal à l'inspecteur, qui le visera et le remettra au directeur pour être adressé à l'administration.

Il prêtera serment, etc.

Dans les cas urgens, et lorsqu'ils sont éloignés des directeurs, les inspecteurs doivent correspondre avec l'administration en prévenant le directeur.

Les JOURNAUX DE TRAVAIL des inspecteurs ne doivent point indiquer les jours auxquels ils ont été à leur résidence, quelles qu'aient été leurs occupations; mais lorsqu'ils la quittent pour leur tournée, il est essentiel qu'ils indiquent bien précisément chaque jour de leur marche; qu'ils énoncent soit la vérification des bureaux, soit l'inspection des postes faite chacun de ces jours; qu'ils énoncent si de part et d'autre le service se fait ou non exactement; ce qu'ils ont découvert, de manière que s'il n'a été que huit jours en tournée, il ne soit question que de ces huit jours dans son journal. Les contrôleurs de brigades remettront à l'inspecteur leurs journaux de travail, qui en certifieront l'exactitude, avec leurs observations, et l'inspecteur les transmettra au directeur afin qu'il puisse donner des instructions sur le mouvement des brigades. (*Lettre du 26 brumaire an 4.*)

Les inspecteurs, dans le cours de leurs tournées, devront, tous les trois mois, faire passer à la direction l'état des acquits-à-caution non rapportés, ou un certificat qu'il n'y avoit ni acquits-à-caution ni soumissions en retard. (*Lettre du 27 ventose an 4.*)

Ils ne doivent point envoyer à la direction générale copie des comptereaux qu'ils font des recettes et dépenses des bureaux de leur inspection. — Mais ils adressent ces comptereaux au directeur, à l'expiration de chaque trimestre, appuyés de toutes les pièces de dépenses qui leur ont été remises par les receveurs principaux, ainsi que des dossiers de saisies dont les répartitions sont émargées. — Ils certifieront les états fournis à la fin du trimestre par les receveurs et contrôleurs de brigades. (*Lettre du 25 fructidor an 8.*)

Ils remettront tous les trois mois au directeur l'état des surnuméraires dépendans de leur arrondissement; cet état contiendra leur nom, celui du bureau dans lequel ils travaillent, et le temps depuis lequel ils sont occupés, avec des observations sur leur moralité, leur assiduité et leurs talens en perception et en contentieux, et sur-tout sur la rédaction des rapports; ils feront connoître le plus ou le moins d'espérance que donnent leur activité et leur intelligence. (*Lettre du 4 pluviose an 9.*)

Les inspecteurs veilleront à ce que les contrôleurs de brigades remettent au directeur, dans les quinze jours de chaque mois, leur état particulier des VACANCES survenues pendant le cours du mois précédent; ils indiqueront le contrôle dont dépendent les emplois vacans, la nature de ces emplois, le montant de ces appointemens, la durée de la vacance et la somme non payée, relativement à cette vacance. (*Lettre du 21 brumaire an 5.*)

Les inspecteurs, contrôleurs de brigades, lieutenans d'ordre, ne pourront s'éloigner de leur arrondissement moins de huit jours sans la permission du directeur, qui devra en prévenir l'administrateur de la division, et pour un plus long terme, sans celle de M. le directeur général. (*Lettre du 3 floréal an 8.*)

Les inspecteurs ne pourront accorder de congés pour plus d'un jour aux contrôleurs de brigades, lieutenans d'ordre, résidans hors le chef-lieu de la direction; les directeurs pourront seuls accorder les congés aux préposés de leur résidence, qui devront toutefois en prévenir leurs supérieurs, tels que inspecteurs, receveurs principaux et contrôleurs aux visites. (*Lettre du 13 messidor an 8.*)

NOTA. *Les deux lettres ci-dessus ont été refondues par celle du 1er vendémiarie an 14, rappelée au paragraphe* DIRECTEURS; *il en résulte que les inspecteurs ne peuvent donner des congés que pour un jour aux préposés des brigades à la nomination du directeur général.*

Les sommes allouées au contrôleur de brigades pour frais de chauffage et de lumière des postes seront remises aux inspecteurs par le receveur principal, sur leur quittance provisoire. Ils feront la distribution de ces sommes aux chefs de brigades, conformément à l'état des frais, et ils les feront constater par un rôle émané d'eux...... Ce rôle sera visé par l'inspecteur ou le directeur, si c'est dans le lieu de sa résidence, et sera porté au receveur principal en échange de la quittance provisoire qu'ils retireront. (*Lettre du 27 ventose an 10.*)

Les inspecteurs doivent avoir soin de l'instruction de leurs subordonnés. (*CA. 26 vendémiaire an 9.*)

Ils doivent, dans leurs tournées, veiller strictement à ce que les receveurs fassent exactement leurs versemens. (*CD. 22 brumaire an 10.*)

Ils doivent faire leurs observations, article par article, sur les journaux des contrôleurs pour les objets qui en sont susceptibles.

Ils ne peuvent remettre aucuns ordres, circulaires, ni donner dans les bureaux des ordres de travail par écrit, sans en avoir reçu l'approbation du directeur.

Ils ne doivent faire aucune proposition à l'administration pour changemens, augmentation ou autres objets de service, sans en avoir référé au directeur.

Ceux dans l'inspection desquels il existe des marais salans, salines ou salaisons en atelier, doivent adresser, chaque mois, au directeur général, un rapport sommaire concernant la situation des bureaux, brigades, les abus à réformer, etc.; ce rapport ne dispense pas de fournir à l'administration ceux ordinaires. (*CD.* 6 *avril* 1807.)

Les inspecteurs peuvent, comme les directeurs, requérir provisoirement la mise en arrestation des préposés prévenus de délits graves; ils doivent s'adresser aux préfets pour les faire emprisonner, et en attendant les faire garder à vue. (*DM. police générale*, 13 *mars* 1807, *et CD.* 7 *avril suivant.*)

Les inspecteurs ne peuvent détourner les préposés de leur service pour les employer comme palefreniers, domestiques, etc.; les directeurs, sous leur responsabilité, doivent dénoncer ces abus. (*CD.* 14 *août* 1807.)

Les inspecteurs doivent fréquemment lier leur service avec leurs confrères de droite et de gauche.

Les *sous-inspecteurs* ont, dans leurs arrondissemens, les mêmes fonctions et attributions que les inspecteurs.

A compter du 1er messidor an 11, le sous-inspecteur se fera remettre, à la fin de chaque mois, par le receveur principal, les feuilles d'appointemens des contrôles qui dépendent de la principalité. . . . . Il les vérifiera, et les fera rectifier si elles ne sont pas exactes.

Le vérifié sera conçu comme certificat justificatif. « Que les préposés y dénommés ont été attachés « chacun à leur poste pendant le mois de. . . . . . « pour le nombre de jours pour lequel ils y sont em« ployés. »

Si le sous-inspecteur étoit trop éloigné de sa résidence, et qu'il ne pût pas viser ces feuilles au jour prescrit, il motiveroit dans le certificat la cause du retard.

SECTION IV. — *Bureaux de perception.*

§. 1. *Receveurs principaux et particuliers.*

33. Les fonctions des receveurs, soit principaux, soit particuliers, consisteront à percevoir les droits d'après les déclarations données par les redevables, les certificats des visiteurs, et la liquidation qui en aura été faite par les contrôleurs ou liquidateurs. Les receveurs principaux seront encore chargés de recevoir les fonds et de vérifier les comptes des receveurs particuliers. Ils enverront les bordereaux de leurs différentes recettes, tant aux directeurs de leur arrondissement qu'à *la direction générale*. (1er. *mai* 1791, *art.* 10.)

34. Les receveurs auront la direction et la surveillance de toutes les parties du service de leur bureau, et ils en seront responsables. Leurs obligations particulières consisteront à viser les manifestes et déclarations avant leur transcription; à percevoir *outre* les droits de douanes *ceux* de navigation; à former les états de comptabilité, et à correspondre sur tout ce qui a rapport à leurs fonctions. (*Arrêté du comité de commerce, du* 3 *floréal an* 3, *art.* 4.)

Voici le texte de la commission des receveurs.

Le receveur principal est chargé de percevoir les droits imposés par le tarif du 15 mars 1791 et lois postérieures, et de maintenir l'effet des prohibitions établies, soit à l'entrée, soit à la sortie.

Ce receveur se conformera, pour la comptabilité en dépenses et recettes, aux instructions qui lui seront transmises.

Il constatera les contraventions aux lois de perception et de prohibition qu'il pourra découvrir, rédigera les rapports, et les transcrira sur un registre à ce destiné; il inscrira sur ce registre les rapports qui seront faits par d'autres préposés, et s'assurera qu'ils sont rédigés dans les formes prescrites.

Il donnera aux receveurs particuliers de son arrondissement des instructions sur leurs opérations

(*Ce paragraphe ne se trouve conséquemment pas dans les commissions des receveurs subordonnés.*)

Ledit receveur fera devant les juges de paix et tribunaux toutes les poursuites nécessaires sur les saisies, décernera les contraintes pour défaut de rapport des certificats de décharge d'acquits-à-caution et de recouvremens des droits; il en suivra l'effet et se conformera aux lois des 22 août 1791 et 4 germinal an 2, contenant règlement général des douanes.

Il devra en outre suivre exactement les instructions qui lui seront données directement par l'administration ou transmises par le directeur et inspecteur (et le receveur principal, *si c'est la commission d'un receveur particulier*), pour l'exécution de tous les décrets et arrêtés relatifs à la partie et administration des douanes.

Il prêtera serment, etc.

Le registre de recette de navigation sera tenu par le receveur à qui le montant des droits sera compté, *sans intermédiaire*, à l'instant où la perception s'effectuera; il signera seul la quittance. (*CD.* 6 *pluviose an* 12.)

Les bordereaux de recette et dépense des receveurs, destinés pour l'administration, sont envoyés par ceux-ci au directeur, qui ne les adresse au directeur général qu'après les avoir vérifiés.

Dans les cas urgens, lorsque les receveurs principaux sont trop éloignés de la direction, ils peuvent rendre compte directement à l'administration en prévenant leur directeur. (*Lettre du* 11 *prairial an* 13.)

Les receveurs sont responsables des rapports vicieux qui sont rédigés dans leurs bureaux. (*CA.* 26 *vendémiaire an* 9.)

Ils doivent s'assurer, sous leur responsabilité, de la solvabilité des cautions qu'ils acceptent. (*CA.* 14 *fructidor an* 9.)

§. II. *Contrôleurs aux visites.*

35. Les fonctions des sous-inspecteurs sont attribuées aux contrôleurs aux visites. Ils surveilleront le travail des brigades de leur résidence, sous les ordres de l'inspecteur, et le dirigeront pendant son absence; mais ils seront tenus de lui rendre compte des motifs et des résultats des ordres qu'ils auront donnés. (*Arrêté du directeur général, du* 23 *messidor an* 10.)

Les motifs de cet arrêté sont que les opérations du service sédentaire, suivies par les contrôleurs aux visites, se lient nécessairement avec celles des brigades de leur résidence, et qu'il ne peut qu'être très-utile de leur donner la surveillance sur ces deux services.

Et par les motifs ci-dessus, et sur-tout pour me conformer à la loi du 23 germinal an 5, j'avois, dans la première édition de cet ouvrage, rangé les contrôleurs aux visites parmi les employés supérieurs; mais il est de fait qu'ils ne sont pas réputés tels en administration; bien qu'ils surveillent les deux services, ils ne commandent réellement que celui des visites; les brigades ne leur sont subordonnées qu'à cette raison ou par l'absence de l'inspecteur, et, dans les états de frais de régie, ils ne tiennent-rang qu'après les receveurs principaux.

36. Les contrôleurs aux visites... surveilleront les opérations des visiteurs.... (*Arrêté du comité de commerce, du* 3 *floréal an* 3, *art.* 7.)

Voici le texte des commissions des contrôleurs aux visites.

Il est chargé de veiller à la conservation des droits de douanes et autres qui pourroient être réunis à ladite administration, ainsi qu'à l'exécution des lois relatives aux prohibitions, et de suivre exactement les différentes parties du service, conformément aux instructions qui lui seront données par le directeur.

Il communiquera, avant le 5 de chaque mois, son journal à l'inspecteur, qui le visera et le remettra au directeur pour être adressé à l'administration.

Il prêtera serment, etc.

Devoirs des contrôleurs aux visites, conformément à la délibération administrative du 4ᵉ *complémentaire an* 8.

1°. Le contrôleur aux visites sera chargé de veiller à ce que le bureau soit ouvert et fermé aux heures fixées par la loi, et à ce que les employés s'y trouvent; il préviendra le receveur des retards ou absences. — Même surveillance sur les ouvriers et emballeurs.

2°. Il aura attention à ce que les chargemens et déchargemens des navires ne se fassent que dans l'enceinte des ports où les bureaux sont établis... sauf le cas de force majeure justifiée; qu'ils ne se fassent qu'en plein jour et aux heures indiquées.

3°. Il rédigera procès-verbal, s'il trouve dans le cours de son service des marchandises embarquées ou déchargées sans permis signé du receveur principal, ou, en son absence, de son commis.

4°. Il s'assurera que les bureaux sont fournis de poids, balances, jauges, plombs, enclumes, coins et bouteroles...; que les poids des balances sont justes; que les matrices ne sortent pas du bureau, et ne soient point altérées, et, hors des heures, qu'elles soient sous sa clef et sous celle du receveur...; à ce que les plombs soient frappés dans le bureau et en présence d'un visiteur.

5°. Pour plomber une futaille, il fera percer deux douves et deux fonds, pour y passer la ficelle, et ce à chaque bout... quant aux caisses, on percera un des côtés, le dessus, le dessous, et un bout pour y passer la ficelle.

6°. Le bout des sondes doit présenter une chambre longue au moins de deux pouces, et être dentelé et haché.

7°. Les préposés cotés aux chargemens seront sous la surveillance du contrôleur aux visites. —

Le contrôleur de brigades lui remettra une liste des préposés désignés à cet effet.

8°. Il veillera à ce que les bâtimens soient mis en décharge, suivant l'ordre des numéros marqués par la déclaration, et que la vérification des marchandises soit faite au moment de leur présentation.

9°. Il indiquera les visiteurs qui devront être chargés de la vérification, et il inscrira son nom en marge du registre de déclaration, après s'être assuré que celle reçue est dans la forme prescrite, et signée du déclarant. — Il observera que chaque visiteur doit en deux ou trois mois vérifier un nombre à-peu-près égal de bâtimens.— . . . .

. . . .

10°. Le contrôleur assistera aux visites et s'assurera du poids, nombre, etc..... En cas de différence de la déclaration à la vérification, il en fera rédiger un rapport, et si ce sont des marchandises à la valeur et mésestimées, il fera procéder à la préemption.... Il doit toujours assister à la vérification de celles-ci et le certifier au pied du rapport des visiteurs. Il pourra faire des contre-visites en se concertant avec le receveur, l'inspecteur et le directeur.

11°. Il s'attachera à connoître les usages du commerce, quant à la forme, au volume et à l'enveloppe des balles et tonneaux, et à la nature des marchandises qui passent le plus souvent par sa résidence.

12°. Il assistera au jaugeage, [illegible] de l'exactitude des calculs, etc., et certifiera les opérations du visiteur.

13°. Il maintiendra la police entre les visiteurs, et préviendra toute discussion entre eux et le commerce.

14°. Il s'assurera que les ordres de la direction générale, du directeur et de l'inspecteur, sont de suite portés sur le registre d'ordre et corrects.

DES DÉCLARATIONS. — 1°. Il se fera représenter, à l'arrivée d'un bâtiment, le manifeste et autres papiers de mer pour les comparer... Il examinera si le manifeste est signé du capitaine.

2°. Il fera avertir le contrôleur de brigades d'envoyer des préposés à bord pour la visite des bâtimens; il recommandera la recherche dans les bâtimens et chambres du capitaine et des passagers, et s'assurera s'il n'y a point de doubles cloisons et autres caches.

3°. Il veillera à ce que les capitaines et maîtres de bateaux, même en relâche forcée, fassent leurs déclarations dans les vingt-quatre heures, et qu'elles soient conformes à ce qu'exigent les lois.

4°. S'il résulte des différences entre le manifeste et les déclarations, il procèdera d'après les dispositions des articles 1 et 2 de la loi du 4 germinal an 2.

5°. Il tiendra la main aux formalités voulues par les lois, et il fera, sous sa responsabilité, déposer en douane et porter sur un registre particulier les marchandises dont les déclarations en détail ne seroient point fournies, afin d'assurer le paiement du droit de magasinage; il provoquera la vente de celles qui ne seroient pas retirées dans les deux mois.

6°. Il verra qu'il ne soit mésusé de la faculté de rectifier avant la visite, et dans le jour de la déclaration, les erreurs y existantes quant aux poids, au nombre, à la mesure ou à la valeur... Il observera que les changemens ne peuvent porter ni sur l'espèce, le nombre, marques et numéros des balles, caisses, etc., et qu'ils doivent se faire dans le jour même de l'enregistrement de la déclaration.

7°. Il se fera, à l'arrivée d'un bâtiment d'un port de France, représenter les expéditions voulues; il les confrontera avec les marchandises mises à terre, et il verbalisera s'il existe des différences.

8°. Si les cordes ou plombs ont été déplacés ou rapportés, il empêchera la décharge de l'acquit-à-caution, en fera mention au dos, et le remettra au receveur pour être envoyé au bureau qui l'a délivré.

DES REGISTRES. — 1°. Il examinera s'ils sont reliés, cotés par premier et dernier feuillet, paraphés et tenus sans lacune et interligne.

2°. Il vérifiera si les registres sont conformes aux modèles envoyés par la direction générale; si les numéros sont remplis et les déclarations signées tant par les capitaines que par les commerçans ou leurs agens.

3°. Il tiendra la main à ce que les vérifications faites soit au bureau, soit sur le quai, soient ensuite reportées sur un sommier.

4°. Les droits devront être liquidés tous les jours et portés sur ce sommier; chaque page et chaque mois seront arrêtés. — Aucune marchandise ne sera remise à la disposition du négociant, avant que les droits n'aient été liquidés et inscrits sur ce sommier, qui servira de contrôle de recette. Le contrôleur est responsable de ces dispositions.

5°. Il s'assurera si les acquits-à-caution contiennent la liquidation des droits ou l'estimation des marchandises, les soumissions relatives aux peines énoncées à défaut de non rapport, et si les cautions sont solvables.

6°. Il fera par mois le relevé des acquits-à-caution non rapportés, et en remettra l'état daté au receveur... Il veillera à ce que les expéditions délivrées dans sa résidence ne soient pas revêtues de certificats de décharge après les délais expirés...

Le contrôleur aux visites partagera le produit de ces non rapports avec le receveur et le commis chargé de la suite des acquits. (CA. 19 ventose an 6.)

7°. Il s'assurera que les marchandises à l'importation et l'exportation sont exactement conduites des bâtimens au bureau, et les autres aux bâtimens, après leur visite au bureau ou sur le quai.

DES MARCHANDISES JOUISSANT DE L'ENTREPÔT. — Voir *ce titre au code ; ce qu'il prescrit doit être inspecté par le contrôleur aux entrepôts alors qu'il en existe.*

DES MARCHANDISES DE PRISES. — Le contrôleur aux visites devra se rendre à bord des bâtimens de prises pour assister à l'apposition des scellés, à l'inventaire, la vente, etc...... En son absence, ce sera le premier visiteur, si le receveur le juge en état.

CONTRÔLE DE RECETTE. — Le registre indiqué par l'art. 4 du tit. 3 de la présente délibération doit servir au contrôleur aux visites à s'assurer que les produits réels du mois sont exactement portés dans les bordereaux de recette qu'il sera tenu de rectifier. S'il remarquoit des différences entre les bordereaux et le résultat des registres de visite, il en demanderoit la cause pour la faire cesser, ou en informer le directeur.

Pour s'assurer de la réalité des dépenses indiquées, il s'en fera représenter les pièces qu'il visera; il sera personnellement responsable des erreurs ou omissions qui existeroient dans les bordereaux.

DES ÉTATS ET JOURNAUX. — Il vérifiera les états d'importation, d'exportation et de navigation, et en certifiera l'exactitude, d'après le relevé des registres, et notamment de ceux de visite..... Il vérifiera aussi les états de grains..... Il s'assurera que tous ces états sont remis à la direction avant le 10 du mois qui suivra celui pour lequel ils sont rédigés.

Il tiendra un registre portatif de son travail journalier, des découvertes qu'il aura faites, de ce qu'il aura reconnu de contraire au bon ordre et aux intérêts de l'administration et du Gouvernement.

Il remettra à l'inspecteur, au plus tard le cinquième jour qui suivra le mois expiré, pour être envoyé à la direction générale, un extrait de ce registre, avec des notes sur le zèle et l'exactitude des préposés, sa surveillance s'étendant à tous, à l'exception du receveur principal et du commis principal à la navigation.

ETATS DE BALANCE. — Il indiquera dans son journal l'époque à laquelle il aura vérifié les états de balance, les erreurs qu'il aura reconnues et ce qu'il aura fait pour les rectifier. — Cette vérification s'appliquera à la classification des marchandises, à la quotité du droit et à sa liquidation. Le visiteur partage la responsabilité des receveurs dans les perceptions inexactes, et l'employé supérieur appelé à vérifier les états sera solidaire avec ces deux préposés pour les erreurs que la direction générale remarquera.

FORMALITÉS POUR LE CABOTAGE. — Le contrôleur aux visites ne laissera délivrer aucun passavant ou acquit-à-caution, avant qu'il ait été fait une déclaration signée du propriétaire ou commissionnaire des objets destinés à être embarqués.

Cette déclaration sera faite sur une feuille volante, qui doit être enregistrée ou écrite sur le registre, et signée. — Dans l'un ou l'autre cas, il en sera fait un double, que le receveur fera passer au contrôleur aux visites, qui nommera un visiteur et lui fera signer son nom, tant sur la déclaration que sur le registre.

Le visiteur fera délivrer au propriétaire ou au commissionnaire un permis contenant l'obligation d'apporter à la douane l'objet destiné à être embarqué.

La marchandise arrivée à la douane, le visiteur procèdera, en présence du contrôleur aux visites, à la reconnoissance. — La qualité, le poids, le nombre ou la mesure constatés seront mis au dos du permis, et signés tant par le visiteur que par le contrôleur aux visites. Un emballeur apposera ensuite les plombs : on veillera, s'il s'agit de futailles, à ce que les douves et les fonds soient percés, à ce que la corde passe dans chaque trou, à ce que le plomb soit assez près du nœud pour qu'on ne puisse pas épisser les cordes après les avoir coupées; enfin, à ce que la corde soit d'une bonne qualité.... Ces formalités remplies, on remettra ce permis au commis chargé des acquits-à-caution ou passavans.

Ce commis ne délivrera ces expéditions que quand le permis sera revêtu de ces formalités. L'acquit ou passavant fera mention du nombre de permis délivrés, et répètera les quantité, poids, nombre et valeur des marchandises.

Le permis d'embarquer qui se trouve au dos de l'acquit-à-caution ou du passavant sera signé du receveur, et, autant qu'il se pourra, du visiteur et du contrôleur aux visites; l'une et l'autre expédition sera ensuite remise à l'employé coté à bord du navire, qui l'enregistrera sur son portatif et la revêtira de son certificat d'embarquement.

Le contrôleur aux visites ou le chef du service ne souffrira, sous aucun prétexte, que rien ne s'embarque sans la représentation d'une de ces expéditions ; mais dans tous les cas le contrôleur aux visites devra tenir une notice exacte et indicative des vérifications dont chacun des visiteurs aura été chargé. — Les vérifications ne pourront être faites que par deux préposés. (*LA.* 5 *frimaire an* 11.)

Lorsque les receveurs et visiteurs ont prélevé chacun 50 fr. par mois sur le prduit des plombs, le surplus du bénéfice du mois est partagé entre eux et plusieurs autres préposés, parmi lesquels les contrôleurs aux visites sont désignés, et ont une part. (*CD.* 9 *messidor an* 10.)

§. III. *Commis principaux à la navigation.*

37. Le commis principal pour la navigation sera chargé de tout ce qui concerne la navigation, dont il signera les expéditions avec le receveur. (*Arrêté du comité de commerce*, *du* 3 *floréal an* 3, *art.* 5.)

SAVOIR : de l'examen des pièces, des enregistremens et expéditions de toute nature. — Il inscrira son visa sur toutes les quittances, et pour le droit de tonnage au-dessous de celui du visiteur qui en énoncera la liquidation. (*LD.* 6 *pluviose an* 12.) — Il sera établi à cet effet un registre au bureau de visite. (*LD.... frimaire an* 13.)

Les commis à la navigation ne peuvent exiger pour les expéditions qu'ils délivrent des rapports de mer plus que les greffiers des tribunaux, auxquels la loi n'accorde qu'un franc par rôle, chaque page contenant vingt lignes et chaque ligne sept mots. (*LD.* 30 *ventose an* 12.)

Lorsque, sur le produit des plombs, les receveurs et visiteurs ont prélevé chacun 50 fr. par mois, le surplus est partagé entre eux et plusieurs autres employés, parmi lesquels sont compris les commis principaux à la navigation pour une demi-part.

§. IV. *Contrôleurs aux entrepôts.*

38. Les contrôleurs des..... entrepôts surveilleront les opérations des visiteurs et même celles des préposés du service extérieur, s'il est jugé convenable. (*Arrêté du comité de commerce*, *du* 3 *floréal an* 3, *art.* 7.)

ET parceque l'arrêté ci-dessus donne aux contrôleurs aux entrepôts les mêmes fonctions qu'aux contrôleurs aux visites, et aussi parceque le tableau annexé à la loi du 23 germinal an 5 classe les uns et les autres dans le même article, parmi les employés sup[illegible] j'[illegible]ois, dans la première édition de cet ouvrage, suivi cette classification ; mais, dans la hiérarchie administrative, les contrôleurs aux entrepôts sont encore bien moins réputés employés supérieurs que les contrôleurs aux visites ; par leurs commissions, ils ne sont tenus qu'à des fonctions qui se rattachent à celles des bureaux, et, dans les états de frais de régie, ils ne tiennent rang qu'après les premiers commis à la navigation : il suit donc, et de cet ordre existant et de ce qu'ils ne commandent pas les deux services, que les contrôleurs aux entrepôts sont effectivement des employés de bureaux....

Voici au surplus leur commission :

LE CONTROLEUR AUX ENTREPOTS est chargé de faire vérifier et de vérifier lui-même les quantités et qualités des marchandises lors de leur entrée en entrepôt, et lorsqu'elles en sont retirées ; de tenir la main à leur enregistrement ; de faire les dispositions nécessaires pour assurer le paiement des droits sur celles qui entr[illegible] consommation ; de procéder, lorsqu'il sera nécessaire, au recensement dans lesdits entrepôts, et d'en suivre avec soin le travail. Il se conformera, pour ces objets et pour tout ce qui est relatif au service, aux instructions qui lui seront données par le directeur, ainsi qu'à ses ordres, relativement à toutes autres opérations qu'il jugera devoir lui confier. Il prêtera serment, s'il ne l'a déjà fait, devant le juge de paix de l'arrondissement, de bien et fidèlement remplir les fonctions de l'emploi qui lui est confié ; il en fera enregistrer l'acte au greffe dudit juge.

Il est en outre tenu de former les états de cette partie d'administration. (*Circulaire du* 24 *thermidor an* 10.)

Les contrôleurs aux entrepôts jouissent d'une part dans le bénéfice des plombs. (*Circulaire des* 11 *et* 18 *brumaire an* 11.)

§. V. *Vérificateurs.*

39. Les visiteurs feront la jauge des bâtimens de mer ; ils vérifieront les marchandises, liquideront les droits des douanes, et tiendront les registres de visite de manière que, rapprochés de ceux de déclarations, ils présentent un contrôle de la recette : les entrepôts, dans les lieux où il en est ou sera établi, seront suivis par des visiteurs qui seront chargés alternativement de ce service pendant un temps déterminé. (*Arrêté du comité de commerce, du* 3 *floréal an* 3, *art.* 6.)

40. Les visiteurs que les circonstances laisseront sans occupation coopèreront au travail des commis aux expéditions toutes les fois que le receveur le jugera convenable. (*Arrêté du comité de commerce, du 3 floréal an 3, second paragraphe de l'article 9.*)

Les visiteurs se conformeront exactement en ce qui les concerne aux dispositions des lois ainsi qu'aux instructions qui leur seront données. (*Extrait d'une commission.*)

Les visiteurs n'ont point droit au partage des sommes provenant du non rapport des acquits-à-caution.

Il a été créé des *aides-visiteurs* ; cette dénomination indique les fonctions de ces emplois. — Ils secondent les visiteurs dans toutes leurs opérations, et partagent avec eux le travail trop considérable des grandes douanes, afin d'éviter des retards au commerce. — Ces nouveaux emplois ont été confiés à des surnuméraires. Ils ne sont nullement fondés à demander partage dans le bénéfice des plombs. — Quant aux saisies et doubles droits pour excédant, s'ils concourent à les constater, ils ont droit à la répartition, puisqu'ils sont préposés. (*CD. 21 brumaire an 11.*)

§. VI. *Receveurs aux déclarations.*

41. Celui chargé de la déclaration des capitaines sera chargé de la vérification des manifestes et expéditions qui lui seront remis dans les vingt-quatre heures de l'arrivée par les capitaines. S'il les trouve conformes, il est tenu de les certifier par un visa; dans le cas contraire, il motivera sur les déclarations les irrégularités qu'il aura reconnues, et remettra le tout au receveur pour éviter que le capitaine n'élude le paiement des droits de navigation.

Celui chargé des déclarations en détail à l'entrée fera les enregistremens, les permis de débarquement, et les enverra à la signature du receveur.

Celui chargé des déclarations à la sortie fera les permis d'embarquement, et remettra aux visiteurs les déclarations, lesquelles, après vérification et liquidation des droits, seront remises aux expéditionnaires qui en feront les quittances qu'ils remettront à la recette. (*Circulaire du 8 vendémiaire an 5.*)

Outre ces attributions, ils seront chargés de tenir les registres de sortie relatifs à l'entrepôt fictif et réel. (*Circulaire du 24 thermidor an 10.*)

Lorsque, sur le produit des plombs, les receveurs et visiteurs ont prélevé chacun 50 fr. par mois, le surplus est partagé entre eux et plusieurs autres employés, parmi lesquels sont compris les receveurs aux déclarations pour une demi-part. (*CD. 9 messidor an 10.*)

§. VII. *Commis aux expéditions.*

42. Le service des commis aux expéditions consistera à tenir les registres de passavans, d'acquits-à-caution, de certificats de décharge, d'importation ou d'exportation, à aider à la transcription des déclarations, à délivrer les expéditions relatives à la perception et à la navigation, et à copier les états et la correspondance du receveur; celui-ci règlera, au commencement du mois, le travail particulier de chacun de ces commis. (*Arrêté du comité de commerce, du 3 floréal an 3, art. 8.*)

43. En cas d'insuffisance dans le nombre des visiteurs, il y sera suppléé par des commis aux expéditions, lesquels reprendront leurs fonctions à la cessation du service pour lequel ils auront été détachés...... (*Arrêté du comité de commerce, du 3 floréal an 3, premier paragraphe de l'art. 9.*)

Dans ce cas, les commis aux expéditions ne pourront signer qu'en second les expéditions. (*LA. 28 brumaire an 11.*)

Ils ne participent point au bénéfice des plombs. (*Circulaire du 22 messidor an 6.*)

Mais ils participent aux sommes payées pour non rapport des acquits-à-caution, lorsqu'ils sont spécialement chargés par leurs commissions d'expédier ces acquits et d'en suivre la rentrée. (*Lettre du 13 ventose an 9.*)

§. VIII. *Ouvriers des douanes.*

44. Les hommes de peine employés pour le commerce dans les douanes, et qui continueront d'être salariés par lui, seront commissionnés par la direction générale et révocables à sa volonté. (*DM.* 24 *novembre* 1807.)

SECTION V. — *Service actif.*

§. I. *Brigades des douanes.*

45 à 80. Les brigades...... seront distribuées sur les côtes et frontières pour assurer la perception, et s'opposer aux importations et aux exportations en fraude des droits. (1er. *mai* 1791, *art.* 5.)

PARMI les préposés du service extérieur, les différens grades sont : les Contrôleurs de brigades; les Lieutenans principaux; les Lieutenans d'ordre; les Lieutenans; les Sous-lieutenans; les Préposés.

CONTROLEUR DE BRIGADES. Il commande et surveille le service dans l'étendue de son arrondissement. Il maintient la discipline des brigades; fait exécuter les ordres de changement et de destitution; transmet ceux qu'il reçoit pour le service, et rend compte de leur exécution; propose les préposés pour l'avancement, et provoque les punitions.

Par délibération administrative, du 1er messidor an 7, il a été prescrit aux contrôleurs de brigades de surveiller les opérations des recettes subordonnées qui se trouvent dans la ligne dont ils dirigent le service. Ils devront s'assurer que les expéditions sont bien libellées, les visites exactes, les registres bien tenus, les perceptions régulières, les fonds versés dans les délais prescrits à la recette principale; ils s'informeront si la suite des affaires contentieuses n'éprouve aucun retard; enfin ils porteront leur attention sur tout ce qui concerne la gestion des receveurs, visiteurs et autres commis attachés aux bureaux particuliers.

En accordant ces nouvelles attributions aux contrôleurs de brigades, l'administration n'a point entendu leur attribuer la supériorité sur les préposés des recettes particulières. (*CA.* 15 *prairial an* 8.)

En vérifiant les bureaux subordonnés, ils doivent comparer les registres de recette avec celui que le lieutenant du poste est obligé de tenir des navires entrés et sortis et de l'objet des droits de navigation acquittés. (*CA.* 29 *brumaire an* 9.)

Ils rendront compte de cette vérification des bureaux subordonnés dans leurs journaux de travail. (*Circulaire du* 29 *prairial an* 8.)

Ils doivent vérifier le service en payant les appointemens. (*Lettre du* 25 *novembre* 1806.)

Ils ne peuvent faire de retenues, ni se servir de préposés comme palefreniers, domestiques, etc. — Ils ne délivreront pas de congés de plus d'un jour sans autorisation. (*Lettre du* 30 *septembre* 1807.)

Leurs journaux doivent présenter régulièrement leur travail heure par heure, préciser leurs opérations et celles des lieutenans d'ordre, et entrer dans les détails les plus circonstanciés du travail de jour et de nuit.

Ils doivent également lier fréquemment leur service avec leurs confrères de droite et de gauche, et en faire mention expresse dans leurs journaux. (*CA.* 21 *avril* 1807.)

Ils doivent indiquer sur leurs journaux le nom des préposés qu'ils trouvent de service; — ils ne peuvent se faire accompagner dans leurs tournées par les lieutenans d'ordre et autres chefs. (*Lettre du* 27 *mai* 1808.)

Ils sont particulièrement chargés de l'instruction de leurs subordonnés; ceux qui s'en acquitteront le mieux auront de l'avancement. (*Circulaire du* 26 *vendémiaire an* 9.)

Pour éviter les abus dans les fournitures que les contrôleurs de brigades sont dans l'usage de faire, dans quelques directions, aux préposés, ceux-ci auront un livret sur lequel ces fournitures seront portées; les contrôleurs tiendront un registre dans l'objet, dont ils donneront le relevé général à l'inspecteur, à l'expiration de chaque trimestre. (*CA.* 31 *juillet* 1807.)

LIEUTENANS PRINCIPAUX. On donne le nom de lieutenant principal à celui qui fait le service de contrôleur de brigades dans un arrondissement moins étendu et sous les ordres immédiats de l'inspecteur ou du sous-inspecteur.

LIEUTENANS D'ORDRE. Un lieutenant d'ordre est le chef d'un arrondissement particulier dans l'étendue d'un contrôle; il commande sous les ordres du contrôleur le service de sa division.

LIEUTENANS ET SOUS-LIEUTENANS. Ce sont les chefs particuliers des brigades qui sont plus ou moins nombreuses, suivant l'importance et les difficultés du service sur les passages qu'elles doivent garder.

TOUS LES LIEUTENANS doivent veiller avec les préposés de leur brigade à la conservation des droits de douanes et autres qui ont été ou pourroient être réunis à ladite administration, ainsi qu'à l'exécution des lois relatives aux prohibitions.

En cas de contravention aux lois, ils sont autorisés à rédiger les rapports nécessaires et à les signifier.

Ils s'assureront que les préposés sous leurs ordres s'acquittent de leur devoir avec décence, fermeté et exactitude, et méritent, par leur bonne conduite, l'estime de leurs concitoyens.

Ils seront toujours munis, dans l'exercice de leurs fonctions, de leur commission qu'ils représenteront à la première réquisition, et qu'en cas de démission ou de destitution ils seront tenus de remettre à leur contrôleur. (*Extrait des commissions des lieutenans.*)

Tous les chefs de poste devront rendre compte, jour par jour, de ce qu'ils auront remarqué à l'inspecteur, qui le transmettra dans le jour au directeur, afin que celui-ci adresse ces rapports au directeur général pour être ensuite mis sous les yeux du ministre de la police. (*LD.* 30 *vendémiaire an* 13.)

Dans chaque port, le chef de la brigade doit faire mention sur le registre du poste des navires arrivés même sur leur lest ou en relâche; de la représentation qu'ils ont dû faire de leur congé aux employés montés à bord; ou, s'ils viennent de l'étranger, des pièces qui constatent la nation à laquelle le bâtiment appartient. Il sera également fait mention sur le registre des brigades des navires sortant de leur port, de la représentation des expéditions, et de l'objet des droits de navigation qu'ils auront acquittés.

En vérifiant les opérations des recettes, les contrôleurs de brigades compareront les registres des préposés de la partie active avec ceux des receveurs, et comme ils passent fréquemment sur leurs postes, ils empêcheront toutes erreurs qui pourroient avoir lieu. (*CA.* 29 *brumaire an* 9.)

PRÉPOSÉS DE BRIGADES. — Ils doivent, après avoir prêté le serment prescrit, veiller à la conservation des droits de douanes et autres qui ont été ou pourroient être réunis à ladite administration. (*Voyez lieutenans, la fin de leur commission, étant absolument la même.*)

On ne peut être en même temps préposé du service actif et surnuméraire.

Les fils de préposés ne peuvent être placés avant vingt ans dans les brigades......... Mais il y a exception pour la marine. *Voir* sous le n° 83.

On ne peut pas employer les préposés du service actif dans les bureaux ou pour tenir les écritures des chefs. Ces préposés ne peuvent être détournés du service auquel ils sont appelés. — Cette disposition ne prive pas les receveurs dont le traitement excède 3500 fr. du préposé dont ils ont besoin pour le port des lettres, ordres et paquets, etc.; ce préposé ne peut être remplacé sans un ordre de l'administration. (*Circulaire du* 2 *vendémiaire an* 11.)

Il est défendu aux préposés de fréquenter les cabarets, les foires et les assemblées. (*CA.* 15 *frimaire an* 13.)

NOTA. *A raison de ce qu'il a été présenté à la discussion du conseil d'état un projet de décret relatif à une nouvelle organisation du service actif des douanes, j'ai donné à cet article, qui traite des brigades, les n*os *45 à 80, et à cette page ceux de 25 à 35... Par ce moyen on pourra, si ce projet est adopté, intercaler ici ses dispositions sans doubler la série des numéros ni interrompre la pagination; il suffira pour cela de supprimer la page qui précède et celle-ci, et de les remplacer par une nouvelle feuille que je ferai imprimer expressément.*

§. 11. *Marine des douanes.*

81. L'*administration des douanes* pourra tenir en mer ou sur les rivières des vaisseaux, pataches et chaloupes armés..... (22 *août* 1791, *art.* 6, *tit.* 13.)

CET article ajoutoit : *A la charge de remettre tous les ans, au greffe du tribunal de commerce du chef-lieu de la direction, un rôle certifié du directeur de l'arrondissement des noms et surnoms de ceux qui monteront lesdits bâtimens.* Mais cette disposition a été changée par l'art. 4 de l'arrêté du 25 thermidor an 10, qui, lui-même, se trouve modifié par les art. 8 et 9 du décret du 2 messidor an 12, cité ci-après.

82. Les marins employés pour la navigation et la manœuvre des pataches ou autres bâtimens des douanes seront exclusivement soumis aux ordres de l'administration, et au même régime que les employés des brigades de terre. (*AC.* 25 *thermidor an* 10, *art.* 1.)

Lesdits marins ne pourront être requis pour un autre service. (*Même arrêté, art.* 2.)

83. Les équipages des chaloupes, canots et toutes embarcations attachées au service des douanes, et qui naviguent à la rame ou à la voile, sans manœuvres hautes, seront composés d'hommes non compris dans l'inscription maritime. (*DI. 2 messidor an 12, art. 1.*)

Pourront cependant les patrons des embarcations désignées à l'article précédent être pris dans la classe des marins âgés de 50 ans et au-dessus, et qui, en raison de cet âge, sont exempts d'être levés pour le service. (*Même décret, art. 2.*)

AINSI ces marins ne pourront, sous aucun prétexte, être requis pour le service de la marine. (*LD. 15 thermidor an 12.*)

Les préposés du service de terre doivent avoir vingt ans; mais les directeurs sont autorisés à placer dans les embarcations des douanes des fils de préposés qui auroient atteint dix-huit ans.

84. Les hommes embarqués sur lesdites chaloupes, canots et autres embarcations, naviguant à la rame ou à la voile, sans manœuvres hautes, ne supporteront sur leur solde, et comme tout autre employé des douanes, que la retenue fixée par la loi du 2 floréal an 5 (*et l'arrêté du 25 thermidor an 11*), et n'auront droit à la pension de retraite qu'en remplissant les conditions prescrites par la même loi. (*DI. 2 messidor an 12, art. 3.*)

85. Les équipages des pataches, felouques et chebecks attachés au service des douanes, et qui naviguent en mer à la voile et avec des manœuvres hautes, seront composés de marins de diverses classes dans les proportions suivantes, savoir : un quart en officiers mariniers ou matelots première classe; — un quart en matelots deuxième classe; — un quart en matelots troisième classe ; — un quart en novices. — Conformément à l'article 2 de l'ordonnance du 4 juillet 1784, il continuera d'être embarqué un mousse par dix hommes d'équipage. (*DI. 2 messidor an 12, art. 4.*)

86. Les officiers mariniers et matelots composant les équipages des bâtimens désignés en l'article ci-dessus seront pris parmi les hommes de mer soumis à l'inscription maritime. (*DI. 2 messidor an 12, art. 5.*)

87. Chaque année il pourra, selon les besoins du service, être levé sur les pataches, felouques et chebecks, jusqu'à concurrence du tiers de leurs équipages, qui sera remplacé par un nombre égal de matelots de quatrième classe ou novices. (*DI. 2 messidor an 12, art. 6.*)

88. Les officiers mariniers, matelots, novices et mousses embarqués sur les bâtimens, naviguant en mer et à la voile avec des manœuvres hautes, subiront sur leur salaire une retenue de trois centimes par franc au profit de la caisse des invalides de la marine; et au moyen de cette retenue, il sera pourvu sur les fonds de ladite caisse au paiement des pensions et demi-soldes ou secours dont ces marins ou leurs veuves pourront être susceptibles, conformément aux dispositions de la loi du 13 mai 1791. — Ils ne subiront aucune autre retenue sur leur salaire. (*DI. 2 messidor an 12, ar. 7.*)

CES marins cesseront en conséquence de payer la retenue prescrite par l'art. 3 de ce décret.

89. Les directeurs et préposés des douanes seront tenus de se pourvoir au bureau de l'inscription maritime d'un rôle d'équipage pour chacun des bâtimens ou em-

barcations affectés au service. — Ils ne pourront employer sur lesdits bâtimens ou embarcations que les hommes portés au rôle par l'administration de l'inscription maritime, laquelle sera responsable de l'exécution des dispositions prescrites par le présent décret, tant pour l'espèce que pour le nombre proportionnel d'individus qui devront être respectivement employés dans lesdits bâtimens ou embarcations. (*Dl.* 2 *messidor an* 12, *art.* 8.)

90. Au 1er. *décembre* de chaque année, le directeur général des douanes adressera au ministre de la marine l'état des felouques, pataches, chebecks et autres bâtimens de cette nature armés pour le service des douanes, afin qu'il soit donné des ordres pour la conformation ou le renouvellement des équipages desdits bâtimens, conformément aux dispositions du présent arrêté.

Le ministre de la marine sera également informé, par le directeur général des douanes, de tous les armemens nouveaux qu'il jugera à propos d'ordonner dans le cours de l'année, afin que le ministre donne des ordres pour la formation des équipages. (*Dl.* 2 *messidor an* 12, *art.* 9.)

TOUTES les dispositions du décret impérial sont si précises, qu'elles doivent désormais éviter toutes discussions avec l'administration de la marine...... Si quelques membres de cette administration vouloient y donner de l'extention, le directeur s'y refusera formellement, et en informera de suite le directeur général.

Par décision du ministre des finances, du 22 frimaire an 14 : « Les embarcations destinées au service des douanes seront affranchies du droit de navigation, à la charge de fournir par cette administration, dans les bureaux des arrondissemens où les embarcations existent, des états et des renseignemens, tels qu'on puisse les reconnoître facilement lorsque le service ne permettra pas d'aborder le bureau, pour justifier par pièces de la qualité des employés qui les monteront ».

Il résulte de tout ceci, que l'administration a des embarcations de différentes espèces qui sont absolument dans sa dépendance. — Les embarcations à la rame et à la voile, sans manœuvres hautes, sont particulièrement employées à faire le service des ports et des rivières ; elles ne sont pour la plupart montées que par un pilote ayant le grade de sous-lieutenant, et par deux matelots ; elles servent à conduire les préposés de brigades aux différens endroits où leur présence peut être nécessaire, ainsi que les visiteurs lorsqu'ils vont jauger les bâtimens. Ces petites embarcations sortent quelquefois des ports, mais seulement lorsqu'il fait beau temps, et encore ne s'éloignent-elles jamais. — Les autres embarcations, au contraire, qui vont avec des manœuvres hautes, sont particulièrement destinées à parcourir la mer ; elles ont en général un équipage marin chargé de diriger l'embarcation, et une garnison composée de préposés ; le chef de ces derniers commande l'embarcation ; en mer, il est traité comme contrôleur de brigades ; mais lorsqu'il se réunit avec d'autres préposés pour un service de terre, il n'a plus que le rang de lieutenant d'ordre.

CHAPITRE III. — *Des obligations communes à tous les emplois.*

SECTION I. — *De la prestation de serment.*

91. Les préposés prêteront serment devant *le juge de paix*, auquel ils seront tenus de représenter des certificats de bonnes mœurs, donnés, soit par les officiers municipaux du lieu de leur résidence ordinaire, soit par les officiers des régimens où ils auroient servi.

La prestation de serment, qui sera inscrite à la suite des commissions qui leur auront été délivrées, fera mention de la représentation desdits certificats, et sera enregistrée au greffe du tribunal ; le tout sans frais. (22 *août* 1791, *second paragraphe de l'article* 12, *tit.* 13.)

SUIVANT le texte de la loi, les préposés devoient prêter serment devant le président ou l'un des juges du tribunal du district ; cette prestation a lieu actuellement devant les juges de paix, que la loi du 4 germinal an 2 avoit substitués à ces derniers tribunaux. (*Lettre du ministre de la justice, relatée dans la circulaire du 1er. ventose an 4.*)

Nonobstant la création des tribunaux de douane, les juges de paix continueront à recevoir les sermens des préposés, et ce à raison des inconvéniens qui pourroient résulter pour le service de l'obligation où auroient pu être les préposés de le prêter devant le tribunal des douanes. (*Lettre du grand-juge, du 13 mars 1811.*)

On avoit conclu de l'article 23 de la loi sur le timbre, du 13 brumaire an 7, qui veut que deux actes ne puissent être expédiés sur la même feuille de papier timbré, que les prestations de serment ne devoient plus être inscrites à la suite des commissions, mais qu'il devoit en être délivré expédition sur une feuille séparée, au timbre de 75 centimes. — Une lettre du grand-juge, du 7 ventose an 12, rétabli le paragraphe de l'article 12 ci-dessus dans toute sa vigueur, et ordonne que les actes de prestation de serment ne seront soumis qu'au droit d'enregistrement et à celui du timbre du papier nécessaire à la rédaction de la minute de l'acte, dont il n'est pas besoin de délivrer expédition, mais dont il est fait annotation sans frais au bas de la commission. — Le droit d'enregistrement est de 15 francs, non compris le décime, pour tous les employés de bureau et les chefs de brigades, à partir du contrôleur;...... tous les autres chefs et préposés de la partie active ne payent que 3 francs, aussi non compris le décime, en conformité de la loi du 22 frimaire an 7, article 3 de la section 3, et 4 de la section 6 du titre 10. (*CD. 23 vendémiaire an 11.*)

92. ...... Ils prêtent serment en ces termes : « Je jure obéissance aux constitutions de l'empire, et fidélité à l'Empereur ». (*Sénatus-consulte du 28 floréal an 12, art. 56, tit. 7.*)

« Tout fonctionnaire public qui sera entré en exercice de ses fonctions sans avoir prêté le serment « pourra être poursuivi et sera puni d'une amende « de 16 francs à 150 francs. » (*Code pénal, article 196.*)

93. Les préposés *des douanes* qui auront prêté le serment dans la forme ci-dessus seront dispensés de le renouveler lorsqu'ils passeront dans le ressort d'un autre tribunal, à la charge d'en faire enregistrer l'acte dans ce dernier tribunal.... (*22 août 1791, art. 17, tit. 13.*)

La loi ci-dessus porte que cet enregistrement sera exécuté sans frais; mais celle du 22 frimaire an 7, art. 68, le soumet au droit fixe de 1 fr. 10 c., dans le cas où un préposé, sans changer de fonctions, ni recevoir une nouvelle commission, est seulement détaché dans le ressort d'un autre tribunal.

Lorsqu'on est commissionné pour un nouvel emploi, il y a lieu de prêter un second serment, disoit une lettre du 22 ventose an 7; mais cette lettre paroît abrogée, puisque le principe contraire est généralement suivi, et même un préposé du service actif qui n'a payé que 3 fr. pour l'acte de prestation de serment ne paie pas un nouveau droit s'il passe dans le service sédentaire.

SECTION II. — *Du Cautionnement des employés.*

§. 1. *Du versement des cautionnemens.*

94. Il sera fourni des cautionnemens en numéraire par les.... administrateurs et employés des.... douanes dénommés dans l'état annexé à la présente, et d'après les fixations qui y sont déterminées. (*7 ventose an 8, art. 1.*)

95. Le montant des cautionnemens à fournir par les régisseurs, directeurs, inspecteurs, sous-inspecteurs, receveurs et contrôleurs de la *direction générale* des douanes est fixé à la somme de cinq cent mille francs. (*Etat n° 1 de la loi du 7 ventose an 8.*)

Une décision du ministre, dont la caisse d'amortissement a donné connoissance à l'administration le 26 fructidor an 9, porte que les cautionnemens des administrations demeureront définitivement fixés à la somme à laquelle ils sont présentement assujettis ; ainsi un employé dont le traitement est réduit ne peut prétendre à une diminution proportionnelle de son cautionnement, comme on ne peut augmenter celui fixé primitivement pour une place, sous le prétexte que des appointemens plus forts ont depuis été accordés aux titulaires.

Il résulte de la répartition de ces 500,000 fr. que chaque employé ci-dessus dénommé fournit à-peu-près son cautionnement par l'abandon de la moitié de son traitement d'une année.

Cette même loi du 7 ventose an 8 dit en son article 8 :

« Tout citoyen qui n'aura pas satisfait, dans les « délais fixés, au paiement de son cautionnement, « ne pourra continuer l'exercice de ses fonctions, « sous peine de destitution, s'il est employé des « régies et administrations.... »

96. Le montant desdits cautionnemens, tant en numéraire qu'en obligations, sera versé immédiatement, savoir, pour Paris, au trésor public ; et dans les départemens, au receveur général ou à ses préposés....... (*AC.* 18 *ventose an* 8, *art.* 2.)

97. Chaque employé dans les *douanes* sera tenu de justifier dans le mois, et par un duplicata de sa quittance, qu'il a fourni son cautionnement. Ce duplicata sera adressé...., pour les employés..... des douanes, au directeur de chaque département ou de la division, qui en justifiera aux administrateurs.... (*AC.* 18 *ventose an* 8, *art.* 4.)

98. Lesdits administrateurs en certifieront le ministre des finances, ainsi que de l'exécution de l'art. 8 de la loi du 7 de ce mois, s'il y a lieu, contre ceux de leurs préposés qui n'auroient point satisfait, dans le délai fixé, au paiement de leur cautionnement. (*AC.* 18 *ventose an* 8, *art.* 5.)

CET article 8 de la loi du 7 ventose an 8 étoit temporaire; je l'ai cependant rapporté sous le nº 95.

99. A l'avenir, aucun préposé comptable ne pourra être installé dans l'emploi dont il aura été pourvu, qu'après avoir versé le montant de son cautionnement et en avoir justifié. (24 *avril* 1806, *art.* 19.)

IL résulte des quatre articles ci-dessus, que lorsqu'un employé des douanes qui n'aura pas encore fourni de garantie versera un cautionnement entier, il suffira qu'il adresse le mandat du receveur du département à son directeur, afin que celui-ci le fasse passer à la direction générale, qui le fera convertir en un certificat d'inscription.

Quant à l'employé qui change de résidence ou de fonction, après avoir déjà fourni un premier cautionnement, il a d'autres formalités à remplir ; elles consistent à produire, 1º. son récépissé définitif ; 2º. un certificat de non opposition au tribunal de son arrondissement, lequel devra être délivré sans frais et sans l'affiche de trois mois ; 3º. s'il est comptable, il y sera joint un *quitus* de sa gestion, délivré par le directeur général ; 4º. enfin si le nouveau cautionnement qu'il devra payer est plus fort que l'ancien, il aura encore à envoyer le récépissé du versement de l'excédant à la caisse du département.

Ces pièces seront transmises de suite à la caisse d'amortissement par l'administration, qui enverra en échange à l'employé qu'elles concerneront le nouveau certificat d'inscription sur les registres de cette caisse, ou une ordonnance pour toucher à celle du département le montant du cautionnement, soit dans le cas de son remboursement définitif, soit qu'il ne s'agisse que de la différence avec le nouveau, si l'ancien est supérieur. (*CD.* 4 *vendémiaire an* 14.)

Dans le cas même où il y a identité parfaite entre les deux cautionnemens, le renvoi du récépissé à la caisse d'amortissement est encore nécessaire pour qu'elle puisse constater la mutation et assurer le paiement des intérês avec connoissance exacte de la résidence. (*CD.* 30 *ventose an* 13.)

Les récépissés des cautionnemens doivent indiquer les noms et prénoms des titulaires. (*CD.* 28 *février* 1807.)

Les préposés qui auront des cautionnemens à verser pourront recevoir, au lieu de mandats que leur délivroient les receveurs généraux, des reconnoissances à talon, dans lesquelles on mentionnera que les versemens auront lieu pour la caisse d'amortissement. Ces récépissés seront adressés par MM. les directeurs à M. le directeur général, qui les fera remettre à la caisse d'amortissement. (*CD.* 26 *mars* 1808.)

§. II. *De l'emploi et des intérêts des cautionnemens.*

100. Les cautionnemens.... sont.... affectés par premier privilège à la garantie des condamnations qui pourroient être prononcées contre *les employés* par suite de l'exercice de leurs fonctions; par second privilège, au remboursement des fonds qui leur auroient été prêtés pour tout ou partie de leur cautionnement, et, subsidiairement, au paiement, dans l'ordre ordinaire, des créances particulières qui seroient exigibles sur eux. (25 *nivose an* 13, *art.* 1.)

Là où il y a des points cet article disoit :

« Les cautionnemens fournis par les agens de « change, les courtiers de commerce, les avoués, « greffiers, huissiers et les commissaires-priseurs, « sont, comme ceux des notaires (*article* 23 *de la loi* « *du* 25 *ventose an* 11), affectés, par premier pri- « vilège, etc.... » On voit que cette disposition étoit personnelle à ceux qu'elle dénomme, mais la loi du 6 ventose an 13 l'a rendue commune à tous les comptables publics; elle dit :

« Les articles 1, 2 et 4 de la loi du 25 nivose « dernier, relative aux cautionnemens fournis par les « notaires, avoués et autres, s'appliqueront aux cau- « tionnemens des receveurs généraux et particuliers, « et de tous les autres comptables publics ou prépo- « sés des administrations. (6 *ventose an* 13, *article* 1.)

« Les prêteurs des sommes employées auxdits cau- « tionnemens jouiront du privilège de second ordre « institué par l'article 1 de la loi du 25 nivose der- « nier, en se conformant aux articles 2 et 4 de la « même loi. » (6 *ventose an* 13, *article* 2.)

Ces articles 2 et 4 de la loi du 25 nivose an 13 s'expriment ainsi :

2. « Les réclamans, aux termes de l'article pré- « cédent, seront admis à faire sur ces cautionnemens « des oppositions motivées, soit directement à la « caisse d'amortissement, soit aux greffes des tribu- « naux dans le ressort desquels les titulaires exercent « leurs fonctions; savoir : pour les notaires, commis- « saires-priseurs, avoués, greffiers et huissiers, aux « greffes des tribunaux civils; et pour les agens de « change et courtiers, aux greffes des tribunaux de « commerce.

4. « La déclaration au profit des prêteurs des fonds « de cautionnement, faite à la caisse d'amortissement « à l'époque de la prestation, tiendra lieu d'opposi- « tion pour leur assurer l'effet du privilège du second « ordre, aux termes de l'article 1er. »

Et depuis il a encore été rendu, le 28 août 1808, un décret ainsi conçu :

Art. 1. « Les prêteurs de fonds pour cautionne- « ment qui n'auroient pas fait remplir, à l'époque de « la prestation, les formalités exigées par les articles « 2, 3 et 4 de la loi du 25 nivose an 13, pour s'as- « surer de la jouissance du privilège du second ordre, « pourront l'acquérir à quelqu'époque que ce soit, « en rapportant au bureau des oppositions, établi « à la caisse d'amortissement, en exécution de la sus- « dite loi du 25 nivose an 13, la preuve de leur « qualité, et main-levée des oppositions existantes « sur le cautionnement, ou le certificat de non-oppo- « sition du tribunal de première instance.

2. « Il sera délivré aux prêteurs de fonds inscrits « sur les registres d'opposition et de déclarations de « la caisse d'amortissement et sur leur demande un « certificat.....

3. « Les prêteurs de fonds ne pourront exercer le « privilège de second ordre qu'en représentant le « certificat mentionné en l'article précédent, à moins « cependant que leur opposition ou la déclaration « faite à leur profit ne soit consignée aux registres « des oppositions et déclarations de la caisse d'amor- « tissement; faute de quoi ils ne pourront exercer de « recours contre la caisse d'amortissement que « comme les créanciers ordinaires, et en vertu des « oppositions qu'ils auroient formées au greffe des « tribunaux indiqués par la loi. »

101. A compter de l'an 9, il sera fait un fonds spécial pour le paiement des intérêts de ces cautionnemens, à raison de *quatre* pour cent par an, sans retenue. (7 *ventose an* 8, *art.* 5.)

102. Les intérêts de l'universalité des cautionnemens seront acquittés par la caisse d'amortissement, aux époques et dans les proportions fixées..... (*AC.* 24 *germinal an* 8, *premier paragraphe de l'art.* 7.)

Il résulte d'un avis du conseil d'état, du 24 décembre 1808, approuvé par Sa Majesté le 24 mars 1809, que la caisse d'amortissement doit rejeter à l'avenir toutes demandes d'intérêts qui remonteroient au-delà de cinq ans, si la prescription n'a pas été interrompue.

103. Aucun paiement d'intérêts ne pourra être fait que sur la représentation de la quittance définitive à délivrer par les administrateurs de la caisse d'amortissement.

Lesdits intérêts courront à compter de la date, soit des versemens en numéraire, soit de l'acquittement des obligations. (*AC. 24 germinal an* 8 , *art.* 8.)

IL a été convenu avec la caisse d'amortissement que les quittances provisoires des préposés des douanes seroient adressées par les directeurs à l'administration centrale à Paris ; qu'elle en feroit elle-même la remise, et qu'elle enverroit en échange les récépissés des administrateurs.

D'après cette convention, l'organisation de la caisse d'amortissement intéresse trop peu les employés des douanes pour trouver place ici.

§. III. *Du remboursement des cautionnemens.*

104. Dans tous les cas de vacance, par mort ou autrement, le cautionnement du nouveau titulaire servira au remboursement de celui de son prédécesseur; et en cas de suppression d'emploi, il sera pourvu au remboursement par la caisse d'amortissement, sur les fonds qui lui auront été versés. (7 *ventose an* 8 , *art.* 7.)

105. La caisse d'amortissement est autorisée à rembourser les cautionnemens des titulaires décédés ou interdits aux héritiers et ayans-droit, sur simple rapport,

1°. Du certificat d'inscription ou des titres constatant le paiement du cautionnement ;

2°. Des certificats de quitus, d'affiche et de non-opposition prescrits par les lois des 25 nivose et 6 ventose an 13 ;

3°. Et d'un certificat, ou d'un acte de notoriété, contenant les noms, prénoms et domiciles des héritiers et ayans-droit, la qualité en laquelle ils procèdent et possèdent, l'indication de leurs portions dans le cautionnement à rembourser, et l'époque de leur jouissance.

Ce certificat devra être délivré par le notaire détenteur de la minute, lorsqu'il y aura eu inventaire ou partage par acte public, ou transmission gratuite à titre entre-vifs ou par testament.

Il le sera par le juge de paix du domicile du décédé, sur l'attestation de deux témoins, lorsqu'il n'existera aucun desdits actes en forme authentique.

Si la propriété est constatée par jugement, le greffier dépositaire de la minute délivrera le certificat. (*DI.* 18 *septembre* 1806 , *art.* 1.)

106. Ces certificats seront assujettis au simple droit d'enregistrement d'un franc; ils devront être légalisés par le président du tribunal de première instance, et conformes aux modèles annexés au présent décret. (*DI.* 18 *septembre* 1806 , *art.* 2.)

VOICI ces modèles:

CERTIFICAT A DÉLIVRER PAR UN GREFFIER. — Je soussigné (*nom et prénoms*), greffier du tribunal de... département de.... certifie, conformément au décret impérial de.... que tel *ou* tels (*noms*, *prénoms et qualités*) a *ou* ont été déclarés propriétaires du cautionnement fourni par le sieur (*nom*, *prénoms et qualités*), et que ledit *ou* lesdits.... a *ou* ont seuls le droit de recevoir le remboursement dudit cautionnement en capital ou intérêts.

Fait à.....

NOTA. Ce certificat énoncera la portion afférente à chacun des ayans-droit, la qualité dans laquelle cette portion lui est dévolue; si c'est comme héritier, donataire, légataire ou créancier. Il contiendra les noms des tuteurs et mineurs, s'il en existe; et enfin il devra être légalisé par le président.

MODÈLE DU CERTIFICAT A DÉLIVRER PAR UN JUGE DE PAIX. — Je soussigné (*nom, prénoms*), juge de paix du canton de.... arrondissement de.... département de.... certifie, conformément au décret impérial du 18 septembre 1806, et sur l'attestation de (*noms, prénoms, qualités, résidence des deux témoins*), que le sieur (*nom, prénoms et qualités du titulaire*), est décédé à..... le.... *ab intestat*; qu'après son décès il n'a pas été fait d'inventaire, et que dame... sa veuve, demeurant à... ou que tel *ou* tels (*mettre les noms, prénoms, qualités et résidence*) son seul héritier *ou* ses seuls héritiers, est *ou* sont propriétaires du capital et des intérêts du cautionnement que ledit sieur... a fourni en sa dite qualité, et qu'il a *ou* qu'ils ont le droit d'en recevoir le remboursement. (*Ce certificat énoncera la portion afférente à chacun des ayans-droit, et s'il y a des mineurs, les noms des tuteurs qui ont droit de toucher pour eux.*)

Fait à....

NOTA. Ces sortes de certificats de propriété ne doivent et ne peuvent être délivrés par un juge de paix, qu'autant qu'il n'existe aucun acte de transmission de propriété passé devant notaire; s'il en existe, ils doivent être délivrés par les notaires détenteurs des minutes desdits actes.

Ce certificat doit être légalisé.

MODÈLE DE CERTIFICAT DE PROPRIÉTÉ A DÉLIVRER PAR UN NOTAIRE. — Je soussigné (*nom, prénoms*), notaire à.... (*résidence, arrondissement et département*), certifie, conformément aux dispositions du décret impérial du... (*la date*), que N. *ou* NN. (*mettre les noms, prénoms, qualités, résidence, arrondissement et département de tous les ayans-droit*), a *ou* ont seuls le droit de recevoir le capital et les intérêts du cautionnement de (*nom, prénoms, qualités, résidence, arrondissement et département*).

NOTA. Il faudra aussi indiquer, lorsqu'il y aura plusieurs ayans-droit, la portion revenant à chacun, à quel titre il en est propriétaire, soit comme héritier, comme donataire ou légataire, comme cessionnaire, soit enfin en vertu d'abandon fait par partages de la succession du titulaire décédé; il sera également nécessaire de relater les différens actes de transmission de propriété, tels qu'inventaire, partage, transports, donation et testament, soit olographe, soit devant notaire. S'il s'agit d'un testament olographe, on énoncera que le légataire s'est fait envoyer en possession de son legs; on relatera l'ordonnance rendue par le président du tribunal, à l'effet dudit envoi en possession. Si le titulaire décédé a laissé une veuve commune ou non commune, le certificat en fera mention.

Si, dans le nombre des ayans-droit, il y a des tuteurs, soit naturels, soit judiciaires, il faudra les dénommer et énoncer leur résidence, arrondissement et département, ensemble les noms et titres des mineurs qu'ils représentent. Il en sera de même des interdits.

Le notaire terminera son certificat de la manière suivante:

« Le tout ainsi qu'il résulte des actes sus-énoncés, soit inventaire, soit partage, transport, donation ou testament, le tout étant en ma possession ».

Fait à....

Ce certificat devra être légalisé par le président du tribunal.

N. B. Toutes les fois qu'il y aura lieu au remboursement du cautionnement d'un employé décédé, ses chefs donneront à ses héritiers les instructions contenues au décret ci-dessus, et n'adresseront les pièces exigées pour le remboursement, qu'après s'être assurés que les certificats sont conformes aux modèles ci-dessus. (*CD.* 31 *mars* 1807.)

SECTION III. — *Du poste des employés en cas d'alarme.*

107. Tous les..... commis attachés aux bureaux des...... administrations publiques seront tenus, aux signaux d'alarme, de se rendre sur-le-champ dans leurs bureaux, qui deviennent pour eux le poste du citoyen. (*Loi du 2 septembre* 1792.)

CETTE mesure générale deviendroit particulière aux préposés des douanes, lors d'un trouble qui éclateroit dans leur résidence à raison d'un incendie, etc. Ils devroient aussitôt se rassembler au bureau de la douane de la commune, s'il y en avoit une; dans le cas contraire, chez les différens chefs, pour y recevoir et exécuter les ordres que les circonstances exigeroient. (*Circulaire de la régie aux directeurs, du* 7 *septembre* 1792.)

Cette observation ne s'applique cependant qu'aux préposés qui ne sont pas de garde, car les autres ne peuvent, sous tel prétexte que ce soit, quitter leur poste.

SECTION IV. — *Des suites de la démission et de la destitution des employés.*

108. Tout préposé destitué de son emploi, ou qui le quittera, sera tenu de remettre à l'instant à *l'administration*, ou à son fondé de procuration, sa commission, les registres et autres effets dont il sera chargé pour *l'administration*, et de rendre ses comptes; sinon, et à faute de ce faire, il sera décerné contrainte par ledit fondé de procuration, et la contrainte, visée par l'un des juges du tribunal *des douanes*, sera exécutée par toutes voies, même par corps. (22 *août* 1791, *art.* 24, *tit.* 13.)

CETTE loi dit que la contrainte doit être visée par l'un des juges du tribunal du district, actuellement tribunal de première instance; mais celles du 4 germinal an 2 et 14 fructidor an 3 ayant ordonné que les juges de paix connoîtroient des affaires civiles des douanes, ils ont conservé la compétence de ce visa jusqu'à l'installation des tribunaux de douanes auxquels elle est échue de droit.... Cependant je ne pense plus que ce visa soit de rigueur depuis l'arrêté du 29 thermidor an 11 (n° 164); si le directeur général peut autoriser la mise en jugement des préposés, il doit nécessairement pouvoir les faire arrêter de sa seule autorité.

Un avis du conseil d'état, en date du 19 février 1807, approuvé par l'Empereur le 16 mars de la même année, s'exprime ainsi sur les comptables destitués par ordre de Sa Majesté:

« Le conseil d'état, qui, d'après le renvoi ordonné « par Sa Majesté l'Empereur et Roi, a entendu le rap- « port de la section des finances sur celui du ministre « du trésor public, tendant à faire décider que l'art. « 75 de l'acte constitutionnel du 22 frimaire an 8 n'est « point applicable aux comptables destitués par ordre « de Sa Majesté; considérant que ce n'est pas aux « comptables infidèles et destitués que la constitution « a voulu donner contre leur mise en jugement, si la « vindicte publique la réclame, une sauve-garde que « l'autorité suprême pourroit seule leur ôter; que « toutes les lois anciennes et nouvelles assimilent les « comptables rétentionnaires de deniers publics aux « banqueroutiers frauduleux, et qu'il n'est pas moins « contraire à l'esprit de la constitution qu'à l'intérêt « du gouvernement de supposer que des ex-comp- « tables sans fonctions, devenus étrangers à l'action « administrative, puissent, même encore après « qu'ils ont été frappés d'une destitution, réclamer « un privilège qui n'a été accordé qu'aux agens pu- « blics, dont la cessation des fonctions et de la coo- « pération au mouvement administratif pourroit en « paralyser l'action:

« Est d'avis, 1°. que les comptables destitués par « ordre de Sa Majesté ne peuvent pas être admis « à se prévaloir de la prérogative constitutionnelle, « d'après laquelle les agens publics ne peuvent être « mis en jugement qu'en vertu d'une décision du « conseil d'état;

2°. « Que les ex-comptables rétentionnaires de de- « niers publics peuvent être traduits devant les tribu- « naux criminels sur la simple dénonciation du mi- « nistre du trésor public au grand juge ministre de « la justice, qui se fera rendre compte de l'instruc- « tion et des suites de la procédure ».

Le code pénal porte en son article 197, que:

« Tout fonctionnaire public révoqué, destitué, sus- « pendu ou interdit légalement, qui, après en avoir eu « la connoissance officielle, aura continué l'exercice de « ses fonctions, ou qui, étant électif ou temporaire, « les aura exercées après avoir été remplacé, sera puni « d'un emprisonnement de six mois au moins et de « deux ans au plus, et d'une amende de cent francs « à cinq cents francs. Il sera interdit de l'exercice de « toute fonction publique pour cinq ans au moins et « dix ans au plus, à compter du jour où il aura subi « sa peine: le tout sans préjudice des plus fortes peines « portées contre les officiers ou commandans mili- « taires par l'article 93 *dudit* code *pénal* ».

109. Les employés des douanes, non domiciliés précédemment dans le lieu où ils étoient en exercice, et qui auront été destitués ou renvoyés, pourront être tenus de s'éloigner à la distance de deux myriamètres au moins des côtes dans les départemens maritimes, et de la première ligne des douanes dans les autres départemens, s'il en est ainsi ordonné par l'administration des douanes, qui en donnera avis au ministre de la police. (*DI.* 25 *octobre* 1806.)

POUR que les préposés destitués soient tenus de s'éloigner, il faut un ordre du directeur général; à cet effet, les directeurs des départemens, en faisant cette demande, transmettent les signalemens de ces employés et envoient des notes sur la conduite qu'ils ont tenue, les causes de destitution, et les motifs de cette demande; si le directeur général accorde l'ordre, le directeur du département le fait signifier à l'employé destitué par un chef du service. (*CD.* 20 *novembre* 1806.)

CHAPITRE IV. — *De l'Exercice des employés.*

SECTION I. — *Dispositions générales sur cet exercice.*

110. L'*administration* sera responsable du fait de ses préposés, dans l'exercice et pour raison de leurs fonctions seulement, sauf son recours contre eux ou leurs cautions. (22 *août* 1791, *art.* 19, *tit.* 13.)

111. Les préposés *des douanes* auront, pour l'exercice de leurs fonctions, le port d'armes à feu et autres. (22 *août* 1791, *premier paragraphe de l'article* 15, *tit.* 13.)

On trouvera tout ce qui est relatif à l'armement des employés des douanes sous le nº 16.

112. Ils seront toujours munis de leurs commissions dans l'exercice de leurs fonctions, et ils seront tenus de les exhiber à la première réquisition. (22 *août* 1791, *premier paragraphe de l'art.* 16, *tit.* 13.)

Le second paragraphe de cet article portoit *que les préposés de brigades porteroient un écusson avec exergue*; mais un arrêté du 25 pluviose an 8 a donné un uniforme au service actif, et cet uniforme a définitivement été ordonné pour tous les emplois de douanes, par l'arrêté consulaire du 7 frimaire an 10 (nº 16). — Quoiqu'il suffise pour faire reconnoître les préposés, il me paroît qu'il n'en est pas moins indispensable qu'ils soient porteurs de leurs commissions ou d'ordres suffisans.

L'article premier du titre 4 de la loi du 4 germinal an 2 porte :

« Tous les préposés des douanes recevront une « commission du conseil exécutif, et en seront tou- « jours porteurs, ainsi que du code ». — Cette dernière formalité, impossible à remplir, n'ayant été rappelée par aucune loi subséquente, est tombée en désuétude.

Les commissions délivrées aux employés des douanes contiennent les instructions relatives aux fonctions de leur grade.

113. Lesdits préposés *des douanes* sont sous la sauve-garde de la loi.

Il est défendu à toute personne de les injurier ou maltraiter, et même de les troubler dans l'exercice de leurs fonctions, à peine de cinq cents *francs* d'amende, et sous telle autre peine qu'il appartiendra, suivant la nature du délit.

Les commandans militaires dans les départemens, les *préfets*, les *sous-préfets* et *les maires et adjoints*, seront tenus de leur faire prêter main-forte, et les gardes nationales, troupes de ligne ou gendarmerie nationale, de leur donner ladite main-forte à la première réquisition, sous peine de désobéissance. (22 *août* 1791, *art.* 14, *tit.* 13.)

L'article 2 du titre 4 de la loi du 4 germinal an 2 contient, en d'autres termes, les mêmes dispositions que celles ordonnées par le second paragraphe ci-dessus relativement aux injures et voies de fait. (*Voir le chapitre* 2 *du titre* 2 *du livre V.*) — Cet article 2 n'abroge donc pas ce second paragraphe, puisque l'un n'est que le développement de l'autre, et que tous deux peuvent marcher de pair.

J'examinerai dans le chapitre *des peines cumulatives* devant quel tribunal on doit procéder *alors qu'il y a injure sans voie de fait.*

Par arrêt de la cour de cassation, rendu en 1807, il a été reconnu que les préposés des douanes, en tournée ou en observation pour empêcher l'introduction des marchandises prohibées, sont, dans l'exercice de leurs fonctions, et à l'instar de la gendarmerie et de la force armée, agissant sur la réquisition d'une autorité compétente.

Jurisprudence. — *Les préposés des douanes dans les départemens sont-ils, en leur qualité, suffisamment autorisés pour appeler, au nom de l'administration, des jugemens rendus à son préjudice?* (Réponse affirmative, par jugement du 28 messidor an 8.)

Le tribunal criminel du Pas-de-Calais prétendoit qu'un pouvoir spécial de l'administration devoit indispensablement être joint à la requête d'appel; que la commission d'employé n'autorisant qu'à faire des recherches et saisies, elle ne pouvoit suppléer à ce pouvoir, d'où il jugea qu'il y avoit contravention à l'article 195 du Code des délits et des peines, et par conséquence déchéance. —

Il y avoit d'autant plus de contradiction dans ce jugement, que si la commission d'employé n'autorisoit pas à interjeter appel, elle n'autorisoit pas non plus à en signer et déposer la requête, d'où il falloit déclarer l'acte d'appel nul, et non pas dire que l'administration étoit déchue de cet appel; car en prononcer la déchéance, c'étoit reconnoître qu'il avoit été interjeté valablement, c'étoit reconnoître que la commission d'employé donnoit qualité pour poursuivre.

La cour de cassation a infirmé ce jugement, attendu qu'un premier arrêt avoit déjà reconnu implicitement que l'employé des douanes étoit par sa commission suffisamment autorisé à interjeter l'appel dont il s'agissoit.

En effet, si le pouvoir de saisir n'emportoit pas, en matière des douanes, celui de poursuivre l'effet de la saisie, il en résulteroit que les lois répressives deviendroient sans effet; car les courts délais que la loi accorde pour les poursuites mettroient presque toujours l'administration dans l'impossibilité d'envoyer, en temps utile, des pouvoirs spéciaux pour chaque acte de procédure, surtout à ceux de ses employés qui sont à de grandes distances de son siége.

Voir d'autres arrêts dans le même sens au tit. 1er du livre V.

SECTION II. — *Des Visites.*

§. 1. *De la visite des bâtimens.*

114. Les capitaines et autres officiers et préposés sur les bâtimens du service des douanes, ceux du commerce ou de marine militaire, pourront visiter tous bâtimens au-dessous de cent tonneaux, étant à l'ancre ou louvoyant dans les *deux myriamètres* des côtes de France, hors le cas de force majeure.

Si ces bâtimens ont à bord des marchandises dont l'entrée ou la sortie est prohibée en France, ils seront confisqués, ainsi que les cargaisons, avec amende de 500 francs contre les capitaines des bâtimens. (4 *germinal an* 2, *art.* 7, *tit.* 2.)

CETTE disposition abroge l'art. 7 du tit. 13 de la loi du 22 août 1791, qui ne permettoit ces visites que sur bâtimens de cinquante tonneaux.

D'après les termes dont se sert l'art. 7 ci-dessus du titre 2 de la loi du 4 germinal an 2, il est aisé de reconnoître que l'amende de 500 fr. qu'il édicte est personnelle au capitaine; c'est contre lui qu'elle est prononcée, parceque de jeter l'ancre, de louvoyer avec des marchandises prohibées, est une contravention qui vient de lui; mais comme cette contravention personnelle ne peut absoudre de celle qu'on a commise par la sortie, ou qu'on tentoit de commettre par l'introduction d'objets prohibés, il est évident qu'il y a deux peines à appliquer, puisqu'il y a deux délits de commis; il faut donc, outre la confiscation, appliquer l'amende de 500 fr. au capitaine, et réclamer par accumulation l'amende et la peine infligées sur l'espèce de marchandise.

115. Les préposés des douanes pourront aller à bord de tout bâtiment, même de ceux de guerre, entrant dans les ports ou rades, ou en sortant, montant ou descendant les rivières; y demeurer jusqu'au déchargement ou sortie, ouvrir les écoutilles, chambres, armoires, caisses, balles, ballots, tonneaux et autres enveloppes. (4 *germinal an* 2, *art.* 8, *tit.* 2.)

116. Les préposés pour la vérification des bâtimens et cargaisons pourront, au coucher du soleil, fermer les écoutilles, pour n'être ouvertes qu'en leur présence. (4 *germinal an* 2, *premier paragraphe de l'art.* 5, *tit.* 2.)

IL résulte de la combinaison de ces deux articles avec celui qui va suivre, que les capitaines qui refuseroient de recevoir les préposés encourroient la peine de déchéance et une amende de cinq cents fr. pour le cas de visite dans les bâtimens de guerre. *Voyez* plus bas, n° 118.

117. Des préposés *des douanes* pourront être mis, soit avant, soit après la déclaration, à bord de tous les bâtimens entrant dans les ports et rades de France et en sortant, et même à l'embouchure et dans le cours des rivières.

Il est enjoint aux capitaines et officiers des bâtimens, à peine de déchéance de leurs grades et de cinq cents *francs* d'amende, de recevoir lesdits préposés, et de leur ouvrir les chambres et armoires desdits bâtimens, à l'effet d'y faire les visites nécessaires pour prévenir la fraude; s'ils s'y refusent, lesdits préposés pourront demander l'assistance d'un juge pour être fait ouverture en sa présence desdites chambres et armoires, dont il sera dressé procès-verbal aux frais desdits capitaines et maîtres des navires.

Dans le cas où il n'y auroit pas de juge sur le lieu, ou s'il refusoit de se transporter sur le bâtiment, le refus étant constaté par un procès-verbal, lesdits préposés requerroient la présence de l'un des officiers municipaux dudit lieu, qui sera tenu de les y accompagner. (22 *août* 1791, *paragraphes* 1, 2 *et* 3 *de l'art.* 8, *tit.* 13.)

Le dernier paragraphe de cet article est conçu ainsi: « S'ils soupçonnent que des caisses, ballots et tonneaux contiennent des marchandises prohibées ou non déclarées, ils les feront transporter à l'instant au bureau, pour être procédé immédiatement à leur visite ».

Mais comme l'art. 8 de la loi du 4 germinal an 2, cité ci-dessus, a autorisé l'ouverture des colis dans le bâtiment même, il en résulte qu'on doit se dispenser de faire faire ce transport lorsqu'il n'y a pas de nécessité.

Voir aussi, dans le cas du refus d'assister, le n° 124.

118. Les préposés *des douanes* pourront faire toutes visites dans les vaisseaux et autres bâtimens de guerre, en requérant les commandans de la marine dans les ports, les capitaines desdits vaisseaux ou les officiers des états-majors, de les accompagner; ce qu'ils ne pourront refuser, à peine de 500 *francs* d'amende: et en cas de contravention constatée sur lesdits bâtimens, les capitaines et officiers seront soumis aux peines portées par *les lois de douanes*.

Lesdites visites ne pourront toutefois être faites après le coucher du soleil. (22 *août* 1791, *art.* 10, *tit.* 13.)

Voir, pour le refus d'assister, les notes des numéros 124 et 128, où se trouvent rapportées les peines qu'édicte le code pénal; lesdites peines sont cumulatives, et n'empêchent conséquemment pas l'application de l'amende de 500 fr. ci-dessus prescrite.

§. II. *De la visite domiciliaire.*

119. . . . Les préposés des douanes, accompagnés d'un administrateur municipal, pourront, dans l'étendue du *rayon soumis à la police des douanes*, visiter, de jour seulement, les maisons qui leur seroient indiquées pour contenir ou recéler des marchandises provenant des fabriques ou du commerce anglois. (10 *brumaire an* 5, *art.* 11.)

Ce n'est pas pour marchandises angloises seulement que la visite des maisons est autorisée, elle l'est encore alors qu'on y a vu introduire la fraude (n° 123), alors qu'on y soupçonne un entrepôt frauduleux (n° 250), et alors qu'il y a un dépôt de grains dans les 5 kylomètres des frontières. (Chapitre *des Grains*, au livre III.)

Aux termes de l'article 12 de la loi du 10 brumaire an 5, les visites hors l'étendue du rayon des douanes doivent être faites par le maire ou ses adjoints......
Cependant un arrêté directorial du 9 ventose an 6 a dit:

Art. 1. « Les préposés des douanes, accompagnés, « soit d'un administrateur municipal, soit d'un juge

« de paix, d'un commissaire du *gouvernement*, d'un « commissaire de police, continueront de faire, dans « toutes les communes de l'empire, les visites ordon- « nées par la loi du 10 brumaire an 5, pour la dé- « couverte des marchandises angloises, en remplis- « sant les formalités prescrites par les lois relatives « aux douanes.

Art. 2. « Les *maires*, les juges de paix, les com- « missaires du *gouvernement* et les commissaires de « police, seront tenus de faire droit sur les réquisi- « tions des employés des douanes ».

Il en résultoit donc que les employés des douanes, accompagnés de l'un des fonctionnaires ci-dessus dénommés, pouvoient visiter à domicile hors de l'étendue de la ligne des douanes; mais cette faculté, nonobstant ce que j'en ai dit dans la première édition de cet ouvrage, leur a été ôtée par l'art. 2 de l'arrêté consulaire du 4 complémentaire an 11, lequel remet nommément en vigueur les articles 11 et 12 de la loi du 10 brumaire an 5, et en rappelle même les dispositions; ainsi ce sont ces articles 11 et 12 seuls qu'il est permis de suivre aujourd'hui.

Cependant si l'entrée domiciliaire étoit nécessaire par suite de la poursuite de la fraude (*Voir* n° 122), il est évident que les employés pourroient saisir à domicile hors la ligne; c'est ce qui résulte de la combinaison des articles 35 et 36 du titre 13 de la loi du 22 août 1791 (numéros 122 et 123).

Le sens de cet article 36 et celui de l'article 11 ci-dessus de la loi du 10 brumaire an 5 ont été expliqués par l'article 2 d'un décret du 20 septembre 1809 (*Voir* n° 124). Cette explication porte sur le refus que feroit le maire ou le juge d'accompagner aux visites; il suffit alors, pour la régularité des opérations, que le procès-verbal contienne mention de la réquisition des préposés et du refus de l'officier public.... Quoique cette faculté doive à l'avenir lever toute difficulté, elle ne rend cependant pas inutile à connoître, pour les affaires qui ne seroient pas encore terminées, la manière dont on jugeoit; voici donc sur cette matière les arrêts qui ont été rendus par la cour de cassation.

JURISPRUDENCE. *Dans le cas de l'article ci-dessus, l'introduction des employés des douanes dans les maisons est-elle légitimée par la présence d'un commissaire de police d'un autre arrondissement qui a reçu à cet effet une mission spéciale du préfet?* (Réponse affirmative.)

Le 2 frimaire an 13, saisie de marchandises angloises dans une maison de la ville de Lierre, en présence d'un commissaire de police d'Anvers, délégué à cet effet par un arrêté formel du préfet des Deux-Nèthes, du 1er du même mois. — Le propriétaire des marchandises réclama contre la saisie, et obtint un arrêt de la cour criminelle du département qui, confirmant le jugement du tribunal correctionnel d'Anvers, déclara la saisie nulle par plusieurs motifs (*voir Procès-verbaux*, livre V), et notamment parce que le commissaire de police, opérant à Lierre, n'étoit pas dans son territoire. — Sur le recours en cassation de l'administration des douanes, il est intervenu l'arrêt suivant, en date du 17 brumaire an 14: « Vu l'article 456 du Code des délits et des peines, « numéros 1 et 6; et attendu sur le premier moyen, « que le commissaire de police d'Anvers, en se trans- « portant au lieu de Lierre pour assister le commis- « saire à l'estampille dans la recherche de marchan- « dises angloises, ne l'a fait que d'après l'autorisation « expresse du préfet du département des Deux- « Nèthes, et chef suprême de l'administration dans « son département; — Que dans le cas où le préfet « n'auroit pas eu le droit d'autoriser le commissaire « de police à exercer ses fonctions hors le territoire « de son arrondissement, il n'appartenoit pas à l'au- « torité judiciaire d'improuver un acte de l'autorité « administrative; — Et que l'arrêt attaqué n'a pas pu « déclarer nul le procès-verbal de saisie dont il s'agit, « dressé en présence de ce commissaire de police, « comme fait en présence d'un fonctionnaire public « sans caractère et sans pouvoir dans le lieu où cette « saisie a été faite, sans entreprendre sur l'autorité « administrative, dont la cour criminelle qui l'a rendu « avoit connoissance, puisque l'arrêté du préfet étoit « rappelé et même annexé à ce procès-verbal, et « sans commettre par conséquent une usurpation de « pouvoir formellement prohibée par le n° 6 de l'ar- « ticle 456......; la cour casse et annulle, etc. »

2°. *Dans les mêmes cas que ci-dessus, la visite domiciliaire par les préposés des douanes peut-elle être légitimée par la présence de l'adjoint du maire, que le maire lui-même n'a pas désigné spécialement à cet effet?*

La cour criminelle de Rhin et Moselle, par arrêt du 26 thermidor an 12, avoit décidé cette question négativement, et en conséquence une saisie de marchandises angloises faite par les préposés des douanes dans une maison, en présence de l'adjoint du maire, avoit été déclarée nulle. — L'administration se pourvut en cassation, et la cour suprême rendit, le 9 frimaire an 13, l'arrêt suivant: — « Vu l'art. 11 « de la loi du 10 brumaire an 5, et l'art. 13 de celle « du 28 pluviose an 8; attendu que pour la validité « des opérations des préposés des douanes, lors des « visites qu'ils font en exécution de la loi du 10 bru- « maire an 5, il suffit qu'ils soient accompagnés d'un « fonctionnaire ayant caractère et qualité; — Que « les adjoints sont appelés par la loi même à l'exer- « cice de toutes les fonctions municipales, lorsque « les maires ne peuvent les remplir par eux-mêmes, « pour cause d'absence ou tout autre empêchement; « — Que si l'art. 7 de l'arrêté des Consuls, du 2 plu- « viose an 9, charge spécialement les maires de l'ad- « ministration et leur donne la faculté de déléguer « à leurs adjoints une partie de leurs fonctions, cette « disposition ne peut avoir pour objet que de régler

« l'exercice de ces mêmes fonctions, et de prévenir « les inconvéniens d'une concurrence indéfinie; — « Que dans l'espèce, il est justifié que lors de la vi- « site dont il s'agit, il ne se trouvoit dans la com- « mune de Rhinder que l'adjoint du maire; et que sa « présence aux opérations des préposés avoit suffi « pour les rendre régulières sous ce rapport; — « Qu'ainsi, en déclarant nul le procès-verbal de « saisie dressé lors de ladite visite, sur le fondement « que l'adjoint avoit agi sans une délégation expresse « du maire, la cour de justice criminelle du dépar- « tement de Rhin et Moselle a mal interprété la dis- « position de l'article 7 de l'arrêté des Consuls, du 2 « pluviose an 9, et contrevenu formellement aux « dispositions des art. 11 de la loi du 10 brumaire « an 5, et 13 de celle du 28 pluviose an 8; — « casse et annulle..... »

3°. Il a aussi été jugé que, lorsque les officiers municipaux d'une commune et le juge du lieu refusent d'accompagner les employés, ceux-ci peuvent obtenir du préfet un arrêté qui, à raison de ce refus ou empêchement, commette pour les assister un lieutenant ou commandant de gendarmerie; la visite est alors légale. (*Arrêt de la cour de cassation, du 15 frimaire an 9.*)

§. III. *De la visite des papiers.*

120. Les préposés des douanes et les préposés à la perception des droits d'octroi sont tenus de se faire représenter les lettres de voiture, connoissemens, chartes-parties et polices d'assurance des marchandises et autres objets dont le transport se fait par terre ou par eau, et de vérifier si ces actes sont écrits sur papier *timbré*. (*DI. 16 messidor an 13, art. 1.*)

Cet article disoit que ces actes devoient être écrits sur papier *d'un franc, ainsi qu'il est prescrit par l'article 5 de la loi du 6 prairial an 7;* mais un décret impérial du 3 janvier 1809 porte que ces actes seront assujettis au timbre de dimension, mais que les parties, pour rédiger ces actes, pourront se servir de telle dimension de papier timbré qu'elles jugement [illegible]ble, sans être tenues d'employer exclusivement à cet usage du papier frappé du timbre d'un franc.

L'art. 2 de ce décret du 3 janvier 1809 contient la disposition suivante :

« Ne sont point assujettis à se pourvoir de lettres « de voiture timbrées, les propriétaires qui font « conduire par leurs voituriers et leurs propres « domestiques ou fermiers les produits de leurs « récoltes. »

Il a été communiqué, le 8 vendémiaire an 14, que le papier timbré ne doit être exigé que pour les objets de commerce en gros ou d'expédition; ce qui exclut les transports faits pour le compte du Gouvernement, ceux des d[illegible] les habitans des campagnes pour leur consommation, d'effets à usage appartenant aux voyageurs, de matières envoyées par les manufacturiers dans les communes où ils ont des ateliers, et d'objets que les marchands forains vendent en détail dans les communes qu'ils parcourent; enfin, ceux que tous les propriétaires font avec leurs voitures et chevaux.

121. En cas de contravention, ils en rédigeront des procès-verbaux, pour faire condamner les souscripteurs et porteurs solidairement à l'amende fixée par l'article 4 de la loi du 6 prairial an 7. (*DI. 16 messidor an 13, art. 2.*)

L'amende fixée par cette loi contre les souscripteurs et porteurs solidairement est de 25 francs pour la première fois, de 50 francs pour la seconde, et de 100 francs pour chacune des autres récidives, indépendamment de la restitution des droits fraudés.

« Pour indemniser les préposés des soins de cette « vérification, il leur sera accordé la moitié des « amendes qui auront été payées par les contre- « venans. » (*DI. 16 messidor an 13, art. 3.*)

Les contraventions prévues par le présent décret concernent particulièrement l'administration des domaines et de l'enregistrement : c'est à la requête de cette administration qu'il doit être procédé, en déférant ces contraventions aux receveurs de l'enregistrement sur les lieux pour y donner la suite convenable. (*Circulaire du directeur général, du 13 thermidor an 13.*)

PAPIERS DES CONDUCTEURS DE FRAUDE.

« — Les préposés des douanes, lorsqu'ils font une « saisie, négligent presque toujours de s'assurer des « papiers dont les conducteurs des marchandises « sont porteurs; de là il arrive que rarement on peut « parvenir à découvrir les propriétaires de ces mar- « chandises et leurs adhérens, quand les conducteurs « s'obstinent à ne vouloir rien dire.

« Pour faciliter à MM. les procureurs généraux la « recherche et la découverte des entrepreneurs, as- « sureurs, directeurs, intéressés et complices de la

« fraude, les directeurs donneront les ordres les plus « positifs aux préposés de leur direction, pour qu'ils « fassent d'exactes perquisitions sur la personne des « conducteurs de marchandises de contrebande; qu'ils « saisissent tous les papiers, effets et autres objets « qui pourroient favoriser la découverte des coupa- « bles, et qu'ils en fassent un ou plusieurs paquets « sur lesquels ils apposeront leur cachet. Ils devront « également sommer les prévenus d'y apposer les « leur ou leur paraphe, et en cas de refus........, « il en sera fait mention dans le rapport, auquel les « papiers ainsi saisis seront annexés. » (*CD.* 22 *mai* 1811.)

SECTION III. — *De la poursuite de la fraude.*

122. Lesdits préposés pourront, en cas de poursuite de la fraude, la saisir même en-deçà du *rayon soumis à la police des douanes*, pourvu qu'ils l'aient vue pénétrer et qu'ils l'aient suivie sans interruption. (22 *août* 1791, *art.* 35, *tit.* 13.)

123. Lesdits préposés pourront, dans le même cas, faire leurs recherches dans les maisons situées dans l'étendue des deux *myriamètres* des côtes ou des frontières de terre, pour y saisir les marchandises de contrebande et autres, mais seulement dans le cas où, n'ayant pas perdu de vue lesdites marchandises, ils seroient arrivés au moment où on les aura introduites dans lesdites maisons; si alors il y a refus d'ouverture des portes, ils pourront les faire ouvrir en présence d'un juge ou d'un officier municipal du lieu, qui, dans tous les cas, devra être appelé pour assister au procès-verbal.

Toutes autres recherches à domicile leur sont interdites, si ce n'est au cas de l'article 39 du présent titre. (22 *août* 1791, *art.* 36, *tit.* 13.)

L'ARTICLE 39 invoqué ici est relatif aux entrepôts frauduleux; je l'ai donc classé sous le n° 253. — Mais ce n'est plus dans ces cas seuls que les recherches domiciliaires sont autorisées; elles le sont encore alors qu'il est indiqué aux préposés des douanes que des maisons contiennent ou recèlent des marchandises provenant des fabriques ou du commerce anglois. *Voir* n° 119.

De ce que les visites domiciliaires pour marchandises angloises et pour entrepôts frauduleux ne sont permises que de jour, on en a conclu que, dans aucun cas, les employés des douanes ne pouvoient les faire de nuit.... Certes, il y a dans cette conclusion une erreur préjudiciable à la répression de la fraude, et il est bien évident que, dans le cas dont il est question dans l'article ci-dessus, celui de la poursuite de la fraude sans l'avoir perdue de vue, l'entrée des maisons doit être ouverte aux préposés aussi-bien de nuit que de jour; s'il en étoit autrement, cette poursuite resteroit trop souvent sans effet..... D'ailleurs, l'article ci-dessus, qui édicte pour ce cas particulier, ne fixe pas d'heure pour saisir à domicile; ainsi les préposés, dont le service peut être nécessaire dans un autre endroit, ne sauroient être tenus de cerner la maison jusqu'au jour, si la contrebande s'y est introduite le soir : la loi ne leur impose pas cette obligation.... : ils doivent donc, dès qu'ils ont requis l'officier public, procéder à la saisie, quelle que soit l'heure.... Tel me semble être l'esprit de l'art. 36 du tit. 13 de la loi du 22 août 1791.

Il résulte d'un arrêt de cassation, du 23 octobre 1807, que cet art. 36 ci-dessus, qui n'autorise les employés des douanes à faire des recherches dans les maisons situées dans l'étendue de leur police, pour y saisir les marchandises de contrebande qu'ils poursuivent, que dans le cas où ils ne les auront pas perdues de vue, doit être entendu en ce sens, que les employés doivent s'occuper uniquement et exclusivement des moyens de parvenir à cette recherche et saisie sans se livrer à aucune autre opération; en sorte que si, tout en s'occupant ainsi de l'objet de leur recherche, ils l'ont momentanément *perdu de vue*, par un fait ou une circonstance indépendante de leur volonté, la saisie qu'ils en ont faite n'en est pas moins conforme à la loi. — *Voir* cet arrêt au *chapitre premier du titre I du livre V.*

124. L'article 36 du titre 13 de la loi du 22 août 1791, et l'article *onze* de la loi du 10 brumaire an 5, doivent être entendus en ce sens, que si le juge et l'officier municipal refusent d'assister au procès-verbal des préposés des douanes,

sur la réquisition que ceux-ci leur auront faite, il suffit, pour la régularité de leurs opérations, que le procès-verbal contienne mention de la réquisition et du refus. (*Dl. 20 septembre* 1809, *art.* 2.)

C'est par erreur que, dans les différentes éditions du décret ci-dessus, l'article 12 de la loi du 10 brumaire se trouve rappelé : cet art. 12 ne contient rien de relatif aux préposés; et celui dont le décret donne le sens est évidemment l'art. 11.... Je corrige donc cette faute typographique.

Ce qui a donné lieu à cette interprétation est une saisie opérée à domicile, les 11 et 12 prairial an 5, laquelle avoit passé par la filière de toutes les juridictions. Les tribunaux inférieurs déjugèrent constamment la cour de cassation : l'on dut donc se pourvoir au conseil d'état.... Il en résulta pour ce dont il est ici question la disposition que je viens de rapporter, et elle fut basée comme il suit :

« Considérant qu'à la vérité l'article 36 du titre 13 « de la loi du 22 août 1791, et l'article 11 de la « loi du 10 brumaire an 5, exigent que les préposés « des douanes se fassent assister pour les opérations « qu'ils sont autorisés à faire dans les maisons des « particuliers, mais qu'aucune loi ne prévoit le cas « où, lorsqu'il n'y aura dans le lieu qu'un seul juge « et un seul officier municipal, l'un et l'autre ayant « été requis, auront refusé;

« Considérant que les préposés ne peuvent être « tenus de faire remplacer les refusans, puisque « la loi ne leur en impose point l'obligation ; que « s'ils provoquent ce remplacement et s'adressent à « cet effet à l'administration départementale, c'est « une précaution surabondante dont l'omission n'au« roit point emporté la nullité de leurs actes ; « qu'à plus forte raison les parties saisies ne peu« vent se faire un moyen de nullité contre eux de « ce que, parmi les fonctionnaires désignés par l'ad« ministration pour que l'un d'eux assistât au procès« verbal, les préposés ont appelé le dernier désigné « au lieu du premier, vu que celui qu'ils ont appelé « et qui a comparu étoit un lieutenant de gendar« merie, puisque ces officiers, considérés comme « officiers de police judiciaire, ont qualité pour dres« ser eux-mêmes des procès-verbaux à l'effet de cons« tater les délits. »

SECTION IV. — *De la faculté qu'ont les employés des douanes d'exploiter et de faire tous actes de justice pour raison des droits de douanes.*

125. Les préposés *des douanes* pourront faire, pour raison des droits de douane *impériale*, tous exploits et autres actes de justice que les huissiers ont accoutumé de faire ; ils pourront toutefois se servir de tel huissier que bon leur semblera, notamment pour les ventes d'objets saisis, confisqués ou abandonnés. (22 *août* 1791, *art.* 18, *tit.* 13.)

Les préposés des douanes sont considérés comme officiers publics, par rapport aux ventes d'objets provenant de saisies ou autres qu'ils sont autorisés à faire ; en conséquence, ils ne sont pas tenus de faire, au bureau d'enregistrement, de déclaration préalable. (*LA.* 14 *floréal an* 7.)

Les préposés des douanes n'ont été autorisés à faire les significations de jugemens et autres actes relatifs à leurs fonctions, que pour éviter les frais..... ; il ne peut donc leur être attribué d'honoraires ; mais si ces significations exigent absolument des déplacemens qui les conduisent à une assez grande distance de leur domicile, et où il seroit encore plus onéreux d'employer un huissier, ils peuvent alors être remboursés de leurs frais. (*LD.* 10 *juin* 1809.) — *Voir* au livre V le chap. *de la Signification des jugemens.*

Jurisprudence. Un arrêt de la cour de cassation, du 17 brumaire an 8, a décidé que les commis des douanes, autorisés, par cet article 18, à faire tous exploits relatifs aux affaires des douanes, n'étoient pas soumis aux formalités prescrites par l'ordonnance de 1667, art. 2, titre 2 (*formalités renouvelées par l'art.* 61 *du code de procédure civile*) ; — Que par conséquent on ne pourroit arguer de nullité la signification qu'ils feroient d'un acte d'appel, sous le prétexte que dans l'exploit ils auroient négligé de faire mention de leurs prénoms et domiciles.... Dans l'espèce, les préposés étoient rédacteurs du procès-verbal, et ce procès-verbal, qui contenoit leurs noms et prénoms, étoit rappelé dans la signification d'appel.

SECTION V. — *Du devoir des autorités civiles et militaires relativement à l'exercice des préposés et à la répression de la fraude.*

126. Il est enjoint à tous postes militaires, aux gendarmes nationaux, aux gardes

nationales de service, et généralement à tous fonctionnaires, d'arrêter tous individus qui introduiroient des marchandises de fabrique ou de commerce anglois, ou qui les vendroient ou les entreposeroient dans l'intérieur de *l'empire*, ou qui tenteroient d'introduire des marchandises de contrebande, soit par versemens faits hors la présence des préposés des douanes, soit en évitant les bureaux frontières. (*AC.* 4 *complém. an* 11, *art.* 1.)

UN préposé prévaricateur *pris en flagrant délit* peut être arrêté et conduit en prison conformément à cet article et à l'article 3, sans mandement ni ordonnance de justice. (*LD.* 6 *pluviose an* 12.)

Ce cas de flagrant délit cesse d'exister si on laisse échapper le délinquant, et alors on ne peut plus que suivre à son égard les formes prescrites par l'arrêté du 29 thermidor an 11.

Les militaires qui contribuent aux saisies ont droit à la répartition du produit des confiscations. *Voir* nos 182 et 183.

127. Si, pour l'exécution de l'article ci-dessus, il est nécessaire de faire des visites domiciliaires, les formalités ordonnées par les articles 11 et 12 de la loi du 10 brumaire an 5 seront observées : en conséquence, les visites ne pourront être faites que de jour et en présence du maire de la commune, par les préposés des douanes dans la ligne des douanes ; et à l'intérieur, par les commissaires généraux ou commissaires de police dans les lieux où il y en a d'établis; et par-tout ailleurs, par le juge de paix du canton. (*AC.* 4 *complém. an* 11, *art.* 2.)

L'ARTICLE 11 de la loi du 10 brumaire est classé sous le no 119, et voici l'art. 12 :

« Un administrateur municipal, accompagné du « commissaire du *gouvernement*, pourra aussi, dans « l'arrondissement de son canton, visiter de jour les « maisons occupées par tout citoyen faisant le com- « merce, à l'effet de constater les contraventions aux « articles précédens. (10 *brumaire an* 5, *art.* 12.)

Il s'agit, dans *les articles précédens*, de la prohibition des marchandises angloises.

Par le second paragraphe de l'article 16 de cette même loi, « un sixième *du produit de ces confisca-* « *tions* est accordé, en forme d'indemnité, aux admi- « nistrateurs municipaux et aux commissaires *du* « *gouvernement*, dans tous les cas où leur présence « est ordonnée par la loi ».

(*Ce sixième n'est pas soumis à la retenue pour la caisse des retraites.*)

128. Les prévenus seront conduits, à l'instant même de la capture, dans les prisons du lieu, pour être incontinent traduits devant le *procureur impérial;* et dans le cas où la capture auroit été effectuée par les préposés des douanes, commissaires de police ou autres fonctionnaires et officiers publics, les gendarmes, les troupes de ligne et les gardes nationales seront tenus de leur prêter main-forte à la première réquisition. (*AC.* 4 *complém.* an 11, *art.* 3.)

VOIR, pour la traduction des prévenus devant les tribunaux, les numéros 263 et 264.

« Tout commandant, tout officier ou sous-officier « de la force publique qui, après en avoir été légale- « ment requis par l'autorité civile, aura refusé de « faire agir la force à ses ordres, sera puni d'un em- « prisonnement d'un mois à trois mois, sans préjudice « des réparations civiles qui pourroient être dues aux « termes de l'article *dix* du présent code ». (*Code pénal*, *art.* 234.)

Dans les différentes éditions du code pénal, c'est l'article onze qui se trouve invoqué par l'article 234; certes, il y a encore là une erreur typographique, puisque l'article dix seul peut se rapporter à celui-ci; cet article est ainsi conçu :

« La condamnation aux peines établies par la loi « est toujours prononcée sans préjudice des restitu- « tions et dommages et intérêts qui peuvent être dus « aux parties ». (*Code pénal*, *art.* 10.)

Les devoirs à remplir par les autorités civiles et militaires relativement aux douanes ne se bornent pas à ceux rappelés dans cette section; il y en a d'autres encore, mais que je n'ai pu classer ici, soit parceque la rédaction des dispositions qui les imposent les fait appartenir plus particulièrement à d'autres titres, soit parceque leur connoissance intéresse davantage les préposés des douanes par cela qu'ils sont chargés d'en provoquer l'exécution.......

Ainsi, dans l'un comme dans l'autre cas, les employés des douanes doivent, alors qu'ils ont à requérir l'autorité civile ou militaire, lui exposer en vertu de quelle disposition ils demandent son intervention.

CHAPITRE V. — *De la Comptabilité.*

SECTION I. — *De la tenue des registres de recette et autres.*

129. Les registres de déclarations, paiemens des droits, soumissions des redevables et de leurs cautions, descentes des marchandises et décharges des acquits-à-caution, qui seront tenus dans chaque bureau, devront être sans aucune lacune ni interligne, et les sommes y seront inscrites sans chiffres ni abréviations; sauf, après qu'elles auront été écrites en toutes lettres, à les tirer en chiffres hors ligne.

En cas de perte des expéditions, lesdits registres pourront seuls servir à la décharge des redevables, auxquels il sera délivré par les receveurs et contrôleurs des copies certifiées desdites expéditions, toutes les fois qu'il pourra être pris les précautions suffisantes pour empêcher les doubles emplois et autres abus, et sans qu'au moyen desdites copies certifiées on puisse prolonger les délais fixés par les expéditions pour les chargemens, déchargemens et transports des marchandises. (22 *août* 1791, *art.* 26, *tit.* 13.)

Lesdits registres seront reliés, les feuillets cotés par premier et dernier, et paraphés sans frais par..... le juge de paix. (*art.* 27, *même loi et même titre.*)

130. Les receveurs principaux des droits seront en outre tenus d'avoir un registre-journal, sur lequel ils porteront de suite, et sans aucune transposition, surcharge ni rature, toutes les parties, tant de recette que de dépense, qu'ils feront.

Ledit registre-journal, pareillement relié, sera coté et paraphé, par premier et dernier feuillets, par... le juge de paix.... (22 *août* 1791, *art.* 28, *tit.* 13.)

131. Dans le cas d'apposition de scellés sur les effets et papiers des comptables, les registres de recette et autres de l'année courante ne seront pas renfermés sous les scellés.

Lesdits registres seront seulement arrêtés et paraphés par le juge, qui les remettra au préposé chargé de la recette *par interim*, lequel en demeurera garant comme dépositaire de justice; et il en sera fait mention dans le procès-verbal d'apposition des scellés. (22 *août* 1791, *art.* 21, *tit.* 13.)

Les juges de paix doivent continuer, comme par le passé, à coter et parapher les registres de douanes, sans qu'ils aient besoin d'y être autorisés par de nouvelles dispositions règlementaires, le décret du 18 octobre 1810, portant établissement des tribunaux de douanes, n'ayant rien changé à cet égard. (*Décision du grand juge, du* 13 *mars* 1811, *transmise par CD.* 19 *mars même année.*)

On ne peut rien changer à ce qui a été écrit sur les registres qui font foi en justice, sinon en présence des parties intéressées, ou elles dûment appelées.

Lorsque, pour l'instruction d'une instance, il est nécessaire de connoître le contenu d'un registre, on ne doit en donner que des extraits certifiés véritables, ou les communiquer sur le bureau sans les déplacer. Aucun juge ne peut ordonner le dépôt du registre à son greffe, sinon dans le cas d'inscription de faux. La représentation auroit encore lieu si l'on prétendoit que l'extrait délivré n'est point conforme au registre.

A l'égard des personnes qui ont perdu leurs expéditions, il ne peut leur être délivré de duplicata que d'après les ordres des administrateurs, auxquels il faut s'adresser. Ceux-ci sont dans l'usage de se faire envoyer le duplicata, et de faire faire les vérifications nécessaires, en sorte que, sans qu'il résulte aucun inconvénient de la perte des expéditions pour les propriétaires, il ne peut être abusé des duplicata.

Il ne doit être délivré de copie d'acte de propriété, déposé par les négocians dans les bureaux, que sur la demande des parties intéressées, ou en vertu d'un jugement qui en ordonne la délivrance. (*DM.* 4 *prairial an* 4.)

Le receveur principal doit tenir tellement à sa disposition les registres et expéditions de son bureau, qu'il ne puisse en être fait usage à son insçu; à cet effet, il mettra chaque soir, à la clôture de la douane, sur le registre courant des acquits-à-caution, acquits de paiement, passavans, et au dos du dormant de la dernière expédition, un arrêté ainsi conçu : *Clos le.... à.... heures après midi.* (*LA.* 28 *brumaire an* 11.)

Les receveurs subordonnés ne pourront délivrer aucune expédition sans la faire signer par un préposé de brigade de service près leur bureau. (*LA.* 28 *brumaire an* 11.)

Ces receveurs ne peuvent recevoir de traites pour crédits sur les sels sans y avoir été autorisés par le receveur principal. (*CD.* 21 *décembre* 1807.)

DE LA TENUE DES REGISTRES. 1°. POUR DROITS DE DOUANES. Toutes marchandises qui entrent dans l'empire ou qui en sortent doivent être déclarées dans les bureaux des douanes. Les déclarations étant faites, elles sont portées sur le REGISTRE DES DÉCLARATIONS EN GROS, *coté* A, lequel contient son propre numéro et relate ceux des registres de déclarations en détail et de recette. Ces déclarations inscrites par ordre de dates présentent les marques et numéros des caisses, balles et futailles, les noms des capitaines de navire ou des voituriers, les lieux d'où ils viennent, les noms des propriétaires ou consignataires, et les quantités et qualités des marchandises par articles et espèces.

Lorsque les réclamateurs ont retiré un ou plusieurs articles d'une déclaration en gros, ils en déclarent le contenu, qui est enregistré en toutes lettres sur le REGISTRE DE DÉCLARATIONS EN DÉTAIL, qui en outre de ces numéros suivis offre ceux des déclarations en gros et ceux du registre de recette, les marques et numéros des balles, caisses, etc.; la qualité, le poids, le nombre, la valeur ou la mesure des marchandises y sont indiqués, ainsi que les noms des propriétaires.

Cette seconde opération terminée, le commis aux déclarations apostille les articles portés sur le registre des déclarations en gros, des quantités, qualités, poids et mesures énoncés au registre de celles en détail, dont il rappelle le numéro dans celle à ce destinée.

Il délivre ensuite le permis de déchargement, coté E, qu'il signe ainsi que le receveur; le permis donne les numéros des déclarations, ceux des balles, caisses, ainsi que leurs marques.

On procède alors à la vérification : le visiteur inscrit d'abord sur les REGISTRES DE VISITE ET DE LIQUIDATION, cotés C et D, et par numéros suivis de ces registres, les déclarations en gros des capitaines et voituriers, apostillées du résultat de celle en détail, avec les dates et numéros respectifs de ces deux déclarations; il vérifie ensuite et donne dans la colonne disposée pour cet effet le résultat de la visite, qu'il fait suivre de la liquidation des droits, en indiquant le titre qui autorise à les percevoir.

Le certificat de visite, coté F, que ce préposé délivre ensuite, est la copie de son opération; il en présente le numéro propre et ceux des deux déclarations : le receveur auquel il est remis en vérifie la régularité, perçoit les droits, les enregistre, et ajoute sur le certificat le numéro de recette, que le commis aux déclarations et le visiteur portent ensuite sur les registres de déclaration, de visite et de liquidation.

Enfin, le REGISTRE DE RECETTE a également ses n^os^ suivis; le receveur y porte ceux des registres de déclaration et de visite, ainsi que le nom des capitaines des navires ou des voituriers, et des expéditionnaires; l'espèce et la destination des marchandises, leur poids, nombre, mesure ou valeur, inscrits en toutes lettres, et le titre de la perception : quant aux droits dont la quotité est aussi portée en toutes lettres, ils sont présentés dans trois colonnes, savoir : droits de douanes entrée ou sortie, droit de balance du commerce, et subvention de guerre d'un décime par franc.

Dans les bureaux où les déclarations en gros n'ont pas lieu, et où l'on délivre simplement un acquit de paiement extrait d'un registre à souche, c'est la déclaration portée sur ce registre qui doit être relatée dans celui de visite; ceci devient inutile lorsque les marchandises sont conduites directement à la douane, et rentre dans les explications données, en observant que si, au lieu d'acquitter les droits, les marchandises sont expédiées par acquit-à-caution ou passavant, il faut en faire mention dans la colonne des numéros de recette, en rappelant celui de l'une ou l'autre de ces expéditions.

Quoique le REGISTRE-JOURNAL soit pour ainsi dire la propriété des receveurs, et qu'ils n'y portent que sommairement les recettes et les dépenses de chaque jour, cependant, comme dans certains cas la représentation de ce registre peut être exigée, et puisqu'il est admis à faire preuve, il doit être tenu sans aucun blanc, ratures, surcharges ni interlignes.

Les registres-journaux et ceux de recette des droits de douanes et de navigation sont arrêtés à la fin de chaque page par les receveurs, et les sommes qu'ils représentent sont récapitulées à l'expiration de chaque mois, de chaque trimestre, et à la révolution de l'année.

Les inspecteurs signent les récapitulations toutes les fois qu'ils se transportent dans les bureaux, afin d'attester leurs vérifications et de prouver leur surveillance.

Les registres de passavans, d'acquits-a-caution, de décharge de ces mêmes acquits et de dépôts des marchandises, sont une chose trop simple pour avoir besoin d'explication particulière; il suffira d'observer que ceux pour le service des grains doivent être séparés des autres opérations des douanes; mais on doit s'arrêter à ceux de saisie.

Ces registres de saisie sont au nombre de trois. Sur le premier, on porte sommairement et par ordre de numéros et de dates les rapports, les jugemens, les décisions, et les ordres qui sont donnés pour la suite des affaires.

Dans le deuxième, destiné à transcrire dans leur entier les procès-verbaux de saisies conformément aux règlemens sur la matière, il faut ouvrir deux colonnes, l'une indicative du numéraire saisi et des consignations qui seront faites, l'autre destinée à insérer les sommes avancées pour la suite de chaque affaire.

Le troisième est un registre de comptabilité pour cette partie, puisqu'il relate les différentes recettes et dépenses faites sur les saisies; il se rapporte au registre sommaire des saisies et à celui de recette des droits de douane, en ce qui concerne le paiement de ces droits sur les marchandises saisies, au moyen de la transcription du numéro de ces 2 registres dans des colonnes à ce destinées; comme il présente en outre son numéro particulier, ce numéro doit être énoncé sur celui de recette des droits de douane aux articles qui y sont relatifs.

Les registres qui doivent être paraphés par le juge sont ceux journaux, de recette, de déclarations, d'acquits-à-caution et de paiement, de dépôt des marchandises dans les douanes, et de décharge des acquits-à-caution; les autres sont simplement cotés et paraphés par le directeur.

2°. Pour droits de navigation. — Je n'entrerai dans aucun développement sur la formation du registre de navigation; ils sont divisés par colonnes, et chacune d'elles indique clairement son emploi. On observera seulement que celui du droit intitulé *passeports* n'est autre chose qu'un permis de sortir; qu'il est le même quant à la quotité que celui d'acquit, c'est-à-dire d'un franc, conformément à l'article 37 de la loi du 27 vendémiaire an 2, et que si l'on en fait un article distinct, c'est pour connoître le nombre des passeports délivrés.

Quant à la colonne réservée pour les droits de francisation, elle doit également servir pour le droit de mutation de propriété imposé par l'art. 17 de la même loi.

Il n'est point tenu pour la navigation d'autre registre proprement dit, que celui de déclarations en gros A; les feuilles du registre de navigation et de commerce, nos 3 et 3 bis, ne sont qu'un relevé des bâtimens entrés et sortis pendant le mois, destiné à former les états de navigation et de commerce.

Il est encore un relevé propre à la navigation: c'est celui des rapports d'avaries et événemens de mer qu'éprouvent les navires. Il doit être ouvert sur le registre de relevé une colonne pour y porter le numéro de ceux de recette des droits de navigation à l'article de chaque bâtiment qui aura acquitté ces droits.

Timbre des registres et des quittances.—L'article 16 de la loi du 13 brumaire an 7 dispense de la formalité du timbre,

1°. Les registres des receveurs des contributions publiques et autres préposés publics, les comptes qu'ils rendent et les récépissés qu'ils retirent de leurs versemens, ou les quittances qui leur sont délivrées par une autre administration publique;

2°. Les quittances de traitemens et émolumens des fonctionnaires et employés salariés par l'Etat;

3°. Les quittances de contribution qui n'excèdent pas 10 fr.

Ainsi le journal, les registres de recettes, de déclarations en gros, en détail, de visite et liquidation d'entrepôt, de saisie, de rapports d'événemens de mer, et enfin tous ceux dont on ne détache point d'expédition de la souche, sont dispensés du timbre, parceque le montant du droit ne pouvant être recouvré, sa perception seroit sans objet.

Quant au registre dont on détache des expéditions, la loi accorde qu'elles seules soient frappées du timbre, et non la souche. Il faut d'ailleurs ranger dans la classe des expéditions sujettes au timbre les actes de francisation, congés et passeports de navigation. Si les capitaines ou armateurs demandent des extraits de rapports d'événemens de mer ou d'avarie, on doit les délivrer sur papier timbré, dont la valeur est remboursée par le requérant.

Les seules quittances des fonctionnaires et employés salariés par le Gouvernement étant dispensées du timbre, il en résulte que toutes celles des fournisseurs, constructeurs, etc., que l'administration emploie pour son service y sont soumises, et même leurs mémoires; mais ils peuvent délivrer leurs quittances au pied.

Le prix de ces quittances est à la charge de ceux qui les délivrent. (Art. 29.)

Classement des recettes par exercice. — Tous produits appartenant à un exercice font partie du même compte quoiqu'ils ne soient recouvrés que dans les années suivantes, et jusqu'à leur rentrée il en est fourni des bordereaux supplémentaires.

Les recettes arriérées consistent,

1°. Dans celles dont le crédit autorisé auroit été fait avant l'expiration de l'exercice ;

2°. Dans les droits dont la déclaration a été donnée dans une année et dont la liquidation n'a pu s'effectuer que dans l'année suivante, parceque c'est la date de la déclaration et non celle de l'acquittement qui règle l'exercice auquel la perception appartient.

S'il s'agit de marchandises entreposées, c'est la date de la déclaration qu'on prend pour règle de la perception et du classement, parceque l'entrepôt n'est considéré que comme un asile accordé à la marchandise, jusqu'à ce qu'on lui ait assigné une destination soit pour l'étranger en franchise, soit pour l'intérieur en payant les droits. — Si cependant les droits étoient acquis parceque les délais de l'entrepôt seroient expirés, ce seroit alors de la date de cette expiration qu'il faudroit partir pour percevoir et classer les sommes dues.

CONTROLE DES RECETTES PAR LES REGISTRES. Cette vérification doit être faite dans les bureaux du directeur; pour cet effet il exige, à l'expiration de l'année, la remise de tous les registres qui ont servi pendant son cours; il les examine dans leur rapport, soit entre eux, soit avec les tarifs et règlemens qui ont déterminé les perceptions, et quant à l'exactitude des calculs et additions.

Le rapprochement des registres se fait en comparant ceux des déclarations en gros à ceux de déclarations en détail; ces deux espèces de registres à ceux de visite et de liquidation, et ces derniers à ceux de recette; les numéros correspondans que portent ces différens registres indiquent sur-le-champ les erreurs et les omissions.

S'il s'agit de droits de navigation, il faudra ajouter aux registres ci-dessus ceux établis pour la délivrance des actes de francisation, congés et passeports; cependant ces registres de francisation, passeports et congés ne seroient remis au directeur à la fin de l'année que *par extraordinaire*; ils devroient retourner au bureau de perception, car ce sont des titres qui doivent rester dans chaque port, comme les actes de naissance restent aux municipalités.

S'il résulte de la vérification des registres des forcemens de recette, l'état de raison en sera fourni aux receveurs par le directeur : si les erreurs sont graves, l'administration devra en être instruite. Lorsque les débets constatés seront apurés, le directeur joindra à son compte un certificat qui attestera que la gestion de tel comptable est régulière quant à ses recettes, et que rien n'empêche que le *quitus* ne lui en soit expédié. — Les directeurs ne doivent pas perdre de vue qu'ils deviennent garans de l'exactitude de ces certificats, et qu'ils seroient responsables des omissions, faux ou double emploi qui seroient reconnus ultérieurement.

La vérification de la recette comprend encore celle des registres d'entrepôt et de déclaration par acquit-à-caution. — Les registres de soumission tenus par compte ouvert pour ces entrepôts doivent être examinés avec soin, et le directeur doit également attester, par un certificat joint au compte, que tous les articles dont le délai a expiré dans le cours de l'année ont acquitté les droits ou ont été expédiés pour l'étranger, et qu'il n'a pas été accordé de prorogation sans une autorisation spéciale.

Un autre certificat donnera la même certitude pour la rentrée des acquits-à-caution, ou, s'il en reste qui ne soient pas rapportés, le directeur les comprendra dans un état qui détaillera les poursuites contre les soumissionnaires.

Lorsque tous les registres indiqués avoient été vérifiés, ils étoient gardés soigneusement à la direction pour pouvoir les représenter à toute réquisition ;.... mais actuellement l'envoi des registres de perception à l'administration se fait chaque année après leur vérification.

SECTION II. — *Du Paiement des dépenses.*

§. 1. *Acquittement des appointemens, frais de régie et autres.*

132. Les appointemens de tous préposés dans les douanes, et tous les frais autorisés....., seront payés par les receveurs *principaux* des douanes..., sur des quittances visées par le *directeur de la division;* lesdits receveurs porteront en dépense leur traitement personnel. (26 *frimaire an* 2, *art.* 11.)

APPOINTEMENS. Les fonds des appointemens sont délivrés par les receveurs principaux aux contrôleurs de brigades, qui ne peuvent charger les préposés de leur transport; ces contrôleurs doivent en faire eux-mêmes la distribution à mesure qu'ils parcourent les différens postes de leur divison.

Les rôles doivent être émargés par chaque partie prenante; tout préposé qui signeroit pour un autre ne pourroit le faire qu'en vertu d'une procuration dont il déposeroit une expédition. Ceux de ces rôles qui présenteront plusieurs signatures données par la même main seront rejetés des comptes et laissés à la charge des chefs qui n'auroient pas empêché cette irrégularité.

Chaque contrôle de brigade et chaque principalité ont un état d'appointemens séparé. Le traitement de l'inspecteur est porté à l'état d'appointement de la principalité où il réside.

PAIEMENT ET CLASSEMENT DES DÉPENSES. — Les dépenses sont de deux espèces, celles ordinaires et celles extraordinaires. Les premières consistent en loyers et frais de bureau; les secondes ont pour objet les constructions et réparations de maisons et embarcations, les frais d'impression, de transports de fonds, d'ustensiles de bureau, etc.

Les DÉPENSES ORDINAIRES sont celles portées aux états de frais de régie arrêtés à la fin de chaque année ou prorogés pour celle qui suit. On nomme cet état *budjet*.

Les DÉPENSES EXTRAORDINAIRES, si elles ne s'élèvent pas au-dessus de 50 francs, et s'il ne s'agit point de remboursement de droits, de frais d'impression et de frais de saisies à la charge du trésor public, sont payées sur les ordres du directeur, qui néanmoins est responsable de celles non susceptibles d'être allouées, et qui doit en fournir tous les trois mois un état détaillé.

Tout ce qui excède 50 francs ne peut être acquitté que sur les ordres de l'administration; pour cet effet des mémoires doubles de ces dépenses lui sont adressés par les directeurs, l'un pour être ordonnancé et joint à l'appui des comptes, l'autre pour être déposé dans ses bureaux.

Ces mémoires, qui énoncent clairement l'objet des frais, doivent être sur papier timbré, certifiés véritables par les fournisseurs et visés du directeur; s'il s'agit d'ouvrages faits à l'entreprise, il faut, en outre de ces formalités, que les employés qui ont suivi ces ouvrages en certifient la réception, et qu'un entrepreneur du même état atteste que les prix de la matière et de la main-d'œuvre n'excèdent pas les prix courans; il faut encore, avant de mettre les ouvriers en œuvre, que les directeurs en soumettent l'objet à l'administration dans un devis detaillé avec le prix de chaque article; elle donne alors ou refuse l'autorisation.

Si des frais excédant 50 francs sont acquittés à cause de l'urgence avant d'avoir pris l'attache de l'administration, la quittance en sera jointe au mémoire pour recevoir son autorisation de dépense.

Lorsqu'il sera question de réparer des bâtimens nationaux dont la jouissance est accordée aux douanes, la dépense en sera à la charge de l'administration, suivant la décision du ministre du 7 nivose an 5; mais on ne pourra procéder à ces ouvrages que conformément aux lois des 25 avril 1793 et 20 ventose an 5.

Chaque mémoire portera l'indication de l'exercice auquel il sera relatif.

Une autre distinction à observer est de présenter également dans des mémoires séparés,

1°. Ce qui sera relatif au service des douanes;
2°. Ce qui sera relatif à la partie des sels;
3°. Ce qui concernera les retraites;
4°. Ce qui aura été déboursé pour frais de transport, feuilles des registres et états de balance de commerce.

Enfin si les recettes de différens exercices ne doivent pas être confondues, il ne convient pas moins de garder le même ordre dans l'acquittement des dépenses; en conséquence, les directeurs doivent, avant la fin de l'année, prendre connoissance de ce qui reste à payer dans leur division, faire réserver jusqu'à *due* concurrence les fonds nécessaires provenant des perceptions du même exercice, ou à défaut de produits demander des deniers de subvention, et mettre l'administration à portée de régulariser promptement ces différens frais.

VÉRIFICATION DES DÉPENSES. Toutes les pièces de dépenses doivent être envoyées à l'appui des comptes, mais préalablement les directeurs sont tenus de les vérifier; toutes celles qui ne seront pas quittancées ou dont l'objet n'aura pas été autorisé seront rejetées; il en sera de même des rôles d'appointemens dont plusieurs signatures seroient de la même main sans qu'on justifiât de procurations régulières, ainsi qu'il a été dit ci-dessus à l'article *des appointemens*; si ces rôles ne peuvent être réformés par les véritables parties prenantes, les receveurs deviendront responsables des sommes non quittancées, et à leur défaut les inspecteurs et les directeurs.

Toutes les pièces de dépenses doivent d'ailleurs être visées par les directeurs, et ne seront admises qu'avec cette formalité. On ne parle point ici du produit et de la dépense des saisies, ni de la reprise à faire à cause *des vacances;* ces deux objets seront traités dans la section *de la Reddition des Comptes*. Les inspecteurs font tant à l'administration qu'aux directeurs, avant les 20 avril, 20 juillet, 20 octobre et 25 janvier de chaque année, l'envoi de l'*état du trimestre précédent*; si cet envoi n'est pas effectué pour cette époque, ils sont suspendus de leurs fonctions.

§. II. *Acquittement du traitement des juges et des frais des cours et tribunaux de douanes.*

133. Le traitement des grands-prévôts et des procureurs-généraux près les cours prévôtales est fixé à vingt mille francs dans *la* bonne ville de Florence, et à

quinze mille francs dans les villes de Valanciennes, Rennes, Agen, Aix, Alexandrie, Nancy *et Hambourg.* (*DI.* 8 *novembre* 1810, *art.* 1, *et* 24 *janvier* 1812, *art.* 4.)

Le traitement des assesseurs du grand-prévôt sera de six mille francs à Florence, et de cinq mille francs dans les autres cours prévôtales. (*DI.* 8 *novembre* 1810, *art.* 2.)

134. Le traitement des présidens des tribunaux ordinaires des douanes et des procureurs *impériaux* près ces tribunaux est fixé à huit mille francs. — Ce traitement sera de dix mille francs dans *les* bonnes villes de Bordeaux, Marseille et Rome. (*Même décret*, *art.* 3.)

Les assesseurs du président dans lesdits tribunaux jouiront d'un traitement de trois mille francs. — Dans *les* bonnes villes de Bordeaux, Marseille et Rome, le traitement des assesseurs sera de quatre mille francs. (*Même décret*, *art.* 4.)

135. Les greffiers des cours prévôtales et ceux des tribunaux ordinaires des douanes auront le même traitement que les assesseurs. Ils percevront en outre les droits d'expéditions qui sont accordés par les lois et règlemens aux greffiers des cours de justice criminelle et des tribunaux correctionnels. (*Même décret*, *art.* 5.)

Au moyen du traitement fixe accordé aux greffiers des cours et tribunaux des douanes, et des droits d'expéditions qu'ils sont autorisés à percevoir, ils demeurent chargés du salaire de leurs commis expéditionnaires, et généralement de toutes les dépenses relatives au service et à l'entretien du greffe. (*Même décret*, *art.* 6.)

136. Les huissiers qui seront attachés aux cours et tribunaux des douanes recevront un traitement fixe, égal à la moitié de celui du greffier; et ils seront en outre remboursés de leurs frais de copie sur le même pied que les huissiers en matière criminelle. (*Même décret*, *art.* 7.)

137. Toutes les dépenses des cours et tribunaux des douanes seront acquittées sur les fonds des douanes. (*DI.* 8 *novembre* 1810, *art.* 8.)

138. Les menues dépenses des cours et tribunaux des douanes seront réglées par *le* grand-juge ministre de la justice, d'après l'avis des préfets, et, autant que faire se pourra, sur le même pied que les menues dépenses des tribunaux civils. — Ces dépenses et les traitemens seront acquittés sur les ordonnances du ministre *du commerce.* (*DI.* 8 *novembre* 1810, *art.* 9.)

CES dépenses devant porter, jusqu'à nouvel ordre, sur les produits, elles formeront un chapitre particulier dans les comptes de trimestre, et seront appuyées des acquits.

Instructions relatives aux menues dépenses, communiquées par Son Exc. le grand-juge à Son Exc. le ministre des finances. 1°. « Les menues dépenses « consistent dans le salaire des concierges ou garçons « de bureau; dans les provisions de bois, lumière, « papier, encre, plumes et cire; dans l'impression « des règlemens d'ordre et de discipline, et dans « tous les objets de dépenses journalières néces« saires au service du tribunal et du parquet.

2°. « Les frais d'entretien du greffe, de même na« ture, sont à la charge du greffier.

3°. « Les frais de premier établissement, d'entre« tien du local, du mobilier, le loyer ou l'acquisition « des prétoires, les constructions, les réparations et « dispositions de ce genre sont des dépenses adminis« tratives auxquelles il *sera pourvu dans la forme de*

« *celles de même nature faites pour les douanes.*

4°. « Les préfets ne peuvent faire aucun change-« ment aux fixations des menues dépenses, mais seu-« lement proposer au grand-juge ministre de la jus-« tice les modifications qu'ils jugeroient convena-« bles, après toutefois qu'ils auront pris l'avis des « tribunaux.

5°. « Les menues dépenses sont payées par tri-« mestre; mais les fonds du trimestre suivant ne « peuvent être employés qu'après l'épuisement des « fonds du trimestre précédent. »

Ainsi pour dépenses d'un tribunal ordinaire des douanes, on aura à faire payer :

1 Président à	8000 fr.
1 Procureur général à	8000
4 Assesseurs à 3000 fr. chaque	12000
1 Greffier	3000
Menues dépenses	1000

(*CD.* 30 *mars* 1811.)

Quant aux frais d'ameublement, il devra être formé un devis de la totalité pour être approuvé comme il est d'usage pour les autres dépenses de douanes; lorsque les ouvrages seront terminés ou livrés, on en enverra des mémoires doubles, revêtus du visa des préfets, pour être ordonnancés par M. le directeur général.

.... Dans la somme réglée pour les menues dépenses par Son Exc. le grand-juge sont compris les frais de bureaux; ainsi l'achat du papier, des plumes, de l'encre, des canifs, des écritoires, des registres, etc., ne peut faire partie de ceux d'ameublement et d'installation. (*CD.* 3 *juillet* 1811.)

139. Les frais de justice dans l'instruction des procès criminels seront payés sur les fonds des douanes, sur les exécutoires des grands-prévôts et procureurs-généraux près des cours prévôtales, des présidens et procureurs impériaux près des tribunaux des douanes, et sur le *visa* des préfets. (*DI.* 8 *novembre* 1810, *premier paragraphe de l'art.* 10.)

Le grand-juge ministre de la justice fera vérifier ces exécutoires, les règlera définitivement, et les régularisera, tous les trois mois, par ses ordonnances, pour le recouvrement en être poursuivi *par toutes voies de droit*, *et même par celle de la contrainte par corps*, au profit de l'administration des douanes qui aura fait l'avance des frais de toute nature. (*DI.* 18 *juin* 1811, *troisième paragraphe de l'art.* 100.)

« A dater du 1er janvier 1812, l'administration de « l'enregistrement sera chargée de faire l'avance de « tous les frais de justice (*des cours et tribunaux des « douanes*) spécifiés dans le décret du 18 juin 1810, « ainsi que du recouvrement de ceux que les pré-« venus doivent supporter, en suivant le même mode « que pour les frais de cette espèce qui concernent « les autres tribunaux de l'Empire. » (*Décision des ministres de la justice et des finances, du* 12 *novembre* 1811.)

Les frais de justice ne se bornent point à ceux faits dans la résidence des receveurs placés auprès des tribunaux des douanes, mais ils s'étendent à tous les lieux où il est question de faire des significations, d'acquitter des taxes de témoins, et de pourvoir aux dépenses qu'exige la tradition des prévenus. Cette considération réunie à ce que cinq des cours prévôtales siègent dans des villes de l'intérieur, a déterminé les ministres de la justice et des finances à prendre l'arrêté ci-dessus.

La décision dont il s'agit ne changeant rien à ce qui s'est toujours pratiqué pour les frais ordinaires de saisies, tels que ceux d'indicateurs, de procès-verbaux, d'avoués, etc., les receveurs agiront à cet égard comme ils l'ont fait jusqu'ici; on sera d'ailleurs exact à adresser les exécutoires relatifs au dernier trimestre de 1811, que l'administration doit faire elle-même régulariser encore. (*CD.* 31 *décembre* 1811.)

Le ministre des finances avoit été consulté pour savoir comment seroient acquittés les frais de la correspondance des directeurs des douanes avec les procureurs généraux des cours prévôtales, M. le directeur général des postes résout cette question dans une lettre qu'il a adressée à Son Exc. le ministre du commerce, le 15 février 1812.

« Il en résulte que, d'après les articles 99 et 187 « du décret du 18 juin 1811, les procureurs géné-« raux ne doivent jouir du contre-seing et de la fran-« chise qu'à l'égard des fonctionnaires désignés dans « l'état annexé au règlement du 27 prairial an 8, et « au nombre desquels les directeurs des douanes ne « sont pas compris; qu'ainsi la correspondance de « ces directeurs n'est point exempte de la taxe; mais « que, d'après les articles 98 et 100 du même décret, « les lettres qu'ils adressent aux procureurs généraux « des cours prévôtales, devant être portées dans les « états de crédit tenus par les directeurs des postes, « et celles qui leur sont écrites par ces magistrats pou-« vant être soumises à l'affranchissement et comprises « dans les mêmes états, ces dispositions les dispen-« sent des frais de la correspondance dont il s'agit, « lesquels étant présentés désormais dans les états de « crédit, seront acquittés chaque mois par les rece-

« veurs qui sont chargés d'y pourvoir. » (*CD.* 22 *février* 1812.)

RÉTRIBUTION DES AVOCATS. — Il n'est pas nécessaire d'avoir un agent spécial résident près chaque cour prévôtale, et un avoué près chaque tribunal ordinaire; il suffira de faire choix, près chaque cour prévôtale, d'un défenseur avec lequel on stipulera, ainsi qu'il en a été précédemment usé dans quelques directions, qu'il ne sera rétribué que dans les affaires qui donneront un produit, et de faire choix, aux mêmes conditions, d'un défenseur près les tribunaux ordinaires, dans le cas seulement où le nombre des affaires ne permettroit pas aux receveurs de le faire eux-mêmes. (*CD.* 20 *avril* 1811.)

SECTION III. — *Des Versemens.*

§. 1. *Versemens en numéraire.*

140. *Les monnoies de cuivre et de billon de fabrique étrangère* ne pourront être admises dans les caisses publiques au paiement de tous droits et contributions, de quelque nature qu'ils soient, payables en numéraire. (*DI.* 11 *mai* 1807, *art.* 2.)

DÉJA une décision ministérielle du 26 août 1806 avoit prescrit que les pièces de billon étrangères ne devoient plus faire partie des paiemens à effectuer dans les caisses publiques, et que les receveurs ne pouvoient les admettre sans s'exposer à les garder pour leur compte.

141. La monnoie de cuivre et de billon de fabrication françoise ne pourra être employée dans les paiemens, si ce n'est de gré à gré, que pour l'appoint de cinq francs. (*DI.* 18 *août* 1810, *art.* 2.)

142. ..... Les percepteurs des droits et contributions sont personnellement comptables, en espèces d'or et d'argent, des sommes qu'ils auront reçues en monnoie de cuivre au-delà du quarantième de la somme due. (*AD.* 14 *nivose an* 4.)

LE premier paragraphe de cet arrêté étoit ainsi conçu :

« Il ne pourra être admis en paiement de tous les « droits et contributions, de quelque nature qu'ils « soient, payables en numéraire, que le quarantième « en monnoie de cuivre de la somme à payer indé- « pendamment de l'appoint; le surplus devra être « acquitté en espèces d'or ou d'argent. » — Bien que l'article 2 du décret du 18 août 1810 qui précède déroge à cette disposition, il ne peut pas cependant être entendu dans ce sens : « Que toute somme qui, « dans un paiement, n'excèderoit pas 5 fr. pourroit « être payée en monnoie de cuivre ou de billon, car « il en résulteroit que le trésor public recevroit plus « du quarantième sur ce qui seroit inférieur à 100 fr., « et que cette proportion iroit toujours en accrois- « sant à mesure que la somme principale diminue- « roit, de manière qu'on toucheroit plus de moitié « en cette monnoie sur ce qui n'atteindroit pas 10 fr.; « comme il existe d'autres monnoies d'argent qui « sont des fractions de la pièce de 5 francs, telles « que le franc, les 2 francs, la pièce de 50 centimes, « et celle de 25 centimes, ce n'est donc que ce qui « ne pourra être payé qu'avec ces monnoies que l'on « aura la faculté d'acquitter et de recevoir avec celle « de cuivre ou de billon. (*CD.* 31 *août* 1810.)

VERSEMENS DE FONDS. — Ils ne peuvent être suspendus d'après aucune invitation particulière ni ordre que ceux transmis par l'administration; ils doivent s'effectuer tous les dix jours, à la réserve des deniers nécessaires aux dépenses du mois, qui ne doivent être faites que sur les recettes de la dernière décade, à moins que l'insuffisance n'en soit positivement reconnue dans les directions qui ne produisent point assez pour acquitter leurs dépenses. Les directeurs peuvent faire réserver les fonds qui resteroient à la fin d'un mois, afin de les employer au service du mois suivant, ce qui évite les frais et les risques du transport des deniers de subvention.

Suivant le décret du 4 janvier 1808 (nº 154), les récépissés fournis aux receveurs des douanes pour les sommes versées aux caisses générales des départemens sont à talons, et doivent être visés dans les 24 heures par les sous-préfets qui gardent les talons.

Enfin suivant une circulaire du ministre, du 9 germinal an 9, les directeurs sont tenus de remettre à la fin de chaque trimestre, aux receveurs généraux des départemens où leur direction se trouve placée, des certificats contenant la date et le montant des récépissés que ces receveurs auront délivrés à ceux des douanes pendant les trois mois écoulés; les valeurs formant l'objet des versemens y seront spécifiées.

Lorsque les receveurs des douanes auront à envoyer des fonds ailleurs qu'à Paris, ils pourront demander au receveur général près duquel ils seront placés des mandats payables dans les autres départemens, et même dans les chefs-lieux d'arrondissemens, et ces mandats leur seront délivrés en échange des deniers qu'ils auront à faire passer et qu'ils verseront alors dans la caisse. (*Lettre du ministre du trésor impérial, du 4 février* 1812.)

Ce mode, qui peut être appliqué aux fonds que la douane est quelquefois obligée de tirer d'une principalité pour pourvoir aux besoins d'une autre, sera cependant subordonné au terme que le recevenr général donnera à ces mandats ; car s'il étoit trop long et qu'il mît dans le cas de suspendre le paiement des appointemens, il faudroit continuer à employer les moyens dont on s'est servi jusqu'ici pour que l'acquittement des dépenses de cette espèce ne soit point différé d'un seul instant. (*CD. 10 février* 1812.)

Monnoies. — L'article 3 du décret du 18 août 1810 a fixé la valeur des monnoies d'argent à l'ancien type ainsi qu'il suit :

La pièce 6 sons	fr.	25 c.
La pièce 12 sous		50
La pièce 24 sous	1	

Et par un autre décret, en date du 12 septembre 1810, la valeur des autres pièces tournois a été réduite en franc, comme suit :

Le petit écu ou pièce de 3 livres tournois	2	75
Le gros écu ou pièce de six livres tournois	5	80
Le louis ou pièce de 24 livres tournois	23	55
Le double louis ou pièce de 48 livres tournois	47	20

Un autre décret (du 18 août 1810) a aussi établi le cours des monnoies étrangères dont la circulation est provisoirement tolérée dans les départemens réunis à l'ancienne France ; comme le tarif qui y est annexé est connu sur les lieux, et que par cela même il ne présente pas d'intérêt pour cet ouvrage, je crois qu'il suffit d'en indiquer l'existence.

« Les pièces qui circuloient pour trois livres, « vingt-quatre sous, douze sous et six sous, ne sont « admises *pour leur nouvelle valeur* dans les paiemens « qu'autant qu'elles ont conservé une empreinte suf« fisante pour que l'on puisse reconnoître qu'elles « sont de fabrication françoise, et de 1726 et an« nées postérieures. (*DI. 25 thermidor an* 12, *art.* 1.) « — Celles de ces pièces qui ne réuniront pas ces « conditions seront reçues au change d'après leur « poids, conformément à l'arrêté du Gouvernement, « du 6 fructidor an 11. (*Même décret, art.* 2.) — Il résulte des explications données le 12 fructidor an 12, par le préfet de police, 1° que ce n'est pas le millésime seul qui détermine l'année de la fabrication, puisque toute pièce de fabrication antérieure à 1726 a l'effigie placée de droite à gauche, et que celles fabriquées en 1726 et suivantes ont l'effigie tournée de gauche à droite ;...... ainsi les pièces dont l'effigie, vue de face, regarde à gauche ne peuvent être refusées, quand même le millésime ne seroit pas apparent, pourvu qu'elles soient de fabrique françoise ; 2°. la fabrication françoise se reconnoît ou à l'effigie, si elle est suffisamment apparente, ou à l'écusson aux fleurs de lis et branches de lauriers.

« Les pièces anciennes dites de deux sous....... « continueront d'avoir cours pour six liards seu« lement (ou sept centimes et demi), soit qu'elles « aient ou non conservé leur empreinte. (5 *ventose an* 12, *art.* 113.)

« La monnoie, soit de cuivre, soit de métal de « cloche allié de cuivre, à l'ancien type, et celle de « billon, connue vulgairement sous la dénomination « de monnoie grise, seront employées en recette et en « dépense comme fractions de franc, ainsi que les « pièces d'un décime, de cinq centimes et d'un cen« time, et pour la même valeur que ces pièces, à « compter de la même époque. (*AD.* 26 *vendémiaire an* 8, *art.* 2.)

« Les pièces dites de trente sous et de quinze sous « circuleront pour la valeur d'un franc cinquante « centimes et de soixante-quinze centimes, mais elles « ne pourront entrer dans les paiemens que pour les « appoints au-dessous de cinq francs. » (*DI.* 12 *septembre* 1810, *art.* 3.)

Il a été aussi prescrit, par lettre du ministre, du 22 germinal an 9, de ne plus recevoir d'espèces rognées ; toutes les fois que ces pièces sensiblement altérées seront présentées aux receveurs, ils devront les refuser, à moins que la différence ne leur soit comptée ; cette défense ne doit recevoir son application qu'à l'égard des espèces rognées qui, ne pouvant plus être considérées que comme un lingot, ne sont susceptibles d'être admises comme monnoies qu'après la vérification de leur poids.

Cette mesure a été prescrite de nouveau par le ministre du trésor public, le 16 fructidor an 10 ; la circulaire sous cette date annonce que les Consuls ont décidé que les espèces d'or altérées par rognures et par autre cause que le frottement qu'elles ont reçu dans la circulation, ne seront admises dans les caisses publiques que pour leur poids réel, et sur le pied de 732 fr. 82 cent. le marc (ancienne dénomination) ; que les receveurs s'abstiendront d'exiger le remplacement des grains manquans au poids des pièces qui, n'étant plus considérées que comme lingot, n'ont plus aucun rapport avec le poids qu'elles avoient comme espèce.

Les receveurs verseront ces matières accompagnées de bordereaux qui en énonceront le poids et le produit; il leur en sera tenu compte sur le prix fixé par le tarif déposé à chaque préfecture. L'intention du Gouvernement est qu'il n'en soit point fait aucun autre emploi, et que ceux des comptables qui, pour quelque cause que ce soit se permettroient de rendre à la circulation celles qu'ils auroient reçues, soient poursuivis.

PASSE DES SACS. La retenue qui se fait dans le commerce sous le nom de *passe de sacs* a été régularisée par un décret du 1er juillet 1809, ainsi conçu :

Art. 1er. « Le prélèvement qui sera fait par le débiteur, sous le nom de *passe de sacs*, en remboursement de l'avance faite par lui des sacs contenant les espèces qu'il donne en paiement, ne pourra avoir lieu, à compter de la publication du présent décret, que dans les cas et aux taux exprimés dans les articles suivans.

2. « Dans les paiemens en pièces d'argent de somme de cinq cents francs et au-dessus, le débiteur est tenu de fournir le sac et la ficelle.

« Les sacs seront d'une dimension à contenir au moins mille francs chaque; ils seront en bon état, et faits avec la toile propre à cet usage.

3. « La valeur des sacs sera payée par celui qui reçoit, ou la retenue en sera exercée par celui qui paie, sur le pied de quinze centimes par sac.

4. « Le mode de paiement en sacs et au poids ne prive pas celui qui reçoit de la faculté d'ouvrir les sacs, de vérifier et de compter les espèces en présence du payeur. »

Ce décret n'a rien statué sur la passe des sacs qui contiennent des monnoies de cuivre, parceque en principe, elles ne doivent servir qu'aux appoints; en conséquence, le ministre du trésor impérial a pensé que le trésor et ses agens n'étoient plus autorisés à tenir compte d'aucune passe de sacs pour les versemens qui leur sont faits en cette monnoie; que la dépense de ces sacs ne pouvoit être qu'à la charge des administrations ; et enfin que pour ne pas être obligé dans tous les cas de vérifier sur-le-champ le contenu de ces sacs, il étoit nécessaire qu'ils fussent cachetés et timbrés de la marque de chaque régie..... Ordre a été donné de suivre ces dispositions; et M. le directeur général a prévenu qu'il sera fourni un sac pour 25 francs de monnoie de cuivre, que le prix en sera remboursé à chaque préposé sur le prix de 15 centimes par sac, mais que cette dépense entrera dans les frais de régie et sera allouée aux receveurs sur les états doubles qui sont adressés à l'administration à la fin de chaque trimestre. — Il est à observer que cette passe de sacs ne peut concerner la monnoie de billon, que son peu de volume permet de remettre en rouleaux. (*CD.* 12 *août* 1809.)

§. II. *Versemens en effets de commerce.*

143. Les traites ou obligations cautionnées..... données en acquit de droits de douanes...... seront versées par les receveurs principaux des douanes, immédiatement après qu'ils s'en seront chargés en recettes, aux receveurs d'arrondissement, et par ceux-ci aux receveurs de departement, qui les transmettront sans retard au trésor public.

A cet effet, lesdites traites seront passées, par les receveurs principaux des douanes, à l'ordre du caissier général du trésor public. (*AC.* 5 *vendémiaire an* 12, *art.* 1er.)

144. Celles de ces traites en acquit de douanes, payables dans les départemens et encaissées au trésor public à Paris, seront adressées, dans le mois de leur échéance, aux payeurs extérieurs des divisions ou arrondissemens où ces traites doivent être acquittées. (*AC.* 5 *vendémiaire an* 12, *art.* 2.)

LE receveur devra en conséquence verser avec exactitude les effets reçus aussitôt leur délivrance, et ne réserver que ce qui sera nécessaire pour acquitter les dépenses assignées sur la caisse. Il portera ces versemens dans les bordereaux comme s'ils avoient été effectués en espèces, et dans le tableau qui est en bas, on les comprendra à la colonne des remises faites en papier.

Les traites qui auroient moins d'un mois à courir sont conservées par les receveurs pour en faire le recouvrement. (*CD.* 25 *février* 1809.)

Les receveurs subordonnés qui ont été autorisés par le receveur principal à accepter des traites pour crédits doivent les verser à la caisse du receveur principal, et les passer à son ordre. (*CD.* 3 *juillet* 1806.)

En transmettant le décret du 6 février 1811, qui autorise le dépôt des marchandises en nantissement des droits dus, M. le directeur général a observé que leur paiement devoit en outre être garanti par une obligation commerciale à trois mois, portant soumission d'acquitter le supplément dans le cas de l'insuffisance du dépôt en nature.

Cette condition suppose que l'obligation restera entre les mains du receveur pour en poursuivre l'effet, ou en faire la remise immédiate lorsque son objet sera rempli, soit par le paiement effectif des droits, soit par la vente des marchandises dont le prix aura couvert la créance du Gouvernement. M. le directeur général a aussi marqué qu'elle ne devoit point être versée dans la caisse générale comme les traites ordinaires qui sont d'une nature très-différente. Cependant des questions lui ont été faites à cet égard.

Les directeurs, pour prévenir ou dissiper les doutes qui se sont élevés, donneront l'ordre positif aux receveurs de conserver ces obligations commerciales, gages du produit des droits, jusqu'au terme de leur accomplissement. (*CD.* 18 *mars* 1811.) — *Voir*, pour plus amples renseignemens, le paragraphe *Crédits sur nantissemens*, au livre II.

On observera que je ne traite dans ce paragraphe que des versemens; que conséquemment ce qui tient au crédit des droits ne peut y être classé.... Il faudra donc, et pour l'art. 3 de l'arrêté ci-dessus, et pour les opérations qui concernent l'acceptation et le recouvrement des traites non acquittées à leurs échéances, recourir à la section *Crédit des Droits* du livre II.

§. III. *Versement du produit du droit additionnel sur les cotons de Naples.*

145. Le montant du droit perçu par addition au droit actuel sur les cotons du royaume de Naples sera versé au trésor public, sous le titre de fonds spécial d'encouragement pour la culture du coton, du pastel et du sucre. (*DI.* 12 *décembre* 1810, *art.* 3.)

« Tous les trois mois, dans la première semaine « de chaque semestre, le ministre de l'intérieur ren- « dra compte à Sa Majesté du produit du droit, et lui « en proposera l'emploi en primes ou envoi de grai- « nes et autres encouragemens, soit pour la culture « du coton, soit pour celle du pastel et du sucre. » (*Même décret*, *art.* 4.)

§. IV. *Versement du droit sur l'exportation des grains et farines.*

146. Le produit du droit sur les exportations *de grains* qui s'effectueront sera versé de la caisse des douanes dans la caisse d'amortissement..... (*DI.* 25 *prairial an* 12, *premier paragraphe de l'art.* 2.)

Ce produit est appliqué à des travaux publics, tels qu'ouvertures de routes, canaux, etc.

Il en est compté comme il est dit ci-dessus, et les états périodiques en sont adressés au ministre du commerce. (*CD.* 7 *juillet* 1806.)

Comptabilité. — Les droits perçus sur les grains exportés doivent être inscrits sur un registre particulier. — Des acquits de paiement seront fournis pour cet objet, et la dépense en sera présentée à l'administration sur des mémoires particuliers. — A l'expiration de chaque mois, il sera adressé au directeur général et à la caisse d'amortissement un bordereau de recette et de dépense, lequel sera fait à la main. — A la fin de chaque année, il sera formé un compte général de recette et de dépense pour être adressé à l'administration avec les pièces à l'appui. Enfin, le produit des droits sur les grains ne doit jamais être confondu avec celui des douanes. (*CD.* 7 *février* 1809.)

Ce produit doit être versé entre les mains des receveurs généraux de département, qui en délivreront des récépissés particuliers pour être réunis au compte des grains. (*CD.* 17 *mai* 1809.)

§. V. *Versement du produit du droit sur l'exportation du riz par la 27e division militaire.*

147. Le produit du droit *sur l'exportation du riz par la vingt-septième division militaire* sera versé de la caisse des douanes dans la caisse d'amortissement, pour être employés à des travaux publics..... (30 *avril* 1806, *art.* 23.)

§. VI. *Versement du produit des droits additionnels sur les livres.*

148. Les droits *additionnels imposés sur les livres imprimés à l'étranger* seront perçus par les receveurs des douanes, et versés par eux, comme fonds spécial, à la caisse d'amortissement, à la charge de donner avis de l'époque et du montant de chaque versement au directeur général de la librairie. Ils jouiront de la même remise qui leur est accordée sur la perception de la taxe pour l'entretien des ports. (*DI.* 14 *décembre* 1810, *art.* 5.)

VOICI l'ordre qui doit être suivi dans la comptabilité de ce produit.

Les receveurs devront en présenter le résultat dans des bordereaux qu'ils formeront doubles pour être adressés à la fin de chaque mois, l'un à M. le directeur général de la librairie, et l'autre à M. le directeur général des douanes; la recette présentera dans des colonnes séparées le droit de 150 fr. du quintal décimal, celui de 75 cent. par kilogramme, et celui de balance du commerce; une quatrième colonne offrira le produit des amendes et confiscations.

La dépense sera composée des frais d'impression, des remises accordées aux receveurs, et des versemens.

La remise pour les receveurs étant calculée sur le même pied que celle accordée pour la perception du demi-droit de tonnage, il suffit de rappeler les instructions déjà données à cet égard. (*Voir sous le* n° 152.)

L'art. 5 de la loi considérant la recette des droits établis sur la librairie étrangère comme fonds spécial, veut que le versement en ait lieu à la caisse d'amortissement; les receveurs devront donc faire distinguer par les receveurs généraux l'origine de ces recettes dans les récépissés qu'ils retireront, et pour satisfaire entièrement au même article, qui prescrit de donner connoissance de l'époque de ces versemens au directeur général de la librairie, ils auront soin d'en énoncer la date.

La circulaire du 2 janvier 1811 (*voir* le chapitre *des Livres* au livre III) ayant d'ailleurs informé que les nouveaux droits établis sur la librairie n'abolissoient point ceux du tarif des douanes, on évitera de confondre ces deux sortes de perceptions, et l'on ne portera dans chaque espèce de bordereaux que celle qui doit y être présentée.

Les bordereaux dont il s'agit, qui ne seront point imprimés jusqu'à nouvel ordre, devront être remplacés par des certificats de néant, si les receveurs ne font aucune recette pendant le mois.

Enfin, à l'expiration de l'année, les receveurs formeront un compte des recettes et dépenses qu'ils auront faites à cause de l'introduction de la librairie étrangère, et ils en adresseront le résultat à M. le directeur général dans un seul compte d'ordre, en y joignant les acquits à l'appui, pour que l'administration puisse procéder à leur vérification, et apurer la gestion de chaque comptable sur cette partie. (*CD.* 16 *février* 1811.)

§. VII. *Versement du produit du droit sur le sel.*

149. Le produit de la contribution établie *sur le sel* est exclusivement affecté à l'entretien des routes et aux travaux des ponts et chaussées. (24 *avril* 1806, *art.* 59.)

EN conséquence, tout ce qui tient aux sels doit être relaté dans des états séparés de ceux des douanes.

Des traites pouvant être reçues en acquit du droit, on suit pour leur versement la marche indiquée sous le n° 144. — *Voir* au surplus le chapitre *des Sels* au livre III, pour tout ce qui, y étant relatif, ne se trouvera pas rapporté dans celui-ci.

§. VIII. *Versement du produit du demi-droit de tonnage.*

150. A compter du premier vendémiaire an 14 seulement, le produit du demi-droit de tonnage affecté par la loi du 14 floréal an 10 à l'entretien et à la réparation des ports maritimes du commerce sera versé au trésor public, sous la déduction seulement des remises et frais de perception. (*DI.* 17 *janvier* 1806, *art.* 1.)

151. Les receveurs principaux des douanes désigneront en conséquence dans les versemens qu'ils effectueront dans la caisse des receveurs généraux les sommes qui proviendront de ce produit; les receveurs généraux observeront eux-mêmes cette distinction dans leurs écritures et dans les versemens qu'ils en feront au trésor public. (*DI.* 17 *janvier* 1806, *art.* 2.)

152. Le montant net de ce produit ainsi versé au trésor public sera mis successivement à la disposition du ministre de l'intérieur, pour être employé au paiement des traitemens des fonctionnaires publics chargés de la police des ports, et à l'entretien des réparations des ports de la même manière, et suivant les formes déjà prescrites pour le produit de la taxe d'entretien des routes et de la navigation, et les autres taxes spéciales affectées au service des travaux publics. (*DI.* 17 *janvier* 1806, *art.* 3.)

Retenue pour le receveur
sur les 1ers 1000 fr. » 7 cent.
sur les 2000 fr. suivans » 4
sur les deux autres » 3
ensuite jusqu'à 20,000 fr. » 2
et sur l'excédant de cette fixation » 1
jusqu'à la fin de l'année.

Le décompte sera établi chaque mois au pied des bordereaux, en rappelant les opérations faites pour les mois précédens.

Ce nouveau mode ne change rien aux instructions données sur la comptabilité, sinon qu'elle sera épurée à la fin de chaque exercice, puisqu'à l'avenir il ne doit plus y avoir de débet. (*CD.* 12 *février* 1806.)

Quant aux versemens des fonds provenant, soit des taxes établies sur le séjour des navires dans les bassins de certains ports, soit du droit de colis à Anvers, il en sera parlé au livre VI, en traitant de ces taxes particulières.

§. IX. *Versement du produit des navires confisqués pour avoir contrevenu aux lois du blocus.*

153. Les cinq sixièmes du produit des navires confisqués pour avoir contrevenu aux lois sur le blocus seront versés désormais aux caisses générales des départemens. (*CD.* 25 *juillet* 1810.)

Par circulaire du 15 mai 1810, ce versement dut d'abord se faire à la caisse d'amortissement, et ensuite il fut ordonné, sous la date du 27 juin, de l'opérer à la caisse du domaine extraordinaire.

« Au surplus, on observera que s'il s'agissoit de « bâtimens confisqués par le seul fait qu'ils se se- « roient présentés dans un des ports de l'empire..... « et que leur saisie n'eût exigé d'autres soins que celui « de la constater, il faudroit faire verser le produit « entier de ces bâtimens, au lieu des cinq sixièmes. (*Dernier paragraphe de la circulaire du* 25 *juillet* 1810.)

§. X. *De la forme des récépissés de versemens.*

154. Les dispositions des articles 2, 3, 4 et 5 (*du décret impérial du* 4 *janvier* 1808), relatives à la forme, au *visa* et au talon des récépissés, sont applicables aux récépissés que les préposés comptables des administrations et régies réclameront des receveurs d'arrondissement en échange de leurs versemens. (*DI.* 4 *janvier* 1808, *art.* 7.)

Voici les articles 2, 3, 4 et 5 de ce décret :

« Les récépissés délivrés par les receveurs par- « ticuliers d'arrondissement aux percepteurs se- « ront à talons; ..... ces récépissés devront être « visés par les sous-préfets dans les vingt-quatre « heures, et les talons séparés et retenus par eux. (*Art.* 2.)

« Il est défendu aux receveurs d'arrondissement

« de différer, sous quelque prétexte que ce soit, « la remise des récépissés que les percepteurs doi- « vent recevoir en échange de leurs versemens. (*Art.* 3.)

« Tout récépissé sans talon, ou dans une autre « forme que celle *nouvelle*, ou dont le talon n'auroit « pas été remis dans les mains du sous-préfet, ou en- « fin qui n'auroit pas été visé par lui, n'opèrera pas « la décharge des percepteurs envers le trésor, « dans le cas de divertissement, de la part du rece- « veur particulier, des deniers de son recouvrement. (*Art.* 4.)

« Les sous-préfets adresseront tous les mois *au* mi- « nistre du trésor public tous les talons par eux re- « tenus des récépissés des receveurs d'arrondisse- « ment présentés à leur visa ». (*Art.* 5.)

SECTION IV. — *Des Bordereaux de situation.*

155. Les directeurs des administrations et régies dont les préposés versent leurs recouvremens dans les caisses des receveurs d'arrondissement adresseront, dans les dix premiers jours de chaque mois, un bordereau des versemens faits dans le mois précédent..... (*DI.* 4 *janvier* 1808, *art.* 6.)

DANS les 27e. et 28e. divisions militaires, les directeurs des douanes remettent à l'intendant du trésor public, aux époques et dans la forme qui sont réglées par le ministre du trésor, des états de situation de leurs caisses, et des bordereaux de leurs recettes et dépenses. (*DI.* 31 *juillet* 1806.)

Lorsqu'à la fin d'un exercice il existe des débets qui occasionnent des versemens, il doit être rédigé des bordereaux supplémentaires correspondant au mois où les récépissés ont été délivrés. (*CD.* 23 *janvier* 1808.)

BORDEREAUX DE CAISSE. — Ces bordereaux sont le relevé exact des recettes et dépenses des receveurs et de leur situation résultante de la comparaison des unes et des autres.

On ne peut y porter par anticipation aucune dépense non effectuée.

Ils doivent être envoyés au directeur assez à temps pour que celui qui se trouve le plus éloigné de Paris puisse les transmettre au directeur général avant le 28 du mois qui suit celui auquel les bordereaux se rapportent, et le non-paiement des dépenses n'est point un motif pour retarder cet envoi, parceque celles non acquittées dans un mois peuvent être relatées dans les bordereaux des mois suivans, en ayant soin de les distinguer des dépenses courantes. La situation des comptables sur les retenues des retraites y est relatée afin d'assurer que les débets ne sont pas cachés par l'application des fonds d'une part à une autre.

Quant aux recettes extraordinaires, elles consistent dans le droit de garde, le produit de la vente des marchandises abandonnées dans les douanes, des vieilles embarcations, des ustensiles de bureaux qui ne servent plus, enfin dans toute recette réelle autre que le produit des droits.

Les bordereaux de caisse doivent encore présenter les motifs des avances et des débets qu'offre la comparaison des recettes et dépenses; si les débets sont occasionnés en totalité ou en partie par les crédits que le gouvernement a autorisés, la même note en fera mention, ainsi que de la date où ces crédits auront été faits, afin de prouver qu'ils n'ont pu être recouvrés avant l'expiration du mois.

Les receveurs compareront au pied des bordereaux les produits qui y sont portés avec ceux de pareils mois de l'année antérieure; ils donneront au-dessous les motifs des augmentations et diminutions.

Ils indiqueront aussi au bas des mêmes bordereaux les fonds qu'ils auront en caisse, provenant soit de consignation, soit de produit de saisies non terminées.

On ne peut apporter trop d'attention dans la rédaction et dans la vérification des bordereaux de caisse, parceque le résultat est mis chaque mois sous les yeux du ministre, et que, dans le cas où les registres de recette seroient enlevés ou brûlés, ils en tiennent lieu.

C'est pour assurer leur exactitude que les directeurs sont tenus de les viser.

Il sera désormais suffisant de présenter à la fin de chaque mois les résultats des produits extraordinaires de chaque mois. (*LM.* 16 *février* 1811.)

En conséquence, au lieu de bordereaux de quinzaine qui servoient à établir ces résultats, les receveurs pourront se borner à les fournir également par mois..... (*CD.* 25 *février* 1811.)

A la fin de l'année, un bordereau général récapitule toutes les recettes et dépenses faites pendant son cours; les dépenses dont le paiement n'a pu être effectué avant sa rédaction y sont détaillées au bas par nature et par valeur. — Il en est de même pour les fonds de subvention fournis ou reçus, en indiquant le nom du receveur qui les a délivrés.

Enfin des bordereaux supplémentaires sont fournis jusqu'à ce que toutes les opérations soient terminées, celles de deux exercices ne devant jamais être confondues.

On doit répéter ici que le ministre exige la plus

grande célérité dans l'envoi des bordereaux de caisse, et qu'il a prescrit à l'administration de prendre des mesures telles, que sous aucun prétexte la remise de son état général de chaque mois ne soit pas différée au-delà du 30 du mois suivant.

En outre du bordereau adressé à l'administration, les receveurs en ont encore deux à fournir; l'un au préfet du département d'après l'ordre donné par la lettre du ministre, du 18 nivose an 8, laquelle concorde avec l'arrêté des Consuls qui dit, *art.* 1 : « Les « préfets sont chargés de surveiller la perception et « l'emploi des deniers publics dans leurs départemens « respectifs; » et *art* 6, « Dans aucuns cas les préfets « ne pourront changer ni la destination ni le mode « des paiemens prescrits par les instructions du mi- « nistre.... » — Le bordereau dont il est ici question est transmis au préfet par l'intermédiaire du directeur.

L'autre bordereau est destiné pour le ministre du trésor impérial. — D'après le décret ci-dessus, du 4 janvier 1808, ce ministre a adressé des bordereaux de versemens d'une nouvelle forme; ils ne présentent plus les recettes ni les frais de recouvrement, mais uniquement les versemens. On a vu n° 154, que les récépissés pour versemens sont à talons, et doivent être visés, dans les 24 heures, par les sous-préfets qui gardent les talons. — Ces bordereaux-ci sont fournis par les receveurs au directeur dans les dix premiers jours de chaque mois, et il en fait envoi au ministre du trésor impérial après les avoir visés.

On ne fait aucune observation sur le classement, dans les bordereaux de caisse, du produit des saisies et des vacances et retenues; ces deux objets seront traités sous ces titres, dans les notes de la section *de la Reddition des comptes.*

SECTION V. — *De la reddition des comptes.*

156. A compter du dernier semestre de l'an 4, les préposés de la régie des douanes, ... cesseront...... de remettre, à Paris, à la trésorerie nationale, et, dans les départemens, aux receveurs généraux ou à leurs délégués, les pièces de dépenses qu'ils auront acquittées pour frais d'administration et autres. (*AD.* 22 *messidor an* 4, *art.* 1.)

157. Ces pièces seront remises, à la fin de chaque trimestre, par les receveurs des bureaux de perception, aux inspecteurs et autres employés supérieurs........ chargés de tournées, de recouvrement, et de l'arrêté des registres de ces bureaux; elles seront vérifiées d'abord par ces inspecteurs, qui les remettront aux directeurs avec les récépissés des fonds qu'ils auront versés dans les caisses du receveur général du département, et les bordereaux de compte qu'ils auront arrêtés avec les receveurs. (*AD.* 22 *messidor an* 4, *art.* 2.)

158. Les directeurs..... vérifieront si ces pièces de dépenses sont régulieres et admissibles, et ils les comprendront dans la dépense du compte d'ordre qu'ils seront tenus de rendre, *également par trimestre*, des recettes et des dépenses de leur direction. (*AD.* 22 *messidor an* 4, *art.* 3.)

159. Le *directeur général* des douanes...... formera également un compte général de toutes les recettes et dépenses de *son administration;* il le remettra (*tous les trimestres*) à la trésorerie nationale, avec toutes les pièces justificatives à l'appui..... (*AD.* 22 *messidor an* 4, *art.* 5, *par suite de l'AC.* 29 *fructidor an* 9, *art.* 5.)

Cet arrêté fixoit l'époque de la remise de ces comptes avant le 1er messidor de chaque année; mais depuis il a été ordonné, par circulaire du 14 brumaire an 11, qu'ils seroient rendus par trimestre.

J'ai rapporté dans les sections précédentes tous les détails du classement et de la vérification des recettes et dépenses; il ne me reste plus à traiter que de la formation des comptes et de leur reddition.

Des compteraux. C'est ainsi que se nomment les comptes de gestion que les receveurs rendent par trimestre aux inspecteurs. — Les compteraux sont les *élémens* des comptes d'ordre.

Ce que veut l'art. 2 ci-dessus de l'arrêté du 22 messidor an 4 avoit déjà été prescrit par une lettre ministérielle du 12 ventose an 4.

Ainsi, à la fin de chaque trimestre, les inspecteurs

doivent se rendre dans tous les bureaux de leur arrondissement, y vérifier les perceptions, arrêter les registres et former un comptereau des recettes et dépenses, lequel sera fait double entre eux et les receveurs.

Ils prendront pour comptant les pièces de dépenses qui auront été régulièrement acquittées ainsi que les récépissés des sommes qui auront été versées à la fin de chaque mois ; ils feront ensuite solder de net les receveurs, et leur donneront quittance et décharge du tout au pied du double du comptereau qui restera entre leurs mains et leur tiendra lieu du compte qu'ils ont rendu jusqu'ici par année.

Les comptereaux énonceront les PERCEPTIONS dans l'ordre suivant :

Droits de douanes.............	entrée. / sortie.
Droit de balance...............	entrée. / sortie.
Droits de navigation............	entrée. / sortie.

Décime additionnel par franc.
Recettes extraordinaires.
Fonds de subvention *reçus*.
Reprise du débet constaté par le dernier comptereau.
Ils relateront aussi le produit des saisies, déduction faite des frais acquittés par les prévenus, en indiquant la portion qui en reviendra au trésor public.
Ils feront également reprise du double-droit pour non rapports d'acquits-à-caution, et enfin du décime par franc sur les amendes.

Les DÉPENSES se divisent et sont classées dans les comptereaux comme suit :

Appointemens..........	*Voir à comptes d'ordre pour plus de détail.*
Frais ordinaires........	
Frais extraordinaires...	
Frais de saisies à la charge du trésor...........	
Versemens aux caisses d'arrondissemens.........	

Ainsi qu'il a été dit plus haut, les comptereaux devant servir *d'élémens* aux comptes d'ordre, il faut qu'ils offrent les recettes et dépenses classées de la même manière que les directeurs sont tenus de les présenter.

Les inspecteurs rédigeront ensuite un *état général des recettes et dépenses* des différens bureaux. La recette sera composée du produit de chacun en un seul article, et la dépense sera divisée par nature d'objets sans distinguer celle particulière à chaque bureau, attendu qu'elle sera établie par les comptereaux arrêtés avec les receveurs.

Cet état sera fait triple ; *l'un* sera remis au directeur avec les comptereaux, les récépissés de versemens et les pièces de dépenses ; il donnera au pied du *second*, qui restera entre les mains de l'inspecteur, la décharge des pièces qui lui auront été remises ; le *troisième* état sera adressé directement à l'administration par ce dernier préposé.

Au pied de chaque état de trimestre il sera fait une comparaison entre la recette et la dépense ; s'il en résulte un débet ou une avance, la cause en sera énoncée, et il en sera fait reprise en recette ou en dépense dans l'état du trimestre suivant, à moins qu'il ne s'agisse de celui du quatrième trimestre, les opérations non terminées à la fin de ce trimestre ne pouvant faire l'objet que d'états supplémentaires.

Indépendamment des comptereaux de douanes dont il vient d'être question, il est encore fourni des comptereaux particuliers pour les SELS. — La *recette* se compose du produit par bureau, recettes extraordinaires et produit de saisies, en distinguant les parts du trésor public et le décime par franc sur les amendes. — La *dépense* se divise comme celle des douanes, en appointemens, frais, etc.

Les inspecteurs qui arrêtent ces comptereaux après vérification rédigent aussi des *états généraux des recettes et dépenses*. Ces états généraux, comme ceux des douanes, sont faits et adressés au directeur en triple expédition.

Il n'est d'ailleurs formé qu'un seul rôle d'appointemens pour chaque principalité et contrôle de brigades, dans lequel on indique au pied ceux qui résultent des sels, et tous ces frais sont compris dans le compte d'ordre, sans distinction de ce qui appartient à l'une ou à l'autre partie.

COMPTE D'ORDRE. — Les directeurs n'ont plus à fournir d'états généraux de comptabilité par trimestre, au moyen de l'obligation où ils sont actuellement d'adresser, comme on va l'expliquer, des comptes d'ordre qui n'embrassent que le même espace de temps.

D'après les mêmes pièces, les directeurs formeront, à l'expiration de chaque trimestre, un compte d'ordre des recettes et dépenses qui auront eu lieu pendant les trois mois, et ils l'enverront aussitôt à l'administration ; les crédits à recouvrer dans les bureaux qui sont autorisés à en accorder ne pourront suspendre cette rédaction ni cet envoi, parcequ'ils y seront présentés comme *recette effective*, et la portion non rentrée en *débet* ; il sera fait reprise de ce débet d'un compte sur l'autre jusqu'à celui du quatrième trimestre qu'on fera suivre d'un compte supplémentaire, lorsque les paiemens auront été effectués en totalité (*Circulaire du directeur général, des 14 brumaire et 5 frimaire an* II.)

La *recette* sera établie sur les comptereaux des receveurs et les états généraux des inspecteurs, la *dépense* sur celle comprise aux comptereaux et états généraux comparés aux mémoires, quittances et récépissés.

Au moyen de ce compte qui embrasse l'universalité de la direction, et auquel seront réunies les pièces qui auront servi à le rédiger, il n'y en a point d'autres à former par les receveurs.

Chaque nature de recette et de dépense forme dans ce compte un chapitre séparé, et chaque chapitre présente dans un tableau ou état distribué par colonnes le nom des inspections, celui des recettes principales, celui des bureaux subordonnés, la quotité des droits perçus ou de toute autre recette, la date et la nature des saisies, l'origine et la destination des fonds de subvention reçus ou fournis, le nom des bureaux et contrôles de brigades auxquels les appointemens ont été payés, celui des bureaux et corps-de-garde dont les loyers et frais ont été acquittés, la nature et la date des ordres de paiement des frais extraordinaires et de ceux de remboursement de droits, la date et la quotité des récépissés de versemens, et le total de chaque tableau par bureau et par recette principale.

A la fin de la recette et de la dépense est placée une récapitulation générale, et le compte est terminé par une comparaison entre l'une et l'autre; s'il y a débet ou avance, le directeur en explique les motifs.

Les recettes et dépenses relatives aux sels sont comprises dans le compte d'ordre des douanes, sous la condition de les y présenter dans des articles séparés. (*CD.* 6 *novembre* 1806.)

Le compte d'ordre du quatrième trimestre doit parvenir au directeur général avant la fin d'avril; le receveur qui seroit cause du retard seroit suspendu, et un autre employé chargé de l'ouvrage. (*CD.* 12 *décembre* 1807.)

La récapitulation du compte d'ordre se fait dans l'ordre de la classification des chapitres qui composent ce compte... Voici celle du compte que j'ai trouvé le plus régulièrement établi.

Recette, comme il suit :

Perceptions de droits { de douanes......... »
de balance......... »
de navigation....... »
Décime additionnel..................... »
Droits sur les sels.................... »
Recettes extraordinaires.............. »
Saisies et double droit pour non rapport d'acquits-à-caution................... »
Fonds de subvention reçus............. »
Reprise du débet....................... »

Dépense, comme il suit.

Appointemens. { Préposés supérieurs........ »
Préposés de bureaux....... »
Préposés de brigades...... »
Vacances d'emplois,
1°. pour les retraites.... »
2°. pour le trésor...... »
Retenue pour les retraites............... »
Traitemens des juges.................... »
Loyers, frais de bureaux et de corps-de-garde »
Frais extraordinaires................... »
Frais payés à la décharge du trésor..... »
Primes d'encouragement................. »
Remboursement de droits................ »
Fonds de subvention *fournis*............. »
Versemens.............................. »

Dans cette récapitulation, il est fait reprise de la retenue des fonds de retraite, des produits de saisies, des fonds de subvention et de remboursemens de droits; et il n'a pas encore été question de ces objets... Pour la retenue des fonds de retraites, j'en parlerai sous le n° 213; quant aux trois autres articles, voici ce que j'y trouve de relatif dans l'instruction qui m'a servi à établir ce chapitre *de la Comptabilité.*

Saisies relativement a la comptabilité. — Les instances auxquelles donnent lieu les saisies n'étant pas toujours terminées dans les années où elles ont pris naissance, il en résultoit des supplémens qui retardoient la clôture des opérations de chaque exercice.

Pour remédier à cet inconvénient, les saisies font actuellement partie du compte de l'année où elles sont terminées, et non de celles où elles ont eu lieu. Si les receveurs ont fait les avances pour les frais de procédures ou autres dont le paiement ne peut être différé, ils les prélèvent d'années en années sur leurs recettes courantes, et en sont remboursés en définitif, soit par les prévenus, s'ils succombent, soit par une autorisation de dépenses que l'administration expédie si les frais tombent à la charge du trésor public.

Les directeurs ne peuvent se dispenser sous aucun prétexte de joindre à leur compte d'ordre les dossiers des affaires terminées, même ceux des saisies qui ne donnent lieu à aucun produit.

Ils sont aussi tenus de faire mention dans les comptes de trimestre des saisies faites pendant ce trimestre, et de rappeler celles indécises, soit qu'elles appartiennent à l'année de ces comptes, soit que leur origine remonte aux années antérieures.

On doit d'ailleurs remarquer que sous ce titre sont comprises les instances pour injures, rebellion ou voies de fait exercées contre les préposés dans l'exercice de leurs fonctions.

Les bordereaux de caisse n'admettent comme produit effectif relativement aux saisies, que le sixième de ce qu'elles ont rapporté, déduction faite des frais, lorsqu'elles sont dans la classe de celles où le trésor public a part, et le décime par franc sur les amendes.

Il n'entre également dans le total des frais réels que ceux qu'on ne peut recouvrer, soit par l'insolvabilité des prévenus, soit parceque l'administration a succombé.

Les sommes mises en répartition font l'objet d'une colonne séparée dans chacun des chapitres de recette et de dépenses, et sont comprises dans les totaux généraux de ces chapitres.

Enfin, au pied des mêmes bordereaux, les receveurs énoncent la quantité des fonds qu'ils ont en dépôt formant le produit des affaires indécises, soit de l'année, soit des exercices antérieurs.

Comme les bureaux subordonnés sont souvent peu sûrs relativement aux localités, et que les receveurs n'offrent pas la même garantie que ceux des bureaux principaux, les directeurs feront verser dans les caisses de ces derniers, aussitôt qu'ils en seront instruits, tous les fonds provenant du produit des saisies qui auroient été déposés provisoirement entre les mains des premiers.

Quant à la comptabilité relative au recouvrement et à la distribution de la moitié des parts des saisissans qui n'ont point arrêté les fraudeurs et du tiers des amendes acquittées destinées à indemniser les préposés de ce dont ils seront privés sur les amendes non recouvrées, *Voyez* la circulaire du 21 mai 1812, sous le n° 178.

FONDS DE SUBVENTION. L'arrêté du directoire exécutif, du 22 messidor an 4, autorisant l'administration à acquitter ses frais sur les produits dont elle fait le recouvrement, il en résulte le pouvoir d'attirer des fonds de subvention des bureaux productifs, pour payer les dépenses de ceux dont les recettes ne sont pas suffisantes.

Lorsque les fonds de subvention sont fournis par un receveur à un autre de la même direction, cette opération peut avoir lieu sur les ordres du directeur.

Si, au contraire, ces fonds sont tirés d'une autre direction, ou s'ils y sont envoyés, l'ordre de l'administration est nécessaire : elle le délivre sur la demande du directeur, qui fait connoître les besoins de sa division par un état de situation ; cet état détaille en outre l'emploi de la dernière subvention fournie.

Les récépissés de ces derniers fonds sont adressés à l'administration, qui les fait passer aux receveurs qui les ont fournis.

Tout receveur qui a envoyé des deniers à Paris pour ce service est tenu de les porter dans la colonne de ses bordereaux, timbrée *fonds de subvention fournis*, quoiqu'il n'en ait pas encore reçu le récépissé, parceque l'accusé de réception de l'administration peut lui en tenir lieu provisoirement, et qu'il faut éviter de présenter des débets quand ils ne seroient que fictifs.

Les mêmes bordereaux doivent, *en recette*, expliquer de quel bureau chaque somme a été tirée, et *en dépense*, à qui les fonds ont été fournis.

REMBOURSEMENS DE DROITS. Les directeurs ne peuvent autoriser aucun remboursement de droit, quelque foible que soit la somme à laquelle il s'élève.

Ce pouvoir est réservé à l'administration, qui s'y détermine d'après les renseignemens qui lui sont donnés.

Si le remboursement est demandé parceque les droits n'ont pas été appliqués suivant l'espèce des marchandises, les préposés du bureau où l'erreur a été commise doivent délivrer, soit au dos de l'acquit, soit séparément, un certificat signé d'eux, qui constate cette erreur. Le directeur vise ce certificat.

S'il s'agit d'une nouvelle perception, les deux acquits doivent être produits, afin de les réunir à l'ordre de remboursement.

Il en est de même de toute pièce tendante à établir la validité du remboursement, c'est-à-dire qu'il faut que ces pièces y soient annexées. Enfin si l'acquit est égaré, et qu'on soit obligé d'y suppléer par un duplicata, celui à qui le remboursement est fait doit donner, conformément à la décision du ministre, du 24 novembre 1791 (sous le n° 333), une caution solvable de la somme restituée; ce cautionnement, qui dure deux ans, partant de la date de l'acquit, a pour objet de garantir l'administration, dans le cas où il arriveroit que le porteur de l'original en exigeât de nouveau le remboursement.

Les ordres de remboursement sont d'ailleurs adressés au directeur, afin qu'il les vise avant de les acquitter.

160. Les copies des journaux des caisses du trésor public, des receveurs généraux et particuliers, les talons envoyés par les sous-préfets, les bordereaux adressés par les directeurs des régies et administrations, seront dépouillés dans les bureaux de la comptabilité centrale, qui établira et maintiendra à jour, par la comparaison de leurs résultats, le compte de chacun des receveurs généraux, des receveurs particuliers, des régies et administrations, et des caisses du trésor public, et préparera les matériaux des états de situation des diverses parties du trésor public, que le ministre du trésor doit mettre sous *les* yeux de *Sa Majesté* le 15 de chaque mois. (*Dl. 4 janvier* 1808, *art.* 33.)

SECTION VI. — *Dispositions répressives relativement à la comptabilité.*

161. .....Il est de nouveau expressément défendu à toute autorité civile et militaire, à peine d'en répondre personnellement, de disposer d'aucune somme versée dans les caisses publiques, autrement qu'en vertu d'ordonnances du ministre compétent, revêtues des formes constitutionnelles. (*AC.* 15 *nivose an* 8, *art.* 9.)

Un arrêté consulaire du 18 fructidor de la même année porte les mêmes défenses, et ajoute que *les payeurs et receveurs seront également responsables de tout ce qu'ils auront payé sans une ordonnance régulière.*

Les receveurs ne peuvent donc disposer de leurs fonds autrement que la loi ou les ordres du gouvernement, transmis par M. le directeur général, le leur prescrit; ils ne doivent obéir à cet égard à aucune demande ou réquisition qui leur seroit faite par les autorités civiles ou militaires, ou par des particuliers, à moins que la force ne soit employée pour les y contraindre.

Les ordonnances, rescriptions et délégations, qui sont tirées sur les douanes, ne doivent être acquittées, quoique portant le caractère légal, qu'après que les receveurs en ont reçu l'avis de l'administration. (*Circulaire du* 19 *floréal an* 8.)

Les receveurs qui contreviendroient aux dispositions ci-dessus seroient destitués sur-le-champ, et les sommes qu'ils auroient délivrées resteroient à leur charge.

Dans le cas où la force sera employée pour les contraindre à livrer les deniers qu'ils auront en caisse, ils dresseront au même instant un procès-verbal de la violence qu'on leur aura fait éprouver; cet acte signé par eux et les préposés présens à l'enlèvement des fonds sera envoyé de suite à l'administration pour être mis sous les yeux du ministre.

162. Tout receveur, caissier, dépositaire, percepteur ou préposé quelconque, chargé de deniers publics, ne pourra obtenir décharge d'aucun vol, s'il n'est justifié qu'il est l'effet d'une force majeure, et que le dépositaire, outre les précautions ordinaires, avoit eu celle de coucher ou de faire coucher un homme sûr dans le lieu où il tenoit ses fonds, et en outre, si c'est au rez-de-chaussée, de le tenir solidement grillé. (*AC.* 8 *floréal an* 10.)

Il résulte de cet arrêté que les receveurs ne doivent négliger aucun moyen pour prévenir l'enlèvement des deniers qu'ils ont en caisse, et que ce n'est qu'autant qu'une force majeure aura rendu ces précautions inutiles, qu'ils pourront prétendre à être déchargés de toute responsabilité. Cet arrêté n'explique pas les formalités à remplir pour constater les vols de cette espèce, vraisemblablement parceq'elles sont de même nature que celles prescrites de tout temps pour établir les délits qui emportent peines afflictives contre leurs auteurs.

Toutes les fois que les fonds d'une caisse de douanes auront été spoliés par force majeure, le receveur devra dans l'instant même, ou au moins dans les vingt-quatre heures, faire constater le délit par les juges, les officiers de police, ou les agens des communes les plus prochaines.

Le procès-verbal qui en sera dressé devra contenir le détail de toutes les fractures faites aux portes, fenêtres, coffres, armoires, etc.; il donnera la description des lieux, et celle des moyens employés par les voleurs pour s'introduire : les dépositions des témoins tant à charge qu'à décharge y seront également relatées, et le comptable sera tenu, dans le même délai, d'y consigner sa déclaration, appuyée d'un bordereau signé de lui, présentant ses recettes et dépenses depuis l'arrêté de son dernier comptereau, les fonds qu'il avoit en caisse, et ceux manquans.

Si, après la clôture du procès-verbal, le receveur vouloit ajouter, par un acte subsidiaire à sa déclaration des fonds enlevés de son domicile, il ne pourroit y être admis, parceque les comptables doivent toujours être en état de faire connoître la situation de leur caisse, et qu'ici leur affirmation tenant lieu de preuve, on ne peut apporter trop de précautions pour s'assurer qu'elle est exacte.

Un employé supérieur assistera autant qu'il sera possible à la rédaction du procès-verbal, et le signera ainsi que les bordereaux de situation; l'un et l'autre seront envoyés de suite à l'administration par le directeur avec ses observations; le bordereau de situation présentera les recettes et les dépenses du comptable depuis ses derniers comptes arrêtés; il énoncera s'il étoit en débet avant le vol; ce préposé le signera.

Il y a lieu de croire, d'après un arrêté du 17 nivose an 10, que le gouvernement s'est réservé de prononcer sur les vols de deniers, d'après le rapport que lui fera le ministre des circonstances qui les auront accompagnés ; les comptables ne pourront donc apporter trop d'attention à faire remplir les formalités qui viennent d'être indiquées, parceque, en servant à prouver leur bonne foi, elles pourront contribuer à leur décharge.

Enfin, si le vol étoit commis avec attroupement et à main armée, ce seroit le cas d'invoquer la loi du 10 vendémiaire an 4, relative à la responsabilité des communes. (*CD.* 1er. *pluviose an* 10.)......... *Voir* les numéros 228 à 234.

163. Tout receveur général et particulier, et généralement tout comptable, convaincu d'avoir omis ou retardé de se charger en recette sur les journaux et bordereaux de situation des sommes qui lui auront été versées pour le service public, sera destitué, et poursuivi comme coupable de détournement des deniers publics, conformément *aux articles* 169 *à* 172 du code pénal. (*AC.* 27 *prairial an* 10, *art.* 4.)

C'ÉTOIT l'article 11, section 5, titre 1er. du code pénal du 6 octobre 1791 que l'arrêté ci-dessus appliquoit au détournement des deniers publics ; mais cet article 11, qui punissoit ces soustractions de 15 années de fers, se trouvant abrogé par le nouveau code pénal, il en résulte que ce sont les articles 169 à 172 de ce dernier code qu'il faut invoquer si le détournement a eu lieu depuis sa mise en activité... Ces articles sont ainsi conçus :

Article 169. « Tout percepteur, tout commis à « une perception, dépositaire ou comptable public qui « aura détourné ou soustrait des deniers publics ou « privés, ou effets actifs en tenant lieu, ou des pièces, « titres, actes, effets mobiliers qui étoient entre ses « mains en vertu de ses fonctions, sera puni des « travaux forcés à temps, si les choses détournées ou « soustraites sont d'une valeur au-dessus de trois « mille francs.

Article 170. « La peine des travaux forcés à temps « aura lieu également, quelle que soit la valeur des « deniers ou des effets détournés ou soustraits, si « cette valeur égale ou excède soit le tiers de la re- « cette ou du dépôt, s'il s'agit de deniers ou effets « une fois reçus ou déposés, soit le cautionnement, « s'il s'agit d'une recette ou d'un dépôt attaché à une « place sujette à cautionnement, soit enfin le tiers du « produit commun de la recette pendant un mois, s'il « s'agit d'une recette composée de rentrées succes- « sives et non sujettes à cautionnement.

Article 171. « Si les valeurs détournées ou sous- « traites sont au-dessous de trois mille francs, et en « outre inférieures aux mesures exprimées en l'arti- « cle précédent, la peine sera un emprisonnement « de deux ans au moins et de cinq ans au plus, et le « condamné sera de plus déclaré à jamais incapable « d'exercer aucune fonction publique.

Article 172. « Dans les cas exprimés aux trois « articles précédens, il sera toujours prononcé une « amende dont le *maximum* sera le quart des resti- « tutions et indemnités, et le *minimum* le douzième. »

Un double emploi dans les dépenses du comptable étoit puni du quadruple de l'article doublement employé, par l'édit de juin 1716.

Il s'est élevé la question de savoir si l'on devoit exiger des comptables les intérêts des débets qu'ils auroient contractés ; le directeur général a annoncé, par sa circulaire du 29 août 1808, que le conseil d'état consulté a donné, sous la date du 9 juillet même année, un avis que S. M. I. a approuvé et dont la teneur suit :

« Vu la loi du 28 pluviose an 3 et l'article 1996 « du Code Napoléon ; — Considérant que tout comp- « table de deniers publics, quel qu'il soit, doit l'intérêt « des sommes qu'il a détournées, à dater du jour où « il auroit dû les verser ou les employer ; — que les « débets réels ou ceux qui constituent le comptable « reliquataire, par suite de la vérification de cal- « culs ou de la situation de la caisse, et ceux qui cons- « tatent qu'il a commis des soustractions de recettes, « sont les seuls passibles d'intérêts, et que ces inté- « rêts doivent être calculés à partir des époques aux- « quelles les instructions et le régime particulier de « diverses régies et administrations imposent aux « comptables l'obligation de verser le produit de leur « recouvrement, et les constituent en retard... ; — Le « conseil d'état est d'avis, 1°. que l'article 1996 du « Code Napoléon est applicable aux débets des pré- « posés qui doivent en payer les intérêts à *quatre* « pour cent ; — 2°. que lorsqu'il s'agira de soustrac- « tion de recettes ou déficit quelconque dans la caisse « au moment où les préposés devront solder leurs « comptes, les intérêts commenceront à courir du « moment où devoit se faire le versement ; — 3°. que « pour les erreurs de calculs qui, par leur modicité, « ne peuvent être considérées comme des infidélités, « les intérêts ne doivent courir qu'à dater du jour de « la signification du procès-verbal qui en constatera « le montant, déduction faite de celles à la perte du « préposé ; — 4°. que pour les débets par force ma- « jeure, tels que vols de caisse, les intérêts ne doivent « commencer à courir qu'à dater du jour où la somme « volée est mise à la charge du comptable ; — 5°. qu'il « n'est pas dû d'intérêts pour les débets fictifs pro- « venant de paiemens faits par ordre, mais pour un « un autre service, et dont la régularisation ne peut « s'opérer que sur l'ordonnance du ministre, ou ré- « sultant de l'inadmission des pièces de dépenses, « lorsque leur régularisation ne dépend pas du pré

« posé, ou que, si elle en dépend, les intérêts ne « commencent à courir que du jour où il a été mis « en demeure; — 6°. que toute les contestations qui « s'élèveront entre l'administration et les préposés, « tant sur les demandes d'intérêts dont il s'agit, que « sur toute autre question relative à leur comptabi- « lité, doivent être soumises à la décision du ministre « des finances, sauf le recours au conseil d'état; — « 7°. que toutes les dispositions ci-dessus sont appli- « cables à toutes les administrations et régies des « contributions indirectes. »

Un second avis du conseil d'état, du 28 février 1809, transmis par circulaire du 11 avril, fait connoître que les débets des receveurs sont passibles d'intérêts, soit que ces débets aient été contractés antérieurement ou postérieurement au Code Napoléon.

CHAPITRE VI. — *Des Privilèges accordés aux employés des douanes.*

SECTION I. — *Défense d'arrêter les employés sans l'autorisation du directeur général.*

164. Le directeur général des douanes pourra désormais autoriser la mise en jugement des préposés qui lui sont subordonnés. (*AC. 29 thermidor an* 11.)

Un préposé ayant été saisi en faisant lui-même la contrebande, il s'est élevé la question de savoir si ce préposé, dénoncé à la justice, pouvoit être arrêté sans qu'au préalable le directeur général des douanes eût prononcé conformément à la faculté que lui en donne l'arrêté du 29 thermidor : le grand-juge ministre de la justice, à qui il en a été référé, a, le 6 pluviose an 12, décidé [illegible] question par la négative, et il a en même temps établi un principe général résultant de l'arrêté ci-dessus : « qu'aucune ar- « restation de préposé ne pouvoit être ordonnée avant « l'autorisation du directeur général des douanes; « qu'on pouvoit informer sur les faits dénoncés, « sur les délits imputés aux préposés; qu'il étoit « même nécessaire qu'on le fît pour saisir les traces « du délit, pour recueillir et conserver les preuves, « et pour éclairer le directeur général sur les déci- « sions qu'il auroit à rendre; mais que là devoit se « borner l'instruction préalable à son autorisation ».

Un seul cas est excepté, celui du flagrant délit; mais il est important de bien se fixer sur ce que l'on doit entendre par flagrant délit. Ce cas cesse d'exister si on laisse échapper le délinquant : ainsi, par exemple, dans l'espèce qui a donné lieu à la question, le préposé prévaricateur auroit pu, sans mandat ni ordonnance de justice, être arrêté sur-le-champ et conduit en prison, conformément aux articles 1 et 2 de l'arrêté du 4 complémentaire an 11, mais on ne l'a point fait; en le laissant échapper, on a fait cesser pour lui le cas de flagrant délit; et lorsqu'il a été ensuite dénoncé à la justice, n'étant plus en état de flagrant délit, on ne pouvoit plus suivre à son égard que l'arrêté du 29 thermidor ci-dessus.

Ainsi, pour éviter qu'un préposé infidèle n'abuse, pour se soustraire aux poursuites de la justice, du retard qu'occasionne la nécessité où l'on est de recourir à l'autorisation du directeur général des douanes, il faut le saisir en flagrant délit, et le faire arrêter et conduire en prison sur-le-champ. (*CD. 6 pluviose an* 12.)

Ce que le grand-juge avoit décidé le 6 pluviose an 12 a été approuvé pour tous les agens du [illegible] du décret impérial du 9 août 1806, ainsi conçu : « La disposition de l'art. 75 de « l'acte constitutionnel de l'an 8 ne fait point obs- « tacle à ce que les magistrats chargés de la pour- « suite des délits informent et recueillent tous les « renseignemens relatifs aux délits commis par nos « agens dans l'exercice de leurs fonctions; mais il ne « peut être, en ce cas, décerné aucun mandat ni subi « aucun interrogatoire juridique sans l'autorisation « préalable du Gouvernement ».

Jurisprudence. Un receveur des douanes fut assigné à comparoir, pour avoir, dans le rapport d'une soustraction faite dans son bureau, énoncé que des jeunes gens qu'il dénommoit faisoient partie d'un rassemblement. — Leur père avoit porté plainte contre ce receveur; il lui imputoit d'avoir décrié son nom, et demandoit à faire entendre des témoins. — Le receveur excipa de l'incompétence du tribunal, sur ce qu'il n'auroit pas dû y être appelé sans l'autorisation de son directeur général. — Le tribunal prétendit que cette autorisation n'étoit pas nécessaire, ne s'agissant point de faute commise par les préposés dans l'exercice de leurs fonctions, et il condamna le receveur à des amendes, etc. — La cour suprême, par son arrêt du 16 mai 1806, a cassé ce jugement en ces termes :

« Vu l'article 75 de la constitution de l'an 8, et « l'article 1er. de l'arrêté du 29 thermidor an 11; — « attendu que loin que Gassiot, dans sa déclaration

« faite au greffe du tribunal de police du canton de « Remagen, le 9 nivose an 14, ait renoncé, en ce qui « le concerne personnellement, au pourvoi en cassa- « tion contre le jugement rendu contre lui, le 6 du « même mois, par ce tribunal, cette déclaration et « la quittance de l'amende par lui consignée pour « exercer ce recours le constituent partie demande- « resse en cassation; — et attendu que les faits dont « il s'agit dans le procès-verbal dressé par Gassiot « dans l'exercice de ses fonctions de receveur des « douanes, le 14 frimaire an 14, s'identifiant avec « ceux de la plainte rendue contre lui le même jour « par Michel Hoffmann, pour injures verbales, Gas- « siot, agent du gouvernement, n'a pas pu être mis « en jugement sans l'autorisation préalable prescrite « par l'article 75 de la constitution de l'an 8, et par « l'article 1er. de l'arrêté relatif au mode de mise en « jugement des préposés des douanes, du 29 thermi- « dor an 11; d'où il suit que le jugement du tribunal « de police de Remagen, en date du 6 nivose an 14, et « tout ce qui l'a précédé a eu lieu en contravention « aux articles précités, et renferme un excès de pou- « voir.... la cour casse et annulle, etc. »

Obs. Avant les dispositions que je viens de citer, on s'inscrivoit en faux contre un procès-verbal, et on parvenoit par ce moyen à faire arrêter les rédacteurs malgré l'article 75 de l'acte constitutionnel du 22 frimaire an 8, qui veut *que les agens du gouvernement ne puissent être poursuivis pour des faits relatifs à leurs fonctions, qu'en vertu d'une décision du conseil d'état......* On disoit que de faire un faux rapport ne faisoit pas partie des fonctions d'un préposé, et on avoit raison; mais ce qu'on ne disoit pas, c'est que ce faux rapport même prouvoit qu'on avoit qualité pour en faire un véridique, que par conséquent on abusoit de ses fonctions en en faisant un faux, et que c'étoit positivement pour l'abus de ces fonctions que l'acte constitutionnel exigoit une autorisation de poursuivre.... Chaque fois que les tribunaux se sont écartés de cette conséquence, la cour de cassation les y a rappelés, long-temps même avant l'arrêté du 29 thermidor an 11.... Je rapporterai ses arrêts en traitant de l'*Inscription de faux* au livre V; là on trouvera aussi la décision du grand-juge, qui confirme que dans le cas même où le faux seroit reconnu, encore faudroit-il que le directeur général autorisât la mise en jugement.

Au surplus, ce n'est pas seulement pour délits dans l'exercice de leurs fonctions que les préposés ne peuvent être arrêtés sans l'autorisation du directeur général, ils ne peuvent l'être même sous aucun prétexte, ni pour aucune raison; l'arrêté du 29 thermidor an 11 n'établit pas cette différence, et le motif de sa défense générale d'arrêter les employés des douanes découle de l'essence même des douanes:... on conçoit que, sous le prétexte d'un délit par eux commis, on provoqueroit l'arrestation de ceux qui ont la piste d'une fraude, et pendant le temps des discussions la contrebande entreroit....

SECTION II. — *Défense de saisir la totalité du traitement des employés des douanes.*

165. Les traitemens des fonctionnaires publics et employés civils seront saisissables jusqu'à concurrence du cinquième sur les premiers cinq mille fr. et toutes les sommes au-dessous, du quart sur les mille francs suivans, et du tiers sur la portion excédant six mille fr., à quelque somme qu'elle s'élève; et ce, jusqu'à l'entier acquittement des créances. (21 *ventose an* 9.)

Cette loi abroge de fait l'art. 17 du titre 13 de la loi du 22 août 1791, qui déjà avoit reçu, par celle du 17 juillet 1793, une modification en ce qui concernoit les contributions personnelles, *pour sûreté du paiement desquelles les appointemens des préposés des douanes et autres employés peuvent être arrêtés.* — Cet art. 17 étoit ainsi conçu :

« Le traitement fixe, les gratifications et émolu- « mens des préposés de la régie ne pourront être « saisis à la requête de leurs créanciers, sinon pour « leurs alimens ou logement pendant la dernière « année, sauf auxdits créanciers à se pourvoir « pour toute autre cause sur les biens desdits pré- « posés. »

Un décret impérial du 18 août 1807 réunit toutes les dispositions des lois relatives aux formalités de ces saisies; il est ainsi conçu :

1. « Indépendamment des formalités communes à « tous les exploits, tout exploit de saisie-arrêt ou op- « position entre les mains des receveurs, dépositaires « ou administrateurs de caisses ou deniers publics, « en cette qualité, exprimera clairement les noms « et qualités de la partie saisie; il contiendra, en « outre, la désignation de l'objet saisi.

2. « L'exploit énoncera pareillement la somme pour « laquelle la saisie-arrêt ou opposition est faite; et il « sera fourni, avec copie de l'exploit, auxdits rece- « veurs, caissiers ou administrateurs, copie ou « extrait en forme du titre du saisissant.

3. « A défaut par le saisissant de remplir les for- « malités prescrites par les articles 1 et 2 ci-dessus, « la saisie-arrêt ou opposition sera regardée comme « non avenue.

4. « La saisie-arrêt ou opposition n'aura d'effet

« que jusqu'à concurrence de la somme portée en « l'exploit.

5. « La saisie-arrêt ou opposition formée entre les « mains des receveurs, dépositaires ou administra- « teurs de caisses ou de deniers publics, en cette « qualité, ne sera point valable, si l'exploit n'est fait « à la personne préposée pour le recevoir, et s'il « n'est visé par elle sur l'original, ou, en cas de « refus, par le procureur impérial près le tribunal « de première instance de leur résidence, lequel en « donnera de suite avis aux chefs des administrations « respectives.

6. « Les receveurs, dépositaires ou administra- « teurs, seront tenus de délivrer, sur la demande du « saisissant, un certificat qui tiendra lieu, en ce qui « les concerne, de tous autres actes et formalités « prescrits à l'égard des tiers saisis, par le titre 20, « livre 3 du Code de Procédure civile.

« S'il n'est rien dû au saisi, le certificat l'énoncera.

« Si la somme due au saisi est liquide, le certificat « en déclarera le montant ;

« Si elle n'est pas liquide, le certificat l'exprimera.

7. « Dans le cas où il seroit survenu des saisies- « arrêts ou oppositions sur la même partie et pour le « même objet, les receveurs, dépositaires ou admi- « nistrateurs, seront tenus, dans les certificats qui « leur seront demandés, de faire mention desdites « saisies-arrêts ou oppositions, et de désigner les « noms et élections de domicile des saisissans, et les « causes desdites saisies-arrêts ou oppositions.

8. « S'il survient de nouvelles saisies-arrêts ou op- « positions depuis la délivrance d'un certificat, les « receveurs, dépositaires ou administrateurs, seront « tenus, sur la demande qui leur en sera faite, d'en « fournir un extrait contenant pareillement les noms « et élections de domicile des saisissans, et les causes « desdites saisies-arrêts ou oppositions.

9. « Tout receveur, dépositaire ou administrateur « de caisse ou de deniers publics, entre les mains « duquel il existera une saisie-arrêt ou opposition « sur une partie prenante, ne pourra vider ses mains « sans le consentement des parties intéressées, ou « sans y être autorisé par justice. »

OBSERV. Si la saisie devoit avoir lieu pour droits de douanes, etc., ce ne seroient plus les dispositions ci-dessus qu'il faudroit suivre, mais bien celles des articles 22 et 23 du titre 13 de la loi du 22 août 1791. — *Voir* numéros 358 et 359.

SECTION III. — *Défense de soumettre les employés des douanes à certaines charges publiques.*

166. ...... *Les employés des douanes* ne pourront être forcés à..... aucunes charges publiques, à raison de l'incompatibilité de ces charges avec leur service. (*22 août 1791, second paragraphe de l'art. 15, tit. 13.*)

LA loi dit : *Ils ne pourront être forcés à se charger de tutelle, curatelle et de collecte, ni d'aucunes charges publiques, etc.*; mais l'exception relative aux tutelle et curatelle a été abrogée par la loi du 5 germinal an 11, qui fixe les causes qui en dispensent; il n'est pas possible d'en invoquer d'autres : comme d'être préposés des douanes n'est pas une de ces causes, il suit de là qu'ils ne pourront faire valoir leurs excuses qu'en conformité des articles 432, 433 et 434 de la loi précitée. (*Lettre du grand-juge, du 5 brumaire an 12.*)

Quant aux autres charges publiques dont les exempte l'article ci-dessus de la loi du 22 août 1791, elles ont été déterminées par des dispositions postérieures ainsi qu'il suit.

1°. Ils sont dispensés du service personnel de la garde nationale sédentaire et du remplacement. (*Arrêté du directoire, du 17 prairial an 7.*) — Cette exemption est applicable aux employés des bureaux comme aux préposés de brigades, par lettres du ministre de la police générale, des 9 nivose an 8 et 29 germinal an 9;

2°. Ils sont aussi dispensés des frais de casernement des troupes et de toutes fournitures y relatives. (*Arrêté du comité de salut public, du 30 vendémiaire an 4.*) — Mais ils ne peuvent être dispensés du logement des troupes : ainsi décidé par le ministre, sur les rapports du directeur général, des 26 février et 11 juillet 1807.

3°. Ils ne peuvent être détournés par aucune autorité du service pour lequel ils sont commissionnés et salariés. (*Décision du 12 floréal an 2.*)

Mais la décision du 8 floréal an 5, portant que les employés des douanes sont dispensés d'être portés sur les listes des jurés, est rapportée par le nouveau Code d'Instruction criminelle, qui appelle spécialement aux fonctions de juré les employés des administrations qui jouissent d'un traitement de quatre mille francs et au-dessus. (*Ainsi décidé le 2 juillet 1811 par M. le directeur général.*)

Les préposés des douanes sont encore soumis aux contributions, et même personnellement à celle des portes et fenêtres, quand même ils habiteroient dans les bâtimens des douanes, à moins que, comme les receveurs, ils n'aient droit au logement; si au contraire ils ne doivent pas être logés aux frais du Gouvernement, ils ont à payer, conformément à l'art. 5 de la loi du 4 frimaire an 7, l'imposition qui, dans aucun cas, ne peut retomber sur l'administration. (*LD. 8 brumaire an 12.*)

SECTION IV. — *Droit de préemption, accordé aux employés des douanes.*

167. Les marchandises dont les droits sont perçus sur la valeur pourront être retenues par les préposés des douanes, en payant la valeur déclarée et le dixième en sus dans les quinze jours qui suivront la notification du procès-verbal. (*4 floréal an 4, art.* 1.)

168. La retenue ne sera soumise à aucune autre formalité qu'à celle de l'offre souscrite par le receveur du bureau, et signifiée au propriétaire ou à son fondé de pouvoir. (*4 floréal an 4, art.* 2.)

Les receveurs des douanes sont responsables des sommes à remettre aux propriétaires des marchandises retenues pour mésestimation; ils doivent prendre toutes mesures nécessaires, tant pour la vente, que pour la remise des fonds. (*LA.* 9 *floréal an* 4.)

Les préposés doivent seulement compte des droits de douane, tant sur la valeur déclarée que sur le *dixième* en sus; ils peuvent ensuite disposer des marchandises à l'amiable ou les vendre à leur compte. — Le procès-verbal doit être dressé au moment même où les commis reconnoissent que la valeur déclarée est insuffisante; il doit être enregistré dans les quatre jours, conformément à la loi du 22 frimaire an 7, titre 10, article 68, section 1, § 35.

Par décision de S. Exc. le ministre des finances, du 4 septembre 1810, le droit d'enregistrement des actes constatant une préemption en matière de douane a été fixé au droit simple d'un franc vingt centimes, comme les procès-verbaux ordinaires (sauf le droit de 2 pour 100 sur l'acte de vente des marchandises qui seroit faite ultérieurement à l'enchère.)

Quelques difficultés se sont depuis élevées; mais les receveurs sont prévenus que cette décision a été purement et simplement maintenue par une nouvelle décision du 5 de ce mois. (*CD.* 14 *mars* 1811.)

Les offres peuvent être faites et réalisées de suite, sinon les préposés déclarent qu'ils en compteront le montant dans une quinzaine au propriétaire ou à son fondé de pouvoir; cette déclaration doit être notifiée à celui qui expédie les marchandises;... on ne peut en reconnoître d'autres. (*CA.* 15 *prairial an* 4.)

Lorsque la marchandise est déclarée pour être exportée, le droit n'est pas dû par les préposés, puisque par l'effet de la retenue l'exportation n'en est pas consommée.

Une retenue exercée sur des ouvrages d'orfévrerie ou de bijouterie à l'entrée n'exempteroit point ces objets d'être envoyés au bureau de garantie, et ils ne deviendroient la propriété des préposés qu'après qu'ils auroient acquitté ce droit en sus de ceux du tarif.

Le bénéfice résultant du droit de préemption ne peut être assimilé au produit des confiscations et amendes dont il est question dans l'arrêté des 9 fructidor an 5 et 16 frimaire an 11. Ce bénéfice n'est donc point soumis à la retenue destinée à la caisse des retraites; il appartient en entier aux préposés qui ont retenu les marchandises, et au receveur qui a souscrit l'obligation de payer le montant de la valeur déclarée et le dixième en sus: il est en outre divisible entre eux par égale portion et sans distinction de grade. (*Circulaire de l'administration, du* 15 *ventose an* 6.) — Le directeur ni l'inspecteur ne sont donc pas admis à ce partage, qui n'a lieu qu'entre les préposés préempteurs;....... ils n'y auroient droit que dans le cas où ils auroient fourni ou convenu de fournir les fonds ou partie des fonds nécessaires pour opérer la préemption.

SECTION V. — *Droit de présence au sauvetage.*

169. Les employés des douanes auront droit à une indemnité lorsqu'ils assisteront au sauvetage des bâtimens échoués et des marchandises naufragées.

Cette indemnité sera la même, soit en vacation, soit en frais de route, que celles dont jouissent, pour les mêmes cas, les officiers et employés de la marine impériale. (*DI.* 20 *floréal an* 13, *art.* 1.)

L'indemnité de sauvetage accordée aux préposés de brigade, comme aux gendarmes, a été fixée par décision du ministre de la marine, du 12 février 1810, à un franc cinquante centimes par journée, lorsque leur présence et leurs soins sont jugés utiles pour la conservation des intérêts des naufragés. (*CD.* 19 *février* 1810.)

Les directeurs des douanes ne doivent envoyer

au lieu d'échouement que le nombre de préposés strictement nécessaire.

Il ne faudra pas non plus y employer une brigade entière, mais former au contraire des détachemens de trois ou quatre postes voisins du lieu de l'échouement.

On ne se refusera pas à la revue de présence que demande le ministre de la marine pour constater le nombre de ceux qui ont droit aux vacations. (*Circulaire du directeur général, du 7 janvier 1806.*)

170. Le receveur des douanes qui concourra à la rédaction des actes et procès-verbaux de sauvetage, et l'employé supérieur ayant le grade d'inspecteur, qui dirigera le service des brigades chargées de la garde des effets sauvés, seront traités comme le sous-commissaire de la marine.

Si l'inspecteur est suppléé dans ce service par un contrôleur de brigades ou par un lieutenant d'ordre, l'un ou l'autre de ces employés jouira de ce qui est accordé aux commis de marine et syndics des gens de mer. Les simples préposés auront une indemnité égale à celle des gendarmes de la marine. (*DI. 20 floréal an 13, art. 2.*)

Le tarif adopté par l'administration de la marine leur servira de base. (*CD. 25 prairial an 13.*) — *Voir*, sous le nº 169, le montant de l'indemnité accordée aux préposés.

Le traitement du sous-inspecteur n'est pas repris dans l'article 2 ci-dessus du décret, alors qu'il remplace l'inspecteur dans la direction du service des brigades chargées de la garde des effets naufragés; et en conséquence de cette prétendue lacune, on confond le grade de sous-inspecteur, dans le 6e. arrondissement de la marine dont le chef-lieu est Toulon, avec ceux de contrôleur de brigades et de lieutenant d'ordre, et par suite on n'accorde à cet employé supérieur que l'indemnité due aux simples commis de marine....

Il me paroît constant que l'administration de la marine erre dans cette assimilation, et que dans la réalité la lacune du décret n'est qu'illusoire.... Pour s'en convaincre, il n'y a qu'à se demander qu'est-ce qu'un sous-inspecteur des douanes; par les lois sur la matière, il a, dans son arrondissement, les mêmes fonctions et les mêmes attributions que l'inspecteur; conséquemment il a droit à la même rétribution.

171. Chacune des administrations de la marine et des douanes ne pourra envoyer qu'un seul chef sur le lieu du naufrage ou échouement. (*DI. 20 floréal an 13, art. 3.*)

Cet article donna lieu au sous-commissaire de marine à Caen de refuser au receveur de la douane de Courceulles l'indemnité de sous-commissaire qui lui revenoit dans un échouement, en vertu de l'article 2 du décret, sous le prétexte que l'inspecteur étant sur les lieux, et devant être rétribué de ses vacations, il s'en suivroit qu'il y auroit deux chefs payés contradictoirement au vœu de l'article 3.... Il a été référé de ce refus à M. le directeur général des douanes, et, par sa lettre du 25 janvier 1808, il a observé que la présence d'un inspecteur ou autre chef de la partie active n'exclut pas le receveur de l'indemnité accordée par l'article 2 du décret du 20 floréal an 13; que ce receveur n'est pas considéré comme chef dans le sens de l'article 3; ses fonctions se bornant à constater l'espèce et la qualité des marchandises, leur dépôt en magasin, etc., le tout sous la surveillance du directeur ou inspecteur, et qu'il doit alors être traité comme le sous-commissaire de la marine. — Communication de cette lettre a été donnée au sous-commissaire de marine à Caen, et le receveur de Courceulles a reçu ses vacations, en conformité de l'article 2 ci-dessus.

172. Ces chefs et les autres employés supérieurs n'auront droit à des vacations que lorsqu'ils auront opéré hors de la banlieue de leur résidence. (*DI. 20 floréal an 13, art. 4.*)

Le ministre de la marine a fixé à une lieue de deux mille toises le rayon dans lequel les employés des bureaux et les préposés du service actif qui en occuperont le centre seront tenus de donner leur soin au sauvetage des navires échoués, sans pouvoir prétendre à aucune indemnité. (*CD. 24 novembre 1809.*)

173. L'enlèvement et la vente de quelques effets des débris ou pièces de bois

jetés à la côte ne pourront donner lieu à aucune vacation. (*DI.* 20 *floréal an* 13, *art.* 5.)

174. L'article 17 du titre des bris et naufrages, de l'ordonnance de la marine de 1681, enjoignant aux préposés au sauvetage de se retirer lorsque les propriétaires ou fondés de pouvoir se présenteront pour y pourvoir, les vacations et frais de route dus jusqu'à cet instant aux employés des deux administrations leur seront payés par lesdits propriétaires. (*DI.* 20 *floréal an* 13, *art.* 6.)

CHAPITRE VII. — *Des Récompenses affectées aux fonctions des douanes.*

SECTION I. — *De la Concession du produit des confiscations et amendes aux saisissans.*

§. 1. *Dispositions générales sur cette concession.*

175. .... L'amende et le prix des effets confisqués seront répartis entre les préposés *des douanes* et autres saisissans, à la déduction d'un sixième, réservé *au trésor impérial* pour subvenir aux frais de procédure. (15 *août* 1793, *dernier paragraphe de l'art.* 5.)

La répartition s'effectue toujours suivant le mode usité à l'époque où la contravention est constatée. Ce principe est consacré par un arrêté du comité de commerce du 14 frimaire an 3.

La part d'un préposé qui coopère, à la vérité, à la saisie, mais qui a cherché à favoriser la fraude ou à détruire l'effet du rapport, vient en accroissement des parts des autres saisissans. (*Décision de la régie, du* 28 *pluviose an* 8.)

Le préposé rédacteur du rapport, quoique n'ayant d'ailleurs nullement contribué à la saisie, a une demi-part de saisissans.

Une décision du ministre des finances, du 28 ventose an 9, a autorisé les administrateurs des douanes à faire prélever sur les produits des saisies à l'occasion desquelles des préposés seront blessés les frais de traitement et de guérison de ces blessures, comme il en est usé pour les autres frais, et, en cas d'insuffisance, de prendre ce qui manque sur les fonds de retraite. (*Circulaire de l'administration, du* 2 *germinal an* 9.)

176. La somme à distribuer entre les employés des douanes et autres qui auront concouru aux saisies des marchandises prohibées, dont la confiscation et le brûlement auront été ordonnés, sera réglée d'après les estimations, et prélevée, comme fonds spécial, sur les produits ordinaires des douanes. (*DI.* 18 *octobre* 1810, *art.* 27.)

Le remboursement de la valeur des marchandises passibles de brûlement ne doit jamais être autorisé que lorsque ces marchandises ont été brûlées. (*Décision du ministre du commerce, transmise par CD.* 4 *mars* 1812.)

« En conséquence, lorsque la valeur des marchandises aura été définitivement fixée, les directeurs « provoqueront sans délai l'opération du brûlement, « et lorsqu'ils auront adressé une expédition du pro- « cès-verbal qui en sera rédigé, l'administration dé- « livrera, dans la forme ordinaire, un ordre de « remboursement sur le produit des douanes. » (*CD.* 4 *mars* 1812.)

Lorsque des experts procèdent à la vérification de marchandises réputées angloises, il leur est alloué deux deniers pour livre, qui sont prélevés sur le produit net de la confiscation avant toute répartition. (*CA.* 19 *floréal an* 6 *et* 19 *frimaire an* 7.)

Pour les estimations, *voir* sous les numéros 404 et 405.

177. Les employés qui auront découvert et arrêté la fraude, sans arrêter aussi

les fraudeurs, ne recevront que la moitié de la part qui leur est attribuée dans les confiscations ; l'autre moitié sera réservée pour être répartie, à la fin de chaque année, entre les brigades qui auront arrêté le plus grand nombre de fraudeurs, et les contrôleurs de brigade, lieutenans principaux et d'ordre dans la division desquels les arrestations auront été faites. (*DI.* 18 *octobre* 1810, *art.* 20.)

Sera réputée la saisie accompagnée d'arrestation des fraudeurs, lorsqu'il y aura arrestation d'un homme à raison de dix ballots de marchandises. (*Même décret*, *art.* 21.)

La part de la caisse des retraites et celle du trésor public restent intactes et entières, soit que les fraudeurs aient été arrêtés ou non. — Il en est de même des deux sixièmes alloués aux chefs, parceque ces préposés, et particulièrement ceux chargés des poursuites, ne peuvent être rangés dans la classe des employés qui découvrent et qui arrêtent la fraude. — La réduction à moitié ne portera donc que sur la masse susceptible d'être partagée entre les saisissans, après le prélèvement de la retenue pour les retraites. — On se conformera à ces explications pour la formation des états de répartition de saisies faites depuis la réception de la circulaire du 16 novembre 1810, transmissive du décret du 18 octobre même année, attendu que ce n'est que depuis cette époque, et à compter du jour où les préposés ont pu avoir connoissance de l'art. 20 du décret, que cet article doit à leur égard recevoir son application. (*CD.* 8 *janvier* 1811.)

« Il s'est élevé la question de savoir dans quelle « caisse les fonds provenant des parts réservées se« roient déposés jusqu'à l'instant de leur distri« bution.

« M. le directeur général a arrêté que ce dépôt « seroit fait dans la caisse du receveur du chef-lieu « de chaque direction, pour qu'il y ait unité dans « l'opération, et que les directeurs soient plus à « portée de s'assurer qu'il ne sera fait de ces fonds « aucun emploi contraire à leur destination. Les di« recteurs donneront des ordres pour l'exécution de « cette disposition, et ils veilleront à ce que le rece« veur dépositaire soit exact à relater au pied de ses « bordereaux de caisse la quotité des fonds dont il « s'agit. » (*CD.* 16 *février* 1811.)

178. Les produits des deux tiers des amendes (*pour introduction de marchandises prohibées*) seront distribués comme il est prescrit actuellement pour le produit des saisies, et suivant le mode prescrit par les règlemens sur le partage.

Le produit du troisième tiers sera mis en réserve dans la caisse des douanes, et réparti, à la fin de chaque trimestre, entre les préposés qui auront saisi des marchandises prohibées pour lesquelles les amendes n'ont pas été recouvrées. (*DI.* 8 *mars* 1811, *art.* 3.)

« D'abord, cet article ne change rien à l'article 20 « du décret du 18 octobre, qui retient la moitié re« venant à chaque préposé dans une répartition, « lorsque la saisie n'aura pas été accompagnée de « l'arrestation des fraudeurs. Cette retenue a une « destination particulière indiquée par le décret « même, et dont on ne peut rien détourner.

« Ainsi, dans le cas de l'application de l'article 3 du « décret du 8 mars, les préposés qui n'auroient pas « arrêté les fraudeurs en même temps que la fraude ne « recevroient que moitié, tant des confiscations que « des deux tiers de la triple amende; et l'autre moitié « seroit mise en réserve, conformément à l'article 20 « du décret du 18 octobre.

« Les directeurs doivent, à la fin de chaque tri« mestre, mettre M. le directeur général à même de « faire jouir les employés du bénéfice de ce décret « du 8 mars.

« A cet effet, à compter du premier du courant, « ils lui indiqueront, dans l'état général des saisies « *opérées pendant le trimestre*, celles sur lesquelles « la triple amende ne pourroit pas être recouvrée, et « les employés qui auroient droit à l'indemnité sur le « tiers des amendes recouvrées.

« Il suffira, pour cette opération, d'ajouter sur « les états de saisies, *dans la colonne d'observations*, « une note correspondante à chaque saisie, et ainsi « conçue :

« *La triple amende a été recouvrée en tout ou « partie; elle a produit une somme de...... dont les « deux tiers ont été mis en répartition. Reste en ré« serve.....* et pour les saisies à la suite desquelles il « n'y aura pas possibilité de recouvrement de la « triple amende, *la note* sera ainsi conçue : *la triple « amende n'a pas pu être recouvrée; les employés « saisissans sont tels et tels.*

« Une simple addition du tiers mis en réserve en « fera connoître l'objet, et on en proposera la ré-

« partition entre tous les employés qui y auront « droit.

« On entend par triple amende recouvrée, soit le « montant total, soit la seule portion qu'on auroit « pu obtenir, quand même cette portion seroit au- « dessous des deux tiers de cette triple amende. » (*CD.* 27 *avril* 1811.)

Les instructions données par la circulaire du 27 avril dernier, pour l'exécution de l'article 3 du décret impérial du 8 mars précédent, relatif à la retenue du tiers des amendes recouvrées à l'occasion de saisies d'objets prohibés à l'entrée et au partage de ce produit, ont donné lieu, de la part de plusieurs directeurs, à des observations qui nécessitent les explications suivantes :

1°. La retenue du tiers sera faite sur le produit net des amendes recouvrées, soit que le recouvrement de ces amendes ait été entier ou partiel.

2°. Lorsqu'il y aura transaction, on distinguera toujours exactement la somme payée pour tenir lieu d'amende, et la retenue ne sera faite que sur cette somme.

3°. A la fin de chaque trimestre les directeurs feront connoître à M. le directeur général, par un état en double expédition, rédigé conformément au modèle envoyé, le produit du tiers réservé dans leur direction, ainsi que le montant de tout ou partie des amendes encourues pour introductions prohibées, et qui n'auroient pas été recouvrées.

4°. Lorsque tous ces renseignemens auront été fournis par tous les directeurs, M. le directeur général déterminera la somme qui, prélevée sur la masse générale du tiers réservé, tiendra lieu dans chaque direction des amendes non recouvrées.

5°. Les directeurs feront ensuite une première division de cette somme, en la répartissant au marc la livre, sur chaque saisie, proportionnellement à l'amende ou portion d'amende non recouvrée.

6°. Lorsqu'ils auront ainsi fixé ce qui appartient à chaque saisie, ils en feront la distribution entre tous les saisissans par égales portions et par têtes, à l'exclusion des employés supérieurs qui ne seroient pas saisissans.

Il sera ainsi formé deux états de répartition pour chaque saisie d'objets prohibés à l'entrée, dans lesquels tout ou partie de l'amende n'aura pas été recouvrée; le premier concernera le produit de la confiscation et les deux tiers de la portion d'amende qui auroit pu être recouvrée; le second sera relatif au partage de sommes accordées pour tenir lieu de l'amende ou de la portion qui n'auroit pas été recouvrée. (*CD.* 11 *décembre* 1811.)

Le ministre du commerce a décidé, le 18 avril 1812, que les saisies faites à domicile n'ayant lieu que par suite d'introduction frauduleuse, la disposition de l'art. 3 du décret du 8 mars 1811, concernant la retenue du tiers des amendes, leur est applicable. (*CD.* 29 *avril* 1812.)

L'examen des états de la retenue du tiers des amendes qui ont été adressés en conformité de la circulaire du 11 décembre ci-dessus, et les différentes questions dont cet envoi a été accompagné, ont mis M. le directeur général dans le cas de rappeler ses précédentes instructions, et même d'y donner quelque extension. — Il a donc observé :

1°. Que la retenue du tiers des amendes doit être faite, conformément au décret du 8 mars 1811, dans tous les cas d'introductions prohibées, c'est-à-dire, soit qu'il s'agisse de prohibition absolue ou de prohibition conditionnelle; en effet, ces deux prohibitions ne diffèrent entre elles que relativement à l'emploi que l'on fait des marchandises saisies après le jugement définitif de confiscation.

2°. Que la quotité de l'amende dans une saisie faite sur des fraudeurs reconnus insolvables, ou avec lesquels on transige, devant influer sur la fixation de la portion du produit de la retenue affectée pour tenir lieu d'amende, il convient que cette quotité soit déterminée légalement, c'est-à-dire, conformément à l'art. 5 de la loi du 11 prairial an 7 (le *voir* au livre V, titre I), sauf ensuite à comprendre les frais d'expertise, quand ils n'auront pas été remboursés, au nombre de ceux qui doivent être défalqués de la portion non recouvrée de chaque amende pour former le produit net sur lequel on réserve le tiers.

3°. La retenue du tiers ne doit être faite qu'au moment de la répartition du produit de chaque saisie, et elle doit figurer sur l'état de répartition comme y figurent déjà la retenue pour la caisse des retraites et celle pour le trésor public; ainsi on ne doit comprendre sur l'état que des saisies entièrement terminées par la répartition de leur produit.

4°. L'état dont le modèle est annexé à la circulaire du 11 décembre se compose de dix colonnes.

M. le directeur général a observé à cet égard que les sommes portées dans la sixième colonne et celles portées dans la septième doivent, étant réunies, présenter un total égal à celui porté dans la cinquième.

Les frais à déduire (huitième colonne) de la portion recouvrée de l'amende (septième colonne) sont de deux natures : les uns, communs à la confiscation et à l'amende, doivent être supportés par elle proportionnellement à leurs quotités respectives; les autres, tels que ceux d'expertise pour la fixation de l'amende, sont particuliers à cette amende, et ne doivent être supportés que par elle.

En retranchant les frais de la portion d'amende recouvrée, on a le produit net sur lequel doit être effectuée la retenue du tiers; ainsi le total de la 7e colonne doit être égal à ceux réunis des huitième et neuvième, et le total de la dixième doit être égal au tiers du produit de la neuvième; cette concordance entre les produits des différentes colonnes est très-essentiel à observer, et servira de preuve à la régularité de l'état.

5°. Le décret du 8 mars ne distinguant pas les

saisies de marchandises prohibées *faites sur inconnus* d'avec les autres, il suffit, d'après les termes précis de son article 3, que l'amende n'ait pas été recouvrée en tout ou en partie pour que les saisissans aient droit au partage du tiers réservé.

6°. Conformément à la circulaire du 11 décembre dernier, la distribution de la portion du produit de la retenue accordée pour chaque saisie doit être faite par un état particulier de répartition entre les seuls saisissans sans distinction de grade; cette portion du tiers mis en réserve est d'ailleurs dispensée de la contribution au sixième du trésor public, et ne doit supporter d'autre retenue que celle pour la caisse des retraites, laquelle est faite comme sur le sixième du trésor public, au moment de la répartition du produit de chaque saisie. (*CD. du* 24 *avril* 1812.)

Il a été exposé que si la triple valeur des marchandises prohibées saisies sur des inconnus devoit concourir, comme amendes non recouvrées, pour le partage du tiers mis en réserve ainsi que sembloit l'indiquer le paragraphe 5 de la circulaire ci-dessus du 24 avril, ce seroit en quelque sorte atténuer la disposition de l'article 20 du décret du 18 octobre 1810, puisque les saisissans trouveroient dans le partage du tiers réservé une compensation de la perte qu'ils auroient éprouvée d'une moitié de leur part dans le produit de la confiscation. — La disposition de l'article 3 du décret du 8 mars 1811 et celle de l'article 20 du décret du 18 octobre 1810 doivent recevoir simultanément leur exécution, en observant cependant, et le paragraphe 5 de la circulaire précitée ne peut pas être entendu autrement, que pour qu'il y ait une amende non recouvrée dans les saisies faites sur un inconnu, il faut que cette amende ait été prononcée, et par conséquent que l'instruction de la procédure ait fait découvrir les fraudeurs qui l'auroient encourue.

On a encore observé que l'état de recouvrement des amendes, demandé par les circulaires ci-dessus des 11 décembre et 24 avril, présentoit le produit de la retenue du tiers au brut, c'est-à-dire sans la déduction pour la caisse des retraites, et que cependant cette même retenue devant figurer au net sur les états de répartition, il n'y auroit plus de concordance; pour établir à cet égard une parfaite identité entre les états de répartition et celui de la retenue du tiers, il est nécessaire d'ajouter à ce dernier deux colonnes qui seront timbrées, la première *Montant de la retenue pour retraites sur le tiers mis en réserve*, et la seconde *Produit net du tiers mis en réserve*. — Par ce moyen, la concordance qui, d'après le paragraphe 4 de la circulaire du 24 avril, devoit exister entre les dix premières colonnes de l'état, subsistera toujours, et les produits partiels portés dans la douzième colonne devront être les mêmes que le montant des retenues particulières faites sur chaque état de répartition. (*CD.* 21 *mai* 1812.)

Les sommes mises en réserve étant susceptibles d'être distribuées dans d'autres directions que celles où elles auront été recouvrées, il a été établi et ordonné que les receveurs chargés de recueillir les moitiés de part de saisies et les tiers d'amendes acquittées verseroient dans la caisse générale des retraites à Paris le montant de ces produits sans aucune réserve, parceque ce ne peut être que lorsque l'on connoît tout ce qui tient à cette opération que l'on peut savoir quelles sont les directions qui ont droit au partage, et dans quelle proportion. (*CD.* 21 *mai* 1812.)

« Lorsque la gendarmerie et les troupes saisiront « des marchandises prohibées, seules ou conjointement avec les préposés des douanes, elles auront droit au partage des amendes suivant le « mode prescrit dans ces deux cas par les règlemens. » (*DI.* 8 *mars* 1811, *premier paragraphe de l'article* 5.)

Son Excel. le ministre des finances, sur la demande de celui de la police générale, a décidé, 1° que les agens de la police jouiroient des avantages que l'article 5 ci-dessus accorde aux militaires; 2° que l'article 3 de ce même décret du 8 mars, qui ne concerne que les préposés, seroit également applicable aux agens de la police, et qu'en conséquence on feroit la retenue du tiers recouvré des amendes triples dans les saisies opérées par ces seuls agens, pour, ce tiers ainsi réservé et qui sera déposé dans une caisse de la police, être distribué à la fin de chaque trimestre entre les agens du même ressort qui auroient fait des saisies sur lesquelles les amendes n'auroient pas été recouvrées. (*CD.* 8 *juillet* 1811.)

179. Le tiers du produit net des saisies, accordé au dénonciateur, ne lui sera compté sur la quittance de l'employé auquel il aura donné l'avis qu'autant que ce dénonciateur se sera fait connoître au directeur ou à l'administration. (*arrêté du* 9 *fructidor an* 5, *art.* 9.)

CETTE part, qui est du tiers du produit net, le sixième du trésor ne contribue point à la former.

L'article 15 de l'arrêté du 9 fructidor an 5 veut que le tiers accordé au dénonciateur ne lui soit payé qu'autant qu'il se sera fait connoître au directeur ou à l'administration.

La régie a décidé que dans certaines circonstances, lorsque, par exemple, l'indicateur étoit à une grande distance d'elle ou du directeur, il suffisoit que cet indicateur se fît connoître par l'intermédiaire d'un préposé supérieur. (*Lettre au directeur de Bruxelles*, 14 *messidor an* 8.)

La régie a établi en principe, par sa lettre du 2e. jour complémentaire an 8 au directeur d'Anvers, que l'on devoit reconnoître deux espèces d'indicateurs, l'un à l'avis duquel la saisie est entièrement due, et l'autre qui, ne donnant que des indices vagues et incomplets, laisse presque tout à faire à la sagacité des préposés.

Le premier jouit du tiers du produit net; on peut convenir avec le second d'une rétribution proportionnée à l'utilité de l'avis que l'on en reçoit; mais celui-ci ne doit jamais figurer dans l'état de répartition, ni prendre la dénomination d'indicateur; la rétribution qui lui est accordée se prélève sur le produit, avant la distribution des parts; elle est désignée par cette expression: « Indemnité convenue avec « celui dont les avis, quoique indirects, ont servi à « la découverte de la fraude ».

Le sixième du trésor public ne contribue point d'ailleurs à l'acquittement de cette indemnité non plus qu'à la formation du tiers du véritable indicateur: l'une et l'autre rétribution sont prises uniquement sur les parts des préposés tant supérieurs que saisissans. (*Décision du 21 pluviose an 9 et lettre du 12 ventose an 9.*)

Nul préposé ne peut prétendre à la part d'indicateur; cependant lorsqu'il a donné l'avis de la fraude, ou qu'il est étranger à la direction ou à l'arrondissement dans lequel la saisie s'effectue, il est admis au partage comme saisissant, mais pour une part seulement, quel que soit son grade.

§. II. *Du Mode de répartition du produit des saisies.*

180. Le produit net des sommes provenant des confiscations et amendes encourues pour contravention aux lois sur l'importation ou sur l'exportation et la circulation des denrées et marchandises, déduction faite des .... vingtièmes qui doivent être versés dans la caisse des retraites, établie en faveur des préposés des douanes par la loi du 2 floréal an 5, sera réparti ainsi qu'il suit: (*AD. 9 fructidor an 5, art. 1.*)

Par décision du ministre des finances du 2 fructidor an 5, les personnes étrangères à l'administration qui coopèrent aux saisies ne doivent pas supporter la retenue ci-dessus puisqu'elles ne participent pas au bénéfice des retraites. (*CA. 28 fructidor an 5.*)

Ce n'est plus cette retenue seule qui doit avoir lieu: on a vu sous les deux numéros qui précèdent qu'il y avoit actuellement des réserves et sur le produit des saisies qui n'auroient pas été accompagnées de l'arrestation des fraudeurs, et sur le produit des amendes.

181. *Saisies faites par les préposés seuls:*

Conformément à l'arrêté du 9 fructidor an 5, la division actuelle de la valeur des prises sera maintenue; savoir:

Division du prix de la vente des marchandises et amendes en six sixièmes, qui se distribuent de la manière suivante:

Un sixième appartient au *trésor impérial*, sauf le cas où la somme à répartir n'excède pas 100 francs; ce sixième alors appartient aux saisissans en accroissement de leurs parts.

Trois sixièmes appartiennent aux saisissans; celui qui a commandé la saisie a, ou deux parts, ou part et demie, suivant son grade: si après lui il se trouve au nombre des saisissans un lieutenant, il a part et quart; chacun des autres saisissans a une simple part.

Les deux autres sixièmes se partagent entre les préposés supérieurs, qui sont les directeurs, inspecteurs, sous-inspecteurs, receveurs, contrôleurs de brigade et lieutenans d'ordre; ce dernier ne peut avoir que moitié de la part qui revient aux autres préposés supérieurs. (*AC. 16 frimaire an 11, article 1 du règlement y annexé.*)

Voici les dispositions de l'arrêté du 9 fructidor an 5, qui, n'étant pas contrariées par celui du 16 frimaire an 11, restent conséquemment en vigueur..

Article 1. « Un sixième est réservé à la nation; il « en sera rendu compte par les receveurs comme des « autres produits. »

Le sixième revenant au trésor public doit être prélevé si la somme est au-dessus de 100 francs, quoique réduite à moins par la déduction pour la caisse des retraites. (*Circulaire du* 8 *brumaire an* 10.)

Lorsque le décime doit être perçu et qu'il n'a pu l'être, le sixième reversible au trésor public ne contribue point à le former. (*Lettre du* 28 *floréal an* 10.)

Ce sixième ne contribue point à former la part de l'indicateur ni celle de l'officier public accompagnant les préposés dans les visites à domicile.

Il n'est sujet qu'à la retenue pour retraites, aux frais de la procédure et aux deux deniers alloués aux experts.

Dans une saisie au-dessous de 100 francs, il est joint à la part des saisissans ainsi que dans les saisies de grains, quel que soit le montant de la somme.

Art. 5. « Un contrôleur de brigade, présent à « une saisie, aura deux parts; s'il n'est qu'interve- « nant et rédacteur du rapport, il n'aura que part « et demie. » (*AC.* 9 *fructidor an* 5.)

Dans le cas où le directeur, quoique non présent à la saisie, obtient cependant deux parts de saisissans comme ayant indiqué lui-même le domicile qui recèle la fraude, le contrôleur de brigades qui est à la tête des saisissans a droit à deux parts de saisissans ; il n'auroit que part et demie si le directeur assistoit réellement et de fait aux opérations. (*Lettre du* 4 *messidor an* 7.)

Art. 6. « Lorsqu'un directeur, un inspecteur ou « un contrôleur de brigades, assisteront à une sai- « sie, le directeur et l'inspecteur auront chacun « deux parts ; le contrôleur de brigades ne jouira, « dans ce cas, que d'une part et demie ; les prépo- « sés de grades inférieurs, d'une part et quart, et « les autres d'une part. » (*AC.* 9 *fructidor an* 5.)

Le directeur, quoique non présent à la saisie, a droit à deux parts de saisissans dans les saisies de marchandises angloises faites à domicile, en rapportant toutefois à la masse ce qui lui revient comme chef, mais dans le cas seulement où il auroit lui-même indiqué la maison ou le magasin qui recèlent les marchandises.

Lorsqu'une affaire a pris naissance sous la gestion d'un directeur, et qu'elle n'a été terminée que sous celle de son successeur, alors la part affectée à ce grade se divise entre eux par portions égales. (*Lettre du* 28 *brumaire an* 7.)

Cette division par moitié de la part du directeur n'a lieu que dans le cas où l'affaire n'est terminée que par jugement ou décision provoqués l'un ou l'autre par le directeur qui succède ; mais lorsque la répartition s'opère en vertu d'un jugement et d'une décision intervenus avant l'entrée en exercice du nouveau directeur, celui-ci n'a aucune part au produit. (*Décision de la régie, du* 7 *thermidor an* 8.)

L'inspecteur en exercice le jour de la saisie, quoiqu'il reçoive son changement avant que l'affaire soit terminée, n'en a pas moins droit à la totalité de la part affectée à son grade. (*Lettre du* 5 *germinal an* 8.)

La différence qu'il y a à cet égard entre le directeur et l'inspecteur provient de ce que l'inspecteur n'est admis au partage qu'à raison du travail qui procure la saisie, et nullement à raison des soins que nécessite la suite de l'affaire, puisqu'ils lui sont absolument étrangers.

Sous-inspecteurs. Leur part dans les deux sixièmes accordés aux employés supérieurs sera égale, pour les saisies faites dans leur arrondissement, à celles accordées aux directeur et inspecteur dans la totalité de leur division ; les contrôleurs de brigades desdites sous-inspections n'auront, comme employés supérieurs, que les trois quarts de la part accordée aux inspecteur et directeur, et les lieutenans d'ordre un quart seulement. (*Décision du ministre des finances*, *du* 18 *ventose an* 9.)

Contrôleur de brigades. Dans les autres cas que ci-dessus, le contrôleur a part égale à celle du directeur et de l'inspecteur ; et le lieutenant d'ordre une demi-part, parcequ'alors le travail est toujours censé dirigé par le contrôleur. (*Lettre du* 20 *frimaire an* 6.)

Commis de direction. Le premier commis présent à une saisie faite d'après l'avis positif du directeur, et à laquelle saisie assiste le contrôleur de brigades, a, comme celui-ci, deux parts de saisissans ; le second commis de la direction a part et demie. (*Lettre du* 4 *messidor an* 7.)

Lieutenant d'ordre. L'article 6 ci-dessus de l'arrêté du 9 fructidor an 5 prévoit bien le cas où le directeur, l'inspecteur et le contrôleur de brigades assistent tous trois à une saisie : le contrôleur de brigade n'obtient alors que part et demie de saisissant, et les préposés de grades inférieurs (ce qui s'entend des lieutenans d'ordre) n'ont droit qu'à une part un quart.

Mais cet arrêté ne prévoit pas le cas où la saisie n'est commandée que par un seul des trois préposés supérieurs ci-dessus. La régie a décidé que, dans ce cas, ce préposé ayant deux parts, le lieutenant d'ordre, dont le grade est immédiatement inférieur, avoit droit à une part et demie. (*Lettre du* 15 *thermidor an* 7.)

Suivant une lettre de la régie du 2 messidor an 6, les directeurs, inspecteurs et contrôleurs présens à une saisie ont deux parts, les lieutenans d'ordre une part et demie, et les simples lieutenans une part et quart.

Les autres préposés, gradés ou non, une part.

Les visiteurs part égale à celle des contrôleurs, lorsqu'ils concourront à une saisie avec le service actif, hors le cas de l'article 13 de l'arrêté du 9 fructidor an 5.

Le lieutenant d'ordre ou lieutenant principal n'a aucun droit à la demi-part de chef, lorsqu'il se trouve placé à la même résidence qu'un contrôleur de brigades, parcequ'alors le travail est toujours censé dirigé par celui-ci. (*Lettre du* 27 *frimaire an* 6.)

Un lieutenant d'ordre ou lieutenant principal, dans la division particulière duquel une saisie s'effectue, et qui a conséquemment droit à la demi-part de chef, mais qui cependant, sans avoir assisté à la saisie, se rend au bureau où il est appelé pour la rédaction du rapport, a droit à une demi-part de saisissant; mais comme il ne peut cumuler l'une et l'autre rétribution, s'il opte pour cette demi-part de saisissant, il est tenu de rapporter à la masse des saisies la demi-part qui lui revient comme chef. (*Lettre du* 15 *pluviose an* 8.)

Un lieutenant d'ordre ou lieutenant principal, dans la division particulière duquel le contrôleur de brigades opèreroit une saisie à son insçu, n'est point admis à la demi-part de chef, attendu qu'elle n'est jamais accordée qu'à celui qui est réputé avoir dirigé et surveillé l'opération, ou en avoir facilité le succès. (*Lettre du* 15 *thermidor an* 7.)

LIEUTENANS. Le 10 brumaire an 9, il a été envoyé à la régie une répartition d'une saisie faite à Worms le 16 ventose an 7, dans laquelle le lieutenant principal, intervenant et rédacteur, a eu part et demie, et le lieutenant de la brigade part et demie, comme chef de la saisie.

Par une lettre de la régie, du 2 prairial an 8, les lieutenans ne doivent avoir que part et quart, quoique le chef soit un contrôleur de brigades.

Dans la répartition d'une saisie faite à Spire le 19 nivose an 9, et envoyée à la régie, deux lieutenans ayant agi de concert avec leurs brigades ont eu chacun part et demie.

SOUS-LIEUTENANS. Ils n'ont droit à une part et demie que lorsqu'ils commandent la saisie; dans tous les autres cas, ils n'ont que simple part, ou même demi-part, comme dans le cas de l'art. 13 de l'arrêté du 9 fructidor an 5. (*Circulaire du* 2 *messidor an* 6.)

CHEFS DE PRÉPOSÉS. Tout chef de préposés intervenant dans une saisie déclarée avant son arrivée a le droit d'être admis au partage comme saisissant, en apportant toutefois à la masse sa part de chef; mais la circonstance de la notification de la saisie avant son arrivée ne lui permet alors de prendre dans cette masse de saisissans qu'une simple part, à moins qu'il ne soit le rédacteur du rapport, auquel cas il lui est accordé une part en sus. (*Lettre à Cologne*, 2 *germinal an* 10.)

PRÉPOSÉS. Les préposés convoyeurs d'un bâtiment dont la cargaison étoit destinée aux entrepôts de Gand, Bruxelles ou Louvain, participoient au produit de l'excédant constaté lors de l'arrivée à ces entrepôts.

Les contrôleurs de brigades et les lieutenans d'ordre des ports de prime abord, et des divisions desquelles sont tirés les préposés convoyeurs, sont admis aux partages des deux sixièmes réservés aux chefs. (*Lettre du* 28 *brumaire an* 8.)

Dans la répartition d'une saisie faite à Spire le 3 messidor an 9, deux préposés portés sur le rapport comme ayant amené les marchandises au bureau, quoique n'ayant point été présens aux opérations du bureau, ont eu demi-part des préposés du bureau saisissant.

La part d'un préposé qui coopère à la vérité à la saisie, mais qui a cherché à favoriser la fraude ou à détruire l'effet du rapport, vient en accroissement des parts des autres saisissans. (*Déc. du* 19 *pluviose an* 8.)

Un préposé destitué ne peut être privé de la part qui lui revient dans une répartition, à moins qu'il ne soit en débet ou convaincu judiciairement de malversation préjudiciable au trésor public. (*Lettre de la régie*, *du* 1er *ventose an* 9.)

CAPITAINES DE FÉLOUQUES. Dans les saisies opérées en mer par les préposés ou matelots de son équipage, le capitaine de félouque a deux parts de saisissans. (*Lettre du* 24 *prairial an* 6.)

Dans une saisie opérée à terre en son absence par les préposés d'un contrôle auquel il a fourni des préposés ou matelots de sa félouque, ce capitaine a une demi-part de chef, s'il n'y a point de lieutenant d'ordre dans le détachement saisissant; au cas contraire, cette demi-part de chef se partage entre ces deux préposés, par égale portion; si le capitaine de la félouque est présent à cette saisie, il a part et demie de saisissant. (*Lettre du* 24 *prairial an* 6.)

MATELOTS. Dans le produit des saisies opérées sur les bâtimens à bord desquels ils conduisent les préposés du service actif, les matelots sont rétribués comme ces préposés. (*Décision de la régie*, *du* 25 *brumaire an* 6.)

Art. 8. « Les contrôleurs de visites jouiront de la « part de l'inspecteur ou du contrôleur de brigades « dans les lieux où ils leur seront substitués; les capitaines de brigades et les lieutenans d'ordre, qui « se trouvent sous la surveillance immédiate dudit « recteur, de l'inspecteur ou du contrôleur de visite, « seront traités comme les contrôleurs de brigades. » (*AC.* 9 *fructidor an* 5.)

Art. 9. « *Les directeur, inspecteur, sous-inspecteur,* « *contrôleur aux visites, receveur, contrôleur de* « *brigades et lieutenans d'ordre* ne pourront cumuler « avec leurs parts comme saisissans la portion attri- « buée à leurs grades d'employés supérieurs ; ils « seront tenus d'opter, et la part qu'ils abandonne- « ront sera réunie à celle des saisissans. » (*AC.* 9 *fructidor an* 5.)

A Marseille, les deux sixièmes des chefs sont divisés en cinq parts égales entre les directeur, inspecteur, receveur, contrôleur des visites et capitaine de brigades ; et en quatre parts seulement pour les saisies effectuées dans les bureaux, le capitaine de la brigade étant étranger à ces dernieres.

Les lieutenans d'ordre ou lieutenans principaux ne seront plus admis au partage de ces deux sixièmes. (*Lettre du service actif au directeur de Marseille, du* 9 *prairial an* 8.)

Art. 10. « Si une saisie a été faite par des prépo- « sés de plusieurs directions, inspections, contrôles « et lieutenances d'ordre, les directeurs, etc., « sous la surveillance desquels sont ces préposés, « partageront entre eux la part attachée à leurs gra- « des respectifs. » (*AC.* 9 *fructidor an* 5.)

Lorsque la saisie est faite par des préposés d'une direction dans une autre, la part du directeur se partage également entre celui de la direction dans laquelle la saisie s'opère, et celui de la direction de laquelle dépendent les préposés saisissans.

Le receveur dépositaire jouit en entier de la part réservée à son grade, et le contrôleur de brigades dans la division duquel se trouvent les saisissans conserve la part que le règlement lui accorde. (*Lettre aux directeurs d'Abbeville et de Boulogne, du* 28 *pluviose an* 10.)

Art. 11. « Les inspecteurs, contrôleurs de visites et « de brigades, et lieutenans d'ordre, n'auront aucune « part dans le produit des saisies faites sans le con- « cours des préposés : dans ce cas, celles qui leur « sont réservées appartiendront aux saisissans. (*AC.* 9 *fructidor an* 5.)

Art. 12. « Les employés des bureaux qui auront « concouru à une saisie partageront également « entre eux. » (*AC.* 9 *fructidor an* 5.)

Le sous-inspecteur ne peut être compris ni désigné sous la dénomination d'employé de bureau.

Il n'en est pas de même du receveur.

Chefs. Pour les saisies effectuées dans les bureaux, les deux sixièmes revenant aux préposés supérieurs seront divisés également entre le directeur, l'inspecteur, le receveur et le contrôleur aux visites.

Le contrôleur aux visites, qui d'abord avoit été considéré comme simple employé de bureau, a été retiré de cette classe par une décision de M. le directeur général, du 12 juillet 1808, relative à la direction de Gênes.

Pour les saisies faites par les préposés des brigades cotés aux chargemens et débarquemens, la division aura lieu en quatre parts et demie : une pour le directeur, une pour l'inspecteur, une pour le receveur, la quatrième pour le contrôleur aux visites, qui, dans ce cas, dirige le travail de ces préposés ; et la demi-part pour le contrôleur ou capitaine de brigades qui doit surveiller les opérations de ces mêmes préposés.

Enfin, pour les saisies opérées par les employés des brigades autrement que dans le cas ci-dessus, la division des deux sixièmes aura lieu également entre le directeur, l'inspecteur, le receveur et le contrôleur de brigades. (*Circulaire du* 13 *vendémiaire an* 9.)

Contrôleur aux visites. Celui qui, pendant la vacance de l'emploi de contrôleur de brigades, remplit les fonctions de celui-ci, jouit de la part qui lui est attribuée ; si cependant la saisie étoit de la nature de celles où les contrôleurs aux visites et les contrôleurs de brigades sont tous deux admis, le premier qui auroit déjà une part à raison de son grade ne pourroit personnellement cumuler celle du contrôleur de brigades, et alors cette dernière seroit ajoutée à la masse des deux sixièmes réservée aux employés supérieurs, en sorte qu'ils en bénéficieroient tous. (*Lettre au directeur de Marseille, du* 7 *messidor an* 8.)

Nota. La circulaire du 13 vendémiaire an 9, et les changemens qu'elle a opérés, sont absolument étrangers aux directions où il n'existe pas de contrôleurs des visites. (*Lettre au directeur de Cherbourg, du* 5 *brumaire an* 9.) Décision rendue relativement à cette circulaire pour la direction de Saint-Valéry. (*Lettre au directeur, du* 6 *brumaire an* 9.)

Vérificateurs. Les visiteurs saisissans hors du bureau avec le service actif auront une part égale à celle de contrôleur de brigades. (*Circulaire du* 2 *messidor an* 6.)

Dans les saisies faites sur les quais, ou à bord des bâtimens, les visiteurs qui procèdent concurremment avec les préposés du service actif ont deux parts de saisissans ; si ces visiteurs ont à leur tête un contrôleur aux visites, celui-ci a deux parts de saisissans, chaque visiteur une part, et chaque préposé de brigades une demi-part. (*Lettre du 24 prairial an 6.*)

Sur la question de savoir de quelle part devoit jouir un visiteur qui coopèreroit à une saisie en campagne avec des préposés du service actif, et où il ne figureroit nullement comme visiteur, il a été décidé qu'il auroit une part double du préposé de brigades qu'il primeroit en grade. (*Décision de la régie, du 22 nivose an 7.*)

Lorsqu'un ou plusieurs visiteurs coopèrent à une saisie, concurremment avec des préposés du service actif, ayant le contrôleur de brigades à leur tête, ces visiteurs sont rétribués comme ce contrôleur de brigades, c'est-à-dire qu'ils ont chacun deux parts de saisissans. (*Lettre du 4 floréal an 7.*)

Il a été fait une saisie à domicile à Simmern par deux contrôleurs de brigades, un receveur et un visiteur : l'administration a décidé, par sa lettre du 7 mars 1806, qu'en raison de leurs grades, ces employés seroient rétribués dans l'état de répartition par égale portion.

COMMIS AUX EXPÉDITIONS : dans les bureaux de terre, ils partagent par égale portion avec les autres préposés du bureau, pourvu toutefois qu'ils soient à leur poste à l'instant où les saisies s'opèrent. (*Circulaire du 19 fructidor an 3.*)

Mais dans les bureaux maritimes, ils sont exclus de toutes répartitions, attendu qu'ils ne contribuent nullement aux saisies, qui sont faites par les visiteurs seuls. (*Décision de la régie, du 22 nivose an 7.*)

SURNUMÉRAIRES. Les surnuméraires saisissans sont assujettis à la retenue pour la caisse des retraites. (*Lettre des administrateurs, du 4 mars 1806.*)

Ils n'ont que part simple quand ils saisissent, et un lieutenant ou tout autre chef conserve le bénéfice de son grade à l'égard d'un surnuméraire, bien que celui-ci ne soit pas sous ses ordres et agisse volontairement. (*Lettre des administrateurs, du 24 février 1806, explicative des intentions du directeur général.*)

EMBALLEURS. Ils ne sont jamais rétribués que d'une demi-part de saisissant. (*Lett. du 11 messidor an 7.*)

Lorsque, n'étant point occupés par les visiteurs, les emballeurs sont personnellement de quelques découvertes ou se réunissent à la brigade pour un service extérieur, ils sont alors traités comme les autres saisissans.

La présence et la participation des emballeurs aux saisies effectuées dans les bureaux ne confèrent aux contrôleurs de brigades aucun droit au partage, attendu que quoique ces préposés soient réellement du service actif, ils sont spécialement attachés au bureau et sous la surveillance immédiate du receveur.

NOTA. La présence des préposés de bureau à la description et pesée d'une saisie faite en campagne ne leur confère aucun droit au produit; mais si leur présence est requise par les saisissans pour procéder à cette même description ou pesée, ils ont deux parts ou part selon leur grade; ainsi les receveurs ou les visiteurs auroient deux parts, et les commis aux expéditions simple part.

Art. 13. « Les préposés des brigades ne participeront « aux saisies effectuées dans les bureaux par suite des « opérations intérieures des douanes, qu'autant qu'ils « y seront appelés par les receveurs et qu'ils y assisteront; mais alors ils n'auront que la moitié des « parts accordées aux employés des bureaux qui « seront également saisissans. Le contrôleur de bri- « gade n'y participera qu'autant qu'il sera présent. » (*AC. 9 fructidor an 5.*)

Un voyageur se présente en un bureau: le receveur et le préposé de service au bureau font la visite de ses effets, constatent une contravention et en rédigent un rapport.... Quelques réclamations s'étant élevées sur le mode de répartition des deux sixièmes réservés aux employés supérieurs dans le produit de ces saisies, l'administration a décidé, par sa circulaire du 24 ventose an 13, que ce partage ne doit s'effectuer qu'entre le directeur, l'inspecteur, le sous-inspecteur (s'il en existe) et les receveurs, et que le commandant de brigade et le lieutenant d'ordre ne peuvent y être admis, attendu que le préposé de service au bureau, se trouvant sous la surveillance immédiate et les ordres du receveur, cette saisie ne peut être considérée comme le résultat du travail qu'ils ont dirigé.

Si des préposés du service actif, de garde devant le bureau, entrent dans ce bureau en même temps que les voyageurs, afin d'entendre leurs déclarations, y procèdent à la visite en palpant les personnes qu'ils suspectent de recéler sous leurs vêtemens quelques objets non déclarés, et par suite de ces recherches découvrent un objet de fraude, de quelle manière le produit doit-il être réparti?

Les préposés du service actif, même ceux de garde devant le bureau, ne peuvent jamais s'immiscer dans les opérations et les visites qui s'y effectuent, sans en être spécialement requis; ainsi l'exigent et l'article 13 de l'arrêté du 9 fructidor et le bien du service, dans lequel, s'il en étoit autrement, il n'y auroit plus que confusion.

Si les préposés, en se livrant dans ce bureau à des recherches sur la personne du voyageur, d'après la réquisition qui leur en est faite, découvrent quelqu'objet de fraude, ils acquièrent véritablement droit au partage du produit; mais ces mêmes recherches ne peuvent changer la nature de la saisie qui, dans ce cas, est bien constamment le résultat des opérations de la douane où ces préposés ne figurent que comme auxiliaires; ainsi ils se trouvent alors dans l'hypothèse prévue par l'article 13 de l'arrêté du 9 fructidor, et ils ne peuvent prétendre alors qu'à une demi-part de saisissant. (*Lettre au directeur de Genève, du 13 ventose an 10.*)

Mais si des préposés du service actif, de garde devant le bureau pour empêcher qu'aucun individu ne le dépasse sans s'y être présenté, visitent le voyageur qui en sort pour s'assurer si la déclaration a été fidèle et découvrent qu'elle a été fausse, ils saisissent alors l'objet soustrait à la surveillance des commis de ce bureau, et le partage s'effectue suivant le mode usité pour les saisies faites en campagne; ... les commis des bureaux, non-seulement ne sont point fondés à y prétendre, mais ils méritent même des reproches sur l'inexactitude du service qui leur est confié. (*Lettre au directeur de Genève, du 13 ventose an 10.*)

Article 14. « Si les objets saisis sont déposés dans « un bureau particulier, les deux tiers de la part « attribuée au receveur appartiendront au receveur « dépositaire, et l'autre tiers au receveur principal « qui donnera ses soins à la suite de la saisie. Dans le « cas cependant où d'autres préposés seroient char-« gés de poursuivre l'affaire devant les tribunaux, « le dépositaire n'aura que la moitié de la part ac-« cordée aux employés à la recette; le surplus sera « réparti également entre le receveur principal et les « autres préposés poursuivans. » (*AC. 9 fructidor an 5.*)

Receveurs. En exécution de cet article et dans son esprit, il a été décidé,

1°. Qu'un receveur subordonné qui sera en même temps dépositaire et poursuivant aura les trois quarts de la part de receveur, et que l'autre quart appartiendra au receveur principal;

2°. Que si, par défaut de sûreté ou d'emplacement convenable, le dépôt ne peut avoir lieu au bureau subordonné dans l'arrondissement duquel la saisie a été faite, et qu'on soit obligé de l'effectuer au bureau principal, le receveur particulier, qui est en même temps stipulant unique, partage par moitié avec le receveur principal;

3°. Qu'un receveur principal qui sera dépositaire parceque la saisie aura été opérée dans l'arrondissement de son bureau, mais qui ne sera point chargé de la poursuite devant les tribunaux, aura les trois quarts de la part d'un receveur, et que l'autre quart appartiendra aux employés poursuivans. (*Lettre du 4e. jour complémentaire an 5.*)

L'arrêté du 9 fructidor n'a point prévu le cas où le dépôt s'effectueroit, soit momentanément pour la vente, soit pour une autre cause quelconque dans un bureau autre que celui principal ou subordonné dans l'arrondissement duquel la saisie a été faite; le receveur de ce bureau qui reçoit le dépôt devant cependant être rétribué, on s'est reporté à l'article final d'un arrêté du comité de commerce du 22 brumaire an 3, lequel n'ayant jamais été rapporté doit conséquemment recevoir son exécution; il porte qu'*un receveur dans l'arrondissement duquel se fait une saisie, mais dont le bureau ne peut, à défaut de sûreté ou d'emplacement, recevoir le dépôt, n'en doit pas moins participer au partage.* En combinant d'ailleurs ces dispositions avec celles de l'arrêté du 9 fructidor an 5, le receveur qui se trouve dans l'hypothèse dont il est ici question doit jouir de la moitié de la part spécialement affectée au dépôt. (*LA. 24 janvier* 1806.)..... Ainsi le receveur principal a la moitié de cette part, qui n'équivaut jamais qu'à un quart de la somme totale attribuée au receveur.

Le receveur qui succède n'a rien à prétendre dans la portion réservée au stipulant; elle appartient en totalité à son prédécesseur.

Quant à la portion de dépositaire, le receveur qui succède n'en a que le tiers; le dépôt momentané des fonds ne sauroit en effet se comparer à celui des marchandises dont son prédécesseur a été chargé jusqu'à la vente, aux soins qu'il a pris pour leur sûreté et pour empêcher qu'elles ne s'avarient, enfin aux opérations que cette vente et le recouvrement du produit ont nécessité.

A l'égard de la portion affectée à la recette principale, le receveur qui succède n'en a non plus que le tiers : ses soins et ses opérations sous ce dernier rapport sont bien moindres que ceux auxquels son prédécesseur s'est livré. (*Décision de la régie du 2 pluviose an 8.*)

Il a été décidé que le receveur *par intérim* devoit jouir, lorsque les rapports étoient rédigés à sa stipulation, de la part qui seroit revenue au receveur qu'il remplaçoit. (*Lettre du 23 pluviose an 8.*)

Il résulte des dispositions d'une lettre de l'administration, du 2 nivose an 2, que le receveur principal, lors même qu'il n'est ni dépositaire ni poursuivant, doit jouir, en raison de sa seule qualité de principal, d'un quart de la part affectée à la recette; — ce quart ne sauroit lui être refusé sans méconnoître le réglement de l'article 14 de l'arrêté du 9 fructidor an 5.

Dans la répartition d'une saisie faite à Rhingenheim le 11 floréal an 9, et réclamée par le receveur de Mundenheim comme faite sous son bureau, les deux receveurs ont partagé entre eux les deux tiers revenant au dépositaire, quoiqu'un seul fût porté sur le rapport, et la saisie a été enregistrée sous le nom du réclamant.

182. *Saisies faites par les militaires seuls :*

Semblable division en six sixièmes.

Un sixième au *trésor impérial.*

Les deux seconds sixièmes seront partagés entre le directeur des douanes, le receveur dépositaire et les chefs militaires qui commanderont les détachemens ou compagnies auxquelles les militaires saisissans sont attachés, soit que lesdits chefs ou commandans aient été présens à la saisie ou employés ailleurs.

Les trois autres sixièmes appartiennent aux militaires qui ont saisi : celui qui les commande a part et demie dans ces trois sixièmes. (*AC.* 16 *frimaire an* 11, *art.* 2 *du règlement y annexé.*)

Les inspecteurs ne participent point à ces répartitions, et ce non-partage est commun aux sous-inspecteurs, contrôleurs de visite, etc.

Une saisie faite par des militaires, mais à laquelle a assisté un contrôleur de brigades, attribue à l'inspecteur, sous ce dernier rapport, part dans la répartition. (*Lettre au directeur de Cologne, du* 2 *germinal an* 10.)

Le 6 prairial an 9, il a été envoyé à la régie la répartition d'une saisie faite sous le bureau de Mayence, le 20 germinal an 9, par deux sergens-majors : le contrôleur intervenant a partagé également avec ces deux sergens qui, étant regardés comme les chefs de brigades, ont eu part et demie.

Dans une autre répartition d'une saisie faite à Mayence, le 15 ventose an 9, le contrôleur intervenant a eu part et demie, un capitaine d'infanterie saisissant deux parts, et un sergent part et quart.

Les six premiers articles de l'arrêté du 16 frimaire an 11 sont relatifs à la composition militaire des détachemens de troupes à fournir pour empêcher la contrebande dans les 5e, 6e, 7e, 24e, 25e et 26e divisions militaires. (*Même mesure a été établie par un arrêté du* 9 *nivose an* 11, *pour la* 27e *division militaire.*)

Ces six articles et l'arrêté du 9 nivose ne concernent les douanes que dans ce sens, que *ces réquisitions* de troupes *seront adressées* (par les préfets) *aux généraux commandant les divisions, et, dans les cas urgens, elles pourront l'être aux généraux commandant les départemens.*

Les articles suivans, au contraire, traitent du service et de la discipline de ces troupes, et ceux-ci doivent être connus; ils sont conçus en ces termes :

« Les détachemens ou compagnies d'éclaireurs pourront être divisés, réunis, relevés, selon les besoins du service. (*AC.* 16 *frimaire an* 11, *art.* 7.)

« De quelque force que soit le détachement, l'officier ou sous-officier qui le commandera recevra, en arrivant à son cantonnement ou poste sur l'extrême frontière,

« 1°. Une instruction générale écrite et signée par le directeur des douanes de l'arrondissement, relative aux dispositions auxquelles il doit concourir;

« 2°. Une instruction ou consigne particulière relative à l'étendue, à la nature du terrain et aux circonstances locales : cette dernière instruction sera signée par l'inspecteur de l'arrondissement.

« Si l'officier commandant le détachement est un capitaine, ces instructions lui seront remises par l'inspecteur lui-même;

« Si c'est un lieutenant ou un sous-lieutenant, par un sous-inspecteur; et si c'est un sous-officier, par un principal employé des douanes.

« Les commandans de détachemens seront tenus de se conformer auxdites instructions. (*Même arrêté, art.* 8.)

« Dans le cas où il seroit nécessaire de réunir momentanément plusieurs détachemens, l'avis et l'instruction relatifs à l'objet de cette réunion seront envoyés par le directeur à l'officier qui, suivant son grade, ou son rang d'ancienneté à grade égal, devra commander les détachemens réunis, en se conformant à ce qui est prescrit par l'article ci-dessus. (*Même arrêté, art.* 9.)

« Aucun commandant de détachement, quelle que soit la position de ces postes, ne prétendra au commandement d'autres détachemens qu'il pourroit rencontrer, soit à poste fixe, soit en mouvement, que dans les cas déterminés par l'article ci-dessus. (*Même arrêté, art.* 10.)

« Le service des détachemens contre les contrebandiers à main armée sera considéré comme service en campagne : les mêmes précautions, les mêmes détails, la même police, doivent y être exécutés, comme aussi les mêmes récompenses pour les actions pourront y être appliquées. (*Même arrêté, art.* 11.)

« Lorsque les éclaireurs militaires auront arrêté des contrebandiers et saisi des marchandises, soit qu'ils aient été employés seuls, soit qu'ils aient été réunis à des préposés des douanes, si, par la nature des circonstances, la confiscation des marchandises est prononcée sur-le-champ, la vente en sera faite sans aucun délai, et la distribution effectuée entre les militaires, conformément au règlement annexé au présent arrêté.

« Et dans le cas où la confiscation sera susceptible de contestation, la distribution de la gratification ou part de prises n'aura lieu qu'après le jugement. (*Même arrêté, art.* 12.)

« Lorsque, d'après le règlement annexé au présent arrêté, les gratifications ou parts de prises surpasseront, pour chaque individu, le doublement de sa solde pendant la durée du détachement, il sera prélevé, sur la portion de chacun, dans cet

« excédant, une somme égale à celle que les travail-« leurs payent pour leur service.

« Cette somme sera versée dans la masse de leurs « compagnies respectives. » (*Même arrêté, art.* 13.)

La part réservée au commandant du cantonnement, par l'art. 18 de l'arrêté du 9 fructidor, appartient au commandant du cantonnement particulier, et non à celui du cantonnement général. (*Décision du ministre, du 12 floréal an* 6.)

Le ministre de la guerre, à qui celui des finances a eu occasion de référer de cette décision, l'a entièrement approuvée. (*Lettre du ministre de la guerre à celui des finances, du 19 nivose an* 10.)

Par cette même lettre, le ministre de la guerre a fait connoître qu'il a fortement relevé un adjudant général qui, prétendant à la part du commandant de cantonnement particulier, avoit, en conséquence de cette prétention, formé opposition entre les mains du receveur des douanes à la délivrance de cette part; le ministre de la guerre a d'ailleurs donné à cet adjudant l'ordre exprès de lever promptement cette opposition.

Lorsque la saisie est effectuée par des gendarmes, la part du commandant de cantonnement appartient au commandant de la division de gendarmes à laquelle ces gendarmes sont attachés, et la part du capitaine est accordée au lieutenant particulier. (*Lettre du 8 prairial an* 7.)

Lorsqu'une saisie s'opère par des militaires attachés à une compagnie dont le premier capitaine est avec une autre partie de cette même compagnie à une distance du lieu de la saisie tel qu'il ne peut être réputé avoir transmis aucun ordre pour l'effectuer, la part réservée au grade de capitaine se partage par moitié entre le premier capitaine et le capitaine en second, dont les militaires saisissans reçoivent les ordres. (*Décision du ministre, du 27 pluviose an* 6.)

183. *Saisies faites concurremment par des militaires et des préposés :*

Un sixième au *trésor impérial.*

Sur les deux seconds sixièmes on prélèvera une somme égale au dixième du produit net; et cette somme appartiendra, par égale portion, au commandant de cantonnement et aux capitaines des compagnies : le surplus de ces deux sixièmes reviendra aux préposés supérieurs des douanes.

Les trois derniers sixièmes se partageront entre les saisissans, tant militaires que préposés, et par égales portions; et cependant ceux qui commandent le détachement, de quelque force qu'il soit, auront part et demie. (*AC.* 16 *frimaire an* 11, *art.* 3 *du règlement y annexé.*)

Les parts des commandans du détachement militaire ainsi que celles des soldats ne seront point soumises à la retenue établie par la loi du 2 floréal an 5. (*AD.* 9 *fructidor an* 5, *dernier paragraphe de l'article* 17.)

« Si ces commandans ou capitaines sont présens « aux saisies, ils auront l'option d'y prendre chacun « deux parts ou de s'en tenir à celles attribuées à leurs « grades. (*AD.* 9 *fructidor an* 5, *article* 19.)

« Lorsque les troupes auront seulement été re-« quises pour l'escorte ou pour la garde des objets « saisis, elles jouiront d'une gratification qui sera « réglée d'après l'utilité de leurs services et prise « sur le produit net de la saisie. (*AD.* 9 *fructidor an* 5, *article* 20.)

« Les dispositions des articles relatifs aux troupes « sont communes à la gendarmerie *impériale.* » (*AD.* 9 *fructidor an* 5, *article* 21.)

184. *Saisies de marchandises dont la consommation est défendue faites à domicile avec l'assistance du maire :*

Un sixième au trésor impérial.

Un sixième au maire, sans retenue.

Un sixième aux préposés supérieurs.

Trois sixièmes aux saisissans. (*LA.* 6 *nivose an* 9, *par application de l'art.* 16 *de la loi du* 10 *brumaire an* 5.)

La loi du 10 brumaire est la seule qui ait accordé une rétribution aux administrateurs municipaux et commissaires du Gouvernement pour leur présence aux saisies faites à domicile.

Cette rétribution ne leur appartient donc bien constamment que dans le seul cas où ces sortes de saisies portent sur des marchandises angloises. (*Lettre de la régie du* 6 *nivose an* 9.)

Il n'est point dit que l'officier municipal ait part dans l'amende.

Les maires n'ont aucun droit au produit des saisies de grains à domicile. (*Lettre du 6 nivose an* 9.)

Comme le sixième qui revient aux maires dans le cas prévu est sans retenue, il doit être prélevé sur la part des préposés supérieurs avant que cette part ait subi la retenue des centimes par franc pour les retraites. (*Lettre de la régie du* . . . .) — Et par une circulaire du 3 floréal an 7, l'administration a fait connoître que le sixième de l'officier municipal devoit être prélevé exclusivement sur les parts des préposés supérieurs, de sorte que les trois sixièmes des saisissans restassent toujours intacts.

Cependant elle observe que si un préposé supérieur, le directeur même, personnellement informé qu'il existe dans une maison un dépôt de marchandises angloises, y envoie des préposés pour en effectuer la saisie, alors l'article 16 de la loi du 10 brumaire an 5, qui appelle au partage du produit les saisissans et ceux qui ont favorisé l'arrestation, lui devient applicable; il n'en seroit pas de même s'il n'avoit donné qu'un ordre général de visite dans les magasins ou boutiques de son arrondissement, parcequ'alors il n'auroit rempli que les fonctions d'employé supérieur et non celles de coopérateur direct.

Toutes les fois donc que le premier cas se présentera, le préposé supérieur considéré comme saisissant, devra être admis au partage dans les trois derniers sixièmes, en y reversant la part qui lui appartient comme préposé supérieur, et il sera rétribué sur cette masse, conformément à la circulaire du 2 messidor an 6.

Une circulaire du 27 floréal de la même année dit que dans le cas ci-dessus il suffit que l'état de répartition établisse le droit du préposé supérieur à être traité comme saisissant.

Par un arrêté du 9 ventose an 6, les préposés sont autorisés à se faire accompagner par les juges de paix ou les commissaires de police, qui dans ce cas sont appelés à la rétribution ci-dessus.

Dans les saisies de marchandises angloises faites à domiciles, les directeurs non présens à la saisie ont droit à deux parts de saisissant, en rapportant toute fois à la masse ce qui leur revient comme chef, mais seulement dans le cas où ils auroient eux-mêmes indiqué la maison ou les magasins qui recèlent ces marchandises. (*Lettre du* 28 *brumaire an* 7.) — *Voir* ci-dessus sous l'article 5 de l'arrêté.

185. *Saisies faites concurremment par les préposés des douanes et ceux des droits réunis, ou par les douaniers seuls, pour contraventions relatives aux droits réunis.*

Un sixième au trésor public.

Un sixième pour les préposés supérieurs des douanes.

Un sixième pour les préposés supérieurs des droits réunis.

Les trois derniers sixièmes se partageront également, et par tête, entre les préposés saisissans. (*Ainsi convenu entre les directeurs généraux des deux administrations, et transmis par circulaire du* 15 *mai* 1807.)

On prélève d'abord la retenue pour la caisse des retraites, et alors la somme revenant aux préposés de l'administration non stipulante lui est remise par l'administration qui a suivi l'affaire, avec un double de l'état de répartition. Cet état sert à connoître ce qui revient aux préposés, et à opérer une nouvelle répartition dans la forme prescrite.

Les procès-verbaux sont rédigés à la requête de l'administration, qui est chargée spécialement de la répression du délit.

Dans le cas de double contravention aux lois des douanes et des droits réunis, les préposés des douanes qui les premiers auroient découvert cette double contravention devront verbaliser séparément pour chacune des deux administrations, et celui de leur rapport qu'ils auront rédigé à la requête de l'administration des droits réunis sera immédiatement remis au receveur de cette partie, qui en suivra l'effet; tandis que de son côté le receveur des douanes poursuivra, pour ce qui le concerne, l'effet de l'autre rapport. — Quant à l'objet saisi, il restera à la garde de ce dernier receveur, conformément au principe adopté par ces deux administrations, que c'est à celle qui, la première, a découvert une contravention, qu'il appartient de rester dépositaire, soit de l'objet saisi, soit du cautionnement. (*CD.* 30 *juillet* 1807.)

186. *Saisies faites concurremment par les préposés des douanes et par les agens de la police.*

Un sixième au trésor impérial.

Un sixième aux agens supérieurs de la police.

Un sixième aux employés supérieurs des douanes.

Trois sixièmes à partager également par tête, et sans distinction de grade, entre les agens de la police et les préposés des douanes saisissans. (*DM.* 27 *septembre* 1811.)

On réunira ensuite ce qui revient à la police et à l'administration des douanes, et les portions ainsi réunies seront remises à chaque administration, et réparties par elles d'après les règles particulières qui leur sont propres. (*CD.* 2 *septembre* 1811.)

187. *Prises faites en mer.*

Le produit net des prises faites par les préposés des douanes se partagera comme suit :

Un tiers pour les préposés supérieurs,

Et les deux tiers restant appartiendront aux saisissans :

Le sixième, comme dans les autres affaires, revenant au trésor public, ne se prélève point, et n'accroît point la part des saisissans. (*LD.* 20 *octobre* 1809.)

Par avis du conseil d'état, du 1er avril 1809, approuvé par Sa Majesté le 4 du même mois, il a été reconnu que les préposés des douanes qui ont fait une prise en mer ou qui y ont concouru ont les mêmes droits que ceux attribués, soit aux bâtimens de guerre, soit aux corsaires ou aux navires de commerce...... C'est en conséquence de cet avis que le mode de répartition qui précède a été adopté par l'administration.

Cet avis dont je viens de parler est ainsi conçu :

« Le conseil d'état, qui, d'après le renvoi ordonné « par Sa Majesté, a entendu le rapport de la section « de législation sur celui du grand-juge ministre de « la justice, présentant la question de savoir si les « troupes faisant le service des batteries de la côte « ont sur les bâtimens ennemis qu'elles forcent par « le feu de leur artillerie à s'échouer ou à amener leur « pavillon les mêmes droits qui sont attribués soit « aux bâtimens de guerre, soit aux corsaires ou aux « navires de commerce;

« Considérant que, bien qu'une batterie de terre « qui tire sur un bâtiment ennemi ne remplisse à la « rigueur que son devoir, cette réflexion n'a point « été appliquée aux bâtimens de l'État, et qu'il y a « de suffisans motifs pour assimiler les uns aux autres, « et pour accorder aux militaires qui servent les « batteries une prise qui n'eût pas eu lieu sans leur « fait ;

« Qu'en cas de concurrence avec des vaisseaux de « l'Etat ou des bâtimens armés en course, le même « principe doit conduire à établir le partage entre les « uns et les autres, eu égard au nombre respectif « des canons et des hommes, et dans la proportion « de leurs grades, de la manière qui est observée entre « plusieurs vaisseaux capteurs :

« Est d'avis, 1° que les garnisons des forts et « batteries de la côte qui, par l'effet seul de leur ar- « tillerie, font échouer un bâtiment ennemi ou l'o- « bligent à amener son pavillon, ont droit à la « prise, de la même manière qu'un bâtiment de « l'État qui eût fait ladite prise et sous la même « déduction envers la caisse des invalides de la « marine ;

« 2°. Que lorsque les batteries auront contribué à « la prise de vaisseaux ennemis concurremment « avec un ou plusieurs vaisseaux de la marine impé- « riale ou des bâtimens armés en course, les garni- « sons au service desdites batteries doivent concourir « au partage de la prise avec les vaisseaux ou bâti- « mens cocapteurs, en raison du nombre respectif « des canons et des hommes, et en proportion des « grades, de la manière qui est prescrite par les lois « et règlemens généraux pour les prises qui auroient « été faites concurremment par plusieurs bâtimens « de l'Etat ou armés en course, et toujours sous les « déductions de droit envers la caisse des invalides « de la marine ;

« 3°. Que lorsque le fait de la coopération est con- « testé par quelques-unes des parties intéressées, et « notamment lorsqu'il s'agit de savoir si un déta- « chement ou partie d'un détachement de troupes de « terre a contribué à la prise, c'est au conseil des « prises à y statuer, d'après la nature des armes em- « ployées par le détachement, la distance à laquelle « il se trouvoit de l'ennemi, et d'après toutes les « autres circonstances de la capture, et à régler quels « sont ceux qui ont droit à la prise ;

« 4°. Que les mêmes dispositions, dans les mêmes « circonstances, doivent s'appliquer aux préposés « des douanes qui ont fait une prise ou y ont con- « couru. »

188. *Saisies pour contravention aux lois du blocus.*

Les préposés des douanes auront un sixième dans le produit des amendes et confiscations prononcées par le conseil des prises pour contraventions aux décrets sur le blocus, constatées par ces préposés. (*Décision impériale du* 7 *mai* 1808.)

Ce sixième sera partagé comme suit:

Cinq douzièmes pour les préposés supérieurs ;

Et les sept douzièmes restant pour les préposés saisisans. (*LD.* 5 *novembre* 1808.)

Le sixième accordé par la décision impériale du 7 mai 1808 n'est pas soumis à la retenue pour le trésor public; il n'est passible que de celle pour la caisse des retraites. (*LD.* 31 *août* 1808.)

189. *Saisie pour contravention aux lois sur la navigation marchande.*

Le produit de ces contraventions ne sera plus partagé conformément à l'article 27 de la loi du 27 vendémiaire an 2, lequel se trouve abrogé par les dispositions contraires des arrêtés des 9 fructidor an 5 et 15 frimaire an 11.

Ce produit sera réparti comme suit :

Un sixième au trésor public si la somme excède 100 francs ;

Les cinq autres sixièmes seront divisés par tiers;

Dont l'un sera partagé par moitié entre le directeur et l'inspecteur ;

Le second tiers sera pour le receveur du port où les soumissions auront été souscrites;

Et le troisième tiers appartiendra au commis principal à la navigation, ou au commis qui en aura fait les fonctions.

(*LA.* 12 *fructidor an* 11 *et* 30 *brumaire an* 12.)

Dans la non-réintégration de navires françois neutralisés, le partage s'opère de même.

Il suit encore des dispositions des lettres ci-dessus citées,

1°. Que dans les bureaux où il n'y a ni commis principal à la navigation ni un autre employé qui en fait les fonctions, c'est alors le receveur qui a seul les deux tiers du montant des confiscations ;

2°. Que lorsque des recouvremens de cette espèce sont faits dans des bureaux particuliers, le receveur principal n'y a aucun droit, à moins qu'il n'ait été chargé de quelques poursuites, discussions, ou dépôts de meubles, etc. Alors seulement il partage par portions égales dans les deux tiers réservés aux employés des bureaux.

190. *Saisies de poudres et salpêtres.*

La moitié de la valeur de tous les objets confisqués (*pour contraventions aux lois sur les poudres et salpêtres*) et des amendes prononcées appartiendra aux saisissans, et sera partagée entre eux. (13 *fructidor an* 5, *second paragraphe de l'art.* 23.)

Cette moitié sera divisée en cinq portions, dont deux appartiendront aux employés supérieurs, et les trois autres seront distribuées entre les saisissans. (*LD.* 8 *octobre* 1809.)

Comme il n'y a que la moitié du produit des saisies de poudres et salpêtres qui appartient aux préposés des douanes, voici de quelle manière une lettre administrative, du 8 octobre 1809, en a indiqué la répartition :

On suppose un produit de 800 francs; on en soustrait d'abord la somme de 120 pour les retraités; .... il reste donc, après ce prélèvement, 680 francs, dont moitié revient au trésor public....... A l'époque où la répartition reçoit son exécution, cette moitié, qui est de 340 francs, est versée, par le receveur des douanes, dans la caisse du receveur de l'administration des poudres et salpêtres, qui en délivre un récépissé. Ce reçu est joint à l'état de répartition, à l'appui du compte du receveur des douanes. — La seconde moitié (celle revenant aux douanes) se répartit alors comme il est dit ci-dessus.

191. Les amendes prononcées pour fait de rébellion ne sont réparties qu'entre les préposés ou autres personnes qui l'auront éprouvée, et le receveur poursuivant, qui y participera pour un dixième. (*AD.* 9 *fructidor an* 5, *art.* 22.)

192. Les sommes payées en sus du droit de sortie, à défaut de rapport de certificats de décharge, ou pour falsification desdits certificats, seront réparties comme celles provenant de saisies. (*AD.* 9 *fructidor an* 5, *art.* 23.)

Les sommes provenant du défaut de rapport d'acquits-à-caution se répartissent ainsi qu'il suit :

Après le prélèvement du sixième pour le trésor public (lorsque le produit excède 100 fr.), deux tiers de ce produit sont partagés également entre le receveur et le commis spécialement chargé d'expédier ces acquits et d'en suivre la rentrée.

Dans les bureaux où ces commis n'existent pas, ces deux tiers sont accordés en totalité au receveur.

Le tiers restant appartient par moitié au directeur et à l'inspecteur (*a*).

(*a*) Le directeur de Bordeaux a reclamé contre ce mode de répartition, en ce qu'il ne rétribuoit point assez les directeurs. L'administration a rejeté sa reclamation, et maintenu entièrement les dispositions de la circulaire du 19 ventose, combinée cependant en ce qui concerne les contrôleurs des visites, avec celles d'une autre circulaire du 13 vendémiaire an 9. La décision est sous la date du 8 frimaire an 10.

Le receveur ou les préposés du lieu de la destination auxquels l'acquit-à-caution auroit éte représenté et qui auroient dû refuser le certificat de décharge à défaut de représentation ou d'identité des marchandises, sont rétribués de la moitié des deux tiers réservés au receveur du bureau où l'acquit a été levé.

Cette moitié des deux tiers se partage entre ce receveur et ces préposés par égale portion. (*Circulaire du* 19 *ventose an* 6.)

Parmi les préposés qui refusent de délivrer le certificat de décharge, sont aussi compris les préposés de brigades qui mettent ordinairement au dos des acquits le *vu débarquer*, leur refus d'apposer cette mention, lorsqu'il est fondé, leur donne droit à la rétribution ci-dessus, les chefs de ces préposés de brigades, s'ils ne sont point présens au refus d'apposer le *vu débarquer*, ne participent point au produit, attendu que ce même refus de la part de leurs subordonnés ne sauroit être réputé le résultat du travail combiné de ces mêmes chefs. (*Lettre du* 4 *germinal an* 6.)

Enfin le receveur principal n'a droit au produit du défaut de rapport d'un acquit-à-caution levé dans un bureau qui lui est subordonné, qu'autant qu'il y a lieu à poursuites devant les tribunaux, et qu'il est lui-même chargé de ces poursuites; alors la part qui revient à ce receveur principal, et qui se prend sur les deux tiers du receveur, est celle dont il jouit à pareil titre et d'après l'article 14 de l'arrêté du 9 fructidor, dans le produit des saisies.

Dans le cas de falsification d'un certificat de décharge, les commis du bureau, et même les préposés du service actif qui auroient pu contribuer à la découverte du faux, sont appelés au partage, toujours par égale portion, de deux tiers réservés au receveur. (*Circulaire du* 19 *ventose an* 6.)

Le directeur en exercice, lors de la délivrance d'un acquit-à-caution, qui a son changement avant le recouvrement des condamnations exprimées, partage par moitié avec son successeur la portion affectée à son grade; il en est ainsi pour les receveurs et commis chargés de la partie des acquits-à-caution.

Quant à l'inspecteur qui succède, il n'a aucun droit au partage si la contrainte est décernée avant son installation, attendu que tout ce qui tient aux soins et à la surveillance de ce préposé est alors rempli. (*Lettre du* 5 *germinal an* 8.) — *Voir* plus bas la circulaire du 28 avril 1812.

Le tiers réservé aux directeur et inspecteur appartient en totalité au premier lorsque l'acquit est émané du bureau de sa résidence, attendu qu'il remplit les fonctions qui font admettre l'inspecteur au partage. (*Lettre du* 14 *germinal an* 6.)

Les contrôleurs de visite ayant été chargés de faire chaque mois le relevé des acquits-à-caution non rapportés, d'en remettre au receveur l'état détaillé, et de provoquer les poursuites, ils ont été dès-lors appelés au partage des sommes dont ces poursuites procurent le recouvrement; la part qui leur revient à ce titre doit être prise sur celle des préposés dont le travail se trouve diminué.

Ainsi les deux tiers du produit affecté par la circulaire du 19 ventose an 6 au receveur et au commis chargé spécialement de la partie des acquits-à-caution, doivent être divisés également entre ceux-ci et le contrôleur aux visites. (*CA.* 13 *vendémiaire an* 9.)

Dans le cas où le commis chargé de la délivrance des acquits-à-caution se trouveroit, par son absence, n'avoir pu suivre leurs effets, et que la contrainte seroit décernée par un autre employé du bureau, ils sont tenus de partager par moitié la part attribuée en entier au premier si ce cas n'eût point existé. (*Lettre du directeur de Besançon, du* 28 *frimaire an* 9.)

L'administration ayant conçu des craintes sur la réalité d'une expédition de toiles en transit pour la Suisse, chargea le receveur de Bourg-Libre de s'assurer, par l'examen des registres de décharge, si ces toiles avoient été présentées à son bureau. Sa réponse ayant été négative, des poursuites pour le recouvrement des condamnations encourues ont été dirigées. Le receveur de Bourg-Libre, s'appuyant sur les recherches qu'il avoit faites, a demandé à intervenir dans la répartition du produit.

Sa réclamation a été écartée sur les motifs ci-après.

Il n'y a que le refus effectif et fondé de certificat de décharge qui puisse mériter cette rétribution : de simples mesures de surveillance, telles que celles prises par le receveur de Bourg-Libre, sont insuffisantes pour y avoir droit; il faut, comme en matiere de saisie, avoir concouru directement et activement à empêcher la fraude de se cousommer, etc. (*Lettre du 24 messidor an 10, au directeur de Strasbourg.*)

Aucune répartition ne peut avoir lieu sans qu'il y ait eu une contravention. Comme la contravention pour non rapport de certificat de décharge d'un acquit-à-caution n'a lieu que du jour où le délai accordé pour ce rapport est expiré, jusque-là le soumissionnaire ne doit rien.

Ce ne sont donc pas les préposés en exercice au jour où l'acquit a été délivré qui peuvent prétendre à la répartition, mais bien ceux qui étoient en activité lorsque la contravention se trouve établie par l'expiration du délai à défaut du rapport du certificat de décharge. — Ainsi, dans les répartitions de l'espèce, on se conformera à la présente décision, qui déroge à toute décision ou tout usage contraire. (*CD. du 28 avril 1812.*)

193. La même distribution aura lieu sur le produit des saisies de grains, à l'exception du sixième de la nation, qui sera en accroissement des parts des saisissans. (*AD. 9 fructidor an 5, art. 24.*)

TOUTEFOIS la retenue pour la caisse des retraites a toujours lieu. (*Lettre à Anvers, 1er germinal an 10.*)

Les répartitions des sommes provenant de non rapport d'acquits-à-caution délivrés pour des grains, ne doivent être faites sur d'autres bases que celles qui ont pour objet des acquits-à-caution délivrés pour marchandises. (*Décision ministérielle du 2 mai 1812, intervenue sur la demande du directeur général des douanes, ainsi conçue* : Le 6e. du trésor public, qui, d'après l'article 24 de l'arrêté du 9 fructidor an 5, vient en accroissement des parts des saisissans, lorsqu'il s'agit *de saisie de grains*, doit-il être également reversible sur eux, lorsqu'au lieu de saisies il s'agit de non rapport de certificats de décharge d'acquits-à-caution délivrés pour les grains ?)

RÉPARTITION POUR DÉFICIT D'ENTREPOT. Le produit pour déficit des marchandises entreposées se répartit suivant le mode prescrit par la circulaire du 19 ventose an 6 relative aux acquits-à-caution non rapportés déchargés. (*Lettre du 3 complémentaire an 8, au directeur de Saint-Malo.*)

RÉPARTITION DU DOUBLE DROIT POUR EXCÉDANT. Le double droit perçu dans le cas de l'article 18 du titre 2 du réglement général du 22 août 1791 étant nécessairement assimilé à une amende, doit être réparti suivant le mode usité pour la répartition des confiscations et amendes, c'est-à-dire d'après les dispositions de l'arrêté du 9 fructidor an 5. Tous les préposés supérieurs doivent y participer; quant aux préposés des bureaux, il n'y a que ceux qui ont concouru à la saisie qui doivent être admis au partage par portion égale.

D'après le principe que le double droit perçu doit se répartir comme le produit des saisies qui sont le résultat des opérations de la douane, il résulte,

1°. Que les employés du bureau, parmi lesquels le receveur est nécessairement compris, ne peuvent être rétribués que par portion égale sur les trois sixièmes, qui sont ici représentatifs de la masse des saisissans;

2°. Que le receveur a cependant la faculté de s'en tenir à la part qui lui revient dans les deux sixièmes réservés aux chefs, mais en se désistant alors de toutes prétentions sur les trois autres sixièmes;

3°. Que les préposés de brigades, même le contrôleur de brigades, qui sont étrangers aux opérations intérieures de la douane, mais dont la présence est requise par le receveur, ne jouisseut dans ces mêmes trois sixièmes que de la moitié de la portion qui y revient aux employés de bureaux, et ce parceque dans ce cas ils ne sont plus qu'agens secondaires;

4°. Que le sous-inspecteur qui ne peut être compris ni désigné sous la dénomination d'employé de bureau, et qui néanmoins doit en surveiller les opérations, jouit, lorsqu'il assiste à la vérification de laquelle il résulte la perception du double droit, d'une double part de celle que ces employés de bureau ont dans les trois sixièmes, en y rapportant toutefois la part qui lui revient comme chef.

En effet, l'espèce dans laquelle se trouve alors le sous-inspecteur s'assimile nécessairement à celle de sa présence à une saisie. (*Lettre de la régie du 24 floréal an 9.*)

L'inspecteur a la faculté d'opter lorsqu'il assiste à une vérification entre sa part comme chef et celle double comme saisissant.

La même faculté, dans le même cas, est donnée à l'inspecteur et au directeur.

SAISIE DE BATEAUX *naviguant la nuit sur le Rhin.*

La répartition du produit des bateaux saisis voguant la nuit sur le Rhin, aux termes de l'arrêté de l'administration centrale du département de Rhin-

Moselle, du 7 prairial an 7, est exceptée de cette règle. Ces saisies se faisant par des ordres étrangers à la partie des douanes, le produit en est réparti aux saisissans, seulement et sans autre retenue que les frais. Au lieutenant une part et demie, etc.

Sont exceptées des règles ci-dessus les répartitions dont la somme à répartir, toute déduction faite, ne s'élève qu'à 24 francs et au-dessous, lesquelles sont abandonnées aux saisissans, déduction faite des frais et de la retenue pour la caisse des retraites.

194. Ne seront admis aux répartitions comme saisissans que ceux dont les noms se trouveront dans les rapports, ou qui seront désignés comme tels par le commandant du détachement dans un état signé de lui. (*AD. 9 fructidor an 5, art.* 25.)

195. Il est expressément défendu à tout saisissant d'exiger aucune somme provenant de confiscations et amendes, avant que les jugemens qui les ont prononcées aient acquis force de chose jugée, et aucune répartition ne pourra être faite sans l'autorisation formelle de l'administration. (*AD. 9 fructidor an 5, art.* 26.)

Il ne sera désormais approuvé aucun état de répartition, s'il ne fait mention à la marge, soit de l'emploi des marchandises prohibées, soit du numéro d'enregistrement des droits pour celles qui y sont sujettes. (*CD.* 21 *février* 1809.)

Ce que j'ai dit ici, relativement à la répartition des saisies, est loin d'être complet... Je me suis borné à rapporter les décisions les plus importantes; je ne pouvois y mettre du mien, la matière étant entièrement administrative.

D'ailleurs, il importe assez peu qu'il se trouve des lacunes dans cette section, puisque c'est l'administration qui règle les parts, et qu'à cet égard elle se détermine assez souvent d'après les circonstances de la saisie.

SECTION II. — *Des Gratifications et Remises.*

§. 1. *Gratifications pour arrestations de fraudeurs, déserteurs, etc.*

196. Les préposés qui attaqueront des bandes de fraudeurs recevront une somme de cent francs par individu qu'ils arrêteront.

Cette gratification leur sera payée dans les quinze jours de l'arrestation, sur le produit des douanes. (*DI.* 8 *mars* 1811, *art.* 4.)

La gratification de cent francs, accordée par l'art. 4 du décret du 8 mars 1811 aux préposés qui attaquent des bandes de fraudeurs, sera payée dans les quinze jours de l'arrestation, toutes les fois que les fraudeurs arrêtés feront partie d'une réunion, même fortuite, de plusieurs individus au nombre de trois. (*CD.* 6 *novembre* 1811.)

Cette circulaire rapporte celle du 23 septembre, qui ordonnoit de ne payer la gratification qu'après que la cour prévôtale s'étoit déclarée compétente pour juger la saisie à l'occasion de laquelle les fraudeurs avoient été arrêtés.

Si *la gendarmerie ou les troupes* attaquent des « bandes de fraudeurs, la gratification de cent francs « par individu qu'elles arrêteront leur sera égale- « ment payée sur le produit des douanes. » (*DI.* 8 *mars* 1811, *second paragraphe de l'art.* 5.)

Par décision du ministre des finances, transmise par CD. 8 juillet 1811, la gratification de 100 francs sera aussi payée aux agens de la police qui arrêteront des fraudeurs faisant partie d'une bande qu'ils auront attaquée.

197. A l'avenir..... les préposés des douanes..... recevront, à titre de gratification, vingt-cinq francs pour chaque arrestation de réfractaire ou de déserteur. (*DI.* 12 *janvier* 1811, *art.* 1.)

Cette gratification sera..... avancée,...., sur le vu *des* procès-verbaux (*de capture*), par les préfets, qui en seront ensuite remboursés en vertu d'ordonnances délivrées par le ministre de la guerre. (*Même décret, art.* 2.)

Par suite de l'article premier, les dispositions des lois antérieures, qui accordoient pour chaque arrestation un supplément de gratification payable après le versement de l'amende imposée à tout réfractaire et à tout déserteur, sont rapportées. (*Même décret*, *art.* 4.)

Les formalités actuellement à remplir sont les suivantes :

1°. Conduire le déserteur ou réfractaire devant le commandant de la brigade de gendarmerie la plus voisine.

2°. Demander une copie du procès-verbal que ce commandant devra rédiger en présence des préposés.

3°. Adresser, par le directeur, ce procès-verbal au préfet du département, afin qu'il le transmette au capitaine de gendarmerie, qui devra y mettre son *visa*, et attester la destination donnée à l'individu arrêté.

Si le déserteur a été dirigé sur son corps, stationné dans l'intérieur de l'Empire, ou sur le dépôt des réfractaires, le préfet paiera sur-le-champ la gratification. — Celle relative à l'arrestation des déserteurs de corps étrangers au service de France, et de corps hors lignes, ayant une masse de recrutement, ne sera pas avancée par les préfets ; mais M. le directeur général de la conscription fera payer cette gratification par les corps eux-mêmes, lorsque leurs déserteurs leur auront été remis. (*CD.* 20 *février* 1811.)

Au surplus, la gratification de 25 fr. ne concerne pas les déserteurs de la marine ; on suivra, à leur égard, les dispositions précédemment prescrites. (*LD. au directeur de Rouen......février* 1811.)

Ces dispositions portent qu'une gratification de 12 fr. sera payée aux préposés pour chaque arrestation de marins déserteurs : le paiement ne devra s'en faire que sur le certificat du commissaire de l'inscription maritime du port ou du quartier où le marin déserteur aura été conduit. — Les préposés, après avoir rédigé un rapport de l'arrestation et remis le déserteur entre les mains du commissaire, recevront ledit certificat ; si la remise, suivant les localités, s'en fait à un préposé de l'inscription maritime, ils devront lui demander son attestation qu'ils feront viser par le commissaire du port ou du quartier le plus voisin. (*CD.* 6 *frimaire an* 13.) — On adressera aussi les rapports et certificats au directeur.

Pareille gratification est aussi accordée aux préposés pour l'arrestation de chaque marin ennemi provenant d'un navire naufragé. — Le ministre de la marine en fait les fonds. — Les hommes arrêtés doivent être remis sous récépissés aux commissaires ou préposés à l'inscription maritime, et les rapports et certificats adressés au directeur général par l'entremise des directeurs. (*Décision de Sa Majesté, transmise par lettre du ministre, du* 29 *juillet* 1808, *et CD.* 4 *août même année.*)

Même somme étoit comptée pour chaque prisonnier de guerre que les préposés arrêteroient sur les bâtimens dont ils parviendroient à s'emparer ; mais depuis, un avis du conseil d'état du 1er avril 1809 a reconnu d'autres droits aux préposés des douanes ; cet avis, approuvé le 4 du même mois par Sa Majesté, a été rapporté sous le n° 187.

198. Il est accordé aux employés des douanes, gendarmes, préposés forestiers, gardes champêtres et autres étrangers aux droits réunis qui auront opéré des saisies de tabac, une prime de vingt centimes par kilogramme en feuilles, et de trente centimes par kilogramme de tabac fabriqué, sans égard à la qualité, laquelle prime leur sera payée comptant, au moment du dépôt des tabacs, au contrôle principal, indépendamment des répartitions auxquelles ils ont droit.

Il leur est aussi accordé six francs par individu pour chaque contrebandier ou colporteur de profession qu'ils auront arrêté et constitué prisonnier. (*DI.* 19 *décembre* 1811.)

Les directeurs des douanes donneront connoissance des dispositions ci-dessus aux chefs de leur service, et ils se concerteront avec les directeurs des droits réunis pour leur exécution, afin que les préposés, lors des saisies de tabac et des arrestations de fraudeurs, reçoivent sans délai les primes et la gratification. Ils renouvelleront l'ordre aux brigades de ne pas se borner à la saisie du tabac de fraude, et, ainsi qu'il leur a été prescrit relativement à celles d'objets prohibés, d'arrêter les contrevenans.

« Au reste, les primes, quelle que soit la qualité de tabac dont la saisie se sera opérée, et la gratification pour l'arrestation de chaque individu, ne seront partagées qu'entre les préposés qui auront procédé à l'une et à l'autre. (*CD.* 17 *janvier* 1812.)

Au terme de l'article premier de ce décret, la prime doit être payée comptant au moment du dépôt des tabacs au contrôle principal des droits réunis : on observera à cet égard que, lorsqu'il s'agira de tabacs saisis à la requête de l'administration des douanes, ce dépôt du tabac ne devra être opéré, par le receveur constitué dépositaire, qu'après que la confiscation aura été prononcée et que la qualité du tabac, pour la fixation de l'amende triple, aura été déterminée, ainsi qu'il est prescrit par circulaire du 23 juillet 1811.

La disposition du décret du 19 décembre, relative au paiement d'une prime et d'une gratification par l'administration des droits réunis, ne change rien à ce qui, sous le rapport des lois de douanes, concerne le remboursement de la valeur des tabacs, d'après les estimations faites dans les manufactures impériales, et le paiement de la gratification de 100 francs lorsque les fraudeurs arrêtés font partie d'une bande. (*CD.* 18 *février* 1812.)

C'est par erreur de copie que la circulaire du 17 janvier annonçoit que la prime étoit de 25 centimes. (*CD.* 29 *février* 1812.)

§. II. *Remises sur le produit des droits extraordinaires.*

199. Il sera accordé une remise de deux pour cent sur le produit des droits perçus sur les sels aux employés qui auront contribué à l'amélioration de l'impôt par leur zèle, leur conduite et leur intelligence.

L'état des employés qui se seront ainsi distingués devra être adressé à M. le directeur général à la fin de chaque année. (*CD.* 2 *juillet* 1807.)

Les préposés qui doivent figurer sur les états de gratification sont,

1°. Service actif. Les inspecteurs; 2°. les sous-inspecteurs; 3°. les contrôleurs de brigades; 4°. les capitaines de brigades; 5°. les lieutenans principaux; 6° les lieutenans d'ordre et capitaines d'embarcation; 7° les lieutenans à cheval; 8°. les lieutenans de brigades et patrons d'embarcation; 9°. les sous-lieutenans à cheval; 10° les sous-lieutenans de brigades et pilotes; 11°. les préposés à cheval; 12°. les préposés de brigades et matelots.

Service des bureaux. 1°. Les contrôleurs aux visites; 2°. les contrôleurs aux entrepôts; 3°. les commis de direction; 4°. les receveurs aux déclarations dans les grands ports d'arrivages; 5°. les visiteurs et aides-visiteurs dans les mêmes ports; 6°. les commis aux expéditions *idem*; 7°. les receveurs près les marais salans; 8°. les visiteurs près les marais salans; 9°. les commis aux expéditions près les marais salans. (*CD.* 13 *janvier* 1808.) — Les receveurs principaux ayant été omis dans cette nomenclature, M. le directeur général a observé que c'est par erreur, et qu'ils doivent être portés sur l'état des gratifications. (*LD. premier février* 1808.)

Les préposés supérieurs doivent être désignés pour le temps qu'ils ont été en exercice, mais il n'en est pas ainsi pour les préposés : lorsqu'ils ont été trois mois en fonctions pour les sels, il leur est attribué une demi-part, et une part entière lorsqu'ils ont été plus de six mois. — On doit toujours indiquer ceux qui, par un zèle soutenu, ont droit à une distinction particulière. (*CD.* 24 *avril* 1809.)

Il est aussi accordé des remises sur les recettes suivantes :

1°. Sur le produit du demi-droit de tonnage.

2°. Sur les droits de colis et de bassin dans les lieux où ils sont établis.

3°. Sur les droits perçus sur les livres pour compte de la direction générale de la librairie.

4°. Sur les colis de draps expédiés pour le Levant.

Les receveurs chargés de ces perceptions font eux-mêmes la retenue de ces remises.

SECTION III. — *Des Pensions de retraite.*

§. I. *De la Formation des fonds de retraite.*

200. A dater du 1er. germinal an 5, il sera fait chaque mois une retenue sur les appointemens des régisseurs et préposés des douanes, et sur le produit des confiscations et amendes, pour former un fonds destiné à l'acquit des pensions de ceux des employés qui seront dans le cas d'obtenir leur retraite. (2 *floréal an* 5, *premier paragraphe de l'art.* 1.)

201. La retenue..... sur les appointemens des administrateurs et préposés des douanes, ordonnée par la loi du 2 floréal an 5, pour faire des fonds de retraite, sera..... portée à.... 2 centimes par franc sur leurs traitemens, afin d'assurer des pensions aux veuves des administrateurs et préposés. (*AC.* 25 *thermidor an* 11, *art.* 1.)

CET arrêté ne devoit avoir son exécution qu'à partir du 1er. thermidor an 11; mais S. Exc. le ministre des finances a décidé, le 23 frimaire an 12, sur la proposition de l'administration, que les veuves des employés qui auroient été admis à la pension dans le cours de l'an 11, après 25 ou 30 années de service, participeroient au bienfait de l'arrêté.

Comme le produit des retenues qui se font aujourd'hui ne suffit plus au paiement des pensions de retraite, il est probable qu'incessamment il sera rendu un décret pour porter la retenue sur les appointemens à trois centimes, celle sur les saisies à vingt centimes, et pour que le produit des vacances d'emploi d'un mois, au lieu de quinze jours, soit versé dans la caisse des retraites..... Pour qu'il soit facile de noter ici ces augmentations, si elles ont lieu, je fais imprimer, en chiffres, la quotité des retenues actuelles; on n'aura ainsi qu'à changer ces chiffres à la main pour que ce paragraphe soit en harmonie avec le nouveau décret.

202. La retenue sera de .....15 *centimes par franc* sur le produit net des confiscations et amendes. (2 *floréal an* 5, *second paragraphe de l'art.* 1.)

VOIR le dernier paragraphe de la note du n° 201.

La retenue n'a lieu que sur les parts de saisies revenant aux employés des douanes; celles de ces parts qui seroient dévolues à des personnes étrangères à l'administration peuvent d'autant moins être grevées d'une retenue pour les retraites, qu'elles ne participent point à la faveur de ces pensions. (*DM.* 2 *fructidor an* 5.)

203. Le montant des vacances d'emploi sera ajouté aux sommes ci-dessus, pour augmenter les fonds des retraites. (2 *floréal an* 5, *art.* 2.)

CET article, illimité dans ses termes, a été, pour l'application, expliqué par un arrêté du 18 thermidor an 7 qui, en ordonnant le versement au trésor public du montant des appointemens des places des préposés qui auroient vaqué plus de ......15 *jours*, a par conséquent décidé qu'il n'y auroit que le montant des vacances de .....15 *jours et au-dessous* qui seroit versé dans la caisse des retraites.

Voir le dernier paragraphe de la note du n° 201.

Le produit des vacances d'emploi, quoique versé au trésor public, demeure passible de la retenue ordinaire en faveur de la caisse des retraites, comme les appointemens des préposés, par application du premier paragraphe de l'article 1 de la présente loi du 2 floréal (*CA.* 18 *nivose an* 8.)

Mais les vacances d'emploi de nouvelle création ne sont pas soumises à cette retenue et doivent être versées en totalité au trésor public pendant le temps qu'elles n'ont pas été remplies, *pour la première fois*. Telle est l'instruction que l'administration a donnée au directeur de Turin par sa lettre du 9 messidor an 11, et dont elle a rappelé le principe dans celle du 5 fructidor suivant.

204. Les administrateurs des douanes établiront à Paris, dans la maison de leur administration centrale, sous la surveillance du ministre des finances, *une caisse* dans laquelle sera versé le montant des retenues qui ont été et seront faites aux administrateurs et employés de ladite administration, pour former un fonds destiné à l'acquit des pensions de ceux d'entre eux qui seront dans le cas d'obtenir leur retraite, conformément aux articles 1 et 2 de la loi du 2 floréal an 5. (*AD.* 11 *frimaire an* 6, *art.* 1.)

§. II. *Du prélèvement de certains frais sur les fonds de retraite.*

205. Le traitement *du* receveur (*de la caisse des retraites*), dont la fixation sera soumise au ministre *du commerce*, sera prélevé, ainsi que tous les frais relatifs

tant au recouvrement des fonds qu'à l'acquit desdites pensions, sur le montant desdites retenues. (*AD.* 11 *frimaire an* 6, *art.* 3.)

Les frais se bornent à ceux d'impression, de reliure et de transport, soit des registres, soit des fonds.

Mais le ministre n'a pas statué seulement sur le traitement du receveur, il a aussi fixé celui des employés attachés au service de la liquidation des pensions et du bureau de recette, dont le montant est également payé par les fonds de retraite.

206. Les sommes nécessaires au traitement et à la guérison des employés blessés dans leurs fonctions seront prises sur les fonds des retraites.

Ces fonds étant la propriété des préposés des douanes, ils ne pourront, dans aucun cas, être distraits de l'objet auquel ils son destinés. (2 *floréal an* 5, *article* 7.)

Ces blessures doivent être constatées et par un certificat d'un officier de santé et par un rapport formel de tous les évènemens à l'occasion desquels l'employé a été blessé; les inspecteurs et sous-inspecteurs doivent s'assurer de la réalité des blessures pour en rendre compte aux directeurs. *Voir* la circulaire du 2 décembre 1809, sous le n°

Un préposé de la direction de Cherbourg ayant gagné une maladie par un travail forcé dans ses fonctions, M. le directeur général a arrêté le 4 thermidor an 12, sur la demande du directeur, que cet employé seroit admis à l'hospice civil jusqu'à sa guérison, et traité aux frais de la caisse des retraites.

D'après une décision du 28 ventose an 9, l'administration des douanes est autorisée à faire prélever sur les produits des saisies à l'occasion desquelles des préposés sont blessés, les frais de traitement et de guérison de ces blessures comme il en est usé pour les autres frais, et, en cas d'insuffisance, de prendre ce qui manque sur les fonds de retraite.

Les directeurs sont antorisés à ordonnancer, jusqu'à la concurrence de cinquante francs, ces dépenses imputables sur les fonds de retraite; mais les frais d'inhumation ou autres non spécifiés par la loi ne peuvent y être compris. (*CA. des* 24 *et* 27 *messidor an* 8.)

Les auteurs des blessures étant civilement responsables et même par corps de la réparation du délit, ils doivent conséquemment supporter le coût du traitement nécessaire à la guérison du blessé; ainsi la caisse des retraites n'est passible de ces dépenses qu'autant que les coupables sont inconnus, ou, alors qu'étant connus, on a, soit épuisé inutilement pour les faire payer toutes les poursuites judiciaires, soit reconnu qu'ils sont notoirement insolvables; ces circonstances se constatent par des procès-verbaux de carence.

Pour obtenir en définitif le paiement des frais de traitement et de maladie, il est besoin d'en fournir un mémoire détaillé, signé de l'officier de santé qui a soigné le malade, de l'apothicaire qui a fourni les médicamens, et enfin des autres personnes qui ont été appelées à donner les soins que la position du blessé exigeoit. — Ces mémoires doivent être sur timbre quand la dépense qui en fait l'objet excède dix francs; ils sont visés par l'inspecteur et le contrôleur de brigades, et le directeur les adresse à la direction générale.

§. III. *Des conditions de l'admission à la retraite et du montant des pensions.*

207. Pour déterminer le montant des pensions de retraites dues à chaque employé, il sera fait une année commune du traitement dont il aura joui pendant les trois dernières années de sa gestion.

La pension sera de la moitié de ce produit pour trente années de service, et d'un vingtième de l'autre moitié pour chaque année au-dessus de trente ans, sans que, dans aucun cas, le *maximum* de ces retraites puisse être au-dessus de 3000 f. ni moindre de 200.

Le *maximum* des retraites des *administrateurs* ne pourra, dans aucun cas, s'élever au-delà de la moitié de leur traitement. (2 *floréal an* 5, *art.* 3.)

Il résulte de l'art. 2 de l'arrêté du 25 thermidor an 11 (n° 210), qu'on peut accorder la pension entière aux préposés du service actif après 25 ans de service..... En conséquence de la distinction que cet arrêté a établi entre la durée du service actif et celle du service des bureaux, il s'est élevé la question de savoir « Quel sera le temps exigible pour les pré« posés qui auront appartenu à l'une et à l'autre « partie ? » M. le directeur général a répondu par ses circulaires des 8 et 16 fructidor an 11 : « Lors-

« qu'il s'agira d'établir le service d'un individu qui « aura été employé d'abord dans les brigades, en- « suite dans les bureaux, et réversiblement, l'opé- « ration se règlera par un calcul proportionnel ex- « trêmement simple, et qui sera fixé dans les bureaux « de l'administration. » — Ainsi, dans ce cas, les directeurs sont dispensés de faire le projet de liquidation, et ils doivent se borner à faire l'envoi des pièces nécessaires à cette liquidation. — Au surplus, ce n'est guère que pour la veuve que courent les 25 ans.

Les titres à produire pour l'obtention de la pension de retraite dans les cas ordinaires sont :

1°. L'acte de naissance. — L'expédition de cet acte doit être sur papier timbré, et, aux termes de l'art. 45 du Code Napoléon, elle doit être légalisée par le président du tribunal de première instance... ; dans les lieux où les officiers de l'état civil ne sont pas en activité, la légalisation peut être faite par le maire.

2°. Les anciennes commissions des préposés : elles servent à constater la durée de leurs services ; leurs grades dans les emplois, et les appointemens dont ils ont joui dans les trois dernières années. — Si les anciennes commissions étoient égarées, on adresseroit un état des services extrait des registres des directions.

3°. Un état énonciatif des pièces est donné en même temps au directeur qui le certifie ; l'administration exige qu'il soit sur timbre. — (*CD.* 10 *frimaire an* 12.)

Le certificat de non émigration n'est plus exigé. (*Note du* 15 *janvier* 1808.)

A l'égard des demandes de pension, les obligations du directeur sont de coter les pièces à mesure qu'elles lui sont remises, et d'en dresser un nouvel état en *double et sur timbre par forme d'inventaire*, pour en faire l'envoi à l'administration, en ayant soin d'en faire une liasse particulière pour chaque préposé, et de les numéroter ; il joint à chaque envoi un *duplicata* de l'état inventorié qui lui est renvoyé pour sa décharge avec l'accusé de réception au bas. (*Circulaire de l'administration, du* 15 *prairial an* 5.)

Voici encore quelques dispositions générales sur les propositions d'admission à la retraite :

On ne doit proposer aucuns sujets pour la retraite, lorsqu'ils peuvent encore faire un travail utile ; il faut même leur procurer les postes les plus doux, afin de les mettre à portée de prolonger leur service actif. (*CA. et LA. des* 29 *thermidor an* 12 *et* 8 *septembre* 1806.)

Trente années de service ne doivent déterminer l'admission à la retraite d'un employé de bureau, qu'autant que son âge avancé ou des infirmités ne lui permettent plus de continuer ses fonctions. (*LA.* 6 *mai* 1808.)

Le service fait avant vingt ans révolus ne peut être compté pour la liquidation d'une pension de retraite. (*DM.* 12 *prairial an* 12.)

Le surnumérariat ne peut également être compté dans aucun cas pour la retraite, pas même celui pendant lequel on auroit été chargé de l'intérim d'une place. (*LA.* 25 *frimaire an* 6.)

L'intempérance d'un préposé, qui l'a rendu incapable de continuer son service, ne doit pas être un motif d'admission à la retraite, et dans ce cas il doit être renvoyé sans pension. — Ainsi décidé par l'administration pour un préposé de la direction de Cherboug, qui avoit plus de vingt ans de service. (*Lettre du* 14 *août* 1807.)

Les marins des embarcations des douanes à manœuvres hautes sont soumis à la retenue pour la caisse des retraites de la marine, et ne paient plus pour celle des douanes en conformité du décret impérial du 2 messidor an 12 ; il s'est en conséquence présenté la question de savoir si ceux de ces marins qui avoient jusqu'alors alimenté la caisse des douanes obtiendroient, après le temps de service prescrit, des pensions sur cette caisse ; M. le directeur général a répondu, le 7 brumaire an 13, qu'aux termes du décret, les hommes des embarcations à manœuvres hautes faisant partie de l'inscription maritime, et n'étant soumis sur leur solde à aucune retenue qui soit versée dans la caisse des douanes, ne pourront jouir à l'avenir de la pension sur cette caisse ; mais que lorsque des marins anciennement employés seront dans le cas de quitter, on pourra proposer au ministre une mesure d'après laquelle ils obtiendroient un secours proportionné au temps du service antérieur à l'époque à laquelle ils auroient cessé de supporter sur leurs appointemens une retenue au profit de la caisse des douanes.

Il sera statué sur les demandes de retraite tous les ans aux 1er janvier et 1er juillet ; les états en seront remis par les directeurs aux époques ci-dessus, et les liquidations seront faites pour le 1er avril et le 1er octobre. — On n'attendra pas lesdites époques pour les préposés ayant des infirmités. (*LD.* 8 *avril* 1806.)

208. La pension sera la même pour tout préposé que des blessures graves, reçues dans l'exercice de ses fonctions, mettroient hors d'état de les continuer, et pour les veuves et enfans de ceux qui y perdroient la vie ou qui viendroient à mourir des suites de leus blessures. (2 *floréal an* 5, *art.* 4.)

Les pièces à fournir, dans le cas du premier paragraphe ci dessus, sont,

1°. Le procès-verbal rapporté par les autres préposés, concurremment avec le blessé (si ses blessures lui ont laissé la possibilité d'y concourir) constatant qu'il les a reçues en exerçant avec eux ses fonctions, et constatant aussi tous les faits d'attroupement, de rébellion et voies de faits quelconques. Ce procès-verbal doit être enregistré et affirmé dans les délais prescrits par la loi du 9 floréal an 7, ou par l'arrêté du 4 complémentaire an 11; ces formalités sont essentielles et pour les intérêts des douanes, et pour ceux du blessé.

2°. Une expédition du procès-verbal de l'officier de santé qui a été appelé à constater et qui a constaté l'état du blessé; la nature de sa blessure, et le pronostic qui sert à faire connoître si le blessé est mis hors d'état de continuer ses fonctions. — Je dis une expédition du procès-verbal, parceque l'ordre judiciaire exige que le rapport de l'officier de santé soit joint à la procédure, qui, dans le cas supposé, peut s'instruire d'office. L'expédition est délivrée par le greffier sur la demande du blessé; elle doit être sur timbre et enregistrée; elle doit aussi être légalisée par le président du tribunal saisi des poursuites. — Si néanmoins, sur la demande du blessé, l'officier de santé consentoit à rédiger son rapport par *duplicata*, et à en remettre un au blessé, ce duplicata tiendroit lieu d'original et suffiroit pour titre à ce dernier, étant sur papier timbré, enregistré et la signature de l'officier de santé légalisée.

Les deux pièces énoncées ci-dessus, auxquelles on joint l'état des appointemens des trois dernières années de service, sont transmises au directeur, qui les expédie à la direction générale en employant les mêmes formes que celles dont il a été parlé sous le n° qui précède.

Quant au second paragraphe de l'art. 4 ci-dessus de la loi du 2 floréal an 5, il y a une décision qui semble en détruire les effets relativement aux enfans des préposés tués en fonctions ou morts des suites de leurs blessures; et c'est ce qui m'avoit fait dire, dans la première édition de cet ouvrage, que si ce paragraphe ne précisoit pas la quotité de la pension des enfans, il ne la précisoit pas davantage pour les veuves.... On a cru que je soutenois les conséquences de cette décision, tandis qu'au contraire mon observation n'avoit pour but que de démontrer qu'elle s'écartoit essentiellement et sans motifs des bienfaits de l'art. 4 de la loi du 2 floréal an 5. — Avant de m'étendre sur cet objet, je vais rapporter cette décision, qui est du 28 thermidor an 8.

Il s'agissoit de donner une pension aux enfans du lieutenant Foret, mort dans l'exercice de ses fonctions. Il avoit laissé une veuve et quatre enfans, la veuve a joui de la pension; mais étant décédée elle-même, il fallut prononcer sur le sort des orphelins, et voici comment a raisonné le ministre :

« La loi du 2 floréal an 5 ne s'expliquant pas sur « la quotité de la pension à accorder aux enfans or- « phelins des employés des douanes qui ont péri « dans l'exercice de leurs fonctions ou des suites de « leurs blessures, et jusqu'à quel âge ces orphelins, « en faveur desquels la réversibilité de la pension de « leurs père et mère est évidemment ordonnée par « cette loi, doivent en jouir, on doit prendre pour « base la règle établie par la loi du 14 fructidor « an 6, relative aux secours à assurer aux enfans « des militaires et employés dans les armées de terre « et de mer, portant, article 7, que le secours an- « nuel à accorder à chaque enfant orphelin sera des « deux tiers de la pension qui auroit été attribuée à « la veuve; et à ceux infirmes, devenus orphelins, « les deux tiers de la pension accordée aux orphe- « lins; et, art. 12, que les secours annuels seront « payés aux orphelins, pour les garçons, jusqu'à « l'âge où la loi leur permet de contracter un enga- « gement volontaire dans les armées (cet âge est « fixé à seize ans), et pour les filles jusqu'à quatorze « ans accomplis.

« En conséquence, les trois premiers enfans du « lieutenant Foret n'ont droit à aucune pension; il « sera payé au quatrième quatre cents francs par an, « formant les deux tiers de la pension de sa mère, « jusqu'à seize ans, si c'est un garçon, et jusqu'à « quatorze seulement, si c'est une fille. Cette pension « sera payée au tuteur de ce dernier sur sa quit- « tance et la remise du certificat de vie du pen- « sionné. » (*Circulaire de l'administration, du 11 fructidor an* 8.)

La loi du 2 floréal an 5, dit cette décision, ne s'explique pas sur la quotité de la pension à accorder aux orphelins des préposés morts en fonctions..... Je vois au contraire que la dernière disposition de son art. 4 est de la plus grande clarté relativement à cette quotité; et pour s'en convaincre, il n'y a qu'à lire l'art. 4, comme s'il ne concernoit que les veuves et les enfans.... On vient de voir qu'il dit : « La pension sera la même (*pour tout préposé que « des blessures graves reçues dans l'exercice de ses « fonctions mettroient hors d'état de les continuer, et*) « pour les veuves et enfans de ceux qui y perdroient « la vie ou qui viendroient à mourir des suites de « leurs blessures. » — Qu'on se représente actuellement cet article sans la disposition que j'ai renfermée dans des accolades, et on aura : « La pension sera « la même pour les veuves et enfans des *préposés* qui « perdroient la vie *dans l'exercice de leurs fonc- « tions* ou qui viendroient à mourir des suites de « leurs blessures..... » Certes rien n'est plus positif; et la quotité de la pension se trouve là précisée aussi bien pour les enfans que pour la veuve; il y a même plus, la loi, en unissant ces deux qualités par la conjonction *et*, déclare nécessairement que la pension est viagère et pour les veuves et pour les enfans..... ; s'il y avoit d'ailleurs un terme à y apporter, ce ne seroit pas l'âge de seize ans des garçons; la loi du 14 fructidor an 6, invoquée par la décision, régit d'autres cas et ne se rapporte conséquemment pas aux affaires des douanes; la seule induction à en tirer seroit que l'intention de la législation est que les orphelins des agents du Gouvernement jouissent de la pension jusqu'à l'époque où ils peuvent suivre la même carrière que leurs pères; or les lois de douanes ne permettent d'admettre un employé à la perception ou dans les brigades qu'à l'âge de 20 ans, et il n'y a que dans le service des embarcations qu'on peut l'être à celui de dix-huit.

Je pourrois bien autrement étendre la démonstration du droit qu'ont les orphelins des préposés tués en fonction à la pension entière et même viagère; mais le cadre de cet ouvrage ne me permet pas de longues discussions.... Si j'ai prouvé qu'on m'avoit mal compris en croyant que j'avois voulu prétendre que les veuves n'avoient droit qu'à la demi-pension, c'est déjà beaucoup pour moi.... Mes opinions sont bien autrement dans les intérêts des employés des douanes; et je me plais à les manifester, parcequ'ils les méritent par leur zèle, leur dévouement et leur instruction.

Voyons actuellement quelles sont, pour obtenir la pension, les pièces à produire et par les veuves et pour les orphelins des employés tués en fonction.

CES VEUVES sont tenues de fournir, indépendamment des pièces dont il a été question ci-dessus,

1°. L'acte mortuaire du mari;

2°. L'acte de mariage;

3°. Un certificat de non divorce délivré au bureau de l'état civil du domicile actuel des deux époux.

Les enfans ou leurs tuteurs doivent produire,

1°. L'acte de la cause de la mort de leur père;

2°. L'acte mortuaire de la mère;

3°. Les actes de naissance des enfans;

4°. Une expédition légalisée de l'acte de tutelle.

Quant aux obligations spéciales des directeurs pour le cas de mort des préposés en fonctions, elles sont relatées dans la circulaire du 2 décembre 1809, ainsi conçue :

« L'article 4 de la loi du 2 floréal an 5 accorde la « pension de retraite, comme après trente années de « service, au préposé que des blessures graves, re- « çues dans l'exercice de ses fonctions, ont mis hors « d'état de les continuer, soit à la veuve et aux en- « fans de celui qui y a perdu la vie ou qui est mort « des suites de ses blessures. — Il arrive trop sou- « vent que les dispositions bienfaisantes de l'article « précité sont réclamées en faveur des veuves et en- « fans d'employés comptant peu d'années de service « qui ont été enlevés à leur famille par une maladie « commune, mais présentée dans des certificats d'of- « ficiers de santé dictés par la complaisance et dans « des rapports faits après coup, comme la suite d'ac- « cidens éprouvés dans l'exercice des fonctions. — « Pour prévenir de semblables demandes et mettre « l'administration à même de distinguer à des carac- « tères moins incertains celles qui seront fondées, les « directeurs feront constater désormais, par un rap- « port en forme et bien circonstancié, tous les évène- « mens majeurs survenus dans l'exécution du service, « à l'occasion desquels la vie des préposés se trouve- « roit en danger, et ils exigeront des inspecteurs et « sous-inspecteurs qu'ils s'assurent, au moment « même, de la réalité des blessures pour leur en « rendre compte, et ils transmettront immédiatement « à M. le directeur général les détails qui leur seront « parvenus. »

209. Dans le cas de retraite forcée pour cause d'infirmités acquises dans cet emploi, la pension à accorder sera déterminée à raison d'un sixième du traitement pour dix ans de service, et, en outre, d'un soixantième par chaque année excédant le nombre de dix. (*2 floréal an 5, art. 5.*)

QUANT aux employés qui, n'ayant pas trente années de service, n'ont droit, aux termes de l'article 5 de la loi, qu'à une pension à cause d'infirmités acquises dans l'exercice de leurs fonctions, ils doivent, outre les pièces ci-dessus énoncées, justifier de leurs infirmités par le rapport d'un officier de santé, revêtu du visa du maire. Le directeur doit certifier ce rapprt après s'être assuré par lui-même de l'impossibilité absolue dans laquelle le pétitionnaire se trouve de continuer l'exercice de ses fonctions. (*CD.* 1er. *brumaire et 29 thermidor an* 12.)

Dans le cas où l'infirmité paroîtroit de nature à avoir un terme, et où conséquemment l'employé pourroit avoir l'espoir de rétablissement, les directeurs en feront l'observation dans les certificats; il sera alors décidé si l'admission à la retraite sera suspendue pendant le temps présumé nécessaire pour ce rétablissement, et, s'il y a lieu à donner au préposé un congé en jouissance d'appointemens. (*Circulaire du* 1er. *brumaire an* 12.)

Toutes les pièces à produire doivent être délivrées sur papier timbré et légalisées par les autorités compétentes; ces certificats, de même que ceux que les directeurs ont à délivrer, sont individuels. — Toutes les pièces adressées pour l'obtention d'une pension de retraite doivent être accompagnées d'un projet de liquidation sur papier timbré, formé par le directeur. (*CA. des* 15 *ventose an* 9 *et* 10 *frimaire an* 12.)

Les certificats des officiers de santé et du directeur, pour les préposés destinés à la retraite ayant moins de trente ans de service, doivent être adressés à l'administration lors de la demande d'admission. (*CA.* 12 *vendémiaire an* 14.)

Mais l'administration, par sa lettre du 10 ventose an 13, a observé qu'un préposé *sexagénaire* pouvoit être dispensé de produire un certificat d'infirmités, quoique ayant moins de trente ans de service.

§. iv. *De l'admission des veuves à la pension de retraite acquise par leurs maris.*

210. Les conditions de l'admission des veuves à la pension sont, 1°. que les administrateurs, directeurs, inspecteurs et employés des bureaux, aient trente ans de service au moment de leur décès, et que la durée de ces services soit de vingt-cinq ans pour ceux des préposés attachés à la partie active; 2°. que les veuves aient été mariées pendant cinq ans; 3°. qu'elles ne soient pas divorcées. (*AC.* 25 *thermidor an* 11, *art.* 2.)

211. Les pensions des veuves seront de la moitié de celles auxquelles auroient eu droit les proposés, si au jour de leur décès ils eussent été admis à la retraite. (*AC.* 25 *thermidor an* 11, *art.* 3.)

On a vu, sous le n° 208, que la pension des veuves des préposés tués en fonctions ou morts des suites des blessures qu'ils y ont reçues est de la même somme que celle à laquelle ils auroient eu droit eux-mêmes, si, au jour de leur décès, ils eussent eu trente ans de service......... Dans ce cas, peu importe que la veuve ait ou non été mariée pendant cinq ans, elle a droit à cette pension dès qu'elle n'est pas divorcée; et elle a ce droit, le service ne datât-il que du jour du décès, et le mariage n'eût-il été célébré que ce même jour.

Mais ici il n'en est pas de même: d'abord il faut que le décédé ait exercé pendant 30 ou 25 ans suivant son service; ensuite, la pension de la veuve n'est que de moitié, et encore faut-il qu'elle ait été mariée pendant cinq années.

Elle doit donc produire,

1°. Les mêmes pièces que son mari eût été tenu de fournir si c'eût été lui qui eût réclamé la pension, au cas de l'art. 3 de la loi du 2 floréal an 5;

2°. L'acte mortuaire de son mari;

3°. L'acte de mariage pour constater qu'il a cinq années de célébration;

4°. Un certificat de non divorce.

M. le directeur général, consulté si les pensions de retraite accordées par suite de retenue ordonnée par l'art. 1 de l'arrêté du 25 messidor an 11 (n° 201) étoient reversibles pour la moitié aux veuves des préposés qui en auront joui, a fait connoître, par sa circulaire du 25 fructidor même année, que *l'affirmative ne peut faire la moindre difficulté.*

Dans cette dernière hypothèse, il suffira à la veuve de fournir les trois dernières pièces que je viens de rappeler pour se faire admettre, et jouir de la moitié de la pension qui avoit été liquidée en faveur de son mari.

On a vu sous le n° 201, qu'il y a lieu d'admettre à la demi-pension, les veuves des retraités de l'an 11, quoique l'art. 1er de l'arrêté du 25 thermidor an 11 n'accorde cette faveur qu'à compter du 1er thermidor. (*Conséquence d'une lettre administrative, du* 20 *octobre* 1809.)

§. v. *Du Paiement des pensions de retraite.*

212. Les pensions qui seront accordées aux administrateurs et employés en exécution de ladite loi seront payées par le receveur qui sera nommé à cet effet par l'administration, et d'après les états de distribution qu'elle aura arrêté sur le produit des retenues. (*AD.* 11 *frimaire an* 6, *art.* 2.)

Lesdites pensions pourront être saisies sans exception; ainsi dans le cas où il seroit formé entre les mains d'un receveur une opposition légale (*voyez* n° 165) au paiement de quelque pension, il devra faire connoître au retraité qu'elle aura pour objet qu'il ne lui sera fait aucun paiement jusqu'à ce qu'il ait obtenu judiciairement la main-levée de cette saisie-arrêt. (*Délibération du conseil d'état, du* 8 *thermidor an* 9.)

Un préposé admis à la retraite ayant été condamné à dix ans de fers, et ne pouvant toucher sa pension, attendu qu'il ne jouissoit pas de ses droits civils, il en a été référé au ministre, qui a observé que cette pension ayant été accordée en vertu d'une loi positive pour des anciens services, il n'y avoit point lieu à la supprimer, aucune loi n'ayant prévu un cas de l'espèce; que si le retraité étoit veuf ou garçon, la pension seroit suspendue, et qu'il en seroit remis en possession après avoir subi sa peine. — Ce retraité ayant des enfans, l'administration a arrêté, d'après les dispositions ci-dessus, que sa pension leur seroit payée. (*LA.* 26 *nivose et* 8 *ventose an* 12.)

Un décret impérial du 21 août 1806 a ordonné

que les certificats de vie nécessaires pour le paiement des rentes viagères et pensions sur l'État seroient délivrés par les notaires. — Quant aux pensionnaires qui ne peuvent, à raison de maladie ou d'infirmités, se transporter au domicile du notaire certificateur, ils lui adressent, en conformité du décret du 23 septembre 1806, une attestation du maire de leur commune, visée du sous-préfet ou du juge de paix, constatant leur existence, leur maladie ou infirmité, et le notaire délivre, sur le vu de cette attestation, le certificat de vie.

Les précautions ordonnées par ces décrets pour prévenir la fausse application des certificats d'existence, à des individus qui n'auroient pas droit aux rentes viagères et pensions sur l'État, avoient été appliquées aux pensionnaires de la douane, par CD. 30 décembre 1806; mais sur leurs représentations, monsieur le directeur général des douanes a décidé qu'attendu qu'aux termes du dernier paragraphe des instructions, adressées par S. Exc. le ministre des finances au préfet de chaque département, les certificats nécessaires pour toucher aux caisses, autres que celles du trésor public, peuvent être délivrés par les maires comme par le passé, les préposés admis à la retraite feront certifier leur existence par les maires, lorsque leur éloignement ne leur permettra pas d'obtenir des certificat des chefs supérieurs des douanes. (*Lettres de M. le directeur général, des 27 janvier et 29 avril* 1807.

213. Le paiement des pensions de retraite s'effectuera par mois, comme celui des appointemens. (*2 floréal an* 5, *art.* 6.)

Ce terme n'est pas fatal, et le pensionné peut en réclamer les arrérages pendant deux ans par une conséquence de l'art. 25 titre 13 de la loi du 22 août 1791. (n° 363.)

Pour que le pensionné puisse toucher les arrérages échus de sa pension, il doit fournir,

1°. Ou un certificat d'existence, dont la date ne soit pas antérieure au dernier jour du mois où échoit la pension à toucher, lequel certificat doit être sur timbre et délivré par le maire; — ou une attestation aussi sur timbre d'un chef de service des douanes, soit inspecteur, soit seulement contrôleur de brigades, dans laquelle ceux-ci déclarent l'existence du pensionné; cette attestation doit en outre être visée par le directeur; — ou enfin un certificat du directeur lui-même: dans ces deux derniers cas, les signatures font foi sans légalisation;

2°. La quittance, aussi sur timbre, de même date que le certificat d'existence auquel elle doit être jointe; ladite quittance est signée du pensionné ou de son fondé de pouvoir.

Ce qui vient d'être dit sur la date de la quittance et du certificat à fournir en cas de réclamation de la pension à l'échéance du mois s'applique aux quittances et certificats à fournir pour plusieurs termes; en sorte que la date de l'un et l'autre doit toujours être antérieure tout au plus d'un jour au terme dernièrement échu.

Les héritiers des employés des douanes admis à la retraite, qui décèdent avant que leur pension soit définitivement approuvée, sont fondés à répéter les arrérages de cette pension du jour de l'admission à celui du décès. Le ministre a décidé, le 8 brumaire an 9, que l'administration pouvoit, dans le cas dont il s'agit, faire acquitter ces pensions d'arrérages, mais qu'il convient que l'ordre qui sera donné à ce sujet établisse l'époque de la retraite, la liquidation provisoire qui aura été faite, et l'époque du décès, dont l'extrait devra être rapporté pour être annexé aux pièces justificatives de ces sortes de dépenses. — D'après ces dispositions, les directeurs, lorsque les héritiers réclament, dans l'espèce, des arrérages de pension, ne devront point en autoriser le paiement, quelque modique que soit la somme, sans un ordre exprès de l'administration. (*CA.* 11 *brumaire an* 9.)

Dans tous les cas de décès d'un pensionnaire, les arrérages échus le jour de sa mort ne peuvent être payés que sur la présentation de son extrait mortuaire légalisé.

Si c'est la veuve qui réclame, et qu'elle n'ait pas d'enfans, elle doit joindre à l'extrait mortuaire,

1°. Un extrait en forme de l'acte de célébration de mariage;

2° Un acte de non divorce;

3°. Un acte de notoriété constatant qu'elle n'a pas renoncé à la communauté, ou l'expédition d'un acte qui prouve qu'elle l'a acceptée;

4°. Un acte de notoriété constatant qu'il n'existe point d'enfant de leur mariage.

Tous ces actes doivent être fournis sur feuilles séparées, sur papier timbré, et être légalisés.

Il est important d'observer que si la veuve avoit droit de réclamer, au cas de l'arrêté du 25 thermidor an 11, la moitié de la pension qui étoit attribuée à son mari, les actes qu'elle doit fournir pour se faire déclarer pensionnaire, faisant partie de ceux qu'elle doit produire au cas de réclamation d'arrérages échus, elle peut faire valoir, aux deux fins, les trois premiers actes dont il est parlé ci-dessus, en réunissant la demande de la demi-pension à la demande des arrérages échus.

Si le décédé laissoit une veuve et des enfans mineurs, la veuve, comme mère et tutrice légale, suivant l'art. 390 du Code Napoléon, auroit droit de percevoir les arrérages échus de la pension du mari, et l'admission de sa réclamation seroit d'autant plus facile, que, suivant l'art. 384 du même code, elle a la jouissance des biens de ses enfans mineurs jusqu'à l'âge de 18 ans, excepté néanmoins en cas de divorce, aux termes de l'article 386. — Cependant pour parer à toute difficulté ultérieure, et afin de constater son droit, soit comme mère et tutrice légale, soit comme usufruitière, la veuve doit aussi joindre les actes de naissance de ses enfans mineurs.

S'il y a des enfans majeurs, leur droit d'hérédité et de réclamation s'établit,

1°. Par la production de l'acte d'inhumation de leur père;

2°. Par l'acte de mariage du même;

3°. Par l'acte de leur naissance.

Ils doivent aussi, bien entendu, fournir en même temps une quittance et un certificat d'existence, comme et dans la forme qu'il a été expliqué ci-devant.

S'il y a des mineurs au-dessus de l'âge de 18 ans, leur tuteur, en justifiant de sa qualité par un extrait de l'acte de sa tutelle, et en produisant pour ses mineurs les mêmes pièces que les majeurs sont tenus de représenter, obtient également les arrérages échus.

S'il y a des majeurs et des mineurs, ils peuvent concurremment établir leur droit, en représentant leurs titres respectifs d'admission, tels que chacun d'eux y est tenu suivant les instructions ci-dessus.

S'il n'existe ni veuves ni enfans, les héritiers collatéraux, pour réclamer les arrérages, doivent justifier leur qualité par un extrait d'intitulé d'inventaire ou par un acte de notoriété.

Il n'y a qu'un seul cas où l'administration, pour admettre la réclamation, n'exige pas pour preuve d'hérédité celles dont je viens de donner le détail; c'est celui où l[illegible] réclamés n'excèdent pas vingt-cinq francs; elle se borne, à raison d[illegible]dicité de cette somme, à ne demander qu'une attestation, soit du maire, soit d'un employé supérieur des douanes, que la veuve, les enfans ou les héritiers qui réclament sont bien connus en cette qualité.

Au surplus, s'il s'élevoit des contestations entre les héritiers sur leur droit de succéder, et qu'il fût formé de la part de l'un d'eux opposition au paiement des arrérages échus, le paiement ne pourroit s'en effectuer que sur le désistement en forme de cette opposition, ou d'après la notification du jugement passé en force de chose jugée qui en ordonneroit la main levée. — Il en seroit de même si des créanciers, munis d'un titre authentique, formoient une semblable opposition.

COMPTABILITÉ DES RETRAITES. On a vu ci-dessus que les fonds destinés à l'acquit des pensions de retraites sont formés,

1°. De la retenue sur les appointemens des administrateurs et préposés;

2°. Des produits des vacances des appointemens des mêmes préposés;

3°. D'une retenue sur les vacances d'emploi versées au trésor public;

4°. Enfin d'une retenue sur le produit net des confiscations et amendes.

Tous ces fonds sont versés dans la caisse des retraites établie dans l'hôtel de la direction générale, et tenue par un receveur général chargé d'acquitter sur ces mêmes fonds les pensions arrêtées par l'administration.

C'est à ce receveur spécial que doivent compter les receveurs principaux de la résidence de chaque direction, tant les fonds de retraite, dont, dans leur principalité, ils font eux-mêmes la recette, que ceux dont les autres receveurs de la même direction font la perception, aussi dans l'étendue de leur principalité.

Cette perception se fait à titre de retenue, à la fin de chaque mois, sur les appointemens des préposés de tout grade, sur les vacances suivant qu'il y a lieu, et aussi sur les répartitions du produit des saisies et amendes.

Le receveur principal du chef-lieu de la direction est chargé du recouvrement des fonds de cette nature dans toute sa direction; c'est donc dans ses mains que les autres receveurs principaux sont obligés de faire le versement de ceux qu'ils retiennent à ce titre, et ce versement doit, conformément aux ordres administratifs, s'effectuer dans les dix premiers jours du mois qui suit celui où ils ont perçu.

Le receveur principal du chef-lieu donne à chaque comptable un récépissé motivé, et il est tenu de porter les sommes qu'il reçoit sur un registre particulier, en distinguant, dans différentes colonnes formées à cet effet, chaque nature du produit.

Pour organiser la comptabilité des retraites sur un plan uniforme et invariable, il a été prescrit que le système en [illegible] sur les élémens expliqués dans six états distingués les uns des autres sous l[illegible] nos 1, 2, 3, 4, 5 et 6, lesquels sont envoyés imprimés par l'intermédiaire des directeurs, soit aux receveurs, soit aux contrôleurs des brigades, et enfin pour l'usage de la direction.

Afin que l'administration ait connoissance exacte du montant des sommes qui deviennent disponibles, elle a recommandé de lui adresser, à l'expiration de chaque trimestre, un état ou un certificat de *néant* dans le cas où aucun pensionnaire ne sera décédé pendant le cours des trois mois. (*C. A.* 13 *ventose an* 11.)

Aux termes de l'article 4 de l'arrêté du 11 frimaire an 6, « les administrateurs des douanes remettront, « à la fin de chaque trimestre, au ministre *du com-* « *merce*, un état, par eux certifié, de la situation de « la caisse des retraites. »

Monsieur BRACK, directeur des douanes à Gênes, homme du plus grand mérite, a bien voulu m'adresser, avec l'autorisation d'en faire usage, l'instruction sur les pensions de retraites qu'il a rédigée pour ses employés; les différens détails qui se trouvent dans cette section y ont été puisés; c'est donc à lui qu'ils appartiennent.

TITRE II.

De l'Établissement des Douanes.

CHAPITRE I. — *Des Bureaux de douanes.*

SECTION I. — *De l'Établissement et de la suppression des bureaux.*

§. 1. *Bureaux des frontières.*

214. Il ne pourra être établi ou supprimé aucun bureau sans un décret....... Dans le cas de nouvel établissement ou de suppression, le décret qui aura été rendu sera publié dans quatre des paroisses les plus prochaines et qui seront sur la route du bureau nouvellement établi ou de celui qui aura été supprimé, et il sera mis des affiches à l'entrée du lieu où le bureau sera établi. (22 *août* 1791, *art.* 1, *tit.* 13.)

Là où j'ai placé des points, le texte de la loi dit : *Il ne pourra être établi ou supprimé aucun bureau sans un décret du Corps Législatif.*

Jurisprudence. — Le sens de ce paragraphe n'est pas qu'une loi est nécessaire pour déplacer un bureau d'une ligne de douanes déjà autorisée par une loi existante ; ce paragraphe signifie seulement, et c'est ainsi qu'il a été constamment entendu, qu'il faut une loi pour pouvoir transposer une ligne de douanes d'un département qui cesse d'être frontière, dans un autre département qui commence à l'être. Et sur ce fondement la cour de cassation a jugé, le 18 thermidor an 11, sections réunies, que le bureau des douanes établi dans la ville d'Anvers, *sans un décret du Corps Législatif*, forme un vrai bureau de seconde ligne.

Il y a plus ; aujourd'hui, d'après l'article premier de la loi du 29 floréal an 10, cité au titre préliminaire de ce Code, le Gouvernement peut, sans consulter le Corps Législatif, transporter une ligne de douanes d'un département dans un autre. C'est ainsi qu'après la réunion des États de Gênes, de Toscane, etc. les lignes de douanes ont été transférées des anciennes frontières aux nouvelles ; et cela, par de seuls décrets impériaux, et sans le concours du Corps Législatif.

Ainsi, quant au changement de bureaux d'un lieu à un autre, à la suppression de ceux reconnus inutiles, et à l'établissement de ceux dont la nécessité est démontrée, une simple décision suffit lorsqu'elle est publiée dans les quatre communes les plus voisines, et annoncée par des affiches apposées à l'entrée du lieu où le receveur est établi, conformément au second paragraphe de l'article ci-dessus de la loi du 22 août 1791.

215. Dans le cas de nouvel établissement d'un bureau, les marchandises ne seront sujettes à confiscation pour n'y avoir pas été conduites ou déclarées, que deux mois après la publication ordonnée par l'article ci-dessus. (22 *août* 1791, *art.* 2, *tit.* 13.)

Cette réserve est seulement applicable à un nouveau bureau placé avant celui où l'on étoit dans l'usage d'acquitter ; elle ne le seroit pas si le nouveau bureau étoit situé après celui où l'on acquittoit auparavant, puisque le voiturier seroit toujours en contravention pour ne pas avoir conduit ses marchandises au bureau où il étoit précédemment tenu de les présenter. — Cet article n'a également d'application que pour un bureau établi dans une commune où il n'en existoit pas, et non à un bureau transporté dans la même commune d'une maison à une autre.

216. Les barrieres, bureaux, postes ou clôtures, destinés à la garde et surveillance des frontières, pourront être établis sur le terrain qui sera nécessaire,

en payant par l'*Etat* aux propriétaires la valeur dudit terrain de gré à gré, et, en cas de difficulté, sur le pied qui sera réglé par les *préfets* de département, sur l'avis d'experts convenus entre *l'administration* des douanes et lesdits propriétaires, sinon, nommés d'office.

Les bureaux de recette pourront être placés dans les maisons qui seront les plus convenables au service public et à celui de ladite *administration*, autres néanmoins que celles qui seroient occupées par les propriétaires, en payant le loyer desdites maisons sur le pied des baux et aux clauses et conditions y portées, et, s'il n'y a point de baux, d'après l'estimation d'experts dans la forme ci-dessus réglée, et encore à la charge des dédommagemens d'usage envers les locataires qui seroient déplacés avant l'expiration de leurs baux. (22 *août* 1791, *art.* 4, *tit.* 13.)

217. Les municipalités fourniront........ les maisons et emplacemens convenables, en attendant qu'il puisse y être autrement pourvu, et le loyer en sera payé sur le pied des derniers baux, ou à dire d'experts. (5 *novembre* 1790, *second paragraphe de l'art.* 4.)

Les dépenses relatives à l'entretien et aux réparations des édifices nationaux affectés au service des douanes dans toute l'étendue de l'Empire, ne peuvent être à la charge de l'administration de l'enregistrement; elles doivent être acquittées par l'administration des douanes, comme jouissant gratuitement des bâtimens dont il s'agit. (*DM.* 7 *nivose an* 5.)

Les développemens et l'exécution de ce principe font la matière de différens ordres d'administration transmis aux directeurs, notamment par circulaire du 23 pluviose an 5. — Voir l'article *Dépenses*, au chapitre DE LA COMPTABILITÉ.

218. Les maisons et emplacemens loués par baux pour les établissemens des douanes seront, lorsque les circonstances et l'intérêt du service exigeront le déplacement des bureaux ou postes, remis aux propriétaires : il leur sera payé une indemnité qui sera fixée conformément à l'usage des lieux. (*AC.* 28 *pluviose an* 11.)

Les dispositions intervenues depuis celles des 5 novembre 1790 et 22 août 1791, qui viennent d'être citées relativement au placement ou à la translation des bureaux, n'ont été que des répétitions ou des applications de celles-ci; comme toutes ont reçu leur exécution, elles deviennent par cela même sans objet, et je n'en grossirai pas ce volume.

§. II. *Bureaux dans l'intérieur.*

219. Il sera, dans les villes de commerce qui en seront jugées susceptibles, établi par l'administration des douanes, sous l'approbation du ministre *du commerce*, des bureaux de douanes, où les citoyens auront la faculté de faire visiter et plomber les marchandises qu'ils expédieront à l'étranger. (*AC.* 25 *ventose an* 8, *art.* 1.)

220. Les caisses et ballots, dont les plombs auront été vérifiés, et qui seront accompagnés de l'acquit-à-caution, ne pourront être ouverts aux bureaux de la frontière. (*AC.* 25 *ventose an* 8, *art.* 2.)

221. Les fraudes et altérations de plombs seront poursuivies et punies conformément à la loi du 22 août 1791. (*AC.* 25 *ventose an* 8, *art.* 3.

Ce n'étoit plus, alors même que cet article fut rendu, la loi du 22 août 1791 qui étoit celle à invoquer pour la poursuite des altérations de plombs .... l'article 4 de la loi du 9 floréal an 7 avoit déja remplacé l'article 9 du titre 10 de la loi du 22 août 1791, et l'article 21 de cette dernière loi se trouvoit abrogé par l'article final de la première.... Cette observation n'a d'ailleurs aucune autre importance que de représenter que, lorsqu'on poursuit une fraude, c'est la loi en vigueur à l'époque du délit qu'il faut réclamer, et non celle qui vivoit avant ou après ce délit.

222. Les droits ordinaires de sortie, fixés par le tarif des douanes, seront acquittés aux bureaux mentionnés en l'art. 1. (*AC.* 25 *ventose an* 8, *art.* 4.)

223. Il ne pourra être exigé en sus que les salaires de plombage, fixés à soixante quinze centimes par chaque plomb, outre les frais de cordage et d'emballage, qui seront à la charge de l'expéditionnaire. (*AC.* 25 *ventose an* 8, *art.* 5.)

224. En exécution de l'art. 1er du présent arrêté, il sera établi à Paris un bureau de visite....... sous la surveillance directe de l'administration générale des douanes. (*AC.* 25 *ventose an* 8, *art.* 6.)

225. En exécution de l'art. 1er de l'arrêté consulaire du 25 ventose an 8, il sera établi à Rouen un bureau de visite et de plombage pour les rouenneries qu'on expédiera à l'étranger. (*CD.* 6 *août* 1810.)

Voici le texte de la circulaire qui autorise cet établissement : « Le commerce de Rouen, en exposant que les objets de ses fabriques éprouvoient des dégradations considérables par l'effet du déballage et du remballage auxquels donnoient lieu les visites dans les bureaux de sortie, a demandé le plombage à la douane de cette ville, ainsi qu'il se pratique à celle de Paris et de Lyon ; M. le directeur général a jugé que cette faveur pouvoit être accordée aux fabriques très-intéressantes de Rouen, et il a en conséquence donné des ordres, afin que, les rouenneries déclarées vérifiées à la douane de cette ville y étant admises au paiement des droits de sortie, les ballots qui les contiendront soient plombés, et que les acquits de paiement qui indiqueront les bureaux de sortie fassent mention du plombage ». — Les préposés de ces bureaux, après avoir reconnu les plombs, les détacheront et laisseront les ballots continuer leur route, sans procéder à une nouvelle vérification, qui n'auroit lieu que dans le cas où il s'élèveroit des soupçons fondés de fraude. (*CD.* 6 *août* 1810.)

SECTION II. — *De la Police des bureaux.*

§. 1. *De l'Indication et des Heures de la tenue des bureaux.*

226. *L'administration* sera tenue de faire mettre au-dessus de la porte de chaque bureau, ou en un lieu apparent près ladite porte, un tableau portant ces mots : BUREAU DES DROITS D'ENTRÉE ET DE SORTIE DES DOUANES IMPÉRIALES.

Toute saisie de marchandise qui auroit dépassé un bureau à l'égard duquel l'apposition dudit tableau n'auroit pas eu lieu seroit nulle et de nul effet.

L'administration sera pareillement obligée de tenir dans les douanes tous les tarifs des droits dont la perception lui sera confiée, et les différentes lois rendues pour leur exécution, pour être communiqués à ceux qui voudront en prendre connoissance, et d'indiquer, par des affiches apposées dans l'intérieur des douanes, les formalités que le commerce aura à remplir pour ses différentes expéditions. (22 *août* 1791, *art.* 3, *tit.* 13.)

227. Les bureaux *des douanes* seront ouverts, du 1er avril au 30 septembre, depuis sept heures du matin jusqu'à midi, et depuis deux heures après midi jusqu'à sept heures ; et du 1er octobre au 31 mars, depuis huit heures du matin jusqu'à midi, et depuis deux heures jusqu'à six du soir : les commis seront tenus de s'y trouver pendant lesdites heures, à peine de répondre des dommages et intérêts des redevables qu'ils auront retardés. (22 *août* 1791, *art.* 5, *tit.* 13.)

LORSQUE des marchandises arrivent après l'heure des bureaux, elles sont déposées dans les dépendances de ces bureaux jusqu'au moment de leur ouverture.

§. 11. *De la responsabilité des communes relativement au pillage des bureaux.*

228. En conséquence de l'article 1 du titre 4 de la loi du 10 vendémiaire an 4, relative aux délits dont les communes sont responsables, les communes sur le territoire desquelles des attroupemens ou rassemblemens armés ou non armés, spécifiés par ladite loi, se seroient portés au pillage des bureaux des dépôts des douanes, et auroient exercé quelque violence contre les propriétés nationales ou privées, sont responsables de ces délits et des dommages-intérêts auxquels ils donneront lieu. (*AD.* 8 *nivose an* 6, *art.* 1, *et AC.* 4 *complémentaire an* 11, *art.* 13.)

Dans les différentes éditions de l'arrêté consulaire ci-dessus, on a imprimé *en conséquence de l'article* 4 *du titre* 1er..... *etc.*; c'est une erreur, il n'y a que l'article 1er du titre 4 de la loi du 10 vendémiaire an 4 qui soit relatif à l'espèce; il est ainsi conçu :

« Chaque commune est responsable des délits commis à force ouverte ou par violence sur son territoire par des attroupemens ou rassemblemens, armés ou non armés, soit envers les personnes, soit contre les propriétés nationales ou privées, ainsi que des dommages-intérêts auxquels ils donneront lieu ».

Voici aussi l'article 2 de ce titre :

« Dans les cas où les habitans de la commune auroient pris part aux délits commis sur son territoire par des attroupemens et rassemblemens, cette commune sera tenue de payer au trésor public une amende égale au montant de la réparation principale ».

229. Si les attroupemens ou rassemblemens ont été formés d'habitans de plusieurs communes, toutes seront responsables des délits qu'ils auront commis, et contribuables, tant à la réparation et dommages-intérêts, qu'au paiement de l'amende. (10 *vendémiaire an* 4, *art.* 3, *tit.* 4.)

230. Les habitans de la commune ou des communes contribuables qui prétendroient n'avoir pris aucune part aux délits, et contre lesquels il ne s'éleveroit aucune preuve de complicité ou participation aux attroupemens, pourront exercer leur recours contre les auteurs et complices des délits. (10 *vend. an* 4, *art.* 4, *tit.* 4.)

231. Dans les cas où les rassemblemens auroient été formés d'individus étrangers à la commune sur le territoire de laquelle les délits ont été commis, et où la commune auroit pris toutes les mesures qui étoient en son pouvoir à l'effet de les prévenir et d'en faire connoître les auteurs, elle demeurera déchargée de toute responsabilité. (10 *vendémiaire an* 4, *art.* 5, *tit.* 4, *et AC.* 4 *complém. an* 11, *art.* 15.)

232. Conformément à l'art. 6 du même titre de la même loi, lorsque, par suite de ces rassemblemens ou attroupemens, un individu préposé aux douanes ou autre, domicilié ou non sur une commune, y aura été pillé, maltraité ou homicidé, tous les habitans seront tenus de lui payer, ou, en cas de mort, à sa veuve et enfans, des dommages-intérêts. (*AD.* 8 *nivose an* 6, *art.* 2, *et AC.* 4 *complém. an* 11, *art.* 14.)

Voici le texte de cet art. 6 de la loi du 10 vendémiaire an 4 :

« Lorsque, par suite de rassemblemens ou attroupemens, un individu, domicilié ou non sur une commune, y aura été pillé, maltraité ou homicidé, tous les habitans seront tenus de lui payer, ou, en cas de mort, à sa veuve et enfans, des dommages-intérêts.... ».

Dans la supposition des art. 1 et 2 ci-dessus de l'arrêté directorial du 8 nivose an 6, les préposés verbalisans doivent requérir les maires ou adjoints des communes sur le territoire desquelles les délits auront eu lieu d'en constater la trace, afin que l'on puisse poursuivre contre ces communes les dommages et intérêts résultant du délit. (*CA.* 19 *frimaire an* 7.)

233. Dans les cas prévus par les art. 13 et 14 (*du présent arrêté*), la poursuite de la réparation et des dommages-intérêts ne pourra être faite qu'à la diligence du préfet du département, autorisé par le Gouvernement, devant le tribunal civil de l'arrondissement dans lequel le délit aura été commis. (*AC.* 4 *complém. an* 11, *art.* 16.)

Les poursuites dirigées par le préfet pour les réparations civiles et dommages-intérêts sont indépendantes de l'action à porter à la cour prévôtale contre les auteurs des voies de fait.

234. Les dommages-intérêts dont les communes sont tenues aux termes des articles précédens seront fixés par le tribunal civil......, sur le vu des procès-verbaux et autres pièces constatant les voies de fait, excès et délits. (10 *vendémiaire an* 4, *art.* 4, *tit.* 5.)

Voici, relativement à cet article, un avis du conseil, en date du 5 floréal an 13.

Le conseil d'état, qui, d'après le renvoi fait par Sa Majesté l'Empereur, a entendu le rapport des sections réunies de législation et de l'intérieur sur celui du grand-juge ministre de la justice, relatif à la question de savoir si, lorsqu'une commune est dans le cas de la responsabilité, le procès-verbal des officiers municipaux est absolument indispensable pour l'application de cette responsabilité;

Considérant que la loi du 10 vendémiaire an 4, titre 5, art. 4, suppose nécessairement d'autres pièces que les procès-verbaux des officiers municipaux, puisqu'elle statue que les dommages-intérêts seront fixés sur le vu des procès-verbaux et autres pièces constatant les voies de faits, excès et délits;

Considérant que ce seroit rendre illusoire la mesure de la responsabilité des communes, que de considérer la formalité du procès-verbal des officiers municipaux comme absolument indispensable pour son application, en ce que les officiers municipaux, par foiblesse, par ménagement, et même par des vues d'intérêt personnel, se dispensent presque toujours de dresser procès-verbal des délits qui entraînent la responsabilité;

Considérant, par ces derniers motifs, que l'admission de cette mesure auroit sur-tout de funestes effets relativement à la perception des contributions indirectes et à la prohibition de certaines marchandises à l'entrée ou à la sortie:

Est d'avis que, lorsqu'une commune est dans le cas de la responsabilité, le procès-verbal des officiers municipaux n'est pas absolument indispensable pour l'application de cette responsabilité.

Jurisprudence. 1° Nonobstant cet avis, la cour d'appel de Pau avoit jugé que la commune de Léces n'étoit point passible des poursuites ordonnées par la loi du 10 vendémiaire an 4, pour raison d'un fait de contrebande avec attroupement commis dans son territoire, parcequ'il n'étoit constaté que par un procès-verbal des préposés aux douanes. — Cet arrêt a été cassé le 9 décembre 1806 par la cour suprême; — « Attendu que le procès-verbal des officiers municipaux n'est pas indispensable, et que les voies « de fait, excès et délits peuvent être constatés par « d'autres pièces, ainsi que l'a reconnu le conseil « d'état dans son avis approuvé en date du 5 floréal « an 13. — Attendu que la cour d'appel séante à Pau, « en jugeant que les communes ne peuvent être responsables que dans le cas de flagrant délit constaté « par des procès-verbaux des administrations locales, « et que les procès-verbaux des préposés des douanes « ne peuvent servir qu'à la poursuite criminelle, a « violé les dispositions de la loi du 10 vendémiaire « an 4; par ce motif la cour casse..... etc.

2° Les jugemens que rendent les tribunaux civils par application de la loi du 10 vendémiaire an 4 doivent être attaqués par la voie de l'appel avant de l'être par celle de cassation. (*Arrêt de la cour suprême, du* 20 *thermidor an* 11.) — Le receveur des douanes, au lieu de se déclarer appelant devant la cour d'appel d'un jugement du tribunal civil d'Oléron, qui déchargeoit une commune de la responsabilité qu'elle avoit encourue, avoit émis un pourvoi en cassation. La cour, se fondant sur l'art. 65 de la constitution, a déclaré que le jugement contre lequel on s'étoit pourvu n'étoit pas rendu en dernier ressort.

Par l'art. 8 du titre 5 de la loi du 10 vendémiaire an 4, la municipalité est tenue de verser le montant des dommages-intérêts à la caisse du département dans le délai de dix jours.... Il faut observer sur ce dernier article que lorsque les réparations doivent être poursuivies par une administration publique qui a des receveurs comptables, ce ne peut être le cas de verser le montant des dommages-intérêts à la caisse du département; mais qu'il doit être remis à ces préposés pour en compter à qui de droit.

CHAPITRE II. — *Du Territoire des douanes.*

SECTION I. — *De l'Etendue du Territoire soumis à l'exercice des douanes.*

§. I. *Rayon des frontières maritimes.*

235. Nota. *De ce que les capitaines de navires arrivés dans les* quatre lieues des côtes *sont tenus, par l'art.* 3, *titre* 2 *de la loi du* 4 *germinal an* 2, *de remettre leurs manifestes au préposé qui ira à bord;....... de ce que, en conformité de l'article* 7, *même titre de la même loi, les préposés peuvent visiter tous bâtimens au-dessous de cent tonneaux, étant à l'ancre ou louvoyant dans les quatre lieues des côtes de France,...... il résulte que cette étendue en mer est soumise à la police des douanes.*

Sur terre *la police des côtes s'exerce de deux manières.* — La première, *dans une étendue de* deux lieues, *à partir des bords de la mer vers l'intérieur...... On y saisit tous les objets repris dans l'art.* 85 *de la loi du* 8 *floréal an* 11, *circulant* pendant la nuit...... *mais* pendant le jour *le transport en est absolument libre et n'est soumis à aucune formalité ni déclaration quelconque.....* — La deuxieme *est relative aux* drilles, grains, farines *et* sels; *on trouvera au livre* 3 *dans quelle étendue et sous quelles formalités ces objets peuvent être soumis à la police des douanes......*

Les exceptions relatives aux grains, drilles, etc., et sur-tout le silence des lois confirment qu'on ne peut mettre aucun empêchement à la circulation par terre des autres espèces de marchandise faite pendant le jour et dans les deux lieues des côtes. — Il est inutile d'observer que ce régime n'a nul rapport à celui relatif aux embarquemens et débarquemens.

Les bureaux des frontières maritimes sont en général placés dans les ports, anses, golfes, baies ou rades, sans égard à leur éloignement réciproque ni aux sinuosités des côtes. — Ceux établis pour les sels sont ordinairement dans les lieux les plus voisins des marais salans, salines et fabriques de sel.... Ceux créés pour faciliter la circulation des sels dans les trois lieues sont situés à l'extrémité de cette ligne, mais plus particulièrement dans les communes les plus peuplées et les plus près de cette ligne, ou enfin dans les hameaux les plus voisins de ces communes.

§. II. *Rayon des frontières de terre.*

236. Les lois et réglemens sur le transport et la circulation des denrées et marchandises dans l'étendue d'un miriamètre (deux lieues anciennes) des frontières de terre, seront exécutés dans les deux myriamètres (quatre lieues anciennes) desdites frontieres. (8 *floréal an* 11, *art.* 84.)

237. *Cette* étendue..... sera fixée par les *préfets* de département,..... autant que la position des villes, bourgs, villages et hameaux, les rivières, bois et montagnes pourront le permettre, sans que, dans aucun cas, la distance puisse être moindre de deux *myriamètres*, ni excéder cette étendue.

La fixation des distances entre le territoire étranger et la ligne sera faite sans égard aux sinuosités des routes, en prenant la mesure la plus droite à vol d'oiseau. (22 *août* 1791, *art.* 42, *tit.* 13.)

Le texte du premier paragraphe de cet article 42 est ainsi conçu : « L'étendue des *deux lieues* des frontières de l'etranger sera fixée par les *directoires* de « département, *sur le pied de la lieue de* 2283 *toises*, « et autant que la position, etc... ». — Les *préfets* ont été, comme on sait, substitués aux *directoires* de département, et le rayon soumis à la police des douanes, qui n'étoit que de *deux* lieues, a été, par l'article 84 ci-dessus de la loi du 8 floréal an 11, prolongé à la distance de deux myriamètres des frontières... Il y a ici, relativement au pied sur lequel doit être fixée l'étendue des lieues, un défaut d'accord qui dérive de la fausse réduction que fait elle-même la loi du 8 floréal...., elle dit : l'ancienne police d'un myriamètre (2 lieues anciennes) sera exécutée dans les deux myriamètres (4 lieues anciennes), d'où il paroît que le seul but de la loi nouvelle a été de doubler l'étendue du rayon des douanes ; or, les deux lieues anciennes, prises conformément à l'article 42 de la loi de 1791, ne faisoient que 4566 toises ; donc, en doublant les deux lieues anciennes, la ligne actuelle n'auroit que 9132 toises ; donc une saisie faite au-delà ne seroit point valable si on ne l'avoit vu pénétrer. — Cependant deux myriamètres font 10271 toises, et bien certainement le territoire soumis à la police des douanes doit, de fait, avoir cette étendue pour être en rapport avec les lois sur les nouvelles mesures.

238. La ligne sera marquée par la désignation que chaque *préfet* de département fera des territoires sur lesquels elle devra passer, et dont l'état sera imprimé et affiché dans tous les lieux de la frontière qu'enveloppera ladite ligne. (22 *août* 1791, *premier paragraphe de l'art.* 43, *tit.* 13.)

Le second paragraphe de cet article étoit ainsi conçu : *Il sera en outre planté, sur cette ligne, des poteaux à la distance de deux cents toises les uns des autres, et qui porteront cette inscription* : TERRITOIRE DES *QUATRE* LIEUES DE L'ÉTRANGER... Mais une loi postérieure, en date du 28 pluviose an 3, a abrogé cette disposition dans les termes suivans :

« La convention nationale, sur la proposition de « son comité de commerce, suspend l'exécution de « l'art. 43 du titre 13 de la loi du 22 août 1791, relatif à la plantation de poteaux indicatifs du territoire des *quatre* lieues limitrophes (*deux* myriamètres) de l'étranger ; sauf à la partie qui prétend droit qu'une saisie a été faite hors de ce territoire « à demander, comme avant ladite loi, le toisé aux « frais de qui il appartiendra ».

JURISPRUDENCE. — 1° *Lorsqu'on met en question si le territoire dans lequel il a été fait une saisie est étranger ou non, les tribunaux sont-ils compétens pour la décider ?* (Réponse négative.)

La cour suprême, par application de l'art. 13 du titre 2 de la loi du 24 août 1790, a jugé qu'il n'appartenoit qu'au gouvernement de statuer sur cette question ; son arrêt, qui est du 9 fructidor an 8, est ainsi conçu :

« ... Attendu que la régie des douanes a soutenu, « en première instance, et en cause d'appel, que le hameau des *Cressonnières* tant françoises que suisses « faisoit partie de la France ; que les habitans jouissoient tous de l'effet de l'arrêté du directoire exécutif du 19 germinal an 5, relatif aux droits politiques et civils de citoyens français ; que par « conséquent la régie des douanes devoit s'étendre « aux *Cressonnières* suisses ; et qu'en effet l'administration centrale du département du Jura avoit, le « 11 pluviose an 7, arrêté que le hameau des Cressonnières suisses seroit assujetti au régime des « douanes ; — Attendu que, d'après ces faits allégués d'une part, et contestés par Jacques Lançon, « le tribunal de première instance et le tribunal d'appel ont reconnu que la validité de la saisie dépendoit de la question, si le lieu appelé les *Cressonnières suisses* étoit helvétique ou françois ; question préjudicielle sur laquelle il n'appartenoit « qu'au gouvernement de statuer ; que néanmoins, « au lieu de laisser les parties à se pourvoir sur cette « question par les voies de droit, les tribunaux de « première instance et d'appel l'ont décidée formellement, et ont ainsi entrepris sur l'administration « générale, et contrevenu à la loi du 24 août 1790 : « la *Cour*.... casse et annulle, etc. ».

2°. *Lorsqu'il s'élève des difficultés sur le point de savoir si une saisie a été faite dans le rayon de deux myriamètres, comment doit se mesurer la distance de la frontière au lieu de la saisie ?*

L'article 42 de la loi de 1791, cité ci-dessus, veut que la distance soit mesurée *à vol d'oiseau, sans égard aux sinuosités des routes* ; ce qui, nécessairement, ne pouvoit s'entendre que d'un mesurage fait sur une ligne droite et horizontale, et non de celui tracé sur la surface montagneuse du terrain, puisque, dans ce cas, la seconde ligne n'eût pas été plus parallèle à la frontière que si on l'eût établie d'après les sinuosités des chaussées....

Cependant le tribunal de Mondovi déclara nulle une saisie de sucre faite dans le lieu nommé *Delle-Isole*, sur le fondement que cet endroit étoit à cinq lieues de *marche* de la frontière ;

Mais l'administration s'étant pourvue en cassation, il en est résulté l'arrêt suivant : — « Vu l'art. 42 du « titre 13 de la loi générale sur les douanes, du 22 « août 1791, et l'article 84 de la loi du 8 floréal an « 11, sur la même matière ; — Considérant qu'il résulte clairement des termes de l'art. 42, ci-dessus « cité, qu'en matière de police des douanes, la distance entre le lieu de la saisie et le territoire étranger doit se mesurer par la ligne droite la plus courte « possible ; que cette ligne ne peut être autre que « celle prise dans un plan parfaitement horizontal, « toute autre ligne que celle tracée sur le plan incliné « des montagnes étant nécessairement plus longue ; « — Considérant que, d'après l'opération géométrique qui a été ordonnée dans l'espèce, le lieu Delle-« Isole, où la saisie des sucres a été faite, se trouve

« dans les quatre lieues frontières, en mesurant la « distance de l'étranger par une ligne droite et horizontale; que, pour déterminer sa décision sur la « validité de la saisie, le tribunal de Mondovi n'a eu « aucun égard à ladite distance, et n'a voulu considérer que celle mesurée par la ligne tracée sur la « surface montagneuse de la terre; d'où il suit que « ledit tribunal a manifestement contrevenu audit « art. 42 du titre 13 de la loi du 22 août 1791; — « par ces motifs, la cour casse et annulle... ». (*Arrêt de cassation, du 28 juillet* 1806.)

3° *Du seul fait qu'une commune est placée entre deux lignes de bureaux résulte-t-il une preuve suffisante qu'elle est soumise à la police des douanes?* (Réponse affirmative.)

Procès-verbal par lequel deux douaniers de Mulhausen, assistés du commissaire de police, se sont transportés chez un commissionnaire, et y ont saisi des marchandises à défaut de représentation du certificat d'origine. — En vertu de ce procès-verbal, le commissionnaire est cité devant le tribunal correctionnel d'Altkirch, et la saisie est reconnue fondée. — Appel de ce jugement sur le fondement que la saisie est nulle, parcequ'elle a été faite hors du rayon des douanes. —

Par arrêt du 13 décembre 1806, la cour criminelle du Haut-Rhin charge le saisi de prouver que sa maison et son magasin sont situés hors de ce rayon. — Le procureur-général de cette cour écrit à ce sujet au receveur des douanes de Mulhausen. — Le receveur répond qu'il a, depuis vingt mois, et par ordre de ses supérieurs, fait publier que les deux portes de Mulhausen contre l'intérieur n'étoient pas libres, et que toutes marchandises sortant de la ville sans passavant seroient saisies, puisque cette ville est absolument dans la ligne, et n'est qu'à 15 kilomètres du Rhin....

Le 24, second arrêt de la même cour, par lequel, attendu que l'appelant paroît avoir fait ce qui dépendoit de lui pour satisfaire à l'arrêt préparatoire du 13; que, d'après les renseignemens recueillis à l'audience, la preuve légale du fait sur lequel la cour a desiré s'éclairer ne peut être administrée que par les intimés,.... la cour continue l'audience au 2 janvier ..... pendant lequel temps, les intimés rapporteront la preuve légale que la maison et les magasins de l'appelant sont compris dans le rayon des douanes....

En exécution de cet arrêt, le receveur fit signifier à *Benner Wolf* (le saisi) une déclaration portant que la preuve légale que sa maison et son magasin sont situés dans le rayon des douanes existe dans le fait même de l'établissement d'un bureau à Mulhausen, et de brigades au-delà de la ville du côté de l'intérieur.....

Le 2 janvier, arrêt définitif très long, par lequel le procès-verbal est déclaré nul et sans effet, et en conséquence il est donné main-levée des objets saisis, etc.

L'administration se pourvut en cassation.

La maison du saisi étant située dans l'enceinte de Mulhausen, il s'agissoit seulement d'examiner si cette ville étoit dans le rayon des douanes. — D'une part, Mulhausen n'est éloigné de l'extrême frontière que de trois lieues anciennes, et l'art. 84 de la loi du 8 floréal an 11 a étendu le rayon à deux myriamètres. — D'une autre, avant même la loi du 8 floréal, il avoit été mis en principe, par l'arrêté directorial du 17 thermidor an 4, et souvent la cour de cassation l'avoit jugé ainsi, notamment par arrêts rendus, en sections réunies, les 18 thermidor an 11 et 28 pluviose an 12, que tout territoire enveloppé par les lignes de deux bureaux (l'un d'entrée, l'autre de sortie) est par cela seul soumis à la police des douanes, quoique d'ailleurs il soit éloigné de plus de deux lieues de la frontière; donc, *dans le droit*, Mulhausen a dû être compris dans le rayon, parcequ'il n'est pas à plus de deux myriamètres de la frontière; et, *dans le fait*, cette ville y a été réellement comprise, puisqu'elle est placée entre les lignes de deux bureaux.

Arrêt de la cour de cassation, du 11 septembre 1807, par lequel, — « Vu l'arrêté du directoire exé« cutif, du 17 thermidor an 4, l'art. 84 de la loi du « 8 floréal an 11; attendu qu'un bureau de douanes « est établi à Mulhausen; qu'il n'est pas contesté que « cette ville ne soit distante du Rhin, c'est-à-dire de « l'extrême frontière, que d'environ un myriamètre « et demi; qu'il est également constant que cette ville « est enveloppée, du côté de l'intérieur, par une ligne « de bureaux; d'où il suit que la cour de justice cri« minelle du Haut-Rhin n'a pu mettre en question « si les maison et magasin de Benner Wolf, où a été « faite la saisie, à Mulhausen, étoient dans le rayon « des douanes, et faire dépendre sa décision de la « preuve ou du défaut de preuve de ce fait; — La cour « cassé l'arrêt interlocutoire du 13 décembre 1806, « par lequel la cour de justice criminelle du Haut« Rhin a ordonné que Benner Wolf justifieroit que « ses maison et magasin, où a eu lieu la saisie, sont « situés hors du rayon des douanes; — Casse le se« cond arrêt interlocutoire du 24 du même mois, par « lequel la Cour de justice criminelle, sous prétexte « que Benner Wolf paroissoit avoir fait tout ce qui « dépendoit de lui pour rapporter la preuve légale « que ses maison et magasin ne sont pas compris « dans le rayon des douanes, charge directement la « régie de prouver qu'ils le sont; casse enfin l'arrêt « définitif du 2 janvier dernier, par lequel la même « cour déclare nul et sans effet un procès-verbal de « saisie du 9 avril 1806, fait sur ledit Jean-Georges « Benner Wolf, et lui donne pleine et entière main« levée de ladite saisie; — Et pour être fait droit sur « l'appel du jugement correctionnel d'Altkirch, du « 19 mai 1806, renvoie.... etc. ».

4° On avoit aussi prétendu auparavant que les communes renfermées dans la même ligne que la ville d'Anvers n'étoient pas soumises à la police des douanes, et l'on se fondoit, comme ici, sur le prétexte que l'administration ne représentoit aucun acte de l'autorité qui les y eût assujetties, ni même qui eût établi à Anvers un bureau de seconde ligne. — A cela l'administration a répondu : Il existe un bureau à Anvers; donc ce bureau a été établi légalement, donc tout le territoire renfermé entre ce bureau et celui de première ligne à l'extrême frontière est soumis à la police des douanes. Et la cour l'a ainsi jugé, en sections réunies, le 18 thermidor an 11, motivé spécialement sur ce qu'*il résulte de l'ensemble des opérations administratives, constantes par le fait même, qu'un bureau des douanes est établi à Anvers.*

SECTION II. — *De la Surveillance des Commissaires généraux de police dans le rayon des douanes.*

239. *Les commissaires généraux de police* veilleront à l'exécution des lois et réglemens des douanes touchant la contrebande, et pourront faire saisir les marchandises prohibées par les lois. (*Dl.* 26 *fructidor an* 13, *art.* 13.)

Les mesures de sûreté prescrites par les lois et arrêtés concernant les navires neutralisés et les individus venant d'Angleterre, et toutes autres mesures touchant les pays avec lesquels l'Empire est en guerre, sont aussi dans les attributions des commissaires généraux de police (*Même décret, art.* 14.)

240. Ils exerceront leurs fonctions....... pour ceux qui sont sur les frontieres de terre ou de mer, dans la ligne des douanes et dans l'étendue de cette ligne qui sera réglée par Sa Majesté, sur le rapport du ministre de la police..... (*Dl.* 26 *fructidor an* 13, *art.* 20.)

241. Chaque commissaire général ou délégué correspondra avec les préfets, sous-préfets, maires et commissaires de police, répartis sur la ligne des douanes confiée à leur surveillance. (*Dl.* 30 *mars* 1808, *art.* 2.)

242. Le ministre de la police déterminera, d'après la proposition du commissaire général et sur l'avis du préfet, l'étendue de terrain sur laquelle les commissaires de police, et à leur défaut, les maires ou adjoints, auront le droit d'exercer leurs fonctions, soit pour la visite des navires, soit pour la recherche de la fraude. (*Même décret, art.* 3.)

Cette étendue a été fixée pour les départemens hollandois par les articles 209 à 214 du décret du 18 octobre 1810, ainsi conçus :

Art. 209. « Les commissaires généraux de police « exerceront, dans l'étendue de leur ressort, les « fonctions qui leur sont attribuées par nos lois et « réglemens.

Art. 210. « Outre la surveillance générale qui lui « est attribuée, le directeur de police aura de plus « spécialement sous son inspection, 1° la partie de « la ligne des douanes placée sur les côtes de l'an- « cien département de l'Amstelland, baignées par la « mer du Nord, depuis le point où se termine le dé- « partement des Bouches-de-la-Meuse jusqu'au Mars- « Diep; 2° sur les côtes du département du Zuy- « derzée, baignées par la mer de ce nom, ainsi que « les côtes des départemens de l'Issel-Supérieur, des « Bouches-de-l'Issel et d'une partie de la Frise jusqu'à « Stavoren inclusivement.

Art. 211. « Le commissaire-général de police à « Rotterdam aura pour arrondissement toute la ligne « depuis les limites de l'arrondissement de Breda et « du département des Bouches-de-l'Escaut jusqu'à « Leyde, en y comprenant tout le littoral des Bou- « ches-de-la-Meuse et la partie du département du « Zuyderzée qui formoit celui de l'Utrecht.

Art. 212. « Le commissaire-général de police à Emb- « den aura pour arrondissement, 1° la ligne des « Douanes qui comprendra toutes les isles et islots « baignés par la mer du Nord ; toute la ligne des « douanes qui sera établie sur les côtes des départe- « mens de l'Ems-Occidental et de l'Ems-Oriental de- « puis l'Anverzée jusqu'à Varel.

Art. 213. « Le commissaire-général de police au « Texel aura pour arrondissement, 1° les isles de « Texel et de Wlieland; 2° les isles et les islots du « département de la Frise, baignés par la mer du « Nord ; 3° la ligne des douanes établie sur toute la « côte du département de la Frise, depuis Stavoren « exclusivement jusqu'à l'Anverzée.

Art. 214. « Le commissaire-général de police à « Ardenberg surveillera la ligne des douanes placée « sur les frontières continentales du département de « l'Ems-Occidental et de l'Issel-Supérieur ».

243. Le commissaire général de police, son délégué, le sous-préfet ou le maire, sera averti par l'officier du port de l'arrivée du bâtiment, et étant accompagné d'un préposé des douanes et d'un interprète lorsqu'il y aura lieu, il procédera ou fera procéder à la visite des personnes, des papiers et de la cargaison. — Il fera tranférer à terre, lorsqu'il le jugera nécessaire, les individus et les papiers qui devront être particulièrement examinés. (*DI.* 22 *nivose an* 13, *art.* 2.)

UN décret impérial du 28 août 1810 défend à tous bâtimens navigant avec licence, de prendre à bord des passagers pour l'Angleterre, ou d'en amener en France, s'ils ne sont munis de passeports signés de Sa Majesté, à peine d'arrestation des passagers et du séquestre du navire. La défense pour l'Angleterre s'applique aux pays qui sont sous la dépendance de cette puissance. — A la rentrée d'un bâtiment licencié, l'administration de la marine doit faire, de concert avec celle des douanes, la vérification de l'équipage, et s'il n'est pas reconnu le même qu'au départ, le commissaire de police sera immédiatement appelé pour procéder suivant les instructions qui lui ont été données. (*Derniers paragraphes de la CD.* 19 *mars* 1811) — Voir au livre III, titre LICENCES.

244. Les commissaires de police et leurs délégués ne pourront donner d'ordres directs aux brigades des douanes; mais lorsqu'ils auront reçu des avis, renseignemens ou instructions qui nécessiteront le concours des préposés, ils se concerteront avec les directeurs ou inspecteurs, qui donneront sur-le-champ les ordres nécessaires. (*DI.* 30 *mars* 1808, *art.* 4.)

245. Quand un commissaire de police ou celui qui en fait les fonctions sera tenu de se déplacer et de se réunir aux agens de la marine et des douanes pour la visite d'un navire échoué ou pour tout autre événement, il recevra l'indemnité allouée à ces mêmes agens, et sera payé de la même manière et sur les mêmes fonds. (*Même décret*, *art.* 5.)

UNE instruction très détaillée a été concertée entre les ministres de la police générale et de la marine; elle rappelle les différentes dispositions contenues aux décrets ci-dessus. (*CD.* 29 *février* 1808.) — Quelques développemens ont ensuite été donnés pour le mode d'exécution; en voici l'extrait:

Pour que les commissaires généraux de police ou leurs délégués puissent exercer les fonctions qui leur sont attribuées sur les bâtimens de guerre ou autres ennemis, ou sur les navires étrangers naufragés ou échoués, le directeur doit les instruire de ces événemens qui arriveroient près de sa résidence, et, dans les autres cas, les chefs de service sont tenus de remplir cette obligation. (*CD.* 13 *octobre* 1808.)

Lors de l'arrivée des bâtimens soumis aux vérifications de la police, on doit empêcher tout débarquement, communications, etc. jusqu'à ce que les commissaires généraux ou leurs délégués aient fait leur visite; dans ce cas, les préposés doivent se borner à surveiller les navires conformément au réglement général de 1791. (*CD.* 28 *janvier* 1809.)

Les préposés ne doivent monter à bord des navires arrivans, qu'après que le commissaire de police ou son délégué aura été prévenu et se sera porté à bord.

Un employé de bureau ou un chef du service actif accompagne le commissaire de police, et, lorsque son opération est finie, les préposés procédent à la vérification relative aux douanes, et sont cotés à bord pour y continuer leur surveillance. (*CD.* 3 *mars* 1809.)

Les préposés des douanes, comme force publique, satisferont aux réquisitions des agens de la police générale, spécialement chargés de visiter, en ce qui concerne les passagers, tout bâtiment quelconque avant sa communication à terre. (*CD.* 23 *juin* 1810.)

NOTA. *Il y a exception aux circulaires ci-dessus quant aux navires de prises et autres sujets à la quarantaine..... des préposés peuvent être mis à bord à leur arrivée, au moyen de précautions sanitaires.*

SECTION III. — *De la Formation, du Déplacement et de l'Interdiction des Etablissemens particuliers dans le rayon des douanes.*

§. I. *Des Fabriques, Manufactures et Moulins dans la ligne des douanes.*

246. Il ne pourra être formé dans l'étendue *du rayon des douanes*, à l'exception des villes, aucune nouvelle clouterie, papeterie ou autre grande manufacture ou fabrique, sans l'avis du *préfet* du département. (22 *août* 1791, *art.* 41, *tit.* 13.)

Quiconque voudra faire un établissement de ce genre dans le double myriamètre des frontières, devra préalablement demander l'autorisation au préfet, et obtenir cette autorisation visée du ministre. —Le préfet est autorisé à ordonner la clôture de tout établissement pour lequel ces formalités n'auroient pas été observées.

Il y a aussi certaines formalités à remplir avant de pouvoir établir des fabriques de sels et de soude. J'en parlerai au livre III, chapitre des *sels*.

247. Le déplacement des fabriques et manufactures qui se trouveront dans la ligne des douanes pourra être ordonné lorsqu'elles auront favorisé la contrebande, et que le fait sera constaté par un jugement rendu par les tribunaux compétens. (21 *ventose an* 11, *art.* 1.)

Il sera accordé, pour effectuer le déplacement, un délai qui ne pourra être de moins d'un an. (21 *ventose an* 11, *art.* 2.)

248. L'autorisation nécessaire, d'après l'art. 41, titre 13 de la loi du 22 août 1791, et l'art. 37 du même titre de la même loi, et d'après la loi du 21 ventose an 11, pour établir des manufactures et construire des moulins, soit à vent, soit à eau, ou d'autres usines, ne sera accordée dans l'étendue du territoire formant la ligne des douanes près la frontiere de terre, que sur le rapport des préfets et l'avis des directeurs des douanes, constatant que la position de ces établissemens ne peut favoriser la fraude. (30 *avril* 1806, *art.* 75.)

J'ai classé l'art. 37, titre 13 de la loi du 22 août 1791, au paragraphe des *entrepôts frauduleux*, n°. 250, parce qu'il concerne effectivement cette matière et non celle-ci.

249. Les moulins situés à l'extrême frontiere pourront être frappés d'interdiction par mesure administrative et par décision des préfets, lorsqu'il sera justifié qu'ils servent à la contrebande des grains et farines; le tout sauf le pourvoi pardevant Sa Majesté en son conseil d'état. (30 *avril* 1806, *art.* 76.)

Ces faits devront être légalement constatés par procès-verbaux de saisie ou autres dressés par les autorités locales ou par les préposés des douanes. (30 *avril* 1806, *art.* 77.)

§. II. *Des Entrepôts frauduleux dans la ligne des douanes.*

250. Tout magasin ou entrepôt de marchandises manufacturées, ou dont le droit d'entrée excède 12 liv. par quintal, ou enfin dont la sortie est prohibée ou assujettie à des droits par le nouveau tarif, est défendu dans la distance de deux *miriamètres* des frontieres de terre, à l'exception des lieux dont la population sera au moins de deux mille ames. (22 *août* 1791, *art.* 37, *tit.* 13.)

Il s'agit, dans cet article, de l'ancien quintal; ainsi, relativement au quintal métrique, le droit d'entrée devroit être de 24 fr. 48 cent., si l'arrêté du 22 thermidor an 10 ne pouvoit, dans la circonstance, recevoir d'application. — Consulter le titre 3 du livre II.

251. .... Par les termes dont s'est servi l'art. 37 du titre 13 de la loi du 22 août 1791, il est aisé de reconnoître qu'on n'a point entendu que la population des hameaux et écarts dût concourir à former le nombre de deux mille ames dont parle cet article, et qu'on a voulu, au contraire, que ce nombre se trouvât au moins dans l'enceinte même du lieu où l'on prétend établir des magasins ou entrepôts. (*Loi du 1er vendémiaire* an 4.)

Cette loi est, ainsi que toute cette section, subordonnée à l'arrêté consulaire du 22 thermidor an 10. — *Voir* le titre 3 du livre II.

Dans le langage propre aux douanes, les *entrepôts* sont considérés sous deux aspects différents : tantôt comme magasins prohibés dans une certaine étendue, *et c'est ici le cas ;* tantôt comme des dépôts où des marchandises ont le privilège de rester un temps limité sans acquitter les droits, de sorte qu'en cette dernière circonstance, elles sont censées n'être pas encore entrées dans l'Empire ou en être sorties en exemption ; c'est de ces entrepôts autorisés qu'il sera traité dans le livre IV ; il ne s'agit ici que de ceux frauduleux.

252. Seront réputées en entrepôt toutes celles desdites marchandises, autres cependant que du crû du pays, qui seront en balles ou ballots, et pour lesquelles on ne pourra pas représenter d'expéditions d'un bureau de douane, délivrées dans le jour, pour le transport desdites marchandises. (22 *août* 1791, *art.* 38, *tit.* 13.)

Les marchandises existantes dans les communes des frontières de terre pour lesquelles on n'auroit pas rempli les formalités prescrites par l'arrêté consulaire du 22 thermidor an 10 seroient également réputées en entrepôt frauduleux. — *Voir* pour plus de précision le titre 3 du livre II.

253. Les marchandises et denrées ainsi entreposées seront saisies et confisquées, avec amende......... contre ceux qui les auront reçues en entrepôt; à l'effet de quoi les préposés *des douanes* pourront faire leurs recherches dans les maisons où les entrepôts seront formés, en se faisant assister d'un officier municipal du lieu.

Ces visites, dans aucun cas, ne pourront être faites pendant la nuit. (22 *août* 1791, *art.* 39, *tit.* 13.)

L'Amende édictée par cet article est de cent livres. — Mais cette amende seroit triple de la valeur des objets, si les marchandises trouvées en dépôt étoient de l'espèce de celles réputées angloises, puisqu'alors il faudroit conclure en conformité de la loi du 10 brumaire an 5. (*Voir* au tit. 1er. du livre II.) — Les drilles, les grains, les cocons, les sels, les tabacs ont aussi, relativement à leurs entrepôts frauduleux, des peines particulières qu'on trouvera rappelées au livre III. — Ainsi, toutefois qu'il y aura saisie dans un pareil dépôt, il faudra voir, avant de conclure à l'amende de 100 fr., si la marchandise n'est pas soumise à une peine plus forte.

Il y auroit aussi une autre amende (celle de 500 francs), non pour entrepôt frauduleux, mais pour marchandises qui ne pourroient être représentées lors de l'enlèvement, *après avoir été déclarées être en dépôt* dans le rayon pour y circuler ou être transportées dans l'intérieur. — *Voir* le tit. 3 du livre II.

254. S'il n'est point constaté qu'il y ait entrepôt ni motif de saisie, il sera payé la somme de 24 *francs* à celui au domicile duquel les recherches auront été faites, sauf plus grands dommages et intérêts auxquels les circonstances de la visite pourroient donner lieu. (22 *août* 1791, *art.* 40, *tit.* 13.)

Je ne pense pas qu'on pourroit réclamer cette indemnité de 24 francs, si la visite avoit lieu pour marchandises réputées angloises..... L'introduction et par suite le dépôt de celles-ci n'est pas un délit fiscal, mais bien un attentat commis pour favoriser l'ennemi.... Dès-lors ces sortes de recherches ne peuvent suivre la loi commune, et il ne devroit pas être adjugé d'indemnité, si, avant de procéder à la visite, les préposés ont déclaré qu'ils étoient informés qu'il y avoit dépôt de marchandises ennemies.....

Jurisprudence. 1°. *L'art.* 84 *de la loi du* 8 *floréal an* 11 *étend-il* jusqu'à la distance de deux myriamètres *la défense que porte l'art.* 37 *ci-dessus de la loi de* 1791, *d'entreposer des marchandises dans les communes qui*, dans les deux lieues frontières, *n'ont pas plus de* 2,000 *habitans?* (Réponse affirmative.)

Le 5 frimaire an 13, saisie de quinze caisses de sucre candi dans la maison du sieur Goerts, à Simmern, ville qui n'a pas 2000 habitans et qui est située dans les deux myriamètres de la rive gauche du Rhin, — Le sieur Goerts représente un passavant à lui délivré le 1er. du même mois; mais ce passavant n'étant que pour deux jours, les préposés ne s'y arrêtent pas et dressent procès-verbal. — Le tribunal correctionnel de Simmern déclare la saisie nulle; et sur l'appel, arrêt de la cour criminelle du Rhin-et-Moselle qui confirme ce jugement, attendu que l'article 84 de la loi du 8 floréal an 11 a bien prescrit l'exécution, dans les deux myriamètres frontières, des réglements antérieurs pour le transport et la circulation des marchandises, mais non de ceux prohibitifs des entrepôts des mêmes marchandises dans les communes placées dans ce rayon. — Pourvoi en cassation par la régie des douanes, sur lequel la cour suprême a rendu l'arrêt suivant, en date du 8 thermidor an 13 : « Vu l'art. 456 de la « loi du 3 brumaire an 4, nos 1 et 6; vu aussi « l'art. 16, titre 3 de la loi du 22 août 1791; les « art. 6 et 7 de l'arrêté du 22 thermidor an 10; « les art. 37, 38 et 39, titre 13 de la loi du 22 août « 1791; enfin l'art. 84 de la loi du 8 floréal an 11. « — Attendu qu'il est constaté, en fait, tant par « le procès-verbal de saisie fait par les préposés « des douanes de Simmern, que par le passavant « représenté et produit parmi les pièces, et par « l'arrêt attaqué, que les quinze caisses de sucre « candi dont il s'agit étoient accompagnées d'une « expédition contraire aux obligations qui s'y trou- « voient déterminées, puisque le passavant, daté « de Saint-Goan, le 1er frimaire, visé dans le même « lieu le surlendemain 2, n'étoit valable que pour « deux jours; et que néanmoins les sucres se trou- « voient à Simmern le 5, c'est-à-dire vingt-quatre « heures au moins après l'expiration des délais; — « Que Simmern, dont la population est au-dessous « de 2000 ames, est situé dans le rayon de deux « myriamètres (*quatre lieues anciennes*) de la « frontière; — Que l'art. 84 de la loi du 8 floréal « an 11, en ordonnant l'exécution dans les deux « myriamètres frontières des lois et arrêtés qui ré- « glent le transport et la circulation des marchandises, « embrasse nécessairement, par ces expressions, « les dispositions et les mêmes lois et arrêtés qui « réglent la station et l'entrepôt de ces mêmes mar- « chandises; — Qu'ainsi, en ordonnant la restitu- « tion de ces sucres, la cour de justice criminelle a « contrevenu aux lois citées. — Par ces motifs, la « cour casse et annulle.... etc. »

2°. *La disposition de l'art.* 38 *du titre* 13 *de la loi du* 22 *août* 1791 (qui répute en entrepôt toutes les marchandises autres que celles du crû du pays, qui se trouvent en balles ou ballots, et non accompagnées d'expéditions délivrées dans le jour), *est-elle applicable aux marchandises dont est propriétaire celui dans le domicile ou magasin duquel on les saisit*, ou *cette disposition doit-elle être restreinte aux marchandises entreposées chez des commissionnaires?*

SAISIE de marchandises sujettes à un droit d'entrée excédant 12 francs par cinq myriagrammes, qui avoient été trouvées dans la maison d'un particulier, sans qu'il pût prouver le paiement des droits ni exhiber de passavant expédié dans le jour. — Le tribunal civil d'Altkirch déclara la saisie nulle, attendu que la disposition de la loi du 22 août 1791, qui prohibe les entrepôts de cette espèce, n'est applicable qu'aux marchandises en balles ou ballots trouvées chez des commissionnaires ou autres individus qui n'en sont point propriétaires, mais non à ceux qui, comme le défendeur, ont justifié leur propriété sur celles dont la saisie fait l'objet.

L'administration se pourvut en cassation de ce jugement et le 5 fructidor an 11 il intervint l'arrêt suivant.

« Vu la disposition des art. 37, 38 et 39 de la loi « du 22 août 1791; — Attendu, 1°. que les mar- « chandises saisies sur le défendeur n'étoient point « du crû du pays; — 2°. Qu'elles étoient de valeur « à opérer un droit d'entrée excédant 12 francs par « quintal; — 3°. Qu'elles ont été saisies en état de balles « ou ballots dans le domicile du défendeur; — 4°. Qu'il « n'a justifié d'aucun paiement de droit d'entrée ni « passavant desdites marchandises expédié par un « bureau de douanes dans le jour de la saisie; — « D'où il résulte que le jugement attaqué, en annul- « lant celle dont il s'agissoit au procès, a manifes- « tement contrevenu au texte des lois ci-dessus ci- « tées; le tribunal casse et annulle.... etc. »

LIVRE II.

DU RÉGIME GÉNÉRAL DES MARCHANDISES.

TITRE PREMIER.

Des Marchandises prohibées.

CHAPITRE I. — *Prohibition absolue.*

SECTION I. — *Des Marchandises dont la consommation est défendue.*

255. L'importation des marchandises manufacturées provenant, soit des fabriques, soit du commerce anglois, est prohibée, tant par mer que par terre, dans toute l'étendue de *l'Empire* françois. (10 *brumaire an* 5, *art.* 1.)

Ici, cet article 1er de la loi du 10 brumaire an 5 prohibe l'importation des *marchandises manufacturées* de fabrique ou de commerce anglois; plus loin, (n° 260) son article 6 défend de vendre et d'exposer en vente aucuns de ces objets.... Donc l'introduction des fabrications réputées angloises par l'art. 5 de cette même loi (n° 257) n'est pas seulement prohibée, mais la consommation en France de ces marchandises n'y est pas même permise.... Si cette conclusion avoit besoin d'autres autorités que celles que je viens de citer, elles se trouveroient encore, et dans l'art. 7 de ladite loi du 10 brumaire an 5, lequel ordonna que dans les trois jours de sa publication toutes les marchandises angloises existantes en France seroient remises aux administrations pour être réexportées; et dans les dispositions du décret du 19 octobre 1810, lesquelles ordonnèrent la destruction de toutes celles de ces marchandises qu'on rencontreroit, soit sur les terres de l'empire, soit dans les pays où se trouveroient les armées de Sa Majesté.

Il y a donc bien évidemment plus qu'une prohibition de douanes sur les marchandises qu'on nomme vulgairement angloises; car enfin, dans le système de la fiscalité, la prohibition, bien qu'absolue, ne s'étend jamais qu'à l'importation commerciale; et cela se prouve par la vente, *pour la consommation*, de ces marchandises fiscalement prohibées alors qu'elles proviennent de prises ou de confiscation.

De cette différence de résultats dans les lois prohibitives, il découle donc que la prohibition absolue se divise effectivement à l'entrée:

1°. En marchandises dont la consommation est défendue;

2°. En marchandises dont l'importation commerciale est repoussée.

Si, dans leur rédaction, les lois prohibitives établissoient cette distinction en termes exprès, les moyens répressifs seroient sans doute d'une application bien facile, et je n'aurois pas besoin de faire cette note.... Mais en se servant indistinctement du mot *prohibé*, les lois pénales de la matière semblent amalgamer des délits de différens degrés, et présentent ainsi une application trop étendue de leurs peines.

Je ne sais si l'on saisira de suite ce que j'entends par *application trop étendue;* mais je ferai en sorte de l'expliquer clairement sous le n° 265, où cette discussion sera plus frappante.

Ici, j'ai voulu définir seulement la différence qui existe et doit exister entre la consommation défendue et l'importation repoussée.... J'ai voulu commencer à justifier la classification de mon titre des marchandises prohibées.... C'est sur cette classification que repose la question, si j'ai bien ou mal compris le *vœu* des lois prohibitives.

256. Aucun bâtiment chargé, en tout ou en partie, desdites marchandises, ne

pourra entrer dans les ports de *France*, sous quelque prétexte que ce soit, à peine d'être saisi sur-le-champ...... (10 *brumaire an* 5, *art.* 2.)

CET article ajoutoit : « *Sauf néanmoins l'application* « *de la loi du* 23 *brumaire an* 3, *dans les cas qu'elle* « *a prevus*».—Cette loi du 23 brumaire disoit : *Lorsqu'une saisie ne sera motivée que sur l'omission d'une formalité, et que les circonstances feront présumer que la contravention est involontaire, l'administration est autorisée à faire, sur la confiscation et l'amende, telle remise qu'elle jugera convenable*.... Mais cette faculté, à laquelle il avoit déjà été dérogé, et par l'arrêté du 14 fructidor an 10 sur les transactions, et par suite des décrets sur le blocus, pourroit d'autant moins avoir lieu aujourd'hui pour les marchandises prohibées, qu'un décret du 19 octobre 1810 a ordonné l'anéantissement de toutes celles de fabrique angloise, ce qui entraîne nécessairement l'abrogation de toute transaction pour ces espèces ; il n'y auroit donc que sur l'amende qu'il pourroit être fait quelque remise, et encore cela est-il loin de ressortir du décret du 8 mars 1811. — *Voir* au surplus le titre *des Transactions*, au livre V.

L'art. 3 de la loi du 10 brumaire an 5 disoit aussi : « *Sont exceptés de l'article précédent, les bâ*« *timens au-dessus de cent tonneaux, dont la né*« *cessité de la relâche sera constatée de la manière* « *prescrite par les lois*.... » Il est bien évident que cette exception se trouve également abrogée, et par sa contrariété avec les décrets sur les blocus, et par l'opinion de Sa Majesté, transmise par lettre du grand-juge, du 27 septembre 1806, que les marchandises angloises sont saisissables par-tout où on en trouve.... Je ne rapporte donc la substance de cet article 3, que pour démontrer qu'on ne pourroit l'invoquer aujourd'hui sans se mettre en opposition avec des dispositions postérieures.

Mais si l'art. 3 de la loi du 10 brumaire an 5 est de fait aboli, il n'en est pas ainsi de son art. 4 ; celui-ci a conservé toute la force de répulsion qu'il avoit alors qu'il fut rendu, et c'est ce dont il est facile de se convaincre en le combinant avec les dispositions postérieures. — Cet article 4 dit :

« Les marchandises de fabrique angloise qui se « trouveront dans un bâtiment pris sur l'ennemi, « ou naufragé, ou échoué, et celles qui provien« dront de confiscation, *seront assujetties à l'entre*« *pôt et à la réexportation, et ne pourront être ven*« *dues que sous ces conditions.* »

Il est bien vrai que, par cela que le décret du 19 octobre 1810 a ordonné le brûlement des fabrications angloises, ces marchandises ne peuvent plus être réexportées ; mais il n'est pas vrai par cela que cet article soit détruit. Quel étoit en effet son vœu, en disant que ces marchandises ne pouvoient être vendues qu'à charge de réexportation ? Certes on ne sauroit nier que c'étoit pour qu'elles ne fussent pas consommées en France. Or, l'ordre de leur anéantissement ne leur donne certainement pas cette faculté ; conséquemment cet art. 4 de la loi du 10 brumaire an 5, bien loin d'être abrogé, a, au contraire, acquis par sa combinaison avec les dispositions postérieures une extension telle, que le rejet qu'il faisoit supporter à l'infortune de mer s'est changé en la destruction.... Il ne faut pas toutefois s'apitoyer sur cette rigueur : ce n'est pas l'infortune de mer que les lois atteignent ; c'est la violation des décrets sur le blocus.... Il seroit contre tout principe de sûreté que le malheur couvrît le délit.... Le bâtiment échoué ne seroit pas saisi, s'il n'étoit pas chargé de marchandises angloises ; il ne l'est à cette raison, que par cela que ce chargement entraîne la conviction qu'il a communiqué avec les Anglois.

Au surplus, la prohibition des marchandises de fabrique angloise, qu'édicte la loi du 10 brumaire an 5, a été étendue, par un arrêté du 1er thermidor an 11, aux produits territoriaux et coloniaux de cette nation. L'art. 14 de la loi du 22 ventose an 12, qui a sanctionné cet arrêté, s'exprime ainsi :

« Il ne sera reçu dans les ports de France aucune « denrée coloniale provenant des colonies angloi« ses, ni aucune marchandise venant directement « d'Angleterre. En conséquence, toute denrée ou « marchandise provenant de fabrique ou de co« lonie angloise sera confisquée. » (*AC.* 1er *thermidor an* 11, *et loi du* 22 *ventose an* 12, *art.* 14.)

De cette disposition il découle donc que toutes denrées coloniales, et matières premières même, sont censées provenir du commerce anglois, alors qu'elles ne sont pas accompagnées de preuves contraires, et qu'elles sont ainsi sujettes à la confiscation ; cependant il n'en découle pas que la consommation de ces denrées et matières est défendue : en ne la prohibant que relativement à leur origine, les lois se taisent sur les suites que doivent avoir les saisies qui en seroient faites ; la conséquence nécessaire de ce silence sur l'emploi de ces marchandises, qui, n'étant pas le produit des fabriques de l'Angleterre, proviennent cependant de son commerce, est qu'elles peuvent être consommées en France ; or elles ne doivent pas être brûlées ; or il y a aussi de la différence entre la marchandise des fabriques angloises et celles du commerce anglois. Cette distinction est encore très-importante à établir, au moment même de leur saisie, et cela, à cause de l'offre de la *main-levée*. J'en reparlerai donc sous l'art. 5 de la loi du 9 floréal an 7, au livre V, section des *procès-verbaux*.

Pour différencier les marchandises de fabrique angloise de celles du commerce anglois, il faut consulter le tarif.... Si l'espèce n'y est pas prohibée, si, au contraire, elle s'y trouve imposée à des droits sans désignation particulière, l'objet saisi peut être réputé du commerce anglois, mais non de fabrique angloise.... Ainsi il faudroit, par exemple, offrir la main levée pour des *gommes*, des *essences*, pour des *ouvrages en bois*, en *marbre*, etc.; mais il ne le faudroit pas pour des *chapeaux de paille*, parce que ceux-ci, bien que tarifés, ne sont admissibles qu'alors qu'ils ont une autre origine que celle d'Angleterre, l'art. 5 de la loi du 10 brumaire an 5 prohibant expressément ceux anglois.

JURISPRUDENCE. — 1°. *Alors que des étoffes angloises sont converties en vêtemens, ces vêtemens peuvent-ils être saisis?*

2°. *Le navire sur lequel il est trouvé de ces vêtemens est-il par cela seul saisissable?*

3°. *Dans la supposition affirmative, la confiscation est-elle la seule peine qui doive être appliquée?*

Sur un sloop de Granville, capitaine Jean Chaignon, des préposés des douanes avoient trouvé, dans des malles et coffres, des étoffes angloises neuves, la majeure partie convertie en habillemens, le surplus non encore mis en œuvre; le tout avoit été saisi.

Le tribunal criminel avoit déclaré la saisie nulle, pour les étoffes mises en vêtemens, et s'étoit contenté d'ordonner la confiscation du surplus, sans prononcer les autres peines portées par la loi.

Sur quoi, la cour suprême a rendu le jugement suivant, sous la date du 20 prairial an 11.

« Vu les art. 2 et 15 de la loi du 10 brumaire an 5, « et attendu que, par un procès-verbal qui n'étoit « pas attaqué par l'inscription de faux, il étoit cons- « taté que, sur le sloop n° 80, du port de Granville, « venant d'Angleterre et de Gersey, il avoit été « trouvé des étoffes angloises neuves, qui étoient « dans les malles et coffres, les unes employées en « vêtemens, et une partie non encore mise en œuvre; « que le tribunal criminel de la Manche, en excu- « sant le genre de fraude qui consiste à former des « vêtemens avec des étoffes angloises neuves, et à « les introduire ainsi, a contrevenu à l'art. 2 de la « loi du 10 brumaire an 5, puisque, par le moyen « pratiqué, rien ne seroit si facile que d'éluder la « loi, et d'introduire telle quantité que l'on voudroit « de marchandises angloises;

« Que sur-tout le tribunal criminel reconnoissant, « dans son jugement, que les objets non mis en « œuvre étoient saisissables, et en ordonnant la con- « fiscation de ces objets, jugeant par conséquent « qu'il y avoit contravention, ne pouvoit diviser les « dispositions de l'art. 15, et prononcer la confisca- « tion, sans prononcer en même tems les autres « peines portées par cet article; que le tribunal cri- « minel n'a pu se dispenser de les prononcer, en « disant que rien ne prouve que Chaignon, capi- « taine du sloop, ait eu connoissance de l'embarque- « ment de ces effets, un capitaine étant responsable « de tout ce qui est sur son bord : la *Cour* casse, etc. »

257. Sont réputés provenir des fabriques angloises, quelle qu'en soit l'origine, les objets ci-après, importés de l'étranger :

1°. Toute espèce de velours de coton, toutes étoffes et draps de laine, de coton et de poil, ou mélangés de ces matières; toute sorte de piqués, basins, nankinettes et mousselinettes; les laines, ... et poils filés, les tapis dits anglois;

2°. Toute espèce de bonneterie de coton ou de laine, unie ou mélangée;

3°. Les boutons de toute espèce;

4°. Toute sorte de plaqués; tout ouvrage de quincaillerie fine, de coutellerie, de tabletterie, horlogerie, et autres ouvrages en fer, acier, étain, cuivre, airain, fonte, tôle, fer-blanc, ou autres métaux, polis ou non polis, purs ou mélangés;

5°. Les cuirs tannés, corroyés ou apprêtés, ouvrés ou non ouvrés, les voitures montées ou non montées, les harnois et tous autres objets de sellerie;

6°. Les rubans, chapeaux, gazes et schals connus sous la dénomination d'anglois;

7°. Toute sorte de peaux pour gants, culottes ou gilets, et ces mêmes objets fabriqués;

8°. Toute espèce de verrerie et cristaux, autres que les verres servant à la lunetterie et à l'horlogerie;

9°. ....;

10°. Toute espèce de faïence ou poterie connue sous la dénomination de terre de pipe ou grès d'Angleterre (10 *brumaire an* 5, *art.* 5.);

11°. *Les* mousselines, *les* toiles de coton blanches et peintes, *les* toiles de fil et coton, *les* couvertures de coton; et *les* cotons filés pour mèches. (*DI.* 22 *février* 1806, *et loi du* 30 *avril* 1806, *art.* 26.)

12° Le tissu connu dans le commerce sous la dénomination de tulle anglois, de gaze ou de tricot de Berlin, est déclaré faire partie des marchandises dont la loi du 10 brumaire de l'an 5 prononce la prohibition : en conséquence, ce tissu ne pourra plus entrer sur le territoire de l'Empire. (*DI.* 10 *mars* 1809.)

13° L'introduction des cotons filés, quels que soient leur numéro et leur origine, est prohibée. (*DI.* 22 *décembre* 1809.)

Sous *l'ancienne législation*, les espèces ci-dessus dénommées, encore qu'elles provinssent de confiscations, de naufrage ou de prises, devoient, comme on vient de le voir dans la note ci-dessus où j'ai parlé de l'art. 4 de la loi du 10 brumaire an 5, être réexportées en conformité de cet article. *Pendant la législation intermédiaire* du 24 juin 1808 au 18 octobre 1810, les marchandises angloises, autres que les ouvrages en coton, furent admises lors qu'elles provenoient de prises, moyennant un droit de 40 pour cent; mais cette admission ne s'étendit à aucune de ces espèces saisies ou confisquées..... *Sous la législation vivante*, les marchandises prohibées sont condamnées à la destruction.

Ce n'est pas ici que j'examinerai s'il ne ressort pas de l'essence même des décrets sur le brûlement, que les marchandises dont la consommation est défendue sont les seules qui doivent être détruites; je parlerai de cela sous le n° 265; mais ce qu'il importe de dire à présent, c'est qu'il est bien évident que l'article 2 du décret du 19 octobre 1810 ordonne, en termes exprès, l'anéantissement de celles provenant des fabriques angloises; or, pour appliquer ce décret, il ne s'agit que de voir à quelles marchandises les lois donnent cette origine..... Les dispositions que j'ai réunies sous ce n° 257 réputent de fabrique angloise tous les objets qui, dénommés dans la nomenclature ci-dessus, ne sont pas déclarés ne pas y être compris par l'article et les décisions que je vais rapporter sous le n° qui va suivre; en conséquence, il n'y a pas le moindre doute que les espèces prohibées dont il est question dans cette section doivent être brûlées.

On observera que j'ai remplacé par des points ce que contenoit le §. 9° ci-dessus; j'ai voulu indiquer par-là que *les Sucres raffinés en pain et en poudre*, que ce §. 9° de la loi du 10 brumaire an 5 classoit parmi les objets réputés être de fabrique angloise, ne sont plus aujourd'hui traités comme marchandises dont la consommation est interdite : un décret du 25 octobre 1810 les admet alors qu'ils proviennent de prises, de saisies ou de confiscations, et leur réexportation même ne peut avoir lieu; or ces sucres, bien que prohibés à l'importation commerciale, ne peuvent être compris parmi les marchandises qui doivent être anéanties après leur condamnation.... Aucune objection ne sauroit être faite à cette conséquence; mais ce qui peut être mis en question, c'est de savoir quelle amende devient applicable à la tentative de leur introduction : la solution générale que j'essayerai sous le n° 262 s'appliquera à cette marchandise, comme à toutes celles qui ont un régime spécial.

258. Le paragraphe 4 de l'art. 5 de la loi du 10 brumaire dernier ne s'applique point aux objets compris dans la classe de la mercerie commune, aux armes de guerre, aux instrumens aratoires, ni aux outils pour les arts et métiers, de quelque matière que ces objets soient composés; ils devront seulement être accompagnés des certificats prescrits par l'art. 13 de ladite loi. (19 *pluviose an* 5, *premier paragraphe de l'art.* 1.)

(*Voir* l'art. 13 de la loi du 10 brumaire au n° 285.)

Pour déterminer l'application des articles ci-dessus d'une manière favorable à l'industrie nationale, il a été rendu quelques décisions dont voici la substance.

Sur le §. 1°. — Les draps de laine provenant des fabriques d'Italie peuvent entrer. (*Traité de commerce*, *du* 20 *juin* 1808.)

Le poil de chèvre filé ne peut être compris sous la dénomination de poil filé; il n'y a que les ouvrages qui en sont fabriqués. (*LM.* 2 *nivose an* 5.)

Sous la dénomination de laines filées ne sont pas non plus comprises les paines ou pennes de laine, qui sont essentiellement matières premières, puisqu'elles doivent être réduites à l'état primitif de laines pour être employées dans les fabriques. (*LA.* 13 *pluviose an* 5.)

La prohibition nominale des tapis anglois a porté à croire que tous autres étoient permis; cette induction n'est pas exacte : si la défense ne les atteint pas comme anglois, elle les frappe comme étoffes, à raison des matières filées dont ils sont composés. En conséquence, les contraventions seront poursuivies comme pour marchandises angloises. (*DM.* 28 *mars* 1809 *et LD.* 30 *dito.*)

A la dernière ligne de ce même §. 1°, du n° 257,

là où il y a des points, il s'agissoit de la prohibition des *Cotons filés ;* la loi du 30 avril 1806 en avoit autorisé l'introduction, mais un décret du 12 décembre 1809 les a fait rentrer dans la classe des marchandises dont la consommation est défendue; j'ai, pour l'ordre chronologique, placé ce décret au §. 13°. du même n° 257.

Sur le §. 4°. — En principe, la dénomination d'ouvrage indique une matière entièrement fabriquée; celle qui, pour être commerciable, n'a reçu que quelque légère main-d'œuvre, est une sorte de matière première dont l'entrée ne peut être défendue sans nuire essentiellement à l'industrie nationale. (*CA.* 12 *fructidor an* 5.) — Comme telle, les aciers en feuilles ou en planches, les cuivres en planches, fonds et barres, les cuivres laminés pour doublage de navires, les cloux durcis au gros marteau, etc., ont été distraits de la prohibition, ainsi que les traits argentés ou dorés propres à la fabrication des galons.

Il y a aussi exception pour les ouvrages d'arts, tels que statues, vases antiques, etc., de quelque matière qu'ils soient composés; mais une décision du ministre, du 27 ventose an 5, défend l'admission des cloches, qui sont des ouvrages en métaux de la matière de ceux défendus.

Les fiches de fer, charnières, verroux, balances, etc., ne peuvent être rangés dans la classe des objets que la loi du 19 pluviose a soustraits à la prohibition. Ce sont bien constamment des ouvrages en fer proscrits par la loi du 10 brumaire, et qui ne peuvent par conséquent être admis. — *Voir plus bas une note sur les fabrications du grand-duché de Berg.*

Sur le §. 5°. — Les peaux d'oie et de cygne, propres à faire des éventails, peuvent entrer, (*LM.* 5 *thermidor an* 12) ainsi que les vaquettes ou demi-semelles de Lisbonne. (*DM.* 19 *décembre* 1806.)

La prohibition des harnois et autres objets de sellerie n'affecte ceux appartenant à des voyageurs, qu'autant qu'ils sont neufs et qu'il y a forte présomption de fraude par l'état apparent des voyageurs. (*Lettre de l'administration au directeur de Boulogne, du* 13 *nivose an* 5.) — Dans tous les autres cas, les voitures pourront être admises sous la condition de leur retour à l'étranger, dans un délai qui ne pourra excéder un an; cette condition sera garantie, soit par la consignation de leur valeur, soit par une soumission cautionnée. (*CD.* 7 *fructidor an* 10.) — Un autre mode est suivi en Angleterre, et pour user de réciprocité à l'égard des Anglois (*en temps de paix*), ils consigneront à la douane de l'arrivée le tiers de la valeur de la voiture, qu'il conviendra de signaler avec soin dans la reconnoissance de consignation. Le quart de cette valeur sera remboursé à la sortie, si elle s'effectue dans le délai de trois ans, et que la réclamation ait été faite dans les deux premières années..... (*CD.* 17 *germinal an* 11.) — Le quart de la somme consignée doit être porté en recette (comme droit acquis) au moment où il est versé entre les mains du receveur. — La mesure ci-dessus prescrite doit s'appliquer à toutes les voitures étrangères. (*LD.* 16 *messidor an* 11.)

Sur le §. 6.° — Les chapeaux de paille de tout autre pays que d'Angleterre sont admissibles avec certificat d'origine. (*DM.* 2 *messidor an* 4.)

Sur le §. 8.° — Une décision du ministre, du 22 germinal an 5, porte que les bouteilles ne peuvent être exceptées de la prohibition établie par la loi du 10 brumaire sur la verrerie, sous prétexte qu'on veut les remplir de vin destiné pour l'étranger. En faisant usage de ces bouteilles sur le territoire françois, on éluderoit les dispositions de la loi, qui a voulu favoriser les verreries nationales. (*Décis. du ministre du* 22 *germinal an* 5.) — Une lettre du ministre des finances à celui de l'intérieur, du 2 messidor an 5, confirme cette disposition.

Sur le §. 9°. — *Celui qui ne contient que des points....*) Il s'agissoit dans ce paragraphe des *Sucres raffinés en pain et en poudre ;* j'en ai parlé dans la note de ce même n° 257.

Sur le §. 11°. — La prohibition des toiles de coton blanches et peintes, des mousselines et des cotons filés pour mèches, rentre dans celle absolue prononcée par la loi du 10 brumaire an 5, de toutes les marchandises provenant du commerce anglois; ainsi c'est aux dispositions de cette loi qu'il convient de se conformer toutes les fois qu'il y a infraction au décret du 22 février 1806 (confirmé par la loi du 30 avril 1806.) (*CD.* 24 *février* 1806.) — Il en est de même pour les cotons filés.

FABRICATIONS DU GRAND-DUCHÉ DE BERG. — Les lois françoises qui ont trait à l'importation en France des marchandises du grand-duché de Berg s'expriment ainsi :

1°. *La loi du* 6 *fructidor an* 4 *dit en son art.* 1er : « Les droits établis sur les rubans de fil et de laine, « sur les étoffes de fil et coton et sur les ouvrages « de quincaillerie et mercerie importés des manufac- « tures du duché de Berg, seront désormais perçus « en numéraire métallique, à raison de dix pour « cent de la valeur. »

2°. *La loi du* 19 *pluviose an* 5 *dit en son art.* 2 : « La loi du 10 brumaire ne déroge point à celle du « 6 fructidor dernier, relative à l'importation des « objets fabriqués dans le duché de Berg. »

3°. *La loi du* 6 *juillet an* 10 *dit :* « Les droits sur « les fabrications du pays de Berg, désignées par la « loi du 6 fructidor an 4, seront, à compter de « la publication de la présente, perçus au poids, « conformément au tarif du 15 mars 1791. »

D'après les termes de cette dernière loi à laquelle il n'a point été dérogé dans la théorie, ce ne sont donc pas les dispositions intermédiaires qui régissent les fabrications de Berg, ce sont celles de la loi de

1791 ; conséquemment tous les ouvrages de quincaillerie et de mercerie, dans l'acception donnée à ces articles par le tarif du 15 mars 1791, doivent pouvoir entrer, nonobstant la loi du 10 brumaire an 5.

Il est bien vrai que cette dernière loi a prohibé tous les ouvrages en fer quelle qu'en soit l'origine, mais celle postérieure du 19 pluviose an 5 a déclaré, en son article 1er (n° 258), que cette prohibition ne s'appliquoit ni aux objets compris dans la classe de la mercerie commune, ni aux armes, ni aux instrumens aratoires, ni aux outils pour les arts et métiers : et elle a décrété, en son article 2, que la loi du 10 brumaire ne dérogeoit point à la faculté d'importer des objets fabriqués dans le duché de Berg; donc, cette loi du 19 pluviose excepte de la prohibition certaines fabrications de toute origine, et elle maintient l'admission en France de toutes les fabrications en fer du pays de Berg.... Dès-lors les lettres administratives qui ont ordonné de s'opposer à l'entrée des charnières, verroux, fléaux de balance, et autres objets qui font partie de la quincaillerie du grand duché de Berg, ont indubitablement fait une fausse application de la loi du 10 brumaire an 5, et créé une prohibition qui n'est fondée sur aucune loi; elles ont, à cet égard, d'autant plus étendu leur pouvoir, qu'un décret impérial du 26 novembre 1808 défend expressément à l'administration de faire aucun réglement de l'espece.

Pareil raisonnement s'applique aux couvertures de laine, par cela que la loi du 10 brumaire an 5 ne peut pas avoir entendu assimiler ces couvertures aux étoffes de même matière qu'elle prohibe, puisque celle du 3 frimaire suivant les a retarifées nominativement.... Cette tarification prouve suffisamment l'intention du législateur, de les distraire de la prohibition, et il n'y a encore qu'une lettre administrative qui s'oppose à leur admission; cette lettre n'est pas plus forte en l'application de la loi que ne le sont celles qui interdisent l'entrée des quincailleries du grand-duché de Berg....

Mais il n'en est pas de même des circulaires du directeur général, relatives aux étoffes de coton.... Celles-ci sont fondées sur le principe nécessaire en douanes, qu'une prohibition est d'une application générale, lorsqu'elle ne rappelle aucune distinction d'origine privilégiée.... Comme la loi du 30 avril 1806, en prohibant les toiles et ouvrages en coton, n'a pas maintenu celle du 6 nivose an 10, il est clair qu'à cet égard les toiles de coton du pays de Berg suivent la loi commune, et qu'elles ne peuvent entrer....

259\. ..... Les basins, piqués, mousselinettes, toiles, draps et velours de coton qui ne porteront pas la marque du fabricant (*françois*) et de l'estampille *impériale*, avec le numéro, seront censés provenir de fabrique angloise, et seront confisqués, conformément à la loi du 10 brumaire an 5. (*AC. 3 fructidor an* 9, *art.* 1.)

Il en est de même aujourd'hui pour les mousselines, perkales, et généralement pour tous ouvrages en coton ou fil et coton.

L'arrêté ci-dessus a commencé à recevoir son exécution *à dater du 1er vendémiaire an* 10. Ses dispositions organiques portent :

« Le Gouvernement fera parvenir de suite à chaque « préfet, et en nombre suffisant, deux sortes d'es« tampilles; l'une pour marquer les étoffes exis« tantes dans les magasins, l'autre pour être ap« posée sur celles qui sont en fabrication. » (*AC.* 3 *fructidor an* 9, *art.* 2.)

« Chaque préfet nommera un commissaire par « chaque ville principale, qui estampera, sans frais, « toutes les étoffes existantes dans les magasins.

« Il en désignera pareillement, dans toutes les « villes de fabrique, pour estamper les étoffes sor« tant du métier, et avant l'apprêt et le blan« chissage.

« Ces marques seront faites à la rouille, d'après le « procédé qui sera prescrit, et apposées aux deux « bouts de chaque pièce.

« Il sera tenu registre du nombre des pièces mar« quées, et du nom du fabricant : le registre sera « déposé à la municipalité, et paraphé par le « maire ». (*Même arrêté, art.* 3.)

Avant ces dispositions, un autre arrêté avoit dit :

« Pour opérer la distinction des marchandises « françoises de celles angloises, dans les espèces ab« solument analogues et du genre de celles dénom« mées dans l'art. 5 de la loi du 10 du courant, tout « fabricant devra :

« 1°. Marquer d'un signe distinctif de sa fabrique « toutes les marchandises qui en seront suscep« tibles;

« 2°. Remettre au marchand, négociant ou débi« tant chargé de les mettre en vente, une facture « signée et scellée, relatant la marque de sa fabrique, « et contenant les quantités et qualités desdites mar« chandises sortant de sa manufacture;

« 3°. Faire certifier ladite facture *véritable* par « l'administration municipale du canton où sera « située la fabrique ». (*AD.* 20 *brumaire an* 5, *art.* 1.)

Il s'étoit présenté des doutes sur la question de savoir si des marchandises, ayant tous les caractères de nationalité angloise, et étant dépourvues

16.

des marques prescrites par l'arrêté du 20 brumaire an 5, devoient être saisies, lorsqu'elles portoient d'ailleurs l'empreinte nationale voulue par l'arrêté du 3 fructidor an 9.

Il a été décidé par le ministre de l'intérieur, que l'art. 1 de cet arrêté du 3 fructidor devoit s'exécuter littéralement; qu'il falloit que les étoffes sujettes à l'estampillage portassent cumulativement, avec l'empreinte de l'estampille, les marques du fabricant, et que si la pièce d'étoffe n'offroit qu'un de ces deux caractères, elle étoit dans le cas de la saisie et de la confiscation. (*CD. 21 fructidor an* 10.)

Doit-on brûler les marchandises confisquées pour contravention à l'arrêté du 3 fructidor an 9?

Non.... Le but des dispositions sur le brûlement est d'atteindre les fabrications angloises; or ce seroit s'en écarter, que de les appliquer aux fabrications nationales.... L'art. 1er de l'arrêté du 3 fructidor an 9 dit bien, à la vérité, que les basins et autres ouvrages en coton qui ne seront pas estampillés seront confisqués comme censés provenir de fabrique angloise; mais il ne découle pas de là qu'on puisse les détruire; et on le peut d'autant moins que l'art. 2 du décret du 19 octobre 1810 n'ordonne le brûlement que des *marchandises de fabrique angloise prohibées*; ainsi, dès que ceux au profit de qui doit se déclarer la confiscation peuvent prouver l'origine françoise, il faut suivre, à l'égard de ces marchandises, ce que l'art. 4 de ce même arrêté a prescrit, puisqu'il n'est en contrariété avec aucune disposition postérieure : cet art. 4 s'exprime ainsi :

« Après le 1er vendémiaire an 10, les pièces saisies « sans marque, ou avec une marque fausse, seront « confisquées conformément à la loi du 10 brumaire an 5, et livrées au Gouvernement, pour « la vente en être faite à l'étranger, et le prix distribué aux saisissans, en vertu de la même loi.

« Moitié du prix, d'après la valeur présumée, « sera payée de suite par le Gouvernement. » (*AC.* 3 *fructidor an* 9, *art.* 4).

JURISPRUDENCE. *La saisie de marchandises dépourvues de marques est-elle mal fondée, lorsque ce n'est pas dans les magasins du fabricant qu'on a trouvé les marchandises dont il s'agit?*

Extrait de l'arrêt de cassation du 5 avril 1811.

.... « Attendu, au fond, que l'art. 1er de l'arrêté des « consuls, du 3 fructidor an 9, dispose formellement que les toiles de coton qui ne porteront pas « la marque du fabricant et de l'estampille nationale seront censées provenir de fabrique angloise « et seront confisquées; que l'observation de cette « formalité par les fabricans est encore devenue « plus indispensable, depuis la probibition absolue « dont ces articles ont été frappés par la loi du 30 « avril 1806; qu'aux termes de l'art. 3 dudit arrêté, « c'est en sortant du métier, avant l'apprêt et le « blanchissage, que les étoffes doivent être estampillées; que, dans l'espèce, dès qu'il étoit dûment « constaté que les toiles de coton blanches, trouvées même sans tête de pièces, au domicile du « sieur Litschy, fabricant, étoient dépourvues de « toutes marques, elles étoient, par ce seul fait, « légalement présumées provenir de fabrique angloise; et qu'ainsi il y avoit lieu d'appliquer à « la contravention les peines portées par la loi; « que cependant la cour de justice criminelle du « département du Haut-Rhin a déclaré la saisie mal « fondée, sur le motif que les toiles dont il s'agit « n'avoient pas été trouvées dans le magasin du fabricant, et que la loi n'avoit pas fixé un délai dans « lequel il auroit dû y apposer sa marque : par ces « motifs, la cour casse et annulle, etc. »

260. A dater de la publication de cette loi, il est défendu à toutes personnes de vendre ou exposer en vente aucun objet provenant des fabriques ou du commerce anglois, et à tous imprimeurs d'imprimer aucun avis qui annonceroit ces ventes. (10 *brumaire an* 5, *premier paragraphe de l'art.* 6.)

LE second paragraphe disoit : *Toutes enseignes ou affiches indiquant des dépôts ou des ventes de marchandises angloises seront retirées dans les vingt-quatre heures.* Cet ordre a reçu son exécution.

Je crois avoir démontré, sous le n° 255, que la conséquence nécessaire de la défense de vendre des objets de fabrique angloise, est que les espèces dénommées au n° 257 ne peuvent être consommées en France.

JURISPRUDENCE. — *Peut-on saisir, hors de la ligne des douanes et dans l'intérieur de la France, des marchandises qui sont présumées être d'origine angloise?*

Cette question, décidée affirmativement par le tribunal de première instance de Paris, et, sur l'appel, par la cour criminelle du département de la Seine, a encore été confirmée par les dispositions suivantes d'un arrêt de la cour de cassation, en date du 6 fructidor an 8. — « ..... Considérant que l'article 5 de la « loi du 10 brumaire an 5 n'a, il est vrai, réputé « provenir des fabriques angloises, quelle qu'en soit « l'origine, les objets y désignés, qu'autant qu'ils « sont importés de l'étranger; mais que la vente et « l'exposition en vente des objets provenus réellement des fabriques et du commerce anglois n'en « sont pas moins défendus par l'article 6; que la déclaration à faire aux administrations municipales « des marchandises de vraie fabrique angloise, leur « vérification, emballage et réexportation n'en sont « pas moins ordonnés par l'article 7 de cette loi; « d'où il suit que, si les marchandises réputées an-

« gloises, seulement par la force de l'article 5, ne « peuvent être saisies et confisquées qu'à l'importation, et non dans l'intérieur de la *France*, « les marchandises qui sont véritablement angloises « peuvent, après les délais fixés par les déclarations, « être saisies, dans l'intérieur; et que la validité de « ces saisies, ainsi que les peines prononcées par la « loi contre les contrevenans, dépendent uniquement du point de fait que les marchandises sont « véritablement angloises. — Attendu que ce point « de fait a été jugé contre le demandeur par le jugement du tribunal de police correctionnelle de « Paris, en date du 28 nivose dernier, lequel a « réputé les marchandises dont il s'agit être angloises, non pas seulement sur le fondement de la « présomption légale résultante, en cas d'importation, « de l'article 5 de la loi du 10 brumaire an 5, mais « encore sur ce que, d'une part, elles n'étoient revêtues d'aucune marque de fabrique françoise ni « accompagnées de factures de fabricans françois; « que même, au contraire, les *saisis* ont déclaré qu'il « n'en existoit aucune, et qu'ils n'en peuvent par « conséquent représenter aucune; sur ce que, d'un « autre côté, elles étoient enveloppées de papiers « sur la plupart desquels a été inscrit l'aunage en « dénominations angloises, encore très-lisibles, quoiqu'on ait tenté de les effacer; en sorte que c'est un « pur fait qui se trouve avoir été décidé par ce tribunal, dont le jugement a été confirmé par celui « du tribunal criminel attaqué en cassation; — attendu enfin que le fait, ayant été jugé par ces jugemens, doit être tenu pour constant; et qu'il n'entre « pas dans les attributions du tribunal de cassation « d'examiner ni d'annuller une telle décision; — par « ces motifs, le tribunal rejette.... ».

OBS. On induiroit à tort de cet arrêt que les marchandises de l'espèce, pour être confisquées dans l'intérieur, doivent porter avec elles la preuve qu'elles sont angloises.... Il suffit, aux termes de l'arrêté du 3 fructidor an 9 (nº 259), qu'elles ne soient pas revêtues de l'estampille impériale et de la marque du fabricant françois, si elles sont dans la catégorie de celles qui doivent être estampillées et marquées.

261. Toute contravention aux articles ci-dessus donnera lieu à l'arrestation du contrevenant et à sa traduction devant le tribunal..... dans l'arrondissement duquel le délit aura été *commis*: la condamnation emportera toujours confiscation des marchandises, bâtimens de mer, chevaux, charrettes, ou autres objets servant à leur transport.

Le délinquant sera, en outre, condamné ..... à un emprisonnement ...

Sont compris parmi les contrevenans tous courtiers, commissionnaires.... qui coopéreroient......... au débit des marchandises désignées ci-dessus. (10 *brumaire an* 5, *art.* 15.)

Cet article ne concorderoit pas avec les dispositions postérieures que je citerai plus bas, si on ne le lisoit pas comme je viens de l'écrire... Non seulement je supprime des dispositions de son second et de son troisième paragraphes, mais j'en change aussi une de son premier.

Pour justifier ce changement et ces suppressions, il faut que d'abord je mette sous les yeux cet art. 15 de la loi du 10 brumaire, tel qu'il a été rendu.. Il disoit:

« Toute contravention aux articles ci-dessus donnera lieu à l'arrestation du contrevenant, et à sa « traduction devant le tribunal *de police correctionnelle* (1º.) dans l'arrondissement duquel le délit « aura été *constaté* (2º.); la condamnation emportera « toujours confiscation des marchandises, bâtimens « de mer, chevaux, charrettes ou autres objets servant à leur transport.

« Le délinquant sera en outre condamné *à une* « *amende triple de la valeur des objets saisis* (3º.), et « à un emprisonnement *qui ne pourra être moindre* « *de cinq jours, ni excéder trois mois* (4º).

« Sont compris parmi les contrevenans tous « courtiers, commissionnaires *et assureurs* (5º.) qui « coopéreroient *à l'importation* (6º.) *ou* au débit des « marchandises désignées ci-dessus. »

Les mots de cet article qui sont transcrits *en italique* sont ceux que je change ou que je supprime, et en voici les raisons:

(1º.) Les tribunaux de police correctionnelle ne sont plus compétens pour connoître des affaires des douanes, puisqu'il a été institué des tribunaux spécialement chargés du jugement de ces affaires.... Or, si la contravention n'est pas accompagnée de circonstances aggravantes (*voir* les Nºs 263 et 264), c'est donc devant le tribunal ordinaire des douanes qu'on doit aujourd'hui poursuivre l'application de cet art. 15 de la loi du 10 brumaire an 5.

(2º.) Le tribunal dans l'arrondissement duquel l'introduction des marchandises angloises a été *constatée* n'est plus celui qui doit en connoître. L'article 6 de l'arrêté du 4 complémentaire an 11 donne implicitement cette attribution au tribunal dans l'arrondissement duquel cette introduction aura été COMMISE.... Je reviendrai sur ce changement dans le courant du titre 1er du livre V.

(3º.) L'amende triple de la valeur des objets saisis existe toujours; mais ce n'est plus en vertu de l'art. 15 de la loi du 10 brumaire qu'il convient de la prononcer.... Le décret du 8 mars 1811, en imposant cette même amende sur le délit plutôt qu'au délinquant, a, par cette rédaction, étendu les moyens de la recouvrer; d'où suit que, dans l'application, c'est le décret du 8 mars qu'il faut invoquer aujourd'hui. — Le *voir* au N° 262.

(4°.) L'emprisonnement de cinq jours à trois mois ne seroit applicable aujourd'hui qu'autant que le délinquant n'auroit pas été surpris au moment de l'introduction; car, dans ce cas, la durée de cette peine seroit de six mois pour la première fois, et d'un an pour la seconde: c'est ainsi que le veut l'art. 26 de la loi du 22 ventose an 12, que je classerai au titre des peines cumulatives du livre V.

Je suppose toujours, dans les notes de cet article, qu'au délit de l'introduction n'est jointe aucune des circonstances qui aggravent ce délit, comme celle de la contrebande armée ou de la fraude par complicité; car, dans ces hypothèses, il y auroit peine de mort ou peine des fers, indépendamment de toutes celles fixées ici.... On consulteroit donc le titre des *Peines cumulatives*, si ce cas se présentoit.

Je crois avoir prouvé sous le n° 8 que l'emprisonnement est personnel aux contrevenans, et ne peut, dans aucun cas, être appliqué à leurs héritiers ni à ceux qui les représentent; je n'en parlerai donc plus ici.

(5°.) Bien que les assureurs soient toujours compris parmi les contrevenans, ce n'est plus cette disposition qui leur est applicable.... Alors qu'il y a assurance pour introduire des marchandises angloises, il y a complication de délits, il y a entreprise de fraude en marchandises prohibées; conséquemment, les travaux forcés à temps et les dommages-intérêts voulus par l'art. 15 du décret du 18 octobre 1810 sont encourus (*voir le titre* des peines cumulatives, *au livre* V), et, indépendamment de ces peines, les assureurs et leurs complices sont encore solidaires pour la triple amende, en vertu de l'art. 2 du décret du 8 mars 1811. (*Voir* n° 262.)

(6°.) Ceux qui coopèrent à l'importation des marchandises angloises ne me paroissent également plus punissables par cet article 15 de la loi du 10 brumaire an 5.... La coopération à un délit entraîne la complicité, et la complicité suppose une entreprise. Or, tout entrepreneur de fraude en marchandises prohibées et ses complices, indépendamment de leur solidarité pour la triple amende (n° 262), étant aujourd'hui passibles des peines infligées par l'art. 15 du décret du 18 octobre 1810, ceux qui coopèrent à introduire des marchandises de l'espèce doivent l'être également, sauf l'application de l'art. 16 du même décret, s'il y a des circonstances atténuantes en leur faveur. — *Voir* donc le *titre* des peines cumulatives, *au livre* V.

JURISPRUDENCE. — *La confiscation des marchandises angloises ou réputées telles entraîne-t-elle toujours l'application de la triple amende et celle de l'emprisonnement?* (Réponses affirmatives.)

1°. Le jugement attaqué déclaroit valable une saisie de marchandises réputées angloises; mais il se bornoit à prononcer la confiscation de ces marchandises, sans condamner le délinquant à l'amende et à l'emprisonnement.

Ce jugement a été cassé par arrêt de la cour suprême, du 18 messidor an 12, ainsi conçu:

« Vu les art. 15 de la loi du 10 brumaire an 5, et « 1er de l'arrêté du 3 fructidor an 9;—attendu qu'il « résulte de l'arrêt attaqué, que les marchandises « saisies le 1er prairial an 11 sont de la classe de « celles mentionnées dans le deuxième des articles « ci-dessus cités; d'où il suit que le délinquant étoit « passible des peines d'amende et d'emprisonnement, « outre la confiscation, et qu'en ne prononçant que « la confiscation, le jugement attaqué a contrevenu « à la loi: — La cour casse, etc. »

2°. Cependant l'emprisonnement ne peut être prononcé que sur les conclusions du ministère public. *Arrêt de cassation du 28 prairial an* 11, *ainsi conçu:*

« Vu l'art. 5, et les 1ere et 6e dispositions de l'art. « 456 du code des délits et des peines (*mêmes induc-* « *tions des art.* 1, 429 *et* 434 *du code d'instruction* « *criminelle*); attendu que, dans l'espèce, le tribu- » nal criminel du Calvados n'a pu, sur l'appel des pré- « posés, prononcer que la confiscation et la condam- « nation pécuniaire auxquelles ces préposés avoient « intérêt; mais qu'aux termes de l'art. 5 ci-dessus « cité, il n'a pu prononcer la peine d'emprisonne- « ment, puisque cette peine ayant pour unique objet « la vindicte publique, n'auroit pu être prononcée « qu'autant que le commissaire près le tribunal de « premiere instance, ou celui près le tribunal crimi- « nel, spécialement chargés d'exercer l'action pu- « blique, auroient été appelans, ce qui n'est pas; « d'où il suit que sous ce rapport le jugement atta- « qué présente une usurpation de pouvoirs..... etc.: « la cour casse, etc. »

3°. Mais la douane peut seule, et sans le concours du ministère public, provoquer l'application de l'amende. Dans l'espèce, il y avoit ACQUIESCEMENT du ministère public à un jugement correctionnel qui acquittoit le prévenu du fait d'importation de marchandises angloises; mais appel de l'administration des douanes. — La cour criminelle condamna le saisi à la triple amende, et il se pourvut en cassation. Il soutint qu'en le condamnant à une peine publique, sur le seul appel de l'administration, qui n'étoit au procès que partie civile, l'arrêt de la cour criminelle avoit violé l'art. 5 du code des délits et des peines.

Si, en matière de douanes, les amendes étoient des peines proprement dites, et si en conséquence elles ne pouvoient être prononcées que sur la poursuite du ministère public, il y auroit eu motif à cassation. — Mais, en matière de douanes, il en est des amendes comme des confiscations, qui, quoiqu'elles soient aussi, en thèse générale, considérées comme des peines, ne sont ici que des mesures à-la-fois politiques et commerciales; et de là vient que l'administration partage avec le ministère public le droit de les provoquer.

Nul doute que l'administration n'ait qualité pour faire condamner les contrevenans aux amendes comme aux confiscations; les cinq sixièmes des unes et des autres lui sont dévolus. D'ailleurs l'art. 3 de la loi du 15 août 1793 est précis; il veut que la confiscation des *marchandises en contravention soit poursuivie à la requête des régisseurs des douanes,* AVEC AMENDE.

Par ces considérations, arrêt de la cour suprême, du 19 décembre 1806, qui dit: — « Attendu que « la régie des douanes est autorisée à requérir contre « les contrevenans la confiscation et l'amende, tant « devant les tribunaux criminels que devant les « tribunaux civils, à la différence des autres parties « civiles, qui ne peuvent conclure que sur les dom« mages-intérêts les concernant; — que les tribunaux « peuvent prononcer la confiscation et l'amende, « sur la seule réquisition de l'administration des « douanes, même lorsque l'officier chargé du minis« tère public donneroit des conclusions contraires; « d'où il suit que la régie des douanes peut, nonobs« tant le silence du ministère public, appeler du « jugement qui a refusé de faire droit à sa réquisi« tion, et renouveler devant la cour de justice cri« minelle les demandes qu'elle avoit formées devant « le tribunal de première instance.... Rejette, etc. »

4°. Un capitaine de vaisseau, sur lequel il avoit été saisi une foible partie de ces marchandises, prétendoit être affranchi de l'amende, sur le motif qu'il n'y avoit que les délinquans qui y étoient soumis. On ne pouvoit, disoit-il, lui imputer l'intention de frauder; d'où résultoit qu'il n'étoit que contrevenant, et, comme tel, non sujet à l'amende.... — La cour criminelle de la Dyle avoit admis cette distinction; mais son jugement fut cassé par arrêt de la cour suprême, du 2 vendémiaire an 11, motivé sur ce que l'art. 15 de la loi du 10 brumaire an 5 n'établit aucune distinction entre l'expression *contrevenant* et *délinquant*, ces deux mots y étant synonymes. — *Voir* cet arrêt au livre V.

5°. La cour criminelle des Deux-Nèthes avoit ordonné main-levée d'une foible partie de faïence, de treize mouchoirs en pièces et de plusieurs coupons de velours saisis à bord d'un bâtiment, sous prétexte que ces objets étoient des effets de ménage destinés à l'usage du capitaine. — Ce jugement fut annullé par arrêt de la cour de cassation, du 25 germinal an 11, comme ayant mis l'arbitraire à la place de la loi, et présentant une violation manifeste de l'art. 15 de la loi du 10 brumaire an 5.

6°. La cour criminelle de la Manche avoit accordé main-levée d'une partie de basin saisie sur une femme, sous le prétexte que l'art. 15 de la loi du 10 brumaire an 5 n'étoit applicable qu'aux fabricans, négocians et marchands. — Ce jugement fut encore annullé par arrêt de cassation, du 26 brumaire au 12, attendu que les marchandises angloises sont saisissables sur tous les individus.

7°. Les étoffes angloises transformées en vêtemens sont saisissables dès que ceux-ci sont neufs, et la triple amende et l'emprisonnement s'ensuivent. (*Arrêt de cassation, du 20 prairial an* 11.) *Voir* au n° 256.

OBSERV. Déjà une circulaire du 28 frimaire an 10, en transmettant une décision ministérielle du 3, s'étoit exprimée ainsi: « Des femmes de Granville « ayant l'usage d'aller aux îles angloises, en rappor« toient des bonneteries et des étoffes en forme de « vêtemens; cet abus qui, multiplié, occasionneroit « une immense filtration de marchandises, étoit ré« primé par la visite que des personnes du sexe fai« soient: la prohibition existant toujours, en vertu « de la loi du 10 brumaire an 5, ordre est donné « aux directeurs de faire visiter les femmes revenant « de l'Angleterre, et de procéder à la saisie des « effets reconnus n'être pas absolument nécessaires « aux vêtemens des prévenues, contre lesquelles il « sera procédé en conformité de ladite loi du 10 « brumaire. — Même mesure sera suivie envers les « hommes qui débarqueroient avec plusieurs redin« gottes et habits neufs qui ne serviroient pas évi« demment à leur habillement. »

8°. Les commissionnaires chargeurs qui ne justifient pas de qui proviennent les marchandises angloises trouvées chez eux encourent les peines édictées par l'art. 15 de la loi du 10 brumaire an 5. (*Arrêt de cassation, du 29 germinal an* 12.) — Un ballot dans lequel se trouvoient des casimirs et des velours de fabrique angloise avoit été saisi chez le sieur Périn, commissionnaire-chargeur à Lyon; il déclara que ces marchandises appartenoient à des négocians suisses, qu'elles lui avoient été remises par les sieurs Bonnafoux, autres commissionnaires-chargeurs; qu'il n'avoit ni facture municipalisée ni lettre d'avis, qu'il ignoroit même qu'on dût lui adresser ce ballot. — Le tribunal de police correctionnelle, ne pouvant décider quel étoit le propriétaire des marchandises, s'étoit contenté d'en prononcer la confiscation, et de condamner le sieur Périn aux dépens. — Par un autre jugement, le même tribunal avoit déchargé les sieurs Bonnafoux, à défaut de preuves, et ces jugemens furent confirmés par la cour criminelle du Rhône. — La cour de cassation annulla ces arrêts, sur ce qu'en supposant que le ballot n'eût pas été apporté au sieur Périn pour son compte personnel, ce ne pouvoit être un motif suffisant pour le dispenser de l'amende et de l'emprisonnement, la loi du 10 brumaire an 5 atteignant non-seulement celui qui reçoit des marchandises pour son compte personnel, mais encore celui qui en reçoit pour le compte d'autrui, puisqu'il coopère par-là à leur introduction.

OBSERV. Cet arrêt de cassation n'est qu'une conséquence des dispositions relatives à la responsabilité des messageries..... Une décision ministérielle, du 12 ventose an 7, avoit rendu commune aux entrepreneurs actuels des messageries la transaction du 24 novembre 1740, par laquelle tout messager qui transporteroit des *marchandises frappées de prohibition absolue* n'encourroit les peines édictées qu'autant que les caisses, balles et ballots ne seroient pas énoncés sur les feuilles de chargement; que relativement aux *colis* qui seroient enregistrés sur ces feuilles, on séviroit, dans le cas de contrebande, contre le réclamataire, ou, à son défaut, contre le propriétaire indiqué par l'entrepreneur de la voiture publique. — Dans l'espèce ci-dessus, le commissionnaire de roulage étoit de fait entrepreneur de transports : n'indiquant pas le propriétaire des objets saisis, il devenoit donc passible des peines résultantes de l'introduction. — Je parlerai encore de cette décision du 12 ventose an 7 sous le n° 303.

262. Toute introduction de marchandises prohibées, de quelque manière qu'elle soit constatée, et même à défaut ou en cas de nullité du procès-verbal, sera, indépendamment de la confiscation, punie des peines déterminées par les lois et réglemens, et, quant à l'amende, dans tous les cas, elle sera du triple de la valeur des objets saisis. (*DI.* 8 *mars* 1811, *art.* 1.)

Les propriétaires des marchandises saisies, ceux qui se seroient chargés de les introduire, les assureurs, leurs complices et adhérens seront tous solidaires et contraignables par corps pour le paiement de l'amende. (*Même décret*, *art.* 2.)

La quotité de cette amende est fixée d'après un rapport d'experts, qui énonce la valeur des objets confisqués. — L'expertiste a lieu dans les formes voulues par les art. 302 et suivans du code de procédure civile. — On peut recuser les experts et même demander un nouveau rapport, si celui fait est inexact ou erroné.

Au surplus, l'estimation qui doit servir de base à la triple amende [illegible] fait à la requête des douanes, d'après le prix courant en France des marchandises de même espèce, immédiatement après le jugement de confiscation. (*CD.* 23 *juillet* 1811.)

L'amende triple de la valeur des objets saisis peut-elle s'appliquer indistinctement à toutes les marchandises prohibées, ou celles réputées angloises sont-elles seules passibles de cette amende?

A ne partir que des termes de l'art. 1er ci-dessus rapporté du décret du 8 mars 1811, la solution de la question que je viens de poser semble ne présenter aucune difficulté, puisqu'il faut conclure de ces termes que l'amende qu'ils édictent est d'une application générale.

Mais si l'on recherche le vœu du décret dans les motifs qui l'ont dicté, si on le combine avec le système actuel des douanes, et si, dans ce système, il s'y rencontre une partie politique et une partie fiscale, bientôt il s'élève des doutes, et son art. 1er ne paroît plus devoir être suivi à la lettre.

Ceci peut ne pas paroître clair au premier coup-d'œil; mais, à l'aide de quelques explications, peut-être parviendrai-je à faire ressortir ce que je sens. *J'ai cette conviction intérieure, mais difficile à définir, que la triple amende ne peut atteindre que les marchandises politiquement défendues, mais aussi qu'elle doit les atteindre dans toute l'étendue de la prohibition d'état.*

J'appelle marchandises politiquement défendues, toutes celles qui proviennent d'un état rival ou de son commerce, quels que soient d'ailleurs les régimes douaniers de ces marchandises.

Je nomme prohibition d'état, celle qui interdit toute communication avec une nation.

Ma prohibition d'état embrasse nécessairement les marchandises politiquement défendues, puisque celles-ci, pour l'application, doivent être censées le produit de la nation interdite, jusqu'à preuve contraire.... Ainsi, non seulement les espèces dont la consommation est prohibée, mais encore celles admissibles qui ne sont pas accompagnées de certificats d'origine, et celles pour lesquelles on auroit contrevenu aux lois du blocus, sont toutes marchandises que je comprends dans la prohibition d'état.... Je n'y range celles dont l'importation commerciale est défendue fiscalement ou par les lois spéciales, qu'autant qu'elles proviennent du commerce interdit.

Cette distinction, je la ferai ressortir sous le n° 266; ici, il suffit que j'établisse, pour me faire comprendre :

1°. Que les motifs qui font interdire toute communication avec une nation ne peuvent être que ceux de guerre; donc la prohibition d'état se rattache à la chose publique.

2°. Que les motifs qui amènent les prohibitions de douanes à l'entrée sont toujours, soit de rompre une concurrence commerciale ou manufacturière, soit des précautions sanitaires; donc la prohibition de douanes est, ou une faveur pour le particulier aux dépens même du trésor public, ou une mesure de police.

Conséquemment enfreindre une prohibition d'état, c'est commettre un délit public, peut-être même un crime d'état; tandis qu'enfreindre une prohibition de douanes, ce n'est que se rendre coupable d'une contravention de police, et rien de plus.

Ainsi, punir une contravention comme un délit, ou ne punir un délit que comme une contravention, seroit s'écarter des élémens de la législation criminelle, qui veulent que les peines soient graduées selon le degré des infractions.

Donc le décret du 8 mars, qui n'est nullement corrélatif aux dispositions fiscales, ne peut être appliqué qu'à raison de son esprit, et non conformément à ses termes.

Telle est du moins mon opinion; et je pense que si l'on établissoit une jurisprudence contraire, il pourroit s'en suivre de graves inconvéniens; mais il est inutile que je les expose ici.

Je parlerai encore de la triple amende sous le n° 266.

263. Si le délit est commis à force ouverte avec attroupement et port d'armes, les fraudeurs seront, ainsi que ceux qui les auront aidés et favorisés, poursuivis suivant les formes déterminées par *l'article 13 du décret impérial du 18 octobre* 1810, et traduits incessamment devant *la Cour prévôtale*, conformément à *l'article 5 dudit décret.* (*AC.* 4 *complémentaire an* 11, *art.* 4.)

Ce n'est pas dans le seul cas de contrebande armée que les prévenus de fraude doivent être traduits devant la cour prévôtale.... Aux termes de l'art. 5 du décret du 18 octobre 1810, ces cours doivent encore connoître, exclusivement à tous autres tribunaux, du crime d'entreprise de contrebande.—*Voir* cet article au titre 1er du livre V.

Au surplus, ce n'est pas littéralement, comme je le rapporte ici, que s'exprime l'art. 4 de l'arrêté du 4 complémentaire an 11; il dit:

« Si le délit est commis à force ouverte, avec « attroupement et port d'armes, les fraudeurs « seront, ainsi que ceux qui les auront aidés et fa- « vorisés, poursuivis suivant les formes déterminées « par *la loi du* 18 *pluviose an* 9, et traduits inces- « samment devant le *tribunal spécial*, conformément « à la loi du 13 floréal an 11. »

Mais comme le tribunal et les lois qu'invoque cette rédaction se trouvent remplacés par la cour et par les articles du décret que je cite, j'ai dû, pour ne pas laisser la coordination de cet article à faire, présenter ces changemens dans mon texte.

264. Dans le cas où il n'y auroit ni attroupement ni port d'armes (*ni entreprise de contrebande*) les fraudeurs et leurs complices seront poursuivis ainsi qu'il est prescrit par les articles *deux* et quinze de la loi du 10 brumaire an 5 (*et un du décret du* 8 *mars* 1811), et dans la forme déterminée par *le décret du* 18 *octobre* 1810, et seront en conséquence traduits sans aucun délai devant le tribunal *ordinaire des douanes.* (*AC.* 4 *complémentaire an* 11, *art.* 5.)

Ce n'est pas non plus dans les termes ci-dessus que s'explique l'art. 5 de l'arrêté du 4 complémentaire an 11; il porte:

« Dans le cas où il n'y auroit ni attroupement ni « port d'armes, les fraudeurs et leurs complices « seront poursuivis ainsi qu'il est prescrit par les « art. VI et XV de la loi du 10 brumaire an 5, et dans « la forme déterminée par la loi du 7 pluviose an 9, « et seront en conséquence traduits, sans aucun dé- « lai, devant le tribunal d'arrondissement jugeant « correctionnellement. »

Mais ce que j'ai dit sous le n° 263, pour l'art. 4 de cet arrêté, s'applique également à l'art. 5 ci-dessus, c'est-à-dire que les dispositions que j'invoque doivent se coordonner avec la lettre de cet article.... Il est à observer que, dans cette lettre, il y a probablement eu erreur de copie; car l'art. 6 de la loi du 10 brumaire an 5, qu'il invoque, ne prescrit aucune poursuite; il fait seulement défenses: on aura voulu écrire les art. 2 et 15.

265. A l'avenir, toutes marchandises de fabrique angloise prohibées, provenant soit des douanes, soit de saisies qui seroient faites, seront brûlées. (*DI.* 19 *octobre* 1810, *art.* 2.)

La disposition ci-dessus est nécessairement interprétative des art. 25 et 26 du décret du 18 octobre 1810, puisqu'elle leur est postérieure; ainsi l'énonciation portée par ces art. 25 et 26, que toutes les marchandises prohibées seront brûlées, ne peut être entendue que dans le sens de l'art. 2 du décret du 19 octobre 1810, c'est-à-dire que la destruction ne doit être appliquée qu'aux seules *marchandises de fabrique angloise* qui sont nominativement *prohibées;* ce qui, dans l'effectif, ne rend passible du brûlement que les espèces dont la consommation est défendue, et non celles dont la prohibition est fiscale, ou dont les espèces analogues sont tarifées....

Ainsi du sucre raffiné, bien que d'Angleterre, ne peut être anéanti, et ceci résulte encore du décret du 25 octobre 1810.

Ainsi des tabacs fabriqués, même en Angleterre, ne peuvent non plus être brûlés, puisqu'une décision ministérielle transmise par *CD*, 22 juin 1811, a autorisé les manufactures impériales à prendre livraison de ceux provenant de saisies.

Ainsi du rhum, bien qu'il provienne des fabriques coloniales d'Angleterre, ne peut également pas être anéanti; et ceci a été décidé par circulaire du 4 juillet 1811.

Or, par cela que les sucres raffinés, les tabacs et le rhum ne doivent pas être détruits, on ne peut pas non plus, par analogie, détruire la bière angloise, les savons anglois, les soudes, les armes, etc., ni enfin aucun des objets prohibés fiscalement ou assujettis à des droits.... Et ceux-ci peuvent même, lorsqu'ils proviennent de prises ou de saisies, être vendus pour la consommation, puisque leur consommation n'est interdite par aucune loi.

Il est inutile d'observer que, pour brûler une marchandise, il faut d'ailleurs un jugement de condamnation.

SECTION II. — *Des Marchandises dont l'importation et l'exportation sont repoussées.*

266. Toutes marchandises prohibées à l'entrée, que l'on introduira par mer ou par terre dans l'étendue de la France, seront confisquées, ainsi que les bâtimens de mer......., voitures, chevaux et équipages servant au transport.

Les propriétaires desdites marchandises (*si elles ne sont pas réputées d'origine angloise ou soumises spécialement à d'autres peines pécuniaires*), les maîtres de bâtimens, voituriers et autres préposés à la conduite, seront solidairement condamnés en l'amende de cinq cents francs, sauf leur recours contre les marchands et propriétaires, lorsqu'ils auront été induits en erreur par l'énonciation des lettres de voiture, connoissemens et chartes-parties, et leurs dommages et intérêts. (22 *août* 1791, *art.* 1, *tit.* 5.)

Avant de chercher à démontrer que l'article ci-dessus doit, pour les prohibitions fiscales, conserver, au moyen des termes que je lui prête, toute la vigueur de ceux que je lui laisse, il faut que je justifie d'abord, 1°. ce que j'en élague; 2°. ce que j'y ajoute.

1°. Là où il y a des points, la lettre de son premier paragraphe dit : bâtimens de mer *au-dessous de cinquante tonneaux* .... En laissant exister ces mots dans le texte de mon article, il paroîtroit que les bâtimens qui ont plus de cinquante tonneaux ne seroient pas confiscables alors même qu'ils transporteroient des marchandises prohibées, et c'est effectivement ce qui étoit avant la loi du 4 germinal an 2; mais l'article 10 du titre 2 de cette loi, en ne rappelant pas cette exception dans l'ordre de confiscation qu'elle renouvelle, l'a nécessairement abrogée; et c'est ce qu'on ne sauroit nier en lisant cet article, qui est ainsi conçu :

« Si des marchandises dont l'entrée ou la sortie est « prohibée sont importées ou exportées par mer ou « par terre, elles seront confisquées, ainsi que les « bâtimens, voitures et animaux servant au trans- « port ». (4 *germinal an* 2, *art.* 10, *tit.* 2.)

Ainsi le haut bord d'un bâtiment ne l'absout plus de la confiscation; et dès qu'un navire est chargé de marchandises prohibées, il est confiscable, à l'entrée comme à la sortie, quel que soit d'ailleurs son tonnage.... J'ai donc pu et même dû supprimer les mots : *au-dessous de cinquante tonneaux*.

2°. Au second paragraphe de l'article ci-dessus de la loi de 1791, la phrase : *Si elles* (les marchandises) *ne sont pas réputées d'origine angloise, ou soumises spécialement à d'autres peines pécuniaires*, est une exception qui ne se trouve pas dans le texte de la loi; mais je crois pouvoir me permettre de l'ajouter à ce texte, et parceque cette exception découle de la coordination des lois postérieures avec celle-ci, et parceque, sans cette explication, ce paragraphe induiroit aujourd'hui en erreur relativement au taux de l'amende.

J'ai exposé, sous le n° 262, que la triple amende, quoique édictée en termes généraux par le décret du 8 mars 1811, ne me paroissoit applicable qu'aux espèces frappées de prohibition d'état; conséquemment, je dois soutenir ici que la peine pécuniaire de l'art. 1, titre 5 de la loi du 22 août 1791, reste dans toute sa vigueur pour les prohibitions fiscales alors qu'il n'y a pas d'ailleurs infraction à d'autres dispositions.... Cependant, j'ai sous les yeux le dernier paragraphe d'une circulaire du 14 septembre 1811, qui dit :

« Lorsqu'il s'agit d'introductions prohibées de sels, « de tabacs ou de poudre, etc., l'amende doit toujours « être triple de la valeur des objets saisis, conformé- « ment à l'article 1 du décret du 8 mars 1811 ».

D'où découleroit que, non seulement l'amende de 500 francs ordonnée par l'article ci-dessus cité de la loi de 1791, mais encore toutes celles particulières fixées par des lois spéciales, se trouveroient remplacées par cette triple amende ; ce qui seroit et contraire au principe qu'une loi générale ne déroge pas aux lois spéciales alors qu'elle ne le dit pas expressément, et contraire à la saine politique, qui doit vouloir punir de peines plus graves l'introduction de marchandises repoussées par raison d'état, que celle d'espèces prohibées seulement par mesure de police.

D'ailleurs, en faisant même abstraction de toute vue politique et de toute compensation de peines, encore seroit-il que la triple amende ne pourroit s'appliquer à tous les cas, si, comme je l'envisage, le décret du 8 mars 1811 a voulu aussi aggraver la peine pécuniaire au lieu de la diminuer.

Un exemple tiré des marchandises qui ont un régime spécial suffira pour faire ressortir cette assertion : la loi du 13 fructidor an 5, en prohibant la poudre, a fixé sur son introduction par terre une amende de 20 fr. 40 cent. par kilogramme, et celle de 40 fr. 80 cent. aussi par kilogramme, si l'entrée a lieu par mer; or, la valeur d'un kilogramme de poudre étant d'environ 5 francs, il en découle que l'amende est de 4 fois ou de 8 fois sa valeur, suivant le lieu par lequel on cherche à l'introduire en fraude ; et ce résultat est presque doublé lorsqu'il s'agit de salpêtre....... Donc, le décret du 8 mars ne peut pas recevoir d'application ici, puisqu'il atténueroit.

Il faudroit aussi bien des cartes à jouer pour produire une amende triple qui égalât celle de 1000 fr. ordonnée par le décret du 4 prairial an 13.... Quant au sel, je croirois assez qu'une addition annuelle des amendes personnelles de 100 fr. par porteur seroit plus élevée que celle des triples amendes à l'introduction....; et on obtiendroit sans doute pareil résultat, si, laissant pénétrer les tabacs, on appliquoit les dispositions du décret du 29 décembre 1810.

Mais faisons aussi abstraction de ces produits, et disons que si le décret du 8 mars 1811 ne peut pas être étendu à la poudre, son application générale n'existe pas.... La conséquence d'une seule exception est nécessairement d'entraîner toutes les marchandises qui, comme celle exceptée, ont un régime spécial ; et dans cette classe, il n'y a pas seulement les objets qui reçoivent ce régime par des lois particulières, il y a encore toutes les marchandises prohibées fiscalement, puisque celles-ci sont régies par la loi du 22 août 1791, qui leur est également particulière aujourd'hui.

Donc l'amende triple du décret du 8 mars 1811 ne peut être poursuivie sur les marchandises prohibées fiscalement qu'autant que ces marchandises seroient prouvées être d'origine ou de commerce interdit, et encore ne le peut-elle, dans ce cas même, qu'alors que la peine *fiscale* est moindre que la peine *politique*.

Pour éviter toutes méprises relativement à l'application de l'amende que j'appelle fiscale, voici la nomenclature des marchandises dont l'importation commerciale est prohibée, mais qui, n'étant pas réputées angloises par les lois, ne se trouvent conséquemment passibles de la triple amende qu'alors qu'elles viennent d'Angleterre.

MARCHANDISES PROHIBÉES A L'ENTRÉE, DONT LA CONSOMMATION N'EST PAS DÉFENDUE. — Argent faux filé sur soie. — Confection. — Corail en poudre. — Eaux-de-vie autres que de vin. — Etoffes de soie avec or et argent faux. — Médicamens composés. — Mélasse. — Mouchoirs de soie. — Nitre (raffiné). — Or faux filé sur soie. — Poudre de terre argileuse. — Raponctic. — Rhum. — Savons. — Sels de quinquina et de rhubarbe. — Soudes. — Sucres raffinés.

MARCHANDISES PROHIBÉES A L'ENTRÉE, QUI ONT UN RÉGIME SPÉCIAL. — Cartes à jouer. — Poids et Mesures anciens. — Poudres à feu. — Salpêtres. — Sels marins et Sels de salines. — Tabacs en feuilles, *sauf pour les manufactures impériales.* — Tabacs fabriqués.

(*La quotité de l'amende varie pour plusieurs de ces objets-ci..... Voir le régime de chacun d'eux au livre III.*)

Je dirai encore un mot sur la triple amende; c'est que, dans tous les cas, elle ne me paroît pouvoir être appliquée aux marchandises même angloises, qu'autant que son produit surpasseroit celui de l'amende fiscale. EXEMPLE : Si l'on saisissoit un coupon de mousseline de la valeur de 100 francs, ce ne seroit donc pas l'amende triple que j'invoquerois, puisqu'elle ne donneroit que 300 francs, mais bien celle fiscale de 500 fr. ; car enfin le décret du 8 mars 1811, ainsi que la loi du 10 brumaire an 5, loin d'avoir l'intention de diminuer la peine pécuniaire, veulent, comme je l'ai déjà dit, aggraver celle fiscale ; conséquemment, les dispositions de ce décret et de cette loi ne peuvent être infligées, même sur marchandises angloises, qu'autant qu'elles n'atténuent pas.

L'article 26 de la loi du 22 ventose an 12 inflige l'emprisonnement à tout individu surpris au moment où il introduiroit des marchandises en fraude... *Voir le titre des peines cumulatives au livre V.*

J'ai exposé, sous le n° 265, qu'il n'y avoit que les seules marchandises de fabrique angloise qui devoient être détruites.

267. Sont réputées dans le cas des dispositions de l'article ci-dessus, les marchandises prohibées qui auront passé au-delà du premier bureau ou qui auront pris un chemin différent, ainsi que celles que les préposés *des douanes* auront

trouvées dans les deux *myriamètres* des côtes sur des bâtimens au-dessous de *cent* tonneaux; celles, enfin, qu'ils auront vu charger à bord de toute espèce de bâtimens de mer, ou mettre à terre. (22 *août* 1791, *art.* 2, *tit.* 5.)

Cet article n'étendoit la police des côtes qu'à deux lieues anciennes en mer, et encore n'y soumettoit-il que les bâtimens au-dessous de cinquante tonneaux.... Il n'en est plus ainsi depuis la loi du 4 germinal an 2 : l'art. 7 de son tit. 2 permet de visiter les bâtimens de cent tonneaux jusqu'à deux myriamètres en mer.... *Voir* d'ailleurs au chapitre *de l'exercice des employés*, la peine qu'il édicte cumulativement contre le capitaine, si des marchandises se trouvent à bord de bâtimens à l'ancre ou qui louvoyent.

Jurisprudence. — *La disposition de l'article ci-dessus rapporté de la loi de 1791, qui veut que les marchandises prohibées aient dépassé le bureau pour être saisissables, peut-elle s'appliquer aux espèces frappées de prohibition d'état?* (Réponse négative.)

Des marchandises venoient de l'étranger, sans être accompagnées de certificat d'origine; elles alloient être introduites dans l'intérieur, sans aucune déclaration, quand leur conducteur fut obligé de s'arrêter à la barrière, sur la sommation des employés des douanes. — En cet état, saisie et assignation, puis jugement en première instance et en appel, qui décident que les marchandises n'ayant pas encore dépassé le bureau lorsqu'elles ont été saisies, c'étoit le cas d'invoquer la loi du 22 août 1791, qui ne les rend saisissables qu'alors.

Pourvoi en cassation de la part de l'administration, et arrêt du 14 germinal an 13, qui dit :

« Vu l'art. 13 de la loi du 10 brumaire an 5, et « l'art. 15 ; et attendu que dans le système de la loi « du 10 brumaire an 5, toute marchandise étrangère « non accompagnée de certificat d'origine est par « cela seul dans le cas de la saisie et de la confisca- « tion, au moment même où elle atteint le bureau « des douanes, sans qu'il soit nécessaire, comme « dans le cas prévu par l'article 2 du titre 5 de « la loi du 22 août 1791, qu'elle ait dépassé le bu- « reau ; et que, dans l'espèce, les marchandises « saisies étoient étrangères et non accompagnées de « certificat d'origine, et par conséquent confisca- « bles ; ...... attendu d'ailleurs que le saisi tentoit « évidemment d'introduire, dans l'intérieur, ces « marchandises en fraude, puisque, d'après le pro- « cès-verbal des préposés des douanes, il ne s'est « arrêté à la barrière que par la sommation de ces « préposés; puisque, sur leur interpellation, il ré- « pondit qu'il n'avoit rien à déclarer, et puisqu'enfin « partie de ces marchandises étoient placées dans le « cabriolet du saisi, de manière qu'elles étoient mas- « quées par le tablier : — par ces motifs, la cour « casse et annulle, etc. »

268. Les dispositions des deux articles précédens seront exécutées à l'égard des marchandises prohibées à la sortie, et lesdites marchandises ne pourront être transportées d'un port de France à un autre port de France, ni passer d'un lieu à un autre en empruntant le territoire étranger, sans être accompagnées d'un acquit-à-caution; et les conducteurs desdites marchandises seront tenus de remplir les formalités prescrites...... (22 *août* 1791, *art.* 3, *tit.* 5.)

A moins que la marchandise prohibée à la sortie ait un régime spécial (*au livre III*), ou qu'elle soit dépourvue des marques de fabrique nationale, comme le veut l'arrêté du 3 fructidor an 9 pour certaines espèces (n° 259), l'amende de cinq cents francs est toujours la seule applicable à l'exportation des marchandises dont la sortie est défendue.

Quant aux formalités prescrites relativement aux acquits-à-caution, il en sera parlé au titre Ier du livre IV.

269. Les marchandises prohibées à l'entrée ou à la sortie, qui auront été déclarées sous leur propre dénomination, ne seront point saisies; celles destinées à l'importation seront renvoyées à l'étranger; celles dont on demanderoit la sortie resteront en France. (22 *août* 1791, *art.* 4, *tit.* 5.)

Jurisprudence. — *Des marchandises réputées angloises seroient-elles admises à jouir de la faculté d'être renvoyées à l'étranger, si, au premier bureau, elles avoient été déclarées sous leur propre dénomination?* (Réponse négative.)

Quatre sacs d'horlogerie avoient été saisis : cette fabrication est comprise dans la nomenclature des objets dont la consommation est défendue. Cependant, le tribunal criminel du Léman donna main-levée de cette saisie, sous prétexte que, d'après l'article ci-dessus rapporté de la loi de 1791, la déclaration en ayant été faite au bureau, il n'y avoit pas eu contravention.

Sur quoi est intervenu, le 29 nivose an 9, arrêt de cassation dont la teneur suit :

« Considérant que la loi de brumaire an 5 est « une loi toute particulière pour les marchandises « angloises ou réputées telles à leur importation ; « qu'on ne peut modifier cette loi, comme l'a fait le « tribunal du Léman, par des dispositions tirées « de la législation commune des douanes ; — vu « l'art. 5 de la loi du 10 brumaire an 5 ; attendu « que Seriot a été saisi au moment où il importoit « des ouvrages d'horlogerie de l'étranger sur le ter- « ritoire *françois* ; et qu'on n'a pu, sans violer l'ar- « ticle ci-dessus cité et sans tirer une fausse appli- « cation des lois ordinaires des douanes, excuser ce « fait matériel et positif d'importation, pour or- « donner la restitution des objets saisis sur Seriot : « par ces motifs, la cour casse et annulle, etc. »

LA PROHIBITION ABSOLUE n'est pas, en principe, susceptible d'exception.

Son application est immédiate et frappe les navires arrivés postérieurement à la réception de l'ordre, ou qui se trouvent encore dans le port sans être déchargés.

Mais si les marchandises qu'on viendroit de prohiber avoient été mises à terre avant que cet ordre de prohibition fût parvenu, si elles avoient été déclarées et qu'elles fussent enregistrées, elles seroient admissibles ainsi que celles en entrepôt.

Quant aux espèces qui auroient été expédiées avant la prohibition, et qui auroient abordé sur la foi d'un certificat du consul françois, elles ne sont pas saisissables ; mais on ne peut pas en permettre le débarquement, et elles doivent être réexportées par le même bâtiment, après toutefois que le certificat d'origine aura été reconnu véritable. (*Principes extraits d'une circulaire du directeur général, en date du* 28 *septembre* 1808.)

CHAPITRE II. — *De la Prohibition relative.*

SECTION I. — *Prohibition pour contravention aux lois sur le blocus.*

270. Aucun bâtiment venant directement de l'Angleterre ou des colonies angloises, ou y ayant été depuis la publication du présent décret, ne sera reçu dans aucun port. (*DI.* 21 *novembre* 1806, *art.* 7.)

LA prohibition qui résulte des décrets sur le blocus n'est en effet qu'une prohibition relative..... Ce n'est pas, dans ce cas, la cargaison qui entraîne le bâtiment ; c'est, au contraire, le bâtiment qui entraîne la cargaison.

J'appelle donc PROHIBITION RELATIVE, celle qui, au lieu de frapper la marchandise, frappe son origine, ses moyens de transport, ou les lieux d'abord.... La confiscation est bien une suite de cette prohibition, mais ce n'est pas à raison de la nature de la marchandise ; c'est par rapport à ce que la condition qui lui étoit imposée, de faire ou ne pas faire telle chose, a été enfreinte.

Quant aux dispositions sur le blocus des îles britanniques, Sa Majesté a déclaré plusieurs fois, et entre autres dans sa réponse aux députés des villes anséatiques, lors de leur réunion à la France, que ces dispositions seroient considérées comme principe fondamental de l'empire, tout aussi long-tems que l'Angleterre ne reviendroit pas à ceux du droit des gens..... Il devient donc de la plus haute importance de rapporter ici l'ensemble de la législation sur cette matière.

Le premier décret est du 21 novembre 1806 ; c'est celui qu'on nomme *décret de Berlin* ; il porte :

« NAPOLÉON, Empereur des François, Roi d'Italie : « considérant, 1°. que l'Angleterre n'admet point le « droit des gens suivi universellement par tous les « peuples policés ; 2°. qu'elle répute ennemi tout indi- « vidu appartenant à l'état ennemi, et fait en consé- « quence prisonniers de guerre, non seulement les équi- « pages des vaisseaux armés en guerre, mais encore les « équipages des vaisseaux de commerce et des navires « marchands, et même les facteurs de commerce et les « négocians qui voyagent pour les affaires de leur « négoce ; 3°. qu'elle étend aux bâtimens et marchan- « dises du commerce et aux propriétés des particu- « liers le droit de conquête, qui ne peut s'appliquer « qu'à ce qui appartient à l'état ennemi ; 4°. qu'elle « étend aux villes et ports de commerce non fortifiés, « aux havres et aux embouchures des rivières, le droit « de blocus, qui, d'après la raison et l'usage de tous « les peuples policés, n'est applicable qu'aux places « fortes ; qu'elle declare bloquées des places devant « lesquelles elle n'a pas même un seul bâtiment « de guerre, quoiqu'une place ne soit bloquée que « quand elle est tellement investie, qu'on ne puisse « tenter de s'en approcher sans un danger immi- « nent ; qu'elle déclare même en état de blocus des « lieux que toutes ses forces réunies seroient inca- « pables de bloquer, des côtes entières et tout un « empire ; 5°. que cet abus monstrueux du droit de « blocus n'a d'autre but que d'empêcher des com- « munications entre les peuples, et d'élever le com- « merce et l'industrie de l'Angleterre sur la ruine « de l'industrie et du commerce du continent ; 6°. « que tel étant le but évident de l'Angleterre, qui- « conque fait sur le continent le commerce des mar- « chandises angloises favorise par-là ses desseins et « s'en rend le complice ; 7°. que cette conduite de

« l'Angleterre, digne en tout des premiers âges « de la barbarie, a profité à cette puissance au dé« triment de toutes les autres ; 8°. qu'il est de droit « naturel d'opposer à l'ennemi les armes dont il se « sert, et de le combattre de la même manière qu'il « combat, lorsqu'il méconnoît toutes les idées de « justice et tous les sentimens libéraux, résultats de « la civilisation parmi les hommes :

« Nous AVONS RÉSOLU d'appliquer à l'Angleterre « les usages qu'elle a consacrés dans sa législation « maritime.

« Les dispositions du présent décret seront cons« tamment considérées comme principe fondamen« tal de l'Empire, jusqu'à ce que l'Angleterre ait « reconnu que le droit de la guerre est un, et le « même sur terre que sur mer ; qu'il ne peut s'é« tendre ni aux propriétés privées, quelles qu'elles « soient, ni à la personne des individus étrangers à « la profession des armes, et que le droit de blocus « doit être restreint aux places fortes réellement in« vesties par des forces suffisantes.

Nous avons, en conséquence, DÉCRÉTÉ et DÉCRÉTONS ce qui suit :

Art. 1er. Les îles britanniques sont déclarées en « état de blocus.

Art. 2. « Tout commerce et toute correspondance « avec les îles britanniques sont interdits.

« En conséquence, les lettres ou paquets adressés « ou en Angleterre, ou à un Anglois, ou écrits en « langue angloise, n'auront pas cours aux postes, « et seront saisis.

Art. 3. « Tout individu sujet de l'Angleterre, de « quelque état et condition qu'il soit, qui sera « trouvé dans les pays occupés par nos troupes ou « par celles de nos alliés, sera fait prisonnier de « guerre.

Art. 4. « Tout magasin, toute marchandise, toute « propriété, de quelque nature qu'elle puisse être, « appartenant à un sujet de l'Angleterre, sera dé« claré de bonne prise.

Art. 5. Le commerce des marchandises angloises « est défendu, et toute marchandise appartenant à « l'Angleterre, ou provenant de ses fabriques et de « ses colonies, est déclarée de bonne prise.

Art. 6. « La moitié du produit de la confiscation « des marchandises et propriétés déclarées de bonne « prise par les articles précédens sera employée à « indemniser les négocians des pertes qu'ils ont « éprouvées par la prise des bâtimens de commerce « qui ont été enlevés par les croisières angloises.

Art. 7. — *C'est celui qui se trouve rapporté au* n° 270.

Art. 8. « Tout bâtiment qui, au moyen d'une « fausse déclaration, contreviendra à la disposition « ci-dessus, sera saisi ; et le navire et la cargaison « seront confisqués comme s'ils étoient propriété « angloise.

Art. 9. « Notre tribunal des prises de Paris est « chargé du jugement définitif de toutes les contesta« tions qui pourront survenir dans notre Empire « ou dans les pays occupés par l'armée françoise « relativement à l'exécution du présent décret. Notre « tribunal des prises à Milan sera chargé du juge« ment définitif desdites contestations qui pourront « survenir dans l'étendue de notre royaume d'Italie.

Art. 10. « Communication du présent décret sera « donnée, par notre ministre des relations exté« rieures, aux rois d'Espagne, de Naples, de Hol« lande et d'Etrurie, et à nos autres alliés, dont « les sujets sont victimes, comme les nôtres, de « l'injustice et de la barbarie de la législation ma« ritime angloise. »

271. Tous les bâtimens qui, après avoir touché en Angleterre, par quelque motif que ce soit, entreront dans les ports de France, seront saisis et confisqués, ainsi que les cargaisons, sans exception ni distinction de denrées et marchandises. (*DI.* 23 *novembre* 1807, *art.* 1.)

272. Les capitaines des bâtimens qui entreront dans les ports de France devront, dans le jour de leur arrivée, faire, au bureau des douanes impériales, une déclaration du lieu de leur départ, de ceux où ils ont relâché, et lui présenter leurs manifestes, connoissemens, papiers de mer et livres de bord.

Lorsque le capitaine aura signé et remis sa déclaration, et communiqué ses papiers, le chef des douanes interrogera séparément les matelots, en présence des deux principaux préposés. S'il résulte de cet interrogatoire que le bâtiment a touché en Angleterre, indépendamment de la saisie et confiscation dudit bâtiment et de sa cargaison, le capitaine sera, ainsi que ceux des matelots qui, dans leur interrogatoire, auroient fait une fausse déclaration, constitué prisonnier, et ne sera mis en liberté qu'après avoir payé une somme de six mille francs pour son amende personnelle, et celle de cinq cents pour chacun des matelots arrêtés, sans préjudice des peines encourues par ceux qui falsifient leurs papiers de mer et livres de bord. (*DI.* 23 *novembre* 1807, *art.* 2.)

273. Si des avis et renseignemens donnés aux directeurs de nos douanes élèvent des soupçons sur l'origine des cargaisons, elles seront mises provisoirement en entrepôt, jusqu'à ce qu'il ait été reconnu et décidé qu'elles ne proviennent ni d'Angleterre ni de ses colonies. (*DI.* 23 *novembre* 1807, *art.* 3.)

La déclaration prescrite par le premier paragraphe de l'art. 2 ci-dessus ne dispense pas de celles relatives aux marchandises importées. *Voir* le complément de ces formalités au titre *Déclarations.*

Ce décret a un quatrième article; mais comme il n'est relatif qu'à ce que doivent contenir les certificats d'origine, l'ordre méthodique exige qu'il soit sous le nº 277. Le décret du 23 novembre ci-dessus et celui du 17 décembre même année sont ceux qu'on nomme *décrets de Milan.*

Si les dispositions de ces différens décrets se trouvent imprimées ici, les unes en texte, les autres en notes, c'est dans le but de faire d'abord ressortir celles de ces dispositions qui concernent particulièrement les douanes.... Je ne rapporterai donc le décret du 17 décembre 1807 que dans cette note, puisqu'il est plutôt relatif à la marine qu'à la matière que je traite.... La lettre de ce décret porte:

« NAPOLÉON, Empereur des François, Roi d'Italie, et Protecteur de la Confédération du Rhin.
« Vu les dispositions arrêtées par le gouvernement britanique, en date du 11 novembre dernier, qui assujettissent les bâtimens des puissances neutres, amies et même alliées de l'Angleterre, non seulement à une visite par les croiseurs anglois, mais encore à une station obligée en Angleterre, et à une imposition arbitraire de tant pour cent sur leur chargement, qui doit être réglée par la législation angloise; considérant que, par ces actes, le gouvernement anglois a dénationalisé les bâtimens de toutes les nations de l'Europe; qu'il n'est au pouvoir d'aucun gouvernement de transiger sur son indépendance et sur ses droits, tous les souverains de l'Europe étant solidaires de la souveraineté et de l'indépendance de leur pavillon; que si, par une foiblesse inexcusable, et qui seroit une tache ineffaçable aux yeux de la postérité, on laissoit passer en principe et consacrer par l'usage une pareille tyrannie, les Anglois en prendroient acte pour l'établir en droit, comme ils ont profité de la tolérance des Gouvernemens pour établir l'infâme principe que le pavillon ne couvre pas la marchandise, et pour donner à leur droit de *blocus* une extension arbitraire et attentatoire à la souveraineté de tous les Etats:

« Nous avons DÉCRÉTÉ et DÉCRÉTONS ce qui suit:

Art. 1er. « Tout bâtiment de quelque nation qu'il soit, qui aura souffert la visite d'un vaisseau anglois, ou se sera soumis à un voyage en Angleterre, ou aura payé une imposition quelconque au gouvernement anglois, est par cela seul déclaré dénationalisé, a perdu la garantie de son pavillon, et est devenu propriété angloise.

Art. 2. « Soit que lesdits bâtimens, ainsi dénationalisés par les mesures arbitraires du gouvernement anglois, entrent dans nos ports ou dans ceux de nos alliés, soit qu'ils tombent au pouvoir de nos vaisseaux de guerre ou de nos corsaires, ils sont déclarés de bonne et valable prise.

Art. 3. « Les îles britanniques sont déclarées en état de blocus, sur mer comme sur terre.

« Tout bâtiment, de quelque nation qu'il soit, quel que soit son chargement, expédié des ports d'Angleterre ou des colonies angloises, ou des pays occupés par les troupes angloises, ou allant en Angleterre ou dans les colonies angloises, ou dans des pays occupés par les troupes angloises, est de bonne prise, comme contrevenant au présent décret; il sera capturé par nos vaisseaux de guerre ou par nos corsaires, et adjugé au capteur.

Art. 4. « Ces mesures, qui ne sont qu'une juste réciprocité pour le système barbare adopté par le Gouvernement anglois, qui assimile sa législation à celle d'Alger, cesseront d'avoir leur effet pour toutes les nations qui sauroient obliger le Gouvernement anglois à respecter leur pavillon.

« Elles continueront d'être en vigueur pendant tout le temps que ce Gouvernement ne reviendra pas aux principes du droit des gens, qui règle les relations des Etats civilisés dans l'état de guerre. Les dispositions du présent décret seront abrogées et nulles par le fait, dès que le Gouvernement anglois sera revenu aux principes du droit des gens, qui sont aussi ceux de la justice et de l'honneur. »

274. Lorsqu'un bâtiment entrera dans un port de France ou des pays occupés par nos armées, tout homme de l'équipage ou passager qui déclarera au chef de la douane que ledit bâtiment vient d'Angleterre ou des colonies angloises, ou des pays occupés par les troupes angloises, ou qu'il a été visité par des vaisseaux

anglois, recevra le tiers du produit net de la vente du navire et de sa cargaison, s'il est reconnu que sa déclaration est exacte. (*DI.* 11 *janvier* 1808, *art.* 1.)

275. Le chef de la douane qui aura reçu la déclaration indiquée dans l'article précédent fera, conjointement avec le commissaire de police qui sera requis à cet effet, et les deux principaux préposés des douanes du port, subir séparément, à chacun des hommes de l'équipage et passagers, l'interrogatoire prescrit par l'article 2 *du* décret du 23 novembre 1807. (*Même décret, art.* 2.)

Ce dernier décret a un article 3, que je classerai au titre *des Peines cumulatives* du livre V.

En vertu d'un ordre de Sa Majesté, transmis par lettres ministérielles du 24 décembre 1810,

« Les décrets de Berlin et de Milan ne doivent « être appliqués à aucun bâtiment américain entré « dans nos ports depuis le premier novembre, ou « qui y entreroient à l'avenir. Ceux qui ont été sé- « questrés comme étant en contravention avec ces « décrets sont l'objet d'un rapport spécial. » — A l'arrivée de ces navires dans nos ports, on adressera à M. le directeur général les déclarations de mer et interrogatoires des capitaines et équipages, leurs papiers de mer et les certificats dont ils seront munis, afin qu'il puisse en faire un rapport à l'Empereur, qui prononcera sur l'admission de leur cargaison...... (*CD.* 26 *décembre* 1810.)

Ainsi qu'on vient de le voir sous le nº 270, le tribunal des prises siégeant à Paris est seul chargé du jugement des contraventions aux lois du blocus....... Je dirai dans le chapitre *des Procès-verbaux* du livre V quel est le mode de citation pour procéder devant ce tribunal.

Le sixième du produit net des confiscations et amendes pour contravention aux décrets sur le blocus appartient aux saisissans et préposés supérieurs. (*Voir* au livre I, le paragraphe *Répartition des saisies.*

JURISPRUDENCE DU CONSEIL DES PRISES. 1º. *Un bâtiment neutre qui a été capturé une première fois, et dont la prise a été jugée valable, sur le fondement que ce bâtiment avoit contrevenu au décret du* 21 *novembre* 1806, *sur le blocus des îles Britanniques, peut-il, lorsqu'il a été racheté par ses propriétaires et réexpédié de nouveau, être une seconde fois confisqué pour la même contravention?* (Rép. aff.)

2º. *La circonstance que ce bâtiment a déposé les marchandises qu'il avoit à son bord à l'époque de sa contravention, et qu'il a pris une nouvelle cargaison dans un port allié, est-elle un obstacle à cette confiscation?* (Rép. nég.)

Les sieurs *Barrère*, propriétaires du navire sous pavillon américain, la *Paulina*, le chargent de grains et de toiles cirées.

Dans les pièces de bord, ils destinent cette cargaison pour Berghen en Norwège; mais de fait, ils font voile vers l'Angleterre, et font décharger leur blé dans un port anglois.

Après ce déchargement, la *Paulina* part pour Malaga sur son lest, avec ses dix-neuf balles de toiles françoises.

En chemin elle est rencontrée par trois corsaires espagnols; elle est capturée et conduite à Algésiras.

Le juge des prises, établi dans ce port, procède sur-le-champ à l'interrogatoire de l'équipage; il s'empare du journal de bord, et traite la *Paulina* comme coupable d'avoir touché en Angleterre.

Les frères *Barrère* passent condamnation.

Mais ils avoient préparé une cargaison de vins, de fruits, de savons et de sumac à Malaga, et, ne pouvant trouver aucun autre bâtiment de transport, ils se déterminent à racheter la *Paulina.*

Le prix du rachat fut fixé à 7000 piastres fortes, et les frais de justice furent fixés à 1500 piastres.

Après le paiement de cette double somme, l'ordre fut donné de relâcher le navire capturé.

D'Algésiras, la *Paulina* se rend à Malaga; elle y prend la cargaison achetée par les sieurs *Barrère.*

Sa destination réelle étoit Morlaix; son expédition simulée étoit pour Riga.

Elle part le 18 novembre 1807.

Dans sa traversée, elle rencontre, le 14 décembre, la corvette angloise *le Redwinck*, à la hauteur de Lisbonne.

Le 25 du même mois, elle rencontre aussi le vaisseau de S. M. Britann. *le Tonnant*, à la hauteur d'Ouessant.

Dans l'une et l'autre rencontre, elle est hélée et questionnée par les Anglois; mais elle n'a aucune communication avec eux.

Elle arrive le 30 décembre devant Morlaix; mais n'ayant pu entrer dans le port à cause de la fureur des vents, elle reprend le large.

Elle est aperçue et capturée à vue de terre, le 7 janvier, par le corsaire *le Requin.*

Le 8 au matin, le sieur *Sauveur*, capitaine du *Requin*, fait son rapport au bureau de la marine.

Aussitôt le sieur *Jesequex* fils est nommé et établi gardien sur la *Paulina.*

Le 9, à midi, l'administrateur de la marine, le receveur des douanes, le subdélégué du commissaire de police, le maire de Roscoff, le capitaine *Sauveur,* le sieur *Barrère* et deux interprètes, se rendent à bord du navire capturé.

On procède aussitôt à l'interrogatoire des marins de ce navire : les officiers, les matelots, tous répondent, tous attestent que la *Paulina* a été questionnée deux fois, mais n'a point été visitée par les Anglois.

Pour justifier que l'arrestation de la *Paulina* étoit illégale et vexatoire, les sieurs *Barrère*, devant le conseil des prises, ont soutenu :

1°. Que ce navire, ainsi que la cargaison, leur appartenoit, et étoit par conséquent propriété françoise.

2°. Que les décrets impériaux des 23 novembre et 17 décembre 1807 n'étoient point applicables à l'espèce, ayant été rendus après le départ de la *Paulina*, et n'ayant jamais été connus d'elle.

3°. Que la *Paulina* ayant été prise en contravention au décret du 21 novembre 1806, ayant été confisquée à Algésiras, on ne pouvoit la punir une seconde fois en France pour le même délit, suivant la règle *non bis in idem.*

4°. Qu'en tout cas, la confiscation ne pouvoit frapper que sur le bâtiment coupable de contravention, et non sur une cargaison étrangère au délit.

Mais les adversaires des sieurs *Barrère* ont réfuté toutes ces propositions d'une manière victorieuse, soit en représentant des pièces qui prouvoient sans réplique les relations que la *Paulina* avoit eues avec les Anglois, soit en établissant par tous les moyens consignés dans la décision ci-après, que ce navire avoit été bien et dûment capturé en vertu des lois dont les frères *Barrère* essayoient vainement d'éluder l'application.

Du 23 *juillet* 1808, MM. *Loiseau* et *Raoul* avocats, DÉCISION du Conseil des prises, en ces termes :

« LE CONSEIL, — Considérant que les sieurs « *Barrère*, réclamateurs du navire la *Paulina* et de « sa cargaison, ont d'abord déclaré, ainsi que le ca- « pitaine et l'équipage, que ce navire n'avoit point « été en Angleterre postérieurement au décret du 21 « novembre 1806 ;

« Que bientôt il est demeuré constant, 1°. par les « propres lettres des sieurs *Barrère*, trouvées sur un « navire naufragé, et qui ont forcé leur aveu ; 2°. par « les pièces découvertes sur la *Paulina* et l'instruction « faite à Algésiras, à l'époque de sa capture par des « corsaires espagnols ; et 3°. par la correspondance « qu'ils ont produite pour établir la propriété de la « cargaison, que le navire, visité par les Anglois une « première fois, le 14 décembre dernier, et une se- « conde fois, le 25 dudit mois, a fréquenté Guernesey « depuis la promulgation dudit décret du 21 no- « vembre 1806 ; qu'il en venoit, et non de Berghen « (comme ils l'avoient soutenu dans le principe), « lorsqu'il se rendoit à Malaga pour y chercher les « marchandises dont il étoit chargé en dernier lieu, « et que les sieurs *Barrère* ont constamment, et jus- « qu'à l'époque de la prise par le corsaire le *Requin*, « entretenu des relations de commerce avec des né- « gocians de cette île angloise ;

« Que ces circonstances, d'après les dispositions « des décrets des 21 novembre 1806, 23 novembre « et 17 décembre 1807, entraînent la confiscation du « navire et du chargement, quels qu'en soient les « propriétaires ;

« Que vainement les sieurs *Barrère* ont cherché à « s'appuyer de la capture faite par les Espagnols, et « de la transaction qui l'a suivie à Algésiras, pour « prétendre que la *Paulina*, n'ayant pas été depuis « dans un port d'Angleterre, a subi la peine de sa « contravention au décret du 21 novembre 1806 ; « que c'est un nouveau voyage qu'elle a entrepris « en partant de Malaga, sous la direction des sieurs « *Maury* frères, avec des pièces de bord indiquant la « destination de Riga, et qu'elle ne doit pas être pu- « nie deux fois pour le même fait ;

« Que, pour qu'ils fussent admis à proposer cette « exception, il faudroit qu'il y eût eu à Algésiras une « condamnation fondée sur la fréquentation des ports « anglois, et, qu'après une expropriation réelle, un « autre propriétaire eût fait une expédition toute « nouvelle ; tandis qu'on ne rapporte que la copie in- « forme d'une transaction passée avec les capteurs, « laquelle n'énonce aucun motif ; que les proprié- « taires sont toujours restés les mêmes, ainsi que le « capitaine et l'équipage, et que l'expédition con- « sommée à Malaga est la même que celle qui avoit « été concertée entre les sieurs *Barrère* et la maison « angloise, avant que le navire eût quitté Guernesey ;

« Que la confiscation se trouvant ainsi déterminée « par les contraventions aux décrets de Sa Majesté, « il devient superflu d'examiner la réclamation des « sieurs *Barrère* sous le rapport de la propriété, « tant du navire que de la cargaison, pour la reven- « dication de laquelle ils sont obligés d'avancer qu'ils « empruntoient le nom d'une maison angloise, et que, « sur la question de savoir si la moitié de la confis- « cation doit revenir au Gouvernement en vertu de « l'article 6 du décret du 21 novembre 1806, la cap- « ture étant postérieure au décret du 17 décembre « 1807, la disposition de l'article 3 qui, dans les cas « qu'il détermine, adjuge la totalité des prises au « capteur, est trop formel pour ne pas l'appliquer au « corsaire le *Requin* ;

« Décide que la prise faite dans la Manche par le « corsaire le *Requin* du navire la *Paulina* est bonne « et valable : en conséquence, sans s'arrêter aux ré- « clamations des sieurs Barrère *juniores*, et des sieurs « *Michel* et *François Barrère*, adjuge au profit des « armateurs et équipage dudit corsaire, tant ledit « navire *la Paulina*, ses agrès, ustensiles et appa- « raux, que les marchandises et effets de son char- « gement, pour le tout être vendu aux formes et de « la manière prescrites par les lois et réglemens sur « le fait des prises ; et le produit net, sous la déduc-

« tion des frais de subsistance de l'équipage capturé, « dans le cas où les réclamans n'y auroient pas pour- « vu, être remis auxdits armateurs et équipages, « prélèvement fait des droits attribués aux inva- « lides de la marine par le réglement du 2 prai- « rial an 11 ».

SECTION II. — *Prohibition à défaut de certificats d'origine.*

§ 1. *Dispositions générales sur les certificats d'origine.*

276. Les bâtimens neutres, destinés pour les ports de *France*, devront être munis d'un certificat délivré par le commissaire ou agent des relations commerciales de *Sa Majesté*, au port d'embarquement; lequel certificat portera le nom du vaisseau, celui du capitaine, la nature de la cargaison, le nombre d'hommes d'équipage, et la destination du bâtiment.

Dans cette déclaration, le commissaire certifiera qu'il a vu le chargement s'opérer sous ses yeux, et que les marchandises ne sont pas de fabrique angloise, et ne proviennent ni d'Angleterre ni de ses colonies. (*AC.* 1er. *messidor an* 11, *art.* 2, *et loi du* 22 *ventose an* 12, *art.* 15.)

277. *Les* commissaires des relations commerciales qui délivreront des certificats d'origine pour les marchandises qui seront chargées dans les ports de leur résidence, à destination de ceux de la France, ne se borneront pas à attester que les marchandises ou denrées ne viennent ni d'Angleterre ni de ses colonies, et de son commerce; ils indiqueront le lieu de l'origine, les pièces qui leur ont été représentées à l'appui de la déclaration qui leur a été faite, et le nom du bâtiment à bord duquel elles ont été transportées primitivement du lieu de l'origine dans celui de leur résidence. (*DI.* 23 *novembre* 1807, *art.* 4.)

PAR le troisième paragraphe de l'art. 15 ci-dessus de la loi du 22 ventose an 12, il étoit ordonné aux consuls d'adresser un double de leur certificat au ministre de l'intérieur, le jour même du départ du bâtiment; par le dernier paragraphe de l'article 4 du décret du 23 novembre 1807, c'étoit au directeur général des douanes qu'ils devoient faire cet envoi; aujourd'hui, « la correspondance avec les consuls « près les puissances étrangères pour les affaires rela- « tives au commerce » étant, par le §. 4°. de l'article 1er. du décret du 19 janvier 1812, dans les attributions du ministère des manufactures et du commerce, il a été mandé à ces consuls, par circulaire ministérielle du 6 mars 1812, que les duplicata des certificats d'origine devoient être envoyés au ministre du commerce.

Par décision ministérielle du 26 fructidor an 12, les bâtimens françois, venant de l'étranger, doivent, comme les navires neutres, être munis des certificats ci-dessus.

Il résulte d'une circulaire du 7 juillet 1810, transmissive des intentions de Sa Majesté, relativement à la mise en vigueur de l'acte de navigation (*Voir au titre* 1er. *du livre VI*), qu'aucune marchandise ne sera admise en France, par navire étranger, qu'autant qu'elle sera du crû du pays auquel appartient le bâtiment, d'où découle que la disposition de l'art. 4 du décret du 23 novembre 1807, qui veut que le consul indique le nom du bâtiment à bord duquel les marchandises ont été transportées primitivement du lieu de l'origine dans celui de leur résidence, n'est obligatoire, aujourd'hui que lorsque le bâtiment chargeur est françois.... Il est bien évident qu'une marchandise transportée du lieu de son origine dans celui où réside le consul n'est plus une marchandise apportée directement du pays de son crû; conséquemment, elle ne peut être exportée de ce lieu-là pour la France que par bâtiment francisé.

Une autre conséquence dérive encore de cette disposition de n'admettre les marchandises par navires étrangers que lorsqu'elles sont du crû du pays auquel appartient le bâtiment; c'est que toutes productions d'outre-mer se trouvent nécessairement prohibées à l'importation par terre. — *Voir* à cet égard le chapitre *des Productions coloniales*, au livre III.

Au surplus, *par mer*, ce n'est plus le certificat seul ni les autres formalités remplies qui donnent la faculté de recevoir les marchandises : quelles que soient leurs espèces, il faut au préalable un ordre exprès de Sa Majesté pour admettre le bâtiment. *Voir* pour exceptions, au titre *de l'Entrée et de la Sortie des navires*, du livre VI.

Le ministre de l'intérieur a décidé, le 19 fructidor an 11, que les bateliers françois qui vont par les eaux intérieures prendre *à l'étranger* des chargemens qu'ils apportent en France, doivent être assujettis aux dispositions relatives aux certificats d'origine, attendu que ces mesures ayant pour but d'empêcher l'introduction des marchandises angloises, il doit atteindre tous les bâtimens, grands ou petits, qui, par une voie ou par une autre, peuvent la pratiquer ou la favoriser. — Il résulte de cette décision que non-seulement les navires neutres abordant dans les ports du Rhin, *mais même ceux françois* y arrivant *de l'étranger*, doivent être munis de certificats des agens françois, attestant l'origine non angloise et le chargement expédié sous leurs yeux des objets composant leurs cargaisons. — On ne doit donc admettre dans les ports du Rhin que les navires et marchandises munis des certificats prescrits, dont les duplicata seront transmis. — Cette obligation n'est imposée qu'aux navires destinés pour la France; ceux à la destination de la rive droite du Rhin ne sont point assujettis à cette formalité dans la partie qui forme la ligne de démarcation entre la France et l'étranger. (*Ainsi décidé le 3e jour complémentaire an* 11.)

278. Le droit à percevoir par *les* consuls-généraux, consuls et vice-consuls en pays étranger, à raison des certificats d'origine qu'ils sont chargés de délivrer par la loi du 22 ventose an 12, et *le* décret impérial du 23 novembre 1807, est fixé ainsi qu'il suit, savoir:

Pour le chargement d'un bâtiment dont le port est au-dessous de deux cents quintaux décimaux (environ quatre cents quintaux ou vingt tonneaux).. 6 fr.

Pour un bâtiment de deux cents à quatre cents quintaux décimaux.... 10

De quatre cents à sept cent cinquante.......................... 15

De sept cent cinquante à mille.......................... 20

De mille à quinze cents.......................... 30

De quinze cents à deux mille.......................... 40

De deux mille et au-dessus.......................... 50

Pour les marchandises transportées par terre qui seront sujettes au certificat d'origine, 2 fr. pour le premier quintal décimal, et 25 centimes pour chaque quintal décimal excédant. (*DI.* 11 *août* 1808, *art.* 1.)

279. Le certificat d'origine comprendra la totalité du chargement. (*DI.* 11 *août* 1808, *art.* 2.)

Il avoit déjà été décidé, le 5 vendémiaire an 12, qu'un certificat général réunissant toutes les conditions et offrant toutes les preuves d'origine que les lois requièrent suffisoit pour la présentation des marchandises qu'il avoit pour objet de faire admettre.

280. Il ne sera délivré de certificats partiels que sur la réquisition des expéditeurs: ces certificats partiels contiendront l'extrait requis du certificat général, et ne seront soumis qu'au droit d'expédition, lequel est fixé à 1 fr. 50 cent. (*DI.* 11 *août* 1808, *art.* 3.)

281. Le montant du droit perçu, tant pour le certificat d'origine que pour les certificats partiels, sera énoncé en toutes lettres, en marge desdits certificats. (*DI.* 11 *août* 1808, *art.* 4.)

§. II. *Dispositions particulières aux certificats pour denrées et marchandises non fabriquées.*

282. Les *marchandises* étrangères ne seront admises dans les ports de France, qu'autant qu'elles seront accompagnées de certificats délivrés par les commissaires des relations commerciales de Sa Majesté l'Empereur au port d'embarquement....... (*DI.* 30 *ventose an* 13, *art.* 1.)

283. Toutes les *marchandises* étrangères pour lesquelles on ne représentera pas les certificats prescrits par l'article précédent, quand même elles viendroient des ports où Sa Majesté n'a point de commissaires, seront saisies et confisquées. (*Même décret, art.* 2.)

Ce n'étoit pas pour toutes les *marchandises* que le décret ci-dessus édictoit le certificat d'origine, mais seulement pour les *denrées coloniales étrangères*.... Il faut donc que je dise pourquoi je me permets de supprimer les mots *denrées coloniales* de ce décret, et pourquoi je substitue à ces mots celui *marchandises*.

Pour la suppression, j'ai le régime suivi, lequel résulte de l'ordre de n'admettre les denrées coloniales étrangères qu'alors qu'elles proviennent de prises, de saisies ou autres confiscations, ou que lorsqu'elles sont accompagnées d'une autorisation spéciale de Sa Majesté.

Pour la substitution, j'ai un titre et l'usage...... Je ne parlerai pas ici du régime actuel des denrées d'outre-mer ; il en sera question au livre III, chapitre *des Productions coloniales* ; mais j'en tirerai cette conséquence, que les denrées coloniales étrangères ne pouvant être admises aujourd'hui que par prises, confiscations ou autorisations spéciales, leur importation commerciale, même avec certificat d'origine, est prohibée, et que par suite le décret ci-dessus du 30 ventose an 13 se trouveroit abrogé, s'il n'avoit pas été rendu applicable aux marchandises d'autres espèces.

La lettre écrite à ce sujet a été adressée, par M. le directeur-général, à la direction d'Anvers ; elle porte :

« Les exceptions relatées dans la circulaire du 12 « germinal an 13, à l'égard des cotons en laine, des « marchandises du Levant, des productions du nord « et de celles du crû du pays auquel appartient le « bâtiment qui les importe, doivent céder à l'état « actuel des choses, et l'intention de Sa Majesté « l'Empereur étant que rien de ce qui peut être ré« puté provenir du commerce anglois ne pénètre « en France qu'autant qu'il soit évidemment justifié « de la non origine angloise, il s'ensuit que les cer« tificats prescrits par l'arrêté du 30 ventose an 13 « sont de rigueur indistinctement pour toute espèce « de marchandises. » (*LD.* 18 *janvier* 1808.)

Quoique cette lettre soit d'une date assez ancienne, et que postérieurement on agissoit encore différemment sur les côtes, ce qui n'en faisoit qu'une mesure locale aux frontières de la Hollande, il n'en est pas moins réel aujourd'hui que cette mesure est devenue générale, et cela par suite de l'ensemble des dispositions intervenues en 1810 et 1811.... Il y a même plus : c'est que le système continental s'oppose à ce que les certificats voulus par le décret puissent s'appliquer à autres productions qu'aux marchandises dont l'importation commerciale est permise.

Ainsi j'ai pu et même dû faire la substitution, le décret du 30 ventose an 13 étant corrélatif aux lois qui prohibent le commerce anglois. Tout autre emploi de ce décret n'eût servi qu'à induire en erreur ; *le laisser dans ses termes*, c'eût été produire des dispositions qui n'existent plus pour les denrées pour lesquelles elles avoient d'abord été édictées ; *ne pas l'insérer dans cet ouvrage*, c'eût été s'écarter des intentions de Sa Majesté et de ce qui se pratique ; c'eût été laisser croire que les matières premieres et autres productions permises ne devoient pas être accompagnées du certificat de leur origine amie ou neutre, tandis qu'à défaut de ce certificat, elles sont saisies, et que même l'amende s'ensuit.

Je ferai encore quelques observations pour démontrer la concordance de ce que les douanes exigent avec ce que les lois ne paroissent pas exiger.

D'abord il semble que ces dernières ne demandent des certificats d'origine que pour les marchandises arrivant *par mer*, et cependant la douane veut qu'il lui en soit représenté à l'arrivée *par terre*, les marchandises fussent-elles même autres que des fabrications ; mais cette exigeance a sa base dans l'intention de Sa Majesté, transmise par la lettre ci-dessus du 18 janvier 1808, que rien ne doit entrer en France qu'autant qu'il soit évidemment justifié de la non origine angloise ; d'où suit que les certificats que les lois prescrivent par mer sont de rigueur par toutes les entrées...... Le dernier paragraphe de l'art. 1er. du décret du 11 août 1808 (n° 278), en fixant le droit à payer pour les certificats par terre, n'établit-il pas d'ailleurs, par cette seule fixation, que des certificats d'origine doivent aussi accompagner les marchandises présentées à cette frontière ? or la douane ne veut que ce que veut l'ensemble des lois et le système continental, donc il y a concordance parfaite.

Ensuite on lit dans l'art. 2 du décret du 30 ventose an 13, que les espèces pour lesquelles on ne représentera pas le certificat prescrit seront confisquées, quand même elles viendroient des ports où Sa Majesté n'a point de commissaires, ce qui feroit induire qu'aucune marchandise ne peut être importée qu'avec certificat des consuls, et cependant il n'en est pas moins vrai que celui des magistrats de certains pays où il n'y a point de consuls françois suffit pour produire l'admission des productions territoriales et industrielles de ces pays ; par exemple :

D'Espagne, les matières premières de son crû, lorsqu'elles viennent des contrées soumises à l'autorité légitime, sont admises avec certificats des magistrats de ces lieux. (*DI.* 29 *septembre* 1809.)

Et pour les denrées du crû du même royaume, autres que celles pareilles aux productions coloniales, il suffit du certificat délivré par les autorités françoises dans le port du départ. (*DI.* 28 *août* 1810, *art.* 3; le voir au titre 1er du livre VI). — Quant aux certificats pour les cotons MOTRIL, j'en parlerai au chapitre *Cotons* du livre III.

DE WESTPHALIE, ordre a été donné d'admettre les denrées et marchandises permises de ce royaume, lorsqu'elles seront accompagnées de certificats des maires, visés *seulement* par le préfet ou par le sous-préfet. (*LM.* 23 *mars* 1812.)

DU GRAND-DUCHÉ DE BERG, les productions industrielles et territoriales de ce pays, où il n'existe pas d'agent diplomatique, peuvent, comme celles du royaume de Westphalie, être admises avec les certificats des maires, visés par leurs préfets ou sous-préfets. (*LM.* 23 *avril* 1812.)

DE BAVIÈRE, les marchandises de ce royaume, dont l'importation est permise par le tarif, n'étant pas de nature à être soupçonnées d'origine angloise, l'on peut ainsi se borner à demander que les certificats des autorités bavaroises soient légalisés par la légation françoise (*LM.* 8 *mai* 1812.)

Ce seroit à tort que l'on croiroit que ces dispositions particulières sont en contradiction avec le décret du 30 ventose an 13; il découle au contraire de tout le système, et notamment de la lettre du 18 janvier 1808, que dès qu'il est constant que les objets n'ont pas l'origine angloise et ne peuvent provenir par son commerce, l'admission en est autorisée, et c'est par cela que certaines espèces dont l'origine ne peut être suspecte ont été dispensées de tout certificat; par exemple : les marbres d'Italie. (*DM.* 22 *ventose an* 12) ..... — Et même les productions territoriales importées par terre ou par rivière, sans emprunt de la mer, sont aussi admises sans certificats, alors qu'elles consistent en bois de chauffage ou propres aux constructions navales et civiles, en grains, légumes secs, riz, chanvres, fruits et autres articles de même nature; mais les cuivres bruts, les cuirs en vert doivent *au moins* être accompagnés des certificats des autorités locales. (*LM.* 8 *avril* 1812.)

Néanmoins il ne faut pas induire de ces exceptions que les art. 16, 17 et 18 de la loi du 22 ventose an 12, qui en établissoient d'autres sous certaines conditions, sont restés en vigueur; on lit clairement dans la lettre du 18 janvier 1808 que *les exceptions relatées dans la circulaire du* 12 *germinal an* 13 *doivent céder à l'état des choses;* or, comme cette circulaire n'étoit que l'ampliation des articles ci-dessus cités de la loi du 22 ventose an 12, il s'ensuit que ces articles se trouvent abrogés par contradiction avec le système actuel...

JURISPRUDENCE. *La confiscation est-elle la seule peine qui doive être prononcée contre ceux qui importent des marchandises sans certificats d'origine?*

Des sucres avoient été importés avec un certificat d'origine qui fut reconnu n'être point applicable au chargement et n'avoir pas été délivré au port d'embarquement..... On prétendit que la confiscation étoit la seule peine qui dût être prononcée... Les derniers *considérant* d'un arrêt de cassation que je suis obligé de disséquer, parce qu'il répond aussi à des questions qui n'ont pas de rapport à celle-ci, ont levé tout doute à cet égard.... Voici les termes dans lesquels ils sont conçus :

« Attendu que la loi du 22 ventose an 12 et le « décret impérial du 30 ventose an 13 sont corrélatifs avec la loi du 10 brumaire an 5, dont ils « étendent les dispositions quant à la nature des « objets prohibés à l'importation, sans que rien annonce qu'ils aient entendu la modifier quant aux « peines à appliquer à ce genre de délit; que la loi du « 10 brumaire an 5 porte en effet le principe général de la prohibition d'importation en France des « marchandises manufacturées en Angleterre ou provenant du commerce anglois; que la loi du 22 ventose an 12 le rend commun aux denrées coloniales « provenant des colonies angloises; et que le décret « impérial du 30 ventose an 13 le rend également « commun à toutes denrées coloniales étrangères, « qu'il répute angloises si elles ne sont accompagnées « d'un certificat rédigé dans la forme qu'il prescrit, « certificat délivré par le commissaire des relations « commerciales de Sa Majesté au port d'embarquement, et qui en déclare l'origine autre que celle « angloise; que dès-lors, toutes denrées coloniales « importées en France, sans être accompagnées d'un « pareil certificat, doivent être réputées provenir des « colonies angloises, ou à tout le moins du commerce anglois, ce qui en fait nécessairement rentrer l'importation dans l'application de l'article 15 « de la loi du 10 brumaire an 5, qui est la loi générale de la matière et la base fondamentale de la « législation des douanes; d'où il suit que la loi du « 22 ventose an 12 et le décret impérial du 30 ventose an 13, n'ayant pas formellement abrogé le « genre de pénalité prononcée par la loi du 10 brumaire an 5, et la disposition de cette loi et de cet « arrêté n'ayant rien d'inconciliable avec les dispositions pénales de la loi de brumaire an 5, les tribunaux doivent appliquer les mêmes peines, tant « dans le cas d'infraction aux loi et arrêté des 22 ventose an 12 et 30 ventose an 13, que dans celui « d'infraction à celle du 10 brumaire an 5; — attendu « que la décision prise par le ministre de la police, « pour faire opérer la remise des sucres dont il s'agit « à Duchesne, ayant été par lui révoquée, elle a dû « être considérée comme non avenue, et n'a pu arrêter l'action des tribunaux; — et que d'après le décret du 30 ventose an 13, pour ôter aux denrées « coloniales étrangères la présomption légale des

« denrées provenant des colonies angloises, il faut « que le certificat qui les accompagne soit émané du « commissaire des relations commerciales de Sa Ma- « jesté au port d'embarquement ; que dans l'espèce, « il résulte des pièces de la procédure, et même de « l'aveu des réclamans, qu'il y a eu déchargement « des sucres saisis et réembarquement à Embden ; « que le certificat délivré à Hambourg, sans qu'il soit « besoin d'en examiner la forme, ne peut s'appliquer « à ce nouvel embarquement, dès qu'il n'est pas « légalement prouvé que les marchandises réembar- « quées à Embden étoient *identiquement* les mêmes « que celles qui étoient l'objet du certificat délivré à « Hambourg; que le contraire semble même résulter « des *considérant* de l'arrêt attaqué ; que le certificat « est donc sans application nécessaire et conséquem- « ment sans effet ; que sous ce dernier rapport la loi « a donc encore été bien appliquée ;

« Par ces motifs, la cour rejette le pourvoi du « capitaine Smitt et de Duchesne, contre l'arrêt rendu « par la cour de justice criminelle du département du « Calvados le 14 mars 1806 ». (*Extrait d'un arrêt de rejet du* 19 *mars* 1807.)

Nota. Ce qui a été prononcé contre les denrées coloniales qui alors pouvoient entrer avec certificats d'origine, le seroit aujourd'hui, par identité de raison, contre toute marchandise présentée sans certificat.

§. III. *Dispositions particulieres aux certificats pour marchandises manufacturées.*

284. ...... Il ne pourra...... être importé en France, ni admis au paiement des droits du tarif, aucuns objets ou marchandises manufacturés à l'étranger, qu'en justifiant qu'ils auront été fabriqués dans des Etats avec lesquels *la France* ne sera point en guerre (1er. *mars* 1793, *art.* 3.)

285. Cette justification sera faite par certificats délivrés par les consuls de France résidant dans ces Etats, ou à défaut de consuls par les officiers publics. Ils contiendront l'attestation formelle que ces objets ou marchandises auront été manufacturés dans les lieux mêmes où les certificats seront délivrés. (1er. *mars* 1793, *art.* 4.)

Ce que les deux articles ci-dessus de la loi du 1er. mars 1793 ont prescrit de relatif aux certificats d'origine pour fabrications, a été recommandé de nouveau par le premier paragraphe de l'art. 13 de la loi du 10 brumaire an 5, ainsi conçu :

« Tous objets de fabrique étrangère non compris « dans l'article 5 (*de la loi du* 10 *brumaire an* 5), et « desquels l'entrée n'est pas prohibée par les lois « existantes, ne seront admis dans l'intérieur de « *l'Empire* qu'autant qu'ils seront accompagnés de « certificats constatant qu'ils sont fabriqués dans les « pays avec lesquels la *France* n'est point en guerre, « conformément à la loi du 1er. mars 1793. » (*Voir le second paragraphe de cet article au* no 286.)

Et, à cette disposition de la loi du 10 brumaire an 5, l'article 1er. de celle du 19 pluviose même année, après avoir déclaré en son paragraphe premier que les objets y dénommés (voir no 258) ne seroient pas réputés provenir des fabriques angloises alors qu'ils seroient accompagnés des certificats prescrits par l'article 13 de la loi du 10 brumaire an 5, ajoute que, pour justifier légalement l'origine de ces marchandises,

« Ces certificats contiendront la déclaration asser- « mentée des envoyeurs, faite tant devant les magis- « trats du pays que devant les consuls françois, que « les objets y énoncés ne proviennent point des fabri- « ques ni du commerce des puissances en guerre avec « la France. » (19 *pluviose an* 5, *second paragraphe de l'art.* 1.)

Ainsi, indépendamment des formalités qui se rattachent au système général, il faut encore que celles-ci soient remplies.

Cependant les tableaux sont admissibles quelle qu'en soit l'origine. (*DM.* 5 *fructidor an* 11.)

286. Quant aux objets de fabrique de l'Inde, ils ne pourront être importés qu'autant qu'ils seront accompagnés de certificats délivrés par les compagnies...... danoises, visés par les consuls de France, constatant que ces objets proviennent du commerce de ces compagnies. (10 *brumaire an* 5, *second paragraphe de l'article* 13.)

Là où il y a des points, il s'agissoit du certificat à délivrer par les compagnies *hollandoises*.

On a vu sous le numéro qui précède que le premier paragraphe de cet article 13 de la loi du 10 brumaire an 5 ne faisoit que renouveler les dispositions de la loi du 1er mars que j'ai consignées sous les nos 284 et 285.

287. S'il résulte de la vérification desdites marchandises, qu'elles proviennent des fabriques ou du commerce anglois, elles seront saisies, sans avoir égard aux certificats dont elles seroient accompagnées. (10 *brumaire an 5, art.* 14.)

La confiscation n'est pas la seule peine qu'entraîneroit la reconnoissance que la marchandise est angloise; l'article 15 de cette même loi du 10 brumaire an 5 (nº 261) inflige, outre la confiscation des marchandises et des moyens de transport, une amende triple de la valeur des objets saisis et un emprisonnement, *à toute contravention aux articles ci-dessus*, dit-il; conséquemment, comme l'article 14 précède naturellement l'article 15 dans l'ordre de la loi, il s'ensuit que toutes les peines édictées par cet article 15 sont indubitablement applicables au délit dont il est question dans l'article 14 ci-dessus.

JURISPRUDENCE. — 1º. *Des marchandises non comprises dans l'article* 5 *de la loi du* 10 *brumaire an* 5, *circulant sans passavant dans la ligne des douanes, sont-elles réputées angloises lorsqu'elles ne sont pas accompagnées de certificats ?*

2º. *Peut-on prouver la nationalité de ces marchandises par experts ?*

Un arrêt de cassation, du 16 pluviose an 11, a répondu à ces questions en ces termes :

« Vu les articles 1, 5 et 13 de la loi du 10 brumaire an 5; vu pareillement l'article 23 de la loi du 22 août 1791, qui porte : *Dans le cas néanmoins où les marchandises seroient de la classe de celles prohibées à l'entrée, la confiscation en sera prononcée* (malgré la nullité des procès-verbaux); attendu, en premier lieu, que les marchandises *prohibées conditionnellement* par l'article 13 de la loi du 10 brumaire an 5, doivent être considérées dans la même catégorie que celles frappées de *prohibition absolue* par l'article 5 de la même loi; que par conséquent si celles-là sont saisies dans les trois lieues frontières, sans être accompagnées de certificats d'origine, ce n'est pas plus le cas de recourir à l'expertise, pour en déterminer l'origine, que lorsque celles-ci sont également saisies dans le rayon prohibé, sans être accompagnées de l'expédition des douanes voulue par la loi; attendu, en second lieu, qu'il est constant, dans l'espèce, que les toiles peintes (*elles pouvoient alors entrer*) dont il s'agit n'étoient pas accompagnées de certificats d'origine quand elles ont été saisies, à l'importation, avec les autres marchandises réputées angloises; qu'ainsi et d'après l'article 23 du titre 10 de la loi du 22 août 1791, elles étoient par cela même confiscables, comme les autres objets avec lesquels elles se trouvoient emballées;

« Attendu enfin que, dans tous les cas, les deux pièces produites postérieurement à la saisie ne pouvoient suppléer à celles qu'exige la loi; — « D'après ces motifs, le tribunal, en sections réunies, « casse, etc. »

Les deux pièces produites étoient, 1º. un certificat d'un fabricant d'Anvers, attestant avoir vendu au saisi *les marchandises y détaillées de sa propre fabrique.* — Ledit certificat d'une date antérieure de trois jours à la saisie. 2º. Un autre certificat daté du jour même de la saisie, par lequel le maire de la commune d'Ysendick déclaroit que le saisi, venu en cette commune par certificat délivré à la mairie d'Anvers, avoit besoin de transporter à Breskens lesdites marchandises. — Ce fut sur cette route que la saisie eut lieu.

3º. Un premier arrêt du 3 floréal an 10 avoit déjà décidé qu'on ne pouvoit demander une vérification d'experts pour des marchandises saisies dans le rayon de la police des douanes, la saisie de ces marchandises étant réputée faite à l'importation.

OBSERV. Cependant, lorsque le préjugé étoit en faveur du particulier, on a consenti quelquefois à admettre la vérification des marchandises par les experts du Gouvernement, quoiqu'elles fussent dépourvues des marques prescrites.

Mais cette preuve n'est point recevable postérieurement à la saisie; une pareille faveur seroit contraire aux dispositions de l'arrêté du 3 fructidor an 9. (Ainsi jugé par arrêt de cassation, du 5 brumaire an 13.)

4º. *Les marchandises étrangères peuvent-elles transiter sur les terres de France sans être accompagnées de certificats d'origine ?*

5º. *L'attestation que des marchandises sont de propriété neutre équivaut-elle à celle que ces marchandises sont fabriquées dans des pays neutres.*

Les faits qui ont donné lieu à la solution de cette question, quoique extrêmement simples, ont néanmoins provoqué deux arrêts de cassation, dont l'un a été rendu en sections réunies. — Comme les affaires du transit sont extrêmement argues, je vais entrer dans les détails de cette affaire, afin de jeter quelque jour sur la matière.

Le 29 ventose an 8, le sieur Klenck, commis expéditionnaire du sieur Moyse, commissionnaire à Bourg-Libre, remet au bureau des douanes de cette ville une déclaration de quatre caisses de marchandises venant de Bâle, et un certificat des magistrats de cette dernière ville, constatant qu'elles leur ont été déclarées être *propriété suisse ;* et il demande une autorisation pour les faire passer en *transit*, par Mayence, à Francfort. — Avant d'expédier le passavant, les préposés des douanes vérifièrent le contenu des caisses, et ne le trouvèrent pas entièrement conforme à la déclaration et au certificat : ils en conclurent que la déclaration du sieur Klenck étoit fausse, que le certificat d'origine n'étoit pas applicable aux quantités de marchandises, qui excédoient les poids désignés dans cette déclaration, et que par suite le sieur Klenck étoit, quant à l'excédant, en contravention à l'article 13 de la loi du 10 brumaire an 5. — Comme les cotons filés étoient alors prohibés, ils ajoutèrent qu'il s'y en trouvoit dans cet excédant, et que l'article 5 de ladite loi les réputant marchandises angloises, ils les saisissoient ainsi que ce qui excédoit la déclaration et le certificat; et de plus une livre et demie de soie qui n'y étoit pas non plus comprise. Cette saisie d'abord validée par jugement par défaut du tribunal correctionel d'Altkirck, fut annullée sur l'appel par le tribunal criminel du Haut-Rhin, sauf pour le coton et la soie; l'administration se pourvut en cassation, et le 28 frimaire an 10, il advint ce premier arrêt. « Vu les articles 3 et 4 de la loi du 1er mars 1793, « et les articles 13 et 15 de la loi du 10 brumaire « an 5; attendu, 1°. que les marchandises dont la « confiscation a été déclarée par le procès-verbal de « saisie du 29 ventose an 8 n'étoient pas accompagnées d'un certificat d'origine, tel et ainsi que « l'exigent les articles des lois précitées; que la « déclaration insérée au certificat d'origine délivré « par la municipalité de Bâle, que les marchandises « étoient propriété suisse, n'équivaut pas et ne peut « suppléer à l'attestation formelle, requise par l'article 4 de la loi du 1er mars 1793, pour la régularité des certificats d'origine; — 2°. Qu'en supposant même que le certificat d'origine soit conçu « dans les termes de la loi, il ne doit s'appliquer « qu'aux marchandises déclarées, et non à celles « dont il n'y est pas fait mention; que dans l'espèce, « le certificat d'origine produit ne s'applique pas « aux marchandises dont la confiscation a été déclarée « par les préposés aux douanes; qu'il est constaté « par leur procès-verbal, qu'il y avoit erreur dans « le poids, la quotité et la nature des marchandises; « que la déclaration faite par le certificat d'origine, « n'étant point conforme à la vérification faite par « les préposés aux douanes, il résultoit de cette incertitude que les marchandises non déclarées ou « faussement déclarées, n'étoient véritablement accompagnées d'aucun certificat d'origine, et qu'elles « étoient sujettes à la confiscation ».

L'affaire fut renvoyée au tribunal criminel de la Haute-Saône, qui jugea comme l'avoit fait celui du Haut-Rhin; — Attendu que, d'après la déclaration faite par l'appelant au bureau des douanes, il s'agit moins ici d'objets importés pour être consommés en France, que d'objets admis à passer simplement sur le territoire de la *France*, pour lesquels il n'est dû qu'un simple droit de *transit* par quintal, et de la destination desquels on peut s'assurer par les précautions que les lois indiquent; — Que cette déclaration ne pouvoit compromettre les droits de *l'Etat*, puisqu'elle donne en résultat un excédant du poids de près de 60 livres, à ce qui a été vérifié par les intimés; que s'il s'est trouvé dans quelqu'une des caisses des marchandises en plus grande quantité que celles déclarées, dans d'autres cette quantité s'est trouvée moindre, ce qui fait une sorte de compensation, et ne permet pas de douter que cette différence ne soit l'effet d'une erreur; — qu'au surplus, ces marchandises, si on excepte le coton filé et la livre et demie de soie, sont toutes mentionnées au certificat d'origine comme étant de fabrique suisse, sont de même nature, de même qualité, font partie des mêmes pieces et sortent des mêmes métiers; que le certificat paroît conforme à ce qu'exige la loi du 1er mars 1793; et qu'enfin, si l'intention du législateur est de repousser de la consommation les objets fabriqués chez nos ennemis, on doit croire qu'il entre aussi dans ses vues de laisser librement circuler parmi nous les marchandises qui, sorties des ateliers des peuples voisins et amis, peuvent servir aux échanges réciproques; — attendu, en ce qui concerne les douze livres de coton filé et la livre et demie de soie trouvées dans les caisses en question, qu'elles sont dans le cas d'être confisquées, le coton étant réputé de fabrique angloise, et la soie n'ayant été ni déclarée, ni comprise au certificat d'origine présenté au bureau des douanes, ce qui fait tomber l'un et l'autre dans la prohibition de l'art. 13 de la loi du 10 brumaire an 5.

L'administration s'est pourvue de nouveau contre ce jugement; et la cour de cassation, délibérant en sections réunies, l'a annullé par l'arrêt suivant, en date du 17 floréal an 11. « Vu les articles 3 et 4 de « la loi du 1er mars 1793, 13 et 14 de celle du 10 « brumaire an 5.... Considérant, 1°. que les marchandises dont l'entrée en France est prohibée ne « peuvent, par-là même, être admises à transiter; « que les marchandises dont la confiscation a été déclarée par le procès-verbal de saisie du 29 ventose « an 8, n'étoient pas accompagnées d'un certificat « d'origine, tel que le prescrivent les articles des « lois précitées, puisque ce certificat constate seulement que les marchandises en question sont une « propriété suisse, tandis qu'il falloit, aux termes « de la loi, qu'il constatât qu'elles avoient été fabriquées en Suisse. — 2°. Qu'en supposant le certificat d'origine conçu dans les termes de la loi, il « ne doit s'appliquer qu'aux marchandises déclarées, « et non à celles dont il n'est pas fait mention dans « la déclaration; que, dans l'espèce, le certificat « d'origine ne s'applique pas aux marchandises saisies, puisqu'il est constaté par le procès-verbal « de saisie qu'il y a erreur dans le poids, les quantités, la quotité et la nature des marchandises; « que de là il résulte qu'on a voulu introduire en « France, ou y faire transiter des marchandises sans « certificat d'origine, ce qui entraîne la confiscation, « aux termes des lois citées; par ces motifs, etc. »

OBS. Il est un point certain dans cette affaire : c'est que les préposés auroient non-seulement pu, mais même dû saisir la totalité des marchandises ; un certificat qui annonce que telles marchandises sont de propriété suisse n'est pas un certificat d'origine ; la loi veut l'attestation formelle qu'*elles ont été fabriquées dans les lieux mêmes où les certificats sont délivrés*. Or, ici le certificat n'attestoit rien de semblable ; donc ce n'étoit pas un titre de leur origine, donc toutes ces marchandises étoient saisissables.

6°. *Un autre arrêt de la cour de cassation, en date du 8 prairial an 10, a encore jugé qu'il étoit de rigueur que le certificat accompagnât les marchandises dont l'introduction n'est permise qu'à cette condition.*

SECTION III. — *Prohibition locale.*

288. Les marchandises dont l'entrée et la sortie sont restreintes par *certains* ports et bureaux, ... et que l'on tenteroit d'introduire ou d'exporter par d'autres passages, seront confisquées avec amende de cent francs; ce qui n'aura cependant pas lieu à l'égard de celles qui auroient été présentées dans les douanes et déclarées sous leur véritable dénomination : dans ce cas, les marchandises importées seront renvoyées à l'étranger, et celles que l'on voudroit exporter resteront dans la France, sauf à être ensuite expédiées par les bureaux ouverts à la sortie. (22 *août* 1791, *art.* 8, *tit.* 4.)

SI les marchandises qu'on voudroit introduire n'étoient pas d'ailleurs accompagnées de certificats d'origine, il y auroit alors *prohibition à défaut de certificats*, et il faudroit saisir et poursuivre, conformément à l'art. 15 de la loi du 10 brumaire an 5. *Voyez* n° 261.

La PROHIBITION LOCALE est, dans le langage des douanes, la condition imposée à certaines marchandises d'entrer ou de sortir par des bureaux désignés.

Les articles 1 à 7 du tit. 4 de la loi du 22 août 1791 indiquoient quels étoient les bureaux alors ouverts au passage de ces marchandises ; mais ces dispositions ont d'abord été modifiées par le premier paragraphe de l'art. 4 de la loi du 12 pluviose an 3, qui disoit :

« Les marchandises dont l'entrée n'est pas défen- « due pourront être importées par tous les bureaux « maritimes et encore par tous les bureaux de terre « placés sur les grandes routes. »

Ensuite il a été apporté, à ce paragraphe même, plusieurs restrictions, soit par la loi du 8 floréal an 11, soit par des décrets subséquens....

De la combinaison de toutes ces dispositions avec le titre 4 de la loi du 22 août 1791, il résulte :

1°. *Qu'on ne peut admettre par les frontières de terre*,

AUCUNES PRODUCTIONS DES DEUX INDES, *drogueries ni épiceries*, *cotons ni bois des îles*, etc... Toutefois, cette exclusion n'affecte pas les herbes médicinales ni les drogues pharmaceutiques d'origine européenne, lorsqu'elles sont accompagnées des certificats de cette origine (*CD.* 4 *octobre* 1811)... *Voir* au livre III, chapitre des *Productions coloniales*... *Voir* aussi le chapitre *Cotons du continent.*

On ne peut également admettre par les bureaux de terre, qui ne sont pas placés sur les grandes routes,

Plus de 25 kilogrammes de TOILES DE LIN ET DE CHANVRE, *blanches* ou écrues, des BASINS *de fil*, BOUGRANS et TREILLIS ; aucunes SOIES et FILOSELLES, telle modique qu'en soit la quantité, ni aucuns LINONS et BATISTES.

A la sortie par terre, les *grains* et *farines*, lorsque l'exportation en est permise, les *soies*, etc., ont des bureaux ouverts à leur expédition ; par conséquent, leur sortie est prohibée par les autres... *Voir* le chapitre de ces marchandises au liv. III.

2°. *Quant à la prohibition locale par les bureaux maritimes*, elle se lie avec les exceptions du régime général : ainsi pour ne pas dire ici ce que je devrois répéter dans le livre III, je renvoie au titre de ce livre *des marchandises qui ont un régime spécial*, pour voir si celles présentées sont ou non soumises à n'entrer ou sortir que par certains ports... Le livre IV, titre *des traités de commerce*, présente aussi quelques exceptions.

Au surplus, comme l'indication des objets assujettis à une prohibition locale fait plutôt partie d'un tarif que d'un code, je l'ai detaillée dans ce premier ouvrage sous les titres des marchandises qu'elle concerne.

JURISPRUDENCE. *Les dispositions de la loi du 10 brumaire an 5 sont-elles applicables à des objets de fabrique étrangere trouvés sans passavant ni certificat d'origine dans les lieux autres que ceux désignés pour leur entrée ?*

Il s'agissoit de toiles de coton dont l'importation étoit alors permise ; mais, restreinte à certains bureaux, elles avoient été saisies à défaut d'expéditions de douanes. On alléguoit que l'endroit de la saisie (à une demi-lieue de Wineghem) étoit à cinq lieues de la frontière; on répondoit qu'en effet, de là au bureau de Turnhont il y avoit cinq lieues, mais qu'il n'y en avoit que deux de Wineghem au bureau d'Anvers; que par conséquent ce dernier étoit le bureau de seconde ligne de la commune de Wineghem; qu'ainsi la saisie avoit été pratiquée dans le rayon des douanes. — Sur ce, arrêt du 28 pluviose an 12, sections réunies, par lequel, — « Vu « les articles 5, 13 et 15 de la loi du 10 brumaire « an 5; l'article 35, titre 13 de la loi du 22 août « 1791, et l'arrêté du directoire, du 17 thermidor « an 4; considérant, 1°. qu'il est constaté par le « procès-verbal des préposés des douanes, que les « toiles de coton dont il s'agit n'étoient accompa- « gnées d'aucun certificat d'origine, et qu'elles avoient « été introduites par des lieux autres que ceux dési- « gnés *pour leur entrée;* — 2°. qu'il est encore établi « par ce procès-verbal que lorsque la charrette « chargée de toiles de coton a été arrêtée, *les pré- « posés étoient en observation dans un petit bois « situé à une demi-lieue de Wineghem, en retirant « vers la frontière;* — qu'il y est dit positivement « que *les préposés des douanes ont vu cette voiture « qui se dirigeoit à l'intérieur par un chemin qui « venoit directement de Hollande;* — 3°. que la saisie « ayant été faite sur le territoite entre les deux lignes « de bureaux et postes de service des douanes, elle « étoit régulière; que la distance de l'une à l'autre « ligne, même excédant celle d'un myriamètre (*au- « jourd'hui deux*) n'est point un obstacle à la validi- « té de la saisie, ainsi qu'il est prescrit par l'arrêté « du 17 thermidor an 4: — par ces motifs, le tri- « bunal, faisant droit sur le pourvoi de la régie des « douanes, casse et annulle... ».

TITRE II.

Des Marchandises permises.

CHAPITRE I. — *Des Formalités à remplir à l'importation et à l'exportation de ces marchandises.*

SECTION I. — *Formalités particulières aux frontières de terre.*

§. 1. *Obligations pour marchandises importées.*

289. Toutes marchandises importées par terre en France seront conduites au premier bureau d'entrée, à peine de confiscation et de deux cents *francs* d'amende..... (*4 germinal an 2, première disposition de l'art.* 4, *tit.* 3.)

La première disposition de l'art. 1er du tit. 2 de la loi du 22 août 1791, que celle ci-dessus remplace, faisoit pareille injonction, mais sous l'amende de 100 fr. seulement, outre la confiscation.... Aujourd'hui celle de 200 fr. même ne seroit applicable qu'autant que la marchandise seroit d'espèce permise et accompagnée d'ailleurs de certificat d'origine. On invoqueroit donc, si des marchandises prohibées ou soumises à un régime particulier étoient rencontrées entre ces deux lignes, les peines spéciales édictées pour ces espèces.

290. .... Les marchands et voituriers seront tenus de combiner leur marche de manière à prendre la route directe du lieu où sera situé le premier et le plus prochain bureau.... (22 *août* 1791, *seule disposition à invoquer de l'article* 1, *titre* 2.)

Comme la disposition ci-dessus est en connexion parfaite avec l'art. 4 du tit. 3 de la loi du 4 germinal an 2, il s'ensuit que toute infraction à cette disposition entraine nécessairement les peines voulues par le numéro qui précède. Avant, il y avoit une atténuation à ces peines. *Voir* la note RÉPLIQUE, sous le n° 310.

Après le mot *bureau*, l'article ci-dessus de la loi de 1791 ajoutoit: « *Seront seulement exceptés « de cette disposition les fruits crus, les grains, « graines, légumes et autres menues denrées qui « seront importées par des routes sur lesquelles il ne « se trouvera pas de bureau; dans ce cas, les pré- « posés à la police du commerce extérieur pourront*

« *vérifier sur lesdites routes si ces objets ne servent « point à en cacher qui seroient sujets aux droits.* »... Mais cette exception de conduire les fruits, graines, etc., au premier bureau, se trouve abrogée et par l'article 4, titre 3 de la loi du 4 germinal an 2, qui ne la maintient pas, et par l'art. 2 de la loi du 24 nivose an 5, qui veut que toutes marchandises importées et exportées soient portées sur les états de balance.

291. Il y aura lieu aux mêmes condamnations pour les objets saisis après avoir dépassé le bureau sans permis (4 *germinal an* 2, *art.* 5, *tit.* 3), ... ou lorsqu'avant d'y avoir été conduites, *les marchandises* seront introduites dans quelques maisons ou auberges : celles qui arriveront après le temps de la tenue des bureaux seront déposées dans les dépendances de ces bureaux, et sans frais, jusqu'au moment de leur ouverture; à l'effet de quoi *l'administration* aura, autant que faire se pourra, des cours et hangards tenant auxdits bureaux. (22 *août* 1791, *seconde disposition de l'art.* 2, *titre* 2.)

IL résulte de la disposition de ces deux articles, que lorsqu'une marchandise est un fois entrée dans le rayon des douanes, il faut qu'elle soit conduite directement au bureau, et qu'elle est en contravention si elle est conduite ailleurs. *Voir* la note RÉPLIQUE sous le n° 310.

§. II. *Obligations pour marchandises exportées.*

292. Ceux qui voudront faire sortir de *l'empire* des marchandises ou denrées seront tenus, sous *peine de confiscation et de deux cents francs d'amende*, de les conduire au premier bureau de sortie par la route la plus directe et la plus fréquentée; il leur est défendu de prendre aucuns chemins obliques tendant à contourner et éviter les bureaux.

Il y aura lieu à pareilles peines lorsqu'ils auront dépassé ces bureaux et qu'ils se trouveront entre les deux lignes sur lesquelles ils seront établis, sans les expéditions prescrites. (22 *août* 1791, *art.* 3, *tit.* 2.)

L'AMENDE édictée par cet article n'étoit que de cent francs; mais la seconde disposition de l'article 4 du titre 3 de la loi du 4 germinal an 2, qui dit : « sous « les mêmes peines, les marchandises qui doivent « être exportées seront conduites au premier bureau « de sortie par la route la plus directe », veut conséquemment que l'amende de 200 francs que sa première disposition inflige à l'entrée (n° 289) soit également applicable à la sortie, alors qu'il y a infraction aux formalités ci-dessus prescrites; et ce vœu, le même titre de cette même loi le répète encore en son article 5 (premier paragraphe du n° 291), lequel édicte pour la sortie comme pour l'entrée. — Ainsi, lorsqu'il y aura lieu à constater une contravention de l'espece, il faudra, quant au défaut de formalités, rappeler l'article ci-dessus rapporté de la loi de 1791; et quant à la peine, invoquer le titre 3 de la loi du 4 germinal an 2.

Voir la note RÉPLIQUE sous le n° 310.

293. Les marchandises sujettes aux droits, et qui devront sortir.... par terre, seront...... immédiatement après le paiement de ces droits...... conduites ...... à l'étranger sans qu'elles puissent, hors les cas d'avarie,..... et autres semblables, rentrer dans les magasins des marchands ni être entreposées dans d'autres maisons, à peine de confiscation et d'amende de cent francs. (22 *août* 1791, *art.* 26, *tit.* 2.)

L'ARTICLE 2 du titre 3 de la loi du 4 germinal an 2 contient la même injonction, tant pour l'entrée que pour la sortie; voici ses termes :

« Les marchandises seront, après le permis, transportées à bord des bâtiments, ou conduites par « terre à l'étranger, ou introduites dans l'intérieur, « immédiatement et sans délai, sans emmagasinage « ni transport rétrograde ».

Les marchandises de toutes espèces qui ne sont pas frappées de prohibition à la sortie continueront à être exportées en acquittant les droits, et sans être accompagnées de l'acquit de ceux qu'elles ont payés à l'entrée; cette pièce n'est nécessaire que pour les indigos et les cuirs secs en poils qui seroient réexportés dans les délais. (*CD.* 29 *juillet* 1811.)

SECTION II. — *Formalités particulières aux frontières maritimes.*

§. I. *Des obligations en mer alors de l'importation.*

294. Le capitaine, arrivé dans les quatre lieues de la côte, remettra, lorsqu'il en sera requis, une copie du manifeste au préposé qui viendra à son bord, et qui en visera l'original. (4 *germinal an* 2, *art.* 3, *tit.* 2.)

Ce n'est pas à la remise seule de la copie du manifeste que se bornent les obligations en mer; on a vu au chapitre de l'*exercice des employés*, que les capitaines étoient encore tenus de laisser visiter leurs bâtimens, etc.

La remise de la copie du manifeste suppose l'obligation d'en être porteur, et c'est ce qui effectivement est ordonné par l'art. 1er. du titre 2 de la loi du 4 germinal an 2 (no 305); et bien que cette obligation ait été suspendue, elle n'en est pas moins en vigueur aujourd'hui par suite d'un arrêté du 27 thermidor an 5, ainsi conçu:

« Les articles 4 du titre 2 de la loi du 22 août 1791, « 1 et 3 du titre 2 de celle du 4 germinal de l'an 2, « reprendront leur pleine et entière exécution en ce « qui concerne la remise immédiate à faire par les ca- « pitaines de navires neutres des manifestes de leur « chargement ».

§. II. *Des obligations à la sortie des marchandises par mer.*

295. Les marchandises sujettes aux droits et qui devront sortir par mer...... seront...... transportées, immédiatement après le paiement de ces droits, sur les bâtimens destinés à les recevoir......, sans qu'elles puissent, hors les cas d'avarie, de naufrage et autres semblables, rentrer dans les magasins des marchands, ni être entreposées dans d'autres maisons, à peine de confiscation et d'amende de cent *francs.* (22 *août* 1791, *art.* 26, *tit.* 2.)

J'ai rapporté, sous le no 293, une disposition de la loi du 4 germinal an 2, qui a renouvelé la défense des transports rétrogrades.

L'exécution de l'article ci-dessus de la loi de 1791 suppose que les bâtimens ont d'ailleurs la permission de mettre en mer.

Voir au livre VI le titre *de l'Entrée et de la Sortie des navires.*

§. III. *Du débarquement et de l'embarquement des marchandises.*

296. Aucune marchandise ne pourra être embarquée ou déchargée qu'en plein jour, entre le lever et le coucher du soleil, et après un permis du préposé des douanes. (4 *germinal an* 2, *art.* 1, *tit.* 6.)

Cet article étant en connexion parfaite avec le suivant, il en résulte que les peines édictées par celui ci-dessous sont applicables au cas d'infraction de ces formalités.

Mais il est à remarquer que si les marchandises embarquées ou déchargées étoient d'espèces à produire de plus fortes amendes, soit à cause de leur prohibition, soit à raison de leur régime particulier, l'article ci-dessus ne seroit pas alors celui à invoquer, parceque ces débarquemens ou embarquemens deviendroient, non des défauts de formalités, mais des importations ou exportations frauduleuses qui donneroient conséquemment lieu aux peines plus sévères de ces délits.

La délivrance des permis d'embarquer ou de débarquer les marchandises suppose que l'autorisation d'admettre le bâtiment ou de le laisser sortir est parvenue à la douane.... *Voir* ce qui est prescrit à cet égard au titre 1er. du livre VI; *Voir* aussi dans les circonstances le titre Licences du livre III.

297. Il ne pourra être chargé sur les navires ou autres bâtimens, ni en être déchargé aucune marchandise sans le congé ou la permission par écrit des pré-

posés *des douanes*, et qu'en leur présence, à peine de confiscation des marchandises et de cent *francs* d'amende.

Hors les cas d'urgente nécessité relatifs à la sûreté du bâtiment, les navires seront mis en déchargement à tour de rôle, suivant la date de leur déclaration, et en aussi grand nombre que le local et le nombre des préposés attachés au bureau pourront le permettre.

Les commis nommés pour assister au débarquement ou embarquement seront tenus de se transporter au lieu de chargement ou déchargement à la première réquisition, à peine de répondre des événemens résultant de leur refus.

Il est défendu, sous les mêmes peines, aux capitaines et maîtres de bâtimens de se mettre en mer ou sur les rivières y affluentes sans être porteurs de l'acquit de paiement des droits ou autres expéditions, suivant les circonstances, tout usage contraire étant formellement abrogé. (22 *août* 1791, *art.* 13, *tit.* 2.)

CETTE disposition est applicable aux embarquemens faits sur les canaux qui se rendent dans la mer. (*Lettre au directeur de Dunkerque, du* 29 *avril* 1808.) Elle l'est au Rhin. *Voir* la note REPLIQUE sous le n° 310.

298. Les chargemens et déchargemens des navires ne pourront avoir lieu que dans l'enceinte des ports où les bureaux des droits d'entrée et de sortie seront établis, sauf le cas de force majeure, justifié par un rapport fait dans les formes qui seront prescrites......... (22 *août* 1791, *premier paragraphe de l'art.* 9, *tit.* 13.)

CET article ajoute : *Lesdits chargemens et déchargemens ne pourront se faire du* 1 *avril au* 30 *septembre, que depuis cinq heures du matin jusqu'à huit heures du soir, et, du* 1 *octobre au* 31 *mars, que depuis sept heures du matin jusqu'à cinq heures du soir, quand même les marchandises seroient accompagnées de permis, à peine de confiscation desdites marchandises....* Mais l'article premier du tit. 6 de la loi du 4 germinal an 2 a fixé d'autres heures pour les chargemens et déchargemens, d'où résulte abrogation de ce paragraphe de l'article 9, titre 13 de la loi de 1791, qui, pour le surplus même me paroît d'autant plus inutile, que si les chargemens ou déchargemens se font hors l'enceinte des ports, à moins de force majeure, il existe ou non un permis : dans le cas de l'affirmative, la douane, en délivrant ce permis, a cru pouvoir autoriser ces opérations par quelque motif plausible, et dès-lors il n'y a pas contravention.... Si, au contraire, il n'y a pas de permis délivré, alors les marchandises déchargées ou embarquées sont saisies et confisquées avec amende de cent francs, en vertu de l'article 13, titre 2 de la même loi de 1791.... Quant au chargement ou déchargement, avant ou après les heures indiquées, il y a encore une observation à faire : souvent les préposés, dans la vue de faciliter les opérations du commerce, permettent de commencer le travail plus tôt et de le finir plus tard ; et dans ce cas il n'y a pas de contravention.... il ne pourroit y en avoir que dans celui où on y procèderoit sans leur concours, et alors ce seroit encore ce même article 13, titre 2, qu'il faudroit appliquer. — Cet article 9, titre 13 de la loi de 1791, n'a donc plus aucun but réel ; toute la conséquence qu'on peut en tirer, c'est que les négocians ne peuvent exiger que les chargemens ou déchargemens commencent ou finissent avant ou après les heures fixées par l'article 1, titre 6 de la loi du 4 germinal an 2.

299. Les objets qui doivent être pesés ou jaugés ne pourront être déplacés du quai et autre lieu de décharge qu'après avoir été pesés ou jaugés avec le permis des préposés. (4 *germinal an* 2, *art.* 3, *tit.* 6.)

CET article ne prescrit aucune peine, et on ne pourroit invoquer celle de l'article 5, titre 3 de la même loi, parceque celles-là ne sont relatives qu'à un défaut de formalité par terre, bien que les marchandises ainsi déplacées dépasseroient incontestablement le bureau sans permis.... D'ailleurs ce déplacement n'est pas possible, parceque ordinairement et même toujours, à moins de force majeure, les marchandises débarquées des navires sont pesées et vérifiées au fur et à mesure du déchargement, et que dans le cas où cette vérification ne s'effectueroit pas au lieu du déchargement, faute de moyens, les préposés conduisent les marchandises au bureau de visite, sans les perdre de vue jusqu'à ce que l'opération soit terminée, et que le propriétaire en soit mis en possession pour en disposer.

300. Les parties de marchandises qui seront transportées du port dans les navires, ou des navires dans le port par le moyen d'alléges, devront être accompagnées d'un permis du bureau, lequel énoncera les quantités et qualités dont chaque allége sera chargée.

Quant aux marchandises dont la sortie est défendue ou assujettie à des droits, et qui seront également transportées par alléges d'un lieu où il y aura un bureau dans un autre lieu où il y aura également un bureau, elles seront déclarées et expédiées par acquit-à-caution pour en assurer la destination.

Dans l'un ou l'autre cas, les versemens de bord à bord, ainsi que les déchargemens à terre, ne pourront avoir lieu qu'en présence des commis, à peine de la saisie et de la confiscation des marchandises, et de cent *francs* d'amende contre les conducteurs. (22 *août* 1791, *art.* 11, *tit.* 13.)

SECTION III. — *Des obligations imposées personnellement aux capitaines de la marine impériale, aux courriers des postes et aux conducteurs des messageries, relativement aux formalités des douanes.*

301. Les capitaines et commandans des vaisseaux de guerre et de tous autres bâtimens employés au service de la marine *impériale* seront tenus de remplir, soit à l'entrée, soit à la sortie, toutes les formalités auxquelles sont assujettis, par le présent titre, les capitaines ou maîtres de navires marchands, et ce sous les mêmes peines, sans néanmoins que les bâtimens appartenant à *l'Etat* puissent être retenus sous aucun prétexte. (22 *août* 1741, *art.* 7, *tit.* 2.)

[illegible] article, qui prescrit aux commandans de la marine impériale de remplir les formalités du titre 2 de la loi du 22 août 1791, doit nécessairement s'entendre de toutes les formalités en connexion avec ce titre 2, quoique décrétées postérieurement.

Le ministre de la marine a adressé aux préfets maritimes, aux capitaines généraux et préfets coloniaux, une lettre en date du 29 floréal an 10, par laquelle, en exécution de l'ordonnance de la marine de 1681, *il leur recommande d'empêcher qu'il ne se fasse, par les bâtiments de l'état, aucune espèce de fraude en importation ou exportation de marchandises ou denrées.*

Le même ministre a chargé les préfets maritimes d'assurer aux préposés des douanes dans les ports les moyens d'opérer leurs vérifications, et d'exercer sans aucun obstacle les fonctions qui leur sont attribuées. (*CD.* 10 *thermidor an* 10.)

La même circulaire a rappelé que l'ordonnance de 1681 défend aux commandants des vaisseaux de guerre de permettre le chargement d'aucune espèce de marchandise, soit en allant, soit en revenant des colonies.

302. Les courriers des malles seront soumis aux visites de chaque bureau ; ils ne se chargeront d'aucune marchandise, à peine de confiscation, de trois cents francs d'amende, et d'être exclus de tout emploi dans les postes. (4 *germinal an* 2, *art.* 7, *tit.* 3.)

Les courriers qui transporteroient des paquets sous cachets de l'administration des postes, soupçonnés de renfermer des objets de contrebande, et qui passeroient par un lieu où les douanes seroient établies et où il n'y auroit point de bureau de poste, seroient tenus de recevoir dans leur voiture le chef de la brigade jusqu'au bureau de poste le plus voisin, où la visite devroit être faite en sa présence, aussitôt l'arrivée, de manière qu'il ne pût pas perdre de vue les ballots ou paquets. (*Décision du ministre des finances, du* 12 *prairial an* 5.)

Les courriers étrangers peuvent se charger d'objets de commerce et en ce cas ils sont sujets à visite et au paiement des droits de douanes. (*Arrêté du comité de salut public, du* 26 *vendémiaire an* 3, *article* 3.)

Une décision du ministre des finances, du 6 ventose an 7, relative aux transports de marchandises opérés en France par les chariots de poste des États frontières du Rhin, porte que,

« Le conducteur, à son arrivée directe à la douane,
« remettra une feuille régulière de son chargement,

« énonçant les poids et numéros des ballots qui le « composeront.

« Tout excédant de nombre et de poids subira « la loi commune. . . . . .

« Si les ballots compris dans les feuilles recèlent « des marchandises prohibées par la loi du 10 bru- « maire an 5, la triple amende ne sera encourue « que par le réclamataire, sans action contre le « conducteur ou l'administration.

« Le tout sous la condition que pareilles facilités « seront accordées aux voitures publiques de France « dans les premières villes allemandes ».

Cette disposition locale me semble applicable, à charge de réciprocité, à tous les États frontières.

303. Les conducteurs des messageries et voitures publiques seront soumis aux lois des douanes : si des objets ne sont pas portés sur la feuille de voyage, ils seront personnellement condamnés à une amende de trois cents francs ; les marchandises en contravention seront confisquées, de même les voitures et chevaux, et les fermiers ou régisseurs intéressés seront solidaires avec le conducteur pour l'amende de trois cents francs. (4 *germinal an* 2, *art.* 8, *tit.* 3.)

CETTE disposition abroge l'art. 29, titre 2 de la loi du 22 août 1791.

Il résulte d'une décision du ministre des finances, du 12 ventose an 7, rapportée à la fin des notes du n° 261, que, si les marchandises en contravention sont portées sur la feuille de route, on ne doit sévir que contre le réclamataire, et, à son défaut, contre le propriétaire indiqué par l'entrepreneur et le messager de la voiture publique. — C'est la conséquence qu'en a tiré une lettre administrative du 21 ventose an 7. — Cependant il suit d'un arrêt de cassation rapporté au même numéro, que lorsque le messager ne peut pas indiquer le propriétaire des marchandises, il devient lui-même passible de la contravention.... Donc les peines édictées ci-dessus sont encourues personnellement pour le défaut de transcription des ballots sur la feuille de voyage, et n'en donnent pas moins lieu à la poursuite de celles applicables à la nature de la contravention, soit contre le réclamataire ou propriétaire des marchandises s'il est indiqué, soit, s'il ne l'est pas, contre les entrepreneurs et conducteurs des messageries.

JURISPRUDENCE. — Il découle d'un arrêt de cassation, du 17 brumaire an 14, que lorsqu'il n'y a pas identité entre les marchandises trouvées sur la voiture et celles indiquées par la feuille de chargement, la décision du 12 ventose an 7 ne peut s'appliquer aux entrepreneurs des diligences particulières, et que ceux-ci deviennent passibles des peines applicables à la contravention.

NOTA. Il suit donc de cet arrêt que la décision ci-dessus ne concerne que l'association connue sous la raison *d'entreprise générale des messageries* . . . . . Pourquoi cette faveur ? à quel droit cette association ne seroit-elle pas également responsable de la fraude ? . . . ou plutôt pourquoi exiger d'un simple messager qu'il connoisse le contenu des ballots lorsqu'on ne l'exige pas d'une entreprise qui, ayant à sa disposition de plus grands moyens d'exécution, peut bien plus facilement empêcher qu'on la compromette, que ce pauvre messager qui, souvent conduisant sa voiture lui-même, arrive le soir pour repartir le lendemain matin avec des ballots qu'il charge de confiance par réciprocité de ce qu'on les a confiés à sa loyauté . . . . .

Dira-t-on que plus une compagnie a de moyens pécuniaires, moins elle s'exposera à des spéculations frauduleuses, et que de cette conséquence doit naître plus de confiance ? . . . Mais ce dire, avec lequel sur-tout l'expérience n'est pas toujours d'accord, ne répond pas à ce que j'avance..... Je n'entends pas réclamer l'impunité pour les diligences particulières dès-lors qu'elles ont des connivences avec les fraudeurs.... Mais je réclame pour toutes le même traitement, ou que toutes soient punies, ou que toutes soient absoutes en livrant le réclamataire ou le propriétaire..... Il n'existe pas de privilège, pourquoi y auroit-il une immunité particulière ?...... Les voitures de l'entreprise générale des messageries, qui elle-même n'est qu'une entreprise de particuliers, ne sortent pas d'ailleurs de France, quelques-unes seulement abordent le rayon ; donc pour correspondre avec l'étranger elles transmettent les ballots à des correspondances particulières, ou elles les reçoivent de celles-ci ; or, dira-t-on que ces correspondances, par le seul fait de la transmission des ballots, doivent aussi mériter plus de confiance que leurs concurrens ?.... Ce seroit alors transférer l'immunité comme on transmet un ballot ; ce seroit souvent accorder l'exemption aux voitures de l'étranger et les faire jouir par le fait d'une préférence réelle, au grand détriment de celles françoises..... Pareilles exceptions d'ailleurs ne sont ni dans le texte de la loi, ni dans son esprit.

CHAPITRE II. — *De la Déclaration sommaire des marchandises.*

SECTION I. — *De cette déclaration dans les bureaux des frontières de terre.*

304. Les voituriers et conducteurs des marchandises qui ne présenteront pas à leur arrivée des déclarations en détail seront tenus de déclarer le nombre des ballots, leurs marques et numéros, et de... rapporter... une déclaration en détail desdites marchandises... (22 *août* 1791, *art.* 10, *tit.* 2.)

VOILA, ce me semble, les seules dispositions que l'on puisse actuellement invoquer de l'art. 10 ci-dessus, et encore ne sont-elles signifiantes que relativement à ce que les conducteurs par terre peuvent, comme ceux par mer, ne donner de déclaration en détail que dans les délais fixés par l'art. 4 du tit. 2 de la loi du 4 germinal an 2. (N° 313.)

En lui laissant les termes que j'en ai élagués, cet article 10 de la loi de 1791 édicteroit sur les déclarations sommaires par mer, comme sur celles par terre, et accorderoit des délais qui n'existent plus; en tout cela donc il induiroit aujourd'hui en erreur, puisque le titre 2 de la loi du 4 germinal an 2 a prescrit d'autres mesures à l'arrivée des bâtimens, et fixé d'autres délais pour ces déclarations, lesquelles ont été appliquées à celles par terre. — *Voir* n° 305 et suivans.

Ce même art. 10 de la loi de 1791 porteroit aussi une exception ainsi conçue :

« *Dans le cas cependant où il ne s'agiroit pas de* « *plus de dix caisses ou ballots, dont le conducteur* « *ignoreroit le contenu, il pourra en requérir l'ouverture en présence des commis, et les droits seront* « *acquittés sur les objets reconnus.* »

Mais cette exception n'est-elle pas également abrogée?... Je sais bien qu'on continue de permettre l'ouverture des *colis* jusqu'au nombre de dix; mais j'ignore en vertu de quelle disposition on autorise encore cette faveur... Bien certainement l'art. 9 du tit. 2 de la loi du 4 germinal an 2 (n° 311), en exigeant des déclarations en détail dans un autre délai, en prescrivant d'autres mesures, et en ne maintenant de l'art. 10 de la loi de 1791 que la seule faculté de faire des déclarations sommaires par terre, abroge nécessairement tout le restant de cet article 10 : pourquoi donc son dernier paragraphe resteroit-il seul en vigueur?... N'est-il pas plutôt plausible de conclure que, si l'intention du législateur avoit été de maintenir cette exception, la nouvelle loi l'eût renouvelée?... Son silence ne sauroit être pris dans ce sens, qu'elle s'en rapporte à l'ancienne, puisque le dernier article de cette loi du 4 germinal an 2 déclare que *toutes les lois contraires aux dispositions* dudit *décret sont révoquées;* d'où suit, ce me semble, que rien n'étant plus contraire à la mesure générale de son article 9, titre 2, que l'exception de l'article 10, titre 2 de la loi de 1791, aucune autre disposition de cet article ne peut être invoquée aujourd'hui que celle rapportée ci-dessus.

SECTION II. — *De la Déclaration sommaire dans les bureaux maritimes.*

§. 1. *De la représentation du manifeste d'importation.*

305. Aucune marchandise ne sera importée par mer, soit d'un port étranger, soit d'un port françois, sans un manifeste signé du capitaine, qui exprimera la nature de la cargaison, avec les marques et numéros en toutes lettres des caisses, balles, barils, boucauts, etc. (4 *germinal an* 2, *art.* 1, *tit.* 2.)

IL ne faut point entendre par ces mots *la nature de la cargaison*, la qualité ou l'espèce des marchandises, mais seulement leur nature... La cour de cassation a rejeté le pourvoi de l'administration, dans une affaire relative à une saisie de trente-sept caisses de sucre terré portées comme sucre brut sur le manifeste, et déclarées pour sucre terré postérieurement à la remise de ce manifeste; d'où il sembloit résulter une contravention à l'article 2, titre 2 de la loi du 4 germinal an 2 (n° 306). Le motif de cet arrêt est ainsi exprimé : « Attendu qu'aux « termes de la loi le manifeste ne doit constater que « *la nature* de la cargaison, et que c'est la décla- « ration en détail qui doit en expliquer la qualité, « et que la différence reconnue entre la déclaration « et le manifeste ne frappe dans l'espèce que sur « la qualité et non sur la nature, d'où résulte que « le tribunal civil n'a violé aucune loi; la cour re- « jette, etc... » (*Circulaire du directeur, à Bruxelles, du 19 thermidor an* 8.)

306. Si le manifeste n'est pas exhibé, si quelques marchandises n'y sont pas comprises, ou s'il y a différence entre les marchandises et le manifeste, le capitaine sera personnellement condamné à une somme égale à la valeur des marchandises omises ou différentes, et à une amende de mille francs. (4 *germinal an 2, art. 2, tit. 2.*)

DANS ce cas, comme dans tout autre, les marchandises et le bâtiment doivent être retenus pour sûreté du paiement de la confiscation et de l'amende, conformément à l'article 4 du titre 2 de la loi du 22 août 1791. (*LD.* 5 *floréal an* 11.)—*Voir* cet article plus bas au n° 307.

Le manifeste des capitaines doit être signé par eux et déposé à la douane dans les vingt-quatre heures de l'arrivée. — *Voir* l'article 38 de la loi du 27 vendémiaire an 2, au titre 1er du livre VI.

L'article 2 du titre 2 de la loi du 4 germinal an 2 est diversement entendu par les préposés et même par les tribunaux... Les uns pensent que la condamnation à une somme égale à la valeur des marchandises omises ou différentes se rapporte exclusivement aux deux cas, *si quelques marchandises n'y sont pas comprises*, et *s'il y a différence entre les marchandises et le manifeste*, et que l'amende de mille francs s'applique seulement au cas *où le manifeste n'est pas exhibé*... Les autres croient qu'il y a lieu à appliquer toute la rigueur de la loi à chacun des trois cas pris séparément...—Les premiers se fondent sur ce que la loi ne prononce la peine du paiement de la valeur que lorsqu'il y a sur le manifeste des objets omis ou différens, ce qui suppose l'existence d'un manifeste.... — Les autres, sur ce que la loi prononçant une peine grave contre une simple omission sur le manifeste, cette peine ne peut être moindre quand il y a omission de toutes les marchandises par l'absence totale du manifeste... — L'administration, consultée sur cette diversité d'opinions, a répondu : « Que depuis long-temps « elle avoit fait l'observation qui vient à l'appui de « la première opinion ; mais qu'elle n'a jamais cru « devoir s'y arrêter, parceque les lois ne peuvent ni ne « doivent s'interpréter ; que si la concision qui con- « vient à leur rédaction et qui, en général, en éloi- « gne toute obscurité, peut quelquefois y laisser « quelque chose à désirer, c'est au législateur lui- « même ou au tribunal de cassation à fixer leur « véritable sens, et qu'en ne consultant enfin que « le texte lui-même de l'article dont il s'agit, il ré- « sulte évidemment de sa rédaction grammaticale « que, pour chacun des trois cas qui y sont pré- « vus, la peine est la même. Ainsi, en écartant toute « espèce d'induction ou d'interprétation, il convient « de se conformer purement et simplement à son « vœu littéral, sauf à soumettre, s'il y a lieu, à « la cour de cassation, l'examen et la solution des « difficultés qu'on pourroit éprouver à cet égard « de la part des tribunaux ». (*Lettre du* 26 *prairial an* 10.)

JURISPRUDENCE. — *Les effets saisis à raison d'omission dans le manifeste peuvent-ils être retenus pour sûreté des condamnations prononcées contre le maître du navire, nonobstant la revendication exercée par les personnes à qui appartiennent ces objets?*

CE qui a donné lieu à la solution de cette question est d'abord un jugement du tribunal civil de l'Escaut, qui, *sous le prétexte que l'article 2 du titre 2 de la loi du 4 germinal an 2 fait peser uniquement sur le capitaine les peines qu'il lui inflige, et que par cet article le législateur a dérogé aux dispositions de la loi du 22 août 1791, qui permettoient de retenir les bâtimens et marchandises pour sûreté des condamnations prononcées contre le capitaine, à raison des omissions de son manifeste*, a ordonné la restitution de cafés saisis dans une *cachette* d'un navire, aux propriétaires qui les réclamoient. — L'administration se pourvut contre ce jugement, et le 11 floréal an 9, il fut cassé par la cour de cassation : « Attendu que les « articles 4 et 21 du titre 2, et l'article 20 du titre « 13 de la loi du 22 août 1791, ne contiennent rien « de contraire à l'article 2 du titre 2 de la loi du « 4 germinal an 2, ni à aucune autre disposition « de cette dernière loi ; que par conséquent les dispo- « sitions de la loi du 22 août 1791, qui autorisent « les préposés des douanes à retenir les effets saisis « pour sûreté des condamnations portées contre les « maîtres de navires, ne sont nullement abrogées « par la loi du 4 germinal an 2, et que le jugement du « *tribunal de l'Escaut* a contrevenu aux dispositions « ci-dessus citées de la loi du 22 août 1791, en or- « donnant la restitution des marchandises saisies à « ceux qui les ont réclamées »....

Cet arrêt renvoya l'affaire au tribunal civil de Gand, et là intervint un jugement conforme en tout point à celui cassé.

Nouveau recours; et le 28 pluviose an 12, la cour suprême, en sections réunies, décida que, — « Vu « les articles 4 et 21 du titre 2, et 20 du titre 13 de « la loi du 22 août 1791, sur les douanes ; l'art. 2 « du tit. 2, et l'art. 6 du tit. 7 de celle du 4 ger- « minal an 2, sur la même matière, desquels arti- « cles les dispositions sont énoncées dans le juge- « ment de cassation du 11 floréal an 9 ; — et attendu « que les peines prononcées contre les capitaines ou « maîtres de navires *personnellement*, par l'article 2 « précité de la loi du 4 germinal an 2, dans le cas « de la contravention mentionnée audit article, n'ont « rien d'incompatible avec la responsabilité civile à

« laquelle les articles sus-énoncées de la loi du 22 « août 1791 assujettissent, dans le même cas, les « propriétaires des marchandises saisies à raison de « ladite contravention ; — qu'ainsi cette responsabi- « lité n'a pas été révoquée par l'art. 6 du tit. 7 de « ladite loi du 4 germinal an 2, qui n'abroge que « celles des lois antérieures qui peuvent être con- « traires à ses dispositions; — qu'il suit de là que « le jugement dénoncé, en ordonnant la restitution « aux citoyens Timmerman et Vanlaer des mar- « chandises par eux réclamées, avant qu'il eût été « satisfait aux condamnations prononcées contre « le capitaine Vossaert, pour raison de la contra- « vention par lui commise, sous prétexte que les « dispositions des articles 4 et 21 du titre 2, et 20 du « titre 13 de la loi du 22 août 1791, étoient abro- « gées par celles de l'article 6 du titre 7 de la loi du « 4 germinal an 2, a fait une fausse application de « ce dernier article, et par suite violé la disposition « des articles précités de la loi du 22 août 1791 ; — « par ces motifs, casse et annulle.... »

OBS. L'article 4 du titre 2 de la loi du 22 août 1791 n'infligeoit, pour le manifeste irrégulier comme pour la déclaration après les 24 heures, qu'*une amende de 500 fr.*; mais il ajoute, *pour sûreté de laquelle les bâtimens et marchandises seront retenus;* l'article 2 du titre 2 de celle du 4 germinal an 2, n'ayant pas renouvelé cette *retenue* en augmentant la quotité des amendes qu'elle fait supporter personnellement au capitaine, c'est-à-dire, sans recours contre les propriétaires, il ne s'agissoit donc pour décider le procès que d'examiner si, à l'égard de la retenue des bâtimens et marchandises, la loi du 4 germinal an 2 dérogeoit, *par son silence*, à celle du 22 août 1791..... En principe, lorsque deux lois se trouvent, sur un point, contraires l'une à l'autre, nul doute que la plus récente ne déroge à la plus ancienne... Ici particulièrement l'article 6 du titre 7 de la loi du 4 germinal an 2 le déclare formellement par ces mots : « *Toutes les lois contraires aux dispositions du présent décret sont abrogées* ».... Et comme il y a contrariété entre les deux lois pour les amendes du manifeste irrégulier, celle de 500 fr. de la loi du 22 août 1791 se trouve par cela seul abrogée; mais en gardant le silence sur la faculté de retenir les objets omis, pour sûreté de l'amende encourue par le capitaine, la loi du 4 germinal an 2 ne contrarie certainement pas la disposition du 22 août 1791, qui établit expressément cette faculté... Or, si elle ne la contrarie pas, comment peut-elle l'abroger?... Il y a plus : si par l'article 20 du titre 13 de la loi du 22 août 1791, *les propriétaires sont civilement responsables du fait de leurs agens en ce qui concerne les droits, confiscations, amendes et dépens*, comment soutenir sensément que les marchandises ne sont pas, en règle générale, responsables des amendes encourues par leurs conducteurs !.... Il y auroit là absurdité, et je ne conçois ni le jugement du tribunal de l'Escaut, ni celui de Gand.

307. Les capitaines ou maîtres de vaisseaux, bateaux et autres bâtimens qui aborderont dans un port de mer avec destination pour un autre port de France, ... devront encore, dans les vingt-quatre heures de leur arrivée, ... indiquer le port de leur destination ultérieure, et prendre certificat du tout des préposés *des douanes,* à peine de cinq cents *francs* d'amende, pour sûreté de laquelle les bâtimens et marchandises seront retenus.

Le délai de vingt-quatre heures fixé ci-dessus ne courra point les jours de dimanches et fêtes. (22 *août* 1791, *art.* 4, *tit.* 2.)

CES dispositions et celles énoncées aux nos ci-dessus sont applicables aux vaisseaux de guerre ou autres employés pour le service du Gouvernement, avec la réserve qu'ils ne peuvent être retenus pour défaut du paiement de l'amende, ni sous aucun autre prétexte. *Voir* no 301.

J'ai élagué de l'article ci-dessus les dispositions relatives au manifeste ou état général du chargement qu'il prescrit aux capitaines de représenter dans les ports de relâche, et parceque cette représentation a depuis été ordonnée pour tous les bâtimens sans exception par l'article 3 du titre 2 de la loi du 4 germinal an 2 (no 294), et parceque l'infraction de cette mesure ne se régit plus par l'article 4 du titre 2 de la loi du 22 août 1791, puisque l'article 2 du titre 2 de celle du 4 germinal an 2 inflige d'autres peines pécuniaires *si le manifeste ne peut être exhibé, ou si les marchandises n'y sont pas comprises, ou s'il y a différence entre les marchandises et le manifeste* (*Voir* nos 306 et 328.)

Ainsi, quant à l'amende de 500 francs édictée par l'article ci-dessus cité de la loi de 1791, elle ne peut être invoquée aujourd'hui, ni contre l'irrégularité du manifeste, ni contre celle de la déclaration sommaire des marchandises ; elle ne peut l'être que si la déclaration, étant exacte, étoit remise après les vingt-quatre heures, ou qu'autant que le capitaine ne déclareroit pas son port de destination....

Mais quant à la disposition qui permet de retenir les bâtimens et marchandises pour sûreté de l'amende, celle-là est restée dans toute sa vigueur, et est même devenue applicable à l'article 2 du titre 2 de la loi du 4 germinal an 2, ainsi que je l'ai démontré sous le no 306 ; or, dans la circonstance du non paiement de cette nouvelle amende, il faudra, tout en appliquant cette loi du 4 germinal an 2, recourir subsidiairement à l'article 4 ci-dessus de la loi de 1791, pour justifier la retenue desdits bâtimens et marchandises, s'il n'est donné une autre caution.

Voir la note RÉPLIQUE sous le n° 310.

308. Lesdits capitaines et maîtres de bâtimens, étant rendus au port de leur destination, seront tenus, sous pareille peine d'amende de cinq cents *francs*, de donner, dans les vingt-quatre heures de leur arrivée, la déclaration de leur chargement, laquelle demeurera au bureau, sera transcrite sur le registre, et signée d'eux; et, dans le cas où ils ne sauroient pas signer, il en sera fait mention sur le registre.

La déclaration des bâtimens devra être faite quand même ils seroient sur leur lest. (22 *août* 1791, *art.* 5, *tit,* 2.)

COMME à l'article précédent, l'amende de 500 fr. ne peut plus s'appliquer qu'*au délai* de la déclaration, et non *à l'attribut* de cette déclaration..... Ainsi, si la déclaration se trouvoit fausse par excédant de colis ou par différence de marchandises, ce seroit à l'article 2, titre 2 de la loi du 4 germinal an 2 qu'il faudroit recourir, et non à celui-ci qui suppose actuellement une déclaration exacte, mais remise après les vingt-quatre heures de l'arrivée.

Lorsque la déclaration est fausse *par déficit*, la disposition à invoquer est l'article 22, titre 2 de la loi du 22 août 1791. *Voir* n° 329.

Depuis le blocus des îles britanniques, il est une autre déclaration à faire par les capitaines dans le jour même de leur arrivée. — La *voir* sous le n° 272.

Voir la note RÉPLIQUE sous le n° 310.

309. Les rapports faits *par les préposés à la vérification* seront comparés avec les manifestes et déclarations des capitaines, propriétaires ou consignataires : la différence ou non différence sera mentionnée sur le registre. (4 *germinal an* 2, *second paragraphe de l'art.* 5, *tit.* 2.)

AINSI cette disposition se rapporte aux déclarations en détail tout comme aux déclarations sommaires.

§. II. *De la Déclaration sommaire à l'exportation par mer.*

310. Les marchands, négocians, ou leurs facteurs, courtiers, capitaines et maîtres de navires qui voudront faire sortir par mer des marchandises ou denrées, en donneront la déclaration dans la forme ci-dessus prescrite, et les feront conduire au bureau ou à tel autre endroit dont il sera convenu entre la *douane* et le commerce, relativement aux localités, pour y être vérifiées.

S'il est reconnu qu'il y a impossibilité de faire conduire lesdites marchandises dans un local particulier, la vérification s'en fera au lieu de l'embarquement. (22 *août* 1791, *art.* 6, *tit.* 2.)

DANS *la forme ci-dessus prescrite*, dit l'article précité; mais les dispositions qui, dans la loi du 22 août 1791, précèdent cet article 6 de son titre 2, ne parlent que de déclarations sommaires, et encore n'y a-t-il que les articles 4 et 5 qui en fassent mention.... ; il est bien dit, dans l'article 5 (n° 308), de donner la déclaration du changement; mais comme cette injonction n'est faite qu'aux capitaines, il est évident qu'elle ne se rapporte pas aux déclarations en détail, et cependant ce n'est que sur pareilles déclarations que l'on peut établir une vérification propre à la liquidation des droits.... Il y aura donc eu erreur dans la composition typographique du mot CI-DESSUS, et on aura voulu imprimer : *Dans la forme* CI-DESSOUS *prescrite*, puisque c'est effectivement dans la forme prescrite par l'article 9, postérieur, que se reçoivent les déclarations pour paiemens de droits.

RÉPLIQUE. On m'a observé, de plusieurs bureaux, que j'avois omis de rapporter, dans la précédente édition, l'atténuation prononcée par l'art. 30, titre 2 de la loi du 22 août 1791, ainsi conçu :

« Lorsque l'exécution des formalités prescrites par « les articles I (n° 290), II (n° 291), III (n° 292), « IV (n° 307), V (n° 308), VI (n° 310), et XIII « (n° 297) du présent titre, ne concernera que des « marchandises et denrées exemptes de droits, ou « dont les droits ne s'éleveroient pas à trois *francs*, « les contrevenans seront seulement condamnés à l'a-

« mende de 50 *francs*, pour sûreté de laquelle par-« tie des marchandises pourra être retenue jusqu'à « ce que ladite amende ait été consignée, ou qu'il « ait été fourni caution solvable de la payer ».

Mais cette atténuation n'est-elle pas abrogée par l'article 4 du titre 3 de la loi du 4 germinal an 2 (nº 289)…. Celui-ci ne rappelle aucune exception, conséquemment le raisonnement que j'ai établi sous le nº 304 s'applique, par identité, à la disposition ci-dessus; et il y a même plus, c'est que la loi du 24 nivose an 5 (nº 342), en voulant que toutes les marchandises, sans exception, soient inscrites sur les tableaux d'importation et d'exportation, veut nécessairement qu'elles soient soumises à toute la rigueur des formalités propres à assurer cette inscription, et par suite aux peines générales infligées contre le défaut de ces formalités….

CHAPITRE III. — *De la Déclaration détaillée des marchandises.*

SECTION I. — *Du délai, du contenu et de la vérification des déclarations en détail.*

§. 1. *Du délai des déclarations.*

311. Si, outre les manifestes donnés par les capitaines des bâtimens et les déclarations sommaires faites par les conducteurs par terre, des déclarations en détail ne sont pas présentées, les marchandises seront retenues ou déposées dans le magasin de la douane pendant deux mois, et les propriétaires tenus de payer un pour cent pour droit de magasinage en sus des droits.

S'il n'y a pas réclamation et déclaration en détail après ce délai, les marchandises seront vendues au profit de l'Etat…. (*4 germinal an 2, art. 9, tit. 2.*)

La où il y a des points, cet article ajoute: *A la* [illegible] *à l'étranger celles dont l'entrée est prohibée*….. Il ne peut plus en être ainsi depuis le décret du 18 octobre 1810; les marchandises dont la consommation est défendue doivent être brûlées quelle que soit d'ailleurs la manière dont elles ont été acquises, et les introducteurs de ces espèces sont passibles de la triple amende par application du décret du 8 mars 1811 (nº 262.)

On verra sous le nº suivant que les consignataires ont trois jours après l'arrivée des bâtimens pour donner leurs déclarations; ainsi le droit de magasinage n'est acquis que le quatrième jour.

Relativement aux formalités de la vente des effets abandonnés, *Voyez* le chapitre premier du titre *des Marchandises acquises aux douanes.*

DROIT DE MAGASINAGE. Ce droit fait partie des recettes extraordinaires….. Il n'est pas soumis à la subvention d'un décime par franc.

Les marchandises en dépôt par suite de relâche forcée à l'étranger ne doivent pas de droit de dépôt, parceque c'est l'effet d'une force majeure. (*LD. 27 brumaire an 14.*)

Mais il est de demi pour cent pour celles déchargées par détresse dans un port [illegible] gées faute de vent. (*Voir* la section *des Relâches forcées* au livre VI.) — Si, au lieu d'être déposées dans les magasins de la douane, elles étoient renfermées dans des magasins particuliers, elles seroient exemptes de ce droit. (*LD. 5 ventose an 12.*)

Celui d'un pour cent est dû sur toutes les marchandises de prises, *quel que soit le lieu du dépôt*, à l'expiration du délai d'entrepôt. (*DM. 28 thermidor an 9.*) — Ce droit se perçoit d'après la valeur énoncée au procès-verbal de vente, soit que les marchandises aient été entreposées dans les magasins de la douane ou dans ceux des négocians.

La prorogation d'entrepôt accordée par le ministre dispense du droit. (*Circulaire des 8 et 22 prairial an 8.*)

Mais il est dû sur les marchandises provenant de confiscation après le délai d'entrepôt. (*DM. 28 floréal an 8.*)

Il doit encore être perçu sur les effets des marins morts en mer, et des déserteurs de la marine, à raison du séjour de ces effets dans les douanes. (*Circulaire du 12 fructidor an 10.*)

D'après l'article 16 du traité de commerce conclu entre la France et l'Italie, le 20 juin 1808, le droit de garde et magasinage des marchandises provenant de l'Italie est réduit de moitié.

312. Les propriétaires des marchandises laissées dans les bureaux à défaut de déclaration suffisante, qui se présenteront pour les retirer, seront tenus de

justifier de leur propriété, et de faire leur déclaration en détail, si elle n'a pas été fournie par les capitaines ou maîtres des bâtimens et conducteurs des marchandises. (22 *août* 1791, *art.* 11, *tit.* 2.)

LA manière de justifier de sa propriété dans les douanes est de présenter les connoissemens, lettres de voiture et lettres d'avis, ou extraits des feuilles de messageries.

313. Trois jours après l'arrivée du bâtiment, l'armateur ou consignataire donnera par écrit et signera l'état des marchandises qui lui appartiennent ou qui lui seront consignées, en spécifiant les marques, nombre et contenu des balles, caisses, etc., les quantités et qualités, avec évaluation des objets sur lesquels le droit est perceptible à la valeur. (4 *germinal an* 2, *art.* 4, *tit.* 2.)

VOIR les n^os suivans pour la forme et le contenu des déclarations.

Après le troisième jour de l'arrivée du bâtiment, l'article 9 du titre 2 de la loi du 4 germinal an 2 doit recevoir son exécution. *Voir* le n° 311.

314. Les voituriers ou conducteurs de marchandises entrant et sortant par terre seront aussi tenus..... de faire..... déclaration sur le registre du bureau, ou d'en présenter une signée des marchands ou propriétaires des marchandises, ou de leurs facteurs, laquelle déclaration demeurera au bureau, et sera transcrite sur le registre par les préposés *des douanes,* et signée par lesdits voituriers ou conducteurs; et, dans le cas où ils ne sauroient signer, il en sera fait mention sur le registre. (22 *août* 1791, *art.* 8, *tit.* 2.)

DANS le texte de la loi cet article commence ainsi: « Les « voituriers ou conducteurs de marchandises entrant « et sortant par terre seront aussi tenus, *sous les « peines portées par l'article premier du présent titre* « (sous le n° 289), de faire, *à leur arrivée dans « les lieux où les bureaux sont établis,* déclaration « sur le registre, etc. »

Mais en combinant cet article 8 du titre 2 de la loi de 1791 avec l'article 10 du même titre de la même loi, on y rencontre cette discordance que l'article 8 punit de confiscation et d'amende les voituriers qui, *à leur arrivée,* ne donnent pas de déclaration en détail des marchandises, tandis que l'article 10 leur laisse la faculté de ne faire qu'une déclaration sommaire, et leur accordoit même un mois pour rapporter la déclaration en détail.... La contradiction de ces dispositions m'avoit échappé dans la première édition de cet ouvrage, et je ne m'en suis aperçu qu'en créant des chapitres différens pour les déclarations en gros et pour celles en détail.....

Il est bien évident cependant que, pour faire concorder ces articles, et sur-tout pour mettre l'article 8 ci-dessus en harmonie avec l'article 9 du titre 2 de la loi du 4 germinal an 2, il faut en supprimer les peines qu'il édictoit, et ne le lire que comme je le rapporte dans mon texte; car enfin, si cet article 9 de la loi du 4 germinal an 2 reconnoît que des déclarations sommaires peuvent être faites par les conducteurs par terre, et accorde un délai de deux mois pour retirer les marchandises laissées dans les bureaux à défaut de déclaration suffisante, il n'est donc pas permis de procéder de suite à la confiscation, ni conséquemment d'infliger une amende, puisque de ce procédé résulteroit une contradiction singulièrement absurde et une violation manifeste de la loi de l'an 2.

§. II. *Du contenu des déclarations.*

315. Les déclarations contiendront la qualité, le poids, la mesure ou le nombre des marchandises qui devront les droits au poids, à la mesure ou au nombre, et la valeur, lorsque les marchandises devront les droits suivant leur valeur.

Elles énonceront également le lieu du chargement, celui de la destination, et, dans les ports, le nom du navire et celui du capitaine.

Les marques et numéros des ballots, caisses, tonneaux et futailles seront mis en marge des déclarations. (22 *août* 1791, *art.* 9, *tit.* 2.)

316. La facture faite au lieu de l'exportation sera jointe à l'évaluation donnée au lieu d'importation. (*4 germinal an 2, art. 5, tit. 6.*)

Lorsque la déclaration n'est pas assez précise, elle est, dit-on, considérée comme n'existant pas. — Je ne sais sur quelle autorité ce principe est établi... Si je le rapporte ici, c'est que je l'ai trouvé imprimé dans tous les livres de douanes; car mon opinion est bien qu'une déclaration qui n'est pas précise est une déclaration fausse; il n'y auroit, ce me semble, d'exception que pour le cas cité aux observations du n° 326.

Quand le conducteur connoît la qualité de la marchandise et qu'il n'en ignore que le poids, il peut la faire peser avant de donner sa déclaration. (*Décision du* 11 *mai* 1792.)

317. A compter du 1er. vendémiaire an 10, les propriétaires, consignataires ou conducteurs de marchandises se conformeront, pour les déclarations et soumissions qu'ils auront à fournir dans les bureaux des douanes, et les préposés visiteurs, liquidateurs et receveurs desdits droits, pour la perception, à la loi du 1er. vendémiaire an 4. (*AC.* 14 *fructidor an* 9, *art.* 1.)

Cette loi du 1er. vendémiaire an 4 est relative au système décimal des poids et mesures. — Un arrêté consulaire du 13 brumaire an 9 a donné le mode de son exécution, et l'article 2 de celui cité ci-dessus a dit :

« Attendu la différence qui résulteroit dans les « recettes de l'excédant des nouveaux poids sur les « anciens, la perception des droits fixés au quintal « sera augmentée de deux pour cent par chaque « poids de cinq myriagrammes. »

Ce système est trop connu, trop en usage actuellement pour trouver place ici.... D'ailleurs la réduction en a été appliquée dans les tarifs à tous les articles imposés avant cette détermination; ainsi la dénomination *quintal* désigne actuellement, là comme ici, le quintal décimal qu'on divise en 10 myriagrammes ou en 100 kilogrammes; il équivaut à 204 livres 4 onces 4 gros 59 grains, poids de marc.

318. La déclaration du poids et de la mesure ne sera point exigée pour les marchandises sujettes à coulage. Les capitaines ou maîtres de bâtimens et voituriers devront énoncer seulement, dans leur déclaration, le nombre de futailles, leurs marques et les numéros; les représenter en même quantité que celles portées aux déclarations, lettres de voiture, connoissemens et autres expéditions relatives au chargement; et la perception des droits ne sera faite que sur le poids et sur la contenance effectifs. (22 *août* 1791, *art.* 19, *tit.* 2.)

On répute marchandises sujettes à coulage les huiles, les vins et liqueurs, les sucres bruts, les anchois conservés dans la saumure, le thon mariné dans l'huile, etc.

La faveur accordée aux liquides comme sujets à coulage a lieu à raison des diminutions, mais non des augmentations, puisque cet article n'est relatif qu'au déficit, et ne peut dans aucun cas s'étendre aux excédans. (*LD.* 18 *prairial an* 10.)

Ces marchandises n'étant pas soumises à la déclaration du poids et de la mesure, on doit en présenter les manifestes et connoissemens qui les énoncent au port du chargement.... S'il y a déficit, on y a égard comme étant l'effet du coulage..... Si au contraire il se trouve un excédant, la peine du double droit est encourue, puisqu'on ne peut attribuer cet excédant qu'à l'intention de frauder. (*Même lettre que dessus renouvelée à Anvers, le* 22 *frimaire an* 13.)

Il est cependant à remarquer que si des négocians faisoient, quoique n'y étant pas astreints, la déclaration du poids ou de la mesure des marchandises sujettes à coulage, ils deviendroient alors passibles des peines portées par la loi contre les fausses déclarations.

Observ. *sur ces trois paragraphes.* L'administration avoit confirmé, par décision du 2 vendémiaire an 11, le principe consacré dans la lettre du 18 prairial an 10; mais l'affaire à laquelle cette décision étoit relative ayant été portée à la connoissance des tribunaux et jugée contradictoirement à cette décision, tant en première instance qu'en appel, l'administration, tout en persistant dans son opinion qu'il y avoit eu intention de fraude de la part du prévenu, a pensé que le succès du pourvoi étoit trop incertain pour en courir la chance, par cela seul que, s'agissant de marchandises sujettes à coulage pour lesquelles la loi dispense formellement de la déclaration du poids et de la mesure, toutes les inductions que l'on pourroit tirer de la conduite du prévenu seroient insuffisantes, et par ces motifs elle a acquiescé au jugement qui sert de loi jusqu'à jurisprudence contraire.

319. Les déclarations faites dans les bureaux sur les côtes et frontières seront enregistrées par les préposés et signées par les déclarans : si le conducteur ne sait pas signer, il en sera fait mention. (4 *germinal an* 2, *art.* 6, *tit.* 3.)

Les formalités prescrites pour les déclarations doivent être observées, tant par les redevables que par les percepteurs, avec la plus grande exactitude; car elles sont la base des opérations des douanes; c'est sur elles que sont fondés et les condamnations et les moyens de défense.

320. Ceux qui auront fait leurs déclarations n'y pourront plus augmenter ni diminuer, sous quelque prétexte que ce puisse être, et la vérité ou fausseté des déclarations sera jugée sur ce qui aura été premièrement déclaré.

Néanmoins, si, dans le jour de la déclaration et avant la visite, les propriétaires ou conducteurs de marchandises reconnoissoient quelque erreur dans les déclarations, quant au poids, au nombre, à la mesure ou à la valeur, ils pourroient rectifier lesdites déclarations, en représentant toutefois les balles, caisses ou tonneaux en mêmes nombre, marques et numéros que ceux énoncés aux déclarations, ainsi que les mêmes espèces de marchandises; après ce délai ils n'y seront plus reçus. (22 *août* 1791, *art.* 12, *tit.* 2.)

L'ordonnance de 1687 ne permettoit aucun changement aux déclarations; l'article ci-dessus, beaucoup moins sévère, admet la rectification dans le jour et avant la visite, relativement au *poids*, au *nombre*, à la mesure et à la *valeur*; mais jamais la rectification n'est admissible quant à l'espèce.

Jurisprudence. — Le capitaine Schwargen, de Malines, fit à la douane d'Anvers une déclaration portant qu'il étoit chargé de telle quantité de blé destiné pour la Hollande, et que cette exportation étoit autorisée par un arrêté spécial du Gouvernement. — Après la déclaration et le *même jour*, les préposés firent la visite du bâtiment et trouvèrent cent quarante pièces d'or et quatre-vingts piastres fortes d'Espagne, que le capitaine dit avoir prises pour ses besoins. — Les préposés saisirent ce numéraire en vertu de la loi du 15 septembre 1792. — Le capitaine allégua alors n'avoir pris ce numéraire à Malines que pour se rendre à Anvers, et il soutint que, ne le transportant ainsi que dans l'intérieur, il n'avoit pas été tenu de le déclarer, et qu'il étoit par conséquent encore à temps pour ajouter à sa déclaration. — Jugement de la justice de paix d'Anvers, qui déclara la saisie valable. — Appel au tribunal civil des deux Nèthes qui la déclare nulle. — Pourvoi en cassation; et arrêt du douze vendémiaire an 9, par lequel : — « Vu l'article 12 du « titre 2 de la loi du 22 août 1791; et considérant « que le capitaine Schwargen n'a parlé, ni dans sa « déclaration, ni avant la recherche des commis, du « numéraire qu'il avoit à bord; que, lorsque les « commis l'ont trouvé, il a dit que c'étoit pour ses « besoins; et que si ce numéraire n'avoit pas été « trouvé, rien n'empêchoit le capitaine de l'exporter « à l'étranger, et d'obtenir son passeport avec la « déclaration qu'il avoit fournie; le tribunal casse et « annulle..... ».

§. III. *De la vérification des déclarations.*

321. Les déclarations faites, les marchandises seront visitées, pesées, mesurées ou nombrées, si les préposés *des douanes* l'exigent, et ensuite les droits seront perçus. (22 *août* 1791, *seule disposition à invoquer de l'art.* 14, *tit.* 2.)

322. La visite ne pourra être faite qu'en présence des maîtres des bâtimens ou voituriers, des propriétaires des marchandises ou de leurs facteurs; en cas de refus de leur part d'y assister, les marchandises resteront en dépôt au bureau. .... (22 *août* 1791, *art.* 16, *tit.* 2.)

Cet article ajoute : *Et il en sera usé à cet égard comme pour les cas énoncés en l'article* 10 *de ce titre*... Ce n'est plus cet article 10 qui est *au courant*; la loi du 4 germinal an 2 lui a substitué les dispositions de son article 9, titre 2 (*Voir* n° 311.)

323. Lorsque les préposés des douanes soupçonneront qu'il y a fausseté dans la déclaration sur les espèces ou qualités, ils enverront des échantillons *au* directeur général des douanes, qui les fera vérifier par les commissaires experts attachés au ministère *du commerce*, et auxquels, pour chaque vérification, seront adjoints deux fabricans ou négocians choisis par *le* ministre *du commerce*.

S'il est reconnu que les déclarations sont fausses, les marchandises seront saisies et confisquées. (*DI.* 5 *août* 1810, *art.* 2.)

Cet article, bien que rendu spécialement pour le tarif du 5 août 1810, n'en reçoit pas moins son exécution pour toutes les autres marchandises ; ainsi je puis en faire une disposition générale, sous cette réserve que si la marchandise mésestimée étoit tarifée à la valeur, il ne lui seroit pas applicable, puisqu'une autre loi a édicté particulièrement pour ce cas ; Voir *Droit de préemption* au livre I.

324. Les marchandises pourront être visitées dans chaque bureau d'entrée ou de sortie sur la route. (4 *germinal an* 2, *art.* 3, *tit.* 3.)

325. Les transport, déballage, remballage et pesage des marchandises seront aux frais des propriétaires. (4 *germinal an* 2, *art.* 9, *tit.* 3.)

Cette disposition n'est qu'une répétition de l'article 15, titre 2 de la loi du 22 août 1791, ainsi conçu : « Le transport des marchandises aux douanes, « leur déballage et remballage pour la visite, seront « aux frais des propriétaires : ils pourront, ainsi que « les préposés à la conduite, employer les porte-faix « et les emballeurs attachés aux douanes, ou telles « autres personnes qu'ils jugeront devoir choisir ».

SECTION II. — *Des fausses déclarations.*

§. 1. *Déclaration fausse dans l'espèce ou la qualité des marchandises.*

326. Si la déclaration se trouve fausse dans la qualité ou l'espèce des marchandises, et si le droit auquel on se soustrairoit par cette fausse déclaration s'élève à douze *francs* et au-dessus, les marchandises faussement déclarées seront confisquées, et celui qui aura fait la fausse déclaration sera condamné à une amende de cent *francs*.

Si le droit est au-dessous de douze *francs*, il n'y aura pas lieu à la confiscation, mais seulement à la condamnation en ladite amende de cent *francs*, pour sûreté de laquelle la marchandise sera retenue.

Lesdites peines n'auront pas lieu en cas de vol ou de substitution juridiquement prouvée. (22 *août* 1791, *art.* 21, *tit.* 2.)

Question..... Un négociant a déclaré à l'entrée de la crême de tartre imposée à 18-36 du quintal.... A la vérification on trouve de la craie qui ne doit que 1-02..... Doit-on saisir comme s'agissant d'une fausse déclaration, ou percevoir le droit sur l'objet déclaré ou sur celui reconnu ?

Réponse..... Il n'y a évidemment aucune intention de fraude ; on doit se borner à faire acquitter les droits de la marchandise reconnue. (*LD* .... *complémentaire an* 11.)

Cependant dans le système actuel, attendu que la craie est assujettie au certificat d'origine, et que celui délivré pour de la crême de tartre ne pourroit lui devenir applicable, il y auroit lieu de saisir à défaut de certificat d'origine.... Exemple : Un négociant a, le 28 mars 1809, déclaré à l'entrée un baril contenant de la colle de poisson, imposé alors à 80 francs le quintal ; à la vérification on a trouvé du sirop de sureau qui ne doit que 51 francs..... Néanmoins on a saisi le sirop comme dépourvu de certificat, ainsi que le navire ayant servi au transport, et la saisie a été reconnue valable par le directeur général, qui a autorisé, le 8 avril suivant, à ce qu'elle soit terminée administrativement.

Nata. On observera que dans tout ce titre il ne s'agit que de marchandises permises, et pour lesquelles on a rempli d'ailleurs les autres formalités exigées, telles que la représentation du certificat d'origine, d'un manifeste exact si l'importation s'est faite par mer, etc. — Car, dans le cas contraire, ce ne seroient pas les peines rappelées ici qui seroient applicables à la fausseté de ces déclarations, mais bien celles plus fortes prononcées contre ces sortes de contravention.

Les fausses déclarations pour marchandises destinées à circuler dans le rayon se punissent aussi différemment. (*Voir* au titre 3 de ce livre.)

JURISPRUDENCE. — Quinze boucauts de sucre en pains devoient être réexportés par un navire américain; au moment du départ il ne s'en trouva plus que onze au lieu de quinze. — Le tribunal criminel avoit déchargé le capitaine du navire des peines que la loi prononce, sous prétexte d'un vol. — Recours en cassation et arrêt du 16 thermidor an 5, par lequel; — « Considérant...... qu'il avoit été « déclaré quinze boucauts, et qu'il n'en a été repré- « senté que onze; — Que l'exception de vol pro- « posée par le capitaine n'est point légalement prou- « vée; — Que n'ayant en France qu'une manière de « constater, *même contre les étrangers*, poursuivre « et punir les délits, celle prescrite par les lois, « cette exception (de vol) n'eût été bien justifiée que « par une instruction faite en conséquence, ou tout « au moins par des procès-verbaux en règle et con- « tradictoires; et que dans la circonstance il n'y « en existe pas, mais seulement quelques lettres du « consul des Etats-Unis, ce qui ne lui donne que le « caractère d'une simple allégation susceptible de « plus grandes preuves, et dès-lors constitue la « fraude..... La cour casse, etc. »

Cet arrêt fut rendu par application de la loi du 10 brumaire an 5; mais je le place ici pour démontrer comment doit s'établir la preuve du vol.

§. II. *Déclaration fausse dans le nombre, le poids ou la mesure des marchandises.*

327. Si les marchandises représentées excèdent le poids, le nombre ou la mesure déclarés, l'excédant sera assujetti au paiement du double droit; ce qui cependant n'aura pas lieu si l'excédant n'est que du vingtième pour les métaux, et du dixième pour les autres marchandises ou denrées : l'excédant, dans ces cas, ainsi que les quantités déclarées, n'acquitteront ensemble que le simple droit. (22 *août* 1791, *art.* 18, *tit.* 2.)

CET article est applicable à l'excédant du tonnage des navires étrangers (*DM.* 6 *germinal an* 8), et il est le seul que l'on doive invoquer dans l'espèce. (*LD* 29 *novembre* 1808.) — *Voir* cette lettre au titre 3 du livre VI, section du *Droit de tonnage.*

JURISPRUDENCE. — 1°. Par jugement de la cour de cassation, du 6 germinal an 8, il a été reconnu qu'il y a toujours lieu au paiement du double droit sur tout excédant, quelque peu considérable que soit la quantité trouvée au-dessus du dixième ou du vingtième, dans les sens de l'article 18, titre 2 de la loi du 22 août 1791; — Que cet article n'étoit relatif qu'aux marchandises présentées au premier bureau d'arrivée, et non à celles expédiées de ce bureau, par acquit-à-caution, pour une douane d'entrepôt.

2°. Un autre arrêt du 28 octobre 1808 a aussi décidé que, si des marchandises introduites dans un port franc excédoient la quantité déclarée, l'excédant étoit passible du double droit. (*Voir* livre IV, *Entrepôt de Gênes.*)

3°. Mais la cour a reconnu, par arrêt du 15 avril 1808, que l'article 18 ci-dessus de la loi de 1791 ne s'appliquoit pas à l'excédant des sels. (*Voir* livre III, chapitre *des Sels.*)

§. III. *Déclaration fausse dans le nombre des colis.*

328. Tout excédant, quant au nombre des balles, ballots, caisses, tonneaux et futailles déclarés, sera saisi, pour la confiscation en être prononcée avec amende....... (22 *août* 1791, *art.* 20, *tit.* 2.)

L'AMENDE édictée par cet article est celle de cent francs, et elle est toujours applicable par terre.

Mais depuis la loi du 4 germinal an 2 les excédans des déclarations à l'importation par mer se punissent beaucoup plus sévèrement; le capitaine qui présente un manifeste inexact est personnellement condamné à une somme égale à la valeur des marchandises omises ou différentes, et à une amende de 1000 francs. (*Voir* n° 306.)

Néanmoins cette disposition de l'art. 2, titre 2 de la loi du 4 germinal an 2, n'est applicable qu'au capitaine et non aux propriétaires ou consignataires des marchandises, qui restent seulement passibles de l'amende de cent francs avec confiscation.

D'où résulte que si le manifeste ou déclaration en gros du capitaine, ainsi que la déclaration en détail du propriétaire, se trouvent fausses, on doit conclure par le même rapport, 1°. contre le capitaine aux condamnations voulues par le n° 306; et 2°. contre les propriétaires à celles prononcées par les articles 20 et 21 de la loi de 1791. — S'il n'y a que le manifeste qui soit inexact, on ne doit recourir qu'aux condamnations prescrites par l'article 2, titre 2 de la loi du 4 germinal an 2 (n° 306); de même que si le manifeste est exact et que la fausseté n'existe que dans la déclaration en détail du propriétaire, on ne doit conclure contre ce dernier qu'aux condamnations prononcées par les n°s 326 ou 328.

329. Dans le cas où, lors de la visite, les balles, ballots, caisses et futailles se trouveroient en moindre nombre que celui porté en la déclaration, les maîtres des bâtimens, voituriers, et ceux qui auront fait les déclarations, seront condamnés solidairement en trois cents *francs* d'amende pour chaque ballot, balle, caisse ou futaille manquant; pour sûreté de laquelle amende les bâtimens de mer, bateaux, voitures et chevaux servant au transport seront retenus, sauf le recours, s'il y a lieu, des capitaines et maîtres de bâtimens ou voituriers contre ceux qui auront fait les déclarations.

Dans le cas de naufrage après la déclaration donnée, ou de vol de marchandises, il ne sera fait aucune poursuite sur le défaut de représentation de balles, ballots, caisses, tonneaux et futailles, en rapportant, à l'égard du naufrage, le procès-verbal des juges qui remplaceront ceux de l'amirauté, et quant au vol, la preuve du vol. (22 *août* 1791, *art.* 22, *tit.* 2.)

Jurisprudence. — Il résulte d'un *considérant* de l'arrêt de cassation, du 23 ventose an 13, que cet arcicle 22 du titre 2 de la loi de 1791 n'est point applicable au cas de soustraction dans un entrepôt de marchandises qui doivent être réexportées.

CHAPITRE IV. — *Des Droits de douanes.*

SECTION I. — *De l'exemption des droits.*

330. Seront exemptes des droits d'entrée et de sortie les marchandises et denrées apportées de l'étranger dans un port de France, lorsqu'étant destinées pour l'étranger ou pour un autre port de France, elles seront déclarées devoir rester à bord, et qu'elles ne seront pas déchargées des navires, à la charge de justifier de leur destination ultérieure. (22 *août* 1791, *art.* 6, *tit.* 1.)

Cet article suppose qu'on s'est conformé d'ailleurs aux autres formalités, notamment à celles rappelées sous le n° 307.

Il est à observer que l'exemption ne doit avoir lieu qu'autant que les marchandises restent sur le bâtiment qui les a apportées, et que celles qui, après avoir été déclarées pour l'étranger, seroient versées de bord à bord, seroient saisissables comme introduites en fraude.

331. Ne pourront ceux à qui les marchandises seront adressées être contraints à en payer les droits, lorsqu'ils en feront par écrit l'abandon dans les douanes; les marchandises ainsi abandonnées seront vendues, et il sera disposé du produit de la manière ci-après indiquée....... (22 *août* 1791, *art.* 4, *tit.* 1.)

Voir comment on dispose du produit de ces marchandises à la fin de ce livre II, titre 4, *de l'Emploi des marchandises acquises aux douanes.*

SECTION II. — *De l'Acquittement des droits.*

§. 1. *Dispositions générales sur l'acquittement.*

332. Dans les lieux où il y aura deux lignes de bureaux sur les côtes ou frontières, les droits d'entrée seront acquittés dans les bureaux extérieurs, et ceux de sortie dans les bureaux intérieurs. (*4 germinal an 2, art.* 1, *tit.* 3.)

La rédaction de cette disposition de la loi du 4 germinal an 2 ne vaut pas celle de l'art. 2 du titre 1 de la loi du 22 août 1791 ; celui-là plus naturel, et donnant par conséquent moins de prise à la fraude, se trouveroit cependant abrogé, par cela même qu'il établit une exception (celle de se présenter au bureau le plus près du chargement) qui n'a pas été renouvelée par la derniere loi, si des arrêts de la cour de cassation n'avoient donné à celle-ci le même sens qu'à la première ; il importe en conséquence de connoître l'article qu'on suit, et le voici :

« Les bureaux placés sur les côtes de France « serviront en même temps à la perception des droits « d'entrée et de sortie; à l'égard des frontieres de « terre, les droits d'entrée seront acquittés dans les « bureaux les plus voisins de l'étranger, et les droits « de sortie dans ceux placés sur la ligne intérieure, « à moins que ces derniers ne soient plus éloignés « du lieu du chargement que les bureaux d'entrée, « auquel cas les droits de sortie seront payés dans « ceux-ci : ces deux lignes de bureaux se contrôle« ront et surveilleront leurs opérations respectives. » (22 *août* 1791, *art.* 2, *tit.* 1.)

D'après cette exception, il s'agit assez souvent de déterminer quel est le bureau de sortie d'une commune qui se trouve située dans un rayon de douanes à des distances inégales de deux bureaux de seconde ligne... Le procédé en est simple : il faut, sur une carte géographique, tirer d'*abord* une ligne perpendiculaire depuis le bureau de première ligne dont elle est le plus rapprochée jusqu'au point parallèle à sa situation ; *ensuite* comparer les distances respectives des bureaux de seconde ligne au point où s'arrête cette ligne perpendiculaire.... Le résultat de ces deux opérations sera que la commune en question a, pour bureau de seconde ligne, celui qui se trouve le plus à sa portée.

On sait que, dans le langage des douanes, on nomme bureau de première ligne celui le plus voisin de l'étranger ; par conséquent le bureau de seconde ligne est celui le plus rapproché de l'intérieur.

333. Les droits ne seront payés que sur les quantités constatées par la vérification. (*4 germinal an* 2, *art.* 10, *tit.* 3.)

Le même principe avoit été établi par l'art. 17 du tit. 2 de la loi du 22 août 1791, ainsi conçu :

« Les droits seront perçus suivant le poids, le « nombre et la mesure énoncés dans la déclaration : « mais dans le cas où les préposés de la régie ne s'en « rapporteroient point au poids, au nombre, à la « mesure énoncés dans les déclarations, ils procè« deront à la vérification ; et si elle présentoit des « quantités inférieures aux déclarations, les droits « ne seroient acquittés que sur les quantités cons« tatées par la vérification. »

Il a été rendu le 24 novembre 1791 une décision ministérielle pour la restitution des droits perçus irrégulièrement ou mal-à-propos. — On présente à cette fin au directeur de l'arrondissement les acquits originaux ; à leur défaut, des duplicata. — Dans ce dernier cas, la restitution n'a lieu que trois mois après la demande, à la charge en outre que le réclamant sera tenu de fournir caution solidaire de rendre la somme remboursée, si, dans l'espace de deux ans de la date de l'acquit, le porteur de l'acquit original venoit à en réclamer le remboursement. — Le directeur du département réfère du tout à l'administration.

334. Les droits de douanes seront perçus en numéraire métallique. (*3 frimaire an* 5, *art.* 5.)

On ne peut recevoir, pour paiement des droits, des créances sur le Gouvernement, quand même l'acquittement en seroit assigné sur le produit des douanes. (*Ainsi décidé à l'égard des primes*, le 27 *octobre* 1792.)

On verra au livre V, qu'aucun juge ne peut modérer les droits sans en répondre personnellement. (*Loi du* 4 *germinal an* 2, *art.* 23, *tit.* 6.)

335. Les droits seront payés comptant à toutes les entrées et sorties de France,

et les marchandises ne pourront être retirées des douanes ou bureaux qu'après le paiement desdits droits, sauf ce qui a été décrété pour les denrées coloniales. (22 *août* 1791, *art.* 30, *tit.* 13.)

L'ARTICLE 11 du titre 3 de la loi du 4 germinal an 2 a dit : *Les droits seront payés comptant et sans délai.* — En ne faisant aucune exception, il abrogeoit nécessairement tout crédit, d'où résultoit que l'art. 30, tit. 13 de la loi de 1791, qui maintenoit celui pour les denrées coloniales, n'étoit plus le dispositif à suivre à cette époque... Mais aujourd'hui que des délais de paiement ont été consentis en faveur de toutes espèces de marchandises (*Voir* ci-après la section *des Crédits*), il s'ensuit naturellement abrogation de l'article cité de la loi du 4 germinal an 2, et remise en vigueur *par le fait* de celui de la loi de 1791, quoiqu'antérieure.

En cas de contestation sur la quotité des droits, on ne doit pas se contenter de la soumission : il faut exiger la consignation, et elle ne doit pas être au-dessous du droit exigible.

Il a été consacré, par lettre du 7 frimaire an 13, qu'aucune contestation entre les propriétaires des marchandises, les capitaines et autres particuliers, ne pouvoit retarder l'acquittement des droits.

EPOQUE A LAQUELLE LES LOIS DES DOUANES SONT EXÉCUTOIRES. L'enregistrement au chef-lieu de la préfecture ne consomme pas les décrets impériaux qui intéressent les douanes, et ne doit jamais faire suspendre leur mise en vigueur. (*LD.* 1 *mars* 1810.)

Ainsi les lois de douanes sont exécutoires au moment de leur arrivée dans les directions, et les nouveaux droits sont perceptibles à l'instant même où les employés acquièrent la connoissance des changemens.

Néanmoins les droits doivent être perçus d'après les lois existantes à l'époque de la déclaration précédée de l'arrivée. Or, la marchandise déclarée avant l'arrivée d'une loi qui en a augmenté le droit n'est sujette qu'à l'ancien droit, quoique le déchargement et la vérification soient postérieurs. De même, une marchandise qui n'a été déclarée qu'après l'arrivée d'une loi qui en augmente le droit doit le droit augmentatif, lors même que le bâtiment sur lequel elle se trouve seroit arrivé dans le port antérieurement à cette promulgation. — Ces principes ont été confirmés par décision ministérielle du 17 fructidor an 4.

La même règle est applicable aux droits de navigation : ils sont dus de l'époque de la déclaration, quoique la jauge, qui peut opérer des changemens dans la perception, ait été différée.

Le droit sur une marchandise qui jouit de l'entrepôt est celui existant au jour de sa déclaration pour la consommation, ou de l'expiration du délai d'entrepôt.

Il est dû sur une marchandise saisie, non du jour où la main-levée a été accordée, mais de celui auquel elle a été retirée.

Une marchandise expédiée par acquit-à-caution, qui reste dans l'intérieur, doit le simple ou le double droit existant à l'époque où l'acquit-à-caution a été délivré.

Si un bâtiment forcé d'entrer dans un port de l'Etat autre que celui de sa destination y est retenu par un embargo qui l'empêche d'arriver avant une augmentation de droits qu'il n'auroit pas éprouvée sans l'embargo, on ne peut exiger sur son chargement que les droits existant à l'époque où il seroit arrivé à sa destination sans l'embargo. (*Décision conforme à ce principe, du* 7 *ventose an* 5.)

§. II. *De la tare des emballages sur le paiement des droits.*

336. Toutes les marchandises paieront les droits au poids brut, à l'exception des ouvrages de soie, or et argent, des dentelles, du tabac, et des drogueries et épiceries, dont le droit excédera *quarante francs* par quintal (*décimal*) : ces différens objets acquitteront au poids net. (22 *août* 1791, *premier paragraphe de l'art.* 3, *tit.* 1.)

Les soies, les plumes apprêtées, les sucres raffinés et candis, paieront également les droits au poids net. (1er *août* 1792, *première disposition du second paragraphe de l'art.* 9.)

Les droits d'entrée et de consommation portés au tarif seront perçus au net sur les sucres bruts, têtes et terrés, cafés, cacao et poivre. (8 *floréal an* 11, *art.* 10.)

DANS le texte ci-dessus rapporté du premier paragrape de l'art. 3 du titre 1er de la loi du 22 août 1791, il est dit qu'il n'y aura que *les drogueries et épiceries dont le droit excédera vingt livres du quintal* (poids de marc) *qui acquitteront au net*; ainsi, pour établir une perception conforme à ce paragraphe, il faudroit que les marchandises de l'espèce fussent tarifées à plus de 40 fr. 80 cent. pour ne pas payer au brut, parceque 40-80 est au quintal décimal comme 20 est au quintal poids de marc..... Mais, par une faveur spéciale, il a été décidé ministériellement, le 11 germinal an 11, que « *Les droits sur la canelle et autres drogueries et épi-* « *ceries qui sont imposées à plus de 20 francs* par « cinq myriagrammes, *ne doivent être perçus que sur* « *le poids net...* ». Et par suite de cette décision, il a été mandé au directeur de Cette, par lettre du directeur général, du 9 ventose an 13, que « La tari- « fication au poids net des drogueries et épiceries im- « posées à plus de 20 francs *par cinq myriagrammes* « s'applique aux marchandises de la même espèce « qui, précédemment imposées à des droits infé- « rieurs, sont assujetties par de nouvelles lois à des « droits excédant cette quotité ». — Ainsi toutes les drogueries et épiceries qui ont été tarifées par des lois antérieures au système décimal des poids doivent, pour payer au net, être taxées à plus de 40 fr. 80 c., tandis que depuis l'établissement de ce système, il suffit qu'elles soient réimposées à plus de 40 francs pour ne pas acquitter au but.

Le premier paragraphe de l'art. 9 de la loi du 1er. août 1792 avoit donné la nomenclature des drogueries et épiceries qui ne payoient qu'au net; mais, comme on le sait, beaucoup de marchandises ayant depuis été retarifées à plus de 40 francs et comprises dans la classe des drogues, ce paragraphe est nécessairement devenu incomplet; cependant, comme il est encore bon à consulter quant aux assimilations, je crois utile de le rapporter ici en son texte; on aura ainsi sous les yeux tout ce qui a été décrété relativement à la tare; ce paragraphe dit:

« Les drogueries et épiceries qui devront acquit- « ter au poids net, en conformité de l'article 3 du « titre 1er de la loi du 22 août 1791, sont : l'ambre « gris, l'azur de roche fin, le beaume, le bézoard, « le bois néphrétique, le cacao, le cardamomum, « le castoreum, les cendres bleues et vertes à l'usage « des peintres, le chocolat, la civette, le costus « indicus et amarus, les eaux médicinales, les es- « sences d'anis, de cannelle, de romarin et de rose, « le ginseng, toutes les huiles dont le droit excède « vingt livres du quintal (*monnoie et poids anciens*) « le labdanum, le musc, la muscade, le safran, « la scamonée, le thé et le sel volatil. (1er. *août* 1792, *premier paragraphe de l'article* 9.)

On entend par *poids brut*, le poids réuni des marchandises et des caisses, tonneaux, pailles et serpillières servant à leur emballage.

Le *poids net* est celui des marchandises seules, déduction faite de tout emballage et de toute enveloppe.

On répute *emballage* tout ce qui sert à envelopper un ballot, une boite, etc.; mais non les cartons sur lesquels peuvent être pliées ou roulées des étoffes ou dentelles, ni les épingles qui les attachent.

337. La tare à déduire sera, pour les sucres bruts en futaille, de quinze pour cent; pour les sucres têtes et terrés, le café, le cacao et les poivres, aussi en futaille, de douze pour cent : elle ne sera que de trois pour cent sur les cafés, cacao et poivre en sac. (8 *floréal an* 11, *art.* 11.)

La tare pour les .... drogueries et épiceries en futaille sera évaluée à douze pour cent, et à deux pour cent sur les mêmes objets en paniers ou en sacs. (22 *août* 1791, *second paragraphe de l'art.* 3, *tit.* 1.)

La déduction pour les cotons en laine sera de six pour cent sur les ballots, et de huit sur les ballotins au-dessous de cinq myriagrammes. (*Décision impériale du* 9 *avril* 1806.)

Le droit sur les potasses, guédasses, védasses, casubes, etc., ne sera perçu désormais qu'au poids net, ou avec déduction de la tare ordinaire de douze pour cent. (*DI.* 7 *mars* 1811, *art.* 2.)

A l'égard des ouvrages de soie, or et argent, et des dentelles, la perception en sera faite sur la déclaration au poids net, sauf la vérification de la part des préposés *des douanes.* (22 *août* 1791, *troisième paragraphe de l'art.* 3, *tit.* 1.)

PAR décision du ministre de l'intérieur, du 5 thermidor an 12, les droits sur les GRAINS et FARINES doivent être perçus au poids net, en faisant déduction des sacs, barils, etc., suivant les tares reçues dans le commerce.

Et par décision du ministre du commerce, du 14

mai 1812, il a été accordé de ne liquider les ÉCAILLES DE TORTUE que sur la déclaration du poids effectif, sauf la vérification.

Le directeur général des douanes a mandé, le 19 ventose an 13, que le négociant qui ne seroit pas satisfait de la tare accordée par la loi peut demander que ses marchandises soient pesées au net....; mais que lorsqu'il feroit purement et simplement sa déclaration, il n'auroit plus à réclamer que la déduction de la tare légale accoutumée, quels que soient d'ailleurs les emballages; et que tout ce qui, dans ce cas, excèderoit le poids déclaré, déduction faite de cette tare, deviendroit passible du double droit.

338. Lorsque des marchandises qui doivent le droit au poids net ou à la valeur se trouveront dans les mêmes balles, caisses ou futailles, avec d'autres marchandises qui doivent les droits au poids brut, la totalité desdites caisses, balles ou futailles acquittera les droits au poids brut. (22 *août* 1791, *quatrième paragraphe de l'art.* 3, *tit.* 1.)

Toute marchandise qui, étant tarifée au brut, sera dans une double futaille, ne paiera le droit que déduction faite du poids de la futaille qui lui sert d'une seconde enveloppe.

Dans le cas où une balle ou futaille contiendroit des marchandises assujetties à des droits différens, le brut de la balle ou de la futaille sera réparti sur chacune des espèces qui y seront contenues, dans la proportion de leurs quantités respectives. (1er *août* 1792, *second et troisième paragraphes de l'art.* 9.)

Il résulte de l'un des *considérant* de l'arrêt de la cour de cassation, du 6 germinal an 8, que l'article ci-dessus n'est applicable qu'aux marchandises qui ont la double futaille, et non à celles qui ont plusieurs enveloppes.

[illegible] y a contestation sur le poids de la double futaille, on la fait peser.

La tare réglée par la loi est essentiellement facultative; mais pour jouir de cette faculté, il faut s'en réserver le droit d'une manière précise dans la déclaration primitive. — Ainsi, à la mise en entrepôt des marchandises imposées au net, le commerce doit déclarer le *poids effectif* de la [illegible] noncer à l'évaluation du brut, sans quoi il est censé avoir adopté le taux commun, et doit, dans ce cas, acquitter les droits sur le poids brut des objets, déduction faite de la tare accordée par la loi. (*Circulaire du directeur général*, *du* 27 *janvier* 1807.)

§. III. *De la perception sur les marchandises tarifées.*

339. Les droits des douanes fixés par les tarifs..... seront acquittés à toutes les entrées et sorties de France, nonobstant tous passeports, lesquels demeurent supprimés; il est défendu aux préposés des douanes d'avoir égard à ceux qui pourroient être expédiés, ni aux ordres particuliers qui seroient donnés dans le même objet. Demeurent pareillement supprimés tous privilèges, exemptions ou modérations desdits droits....., sauf les exceptions décrétées.....; sauf aussi à convenir avec les puissances étrangères des mesures de réciprocité relativement aux passeports qui étoient donnés aux ambassadeurs respectifs. (22 *août* 1791, *art.* 1, *tit.* 1.)

Il ne peut exister d'immunité qu'en vertu d'ordres spéciaux transmis par le directeur général des douanes. (*DM.* 17 *ventose an* 13).

Les agens étrangers des relations commerciales sont sujets, comme les simples particuliers, à tous les droits d'entrée sur les objets de leur consommation. (*DM.* 17 *ventose an* 13, *et CD.* 24 *dito.*)

340. Toutes les marchandises étrangères qui seront importées pour les approvisionnemens de la marine, de la guerre et autres départemens, sont et demeurent assujetties sans exception au paiement effectif des droits à l'introduc-

tion en France, sur le pied réglé par le tarif des douanes. (*DI.* 6 *juin* 1807, *art.* 1.)

L'article 2 de ce décret porte que : — « Les four-« nisseurs ou agens du Gouvernement seront tenus « de payer provisoirement les droits d'entrée, dont « ils obtiendront le remboursement sur les fonds de « la marine, de la guerre ou du trésor public, sur « la représentation des acquits de paiement, et lors-« qu'il aura été reconnu que lesdits acquits sont ap-« plicables à des marchandises employées pour le « compte du Gouvernement ».

Il résulte d'une circulaire du directeur général, en date du 26 avril 1809, que le mode qui avoit été adopté par le ministre des finances pour le paiement des droits de douanes dus par l'administration de la marine, conformément au décret impérial du 6 juin 1807, ayant éprouvé des difficultés dans son exécution, S. Exc. le ministre de la marine a décidé qu'au lieu des obligations qui étoient souscrites par les préfets maritimes, et qui avoient l'inconvénient d'engager les administrateurs, par leurs signatures, comme le seroient des négocians, il seroit désormais dressé tous les mois des états de ce que l'administration des douanes aura à répéter de celle de la marine pour les droits dont il s'agit; que cet état sera reconnu par l'administrateur en chef du port; et que, sur l'avis qu'il en donnera à S. Exc., elle fera de suite les fonds pour en acquitter le montant.

§. IV. *De la perception sur les marchandises non tarifées.*

341. Les marchandises et denrées qui auront été omises au chapitre des droits d'entrée du tarif général acquitteront ces droits sur la valeur qui en sera déclarée; savoir : pour celles qui auront reçu quelque main-d'œuvre que ce soit, à raison de dix pour cent de cette valeur; pour les drogueries, de *vingt* pour cent; et pour tous autres objets, de trois pour cent. (22 *août* 1791, *premier paragraphe de l'art* 5, *tit.* 1.)

C'EST le décret impérial du 17 pluviose an 13, confirmé par la loi du 30 avril 1806, qui a porté le droit sur les drogueries omises à vingt pour cent; avant ce décret, elles n'étoient passibles que de celui de cinq pour cent édicté par l'article ci-dessus de la loi de 1791.

Le second paragraphe du même article disoit :

« *Il ne sera perçu aucun droit sur les objets qui n'au-« ront pas été compris au chapitre relatif à la sortie;* »

Ce qui vouloit dire que les marchandises non dénommées au tarif d'exportation pourroient sortir en franchise.... Il n'en est plus de même, et l'article qui va suivre a fixé une légère rétribution sur les *objets dont la sortie est permise, et qui ne sont pas assujettis à des droits....* Expression beaucoup plus sage; car bien qu'une marchandise ne soit pas comprise au tarif de sortie, encore peut-elle, par son assimilation à des espèces prohibées ou tarifées, suivre elle-même ce régime, quoique nominativement omise.

Lorsqu'il s'est agi d'appliquer le décret du 8 février 1810, qui a ordonné de doubler les droits sur toutes les productions coloniales, on a demandé si les droits à la valeur devoient subir le même sort que ceux dont la quotité étoit déterminée; il a été répondu, par circulaire du 20 avril 1810, que ce décret avoit pour objet de rétablir le rapport des anciennes fixations avec le prix actuel des marchandises; qu'en conséquence, les droits à la valeur, suivant constamment la progression du prix des marchandises, ne devoient pas être doublés.

§. V. *De la perception du droit de balance.*

342. Pour assurer l'exactitude des tableaux d'importation et d'exportation, et subvenir aux frais de leur confection, il sera perçu quinze centimes (ou trois sous) par cent francs de valeur, sur les objets dont la sortie est permise et qui ne sont pas assujettis à des droits...., et le même droit, ou 51 *centimes par quintal décimal* (5 sous du quintal *ancien*), au choix du redevable, seront perçus sur les productions étrangères qui jouissent d'une franchise absolue à l'entrée, les grains et bestiaux exceptés. (24 *nivose an* 5, *art.* 2.)

CETTE modique taxe se nomme *droit de balance*..... Sa nature particulière ne la rend susceptible d'aucune réduction, pas même dans le cas de modération de droits par un traité de commerce. — Dans le fait, le droit de balance n'est que le remboursement des frais des tableaux d'importation et d'exportation; il n'est pas, en douanes, compris sous la désignation de *droits du tarif.*

Lorsqu'il s'est agi d'appliquer le décret du 8 février 1810, on a aussi élevé la question de savoir si le doublement du droit étoit applicable au *droit de balance*, dont quelques marchandises coloniales, telles que les bois de teinture et de gayac en bûches, étoient alors simplement passibles à l'entrée. Ce *droit* n'ayant été établi, par la loi du 24 nivose an 5, sur les marchandises (*étrangères*) tirées à néant au tarif du 15 mars 1791, que pour subvenir aux frais de confection des états de la balance du commerce, et procurer des renseignemens plus certains sur les quantités venues de l'étranger ou exportées, on ne peut le considérer proprement comme un droit de douane, et dès-lors le décret impérial du 8 février 1810 ne le concerne pas. On doit, en conséquence, continuer à ne percevoir que le simple droit de la balance du commerce sur les marchandises qui y sont assujetties. (*CD.* 23 *mars* 1810.)

Une décision du ministre des finances, du 3 pluviose an 7, porte : *qu'il faut prévenir les redevables de l'option d'acquitter à l'entrée le droit de balance de commerce à raison de vingt-cinq centimes par quintal (ancien poids), ou de quinze centimes par cent francs de la valeur.*

Le droit de balance est dû sur les marchandises françaises admises au retour, en franchise des droits du tarif.

Le ministre a décidé, le 7 frimaire an 6, relativement à des marchandises venues de Hollande dans l'entrepôt alors existant à Louvain, que la conséquence de l'article ci-dessus de la loi du 24 nivose an 5 rendoit passibles du droit de balance les marchandises qui jouissent d'un transit franc ou d'un entrepôt pour la réexportation, — Et que ce droit étoit acquis par le seul fait de l'entrée de ces marchandises sur le territoire de l'Empire.

Les grains mêmes destinés à être réexportés doivent ce droit à raison du *transit franc résultant de l'entrepôt permis ;* mais il n'est point exigible sur ceux déchargés des navires qui entrent par relâche forcée pour être réparés. (*Décision du* 8 *fructidor an* 8.)

C'est en délivrant l'acquit-à-caution pour le transit que se perçoit le droit de balance.

On ne le fait également acquitter, sur les marchandises mises en entrepôt, qu'au moment où ces marchandises sont déclarées en sortir pour la réexportation. Cette marche ne concorde cependant pas avec l'article 21 de la loi du 8 floréal an 11, qui semble vouloir que le droit de balance soit payé à l'instant même de l'entrée en entrepôt (*Voir* au livre III, chap. *des Productions coloniales*) ; mais, en suivant cet article, il y auroit cet inconvénient, qu'alors que les marchandises seroient déclarées pour la consommation, il faudroit défalquer le droit de balance qui auroit été acquitté des droits de douanes qui devroient l'être; ce qui jetteroit la comptabilité dans un état continuel de soustractions.

Toutes les marchandises en transit qui ne sont pas assujetties à d'autres droits ne sont passibles que d'un seul droit de balance à l'entrée. (*DM.* 2e. *complémentaire an* 5. — Ainsi, dès qu'il a été acquitté pour l'importation, il n'est rien dû pour la sortie.

Les marchandises de prises dont les espèces ne sont pas tarifées doivent aussi le droit de balance lorsqu'elles sont retirées de l'entrepôt pour la consommation. — Les navires de prises y sont également soumis.

Mais le droit de balance n'est pas dû sur les marchandises prohibées provenant de saisies, et vendues à charge de réexportation. (*OD. transmis par lettre du directeur d'Anvers, du* 25 *messidor an* 10.)

Les objets d'histoire naturelle importés pour le muséum en sont aussi exempts.

Il résulte encore d'une décision ministérielle du 2 fructidor an 5, que les habillemens à l'usage des voyageurs, au nombre de six, et le linge de corps, tel que chemises, caleçons, etc., dans une quantité relative, doivent jouir de l'exemption accordée par la loi de 1792. (*Circulaire de l'administration, du* 5 *fructidor an* 5.) Renfermés dans une même malle, et n'excédant pas ce nombre de six, ils restent affranchis de tous droits, et ne sont pas assujettis à celui de balance. (*Décision du* 27 *nivose an* 8.)

Ces objets ainsi que les grains et bestiaux n'en doivent pas moins être déclarés et enregistrés..... Si l'on ne tenoit note de ces déclarations, on ne pourroit établir la balance des importations et exportations.

Cette balance se forme d'après les états qu'on nomme dans les bureaux *relevés de commerce ;* mais tels que ces relevés sont ordinairement fournis, ils ne donnent pas des élémens assez sûrs; je dirai en conséquence un mot sur la manière dont il conviendroit qu'ils fussent établis.

ÉTATS DE LA BALANCE DU COMMERCE.

Les relevés de commerce que les receveurs principaux fournissent à la fin de chaque mois et de chaque trimestre ont deux objets distincts également essentiels : ils font connoître les droits perçus à l'entrée et à la sortie des marchandises, et servent, comme je viens de le dire, de matériaux à la balance générale.

Formés pour remplir cette double fin, ces relevés doivent donc, en offrant le dépouillement méthodique des registres de déclarations et de recette, présenter chaque espèce de marchandise importée ou exportée,

1°. Par sa *dénomination* et *qualité*;

2°. Par son *poids*, *nombre* ou *mesure*, suivant qu'elle est tarifée au poids, au nombre ou à la mesure.... Si la marchandise est imposée à la valeur, il faut également faire mention de ses poids, nombre ou mesure;

3° Par sa *valeur*, encore que l'objet doive les droits au poids.

4° Par distinction de *puissances*, c'est-à-dire, énoncer la contrée d'où vient la marchandise, et si elle est exportée celle où elle va.

L'exactitude des relevés de commerce doit toujours être garantie par le visa des inspecteurs des douanes, lesquels ne doivent apposer ce visa qu'après avoir rigoureusement confronté ces relevés avec les registres de liquidation et de recette.... Ils s'assureront donc si ces états comprennent toutes les marchandises entrées et sorties; si la quotité du droit est rappelée; si les droits sont exactement tirés et donnent un total égal à celui des registres; si la désignation des contrées ou puissances est énoncée fidèlement tant pour les importations que pour les exportations; si les espèces d'or, d'argent et de cuivre importées ne sont point confondues dans un même poids; et si chacune des marchandises y prend sa place selon sa dénomination propre ou générique et dans l'ordre alphabétique du tarif.

Les recommandations que je viens de faire ne portent pas seulement sur les marchandises tarifées; il est encore très essentiel que l'on désigne, dans les relevés de commerce, les objets omis au tarif par la dénomination qui leur est donnée dans le commerce, et que l'on établisse aussi le poids de chacune de ces espèces, quoique le droit soit perçu à la valeur, attendu que sous la désignation *objets omis*, on ne peut reconnoître si des drogueries ou autres marchandises importées ne sont pas au tarif sous un nom différent que celui qui leur est donné aujourd'hui.

Quant aux marchandises qui, à leur introduction, ne sont assujetties qu'au droit de balance, la loi du 24 nivose an 5 a bien laissé au commerce l'option de payer cette taxe au poids ou à la valeur; mais elle n'a pu vouloir le dispenser, lorsqu'il paye au poids, d'énoncer aussi la valeur dans sa déclaration; de même les vérificateurs ne peuvent s'abstenir de constater le poids lorsque le commerce déclare payer à la valeur; autrement cette loi, essentiellement favorable aux opérations de la balance générale, seroit mal comprise.

Un exemple fera sentir l'importance de constater le poids lorsque le droit de balance est payé à la valeur;... admettons le cas où, dans la vue de se soustraire à une portion de cette foible taxe, des négocians donneroient à des laines importées une mésestimation sensible; cela seul produiroit nécessairement une erreur notable dans les résultats généraux, puisque ces laines, y figurant d'après des évaluations infidèles, y seroient conséquemment portées en moindre quantité que celle effectivement importée.... On préviendroit des conséquences aussi désastreuses, si l'indication du poids se trouvoit accolée à la valeur déclarée, puisqu'alors les masses d'évaluation peuvent s'établir eu égard aux origines, avec une très approchante exactitude.

Enfin pour répandre une véritable clarté dans les états de balance, il convient aussi de les diviser en trois parties.

DANS LA PREMIÈRE, établir à l'*entrée* les marchandises arrivant directement de l'étranger et celles sorties des entrepôts pour la consommation; et à l'*exportation*, les marchandises sorties de France pour l'étranger.

DANS LA SECONDE, placer à l'*entrée* les marchandises mises en entrepôt, en indiquant si elles ont ou non payé le droit de balance; et à l'*exportation* celles qui sortent de l'entrepôt pour l'étranger par réexportation.

DANS LA TROISIÈME, placer les exportations de grains lorsque la sortie en est permise, en énonçant les quantités par espèces et destinations.

Le commerce avec les colonies françoises et le transit doivent être présentés dans des états de commerce distincts et particuliers.

De cette manière tout se trouveroit dans l'ordre naturel. La *première partie* présenteroit toutes les opérations commerciales consommées; la *seconde*, celles qui sont encore étrangères à la balance; et la *troisième*, celles dont les produits perçus par les receveurs des douanes doivent être versés à la caisse d'amortissement.

§. VI. *De la perception du droit de subvention.*

543. ..... Il sera perçu au profit de l'Etat, à titre de subvention extraordinaire de guerre...., un décime par franc en sus des droits..... de douane à l'importation, l'exportation et la navigation. (6 *prairial an 7, art.* 1.)

La subvention établie par la présente loi sera perçue en même temps que le principal, et par les mêmes préposés, sans donner lieu à aucune retenue pour ceux-ci. Il en sera compté par un article séparé. (*Même loi, art.* 2.)

CE droit de dix centimes par franc, imposé d'abord pour l'an 7, a été prorogé depuis, et est encore en vigueur.

Le principe du décime additionnel s'applique aussi aux condamnations pécuniaires en matière de douanes, c'est-à-dire, aux amendes, au double droit *de l'excédant*, aux sommes payées pour *déficit* de colis, etc.; généralement enfin à toute espèce de condamnation, excepté celle qui porte sur l'objet principal de la saisie dont la confiscation est prononcée. — Dans le cas où il y a impossibilité de recouvrer la totalité des condamnations, le décime par franc est prélevé, avant toute répartition, sur les sommes qui sont recouvrées : si, par exemple, l'amende étant de 500 francs, on n'a pu recouvrer que 100 francs, cette dernière somme n'est répartie qu'après le prélèvement de dix francs. Ce principe n'est point applicable aux sommes payées par suite d'accommodemens administratifs, et en ce cas le décime additionnel n'est point exigible. (*Circulaire de l'Administration, du 24 vendémiaire an* 8.)

Le décime n'est pas dû sur les droits des sels. (*CD.* 2 *mai* 1806.) — Mais il est dû sur les amendes prononcées pour contraventions relatives aux sels. (*LM.* 9 *février* 1809.) — Conséquemment il doit être perçu sur le double droit encouru pour contravention à l'impôt du sel. (*LA.* 29 *septembre et* 24 *octobre* 1810.)

Ce décime est également dû sur les amendes résultant des contraventions aux décrets sur le blocus. (*CD.* 10 *janvier* 1809.) — Ce principe a encore été confirmé dans une lettre du 28 février suivant, par laquelle M. le directeur général observe que le ministre a répondu affirmativement à la question qu'il lui avoit faite à cet égard.

§. VII. *De la réduction des droits en cas d'avaries.*

344. Aucune réduction de droits ne sera accordée pour cause d'avaries, que dans le cas d'échouement ou autres accidens de mer, constatés suivant les formes prescrites, et qui emporteroient droit de recours contre les assureurs. (8 *floréal an* 11, *art.* 79.)

Les formes prescrites sont, 1°. le rapport du capitaine et de son équipage fait au bureau de la douane, dans les vingt-quatre heures de son arrivée ; ce rapport est vérifié par son journal et par les procès-verbaux qu'il est obligé de faire en mer. — 2°. Le protêt de recours contre les assureurs..... *Ainsi les marchandises avariées et embarquées sans cet état ne peuvent jouir de la réduction des droits.*

Sur la question de savoir si la déclaration d'avaries qu'on doit faire dans les vingt-quatre heures consistoit dans le rapport de mer du capitaine, ou s'il falloit une déclaration particulière de la part des propriétaires ou consignataires des marchandises, il a été répondu, *le* 12 *août* 1806, que la déclaration d'avaries doit être faite le même jour ou le lendemain du rapport de mer, à moins que des circonstances extraordinaires n'y mettent obstacle ; mais que dans ce cas même, on ne doit s'écarter que le moins possible du délai fixé, ces sortes d'opérations exigeant autant de célérité que d'exactitude.

Les avaries que les navires éprouvent à l'étranger ne peuvent être constatées légalement que par les commissaires-consuls françois. Tout certificat délivré dans cet objet par d'autres seroit rejeté. (*LD.* 17 *juillet* 1807.)

345. Les experts pour faire l'estimation de ces avaries seront nommés par le directeur ou le receveur des douanes : ils y procéderont dans les vingt-quatre heures de la déclaration d'avaries; ils établiront, par leur rapport, la valeur primitive des marchandises au cours du jour, et la perte résultant de l'avarie. (8 *floréal an* 11, *art.* 80.)

Cet article autorisant les directeurs et les receveurs à nommer les arbitres pour l'évaluation des objets prétendus avariés, sans les astreindre à les prendre, soit dans la classe des courtiers, soit dans toute autre, ils pourront les nommer ainsi qu'ils le jugeront convenable. (*DM.* 18 *février* 1806.)

346. Ledit rapport sera communiqué aux parties intéressées ou à leurs représentans, qui dans le délai de vingt-quatre heures pourront donner eux-mêmes aux marchandises une estimation supérieure à celle des experts. Les préposés des douanes ne pourront user du droit de préemption qu'à l'expiration de ce délai, et seulement d'après la nouvelle valeur, s'il en a été donné une par les

parties intéressées ou leurs représentans; sinon, que d'après la valeur résultant du rapport des experts. (8 *floréal an* 11, *art.* 81.)

LORSQUE la marchandise est vendue publiquement comme dans les cas d'échouement, etc., la réfraction du droit peut s'établir d'après le prix de la vente publique comparé avec celui du cours ordinaire des objets avariés; dans ce cas, le rapport des experts ne sert qu'à établir le prix courant. (*LD.* 9 *ventose an* 12.).

La formalité voulue par l'art. 81 ci-dessus peut rarement s'appliquer aux épaves; aussi le but de la loi est-il rempli lorsque le prix de la marchandise naufragée est régulièrement établi et comparé avec celui primitif. — Dès-lors il suffit que les experts nommés par les douaniers constatent la valeur effective des marchandises provenant d'épaves, et fixent d'après le cours de la place celles des mêmes espèces. (*Explications transmises en octobre* 1807.)

347. Si les préposés des douanes reconnoissent que les experts ont donné aux marchandises dont les droits se paient au poids une estimation supérieure à leur valeur primitive avant qu'elles eussent été avariées, le paiement des droits et la remise des marchandises entre les mains du propriétaire ou consignataire seront suspendus. Des échantillons seront levés, mis sous le cachet des experts et du receveur, et adressés au directeur général des douanes, qui les soumettra à l'examen du ministre de l'intérieur. Cependant, si le propriétaire ou consignataire desire avoir la libre disposition des marchandises, elles pourront lui être remises, sous soumission valablement cautionnée de payer les droits, conformément à la décision du ministre de l'intérieur. (8 *floréal an* 11, *art.* 82.)

CE seroit un principe dangereux et inusité en administration, si l'on calculoit le degré d'avaries, non d'après l'article qui en a souffert, mais sur tous ceux que comprend la même police, quoiqu'ils n'aient point éprouvé de détériorations. — Ainsi les avaries *dites* simples et particulières qui tombent uniquement sur la chose qui les a souffertes sont, comme les avaries grosses qui affectent le vaisseau et la cargaison, dans le cas de la déduction lorsqu'elles proviennent d'événemens de mer, et sont constatées suivant les formes prescrites. — C'est le vœu de la loi du 8 floréal an 11, qui n'a eu pour objet que d'obvier aux abus qui se pratiquent sous le prétexte d'avaries. (*Avis du directeur général, communiqué par le directeur d'Anvers le* 22 *ventose an* 13.)

De tout ceci, il résulte que l'art. 24 tit. 2 de la loi du 22 août 1791 est entièrement abrogé.

Quant aux marchandises imposées à la valeur, le droit étant toujours relatif à cette valeur, en quelque état qu'elles soient, la réduction du droit pour cause d'avaries ne leur est point applicable. (*Circulaire du* 5 *thermidor an* 10.)

Une décision ministérielle, du 28 nivose an 11, porte que : « la faculté des mutations d'entrepôt étant « une simple facilité accordée au commerce, les événemens qui peuvent survenir dans le transport « des marchandises de l'entrepôt de prime abord à « un autre entrepôt sont au risque des propriétaires, et ne doivent pas préjudicier aux droits qui « auroient été perçus au premier entrepôt. En conséquence il n'y a pas lieu d'admettre les déclarations d'avaries survenues dans le transport des « marchandises par mutation d'entrepôt. » (*CD.* 1er *pluviose an* 11.)

On a vu sous le n° 331, que si celui à qui une marchandise est adressée en fait l'abandon par écrit, il est dispensé d'en payer les droits. Cela s'applique naturellement aux objets avariés.

SECTION III. — *Du Crédit des droits.*

§. 1. *Crédits sous caution.*

348. L'art. 30 du titre 13 de la loi du 22 août 1791 (n° 335), qui veut que les marchandises ne puissent être retirées des douanes qu'après le paiement des droits, continuera d'être exécuté; et cependant dans le cas prévu par l'art. 31 du même titre (n° 354), le consignataire ou propriétaire des marchandises dont

la solvabilité sera bien connue sera admis à les faire enlever après la visite, en *remettant des traites suffisamment endossées et acceptées, pour être acquittées* dans le délai de *deux mois*, à compter du *jour* de la vérification des marchandises, à peine d'y être contraint solidairement aux termes de l'art. 31 du même titre. (*DM.* 8 *ventose an* 9.)

CETTE décision du 8 ventose an 9 limitoit le crédit à vingt jours; mais une lettre ministérielle, du 18 nivose an 10, a prévenu l'administration que le gouvernement avoit consenti à ce qu'il fût porté à deux mois.

Il a été accordé un délai de quatre mois pour payer les droits sur les sucres bruts destinés à être rafinés. *Voir* au livre III, chapitre *des Productions coloniales.*

Et le crédit a été porté à 3, 6 et 9 mois pour acquitter le droit de consommation imposé sur les sels, avec faculté de l'escompte en payant comptant. *Voir* au livre III, chapitre *des Sels.*

Et à l'exportation des grains, il a été consenti un crédit d'un mois pour le paiement des droits proportionnels. (*CD.* 7 *février* 1809.)

Mais à l'exception de ces trois espèces de marchandises, on ne peut excéder deux mois pour solder les droits de toutes les autres. (*CD.* 10 *janvier* 1811.)

Et encore le crédit doit être limité aux seuls articles de marchandises passibles de droits montant à 50 francs et au-dessus; tout ce qui sera au-dessous de cette valeur devra être acquitté à l'instant même de l'enlèvement : cette mesure, adoptée par la ferme générale pour les denrées coloniales admises au bénéfice du crédit, a été maintenue par une décision du ministre du 23 floréal an 9.

Au lieu de traites, la décision du 8 ventose an 9 rapportée ci-dessus n'exigeoit que des soumissions cautionnées d'acquitter dans le délai prescrit; mais ce mode a été changé par une circulaire du 5 complémentaire an 11, ainsi conçue : « Les difficultés « qu'a rencontrées, dans quelques directions, l'exé« cution des ordres du Gouvernement, relativement « au versement des différentes espèces d'effets reçus « pour garantie des crédits, ont paru tenir à ce que « le crédit, au lieu d'être assuré par des traites « suffisamment garanties, ne l'étoit que par des « soumissions ou obligations cautionnées que plu« sieurs receveurs généraux des départemens ont « regardées comme n'étant pas négociables. — Pour « prévenir ces difficultés à l'avenir, il est prescrit « aux receveurs qui sont autorisés à accorder des « crédits d'exiger désormais, quelle qu'en soit la na« ture, des traites suffisamment garanties, c'est-à« dire dont le tireur et l'accepteur ou l'endosseur « soient d'une solvabilité notoire, et de se refuser à « toutes soumissions ou obligations cautionnées « qu'on voudroit leur remettre. »

Le narré des traites reçues pour crédits doit indiquer qu'elles sont données pour droits de douanes ou des sels; le passé à l'ordre donnera cette indication, s'il n'en étoit pas fait mention dans le corps de la traite...... Cette mesure est prescrite pour conserver le privilége de l'administration. (*CD.* 22 *décembre* 1806.)

Une décision du ministre du trésor public, transmise par lettre du directeur général du 19 mai 1808, prescrit au receveur des douanes de ne recevoir aucune traite qui porteroit des centimes; elles doivent être toutes en sommes rondes.

Les traites reçues pour crédits ne peuvent être censées payables qu'au domicile des receveurs généraux ou d'arrondissement, à Paris, ou au domicile des receveurs, et non ailleurs. — Elles ne peuvent être reçues avant l'acceptation, et doivent toujours être cautionnées par des négocians du lieu où les crédits sont accordés. (*CD.* 4 *mars* 1808.)

Les traites sur Paris, reçues en paiement des droits, doivent porter la garantie d'une maison de commerce d'une solvabilité reconnue, outre celle du tireur et de l'accepteur qui doivent être de toute solidité. — L'exécution de cette formalité est sous la responsabilité des [illegible] (*CD.* 9 *frimaire an* 14.)

Une lettre du ministre du trésor public, du 31 mai 1806, porte qu'il seroit à desirer que les crédits du droit sur les sels fussent assurés de préférence avec des traites payables à Paris. — Mais le directeur général a observé, le 10 juin 1806, que cette faculté, qui s'étend également aux droits de douane, n'est point obligatoire pour le commerce; qu'elle ne doit point porter les préposés à perdre de vue les instructions relatives aux précautions à prendre pour que les intérêts du trésor public ne soient pas compromis; qu'ils ne peuvent se dispenser de s'assurer également de la solvabilité des cautions qu'ils admettront, parcequ'ils ne seront pas moins responsables de celles qui n'auront pas été généralement reconnues pour telles à l'instant où leur engagement aura été contracté. — Enfin, que si les négocians crédités sont dans l'impossibilité de fournir des traites de toute solidité sur Paris, ces effets peuvent être pris sur des maisons résidantes dans le lieu où le crédit est consenti.

Par suite des ordres du ministre du trésor public, le directeur général a prescrit aux receveurs des douanes de n'admettre désormais aucune traite de crédit qu'autant qu'elles seront acceptées par la personne sur laquelle elles seront tirées, et de refuser celles qui ne seroient pas faites sur papier marqué du timbre proportionnel à leur valeur.

Les traites tirées par première et seconde ne

seront admises en acquit des droits de douanes qu'autant que les unes et les autres seront timbrées. Dans le cas où quelques uns de ces effets viendroient de l'étranger, l'endosseur qui en transmettra la propriété devra, ou les faire timbrer auparavant, ou remettre aux receveurs, au moment de l'endossement, le montant du droit, afin qu'ils puissent satisfaire eux-mêmes à cette formalité. Enfin, si ces receveurs en étoient empêchés par quelque cause particulière, ils feroient mention sur l'effet même du droit de timbre qu'ils auroient exigé, et s'en déchargeroient en recette; et l'administration à qui cet effet seroit adressé le feroit timbrer à l'extraordinaire avant de le verser au trésor public. (*CD.* 16 *mars* 1811.)

349. Dans le cas de non-paiement des traites en acquit de droits de douanes, les payeurs du trésor public, ou tous autres agens chargés du recouvrement desdites valeurs, en feront faire le protêt, et le présenteront au receveur-général du département, qui comprend le chef-lieu de la direction des douanes où l'effet protesté aura été souscrit. Le receveur général sera tenu de rembourser ledit effet protesté, sauf son recours sur le receveur des douanes chargé de faire les poursuites nécessaires. (*AC.* 5 *vendémiaire an* 12, *art.* 3.)

LES receveurs des douanes ne peuvent, sous aucun prétexte, se dispenser d'exécuter ce que prescrit cet article 3 à leur égard; en conséquence, aussitôt qu'ils seront informés que des traites qu'ils auront remises pour comptant à la recette générale auront été protestées, ils devront y verser, des deniers de leur recette, une somme égale, et au lieu d'en tirer un récépissé, les mêmes traites leur seront rendues en échange pour en poursuivre le recouvrement sur les signataires; jusque-là ils se constitueront en débet de leur valeur dans leurs bordereaux de caisse, et ils en expliqueront le motif. (*LD.* 10 *juin* 1806.)

§. II. *Crédits sur nantissement.*

350. Lorsque les propriétaires ou consignataires de marchandises et denrées coloniales n'acquitteront pas immédiatement les droits d'entrée en espèces ou en traites à toutes satisfactions, les receveurs des douanes admettront des obligations commerciales à trois mois de date; mais pour en garantir le paiement à l'échéance, une partie des marchandises ou denrées équivalente au montant desdits droits restera en dépôt dans le magasin de la douane. (*DI.* 6 *février* 1811, *art.* 1.)

351. Pour déterminer la quantité des marchandises ou denrées qui devra rester à la douane, comme gage des droits acquis au Gouvernement, les qualités de chaque espèce seront exactement vérifiées, et l'estimation en sera faite au cours de la place de commerce où se trouveront les marchandises, ou au dernier cours de la place de Paris, au choix du receveur des douanes, et sous la déduction de vingt pour cent sur le prix du cours qui servira de régulateur. (*Même décret*, *art.* 2.)

352. Les marchandises retenues à la douane représentant une somme acquise au Gouvernement au moment de leur arrivée en France, tous créanciers du négociant qui les auroient remises en nantissement, quelle que soit la classe dans laquelle se trouveroient leurs créances, même privilégiées, n'auront aucun droit à exercer sur lesdites marchandises. (*Même décret*, *art.* 3.)

353. Les marchandises retenues pour garantie des droits de douanes seront en outre soumises à celui d'un pour cent de leur valeur, pour frais de magasinage. (*Même décret*, *art.* 4.)

« AINSI lorsque des marchandises et denrées colo-« niales seront présentées dans les bureaux des « douanes, que les propriétaires ou consignataires « voudront jouir du bénéfice de ce décret, le re-

« ceveur requerra le dépôt d'une quantité équivalente, tant à la somme des droits crédités sur les « objets dont il fera la remise, que du droit de « magasinage imposé sur ceux en nantissement, « et aux frais que leur vente occasionneroit, si les « obligations n'étoient pas acquittées. Les calculs « doivent être établis de manière à ce que le gage « réponde avec sûreté de la créance du trésor « public.

« Pour l'estimation, on prendra le cours le plus « bas du port d'arrivée ou de la place de Paris; il est « probable que ce sera le premier. Ce cours sera celui « de la marchandise dégagée de tous droits; on « déduira encore vingt pour cent de la somme : « à cette garantie de valeur sera ajoutée l'obligation « du propriétaire ou consignataire.

« Ainsi, lorsqu'il y aura lieu à un crédit de « 100,000 francs de droits, on retiendra des mar- « chandises dont l'espèce et la qualité auront été « bien vérifiées, d'abord pour cette somme, et vingt « pour cent en sus.

« On adressera, à la fin de chaque mois l'état « des crédits sur nantissement qui auront été faits, « en y désignant la nature des marchandises dépo- « sées, et leur valeur au cours de la place. » (*CD.* 13 *février* 1811.) — *Voir* le complément de cette circulaire sous le n° 357.

SECTION IV. — *Des voies ouvertes contre les redevables en retard de se libérer.*

§. 1. *Recouvrement par voie de contrainte.*

354. Lorsque le receveur aura fait crédit des droits, il sera, en cas de refus ou de retard de la part des redevables, autorisé à décerner contrainte, en fournissant en tête de la contrainte extrait du registre qui contiendra la soumission des redevables. (22 *août* 1791, *art.* 31, *tit.* 13.)

L'Avis du conseil d'état, du 9 juillet 1808, a donné lieu d'examiner si les redevables de droits qui ne se libèreroient point à l'époque où ils sont obligés, seroient tenus de payer les intérêts des sommes qu'ils auroient différé d'acquitter.

L'art. 1153 du Code Napoléon décide cette question; il porte : « Dans les obligations qui se bornent « au paiement d'une certaine somme, les dommages- « intérêts résultant du retard dans l'exécution ne « consistent jamais que dans la condamnation aux « intérêts fixés par la loi, sauf les règles particulières « au commerce et au cautionnement. Ces dommages « et intérêts sont dus sans que le créancier soit tenu « de justifier d'aucune perte. Ils ne sont dus que du « jour de la demande, excepté dans les cas où la loi « les fait courir de plein droit. »

D'après ces dispositions, toutes les fois qu'il sera formé des demandes judiciaires contre les redevables en retard de se libérer, il sera nécessaire de conclure au paiement des intérêts. Une lettre de Son Exc. le ministre des finances prescrit d'ailleurs de suivre cette marche dans tous les cas de cette espèce.

Le paiement des intérêts étant un moyen de plus pour amener les débiteurs de l'administration à se liquider promptement, les receveurs ne devront point différer à former leur demande en justice, lorsqu'ils n'auront pu obtenir le paiement des sommes dont ils seront à découvert.

On rend compte du produit de ces intérêts de la même manière que pour ceux des débets des receveurs, c'est-à-dire qu'ils sont l'objet d'un chapitre particulier dans le compte d'ordre, sous le titre de *recette extraordinaire*, en ayant soin d'en indiquer l'origine. (*CD.* 15 *octobre* 1808.)

355. Les contraintes décernées, tant pour le recouvrement des droits dont il auroit été fait crédit, que pour défaut de rapport des certificats de décharge des acquits-à-caution, seront visées sans frais par l'un des juges du tribunal *ordinaire des douanes*, et exécutées par toutes voies, même par corps, sous le cautionnement de l'*administration.*

Les juges ne pourront, sous quelque prétexte que ce soit, refuser le *visa* de toutes contraintes qui leur seront présentées, à peine d'être, en leur propre et privé nom, responsables des objets pour lesquels elles auront été décernées. (22 *août* 1791, *art.* 32, *tit.* 13.)

C'est par l'un des juges du tribunal du district que la lettre de cet article veut que les contraintes soient visées, et cela, par la raison que la première instance des affaires des douanes étoit attribuée à ces tribunaux; mais alors que l'art. 12 du titre 6 de la loi du 4 germinal an 2 eut dit que les juges de paix seroient les premiers juges en la matière, le visa des contraintes leur fut nécessairement dévolu, sauf cependant contre les principaux obligés pour réexportation de marchandises angloises et pour cabotage de grains, et cela encore parceque les juges correctionuels connoissoient d'abord de ces deux espèces.

En effet, qu'est-ce-que le visa des contraintes, sinon une formalité préliminaire à l'introduction de l'instance ?

Donc, en principe, ce visa appartient au juge en première instance; et conséquemment, ceux des tribunaux ordinaires des douanes sont aujourd'hui les seuls compétens pour viser les contraintes, puisqu'à eux est dévolue la première connoissance des procès de douanes....; et par la même raison, c'est aussi devant eux que doivent être portées les *oppositions* aux contraintes décernées tant contre les principaux obligés, que contre leur caution.

Il a été décidé, par arrêt de la cour de cassation du 21 prairial an 13, que le *visa* par le juge du domicile du contraignable suffit, quoique l'emprisonnement soit fait dans un autre lieu.

356. L'exécution des contraintes ne pourra être suspendue par aucune opposition ou autre acte, si ce n'est quant à celles décernées pour défaut de rapport de certificats de décharge des acquits-à-caution, en consignant le simple droit. Il est défendu à tous juges, sous les peines portées en l'article précédent, de donner contre lesdites contraintes aucunes défenses ou surséances, qui seront nulles et de nul effet, sauf les dommages et intérêts de la partie. (22 *août* 1791, *art.* 33, *tit.* 13.)

Voici un avis du conseil d'état approuvé par Sa Majesté le 12 novembre 1811, qui est relatif aux deux articles ci-dessus de la loi de 1791:

« Le conseil d'état, qui, d'après le renvoi ordonné « par Sa Majesté, a entendu le rapport de la section « des finances sur celui du ministre de ce départe« ment, présentant la question de savoir s'il peut « être pris inscription hypothécaire en vertu des « contraintes que l'art. 32 de la loi du 22 août 1791 « autorise l'administration des douanes à décerner, « pour le recouvrement des droits dont il est fait « crédit, et pour défaut de rapport des certificats de « décharge des acquits-à-caution ;

« Vu, 1°. les articles 32 et 33 de la loi précitée;

2°. L'avis du conseil d'état, approuvé par Sa « Majesté le 25 thermidor an 12, duquel il résulte « que *les administrateurs auxquels les lois ont at« tribué, pour les matières qui y sont désignées, le « droit de prononcer les condamnations ou de dé« cerner des contraintes*, sont *de véritables juges « dont les actes doivent produire les mêmes effets et « obtenir la même exécution que ceux des tribunaux « ordinaires; — Qu'en conséquence, les condamna« tions et les contraintes émanées des administra« teurs, dans les cas et pour les matières de leur com« pétence, emportent hypothèque de la même ma« nière et aux mêmes conditions que celles de l'auto« rité judiciaire;*

« Considérant que la question proposée par le mi« nistre est décidée par l'avis précité; mais que cet « avis n'a point été inséré au Bulletin des lois, et « qu'il est nécessaire de lui donner la publicité légale, « afin que les parties intéressées en aient connois« sance;

« Est d'avis que des ordres soient donnés par « Sa Majesté pour que *ledit* avis soit inséré au Bul« letin des lois. »

On a vu sous le n° 7, que la prise par corps, pour droits de douanes, étoit aussi maintenue.

§. II. *Recouvrement par la mise en vente des marchandises laissées en garantie des droits.*

357. Lorsque les obligations remises au receveur de la douane ne seront pas acquittées à leur échéance, la vente des marchandises (*retenues en garantie des droits*) pourra être faite immédiatement. Si le produit excède le montant des obligations et des frais de magasinage, l'excédant sera remis au propriétaire, ou, s'il y a ouverture à une faillite, entre les mains du syndic, au profit de la masse. Dans le cas où le produit de la vente seroit inférieur au montant des sommes à recouvrer par la douane, celui qui aura souscrit les obligations sera poursuivi par les voies de droit. (*DI.* 6 *février* 1811, *art.* 5.)

Si le propriétaire ne paie pas le montant de son obligation, qui restera entre les mains du receveur, il sera procédé publiquement à la vente des marchandises retenues en nantissement: des fonds qui en proviendront, on versera en caisse le droit, tant des marchandises délivrées que de celles vendues, et le droit de magasinage de ces dernières. Les frais seront acquittés, et le surplus sera remis au propriétaire, ou à celui qui le représentera, à moins qu'il n'y ait ouverture à une faillite. Dans ce cas, ledit excédant sera versé entre les mains du syndic, au profit de la masse; la remise faite, soit au propriétaire, soit, en cas de faillite, au syndic, sera constatée par sa quittance au pied du procès-verbal de vente, à la suite de la liquidation qu'on y inscrira des droits portés en recette et des frais soldés.

Si le produit de l'adjudication ne couvre pas la totalité de la créance du Gouvernement, ce qui ne devroit pas arriver en prenant les précautions convenables, le soumissionnaire sera poursuivi, pour le déficit, dans les formes ordinaires.

A cet effet l'obligation qu'il sera tenu de souscrire énoncera la soumission expresse de payer, en cas d'insuffisance du dépôt en nature, le supplément qui sera dû. » (*Extrait de la circulaire* du 13 *février* 1811). — *Voir* les n°s 350 à 353 pour les autres articles du décret.

§. III. *Recouvrement par privilège et hypothèque sur les meubles et immeubles des redevables et des comptables.*

358. L'*administration* aura privilège et préférence à tous créanciers sur les meubles et effets mobiliers des comptables, pour leurs débets, et sur ceux des redevables pour les droits, à l'exception des frais de justice et autres privilégiés, de ce qui sera dû pour six mois de loyer seulement, et sauf aussi la revendication dûment formée par les propriétaires des marchandises en nature qui seront encore sous balle et sous corde.

Pareil privilège s'exercera sur les immeubles acquis par les comptables depuis le commencement de leur gestion. (22 *août* 1791, *art.* 22, *tit.* 13.)

Les marchandises qui sont déballées sont réputées, par cet article, appartenir au receveur. Cependant, s'il étoit prouvé, soit par le registre des marchandises restées au bureau, soit par celui des déclarations, que celles non emballées y sont par suite des formalités prescrites par la loi, elles seroient remises au propriétaire.

359. Au cas de l'article précédent, l'*administration* aura hypothèque sur les immeubles des comptables et des redevables ; savoir, à l'égard des comptables, à dater du jour de leur prestation de serment, et des redevables, à compter de celui où les soumissions ont été faites sur le registre et signées par eux ou leurs facteurs, pourvu néanmoins que les extraits des registres contenant les soumissions desdits redevables aient été soumis à l'enregistrement dans le délai fixé pour les actes des notaires. (22 *août* 1791, *art.* 23, *tit.* 13.)

Le délai fixé pour l'enregistrement des actes des notaires est de dix jours, lorsque le notaire réside dans la commune où est situé le bureau d'enregistrement, et de 15 jours, lorsqu'il n'y réside pas. (22 *frimaire an* 7, *art.* 20, *paragraphes* 63 *et* 64).

« M. le directeur général des douanes ayant remis au « ministre des finances des observations relatives à la « nature du privilège de l'administration sur les im- « meubles des redevables des droits depuis la pro- « mulgation du Code Napoléon, et quant à la fa- « culté qui lui est enlevée par le Code de commerce, « de prendre inscription lorsque la faillite est dé- « clarée ouverte, Son Excellence a communiqué ces « observations au ministre grand-juge, qui a répondu « le 4 mai dernier qu'il ne faisoit aucun doute que « l'article 2098 du Code Napoléon n'eût conservé les « droits attribués par les lois antérieures à la régie « des douanes, comme il a maintenu tous les autres « droits du trésor public ; que ce n'est point le Code, « mais la loi du 11 brumaire an 7 qui a introduit la « seule innovation qui existe à cet égard ; savoir : « la publicité qu'on est obligé de donner aux hypo- « thèques par la voie de l'inscription ; que le trésor « public n'est point exempt de cette obligation pour « les hypothèques qu'il est en droit d'exercer, et « que, d'après ce principe qui résulte de la dernière « partie du même article 2098, et ensuite des lois « particulières qu'on a été obligé de faire pour régler « l'exercice des hypothèques appartenantes au trésor « public, notamment celle du 5 septembre 1807, il « ne paroît pas possible qu'on établisse une exception « en faveur de l'administration, puisqu'une exception « dans ces matières suffiroit pour détruire l'ensemble « du système qu'on a voulu créer. — A l'égard des « inscriptions dont on demandoit la validité, quand « même elles seroient prises dans les dix jours qui « précèdent la faillite, Son Excellence a ajouté que « ce seroit encore là une dérogation au droit com- « mun, dont la nécessité ne seroit pas assez sentie, « et dont les inconvéniens pourroient être très- « graves. Ces explications feront connoître que l'ad- « ministration n'a point cessé d'avoir un privilège « sur les immeubles des débiteurs de droits, mais « qu'il ne peut s'exercer que par la voie de l'inscrip-

« tion et au rang que sa date lui assigne, et qu'il n'est « plus possible de prendre cette inscription lors- « qu'une faillite est déclarée ouverte. (*CD.* 12 *juillet* « 1810). » *Voir* sous le n° 356.

SECTION V. — *De la délivrance d'expéditions en acquit des droits.*

360. Les préposés à la perception des droits énonceront dans les acquits de paiement le titre en vertu duquel ils auront perçu lesdits droits, et ils en justifieront s'ils en sont requis ; à l'effet de quoi les réglemens arrêtés. . . . . seront imprimés et publiés aussitôt qu'ils seront intervenus. (22 *août* 1791, *premier paragraphe de l'art.* 29, *tit.* 13.)

Le second paragraphe de cet article leur défend de percevoir de plus forts droits que ceux fixés, sous peine de concussion; je l'ai classé au livre V, titre des *Peines cumulatives.*

361. Les acquits de paiement qui seront délivrés pour marchandises qui entreront ou sortiront par terre indiqueront les bureaux de contrôle par lesquels lesdites marchandises devront passer; et les conducteurs seront tenus de remettre auxdits bureaux les acquits dont ils seront porteurs, en échange desquels il leur sera expédié, sans frais, des brevets de contrôle. (22 *août* 1791, *premier paragraphe de l'art.* 25, *tit.* 2.)

362. Il ne sera payé aucun droit particulier pour les acquits et passavans; mais le prix du timbre de chaque expédition sera remboursé. (22 *août* 1791, *art.* 7, *titre* 1er.)

On verra, sous le n° 386, que les passavans délivrés pour le transport et la circulation des denrées dans le rayon, les acquits-à-caution pour la circulation des grains, et les certificats des maires et adjoints relatifs au transport desdits grains, sont exempts de la formalité du timbre.

Mais la formalité du timbre est maintenue pour les marchandises envoyées par mer d'un port dans un autre; pour celles qui empruntent le territoire étranger, ou que l'on conduit par le Rhin ; et pour le transport des drilles et des tabacs dans le myriamètre des côtes. (*Circulaire du* 5 *pluviose an* 12.)

Plusieurs négocians d'Anvers ayant éprouvé des difficultés pour le transport dans les départemens du Rhin de marchandises qui avoient acquitté les droits, mais dont on ne pouvoit représenter les acquits de paiement, attendu qu'il ne s'agissoit que d'une partie des objets compris dans ces acquits, il sera à l'avenir délivré, à la réquisition du commerce, des extraits des acquits de paiement pour les quantités partielles de marchandises qui seroient destinées à rentrer dans la ligne, en observant qu'il seroit fait mention sur les acquits originaux de la délivrance de chaque extrait, en ayant soin d'indiquer la quantité de l'espèce des marchandises auxquelles il seroit relatif. — Les négocians qui réclament cette mesure sont prévenus que les extraits qui en font l'objet ne peuvent leur servir qu'au bureau de deuxième ligne des départemens du Rhin, où ils doivent être déposés à l'appui des passavans qui y seront pris, dans le cas où les marchandises se rapprocheroient de la frontière. (*CD.* 30 *juin* 1806.)

SECTION VI. — *De la prescription des droits et de la décharge de la garde des registres, acquits, marchandises, etc.*

363. Aucune personne ne sera recevable à former contre l'*administration* des douanes *impériales* de demande en restitution de droits et de marchandises, paiement de loyers et appointemens de préposés, deux ans après l'époque que les réclamateurs donneroient au paiement des droits, dépôt des marchandises, échéances des loyers et appointemens.

L'*administration* sera déchargée envers les redevables, trois ans après chaque année expirée, de la garde des registres de recette et autres de ladite année, sans

23

pouvoir être tenue de les représenter s'il y avoit des instances encore subsistantes, pour les instructions et jugement desquelles lesdits registres et pièces fussent nécessaires.

Ladite *administration* sera pareillement non-recevable à former aucune demande en paiement de droits, un an après que lesdits droits auront dû être payés;

Le tout à moins qu'il n'y eût avant lesdits termes, soit pour l'*administration*, soit pour les parties, contrainte décernée et signifiée, demande formée en justice, condamnation, promesse, convention ou obligation, particulières et spéciales, relativement à l'objet qui seroit répété. (22 *août* 1791, *art.* 25, *tit.* 13.)

364. .... Les porteurs de brevets *de contrôle* auront, pendant une année, la faculté de se faire représenter les acquits originaux : ce délai expiré, les préposés seront dispensés de ladite représentation. (22 *août* 1791, *second paragraphe de l'art.* 25, *tit.* 2.)

Il ne faut pas confondre l'obligation de représenter les acquits originaux avec celle de faire compulser les registres des douanes ; ceux-ci, contenant le secret des opérations des différentes maisons de commerce, ne peuvent être ouverts aux négocians qu'en vertu d'un jugement.

TITRE III.

De la Circulation des Marchandises dans le rayon des douanes.

CHAPITRE I. — *Circulation dans le rayon des frontières maritimes.*

SECTION I. — *Police de certaines marchandises dans la distance d'un myriamètre des côtes et rives des fleuves.*

365. Les étoffes de toute espèce, les toiles de coton blanches, teintes ou peintes, les toiles de nankin, les mousselines, la bonneterie, la rubanerie, les sucres raffinés, bruts, têtes et terrés, les cafés et autres denrées coloniales, les poissons salés, les cotons filés, les tabacs en feuilles et fabriqués, ne pourront, pendant la nuit, être transportés et circuler dans la distance d'un myriamètre (deux lieues anciennes) des côtes.

Les mêmes objets ne pourront également être transportés et circuler de nuit dans la distance d'un myriamètre (deux lieues anciennes) des rives des fleuves, rivières et canaux qui conduisent de la mer dans les ports intérieurs, mais seulement jusqu'au point où il existe des bureaux de douanes, à peine de confiscation et de 500 francs d'amende. (8 *floréal an* 11, *art.* 85.)

On a vu sous le n° 235 que, pendant le jour, ces marchandises pouvoient être transportées et circuler dans cette étendue du rayon sans aucune formalité ni déclaration quelconque.

La circulation par mer sera traitée au titre 1er du livre IV.

Avant la réunion de la Hollande, les deux rives de l'Escaut étoient traitées comme frontières de terre, conformément à un arrêté du 1er pluviose an 7 ; mais, par lettre du 20 août 1810, il a été dit que la rive gauche de l'Escaut seroit considérée comme maritime, et qu'en conséquence on se bornera à y faire exécuter les dispositions des réglemens qui s'appliquent à cette espèce de frontière.

SECTION II. — *Police du port et de la rade d'Amsterdam.*

366. Le port et la rade d'Amsterdam seront sans délai divisés en deux parties, dont l'une, communiquant au Zuiderzée, restera soumise à la police des douanes, et l'autre affranchie de toutes ses formalités. (*DI. 4 décembre* 1811, *article* 1.)

En conséquence de l'article précédent, il sera, au moyen d'une estacade ou d'une ligne de garde, formé une barrière à partir du voisinage du Camper-Styger à la rive gauche de l'embouchure du canal de Buiksloot, près du Tolhuis, en laissant le canal de Buiksloot dans la partie franche. (*Même décret, article* 2.)

367. La navigation sur la partie franche du port et de la rade, ainsi que sur le lac de Haarlem, et tous les canaux de l'intérieur, y compris même ceux qui conduisent à Rotterdam et Gouda, ne sera soumise à aucune formalité de douanes, et les communications avec l'intérieur en dedans de la ligne seront entièrement libres. (*Même décret, art.* 3.)

Aucun bâtiment ne pourra, sous peine de saisie du navire et de la cargaison, avec amende de 1000 fr., franchir l'estacade sans en avoir obtenu le permis de la douane après déclaration et vérification. (*Même décret, art.* 4.)

368. La partie du port et de la rade dehors de la ligne reste soumise à toute la police des douanes, et aux formalités qui s'observent dans tous les ports de l'empire, sauf les exceptions ci-après. (*Même décret, art.* 5.)

A compter du 1er. janvier prochain, les bâtimens messagers, chargés de voyageurs et marchandises, partant à jour et à heure fixes, et qui ne font que la navigation du Zuiderzée, en-deçà d'une ligne tirée d'Enkhuizen à Staveren, seront dispensés des déclarations, passavans ou acquits-à-caution pour toutes autres marchandises que les grains, les cotons filés, denrées coloniales, tissus et bonneteries de laine et coton, qui resteront soumises à ces formalités, à l'exception des effets à l'usage des voyageurs.

Les petites parties de sucres, cafés et thés seront dispensées des mêmes formalités, même lorsque leur destination aura été au-delà de ladite ligne, pourvu que chaque paquet n'excède pas trois kilogrammes, qu'il soit à l'adresse d'un débitant, et que chaque navire, dit *beurtman*, ne réunisse pas plus de cinquante kilogrammes de chaque espèce de ces marchandises. (*Même décret, art.* 6.)

Les capitaines ou patrons ne pourront jouir des facilités accordées par l'article précédent, qu'autant qu'ils déposeront à la douane, avant leur départ, le manifeste de leur chargement, dont ils conserveront une copie visée par les préposés, et qu'ils seront tenus de présenter à toute réquisition. (*Même décret, art.* 7.)

Si le manifeste n'est pas présenté, ou qu'à la vérification on reconnoisse des différences en plus ou en moins et dans les espèces, outre la confiscation des marchandises non identiques et le paiement de la valeur d'icelles qui y manqueroient, les capitaines seront condamnés à une amende de 1000 fr., pour sûreté de laquelle le navire sera retenu et privé de la faveur accordée par l'article 6. (*Même décret, art.* 8.)

Il ne pourra être chargé à bord des bâtimens messagers aucuns grains, cotons filés, denrées coloniales, tissus et bonneteries de laine et de coton, sans un acquit-à-caution qui en assure la destination et l'identité. (*Même décret, art.* 9.)

A compter du 1er. janvier prochain, la formalité de l'acquit-à-caution et du plombage pour tous les objets dont le transport se fait par le Zuiderzée sera restreinte aux seules denrées coloniales, tissus et bonneteries de laine et coton, cotons filés. Les grains continueront à être soumis à la police qui s'exerce sur cette denrée ; toutes les autres marchandises seront expédiées par passavant et sans plomb. (*Même décret, art.* 10.)

369. Tous les bâtimens au-dessus et au-dessous de trente tonneaux, lorsqu'ils ne feront que la navigation dans les eaux de la Hollande, sont exempts du droit de tonnage, et ne seront tenus à renouveler leur congé qu'une fois par an. (*Même décret, art.* 11.)

370. Afin qu'il ne soit point abusé des facilités accordées par le présent décret, tout bâtiment admis au privilège ci-dessus énoncé, qui sera rencontré hors de sa route et s'approchant d'une ligne tirée d'Enkhuizen à Staveren, sera confisqué, ainsi que sa cargaison, et le capitaine condamné à 1000 fr. d'amende. (*Même décret, art.* 12.)

Tout chargement ou transbordement sur le Zuiderzée est défendu sous les mêmes peines. (*Même décret, art.* 13.)

371. Les bâtimens venant de la haute mer ou y allant seront tenus de mouiller auprès des stationnaires, d'y faire viser leurs manifestes ou expéditions, d'y subir la visite et d'y recevoir une escorte pour les conduire au port de leur destination. (*Même décret, art.* 14.)

372. Tout entrepôt de marchandises ou denrées prohibées, soit à la sortie, soit à l'entrée, ou payant un droit au-dessus de dix pour cent, est défendu dans les îles qui bordent le Zuiderzée, ainsi que dans les lieux placés sur les deux rives de ce golfe au-delà d'Enkhuizen et à Staveren, les seules villes de Medemblik, Enkhuizen, Staveren *et Harlingue* exceptées. (*Même décret, art.* 15.)

Il est défendu aux douanes de la Hollande d'expédier pour les lieux ci-dessus désignés des quantités de denrées et marchandises excédant la consommation des habitans, fixée par le préfet du département. (*Même décret, art.* 16.)

373. Douze fortes embarcations armées seront mises à la disposition des douanes pour leur faciliter les moyens de surveillance. Leurs équipages, ainsi que tous ceux des bâtimens *des* douanes en Hollande, ne pourront être requis pour tout autre service conformément à l'arrêté du 25 thermidor an 10. (*Même décret, art.* 17.)

CHAPITRE II. — *Circulation dans le rayon des frontières de terre.*

SECTION I. — *Police du territoire entre l'étranger et le premier bureau d'entrée.*

374. Les particuliers dont les habitations sont situées entre les bureaux des douanes et l'étranger qui voudront y faire arriver, soit de l'intérieur de

l'*empire*, soit de l'étendue du territoire soumis à la police des *douanes*, des bestiaux, chevaux, mules et mulets, cires, soies et autres objets dont la sortie est défendue ou soumise à des droits, n'obtiendront de passavant pour ce transport qu'autant qu'ils seront porteurs de certificats de la municipalité du lieu de la destination, constatant que ces bestiaux et marchandises sont pour leur usage et consommation. (*AD.* 25 *messidor an* 6, *art.* 1.)

375. Ceux qui voudront faire paître des bestiaux, mules, mulets, chevaux et jumens au-delà des bureaux de douane placés du côté de l'étranger seront tenus de prendre dans ces bureaux des acquits-à-caution portant soumission d'y représenter lesdits bestiaux au retour des pacages. (*AD.* 25 *messidor an* 6, *art.* 2.)

376. Les particuliers qui se seront soumis à représenter à un bureau des douanes des mules, mulets, chevaux, jumens, vaches et autres bestiaux envoyés au pacage hors la ligne des frontières seront tenus, en cas de mort desdits bestiaux, d'en faire immédiatement la déclaration au bureau où l'acquit-à-caution aura été délivré, afin que les préposés des douanes puissent se transporter sur les lieux à l'effet de vérifier ladite déclaration. Ils ne pourront être déchargés de leur soumission que sur le certificat desdits préposés, que leur déclaration étoit exacte. (*AD.* 1er. *brumaire an* 7.)

CET arrêté a été motivé ainsi :

« Le directoire exécutif, sur le rapport du ministre des finances, considérant que la formalité prescrite par l'art. 2 de son arrêté du 25 messidor dernier, pour assurer le retour des bestiaux envoyés dans les pacages situés hors la ligne extérieure des douanes, n'empêcheroit pas leur passage à l'étranger si, pour être dispensé de ce retour, il suffisoit d'alléguer la perte de ces bestiaux sans être tenu de la faire constater, arrête *ce que dessus...* »

Il est à observer que si les bestiaux menés au pacage étoient de l'espèce de ceux prohibés, et que leur représentation ou la justification de leur mort ne soit pas faite, ce ne seroit pas le double droit de sortie qu'il faudroit poursuivre, mais bien l'amende de 500 francs, outre la valeur du bétail non représenté, parceque l'article 13 du titre 3 de la loi du 22 août 1792 inflige ces peines alors que les marchandises expédiées par acquit-à-caution sont dans la classe de celles prohibées à la sortie.

SECTION II. — *Police de certaines marchandises dans la demi-lieue frontière.*

377. Il sera ouvert dans tous les bureaux des douanes des communes au-dessous de deux mille habitans, situées dans les deux kilomètres et demi (ou demi-lieue) des frontières de terre, ... des registres où chaque marchand sera tenu de faire inscrire, dans les dix jours de la publication du présent arrêté, et sauf la vérification, les étoffes de laine, velours, piqués, basins, mousselines, bonneterie, rubanerie, quincaillerie, mercerie et autres objets de la nature de ceux prohibés, ou qui sont assujettis à un droit de 20 francs du quintal, ou de 10 pour 100 de la valeur, qu'il a présentement en magasin ou boutique. (*AC.* 22 *thermidor an* 10, *art.* 1.)

LA où j'ai placé des points (.....) il y a dans le texte : *Depuis Versoix jusqu'à Anvers inclusivement.* Non-seulement cet arrêté est exécutoire sur ces frontières-là, mais il l'est aussi sur celles de la 27e division militaire et des départemens des Alpes maritimes, et du Léman depuis Versoix jusqu'à Nice, par DI. du 11 thermidor an 12 ; il l'est encore sur les frontières de terre des départemens de Gênes et des Apennins, ainsi que dans les états de Parme et de Plaisance, par un autre décret impérial du 7 août 1806, et, le 28 suivant, un troisième décret de Sa Majesté en a appliqué toutes les dispositions aux frontières de terre des départemens de la Haute-Garonne et des Basses et Hautes-Pyrénées. Ainsi toutes ces frontières de terre de l'empire sont soumises aux dispositions de cet arrêté consulaire, du 22 thermidor an 10.

378. La même inscription aura lieu pour les marchandises que les marchands tireront par la suite de l'intérieur ou de l'étranger, mais ne sera reçue qu'autant que le déclarant déposera les acquits de paiement des droits d'entrée, ou les expéditions d'un bureau de douane, justificatives de leur extraction de l'intérieur, pour servir de preuve et de contrôle à sa déclaration. Le dépôt de ces expéditions ne sera point exigé pour les marchandises arrivées avant la publication du présent.

S'il n'y a pas de bureau de douane dans la commune où les marchandises seront déposées, l'inscription et la représentation des acquits ou passavans seront faites au plus prochain bureau.

Les inspecteurs, contrôleurs et autres préposés délégués par les directeurs procèderont à la vérification. (*AC.* 22 *thermidor an* 10, *art.* 2.)

379. Il ne sera accordé de passavant et expédition pour l'enlèvement des marchandises dans les communes des deux kilomètres et demi de la frontière, que pour les espèces et quantités à l'égard desquelles les dispositions prescrites par les articles précédens auront été remplies : tout excédant ou autres objets seront censés introduits en fraude. (*AC.* 22 *thermidor an* 10, *art.* 3.)

Autant pour faciliter les opérations des receveurs que pour la régularité de ces opérations, il convient que chaque inscription soit faite sur une page distincte du registre, afin que les quantités partiellement expédiées y soient successivement mentionnées jusqu'à l'épuisement de celles inscrites. Il est aussi à propos que le dépôt des acquits des droits d'entrée et autres expéditions soit inscrit sur le même registre, soit à raison de ce dépôt de pièces, soit dans le cas où il ne seroit fait que des expéditions partielles, pour en conserver la mention au pied de chaque article.

Les vérifications autorisées ont pour but de s'assurer, 1°. que les marchandises inscrites existent dans les dépôts (si elles ne s'y trouvoient pas, il en seroit rédigé rapport, et l'inscription seroit annullée); 2°. que les objets pour lesquels on demande les passavans sont des mêmes espèces et quantités que ceux énoncés dans les inscriptions, ainsi que dans les acquits de droits d'entrée et autres expéditions. — S'il y avoit déficit, les passavans ne seroient délivrés que pour les quantités existantes. — *En cas d'excédant ou de substitution, il seroit procédé à la saisie de l'excédant ou des marchandises différentes en qualités.*

SECTION III. — *Police des trois lieues et demie pour les objets prohibés ou assujettis à un droit de vingt francs ou de dix pour cent de la valeur.*

380. En-deçà des deux kilomètres et demi, et dans le reste de l'étendue des *deux* myriamètres des frontières, il ne sera point ouvert de registre d'inscription; mais il ne pourra être délivré des passavans de circulation, que sur la représentation de l'acquit des droits d'entrée pour les objets qui auront été importés, ou de l'expédition du premier bureau de la ligne, pour ceux provenant de l'intérieur de *l'empire*. (*AC.* 22 *thermidor an* 10, *art.* 4.)

Cette représentation des expéditions est préalablement nécessaire pour qu'il puisse être délivré des passavans de circulation. — On fait mention sur ces expéditions primitives, dont les déclarans restent nantis, des quantités partielles de marchandises y relatives expédiées successivement par passavans.

En voulant qu'on ne délivre de passavant de circulation que sur la représentation de l'acquit des droits d'entrée pour les objets importés, ou de l'expédition du premier bureau de la ligne pour ceux provenant de l'intérieur, cet article 4 répute implicitement provenir de l'étranger tous objets à l'égard desquels l'une ou l'autre de ces expéditions ne seroit pas représentée... L'article 3 du même arrêté (n° 379) a très expressément donné la même origine aux marchandises à l'égard desquelles on n'auroit pas rempli les formalités qu'il prescrit ; et quand ensuite le même arrêté, article 7 (n° 382), veut que tout ce qui circulera sans passavant soit saisi et confisqué, conformément à la loi, il est évident que c'est conformément à la loi particulière à l'objet dont il s'agit, c'est-à-dire, par exemple, à celle du 10 brumaire an 5, si ce sont des objets prohibés par cette loi. (*LD.* 10 *vendémiaire an* 12.)

381. Indépendamment des formalités ci-dessus énoncées pour obtenir des passavans, les marchandises devront être préalablement présentées au plus prochain bureau, et en même temps qu'on y souscrira la déclaration d'enlèvement.

Les passavans indiqueront le lieu du départ, celui de la destination, les qualités, quantités, poids, nombre et mesures des marchandises ou denrées; ils fixeront en toutes lettres le temps nécessaire pour le transport, la route à parcourir, et la date du jour où ils seront délivrés; ils porteront l'obligation de les représenter, ainsi que les marchandises, aux préposés des bureaux qui se trouveront sur la route, pour y être visés, et, à toute réquisition, aux employés des différens postes, qui pourront conduire les objets au plus prochain bureau pour y être vérifiés, sauf les dommages et intérêts envers le conducteur ou le propriétaire, s'il n'y a ni fraude ni contravention. (*AC.* 22 *thermidor an* 10, *art.* 6.)

PRÉCÉDEMMENT, et d'après les dispositions de la loi du 19 vendémiaire an 6, la déclaration pour toutes marchandises se faisoit, et le passavant étoit délivré avant l'enlèvement; mais à l'égard de celles spécifiées par l'arrêté du 22 thermidor, cet enlèvement et la conduite au plus prochain bureau précèdent la délivrance de l'expédition, parcequ'on n'a pas à craindre que celui qui transporte dans le rayon des douanes des marchandises allègue qu'il va au bureau pour y prendre un passavant, et parceque si les marchandises n'étoient pas inscrites à ce bureau (pour la demi-lieue), ou si le conducteur n'étoit pas porteur d'acquits des droits d'entrée ou autres expéditions, qu'il faut représenter pour obtenir le passavant dans le surplus de l'étendue, ces marchandises seroient saisissables.

382. Toutes marchandises et denrées circulant dans les *deux* myriamètres de l'extrême frontière sans passavant, ou avec expédition contraire à l'une des obligations déterminées, seront saisies et confisquées conformément à la loi. (*AC.* 22 *thermidor an* 10, *art.* 7.)

JURISPRUDENCE. §. 1. La circulation sans expédition, d'une marchandise prohibée à la sortie, ne peut être justifiée par l'allégation qu'elle vient de l'étranger, la loi ne faisant pas cette distinction. (*Arrêt de la cour de cassation, du* 6 *frimaire an* 9.) — Cette décision, relative à une saisie de farine, est applicable à tout autre objet.

§. 2. — Par arrêt de la cour de cassation, du 29 brumaire an 11, il a été jugé que l'article 7 ci-dessus de l'arrêté consulaire, du 22 thermidor an 10, n'est applicable que pendant la circulation, d'où résulte que, dès qu'une marchandise est à sa destination et y a séjourné, on ne peut la saisir sous prétexte que le passavant dont elle étoit accompagnée n'a pas été visé au bureau de la route indiquée par cette expédition. — Dans l'espèce on avoit saisi la marchandise au bureau de Creveld, au moment où on y demandoit un nouveau passavant pour une destination ultérieure.

383. Les mêmes peines sont encourues lorsque le transport des marchandises, dans l'étendue des *deux* myriamètres, s'effectuera, même avec passavant, de nuit, entre le coucher et le lever du soleil, si le passavant n'en porte la permission expresse. (*AC.* 22 *thermidor an* 10, *art.* 8.)

384. Seront exempts des formalités des articles précédens les consommateurs qui, pour leur usage, auront acheté dans les deux *myriamètres* de la frontière et transporteront à leur domicile, les jours de foire ou marché, les coupons d'étoffes et autres objets de consommation qui n'excéderont pas cinq mètres en étoffes de laine, huit mètres en étoffes de soie et en toiles de coton

et autres, et trois kilogrammes de sucre ou de café. (*AC.* 22 *thermidor an* 10, *art.* 5.)

DANS cette supposition, les passavans sont délivrés sans la moindre difficulté; *Voir* également l'article ci-après.

385. Le transport dans les deux myriamètres limitrophes de l'étranger, des bestiaux, poissons, pain, vin, cidre ou poiré, bière, viande fraîche ou salée; volaille, gibier, fruits, légumes, laitage, beurre, fromage, et de tous les objets de jardinage, lorsque lesdits objets ne feront pas route vers la frontière, ou lorsqu'ils se rendront, aux jours de foire et marché, dans les villes sur la frontière, est excepté des formalités prescrites par les articles précédens. (*AC.* 22 *thermidor an* 10, *art.* 9.)

L'ARTICLE 4 de la loi du 19 vendémiaire an 6 contient positivement les mêmes dispositions en son dernier paragraphe; aussi le voit-on assez souvent cité dans les arrêts de cassation.

JURISPRUDENCE. — *Les chevaux et les mulets sont-ils compris sous le mot bestiaux?*

Le tribunal de Bayonne avoit jugé pour l'affirmative, en déclarant nulle une saisie de chevaux, de mules et de mulets faisant route dans le rayon sans être accompagnés d'aucune expédition de douanes. — Sur le pourvoi, il intervint arrêt de cassation, du 17 juin 1806, par lequel: « Vu l'article 15 du « titre 3 de la loi du mois d'août 1791; — attendu que « les mules, mulets et chevaux saisis par le procès- « verbal des employés des douanes, étant âgés de « plus d'un an, étoient prohibés à la sortie par la loi « du 19 thermidor an 4; que les conducteurs de ces « animaux n'étoient porteurs d'aucune expédition « des douanes; qu'ainsi la saisie en a été légitimement faite; — attendu que les mules, mulets et chevaux ne sont pas compris dans l'expression générique *bestiaux*; qu'on en est convaincu, soit en « consultant les meilleurs dictionnaires de grammaire, « soit en consultant le législateur qui en a fait lui-même la distinction dans les lois des 12 pluviose an « 3 et 25 messidor an 6; — d'où il suit que le tribunal « de Bayonne a fait une fausse application de l'article 4 de la loi du 19 vendémiaire an 6, qui ne « concerne que les bestiaux, et non les mules, mulets et chevaux; casse et annulle...... etc. »

386. Les passavans délivrés dans les bureaux des douanes pour le transport et la circulation des denrées dans les deux myriamètres des frontières, les acquits-à-caution délivrés pour la circulation des grains, et les certificats des maires et adjoints, relatifs au transport desdits grains, seront exempts de la formalité du timbre. (22 *ventose an* 12, *art.* 24.)

L'ARTICLE 16 du titre 3 de la loi du 13 brumaire an 7, sur le timbre, se trouve modifié en ce sens. (*CD.* 14 *nivose an* 12.)

Cette circulaire a donné lieu à quelques questions qui ont été résolues comme il suit:

Les passavans délivrés pour le transport des marchandises et denrées dans les deux myriamètres des frontières de terre ne sont plus soumis au timbre. Il en est de même pour les acquits-à-caution délivrés pour la circulation des grains dans ces deux myriamètres ou dans celui des côtes; — Hors ces seuls cas, soit passavans, soit acquits-à-caution, restent soumis au timbre; ainsi cette formalité est maintenue pour les marchandises envoyées par mer d'un port dans un autre, pour celles qui empruntent le territoire étranger ou que l'on conduit par le Rhin, et pour le transport des drilles dans le myriamètre des côtes. (*CD.* 5 *pluviose an* 12.)

SECTION IV. — *Police des quatre lieues frontières pour tous autres objets que ceux énoncés dans les sections ci-dessus.*

387. Les propriétaires ou conducteurs des marchandises et denrées qui passeront de l'intérieur de France sur le territoire des deux *myriamètres* limitrophes de l'étranger, seront tenus de les conduire au premier bureau de sortie, et d'en faire la déclaration dans la même forme que pour l'acquit des droits.— A l'égard de celles qui devront être enlevées dans cette étendue du territoire des deux *my-*

riamètres limitrophes de l'étranger, pour y circuler ou être transportées dans l'intérieur de la France, la déclaration devra en être faite au bureau, soit d'entrée, soit de sortie, le plus prochain du lieu de l'enlèvement, et avant cet enlèvement ; le tout à peine de confiscation desdites marchandises et denrées, et d'amende de cent *francs.* (22 *août* 1791, *art.* 15, *tit.* 3.)

CES dispositions sont actuellement subordonnées à celles de l'arrêté consulaire du 22 thermidor an 10 ; si les marchandises sont de l'espèce de celles qu'il désigne, il faut en outre remplir les formalités qu'il prescrit, sans quoi il y auroit lieu à la saisie.

388. Lesdits propriétaires ou conducteurs, dans les cas énoncés par l'art. ci-dessus, ne seront point assujettis aux formalités de l'acquit-à-caution ; ils seront seulement tenus, sous les peines portées par ledit article, de prendre auxdits bureaux, et avant l'enlèvement, des passavans qui énonceront les qualités, quantités, poids, nombre et mesures des marchandises, et le lieu de leur destination. Les passavans fixeront en toutes lettres le temps nécessaire pour le transport, suivant la distance du lieu et la date du jour où ils seront délivrés, et ils seront nuls après l'expiration des délais y portés. Lesdits passavans seront représentés aux commis des bureaux qui se trouveront sur la route, pour y être visés, et, à toutes réquisitions, aux employés des différens postes qui pourront conduire les marchandises au plus prochain bureau pour y être visitées, sauf les dommages-intérêts envers le conducteur, si ce bureau n'est pas sur la route et s'il n'y a ni fraude ni contravention. (22 *août* 1791, *art.* 16, *tit.* 3.)

389. Les propriétaires ou conducteurs des marchandises et denrées qui devront être enlevées dans cette étendue de territoire pour y circuler ou pour être transportées dans l'intérieur de *l'empire*, seront tenus d'ajouter à la déclaration prescrite par ledit art. 15 du tit. 3 de la loi du 22 août 1791, l'indication précise de la maison où ces marchandises et denrées sont déposées, et le lieu de leur destination, ainsi que le jour et l'heure où elles devront être enlevées. Les préposés pourront, en cas de suspicion de fraude, se transporter, lors de l'enlèvement, au lieu où lesdites marchandises et denrées sont déposées, et en exiger la représentation au fur et à mesure de leur sortie du lieu de dépôt, et avant leur départ dudit lieu. Si les propriétaires ou conducteurs refusent ou ne peuvent faire cette représentation, ils seront poursuivis et condamnés en une amende de 500 francs. (19 *vendémiaire an* 6, *art.* 2.)

390. .... Si les objets déclarés s'écartent de la route, ils seront confisqués. Nul enlèvement ou transport desdits objets ne pourra être fait de nuit. (*Même loi, art.* 3.)

JURISPRUDENCE. — *L'exhibition tardive d'un passavant peut-elle couvrir la contravention?*

Deux caisses furent saisies dans le rayon des douanes sur un voiturier venant du côté de la frontière, qui dit qu'elles contenoient diverses draperies et autres objets. — Demande du passavant, des certificats d'origine et des factures qui devoient, outre le passavant, accompagner ces marchandises. — Réponse qu'on n'étoit porteur d'aucune de ces pièces ; mais qu'on les avoit en sa maison. — Sur ce, observation des préposés que cette circulation portoit le caractère d'une importation de marchandises réputées angloises, puisqu'elles venoient du côté de l'étranger, sans passavant du bureau de l'extrême frontière, et interpellation de les accompagner au bureau pour y vérifier en détail le contenu des deux caisses. — Le résultat de cette vérification faite devant le propriétaire, fut que les caisses renfermoient des draps, velours, bonnets de coton, bas, rubans, dentelles, tabatières de carton, boucles, cinq onces de mercerie en cuivre jaune, etc., *lesquelles marchan-*

dises, portoit le procès-verbal, *se trouvent sans aucune marque quelconque.* — A l'instant où s'achevoit cette description, un particulier s'est présenté avec un passavant du bureau de l'extrême frontière, pour une charrette attelée d'un cheval transportant deux quintaux *de mercerie commune, de draperie commune et de bonneterie commune.*

L'affaire portée au correctionnel, le saisi répondit qu'il alloit à la foire; qu'il s'étoit présenté la veille au bureau de l'extrême frontière pour y faire la déclaration des marchandises qu'il vouloit emmener; que n'y ayant trouvé personne, il avoit fait présenter par sa femme au receveur des douanes une liste des objets à enlever pour obtenir un passavant; que le lendemain (jour de la saisie) étant obligé de partir de bonne heure, et ne trouvant pas le bureau ouvert, il avoit chargé le particulier qui le lui avoit en effet apporté de lever le passavant lors de l'ouverture du bureau; mais qu'il a remarqué que ce *passavant ne contenoit pas les marchandises telles* qu'il les avoit déclarées au receveur de l'extrême frontière par la liste qu'il avoit fait présenter: que de là provient que le procès-verbal de saisie *énonce plus de marchandises que le passavant*; que la faute est entièrement du fait du receveur, dont lui saisi ne doit pas souffrir.

Par cette réponse le prévenu reconnoissoit formellement, 1° le départ de ses marchandises avant l'expédition de son passavant; 2° la non identité des marchandises énoncées dans son passavant avec celles trouvées dans les deux caisses. — Néanmoins le tribunal correctionnel, et sur l'appel le tribunal criminel saisis de l'affaire, ont absous le prévenu. — Recours en cassation, d'où il intervint, le 5 messidor an 8, arrêt par lequel.... « Considérant que « les articles 15 et 16 du titre 3 de la loi du 22 août « 1791, auxquels se réfèrent les articles 2 et 3 de la « loi du 19 vendémiaire an 6, veulent impérative- « ment que les marchandises enlevées dans le *rayon* « *des douanes*, pour y circuler ou être transportées « dans l'intérieur, ne puissent être mises en mouve- « ment qu'en vertu d'une expédition prise à la douane « la plus prochaine avant l'enlèvement de la marchan- « dise; que cette expédition ou passavant énonce les « qualités, quantités, poids, nombres et mesures « des marchandises, et en outre, d'après l'article 2 « de la loi du 19 vendémiaire an 6, l'indication pré- « cise de la maison où ces marchandises sont dépo- « sées, et le jour et l'heure où elles doivent être en- « levées; considérant qu'il est constaté par le procès- « verbal dont s'agit et convenu que lesdits voitu- « rier et propriétaire n'étoient munis d'aucun passa- « vant ni factures lors de leur arrestation et de « la saisie; que ces marchandises avoient été enlevées « avant la délivrance dudit passavant; que ce pas- « savant tardif présenté après la saisie n'énonce pas « même les qualités, quantités, poids, nombre et « mesures des marchandises; — Considérant encore « que les marchandises ainsi arrêtées dans le rayon « de la frontière en présentent de l'espèce de celles « énoncées dans l'article 5 de la loi du 10 brumaire « an 5;..... le tribunal casse et annulle le jugement « du tribunal criminel, etc. »

Un autre jugement du 8 thermidor an 8 admet le même principe : considérant que l'exhibition tardive d'un passavant, que les prévenus déclarèrent ne point avoir lors de la saisie, et qui régulièrement auroit dû accompagner les grains transportés; que *cette exhibition tardive n'a pu couvrir la contravention*, etc.

391. Les dispositions des articles 15 et 16 du titre 3 du règlement général sur les douanes, du mois d'août 1791, ... seront exécutées à l'égard de toutes denrées et marchandises transportées sur le territoire situé entre les deux lignes de bureaux et postes de service des douanes qui, par des difficultés de localité, sont à plus de deux *myriamètres* de l'extrême frontière. (*AD.* 17 *thermidor an* 4.)

Cet arrêté est trop souvent cité dans les arrêts de la cour de cassation pour que l'exposé des motifs qui le précède ne trouve pas sa place ici. — « Le « directoire exécutif, y est-il dit, sur le rapport « qui lui a été fait par le ministre des finances; — « Considérant que dans plusieurs départemens les lo- « calités se sont opposées à ce que la première et la « deuxième lignes de bureaux et postes du service « des douanes fussent formées de manière que la « deuxième ligne ne se trouve qu'à deux *lieues* de l'é- « tranger; — Qu'il n'est pas moins indispensable que « ces deux lignes et le territoire qu'elles enveloppent « servent de barrière, relativement aux importations « et exportations, par le maintien de la police qui est « établie; — Qu'il est instant de faire cesser les abus « résultans du libre passage sur ce territoire, et de « prendre des mesures pour comprimer les manœu- « vres des contrebandiers, qui s'affranchissent des « formalités prescrites sous le prétexte que les trans- « ports se font à plus de deux *lieues* de l'étranger, « arrête, etc. »

Nota. *L'article* 84 *de la loi du* 8 *floréal an* 11 *a appliqué à deux* myriamètres *les mesures qui s'appliquoient à deux* lieues.

Jurisprudence. *La ville dans laquelle est établi un bureau de seconde ligne fait-elle, dans toute son étendue, quelle que soit sa distance de l'extrême frontière, partie de la ligne qui circonscrit le territoire des douanes?* (Réponse affirmative.)

Deux gardes de douanes étant en observation à 400 pas de la ville de Simmern, vers l'intérieur, virent sortir de cette ville, qui est à plus de deux myriamètres de la rive gauche du Rhin, deux hommes chargés d'un sac; sommés de représenter leur passavant, ils en exhibent un qu'ils disent leur avoir été délivré le même jour au bureau de Simmern pour le transport des marchandises dont ils sont porteurs. — Les gardes vérifient les sacs et y trouvent des marchandises réputées angloises, outre les objets énoncés dans le passavant. — Saisie et procès-verbal dont une seule copie est délivrée aux deux prévenus. Jugement du tribunal correctionnel de Simmern qui déclare la saisie nulle, 1°. parcequ'elle a été faite hors de la ligne des douanes; 2°. parcequ'il n'a été délivré qu'une seule copie du procès-verbal aux deux prévenus. — Appel à la cour criminelle de Rhin et Moselle qui ordonne, avant de faire droit, que la distance du Rhin au point où s'est fait la saisie sera toisée par des experts. — Il est constaté que cette distance est de 20,300 mètres, d'où intervient arrêt par lequel « la cour, sans adopter les motifs du ju- « gement dont est appel, déclare la saisie mal fon- « dée...... » — Recours en cassation, sur lequel la cour suprême a, par son arrêt du 29 mai 1807, décidé que, — « Vu l'arrêté du directoire exécutif, « du 17 thermidor an 4, portant: *Les dispositions « des articles 15 et 16 du titre 3 du règlement géné- « ral sur les douanes du mois d'août* 1791 (*et celles « des articles 6, 7 et 8 de la loi du 12 pluviose an « 3*), *seront exécutées à l'égard de toutes les denrées « et marchandises transportées sur le territoire situé « entre les deux lignes de bureaux et postes de « service des douanes qui, par des difficultés de « localité, sont à plus de deux* lieues *de l'extrême « frontière* (territoire qui est aujourd'hui de quatre « lieues ou deux myriamètres, d'après l'article 84 de « la loi du 8 floréal an 11); et attendu qu'il y a « un bureau de seconde ligne dans la ville de Sim- « mern; que, par conséquent, cette ville, dans toute « son étendue, quelle que soit sa distance de l'ex- « trême frontière, fait partie de la ligne qui circonscrit « le territoire prohibé; — Qu'il est constaté par le « procès-verbal que les préposés ont vu sortir de la « ville de Simmern les deux hommes portant des « marchandises réputées angloises non comprises au « passavant, et qui font l'objet de la saisie; qu'ainsi, « d'après l'article 35 du titre 13 de la loi du 22 « août 1791, cette saisie a pu être opérée en-deçà « de la ligne de démarcation; d'où il suit que la « cour de justice criminelle de Rhin et Moselle, en « ordonnant le toisé pour connoître si la saisie a été « faite dans le rayon prohibé, a méconnu les prin- « cipes et la règle établis par l'arrêté du 17 thermi- « dor an 4, et par l'article 35 du titre 13 de la loi « du 22 août 1791; et qu'en ne prononçant pas les « peines portées par la loi du 10 brumaire an 5, elle « a contrevenu à cette même loi; la cour casse.... »

CHAPITRE III. — *Dispositions particulières à la circulation sur certaines frontières.*

SECTION I. — *Police particulière au Rhin.*

392. Il est défendu aux maîtres de bateaux pêcheurs et bateaux de passage de la rive gauche du Rhin et des rives de la Meuse, partout où sont établies des brigades des douanes, de naviguer avant le soleil levé. Ils seront tenus de ramener, au soleil couchant, leurs bateaux, et de les attacher avec une chaîne à un *pieu* qu'ils feront planter à leurs frais et avec solidité, dans les lieux qui seront désignés par les employés des douanes. Ces bateaux seront fermés tous les soirs avec des cadenas par un desdits employés que le chef de brigade en aura spécialement chargé, et lequel en gardera les clefs et les ouvrira exactement au soleil levant, pour ne point gêner la navigation et la pêche. (*Arrêté du commissaire du gouvernement dans les départemens de la rive gauche du Rhin, du* 10 *thermidor an* 6, *art.* 1.)

393. Tout bateau chargé de marchandises prohibées ou sujettes aux droits d'entrée, naviguant entre les deux soleils, et abordant le sol des quatre nouveaux départemens, sera saisi, d'après les dispositions des lois sur cette partie, comme introduisant des marchandises en fraude. (*Même arrêté*, *art.* 2.)

394. Pendant le jour, tout vaisseau ou bateau, chargé de marchandises quelconques, descendra et montera le Rhin sans le moindre empêchement, en payant les droits de péage établis, et observant le droit d'étape (droit de *stapelrecht*) comme par le passé. (*Autre arrêté de la même date et du même commissaire*, *art.* 1.)

L'Art. 2 de ce second arrêté du 10 thermidor an 6 a été précisé par l'art. 2 d'un arrêté du directoire, en date du 5 fructidor an 6, ainsi conçu : « Les objets « prohibés, autres que ceux énoncés en l'art. 5 de « la loi du 10 brumaire an 5, venant de l'étranger « à destination étrangère, à la consignation des né- « gocians des ports du Rhin, qui sont accompagnés « de certificats constatant qu'ils ont été fabriqués « dans les pays avec lesquels la France n'est point en « guerre, pourront être déchargés et rechargés « de suite dans d'autres bateaux, au moyen des « grues existantes, mais seulement dans les lieux « qui seront déterminés. . . . . » Les articles 3 et 4 de l'arrêté du 10 thermidor an 6 s'expriment ainsi :

Art. 3. « Dans le cas d'un empêchement imprévu, « quel qu'il soit, les employés des douanes pourront « faire déposer ces marchandises dans un dépôt « particulier, tant pour en empêcher l'avarie que « l'introduction dans l'intérieur.

Art. 4. « Les marchandises sujettes à un droit à « leur entrée ne paieront ce droit que dans le « port de leur destination; la cargaison d'un vais- « seau et d'un bateau pourra, de cette manière, se « diviser en autant d'articles qu'il y aura de desti- « nations différentes ».

Mais ces trois articles sont subordonnés aux dispositions relatives aux entrepôts de Strasbourg, Mayence et Cologne. Quant à l'art. 5, il sera aussi classé au livre IV, mais au chapitre *Transit.*

Les préfets des Bas et Haut-Rhin ont pris aussi des arrêtés relatifs à la navigation du Rhin; le premier est daté du 29 floréal an 8, le second l'est du 28 floréal an 11; ils sont ainsi conçus; l'article premier n'étoit que de circonstance :

Art. 2. « Seront tous les bateaux et nacelles de « la rive gauche sur-le-champ amarrés et cade- « nassés sous les ordres des maires et chefs militaires, « dans les lieux les plus rapprochés des postes des « préposés des douanes, et qui seront déterminés « par les chefs desdits préposés, de concert avec « les maires des communes. Les chefs des postes de « douanes seront dépositaires des clefs des cadenas.

« Ils tiendront la main à ce que les chaînes et les « poteaux, qui seront confectionnés et plantés aux « frais des bateliers ou pêcheurs, aient la solidité « convenable.

Art. 3. « Les préposés des douanes ouvriront, « au lever du soleil, les cadenas, sur la demande des « bateliers, pêcheurs et autres propriétaires de ba- « teaux, auxquels il sera libre de naviguer sur le « Rhin jusqu'au coucher du soleil.... Ils ramèneront, « au coucher du soleil, aux lieux indiqués en l'ar- « ticle 2, pour être cadenassés, leurs bateaux et na- « celles, lesquels ne pourront être chargés de mar- « chandises.

« En aucun cas la navigation n'aura lieu de nuit.

Observ. *L'article 4 est également devenu sans objet.*

Art. 5 « Tout propriétaire de bateau ou de nacelle « qui aura amarré à un autre endroit que celui dé- « signé, ou qui naviguera de nuit, sera privé de « la faculté de naviguer; son bateau demeurera en « séquestre : s'il étoit chargé de marchandises, il « sera confisqué avec elles, sauf les poursuites ulté- « rieures.

Art. 6. « Les contrevenans aux dispositions ci-dessus « seront dénoncés aux tribunaux, pour être punis « conformément aux lois.....

Art. 7. « Le directeur des douanes est invité à tenir « la main à l'exécution du présent arrêté, dont il lui « sera adressé des exemplaires. Il en sera également « adressé au général de la division, pour être, « par ses ordres, distribués aux commandans des « postes et places de la ligne, afin que ceux-ci con- « courent à l'exécution des mesures prescrites. »

SECTION II. — *Police particulière au Var.*

395. Les lois et règlemens des douanes sur le transport, la circulation et l'entrepôt des denrées et marchandises dans les deux myriamètres des frontières de terre seront exécutés depuis les bouches de la navigation jusqu'au Var, dans le myriamètre et demi des côtes, sur toutes les marchandises de la nature de celles dont l'importation en France est prohibée, ainsi que sur les denrées coloniales et autres denrées et marchandises dont les droits d'entrée excèdent 20fr. du quintal décimal, ou 10 pour 100 de la valeur, à l'exception des toiles de chanvre ou de lin grises et écrues. (*DI. 27 septembre* 1807, *art.* 1.)

396. Les denrées et marchandises ci-dessus désignées ne pourront circuler, soit de jour, soit de nuit, dans le myriamètre et demi des côtes, qu'avec des passavans d'un bureau des douanes, lesquels ne seront délivrés que sur la représentation desdites marchandises, et après qu'il aura été justifié qu'elles ont acquitté les droits d'entrée, ou qu'elles sont venues de l'intérieur. (*Même décret, art.* 2.)

397. Seront exemptés de toutes les formalités prescrites tous les objets non dénommés, et encore les petites parties de ceux désignés qui n'excéderont pas quatre mètres en étoffes de laine, huit mètres en étoffes de soie et en toiles de coton et autres, et cinq kilogrammes de sucre, café et épicerie. (*Même décret, art.* 3.)

TITRE IV.

De l'Emploi des marchandises acquises aux douanes.

CHAPITRE I. — *Marchandises abandonnées dans les douanes.*

398. Les ballots, balles, malles et futailles, qui n'auront point été déclarés dans la forme prescrite par l'article 9 du titre 2 (*voir* n° 315), seront inscrits, le *quatrième* jour de leur dépôt dans les bureaux, sur un registre à ce destiné, avec mention des marques, numéros et adresses qu'ils présenteront, et chaque article du registre sera signé par le receveur et le contrôleur. (22 *août* 1791, *art.* 1, *tit.* 9.)

Il résulte de la combinaison de cette disposition avec les articles 4 et 9 du titre 2 de la loi du 4 germinal an 2, 1°. qu'une marchandise est censée abandonnée dès que la déclaration en détail n'a pas été remise dans le délai de deux mois; — 2°. Qu'attendu que les consignataires sont tenus de donner cette déclaration trois jours après l'arrivée des bâtimens, le délai de l'inscription que cet article fixoit à huitaine se trouve limité à quatre jours, et cela encore, parceque c'est à dater de ce quatrième jour que le droit de magasinage est dû.

399. Lesdits ballots, balles, malles, futailles et tous autres qui n'auront point été réclamés après avoir séjourné dans les bureaux pendant *deux mois* seront, ainsi que les objets qu'ils contiendront, vendus, en remplissant les formalités ci-après prescrites. (22 *août* 1791, *art.* 2, *tit.* 9.)

400. Le délai de *deux mois* expiré, l'*administration* demandera au tribunal *ordinaire des douanes* à être autorisée à la vente.

L'un des juges de ce tribunal, le *procureur impérial* et le greffier se transporteront au bureau pour assister à l'ouverture des balles, ballots, malles et futailles, et rédiger l'inventaire des effets y contenus.

S'il s'y trouve des papiers, il en sera dressé un état sommaire, et lesdits papiers, paraphés par le juge, seront déposés au greffe du tribunal, pour être remis sans frais à ceux qui justifieront de leur propriété.

Le préposé *des douanes* informera, en conséquence, du dépôt les particuliers auxquels les papiers paroîtront appartenir, et sans être tenu d'aucune formalité à cet égard. (22 *août* 1791, *art.* 3, *titr.* 9.)

Ce n'étoit qu'après le délai d'une année que cet article et celui qui le précédoit avoient autorisé la vente; mais, comme on le voit au n° 311, l'article 9 du titre 2 de la loi du 4 germinal an 2 permet ces ventes après un dépôt de deux mois.

Le législateur ménage ici les intérêts du propriétaire inconnu et ceux du commerce confiés à la régie des douanes. Quoique la loi ne prononce pas de peine contre les percepteurs qui n'avertiroient pas les personnes à qui les papiers paroissent appartenir, elle leur en fait un devoir qu'ils doivent s'empresser de remplir.

401. L'inventaire sera affiché à la porte du bureau, dans la place publique et autres lieux accoutumés, avec déclaration que.... il sera procédé à la vente.... Ladite vente et le jour auquel elle devra être faite seront annoncés par.... *ces* affiches, apposées dans les formes ci-dessus indiquées. (22 *août* 1791, *article* 4, *titre* 9.)

Pour ne pas induire en erreur, j'ai été obligé de tronquer les termes de cet article.... D'après le vœu de l'article 9 du titre 2 de la loi du 4 germinal an 2, la vente doit être obtenue, affichée et fixée après le délai de deux mois; ainsi les autres délais, les autres formalités se trouvant par-là abrogées, je ne pouvois les rappeler ici; néanmoins, pour qu'on ne s'appuye pas de ce même article dans les cas où il y a été dérogé, voici son texte en entier; les mots *en italique* sont ceux qui n'ont plus force:

4. « L'inventaire sera affiché à la porte du bureau, « dans la place publique et autres lieux accoutumés, « avec déclaration que, *si dans le mois il ne survient* « *pas de réclamation*, il sera procédé à la vente. « *Ce délai expiré*, ladite vente et le jour auquel « elle devra être faite seront annoncés par de « *nouvelles* affiches apposées dans la forme ci- « dessus indiquée. »

402. Au jour fixé par lesdites affiches, les effets seront vendus au plus offrant et dernier enchérisseur, en présence du préposé à la perception, ou du contrôleur du bureau, à la charge du paiement des droits, s'il en est dû, ou du renvoi à l'étranger, si les marchandises sont prohibées..... Le produit de la vente des effets...... sera versé par l'*administration* au trésor public, comme les autres produits. (22 *août* 1791, *art.* 5, *tit.* 9.)

Là où il y a des points, cet article ajoutoit: *le prix de la vente demeurera dans la caisse de la régie pendant un an, pour être remis pendant ce temps aux réclamateurs qui justifieront de leur propriété, et à la déduction des frais, dans la proportion des objets qu'ils réclameront. Seront lesdits réclamateurs tenus de payer un droit de garde, pour le temps pendant lequel les marchandises auront été déposées dans les douanes ou bureaux, lequel droit sera de trois deniers par jour du quintal brut, ou pour chaque caisse, boîte, malle ou ballot au-dessous de ce poids; et si, dans le terme de deux années, il ne se présente aucun réclamateur*, le produit de la vente, *en ce qui n'aura pas été réclamé*, sera versé par la régie au trésor public, comme les autres produits.

Tout cela n'existe plus; l'art. 9 du tit. 2 de la loi du 4 germinal an 2 veut qu'après le délai de deux mois toute marchandise non réclamée appartienne à l'Etat. (*Voir* n° 311.)

Les marchandises abandonnées sont vendues argent comptant; les recettes de cette espèce font partie de celles extraordinaires, et sont relatées sous ce titre dans le compte d'ordre. (*CA.* 21 *brumaire an* 5.) — Celles dont l'importation commerciale est défendue sont vendues à charge de réexportation, et ne paient aucun droit à la sortie, pas même celui de balance. (*Lettre du* 24 *brumaire an* 12.)

Quant à celles dont la consommation est prohibée, elles doivent être brûlées conformément à l'art. 2 du décret du 19 octobre 1810.

403. La présence de l'un des juges et du *procureur impérial* à l'ouverture des caisses et ballots, à l'inventaire des effets et description sommaire des papiers, et l'ordonnance qui permettra la vente des effets abandonnés, seront sans frais. Il sera seulement alloué au greffier, pour l'inventaire et l'expédition qui devra en être fournie à *l'administration des douanes*, une taxe faite par le juge sur le produit de la vente, et qui ne pourra excéder *dix centimes* pour *franc* dudit produit. (22 *août* 1791, *art.* 6, *tit.* 9.)

CHAPITRE II. — *Marchandises dont la confiscation aura été prononcée.*

SECTION I. — *Emploi des marchandises confisquées dont la consommation est défendue.*

404. Les marchandises prohibées, dont la confiscation aura été prononcée, ne seront plus vendues. *Les* grands prevôts et les procureurs généraux des cours prevôtales en feront dresser inventaire et faire estimation à leur prix commun dans l'étranger, laquelle sera soumise à l'approbation du ministre *du commerce*. (*DI.* 18 *octobre* 1810, *art.* 25.)

Je crois avoir suffisamment démontré, sous le n° 265, que les seules marchandises qui peuvent être brûlées sont celles dont la consommation est interdite.

Les frais auxquels l'estimation donnera lieu devront être prélevés sur la valeur des marchandises qui y seront soumises. Pour diminuer ces frais autant que possible, les directeurs de douanes, aussitôt que les jugemens de confiscation seront devenus définitifs, ordonneront le transport des marchandises prohibées au bureau de leur résidence, et ils en donneront immédiatement avis à M. le procureur impérial près la cour prevôtale, qui provoquera l'expertise ordonnée par la loi, lorsqu'il existera une quantité d'objets ainsi réunis suffisante pour en supporter les frais ». (*CD.* 10 *juin* 1811.)

« L'article 5 de la loi du 6 prairial an 7, portant « qu'il sera procédé, à la requête de l'administration « des douanes, à l'estimation des marchandises, par- « tie présente ou dûment appelée, pour constater la « valeur qui doit servir de base à l'amende triple, « n'est point abrogé par l'article 25 du décret du 18 « octobre, qui ordonne une estimation particulière « pour le remboursement de la valeur des marchan- « dises dont l'article 26 ordonne la destruction. — « Ainsi il doit y avoir deux estimations distinctes : « la première, qui doit servir de base à la triple « amende, se fait d'après le prix courant en France « des marchandises de même espèce, immédiatement « après le jugement de confiscation, à la requête de « l'administration des douanes. La deuxième, ainsi « que l'a établi la circulaire du 10 juin ci-dessus, est « faite à la réquisition de MM. les grands-prevôts et « procureurs généraux, et d'après le prix courant à « l'étranger ». (*CD.* 23 *juillet* 1811.)

405. Ils feront ensuite procéder publiquement à leur brûlement ou destruction, et en feront dresser procès-verbal. (*DI.* 18 *octobre* 1810, *art.* 26.)

Les directeurs des douanes enverront à M. le directeur général l'état des objets ainsi brûlés, avec l'indication de chacune des saisies auxquelles ils auroient appartenu, ou de leur origine quelle qu'elle soit, et de l'estimation qui leur auroit été donnée. Si ces objets provenoient de prises, on l'indiquera également en distinguant ceux qui seroient encore la propriété des armateurs d'avec ceux dont ils auroient déja disposé. (*Extrait de la circulaire du* 16 *novembre* 1810.)

« Les marchandises angloises provenant de prises « seront *également* brûlées, sauf l'indemnité à accor- « der aux armateurs et aux équipages, ainsi qu'elle « a été réglée pour les employés des douanes par le « décret du 18 octobre 1810. » (*Avis du conseil d'état du* 8 *mars* 1811.)

En transmettant cet avis, la circulaire ajoute:

« Pour que les experts qui seroient chargés de pro- « céder à l'estimation de ces marchandises puissent « bien opérer, M. le directeur général a pensé qu'il « seroit utile qu'ils eussent connoissance des fac- « tures, mémoires et autres pièces semblables, qui « pourroient se trouver à bord des navires capturés; « et S. E. le Ministre de la marine, à qui il en a été « écrit, a donné à cet effet des instructions dans tous « les ports, pour que le chef de l'administration de « la marine fasse remettre au bureau de la douane « des copies certifiées de tous les papiers qui pour- « roient établir la valeur des marchandises à l'é- « tranger.

« Ce Ministre, en prévenant de ce qu'il a bien « voulu faire à cet égard, observe qu'il importe « aussi que les administrateurs de la marine soient « mis en état de faire rendre compte aux armateurs « des remboursemens de cette nature qui leur auroient « été faits. En conséquence, toutes les fois qu'il y « aura lieu, on remettra à ces administrateurs des « états détaillés des sommes qui auroient été payées, « pour remboursement des marchandises brûlées « provenant de prises, afin que le remboursement « relatif au produit des prises puisse être compris « dans la liquidation finale. » (*CD.* 6 *juin* 1811.)

A l'avenir, *les objets prohibés saisis* ne pourront être brûlés qu'après l'installation des nouveaux tribunaux des douanes. (*CD.* 8 *février* 1811.)

SECTION II. — *Emploi des marchandises confisquées dont la consommation n'est pas interdite.*

406. Les marchandises tarifées, dont la confiscation aura été prononcée, seront vendues publiquement aux enchères.

Elles seront transportées et réunies à cet effet dans les lieux où la vente sera présumée être la plus avantageuse.

Ces ventes s'ouvriront tous les six mois, et seront publiées, au moins un mois à l'avance, dans les journaux d'annonce des divers départemens, avec détail des espèces de marchandises et denrées. (*DI.* 18 *octobre* 1810, *art.* 28.)

M. le directeur général a dû choisir pour l'époque de ces ventes les saisons les plus favorables; en conséquence il juge devoir indiquer le premier avril et le premier octobre de chaque année. Pour opérer les ventes à ces époques, les directeurs devront, dans la dernière quinzaine de février et d'août de chaque année, former un état énonciatif des marchandises, par nature et quantité, qui ont été confisquées par jugemens devenus définitifs au 15 des mois de février et d'août.

Un double de cet état sera de suite adressé au journal d'affiches du département, avec indication du jour de la vente, à un mois de la date de son insertion présumée dans les affiches, et du lieu choisi comme le plus avantageux.

L'état qu'ils adresseront à M. le directeur général sera à colonnes, et divisé par saisie, avec indication de la date des jugemens de confiscation, afin de correspondre avec les états de trimestre.

Si dans l'intervalle qui s'écoulera entre la formation des états et la vente, d'autres marchandises de même nature que celles indiquées dans les affiches se trouvoient définitivement confisquées et sujettes à des avaries par le retard dans les magasins jusqu'à la vente du second semestre, les directeurs les feront comprendre dans la vente annoncée, en adressant un état supplétif à M. le directeur général. (*CD.* 20 *mai* 1811.)

Voir la note du n° 407.

407. Si quelque partie desdites marchandises exigeoit que la vente en fût accélérée, il sera fait à ce sujet des rapports particuliers à SA MAJESTÉ par le ministre *du commerce.* (*DI.* 18 *octobre* 1810, *art.* 29.)

Il a été demandé si l'article 28 qui précède (n° 406) étoit applicable aux objets de consommation, tels que beurre, poissons, bestiaux et marchandises détériorées, qui seroient entièrement perdues par un trop long séjour dans les magasins, et aux voitures et chevaux dont les frais de garde absorberoient la valeur?... L'article 29 répond à la question, en spécifiant les cas où les ventes peuvent être accélérées, et indique les moyens d'y parvenir. Quant aux denrées qu'il seroit impossible de conserver, même peu de temps, sans qu'elles fussent absolument perdues, telles que viandes, beurre, et quant aux animaux saisis, soit comme moyens de transport, soit à l'exportation, et dont la garde entraîneroit des frais de fourrière en pure perte, on pourra, comme il s'est toujours pratiqué, les faire vendre provisoirement, après avoir obtenu l'autorisation du juge. (*CD.* 16 *janvier* 1811.)

LIVRE III.

DES EXCEPTIONS AU RÉGIME GÉNÉRAL DES DOUANES.

TITRE PREMIER.

Des Marchandises qui ont un régime spécial.

CHAPITRE I. — *Des Armes et Munitions de guerre.*

SECTION I. — *De l'Importation des armes.*

408. LES fabricans, négocians et armateurs, françois ou étrangers, qui voudront faire entrer en France des armes, seront tenus de prendre, au bureau des douanes des ports, villes ou bourgs frontières, un acquit-à-caution portant la qualité et la quantité des armes montées ou en pièces détachées, contenues dans les caisses qui les renfermeront, le nom du lieu et de la personne pour laquelle elles seront destinées ; cet acquit-à-caution sera visé par la municipalité du lieu du domicile de la personne à qui ces armes auront été envoyées, et chez laquelle elles auront été déchargées, sous peine de saisie et de confiscation des caisses, armes et pièces détachées. (22 *août* 1792, *art.* 2.)

409. Les autorités constituées, la puissance civile et militaire, donneront assistance et main-forte, s'il en est besoin, aux personnes chargées du transport de ces armes, qui auront rempli ces formalités. (*Même loi, art.* 3.)

LES mesures de police générale prescrites ici pour l'importation des armes dans l'intérieur sont toujours en vigueur. (*CD.* 12 *messidor an* 10.)

Les dispositions de cette loi étant conservées, l'obligation indéfinie de l'acquit-à-caution et du *visa* des municipalités subsiste nécessairement. (*LD.* 19 *brumaire an* 11.)

Voir, en cas de saisie, le n° 266 et sa note.

SECTION II. — *De l'Exportation des armes.*

410. *Sauf les exceptions ci-après*, la sortie à l'étranger de toutes espèces d'armes et munitions de guerre est et demeure prohibée. Sont expressément compris dans cette prohibition les fusils et la poudre de chasse, les pistolets de poche et d'arçon, ainsi que les épées, sabres et couteaux de chasse. (21 *juillet* 1792, *art.* 1.)

LA poudre à feu est actuellement soumise à un régime particulier. *Voyez* plus loin, le chapitre *Poudres et Salpêtres.*

Une lettre du ministre, du 5 thermidor an 12, transmise par la circulaire du directeur général du 8, a rappelé que la sortie des fusils et pistolets de toute sorte étoit prohibée..... Un décret du 17 pluviose an 13, confirmé par la loi du 30 avril 1806, a établi ensuite un droit de sortie sur les armes de luxe; mais le directeur général, par sa circulaire du 23 pluviose an 13, a observé que la prohibition n'en étoit pas moins maintenue, parceque ce droit n'étoit perceptible que sur les armes dont le Gouvernement autorisoit l'exportation par des permissions particulières.

Voir sous le n° 413 pour exceptions.

411. En cas de contravention à l'article précédent, les armes et munitions saisies seront confisquées, ainsi que les chevaux, voitures et bateaux qui s'en trouveroient chargés. Il sera en outre payé une amende de cinquante *francs* pour chaque arme saisie ; et pour les munitions, il en sera payé une qui sera équivalente à trois fois leur valeur réelle : dans l'un et l'autre cas, ces amendes seront exigibles et payables par corps. (21 *juillet* 1792, *art* 2.)

L'ARTICLE 5 de la loi postérieure du 22 août 1792 a dit : « Tout citoyen qui, pendant la durée de la « guerre, sera convaincu d'avoir fait sortir de France « des armes ou munitions de guerre, sera poursuivi « et puni comme traître à la patrie ». — D'après cette disposition plus récente, il paroîtroit que l'article 2 de la loi du 21 juillet 1792 seroit abrogé.... Cependant, en matière de douanes, la peine infligée à l'exportation des armes doit être différenciée de celle encourue pour crime de conspiration, qui est le seul cas supposé par la loi du 22 août 1792... Bien certainement on a exporté des armes et on en exportera sans être traître à sa patrie.... Tous les jours, un voyageur en est porteur, on les lui saisit : le poursuivra-t-on comme conspirateur lorsqu'il ne les a que pour sa défense personnelle, ou se bornera-t-on à les lui confisquer, quoiqu'il enfreigne la prohibition de sortie?...... Supposons même que ce voyageur fasse de l'exportation de quelques armes une spéculation pécuniaire; quelle trahison y a-t-il là?.. Bien certainement ce contrebandier est loin d'y penser..... Mais ce qu'il ne peut ignorer, c'est qu'il exporte une marchandise prohibée, et pareille exportation doit être punie, puisqu'elle est défendue ... Quelles peines appliquera-t-on? car enfin la confiscation ne sauroit être le seul châtiment à infliger, puisque deux lois en prescrivent d'autres.... De ce que la loi la plus ancienne est spécialement pénale pour le cas supposé ici, il doit indubitablement en résulter l'application de celle-ci, et cela malgré la loi postérieure, puisque cette dernière n'inflige la peine plus forte qu'elle édicte qu'à un cas plus aggravant. — Dans l'espèce de la nouvelle loi, il y a supposition tacite de conspiration : dans l'ancienne, on ne présume que la contrebande; donc, là où il n'y a que contrebande, c'est la loi du 21 juillet 1792 qu'il faut invoquer, le surplus ne regarde pas les douaniers.... Telle est mon opinion, et je la trouve appuyée d'un arrêt de cassation que je citerai plus bas.

Disons avant que dans la prohibition de sortie sont compris, 1°. les canons de fusil (*LM.* 23 *ventose an* 12);.... 2°. toutes autres portions d'armes (*DM.* 8 *vendémiaire an* 12);.... 3°. les fusils et pistolets à vent (*DI.* 2 *nivose an* 14). — Il est même défendu de permettre aux voyageurs ou autres particuliers qui passent à l'étranger d'emporter avec eux leurs fusils, sous quelque prétexte que ce soit, de chasse, sûreté personnelle ou autres. (*CD.* 3 *juin* 1807.)

M. le directeur général, par la même circulaire, prescrit aux directeurs maritimes de faire visiter exactement les navires dans le même objet. Et pour empêcher toute exportation d'armes qui n'auroient pas été importées par les navires étrangers et pour leur usage, il convient d'exiger à leur arrivée une déclaration du capitaine, portant la quantité d'armes qu'ils ont à bord, et d'en faire la vérification pour s'assurer, à la sortie, qu'ils n'en exportent pas une plus grande quantité que celle reconnue et constatée à leur arrivée. (*CD.* 20 *juin* 1807.)

Les armes blanches, enrichies ou non, suivent aussi la prohibition qui frappe les autres armes. (*DM.* 21 *mars* 1806.)

JURISPRUDENCE. Il s'agissoit d'une saisie de quatre pistolets, faite par les préposés des douanes sur deux citoyens suisses retournant dans leur pays. — Le tribunal avoit ordonné la confiscation des quatre pistolets, et condamné les deux particuliers à une amende de 500 francs : il s'étoit fondé sur les lois des 22 août 1791 et 15 août 1793. — Ce jugement a été cassé par arrêt de la cour suprême, du 23 fructidor an 2, pour fausse application de ces lois, et contravention à celle du 21 juillet 1792, qui n'inflige qu'une amende de 50 francs par arme.

412. Les fusils dits de traite ne pourront être exportés jusqu'à la paix générale, qu'après une permission du ministre de la guerre. (*Décret du* 8 *vendémiaire an* 14, *et loi du* 30 *avril* 1806, *art.* 24.)

413. Les armes de luxe de la fabrique de Liège pourront être exportées, sous la

condition qu'aucune arme n'excèdera le calibre de vingt-deux à la livre. (1 *pluviose an* 13, *art.* 18.)

Les canons de ces mêmes armes, après avoir été alésés, éprouvés, et avant d'être finis, seront soumis à la direction de l'artillerie établie à Liège, où ils recevront une empreinte sur le côté apparent de la culasse, portant les deux lettres *E. X.*; après quoi ils seront remis à leurs propriétaires. (*Même loi, art.* 19.)

Les armes portant la marque de la direction de l'artillerie pourront être exportées, sous les droits ordinaires, par les bureaux seulement d'Anvers, Venloo, Cologne et Verceil.

Pour assurer la vérification de la marque prescrite par *cet* article, il sera fourni des empreintes du poinçon dans les quatre bureaux précédemment désignés. (*Même loi, art.* 20.)

Les contrefacteurs de la marque seront poursuivis comme en matière de plombs faux. (*Même loi, art.* 21.)

SONT encore exceptés de la prohibition, 1°. les armures anciennes, comme étant objets d'art (*DM.* 12 *prairial an* 7);..... 2°. les armes d'honneur que le Gouvernement accorde aux guerriers qui se sont distingués, sur présentation, par les courriers, du certificat du ministre de la guerre, indiquant leur destination (*LM.* 26 *floréal an* 8);.... 3°. les fleurets, même non montés. (*LM.* 1 *juin* 1807.)

Les armes de calibre, dans quelqu'état qu'elles soient, quelques ornemens qu'elles aient reçus, doivent être saisies. (*CD.* 6 *prairial an* 12.)

Pour éluder la prohibition, quelques fabricans ont incrusté un peu d'or aux canons de fusils, et les ont présentés comme enrichis. — Cette légère main-d'œuvre ne peut les soustraire à la prohibition de sortie. — On doit s'opposer à la sortie de toute arme de calibre de guerre.

En conséquence, soit que ces armes soient simples ou enrichies, montées ou en pièces, dès qu'elles peuvent servir aux militaires, l'exportation en est défendue.

Le ministre de la guerre a décidé, le 24 vendémiaire an 14, que les fabricans d'armes de Liège ne pourront à l'avenir exporter aucune espèce d'armes détachées, et qu'il ne sera admis pour la sortie que des armes de luxe complètes et marquées des lettres *E. X.* sur le canon. — De cette manière la précaution de vérifier et de marquer les armes de luxe dont il s'agit ne peut plus être éludée. (*LD.* 14 *brumaire an* 14.)

Le moyen de vérification *ci-dessus* ayant paru insuffisant, le ministre de la guerre adressa au directeur général des cylindres pour la vérification des calibres des fusils de luxe.

Pour que l'arme ne soit point réputée de guerre, le cylindre ne doit pas entrer dans le canon; ainsi les fusils de luxe de la fabrique de Liège porteront la marque *E. X.*, et ceux dans le canon desquels le cylindre ne pourra pas entrer sont seuls permis à la sortie. (*Lettre du Ministre de la guerre au directeur général, du* 3 *pluviose an* 13.)

Un décret impérial du 14 décembre 1810 dit en ses articles 1 et 2 :

1. « Toutes les armes à feu des manufactures de « l'Empire et destinées pour le commerce, de quelque « calibre et dimension qu'elles soient, seront assu- « jetties, si elles ne le sont déjà, ou continueront à « être assujetties à des épreuves proportionnées à « leur calibre.

2. « Les armes du commerce n'auront jamais le « calibre de guerre, et pourront être regardées « comme appartenant au Gouvernement, et être « saisissables par lui, si leur calibre n'est pas au « moins à deux millimètres au-dessous ou au-dessus « de ce calibre, qui est 0 mètre 0177 (7 *lignes* « 9 *points*), excepté les armes de traite, qui ne doi- « vent jamais circuler en France, mais dont les dé- « pôts doivent être faits dans les ports de mer. »

En conséquence de ces nouvelles dispositions, il a été adressé les circulaires suivantes dans les bureaux.

« Le décret impérial du 14 décembre ci-dessus as- « sujettit les canons des armes à feu, destinées au « commerce, à des épreuves proportionnées à leur « calibre, afin de prévenir les accidens qu'une mau- « vaise confection peut causer. Le ministre de l'in- « térieur, informé que les dispositions de ce décret « n'étoient pas exécutées dans la ville de Liège avec « la ponctualité désirable, et que la quantité de « canons éprouvés étoit moindre que celle fabriquée, « a invité M. le directeur général à renouveler l'ordre « d'arrêter à la frontière les armes qui ne seroient « pas revêtues de l'empreinte prescrite. — Les di- « recteurs des douanes rappelleront à tous les chefs « de service la prohibition dont les armes de toutes « sortes sont frappées à la sortie, et leur recomman- « deront de veiller à ce qu'elle soit exactement ob- « servée. L'exception pour celles de Liège, limitée à « un petit nombre de bureaux, exige de la part des

« commis une attention toute particulière, afin de « s'assurer qu'elles portent l'empreinte prescrite; « celles qui en seroient dépourvues sont saisissables. « — On devra néanmoins procéder à la vérification « avec les ménagemens convenables, pour prévenir « toute avarie, soit par l'effet de l'humidité, soit par « celui du remballage s'il étoit fait négligemment. » (*CD.* 16 *août* 1811.)

« Les armes, autres que celles de Liége, pour les- « quelles le ministre de la guerre accorde quelquefois « des permis d'exportation, doivent aussi être mar- « quées des poinçons d'acceptation; en conséquence « celles de Saint-Étienne et de Pistoie qui n'auroient « pas l'empreinte de leurs fabriques, seront saisies « nonobstant les permis qui seroient transmis par « M. le directeur général. » (*CD.* 7 *octobre* 1811.)

SECTION III. — *Du Port d'armes.*

414. Les fusils et pistolets à vent sont déclarés compris dans les armes offensives, dangereuses, cachées et secrètes, dont la fabrication, l'usage et le port sont interdits par les lois. (*DI.* 2 *nivose an* 14, *art.* 1.)

Toute personne qui, à dater de la publication du présent décret, sera trouvée porteur desdites armes, sera poursuivie et traduite devant les tribunaux de police correctionnelle, pour y être jugée et condamnée conformément à la déclaration du 23 mars 1728. (*Même décret*, *art.* 2.)

CELLES de ces armes qui pourroient être présentées au bureau des douanes seront saisies, et déposées dans les magasins d'artillerie, où l'on en payera la valeur aux capteurs. — Le dépôt prescrit sera effectué exactement, afin de prévenir l'abus de ces armes dangereuses. — Ce dépôt sera constaté par un acte, au bas duquel le chef du magasin d'artillerie devra donner son certificat de réception. (*CD.* 26 *fructidor an* 13.)

415. La déclaration du 23 mars 1728, concernant le port d'armes, sera imprimée à la suite du présent décret, et exécutée conformément au décret impérial du 2 nivose dernier. (*DI.* 12 *mars* 1806.)

LOUIS, *par la grace de Dieu, roi de France et de Navarre, à tous ceux qui ces présentes lettres verront*, salut. *Les différens accidens qui sont arrivés de l'usage et du port des couteaux en forme de poignards, des baïonnettes et pistolets de poche, ont donné lieu à différens réglemens, et notamment à la déclaration du* 18 *décembre* 1660, *et à l'édit du mois de décembre* 1666 : *néanmoins, quelque expresses que soient les défenses à cet égard, l'usage et le port de ces sortes d'armes paroît se renouveler; et comme il importe à la sûreté publique que les anciens réglemens qui concernent cet abus soient exactement observés, nous avons cru devoir les remettre en vigueur. A ces causes, nous avons dit et déclaré, disons et déclarons par ces présentes signées de notre main, voulons et nous plaît, que la déclaration du* 18 *décembre* 1660, *au sujet de la fabrique et du port d'armes, soit exécutée selon sa forme et teneur; ordonnons en conséquence, qu'à l'avenir toute fabrique, commerce, vente, débit, achat, port et usage des poignards, couteaux en forme de poignards, soit de poche, soit de fusil, des baïonnettes, pistolets de poche, épées en bâtons, bâtons à ferremens, autres que ceux qui sont ferrés par le bout, et autres armes offensives, cachées et secrètes, soient et demeurent pour toujours généralement abolis et défendus : enjoignons à tous couteliers, fourbisseurs, armuriers et marchands, de les rompre et briser incessamment après l'enregistrement des présentes, si mieux ils n'aiment faire rompre et arrondir la pointe des couteaux, en sorte qu'il n'en puisse arriver d'inconvéniens; à peine contre les armuriers, couteliers, fourbisseurs et marchands trouvés en contravention, de confiscation pour la première fois, d'amende de cent livres et interdiction de leur maîtrise pour un an, et de privation d'icelle en cas de récidive, même de peine corporelle s'il y échet; et contre les garçons qui travailleroient en chambre, d'être fustigés et flétris pour la première fois, et pour la seconde, d'être condamnés aux galères : et à l'égard de ceux qui porteront sur eux lesdits couteaux, baïonnettes, pistolets et autres armes offensives, cachées et secrètes, ils seront condamnés en six mois de prison et en cinq cents livres d'amende. N'entendons néanmoins comprendre en ces présentes défenses les baïonnettes à ressort qui se mettent au bout des armes à feu pour l'usage de la guerre; à condition que les ouvriers qui les fabriqueront seront tenus d'en faire déclaration au juge de police du lieu, et sans qu'ils puissent les vendre ni débiter qu'aux officiers de nos troupes, qui leur en délivreront certificat, dont lesdits ouvriers tiendront registre paraphé par nosdits juges de police. Si donnons en mandement à nos amés et féaux conseillers, les gens tenant notre cour de parlement de Paris, à tous autres nos officiers et justiciers qu'il appartiendra, que ces présentes ils aient à faire lire, publier et registrer, et le contenu en icelles garder et exécuter selon sa forme et teneur : car tel est notre plaisir. En témoin de quoi nous avons fait mettre notre scel à cesdites présentes. Donné à Versailles, le vingt-troisième jour de mars, l'an de grace mil sept cent vingt-huit, et de notre règne le treizième.*

Signé *LOUIS.* Et plus bas, *par le Roi*, PHELIPEAUX. *Et scellé du grand sceau de cire jaune.*

Qu'on ne croie pas que les deux décrets ci-dessus, en ne rappelant que les dispositions de la déclaration du 23 mars 1728, abrogent les autres lois concernant le port d'armes. — Bien certainement l'Empereur n'a pas ôté par ces décrets aux officiers municipaux le droit qu'ils tiennent de la loi du 22 juillet 1791, de faire publier de nouveau ces lois; donc les officiers municipaux peuvent encore exercer ce droit. — A plus forte raison les préfets peuvent-ils l'exercer à leur défaut, et à plus forte raison encore le ministre de la police peut-il enjoindre aux préfets de l'exercer effectivement.

Un avis du Conseil d'Etat, approuvé par Sa Majesté, le 17 mai 1811, a jeté un très grand jour sur la matière... Cet avis est ainsi conçu :

« Le Conseil d'Etat, qui, d'après le renvoi ordonné par S. M., a entendu le rapport du ministre de la police, tendant à établir qu'il est nécessaire de se pourvoir de permis pour exercer la faculté de porter en voyage des armes pour sa défense personnelle, est d'avis qu'il n'y a lieu à statuer sur la proposition du ministre de la police;

« Que les gens non domiciliés, vagabonds et sans aveu, doivent seuls être examinés et poursuivis par la gendarmerie, et tous officiers de police, lorsqu'ils sont porteurs d'armes, à l'effet d'être désarmés et même traduits devant les tribunaux, pour être condamnés, suivant les cas, aux peines portées par les lois et réglemens. »

CHAPITRE II. — *Des Beurres.*

416. L'exportation des beurres de France sera permise; néanmoins elle s'arrêtera lorsque les prix s'élèveront, savoir :

Dans le département des Bouches-de-la-Meuse, et sur les marchés de Leyde et de Delft, à deux fr. le kilogramme;

Dans les départemens de la Manche, du Calvados, de la Seine-Inférieure, de la Somme, des Deux-Nèthes et autres départemens maritimes, à un franc cinquante centimes le kilogramme.

Les droits de sortie sont fixés, par kilogramme, à quinze centimes pour les départemens de la Manche, du Calvados, de la Seine-Inférieure, de la Somme, des Deux-Nèthes, et autres départemens maritimes de l'ancienne France; et à vingt centimes par kilogramme pour les départemens réunis en 1810. (*DI.* 3 *octobre* 1810.)

L'EXPORTATION des beurres est aussi permise par les départemens des Bouches-de-l'Elbe et du Weser, en payant 20 centimes par kilogramme. Elle s'arrêtera lorsque le prix s'élèvera à deux fr. le kilograme dans les marchés de Hambourg et de Brême, ou à leur défaut dans ceux voisins. (*DI.* 19 *octobre* 1811.)

Les prix des beurres seront indiqués aux directeurs des douanes par les préfets des départemens dans lesquels se trouve leur division; aussitôt que le taux de la prohibition sera atteint, elle sera établie dans les bureaux du ressort de la préfecture où les beurres seront parvenus au maximum déterminé. (*CD.* 19 *octobre* 1810.)

Le beurre des fromageries du département du Doubs peut, par exception aux lois prohibitives, sortir jusqu'à concurrence de 78 quintaux 33 kilogrammes, du 20 mai au 10 octobre de chaque année, pour les propriétaires des vaches de Suisse, en payant 5 fr. par quintal décimal. (*DI.* 15 *novembre* 1811.)

CHAPITRE III. — *Des Boissons.*

SECTION I. — *De la circulation des Boissons.*

417. Il ne sera délivré de passavant ou congé que sur des déclarations contenant les quantités et qualités des boissons, les lieux de l'enlèvement et de la destination, les noms, surnoms, demeures et professions des expéditeurs, voituriers, acheteurs et destinataires...... (*DI.* 5 *mai* 1806, *art.* 1.)

CET article ajoutoit : *et en cas de vente, le prix de la vente....* Mais le décret impérial du 21 décembre 1808, a abrogé cette formalité, en disant: « L'art. 1 « du réglement impérial du 5 mai 1806 continuera « à être exécuté, sauf la déclaration du prix de la « vente qui ne sera pas exigée. »

Quoique les passavans dont il est question ici se délivrent par les employés des droits réunis, et que ces dispositions concernent conséquemment plutôt les préposés de cette administration que ceux des douanes, je fais néanmoins article des boissons, parceque les douaniers ont été appelés, comme on le verra plus bas, à surveiller, dans leur territoire, l'exécution des lois qui régissent les droits réunis.

418. L'obligation de déclarer l'enlèvement des boissons, et de prendre des congés ou passavans, n'est point applicable aux transports de vendanges ou de fruits. (*DI.* 21 *décembre* 1808, *art.* 2.)

419. Les boissons devront être conduites, sans interruption, à la destination déclarée. Lorsqu'un changement de moyens de transport, ou toute autre cause nécessitera un séjour de plus de vingt-quatre heures, le conducteur sera tenu d'en faire la déclaration, dans ce délai, au plus prochain bureau de la régie (*des droits réunis*), avec indication du jour où le transport sera repris. Dans ce cas, le congé sera soumis au *visa* des employés, sans qu'il y ait ouverture à un nouveau droit de mouvement. (*Même décret, art.* 4.)

420. Lorsqu'un transport de boissons sera interrompu par une force majeure, telle que glaces, inondation ou autre cause de ce genre, sans qu'il soit possible de déclarer le jour où il pourra être repris, il en sera fait déclaration, conformément à l'article précédent; et le congé sera déposé au bureau, pour n'être visé et remis qu'au moment du départ. (*Même décret, art.* 5.)

421. Les boissons dont le transport éprouvera quelque retard dans les cas prévus par les articles précédens seront représentées aux employés, à toute réquisition,

afin qu'ils puissent vérifier s'il n'en a point été enlevé sans déclaration. (*Même décret, art.* 6.)

422. Les contravations aux dispositions précédentes seront punies de la confiscation des objets saisis et d'une amende de cent francs. (24 *avril* 1806, *article* 37.)

C'EST l'article 29 du décret impérial du 21 décembre 1808, qui ordonne de punir l'infraction de ces dispositions conformément à l'article 37 de la loi du 24 avril 1806.

423. Les préposés..... des douanes..... ou de navigation, pourront exiger la représentation des congés et passavans (*des droits réunis*); et en cas de fraude ou de contravention, ils saisiront et rapporteront procès-verbal. (*DI.* 5 *mai* 1806, *art.* 2.)

LES préposés de l'administration étant appelés à concourir à la répression des abus, ils surveilleront les transports de toutes boissons et liqueurs qui se feront sur les lieux où se portent leurs services, et sans que cette surveillance les détourne de l'objet spécial de leurs fonctions... Ils demanderont les passavans, congés ou acquits-à-caution des droits réunis. — Ils saisiront lorsqu'il y aura fraude ou contravention.

La surveillance des boissons circulant par mer est aussi attribuée aux douanes; les préposés se feront représenter les acquits-à-caution et expéditions de la régie des droits réunis. Ces expéditions n'empêchent pas de délivrer celles relatives aux douanes pour assurer les transports qui se font par mer.

Les préposés des douanes ne doivent laisser enlever des lieux de déchargement aucunes boissons ou liqueurs venant de l'étranger, sans le vu du congé ou acquit-à-caution des droits réunis. Cette mesure doit être également suivie pour les boissons qui rentreroient après avoir été expédiées d'un autre port. (*CD.* 15 *juillet* 1806.)

L'acquit-à-caution pris pour le transport à l'étranger de vins de liqueur de toute sorte, de vins en bouteilles, en futaille ou en double futaille emballée et à double fond, devra indiquer le bureau des douanes où le droit sera payé et où le certificat de décharge pourra être délivré; dans le cas où la destination n'en auroit pas été prise, il conviendroit que les employés des droits réunis au dernier bureau délivrassent une autre expédition pour celui des douanes. — Le directeur se concertera à cet égard avec celui des droits réunis.

Pour opérer le remboursement des perceptions faites par les droits réunis sur les boissons exportées, il est nécessaire que les certificats de décharge des acquits-à-caution soient signés par les receveurs principaux pour les expéditions faites par le port de leur résidence, et qu'ils légalisent, s'ils en sont requis, ceux délivrés par les receveurs subordonnés. — Les inspecteurs et sous-inspecteurs peuvent remplacer le receveur principal pour cette légalisation. (*CD.* 6 *avril* 1808.)

Les préposés, lorsqu'ils constateront des fraudes ou contraventions, rédigeront leur rapport à la requête de l'administration des droits réunis, et les remettront aux receveurs d'arrondissement de la même administration. — Les chefs devront au surplus en adresser copie au directeur.

S'il y avoit fraude aux droits d'entrée ou de sortie, on ne procéderoit qu'à la requête de l'administration des douanes. (*DG.* 29 *mai* 1806.)

SECTION II. — *Des vins provenant des possessions françoises sur territoire étranger.*

424. Les habitans de la rive gauche du Rhin qui possèdent des vignes sur la rive droite pourront y faire leur vin, et importer, chaque année, jusqu'au 22 *décembre*, le produit de leur récolte. Ceux qui voudront jouir de cette faculté devront remettre aux directeurs des douanes un état des vignes qu'ils possèdent sur la rive droite, et en justifier par la représentation des titres de propriété. (1 *pluviose an* 13, *art.* 7.)

Les propriétaires de ces vignes seront tenus, quinze jours après la vendange, de faire, au bureau des douanes par lequel ils se proposeront d'introduire leur vin, une déclaration exacte de la quantité d'hectolitres qu'ils auront récoltée. Les extraits de ces déclarations seront envoyés par le receveur des douanes au directeur du département, qui prendra des renseignemens sur leur exactitude et sur le véritable produit des vignes dans chaque vignoble de la rive droite. (*Même loi, art.* 8.)

S'il est reconnu que les quantités de vin présentées à l'introduction par un propriétaire excèdent le produit de ses vignes, ou qu'il ait substitué des vins vieux à ceux de la dernière récolte, ils seront saisis et confisqués, avec amende de cinquante fr. par hectolitre. (*Même loi, art.* 9.)

Les dispositions ...... précédentes ne sont point applicables à ceux qui auroient acheté des vignes sur la rive droite postérieurement au premier vendémiaire an 13. (*Même loi, art.* 10.)

PAR décret impérial du 22 octobre 1811, « les dispositions des articles 7, 8 et 9 de la loi du 1er pluviose an « 13, relatives au transport des récoltes des vignes « possédées sur la rive droite du Rhin par les habitans « de la rive gauche sont applicables aux habitans des « provinces Illyriennes qui possèdent des vignes sur « la rive gauche de la Save ou sur les territoires de « l'Autriche ou de la Bavière. »

425. La vendange et le moût venant de l'étranger payeront les deux tiers du droit sur le vin, excepté quand ils proviendront de vignes possédées par des François sur territoire étranger voisin des départemens de la rive du Rhin, et de ceux de Marengo, de la Sésia, de la Doire, du Tanaro et de la Stura. (22 *ventose an* 12, *art.* 9.)

DES mesures doivent être exactement prises pour qu'il ne soit pas abusé de ce bienfait du Gouvernement. La première est de justifier de la propriété en pays étranger, en second lieu du produit de la récolte, troisièmement de l'origine des vendanges importées. En conséquence, ceux qui sont dans le cas de jouir de la franchise doivent, 1°. déclarer au bureau le plus prochain la consistance des vignes qu'ils possèdent sur le territoire étranger, en produisant leurs titres de propriété; 2°. à l'époque de la vendange, une nouvelle déclaration est faite au même bureau, de la quantité approximative des raisins qui peuvent être recueillis; 3°. les importations doivent être accompagnées d'un certificat des autorités locales, attestant que les vendanges ou le moût proviennent de tel domaine possédé par tel François. Les bureaux qui auront reçu la première de ces déclarations en forment un état détaillé, énonçant l'étendue des vignes, leur situation, leur propriétaire et les titres produits de la propriété. Le directeur du département rassemble ces états, et en compose un tableau général, qu'il adresse à monsieur le directeur général des douanes. Il forme un semblable tableau des secondes déclarations, qu'il fait aussi passer au directeur général avec ses observations. Il doit examiner si les quantités approximatives que ces tableaux présentent sont relatives aux produits présumés des cantons où les vignobles sont situés (*CD.* 28 *floréal an* 12.)

CHAPITRE IV. — *Des Cartes à jouer.*

SECTION I. — *De la prohibition des cartes à l'importation.*

426. L'introduction dans l'Empire et l'usage des cartes fabriquées à l'étranger sont prohibés.... (*DI.* 13 *fructidor an* 13, *premier paragraphe de l'art.* 5.)

LA législation sur les cartes se compose de l'article 56 de la loi du 9 vendémiaire an 6, des arrêtés des 3 pluviose et 19 floréal an 6, de l'article 8 de la loi du 5 ventose an 12, des décrets impériaux des 11 et 30 thermidor an 12, 1 germinal, 4 prairial et 13 fructidor an 13, 11 juin 1806, 16 juin 1808 et 9 février 1810. — Comme les préposés des douanes ne sont chargés de l'exécution de ces dispositions qu'en ce qui est relatif aux importations et exportations, et que le reste regarde la régie des droits réunis, je ne citerai que les articles qui ont rapport aux entrées et sorties, et ceux propres à faire reconnoitre les cartes françoises fabriquées légalement : parmi ces derniers, en voici qu'il importe de connoître d'abord.

« La régie des droits réunis fera faire des moules « uniformes pour la fabrication des cartes à jouer. « Ces moules seront à vingt-quatre cartes ; les figures « porteront le nom du fabricant, et un numéro par- « ticulier pour chaque lieu de fabrication. (*Dl.* 16 *juin* 1808, *article* 1.)

« Aussitôt l'émission des nouveaux moules, les « anciens seront supprimés. Il est défendu de contre- « faire les moules de la régie et de fabriquer aucun « moule particulier : les prévenus seront poursuivis « devant les tribunaux ordinaires, et punis des « peines portées par les lois, sans préjudice des « amendes et confiscations prononcées par le dé- « cret du 4 prairial an 13. (*Même décret, article* 2.)

« Sont exceptés de la suppression et demeureront « déposés dans les bureaux de la régie, les moules de « tarots et autres dont la forme ou la dimension diffère « des cartes usitées en France. (*Même décret, article* 3.)

« La vente et la distribution de toutes les cartes fa- « briquées en papier libre et marquées des timbres « humides, en usage avant le décret du 1 germinal « an 13, sont interdites à partir du jour de la pu- « blication du présent décret. Toutes celles existantes « à cette époque chez les frabricans et débitans seront « détériorées ; et le droit de demi-centime par carte « sera restitué par la régie, ensuite du procès ver- « bal de détérioration. » (*Même décret, article* 8.)

DÉCRET DU 9 FÉVRIER 1810. *Article* 1er. A compter du 1er avril 1810, la fabrication des cartes à jouer se fera avec les papiers portant les empreintes des moules confectionnés en exécution du décret du 16 juin 1808.

2. Il est accordé un délai d'une année à partir du même jour 1er avril 1810, pour l'écoulement des cartes fabriquées antérieurement ; passé ce délai, ces cartes seront détériorées et mises hors de la consommation en restituant les droits qui auront été perçus.

3. La régie fournira les feuilles de moulages aux fabricans, dans les bureaux établis à cet effet au chef-lieu de chaque direction.

4. Les fabricans mettront sur chaque jeu une enveloppe qui indiquera leurs noms, demeures, enseignes et signatures en forme de griffe, de laquelle enveloppe ils seront tenus de déposer une empreinte, tant au greffe du tribunal de première instance, que dans les bureaux de la régie.

Ils ne pourront changer la forme de leurs enveloppes sans en faire la déclaration auxdits bureaux, et sans faire les mêmes dépôts de celles qu'ils substitueront aux précédentes.

Tout emploi et entrepôt de fausses enveloppes est prohibé.

Seront réputées fausses les enveloppes non conformes à celles déposées, ou qui seroient trouvées chez les fabricans autres que ceux y indiqués.

Les cartiers qui feront des enveloppes par sixain ne pourront les employer qu'en forme de bandes, de manière à laisser apparentes celles de contrôle apposées par les préposés de la régie sur chaque jeu, après la vérification des cartes à figures.

5. Le dessus des cartes ne pourra être qu'en papier blanc.

6 et 7. *Ces articles n'ont aucun rapport aux douanes.*

8. Les tarots et autres cartes dont la forme et les figures diffèrent de celles usitées en France seront, à compter de la même époque du 1er avril prochain, soumis au droit de quarante centimes par jeu, quel que soit le nombre de cartes qui le composeront. Les cartes de cette espèce qui seront exportées continueront à n'être sujettes qu'au simple droit de cinq centimes.

9. Nul ne pourra vendre des cartes à jouer, en tenir entrepôt, ni afficher les marques indicatives de leur débit, s'il n'est pas fabricant patenté, à moins d'avoir été agréé et commissionné par la régie, qui pourra révoquer sa commission en cas de fraude.

10. Il est fait défense à toutes personnes de conserver ou receler des moules faux ou contrefaits.

11. Toutes contraventions au présent décret seront punies conformément à ce qui est prescrit par celui du 4 prairial an 13.

12. La régie des droits réunis fera déposer au greffe des tribunaux l'empreinte des nouvelles cartes à figures qui serviront au 1er avril prochain.

SECTION II. — *De la Circulation des Cartes.*

427. Les cartes usitées en France ne pourront circuler qu'autant qu'il en sera fait déclaration au bureau des droits réunis du lieu de l'expédition, et qu'elles seront accompagnées d'un congé portant le nom de l'expéditeur, le lieu de la destination, et le nom de celui à qui elles seront destinées. (*Dl.* 16 *juin* 1808, *art.* 6.)

428. Les cartes *dites tarots et autres, dont la forme ou la dimension diffère des cartes usitées en France*, seront fabriquées en papier libre, et ne pourront cir-

culer dans l'intérieur qu'autant qu'elles porteront, sur toutes les cartes à figures, la légende France et le nom du fabricant. (*DI.* 16 *juin* 1808, *premier paragraphe de l'art.* 4.)

429. Toutes contraventions aux lois sur les cartes....... seront punies, indépendamment de la confiscation des objets de fraude ou servant à la fraude, de mille francs d'amende, sans préjudice des poursuites extraordinaires et de la punition comme pour crime de faux, encourue par la contrefaçon des filigranes, timbres et moules, et l'émission des objets frappés de faux. (*DI.* 4 *prairial an* 13.)

L'art. 9 du décret du 13 fructidor an 13, et les art. 11 de ceux des 16 juin 1808 et 9 février 1810, appliquent également ces peines à l'infraction de leurs dispositions ; ces trois articles s'expriment ainsi : *Toutes contraventions au présent décret emporteront la peine prononcée par le décret du* 4 *prairial an* 13.

Lorsqu'il s'agira d'introduction ou de transport dans les deux myriamètres, sans expédition, on agira à la requête de l'administration des douanes, et si les saisies étoient seulement motivées sur la contravention aux règlemens concernant les cartes, la poursuite seroit engagée au nom de la régie des droits réunis. (*CD.* 7 *thermidor an* 13.)

SECTION III. — *De l'Exportation des Cartes.*

430. Les cartes mentionnées *en l'article précédent* (n° 428), qui seront destinées à l'exportation, ne seront assujetties à aucune légende : elles paieront un droit particulier de cinq centimes par jeu exporté. Les fabricans qui feront des exportations de ces cartes seront tenus de faire les déclarations et les justifications prescrites par les lois et règlemens. (*DI.* 16 *juin* 1808, *article* 5.)

On a vu sous le n° 426, art. 8 du décret du 9 février 1810, que le droit de 5 centimes par jeu exporté est maintenu.

Les formalités à la sortie sont que les cartes ne peuvent être envoyées à l'étranger sans un permis du directeur des droits réunis, qui est revêtu du certificat de sortie délivré par les préposés des douanes. (*CA.* 26 *prairial an* 6.)

Restitution des droits de fabrication. Le décret du 30 thermidor an 12 porte :

Art. 1. « Les droits sur les cartes à jouer et sur la « musique gravée seront remboursés sur les quan- « tités qui seront exportées à l'étranger.

Art. 2. « A cet effet, les fabricans ou marchands « de cartes à jouer ou de musique gravée, qui dési- « reront exporter à l'étranger, feront, entre les « mains du directeur de la régie des droits réunis, « la déclaration des quantités et qualités qu'ils sont « dans l'intention d'exporter, ainsi que des bureaux « de douane par lesquels ils comptent en faire l'ex- « pédition.

Art. 3 « Les susdits fabricans ou marchands dépo- « seront dans les bureaux de la régie, avec les décla- « rations ordonnées dans l'article précédent, les « caisses ou ballots de cartes à jouer ou de musique « gravée qui y seront indiqués. Après vérification « faite, lesdits ballots ou caisses seront fermés ou « plombés en présence du directeur de la régie des « droits réunis, et le directeur délivrera un permis « d'exportation dans lequel sa déclaration sera men- « tionnée.

Art. 4. « Le permis, revêtu du certificat de sortie « apposé au revers par les préposés du bureau de « douane indiqué dans la déclaration, sera rapporté « au directeur de la régie des droits réunis du lieu « de la fabrication, et il ordonnera le rembourse- « ment des droits payés pour les quantités de cartes « ou de papiers de musique expédiées.

Nota. *L'attribution donnée par le présent décret à la régie des droits réunis est conférée, pour ce qui regarde la musique gravée, à celle de l'enregistrement, par décret impérial du* 10 *brumaire an* 14.

Art. 5. « Dans le cas où, dans le délai de deux « mois, les fabricans ou marchands n'auroient pas « rapporté le certificat de sortie dans la forme pres- « crite par l'article précédent, ils ne pourront pré- « tendre le remboursement du montant du droit de « timbre dû sur ces mêmes objets. »

CHAPITRE V. — *Des Cotons du continent.*

SECTION I. — *De l'introduction des cotons du Levant.*

431. Les cotons qui seront expédiés du Levant à destination de la France, soit par la voie de terre, soit par celle de mer, devront être accompagnés de certificats d'origine délivrés par les consuls françois dans le Levant. (*DI.* 9 *juin* 1808, *article* 1er.)

432. Lorsque des cotons du Levant.... arriveront en France sans certificat d'origine, il en sera rendu compte à Sa Majesté, qui statuera suivant les circonstances. (*DI.* 9 *juin* 1808, *art.* 2.)

433. A compter du 1er. mai 1811, les cotons du Levant..... ne pourront entrer que par les bureaux des douanes de Verceil, de Casatisme et de *Brig.* (*DI.* 12 *novembre* 1810, *art.* 2.)

C'EST un décret du 19 juin 1811 qui a ouvert le bureau de Brig à l'entrée des cotons du Levant. — *Voir* au surplus le chapitre *Régime particulier des provinces Illyriennes, au titre* 2 de ce livre III.

434. Les cotons du Levant passant en transit par *les* provinces Illyriennes et par le royaume d'Italie ne paieront qu'un simple droit de balance du commerce. (*DI.* 12 *novembre* 1810, *art.* 4.)

435. A compter du 1er. janvier prochain, les cotons du Levant transportés par mer ne seront plus reçus en France que par les ports de Marseille, de Gênes et de Livourne. (*DI.* 12 *novembre* 1810, *art.* 5.)

LA vérification des cotons se borne communément à l'énumération des balles; elle est insuffisante, même pour en connoître le poids qui est souvent considérablement accru, soit par une plus grande dimension des balles, soit par une plus forte pression des cotons, en sorte qu'une partie de la marchandise échappe au droit.... Pour réprimer cet abus, on déchargera les voitures, et on constatera le poids effectif de chaque balle; si le poids excède celui qui a dû être déclaré positivement, on procèdera à la saisie. On déclare aussi et même assez souvent sous la dénomination de cotons du Levant, des cotons du Brésil et des États-Unis auxquels on applique les certificats délivrés pour ceux du Levant, où souvent les balles contiennent un mélange des uns et des autres; les extrémités ou une superficie de ces dernières masquent alors les cotons d'Amérique...... Les douanes d'introduction s'attacheront donc à reconnoître l'espèce des cotons qui leur seront présentés; elles devront être pourvues d'échantillons qui puissent leur servir d'objets de comparaison; ces échantillons seront rapprochés avec soin des parties qu'on extraira, non seulement de l'une et l'autre extrémité, mais même du sein de la balle, par le moyen de la sonde. — Si la même balle présente des variétés d'espèces, la fraude sera évidente; et si la qualité est identique au premier aperçu, avec quelque expérience aidée de l'échantillon déposé, on doit aisément reconnoître la vérité ou la fausseté de la déclaration. (*Extrait de la circulaire du* 2 *juillet* 1810.)

Les cotons du Levant jouissent de la faculté de l'entrepôt d'un an dans les villes de Trieste, Fiume, Milan, Paris, etc...... *Voir* au titre *Entrepôts* du livre IV...; consulter aussi le chapitre *Régime particulier des provinces Illyriennes*, au titre 2 de ce livre III.

SECTION II. — *De l'importation des cotons de Naples.*

436. Les cotons du royaume de Naples paieront, à leur entrée en France, un

droit additionnel de soixante fr. par quintal métrique, indépendamment du décime par franc. (*DI.* 12 *décembre* 1810, *art.* 1.)

437. Il sera tenu un compte séparé du produit de ce droit additionnel par la direction générale des douanes. (*Même décret, art.* 2.)

Ce droit additionnel est nécessairement indépendant de celui de douane, lequel doit également être perçu.

On a vu, au chapitre de la comptabilité, que le montant du droit additionnel devoit être versé comme fonds spécial.

L'entrée des cotons de Naples est restreinte aux bureaux de terre de la ligne des Alpes, et aux ports de mer depuis Rome jusqu'à Cette inclusivement. (*CD.* 3 *octobre* 1810.)

Pour prévenir les abus de substitution d'origine, ces cotons devront être mis en entrepôt réel ou dans les magasins des douanes; il sera prélevé des échantillons qui seront envoyés à M. le directeur général pour être soumis aux experts du gouvernement, dont la décision sera transmise pour l'admission ou le rejet. (*Même circulaire.*)

Cependant pour que la vérification ne fasse éprouver aucun retard dans le transport des cotons, il a été consenti qu'on prélèveroit des échantillons au moment de l'entrée par terre, lesquels seroient expédiés dans la forme ordinaire pour Paris, en retirant des propriétaires une soumission valable d'acquitter les droits et de subir la peine qui résulteroit de l'expertise, si les déclarations d'origine se trouvoient fausses; pendant qu'on procèdera à la vérification, les balles poursuivront leur route vers leur destination. (*DM.... février* 1811.)

Sur la réclamation des négocians de Lyon, tendant à obtenir que les cotons qu'ils font venir de Naples par la voie de Marseille puissent passer, pendant qu'on s'occupe de l'expertise des échantillons, de l'entrepôt de Marseille à celui de Lyon sous les soumissions de droit, il a été répondu, par lettre ministérielle du 22 avril, « que rien ne devoit s'opposer à ce que la mesure suivie pour les cotons « entrant par Verceil ne soit la même pour ceux « importés par Marseille. »

Les cotons de Naples jouissent de la faculté d'être entreposés à Paris et à Lyon. *Voir* le titre *Entrepôts* au livre IV.

SECTION III. — *De l'admission des cotons originaires d'Espagne.*

438. Les cotons originaires d'Espagne, connus sous le nom de MOTRIL, seront admis en France, à la charge d'exporter en Espagne des soieries pour une valeur égale à celle desdits cotons rendus sur nos frontières. (*DI.* 6 *décembre* 1811, *art.* 1.)

439. Ces cotons devront être accompagnés d'un certificat du propriétaire cultivateur, constatant que la quantité expédiée est originaire du territoire soumis à l'autorité légitime espagnole, ou aux armées françoises.

A défaut de la présence du propriétaire, son représentant ou son fermier délivrera ledit certificat, qui sera valable pourvu qu'il soit justifié que ce propriétaire réside dans un lieu soumis à l'autorité légitime espagnole ou aux armées françoises. (*Même décret, art.* 3.)

Le certificat prescrit par l'article précédent devra être visé par l'autorité civile locale pour légalisation de la signature, et pour attestation de la présence des propriétaires, soit dans le lieu de l'expédition, soit dans tel autre soumis à l'autorité légitime. (*Même décret, art.* 4.)

Le consul françois résidant dans le lieu de l'expédition, ou à son défaut le commissaire des guerres en faisant les fonctions, délivrera, sur le vu de cette pièce, un certificat d'origine au cultivateur ou négociant qui expédiera ces cotons. Ce certificat sera visé par l'autorité militaire; un double sera adressé directement au ministre *du commerce*, qui le transmettra au directeur général des douanes, et l'autre devra accompagner la marchandise jusqu'à la frontière. (*Même décret, art.* 5.)

440. A l'arrivée des cotons à Bayonne, ils seront mis à l'entrepôt des douanes, et il sera prélevé sur chaque expédition des échantillons qui seront envoyés à Paris pour être soumis aux commissaires attachés au ministère *du commerce*, à l'effet de vérifier la qualité et l'origine desdits cotons. (*Même décret, art.* 6.)

Après le résultat de ladite vérification, les cotons seront admis, s'il y a lieu, moyennant l'acquit des doits..... (*Même décret, art.* 7.)

« L'EXPORTATION en soieries fabriquées précèdera la « sortie de l'entrepôt. » (*Décision impériale du* 30 *janvier* 1813.).... Ainsi il faut que l'exportation de la contre-valeur soit consommée, pour que la douane puisse remettre les cotons aux consignataires.

L'introduction des cotons motril pourra aussi avoir lieu par les bureaux des Guinguettes, d'Hix, de Cazolles, d'Ax. L'entrepôt de ceux arrivant par cette voie sera fait à Perpignan. (*Décision impériale du* 19 *mars* 1812.)

441. Les parties de coton motril provenant de prises faites sur l'ennemi seront également admises, après toutefois vérification de leur origine, et moyennant l'acquit du droit fixé par le présent décret. (*Même décret, art.* 9.)

« Le droit d'entrée sur lesdits cotons est fixé à « 600 fr. par quintal métrique, lorsqu'ils arrive- « ront par mer, et à 500 fr. par terre. » (*Même décret, art.* 2.)

« A l'égard des quantités de coton motril apparte- « nant à des maisons françoises, qui ont été expé- « diées de Malaga antérieurement au présent décret, « et qui se trouvent actuellement dans les provinces « d'Espagne contiguës à la France, *le* directeur gé- « néral des douanes fera à SA MAJESTÉ, de concert « avec *le* ministre *du commerce*, des rapports spé- « ciaux sur chaque partie réclamée, et en proposera « l'admission après s'être assuré de l'origine de la « provenance desdits cotons. » (*Même décret, art.* 8.)

CHAPITRE VI. — *Des Drilles ou Chiffons.*

442. La sortie des drilles et chiffes hors *de France* demeure interdite. (3 *avril* 1793, *art.* 1.)

LES lois des 12 pluviose an 3 et 19 thermidor an 4 ont étendu la prohibition des drilles à toutes les *matières propres à la fabrication du papier et de la colle.*

443. L'exportation des chiffons de toile de coton et de laine est prohibée comme celle des chiffons de toile, et les règlemens pour la circulation et le transport des derniers sont applicables aux premiers. (1 *pluviose an* 13, *art.* 28.)

LES vieux papiers sont compris dans la prohibition. (*LD.* 26 *thermidor an* 13.) Une décision ministérielle, du 17 ou 25 brumaire an 5, en avoit excepté les rognures de papier; mais ayant les mêmes propriétés que le papier vieux, elles ont été frappées de la même prohibition par lettre du directeur général, du 15 août 1808.

Les vieux filets, comme propres à la fabrication du papier, se trouvent conséquemment prohibés à la sortie, et on doit leur appliquer les mesures de répression prescrites pour les drilles. (*CD.* 20 *floréal an* 10.)

Les chiffons provenant de prises avoient joui de la faculté de la réexportation; mais nos papeteries éprouvant le plus grand besoin de cette matière première, le ministre de l'intérieur a décidé, le 4 juillet 1806, que la réexportation des chiffons provenant de prises seroit défendue.

444. Nul entrepôt ni circulation desdites matières ne pourra se faire dans l'étendue des *quinze kilomètres* des frontières, soit de terre, soit de mer, à moins qu'il ne soit justifié par un acquit-à-caution de leur destination pour l'intérieur de la *France.* (3 *avril* 1793, *art.* 2.)

LES drilles circulant exclusivement dans la quatrième lieue-frontière vers l'intérieur, ne doivent être accompagnées que d'un passavant.

Il résulte de cet article 2 de la loi du 3 avril 1793, 1°. que tout entrepôt de ces matières est absolument interdit dans les trois lieues; 2°. qu'aucun acquit-à-caution ne peut en autoriser le transport du côté de la frontière, sans une permission spéciale du ministre du commerce; 3°. que l'acquit dont parle la loi n'a d'autre objet que d'assurer la rentrée dans l'intérieur des drilles ou chiffes, que les colporteurs ramassent dans les communes qui avoisinent l'étranger.

Pour expédier des drilles d'un port à un autre de l'empire, il faut donc une permission spéciale du ministre des manufactures et du commerce. — Il avoit été précédemment décidé que, pour assurer l'arrivée de ces chiffons à leur destination, le quadruple de leur valeur seroit consigné par l'expéditionnaire dans la caisse de la douane du lieu du départ, et restitué sur le rapport de l'acquit-à-caution valablement déchargé.

Le ministre, en observant par sa lettre du 18 février 1812, que cette consignation laisse en souffrance des fonds assez considérables qui pourroient être utilement employés, a décidé qu'elle seroit remplacée par le cautionnement d'une ou de deux personnes solvables, même au-dessus du quadruple de la valeur qui est maintenant exigée en numéraire. (*CD.* 24 *février* 1812.)

On observera qu'en cas de saisie de drilles ou chiffons faite en entrepôt ou à la circulation dans le territoire prohibé, on ne doit jamais en faire la remise sous caution, à moins que le propriétaire ne consente à prendre sur-le-champ un acquit-à-caution pour assurer leur rentrée dans l'intérieur; autrement il seroit indispensable d'en faire l'enlèvement et le dépôt dans un magasin de la douane. (*Lettre du* 3 *frimaire an* 9.)

Cependant un arrêt du conseil, du 21 août 1771, ne considéroit pas comme un entrepôt frauduleux les quantités au-dessous de cinquante livres, poids de marc, de chiffons trouvés dans les quatre lieues des frontières; et une circulaire du directeur général, du 20 octobre 1806, a fait revivre cette ancienne disposition, en permettant aux chiffonniers d'avoir chez eux une quantité de vingt-cinq kilogrammes de drilles ou pillots.

L'administration, par sa lettre du 23 pluviose an 13, avoit déjà reconnu qu'on ne pouvoit pas exiger d'acquits-à-caution pour les drilles que les vieillards et les enfans ramassent par petites parties dans les villages et communes; mais pour prévenir les abus de ces transports, elle a ordonné qu'ils fussent surveillés par les préposés.

L'art. 39 du tit. 13 de la loi du 22 août 1791 n'autorise les préposés à faire des visites domiciliaires pour la recherche des entrepôts frauduleux qu'en se faisant accompagner par un officier municipal; d'où résulte que pareille visite pour drilles ne peut être faite sans l'intervention des maires ou adjoints. (*LD.* 23 *fructidor an* 10.)

445. Toutes drilles ou chiffes prises dans l'étendue des *quinze kilomètres* des frontières, soit de terre, soit de mer, qui circuleroient sans ces formalités, seront saisies et confisquées. (*Même loi*, *art.* 3.)

La loi du 15 août 1793, en son article 3, dit positivement que, *la confiscation des marchandises sera poursuivie à la requête des administrateurs des douanes*, avec amende, *qui*, *dans tous les cas de prohibition* (à la sortie), *même dans celui de l'entrepôt des matières propres à la fabrication du papier et de leur circulation, sera de* cinq cents francs, *conformément à l'art.* 1 *du tit.* 5 *de la loi du* 22 *août* 1791. (*Voir* n° 266.) D'où résulte qu'en conformité de ce même article, les moyens de transport doivent également être saisis et confisqués. — Il n'y a pas le moindre doute sur cette application, et même des circulaires des 16 germinal et 18 floréal an 10 ont mandé qu'il en avoit été décidé ainsi par les ministres de la justice et de l'intérieur.

Jurisprudence. Le tribunal civil de Bonn avoit donné main-levée d'environ trente quintaux de drilles saisies à domicile, sous prétexte que ces drilles avoient été trouvées en tas, et non en caisses ou ballots, ce qui seul auroit constitué l'entrepôt frauduleux.... Cette distinction, que la loi ne fait pas, fut infirmée, et le jugement de Bonn annulé par arrêt de la cour de cassation, du 20 thermidor an 12.

CHAPITRE VII. — *Des Grains, Farines et Légumes.*

SECTION I. — *De leur importation.*

446. Toute espèce de grains, farines et légumes, venant de l'étranger dans un port de France, tel qu'il soit, seront déclarés par entrepôt, et pourront être réexportés pour tel autre port de France ou de l'étranger qu'on voudra, à la charge par celui qui en fera la réexportation, de justifier.... que ce sont réel-

lement les mêmes grains, farines et légumes venant de l'étranger, qu'il se propose de réexporter..... (11—17 *novembre* 1790.)

UNE décision du ministre des finances, du 7 germinal an 10, porte : « 1°. Qu'on requerra la dé« signation du magasin où l'entrepôt sera fait, et « la représentation instantanée des grains à toute « réquisition ; 2°. qu'un échantillon restera déposé, « sous trois cachets, à la municipalité du lieu ; « savoir : celui de cette autorité constituée, celui « du receveur de la douane, et celui du propriétaire, « en présence desquels ces cachets seront levés, « pour l'identité être reconnue et respectivement « constatée à la réexportation. » — Ainsi les grains, farines et légumes, venant de l'étranger dans un port de France, qui seront déclarés par entrepôt pour être réexportés, devront être déposés dans un magasin indiqué, où les préposés pourront instantanément vérifier leur existence; des échantillons en seront prélevés et mis sous triple cachet. A la réexportation, l'identité d'espèce sera constatée concurremment avec les officiers municipaux et le propriétaire. (*CD.* 11 *germinal an* 10.)

Par faveur particulière il a été décidé qu'au lieu des blés durs venus à Marseille, on pourroit exporter en même quantité des blés tendres.

L'introduction des grains dans la consommation a été exemptée de tous droits par l'art. 2 de la loi du 24 nivose an 5 (n° 342). Mais celle des farines est assujettie au droit de balance, par décision du 7 frimaire an 8. Le ministre a considéré que l'importation des farines étoit moins précieuse, à raison de la main d'œuvre qu'elles ont reçue, et que par suite elles ne doivent pas participer à l'exemption entière. (*CA.* 9 *frimaire an* 8.)

Le riz, par décret du 30 août 1811, ne sera soumis qu'au droit de 51 centimes par quintal décimal.

447. Les grains, farines et légumes venus de l'étranger peuvent toujours être réexportés sans payer de droits, en justifiant de l'entrée. (1 *pluviose an* 13, *art.* 65.)

CETTE immunité à la réexportation ne peut s'entendre que des droits de douanes, et non de celui de balance du commerce. — Le ministre des finances a, le 8 fructidor an 8, rendu une décision en ce sens; elle porte que les grains destinés à être réexportés doivent le droit de balance à raison du transit franc résultant de l'entrepôt permis; mais que ce droit n'est pas exigible sur ceux déchargés des navires qui entrent par relâche forcée pour être réparés.

La loi du 17 novembre 1790, ne limitant aucun terme pour la réexportation de ces subsistances, pourvu que l'identité en soit assurée, il en résulte que le terme d'une année, après lequel les marchandises ne peuvent être réexportées, n'est point applicable aux subsistances. (*LD.* 11 *messidor an* 12.)

Sur la question de savoir si, depuis la prohibition des grains à la sortie, la loi du 11—17 novembre 1810 étoit restée en vigueur, il a été répondu, par décision ministérielle du 5 juillet 1810, que nonobstant cette prohibition, les grains importés de l'étranger continueroient à pouvoir être réexportés comme ci-devant.

SECTION II. — *De l'exportation des grains lorsque le prix du froment ne s'élève pas à 24 francs l'hectolitre.*

448. L'exportation des grains en France est permise par les ports de France sur la Manche, l'Océan et la Méditerranée, et par les villes frontières de l'Allemagne, de l'Espagne et de l'Italie, qui seront désignées par le ministre du *commerce.* (*Règlement impérial du* 2 *juillet* 1806, *paragraphe* 1.)

CETTE désignation appartenoit au ministre de l'intérieur; mais depuis que les subsistances ont été placées dans les attributions du ministre des manufactures et du commerce, c'est à ce dernier qu'est dévolue l'ouverture des bureaux d'exportation....

Conformément au décret du 19 janvier 1812, il y a au ministère du commerce une division des subsistances composée de deux bureaux :

« L'un chargé des recensemens généraux des sub« sistances dans l'Empire, des marchés publics, des « approvisionnemens de réserve et de l'état des ré« coltes ;

« L'autre chargé de la surveillance du mouvement « des denrées dans l'intérieur, de l'importation et « de l'exportation. »

L'exportation des blés, légumes, huiles, etc., et autres objets de première et indispensable nécessité, pour une puissance ennemie, ne pourra avoir lieu, à l'avenir que sur navires françois, simulés ou non simulés, lorsque la sortie n'en sera pas défendue. (*Extrait de la circulaire du 7 juillet* 1810.)

Lorsque l'exportation des grains est permise, et qu'il n'y a pas de destination privilégiée, l'acquit-à-caution est inutile, et les grains sont conséquemment expédiés par simple acquit de paiement. (*DM.* 25 *juillet* 1806.)

Les farines suivent le même régime que les grains, dont elles sont extraites; ainsi lorsqu'il y a lieu à l'exportation, elles paient les mêmes droits et peuvent sortir par les mêmes ports. (*LD.* 14 *janvier* 1808.) — Il en est de même pour la fleur de farine. (*LD.* 14 *mai* 1806.)

449. Le droit perçu à la sortie des grains continuera d'être fixé au taux déterminé par le décret impérial du 25 prairial an 12 (*d'un franc par cinq myriagrammes de blé, et cinquante centimes pour les seigles, maïs et autres grains*), aussi long-temps que la moyenne des mercuriales de chaque département limitrophe ne se sera pas élevée à dix-neuf francs l'hectolitre. (*Règlement impérial du* 2 *juillet* 1806, *paragraphe* 2.)

A compter du prix moyen de dix-neuf francs et au-dessus, le droit perçu à la sortie sera accru dans la proportion suivante, *sur les cinq myriagrammes de blé froment:*

A dix-neuf francs l'hectolitre, il sera perçu	1fr.	25c.
A vingt francs	1	50
A vingt-un francs	2	00
A vingt-deux francs	3	00
A vingt-trois francs	4	00

(*Même règlement, paragraphe* 3.)

Il ne sera perçu, pour l'exportation des menus grains et des légumes secs, que la moitié des droits mentionnés en l'article précédent..... (*DI.* 18 *octobre* 1810, *art.* 162.)

Les droits sur les grains sont perceptibles au poids net, en évaluant le brut sur les tares reçues dans le commerce. (*DM.* 5 *fructidor an* 12.) — Ils ne sont pas soumis au droit additionnel de dix centimes par franc. (*LD.* 14 *janvier* 1808.) — Ces deux dispositions sont aussi prescrites par circulaire du 30 septembre 1806.

Les menus grains, tels que seigle, orge, avoine, maïs, haricots, févrolles, légumes secs, etc., ne paient que la moitié des droits imposés sur le blé-froment; mais comme ce dernier, ils sont passibles de la progression. (*CD.* 14 *juillet* 1806.)

Dans les huit jours qui suivent chaque quinzaine, le directeur doit adresser au directeur général l'état des grains exportés. Si les receveurs sont éloignés de la direction, ils envoyent ces états directement au directeur général; dans ce cas, ils en remettent une copie à la direction. (*CD.* 10 *septembre* 1806.)

Ces états doivent présenter les grains exportés, par espèces et destinations. (*CD.* 18 *juin* 1810.)

450. A cet effet, chaque préfet dans les départemens limitrophes auxquels s'appliquent les présentes dispositions fera relever et arrêter deux fois par mois, savoir, le 15 et le dernier jour du mois, le terme moyen de toutes les mercuriales du prix des grains de son département. (*Règlement impérial du* 2 *juillet* 1806, *paragraphe* 4.)

Le prix moyen sera déterminé par la somme des prix des dernières mercuriales des principaux marchés au nombre de dix au moins, divisés par le nombre de ces marchés. (*Même règlement, paragraphe* 5.)

451. Le préfet notifiera, dans les vingt-quatre heures, aux directeurs des douanes dans les ports désignés pour l'exportation, l'arrêté par lequel il aura déterminé le prix moyen des mercuriales. (*Règlement impérial du* 2 *juillet* 1806, *paragraphe* 6.)

Si la résidence du directeur n'est point au port de sortie, la notification sera faite au receveur qui en informera le directeur, et qui devra sur-le-champ s'y conformer. (*CD.* 7 *juillet* 1806.)

452. A compter de cette notification, le prix moyen servira de régulateur pour la perception des droits à la sortie, d'après les bases fixées par le paragraphe 3 (n° 449) des présentes dispositions. (*Même règlement, premier alinéa du paragraphe* 7.)

Les droits à la sortie seront acquittés immédiatement après que les navires ou bateaux, ayant achevé leur chargement, auront reçu la visite des préposés, et ils seront acquittés sur le prix du tarif qui se trouvera en vigueur au moment de cette visite. (*Même règlement, paragraphe* 8.)

AINSI la perception ne s'effectue par partiellement au fur et à mesure de l'embarquement, mais lorsqu'il est entièrement consommé, et que les préposés l'ont reconnu par leur visite à bord; elle doit avoir pour base le taux que fixe le dernier arrêté, et non celui qui existoit lors de la déclaration. — Si ce dernier arrêté portoit prohibition, elle frapperoit tous les grains, même déclarés et embarqués, à l'exception unique de ceux dont l'expédition seroit achevée, et qui auroient acquitté les droits. (*Voir* n° 453.) — Comme les arrêtés sont, dans l'espèce, d'une grande importance, on les inscrira sur le registre d'ordre, avec date du jour et de leur réception. — Il en est adressé copie au directeur général revêtue d'un certificat visé par le directeur du département, énonçant l'époque précise de leur exécution. — Les inspecteurs sont tenus de vérifier avec soin si la perception coïncide exactement avec les arrêtés enregistrés.

SECTION III. — *De la prohibition des grains lorsque le prix du froment s'élève à 24 francs l'hectolitre.*

453. Dans le cas où le prix moyen *du froment* se seroit élevé à vingt-quatre francs l'hectolitre, l'exportation sera.... prohibée du moment de la.... notification (*qu'en fera le préfet aux directeurs des douanes*), excepté pour les navires qui, ayant déjà acquitté les droits, se trouveroient encore dans le port. (*Règlement impérial du 2 juillet* 1806, *second alinéa du paragraphe* 7.)

LORSQUE la sortie est défendue pour les blés-fromens, elle l'est également pour les menus grains, tels que seigle, maïs, orge, sarrasin, légumes secs, avoine, etc. (*LM.* 11 *juillet* 1806.)

Dès que ces prohibitions existent, elles entraînent aussi, indépendamment des légumes farineux, celles des subsistances suivantes :

1°. Des graines de vesce, nommées aussi jarosses. (*DM.* 2 *complémentaire an* 7.)

2°. Des pommes de terre (*assujetties au régime des grains, par DM.* 7 *pluviose an* 8.)

3°. Du riz, ailleurs que par la 27ᵉ division militaire. (*LD.* 18 *août* 1808.)

4°. Du pain et du biscuit (*assimilés aux grains dont ils sont composés, par LD.* 14 *janvier* 1808.)

5°. Du mil ou milet. (*CM..... mars* 1812.)

6°. Des châtaignes et marrons. (*CD.* 17 *janvier* 1812.)

7°. De l'orge perlé ou mondé, du gruau d'orge ou d'avoine. (*DM.* 28 *avril* 1812.)

LES GRAINS PROVENANT DE PRISES ne peuvent être vendus pour la réexportation. (*DM.* 8 *prairial* an 9).. Mais dans les lieux où les grains peuvent sortir, cette disposition doit être considérée comme non avenue et sans vigueur jusqu'au moment d'une nouvelle prohibition.

454. *Les étrangers propriétaires en France ne peuvent en extraire en nature les récoltes de leurs possessions.* (Arrêté du 7 fructidor an 4.)

CET arrêté, dont le texte n'a pas été imprimé, a été transmis par lettre du ministre des finances. — D'autres lettres du même ministre confirment les mêmes dispositions, entre autres celles des 8 et 18 thermidor an 9, par lesquelles il a été renouvelé que les habitans de la rive droite du Rhin ne peuvent extraire de la rive gauche les denrées provenant des terres qu'ils y possèdent.

Il y a cependant eu des exceptions à cet arrêté en faveur 1°. des habitans de la partie batave de la commune de Putte (1ᵉʳ *pluviose an* 13, *art.* 22 *à* 25);

2°. Des habitans de la commune d'Ileumen, territoire hollandois. (30 *avril* 1806, *art.* 17 *à* 19.)

Et il a été accordé, par décision ministérielle du 9 mai 1812, aux Westphaliens qui possèdent des terrains qui ont été réunis à la France, d'en extraire les gerbes, semences, fumiers, etc., et pareille permission a été donnée aux François qui ont des possessions en Westphalie.

Les habitans de la vallée d'Andorre peuvent aussi, et nonobstant toute prohibition, exporter une quantité déterminée de grains. *Voir* le titre *des Traités* au livre IV.

455. Tout transport de grains ou farines, surpris de nuit ou sans passavant, dans la distance de cinq kilomètres (une lieue) en-deçà des frontières de terre, et de vingt-cinq hectomètres (une demi-lieue) des côtes maritimes, sera confisqué avec les voitures, bêtes de somme, bateaux ou navires servant au transport. (26 *ventose an* 5, *art.* 2.)

Les conducteurs ou propriétaires, outre la confiscation prononcée par l'art. 2 (*ci-dessus*), seront condamnés..... à une amende de dix fr. par cinq myriagrammes (un quintal) de grains, et douze fr. par cinq myriagrammes (un quintal) de farine. (*Même loi*, *art.* 6.)

On verra, sous le nº. 460, que dans les vingt-cinq hectomètres des côtes, le passavant n'est en vigueur que lorsque l'exportation des grains est prohibée.

La demi-lieue des côtes mentionnée en l'article ci-dessus ne doit se compter que du lieu où la mer bat... Par exemple, dans la direction de Cherbourg, *Carenton* et *Isigny*, situés sur des rivières à plus d'une demi-lieue de la mer, ne sont pas censés, par le flot qui y monte, être dans cette demi-lieue. (*LA.* 11 *thermidor an* 5.)

Si des grains étoient trouvés sans passavant ou de nuit en-deça des limites fixées par l'art. 3 *ci-dessus de la loi du* 26 *ventose an* 5, *mais dans le rayon des douanes, pourroit-on les saisir ?*

Mon opinion est qu'on doit leur appliquer l'art. 15 du titre 3 de la loi du 22 août 1791 (nº 387); c'est-à-dire les saisir avec poursuite de l'amende de 100 francs, bien qu'une circulaire du 17 nivose an 11 dise, en son paragraphe 8, que, relativement à la police des grains, il faut suivre littéralement la loi du 26 ventose an 5, qui ne prescrit le passavant que pour la circulation des grains dans les cinq kilomètres en-deçà des frontières de terre. Un ordre du directeur d'Anvers, du 17 ventose an 11, a même précisé la disposition du paragraphe 8 de cette circulaire en ces termes : *La police des grains n'est soumise aux formalités de douanes que dans les cinq kilomètres ; le préfet l'a étendue aux dix kilomètres... Dans l'état actuel du recensement des lignes, il n'a été rien innové à cette jurisprudence ; en conséquence la circulation des grains est dispensée de toute expédition dans le territoire qui se trouve hors de l'ancienne ligne déterminée par les arrêtés du préfet.*

Nonobstant ces ordres administratifs, j'estime que si la question pouvoit se présenter devant la cour de cassation, elle seroit décidée en faveur de l'application de l'art. 15 du titre 3 de la loi du 22 août 1791 ; car l'arrêté du 17 thermidor an 4 (nº 391), et l'art. 84 de la loi du 8 floréal an 11 (nº 236), sont trop précis pour qu'il en soit autrement. Qu'on lise d'ailleurs les dispositions des numéros 384 et 385, on n'y trouvera pas les grains exceptés du passavant, et il résulte au contraire de leur ensemble, qu'au-dessus de la quantité de soixante kilogrammes (numéro 460), ils y sont soumis dans toute l'étendue des deux myriamètres.

456. Les saisies de grains et farines seront jugées au jour indiqué par la citation ; et si le tribunal n'en a pas donné main-levée, il pourra être procédé le lendemain à leur vente provisoire. Le prix en sera déposé au bureau des douanes, jusqu'à ce que l'instance soit terminée. (*AC.* 28 *germinal an* 8, *art.* 5.)

Il résulte de cet article, que les affaires de ce genre doivent être suivies avec la plus grande célérité. Cependant comme il peut arriver, par des circonstances particulières, que le tribunal ne soit pas à même de rendre le jugement au jour indiqué, et la garde de pareils objets étant difficile ou embarrassante, la vente provisoire en est permise, sans qu'il soit besoin d'obtenir aucune ordonnance.

Lorsque des particuliers étrangers à l'administration saisissent des grains en contravention, ils doivent en effectuer le dépôt au bureau des douanes le plus voisin ; le receveur doit même le requérir et suivre contre les prévenus l'effet du rapport, ainsi qu'il en est usé pour toutes les autres saisies. (*LA.* 11 *prairial an* 5.)

L'art. 6 de ce même arrêté du 28 germinal an 8 dit :

« Les particuliers qui, au nombre de plus de « quinze, et malgré la sommation des préposés des « douanes, des militaires et autres chargés d'arrê- « ter les exportations de grains et farines, auront « voulu passer leurs chargemens à l'étranger, sont

« dans le cas de l'art. 4 de la 4e section du tit. 1er « du code pénal, du 6 octobre 1791, et seront pour- « suivis comme tels. »

Mais je ne pense pas qu'on puisse invoquer aujourd'hui cette disposition, encore que la peine qu'elle édicte soit spéciale; il est intervenu depuis une autre législation sur le fait de la contrebande avec attroupement et port d'armes (*Voir* livre V, tit. des *Peines cumulatives*), laquelle ne fait ni ne maintient aucune exception; dès-lors elle seule doit être applicable au cas prévu ici.

La surveillance des transports de grains n'est pas seulement attribuée aux employés des douanes; elle l'est aussi à tous les fonctionnaires dénommés par les articles suivans de l'arrêté directorial du 17 prairial an 7, ainsi conçus :

« Les maires et adjoints des communes situées sur « l'extrême frontière de terre et de mer sont spé- « cialement chargés de surveiller l'exportation des « grains dans leurs arrondissemens respectifs, et de « l'empêcher sous leur responsabilité. (*AD.* 17 *prairial an* 7, *art.* 3.)

« En conséquence, ils seront autorisés à requérir, « lorsqu'ils le croiront nécessaire, le service de la « garde nationale sédentaire, et à se faire protéger « par les troupes de ligne et la gendarmerie impé- « riale qui se trouveront sur les lieux. (*Même arrêté, art.* 4.)

« Ils dénonceront au sous-préfet les citoyens qui, « par de coupables manœuvres, cherchent à faire « passer des grains à l'étranger. Ce sous-préfet sera « tenu de dénoncer... ces citoyens, pour être pour- « suivis conformément à l'art. 29 du code d'instruc- « tion criminelle... » (*Même arrêté*, *art.* 5.)

NOTA. *L'art.* 29 *du code d'instruction criminelle répond à l'art.* 83 *du code des délits et des peines, lequel étoit invoqué ici.*

« Les commandans des troupes qui sont sur les « frontières, depuis Manheim jusqu'à Anvers, sont « spécialement chargés de seconder la surveillance « des préposés des douanes, pour empêcher l'ex- « portation des grains à l'étranger. (*AD.* 17 *prairial an* 7, *art.* 8.)

« Les commissaires de la marine et leurs préposés « sur les côtes des deux mers, sur-tout depuis le « Hâvre jusqu'à Flessingue et sur l'Escaut, les sous- « préfets des cantons voisins des frontières de la « Hollande, les maires des communes situées à « l'embouchure de l'Escaut, concourront, avec les « préposés des douanes et la gendarmerie impériale, « à l'exécution des lois qui prohibent l'exportation « des grains à l'étranger; ils provoqueront les nou- « velles mesures qu'ils croiront nécessaires pour ré- « primer et arrêter les abus qui pourroient se com- « mettre, et ils sont autorisés à se faire soutenir par « la force armée. » (*Même arrêté*, *art.* 9.)

SECTION IV. — *De la Police des grains dans le rayon des douanes.*

§. 1. *De leur circulation.*

457. Les préposés des douanes ne délivreront des *passavans* pour le transport des grains dans les communes situées sur l'extrême frontière, particulièrement sur la rive du Rhin, que d'après un certificat des *maires* respectifs desdites communes, lequel certificat constatera que les grains à transporter sont destinés à la consommation des habitans et aux semences de leurs terres. (*AD.* 17 *prairial an* 7, *article* 6.)

LES différentes éditions de cet arrêté portent, ne délivreront des *acquits-à-caution;* il faut *passavans*, sans quoi il y auroit contradiction avec les articles ci-dessous de la loi du 26 ventose an 5.

458. Le passavant sera délivré par les préposés au bureau des douanes le plus voisin, ou par le *maire* du domicile du propriétaire..... (26 *ventose an* 5, *article* 4.)

459. Le passavant indiquera la quantité, le lieu de l'enlèvement et de la destination, l'heure du départ et la route à tenir. (*Même loi, art.* 5.)

ON a vu sous le n° 386 que les expéditions relatives au transport ou à la circulation des grains sont exemptes de la formalité du timbre.

460. Sont exceptés de la formalité du passavant les grains portés de jour au mou-

lin, et les farines en revenant, dont le poids n'excèdera pas six myriagrammes (cent vingt-trois livres et demie). (26 *ventose an* 5, *art.* 3.)

LES grains peuvent librement circuler dans les vingt-cinq hectomètres des côtes, lorsque subsiste la liberté de sortie; mais aussitôt que la faculté d'exporter cesse, le passavant est de nouveau de rigueur. (*DM.* 10 *octobre* 1806.)

Dans l'un comme dans l'autre cas, il n'est rien changé aux formalités prescrites pour le cabotage des grains. *Voir* les numéros 469 à 473.

Sur les frontières de terre, la circulation des grains, lorsque l'exportation en est permise, reste soumise au mode de circulation des autres marchandises.

461. Les grains et farines embarqués sur le Rhin devront être mis en sacs, *accompagnés d'acquits-à-caution du bureau d'embarquement,* et expédiés pour celui de la destination, où le chargement ne pourra s'effectuer qu'en présence des préposés des douanes. Les grains et farines qui navigueront sur le Rhin sans que ces formalités aient été remplies seront saisis, ainsi que les bateaux servant au transport, et confisqués avec amende, comme marchandises prohibées, en vertu des lois sur les douanes. (*AD.* 17 *prairial an* 7, *art.* 7.)

LES amendes applicables dans ce cas-ci sont celles édictées par l'article 6 de la loi du 26 ventose an 5 (n° 455.) — Il faut aussi que le conducteur soit arrêté, conformément à l'art. 2 de l'arrêté consulaire du 28 germinal an 8. (n° 464.)

462. Les préfets des départemens frontières depuis l'Escaut jusqu'au Rhin, et sur toute la rive du Rhin, désigneront chacun dans leur arrondissement respectif les lieux au-delà desquels le transport des grains et farines ne pourra pas avoir lieu. (*AC.* 26 *fructidor an* 9, *art.* 1.)

Les autorités civiles et militaires sont tenues d'assurer par tous leurs moyens les dispositions de leurs arrêtés à ce sujet. (*Même arrêté*, *art.* 2.)

EN conformité de cet arrêté, chaque préfet de ces frontières a, dans son arrondissement respectif, prescrit des mesures de police relatives à la circulation des grains... Ces mesures sont trop locales pour qu'elles soient consignées ici ; il sera d'ailleurs facile, si besoin est, de se les procurer sur les lieux.

463. Les particuliers qui seront trouvés transportant, de nuit ou sans passavant, des grains ou farines dans la distance de cinq kilomètres des rives de la Meuse, de l'Escaut, du Hondt, et des bras de ce fleuve connus sous la dénomination de Hellegat, Hondtgat, Brakman ou canal de Philippine, Saffingat, etc., ou sur lesdits fleuves et leurs bras, sans permis d'un bureau de douane, outre les amendes et les confiscations encourues, seront arrêtés et détenus jusqu'à ce que le ministre de la *justice* les ait fait interroger et mettre, s'il y a lieu, en jugement, dans les délais déterminés par la loi. (*AC.* 28 *germinal an* 8, *art.* 1.)

DEPUIS la réunion de la Hollande, cet article n'est plus applicable à tous les lieux qu'il désigne.

464. Seront également arrêtés et détenus les particuliers surpris à transporter, sans permission, des grains ou farines dans les cinq kilomètres des frontières de terre et de la rive gauche du Rhin, depuis Anvers jusques et y compris Versoix, ou les embarquant et transportant sur ledit fleuve, ainsi que sur le lac Léman, également sans permission. (*Même arrêté, art.* 2.)

JURISPRUDENCE SUR LES GRAINS. — *Les dispositions de la loi du 26 ventose an 5, quant à la nécessité d'un passavant pour la circulation des grains dans le rayon, sont-elles abrogées par la loi du 21 prairial an 5?*

L'article 1 de cette loi du 21 prairial an 5 dit : *La*

circulation des grains sera entièrement libre dans l'intérieur de la France; d'où la cour de justice criminelle des Côtes du Nord avoit jugé, le 26 nivose an 12, que les dispositions de la loi du 25 ventose an 5, sur la nécessité d'un passavant dans le rayon, étoient abrogées, non-seulement par cet article, mais encore par l'article 4 de la loi du 19 vendémiaire an 6; et elle avoit en conséquence annullé une saisie de grains et farines qui circuloient sans passavant dans les vingt-cinq hectomètres des côtes (*ils étoient alors prohibés*). — L'administration des douanes se pourvut en cassation, et le 21 floréal an 12, il intervint arrêt par lequel, « — Vu les articles 1 et 2 de la loi du 26 ventose « an 5, l'article 1 de celle du 21 prairial an 5, « et l'article 4 de la loi du 19 vendémiaire an 6; « — considérant que la loi du 21 prairial an 5, en « déclarant libre la circulation des grains dans l'in« térieur de la France, a laissé subsister la défense « portée par l'article 2 de celle du 26 ventose pré« cédent, de transporter des grains ou farines sans « passavant, dans la distance des vingt-cinq hecto« mètres des côtes maritimes; — considérant que « la dispense du passavant établie, *dans tous les* « *cas*, par l'article 4 de la loi du 19 vendémiaire an « 6, ne se rapporte point aux grains et graines « énoncés dans la première partie de cet article, « mais seulement aux bestiaux, poissons et autres « objets spécifiés dans la seconde partie; — consi« dérant qu'il s'ensuit que le jugement du tribunal « criminel du département des Côtes du Nord, rendu « le 25 nivose dernier, a fait une fausse interpréta« tion desdits articles ci-dessus cités, en déclarant, « soit que la loi du 21 prairial an 5 avoit abrogé la « défense portée par l'art. 2 de la loi du 26 ven« tose an 5, soit que celle du 19 vendémiaire an 6 « avoit dispensé, *dans tous les cas*, le transport des « grains de la nécessité du passavant; et par une « conséquence ultérieure, que ce jugement en con« firmant celui du tribunal correctionnel séant à « Guingamp, en date du 15 frimaire an 12, qui « avoit déclaré la saisie dont il s'agissoit indûment « faite, a contrevenu audit article 2 de la loi du « 26 ventose an 5; par ces motifs, casse et an« nulle..., etc. »

§. II. *Des Entrepôts frauduleux de grains et farines.*

465. Tout entrepôt de grains et farines, établi dans les cinq kilomètres des frontières de terre, étant contraire à la loi du 26 ventose an 5, est sévèrement prohibé. (*AD.* 17 *prairial an* 7, *art.* 1.)

466. Les grains et farines qui ont été tirés de l'intérieur pour être mis en entrepôt dans les cinq kylomètres des frontières de terre seront, dans la décade qui suivra la publication du présent arrêté, transportés en-deçà desdits cinq kilomètres, sous acquits-à-caution délivrés par les préposés du bureau des douanes le plus voisin; ce délai expiré, ceux qui resteroient en entrepôt seront également saisis et confisqués avec amende, et à cet effet les préposés des douanes sont autorisés à se transporter dans les lieux du dépôt, accompagnés d'un officier municipal ou d'un commissaire du *gouvernement.* (*Même arrêté, article* 2.)

467. L'entrepôt des grains et farines, défendu par l'arrêté du gouvernement du 17 prairial an 7, ne sera réputé tel, dans l'étendue fixée par les articles 1 et 2 du présent arrêté, que d'après les bases déterminées par le ministre *du commerce*, ensuite de l'avis des préfets des départemens de l'Escaut et des Deux-Nèthes pour ces départemens; et d'après les bases fixées par les arrêtés du commissaire du gouvernement, pour les départemens de la rive gauche du Rhin. (*AC.* 28 *germinal an* 8, *art.* 3.)

Les articles 1 et 2 du présent arrêté se trouvent sous les numéros 463 et 464.

468. Seront aussi réputés en entrepôt les grains et farines trouvés dans les lieux non habités, dans l'étendue fixée par les articles 1 et 2. (*AC.* 28 *germinal an* 8, *article* 4.)

Si ces lieux sont fermés, on ne peut y pénétrer qu'en observant les formalités prescrites (nº 253): le propriétaire ou locataire de ces entrepôts encourt l'amende; elle est également supportée par tous ceux qui auroient déposé des grains dans des endroits non fermés.

On a prétendu que ceux qui s'en portoient réclamateurs devoient aussi l'amende;..... c'est une erreur d'autant plus grande que l'article 5 du titre 12 de la loi du 22 août 1791 consacre positivement, en principe contraire, que les objets saisis ne peuvent être revendiqués.... Or, se faire un titre d'une réclamation pour exiger le montant de l'amende seroit nécessairement reconnoître le réclamateur, et de là la revendication......

SECTION V. — *Du Cabotage des grains, farines et légumes secs.*

469. Les préfets des départemens maritimes, après avoir instruit le ministre *du commerce* des ressources et des besoins de leurs départemens respectifs, pourront, s'il y a lieu, permettre l'extraction des grains pour d'autres départemens par la voie de mer. Ces permis ne seront valables qu'après l'approbation du ministre *du commerce*. (*AC.* 19 *ventose an* 8, *art.* 1.)

470. Les négocians et marchands qui voudront faire des extractions seront tenus de prendre des acquits-à-caution, et de les rapporter valablement déchargés dans les délais qui leur seront fixés. (*AC.* 19 *ventose an* 8, *art.* 2.)

471. Le cabotage ne sera autorisé..... qu'au préalable l'armateur ou négociant n'ait fourni caution pour une valeur égale à celle de la cargaison..... (*AC.* 4 *frimaire an* 9, *art.* 2.)

472. Ledit cautionnement sera ou un dépôt en numéraire en valeur équivalente, ou un engagement d'une personne reconnue solvable. (*AC.* 19 *ventose an* 8, *art.* 4.)

473. Le délai fixé pour la représentation de l'acquit-à-caution, dûment déchargé, une fois expiré sans que cette formalité ait été remplie, le cautionnement ou dépôt sera acquis à *l'état*, et les cautions, s'il y en a, seront poursuivies pour en réaliser le montant. (*AC.* 19 *ventose an* 8, *art.* 5.)

Le ministre de l'intérieur a décidé, le 27 frimaire an 10, que l'amende et le cautionnement relatifs au cabotage des grains sont des conditions absolument inhérentes à tous les permis délivrés par les préfets. — Ainsi il doit être fait mention de l'une et de l'autre dans les acquits-à-caution, et les poursuites à défaut de rapport doivent être intentées en conformité. (*CD.* 7 *nivose an* 10.)

Un arrêté du 30 floréal an 8 excepte les transports des subsistances de la marine des formalités prescrites par les arrêtés ci-dessus, pour le cabotage des grains.

La dispense accordée à la marine, par cet arrêté du 30 floréal an 8, n'est point applicable aux subsistances militaires; cependant ce service exigeant la même célérité, le ministre a écrit à l'administration, le 18 prairial an 8, qu'il autorisoit les préfets à recevoir, pour caution du transport des grains, farines et légumes destinés au service des troupes de terre, le directeur divisionnaire ou les principaux agens. L'expédition de la douane sera alors délivrée sur le permis des préfets. (*CA.* 21 *prairial an* 8.)

Et quant à l'approvisionnement des îles et forts maritimes qui ceignent les côtes des huitième, douzième, treizième et quatorzième divisions militaires, M. le directeur général, sur l'invitation des ministres de l'intérieur et de la guerre, a adopté les mesures suivantes: Les généraux commandant les divisions, connoissant les quantités de subsistances nécessaires aux garnisons de ces îles et forts, en donneront avis au directeur, qui permettra immédiatement l'expédition sous acquit-à-caution, portant obligation du certificat d'arrivée délivré par la douane du lieu de destination, si l'île est soumise au régime des douanes, et, à défaut, par la municipalité; dans l'un et l'autre cas, le certificat sera visé pour réception par le garde-magasin militaire. — Le ministre de la guerre a engagé les généraux divisionnaires à concourir à ces dispositions, afin de prévenir les difficultés et les retards nuisibles au service militaire. (*CD.* 4 *messidor an* 11.)

Ces dispositions ne changent en rien les formalités du cabotage opéré par le commerce, et les arrêtés concernant cette partie doivent même recevoir leur exécution comme par le passé malgré le règlement du 2 juillet 1806. — Ainsi, alors même que l'exportation est permise, les grains et farines ne peuvent être envoyés d'un port de l'Empire à un autre qu'avec l'autorisation spéciale du ministre du commerce.

On ne doit avoir égard qu'à celles de ces permissions transmises par l'administration au directeur, qui en donne la même connoissance aux préposés, sous ses ordres, qu'elles peuvent concerner. Il est sévèrement défendu de s'écarter de ces dispositions. (*CA.* 14 *germinal an* 8.)

Cette forme, applicable aux expéditions pour nos colonies, pouvant opérer quelques lenteurs, elles en sont affranchies d'après une décision ministérielle du 5 juillet 1808. — En conséquence, les grains, farines, riz, légumes et autres subsistances rangées dans cette classe, qui seront déclarées pour les colonies françoises, pourront être expédiées sans permission spéciale et avec les mêmes formalités que les marchandises ordinaires qui sont envoyées en franchise à cette destination, laquelle, suivant le droit commun, doit être assurée par un simple acquit-à-caution. (*CD.* 7 *juillet* 1808.) — A l'expiration de chaque quinzaine, le directeur doit adresser au ministre du commerce l'état des grains, farines et légumes expédiés aux colonies en vertu de cette décision. (*LD.* 27 *juillet* 1808.)

Une lettre ministérielle du 27 brumaire an 10 avoit déjà recommandé la stricte exécution des arrêtés des 19 ventose an 8 et 4 frimaire an 9; il n'y a donc d'exception aujourd'hui que pour la marine et pour les colonies françoises.

Par décision du ministre des finances, du 26 ventose an 10, il a été prescrit que les cautions pour assurer les transports de grains et farines, autorisés par cabotage, ne seront admises par les préfets et sous-préfets, que sur l'avis ou l'acquiescement du receveur de la douane du port de l'embarquement. — Ainsi les permis de cabotage dont le directeur général transmet les autorisations par l'intermédiaire du directeur du département ne doivent être délivrés qu'après que les receveurs ont reconnu la solvabilité des cautions. (*CD. des* 2 *frimaire et* 26 *ventose an* 10.)

Toute autorisation pour le cabotage des grains qui n'auroit pas eu son effet dans l'intervalle de quatre mois doit être considérée comme nulle, sauf au propriétaire d'en solliciter une nouvelle. (*DM.* 22 *germinal an* 11.) — Mais ce délai de quatre mois ne concerne que les permissions données au commerce, et non celles qui ont pour objet le service militaire. (*LM.* 11 *prairial an* 11.)

Il ne faut pas confondre les permis de cabotage qui sont essentiellement temporaires, avec les crédits que le ministre du commerce accorde aux préfets pour l'exportation des grains de leurs départemens; la durée de ceux-ci est illimitée puisqu'ils sont valides jusqu'à leur épuisement, à moins que des circonstances ne déterminent à les révoquer. (*CD.* 13 *novembre* 1811.)

« A l'avenir, les extraits des acquits-à-caution qui « seront délivrés pour le cabotage des grains seront « adressés à M. le directeur général, afin qu'il puisse « s'assurer de l'arrivée au port de destination. Les radiations resteront suspendues jusqu'à ce qu'il ait « donné au bureau du départ la certitude que les grains « ont été débarqués dans les lieux pour lesquels ils ont « été déclarés. Les ports de destination lui feront « également parvenir les EXTRAITS des certificats de « décharge. Les blés seront mesurés avec attention « tant au départ qu'à l'arrivée, et on appellera à cette « vérification les commissaires de police, qui signeront « les acquits-à-caution ainsi que les certificats de « décharge. (*CD.* 26 *novembre* 1810.)

« Les mesures qui doivent être prises au chargement « et au déchargement des grains dont le ministre du « commerce auroit autorisé le cabotage par mer et « près de l'embouchure des fleuves, sont qu'ils doivent « être pesés ou mesurés avec soin, en appelant le « commissaire de police ou son délégué pour assister « à la vérification et signer les acquits-à-caution, conjointement avec les commis du bureau. Ces acquits « énonceront ainsi d'une manière plus authentique les « espèces et quantités; ils porteront un délai relatif à « la distance des lieux et aux circonstances de la navigation. Leur certificat de décharge sera délivré « avec les mêmes précautions.

« Il pourroit être difficile de procéder ainsi à l'égard des transports par terre, pour lesquels l'assistance d'un agent de police, trop fréquemment requise, auroit de l'inconvénient en le détournant des « fonctions qui lui sont propres. Leur objet d'ailleurs étant peu considérable, ne nécessite pas un « aussi grand concours de surveillance; mais leurs « vérifications, confiées à la douane, n'en doivent pas « être moins exactes : elles seront faites, ainsi que pour « les expéditions maritimes, par poids et espèces, avec « indications précises des lieux, de la route, injonction « du *visa* des bureaux qui s'y trouvent placés, et limitation convenable des délais, dont le terme peut « être aisément calculé sur les distances.

« On veillera au retour des acquits-à-caution, en « le pressant par des avertissemens suivis de contraintes en cas de retards prolongés.

« Les directeurs donneront des ordres très-positifs « pour l'observation de ces formes. Ils distingueront « celles relatives aux transports par mer et par terre, « qui ne peuvent d'ailleurs avoir lieu sans avoir été « autorisés par le ministre du commerce ou par le préfet du département, d'après le crédit que S. E. lui « aura ouvert à cet effet, et dont M. le directeur général les informera. Ces expéditions doivent être « faites de concert avec le principal agent de la police.

« Les expéditions par terre ne sont soumises ni aux « permis spéciaux, ni à l'intervention de la police, « mais seulement à l'acquit-à-caution, lorsqu'elles « se font sur la frontière de terre et de mer.

« Toutes exigent une grande régularité, principalement les premières, parcequ'elles peuvent « couvrir de plus grands abus, et qu'elles laissent « plus de moyens de les pratiquer. » (*CD.* 16 *septembre* 1811, *aux directeurs d'Hambourg, Lunebourg et Dantzick.*)

Par circulaire du 4 avril 1812, il a été mandé qu'on ne devoit plus plomber les grains, graines, etc.; qu'il suffisoit qu'au départ les froment, seigle, riz, orge, avoine, etc., fussent énoncés précisément dans les acquits-à-caution ainsi que le poids des sacs, et qu'à la destination on reconnût la nature des grains et les quantités.

Il doit être établi, dans tous les bureaux de douanes, des registres d'acquits-à-caution et de décharge pour la circulation des grains par mer. (*DM.* 9 *fructidor an* 5.) — Les frais d'impression et de transport des registres d'acquits-à-caution, passavans, certificats de décharge, etc., relatifs à la circulation des grains, sont à la charge du ministère du commerce........ On fera des mémoires qui ne présentent que ces sortes de dépenses et qui soient distincts et séparés de ceux relatifs aux douanes. (*CA.* 5 *brumaire an* 8.)

Enfin, on doit correspondre directement avec M. le directeur général pour tout ce qui concerne les grains. (*CD.* 4 *brumaire an* 10.)

Les légumes secs et farineux suivent le même régime que les grains, et ils ne peuvent être expédiés d'un port à un autre de l'Empire sans une autorisation spéciale du ministre, transmise par l'administration. (*CA.* 11 *pluviose an* 8, *et lettre du* 6 *floréal même année.*)

La graine de colza est assujettie aux mêmes formalités que les grains; en conséquence elle ne peut circuler d'un port à l'autre de l'Escaut qu'avec une autorisation du ministre du commerce. (*DM.* 11 *frimaire an* 14.)

La poudre à poudrer et l'amidon étant soumis au même régime que les grains, les autorisations de cabotage que le ministre du commerce accorde pour ces premières espèces sont périmées à l'expiration du délai de quatre mois, comme pour les autres. (*LD.* 13 *frimaire an* 14.)

Par décision du ministre, du 16 vendémiaire an 9, les marrons et châtaignes devoient être prohibés à la sortie d'après leur assimilation aux légumes secs... Une seconde décision, du 17 frimaire an 9, ne les assujettissoit pour le cabotage qu'aux formalités communes aux marchandises prohibées à la sortie, et les dispensoit de la permission obligatoire pour la circulation des grains; une troisième décision, du 28 novembre 1806, avoit levé la prohibition des marrons et châtaignes, et permis leur sortie en acquittant un droit; mais depuis, et par CD. 17 janvier 1812, ils ont encore été prohibés. *Voir* au surplus sous le n° 453.

JURISPRUDENCE. — *Le paiement de la valeur des quantités manquantes aux grains expédiés par cabotage est-elle la seule peine applicable à ce déficit ?*

Contrainte est décernée pour un double déficit de grains transportés sur deux bâtimens de Morlaix à Saint-Malo par cabotage 1°. en paiement de la valeur des grains manquans ; 2°. pour l'amende à raison de dix francs par cinq myriagrammes de grains, plus le décime par franc. — La preuve de ce déficit résultoit des certificats de décharge des deux acquits-à-caution. — On forme opposition à cette contrainte devant le juge de paix du canton de Morlaix, lequel, vu l'art 33 du titre 13 de la loi du 22 août 1791, en déboute et ordonne l'exécution de la contrainte. — Appel de la part du saisi au tribunal civil de Morlaix, qui, se fondant sur l'art. 1 du titre 8 de l'arrêté consulaire du 27 frimaire an 11, annulle la sentence du juge de paix, déclare la contrainte non fondée, et condamne les douanes aux dépens. — Pourvoi en cassation, où intervint arrêt du 4 février 1807, par lequel, — « Vu l'article 33 « du tit. 13 de la loi du 22 août 1791; l'article 6 de la « loi du 26 ventose an 5; et l'article 1 du titre 8 de « l'arrêté des consuls, du 27 frimaire an 11; — et « attendu, 1°. que l'article 1 du titre 8 de l'arrêté « des consuls, du 27 frimaire an 11, titre qui ne « concerne que le cabotage, n'a trait qu'aux déclara- « tions à faire au bureau de la douane, lors de la « sortie d'un port pour aller dans un autre, et aux « marchandises assujetties à des droits de sortie, et « non à des grains dont la sortie est prohibée; que « dès-lors le tribunal, dont est pourvoi, en a fait « une fausse application; — 2° que s'agissant, dans « l'espèce, d'acquits-à-caution pour charger à Mor- « laix du blé-froment pour la destination de Saint- « Malo, dont il devoit être apporté certificat de dé- « charge, et s'étant trouvé des quantités manquantes « à ce dernier port, qui donnoient lieu à un droit et « à une amende, l'administration des douanes à « Morlaix a été fondée à décerner contrainte pour « raison d'iceux; qu'en supposant qu'ils ne fussent « pas dus, le *saisi* devoit toujours les payer, d'après « l'article 33 de la loi du 22 août 1791 ci-dessus « cité, sauf ses dommages et intérêts; d'où il suit « que l'exécution de cette contrainte ne pouvoit être « suspendue sans contrevenir audit article 33; — « par ces motifs, la cour casse et annulle.......; etc. »

CHAPITRE VIII. — *Des Houblons.*

474. L'exportation du houblon est permise pour..... l'Allemagne par le bureau de.....:, en payant un droit de cinq francs par quintal. (7 *septembre* 1807, *art.* 3.)

475. L'exportation du houblon cessera quand le prix en sera monté à cent vingt-francs le quintal, dans les marchés d'Alost et de Liège, d'après les mercuriales. (7 *septembre* 1807, *art.* 4.)

CHAPITRE IX. — *Du Régime des Lettres et Journaux.*

SECTION I. — *Du Transport des Lettres et Journaux.*

476. ...... Il est défendu à tous les entrepreneurs de voitures libres et à toute autre personne étrangère au service des postes, de s'immiscer dans le transport des lettres, journaux, feuilles à la main et ouvrages périodiques, paquets et papiers du poids d'un kilogramme (ou deux livres) et au-dessous, dont le port est exclusivement confié à l'administration des postes aux lettres. (*AC.* 27 *prairial an* 9, *art.* 1.)

CET article commence ainsi : *Les lois des* 26 *août* 1790 (*art.* 4) *et* 21 *septembre* 1792, *et l'arrêté du* 26 *vendémiaire an* 7, *seront exécutés ; en conséquence, il est défendu*, etc..... J'ai cru pouvoir supprimer ce rappel, parce qu'il est inutile aux employés des douanes. Déjà deux arrêtés, l'un du 2 nivose an 6, l'autre du 7 fructidor de la même année, avoient prescrit, aux amendes près, les mêmes mesures que celles édictées ici ; ils se trouvent conséquemment sans objet par l'effet du présent.

477. Les sacs de procédure, les papiers uniquement relatifs au service personnel des entrepreneurs de voitures, et les paquets au-dessus du poids de deux livres, sont seuls exceptés de la prohibition prononcée par l'article précédent. (*AC.* 27 *prairial an* 9, *art.* 2.)

LE transport de la correspondance des douanes devant être effectué par les préposés des douanes, l'administration des postes ne peut s'y opposer ; mais pour prévenir les abus, les préposés des douanes seront seuls chargés de la correspondance, et seront porteurs d'une feuille de route signée de leurs chefs, indiquant le nombre et la suscription des lettres de service. — Ceux qui seroient trouvés porteurs d'autres lettres seroient saisis et destitués. (*DM.* 8 *messidor an* 9.)

La correspondance des douanes confiée aux préposés doit être sous bandes, afin qu'il ne puisse y être inséré aucun objet étranger au service, et que les employés des postes puissent, dans l'occasion, en vérifier le contenu. (*Ainsi décidé par le ministre, qui a donné ces instructions à l'administration. CA, premier fructidor an* 9.)

478. Pour l'exécution du présent arrêté, les directeurs, contrôleurs et inspecteurs des postes, les employés des douanes aux frontières, et la gendarmerie *impériale* sont autorisés à faire ou faire faire toutes perquisitions et saisies sur les messagers, piétons chargés de porter les dépêches, voitures de messageries et autres de même espèce, afin de constater les contraventions ; à l'effet de quoi ils pourront, s'ils le jugent nécessaire, se faire assister de la force armée. (*AC.* 27 *prairial an* 9, *art.* 3.)

479. Les procès-verbaux seront dressés à l'instant de la saisie ; ils contiendront

l'énumération des lettres et paquets saisis, ainsi que leurs adresses. Copies en seront remises, avec lesdites lettres et paquets saisis en fraude, savoir : à Paris, à l'administration des postes ; et dans les départemens, au bureau du directeur des postes le plus voisin de la saisie, pour, lesdites lettres et paquets, être envoyés aussitôt à leur destination avec la taxe ordinaire. Lesdits procès-verbaux seront de suite adressés au commissaire du gouvernement près le tribunal civil et correctionnel de l'arrondissement, par les préposés des postes, pour poursuivre contre les contrevenans la condamnation de l'amende de cent cinquante francs au moins, et de trois cents francs au plus par chaque contravention. (*Même arrêté*, *art.* 5.)

Les préposés des douanes rédigent ces rapports au nom de l'administration des postes, et en remettent l'original au directeur du bureau de poste le plus prochain, avec les lettres et paquets saisis. — Il ne faut pas confondre cette marche de la fraude des ports de lettres et paquets, avec celle des saisies opérées sur les courriers pour paquets, sous cachet de l'administration des postes, soupçonnés de renfermer des objets de contrebande...... Cette dernière se règle conformément aux dispositions énoncées sous le n° 302.

480. Le paiement de ladite amende, dont il ne pourra, dans aucun cas et sous quelque prétexte que ce soit, être accordé de remise ou de modération, sera poursuivi, à la requête des commissaires près les tribunaux, et à la diligence des directeurs des postes, contre les contrevenans, par saisie et exécution de leurs établissemens, voitures et meubles, à défaut de paiement dans la décade du jugement qui sera intervenu. (*AC.* 27 *prairial an* 9, *art.* 6.)

Le paiement sera effectué, à Paris, à la caisse générale de l'administration des postes ; et dans les départemens, entre les mains du directeur des postes qui aura reçu les objets saisis. Il portera en recette le produit desdites amendes, sur lesquelles il jouira de sa remise ordinaire. (*Même arrêté, art.* 7.)

481. Le produit des amendes appartiendra, un tiers à l'administration, un tiers aux hospices des lieux, et un tiers à celui ou à ceux qui auront découvert et dénoncé la fraude, et à ceux qui auront coopéré à la saisie ; celui-ci sera réparti entre eux par égale portion ; ils en seront payés par le directeur des postes chargé du recouvrement de l'amende, et à Paris, par le caissier général de l'administration des postes, d'après un exécutoire qui sera délivré à leur profit par le commissaire du gouvernement près le tribunal. Lesdits exécutoires seront envoyés par le directeur à l'appui de son compte. (*AC.* 27 *prairial an* 9, *article* 8.)

482. Les maîtres de poste, les entrepreneurs de voitures libres et messageries, sont personnellement responsables des contraventions de leurs postillons, conducteurs, porteurs et courriers, sauf leur recours. (*Même arrêté*, *art.* 9.)

Les préposés des douanes qui coopèrent aux saisies de lettres et journaux transportés en fraude des droits de l'administration des postes, ont naturellement, en ce sens, droit à la répartition de l'amende édictée. (*Circulaire du* 22 *fructidor an* 6.) Cette explication de l'arrêté du 7 fructidor an 6 s'applique également à celui du 27 prairial an 9.

SECTION II. — *Des Lettres arrivant d'outre-mer.*

483. Tout capitaine ou marin de l'équipage d'un navire arrivant dans un des ports de *France* sera tenu, sous peine de l'amende prononcée par l'article 5 *de*

l'arrêté du 27 *prairial an* 9, de porter ou envoyer sur-le-champ au bureau des postes du lieu, toutes les lettres ou paquets qui lui auront été confiés, autres que ceux de la cargaison des bâtimens. Le directeur ou préposé du bureau sera tenu de lui payer un décime par lettre ou paquet, conformément à l'article 26 de la loi du 22 août 1791. (*AC.* 19 *germinal an* 10, *art.* 7.)

484. Les employés des douanes, lorsqu'ils feront la visite d'un navire, s'assureront si le capitaine et les gens de l'équipage ne seroient point porteurs de lettres ou paquets qu'ils prétendroient soustraire à la poste, et dans le cas de contravention à l'article précédent, ils en dresseront procès-verbal ; et après s'être assurés du lieu du départ des lettres, ils s'en saisiront pour les remettre de suite au bureau des postes du lieu, qui les fera passer au commissaire du gouvernement près les postes. (*Même arrêté, art.* 8.)

Les préposés des douanes ne doivent permettre le débarquement des navires entrans qu'après la présentation, par les capitaines, d'un certificat du directeur de la poste, attestant la remise des lettres venant des colonies ou états d'outre-mer.

Si, nonobstant cette précaution, ils trouvoient des lettres qu'on voudroit soustraire à la poste, ils dresseroient procès-verbal, et saisiroient les lettres, pour les remettre de suite au bureau des postes, qui les feroit passer au commissaire du Gouvernement près les postes; les préposés auroient soin de retirer du directeur des postes une reconnoissance, au bas du procès-verbal, des lettres et paquets saisis et remis. (*Circulaire du directeur général aux directeurs des douanes maritimes, des* 10 *et* 16 *floréal an* 10.)

485. ..... Il est expressément défendu à toutes les personnes de tenir, même dans les villes et endroits maritimes, soit bureau, soit entrepôt, pour l'envoi, réception et distribution des lettres et paquets de et pour les colonies, soit françoises, soit étrangères, du poids d'un kilogramme (ou deux livres) et au-dessous, à peine de l'amende prononcée par l'art. 5 de l'arrêté du 27 prairial an 9. (*AC.* 19 *germinal an* 10, *art.* 1.)

486. Toute contravention aux articles 1 et 7 du présent arrêté sera constatée de la manière prescrite par l'art. 3 de celui du 27 prairial an 9 ; toutes saisies, poursuites et exécutions de saisies et de jugemens intervenus se feront comme le prescrivent les articles 5 et 6. Les paiemens des amendes auront lieu selon le mode prescrit par l'article 7, et le partage en sera fait selon les dispositions de l'art. 8 de ce même arrêté. (*AC.* 19 *germinal an* 10, *art.* 10.)

Les lettres et paquets, venant de l'étranger ou de tous autres lieux, et remis aux préposés, ne doivent dans aucun cas être ouverts par eux, mais ils sont tenus de les remettre aussitôt aux autorités constituées. Si ces lettres et paquets, en raison de leur volume, étoient soupçonnés contenir de la fraude, la décision du ministre, sous le n° 302, a tracé la marche qui doit être suivie dans ce cas. (*CD.* 2 *thermidor an* 12.)

En rappelant les dispositions ci-dessus, M. le directeur général observe que les lettres venant de l'étranger à bord des navires entrant dans nos ports doivent immédiatement être trempées dans le vinaigre, et que cette mesure doit avoir son exécution toutes les fois que les précautions sanitaires sont recommandées. (*CD.* 14 *vendémiaire an* 13.)

Les lettres écrites en anglois, et trouvées à bord des navires arrivant dans nos ports, doivent être saisies. (*DI.* 21 *novembre* 1806, *art.* 2, *et CD.* 2 *décembre suivant.*)

CHAPITRE X. — *Des Livres.*

SECTION I. — *Des Droits additionnels sur les livres importés.*

487. Aucun livre en langue françoise ou latine, imprimé à l'étranger, ne pourra entrer en France sans payer un droit d'entrée. (*DI.* 5 *février* 1810, *art.* 34.)

488. Ce droit ne pourra être au-dessous de cinquante pour cent de la valeur de l'ouvrage. Le tarif en sera rédigé par le directeur général de la librairie, et délibéré en conseil d'état, sur le rapport du ministre de l'intérieur. (*Même décret, art.* 35.)

489. Le droit de cinquante pour cent établi par le décret impérial du 5 février 1810, sur les livres imprimés à l'étranger, en..... langue françoise, est fixé à cent cinquante francs par cent kilogrammes pesant. (*DI.* 14 *décembre* 1810, *art.* 1.)

Il sera perçu sur les ouvrages en langues vivantes étrangères, imprimés à l'étranger, un droit de soixante-quinze centimes par kilogramme pesant. (*DI.* 12 *septembre* 1811, *art.* 2.)

Le décret du 14 décembre 1810, art. 1er, là où j'ai placé des points, fixoit aussi le droit de 150 fr. sur les livres en langue latine; mais celui du 12 septembre 1811 a changé cette tarification, en ne les imposant qu'à 75 fr. du quintal, comme ouvrages en langues vivantes étrangères. L'article de ce dernier décret, qui ordonne de ne plus percevoir 150 fr., est ainsi conçu :

« Les droits à l'entrée en France, établis par les « articles 34 et 35 du décret du 5 février 1810, sur « les livres latins et françois, imprimés à l'étranger « et réglés par les articles 1 et 2 de celui du 14 dé- « cembre suivant, à raison de 150 fr. par quintal mé- « trique, ne seront perçus à l'avenir que sur les ou- « vrages en langue françoise. » (*DI.* 12 *septembre* 1811, *art.* 1.)

La disposition ci-dessus régularise clairement les art. 1 et 2 du décret du 14 décembre 1810; mais on ne voit pas ce qu'il faut faire de son art. 3, qui est ainsi conçu :

« Les ouvrages composés par des étrangers, en « langue étrangère, et imprimés hors de France, « ne seront soumis qu'à un simple droit d'estampil- « lage de deux centimes par kilogramme pesant. » (*DI.* 14 *décembre* 1810, *art.* 3.)

Il est évident que *les ouvrages composés par des étrangers, en langue étrangère*, sont des ouvrages ou en langue vivante étrangère, ou en langue morte : *dans le premier cas*, ils doivent aujourd'hui 75 cent. du kilogramme; *dans le second*, ils ne doivent rien, puisque ce ne sont pas ceux-là que l'art. 3 ci-dessus entendoit assujettir à l'estampillage.. On peut d'ailleurs soumettre cette interprétation à l'autorité; mais c'est ainsi que je vois.

490. Les livres imprimés en France, et revenant de l'étranger, ne seront soumis qu'au droit de la balance du commerce. (*DI.* 14 *décembre* 1810, *art.* 4.)

491. Le ministre de l'intérieur pourra, sur la proposition du directeur général de la librairie, accorder, dans l'intérêt des arts, des sciences et des lettres, à des compagnies de sciences, littérature et arts, ou à des individus ne faisant pas le commerce de la librairie, l'exemption ou la modération des droits ci-dessus fixés, pour les ouvrages d'arts, littérature, sciences, ou d'érudition, imprimés à l'étranger, soumis au droit fixé par les articles 1 et 2; et la permission fixera le nombre des exemplaires. (*DI.* 14 *décembre* 1810, *art.* 8.)

On verra sous les numéros 490 et 491, que l'entrée des livres est subordonnée aux permissions spéciales de M. le conseiller d'état directeur général de la libraire, qui la restreignent par certains bureaux, d'où ils doivent être expédiés, sous plomb et par acquit-à-caution, pour le chef-lieu correspondant de la préfecture.

La perception des nouveaux droits ne s'effectuera qu'après la vérification qui aura été faite par l'ordre du préfet, par l'inspecteur de la librairie, qui en délivrera un bulletin qu'on devra produire à la douane : ce bulletin sera relaté dans l'acquit de paiement qu'on expédiera.

Au surplus, les droits ordinaires de douanes sur la librairie venant de l'étranger ne sont point abolis, et sont perceptibles nonobstant ceux que le nouveau décret impérial impose et les franchises éventuelles qu'il accorde. (*CD.* 2 *janvier* 1811.)

La subvention d'un décime par franc ne sera perçue en sus des droits sur les livres, que sur les tarifications pour compte de l'administration des douanes.

Plusieurs receveurs avoient pensé qu'ils devoient percevoir le décime par franc en sus des droits imposés sur les livres imprimés à l'étranger, dont le recouvrement est fait pour le compte de l'administration de la librairie, et ils s'étoient fondés sur le silence de la loi du 14 décembre 1810, qui ne portoit point l'exécution de cette taxe additionnelle. M. le directeur général de cette administration a prévenu M. le directeur général des douanes, par une lettre en date du 4 du courant, que cette perception n'est point fondée, parceque les droits dont il s'agit sont étrangers au trésor public, et doivent être regardés comme une dotation purement administrative, ayant pour objet l'entretien et les besoins de l'établissement qui a donné lieu à leur création.

D'après ces explications, les directeurs donneront sur-le-champ des ordres pour que les droits perceptibles pour le compte de l'administration de la librairie sur les livres venant de l'étranger, aux termes des décrets des 14 décembre 1810 et 12 septembre dernier, ne soient plus assujettis au décime par franc.» (*CD.* 12 *octobre* 1811.)

SECTION II. — *Des Permis qui doivent précéder l'admission des livres.*

492. Indépendamment des dispositions de l'art. 34 (n° 487), aucun livre imprimé ou réimprimé hors de la France ne pourra être introduit en France sans une permission du directeur général de la librairie, annonçant le bureau de douane par lequel il entrera. (*DI.* 5 *février* 1810, *art.* 36.)

En conséquence, tout ballot de livres venant de l'étranger sera mis, par le préposé des douanes, sous corde et sous plomb, et envoyé à la préfecture la plus voisine. (*Même décret, art.* 37.)

493. Si les livres sont reconnus conformes à la permission, chaque exemplaire, ou le premier volume de chaque exemplaire, sera marqué d'une estampille au lieu du dépôt provisoire, et ils seront remis au propriétaire. (*Même décret, art.* 38.)

Le troisième paragraphe de l'art. 1er de la loi du 19 pluviose an 5 dispense les livres de tout certificat d'origine... Ainsi les permissions dont il est question dans cette section sont les seules pièces à exiger pour leur admission.

A l'avenir on relatera, tant sur les acquits-à-caution que sur les acquits de paiement des droits, les numéros des permis délivrés par M. le directeur général de la librairie, pour admission d'objets de librairie. (*CD.* 18 *avril* 1811.)

L'entrée des livres venant de l'étranger ne pourra avoir lieu que par les bureaux ci-après désignés.

Lesdits livres devront être expédiés des bureaux ouverts à leur importation, sous plomb et par acquit-à-caution, pour la préfecture qui y correspond d'après le tableau suivant :

Ajaccio	Liamone.
Anvers	Deux-Nèthes.
Bastia	Golo.
Bayonne	Basses-Pyrénées.
Borgo San Sepolcro	Arno.
Bordeaux	Gironde.
Bourg-Libre	Haut-Rhin
Caen	Calvados.
Calais	Pas-de-Calais.
Casatisme	Gênes.
Coblentz	Rhin-et-Moselle.
Cologne	Roër.
Dieppe	Seine-Inférieure.
Gênes	Gênes.
Genève	Léman.
Hâvre	Seine-Inférieure.
Livourne	Méditerranée.
Lorient	Morbihan.
Marseille	Bouches-du-Rhône.
Mayence	Mont-Tonnerre.
Nantes	Loire-Inférieure.
Nimègue	Bouches-du-Rhin.
Parme	Taro.
Pieir San Stephano	Arno.
Plaisance	Taro.
Rome	Rome.
Rouen	Seine-Inférieure.
Strasbourg	Bas-Rhin.
Terracine	Rome.
Verceil	Sésia.
Paris	Administration.

(*CD.* 30 *juin* 1810.)

Les frais de plombage, d'acquit et de transport, doivent être payés par les voituriers auxquels les livres ou ballots sont remis. (*CD.* 20 *avril* 1810.)

Les livres venant de l'étranger par les bureaux où il existe des entrepôts peuvent y jouir de cette faculté comme toutes autres marchandises non prohibées, sous la condition, en cas de destination définitive pour l'intérieur, de remplir les formes qui leur sont particulières, c'est-à-dire d'expédition pour le chef-lieu de la préfecture que désigne la circulaire du 30 juin ci-dessus. (*CD.* 9 *août* 1810.)

Les livres que les voyageurs portent avec eux

pour leur usage ne pouvant, sans inconvénient, être assujettis aux formes prescrites pour la librairie étrangère, M. le directeur général de la librairie les a dispensés tant de l'autorisation spéciale d'entrée, que de l'obligation du transport direct au chef-lieu de la préfecture *qui correspond au bureau.* Il résulte de sa lettre du 26 mai qu'ils pourront être admis immédiatement sur la déclaration que feront les voyageurs que les livres qu'ils apportent sont pour leur usage; ils en remettront le catalogue à la douane avec la promesse écrite et signée d'eux de ne pas s'en défaire. On retiendra les exemplaires doubles qui annonceroient un objet de commerce. (*CD.* 30 *mai* 1810.)

SECTION III. — *Des Délits et Contraventions en matière d'importation de livres.*

§. I. *Peines qu'encourent ces délits et contraventions.*

494. Les livres introduits en fraude du droit, à l'aide d'un faux frontispice, seront confisqués, et les auteurs de la fraude seront poursuivis et punis conformément aux dispositions de l'art. 287 du code pénal. (*DI.* 14 *décembre* 1810, *art.* 6.)

495. Il y aura lieu à confiscation et amende au profit de l'état, dans les cas suivans, sans préjudice des dispositions du code pénal;

1°. à 5°. . . . . . . (*ne concernent pas les introductions.*)

6°. Si l'ouvrage, étant imprimé à l'étranger, est présenté à l'entrée sans permission, ou circule sans être estampillé;

7°. Si c'est une contrefaçon, c'est-à-dire si c'est un ouvrage imprimé sans le consentement et au préjudice de l'auteur ou éditeur, ou de leurs ayans-cause. (*DI.* 5 *février* 1810, *art.* 41.)

Dans ce dernier cas, il y aura lieu en outre à des dommages-intérêts envers l'auteur ou éditeur, ou leurs ayans-cause, et l'édition ou les exemplaires contrefaits seront confisqués à leur profit. (*Même décret, art.* 42.)

On doit ranger dans la classe des contrefaçons toutes traductions d'ouvrages dont la propriété littéraire appartient aux auteurs françois.

496. Les peines seront prononcées et les dommages-intérêts seront arbitrés par le tribunal criminel ou correctionnel, selon les cas et d'après les lois. (*DI.* 5 *février* 1810, *art.* 43.)

497. Le produit des confiscations et amendes sera appliqué, ainsi que le produit du droit sur les livres venant de l'étranger, aux dépenses de la direction générale de l'imprimerie et de la librairie. (*Même décret, art.* 44.)

§. II. *Mode de constater les délits et contraventions en matière de livres.*

498. Les délits et contraventions seront constatés par les inspecteurs de l'imprimerie et de la librairie, les officiers de police, et en outre par les préposés aux douanes, pour les livres venant de l'étranger. Chacun dressera procès-verbal de la nature du délit et contravention, des circonstances et dépendances, et le remettra au préfet de son arrondissement, pour être adressé au directeur général. (*DI.* 5 *février* 1810, *art.* 45.)

499. Les objets saisis seront déposés provisoirement au secrétariat de la mairie,

ou au commissariat-général de la sous-préfecture ou de la préfecture la plus voisine du lieu où le délit ou la contravention sont constatés, sauf l'envoi ultérieur à qui de droit. (*Même décret, art.* 46.)

500. Les procureurs généraux ou impériaux seront tenus de poursuivre d'office dans tous les cas prévus à la section précédente, sur la simple remise qui leur sera faite d'une copie des procès-verbaux dûment affirmés. (*Même décret, art.* 47.)

CHAPITRE XI. — *Des marchandises à destination des colonies françoises exportées par le commerce national.*

501. Les marchandises et denrées prises en France, à la destination des colonies, ou pour l'armement et l'avitaillement des navires, seront exemptes de tout droit. (10 *juillet* 1791, *art.* 3.)

CETTE exemption est subordonnée à quelques dispositions intervenues depuis, et qui se trouvent dans les tarifs; quant aux objets pour l'armement et l'avitaillement des bâtimens, il faut consulter le chapitre *Vivres et Avitaillemens des navires*, qui se trouve à la fin de ce titre 1 du livre III.

502. Les décrets qui établissent des prohibitions à la sortie ne sont point applicables aux expéditions pour les colonies françoises..... à la charge d'en assurer la destination par acquit-à-caution. (3 *septembre* 1793, *art.* 3.)

503. Les marchandises et denrées venant de l'étranger à la même destination, même les jambons, acquitteront les droits d'entrée du tarif général, et seront ensuite traitées comme celles de France. (10 *juillet* 1791, *art.* 4.)

504. Les chaudières de cuivre, cuivre et clous à doublage, venant de l'étranger et destinés pour les colonies, pourront être mis en entrepôt réel, à la charge du paiement de six fr. par cinq myriagrammes au moment de l'expédition pour les colonies. (8 *floréal an* 11, *second paragraphe de l'art.* 27.)

CES objets sont ainsi admis en franchise dans les magasins d'entrepôt. — Lorsque dans le délai de l'année ils sont expédiés pour les colonies, ils acquittent alors le droit, et la perception en est faite dans la forme ordinaire, en relatant l'article du registre d'entrepôt où les marchandises ont été incrites.

Indépendamment de l'admission des marchandises ci-dessus spécifiées, la même loi du 8 floréal an 11 a encore autorisé, par son article 24, la réception en entrepôt des marchandises prohibées dites *de traite*, dont la nomenclature se trouvera au titre *Entrepôts* du livre IV.

505. Seront seulement affranchis de tous droits les bœufs, lards, beurres et saumons salés, ainsi que les chandelles venant de l'étranger, destinés pour lesdites colonies; à la charge, s'ils sont importés par terre, d'être expédiés de suite au premier bureau d'entrée, par acquit-à-caution, pour un des ports d'armement, et, s'ils arrivent par mer, d'entrer par l'un desdits ports. (10 *juillet* 1791, *art.* 5.)

VOICI ce que dit encore cette loi du 10 juillet 1791, relativement à ces objets:

Art. 6. « Si le navire sur lequel lesdits bœufs, « lards, beurres, saumons et chandelles devront « être embarqués pour les colonies est en charge- « ment, les négocians pourront les faire transporter « directement dans le navire, après déclaration et « visite en présence des commis de la douane; dans le « cas où l'expédition ne s'en feroit pas immédiatement « après l'arrivée, ils seront laissés aux négocians à

« la charge de donner leur soumission cautionnée de « faire suivre auxdits comestibles leur destination « pour les colonies, dans les *délais d'entrepôt*, ou « d'en payer les droits d'entrée.

Art. 7. « Lesdits comestibles pourront passer par « suite d'entrepôt, d'un port dans l'autre, tant que « le terme n'en sera point expiré : mais cet entrepôt « ne continuera à avoir lieu que pour le délai qui « restera à courir. Lesdits comestibles seront ex- « pédiés par acquit-à-caution, qui en désignera les « quantités et qualités, et indiquera la date de la « première mise en entrepôt.

Art. 8. « Le négociant du lieu du nouvel entre- « pôt, auquel lesdits comestibles seront adressés, « en fera la déclaration au bureau *des douanes*, « avec soumission dans la forme prescrite par l'ar- « ticle 6 du présent décret ; après quoi l'acquit-à- « caution sera déchargé : la soumission d'entrepôt « précédente ne pourra être annullée que sur le vu « du certificat de décharge. » (10 *juillet* 1791, *art.* 8.)

Art. 9. « En cas de refus par le négociant du port « de nouvel entrepôt, de donner sa soumission d'ac- « quitter les droits à défaut d'exportation dans les « *délais* du premier entrepôt, l'acquit-à-caution ne « sera point déchargé, et le soumissionnaire de « l'entrepôt précédent sera tenu de payer lesdits « droits. »

L'administration ne peut reconnoître que le premier soumissionnaire ; elle n'est pas tenue d'avoir égard aux déclarations qu'on pourroit faire d'avoir cédé les objets ainsi entreposés. Voir cependant un arrêt de la cour de cassation, du 27 [illegible] an 13, *au titre* Entrepôts du *livre IV*.

Art. 10. « Si les bœufs, beurres, lards, saumons et « chandelles venus de l'étranger ne suivent pas « leur destination pour les colonies dans les *délais* « *d'entrepôt*, ou s'ils sont retirés de l'entrepôt pour « la consommation en France, ils payeront les droits « d'entrée du tarif général, conformément au poids « reconnu lors de leur arrivée en France : ils pour- « ront cependant être réexportés à l'étranger, pen- « dant l'entrepôt, même dans la quinzaine après « son expiration, en payant seulement la moitié des « droits d'entrée.

Art. 11. « Les bœufs, beurres, lards, saumons et « chandelles, qui seront embarqués pour les colonies « dans les délais de l'entrepôt, seront accompagnés « d'un permis sur lequel l'armateur ou le chargeur « sera tenu de faire certifier, par les préposés des « douanes et par le capitaine ou autre officier prin- « cipal du navire en armement, la remise desdites « salaisons à bord. » — *Voir* pour les salaisons le chapitre *Sels*.

Art. 12. « Les permis d'embarquement, revêtus « des certificats prescrits, étant rapportés au bureau « par les expéditionnaires, le registre d'entrepôt « sera déchargé pour les quantités embarquées.

Art. 13. « Les négocians qui auront entreposé « des bœufs, beurres, lards, saumons et chandelles, « venus à la destination des colonies, seront tenus « de déclarer au bureau de la douane, dans les dix « derniers jours des mois de mars et septembre de « chaque année, par quantités et qualités, ceux « dont ils auront disposé pour la consommation de « France pendant les six mois précédens, et d'en « payer les droits. Ils déclareront en même temps, « par quantités et espèces, ceux de ces comestibles « qui leur resteront, et les magasins où ils seront « déposés.

Art. 14. « Les préposés des douanes pourront « faire, dans les quatre jours de la déclaration, la « vérification des objets déclarés rester en entre- « pôt, et s'il se trouve du déficit, le soumission- « naire sera condamné au paiement du double des « droits des quantités manquantes. » (10 *juillet* 1791, *art.* 14.)

On suit à l'égard de ces déficits les règles générales.

506. Le chargement des navires destinés pour lés îles étant fini, il sera délivré au capitaine un acquit-à-caution, lequel comprendra, par espèces et quantités, tous les objets embarqués. Le capitaine et l'armateur se soumettront à rapporter au retour du navire, ou dans les dix-huit mois du départ, ledit acquit à-caution, revêtu du certificat d'arrivée et de déchargement desdits objets aux colonies; délivré par les préposés à la perception des droits de sortie dans les îles, et visé par les personnes qui seront désignées à cet effet.......... (10 *juillet* 1791, *art.* 15.)

CONSULTER le premier titre du livre IV relativement au délai dans lequel les certificats de décharge doivent être rapportés.

507. A défaut par l'armateur de rapporter les acquits-à-caution délivrés pour les objets envoyés aux colonies, revêtus des certificats de décharge prescrits par l'article 15 du présent décret, il sera condamné au paiement du double droit d'entrée du tarif général pour les bœufs, beurres, lards, saumons et chandelles, venus

de l'étranger ; au double droit, et à l'amende de cinq cents *francs*, ainsi qu'à la confiscation de la valeur, s'il est question d'objets dont la sortie pour l'étranger est défendue. (10 *juillet* 1791, *art.* 20.)

508. Il est défendu aux capitaines de bâtimens destinés pour les colonies, de charger ou laisser charger sur leurs navires aucune denrée ou marchandise, même de laisser débarquer ni remettre à terre celles qui y auroient été chargées, sinon lorsqu'il y aura un permis du bureau ; à peine, dans l'un et l'autre cas, de confiscation desdites denrées ou marchandises, même de cent *francs* d'amende, si la marchandise embarquée ou débarquée étoit sujette à quelque droit. (10 *juillet* 1791, *art.* 16.)

509. Pour constater les contraventions à l'article ci-dessus, les préposés *des douanes* sont autorisés à se transporter à bord des bâtimens, soit pendant, soit après le *chargement*, et à y faire les visites nécessaires. Lesdits préposés ne pourront néanmoins, sous prétexte desdites visites, retarder le départ des navires, à peine de dommages-intérêts, s'il n'y étoit découvert aucune fraude. (10 *juillet* 1791, *art.* 17.)

CHAPITRE XII. — *Des Marchandises provenant de prises.*

SECTION I. — *Des obligations après la capture, et des formalités à l'arrivée d'un bâtiment de prise.*

510. Aussitôt après la prise d'un navire, les capitaines capteurs se saisiront des congés, passeports, lettres de mer, chartes-parties, connoissemens et autres papiers existans à bord. Le tout sera déposé dans un coffre ou sac, en présence du capitaine pris, lequel sera interpellé de le sceller de son cachet ; ils feront fermer les écoutilles et autres lieux où il y aura des marchandises, et se saisiront des clefs des coffres et armoires. (*AC.* 2 *prairial an* 11, *art.* 59.)

LA loi du 3 brumaire an 4 ordonnoit les mêmes précautions.

511. Il est défendu à tous capitaines, officiers et équipages de vaisseaux preneurs, de soustraire aucun papier ou effet du navire pris, à peine de deux ans d'emprisonnement, conformément à l'ordonnance de 1681, et de peines plus graves dans les cas prévus par la loi. (*AC.* 2 *prairial an* 11, *art.* 60.)

MÊMES défenses étoient faites par l'article 3 de la loi du 3 brumaire an 4.

512. Les capitaines qui auront fait des prises les ameneront ou enverront, autant qu'il sera possible, au port où ils auront armé ; s'ils sont forcés par des causes majeures de conduire ou d'envoyer leurs prises dans quelqu'autre port, ils seront tenus d'en prévenir immédiatement les armateurs. (*AC.* 2 *prairial an* 11, *art.* 61.)

DISPOSITION renouvelée de l'ordonnance de 1681, livre III, titre 9, article 17.

513. Si le chef conducteur d'un navire pris fait dans sa route quelques autres

prises, elles appartiendront à l'armement dont il fait partie, ou à la division à laquelle il est attaché. (*AC. 2 prairial an* 11, *art.* 62.)

Même disposition par la loi du 3 brumaire an 4, article 4.

514. Le chef conducteur d'une prise qui dans sa course sera reprise par l'ennemi sera jugé, à son retour, comme le sont, en pareil cas, les commandans des bâtimens de l'état. (*AC. 2 prairial an* 11, *art.* 63.)

L'Article 8 de la loi du 3 brumaire an 4 ordonnoit le même jugement.

515. Il est défendu, conformément à l'ordonnance de 1681, sous peine de la vie, à tous individus faisant partie de l'état-major ou de l'équipage d'un corsaire, de couler à fond des bâtimens pris, et de débarquer des prisonniers sur des îles ou côtes éloignées dans le dessein de celer la prise.

Et au cas où les preneurs, ne pouvant se charger du vaisseau pris ni de l'équipage, enlèveroient seulement les marchandises ou relâcheroient le tout par composition, ils seront tenus de se saisir des papiers, et d'amener au moins les deux principaux officiers du vaisseau pris, à peine d'être privés de ce qui pourroit leur appartenir en la prise, même de punition corporelle s'il y échet. (*AC. 2 prairial an* 11, *art.* 64.)

516. Il est défendu de faire aucune ouverture des coffres, ballots, sacs, caisses, barriques, tonneaux ou armoires, de transporter ni vendre aucune marchandise de la prise, et à toutes personnes d'en acheter ou recéler, jusqu'à ce que la prise ait été jugée, ou que la vente ait été légalement autorisée, sous peine de restitution du quadruple de la valeur de l'objet détourné, et de punitions plus graves suivant la nature des circonstances. (*AC. 2 prairial an* 11, *art.* 65.)

Mêmes défenses sont faites par l'article 20, titre 9, livre III de l'ordonnance de 1681.

517. Aussitôt que la prise aura été amenée en quelque rade ou port de France, le chef conducteur sera tenu de faire son rapport à l'officier de l'administration de la marine, de lui représenter et remettre sur inventaire et récépissé les papiers et autres pièces trouvées à bord, ainsi que les prisonniers faisant partie du navire pris, et de lui déclarer le jour et l'heure où le bâtiment aura été pris, en quel lieu ou à quelle hauteur, si le capitaine a fait refus d'amener les voiles, ou de faire voir sa commission ou son congé, s'il a attaqué ou s'il s'est défendu, quel pavillon il portoit, et les autres circonstances de la prise et de son voyage. (*AC. 2 prairial an* 11, *art.* 66.)

L'Ordonnance de 1681, livre III, titre 4, article 21, et la loi du 3 brumaire an 4, article 6, ordonnoient les mêmes rapports et les mêmes remises.

518. Toutes les prises seront conduites dans les ports, sans pouvoir rester dans les rades ou aux approches de ces ports au-delà du temps nécessaire pour leur entrée dans ces mêmes ports.

Lorsque le capitaine d'un navire armé en course aura conduit une prise dans un des ports de France, il sera tenu d'en faire la déclaration au bureau de la douane. (*AC. 2 prairial an* 11, *art.* 67.)

519. Toutes les lettres, généralement quelconques, trouvées sur les bâtimens en-

nemis qui seront pris, seront immédiatement remises au fonctionnaire supérieur de la marine, ou à l'agent commercial dans le port où la prise abordera : celui-ci les fera passer au ministre de la marine et des colonies.

Les lettres trouvées sur des bâtimens neutres seront ouvertes et lues en présence de l'armateur ou de son représentant, et celles qui seront de nature à donner des éclaircissemens sur la validité de la prise seront jointes à la procédure ; les autres lettres seront adressées au ministre de la marine et des colonies. (*AC.* 2 *prairial an* 11, *art.* 68.)

UNE lettre du 12 août 1778 et l'arrêté du 7 messidor an 6 ordonnoient la même chose.

SECTION II. — *De la Procédure des prises.*

520. Après avoir reçu le rapport du conducteur de la prise, l'officier d'administration de la marine se transportera immédiatement sur le bâtiment capturé, dressera procès-verbal de l'état dans lequel il le trouvera, et posera, en présence du capitaine pris, ou de deux officiers ou matelots de son équipage, d'un préposé des douanes, du capitaine ou autre officier du navire capteur, et même des réclamans s'il s'en présente, les scellés sur tous les fermans.

Ces scellés ne pourront être levés qu'en présence d'un préposé des douanes. (*AC.* 2 *prairial an* 11, *art.* 69.)

CES premières mesures, que prescrivoient également l'ordonnance de 1681 et la loi du 3 brumaire an 4, sont très-importantes pour prévenir les versemens sur les côtes, les introductions frauduleuses, soustractions, etc. Si les préposés des douanes découvroient quelque négligence ou abus, ils en informeroient sur-le-champ, soit l'officier de l'administration de la marine, soit l'officier supérieur, afin de concourir promptement à leur répression. (*Extrait de la CD. du* 26 *prairial an* 11.)

521. Le préposé des douanes prendra à bord un état détaillé des balles, ballots, futailles et autres objets qui seront mis à terre ou chargés dans les chalans et chaloupes : un double de cet état sera envoyé à terre, et signé par le garde-magasin, pour valoir réception des objets y portés.

A mesure du déchargement des objets, et au moment de leur entrée en magasin, il en sera dressé inventaire en présence d'un visiteur des douanes, qui en tiendra état et le signera à chaque séance. (*AC.* 2 *prairial an* 11, *art.* 70.)

LA concordance de l'état relevé à bord de la prise, de celui de réception au magasin, et de l'inventaire, doit être parfaitement établie pour le nombre ou la nature des colis. On vérifie cette relation lorsque l'opération de l'emmagasinage est finie. (*Extrait de la CD. du* 26 *prairial an* 11.)

522. Il sera établi à bord un surveillant, lequel sera chargé, sous sa responsabilité, de veiller à la conservation des scellés et des autres effets confiés à sa garde. (*AC.* 2 *prairial an* 11, *art.* 71.)

L'ORDONNANCE de 1681 et la loi du 3 brumaire an 4, articles 22 et 8, ordonnoient la même chose.

523. L'officier d'administration de la marine du port dans lequel les prises seront amenées procèdera de suite, et au plus tard dans les vingt-quatre heures de la remise des pièces, à l'instruction de la procédure, pour parvenir au jugement des prises. (*AC.* 2 *prairial an* 11, *art.* 72.)

MESURE également prescrite par l'ordonnance de 1681 et par la loi du 3 brumaire an 4, article 10.

524. Cette instruction consiste dans la vérification des scellés, la réception et l'affirmation des rapports et déclaration du chef conducteur, l'interrogatoire de trois prisonniers au moins, dans le cas où il s'en trouveroit un pareil nombre, l'inventaire des pièces, états ou manifestes de chargement qui auront été remis ou qui seront trouvés à bord ; la traduction des pièces du bord par un interprète juré, lorsqu'il y a lieu. (*AC.* 2 *prairial an* 11, *art.* 73.)

LA déclaration du 24 juin 1778, article 42, et la loi du 3 brumaire an 4, article 11, contenoient les mêmes ordres.

525. Si le bâtiment est amené sans prisonniers, chartes-parties ni connoissemens, l'équipage du navire capteur sera interrogé séparément sur les circonstances de la prise, pour faire connoître, s'il le peut, sur qui la prise aura été faite. (*AC.* 2 *prairial an* 11, *art.* 74.)

CET interrogatoire étoit aussi prescrit par l'ordonnance de 1681, article 25, livre III, titre 9, et par la loi du 3 brumaire an 4, article 12.

526. L'officier d'administration de la marine sera assisté, dans tous ces actes, du principal préposé des douanes, et appellera, en outre, le fondé de pouvoirs des équipages capteurs, s'il y en a; à défaut de fondé de pouvoirs, l'équipage sera représenté par le conducteur de la prise, réputé fondé de pouvoirs. (*AC.* 2 *prairial an* 11, *art.* 75.)

527. Dans le cas d'avaries ou de détérioration de tout ou partie de la cargaison, l'officier d'administration de la marine, en apposant les scellés, ordonnera le déchargement et la vente dans un délai fixé. La vente ne pourra cependant avoir lieu qu'après avoir été préalablement affichée dans le port de l'arrivée, et dans les communes et ports voisins, et après avoir appelé le principal préposé des douanes et le fondé de pouvoirs des équipages capteurs, ou, à son défaut, le conducteur de la prise.

Le produit de ces ventes sera provisoirement déposé dans la caisse des invalides de la marine. (*AC.* 2 *prairial an* 11, *art.* 76.)

L'ORDONNANCE de 1681, livre III, titre 9, articles 27 et 28, et la loi du 3 brumaire an 4, article 9, contenoient les mêmes dispositions.

La vente ne peut avoir lieu qu'en se conformant d'ailleurs aux lois des douanes.

528. Sont maintenues toutes les dispositions de l'arrêté du 6 germinal an 8, relatif à l'établissement d'un conseil des prises. (*AC.* 2 *prairial an* 11, *art.* 77.)

CET arrêté du 6 germinal an 8 est ainsi conçu :

« Les consuls, sur les rapports du ministre des « relations extérieures, du ministre de la marine et « des colonies et du ministre de la justice, relatifs « au jugement des prises maritimes et aux bris, « naufrage et échouement des bâtimens ennemis ou « neutres; le conseil d'état entendu,

« Arrêtent ce qui suit :

Art. 1. « Il y aura à Paris un conseil des prises; « il siégera dans le local qui lui sera désigné.

Art. 2. « Ce conseil connoîtra des contestations « relatives à la validité et à l'invalidité des prises, et « à la qualité des bâtimens échoués ou naufragés.

Art. 3. « Ce conseil sera présidé par un conseiller « d'état, et composé en outre de huit membres.

« Il aura de plus un commissaire du Gouvernement, un secrétaire et deux huissiers.

Art. 4. « Les membres qui composent le conseil « des prises sont à la nomination de *Sa Majesté*.

Art. 5. « Les décisions du conseil des prises de« vront être portées par cinq membres au moins.

Art. 6. « En cas d'absence, maladie ou empêche« ment du commissaire du Gouvernement, il sera « suppléé par un des membres, au choix du président.

Art. 7. « L'officier d'administration de la marine « du port dans lequel les prises maritimes seront

« amenées, ou le plus voisin de la côte où un navire « ennemi ou neutre aura péri ou échoué, sera chargé, 1°. de l'apposition et de la vérification des « scellés à bord des bâtimens capturés, soit par les « vaisseaux de l'Etat, soit par les corsaires; 2°. de la « réception et de l'affirmation des rapports et déclaration, de l'audition des témoins, de l'inventaire « des pièces de bord, et de l'instruction; 3°. de tout « ce qui a rapport aux bris, naufrages et échouemens des bâtimens ennemis ou neutres.

« Il sera assisté pour tous ces actes du principal « préposé des douanes, et appellera, en outre, à « ceux relatifs aux prises, un fondé de pouvoir des « équipages capteurs.

Art. 8. « Lorsqu'il résultera de l'instruction faite « en vertu de l'article précédent, que le bâtiment aura « été pris sous pavillon ennemi, ou qu'il est évidemment ennemi, et que dans le délai d'une décade « après cette instruction il n'y aura point eu de réclamation dûment notifiée à l'officier d'administration, qui sera tenu d'en donner un reçu, il sera « statué sur la validité de la prise.

« Pour cet effet, l'officier d'administration s'adjoindra l'officier chargé, dans le même port, des « fonctions de contrôleur de la marine, et le commissaire de l'inscription maritime: leur décision sera « portée à la pluralité des voix. L'officier d'administration enverra une expédition de cette décision « au secrétariat du conseil des prises.

Art. 9 « Si la prise est conduite dans un port où « l'officier d'administration ne puisse s'adjoindre les « deux autres individus, il enverra son instruction « et les pièces de bord dans le port le plus voisin où « se trouveront les trois personnes désignées par « l'article précédent pour prononcer sur la prise.

Art. 10. « Lorsqu'il aura été porté une décision « qui déclarera le bâtiment de bonne prise, si cette « décision ne donne lieu, pendant le délai d'une décade, à aucune réclamation dans la forme prescrite par l'article 8, il sera procédé à la vente, ainsi « qu'il est porté en l'article 14 ci-après.

Art. 11. « S'il y a une réclamation dans l'un des « cas prévus par les articles 8 et 10, ou si la prise « n'a pas été faite sous pavillon ennemi, ou n'est pas « trouvée évidemment ennemie, ou si enfin, le jugement porté en l'article 9 ne prononce pas la « validité de la prise, l'officier d'administration enverra, dans le délai d'une décade, au secrétariat « du conseil des prises, tous les actes par lui faits « et toutes les pièces trouvées à bord.

Art. 12. « L'instruction se fera devant le conseil « des prises, sur simples mémoires, respectivement « communiqués par la voie du secrétariat aux parties « ou à leurs défenseurs, qui justifieront préalablement de leurs droits et de leurs pouvoirs.

« Les délais pour cette instruction ne pourront « excéder trois mois pour les prises conduites dans « les ports de la Méditerannée, et deux mois seulement pour les autres ports de France; le tout à « compter du jour où les pièces auront été remises « au secrétariat du conseil des prises.

« Les conclusions du commissaire du Gouvernement seront toujours données par écrit.

Art. 13 « Les décisions du conseil des prises seront « exécutées à la diligence des parties intéressées, « mais avec le concours et la présence, 1°. de l'officier « de l'administration de la marine; 2°. du principal « préposé des douanes; et 3°. d'un fondé de pouvoirs « des équipages capteurs.

Art. 14. « Dans le cas où, conformément aux lois « existantes, la vente provisoire des marchandises, « en tout ou en partie, et même celle du bâtiment, « devra avoir lieu, elle sera ordonnée par l'officier « d'administration de la marine, après avoir appelé « et le principal préposé des douanes et le fondé de « pouvoirs des équipages capteurs.

« Le produit de ces ventes sera provisoirement « déposé dans la caisse des invalides de la marine....»

Voir, pour les marchandises sauvées des naufrages, au chapitre suivant.

Un autre arrêté, en date du 7 ventose an 12, a établi des avoués près le conseil des prises; le voici:

« Le Gouvernement...., sur le rapport du grand-« juge ministre de la justice;

« Vu l'article 94 de la loi du 27 ventose an 8, et « l'article 13 de l'arrêté du 6 germinal de la même « année;

« Le conseil d'état entendu, arrête:

Art. 1. « Il y aura, près *du conseil des prises*, des « avoués qui rempliront les fonctions de leur ministère dans toutes les affaires où les parties jugeront « à propos de fournir des mémoires.

Art. 2. « Ces avoués seront exclusivement ceux « attachés au tribunal de cassation.

Art. 3. « Il n'est au surplus rien innové aux dispositions de l'arrêté du 6 germinal an 8, concernant « l'établissement du conseil des prises. »

Et le 8 mai 1806, il a été rendu un décret impérial comme suit:

Art. 1. « Le conseil des prises est placé dans les « attributions du grand-juge ministre de la justice.

Art 2. « Le grand-juge ministre de la justice est « chargé de l'exécution du présent décret. »

Le décret impérial du 11 juin 1806, sur l'organisation et les attributions du conseil d'état, porte, article 14, titre 2, que « il connoîtra en outre des « décisions..... du conseil des prises. »

Mais le recours au conseil d'état contre une décision du conseil des prises n'a pas d'effet suspensif, par avis du 22 décembre 1807, approuvé par Sa Majesté le 11 janvier 1808; cet avis est ainsi conçu:

« Le conseil d'état, qui, en exécution du renvoi « ordonné par S. M. l'Empereur et Roi, a entendu « le rapport des sections réunies de législation et de « la marine, sur celui du ministre de la marine, ayant « pour objet la question de savoir si, lorsqu'il a été « prononcé au conseil des prises une décision contre « laquelle il y a recours au conseil d'état, il est né-

« cessaire, pour que cette décision puisse, non-« obstant le recours, recevoir son exécution provi-« soire, qu'il soit fourni caution ;

« Vu l'article 3 du décret impérial du 22 juillet « 1806, contenant règlement sur les affaires conten-« tieuses portées au conseil d'état, ledit article por-« tant que le recours au conseil d'état n'aura point « d'effet suspensif, s'il n'en est autrement ordonné ; « et lorsque l'avis de la commission du contentieux « sera d'accorder le sursis, il en sera fait rapport au « conseil d'état, qui prononcera :

« Est d'avis que la question proposée se trouve « résolue par cet article, puisqu'il y est formellement « déclaré que le recours au conseil d'état n'est pas « suspensif. Cependant il y auroit une suspension « réelle de l'exécution de la décision, si la partie au « profit de qui elle a été prononcée ne pouvoit pro-« céder à cette exécution sans avoir préalablement « donné caution, puisqu'alors ce ne seroit qu'au « moyen de la caution que cette suspension seroit « levée.

« On doit même observer que le conseil des prises « avoit reçu de l'arrêté consulaire qui l'a établi le « pouvoir de juger sans qu'il y eût aucun recours « ouvert; d'où il résulte que l'on avoit dès-lors re-« gardé comme juste et convenable qu'en cette ma-« tière il n'y eût aucun obstacle à l'exécution des dé-« cisons, et que les mêmes motifs ont dû déterminer « à déclarer, par le règlement du 22 juillet 1806, « que le recours au conseil d'état ne seroit pas sus-« pensif, à moins qu'il n'en fût autrement ordonné. »

Toutes les contestations relatives à l'exécution des décrets sur le blocus sont aussi de la compétence du conseil des prises. *Voir* sous le nº 270.

Et il connoît encore des saisies faites, même par les préposés des douanes, hors du territoire de l'empire. (*DM.* 11 *mai* 1812.)

SECTION III. — *Des déchargement, manutention et vente des prises.*

529. Aussitôt que la procédure d'instruction sera terminée, il sera procédé sans délai à la levée des scellés et au déchargement des marchandises, qui seront inventoriées et mises en magasin, lequel sera fermé de trois clefs différentes, dont l'une demeurera entre les mains de l'officier supérieur de l'administration de la marine, une seconde entre celles du receveur des douanes, et la troisième sera remise à l'armateur ou à celui qui le représentera. (*AC. 2 prairial an* 11, *art.* 78.)

La déclaration du 24 juin 1778, art. 44, contenoit les mêmes dispositions.

Le magasin est fourni par les parties intéressées. — Avant d'y commencer le dépôt, on examine avec soin s'il présente toutes les sûretés convenables, soit par sa position près du port, soit par sa construction, soit par la solidité de ses ferremens. (*Extr. de la CD. du* 26 *prairial an* 11.)

530. Il sera aussi procédé sans délai à la vente provisoire des effets sujets à dépérissement, soit sur la réquisition de l'officier d'administration, soit à la requête de l'armateur ou de celui qui le représentera.

Pourra même l'officier supérieur de l'administration de la marine, lorsque les prises seront évidemment ennemies, permettre la vente tant du navire que des cargaisons, sans attendre le jugement de bonne prise; laquelle vente se fera dans le délai qui aura été fixé par ledit officier supérieur, et toutefois après que les formalités prescrites par l'art. 76 auront été remplies. (*AC.* 2 *prairial an* 11, *art.* 79.)

Mesure ordonnée par l'art. 45 de la déclaration du 24 juin 1778.

531. Si la prise a été faite sous pavillon neutre, ou n'est pas évidemment ennemi, la vente, même provisoire, ne pourra avoir lieu sans le consentement du capitaine capturé; et en cas de refus, s'il y a nécessité de vendre, cette nécessité sera constatée par une visite d'experts nommés contradictoirement par l'armateur ou son représentant et ce même capitaine, ou d'office par l'officier

supérieur de l'administration de la marine. (*Arrêté des Consuls du* 2 *prairial an* 11, *art.* 80.)

Le règlement du 8 novembre 1779, art. 8, ordonnoit la même disposition.

Elle est nécessaire pour assurer aux neutres la restitution de leurs marchandises en nature, dans le cas de main-levée, et pour mettre un terme à la cupidité des armateurs dont la dernière guerre a offert des exemples scandaleux. (*Extrait de la CD. du* 26 *prairial an* 11.)

532. S'il se présente des réclamans, les effets par eux réclamés pourront leur être délivrés par l'officier d'administration, suivant l'estimation qui en sera faite à dire d'experts, pourvu que lesdites réclamations soient fondées en titre, et à la charge par celui qui les aura faites de donner bonne et suffisante caution; faute de quoi il sera passé outre. (*Arrêté des Consuls du* 2 *prairial an* 11, *art.* 81.)

Les négocians françois qui seroient propriétaires de marchandises chargées à bord de quelque navire ennemi doivent, dans le cas de capture, remettre leurs réclamations a l'administration du port, en y joignant les pièces justificatives de leur propriété, et conformément à l'arrêté du 6 germinal an 8 (*sous le n°* 528). Il y sera statué par elle, ou, s'il y a lieu, leurs réclamations seront renvoyées au jugement du conseil des prises. — Par le même ordre du 4 frimaire an 14, le ministre de la marine a observé qu'un bâtiment ennemi étoit de bonne prise, lors même qu'il a à bord des marchandises pour compte français, allié ou neutre. (*CD.* 22 *frimaire an* 14.)

533. Les armateurs seront tenus d'envoyer des états ou inventaires détaillés des effets qui composeront les prises, avec indication du jour de leur vente, qui aura été fixé par l'officier supérieur de l'administration de la marine, dans les principales places de commerce, pour y être affichées à la bourse; et il en sera délivré, sur les ordres du préfet de police, à Paris, et des préfets de département ou de leurs préposés, dans les places où il y a des bourses de commerce, un certificat dont il sera fait mention dans le procès-verbal de vente. (*AC.* 2 *prairial an* 11, *art.* 82.)

534. Il sera procédé, par le conseil des prises, au jugement d'icelles dans les délais et les formes prescrits par l'arrêté du 6 germinal an 8. (*AC.* 2 *prairial an* 11, *art.* 83.)

535. Dans les huit jours qui suivront les jugemens, le secrétaire général dudit conseil sera tenu d'envoyer l'expédition au ministre de la marine et des colonies, qui la fera passer à l'officier d'administration, pour être ensuite procédé à la vente de la prise, si fait n'a été.

Les décisions du conseil des prises ne pourront être exécutées à la diligence des parties intéressées, qu'avec le concours du principal préposé des douanes. (*AC.* 2 *prairial an* 11, *art.* 84.)

Pour remplir les dispositions du second paragraphe de cet article, en ce qui concerne les douanes, il convient que les décisions du conseil des prises soient notifiées aux receveurs mêmes. (*CD.* 26 *prairial an* 11.)

536. Les marchandises seront exposées en vente et criées par partie ou par lots, ainsi qu'il sera convenu entre les intéressés à la prise, et en cas de contestation, l'officier de l'administration règlera la forme de la vente, qui ne pourra, dans aucun cas, être faite en bloc.

Le prix en sera payé comptant, ou en lettres de change acceptées à la satisfaction de l'armateur, et à deux mois d'échéance au plus tard.

La livraison des effets vendus et adjugés sera commencée le lendemain de la vente, et continuée sans interruption. (*Arrêté des consuls, du 2 prairial an 11, art.* 85.)

Ici va se consommer l'opération. Il est prudent de faire un recensement rigide qui constate l'existence des objets détaillés en l'inventaire.

Ces cinq derniers articles sont le renouvellement des articles 46 à 50 de la déclaration du 24 juin 1778.

537. Dans le cas où quelque adjudicataire ne se présenteroit pas à l'heure indiquée, ou au plus tard dans les trois jours après la livraison faite des derniers articles vendus, il sera procédé à la revente, à la folle enchère, des objets qui lui auroient été adjugés. (*AC.* 2 *prairial an* 11, *art.* 86.)

La loi du 3 brumaire an 4, art. 34, contenoit la même disposition.

SECTION IV. — *De la liquidation des marchandises de prises relativement au régime des douanes.*

538. Les dispositions prescrites par les lois pour les déclarations à l'entrée et à la sortie, ainsi que pour les visites et paiemens de droits, seront osbservées relativement aux armemens en course et aux navires pris sur les ennemis de l'Etat, dans tous les cas où il n'y est pas dérogé par le présent règlement.

Les directeurs, inspecteurs et receveurs des douanes prendront les mesures nécessaires pour prévenir toutes fraudes ou soustractions, à peine d'en demeurer personnellement responsables.

Les droits sur les objets de prise sont à la charge des acquéreurs, et seront toujours acquittés avant la livraison, entre les mains du receveur des douanes, avec lequel l'officier supérieur de l'administration de la marine se concertera pour indiquer l'heure de la livraison.... (*AC.* 2 *prairial an* 11, *art.* 87.)

Le dernier paragraphe de cet article disoit : « *Les marchandises dont l'entrée est prohibée ne pourront être vendues qu'à charge de réexportation.* » — Mais cette obligation ne pouvant se concilier avec les dispositions qui vont suivre, il s'ensuit qu'elle se trouve abrogée.

539. Les marchandises autres que *celles dont la consommation est défendue, mais* dont l'entrée, quelle que soit leur origine, est prohibée en France par les lois sur les douanes, seront admises dans la consommation lorsqu'elles proviendront de prises faites sur les ennemis de l'Etat par les vaisseaux de *la* marine impériale, ou par les bâtimens armés en course, sous les conditions et formalités ci-après prescrites. (*DI.* 24 *juin* 1808, *art.* 1, *et loi du* 12 *janvier* 1810, *art.* 2.)

Ce n'est pas ainsi que s'exprimoit le texte de la disposition ci-dessus; il disoit : *Les marchandises autres que* LES TOILES, MOUSSELINES, ÉTOFFES ET BONNETERIES DE COTON, *dont l'entrée*, etc.... d'où suivoit que toutes les marchandises prohibées qui n'étoient pas fabriquées avec du coton pouvoient être admises alors qu'elles provenoient de prises. Il n'en est plus de même aujourd'hui;

L'article 25 du décret du 18 octobre 1810 veut que les objets prohibés ne soient plus vendus; (conséquemment, *les dispositions du décret du 24 juin* 1808, *sanctionnées par la loi du* 12 *janvier* 1810, *sont rapportées en ce qui concerne l'admission des marchandises prohibées provenant des prises.*) (*CD.* 20 *février* 1811.)

Néanmoins ces dispositions ne sont rapportées par le décret du 19 octobre 1810, qu'en ce qui concerne seulement les étoffes et autres marchandises comprises dans la loi du 10 brumaire an 5, mais il ne s'applique pas aux denrées coloniales. (*CD.* 4 *juillet* 1811.)

Ainsi il n'y a donc que les marchandises dont la consommation est interdite qui ne peuvent être admises......; toutes les autres, bien que prohibées, peuvent être vendues sans charge même de réexportation......

Les marchandises prohibées provenant de SAISIES ne peuvent jouir de la faculté d'être admises dans la consommation, puisqu'elles ne sont pas comprises dans ce décret. (*CD.* 21 *juillet* 1808.) — Mais les objets saisis à défaut de certificats d'origine n'étant pas frappés d'une prohibition absolue (*les denrées coloniales sont dans ce cas*) peuvent être admis en payant les droits. (*LD.* 16 *septembre* 1808.)

540. Les marchandises angloises provenant de prises seront brûlées, sauf l'indemnité à accorder aux armateurs et aux équipages, ainsi qu'elle a été réglée pour les employés des douanes par le décret du 18 octobre 1810. (*Avis du conseil d'État, du* 8 *mars* 1811.)

Les autres marchandises paieront un droit de quarante pour cent de la valeur.

Celles dont l'importation n'est pas défendue continueront à acquitter les droits ordinaires du tarif. (*DI.* 24 *juin* 1808, *art.* 2, *et loi du* 12 *janvier* 1810, *art.* 3, *second et troisièmes paragraphes.*)

LE premier paragraphe de l'article ci-dessus du décret du 24 juin 1808 disoit : *Les tabacs fabriqués acquitteront les droits d'entrée auxquels sont assujettis les tabacs en feuilles, et en outre ceux de fabrication....*; il n'en est plus ainsi aujourd'hui, les tabacs de prises, comme ceux de saisies, doivent être livrés à la régie des droits réunis qui les paye....; s'il en étoit autrement, ils ne pourroient être vendus qu'à charge de réexportation... *Voir* d'ailleurs le chapitre *Tabacs*.

LES POUDRES A FEU et les SALPÊTRES provenant de prises ne peuvent être admis dans la consommation, et doivent être livrés à l'administration des poudres qui les paye aux capteurs. *Voir* le chapitre *des Poudres*.

« Les SUCRES RAFFINÉS provenant de prises, saisies et confiscations, seront admis dans la consommation en payant un droit de 450 francs par quintal métrique. (*DI.* 25 *octobre* 1810, *art.* 1er.)

« Les SOUDES provenant des mêmes origines seront également admises en payant un droit de 80 francs par quintal. » (*Même décret, art.* 2.)

Les SELS provenant de prises, de saisies ou de confiscations, doivent le droit de 20 centimes par kilogramme.

Quelques doutes s'étoient élevés relativement aux droits à payer à l'entrée des RHUM, GENIÈVRE *et autres* LIQUEURS *de prises*, de l'espèce.

M. le directeur général des douanes a fait connoître aux directeurs des départemens, par sa circulaire du 27 janvier 1809, que ces liquides étoient passibles du droit de 40 pour cent de la valeur substituée, d'après le décret du 24 juin 1808, à la prohibition, et non de celui de 40 centimes par litre, auquel les imposoit l'art. 5 de la loi temporaire du 19 février 1793, en les assimilant à l'eau-de-vie double.

Voir d'ailleurs la dernière édition de mon tarif lorsqu'il s'agira de liquider des marchandises des prises.

541. Les marchandises dont l'admission est autorisée par l'art. 1 (n° 539) ne pourront être introduites que par les douanes de Bayonne, Bordeaux, la Rochelle, Rochefort, Nantes, Lorient, Brest, Morlaix, Quimper, Saint-Malo, Cherbourg, Caen, le Havre, Dieppe, Saint-Vallery-sur-Somme, Boulogne, Calais, Dunkerque, Ostende, Anvers, Gênes, Nice, Toulon, Marseille, Cette, Agde, Port-Vendre et Livourne.

Lorsque les prises seront conduites dans d'autres ports, les marchandises seront expédiées pour celui des ports désigné le plus voisin, sous acquit-à-caution, et sous le convoi de préposés des douanes, dont les frais de route seront payés par les armateurs. (*DI.* 24 *juin* 1808, *art.* 3, *et loi du* 12 *janvier* 1810, *art.* 4.)

DES réclamations se sont élevées relativement au nombre trop considérable de préposés chargés de convoyer les bâtimens, et à l'objet des frais qui sont supportés par les armateurs... Les plus grandes considérations devant déterminer, en faveur de la course, à diminuer le plus qu'il est possible ces frais, des ordres positifs ont été donnés afin que, dans les cas de l'espèce, il ne soit placé à bord des bâtimens de prise que deux préposés d'élite, et qui, par leur exactitude, puissent assurer la surveillance.... Dans le trajet que ces bâtimens auront à faire, ces deux préposés n'auront rien à réclamer pour leur temps, lorsque les commandans ne se refuseront pas à leur donner la nourriture; mais s'ils faisoient embarquer leurs vivres, ou s'ils s'en procuroient par un moyen quelconque, et s'ils étoient soumis à leur arrivée à une quarantaine à leurs frais, alors l'armateur seroit tenu de payer, à chacun d'eux, deux francs par jour, et encore, à chaque préposé, cinquante centimes pour frais de route et de retour à son poste.... S. E. le ministre de la marine, qui a eu connoissance de ces fixations, a pensé que le taux en étoit modéré. (*CD.* 25 *janvier* 1810.)

542. Les navires étrangers, ainsi que leurs agrès et apparaux...., pris sur l'ennemi, seront exempts de tous droits. (19 *mai* 1793; *art.* 5.)

Une décision du ministre des finances, du 5 thermidor an 12, porte, « que les navires de prises doi- « vent continuer à jouir de la franchise accordée par « la loi du 19 mai 1793, et que cette exemption s'é- « tend aux droits de navigation. »

Une autre décision du même ministre, en date du 11 mars 1806, dit, « que les canons dont sont « armés les navires pris sur l'ennemi doivent être « considérés comme faisant partie de l'équipement « de ces navires, et exempts, d'après la loi du 19 « mai 1793, du droit imposé sur les armes. »

Ils sont néanmoins, comme les agrès et apparaux, soumis au droit de balance.

Quand ces objets se trouvent chargés dans la cale, ou s'ils sont vendus séparément du navire (non pour son service), ils doivent alors 10 pour 100. (*LD.* 1er *août* 1811.)

On ne doit point assimiler les prises qui sont conduites dans les îles françoises d'Europe, exemptées du régime des douanes, à celles conduites dans des ports entièrement étrangers; il y a, *dans ces îles*, des agens françois; la douane y a même un bureau pour le maintien de l'acte de navigation, et des préposés pour empêcher l'introduction des marchandises angloises; ainsi lorsqu'il est justifié que des marchandises ou des navires proviennent réellement d'une prise dont la vente a été régulièrement faite par la marine *de ces îles*, il y a lieu d'en autoriser l'admission. (*LD.* 11 *mars* 1809.)

Chaque directeur doit informer exactement M. le directeur général de l'arrivée des prises qui entrent dans les ports de sa division, et aussitôt que l'inventaire de sa cargaison est terminé, lui en adresser l'état. (*CD.* 6 *juin* 1808.)

ENTREPOT DES MARCHANDISES DE PRISES. Les marchandises de prises doivent, comme celles importées de l'étranger, jouir de l'entrepôt d'un an. (*LD.* 14 *février* 1811, *au directeur d'Anvers.*)

Si des évènemens nécessitoient des prolongations d'entrepôt, des demandes motivées en seroient faites par les négocians au ministre du commerce. (*CA. des* 1 *ventose et* 25 *prairial an* 6.)

Le droit de magasinage, qui n'est perceptible qu'une fois, n'est pas dû lorsque le ministre a autorisé la prolongation d'entrepôt. (*CA.* 18 *prairial an* 8.)

Les marchandises de prises entreposées au port d'arrivée ne peuvent être expédiées par continuation d'entrepôt. (*CA.* 16 *nivose an* 6.)

Quant au transit et à la réexportation des marchandises de prises, *voir* les chapitres *Transit* et *Réexportation* au livre IV.

CHAPITRE XIII. — *Des marchandises sauvées des naufrages.*

543. Les préposés *des douanes* se transporteront sans délai sur les lieux où seront survenus les naufrages, et en préviendront en même temps les officiers chargés d'y pourvoir; les marchandises qui en seront sauvées seront mises en dépôt, et s'il s'agit de marchandises étrangères, les préposés des douanes les garderont de concert avec ceux qui seront commis à cet effet par lesdits officiers. (22 *août* 1791, *art.* 1, *tit.* 7.)

Il est assuré une indemnité aux préposés des douanes, lorsqu'ils assistent au sauvetage des bâtimens et marchandises. *Voir* la section *droit de présence au sauvetage*, au livre I.

La même indemnité est allouée aux commissaires de police, et ils doivent conséquemment être prévenus des naufrages. *Voir* n° 245.

Les deux premiers articles d'un arrêté consulaire du 17 floréal an 9, relatif à la marine, portent :

Art. 1. « A défaut des armateurs, propriétaires,

« subrécargues ou correspondans, l'officier en chef « d'administration de la marine, et, en son absence, « celui qui le remplace dans l'ordre du service, « sera chargé du sauvetage et de tout ce qui con- « cerne les naufrages, quelle que soit la qualité du « navire... Les dispositions précédentes seront éga- « lement appliquées aux navires étrangers, à moins « que les traités ou conventions ne contiennent « des dispositions contraires.

Art. 2. « Si un navire fait naufrage, à quelque « distance que ce soit du port dont il dépend, c'est « à l'officier d'administration de ce port que doi- « vent être adressés les premiers avis, et, jusqu'à son « arrivée, les syndics des gens de mer donneront « les premiers ordres, et requerront, en cas de « besoin, l'assistance des autorités locales, soit pour « pourvoir au sauvetage, soit pour empêcher le « pillage. »

Il résulte d'une explication donnée par le mi-nistre de la marine, le 17 ventose an 10, au sujet de cet arrêté du 17 floréal an 9, que le Gouvernement, en chargeant les officiers de l'administration de la marine de pourvoir au sauvetage des effets naufragés, de faire tous les actes conservatoires, de procéder à la vente des objets, et d'en ordonner le dépôt à la caisse des invalides, n'a pas entendu enlever aux préposés des douanes la surveillance qui leur est attribuée par le titre 7 de la loi du 22 août; que cette surveillance au contraire doit être assurée par tous les moyens qui peuvent en garantir l'efficacité. Ils doivent donc être appelés à tous les actes relatifs aux naufrages, comme ils le sont à ceux qui concernent les prises, et continuer à se transporter sur le lieu de l'échouement, à veiller à ce qu'il ne soit enlevé ni détourné aucun des objets sauvés ou jetés à la côte, et à les faire déposer, de concert avec les officiers de la marine, dans un magasin sûr, dont une clef leur sera remise. Il en est de même de l'inventaire des marchandises et effets sauvés, de leur bénéficiement et de leur vente. Ces opérations ne peuvent avoir lieu qu'en présence des préposés des douanes, afin qu'ils soient en état de suivre le recouvrement des droits sur ce qui en est passible, ou l'exportation des objets dont l'introduction se trouve prohibée. (*CD.* 27 *germinal an* 10.)

Si les officiers de la marine s'opposoient à ce que les préposés coopérassent à ces différens actes, ces derniers dresseront procès-verbal du refus, et l'enverront au directeur pour qu'il en soit rendu compte au ministre. (*LD....an* 10.)

544. Après la décharge totale du bâtiment naufragé, et le dépôt provisoire des marchandises sauvées dans le lieu le plus prochain du naufrage, s'il est établi un nouveau magasin, lesdites marchandises devront y être conduites par les préposés *des douanes;* il leur sera donné une clef du nouveau magasin : ils assisteront aux procès-verbaux de reconnoissance et de description des effets sauvés, et ils signeront ces actes, qui seront rédigés par les officiers compétens, et dont il leur sera délivré des expéditions, qui seront taxées avec les frais du sauvetage. (22 *août* 1791, *art.* 2, *tit.* 7.)

Les expéditions des actes dont il s'agit et auxquels les préposés ont concouru équivalent à une déclaration; mais s'il est question d'effets trouvés sur la côte par des particuliers, la déclaration exacte doit en être exigée, pour la sûreté des droits, indépendamment de celle faite au bureau de la marine.

D'après un décret impérial du 27 septembre 1807, le magasin de sauvetage des navires existant sur la jetée dans le port du Havre sera remis en état, et muni des ustensiles nécessaires pour secourir au besoin les navires entrant dans ce port ou en sortant. L'administration de ce magasin sera confiée à la chambre de commerce du Havre. Les dépenses extraordinaires d'établissement sont fixées à 6300 francs; les frais annuels ne pourront excéder 3600 francs. — La perception de cette contribution sera faite par le receveur des douanes, qui en versera le produit, mois par mois, entre les mains de l'un des membres de la chambre de commerce, qui sera par elle élu et désigné à cet effet. Les dépenses seront acquittées sur le mandat du président, d'après une délibération de la chambre, prise dans la forme ordinaire de ses délibérations.

545. Si tout ou partie des marchandises est dans le cas d'être bénéficié avant ou pendant le séjour dans le dépôt provisoire, ou dans le second magasin, le bénécifiement ne pourra avoir lieu qu'en présence des préposés *des douanes*, qui seront tenus d'y assister à la première réquisition qui leur en sera faite, à peine de demeurer responsables des évènemens : après le bénéficiement, les marchandises seront rétablies dans lesdits magasins. (22 *août* 1791, *art.* 3, *tit.* 7.)

546. Les marchandises naufragées ou chargées sur des bâtimens en relâche forcée et constatée par les préposés des douanes pourront être importées ou devront être renvoyées à l'étranger, conformément aux lois et tarifs du code général des douanes, ou concernant leurs différentes espèces. (*4 germinal an 2*, *art.* 11, *tit.* 2.)

CETTE disposition : *ou devront être renvoyés à l'étranger*, ne peut, dans l'état actuel de la législation, se rapporter qu'aux objets dont l'importation commerciale est repoussée ;..... elle ne peut plus concerner les marchandises dont la consommation est défendue, puisque celles-ci doivent être brûlées ou anéanties, quel que soit d'ailleurs l'endroit où elles sont trouvées.

J'ai dit, sous le n° 256, qu'alors qu'un bâtiment échoué étoit chargé de pareilles marchandises, il emportoit par cela seul la preuve de sa contravention aux lois du blocus, et que conséquemment la confiscation du navire devoit s'en suivre;..... dans ce cas, c'est la marchandise qui entraîne le pavillon.

Voir sous le n° 549 quelques observations sur l'article 6, titre 7 de la loi du 22 août 1791, que je soutiens être abrogé en tout ce qui peut se rapporter aux marchandises réputées angloises.

547. Lorsque les marchandises devront être vendues, celui qui sera chargé d'en poursuivre la vente fera signifier aux préposés *des douanes*, au plus prochain bureau du lieu du naufrage, le jour de cette vente, avec fixation d'un délai suffisant pour qu'ils puissent y assister; le tout à peine, par ledit officier, d'être responsable des droits sur la totalité des marchandises portées au procès-verbal de reconnoissance et de description.

Les préposés *des douanes* seront présens à ladite vente; ils veilleront à ce que les adjudicataires des marchandises observent les formalités prescrites pour les déclarations, visites et acquits des droits. (*22 août* 1791, *art.* 4, *tit.* 7.)

LE produit de toutes les ventes provisoires des effets qui proviennent de bâtimens naufragés sera déposé à la caisse des invalides de la marine. (*AC.* 17 *floréal an* 9, *article* 5.)

Il est accordé aux trésoriers des invalides quinze centimes par cent francs pour toute indemnité des frais du travail et de la responsabilité que nécessite le dépôt dans leurs caisses, des sommes provenant des naufrages; mais ce droit de dépôt ne sera perçu par eux que lors de la remise des fonds à qui de droit. (*Même arrêté*, *article* 7.)

548. Seront communes aux marchandises naufragées les dispositions.... qui règlent le paiement des droits sur les marchandises avariées. (22 *août* 1791, *art.* 5, *tit.* 7.)

VOIR le paragraphe *de la réduction des droits en cas d'avaries*, n° 344 et suivans.

549. Ceux qui seront trouvés, par les préposés *des douanes*, saisis de marchandises naufragées, enlevées, sans être porteurs d'une permission, seront par eux arrêtés et conduits à la maison d'arrestation, et lesdits préposés remettront, dans le jour, leur procès-verbal au juge de paix le plus prochain, sans que les frais, en aucun cas, puissent être à la charge de l'*administration*; et seront lesdites marchandises remises dans un dépôt ou magasin, pour être statué sur la propriété de ceux qui les réclameront, et en être usé comme pour le surplus du chargement. (22 *août* 1791, *art.* 7, *tit.* 7.)

LES communes sont responsables des délits commis lors de l'échouement, lorsqu'elles ne justifient pas qu'elles ont pris les mesures convenables pour les réprimer. (*Lettre du* 21 *pluviose an* 5.)

MARCHANDISES PROHIBEES SAUVEES DES NAUFRAGES. — L'article 6 du titre 7 de la loi du 22 août 1791 dit :

« *Les marchandises prohibées à l'entrée ne seront* « *vendues ou remises à ceux qui les auront réclamées* « *qu'à la charge du renvoi à l'étranger; elles seront* « *transportées sous la conduite des préposés de la* « *régie et aux frais du réclamateur ou de l'adjudicataire au port le plus voisin, où elles seront* « *mises en entrepôt sous la clef des préposés à la per-* « *ception au bureau dudit port, jusqu'à l'exporta-*

« *tion. Ladite exportation ne pourra être différée au-* « *delà du délai de trois mois, à compter du jour de la* « *remise qui aura été faite des marchandises aux* « *propriétaires ou adjudicataires, à peine de confis-* « *cation desdites marchandises.*

« *Il est défendu aux juges d'en faire la remise* « *pure et simple auxdits propriétaires ou adjudica-* « *taires, à peine de condamnation, qui seroit contre* « *eux prononcée, de la valeur desdites marchandises* « *et de l'amende de cinq cents livres.*

« *Dans le cas néanmoins où les marchandises* « *prohibées sauvées du naufrage seroient tellement* « *avariées, qu'elles ne pourroient pas être exportées* « *sans le risque d'une perte totale, les propriétaires* « *ou adjudicataires desdites marchandises auroient* « *la faculté de les faire vendre publiquement, à la* « *charge de payer après la vente, entre les mains* « *desdits préposés à la perception, le droit de quinze* « *pour cent sur le produit de ladite vente, pour le* « *montant de ce droit être remis au receveur le plus* « *prochain des invalides de la marine.* »

Il est évident que, sous la législation actuelle, cet article de la loi de 1791 ne peut plus recevoir d'exécution si la marchandise prohibée est de l'espèce de celles dont la consommation est défendue. (*Voir* nos 255 à 257.)

On objecteroit vainement que l'article 3 de la loi du 10 brumaire an 5 a excepté de la confiscation les bâtimens au-dessus de cent tonneaux, dont la nécessité de la relâche *et à plus forte raison le naufrage* seroient constatés;..... j'ai déjà dit no 256 que cet article 3 est abrogé et par les décrets sur le blocus et par l'opinion de Sa Majesté que les marchandises angloises sont saisissables partout où on en trouve.. Or, si ces marchandises sont saisies, il est clair qu'elles ne peuvent être vendues ni réexportées puisqu'elles doivent être brûlées; conséquemment rien de l'article ci-dessus rapporté de la loi de 1791 ne peut leur être applicable.

Cet article ne pourroit donc être invoqué que si la marchandise trouvée dans le bâtiment naufragé étoit de l'espèce de celles dont l'importation commerciale est repoussée, comme des mouchoirs de soie, des soudes, etc., ou s'il s'agissoit de denrées provenant seulement du commerce anglois, comme des sucres, des cafés, etc;...... mais dans ces cas mêmes il ne pourroit pas être suivi, car enfin on ne doit pas des décrets sur le blocus faire des lois de pure théorie;..... certes le bâtiment qui est porteur d'objets prohibés ou de marchandises du commerce anglois n'est pas muni de certificats d'origine neutre; conséquemment il est saisissable, et dès-lors l'article de la loi de 1791 ne peut pas non plus lui être applicable, car ici la marchandise entraîne le bâtiment.

Ainsi le premier paragraphe de cet article 6 du titre 7 de la loi du 22 août 1791 ne sauroit donc concerner que les marchandises de naufrage saisies par les douaniers et à leur profit,.... et dans cette circonstance même le dernier paragraphe de ce même article se trouveroit encore rapporté par l'article 7 de la loi du 1er mars 1793, qui dit :

« *Les objets et marchandises dont l'introduction* « *est prohibée, tant par le présent décret que par les* « *lois antérieures, qui proviendroient de l'échouement* « *de quelques navires sur les côtes de France, pour-* » *ront être introduits dans le territoire* françois *en* « *payant, savoir; les objets précédemment prohi-* « *bés et ceux ici compris* (les velours et étoffes de « coton, les casimirs, la bonneterie, les ouvrages « d'acier poli, les boutons de métal et les faïences « de terre de pipe ou de grès d'Angleterre), *vingt* « *pour cent de leur valeur; et ceux énoncés* (devoir « être accompagné de certificat d'origine), *une moi-* « *tié en sus des droits fixés par le tarif*.......

Mais ces derniers droits ne sont-ils pas également abrogés par celui de quarante pour cent imposé sur l'introduction dans la consommation des marchandises provenant de prises;...... par assimilation, il paroîtroit que si celles de naufrages *saisies* ne doivent pas être réexportées, ce droit de 40 pour 100 seroit aujourd'hui le seul à percevoir sur les espèces dont l'importation commerciale est repoussée..... les autres, tels que sucres, café, etc. sont tarifées.

CHAPITRE XIV. — *Des Métaux.*

550. *Il ne sera délivré des permis d'embarquement pour les métaux dont l'espèce est en usage dans les ateliers de la marine, que sur les déclarations visées par un des principaux agens de cette partie ; l'enlèvement des mêmes métaux par terre ne pourra avoir lieu que sur la représentation de lettres de voiture également visées par un agent principal de la marine.* (CD. 17 décembre 1810.)

VOICI le texte de cette circulaire :

« Le ministre des finances a fait communiquer « à M. le directeur général une lettre de celui de la « marine, qui observe que la nécessité de réprimer les « vols qui se commettent dans les ports militaires, « nonobstant la surveillance la plus active, exigeroit « qu'aucune espèce de métal en usage dans les ate- « liers de la marine ne pût être expédié des villes « où il existe des arsenaux maritimes, qu'après qu'il « auroit été reconnu qu'elle n'a pas été soustraite « des chantiers, ateliers et magasins de la marine, et « qu'il conviendroit que des mesures fussent prises

« à cet égard par les chefs du service des douanes et « les inspecteurs de l'octroi. — Pour répondre aux « vues de S. Exc. le ministre de la marine, les préposés vérifieront avec le plus grand soin les objets « d'embarquement à l'égard desquels, lorsqu'il s'agira de métaux en usage dans les ateliers de la « marine, les permis ne seront délivrés que sur des « déclarations visées par un des principaux agens de « cette partie. Quant à l'enlèvement par terre, les « préposés des douanes se concerteront avec ceux de « l'octroi et de l'administration des droits réunis, « afin de s'assurer du contenu des colis expédiés sans « que des vérifications répétées aient lieu, et ne laisser « passer les métaux qu'autant que les conducteurs « représenteroient des lettres de voiture également « visées par un agent principal de la marine. » (*CD.* 17 *décembre* 1810.)

Il est sans doute inutile d'observer qu'il ne s'agit ici que des métaux dont la sortie n'est pas prohibée.

CHAPITRE XV. — *Du Numéraire et des matières d'or et d'argent.*

SECTION I. — *Du Numéraire et des matières d'or et d'argent non fabriquées.*

§. I. *De la prohibition des monnoies de cuivre et de billon à l'entrée.*

551. L'introduction des monnoies de cuivre et de billon, de fabrique étrangère, est prohibée, sous les peines portées par les lois concernant les marchandises prohibées à l'entrée du territoire de l'Empire. (*DI.* 11 *mai* 1807, *art.* 1.)

Les monnoies de billon étrangères, dont l'introduction est prohibée, ne peuvent ni circuler, ni être reçues dans les caisses publiques. (*DM.* 26 août 1806, *et CD.* 4 *juin* 1807.)

Cette prohibition ne porte pas sur les monnoies de cuivre et de billon au type italien; la circulation en est libre comme celle des pièces d'or et d'argent...; (*DM.* 18 *décembre* 1810) mais les pièces de billon au type étranger restent prohibées quoique venant d'Italie.

Il y a aussi exception pour les monnoies de cuivre et de billon fabriquées au coin des anciens souverains des pays réunis et dont le cours a été permis jusqu'à ce jour. (*DM.* 30 *juin* 1807.)

Une circulaire du directeur général, en date du 26 juin 1806, a prévenu que les médailles et jetons de cuivre étant exclusivement dans les attributions de l'établissement des monnoies, se trouvoient par-là prohibés à l'entrée.... Cependant la prohibition n'affecte pas les médailles antiques ou celles frappées relativement à des évènemens survenus dans les pays étrangers, et qui sont de différentes formes et en foible nombre pour chaque espèce.

§. II. *De la défense d'exporter le numéraire et les matières d'or et d'argent non fabriquées.*

552. L'exportation du numéraire est prohibée jusqu'à nouvel ordre. (*AC.* 21 *ventose an* 11.)

Toutefois la libre circulation du numéraire entre la France et le royaume d'Italie a été autorisée par l'art. 20 du décret du 10 octobre 1808. — *Voir* au livre IV, *Traité avec l'Italie.*

Et l'on peut exporter de Trieste, sous certaines formalités, les monnoies d'or et d'argent aux types des anciens souverains, qui sont nécessaires dans les échanges avec le Levant. — *Voir*, à la fin de ce livre, le chapitre *Régime particulier des provinces Illyriennes.*

Voir aussi, pour autres exceptions, les notes qui se trouvent sous le n° 558.

553. L'exportation des piastres, tant pour les colonies que pour les autres lieux, ne pourra se faire qu'en vertu des permissions accordées par le ministre du trésor public. (*AC.* 9 *germinal an* 11, *art.* 1.)

Cette autorisation doit être transmise par le directeur général des douanes au directeur de la division où l'exportation doit s'effectuer, et celui-ci donne des ordres en conformité. (*Circulaire du directeur général du* 10 *germinal an* 11.)

554. Ce ministre remettra au gouvernement, le 15 de chaque mois, l'état des permissions qu'il aura accordées; et ledit état fera mention de la quantité des piastres, du lieu de leur destination, et des noms de ceux à qui lesdites permissions auront été accordées. (*AC. 9 germinal an* 11, *art.* 2.)

« Les dispositions des arrêtés des 21 et 23 ventose dernier (numéros 552 et 555) sont maintenues « en ce qui n'est pas contraire au présent. » (*Même arrêté, art.* 3.)

555. Les dispositions de l'arrêté du 21 de ce mois, qui prohibe l'exportation du numéraire, sont étendues à toute espèce de matières d'or et d'argent. (*AC.* 23 *ventose an* 11.)

CETTE disposition s'entend des matières d'or et d'argent non travaillées, car les ouvrages d'orfévrerie et de bijouterie peuvent sortir en vertu de la disposition placée au nº 566.

556. Ceux qui tenteroient d'exporter les matieres énoncées *ci-dessus* seront soumis aux peines portées par le *titre* 5 de la loi du 22 août 1791..... (15 *septembre* 1792, *art.* 3.)

LE titre 5 de la loi du 22 août 1791 est rapporté sous les numéros 266 à 269.

557. Les étrangers, autres cependant que les ambassadeurs et envoyés des puissances étrangères, seront, comme les régnicoles, assujettis aux dispositions ci-dessus. (5 *septembre* 1792, *art.* 3.)

558. Néanmoins, les étrangers qui, en entrant en France et en arrivant sur les frontières, auront fait constater la nature et la quantité des matières d'or ou d'argent monnoyées ou non, dont ils seront porteurs, pourront les emporter en quittant la France. (5 *septembre* 1792, *art.* 4.)

LES arrêtés des 21 et 23 ventose an 11 (numéros 552 et 555) ayant remis en vigueur le régime prohibitif des lois des 5 et 15 septembre 1792, auxquelles il avoit été dérogé par la première disposition de l'arrêté du 17 prairial an 10, il s'ensuit que toutes les circulaires transmises pour l'intelligence de ces lois ont aussi repris vigueur....... Voici en conséquence l'analyse de leur teneur :

Les capitaines étrangers qui apportent des denrées et marchandises à la foire de Beaucaire peuvent exporter en numéraire le prix de leur fret, mais non celui de leurs marchandises qu'ils ont la faculté d'échanger contre nos productions. (*Lettre du* 2 *messidor an* 4.)

Les capitaines et matelots des navires neutres abordant dans un port de France jouissent de la faculté de remporter le numéraire dont ils sont porteurs, pourvu qu'ils en aient fait la déclaration aux préposés qui se rendent à bord avant le débarquement. (*Arrêté du comité des finances, du* 11 *frimaire an* 3.)

Les voituriers et tous les autres particuliers ne peuvent également exporter de plus fortes sommes en numéraire que celles qu'ils ont apportées de l'étranger et dont ils ont fait constater la quotité par une déclaration au premier bureau d'entrée. (*Décision du* 2 *germinal an* 4.) — D'après cette déclaration, il leur est délivré un passavant pour le bureau d'expédition. (*LD.* 16 *ventose an* 10.)

Les prisonniers de guerre étrangers, retournant dans leur patrie, peuvent sortir avec une somme qui n'excèdera pas trois mois de leur solde. (*Arrêté du* 15 *fructidor an* 3.)

Les voyageurs sont admis à présenter des soumissions cautionnées de faire rentrer, dans un délai qui ne peut excéder trois mois, les sommes nécessaires à leurs besoins. (*Décision ministérielle, du* 22 *prairial an* 4.)

Les courriers des armées peuvent exporter la quantité nécessaire au besoin de leur route, pourvu qu'elle n'excède pas le montant des sommes qui leur sont allouées pour leurs dépenses personnelles, et qu'elle soit mentionnée sur le *part* qui leur est expédié pour leur servir de passeport. Cette mention doit être certifiée par les directeur et contrôleur des bureaux des postes. (*CA.* 26 *vendémiaire an* 5.)

Lorsqu'il s'agira de la solde des armées françoises occupant le pays étranger, l'exportation aura lieu sur les bordereaux des payeurs généraux, accompagnés de certificats du préfet du département qui en constateront la quotité et la destination. Ces certificats seront retenus comme pièces justificatives. (*CA.* 28 *germinal an* 6.)

Les Espagnols peuvent exporter des pièces d'or étrangères pour la valeur des piastres qu'ils ont importées dans nos hôtels des monnoies. (*Décision du* 8 *thermidor an* 9.)

Quant aux pièces d'or et d'argent au type de Hollande que rassemblent les habitans de la rive gauche du Rhin, on peut, sans inconvénient, en permettre la sortie sous la soumission cautionnée d'en faire rentrer la valeur en argent de France dans un très-court délai. (*LD.* 26 *ventose an* 10.) — Mais une lettre du ministre des finances au directeur général, en date du 27 messidor an 13, prescrit de s'opposer à la sortie des couronnes impériales, dites de Brabant, et des ducatons..... Suivant la lettre du directeur général, du 8 avril 1807, cette prohibition s'étend aux demi et quart de couronnes de Brabant, aux demi, quart et huitième de ducatons. — Il en est de même des ducats de Hollande et d'Allemagne, des Frédéricks d'or et florins....; la seule exception à la défense de sortie ne concerne que la monnoie de billon ou les pièces d'argent d'un usage local et d'un bas titre, dont la valeur intrinsèque est trop inférieure à celle nominative pour qu'elles deviennent l'objet de quelques spéculations.

Enfin, il ne doit être expédié aucune somme en numéraire que sur des permissions du Gouvernement. (*DM.* 22 *prairial an* 4.) — On ne peut considérer comme telles que les autorisations du ministre des finances, transmises par le *directeur général* aux directeurs. (*CA.* 6 *thermidor an* 5.) — Peu importe alors que l'exportation se fasse en lingots d'or ou d'argent, pourvu que la valeur n'excède pas la somme dont l'exportation aura été permise. (*CA.* 11 *floréal an* 4.)

La prohibition du numéraire n'affecte pas celui destiné pour les colonies. (*AC.* 18 *ventose an* 11.) — Mais on ne peut y expédier des piastres que sur des permissions spéciales du ministre du trésor public. (*AC.* 9 *germinal an* 11.) *Voir* n° 553.

La circulation des piastres, lingots et numéraire, ne peut avoir lieu dans la ligne des douanes, sans un permis spécial du ministre d'après l'ordre de Sa Majesté; en conséquence, aucune autorité ne peut la permettre, et la saisie en doit être faite, nonobstant tout passavant ou permis qui auroit pu être délivré. (*LD.... nivose an* 14.)

§. III. *Du Transit des piastres.*

559. Le ministre des finances est autorisé à donner les ordres nécessaires pour faire constater l'entrée *des piastres* que le gouvernement espagnol destinera à faire passer dans les états du Nord, pour acquitter les dépenses de ses légations et autres, et pour leur libre exportation hors du territoire de *l'empire* pour lesdites destinations. (*AC.* 4 *prairial an* 11, *art.* 1.)

560. Les sommes ainsi envoyées en France seront présentées au premier bureau d'entrée, avec un certificat qui attestera leur destination, et elles en seront expédiées par acquit-à-caution. (*Même arrêté, article* 2.)

Le directeur général transmet l'autorisation du ministre du trésor public; alors l'expédition se fait du premier bureau d'entrée en France, après une visite exacte, sous plomb et par acquit-à-caution, dans lequel on rappelle la date du certificat et de l'autorisation spéciale, le montant de la somme, le délai et le bureau de sortie. L'exportation ne doit se consommer, et l'acquit-à-caution n'être déchargé, que lorsque les préposés reconnoissent l'intégrité des cordes et plombs dont les caisses ont été scellées.

La circulation des piastres dans la ligne des douanes ne peut avoir lieu sans un permis spécial du ministre. *Voir* le dernier paragraphe de la note du n° 558.

SECTION II. — *Des matières d'or et d'argent fabriquées.*

§. I. *De l'établissement d'un droit de garantie sur ces fabrications.*

561. Il sera perçu un droit de garantie sur les ouvrages d'or et d'argent de toute sorte fabriqués à neuf.

Ce droit sera de vingt fr. par hectogramme (trois onces deux gros douze grains) d'or, et d'un fr. par hectogramme d'argent, non compris les frais d'essai ou de touchaux. (19 *brumaire an* 6, *tit.* 2, *art.* 21.)

CE droit, qui remplace celui de contrôle et de marque, est perçu sous la surveillance de l'administration des droits réunis dans les communes où il y a des bureaux établis à cette fin. En *voir* la nomenclature sous le n° 565.

562. Les ouvrages de joaillerie dont la monture est très légère, et contient des pierres ou perles fines ou fausses, des cristaux dont la surface est entièrement émaillée, ou enfin qui ne pourroient supporter l'empreinte du poinçon sans détérioration, continueront d'être seuls dispensés de l'essai et du paiement du droit de garantie, qui a remplacé ceux de contrôle et de marque des ouvrages d'or et d'argent. (*AD.* 1er. *messidor an* 6, *art.* 1.)

Tous les autres ouvrages de joaillerie et d'orfévrerie, sans distinction ni exception, auxquels seroient adaptés, en quelque nombre que ce soit, des pierres ou des perles fines ou fausses, ou des cristaux qui seroient émaillés, seront sujets à l'essai et au paiement du droit dont il s'agit, ainsi qu'il est prescrit par la loi du 19 brumaire an 6. (*Même arrêté*, *art.* 2.)

563. Il est accordé à la fabrique d'horlogerie et de bijouterie du département du Léman, une exemption du droit de garantie sur tous les ouvrages d'or et d'argent destinés pour l'étranger. (*DI.* 21 *août* 1806, *art.* 2.)

L'ARTICLE 1 de ce décret dit, qu'il y aura pour le département du Léman un bureau de garantie qui sera établi dans la ville de Genève. — Comme il importe de connoître ses autres dispositions, les voici :

Art. 3. « Les ouvrages d'or ou d'argent destinés « pour l'étranger seront soumis au seul droit d'es- « sai, et devront être aux titres prescrits par la « loi du 19 brumaire an 6. Ils seront dispensés du « poinçonnement, lorsque le fabricant le deman- « dera : dans ce cas, ils seront, en sa présence, mis « sous le cachet du bureau; et le fabricant sera « tenu de justifier de leur sortie du territoire de « l'Empire, par un certificat de l'administration des « douanes, sous les peines portées par l'art. 80 de « la loi précitée.

Art. 4. « L'exemption du droit de garantie accor- « dée par l'arrêté du 3 vendémiaire an 8 à l'hor- « logerie des départemens du Doubs et du Mont- « Terrible est supprimée. Cette exemption est res- « treinte aux seuls objets destinés pour l'étranger, « pour l'exportation desquels les fabricans desdits « départemens devront se conformer à ce qui est « prescrit par l'art. 3 du présent décret.

Art. 5. « Lorsqu'il sera procédé.... à la récense « générale des ouvrages d'or et d'argent, ceux d'hor- « logerie qui seront trouvés chez les fabricans de « Besançon et du territoire qui composoit le dépar- « tement du Mont-Terrible, ainsi que ceux d'orfé- « vrerie, de bijouterie et d'horlogerie qui existeront « chez les fabricans de Genève à l'époque de cette « recense, seront marqués des poinçons ET. » (*DI.* 21 *août* 1806.)

564. En cas...... de fraude des droits sur ..... la marque d'or et d'argent, les objets de fraude seront saisis et confisqués, et les contrevenans condamnés à une amende égale au quadruple des droits fraudés. (5 *ventose an* 12, *art.* 76.)

SUIVANT les dispositions rapportées aux numéros 561 et 565, le droit de garantie est de 20 fr. par hectogramme d'or et d'un fr. par hectogramme d'argent; ainsi, à défaut de rapport de l'acquit valablement déchargé, on doit conclure à l'amende de quatre fois ces valeurs, et non à celle du double droit, comme le prescrivoit une décision ministérielle, du 12 germinal an 7, qui, quant au taux de l'amende, se trouve rapportée par l'article ci-dessus de la loi du 5 ventose an 12.

La somme du droit principal est versée dans la caisse du receveur des droits de garantie, et celle représentant l'amende est répartie dans la proportion commune. (*Circulaire de l'administration des douanes, du* 11 *germinal an* 7.)

JURISPRUDENCE. — Voici un arrêt de cassation qui jette le plus grand jour sur la qualité des espèces soumises au droit de garantie.

« Vu les articles 1, 8, 21, 77 et 107 de la loi « du 19 brumaire an 6; — attendu que, par ces

« dispositions, *tous les ouvrages tant en or qu'en* « *argent, et les ouvrages doublés ou plaqués d'or* « *et d'argent* sont soumis *aux titres prescrits*, et « à la perception *du droit de garantie;* qu'à cet « effet *les fabricans et marchands d'or et d'argent* « sont tenus *de porter au bureau de garantie leurs* « *ouvrages pour y être essayés, titrés ou marqués,* « *ou être revêtus de l'une des empreintes* de poin- « çon *prescrites.....;* et que *tout ouvrage d'or* « *et d'argent achevé et non marqué, trouvé chez* « *un fabricant ou marchand, donne lieu à la* « *saisie, aux poursuites et aux autres peines por-* « *tées par la loi;* — attendu que, loin que les « ouvrages de coutellerie garnis de virolles et de « médaillons d'or ou d'argent soient exempts des « dispositions générales de la loi, l'article 86 ex- « cepte seulement *les joailliers* pour *les ouvrages* « *montés en pierres et en perles,* pour *ceux émaillés* « *dans toutes les parties*, ou auxquels sont adaptés « des cristaux.....; et que d'ailleurs l'article 8 « établit un poinçon spécial pour les *mêmes ou-* « *vrages*, et un poinçon particulier pour les *ou-* « *vrages doublés ou plaqués d'or ou d'argent;* — « attendu que ces mesures ordonnées par la loi re- « poussent l'allégation du fait de refus par les em- « ployés de la régie de marquer les menus objets de « cette espèce lorsqu'ils leur sont présentés; que « d'ailleurs le fait allégué de la présentation et du « refus n'est pas présenté comme personnel au « défendeur; — qu'ainsi les juges de Namur ont « méconnu le vœu de la loi, et sont contrevenus « formellement à ces dispositions; — par ces motifs, « la cour casse et annulle... etc. »

§. II. *Des formalités à l'importation des ouvrages d'or et d'argent fabriqués à l'étranger.*

565. Les ouvrages d'or et d'argent venant de l'étranger devront être présentés aux employés des douanes sur les frontières de l'*empire* pour y être déclarés, pesés, plombés, et envoyés au bureau de garantie le plus voisin, où ils seront marqués du poinçon ET, et payeront des droits égaux à ceux qui sont perçus pour les ouvrages d'or et d'argent fabriqués en France.

Sont exceptés des dispositions ci-dessus,

1°. Les objets d'or et d'argent appartenant aux ambassadeurs et envoyés des puissances étrangères;

2°. Les bijoux d'or à l'usage personnel des voyageurs, et les ouvrages en argent servant également à leur personne, pourvu que leur poids n'excède pas en totalité cinq hectogrammes (seize onces deux gros soixante grains et demi). (19 *brumaire an 6, tit. 2, art. 23.*)

Tous les autres ouvrages d'or et d'argent qui ne sont pas dans les exceptions déterminées ci-dessus et au nº 562 sont susceptibles par conséquent de recevoir la marque; entrant par une commune où il existe à la fois des bureaux de douanes et de garantie, ils doivent, après la perception des droits du tarif, être transportés immédiatement au bureau de garantie. Le moyen le plus facile pour assurer le transport est de délivrer un acquit-à-caution. — Les mêmes ouvrages introduits par d'autres communes sont expédiés pour un des bureaux établis, sous plomb et par acquit-à-caution spécifiant l'obligation de rapporter certificat de décharge du receveur de droit de garantie. (*Circulaire du 17 ventose an 7, et décision du 12 prairial même année.*)

Une autre décision du ministre des finances, du 12 prairial an 7, assujettit les ouvrages d'or et d'argent vieux, venant de l'étranger, au droit de garantie, à moins qu'ils ne soient brisés au premier bureau de douane, pour être simplement considérés comme matière.

La franchise d'entrée que le ministre accorde quelquefois à de l'argenterie ne concerne que les droits de douanes, et non celui de garantie qui, dans tous les cas, doit être assuré. (*LD.* 1 *messidor an* 11.)

Les ouvrages d'or et d'argent venant de l'étranger seront envoyés pour être marqués du poinçon ET, et payer le droit dans les bureaux de garantie établis à Aix-la-Chapelle, Alexandrie, Amiens, Anvers, Arras, Asti, Bayonne, Besançon, Bordeaux, Brest, Bruges, Caen, Carcassonne, Chambéry, Chiavari, Coblentz, Colmar, Cologne, Coni, Digne, Dijon, Dunkerque, Foix, Fontenai, Gap, Gênes, Genève, le Hâvre, la Rochelle, Liége, Lille, Lons-le-Saulnier, Luxembourg, Marseille, Maestricht, Mayence, Metz, Montbeillard, Montpellier, Nantes, Nice, Parme, Pau, Perpignan, Plaisance, Rouen, Ruremonde, Saint-Brieux, Saint-Lô, Saint-Malo, Saint-Omer, Savone, Spire, Strasbourg, Tarbes, Toulon, Turin, Valogne, Vannes, Verceil, Livourne, Florence, Sienne. (*DI.* 7 *juillet* 1809, *art.* 3.)

§. III. *De la Restitution des deux tiers du droit de garantie à l'exportation des ouvrages d'or et d'argent fabriqués en France.*

566. ..... Les vaisselles d'or ou d'argent, et les vases d'or et d'argent servant au culte, pourront être exportés à l'étranger, nonobstant les dispositions des lois des 5 et 15 septembre 1792. (*AC.* 17 *prairial an* 10.)

Le tarif annexé à la loi du 29 nivose an 5 avoit déjà autorisé l'exportation des ouvrages de bijouterie et d'orfévrerie dont les deux tiers de la valeur seroient en main-d'œuvre. — Tous ces ouvrages acquittent des droits; mais on rembourse les deux tiers de celui de garantie. *Voir* n° 567 et sous le n° 568.

567. Lorsque les ouvrages neufs d'or et d'argent fabriqués en France et ayant acquitté les droits sortiront de l'*empire* comme vendus ou pour l'être à l'étranger, les droits de garantie seront restitués au fabricant, sauf la retenue d'un tiers. (19 *brumaire an* 6, *art.* 25, *tit.* 2.)

Cette restitution sera faite par le bureau de garantie qui aura perçu les droits sur lesdits ouvrages, ou, à défaut de fonds, par une traite *sur le bureau de garantie de Paris.* Cette restitution n'aura lieu cependant que sur la représentation d'un certificat de l'administration des douanes, muni de son sceau particulier, et qui constate la sortie de France desdits ouvrages.

Ce certificat devra être rapporté dans le délai de trois mois. (*Même loi et même titre, art.* 26.)

Les ouvrages d'or et d'argent, reconnus par les préposés sans la marque de garantie, doivent être saisis avec amende. (*LM.* 18 *thermidor an* 8.) — Il y a exception en faveur des fabricans de Genève. *Voir* le n° 563.

Cette disposition fait suffisamment reconnoître que l'intention du Gouvernement est que les préposés des douanes, qui, par suite de leur surveillance, découvriroient des objets d'or et d'argent non revêtus des marques de garantie, soient habiles à en déclarer eux-mêmes la saisie et à en poursuivre la confiscation devant les tribunaux ordinaires. — Si au lieu d'absence de toute marque il en existoit de fausses ou de présumées telles, les préposés devroient également saisir, sauf à remettre les objets au receveur du droit de garantie qui feroit vérifier les marques par l'administration des monnoies, et si en définitif elles étoient reconnues fausses, les objets saisis seroient déposés au greffe du tribunal de première instance, et le rapport de saisie, ainsi que le procès-verbal de reconnoissance des marques, seroient remis au procureur impérial. (*LA.* 8 *pluviose an* 10.)

Par décision ministérielle du 17 ventose an 13, la Belgique faisant partie intégrante de l'Empire françois, il ne doit point être fait de différence entre l'argenterie marquée au poinçon de ce pays et celle qui porte le coin de France.

568. Le gouvernement désignera les communes maritimes et continentales par lesquelles il sera permis de faire sortir de l'*empire* les ouvrages d'or et d'argent. (19 *brumaire an* 6, *art.* 27, *tit.* 2.)

Les bureaux de sortie par terre sont : Pas-de-Béhobie, Ainhoa, Turnhout, Cologne, Coblentz, Mayence, Strasbourg, Bourglibre, Pontarlier, Versoix, le Boulou, Verceil...

Ceux par mer : Bayonne, Bordeaux, la Rochelle, Nantes, Port-Malo, Rouen, le Havre, Valéry-sur-Somme, Boulogne, Calais, Dunkerque, Ostende, Anvers, Nice, Toulon, Marseille, Cette, Port-Vendre et Agde. (*Arrêtés des* 5 *frimaire*, 23 *pluviose an* 7, 9 *vendémiaire an* 10, *et* 18 *pluviose an* 11.)

Les expéditions doivent être accompagnées d'une déclaration descriptive faite au bureau de garantie où le droit a été acquitté, certifiée par les préposés de ce bureau.

Ces déclarations et certificats, légalisés par les maires, et à Paris par les administrateurs des monnoies, sont présentés à la douane de sortie, où, après une confrontation exacte et l'acquittement des droits du tarif, l'exportation est constatée.

Le *visa* du directeur dans l'arrondissement duquel se trouve le bureau de sortie, et le sceau de l'administration des douanes, complètent les formalités exigées pour le remboursement. (*Décision du ministre, des 22 nivose et 22 germinal an 7.*)

Sur la question de savoir si la restriction que l'arrêté du 5 frimaire an 7 met à la sortie des ouvrages d'or et d'argent par certains bureaux établit la prohibition par tous autres, il a été répondu, par I.D., 2 mai 1810, que cet arrêté se rapporte à l'article 25 de la loi du 19 brumaire an 6, qui accorde, à l'exportation, le remboursement des deux tiers du droit de garantie, et qu'il remplit le vœu de l'article 27 qui avoit chargé le pouvoir exécutif de désigner les bureaux de sortie. Ainsi l'exportation des ouvrages d'or et d'argent peut s'effectuer par tous les ports indistinctement, mais la prime est réservée à celle qui a lieu par les bureaux dénommés, tant dans l'arrêté du 5 frimaire an 7 que dans les règlemens subséquens.

CHAPITRE XVI. — *Des Pierres à feu.*

569. L'exportation à l'étranger de pierres à feu, de quelque espèce qu'elles soient, est prohibée dans toute l'étendue de l'*empire*, sous peine de confiscation et de trois cents fr. d'amende. (19 *brumaire an* 8.)

570. L'exécution des lois qui défendent l'exportation des pierres à feu est suspendue pendant la paix. (*AC.* 6 *prairial an* 10.)

L'arrêté du 6 prairial an 10 n'est que la conséquence des motifs de la loi du 19 brumaire an 8, ainsi conçus : *Considérant qu'il est instant de prendre toutes les mesures nécessaires pour empêcher que les ennemis de* l'Etat *ne tirent de France les munitions de guerre dont ils ont besoin....*

Bien que d'après ces dispositions il paroîtroit que la sortie des pierres à feu devroit être prohibée par l'état de guerre où nous nous trouvons, et que ce soit ainsi que l'avoit pensé M. le directeur général, en prescrivant, par sa circulaire du 23 vendémiaire an 14, de s'opposer a la sortie des pierres à feu taillées ou brutes, il est intervenu depuis une autre circulaire, du 21 juillet 1806, sur une lettre du secrétaire général de la guerre, du 20, qui a autorisé l'exportation des pierres à feu en payant les droits du tarif..... Comme aucune instruction contraire n'a été transmise postérieurement, il s'ensuit que celle relative à l'autorisation de sortie des pierres à feu doit recevoir son exécution jusqu'à ce qu'il en soit autrement ordonné.

CHAPITRE XVII. — *Des Poids et Mesures.*

571. .....Aussitôt après la publication du présent décret, toute fabrication des anciennes mesures est interdite en France, ainsi que toute importation des mêmes objets venant de l'étranger, à peine de confiscation et d'une amende du double de la valeur desdits objets. (18 *germinal an* 3, *art.* 24.)

On entend par mesures anciennes, toutes celles destinées à peser ou à mesurer suivant l'ancien usage.

Mais les poids de fonte dont les anneaux sont brisés ne sont point compris dans la prohibition. (*Décision ministérielle du* 26 *prairial an* 7.)

CHAPITRE XVIII. — *Des Poudres et Salpêtres.*

SECTION I. — *Des Poudres.*

§. 1. *De la Prohibition des Poudres à l'importation.*

572. Il est défendu à qui que ce soit d'introduire aucunes poudres étrangères dans *l'empire*, sous peine de confiscation de la poudre, des chevaux et voitures qui en seroient chargés, et d'une amende de vingt francs quarante-quatre centimes par kilogramme de poudre (ou dix fr. par livre.)

Si l'entrée en fraude est faite par la voie de la mer, l'amende sera double, en outre de la confiscation de la poudre. (13 *fructidor an* 5, *art.* 21.)

573. Les capitaines de navires, de quelque lieu qu'ils viennent, à leur entrée dans les ports maritimes, seront obligés, dans les vingt-quatre heures, de faire au bureau des douanes, ou, à défaut, au commissaire de la marine, la déclaration des poudres qu'ils auront à bord, et de les déposer, dans le jour suivant, dans les magasins nationaux, sous peine de cinq cents francs d'amende; ces poudres leur seront rendues à leur sortie desdits ports. (13 *fructidor an* 5, *art.* 31.)

574. Les poudres prises sur l'ennemi par les vaisseaux ou bâtimens de mer seront, à leur arrivée dans les ports de *l'empire*, déposées dans les magasins de la marine, si elles sont bonnes à être employées pour ce service, et dans ce cas le ministre de ce département les fera payer au même prix que celles qu'il reçoit de l'administration générale des poudres.

Mais si les poudres des prises, après vérification contradictoirement faite, ne sont pas admissibles pour le service de la marine, elles seront versées dans les magasins de l'administration des poudres, qui les payera en raison de la quantité de salpêtre qu'elles contiennent, et au prix auquel est fixé celui des salpetres. (13 *fructidor an* 5, *art.* 32.)

Ainsi les poudres ne peuvent, dans aucun cas, être réexportées. — Celles saisies doivent également rester en France, quelles que soient leurs qualités. — *Voir* au surplus le n° 580.

§. II. *De la Circulation des Poudres.*

575. Tout voyageur ou conducteur de voitures qui transportera plus de cinq kilogrammes (ou dix livres) de poudre, sans pouvoir justifier leur destination par un passeport de l'autorité compétente, revêtu du *visa* de la municipalité du lieu du départ, sera arrêté et condamné à une amende de vingt francs quarante-quatre centimes par kilogramme de poudre saisie (ou dix francs par livre), avec confiscation de la poudre, des chevaux et voitures: mais si le conducteur n'a pas eu connoissance de la nature du chargement, il aura son recours contre le chargeur qui l'auroit trompé, et qui sera tenu de l'indemniser.

Néanmoins, dans la distance des deux myriamètres des frontières, les citoyens resteront soumis à tout ce qui est prescrit par les lois sur la circulation dans cette étendue. (13 *fructidor an* 5, *art.* 30.)

§. III. *Du Régime des Poudres à l'exportation.*

576. L'administration générale des poudres et salpêtres continuera de fournir exclusivement aux armateurs et négocians la poudre de guerre nécessaire à la défense de leurs bâtimens de commerce, en se conformant à ce qui est prescrit par l'article 20 de la loi du 13 fructidor an 5. (*AC.* 27 *prairial an* 10, *art.* 1.)

Voici cet article 20 de la loi du 13 fructidor an 5. — « Les armateurs et corsaires continueront d'être « approvisionnés par l'administration des poudres, « en raison de la quantité de leurs armes à feu, et sur « des états certifiés par le commissaire de la marine « du lieu de l'armement. »

De cette disposition résulte le maintien de la prohibition de la poudre à feu à la sortie, édictée par les lois des 12 pluviose an 3 et 19 thermidor an 4.

Cependant une décision ministérielle du 18 brumaire an 11 a permis l'exportation de poudres de chasse.... Mais elles doivent être accompagnées d'un passeport des administrateurs des poudres et salpêtres. (*Circulaire du 20 brumaire an* 11.)

577. Elle leur fournira également la poudre dite *de traite* dont ils auront besoin pour faire les échanges dans les colonies. (*AC.* 27 *prairial an* 10, *art.* 2.)

578. Les commissaires ou préposés à la vente des poudres délivreront aux armateurs et négocians un certificat qui constatera la quantité et la qualité des poudres qu'ils leur auront vendues. (*Même arrêté*, *art.* 3.)

Ce certificat sera remis aux préposés des douanes du lieu de l'embarquement, qui veilleront à ce que la totalité des poudres achetées soient embarquées. (*Même arrêté*, *art.* 4.)

Les préposés des douanes doivent veiller, lors des embarquemens, à ce que les quantités et espèces énoncées dans les certificats qui leur seront remis soient identiquement chargées sur les navires; ils en attestent le chargement au dos de ces certificats, qu'ils remettent au receveur pour servir de pièces justificatives en cas de vérification ultérieure de la part de l'administration des poudres et salpêtres ou de celle des douanes. (*CD.* 12 *messidor an* 10.)

Pour complément de ce chapitre, il faut consulter celui *des armes et munitions* au commencement de ce livre III.

SECTION II. — *Des Salpêtres.*

579. L'importation et l'exportation des salpêtres sont également prohibées; la contravention sera punie des mêmes peines que lorsque les poudres sont la matiere du délit.

Il sera cependant permis d'entreposer des salpêtres dans les ports de France, pour les réexporter ensuite, en se conformant à ce qui est prescrit par les lois sur l'entrepôt. (13 *fructidor an* 5, *art.* 22.)

Il a été dérogé à la prohibition absolue de l'entrée du salpêtre par l'article 11 de l'arrêté consulaire du 27 pluviose an 8, ainsi conçu :

« Tout fabricant qui emploie du salpêtre comme « matière première dans ses opérations pourra en « importer par les seuls ports de Marseille, Lorient, « le Havre, Dunkerque et Anvers. Ce salpêtre ne « pourra être introduit, des ports désignés ci-dessus « dans l'intérieur, qu'au moyen d'un acquit-à-caution « délivré par les employés des douanes. Lors du dé- « chargement, il en sera justifié à l'autorité du lieu « où sont situés les ateliers pour lesquels le salpêtre « sera destiné : cette autorité inscrira la décharge « sur l'acquit-à-caution, qui sera renvoyé dans le « mois à l'administration des douanes. »

Il est bon aussi de connoître l'article 12 de ce même arrêté qui dit :

« Il est défendu à ces fabricans, ou à tous autres « particuliers, de vendre du salpêtre, sous les peines « portées par les lois. »

Un autre arrêté, en date du 10 floréal an 11, a accordé diverses exemptions aux salpêtres et matières propres à la confection de la poudre venant de l'étranger pour l'administration des poudres; les termes généraux dans lesquels l'article 7 est conçu pourroient induire les receveurs en erreur; mais ces termes n'ont aucun rapport aux douanes, et on doit continuer à percevoir les droits ordinaires d'entrée sur les matières premières dont il s'agit venant de l'étranger, à quelque destination ultérieure que ce soit. (*Circulaire du* 8 *prairial an* 11.)

SECTION III. — *Dispositions communes aux Poudres et Salpêtres.*

580. Les poudres ou salpêtres saisis par les employés des douanes seront par eux déposés au *magasin impérial* le plus prochain affecté à ces matières.

La moitié de la valeur de tous les objets confisqués et des amendes prononcées appartiendra aux saisissans, et sera partagée entre eux. (13 *fructidor an* 5, *art.* 23.)

C'est dans les magasins de l'administration des poudres et salpêtres que doivent être déposées les saisies de cette espèce, et non dans les magasins militaires. (*LA.* 19 *vendémiaire an* 9.)

Le préposé principal de l'administration des poudres et salpêtres fait verser à la caisse du receveur des douanes le montant du prix des poudres ou salpêtres qui ont été déposés dans les magasins de cette administration.

Le décret impérial du 22 août 1806 a fixé le prix du salpêtre livré par les salpêtriers dans les magasins du Gouvernement à deux francs quarante centimes dans les commissariats autres que ceux de Paris, Tours, Saumur, Chatellerault, Rouen, Marseille et Bordeaux, où il est payé dix centimes de plus.

Voir, pour la répartition du produit des saisies de poudres et salpêtres, la section 1ère du chapitre 7 au livre Ier.

L'art. 37 de cette loi du 13 fructidor an 5 dit :

« Dans le cas de contravention à la présente loi, « toutes les demandes et poursuites pouvant donner « lieu à condamnation seront faites pardevant le « juge de paix ou le tribunal de police correctionnelle, suivant l'étendue de leur compétence, et « sauf l'appel. »

Mais on sent qu'aujourd'hui c'est devant les tribunaux de douanes que doivent être portées les contraventions relatives à l'importation, circulation dans la ligne et exportation des poudres et salpêtres.

CHAPITRE XIX. — *Des Productions coloniales.*

SECTION I. — *Du Régime de ces productions lorsqu'elles sont du crû des colonies étrangères.*

581. Il ne sera reçu dans les ports de *France* aucune denrée coloniale provenant des colonies angloises.....

En conséquence toute denrée et marchandise provenant....... de colonie angloise sera confisquée. (22 *ventose an* 12, *art.* 14.)

J'ai rapporté cet article en entier sous le no 256.

Les denrées du crû des colonies angloises ne sont pas les seules qui soient rejetées; il résulte de l'art. 4 du décret du 23 novembre 1807 (no 277) qu'on ne peut même admettre celles venant du commerce anglois.

La confiscation n'est pas non plus la seule peine qui atteigne ces espèces : il suit d'un arrêt de la cour de cassation, placé sous le no 283, que la loi du 22 ventose an 12 est corrélative avec la loi du 10 brumaire an 5, et qu'en conséquence la triple amende et toutes les autres peines rapportées sous les numéros 261 et 262 leur sont aussi applicables.

Pour justifier que les denrées coloniales ne provenoient ni d'Angleterre ni de son commerce, il avoit été ordonné par l'article 15 de la loi du 22 ventose an 12 (no 276), et par le décret du 30 ventose an 13 (numéros 282 et 283), que celles présentées seroient accompagnées d'un certificat d'origine neutre délivré par le consul de France au port d'embarquement; mais pareil certificat ne suffit plus pour la réception des productions étrangères d'outre-mer : leur introduction commerciale a depuis été assujettie aux règlemens sur les licences ou permis et cumulativement aux lois sur la navigation.

J'exposerai d'ailleurs sous le numéro qui va suivre quel est le résultat du régime actuel relativement aux conditions de l'admission des denrées de l'espèce.

582. Les denrées coloniales étrangères dénommées au Tarif *général* seront, *lorsque l'admission en aura été autorisée par Sa Majesté ou qu'elles proviendront de prises, de saisies ou autres confiscations*, assujetties aux droits portés à ce tarif. (8 *floréal an* 11, *art.* 19, *coordonné avec les décrets des* 8 *février*, 5 *août et* 12 *septembre* 1810.)

J'ajoute a cet article de la loi du 8 floréal an 11 les différentes dispositions qui se trouvent transcrites ci-dessus en *caractères italiques*; ces dispositions ressortent de l'ensemble du système actuel et sont en vigueur en vertu des ordres de Sa Majesté, transmis aux douanes par des circulaires de cette administration..... Les receveurs doivent donc référer de toute importation commerciale par mer et ne peuvent permettre aucune introduction avant l'ordre du directeur général. — *Voir* d'ailleurs le titre 1er du livre VI.

J'ai déjà dit, sous le n° 277, que de la remise en vigueur de l'acte de navigation, lequel veut qu'aucune marchandise ne soit admise en France par navire étranger qu'autant qu'elle sera du crû du pays auquel appartient le bâtiment, il résultoit que toutes productions d'outre-mer se trouvoient, par cela seul, prohibées à l'importation par terre;..... pour qu'il n'y ait pas de doute à cet égard, l'administration a écrit à ses directeurs des frontières de terre, les 24 août et 13 septembre 1810, que « aucune denrée coloniale, quelle qu'en soit l'origine, ne peut entrer « par les bureaux de terre. » Ainsi celles même provenant de saisies sur territoire étranger ne pourroient être introduites sans un ordre exprès du ministre du commerce.

On observera cependant que ne sont pas rangés dans cette classe les produits de la pêche, tels que les huiles de poisson, la morue salée, les poissons secs, etc., ni les drogues d'origine européenne, etc., mais bien tout ce qu'on entend généralement par productions des deux Indes, comme bois et cotons des îles, drogues et teintures du Sénégal, etc.

583. Ces droits seront payés à l'arrivée, à moins que les marchandises ne soient mises en entrepôt réel, qui ne pourra excéder un an. (8 *floréal an* 11, *art.* 20.)

On a vu sous les numéros 348 à 353 qu'il avoit été consenti des crédits de deux ou trois mois, soit sous caution, soit sur nantissement; ainsi la première disposition de cet article 20 de la loi du 8 floréal, qui dit que les droits seront payés à l'arrivée, ne peut être entendue que dans le sens que ces droits pourront être acquittés conformément à la décision du 8 ventose an 9 ou au décret du 6 février 1811.

584. Lesdites denrées qui seront mises en entrepôt ne devront, à leur entrée, que le droit de la balance du commerce...... (8 *floréal an* 11, *art.* 21.)

Là où il y a des points cet article disoit : « *Et en cas « de réexportation, elles seront exemptes de tous « droits à la sortie.* » Mais il a été mandé, par circulaire du 31 octobre 1810, que l'intention de Sa Majesté est que la vente des productions coloniales ne puisse être faite que pour l'intérieur, à l'exception des TABACS qui pourront continuer à jouir, dans les cas permis, de la faculté de la réexportation. En conséquence on s'opposera à toute réexportation de marchandises coloniales; elles ne pourroient rétrograder à l'étranger qu'après avoir acquitté les droits d'entrée et de sortie. — Ces dispositions sont applicables à celles qui sont à présent en entrepôt réel et en dépôt dans les magasins des douanes, ou qui y arriveroient à l'avenir; elles révoquent aussi le transit qui avoit été accordé à quelques espèces provenant de nos colonies. — *Voir* la circulaire du 24 décembre 1810, sous le n° 591.

585. En sortant de l'entrepôt pour entrer dans l'intérieur, elles acquitteront les droits portés *au* tarif..... (8 *floréal an* 11, *art.* 22.)

Les marchandises coloniales sortant de l'entrepôt pour la consommation jouissent, comme les autres, d'un crédit de deux mois, sous caution, ou de trois mois sur nantissement. — *Voir* à cet égard les numéros 348 à 353.

586. Les raffineurs qui tireront des entrepôts des sucres bruts, têtes ou terrés, jouiront, pour le paiement des droits de consommation, d'un crédit de quatre mois, en fournissant aux receveurs des douanes leurs obligations valablement cautionnées. (22 *ventose an* 12, *art.* 25.)

Désormais la vérification des sucres aura lieu au port d'arrivée sur les masses qui présentent de plus sûres données que des échantillons, que par suite de cette nouvelle disposition on n'adressera plus à Paris.

En cas de contestation dans les vérifications, il sera pris des experts, l'un nommé par le directeur, l'autre par le consignataire, et s'il y avoit partage d'opinion, il seroit prononcé définitivement par un troisième expert à la nomination du préfet. (*DM.* 16 *messidor an* 12.)

Les raffineurs seuls pouvant jouir du crédit accordé ci-dessus, ils devront fournir aux receveurs des douanes les preuves qu'ils sont propriétaires d'une raffinerie *en activité*. — La faveur du crédit s'applique aux sucres de toute origine, soit de l'étranger, soit de prises, soit enfin de nos colonies. — Elle n'a pour objet que les droits dus à l'extraction de l'entrepôt.

Il s'étoit élevé la question de savoir si ce crédit est applicable aux raffineries situées hors la ligne des douanes, et en ce cas quelle étoit l'autorité chargée d'attester la propriété et l'activité de ces raffineries? Cette question a été décidée affirmativement sous les conditions suivantes : 1°. de produire un certificat du maire de la commune où la raffinerie est située, visé du préfet ou du sous-préfet, qui constate que le propriétaire de la raffinerie est d'une solvabilité connue, et que sa fabrique est réellement en activité; 2°. Que les traites fournies par le propriétaire de la raffinerie seront endossées ou acceptées par un négociant du port où les sucres seront arrivés, et qui sera d'une solvabilité reconnue. (*CD.* 6 *vendémiaire an* 12.)

Les négocians sont tenus de déclarer la véritable qualité de leurs sucres pour que les droits soient perçus conformément au tarif. (*LD.* 22 *ventose an* 13.)

SECTION II. — *Des marchandises provenant des colonies françoises en notre possession.*

587. Les capitaines des bâtimens de retour des colonies seront tenus de faire au bureau *des douanes*, dans les vingt-quatre heures de leur arrivée, et dans la forme prescrite par la loi générale, la déclaration de leur chargement, et de rapporter, avec l'état dudit chargement, l'acquit des droits qui seront perçus à la sortie desdites colonies, tant que lesdits droits seront dus.

Lesdits capitaines déclareront séparément les objets qu'ils auront chargés sous voile, afin que les droits qu'ils auroient dû payer aux îles soient acquittés en sus de ceux auxquels ils seront assujettis en France..... (10 *juillet* 1791, *art.* 21.)

VOIR, relativement à ce second paragraphe, la note sous le n° suivant.

Antérieurement aux dispositions que je placerai sous les numéros 589 et 590, les marchandises du crû de nos colonies se trouvoient déja singulièrement favorisées par un article de la loi du 8 floréal an 11..... A raison de ce qu'il est d'un mince intérêt dans les circonstances, et aussi parceque l'administration n'a pas partagé mon opinion, je ne ferai pas texte de cet article; mais je crois devoir le rapporter en cette note, ne fût-ce que pour discuter sur les principes de l'abrogation des lois....

La loi du 8 floréal an 11 a donc dit par son art. 18, qui est celui dont je parle :

« Les marchandises non dénommées au tarif n° 1 « joint à la présente, et qui seront justifiées prove- « nir du crû des colonies françoises, paieront moitié « des droits imposés sur les mêmes objets venant de « l'étranger ».

Les espèces imposées au *tarif* n° 1, que cet article 18 invoque, étoient :

1°. Le sucre brut, sucre tête et terré, café, cacao, confitures, poivre venant de Cayenne et des colonies orientales sur navires françois, et mélasse. (*Ces sept espèces étoient tarifées à un léger droit* d'entrée *et à un droit plus fort* de consommation.)

2°. Le tafia, l'indigo, le rocou, le coton, les liqueurs, la casse, le gingembre, le caret ou écaille de tortue, les bois d'acajou et de marqueterie, et les cuirs secs en poils. (*Ces dernières espèces étoient frappées d'un droit particulier d'entrée, et elles ne pouvoient jouir de l'entrepôt.*)

Or, toutes les autres marchandises du crû de nos colonies ne devroient, aux termes de l'article 18 ci-dessus, que la moitié des droits du tarif général; *mais on a prétendu que cette disposition n'étoit applicable qu'aux objets dont le droit n'avoit pas été changé depuis, et qu'ainsi les marchandises assujetties à de nouveaux droits par des dispositions postérieures à la loi du* 8 *floréal an* 11 *devoient les acquitter sans distinction d'origine.*

Je n'ai jamais vu ce que des tarifications plus fortes imposées sur le commerce étranger pouvoient avoir de commun avec cet art. 18 de la loi du 8 floréal an 11, et sur-tout lorsqu'elles portoient sur des marchandises non comprises dans son tarif colonial n° 1, *comme le girofle, la muscade*....... Les lois postérieures ont-elles abrogé cet article 18? Non, car elles n'en parlent pas...... En abrogeroient-elles les dispositions par leur silence? Non encore, car pour qu'il y ait abrogation entre deux lois, il faut nécessairement que la plus récente contrarie la plus ancienne...... Certes, la loi qui se tait n'établit pas de contrariété; or si elle ne contrarie pas, comment peut-elle abroger?

Il y a plus encore s'il s'agit de lois tarifantes : en cette matière, pour qu'il puisse y avoir abrogation des unes par les autres, il faut nécessairement que les tarifications soient de même nature; car si l'une est proportionnelle et l'autre numérale, il est clair que la proportion existant toujours, quel que soit le nombre, la tarification proportionnelle s'accordera avec la nouvelle tarification numérale, comme elle s'accordoit avec l'ancienne; ainsi la disposition de l'art. 18 de la loi du 8 floréal an 11 ne peut pas être abrogée tacitement, et elle n'est modifiée que par le décret du 1er. novembre 1810 (nos 589 à 591), qui a accordé de plus grandes faveurs à certaines marchandises du crû de nos colonies.

588. Les marchandises et denrées expédiées des colonies sur des vaisseaux desdites colonies pour un des ports de France seront traitées comme celles apportées par les bâtimens armés en France. (10 *juillet* 1791, *art.* 34.)

Il résulte d'une lettre du ministre de la marine à celui des finances, du 23 messidor an 11, sur les relations de nos colonies avec la métropole pendant la guerre, 1°. que les denrées coloniales chargées par le commerce neutre, soit pour les ports de France, soit pour l'étranger, paieront à la sortie de chaque colonie tous les droits, soit d'entrée, soit de consommation, que la loi a imposés sur celles introduites en France par le commerce national; 2°. qu'il sera délivré par les receveurs de chaque colonie, aux bâtimens qui déclareront vouloir faire leur retour dans les ports de France, un certificat dûment légalisé, constatant l'acquittement des droits, et indiquant les espèces, poids et quantités des denrées qui y auront été soumises. Ce certificat opèrera l'exemption des mêmes droits dans les ports d'arrivée : mais, afin d'en prévenir l'abus, il devra être adressé à monsieur le directeur général des douanes, pour qu'il fasse reconnoître la vérité des signatures.

Quant aux droits locaux des îles, une autre disposition de la même lettre annonce que les magistrats coloniaux sont autorisés à en modérer ou en élever la quotité selon les circonstances. Ainsi le supplément à percevoir de ces droits locaux de sortie pour les objets chargés sous voile est calculé sur le taux qu'indiquent les acquits pour les autres parties de la cargaison.

Il y aura également lieu à l'acquittement des droits imposés en France pour les mêmes objets pris sous voile, et pour toutes quantités excédant celles portées dans le certificat de paiement du receveur de la douane coloniale, attendu qu'elles n'auront pas subi dans l'île la perception anticipée de ces droits.

Si les excédans étoient assez considérables pour rendre suspecte, à leur égard, l'origine nationale, et en faire présumer le chargement dans une colonie étrangère, le droit exigible seroit alors celui sur les denrées étrangères. Il en seroit préalablement référé à monsieur le directeur général, pour être statué suivant les circonstances. (*CD.* 2 *thermidor an* 11.)

Lorsqu'au retour en France il n'est pas justifié du paiement des droits de sortie des colonies par les acquits de leurs douanes, il faut les percevoir en France; et si la quotité n'en étoit pas connue, en faire garantir le paiement par des soumissions valides. (*CD.* 21 *brumaire an* 11.)

589. Toutes marchandises coloniales soumises au tarif réglé par le décret du 5 août 1810, qui viendroient.... des.... colonies en notre pouvoir, soit des Indes orientales, soit des Indes occidentales, seront exemptes de tout droit de douanes, si elles viennent directement dans les ports de l'empire sur des bâtimens françois ou hollandois. (*DI.* 1er. *novembre* 1810, *art.* 1.)

Les espèces dont il est ici question sont : les COTONS, les SUCRES *brut, tête et terré*, les THÉS, CAFÉ, CACAO, INDIGO, POIVRES, COCHENILLE, CANELLES, CLOUS DE GIROFLE, MUSCADE et BOIS *d'acajou* et de *teinture*.

Les faveurs accordées et par le décret ci-dessus et par l'art. 18 de la loi du 8 floréal an 11 ne sont applicables qu'aux marchandises des colonies qui sont en notre possession...... La franchise a été refusée à celles arrivant de l'Ile de France en vertu de la capitulation; néanmoins elles ont été admises, mais en acquittant les droits de tarif général.

590. Les marchandises coloniales, arrivant des mêmes colonies, ne paieront que le quart du droit fixé par le décret du 5 août, si elles viennent directement sur des bâtimens américains. (*Même décret, art.* 2.)

591. Les pièces de bord des bâtimens, justificatives de l'exécution des conditions prescrites par les articles 1 et 2, seront soumises à Sa Majesté en conseil de commerce, afin qu'elle statue sur leur validité. (*Même décret, art.* 3.)

Le présent décret aura un effet rétroactif, et recevra son exécution comme s'il avoit été rendu le 5 août 1810. (*Même décret, art.* 4.)

Ainsi les denrées dénommées au décret du 5 août 1810 (*j'en ai donné la nomenclature sous le* n° 589), qui, depuis sa publication, sont venues ou qui viendront directement de nos colonies sur navires françois, seront admises en franchise ; celles sur navires américains ne paieront que le quart du droit actuel. — Ce privilège restant suspendu jusqu'à la décision de SA MAJESTÉ, les unes et les autres seront provisoirement admises en entrepôt réel. — On fera subir aux capitaines et équipages les interrogatoires ordinaires, et les procès-verbaux en seront adressés à M. le directeur général avec toutes les pièces de bord, principalement les acquits de sortie de nos colonies. Si le navire est françois, on en requerra la preuve; dans le cas où elle ne pourroit être immédiatement administrée, on s'informera du port auquel le bâtiment appartient, et de la date de sa francisation. — S'il est hollandois, la nationalité sera établie dans des passeports et actes de propriété que l'on fera traduire et qu'on adressera à M. le directeur général. — Il en sera ainsi des bâtimens américains. (*CD.* 2 *novembre* 1810.)

Quelques dispositions des lois des 8 floréal an 11, 1er pluviose an 13 et 30 avril 1806, avoient autorisé le transit de certaines denrées des colonies françoises; mais ce transit a été révoqué par une circulaire du 24 décembre 1810 ainsi conçue:

« Les dispositions de la loi du 8 floréal an 11, qui « autorisoient le transit des sucres tête et terré, « café et cacao des colonies françoises, et des poivres « de toute origine, deviennent, en conséquence des « ordres de SA MAJESTÉ transmis par CD. du 31 oc« tobre dernier (*sous le* n° 584), sans objet. — Les « denrées de ces espèces restant en entrepôt ne « pourront, comme toutes les autres, être retirées « que pour la consommation intérieure, en payant « les droits actuels. On n'admettra également que « pour cette destination celles qui seront susceptibles « de franchise ou de modération des droits, appli« quée en vertu de décision spéciale de SA MAJESTÉ, « suivant le décret du premier novembre 1810..... « Les directeurs tiendront la main à ce qu'il ne soit « plus délivré aucune expédition de transit pour les « denrées coloniales, et ils surveilleront avec soin le « rapport des acquits-à-caution levés dans cet objet « avant la circulaire du 31 octobre;....... ils n'en fe« ront annuller les soumissions que lorsque M. le di« recteur général aura prescrit cette mesure. » (*CD.* 24 *décembre* 1810.)

CHAPITRE XX. — *Des Sels du crû étranger.*

SECTION I. — *Prohibition des sels étrangers.*

592. L'entrée du sel étranger, déja prohibée par l'ordonnance de 1680, le sera dans toute l'étendue de l'empire, et provisoirement sous les peines prescrites par les ordonnances, relativement aux autres marchandises prohibées...... (*Lettres-patentes du* 22 *mai* 1790, *premier paragraphe de l'art.* 1.)

Je parlerai de l'amende applicable à la contravention de cette prohibition sous le n° 722.

SECTION II. — *Admission des sels provenant de prises.*

593. Les sels provenant des prises faites sur les ennemis de l'Etat seront admis à l'entrée..... (1er. *pluviose an* 13, *art.* 2.)

CET article ajoutoit, *en payant* 50 *centimes par cinq myriagrammes;* mais une circulaire du directeur général, du 28 mai 1806, a décidé qu'ils seroient désormais assujettis au droit de deux décimes par kilogramme.

On a conclu de cette disposition, que les sels de prises étoient en tout assimilés aux sels françois; qu'ainsi la faveur de l'entrepôt illimité leur étoit applicable; qu'ils devoient jouir du déchet de cinq pour cent; qu'enfin ils pouvoient être employés en franchise aux salaisons de poissons;

M. le directeur général des douanes a observé, par sa circulaire du 28 novembre 1807, que toutes ces conséquences sont fausses; que les sels de prises n'ont droit qu'au délai d'entrepôt commun aux autres marchandises provenant de navires capturés sur les ennemis de l'Etat, et qu'ils doivent, après ce délai, acquitter le droit de consommation, à moins que, par des circonstances particulières, il ne soit accordé une prolongation spéciale.

Que le déchet de cinq pour cent ne peut, dans aucun cas, être alloué pour ces sels, quelque mouvemens qu'ils puissent subir après leur introduction, parceque cette déduction est formellement réservée, par l'art. 12 du règlement du 11 juin 1806 (n° 612), aux sels provenant de nos marais salans, et seulement pour leur extraction immédiate.

Quant à la franchise pour cause d'emploi aux salaisons de poissons, le règlement ne l'applique non plus qu'aux sels nationaux, puisque les art. 27 à 56, en déterminant les formalités régulatrices de cette franchise, expriment toujours les mots de *première extraction de nos marais salans.* Les sels de prises ne pourroient donc recevoir cette destination que dans le cas où des circonstances difficiles exigeroient une telle destination, et d'après une autorisation formelle.

Des receveurs ont admis des obligations à 3, 6 et 9 mois, en paiement du droit de deux décimes par kilogramme, moyennant lequel les sels étrangers, provenant de prises introduites dans nos ports, sont admissibles, aux termes de la loi du 1er pluviose an 13 et de la circulaire du 28 mai 1808. Le crédit de 3, 6 et 9 mois, accordé par l'art. 53 de la loi du 24 avril 1806 (nº 616), concerne exclusivement les sels extraits de nos marais salans; et ceux étrangers provenant de prises, n'étant admis que par exception, ne doivent jouir que du crédit ordinaire de deux mois, autorisé pour les droits généraux de douanes. Bien que cette disposition ne fût pas explicitement énoncée, elle résultoit naturellement de la circulaire ci-dessus du 28 novembre 1807, portant que les sels de prises n'étoient admissibles à aucune des faveurs particulières réservées par la loi du 24 avril et le règlement du 11 juin 1806 aux sels françois. (*CD.* 3 *avril* 1810.)

SELS PROVENANT DE SAISIES. — Tous sels de saisies, n'importe leur origine, sont assimilés à ceux de prises, et comme tels soumis aux droits. (*CD.* 11 *novembre* 1806.)

Les droits doivent toujours être assurés lors des accommodemens résultant des saisies de sels. (*LD.* 4 *octobre* 1806.)

Les sacs provenant de saisies de sels doivent être coupés par morceaux, de manière à ne pouvoir servir; les chiffons sont ensuite vendus, et le produit réparti entre les préposés saisissans. Les inspecteurs doivent s'assurer de l'exécution de cette mesure. (*CD.* 7 *mai* 1808.) — Une circulaire du 7 novembre 1807 avoit ordonné de brûler ces sacs.

Lorsqu'on demande à M. le directeur général l'allocation de frais provenant de saisies de sels, on doit lui donner connoissance de l'emploi qui a été fait du sel et des sacs qui le contenoient. (*LD.* 18 *avril* 1809.)

CHAPITRE XXI. — *Des Sels recueillis en France.*

SECTION I. — *De la police des sels.*

§. 1. *De la surveillance des préposés des douanes sur les sels.*

594. Les préposés des douanes sont autorisés à se transporter, en tout temps, dans l'enceinte des marais salans, dans les salines et lieux de dépôt, pour y exercer leur surveillance.

Les préposés des droits réunis visiteront et tiendront en exercice les salines et fabriques de l'intérieur. (*DI.* 11 *juin* 1806, *art.* 8.)

Il suit des termes précis du premier paragraphe de cet article, que les préposés n'ont pas besoin d'être accompagnés d'un officier public pour exercer les salines, et que cet exercice peut être fait de jour comme de nuit sans leur assistance. (*LD.* 28 *juillet* 1808.) — *Voir*, pour le surplus, la note sous le nº 600.

La police des marais salans, salines, etc., appartient exclusivement aux préposés des douanes dans toutes les parties de la ligne. (*CD.* 25 *juin* 1806.)

Mais la surveillance de la circulation des sels dans les limites déterminées doit être exercée concurremment par les préposés des douanes et des droits réunis, sans préjudice du droit exclusif de surveillance attribuée à chaque administration sur les marais salans, salines et fabriques de sel, selon les lieux où ces établissemens sont situés. (*DM.* 25 *novembre* 1806.)

595. La surveillance des douanes s'exercera sur la circulation intérieure des sels, jusqu'à la distance de trois lieues des côtes de tout l'empire, soit qu'il y existe ou non des marais salans, salines et fabriques de sels. (*DI.* 25 *janvier* 1807, *art.* 1.)

Il résulte de la décision ministérielle du 25 novembre 1806 (sous le nº 594), que les préposés des droits réunis ont, comme ceux des douanes, le droit de se faire représenter les expéditions dont les sels, circulant dans le rayon soumis à la surveillance administrative, doivent être accompagnés, et de saisir ceux qui circuleroient sans ces expéditions. Mais l'administration des douanes ayant l'exercice exclusif des marais salans et fabriques de sels situés dans la ligne de son service ordinaire, il n'appartient qu'aux préposés de cette administration de recevoir dans cette même ligne les déclarations ordonnées par l'art. 2 du règlement du 11 juin 1806 (nº 605), et de délivrer les expéditions prescrites par les articles 4 et 5 du même règlement (nºs 607 et 608); en sorte que tous les sels rencontrés par les préposés des douanes, dans les trois lieues des marais salans, salines et fabriques de sel soumis à leur exercice, seroient saisissables si les formalités ci-dessus n'avoient pas été exactement remplies. (*CD.* 28 *novembre* 1806.)

596. Les dispositions du décret du 25 janvier 1807, concernant la surveillance à exercer par les préposés des douanes sur la circulation des sels dans le rayon de trois lieues des côtes de tout l'empire, sont applicables à chaque bord des rivières affluentes à la mer, en remontant ces mêmes rivières jusqu'au dernier bureau des douanes, où se peuvent payer les droits d'importation ou d'exportation; et la distance des trois lieues dans le rayon desquelles les sels doivent être accompagnés de congés ou acquits-à-caution, sous les peines portées par ledit décret, se mesurera, 1°. du rivage de la mer vers l'intérieur; 2°. pour les rivières affluentes à la mer, de chaque point du bord de ces mêmes rivières, en rentrant vers l'intérieur des terres, jusqu'au dernier bureau des douanes. (*DI.* 6 *juin* 1807.)

Le décret impérial du 25 janvier 1787 a fixé à trois lieues des côtes de tout l'Empire le rayon dans lequel devoit s'exercer la police de circulation des sels; mais la loi du 8 floréal an 11, ayant prescrit l'exécution des lois et règlemens sur le transport et la circulation des denrées et marchandises dans les quatre lieues des frontières, les sels se trouvoient nécessairement, avant la publication de ce décret du 25 janvier, soumis à cette loi générale de police de circulation. M. le directeur général, consulté sur la question de savoir si le décret du 25 janvier rapportoit, à l'égard des sels, l'art. 84 de la loi du 8 floréal an 11, a fait connoître, le 9 juillet 1807, que ce décret ne changeoit rien aux dispositions de la loi précitée; ainsi les sels continuent à être, comme toutes autres denrées, soumis à la police de circulation, dans toute l'étendue du rayon déjà déterminé.

Ces nouvelles dispositions étendent celles de l'article 1er. du décret du 11 juin 1806, ainsi conçu:

« La surveillance des préposés des douanes et « des droits réunis ne s'exercera, pour la percep- « tion de la taxe sur les sels, que jusqu'à la dis- « tance de trois lieues des marais salans, fabri- « ques ou salines, situés sur les côtes et frontières, « et dans les trois lieues de rayon des fabriques et « salines de l'intérieur. La ligne de démarcation sera « déterminée comme celle des douanes. »

On a vu sous les numéros qui précèdent, que la surveillance des marais salans, salines, etc., et la perception de l'impôt du sel appartiennent exclusivement à l'administration des douanes dans toute la ligne de son service, et que la régie des droits réunis ne peut opérer que dans l'intérieur seulement.

Pour que les habitans des campagnes situées dans les trois lieues ne puissent prétendre ignorer s'ils sont compris dans ce rayon, M. le directeur général, par sa circulaire du 19 juin 1807, a prescrit aux directeurs de faire indiquer, par les préfets, la ligne de démarcation jusqu'où doit s'étendre la surveillance des trois lieues de côtes et frontières, en conformité des décrets des 11 juin 1806 et 25 janvier 1807.

L'exécution des dispositions relatives à la surveillance des préposés sur les sels a donné lieu à diverses questions résolues suivant les localités. Il est constant, en effet, que l'assujettissement du transport des sels à des formalités rigoureuses n'est pas d'un égal intérêt sur tous les points, et que si la nécessité de favoriser la circulation des petits approvisionnemens de famille exige quelques modifications, ces modifications doivent être restreintes dans les directions où l'existence des marais salans offre plus d'appât à la fraude que dans celles où il n'en existe pas; aussi le décret du 11 juin 1806 avoit-il borné à trois lieues la surveillance des préposés, et si le Gouvernement l'a autorisée, par le décret du 25 janvier 1807, dans les trois lieues des côtes de tout l'Empire et des rivières affluentes à la mer jusqu'au dernier bureau des douanes, il a voulu, à l'égard des côtes voisines des lieux de fabrication, opposer un nouvel obstacle à l'extraction en fraude, que l'entrée dans la partie des frontières affranchies précédemment mettoit trop promptement à l'abri des recherches des préposés; et, à l'égard des côtes où il ne se fabrique pas de sel, prévenir l'écoulement des dépôts frauduleux provenant des versemens qui auroient échappé à la surveillance des brigades, ou de la soustraction de parties de sel déclarées pour les salaisons du poisson qui auroient été détournées de leur destination. — Cette différence d'objets dans le décret du 25 janvier 1807 en a exigé une dans les instructions relatives à son exécution.

Il faut d'abord observer que les dispositions du décret du 25 janvier 1807 existoient déjà pour une grande partie des côtes, puisqu'en vertu de l'article 7 du règlement du 11 juin 1806 (nº 610), aucune partie de sel ne pouvoit être transportée dans le rayon de trois lieues des marais salans, sous peine de saisie et amende de 100 francs, sans être accompagnée d'un congé ou acquit-à-caution; mais l'exécution littérale de cette disposition gêneroit, sans nécessité, le transport des approvisionnemens de ménage dans l'intérieur de la ligne, et offriroit même de grandes difficultés pour le service; en effet, l'extraction directe des marais salans se fait presque toujours par les marchands de sel, et c'est chez ces derniers que les particuliers se procurent celui nécessaire à leur consommation: outre qu'il seroit rigoureux d'assujettir les acheteurs des plus petites quantités à se pourvoir d'expéditions, surtout lorsqu'il n'existe pas de bureau dans le lieu même où se vendent les sels, il est évident que les bureaux ne suffiroient que très-difficilement à la délivrance simultanée d'un si grand nombre d'expéditions; les préposés pourroient à peine trouver le temps de s'assurer que les sels pour lesquels on demande un congé avoient été précédemment soumis à l'impôt; or, le but du décret est qu'il soit justifié de l'acquittement des droits avant d'obtenir la faculté de transporter des sels dans le rayon soumis à la police de circulation; ainsi l'obligation absolue du congé ne seroit qu'une vaine formalité qui pèseroit sur le consommateur sans tourner à l'avantage du trésor public.

Le seul moyen de concilier l'exécution de la loi avec le but qu'elle s'est proposé est donc de dispenser de la formalité des expéditions les petites parties de sel dont le transport n'a évidemment pour objet que les approvisionnemens de famille, et d'adopter, à l'égard des parties plus considérables, des mesures telles qu'il ne puisse être légitimé qu'après la justification de l'acquittement des droits. (*Cette dispense du permis de circulation, accordée pour les sels transportés par petites quantités de quatre kilogrammes et au-dessous, ne concerne que ceux déjà introduits dans la ligne, et dont conséquemment le droit a été acquitté ou assuré, et que, quelque foibles que soient les parties de sel qu'on veut extraire des marais, elles doivent être immédiatement soumises aux droits.* (Voir plus bas.)

Cette exception, restreinte à la quantité de quatre kilogrammes et au-dessous, ne peut devenir un moyen de fraude, puisque les dépôts frauduleux ne pourroient s'écouler par d'aussi foibles portions sans donner lieu à des frais qui excéderoient le montant du droit fraudé; elle est d'ailleurs suffisante pour la facilité des consommateurs, puisque chaque individu sera le maître d'y participer, en ne faisant ses approvisionnemens que successivement et dans une proportion exempte de toutes formalités; cependant cette exception n'est applicable qu'au sel déjà introduit dans la ligne, et destiné à y circuler de nouveau; elle ne peut concerner les parties de sel, quelque foibles qu'elles soient, qui, sortant immédiatement des marais salans ou salines, seroient représentées aux préposés chargés de leur garde effective, car une telle disposition affranchiroit par le fait de l'impôt les habitans des communes voisines des marais; ce qui est formellement contraire à l'esprit de la loi.

Cette modification une fois adoptée, il ne reste plus qu'à déterminer le mode de justification du paiement des droits sur les quantités de sel au-dessus de 4 kilogrammes, pour lesquelles il seroit demandé des expéditions de douanes. L'art. 7 du règlement du 11 juin 1806 (nº 610), et le décret du 23 janvier 1807 (numéros 595 et 611), ne considèrent le transport des sels dans la ligne comme légitime, qu'autant qu'ils sont accompagnés de congés ou acquits-à-caution; qu'ainsi la représentation de l'acquit de paiement qui ne porteroit pas effectivement la faculté de transport dans la ligne pendant un temps déterminé ne peut jamais autoriser la circulation. Le motif de cette disposition est que l'acquit de paiement pur et simple, ne pouvant servir à constater l'identité des sels transportés par celui qui en est porteur, pourroit être représenté plusieurs fois et pour des parties de sel différentes, tandis que le congé ou autres expéditions devant non-seulement contenir la quantité de sel enlevé et le nom du porteur, mais aussi le lieu de destination, la route à tenir et le nombre d'heures pendant lequel il sera valable, on n'a pas à craindre qu'il en soit fait un double emploi.

Les sels sortant immédiatement des marais salans par terre, quelque foible qu'en soit la quantité, doivent donc être accompagnés d'un acquit de paiement ayant en même temps la forme et la valeur d'un congé. Cette expédition peut seule assurer leur passage à travers la ligne des préposés (*jusqu'à nouvel ordre, on se servira des registres d'acquits de paiement maintenant en usage*); au-delà de cette première ligne, l'expédition n'est plus exigible jusqu'à leur destination que pour les quantités au-dessus de quatre kilogrammes; si cette destination les porte immédiatement au-delà du rayon soumis à la police des préposés, l'objet de la surveillance se trouve définitivement consommé à leur égard; si, au contraire, par l'effet de cette première destination, les sels restent dans l'intérieur du rayon, et qu'ils soient susceptibles d'un nouveau déplacement, parcequ'ils seront entrés dans le magasin d'un vendeur, ils ne peuvent être enlevés en quantités au-dessus de 4 kilogrammes qu'au moyen d'un congé; mais ce congé ne doit être délivré que sur la preuve de l'acquittement des droits.

Cette preuve peut être fournie de la manière suivante: les sels venus des marais salans par terre dans le magasin d'un marchand doivent nécessairement acquitter les droits à l'enlèvement, puisqu'il ne peut, aux termes du règlement, être délivré d'acquits-à-caution pour le transport par terre, que lorsqu'il s'agit de la *troque*, genre de commerce dont il sera parlé tout à l'heure : si, au contraire, les sels ont été originairement expédiés par mer sous acquit-à-caution, les droits ont été payés dans le port de destination, soit à l'arrivée, soit à la sortie d'entrepôt ; dans tous les cas, le marchand doit avoir par devers lui, pour tous les sels qu'il a dans ses magasins, les acquits de paiement en forme de congés qui ont servi à en assurer le transport ; il lui est donc facile de déposer ces acquits au bureau le plus prochain des douanes pour servir à établir entre lui et le receveur un compte ouvert, au moyen duquel ce dernier délivrera successivement, soit sur la déclaration du marchand, soit sur son billet remis à l'acheteur, de nouveaux congés jusqu'à la concurrence des quantités de sel portées dans les acquits de paiement dont il est dépositaire (*jusqu'à nouvel ordre on se servira des congés maintenant en usage.*) Le receveur doit avoir soin, chaque fois qu'il délivrera un congé à valoir sur ces mêmes acquits, d'en faire à l'instant mention au dos de l'acquit auquel le congé se rapporte, afin d'éviter tout double emploi. — Aucun acquit de paiement ne doit être pris en compte par les receveurs, s'il n'est reconnu par le libellé que l'acquit représenté est le même qui a dû les accompagner jusqu'au domicile du marchand ; s'il en étoit autrement, on représenteroit journellement, pour des sels extraits en fraude, des acquits de paiement qui n'y seroient point applicables, et les formalités destinées à réprimer la fraude ne serviroient plus qu'à la favoriser.

Il se pourroit que les marchands qui auront déposé les acquits sur lesquels on ne leur précompte que les quantités de sels au-dessus de quatre kilogrammes, qui auront été enlevées de leurs magasins sur de nouvelles expéditions délivrées au bureau, ayant cependant pu vendre en détail des quantités plus foibles qui sont exemptes de toutes formalités, obtiendront peut-être en définitif des congés pour des parties de sel qui n'auront pas payé l'impôt, et qui représenteront, dans leurs magasins, celles écoulées en vertu de l'exception ; mais ces mêmes parties de sel, étant originairement au-dessus de quatre kilogrammes, auront déjà couru le risque d'être saisies dans le trajet des marais salans à leurs magasins ; d'ailleurs l'on aura beaucoup fait en réduisant les moyens de la fraude à ceux résultant de l'écoulement partiel des petites quantités qui n'excèderont pas quatre kilogrammes.

Le mode qui vient d'être indiqué ne s'appliquant qu'aux marchands qui ont tiré directement leur sel des marais salans ou des entrepôts, sembleroit offrir quelques difficultés à l'égard de ceux qui tiennent leur sel de la deuxième ou troisième main ; mais ceux-ci ne pouvant faire transporter à leur domicile sans une déclaration et un congé les sels qu'ils ont achetés chez le marchand qui en avoit originairement acquitté les droits, et ce congé n'ayant été délivré qu'en déduction des quantités de sel portées dans l'acquit de paiement auquel ces mêmes sels se rapportent, et qui en constate exactement l'identité, rien n'empêche que le congé lui-même devienne l'objet d'un nouveau compte ouvert, d'après lequel il sera délivré jusqu'à concurrence de nouvelles expéditions sur la demande de ce second marchand ou de ses acheteurs. — Ces divers comptes, à mesure surtout qu'ils se subdiviseront, exigeront une grande attention ; mais on ne peut rendre la police de circulation véritablement utile qu'en la régularisant par un ordre de service tel qu'il puisse atteindre, dans le rayon où elle doit s'exercer, les sels qui auroient été soustraits à la surveillance des préposés chargés de la garde des marais.

On pourroit élever la question de savoir si la même manière de procéder peut avoir lieu dans un port où il n'existe pas seulement des marchands et revendeurs concourant à l'approvisionnement local, mais qui seroit encore le centre et le dépôt d'un grand commerce de sel, et, par exemple, dans le port de Nantes, que le décret du 25 janvier 1807 a placé dans le rayon soumis à la police des préposés ; il est hors de doute que la même surveillance doit s'y exercer, et que des sels qui, une fois introduits dans cette ville, devroient ensuite en être expédiés, soit pour l'intérieur, soit pour un port quelconque de la ligne de circulation, ne pourroient sortir qu'à la faveur d'une expédition de douanes, et après qu'il auroit été justifié de leur origine ; cette origine sera toujours facile à établir, car, ou les sels arrivent à Nantes (*cet exemple s'applique à tous les ports*) après avoir déjà payé les droits, ou ils les acquittent au moment de leur arrivée, ou enfin ils sont mis en entrepôt ; dans le premier cas, le propriétaire doit, pour s'assurer de la délivrance de nouvelles expéditions, justifier à la douane de Nantes de celle sous laquelle les sels sont arrivés ; et les différentes mutations que ces sels peuvent subir entre le premier propriétaire et d'autres négocians de Nantes peuvent être constatées au bureau selon les modes qui viennent d'être indiqués, afin de mettre les acheteurs de deuxième main en état d'obtenir ensuite des congés pour leur propre compte ; dans le deuxième cas, l'acquit de paiement délivré à la douane de Nantes donne lieu à un compte ouvert qui se règle par les mêmes opérations ; enfin, dans le cas de mise en entrepôt, l'origine et l'identité se justifient par les registres mêmes de l'enrepôt.

L'exécution bien entendue des mesures ici prescrites, et qui ont une analogie modifiée avec l'arrêté du 22 thermidor an 10 (numéros 377 à 386), concernant la circulation sur les frontières de terre, offre à-la-fois aux négocians le moyen de légitimer, constamment par des expéditions régulières, les transports des sels dont ils auront réellement acquitté les droits, et aux préposés celui de connoître et d'atteindre les dépôts frauduleux, objet principal de la police de circulation. Il ne peut donc rester aucun prétexte aux individus transportant des sels sans expéditions, à moins qu'ils ne prétendent que ces sels viennent de l'intérieur, et qu'ils n'ont pu se munir de congé, à défaut de bureau de deuxième ligne; mais cette allégation, qui peut être prise en considération dans les directions éloignées des marais salans, où l'état de guerre qui rend l'approvisionnement par mer très-difficile oblige le commerce à tirer les sels de l'intérieur, ne seroit évidemment qu'un prétexte de fraude dans les pays voisins des lieux de fabrication, où l'objet de la consommation se trouve à côté du consommateur.

Il a été dit que les sels ne pouvoient être expédiés par terre sous acquit-à-caution que lorsqu'ils étoient destinés pour la *troque*. L'art. 14 du règlement du 11 juin 1806 (nº 617) accorde en effet cette facilité aux sauniers et paludiers qui se livrent à ce genre de commerce; mais l'article suppose en même temps que ces sels seront transportés dans l'intérieur, c'est-à-dire hors la ligne soumise à la police; l'acquit-à-caution doit donc porter une destination immédiate pour l'intérieur, et déterminer le délai dans lequel les sels qui en font l'objet devront avoir dépassé la ligne de circulation; sans cette précaution, rien ne seroit plus facile que d'abuser de ces acquits.

Il a été délivré des expéditions qui contenoient à la-fois permis d'enlèvement au marais, quittance des droits et autorisation de circuler; ce mode est vicieux sous plusieurs rapports. D'abord le permis d'enlèvement est uniquement destiné à faire connoître aux préposés placés près des marais qu'ils peuvent permettre l'enlèvement; mais la quittance de l'impôt doit être donnée séparément, et seulement après la présentation du permis d'enlèvement; d'ailleurs, l'autorisation de circuler dans la ligne ne doit jamais être absolue et indéterminée; il est nécessaire qu'elle indique le lieu de destination, la route à tenir et le délai dans lequel le transport doit être consommé; il est aussi à observer que la circulation avant le lever ou après le coucher du soleil étant interdite, elle ne peut être permise et ajoutée au congé que lorsque la nécessité en est démontrée, et en la bornant toujours à la nuit qui suit immédiatement la délivrance du congé.

Telles sont les dispositions qui ont paru les plus conformes au but et à l'esprit du règlement du 11 juin 1806, et au décret du 25 janvier 1807; les mesures adoptées favorisant la circulation, sans aucune formalité, des approvisionnemens de famille, au moyen d'une subdivision toujours faite pour les simples particuliers, la surveillance des préposés n'aura plus à s'exercer que sur les transports commerciaux qui méritent l'attention de l'administration; ces dispositions, lorsqu'elles seront bien connues, concourront sans doute à éclaircir l'opinion et à assurer la paisible exécution des mesures régulières uniquement dirigées contre la fraude. (*CD.* 13 *mai* 1807.)

§. II. *Des formalités à exiger pour l'établissement des salines et salpêtrières.*

597. Il ne pourra être établi aucune fabrique, chaudière de sel, sans une déclaration préalable de la part du fabricant, à peine de confiscation des ustensiles propres à la fabrication, et de cent francs d'amende. (24 *avril* 1806, *art.* 1.)

598. Les salpêtriers qui s'établiront à l'avenir seront tenus d'en faire la déclaration.... conformément à l'article 51 de la loi du 24 avril 1806. (*DI.* 16 *février* 1807, *art.* 5.)

Par décision interprétative du ministre des finances, en date du 2 juin 1807, le décret du 16 février 1807 sera exécuté par les soins de l'administration des douanes dans toute la ligne de son service.

599. La déclaration prescrite par l'article 51 de la loi du 24 avril, avant l'établissement d'aucune fabrique particulière de sel à la chaudière, sera faite au bureau le plus prochain des douanes, pour celles qu'on voudra établir dans les trois lieues des côtes et dans les quatre lieues des frontières de terre, et au bureau le plus prochain des droits réunis, pour celles qui seront établies dans l'intérieur, sous les peines portées par ledit article. (*DI.* 11 *juin* 1806, *art.* 15.)

Le ministre des finances a jugé convenable de prescrire, pour l'exécution de cet article, les dispositions suivantes. Lorsqu'un particulier aura fait au bureau le plus prochain sa déclaration de l'intention où il est d'établir une saline, frabrique de sel ou atelier destiné à la confection de cette denrée, il lui sera notifié, au nom de l'administration, qu'il doit s'abstenir de toute construction et même de tout travail préparatoire, jusqu'à ce qu'il en ait reçu l'autorisation formelle du gouvernement, qui se réserve le droit de juger s'il y a lieu d'accorder la permission demandée. — Si, malgré cette notification, il étoit procédé à l'exécution du tout ou partie des projets annoncés, on en informeroit le directeur, afin qu'il puisse provoquer des mesures de répression. — Si des travaux étoient entrepris dans le même objet sans déclaration préalable, on feroit signifier aux propriétaires la défense de continuer, et on en donneroit connoissance au directeur, etc. — Ces dispositions ne sont point applicables à l'établissement d'une ou plusieurs chaudières nouvelles dans une fabrique déjà existante; leur mise en activité n'est subordonnée qu'à la déclaration prescrite par la loi. (*Circulaire du directeur général, du* 17 *avril* 1807.)

§. III. *De l'exercice des fabrications de sels par l'action du feu.*

600. Toutes les fabrications de sels par l'action du feu seront tenues en exercice par les préposés des douanes ou des droits réunis, suivant le lieu où elles seront situées. (*DI.* 11 *juin* 1806, *art.* 18.)

CET exercice peut être fait de nuit comme de jour sans le concours d'un officier public. *Voir* sous le nº 594. — L'uniforme et l'exhibition de la commission sont seuls suffisans aux préposés pour que les sauniers leur permettent en tout temps l'entrée de leurs salines. Dans le cas où ils s'y refuseroient, ce refus devroit être constaté par un rapport par lequel les préposés requerroient l'autorité publique d'assurer immédiatement leur exercice, et concluroient à l'amende de 500 fr. ordonnée par l'art. 2 du tit. 4 de la loi du 4 germinal an 2 comme opposition véritable et formelle au libre exercice de leurs fonctions. (*Extrait d'une instruction du directeur de Cherbourg, approuvée par M. le directeur général, le* 14 *août* 1810.)

601. Il sera tenu, par les fabricans et préposés, des registres en double, sur lesquels seront portées les quantités de sels fabriquées, celles en magasin et celles vendues. (*DI.* 11 *juin* 1806, *art.* 19.)

L'ARTICLE ci-dessus ne demande qu'un simple enregistrement, et cette formalité seule suffit; elle est faite par le saunier à mesure des fabrications et ventes, et par l'employé à mesure des déclarations et permis, de telle sorte que la concordance entre les deux registres soit parfaite.

Quand, par suite de la tenue de ces doubles registres, l'employé va exercer le saunier, il doit se faire représenter son registre; il commence par mettre au-dessous du dernier enregistrement un arrêté énumératif des quantités dont la fabrication et la vente sont constatées par lesdits enregistremens: alors il somme le saunier de signer ledit arrêté, et fait mention de son refus, mais sans que ce refus puisse donner lieu à aucune action, parceque la signature n'est que volontaire, et la mention du refus suffit pour régulariser l'arrêté de l'employé commis à l'exercice de la saline.

Le premier arrêté fait, le préposé présente son registre et fait sa vérification pour établir le rapport entre les enregistremens et ceux portés au registre tenu par le saleur; il fait pareillement son arrêté à la suite de son relevé, et il somme pareillement le saunier de le signer.

C'est par le rapprochement des deux registres que doit s'établir la balance des comptes de chaque saline, et le déficit, s'il y en a, est ensuite constaté par un rapport dans lequel on relate la vérification des registres et le résultat. — Le receveur forme ses comptes ouverts avec chaque saunier d'après le registre double tenu par le chef de brigade. (*LD.* 16 *novembre* 1809.)

La saline d'un saunier ne peut être fermée qu'en vertu d'un jugement; cette mesure même ne pourroit être exécutée sans cette formalité (du jugement), quand le tribunal auroit consacré l'obligation par le saunier de *signer* le registre en double.

L'obligation de la *signature* des registres doubles n'étant pas prononcée par la loi, on ne peut l'exiger des sauniers, mais seulement la requérir lors des arrêtés et faire mention du refus de signer. Cette mesure n'eût pu être prescrite que dans l'hypothèse non admissible que tous les sauniers fussent lettrés, et l'on sait, au contraire, que la plupart ne savent ni lire ni écrire, et qu'ils font faire leurs enregistremens par des personnes de confiance dont ils sont responsables. (*LD.* 18 *décembre* 1809.)

602. Ils ne pourront laisser sortir de leurs magasins aucune quantité de sels,

que sur la représentation du permis que l'acheteur aura levé au bureau des douanes ou des droits réunis.

Ceux qui contreviendront à la présente disposition seront condamnés au paiement du double droit des sels qu'ils auront vendus. (*DI.* 11 *juin* 1806, *art.* 20.)

Pour assurer l'exécution de cet article, il convient que les préposés vérifient avec soin les fabrications des sauniers et qu'ils veillent à ce qu'elles soient portées sur leurs registres, afin qu'en les arrêtant ils puissent juger, par la comparaison des quantités de sels fabriquées et de celles qu'ils auront vendues en vertu de permis, s'il n'y a point eu de soustraction en fraude de droits; et dans ce cas, ils en rédigeront procès-verbal par lequel ils concluront aux peines portées audit article. (*Extrait de l'instruction du directeur de Cherbourg, approuvée le* 14 *août* 1806.)

L'eau propre à faire sel, ayant déjà reçu un commencement de préparation, ne peut être vendue par les sauniers; on doit en empêcher l'extraction et prendre des mesures en conséquence. (*LD.* 5 *janvier* 1808.)

Le ministre des finances a rendu, le 30 septembre 1806, une décision portant que les sels raffinés, provenant du mélange des sels ayant déjà acquitté les droits, avec une combinaison quelconque d'eau salée, devront, à leur sortie de la fabrique, le droit entier de deux décimes par kilogramme.

D'après cette décision, M. le directeur général a annoncé, par sa lettre du 24 décembre 1806, que les fabriques où le sel raffiné est exclusivement le produit du sel gris soumis à l'impôt ne doivent aucun droit sur leur fabrication; mais que celles où une portion quelconque d'eau salée entreroit dans les combinaisons du raffinage acquitteroient l'impôt sur tous les sels qui en sortiroient.

En conséquence, MM. les raffineurs doivent faire, au bureau de la douane, une déclaration portant qu'ils sont ou qu'ils ne sont pas dans l'intention d'employer de l'eau salée, parceque ceux dont la déclaration annoncera le projet de mêler de l'eau salée au sel gris destiné à être raffiné seront tenus en exercice, conformément aux trois articles ci-dessus cités.

L'eau de l'Escaut puisée à Anvers ne contenant que très peu de parties salines ne peut donner lieu à l'application de cette décision; en conséquence, la défense d'extraire des eaux de l'Escaut au-dessous d'Anvers est levée, mais celle d'importer des eaux de la mer est [illegible] (*LD.* 7 *juillet* 1810.)

SECTION II. — *De l'établissement d'un droit de consommation sur le sel.*

§. 1. *De la quotité de ce droit.*

603. Il est établi, au profit du trésor public, un droit de deux décimes par kilogramme de sel sur tous les sels enlevés, soit des marais salans de l'Océan, soit de ceux de la Méditerranée, soit des salines de l'Est, soit de toute autre fabrique de sel. (24 *avril* 1806, *premier paragraphe de l'art.* 48.)

La subvention d'un décime par franc ne doit pas être ajoutée au droit de deux décimes par kilogramme imposé sur les sels. (*CD.* 2 *mai* 1806.) — Mais le ministre des finances, consulté pour savoir si le décime étoit dû sur les amendes prononcées pour contraventions relatives aux sels, a répondu affirmativement le 9 février 1808. (*CD.* 16 *dito.*)

Par lettre du 26 mai 1807, il avoit été décidé que les doubles droits pour contravention à l'impôt du sel ne devoient pas le décime, le droit principal en étant exempt; mais par lettres du 29 septembre et 24 octobre 1810, l'administration a décidé le contraire par application de la décision du ministre des finances du 9 février 1806, rapportée ci-dessus, et elle a en conséquence ordonné de forcer en recette des receveurs qui n'avoient point fait acquitter le décime lors du paiement du double droit sur les déficits constatés.

Les sels provenant de la fabrication du salpêtre doivent aussi le droit de consommation, en vertu d'un décret du 16 février 1807, ainsi conçu :

Art. 1er. « L'administration des poudres et salpêtres fera remettre à la régie des droits réunis, « dans le mois de la publication du présent décret, « l'état nominatif de tous les salpêtriers travaillant « pour son compte dans chacun des départemens de « l'empire, et, à l'expiration de chaque mois, un

« bordereau nominatif des quantités de salpêtre brut « fabriquées par chaque salpêtrier, et du sel marin « qui a dû en provenir sur le pied de deux kilo- « grammes et demi de sel pour cent kilogrammes de « salpêtre brut fabriqué.

Art. 2. « Les salpêtriers seront chargés par ces « bordereaux et tenus d'acquitter, dans le cours du « mois suivant, le droit fixé par la loi du 24 « avril 1806.

Art. 3. « L'administration des poudres remettra « également à la régie, à la fin de chaque mois, « l'état du salpètre pur provenant de son exploita- « tion et raffinage, et sera chargée, d'après cet « état, d'acquitter le même droit fixé par la loi du « 24 avril 1806, à raison de deux kilogrammes et « demi de sel par cent kilogrammes de salpêtre brut, « et de quinze kilogrammes de sel par cent kilo- « grammes de salpêtre raffiné.

Art. 4. « Les administrateurs des poudres seront « tenus d'acquitter le droit, tous les trois mois, en « numéraire, ou obligations, selon que la somme « à payer sera au-dessous ou au-dessus de 600 fr.

Art. 5. — *Cet art. est au n°* 598.

Art. 6. « Si les sels provenant de la fabrication « ou raffinage du salpêtre sont de mauvaise qualité « et hors d'état d'entrer dans le commerce, les ad- « ministrateurs des poudres et les salpêtriers pour- « ront obtenir la décharge du droit en les faisant « submerger, après en avoir constaté le poids; le « tout en présence des préposés de la régie, qui en « dresseront procès-verbal.

Art. 7. « Toute contravention au présent décret « sera punie des peines prononcées par la loi du 24 « avril 1806 et le règlement impérial du 11 juin. »

Ce décret semble attribuer à la régie des droits réunis l'exercice de toutes les fabriques de salpêtre sur quelques points de l'Empire qu'elles soient situées; mais S. E. le ministre des finances a décidé, le 2 juin 1807, que le décret du 16 février ci-dessus seroit exécuté par les soins de l'administration des douanes dans toute la ligne de son service. (*CD.* 4 *juin* 1807.)

MM. les commissaires des poudres et salpêtres qui ont reçu des instructions dans l'objet remettront, à la fin de chaque trimestre, au directeur des douanes, le bordereau nominatif des quantités de salpêtre brut fabriquées par chaque salpêtrier domicilié dans les lignes de sa direction, et des quantités de salpêtre pur et de salpêtre raffiné provenant de l'exploitation particulière de l'administration; ils feront eux-mêmes à chaque salpêtrier la retenue du droit dû pour le sel marin provenant de ses fabrications, et en verseront le montant dans les caisses des receveurs des douanes, en même temps que celui des droits dus par l'administration des poudres pour ses propres fabrications. Ces droits doivent être liquidés à raison de deux kilogrammes et demi de sel pour chaque cent kilogrammes de salpêtre brut fabriqué, et de quinze kilogrammes par chaque cent kilogrammes de salpêtre raffiné. Les paiemens peuvent avoir lieu soit en obligations, etc. (*CD.* 9 *juillet* 1807.)

604. Tous les sels fabriqués dans les salines des départemens de la Meurthe, du Jura, du Mont-Blanc, de la Haute-Saône, du Doubs, du Bas-Rhin et du Mont-Tonnerre, paieront, outre le droit fixé par l'article 48 (n° 603), deux francs par quintal métrique du sel de leur fabrication. (24 *avril* 1806, *art.* 49.)

UN décret impérial, du 18 août 1807, porte que, « Tous enlèvemens d'eaux salées dans les puits, « sources, réservoirs, conduits et magasins des sa- « lines comprises dans le bail de la compagnie des sa- « lines de l'Est, dans les départemens de la Meurthe, « Moselle, Rhin et Moselle, Bas-Rhin, Mont-Ton- « nerre, Haute-Saône, Doubs, Jura et Mont-Blanc, « pourront être constatés dans les formes pres- « crites par l'art. 57 de la loi du 24 avril 1806, « et punis des peines portées par l'art. 51 de la même « loi. »

L'enlèvement des cendres de salines, des calcins de fournaises et des curins, soit mélangés, soit séparés, est interdit; ceux qui seroient saisis transportant ces matières seront poursuivis conformément à l'art. 57 de la loi du 24 avril 1806. (*DM.* 9 *mai* 1809.)

Par une lettre du 28 janvier 1809, M. le directeur général a approuvé que les cendres de salines fussent répandues sur les terres des sauniers, en présence des préposés, pour éviter tout abus.

§. II. *Des déclarations pour l'enlèvement des sels et des expéditions qui doivent accompagner leur mouvement.*

605. Nul enlèvement de sels dans les limites déterminées....... ne pourra être fait sans une déclaration préalable au bureau le plus prochain du lieu de l'extraction, et sans avoir pris un congé ou un acquit-à-caution, que les conducteurs

seront tenus de représenter aux préposés à toute réquisition.......... (*DI.* 11 *juin* 1806, art. 2.)

Après ces mots, *à toute réquisition*, cet article ajoute : *dans les trois lieues des côtes et frontières, ou des fabriques et salines de l'intérieur*...... : on a vu, sous les numéros 594 à 596, que le territoire soumis à l'exercice des préposés a été étendu, quant aux frontières, à toute la ligne des douanes.

Les expéditions, même pour l'étranger, doivent exprimer la quantité en kilogrammes et non en muids. (*LD*....... *mai* 1807.)

Dans la ligne des douanes, les préposés de cette administration peuvent seuls délivrer les expéditions pour les sels; mais les préposés des droits réunis peuvent se les faire représenter et saisir le sel en fraude, etc. (*CD.* 28 *novembre* 1806.)

SABLES DE MER. L'importation dans l'intérieur des sables de mer propres à faire du sel doit être formellement interdite. (*LD.* 13 *novembre* 1806.)

Mais il a été consenti, en faveur des cultivateurs du département de la Manche, qu'ils pourroient enlever les sables ou tangues propres à l'engrais; l'arrêté du ministre des finances qui a autorisé cet enlèvement est du 24 janvier 1809; il porte :

Art. 1er. « L'extraction et l'enlèvement pour « l'engrais des terres, dans le département de la « Manche, des sables de mer, sont permis, et conti- « nueront d'avoir lieu comme avant l'établissement « de l'impôt du sel, sous les conditions suivantes :

Art. 2. « Tout individu qui voudra extraire et en- « lever des sables de la mer sera tenu de se munir « d'un certificat du maire de sa commune attestant « que le porteur destine ces sables à l'amélioration de « ses terres.

Art. 3. « Ces certificats seront visés par le sous- « préfet de l'arrondissement, et ils devront être re- « nouvelés tous les ans.

Art. 4. « Quiconque sera trouvé chargeant ou « transportant des sables de mer sera tenu de repré- « senter le certificat ci-dessus mentionné; savoir : « dans les trois lieues des côtes, à la réquisition des « préposés des douanes et de la gendarmerie, et « dans l'intérieur, à la réquisition des droits réunis « et de la gendarmerie. Faute de le représenter, il « sera, par ce seul fait, poursuivi comme coupable de « contravention aux lois relatives à l'impôt du sel, et « passible de l'amende de 100 fr., conformément à « l'art. 57 de la loi du 24 avril 1806.

Art. 5. « Tout individu qui aura enlevé ou extrait « des sables de mer sera tenu de les transporter « directement et de les déposer immédiatement sur « la terre même pour laquelle ils sont destinés. « Ces sables ne pourront jamais être introduits « dans les cours et habitations; et tout individu dans « la cour ou habitation duquel il en sera trouvé « sera poursuivi comme coupable de contravention « aux lois relatives à l'impôt du sel, et passible de « l'amende de 100 fr., conformément à la loi du 24 « avril 1806.

Art. 6. « Les préposés des douanes dans les trois « lieues des côtes, et les employés des droits réunis « dans l'intérieur, sont autorisés à faire toutes les « visites nécessaires pour l'exécution de cette dis- « position.

Art. 7. « Tout individu qui aura lessivé des sables « de mer ou qui en aura extrait, par quelque procédé « que ce soit, du sel, ou des liqueurs salines, ailleurs « que dans les usines en exercice, conformément aux « art. 18, 19 et 20 du décret impérial du 11 juin « 1806, sera poursuivi comme coupable de contra- « vention aux lois relatives à l'impôt du sel.

Art. 8. « Il ne lui sera plus à l'avenir délivré de « certificats pour l'enlèvement des sables de mer. »

La dénomination de sable de mer a été employée dans cet arrêté comme terme générique; mais ce terme est spécialement applicable à l'espèce de sable connue sous le nom de *sablon*, et qui se trouve dans les havres où il y a des salines.

Toutes les autres espèces qui ne sont point propres à faire du sel, et spécialement la *tangue*, peuvent continuer d'être enlevées sans aucune formalité. (*LD.* 11 *février* 1809.)

606. Les déclarations contiendront le nom du vendeur, celui de l'acheteur, la quantité de sel vendue, le nom du voiturier ou du maître du bateau ou barque qui devra faire le transport, le lieu de la destination, et la route à tenir. (*DI.* 11 *juin* 1806, *art* 3.)

607. Si les droits ont été payés au moment de la déclaration, il sera délivré un congé qui en fera mention. (*DI.* 11 *juin* 1806, *art.* 4.)

Il est accordé, pour le transport, un délai d'une heure au plus par lieue. (*CD.* 16 *juin* 1806.)

Les receveurs principaux doivent avertir leurs subordonnés que si quelqu'un par inattention ou négligence accordoit, pour le transport des chargemens de sel, un délai plus long qu'il ne le faut pour arriver à la destination, il seroit indispensable au directeur d'en rendre compte et de provoquer son renvoi.

Les congés pour la circulation des sels et les

acquits de paiement doivent être à souche. (*CD.* 29 *mai* 1807.)

Les congés ou passavans délivrés pour la circulation du sel ne sont pas soumis au timbre; ils doivent être délivrés sans aucune espèce de rétribution, à peine de concussion. (*CD.* 3 *août* 1807.)

Le congé ne doit être délivré qu'après la représentation du permis d'enlèvement revêtu du certificat des préposés du service actif, et après la vérification des quantités enlevées. (*CD.* 13 *mai* 1807.)

608. Il sera délivré un acquit-à-caution lorsque la déclaration n'aura pas donné lieu à l'acquit des droits. (*DI.* 11 *juin* 1806, *art.* 5.)

VOIR la section 4 de ce chapitre pour les sels exemptés du droit.

Lorsqu'il y a lieu à délivrer un acquit-à-caution pour le transport des sels, c'est le montant du droit et non la valeur de la marchandise qui doit être stipulé dans l'acquit. *Voir* à cet égard la circulaire du 18 juillet 1806, sous le n° 618.

609. Aucun enlèvement de sels ne pourra être fait avant le lever du soleil ou après son coucher, et qu'en suivant la route indiquée par le congé ou acquit-à-caution.

Ces expéditions indiqueront le délai après lequel elles ne seront plus valables. (*DI.* 11 *juin* 1806, *art.* 6.)

LES expéditions doivent aussi indiquer le lieu de la destination et la route à tenir. (*CD.* 13 *mai* 1807.)

Les acquits-à-caution délivrés aux sauniers doivent également indiquer le temps après lequel ils ne sont plus valables, et porter une destination immédiate pour l'intérieur. (*Même circulaire.*)

610. Les sels transportés dans l'étendue..... soumise à la surveillance des préposés, sans être accompagnés d'un acquit-à-caution, seront saisis et confisqués.

Les sels qui circuleroient dans la même étendue de territoire avant le lever ou après le coucher du soleil seront soumis aux mêmes peines, si le congé ou acquit-à-caution ne porte une permission expresse de transport pendant la nuit. (*DI.* 11 *juin* 1806, *art.* 7.)

LA où il y a des points, il y avoit : « Dans l'étendue « *des trois lieues* soumises, etc. : » mais le décret du 25 janvier 1807 a augmenté cette étendue. *Voir* les paragraphes de l'instruction classée sous le n° 596.

Tous les sels provenant de saisies, entrepôts frauduleux, etc., quelle que soit leur origine, peuvent être assimilés à ceux de prises, et comme tels être vendus pour la consommation en payant les droits. (*CD.* 11 *décembre* 1806.)

Mais lorsque les droits ne pourront être recouvrés, on fera submerger tous les sels saisis et confisqués. — Il en sera de même toutes les fois que des parties de sel se trouveront abandonnées par des fraudeurs sans qu'on puisse arrêter ceux-ci. (*CD.* 1 *juillet* 1806.)

Lorsqu'il sera question de submerger les sels, il devra en être dressé acte qui sera joint au dossier de l'affaire, et cette opération devra autant que possible se faire en présence d'un ou de plusieurs saisissans, et toujours en celle d'un chef qui signera le rapport avec ceux des préposés qui auront vu submerger lesdits sels.

On ne devra procéder à la submersion des sels saisis et confisqués qu'après un jugement définitif qui en auroit accordé la propriété à l'administration des douanes.

611. Les sels transportés dans le rayon de trois lieues des côtes sans déclaration préalable au bureau le plus prochain du lieu de l'enlèvement, et sans être accompagnés des congés ou acquits-à-caution prescrits par les articles 2, 4, 5 et 7 du décret du 11 juin dernier, seront saisis et confisqués, ainsi que les chevaux, ânes, mulets et voitures employés au transport, et les conducteurs seront en outre condamnés à une amende de cent francs, conformément à l'article 57 de la loi du 24 avril 1806. (*DI.* 25 *janvier* 1807, *art.* 2.)

VOIR les observations des numéros 595 et 596.

Les sels provenant de l'intérieur de la Bretagne pour circuler dans les trois lieues des côtes sont censés avoir acquitté les droits ; mais pour que cette circulation soit régulière et exempte de toute inquiétude, M. le directeur général, qui a toujours l'œil ouvert sur ce qui peut intéresser le commerce, a créé plusieurs bureaux dans l'intérieur, où les sels doivent être présentés, reconnus et vérifiés; les préposés de ces bureaux, après cette vérification, délivrent des passavans ou congés pour le transport ultérieur de ces sels dans le rayon des trois lieues, et alors ils parviennent à leur destination sans que les conducteurs puissent être en aucune manière inquiétés, lorsqu'en arrivant de l'intérieur ils se sont présentés au bureau de passage pour y délivrer les expéditions prescrites. — Sept bureaux de l'espèce ci-dessus, pour faciliter *en temps de guerre* la circulation des sels provenant de Bretagne, ont été placés à Lamballe, Châtelaudrin, Lanvollon, Saint-Pierre, Dol, Plaucoet et Autain. Les bureaux de Lamballe et Dol sont gérés par des receveurs, et les cinq autres par des lieutenans ou sous-lieutenans retraités ayant le titre de buralistes. (*LD.* 5 *janvier* 1809.)

§. III. *Du déchet accordé à l'enlèvement des sels.*

612. Il sera accordé à tous ceux qui enlèveront des sels des lieux de fabrication, soit qu'ils soient destinés pour les entrepôts ou pour la consommation, cinq pour cent pour tout déchet; de manière que, déduction faite de cette seule quantité, le droit sera dû sur la totalité des sels compris dans les déclarations et acquits-à-caution. (*DI.* 11 *juin* 1806, *art.* 12.)

Ce déchet n'est alloué qu'une fois, et sur la première expédition des lieux de fabrication. — Les sels qui subiront des mouvemens ultérieurs devront le droit pour leur intégralité, c'est-à-dire, sans nouvelle déduction pour le déchet. (*CD.* 18 *juillet* 1806.)

Il résulte donc expressément de cette circulaire, que c'est seulement dans le cas et au moment de sa mise en consommation qu'il doit être tenu compte de la portion du déchet de cinq pour cent qui n'a pas été prisée sur un chargement de sel dans le transport des marais salans à l'un des ports d'entrepôt. Il est évident en effet que si ce *boni* étoit abandonné au propriétaire à l'instant même de l'arrivée des sels, et que la partie mise en entrepôt vînt ensuite à être réexpédiée, soit pour l'étranger, soit pour la pêche maritime, le trésor public seroit frustré des droits sur une quantité de sels réellement entrée dans la consommation, ce qui n'a pas lieu à l'égard des chargemens dont on paie les droits, parceque depuis le moment où le sel est mis en déclaration jusqu'à celui où il se consomme en effet, il subit encore divers mouvemens dont le déchet total a été évalué par les règlemens à un taux fixe de cinq pour cent. Le *boni* restant sur un chargement, lors de l'arrivée de marais salans, doit donc être mis en entrepôt comme le reste de la cargaison, encore bien que la soumission des droits ne soit formée que pour les dix-neuf vingtièmes de la quantité portée dans l'acquit-à-caution; et la totalité des sels emmagasinés doit être embarquée, s'il y a réexpédition, soit pour la pêche, soit pour l'étranger, le *boni* ne pouvant être mis à la disposition du soumissionnaire qu'autant que la masse entre en consommation pour le paiement des droits. (*LD.* 5 *août* 1809.)

Les états d'entrepôt doivent présenter au net les quantités de sels entreposées et déduction faite de déchet, de manière que les droits soient payés en intégralité sur la quantité entreposée et à mesure de la sortie pour la consommation. S'il se trouvoit un déficit à la fin de la sortie d'entrepôt, les droits devroient alors être payés sur ce déficit. (*CD.* 25 *juillet* 1806.)

Les sels de prises ne jouissent pas du déchet de cinq pour cent. (*CD.* 28 *novembre* 1807.) — *Voir* sous le n° 593.

Il n'est également pas dû sur le sel employé à la fabrication de la soude. *Voir* sous le n° 636.

Mais il doit être accordé aux sels destinés aux salaisons de poissons. (*LD.* 14 *avril* 1807, *à Perpignan.*)

JURISPRUDENCE. — 1°. *Lorsqu'un bâtiment qui a levé dans un marais salant une quantité déterminée de sel, sous acquit-à-caution, en contient, à son arrivée dans le port de destination, une quantité plus considérable, doit-on* (dans le calcul à faire pour juger si l'excédant est ou non importé en fraude soit de l'étranger, soit des marais salans), *déduire sur la cargaison entière cinq pour cent de déchet accordé par l'art.* 12 *ci-dessus ?*

2°. *Lorsqu'il y a fraude dans l'excédant, y a-t-il lieu à la confiscation des moyens de transport ou seulement à celle de l'excédant ?*

Le navire *la Paix*, capitaine Van Kamer, prend à Marennes, sous acquit-à-caution, un chargement de 88,255 kilogrammes de sel pour le compte du sieur Vanlook, négociant à Anvers. — A la vérification dans ce dernier port, il en est trouvé 94,444 kilogrammes, ce qui forme un excédant de 6,189 kilogrammes; en conséquence saisie de l'excédant et du navire.

Le tribunal de première instance saisi de l'affaire jugea, le 24 novembre 1807, qu'en déduisant les cinq pour cent que la loi accorde sur le total de la cargaison, l'excédant se réduiroit à 1,467 kilogrammes, quotité inférieure au vingtième de la totalité, et que, d'après l'art. 76 de la loi du 8 floréal an 11, cet excédant ne seroit sujet qu'au paiement du droit imposé sur le sel, etc.

L'administration appela de ce jugement, et conclut à la confiscation de l'excédant et du navire. Sur ce, la cour de justice criminelle du département des Deux-Nèthes rendit, le 2 janvier 1808, arrêt par lequel, — attendu que la vérification de la quantité de sel et du poids a été faite par mesurage, exécutée en présence du mandataire de l'intimé, qui n'a contredit ni au mode du pesage, ni à aucune opération, et qu'ainsi a été trouvée la quantité de sel mentionnée au procès-verbal; — attendu qu'il en résulte un excédant à la quantité comprise dans l'acquit-à-caution de plus d'un vingtième; vu la loi du 8 floréal an 11, art. 76, ainsi conçu....; l'art. 57 de celle du 24 avril 1806, ainsi conçu.... ; attendu que cette dernière loi déroge à la première en ce qu'elle dispose de contraire, et qu'ainsi le susdit excédant doit être confisqué avec amende de 100 fr.; — vu les art. 6, 7, 12 et 16 du décret impérial du 11 juin 1806, ainsi conçus.... ; attendu que l'art. 12 ne permet pas la déduction du vingtième pour diminuer le susdit excédant, ainsi que l'a prétendu l'intimé, mais que le susdit article permet seulement la déduction de cinq pour cent sur le paiement du droit à payer sur la quantité déclarée; — attendu que l'administration n'est pas fondée en sa demande de confiscation du vaisseau, puisque l'article 16 du décret n'établit la confiscation que pour les contraventions prévues par les articles 6 et 7 du même décret; car dans le cas de ces deux articles, toute la quantité de sel devroit être confisquée, au lieu que, dans le cas présent, la quantité déclarée et comprise dans l'acquit ne l'est pas, mais seulement l'excédant; — par ces motifs, la cour reçoit la requête d'appel, annulle le jugement du juge *a quo*, et, faisant ce qu'il auroit dû faire, déclare valable la confiscation de l'excédant constaté par le procès-verbal de saisie; donne main-levée du bâtiment; condamne l'intimé en l'amende de 100 francs, et en outre aux frais des deux instances...

L'administration des douanes s'inscrivit en cassation contre ce jugement, et soutint qu'il avoit violé l'article 16 du décret du 11 juin 1806. — Sur ce pourvoi, arrêt du 27 février 1808, par lequel: — « considérant que la disposition de l'article 16 « (ci-dessus rappelé) est générale et sans restric- « tion; que conséquemment la confiscation des sels « saisis en contravention doit toujours entraîner « celle des bateaux et autres embarcations qui ont « servi à leur transport; que néanmoins, dans l'es- « pèce, la cour de justice criminelle du département « des Deux-Nèthes, tout en prononçant la confis- « cation des sels saisis par procès-verbal du 18 sep- « tembre 1807, a refusé de prononcer la confisca- « tion du navire qui a servi au transport desdits « sels; qu'ainsi ladite cour a manifestement violé « ledit article 16, et par suite fait une fausse ap- « plication de peine; par ces motifs, la cour casse « et annulle.... etc. »

Le 14 mars 1808, le capitaine Van Kamer, propriétaire du navire, forma opposition à cet arrêt sous le prétexte qu'il avoit mal-à-propos cassé celui de la cour des Deux-Nèthes au chef concernant la confiscation de son navire. — Nouvel arrêt de la cour de cassation, en date du 31 mars 1808, par lequel, — « Vu le mémoire con- « tenant les moyens présentés par le réclamant à « l'appui de son opposition à l'arrêt de la cour du « 27 février 1808; — la cour reçoit ladite oppo- « sition; — et considérant, 1°. que, par son arrêt « du 2 janvier 1808, la cour de justice criminelle « du département des Deux-Nèthes a déclaré en « fait que l'excédant du sel rapporté au procès- « verbal de saisie du 18 septembre 1807 a été « suffisamment constaté, et qu'ainsi ce point de fait « ne peut pas donner matière à discussion devant « la cour; — considérant, 2°. que les dispositions « de l'article 16 du décret impérial du 11 juin « 1806 sont générales et sans aucune restriction; « que ce décret ayant été spécialement rendu pour « assurer la perception de l'impôt sur les sels, ses « dispositions peuvent d'autant moins être restrein- « tes par celles de la loi antérieure du 8 floréal « an 11, qu'à l'époque de cette loi, il n'existoit « point encore d'impôt de cette nature; d'où il « suit que la confiscation des sels prononcée par le- « dit arrêt de la cour de justice criminelle du dé- « partement des Deux-Nèthes devoit nécessairement « entraîner la confiscation du navire sur lequel les- « dits sels ont été embarqués; — la cour, persis- « tant dans les motifs de son arrêt du 27 février « 1808, ordonne qu'il sera exécuté selon sa forme « et teneur. »

D'un autre côté, le sieur Vanlook se pourvut en cassation contre le dispositif du jugement du 2 janvier 1808, qui confisquoit l'excédant constaté par le procès-verbal de saisie, et dénonça ce dispositif comme attentatoire à l'article 76 de la loi du 8 floréal an 11, et à l'article 12 du décret du 11 juin 1806; mais la cour de cassation, par arrêt du 15 janvier 1808, rejeta ce pourvoi; — « Attendu que le décret du 11 juin 1806, rendu « spécialement pour assurer la perception de l'im- « pôt sur le sel, ne peut recevoir de modification « dans ses dispositions par celles de la loi du 8 « floréal an 11, rendue à une époque où cet impôt « n'existoit point encore, et qu'il n'y a que les

« dispositions des anciennes lois qui y auroient été « déclarées communes qui peuvent et doivent « recevoir leur exécution ; — attendu enfin qu'aux « termes mêmes de l'article 12 du décret du 11 juin, « ce n'est que pour le règlement de droit à payer « qu'il doit être fait une déduction de cinq pour cent « pour déchets sur la totalité des sels compris dans « les déclarations et acquits-à-caution ; et qu'en dé- « cidant que cette déduction ne doit pas avoir lieu « sur les quantités excédant celles portées aux ex- « péditions et déclarations, la cour de justice crimi- « nelle s'est conformée à la disposition de la loi ; — « la cour rejette le pourvoi et les moyens du sieur « Vanlook. »

3°. *En cas de saisie d'un navire chargé de sel, est-il nécessaire d'apposer les scellés sur les ferremens et écoutilles du bâtiment?*

4°. *Si une saisie de ce genre étoit déclarée nulle, quels seroient les dommages-intérêts que devroit supporter l'administration des douanes?*

Le 29 septembre 1807, le capitaine Rick arriva en rade des Lois, près le port Saint-Martin, venant du château de l'ile d'Oléron avec un chargement de sel. — Les préposés des douanes ayant procédé à la vérification de ce chargement, il fut reconnu, par le résultat de la pesée qui fut faite, qu'il y avoit un excédant de 17,500 kilogrammes de sel sur la quantité déclarée lors de l'enlèvement, et portée en l'acquit-à-caution représenté. — Saisie fut faite de cet excédant ainsi que du navire.

Mais elle fut déclarée nulle par arrêt de la cour criminelle de la Charente-Inférieure, sur le motif que les préposés n'avoient pas apposé préalablement les scellés sur les ferremens et écoutilles du bâtiment, conformément à ce qui est prescrit par l'article 8 de la loi du 9 floréal an 7. — Et par le même arrêt, la régie fut condamnée aux dommages et intérêts à donner par déclaration ou à dire d'experts.

Fausse application dudit article 8, qui ne dispose que pour les cas de saisie à bord même du navire, et avant l'enlèvement des ballots, caisses et tonneaux renfermant les objets saisis, ce qui n'avoit pas lieu dans l'espèce, où il s'agissoit d'une denrée entassée dont la saisie n'avoit été et pu être déclarée qu'après le déchargement et le résultat de la vérification. Et d'un autre côté, contravention à la disposition de l'article 16 de la même loi du 9 floréal, qui, en cas de saisie mal fondée, a réglé l'indemnité à accorder au propriétaire, et l'a fixée à un pour cent par mois de la valeur des objets saisis.

En conséquence, arrêt de la cour de cassation, en date du 24 juin 1808, ainsi qu'il suit : « Vu l'art. 8 « du tit. 4 de la loi du 9 floréal an 7 ; vu aussi « l'article 16 du même titre de ladite loi ; et attendu, « 1°. qu'aux termes de l'art. 8 ci-dessus cité, ce n'est « que dans le cas de saisie à bord même du navire, « et avant l'enlèvement des ballots, caisses et ton- « neaux renfermant les objets saisis, lorsque le dé- « chargement n'aura pu être fait de suite, que les « scellés doivent être apposés sur les ferremens et « écoutilles du bâtiment ;

« Que, dans l'espèce, il s'agissoit d'une denrée de « même nature entassée dans le navire, dont la saisie « n'a été et pu être déclarée qu'après le décharge- « ment et le résultat de la vérification que les prépo- « sés des douanes étoient autorisés à faire ; qu'ainsi, « d'après la disposition même de la loi, il n'y avoit « pas nécessité d'apposer préalablement les scellés ; « et que la cour de justice criminelle a fait une fausse « application de ladite loi, en prononçant la nullité « du procès-verbal sur le motif que cette formalité « n'avoit pas été remplie ;

« Attendu, 2°. que la loi qui, en cas de saisie mal « fondée, a accordé un droit d'indemnité au pro- « priétaire, en a réglé elle-même la quotité ; qu'elle « l'a fixé à un pour cent par mois de la valeur des « objets saisis ; que les tribunaux ne peuvent appor- « ter aucun changement à cette fixation ; que ce- « pendant la cour de justice criminelle à confirmé « purement et simplement le jugement de première « instance qui avoit condamné aux dommages et in- « térêts à donner par état ou à dire d'experts, ce qui « est une contravention formelle à la disposition de « l'art. 16 de la loi ci-dessus rappelée :

« Par ces motifs, la cour casse et annulle l'arrêt « rendu par la cour de justice criminelle du dépar- « tement de la Charente-Inférieure, le 25 janvier « dernier ».

§. IV. *De la vérification des chargemens de sels.*

613. Pour faciliter la vérification des quantités de sels au moment de l'extraction et de l'embarquement, on pourra, à l'égard de celles excédant un quintal, employer le mesurage, après avoir constaté, pour chaque expédition, la quantité de kilogrammes de sel que contiendra la mesure employée. (*DI. 11 juin 1806, art. 17.*)

Le poids des sels varie à raison des qualités et des lieux où il se récolte ; ainsi pour s'assurer de l'exactitude des chargemens, il faut calculer le poids commun d'un certain nombre de mesures par chaque qualité de sel et par chaque expédition ; à cet effet, on fera peser un nombre convenable des mesures employées, et sur le poids moyen de celles qui seront soumises à la balance on établira le poids total de toutes celles débarquées ou embarquées à bord d'un même bâtiment, en ayant soin, toutes les fois qu'une différence sensible dans les qualités de sel composant un même chargement pourroit l'exiger, de prendre pour base de l'évaluation moyenne un nombre proportionnel de mesure de chaque qualité. — Cette opération doit se faire avec le concours des préposés de la partie active, qui transcrivent sur leur registre de travail le résultat des diverses pesées, ainsi que le poids moyen qui a été établi.

Avant l'établissement de l'impôt, on se bornoit à compter le nombre des mesures enlevées, et à établir la quantité de kilogrammes de sel d'après les évaluations anciennement adoptées par muid, soit mesure rase, soit mesure de bosse; cette manière d'opérer, qui alors ne présentoit que des inconvéniens légers, en présenteroit aujourd'hui de très graves, et parce qu'elle est contraire aux dispositions de la loi, et qu'elle peut léser le gouvernement ou l'expéditeur, ou donner lieu à des discussions aux ports de déchargement, soit à raison de la différence du poids des sels d'après leurs qualités, soit à cause du plus ou moins d'adresse des mesureurs dans la manière de remplir les mesures.

S. E. le ministre des finances a décidé, le 1er. septembre 1807, que les mesureurs de sel, soit dans les marais salans, soit dans les ports, seroient choisis et commissionnés par les directeurs des douanes, qui pourront les révoquer à volonté ; mais que leur salaire continuera d'être à la charge du commerce. — Ils jouissent d'une demi-part de saisissant dans toutes les saisies résultantes de leurs opérations. (*CD.* 8 *septembre* 1807.)

Une décision du ministre (on n'en a pas indiqué la date) porte que ces mesureurs doivent 3 francs pour l'enregistrement de leur prestation de serment. (*CD.* 20 *octobre* 1808.)

614. Les propriétaires pourront demander la vérification des chargemens au moment de l'arrivée des bâtimens qui auront fait le transport par mer, si ces bâtimens ont éprouvé des avaries légalement constatées; et le droit ne sera perçu que sur la quantité reconnue par le résultat de la vérification. (*DI.* 11 *juin* 1806, *art.* 13.)

Le directeur général s'est réservé la connoissance de toutes les réclamations qui seront faites en vertu de cet article, et en général c'est à lui seul qu'on doit présenter les détails et la suite de tout ce qui est relatif à l'impôt du sel. (*LD.* 23 *août* 1806, *CD.* 6 *avril* 1807, etc.) — D'après cette circulaire, les inspecteurs doivent adresser chaque mois, à M. le directeur général, un rapport sommaire de la situation de leur division concernant les sels.

On a vu sous le numéro 21 que, depuis les ordres ci-dessus, il a été arrêté par le ministre du commerce, sur la demande de M. le directeur général, que M. de St.-Cricq, l'un des administrateurs, seroit spécialement chargé de la suite de toutes les affaires relatives à l'impôt du sel, et qu'il en rendroit compte au directeur général.

Aussitôt qu'un capitaine aura fait, au moment de son arrivée, une déclaration d'avaries dans la forme usitée, il faudra faire constater l'état du bâtiment par un procès-verbal des préposés, auquel devra concourir un employé supérieur; ce procès-verbal sera adressé au directeur avec celui de vérification des quantités de sel reconnues au moment du débarquement; on y joindra l'extrait de l'acquit-à-caution qui accompagnoit le bâtiment, la déclaration d'avaries faite par le capitaine et affirmée par l'équipage, et les pièces ou procès-verbaux que le capitaine aura pu déposer pour justifier des évènemens qu'il prétendra avoir éprouvés dans sa traversée. La décharge de l'acquit-à-caution sera suspendue jusqu'à l'autorisation du directeur. (*CD.* 25 *juin* 1806.)

Les déclarations d'avaries, faites par les capitaines, seroient de nul effet si elles n'étoient pas affirmées par l'équipage. (*LD.* 7 *mai* 1808.)

Il en sera de même pour un bâtiment en relâche dans un port qui n'est pas celui de sa destination. — Les bâtimens entrant de mer en rivière seront montés par deux préposés jusqu'au bureau de destination. — En cas d'avaries en route, ces deux préposés concourront, avec ceux du bureau d'arrivée, à la rédaction du procès-verbal. (*CD.* 2 *septembre* 1806.)

Il ne peut être accordé de réduction sur le montant des droits dus par des sels avariés; ils doivent acquitter ces droits en intégrité ou être submergés en présence des préposés, qui en rédigent procès-verbal. Un préposé supérieur doit assister à ces opérations. (*LD.* 12 *janvier* 1807.)

Les sels avariés ne peuvent être mêlés avec d'autres matières pour faire des engrais ; ils doivent acquitter les droits ou être submergés. (*LD.* 28 *mai* 1808.)

DEFICIT. Lorsque des sels viennent directement d'un lieu de fabrication, et que par conséquent il y a lieu à la déduction du déchet de cinq pour cent (no 612), on ne doit considérer comme déficit que ce qui manque à la cargaison au-delà de cette déduction légale. — Dans le cas où la diminution des quantités portées en l'acquit-à-caution est inférieure au déchet de cinq pour cent, le droit n'est également perceptible que sur les dix-neuf vingtièmes de ces mêmes quantités, et l'entrepôt, s'il a lieu, ne doit être soumissionné que pour les dix-neuf vingtièmes; s'il y a déficit, et qu'il n'y ait point déclaration d'avarie, ou que l'avarie ne soit point admise, le droit est dû sur ce déficit, et le propriétaire peut être admis à l'acquitter au bureau d'arrivée; dans ce cas, mention en est faite à la suite du certificat de décharge des quantités réellement arrivées; mais si le propriétaire se refuse à acquitter, au bureau de destination, le droit sur ce déficit, il ne peut y être contraint que par le receveur du bureau de départ, seul dépositaire du titre en vertu duquel les poursuites peuvent être dirigées, c'est-à-dire de la soumission.

Ainsi le certificat effectif de décharge ne devant jamais porter que les quantités réellement reconnues à la vérification, c'est par une mention spéciale, mise à la suite de ce même certificat, que doit être constaté ce qui a été fait à l'égard du *déficit*, de manière que l'acquit-à-caution fasse toujours foi, lors de sa représentation, que le but de la loi a été complètement rempli à l'égard de l'expédition qu'il accompagnoit. (*CD.* 7 *octobre* 1806.)

EXCÉDANT. Il avoit été mandé que les excédans donnoient lieu à la saisie conformément à l'article 76 de la loi du 8 floréal an 11, toutes les fois qu'ils étoient au-dessus du vingtième des quantités portées en l'acquit-à-caution, et que les excédans du vingtième et au-dessous donnoient ouverture au paiement des droits sur les quantités excédantes, déduction faite du déchet de cinq pour cent sur la cargaison toute entière; mais on a vu sous le numéro 612 que la cour de cassation n'a pas partagé cette opinion: elle a jugé au contraire que tout excédant donne non seulement lieu à la saisie de l'excédant, mais encore à la confiscation des moyens de transport, et que le décret du 11 juin 1806 ne peut recevoir de modifications dans ses dispositions par celles de la loi du 8 floréal an 11.

Il en est de même pour excédans découverts sur des sels circulant dans les trois lieues des côtes ou des marais salans avec acquit de paiement; ils devront être considérés comme n'étant pas accompagnés d'expédition, et par cette raison ils seront saisissables ainsi que les moyens de transport, conformément à l'article 7 du décret du 11 juin 1806.

§. V. *De l'acquittement des droits sur le sel.*

615. Le droit établi sera dû par l'acheteur au moment de la déclaration d'enlèvement. (24 *avril* 1806, *art.* 52.)

Les droits, à quelque époque et dans quelque bureau qu'ils soient perçus, sont dus sur les quantités de sel primitivement enlevées des lieux de fabrication, déduction faite de cinq pour cent accordée pour tout déchet (n° 612), soit de transport ou de navigation, soit de magasin ou d'entrepôt. (*CD.* 25 *juin* 1806.)

616. Pourra néanmoins *l'administration des douanes*, lorsque la déclaration donnera ouverture à un droit de plus de six cents francs, recevoir, en paiement du droit, des obligations suffisamment cautionnées, payables à trois, six ou neuf mois. (24 *avril* 1806, *art.* 53.)

Les receveurs subordonnés ne peuvent admettre des traites ou obligations sans l'approbation de leur receveur principal, à qui ils sont obligés d'en référer. (*CD.* 21 *décembre* 1807.)

On a vu sous le n° 144 que les traites ou obligations données aux receveurs subordonnés doivent être par eux passées à l'ordre du receveur principal. — Celui-ci porte sur ses états de crédit le résultat de ceux de ses subordonnés. (*CD.* 3 *juillet* 1806.)

Dès que le montant de la perception donne lieu à des obligations de trois, six et neuf mois, il est accordé un escompte de quatre pour cent aux négocians qui préfèrent d'acquitter le droit comptant. (*DM.* 18 *août* 1807.)

Voici la manière de présenter l'escompte sur les registres de recette: les acquits de paiement présenteront la liquidation du droit principal, la déduction accordée et la somme réellement acquittée en espèces par le redevable. Le produit brut sera énoncé dans les bordereaux, et on ouvrira une colonne à l'article des dépenses pour opérer la compensation. Les receveurs exigeront des négocians des reconnoissances de l'objet de l'escompte qui leur sera accordé, lesquelles seront jointes au compte d'ordre pour justifier de la dépense de ce même escompte. (*CD.* 17 *septembre* 1806.) — Lesdites reconnoissances, données par les négocians pour escompte sur les droits des sels, doivent être sur papier timbré. (*CD.* 2 *juillet* 1808.)

617. Les sauniers ou paludiers qui voudront enlever des sels des marais salans pour les transporter à dos de chevaux et de mulets, et les vendre dans l'intérieur, ne paieront les droits qu'au retour de chaque voyage, s'ils fournissent caution pour le montant desdits droits : il ne leur sera accordé un second crédit que lorsque le premier aura été acquitté. (*DI.* 11 *juin* 1806, *art.* 14.)

VOIR, relativement aux précautions à prendre pou rassurer l'exécution de cet article, le *douzième paragraphe de l'instruction placée sous le n°* 596.

618. Les sels transportés par mer pourront être expédiés sous acquit à-caution; le droit sera perçu au moment du débarquement sur les sels conduits dans les ports qui ne jouiront pas de l'entrepôt. (*DI.* 11 *juin* 1806, *art.* 9.)

EN prescrivant l'acquit-à-caution pour les expéditions de sels d'un port à un autre de France, ce décret a eu pour but de parer à ce que des sels ainsi transportés soient versés dans la consommation sans avoir acquitté les droits.... C'est donc le montant des droits et non la valeur de la marchandise qui doit être stipulé dans la soumission en vertu de laquelle les acquits-à-caution sont délivrés, et le soumissionnaire et sa caution doivent s'engager, en cas de non rapport du certificat de décharge, à acquitter l'impôt sur les sels portés dans l'acquit-à-caution, et à payer de plus une amende de 500 francs.

Comme il seroit possible dans certains cas que des négocians éprouvassent des difficultés pour faire suffisamment cautionner, dans un port autre que celui de leur résidence, le montant des droits sur les sels qu'ils voudroient en expédier, les soumissions pourront être reçues dans les ports de destination. Mais lorsque des soumissions de cette nature seront souscrites dans un bureau, le directeur adressera au directeur général un certificat du receveur, portant que les droits sur telle quantité de sel que tel négociant se propose de faire venir du port de (*le désigner*) ont été assurés par une soumission valablement cautionnée, déposée à son bureau; et sur le vu de ce certificat, le directeur général autorisera le receveur du port du départ à permettre l'expédition de la quantité de sel indiquée sous la soumission de l'expéditionnaire seulement. (*CD.* 18 *juillet* 1806.)

Lorsque des négocians font des soumissions au port de destination pour assurer les droits des sels qu'ils veulent faire venir, ils doivent indiquer positivement le lieu où ces sels seront extraits, afin que le directeur général puisse donner les ordres d'expédition. (*LD.* 16 *novembre* 1806.)

Les contraintes pour défaut de rapport d'acquits-à-caution doivent être visées par les présidens des tribunaux. (*LD.* 2 *août* 1806.) — *Voir* n° 355.

Ainsi les sels arrivant soit des marais salans, soit d'un entrepôt dans un port auquel cette faculté n'est pas accordée, doivent acquitter les droits au moment de leur débarquement, et ne peuvent par conséquent être réexpédiés pour une destination quelconque, même privilégiée, sous acquit-à-caution, mais seulement sous acquit de paiement. (*CD.* 24 *décembre* 1806.) Ces dispositions ne souffrent d'exception que pour les sels exemptés des droits.

Une décision de S. M., en date du 17 septembre 1807, autorisoit l'admission dans nos ports des bâtimens françois ou neutres chargés de sel, provenant de nos marais salans, nonobstant leur relâche forcée en Angleterre, toutes les fois qu'il étoit pleinement justifié, tant de la nationalité des sels, que de la force majeure de la relâche.

Mais une circulaire du directeur général, du 14 janvier 1808, a annoncé que cette exception cessoit absolument par l'effet du décret impérial du 17 décembre 1807 (sous le n° 273)... Ainsi tout navire, soit françois, soit neutre, qui arriveroit dans nos ports avec un chargement de sel de quelque origine que ce soit, et qui se trouveroit dans l'un des cas prévus par le décret du 17 décembre, doit être traité conformément aux dispositions qu'il renferme et comme s'il s'agissoit de toute autre marchandise.

619. Si les sels sont transportés dans un des ports où l'entrepôt sera permis, ils pourront y être entreposés sous une double clef, dont l'une restera entre les mains du receveur de la douane, et n'acquitter les droits que lorsqu'ils en seront tirés pour la consommation. (*DI.* 11 *juin* 1806, *art.* 10.)

LES droits, à quelque époque et dans quelque bureau qu'ils soient perçus, sont dus sur la quantité de sel primitivement enlevée des lieux de fabrication, déduction faite de cinq pour cent accordée par l'art. 12 de ce décret (n° 612), pour tout déchet, soit de transport ou de navigation, soit de magasin ou d'entrepôt.

Il résulte de la combinaison de l'article ci-dessus

avec les dispositions énoncées sous les numéros 618, 620 et 628,

1°. Régularisation de l'article 56 de la loi du 24 avril 1806, ainsi conçu : *Les sels transportés par mer et destinés pour la consommation intérieure pourront être expédiés sous acquits-à-caution, et jouir de l'entrepôt dans les ports et dans les villes de l'intérieur qui seront désignés par le Gouvernement* ;

2°. Que tous les sels envoyés par mer des ports voisins des marais salans dans un autre port de France ne sont pas soumis au paiement des droits dans le bureau du lieu du départ ; mais il leur est délivré des acquits-à-caution qui indiquent avec exactitude les quantités de sel embarquées. (*CD.* 31 *mars* 1806.)

Pour éviter les abus, ces sels doivent, à leur arrivée dans le port, être exactement vérifiés par les préposés, et si on n'en paie immédiatement les droits, être portés sur un registre particulier, et mis en entrepôt sous la clef de la douane ; à mesure qu'ils en seront retirés pour suivre leur destination, les quantités enlevées seront également vérifiées et enregistrées. (*CD.* 13 *mai* 1806.)

620. Si les sels entrent dans les rivières pour remonter dans l'intérieur, les droits seront perçus au bureau des douanes le plus avancé en rivière, à moins qu'ils ne soient destinés pour l'un des grands entrepôts de l'intérieur qui seront établis par le présent. (*DI.* 11 *juin* 1806, *art.* 11.)

Le commerce de la ville de Rouen jouira de la faculté de tirer directement ses sels des marais salans par la Loire et la Seine, à la charge, 1°. que les sels transportés par la Seine sous acquit-à-caution jusqu'à Rouen devront rompre charge à Paris, et y subir les vérifications des préposés des douanes ; 2°. qu'ils ne pourront être entreposés que dans les caves de Dieppedalle, exclusivement affectées à l'entrepôt des sels à Rouen. (*Lettre du ministre des finances à la chambre de commerce de Rouen, du .... mars* 1810.)

SECTION III. — *De l'admission des sels en entrepôt.*

§. 1. *Ports qui jouiront de la faculté d'entreposer des sels.*

621. Les sels provenant des marais salans ou salines jouiront de la faculté de l'entrepôt dans les villes d'Anvers, Gand, Bruges, Ostende, Dunkerque, Calais, Boulogne, Etaples, Saint-Valery sur Somme, Abbeville, Dieppe, le Havre, Rouen, Honfleur, Caen, Cherbourg, Granville, Marans, Saint-Malo, le Légué, Morlaix, Brest, Lorient, Quimper, Vannes, Rhédon, Nantes, la Rochelle, les Sables, Rochefort, Charente, Bordeaux, Libourne, Bayonne, Cette, Agde, Narbonne, Toulon, Marseille, Arles et Nice.

La ville de Gênes pourra jouir de la faculté de l'entrepôt, mais sous la condition expresse que les sels seront entreposés dans les magasins du port franc. (*DI.* 11 *juin* 1806, *art.* 21.)

622. .... Les sels ne pourront être débarqués à Livourne que sous la condition de la mise immédiate dans l'entrepôt réel et de leur réexportation par mer, à moins qu'ils ne soient achetés pour le compte de la régie impériale. (*DI.* 22 *octobre* 1808, *art.* 13.)

Les sels ne peuvent entrer en Toscane, soit par terre, soit par mer, s'ils ne sont pas destinés aux approvisionnemens de la régie impériale. (*DI.* 22 *octobre* 1808, *art.* 14.) *Voir* la dernière section de ce chapitre.

623. Il est accordé à *la* ville d'Amsterdam un entrepôt réel de sels bruts qui pourra, jusqu'à la paix, être approvisionné, par les rivières et canaux de l'in-

térieur, de sels tirés de l'entrepôt de Paris sous la formalité de l'acquit-à-caution. (*DI.* 29 *février* 1812, *art.* 1.)

Les articles 2, 3 et 4 de ce même décret s'expriment ainsi :

Art. 2. « Le droit de deux décimes par kilogramme « sera dû sur les quantités de sel livrées à l'entrepôt « de Paris et portées dans les acquits-à-caution, sans « qu'il puisse être réclamé aucune déduction soit « pour déchet de route, soit pour avaries, submer- « gement, naufrage ou toute autre cause.

Art. 3. « Les sels seront, lors de leur arrivée à « Amsterdam, et après vérification, mis en entrepôt « réel; cet entrepôt sera assujetti à toutes les forma- « lités prescrites pour ceux des douanes.

Art. 4. « Le droit sera acquitté au moment de la « déclaration de sortie, soit pour la consommation, « soit pour les raffineries, et avant la sortie d'entre- « pôt, à moins que les sels n'en soient retirés pour « être envoyés à l'étranger par mer ou pour être em- « ployés à la pêche et aux salaisons de la marine et « des colonies. »

Les sels de la saline de Lunébourg pourront être expédiés pour la Hollande sous acquit-à caution et sans plomb, mais ils acquitteront préalablement les droits. (*DM.* 26 *mai* 1812.)

624. L'entrepôt des sels sera réel et soumis à toutes les conditions et formalités prescrites pour les entrepôts des douanes. (*DI.* 11 *juin* 1806, *art.* 22.)

Dans les endroits où il n'a pas encore été possible de se procurer des emplacemens suffisans, l'entrepôt a lieu dans les magasins des négocians sous la double clef de la douane, et sous toutes les formalités prescrites pour l'entrepôt réel. Mais cet entrepôt ne peut être que provisoire, et jusqu'à ce que les autorités locales aient désigné les magasins qui pourront être affectés à l'entrepôt. Le directeur du département doit s'entendre, à cet égard, avec lesdites autorités, et adresser à M. le directeur général le plan desdits magasins, accompagné des observations qui lui paroîtront devoir être faites. (*CD.* 4 *octobre* 1806.)

S. E. le ministre des finances a décidé, le 16 août 1808, que l'art. 5 de la loi du 29 floréal an 10, qui limitoit à 18 mois la durée de l'entrepôt pour les tabacs en feuilles venant de l'étranger, est applicable aux sels admis en entrepôt en vertu des art. 21, 22 et 24 du décret du 11 juin 1806. — Il sera cependant accordé des prolongations lorsque les circonstances le réclameront. Les demandes en seront faites par les propriétaires au directeur du département, qui en référera au directeur général pour statuer. (*CD.* 16 *août* 1808.)

625. Les sels entreposés dans les ports qui ont cette faculté pourront être expédiés par mer à destination des autres ports de France, sous la formalité de l'acquit-à-caution.

Si la destination est pour l'un des ports qui ont la faculté de l'entrepôt, lesdits sels pourront y être de nouveau entreposés : dans le cas contraire, ils paieront les droits au moment du débarquement. (*DI.* 11 *juin* 1806, *art.* 23.)

Les receveurs sont tenus d'adresser eux-mêmes à M. le directeur général, dans les premiers jours de chaque mois, l'état des sels entreposés et sortis d'entrepôt pendant le mois précédent; ils doivent remettre à la direction un double de cet état. (*Circulaire du* 25 *juin* 1806.)

Lors de l'expédition des sels d'un entrepôt pour un autre, les acquits-à-caution doivent faire mention de l'époque de l'entrée en entrepôt, afin qu'on puisse la connoître au lieu de la nouvelle destination et faire payer les droits à l'expiration du délai d'entrepôt, s'il n'est pas prolongé par le directeur général, qui s'est réservé d'accorder cette faveur, ou si les sels n'ont pas été mis en consommation avant l'expiration de ce délai. (*CD.* 17 *mai* 1809.) — *Voir* sous le n° 624.

Les sels entreposés à Anvers peuvent être expédiés pour Dunkerque par les canaux de l'intérieur, à raison des circonstances, sous la condition de l'acquit-à-caution et d'une soumission valablement cautionnée, qui assure le paiement immédiat des droits sur les quantités qui ne seroient pas représentées à Dunkerque, sans qu'il puisse être argué d'aucune avarie ou autre cause de déchet quelconque.

§. II. *Des entrepôts de sels dans l'intérieur.*

626. Il y aura un entrepôt réel des sels dans les villes de Paris, Lyon, Toulouse et Orléans; il sera soumis à toutes les formalités prescrites pour les entrepôts des douanes. (*DI.* 11 *juin* 1806, *art.* 24.)

627. Les sels destinés pour ces entrepôts seront expédiés par rivière, sous les formalités d'acquits-à-caution des douanes. (*DI.* 11 *juin* 1806, *art.* 25.)

On ne doit permettre les expéditions par rivière que lorsque les entrepôts seront organisés et lorsque le directeur général l'aura fait connoître. (*CD.* 25 *juin* 1806.)

628. L'administration des douanes sera chargée de la surveillance desdits entrepôts, et de la perception du droit sur les sels qui y seront déposés, lorsqu'ils entreront dans la consommation. (*DI.* 11 *juin* 1806, *art.* 26.)

§. III. *De l'entrepôt des sels destinés à la pêche maritime ou pour les salaisons des approvisionnemens de la marine et des colonies.*

629. Les sels destinés à la pêche maritime jouiront, dans tous les ports où il y a un bureau de douane, d'un entrepôt d'une année, en quantités proportionnées au nombre et au tonnage des bâtimens employés à la pêche, sous toutes les conditions et formalités prescrites par les lois pour les marchandises admises en entrepôt réel. (*DI.* 11 *juin* 1806, *art.* 27.)

L'admission dans les entrepôts ne doit être accordée qu'aux sels destinés à la pêche maritime proprement dite.

Les sels dont il est question dans ce paragraphe ne peuvent être expédiés que de trois manières:

1°. D'un marais salant ou d'un entrepôt général, et dans ce cas ils peuvent être expédiés de nouveau à toute destination;

2°. D'un marais salant ou d'un entrepôt général pour un des entrepôts de la pêche maritime autorisés par l'art. 27 ci-dessus; ceux-là ne peuvent ensuite être réexpédiés pour un autre port, mais seulement pour la pêche maritime à laquelle ils sont spécialement affectés.

3°. Enfin, d'un marais salant ou d'un entrepôt général pour les entrepôts particuliers des propriétaires d'ateliers de salaisons, autorisés par l'art. 39 (n° 658), et ces sels une fois parvenus à cette destination dans un port quelconque doivent y être consommés sans déplacement; faute de quoi ils perdent leur droit à la franchise, et doivent acquitter l'impôt avant la sortie des magasins où ils étoient déposés.

Il résulteroit d'une disposition contraire, que les propriétaires d'ateliers de salaisons étant autorisés à lever en franchise dans les marais salans ou dans les entrepôts tous les sels qu'ils jugent leur être nécessaires, constitueroient, par le fait, tous les ports ou faux ports où il existe des ateliers en entrepôts généraux; ce qui est aussi opposé aux principes qu'au texte du règlement.

Les sels nécessaires pour les salaisons qui se font en mer dans le voisinage des côtes, pour être consommées en vert, ne peuvent être pris que dans les marais salans ou dans les entrepôts généraux.

Les sels qui ne seront pas employés à ladite salaison entreront en consommation et acquitteront de suite les droits, à moins qu'ils ne soient réintégrés en entrepôt dans les ports qui en jouissent.

L'acquit-à-caution délivré pour lesdits sels doit, au surplus, être déchargé au fur et à mesure de la représentation du poisson salé dans les proportions déterminées. (*CD.* 24 *décembre* 1806.)

Dans chaque port où il se fait des salaisons maritimes ou en atelier on doit tenir un registre de compte ouvert, — 1°. Avec chaque propriétaire ou maître de bâtiment faisant la pêche maritime; — 2°. Avec chaque propriétaire d'atelier de salaisons: on laissera, à l'égard de ces derniers, un blanc suffisant pour porter les emplois de leur sel, etc. — Chaque mois on doit adresser à M. le directeur général la situation des entrepôts des sels destinés à la pêche maritime et aux entrepôts en atelier. (*CD.* 24 *novembre* 1806.) — Ces états sont imprimés. (*LD.* 8 *décembre* 1806.)

Chaque quinzaine on doit également adresser à M. le directeur général l'état des sels expédiés pour les salaisons en mer, et un état desdits sels représentés, dans les ports, en nature ou en poisson salé. (*CD.* 25 *novembre* 1806.)

Les états de quinzaine doivent être adressés exactement ou des certificats de néant. (*CD.* 5 *août* 1806.)

Les barques des pêcheurs doivent être vérifiées avec soin à leur arrivée, ainsi que leurs expéditions, pour éviter les abus des versemens en mer à leur bord. (*CD.* 10 *septembre* 1806.)

630. Les quantités tirées de l'entrepôt pour la pêche seront exactement vérifiées, et portées sur un registre particulier, qui servira de contrôle à celui de mise en entrepôt. (*DI.* 11 *juin* 1806, *art.* 28.)

631. Les propriétaires des sels déclarés pour la pêche pourront les tirer de l'entrepôt pour la consommation, en payant les droits. (*DI.* 11 *juin* 1806, *art.* 29.)

632. Les sels seront réputés devoir entrer dans la consommation, et comme tels soumis au paiement du droit, s'ils n'ont été employés, à la première ou à la seconde pêche, depuis leur mise en entrepôt. (*DI.* 11 *juin* 1806, *art.* 30.)

633. Les sels expédiés pour les salaisons en mer, qui n'y auront point été employés, pourront, à leur retour, être établis dans l'entrepôt, après vérification exacte des quantités, et y rester jusqu'aux expéditions pour la pêche de l'année suivante.

Les sels qui, à cette époque, ne seront pas réexpédiés pour la pêche, acquitteront les droits. (*DI.* 11 *juin* 1806, *art.* 31.)

634. Les sels employés pour les salaisons destinées aux approvisionnemens des colonies et de la marine seront déposés dans des magasins fermés à deux clefs, dont l'une restera entre les mains des préposés des douanes, qui enregistreront les quantités entreposées et en surveilleront l'emploi. (*DI.* 11 *juin* 1806, *art.* 32.)

Il sera tenu un compte particulier à la sortie et à l'entrée de ces sels sur le registre des entrepôts généraux.

SALAISONS POUR LA MARINE. Pour assurer l'exécution de cet article, que le peu de rapport dans les consommations proportionnelles et locales n'a pas permis de faire dépendre d'une fixation uniforme, le mode de contrôle suivant a été arrêté de concert entre les ministres des finances et des colonies :

1°. Les sels arrivant dans les ports à destination des salaisons de la marine et des colonies seront mis dans un magasin fermant à deux clefs, dont l'une restera entre les mains de l'agent des vivres de la marine, et l'autre sera déposée à la douane.

2°. Lorsqu'on se proposera de procéder à une préparation de viandes salées, l'agent des vivres de la marine en fera la déclaration à la douane, qui lui délivrera un permis pour la quantité de sel qu'il aura déclaré vouloir tirer de l'entrepôt.

3°. La délivrance de la quantité de sel portée dans le permis sera ensuite faite à l'agent des vivres de la marine par les préposés commis à cet effet. Ceux-ci accompagneront les sels dans l'atelier, assisteront à la mise en cuve, et à tout emploi de sels qui sera fait, soit à sec, soit en saumure, pour la préparation des viandes; ils constateront au dos du permis, et à mesure du travail, les quantités de sel qui seront consommées pour les diverses opérations. — Toutes les fois qu'il y aura lieu à l'interruption du travail, l'atelier sera fermé sous deux clefs, dont l'une restera entre les mains des préposés.

4°. Lorsque la préparation sera complète, le permis sera rapporté à la douane, et le compte d'entrepôt de la marine sera immédiatement déchargé de la quantité de sel dont l'emploi aura été constaté au dos de cette expédition. — Les quantités qui n'auroient pas été employées seront de suite rétablies en entrepôt. S'il se trouve un déficit sur les quantités délivrées, déduction faite de celles dont l'emploi aura été constaté, les droits seront perçus sur le déficit.

5°. Les sels immondes formant le résidu de chaque préparation seront submergés en présence des préposés. Si cependant l'administration de la marine juge préférable de les faire vendre, la vente pourra avoir lieu, à la charge par l'acquéreur de payer les droits, et de verser le surplus, s'il y a lieu, à la caisse de la marine.

6°. S'il y a lieu d'ouiller les viandes salées après leur mise en barils, il sera délivré à l'agent des vivres de la marine, sur sa déclaration, la quantité de sel nécessaire pour l'ouillage, lequel se fera en présence des préposés ; ceux-ci constateront, sur le permis qui aura été délivré à cet effet, la quantité de sel employée à l'ouillage, et le compte de la marine sera déchargé d'une égale quantité sur la représentation du permis.

7°. Il devra être donné connoissance à l'avance aux préposés des douanes des heures auxquelles devront s'exécuter les travaux de la marine auxquels ils sont chargés d'assister, et ceux-ci ne pourront, sous aucun prétexte, les faire retarder.

Les administrateurs des ports ont reçu du ministre de la marine l'injonction de se conformer aux dispositions ci-dessus. (*CD.* 10 *août* 1809.)

Les sels employés aux salaisons de la marine sont exempts du droit de balance. — *Voir* n° 637.

SALAISONS POUR LES COLONIES. Il s'est élevé la question de savoir, si les sels employés aux salaisons de viandes destinées aux armemens doivent jouir de l'exemption des droits, et si les sels expédiés en nature pour la même destination sont seulement assujettis au droit de balance. — La première question est résolue affirmativement par l'art. 55 de la loi du 24 avril 1806 (n°. 637), qui fait participer à la franchise accordée à la pêche maritime les sels employés aux salaisons destinées aux approvisionnemens des colonies ; mais il importe de prendre des précautions pour prévenir l'abus de cette immunité. En conséquence, on exécutera dans tous les ports les formalités suivantes :

1°. Les négocians qui se proposeront de saler ou faire saler des viandes destinées pour les colonies en feront leur déclaration à la douane ; sur cette déclaration il leur sera délivré un permis de lever à l'entrepôt la quantité de sel déclarée.

2°. Les sels seront accompagnés de l'entrepôt à l'atelier par les préposés ; ceux-ci les feront mettre sous double clef, dans un local attenant, et n'en permettront le transport à l'atelier qu'en leur présence et à mesure des besoins. Ils assisteront à l'emploi, et constateront, jour par jour, les quantités consommées, et le poids des viandes salées qui en proviendront. Les sels ainsi employés et les viandes que ces sels auront servi à saler seront inscrits sur une note qui sera remise au bureau, et qui servira à établir le compte de la douane avec le saleur. Les quantités qui n'auront pas été consommées seront rétablies en entrepôt à la fin de l'opération ou soumises aux paiemens immédiats des droits.

3°. Pour s'assurer que les viandes salées en franchise n'entreront pas dans la consommation, et qu'elles seront réellement expédiées pour les colonies, les barils qui les contiendront seront mis en l'entrepôt réel à mesure de la confection ; et si l'embarquement n'a pas lieu dans l'année, les droits seront perçus à l'expiration de ce délai sur lesdites viandes, en proportion de la quantité de sel qui y aura été employée.

4°. La destination sera assurée au moment de l'embarquement par des acquits-à-caution avec soumission de payer les droits et l'amende, si les acquits ne sont pas représentés valablement déchargés, ou le défaut de représentation justifié par des évènemens de force majeure légalement constatés.

Quant aux sels en nature expédiés pour les colonies, cette partie de l'empire n'étant pas assujettie à l'impôt de consommation, doit à cet égard être traitée comme l'étranger, et les sels qui s'y envoyent doivent seulement être assujettis au paiement du droit de balance, lequel est également perceptible, aux termes de l'article 55 de la loi du 24 avril 1806, sur les sels employés aux salaisons de viandes destinées pour les colonies. (*CD.* 14 *octobre* 1808.)

SECTION IV. — *Des Sels exemptés des droits.*

§. 1. *Désignation des sels qui ne seront pas assujettis au droit de consommation.*

635. Il n'y aura pas lieu au paiement du droit, mais seulement à l'acquit du droit ordinaire de balance du commerce et de timbre du congé, pour les sels destinés pour l'étranger. (24 *avril* 1806, *art.* 54.)

Le droit de balance perçu sur les sels ne doit pas figurer sur les bordereaux rédigés pour cette partie, mais bien sur ceux de douanes. (*CD.* 31 *décembre* 1806.)

636. Les fabriques de soude ne seront pas assujetties à l'impôt du sel sur celui qu'elles emploieront dans leur fabrication. (*DI.* 13 *octobre* 1809, *art.* 1.)

Le déchet de cinq pour cent accordé par l'art. 12 du règlement du 11 juin 1806 ne doit pas être alloué sur les sels expédiés à destination des fabriques de soude. — Les acquits-à-caution doivent porter la totalité des sels enlevés, soit des marais salans, soit des entrepôts, sans aucune déduction, pour l'emploi en être également justifié intégralement et sans remise. (*CD.* 19 *décembre* 1809.)

Avant le décret du 13 octobre, les fabriques de soude avoient déjà été exemptées de l'impôt sur le sel par avis du conseil d'état du 9 mai 1809, approuvé par Sa Majesté le 4 juin suivant.

La livraison, en franchise des droits, des sels nécessaires pour les préparations des blanchisseries de fil par l'acide muriatique, ne peut être accordée. (*Avis du conseil d'état, transmis par LD.* 14 *février* 1811.)

637. Il en sera de même pour les sels destinés à la pêche maritime, ou pour les salaisons destinées aux approvisionnemens de la marine et des colonies. (24 *avril* 1806, *art.* 55.)

La rédaction de cet article, qui est classé dans la loi immédiatement après celui qui soumet les sels pour l'étranger au droit de balance, avoit fait croire que ce droit étoit également perceptible sur les sels destinés à la pêche et aux salaisons de la marine; M. le directeur général des douanes a fait connoître, par sa circulaire du 24 juillet 1806, que les sels employés à la pêche et aux salaisons maritimes doivent jouir de l'immunité tout entiere, et que ceux expédiés pour l'étranger acquitteront seuls le droit de balance du commerce.... *Voir* cependant le dernier paragraphe de la circulaire du 14 octobre 1808, sous le nº 634.

La question de savoir si les sels immondes, formant les résidus des salaisons de viande ou de poissons, peuvent être employés (soit à la consommation ou à une préparation quelconque), en exemption de droits, ayant été soumise au directeur général, il a décidé, le 6 novembre 1806, que la loi du 24 avril n'admettant aucune distinction relative à la qualité ou à la valeur des sels, tous ceux qui entrent dans la consommation, tous ceux employés à un usage quel qu'il soit, autre que celui de la pêche maritime, des salaisons de poisson ou de la soude, sont indistinctement soumis à l'impôt.

Le droit est donc exigible sur les sels qui se distribuent aux marins avec la ration ordinaire, et les sels employés au service de l'armée de terre sont également soumis au droit. (*CD.* 30 *mai* 1806.)

§. II. *Conditions de l'exemption accordée aux sels employés à la fabrication de la soude.*

638. Tout fabricant qui voudra jouir de l'exemption devra déclarer le lieu de son établissement et la quantité de soude qu'il se propose de fabriquer par année.

Cette déclaration sera faite au ...... directeur général des douanes pour les fabriques qu'on voudra établir dans l'étendue des côtes et frontières soumises à la police des douanes, ainsi que dans les villes où il existe un entrepôt réel de sels, en exécution de l'article 24 du décret du 11 juin 1806, et au conseiller d'état directeur général des droits réunis, pour celles qui seront établies dans les autres parties de l'empire. (*DI.* 13 *octobre* 1809, *art.* 2.)

« Les déclarations seront faites pour l'année entière et renouvelées avant le premier novembre « de chaque année pour l'exercice suivant : il ne « sera point admis de déclaration pour une moindre « portion de temps. A l'égard des établissemens qui « seront formés dans le cours de l'exercice, la déclaration comprendra le restant de l'exercice et l'exercice entier qui suivra. Dans le cas de cessation ou « interruption de fabrication, l'indemnité déterminée par l'art. 11 du décret (nº 647) sera acquise « pour tout le temps compris dans la déclaration.. » (*DM.* 28 *novembre* 1809, §. 1.)

Une circulaire du 6 novembre 1809 a fait connoître que les fabricans de soude devoient adresser leur déclaration *directement* à M. le directeur général des douanes pour les fabriques établies dans l'étendue des côtes et frontières soumises à la police des douanes, ainsi que dans les villes où il existe un entrepôt réel de sels; et *directement* à M. le directeur général des droits réunis, pour celles établies dans les autres parties de l'Empire.

Par suite de cette obligation et de l'envoi qui est fait par M. le directeur général des droits réunis à M. le directeur général des douanes, du relevé des déclarations qu'il a reçues, des quantités de soude à fabriquer par chaque déclarant et du lieu indiqué pour l'extraction, il ne devra être délivré des sels sous acquit-à-caution, à destination des fabriques de soude, et quelle que soit leur situation, qu'en vertu des ordres exprès de M. le directeur général des douanes, et jusqu'à concurrence des quantités portées dans ces mêmes ordres. — Au surplus, les déclarations qui seront adressées à M. le directeur général devront, aux termes du premier paragraphe de la décision ministérielle ci-dessus, du 28 novembre 1809, être faites pour l'année entière, et renouvelées avant le premier novembre de chaque année pour l'exercice suivant ; il n'en sera point admis pour une moindre portion de temps. A l'égard des établissemens qui seront formés dans le cours de l'exercice, la déclaration comprendra le restant de ce même exercice et l'exercice entier qui suivra, et dans le cas de cessation ou interruption de fabrication, l'indemnité déterminée par l'art. 11 de ce décret sera acquise pour tout le temps compris dans la déclaration. (*Extrait de la circulaire du* 30 *novembre* 1809.)

Un décret impérial du 15 octobre 1810, relatif aux manufactures et ateliers qui répandent une odeur insalubre ou incommode, range les fabriques de soude au nombre des établissemens qui ne pourront désormais se former qu'en vertu d'un décret impérial rendu dans les formes indiquées et après que M. le directeur général des douanes aura été consulté. Les directeurs devront donc à l'avenir n'admettre les déclarations que pour celles des fabriques de soude dont l'établissement aura été préalablement autorisé par un décret impérial. (*CD.* 6 *novembre* 1810.)

639. Les sels qui sortiront hors de la ligne des douanes pour les fabriques de soude seront mis en sacs et expédiés sous plombs et acquits-à-caution, portant obligation de les conduire directement dans la fabrique pour laquelle ils auront été déclarés. (*DI.* 13 *octobre* 1809, *art.* 3.)

640. A défaut du transport desdits sels dans la fabrique et d'en justifier au bureau de l'enlèvement, en rapportant les acquits-à-caution revêtus d'un certificat d'arrivée, qui sera délivré par les préposés à l'exercice, et visé par le directeur des douanes ou des droits réunis, suivant le lieu où la fabrique sera située, ceux qui auront fait leur soumission pour la délivrance des acquits-à-caution seront tenus de payer le quadruple des droits imposés sur le sel manquant. (*DI.* 13 *octobre* 1809, *art.* 4.)

« Les dispositions des articles *ci-dessus et du suivant* sont applicables aux sels qui seront enlevés « pour les fabriques de soude, soit dans les entre- « pôts maritimes et intérieurs, soit dans les salines « et fabriques exercées par la régie des droits réu- « nis, soit dans les magasins de la régie des poudres « et salpêtres. — Les fabricans de soude ne pourront « employer à ces enlèvemens que des sacs de la con- « tenance d'un quintal métrique de sel. (*DM.* 28 *novembre* 1809, *paragraphes* 2 *et* 3.)

Les sels destinés pour les fabriques de soude, dont M. le directeur général des douanes autorise l'expédition, peuvent donc, en vertu de la décision ci-dessus, être levés dans les entrepôts réels, soit maritimes, soit intérieurs, aussi-bien que dans les marais salans; les fabricans peuvent également en tirer des magasins de la régie des poudres et salpêtres ou des salines exercées par la régie des droits réunis, en se conformant, pour les enlèvemens qui auroient lieu dans ces deux dernières espèces d'établissemens, aux formalités prescrites par les articles 3 et 4 du décret ci-dessus, pour les expéditions émanées des marais salans ou des entrepôts.

Les acquits-à-caution qui seront levés dans les bureaux des douanes ne seront délivrés que lorsque le fabricant aura fait assurer entre les mains du receveur la garantie des droits jusqu'à l'arrivée des sels en fabrique, soit que celle-ci se trouve située dans la ligne des douanes ou dans l'intérieur. Cette garantie résultera d'une soumission souscrite ou cautionnée par deux personnes domiciliées dans le lieu de la résidence du receveur du bureau d'expédition et offrant toute solvabilité; la soumission portera d'ailleurs, aux termes de l'art. 4 ci-dessus, l'obligation de payer le quadruple droit sur le sel manquant, dans le cas où les acquits-à-caution, qui devront être revêtus du certificat de décharge des préposés à l'exercice, ne justifieroient pas de l'arrivée en fabrique de la totalité des sels portés dans l'expédition.

Les sels destinés pour les fabriques de soude établies dans l'intérieur, et ceux destinés pour les fabriques situées dans les trois lieues des côtes et les quatre lieues des frontières, mais pour le transport desquels il faudra emprunter une partie de territoire au-delà des limites des douanes, seront mis en sacs *revêtus du plomb de la douane.*

Chaque sac contiendra cent kilogrammes net de sel; à l'effet de quoi, le sel sera très-exactement pesé avant d'être versé dans les sacs, sans qu'il soit permis d'en déterminer le poids par la mesure ni par aucune autre combinaison approximative.

Il ne sera apposé qu'un seul plomb sur chaque sac, et chaque plomb sera payé quinze centimes, conformément à la loi du 22 août 1791; la fourniture en sera faite par le vérificateur, au moyen des instrumens qu'en fait passer M. le directeur général dans les directions où il y a lieu d'en faire usage.

Les sacs destinés à être plombés devront avoir la couture en dedans.

Les sels qui pourront se rendre en fabrique sans sortir de la ligne des douanes seront également mis en sacs d'un quintal métrique net; mais les sacs ne seront point assujettis à la formalité du plombage.

L'acquit-à-caution indiquera toujours et très-exactement le nombre des sacs et le nombre des kilogrammes nets dont l'expédition sera composée : il sera détaché du registre à souche dont il a été envoyé modèle, et qui est exclusivement affecté aux expéditions destinées pour les fabriques de soude. — Les directeurs sont autorisés à en faire imprimer le nombre nécessaire à leurs bureaux.

Dans les dix premiers jours de chaque mois au plus tard, les directeurs adresseront à M. le directeur général deux états distincts des acquits-à-caution qui auront été délivrés pendant le mois précédent dans les divers bureaux de leur direction; l'un de ces états doit présenter les acquits-à-caution délivrés pour les fabriques établies dans l'intérieur et soumises à l'exercice de la régie des droits réunis; celui-là est destiné à être transmis à M. le directeur-général de cette administration, qui, de son côté, fait passer à M. le directeur général des douanes celui des acquits déchargés par les préposés de la régie. Les deux états, bien que séparés, doivent offrir les mêmes indications. (*Extrait de la circulaire du* 30 *novembre* 1809.)

641. Les préposés à l'exercice desquels les fabriques de soude seront soumises vérifieront l'état des cordes et plombs apposés aux sacs de sels, reconnoîtront par une pesée exacte si les quantités présentées sont égales à celles portées sur les acquits-à-caution, et feront ensuite vider les sacs pour s'assurer qu'ils ne contiennent que du sel. (*DI.* 13 *octobre* 1809, *art.* 5.)

LORSQUE des sels arriveront dans une fabrique soumise à l'exercice des préposés des douanes, ceux-ci commenceront par vérifier l'état des cordes et plombs; ils sonderont ensuite tous les sacs; et comme cette opération pourroit ne pas suffire pour faire découvrir les substitutions si elles consistoient en cendres ou autres matières friables comme le sel, ils feront vider en leur présence au moins cinq à six sacs pris au hasard par chaque centaine, et en outre tous ceux où l'altération des cordes ou plombs, quelque ouverture ou toutes autres circonstances feroient supposer déficit ou substitution; ils déchargeront ensuite l'acquit-à-caution pour autant de quintaux de sels qu'il aura été conservé de sacs plombés pour être gardés en magasin dans le même état, conformément à la faculté accordée par la décision du ministre, et en outre pour la quantité qui sera résultée de la pesée des sels retirés des sacs qu'ils auront fait vider. Cependant ils conserveront l'acquit-à-caution jusqu'au moment où M. le directeur général en aura autorisé la remise, d'après la comparaison des états ci-après indiqués avec ceux relatifs aux expéditions.

Dans les dix premiers jours de chaque mois au plus tard, il sera adressé (conformément au modèle envoyé, lequel sert également pour le registre particulier de décharge d'acquits-à-caution qui doit être tenu par les préposés à l'exercice) l'état général des acquits-à-caution qui auront été représentés et déchargés dans les fabriques de soude établies dans chaque direction. Cet état est destiné, comme il est d'usage pour toutes les expéditions par cabotage, à mettre en état de vérifier si les acquits-à-caution qui, sans cette précaution, pourroient être rapportés avec de faux certificats de décharge, ont réellement été représentés ainsi que la marchandise au lieu de la destination. M. le directeur général trouve les mêmes moyens de vérification dans l'état dont il a été dit sous le n° 640 devoir lui être adressé par M. le directeur général des droits réunis; mais comme les acquits-à-caution qui sont représentés aux préposés de cette administration sont immédiatement remis aux expéditeurs ou fabricans avec les certificats de décharge, on ne doit considérer le rapport qui en est fait au bureau du départ que comme une libération provisoire qui peut seulement prévenir toute poursuite, mais on ne doit faire annuller les soumissions qu'après que M. le directeur général des douanes aura transmis lui-même l'extrait des états en ce qui concerne chaque direction, qui lui auront été fournis par M. le directeur général des droits réunis, et qu'on aura ainsi acquis la certitude que les expéditions rapportées déchargées ont bien réellement consommé leur destination. (*Extrait de la circulaire du* 30 *novembre* 1809.)

642. Lorsque lesdits préposés auront fait les vérifications prescrites par l'article précédent, les sels seront mis, en leur présence, dans un magasin fourni par le fabricant, qui sera fermé à deux clefs, dont l'une restera entre les mains du fabricant, et l'autre en celle des préposés. (*DI.* 13 *octobre* 1809, *art.* 6.)

LA vérification à l'arrivée des sels en fabrique étant terminée, les préposés à l'exercice feront mettre, en leur présence, les sels dans un magasin fourni par le fabricant, et qui sera fermé à deux clefs; l'une de ces clefs restera dans les mains du fabricant, et l'un des préposés à l'exercice sera dépositaire de l'autre.

La quantité de sel entrée en magasin sera à l'instant même inscrite par les préposés sur le portatif dont il a été envoyé modèle, et par le fabricant sur son propre registre, lequel sera conforme au portatif. Le portatif et le registre devront être cotés et paraphés par le juge de paix; le portatif devant faire foi en justice, attendu que les enregistremens y seront rédigés en forme d'actes signés de deux préposés, c'est sur lui que reposera également la conservation du droit.

Le magasin sera exclusivement affecté à recevoir les sels destinés pour la fabrication de la soude, et aucune quantité n'en sera retirée que sur la livraison qui en sera faite au fabricant par l'un des préposés à l'exercice.

Cette livraison se fera en remettant au fabricant pour cent kilogrammes net de sel, tout sac qui aura été conservé dans le magasin sans être vidé, et en pesant exactement les parties de sel qui seroient prises à la masse.

Le montant de la livraison sera inscrit sur-le-champ au portatif et au registre du fabricant. (*Extrait de la circulaire du* 30 *novembre* 1809.)

643. Il sera tenu par les fabricans et préposés des registres en double, sur lesquels seront portées les quantités de sels mises en magasin, et celles qui en sortiront pour la fabrication, les quantités de soude fabriquées et celles qui seront vendues. (*DI.* 13 *octobre* 1809, *art.* 7.)

644. Les soudes vendues par le fabricant ne pourront être livrées et sortir de la fabrique qu'après qu'il aura fait la déclaration de vente aux préposés à l'exercice et qu'ils auront délivré un permis. (*DI.* 13 *octobre* 1809, *art.* 8.)

645. La quantité de sel accordée pour la fabrication d'un quintal métrique de soude *sera dorénavant de soixante-sept* kilogrammes. (*DI.* 13 *octobre* 1809, *art.* 9, *et DI.* 18 *juin* 1810.)

646. Tout fabricant qui ne pourra justifier que le sel qui lui aura été livré en exemption des droits a été employé à la fabrication de la soude, indépendamment du paiement des droits auxquels il sera assujetti, pourra être privé de l'exemption. (*DI.* 13 *octobre* 1809, *art.* 10.)

« Le sel pourra être conservé en sacs dans les magasins des fabriques et sous la double clef de la régie, et jusqu'au moment de la mise en fabrication, laquelle aura lieu en présence des préposés, qui assisteront à la dénaturation des sels et en dresseront acte au portatif.

« Les soudes fabriquées seront également emmagasinées sous la double clef de la régie jusqu'au moment de leur extraction pour la vente.

« Les fabricans fourniront dans l'intérieur de la fabrique un logement pour les deux préposés qui y seront attachés.

« Indépendamment des registres d'entrée et de sortie, et de fabrication et ventes ordonnés par l'article 7, les préposés seront tenus de surveiller la fabrication, de vérifier toutes les extractions qui seront faites de la fabrique, et de dresser procès-verbal de saisie en cas d'enlèvement de sel marin. » (*DM.* 28 *novembre* 1809, *paragraphe* 4 *à* 7.

Il suit des articles ci-dessus du décret du 13 octobre 1809, combinés avec le décret du 18 juin 1810,

1°. Que l'article 7 ordonne que les soudes fabriquées et celles vendues seront prises en compte sur les registres, comme les sels entrant en magasin, et ceux qui en sortiront pour la fabrication;

2°. Que l'article 8 veut que les soudes vendues ne puissent être livrées et sortir de la fabrique qu'après que le fabricant aura fait la déclaration de vente aux préposés à l'exercice, et que ceux-ci auront délivré un permis;

3°. Qu'enfin, en vertu de l'article 10, tout fabricant qui ne pourra justifier que le sel qui lui aura été livré en exemption des droits a été employé à la fabrication de la soude devra acquitter le droit sur les quantités dont l'emploi n'aura pas été justifié, et pourra, en outre, être privé de l'exemption;

4°. Qu'il a été dérogé à l'article 9, qui portoit que, dans aucun cas, la quantité de sel accordée pour la fabrication d'un quintal métrique de soude ne pourroit excéder 50 kilogrammes;

5°. Que la quantité de sel sera dorénavant de soixante-sept kilogrammes.

De cette dernière disposition, combinée avec celles portées dans les art. 7, 8 et 10, résulte la nécessité que l'exercice intérieur auquel le décret su-

bordonne la jouissance de la franchise soit réglé de manière, — 1°. A assurer l'emploi effectif à la fabrication de la soude de tous les sels introduits dans les fabriques; — 2°. A procurer le paiement des droits sur les quantités de sels qui seront employées à cette fabrication au-delà de la proportion de *soixante-sept* kilogrammes par quintal métrique de soude.

La première de ces observations pourroit être facilement éludée si les préposés à l'exercice se bornoient à livrer les sels qui leur seroient demandés par les fabricans, et à en contrôler ensuite l'emploi par la simple représentation des soudes fabriquées, parceque les fabricans qui ne feroient pas entrer *soixante-sept* kilogrammes de sel dans la préparation de chaque quintal de soude se trouveroient avoir à leur disposition des excédans de sel qu'ils pourroient ensuite soustraire à la surveillance des préposés, et mettre dans la consommation en fraude des droits. Afin de prévenir cette manœuvre, le ministre a prescrit, par sa décision ci-dessus, que les préposés assisteront à la dénaturation des sels; c'est-à-dire à leur conversion en sulfate de soude par le mélange de l'acide sulfurique ou autres matières analogues, et en dresseront acte au portatif.

Quant à l'obligation de payer les droits sur les sels employés au-delà de *soixante-sept* kilogrammes par quintal de soude, on auroit à craindre que les fabricans ne parvinssent à s'y soustraire en introduisant dans la fabrique des soudes qui en seroient précédemment sorties, ou provenant d'autres magasins. Il étoit donc nécessaire de prescrire une mesure capable de prévenir ces doubles emplois; et celle réglée par la décision du ministre consiste à faire emmagasiner, sous la double clef de l'administration, les soudes fabriquées jusqu'au moment de leur extraction pour la vente. Au moyen de cette précaution, les préposés ne devant prendre en compte de fabrication que les soudes transportées en leur présence des ateliers dans le magasin, et en compte de vente que celles sorties en leur présence de ce même magasin, tout double emploi deviendra impossible, et la quantité de sel dont le droit sera dû pour excédant d'emploi au-delà de *soixante-sept* kilogrammes par quintal de soude résultera nécessairement de la balance entre les quantités de soude prises en compte de fabrication et les quantités de sel livrées au fabricant.

Ainsi, 1°. Les préposés, lorsqu'ils auront livré des sels au fabricant, les accompagneront immédiatement dans l'atelier, et ne se retireront que lorsqu'ils auront assisté à leur dénaturation; — 2°. Les soudes, aussitôt que leur fabrication sera complète, seront transportées en présence des préposés dans un magasin fermé à deux clefs, dont l'une restera toujours dans leurs mains. Les quantités emmagasinées seront à l'instant même prises en charge sur le portatif des préposés et sur le registre du fabricant. — 3°. Lorsque le fabricant se présentera pour faire une déclaration de vente en vertu de l'article 8 du décret, cette déclaration sera reçue sur un registre dont il a été envoyé modèle. Il sera détaché de la souche un permis que le fabricant conservera pour être représenté aux préposés lors de la balance de fin de mois. La quantité de soude indiquée au permis sera immédiatement portée en décharge sur le portatif et sur le registre du fabricant. — 4°. Le permis étant délivré, l'un des préposés se transportera au magasin à deux clefs pour y livrer au fabricant, d'après une pesée exacte, la quantité de soude déclarée pour la vente, et il s'assurera ensuite de la sortie de la soude hors de l'enceinte de la fabrique. — 5°. Le dernier jour de chaque mois, les préposés à l'exercice balanceront, en se conformant selon les résultats qu'ils auront trouvés, aux suppositions figurées dans le modèle envoyé (du portatif et des registres du fabricant) *premièrement*, quant à l'entrée et à la sortie des sels; *secondement*, quant au résultat de l'emploi; *troisièmement*, quant à la situation des magasins de soude. L'effet de la balance doit être de constater l'existence en nature, dans le magasin, des quantités de sel qui auroient pu être économisées sur les proportions des *soixante-sept* kilogrammes par quintal de soude, ou de procurer le paiement immédiat des droits sur les quantités qui auroient été employées au-delà de cette même proportion, l'un de ces deux résultats devant toujours être établi sans confusion ni compensation avec ceux du mois précédent. Ce mode d'opération remplit le double but de l'exercice prescrit par le décret.

Enfin, les préposés à l'exercice doivent adresser au directeur, dans les cinq premiers jours de chaque mois, un relevé des résultats produits par la balance du mois précédent; le directeur réunit ces relevés partiels en un seul état offrant les indications portées au modèle envoyé, et il les adresse de suite à M. le directeur général. Ce modèle est le même pour les états partiels des préposés. (*Extrait de la circulaire du* 30 *novembre* 1809.)

Comme l'élévation de cinquante kilogrammes à soixante-sept offre un plus grand appât à la fraude, les commis aux exercices doivent, en continuant d'assister avec exactitude à la dénaturation des sels, mesure qui est la principale garantie contre les abus, redoubler de zèle et d'attention pour empêcher tout enlèvement de sels, soit des magasins, soit des ateliers; ne prendre en compte de fabrication que les soudes transportées en leur présence des ateliers dans les magasins à deux clefs; et s'opposer à tout double emploi ainsi qu'à toute introduction de soudes fabriquées ailleurs, ou déjà sorties de la fabrique soumise à leur surveillance. — Des vérifications fréquentes, et un service exact des brigades auprès des fabriques, doivent assurer la stricte exécution de ces dispositions. (*CD.* 27 *juin* 1810.)

647. Pour indemniser le gouvernement des frais de l'exercice auquel est attachée la faveur accordée aux fabriques de soude, chaque fabricant paiera par année une somme de *quinze cents* francs entre les mains du receveur des douanes ou des droits réunis, suivant le lieu où la fabrique sera située. (*DI.* 13 *octobre* 1809, *art.* 11.)

La somme à payer étoit de quatre mille francs par l'art. 11 ci-dessus; mais elle a été réduite à quinze cents francs par le décret du 18 juin 1810, qui est ainsi conçu :

« Il est dérogé aux art. 9 et 11 du décret impérial « du 13 octobre dernier, portant l'un que la quan- « tité de sel accordée en franchise de droit pour la « fabrication d'un quintal métrique de soude ne « pourra excéder cinquante kilogrammes, et l'autre « qu'il sera payé pour frais d'exercice une somme « de quatre mille francs par chaque fabrique de « cette substance.

« La quantité de sel sera dorénavant de soixante- « sept kilogrammes, et la somme à payer réduite à « quinze cents francs. »

Voici les mesures qui ont été prescrites pour la rentrée du montant de l'indemnité.

« L'indemnité déterminée sera payée d'avance en « un seul paiement au moment de la déclaration. « Si la déclaration est faite à-la-fois pour le restant « de l'exercice et pour l'exercice suivant, l'indem- « nité sera payée; savoir : la portion applicable au « restant de l'exercice en espèces ; et les *quinze cents* « francs dus pour l'exercice suivant en une traite « suffisamment cautionnée, payable au premier jour « de cet exercice. Les dispositions ci-dessus sont « communes aux fabriques soumises à l'exercice de « l'administration des douanes et de celle des droits « réunis. » (*DM.* 28 *novembre* 1809, *paragraphes* 8 *et* 9.)

La portion de l'indemnité annuelle applicable au restant de l'exercice ne pourra dans aucun cas être au-dessous de celle due pour un trimestre.

Aucun fabricant ne devant entrer en jouissance de l'immunité qu'après avoir satisfait à l'obligation imposée par le paragraphe 8 de la décision ministérielle du 28 novembre 1809, son exécution doit se lier avec la formalité de la déclaration prescrite par l'art. 2 du décret (n° 638), et le fabricant doit d'ailleurs avoir dans ses mains la preuve qu'il a rempli cette double condition. Le modèle de la déclaration à fournir se trouve dans les bureaux de douanes; il est libellé de manière à justifier en même temps du paiement de l'indemnité. Le fabricant devra faire trois expéditions de cette déclaration, et faire arrêter chacune d'elles d'un certificat du receveur, constatant que le montant de l'indemnité a été versé dans ses mains; l'une de ces expéditions restera dans les mains du fabricant, et les deux autres seront remises au directeur, qui conservera l'une dans ses bureaux, et qui adressera la seconde à M. le directeur général, afin qu'il soit en état de donner les ordres relatifs aux expéditions de sel qui en seront la conséquence...

S'il étoit reconnu que des sels destinés à la fabrication de la soude fussent employés à des manipulations étrangères à cette formation, et dont l'objet seroit de les faire jouir d'une exemption à laquelle ils n'auroient pas droit, ou détournés à quelque titre que ce soit de la destination déclarée; si quelque fabricant essayoit de présenter, comme produit de ses fabrications, de la soude provenant d'autres établissemens, ou d'extraire de sa fabrique des quantités de soude différentes de celles portées en ses déclarations; s'il étoit enfin abusé de quelque manière que ce puisse être de l'exemption [illegible] par ce décret, les préposés devront dresser procès-verbal de ces contraventions, et conclure aux peines portées par la loi du 24 avril 1806, indépendamment de la privation de l'exemption, qui sera encourue par tous les fabricans convaincus d'infidélité...

Les préposés supérieurs doivent se rendre très-fréquemment et au moins une fois par mois dans chacune des fabriques dépendant de leur division, pour s'assurer que l'exercice en est suivi avec exactitude et fidélité, procéder à tout recensement qu'ils jugeront utile, et vérifier la tenue des diverses écritures. Ils chargeront aussi les brigades de surveiller avec soin les enlèvemens de sel ou introductions clandestines de soude qu'on pourroit tenter, et d'exercer à cet égard une police rigoureuse dans le voisinage des fabricans. (*Fin de la circulaire du* 30 *novembre* 1809.)

§. III. *Conditions de l'exemption accordée aux sels destinés aux salaisons de poissons.*

1°. *Des salaisons qui se font en mer.*

648. Tout propriétaire ou maître de chasse-marée ou chaloupe qui voudra faire salaison et commerce de sardines, merluches, ou tout autre poisson qui se sale en mer et qui est destiné à être consommé en vert, devra se faire inscrire au

bureau des douanes le plus prochain. Le certificat de cette inscription lui sera délivré à ses frais, qui seront ceux du timbre seulement. (*DI.* 11 *juin* 1806, *art.* 47.)

« A l'effet de favoriser la pêche de la sardine sur « les côtes de l'Empire, il sera alloué en franchise, « dans les proportions qui seront ultérieurement « déterminées par les ministres de l'intérieur et *du* « *commerce*, sur l'avis et la proposition du directeur « général des douanes, les sels employés à la prépa- « ration des petits poissons destinés à servir d'*appât* « pour la pêche de la sardine. Cette franchise sera « particulièrement accordée à la salaison du poisson « appelé *sprat*, qui se pêche plus communément « dans les ports situés sur l'Océan, entre Saint- « Malo et Paimbœuf.

« *Le* directeur général des douanes fera constater « par ses préposés sur les lieux les quantités de sel « qu'il conviendra d'allouer pour chaque cent kilo- « grammes de ces poissons. » (*DI.* 8 *octobre* 1810, *art.* 4.)

649. Sur la représentation de ce certificat par le maître aux préposés des douanes établis près les marais salans ou entrepôts, ils lui délivreront un permis pour lever le sel qu'il jugera lui être nécessaire, et qui ne pourra cependant excéder la quantité de *deux cent cinquante* kilogrammes par tonneau de contenance de son embarcation, soumission préalablement faite de justifier de l'emploi de ce sel en salaison de poisson. (*DI.* 11 *juin* 1806, *art.* 48.)

LA quantité de sel accordée n'est, aux termes de cet article, que de cent cinquante kilogrammes pour chaque tonneau de contenance; mais il a été reconnu, 1°. qu'il faut environ 25 kilogrammes de sel pour saler un millier de sardines en vert; 2°. qu'une chaloupe de quatre à cinq tonneaux peut contenir quarante à cinquante milliers de poissons, et consomme par conséquent de mille à douze cents kilogrammes de sel, au lieu de six cents à sept cent cinquante accordés par le règlement pour une embarcation de même force...... D'où le ministre des finances a décidé le... septembre 1806, que la quantité de cent cinquante kilogrammes, réglée par le décret, pourra être portée à deux cent cinquante kilo grammes; mais que la quantité de sels enlevée par un même navire, quelle que soit sa capacité, ne pourra jamais excéder celle de six mille deux cent cinquante kilogrammes, qui est celle reconnue nécessaire pour saler deux cent cinquante milliers de sardines. — Cette décision n'infirme pas l'art. 53 du présent règlement, du 11 juin 1806. *Voir* pour complément les nos 677 et 678.

650. Lorsqu'après avoir pris son chargement de poisson et l'avoir salé il abordera dans un port pour le vendre, il sera tenu, avant de commencer son déchargement, de fournir à la douane une déclaration de la quantité de poissons salés qu'il apporte, du sel neuf qui lui reste, et de représenter l'acquit-à-caution qui lui aura été délivré à son départ pour la pêche. (*DI.* 11 *juin* 1806, *art.* 49.)

VOIR les notes du n° 629.

651. Si, à son arrivée, il n'étoit pas porteur d'un acquit-à-caution pour justifier que le sel qui a été employé à des salaisons a été levé aux marais salans de France, et que les droits en ont été préalablement assurés, les salaisons et le sel qui se trouveront à son bord seront confisqués, avec amende de cent francs. (*DI.* 11 *juin* 1806, *art.* 50.)

652. Il encourra les mêmes peines s'il est rencontré en mer par une embarcation des douanes sans être muni d'expédition qui justifie l'origine du sel, et que les droits en ont été cautionnés. (*DI.* 11 *juin* 1806, *art.* 51.)

653. Lorsque la déclaration prescrite par l'article 49 aura été faite, il lui sera

délivré un permis de déchargement en présence des préposés, qui vérifieront les quantités de poissons et de sels existantes. (*DI.* 11 *juin* 1806, *art.* 52.)

Si le poisson apporté est du hareng, la vérification portera aussi sur la contenance du baril, conformément à l'article 19 du décret du 8 octobre 1810, qui est ainsi conçu :

« Le baril de hareng, soit braillé, soit caqué, « arrivant de la mer, salé en vrac, sera fourni de « hareng loyal et marchand, bien conditionné, sans « hareng de rebut, et pèsera, y compris 39 kilo- « grammes au plus pour tare de baril et saumure, « au moins 140 kilogrammes, et sera plein à 81 mil- « limètres au plus au-dessous du jable, à peine de « 100 fr. d'amende pour chaque contravention. »

654. Si la quantité de poisson salé représentée n'étoit pas proportionnée à la quantité de sel consommée, il paiera une amende de cent francs, et en outre le triple du droit dont le sel non représenté auroit été susceptible. (*DI.* 11 *juin* 1806, *art.* 53.)

655. Il encourra la même peine s'il se trouvoit à son bord du sel neuf dont il n'auroit pas fait la déclaration, et en outre la confiscation du sel seulement. Dans l'un et l'autre cas son bâtiment pourra être retenu pour sûreté de l'amende. (*DI.* 11 *juin* 1806, *art.* 54.)

656. Si, ayant du sel à son bord, il déclare ne point vouloir continuer la pêche, il pourra vendre son sel pour la consommation en acquittant les droits. (*DI.* 11 *juin* 1806, *art.* 55.)

2°. *Des salaisons de poissons qui se font à terre.*

657. Aucun atelier de salaison de sardines et autres poissons qui se renferment et se pressent dans des barriques ou barils ne pourra être établi sans une déclaration préalable au bureau des douanes le plus prochain. (*DI.* 11 *juin* 1806, *art.* 36.)

658. Tout propriétaire des ateliers actuellement existans sera tenu d'en faire la déclaration audit bureau. (*DI.* 11 *juin* 1806, *art.* 37.)

659. Cette déclaration faite, il pourra lever aux marais salans, sous acquits-à-caution suffisamment garantis, le sel dont il présumera avoir besoin pour ses salaisons. (*DI.* 11 *juin* 1806, *art.* 38.)

660. A l'arrivée au bureau de destination, après vérification et soumission faites et cautionnées, il sera tenu de justifier de l'emploi du sel en salaisons dans les proportions qui seront déterminées, ou de payer le droit de deux décimes par kilogramme; il lui sera permis d'entreposer ce sel dans son magasin particulier. (*DI.* 11 *juin* 1806, *art.* 39.)

Les facilités accordées par cet article sont aujourd'hui subordonnées aux dispositions de l'art. 38 du décret du 8 octobre 1810; *voir* en conséquence le n° 662.

661. Tous ceux qui, sans déclaration préalable, emploieront du sel en salaisons de poissons, ou qui en auront en dépôt dans les lieux où se font lesdites salaisons, devront justifier qu'ils ont acquitté ou soumissionné le droit; et, à défaut de cette preuve, ils encourront la saisie et confiscation du sel et des salaisons

trouvés chez eux, avec amende du double des droits fraudés. (*DI.* 11 *juin* 1806, *art.* 40.)

Les sels destinés aux salaisons en atelier seront mis en entrepôt réel. — A dater du jour de l'ouverture de la pêche, et ensuite le lundi de chaque semaine, on délivrera à chaque saleur les sels qui lui seront nécessaires pour la semaine. — Le samedi, chaque saleur déclarera la quantité de poissons qu'il a salés pendant la semaine; le lundi les préposés vérifieront la déclaration. — Les barils ne pourront être fermés qu'en présence des préposés qui y apposeront la marque; elle est exempte de tous droits. *Voir* sous le n° 667. — Ces barils seront expédiés aussitôt pour leur destination ou mis dans un magasin à deux clefs. Il sera délivré un acquit-à caution pour les expéditions par mer, un passavant pour les expéditions par terre; le compte du saleur sera déchargé par la représentation du *vu embarquer* ou du visa des préposés pour le passavant, constatant qu'ils ont accompagné les barils hors la commune. — Les préposés perceront quelques barils pour s'assurer s'il en sort de la saumure. — Les formalités ci-dessus seront observées pour les harengs expédiés en paniers: ces paniers seront plombés. — Pour la consommation locale, *voir* n° 679. — Si un saleur achète d'un autre saleur, on chargera le compte de l'un pour en décharger le compte de l'autre. — Les marchands de harengs seront tenus en exercice par les préposés. — Et il en sera de même pour ceux achetant des harengs d'un port voisin ou provenant de salaisons en mer. — A la fin de la pêche, il sera fait des recensemens; les sels restant dans les ateliers seront rétablis en entrepôt si les droits n'en sont point acquittés. — Les comptes des marchands non saleurs seront arrêtés à la même époque. (*CD.* 28 *octobre* 1807.)

662. Les propriétaires d'ateliers de salaison ne pourront avoir, dans l'enceinte des bâtimens où se trouvent lesdits ateliers, que les sels spécialement destinés à la préparation du poisson salé. Toute vente desdits sels leur est formellement interdite pendant la durée des salaisons, sous les peines portées contre les saleurs trouvés en contravention. (*DI.* 8 *octobre* 1810, *art.* 38.)

Cette mesure a été déterminée par la connoissance de l'abus que quelques saleurs ont fait de la faculté qui leur avoit été laissée jusqu'à ce jour, de vendre des sels en détail pendant les salaisons, pour soustraire aux droits les sels qu'ils avoient économisés sur leurs préparations. Il leur sera donc interdit d'appliquer à aucun autre emploi qu'à leurs propres salaisons les sels qui leur auront été délivrés pour cette destination; et ils ne seront plus admis à acquitter, pendant la durée des salaisons, sous prétexte de les livrer à la consommation, les droits sur aucune partie de ces sels. (*Extrait de la circulaire du* 25 *octobre* 1810.)

663. Le hareng préparé à terre pourra prendre la saumure, soit dans des cuves en bois, soit dans des cuves en maçonnerie. (*DI.* 8 *octobre* 1810, *art.* 22.)

664. Dans le cas où il seroit reconnu que le mode de salaison en cuve exigeroit l'emploi d'une quantité plus considérable de sel que celle fixée à l'article 3 du présent décret (n° 677), le directeur général des douanes donnera les ordres nécessaires pour la délivrance de la portion supplémentaire de sel qui sera jugée nécessaire. (*DI.* 8 *octobre* 1810, *art.* 23.)

665. Le baril d'envoi dans lequel le hareng est pacqué ne sera pas considéré comme mesure de contenance, mais seulement comme enveloppe.

Ce baril ne sera réputé plein, loyal et marchand, qu'autant qu'il pèsera de 144 à 147 kilogrammes, y compris la tare du baril, qui vide ne pourra peser plus de 14 kilogrammes et demi à 19 kilogrammes et demi, et dans lequel il ne pourra se trouver plus d'un kilogramme et demi à deux kilogrammes de saumure. (*DI.* 8 *octobre* 1810, *art.* 24.)

C'est sur cette base que les préposés, après cependant une exacte vérification, prendront en compte les barils qui leur seront représentés, et établiront l'emploi du sel qui aura été délivré à chaque saleur. (*Extrait de la circulaire du* 25 *octobre* 1810.)

666. Le demi-baril, le quart et le huitième suivront le poids du baril proportionnellement, de manière toutefois que deux demi-barils, quatre quarts ou huit huitièmes pèsent au moins 142 kilogrammes. (*DI.* 8 *octobre* 1810, *art.* 25.)

667. Tous les marchands saleurs seront tenus, chacun en droit soi, de faire marquer à feu tous les barils, demi-barils, quarts et huitièmes provenant de leur pacquage, et ce, du nom de la ville et du port de leur résidence, ainsi que de leur propre nom, sur le fond du baril de hareng d'une ou de deux nuits seulement, pour le distinguer de celui de trois nuits, auquel il est expressément défendu d'apposer aucune marque ni impression à feu, à peine contre les contrevenans aux articles ci-dessus de confiscation des marchandises au profit de l'hospice civil le plus prochain, et de 500 francs d'amende, dont un tiers appartiendra au dénonciateur, s'il y en a, et les deux autres tiers audit hospice.

La marque énoncera aussi si le baril contient du hareng plein ou guet. (*DI.* 8 *octobre* 1810, *art.* 26.)

L'ARTICLE 42 du décret du 11 juin 1806 dit :

« Afin de prévenir les doubles emplois qui pour- « roient être faits de barriques ou de barils de « poisson pressé ou anchoité, ils seront marqués aux « deux bouts et sur le bouge. »

Au moyen de la disposition ci-dessus du décret du 8 octobre 1810, il suffira désormais que la marque de la douane se fasse avec rouane. (*Extrait de la circulaire du* 25 *octobre* 1810.)

La rétribution de quinze centimes par baril de poissons salés, accordée par l'arrêté des Consuls, du 13 pluviose an 11, ne peut être appliquée à l'exercice de la franchise des sels destinés aux salaisons générales. Cet exercice n'étant soumis à aucune rétribution de la part du commerce, toute perception de cette nature sera considérée comme concussion. (*CD.* 26 *août* 1807.)

668. Défenses sont faites, sous les peines portées dans les règlemens et décrets, à tout marchand saleur de contrefaire la marque d'un marchand de sa ville ou de tout autre. (*DI.* 8 *octobre* 1810, *art.* 27.)

669. Dans le cas même où un marchand saleur feroit pacquer en tout autre port que celui de sa résidence habituelle, il ne pourra se servir de sa marque ordinaire, et devra en employer une indicative du lieu où le pacquage aura été fait. (*DI.* 8 *octobre* 1810, *art.* 28.)

POUR l'exécution des dispositions *du décret du* 8 *octobre* 1810, il sera établi, dans chaque port, baie ou crique, où la pêche et la salaison ont lieu, deux syndics, qui seront pris, l'un parmi les armateurs, l'autre parmi les saleurs. (*DI.* 8 *octobre* 1810, *art.* 30.)

Ces syndics seront choisis et nommés par les chambres de commerce dans les villes où il en existe, et à défaut, par les tribunaux de commerce ou par les maires. (*Même décret, art.* 31.)

Dans l'un ou l'autre cas, les syndics prêteront serment devant le tribunal de première instance de l'arrondissement ou du juge du canton.

Ils seront renouvelés chaque année : leurs fonctions seront gratuites. (*Même décret, art.* 32.)

Sur la demande des syndics, il pourra leur être adjoint, suivant le mode de nomination prescrit par l'art. 31, un ou plusieurs aides qui seront salariés par le commerce et assermentés, ainsi qu'il est dit à l'art. 32. (*Même décret, art.* 33.)

Ces syndics auront le droit, conjointement ou séparément, de surveiller la qualité et livraison du hareng, tant frais que salé en grenier, venant de la mer ; de vérifier le poids des barils de hareng braillé ou salé en mer, et d'en faire faire l'ouverture à l'effet d'en examiner l'emplissage, ainsi que la qualité et la nature de l'apprêt du poisson. (*Même décret, art.* 34.)

Ces syndics sont également autorisés à se transporter, quand ils le jugeront à propos, dans les divers ateliers, pour s'assurer de la quantité de l'apprêt du hareng, tant blanc que saur, plein ou guet, à constater, conjointement avec le vérificateur de la police municipale, le poids du pacquage quant au hareng blanc, et le nombre quant au hareng saur ; à reconnoître la préparation et la salaison du maquereau ; à l'effet de quoi tout propriétaire d'atelier sera tenu de faire défoncer tous et un chacun des barils dont l'ouverture sera demandée. (*DI.* 8 *octobre* 1810, *art.* 35.)

La répression et la punition des contraventions au présent règlement seront poursuivies par voie de police correctionnelle; en conséquence, les syndics en dresseront procès-verbal qu'ils adresseront dans le jour au procureur impérial ou à son substitut près les tribunaux de première instance ; mais ils pourront provisoirement arrêter la livraison ou l'expédition de la marchandise frauduleuse, même la saisir et la mettre en séquestre.

La connoissance des contestations d'intérêt qui surviendroient entre particuliers à l'occasion du présent règlement appartiendra aux tribunaux compétens. (*Même décret, art.* 36.)

670. Les propriétaires ou locataires d'ateliers seront tenus de les ouvrir, ainsi que leurs magasins de sel, à toute réquisition des préposés des douanes, afin qu'ils puissent reconnoître les quantités de salaisons faites et celles de sels non employées. (*DI.* 11 *juin* 1806, *art.* 41.)

671. S'il résulte de la vérification que la quantité de poisson pressé n'est pas proportionnée à la quantité de sel prétendue consommée, le saleur sera condamné à payer une amende de cent francs, et en outre le double des droits fraudés. (*DI.* 11 *juin* 1806, *art.* 43.)

672. Si, à l'expiration de la saison où se fait la pêche, des sels restent en magasin, le propriétaire pourra les réserver pour l'année suivante, en fournissant une nouvelle soumission pour la quantité non employée. (*DI.* 11 *juin* 1806, *art.* 44.)

673. Ceux qui recevront dans leurs magasins ou ateliers des sels dont les droits n'auroient pas été acquittés ou soumissionnés seront condamnés à payer une amende de cent francs et le triple des droits fraudés : en cas de récidive, ceux qui auront été pris en contravention, outre les peines ci-dessus portées, seront privés de la franchise accordée pour les salaisons. (*DI.* 11 *juin* 1806, *art.* 45.)

674. Les peines portées en l'article précédent seront prononcées contre ceux qui, pour masquer la fraude, supposeront des salaisons qu'ils n'ont pas faites, ou substitueront dans des barriques ou barils, à des poissons pressés, toutes autres matières. (*DI.* 11 *juin* 1806, *art.* 46.)

3°. *Dispositions communes aux salaisons qui se font en mer ou à terre.*

675. On ne pourra employer, pour les salaisons faites en mer ou à terre, que la quantité de sel nécessaire à la conservation du poisson. (*DI.* 11 *juin* 1806, *art.* 33.)

676. Les barils de poissons salés seront ouverts; et s'ils contiennent du sel superflu, il sera jeté comme immonde. (*DI.* 11 *juin* 1806, *art.* 34.)

« Les mêmes vérifications auront lieu pour les poissons salés qui seront apportés de l'étranger. » (*Même décret, art.* 35.)

677. L'administration des douanes délivrera en franchise pour la salaison du hareng et du maquereau, même après le 1er. janvier, et pour la pêche sur les

côtes des départemens de la Seine-Inférieure, du Calvados et autres, les quantités de sel ci-dessous reconnues suffisantes ; savoir :

Par 100 kilogrammes nets de hareng blanc	27 kil.
Pour 12,240 harengs saurés, bouffis ou craquelotés	155
Pour 100 kilogrammes nets de maquereau salé à terre	40
Pour 100 kilogrammes nets de maquereau salé en mer	48
Pour le pacquage de 100 kilogrammes de maquereau salé en mer	15

L'emploi de ces quantités sera constaté par les préposés des douanes. (*DI.* 8 *octobre* 1810, *art.* 3.)

678. Il sera accordé pour les (*autres*) salaisons ..... qui se feront, soit à terre, soit en mer, une quantité de sel proportionnée à celle des poissons salés qui seront représentés, suivant l'espèce du poisson et l'usage constamment suivi dans les lieux où se feront lesdites salaisons. (*DI.* 11 *juin* 1806, *art.* 56.)

Par décision du ministre des finances, du 17 mars 1807, il a été accordé pour la salaison de chaque quintal métrique de *sardines* soixante-quinze kilogrammes de sel dans les ports de l'Océan, et quarante kilogrammes dans les ports de la Méditerranée.

Le sel alloué pour la salaison des anguilles sera de cinquante kilogrammes pour cent cinquante kilogrammes de poisson frais, depuis le 1er octobre juqu'au 30 avril, et de cinquante kilogrammes pour cent kilogrammes de poisson frais depuis le 1er mai jusqu'au 30 septembre. (*CD.* 19 *novembre* 1807.)

Un négociant de Cherbourg ayant demandé de retirer du sel de l'entrepôt pour l'employer, en franchise, à ressaler des morues de Norwège déposées dans ses magasins, M. le directeur général a observé que l'immunité n'étoit applicable qu'aux produits de la pêche nationale, et qu'en conséquence ladite salaison ne pouvoit être faite qu'avec du sel ayant acquitté les droits. (*LD.* 28 *octobre* 1806.)

679. Les quantités de poisson salé qui se consomment dans l'intérieur des villes où s'en fait la salaison, pendant la durée de la pêche, ne seront point prises en compte par les préposés des douanes pour les règlemens du compte des saleurs relatif à l'emploi du sel de franchise. (*DI.* 8 *octobre* 1810, *art.* 5.)

Cette disposition, qui a été sollicitée par plusieurs directeurs, aura le double avantage de prévenir l'abus que les saleurs pourroient faire de la faculté de déclarer des ventes plus considérables que celles réellement effectuées, et d'affranchir les préposés d'un travail de contre-vérification très compliqué dans un temps où la surveillance des salaisons elles-mêmes réclame toute leur attention. (*Extrait de la circulaire du* 25 *octobre* 1810.)

680. Il est défendu, sous *peines de confiscation et de cent francs d'amende pour chaque contravention*, à tous maîtres de barques, pêcheurs ou matelots, et à tous marchands saleurs résidans dans les ports, de caquer, saler ou brailler pour saurer au roussable d'autre hareng que celui d'une ou de deux nuits. (*DI.* 8 *octobre* 1810, *art.* 7.)

Quelques saleurs sont dans l'usage, après avoir braillé le hareng dans le port de leur résidence, de le faire transporter dans un autre port pour y être sauré. Cette facilité, qui est d'ailleurs d'un très foible intérêt pour ceux qui la réclament, ne doit pas être tolérée, parceque la surveillance la plus attentive ne pourroit suffire pour prévenir le double emploi qui seroit fait de ce poisson, en le représentant comme braillé dans le port où il auroit été transporté. (*CD.* 2 *janvier* 1811.)

681. Les marchands saleurs et les pêcheurs ne pourront caquer à terre ni en mer aucun hareng qui aura d'abord été braillé en grenier ou en baril, l'embariller ni le mêler avec les autres harengs caqués et salés, soit en mer, soit à

terre, à peine de confiscation des marchandises qui se trouveront ainsi salées et mélangées, et de 500 francs d'amende. (*DI.* 8 *octobre* 1810, *art.* 10.)

682. Le hareng caqué et salé en vrac dans des barils devra rester six jours au moins dans sa saumure avant d'être pacqué. (*DI.* 8 *octobre* 1810, *art.* 20.)

Le maquereau avant d'être salé sera caqué et vidé de ses intestins, œufs et laitances, et restera en saumure au moins pendant dix jours avant d'être pacqué. (*DI.* 8 *octobre* 1810, *art.* 21.)

683. Il est défendu d'embarquer, sous quelque prétexte que ce soit, les breuils ou intestins de harengs dans les mêmes navires ou bateaux que le poisson. (*DI.* 8 *octobre* 1810, *art.* 29.)

684. Dans les lieux ou ports de pêche et de salaison, soit du hareng, soit du maquereau, les maires pourront, avec l'autorisation du préfet du département, proposer les arrêtés de police locale propres à garantir la loyauté des ventes et la bonté des salaisons : ces arrêtés ne pourront être exécutés qu'après leur homologation en conseil de Sa Majesté, sur le rapport du ministre. (*DI.* 8 *octobre* 1810, *art.* 37.)

SECTION V. — *De la restitution du droit de consommation sur les salaisons de viandes exportées.*

685. Le droit payé pour le sel employé aux salaisons exportées pour la consommation de l'Espagne et du Portugal par la frontière des Pyrénées sera restitué à la sortie dans les proportions suivantes, savoir :

Pour cent kilogrammes de cochon ou bœuf salé, le montant du droit sur vingt kilogrammes de sel, ou .... 2 fr. 00 c.

Pour cent kilogrammes de jambon, le montant du droit de vingt-cinq kilogrammes de sel, ou .... 2 — 50

Pour cent kilogrammes de lard en planches, le montant du droit sur vingt-sept kilogrammes de sel, ou .... 2 — 70

(*DI.* 20 *juillet* 1808, *art.* 66.)

686. Ceux qui voudront exporter lesdites salaisons par la frontière des Pyrénées en feront la déclaration au premier bureau des douanes, où il sera délivré un acquit-à-caution. Sur la déclaration des employés du bureau de sortie, constatant le passage des salaisons à l'étranger, et sur la représentation de l'acquit-à-caution dûment déchargé, le droit sera restitué, comme il est dit ci-dessus, par le bureau qui aura délivré ledit acquit-à-caution. (*Même décret, art.* 67.)

SECTION VI. — *Du mode de procéder en matière d'infractions à l'impôt du sel.*

687. Les procès-verbaux de fraudes et contraventions seront assujettis aux formalités prescrites par les lois aux employés de *l'administration* des douanes et de celle des droits réunis : les condamnations seront poursuivies par voie de police correctionnelle, conformément aux dispositions des mêmes lois, et punies

de la confiscation des objets saisis et de l'amende de cent francs. (24 *avril* 1806, *art.* 57.)

CETTE amende de cent francs est encourue individuellement et non collectivement, par tous porteurs surpris en fraude, faisant partie d'un même attroupement, et désignés dans un seul procès-verbal. (*Lettre du grand-juge du* 17 *septembre* 1806.)

Les formalités auxquelles sont sujets les procès-verbaux de fraude dont parle la première partie de l'article ci-dessus sont celles consignées au titre premier du livre V.

On a vu sous le n° 603 que la subvention d'un décime par franc est due sur les amendes prononcées pour contraventions, ainsi que sur toutes les peines pécuniaires comme double droit. (*LM.* 9 *février* 1808.)

688. Toutes les saisies qui donneront lieu à la confiscation des sels emporteront aussi celle des chevaux, ânes, mulets, voitures, bateaux et autres embarcations employées au transport. (*Dl.* 11 *juin* 1806, *art.* 16.)

JURISPRUDENCE. — *Sous ces mots :* Bateaux et autres embarcations, *employés dans le décret, le législateur a-t-il compris les navires de* 200 *à* 300 *tonneaux ?*

Dans une affaire à-peu-près pareille à celle rapportée sous le n° 612, la partie saisie a soutenu que sous le mot générique d'embarcations on ne devoit entendre que les bateaux, barques et chaloupes, et nullement les navires proprement dits : car, disoit-on, si, comme l'attestent *Stypmanus*, *Straccha*, *Cleirac*, *Valin*, sous les mots de *navire et autres bâtimens de mer,* usités dans les lois, sont compris les chaloupes, les esquifs et les plus petits bateaux, parcequ'ils servent tous à la navigation, on n'en peut induire que sous les mots de *bateaux et autres embarcations*, employés dans le décret, le législateur ait compris les navires du port de 200 à 300 tonneaux. Le plus donne bien l'idée du moins, mais le moins exclut celle du plus; les mots *bateaux et autres embarcations* rappellent bien l'idée des esquifs qui sont moins que des bateaux; mais ils repoussent l'idée de gros bâtimens qui dans la navigation occupent le premier rang.

Ainsi, il n'étoit pas douteux, aux yeux de ceux qui défendoient ce système, que le législateur eût spécialement nommé les navires, s'il avoit entendu les soumettre à la saisie. Selon eux, c'étoit seulement le cas de saisir ce qui excédoit la quantité déclarée, et de condamner celui qui avoit fait la fausse déclaration à l'amende.

D'un autre côté on répondoit : Les peines doivent être dans une égale proportion avec les délits; et on en concluoit que si celui qui fait la déclaration mensongere, quoique n'ayant que la charge d'un âne, perd son sel et son animal, il en devoit être de même de celui qui a la charge d'un navire; autrement celui-là seroit le moins puni qui frauderoit le plus la loi, et qui eût privé l'État d'une somme plus considérable, si sa fausse déclaration n'avoit pas été découverte.

Voici le fait. — Des négocians d'Anvers font venir de Marennes et d'Oléron plusieurs bâtimens chargés de sel. Les capitaines de ces bâtimens étoient porteurs d'acquits-à-caution ou congés délivrés par les officiers douaniers du lieu du départ, énonçant la quantité de sels chargés sur chaque navire. Arrivés au port d'Anvers, ces bâtimens ont été saisis par les préposés des douanes de ce lieu, parcequ'ils contenoient une plus grande quantité de sels que celle énoncée aux acquits-à-caution.

Arrêt de la cour de justice criminelle des Deux-Nèthes, qui prononce l'amende de 100 francs pour chaque chargement, ordonne la confiscation de l'excédant des sels trouvés sur chaque navire, et déclare qu'il n'y a pas lieu à la confiscation des navires.

Pourvoi en cassation de la part de l'administration des douanes, et le 15 avril 1808, arrêt suivant lequel :

« Vu l'article 16 du décret impérial du 11 juin « 1806;

« Attendu que la disposition de cet article est « générale et ne fait aucune exception; qu'elle ne « peut en conséquence être restreinte, et que « toute confiscation de sels saisis en contravention « doit toujours et nécessairement entraîner celle « des bateaux et autres embarcations ayant servi au « transport; que cependant, dans l'espèce, la cour « de justice criminelle du département des Deux-« Nèthes, tout en prononçant la confiscation des « sels dont il s'agit, a refusé de prononcer la con-« fiscation du navire sur lequel ils étoient char-« gés : ce qui est une violation expresse de l'art. 16 « du décret impérial du 11 juin 1806, d'où est par « suite résultée une fausse application de peine; « casse, etc. »

Voir aussi les deux premières questions de jurisprudence rapportées sous le n° 612.

689. En cas de saisie de chevaux, mulets et autres moyens quelconques de transport de sel en contravention à la loi, dont la remise sous caution aura été offerte par procès-verbal et refusée par la partie, il sera procédé à la vente par enchère desdits objets, à la diligence de l'administration des douanes, en vertu de la permission du juge de paix le plus voisin. (*DI.* 20 *nov.* 1806, *art.* 1.)

L'ordonnance du juge de paix portant *permis de vendre* sera signifiée dans le jour à la partie saisie, si elle a un domicile réel ou élu dans le lieu de l'établissement du bureau de la douane; et, à défaut de domicile connu, au maire de la commune, avec déclaration qu'il sera procédé immédiatement à la vente, tant en absence qu'en présence, attendu le péril de la demeure. (*Même décret, art.* 2.)

Il n'est pas dérogé pour le jugement du fond à l'art. 57 de la loi du 24 avril 1806, qui en attribue la connoissance aux tribunaux de police correctionnelle. (*Même décret, art.* 3.)

PAR décret du 18 septembre 1811, le juge d'instruction peut aussi autoriser ces ventes. *Voir* ce décret au titre 1er du livre V.

Sur l'avis que les fraudeurs des droits sur les sels, pour éluder l'effet du règlement qui prononce la confiscation des sels ainsi que des chevaux et autres animaux servant de transport, n'employoient que des chevaux d'une valeur presque nulle, qu'ils rachetoient après la confiscation de la saisie, soit moyennant le prix de la fourrière, soit pour la modique somme de 5 à 6 fr., le ministre a pensé que le moyen le plus propre à les atteindre étoit de leur ôter la faculté de racheter ces bêtes de somme, et il a en conséquence autorisé, le 6 octobre 1807, l'administration des douanes à donner les ordres de faire abattre les chevaux saisis chargés de sel dont la valeur n'excèdera pas 20 fr. (*Circulaire du ministre des finances aux préfets, du* 15 *décembre* 1807.)

Dans ce cas, il sera accordé aux préposés une gratification de 10 fr. par chaque cheval tué, laquelle sera prélevée sur le sixième qui, dans les saisies, est réservé au trésor public. (*DM.* 8 *octobre* 1807, *et CD.* 10 *dito.*)

A la fin de chaque mois le directeur doit adresser à M. le directeur général un état double indiquant succinctement les affaires, leurs conclusions et le nombre de bêtes de somme tuées; le paiement de 10 fr. de gratification pour chacune s'effectuera sur l'autorisation de M. le directeur général apposée au pied d'un des doubles de l'état qu'il renverra à cet effet. — Les chevaux devront continuer à être vendus dans la forme indiquée par le décret précité, sauf à ne point les adjuger et à les tuer s'ils ne sont point vendus 20 fr. (*CD.* 29 *octobre* 1807.) — Lorsqu'il n'y a point eu de chevaux tués, le certificat de néant, qui doit remplacer l'état, se fournit en simple expédition.

La gratification de 10 fr. accordée pour chaque cheval tué sera payée sans aucune déduction de frais, lesquels seront prélevés sur le sixième du trésor. Les chefs doivent prévenir les abus et veiller à ce que les bêtes abattues soient enfouies à une profondeur convenable. (*CD.* 30 *janvier* 1808.)

Cette gratification de 10 fr. doit être répartie entre les seuls saisissans. (*CD.* 5 *février* 1808.)

Au surplus, le directeur général n'ordonne le paiement de ladite gratification que lorsqu'on lui a justifié que les saisies qui en font l'objet ont été confirmées par un jugement définitif. (*LD.* 23 *septembre* 1809.)

Les tribunaux de douanes sont aujourd'hui, dans leur arrondissement, les seuls compétens pour juger les contraventions aux lois sur les sels.

SECTION VII. — *Du Régime des sels dans les départemens au-delà des Alpes.*

690. Les départemens *au-delà des Alpes et les Etats de Parme et de Plaisance* seront approvisionnés en sel par une régie *impériale* exclusivement. (5 *ventose an* 12, *art.* 114.)

LES autres articles de cette loi, en ce qui concerne les sels, ont été refondus dans le décret du 2 thermidor an 13; c'est donc celui-ci que je vais citer.

Sa Majesté a décidé que la régie impériale des sels établie à Turin, approvisionneroit de cette denrée le gouvernement italien. (*LM.* 12 *avril* 1812.)

Conformément au décret impérial du 14 mars dernier, la régie spéciale des sels et tabacs sera en vigueur dans les provinces illyriennes au 1er juillet prochain. (*LM.* 3 *juin* 1812.)

691. Cette régie sera composée d'un directeur général, d'un secrétaire général et de cinq administrateurs. (*DI. 2 thermidor an 13, art. 4.*)

Le traitement du directeur général sera de 24,000 francs. Le traitement des administrateurs et du secrétaire général sera de 12,000 francs par an. (*Même décret, art. 5.*)

Les membres composant la régie auront, en outre de leur traitement, une remise de cinq pour cent sur les produits nets au-delà de six millions jusqu'à sept, de dix pour cent sur les produits au-delà de sept millions jusqu'à huit, et de vingt pour cent sur les produits nets excédant huit millions, à quelque somme qu'ils puissent s'élever. (*Même décret, art. 6.*)

Les membres composant la régie seront nommés par l'Empereur.

Le directeur général nommera aux autres emplois sur la proposition des administrateurs. (*Même décret, art. 7.*)

692. *La régie* aura ses magasins principaux à Turin, Alexandrie, Gênes et Parme. (*Même décret, art. 8.*)

693. Il sera pourvu à l'approvisionnement dans les lieux et sur les points nécessaires, de manière que le sel existant en magasin soit constamment de deux cent mille quintaux, poids de marc, au moins.

Les approvisionnemens seront faits pour moitié en sel de France.

La régie sera chargée de l'exploitation des puits salés de Parme. (*Même décret, art. 11.*)

694. Le prix du sel, dans les départemens au-delà des Alpes et les Etats de Parme et de Plaisance, fixé par l'article 12 du décret impérial du 2 thermidor an 13 à quarante centimes le kilogramme, est porté, en exécution de l'article 50 de la loi du 24 avril 1806, à cinquante centimes par kilogramme. (*DI. 16 mai 1806.*)

Cet article 50 de la loi du 24 avril 1806 est ainsi conçu : « La vente du sel continuera d'être faite « dans les départemens au-delà des Alpes, au profit « de l'État, par la régie établie dans le ci-devant « Piémont par la loi du 5 ventose an 12, sans que « le prix puisse excéder cinquante centimes par « kilogramme (cinq sous la livre). La même régie « continuera de faire au profit de l'Etat, dans les « mêmes départemens, la fabrication et la vente « exclusive du tabac. » *Voir* n°s 725 et 726.

Pour empêcher la contrebande du sel et du tabac, il existe une ligne de brigades depuis Nice jusqu'en Suisse.... « Les appointemens des préposés des- « dites brigades sont payés par la régie du sel et du « tabac, et sur ses produits. » (*DI. 8 fructidor an 13, art. 2.*)

695. La régie des sels et tabacs, dans les départemens au-delà des Alpes établira, à portée des différens points des côtes de la ci-devant Ligurie, les magasins de sels nécessaires aux approvisionnemens des pêches et salaisons maritimes, ainsi que pour les salaisons destinées aux approvisionnemens de la marine et des colonies. (*DI. 23 avril 1807, art. 1.*)

Ces sels jouiront de l'entrepôt sous la surveillance des agens des douanes, et ne seront soumis à aucun droit. (*Même décret, art. 2.*)

Les pêcheurs et saleurs de ces départemens, ainsi que les entrepreneurs des salaisons destinées aux approvisionnemens de la marine et des colonies, recevront auxdits entrepôts les sels qui seront reconnus nécessaires à leur commerce, et les paieront au prix auquel ils reviendront à la régie, tant en principal qu'en accessoires, en conformité de la fixation qui en sera faite tous les trois mois par le préfet de Gênes, sur la proposition de la régie. (*Même décret, art. 3.*)

696. Toutes les dispositions des titres 3 et 4 du décret impérial du 11 juin 1806, auxquelles il n'est pas dérogé par le présent, seront suivies en ce qui concerne l'emploi des sels délivrés, et la surveillance des douanes et des droits réunis, ainsi que les peines à encourir par les contrevenans. (*Même décret, art.* 4.)

697. Tout fournisseur ou capitaine qui aura levé dans les marais salans, sous acquit-à-caution, des sels destinés pour l'un des ports situés dans les départemens soumis au privilège de la régie impériale au-delà des Alpes, et qui ne représentera pas à l'arrivée la quantité de sel portée dans l'acquit-à-caution, déduction faite du déchet de cinq pour cent accordé par l'art. 12 (n° 612) du décret du 11 juin 1806, sera condamné au paiement du double droit sur les quantités manquantes; et, en outre, à une amende qui ne pourra être au-dessous de cinquante francs, ni excéder cinq cents francs.

Néanmoins, il n'est pas dérogé à l'art. 13 (n° 614) du décret du 11 juin 1806, portant que, dans le cas où les bâtimens employés au transport par mer auroient éprouvé des avaries légalement constatées, le droit de deux décimes par kilogramme ne sera perçu que sur les quantités reconnues par le résultat de la vérification. (*DI.* 11 *janvier* 1808.)

698. Les contrevenans à la loi du 5 ventose an 12, en ce qui concerne l'importation des sels dans les départemens *au-delà des Alpes*, autres que ceux destinés à l'approvisionnement de la régie, seront poursuivis à la requête des préposés des douanes, et susceptibles des condamnations prononcées par l'art. 1 du titre 5 de la loi du 22 août 1791, concernant les marchandises prohibées à l'entrée et à la sortie. (12 *pluviose an* 13.)

CHAPITRE XXII. — *Des Soies et Cocons.*

SECTION I. — *Des Soies.*

699. Les soies provenant des départemens du Pô, de la Sésia, de la Stura, de la Doire, de Marengo, et des arrondissemens qui en ont été détachés, ne pourront être exportées que par les bureaux des douanes de Lyon..... et Gênes....., en payant *les droits.* (30 *avril* 1806, *art.* 7.)

La sortie des soies du Piémont est aujourd'hui restreinte aux bureaux de Gênes et de Lyon, parce que ceux-là seuls sont dénommés dans le décret du 10 octobre 1810, lequel a retarifé ces soies. (*CD.* 29 *décembre* 1810.)

700. Les soies.... qui seront destinées à l'exportation seront conduites et vérifiées à la douane de Turin; celles qui devront sortir par... Gênes........ acquitteront les droits à *Gênes;* celles qui devront passer par Lyon seront expédiées sous plombs et acquits-à-caution pour la douane de cette ville, où, après avoir acquitté les droits, elles recevront leur destination ultérieure, et ne pourront sortir de France que par les bureaux de Cologne, Mayence, Strasbourg et Versoix. (30 *avril* 1806, *art.* 8.)

Sur la réclamation de la chambre de commerce de la 27e division militaire (Turin), il a été donné des ordres en vertu desquels il est défendu aux préposés des douanes de Strasbourg et de Lyon d'introduire dans les ballots de soie la soude de fer qui détériore les matéraux d'organsin ; il leur est enjoint de procéder à la vérification des marchandises par l'ouverture des ballots.

701. Les soies ouvrées en trame, poil et organsin, et les soies à coudre écrues, provenant des départemens formés de l'ancien Piémont et *du* royaume d'Italie, *pourront aussi* sortir par le port du Havre, *en* payant un droit *particulier*. (*DI.* 4 *décembre* 1811, *art.* 1.)

Ce droit peut être payé à Lyon ou au Havre, au choix du négociant expéditionnaire. (*Décision de Sa Majesté, du* 20 *janvier* 1812.)

702. Les soies du royaume d'Italie désignées au précédent article pourront transiter en France sous acquit-à-caution à la destination du Havre, et en exemption de tous droits, soit à la sortie du royaume, soit à l'entrée de l'empire. (*DI.* 4 *décembre* 1811, *art.* 2.)

Ces soies seront préalablement dirigées sur Lyon par acquit-à-caution des bureaux frontières d'Italie ou du Piémont, ensuite de Lyon sur le Havre, également sous plomb et acquit-à-caution, faisant mention de l'origine des soies. (*DM.* 4 *janvier* 1812.)

Voir aussi au livre IV le chapitre *Traité de Commerce avec le royaume d'Italie.*

703. Les soies ouvrées en poil, trame, organsin et à coudre écrues, les soies rondelettes ou trames de doupion écrues, ne pourront circuler dans le myriamètre des frontieres que sous la formalité de l'acquit-à-caution. (30 *avril* 1806, *art.* 9.)

SECTION II. — *Des Cocons.*

704. La prohibition à la sortie des cocons est maintenue. (30 *avril* 1806, *art.* 10.)

705. Les cocons ne pourront être enlevés des maisons des propriétaires situées dans le myriamètre des frontières, qu'après que la déclaration en aura été faite au bureau du lieu ou au plus prochain, et qu'il aura été délivré un passavant à la seule destination d'une filature autorisée ou située dans l'intérieur, qui sera désignée par ce passavant. (*Même loi, art.* 11.)

706. Les propriétaires des filatures et moulins autorisés dans le myriamètre seront tenus de faire, quinze jours avant la récolte des cocons, au bureau des douanes le plus prochain, leur déclaration du nombre des bassins qu'ils se proposent de mettre en activité, et de la quantité des cocons qui leur sera nécessaire dans la proportion de trois myriagrammes par bassin. (*Même loi, art.* 12.)

707. Lesdits fabricans seront pareillement tenus d'inscrire sur un registre les quantités de cocons qu'ils recevront, ainsi que les produits de la filature, et de représenter, à toutes réquisitions des préposés des douanes, ce registre, les cocons existant en nature, et la soie à raison de trois quarts de livre décimale par myriagramme de cocons, ou de justifier par des déclarations faites dans les bureaux de l'expédition de la soie pour l'intérieur. (*Même loi, art.* 13.)

708. Tous les cocons que les fabricans autorisés dans le myriamètre n'auront pas enregistrés, ceux excédant les quantités qu'ils auroient pu recevoir, suivant la proportion ci-dessus déterminée, la valeur de ceux qu'ils auront reçus et qu'ils

ne représenteroient pas en nature ou en produits de la filature; enfin les cocons ou leurs produits transportés sans expédition, seront confisqués, avec l'amende de cinq cents francs. (*Même loi, art.* 14.)

CHAPITRE XXIII. — *Des Soudes de Warechs des Iles Glenauts.*

709. L'importation annuelle sur le continent des soudes de warechs fabriquées dans les îles Glenauts est autorisée avec les précautions et sous les conditions suivantes: (*DI.* 28 *octobre* 1811, *art.* 1.)

710. La récolte de cette plante sera restreinte aux îles que le commandant désignera, et l'incinération aux fossés qu'il permettra d'ouvrir. (*Même décret, article* 2.)

711. La quantité des pains fabriqués sera inscrite chaque jour sur un registre qu'un ouvrier tiendra. (*Même décret, art.* 3.)

712. Ce registre sera soumis à la fin de chaque semaine au visa du commandant, lequel pour chaque envoi délivrera un certificat d'origine d'après les inscriptions que contiendra ce registre. (*Même décret, art.* 4.)

713. Lorsque la fabrication et les expéditions de l'année seront terminées, ce même registre sera remis pour contrôle au directeur des douanes à Lorient, afin de vérifier l'exactitude des certificats, et de s'assurer que les importations qui ont été faites n'excèdent pas les quantités qui ont été fabriquées. (*Même décret, art.* 5.)

CHAPITRE XXIV. — *Des Tabacs.*

SECTION I. — *Dispositions générales sur le régime des tabacs.*

714. A partir de la publication du présent décret, l'achat des tabacs en feuilles, la fabrication et la vente, tant en gros qu'en détail, des tabacs fabriqués, sont exclusivement attribués à la régie des droits réunis, pour tous les départemens de l'empire autres que ceux au-delà des Alpes. (*DI.* 29 *décembre* 1810, *art.* 1.)

CET article exceptoit aussi les sept départemens au-delà de l'Escaut; mais par décret du 21 octobre 1811, le privilège de la régie a été étendu à toute la Hollande.

715. La régie ne pourra s'approvisionner qu'en feuilles de tabacs du sol françois, à l'exception seulement d'un quinzième qu'elle pourra prendre en tabacs étrangers.

La régie au-delà des Alpes sera tenue de faire ses approvisionnemens de la même manière. (*DI.* 29 *décembre* 1810, *art.* 2.)

IL résulte de la combinaison des articles 1 et 2 du décret ci-dessus,

1°. Que les tabacs en feuilles étrangers ne peuvent plus être introduits que pour le compte de la régie. — Les tabacs de même espèce provenant de prises et de confiscations ne peuvent être vendus pour la consommation intérieure qu'autant que la régie les achèteroit, et dans le cas contraire ils doivent être réexportés. — Ces nouvelles mesures font également cesser l'exception prononcée par la loi du 12 janvier 1810, d'après laquelle on pouvoit admettre les tabacs fabriqués provenant de prises. — Enfin la prohibition est maintenue sur les tabacs fabriqués saisis. (*CD.* 21 *janvier* 1811.)

2°. Que la prohibition d'exportation doit avoir lieu pour les particuliers, mais non pour la régie. (*Lettre du ministre des finances, du* 28 *avril* 1812, *et lettre du ministre du commerce, du* 8 *mai même année.*)

Le service des douanes étant institué et organisé pour réprimer les importations et exportations frauduleuses, il est du devoir des préposés de cette partie d'arrêter les introductions de tabac; leur surveillance doit être d'autant plus active, que les employés des droits réunis ne sont point en nombre suffisant pour empêcher la fraude, et qu'il s'agit de conserver une branche très-importante des revenus de l'État.

Les préposés des douanes trouveront d'ailleurs la récompense de leur zèle dans l'exécution des mesures provoquées relativement aux produits des saisies. S. Ex. le ministre des finances a autorisé les manufactures impériales à prendre livraison aux prix fixés par les conseils d'administration, d'après les bases indiquées, des tabacs en feuilles ou fabriqués provenant des saisies qui ci-devant devoient être détruits ou réexportés; ainsi ce produit des saisies de tabacs sera réparti dans la forme ordinaire. (*CD.* 22 *juin* 1811.)

« Les tabacs en feuilles exotiques, introduits pour « les fabriques impériales, seront exempts des droits « [illegible], à la condition que la régie des « droits réunis les fera présenter au premier bureau « d'entrée, qui en assurera le transport aux fabri- « ques par la formalité d'un acquit-à-caution ». (*DM.* 20 *août* 1811.)

La perception dans cette circonstance se réduiroit à un simple mouvement de fonds de la caisse de la régie dans celle des douanes sans avantage pour le trésor public; elle auroit au contraire l'inconvénient d'augmenter la somme des avances qu'exige le service de la régie, de la grever de frais inutiles, et de compliquer sa comptabilité. C'est d'après ces considérations que le ministre des finances a rendu la décision ci-dessus.

Les tabacs que la régie feroit venir directement d'Amérique et des autres pays étrangers ne pourroient être admis sans une décision spéciale de Sa Majesté, conformément aux réglemens généraux sur le commerce maritime; mais ceux qui existent dans les entrepôts ordinaires ou de marchandises de prises, sont disponibles pour le service de la régie, si elle en fait l'acquisition; on pourra donc les admettre en exemption des droits sur la déclaration de ses agens ou préposés, en les expédiant sous plombs et sous acquits-à-caution pour une fabrique impériale.

La franchise des droits s'étend même à celui de balance de commerce.

On continuera cependant de constater exactement le poids des tabacs introduits par la régie, et à l'indiquer, ainsi que l'origine, dans les tableaux d'importation.

On dressera en outre à la fin de chaque mois des états particuliers, qui présenteront l'extrait de tous les acquits-à-caution délivrés pour les tabacs adressés aux fabriques impériales. (*CD.* 22 *août* 1811.)

M. le directeur général de l'administration des droits réunis, informé que des tabacs expédiés des manufactures impériales pour les entrepôts principaux, en colis ou boucauts, revêtus des plombs de la régie et accompagnés d'acquits-à-caution, avoient été visités par les préposés des douanes, qui ont croisé de leurs plombs ceux déjà apposés, a observé que ces visites sont au moins superflues; que les frais du plombage retombent à la charge du gouvernement, et que les ouvertures pratiquées dans les tonneaux pour y introduire la sonde, laissent les tabacs à la merci des voituriers, qui ont la faculté d'en extraire sans qu'on puisse les convaincre de cette infidélité.

Les acquits-à-caution que la régie fait elle-même délivrer pour le transport des tabacs sortant des manufactures impériales, et les plombs qu'elle fait apposer sur les colis, remplissent en effet les conditions prescrites pour la circulation.

Dès que ces formalités ont été remplies dans ses bureaux, la douane n'a aucun intérêt à les renouveler, ni aucun motif pour refuser de reconnoître les acquits-à-caution et le plomb de la régie.

Ainsi on s'abstiendra désormais d'exiger des expéditions de douanes pour les tabacs sortant des fabriques impériales qui seront accompagnés d'acquits-à-caution des droits réunis.

Si les tabacs doivent être embarqués, on se bornera, après la déclaration et la délivrance des permis, à constater l'embarquement sur l'acquit-à-caution de la régie des droits réunis. Cet acquit sera de même présenté au port du débarquement, où il suffira pour autoriser l'admission, après la décharge constatée par un semblable visa.

La circulation par terre dans les lignes de douanes sera également permise avec les acquits-à-caution de la régie, sous la condition de les présenter et de les faire viser aux bureaux de la route.

Dans tous les cas, les tabacs munis de ces expéditions et transportés sous le plomb de la régie seront exempts de visite. Les préposés ne pourront que vérifier l'état des plombs, le nombre, et, s'il y a lieu, le poids des colis, sans les ouvrir ni introduire la sonde dans ceux qui contiendront du tabac en poudre.

Cependant ils ne doivent pas négliger de reconnoître, par les moyens laissés à leur disposition, si les bateliers ou voituriers n'abusent pas de la confiance de la régie pour substituer aux tabacs d'autres marchandises, et lorsqu'il s'élèvera des soupçons de fraude, on pourra demander la visite, en y appelant le principal préposé des droits réunis.

Elle ne sera faite qu'en présence de ce chef, qui prendra les mesures nécessaires pour la conservation des tabacs, et y fera réapposer les plombs de la régie après l'opération. (*CD.* 17 *août* 1811.)

716. Les tabacs en feuilles ne pourront circuler sans acquit-à-caution.

Les tabacs fabriqués porteront la marque de la manufacture d'où ils proviendront, et ne pourront circuler sans acquit-à-caution toutes les fois qu'ils excèderont la quantité de dix kilogrammes. (*DI.* 29 *décembre* 1810, *art.* 21.)

717. Il est défendu à tout particulier d'avoir chez lui du tabac en feuilles, s'il n'est cultivateur reconnu par l'accomplissement des formalités prescrites.

Passé l'époque fixée pour la livraison des tabacs en feuilles aux magasins de la régie, il est pareillement défendu aux cultivateurs d'en avoir chez eux. (*DI.* 29 *décembre* 1810, *art.* 23.)

718. Ceux qui colportent des tabacs en fraude seront arrêtés et constitués prisonniers, s'ils ne fournissent caution, et condamnés aux peines portées par l'article 28. (*DI.* 29 *décembre* 1810, *art.* 24.)

719. L'article 1 du titre 5 de la loi du 22 août 1791 sera de même appliqué dans le cas de saisies de tabacs en feuilles circulant sans acquit-à-caution. (*DI.* 29 *décembre* 1810, *art.* 25.)

L'ARTICLE premier du titre 5 de la loi du 22 août 1791 est placé sous le n° 266. *Voir* aussi sous le n° 722; là je discuterai sur la quotité de l'amende qui me paroit applicable à l'introduction des tabacs.

720. Il est défendu à tout particulier d'avoir chez lui des tabacs fabriqués autres que ceux provenant des manufactures impériales ou des fabriques ci-devant pourvues de licences et revêtus des marques de la régie. (*DI.* 29 *décembre* 1810, *art.* 26.)

721. Les tabacs fabriqués, de quelque pays qu'ils proviennent, sont prohibés à l'entrée de l'empire.... (*DI.* 29 *décembre* 1810, *art.* 27.)

LES tabacs provenant de prises ou saisies sont pris en livraison par la régie et payés aux capteurs. *Voir* sous le n° 715.

722. Toute infraction aux articles du présent décret sera punie d'une amende de mille francs et de la confiscation des tabacs. (*DI.* 29 *décembre* 1810, *art.* 28.)

DANS une lettre du 16 mai 1812, relative à la répartition du produit des saisies de tabacs, je trouve ce paragraphe :

« L'amende de mille fr., édictée par le décret du « 29 décembre 1810, est particulière aux droits « réunis, et les tribunaux de douanes sont incompé- « tens pour la prononcer. S'il arrivoit qu'une pa- « reille amende fût prononcée pour un fait d'impor- « tation prohibée, il y auroit lieu de faire réformer « un pareil jugement. »

Je ne vois pas comment l'amende de mille fr., prononcée par l'art. 28 ci-dessus du décret du 29 décembre 1810, pourroit être particulière aux droits réunis, ni à quelle raison les tribunaux de douanes seroient incompétens pour l'appliquer. — Il faudroit pour cela que le décret ne parlât ni d'importation, ni d'exportation, et bien au contraire, il est implicitement et explicitement relatif à ces matières.

Implicitement, en ce qu'en attribuant à la régie exclusivement l'achat, la fabrication et la vente des tabacs, il prohibe nécessairement leur importation et exportation pour compte particulier.

Explicitement, en ce que l'art. 27 dit en termes exprès : *Les tabacs fabriqués seront prohibés à l'entrée de l'Empire.*

Donc l'amende de mille fr. étant édictée par l'art. 28 contre TOUTE INFRACTION AUX ARTICLES DU DÉCRET, sauf *dans le cas* seul *de saisies de tabacs en feuilles circulant sans acquit-à-caution* (n° 719), il est bien évident que, pour tout autre cas, et notamment pour celui d'importation de tabacs fabriqués, cette amende est applicable, puisque cette importation est une infraction à une disposition positive du décret, à celle même qui précède l'article qui prononce la peine.... Conséquemment les tribunaux de douanes peuvent l'appliquer.

Mais, dira-t-on, le décret du 8 mars 1811 (n° 262) inflige la triple amende à l'introduction des marchandises prohibées, et conséquemment abroge les dispositions antérieures du décret du 29 décembre 1810....... Je nie cette conséquence : la jurisprudence la plus constante a établi qu'une loi générale ne dérogeoit jamais à une loi spéciale, et bien que j'aie sous les yeux une lettre ministérielle du 23 juin 1812, je n'en persiste pas moins dans l'opinion que j'ai émise sous les numéros 262 et 266.

C'est sur la question de savoir « *Quelle est la règle « à suivre pour les amendes à prononcer dans le cas « d'introduction de marchandises prohibées ayant « un régime particulier, comme les sels étrangers et « les tabacs fabriqués,* » que la lettre du ministre a été écrite; elle porte en réponse : « La question s'est « plusieurs fois présentée, et il a toujours été établi « en principe que le décret du 8 mars 1811, qui or- « donne la triple amende dans tous les cas d'introduc- « tion prohibée, étant postérieur, devoit être exé- « cuté nonobstant toutes dispositions contraires de « lois ou règlemens antérieurs; ainsi lorsqu'il s'agit « d'introduction de sel, tabac ou toute autre mar- « chandise prohibée, il y a lieu à la triple amende. »

Je le répète, cette lettre ne me fait pas changer d'opinion...... De ce qu'une question s'est plusieurs fois présentée, ce n'est pas une raison pour qu'on doive la juger comme la première fois, si le premier jugement n'est pas conforme à l'esprit ou au but de la loi.......... D'ailleurs la cour de cassation n'a pas encore prononcé...... Jusqu'alors je ne changerois d'opinion qu'autant qu'on relèveroit ce que j'ai avancé sous les numéros 262 et 266 ; tout ce qu'on a dit depuis ne détruit pas un seul de mes argumens; ils sont donc entiers, et je n'ai que deux observations à y ajouter.

1°. C'est qu'on ne doit pas induire du 4e paragraphe de la page 131, que l'amende applicable à l'introduction des sels étrangers d'origine neutre est effectivement celle de *cent* fr. ; je ne fais là qu'un calcul; car mon opinion est bien que l'amende doit être celle de 500 francs par corrélation des lettres patentes du 22 mai 1790 avec l'art. 1 du titre 5 de la loi du 22 août 1791.

2°. C'est qu'il me semble que le résultat nécessaire de l'application des mêmes peines à des délits de différens degrés seroit que les fraudeurs de profession importeroient plutôt des marchandises dont la consommation est défendue que toutes autres.

723. Les préposés aux entrepôts et à la vente du tabac, qui seroient convaincus d'avoir falsifié les tabacs des manufactures impériales par l'addition ou le mélange de matières hétérogènes, seront destitués, sans préjudice des peines portées en l'article 318 du code pénal. (*DI.* 29 *décembre* 1810, *art.* 20.)

724. La contrebande en tabac, avec attroupement et port d'armes, sera poursuivie et jugée en conformité de la loi du 13 floréal an 11, concernant les douanes. (*Même décret, art.* 30.)

SECTION II. — *Dispositions particulières sur le régime des tabacs dans les départemens au-delà des Alpes.*

725. La régie *créée pour l'approvisionnement et la vente du sel dans les départemens au-delà des Alpes et les états de Parme et de Plaisance* est chargée, à partir du 1er. *vendémiaire an* 14, de l'approvisionnement, de la fabrication et de la vente exclusive du tabac dans les départemens et états désignés ci-dessus. (*DI.* 2 *thermidor an* 13, *art.* 3.)

726. Les dispositions du décret du 29 décembre 1810, qui attribue exclusivement à l'administration des droits-réunis l'achat des tabacs en feuilles, la fabrication et la vente des tabacs fabriqués, sont déclarées applicables à la régie des tabacs au-delà des Alpes, et recevront en conséquence leur exécution dans les départemens où ladite régie exerce son privilège. (*DI.* 27 *février* 1811.)

CHAPITRE XXV. — *Du Tan.*

727. .....La sortie à l'étranger du tan *est défendue*, sous peine de confiscation, tant de cette matiere première, que de la voiture et des chevaux, et de trois cents *francs* d'amende. (16 *nivose an* 2.)

CHAPITRE XXIV. — *Des Vivres et Avitaillemens des navires.*

SECTION I. — *Dispositions générales sur les provisions de bord.*

728. Les vivres et provisions d'un bâtiment venant de l'étranger seront soumis aux lois et tarifs d'entrée, pour toute quantité qui excèdera le nécessaire. (*4 germinal an 2, art. 12, tit. 2.*)

729. Les vivres et provisions embarqués sur bâtimens expédiés pour l'étranger seront soumis aux lois et tarifs de sortie pour toute quantité qui excèdera le nécessaire. En cas de contestations, elles seront jugées dans les formes prescrites.... (*4 germinal an 2, art. 13, tit. 2.*)

Cet article dit : « seront jugées dans les formes « prescrites par le présent décret...... » et ce décret ne prescrit pas ces formes ; donc il faut recourir à celles ordonnées par le titre 8 de la loi du 22 août 1791, et ce sont celles-là que je vais rappeler.

Il résulte d'une lettre, du 20 floréal an 10, rapportée sous le n° 731, que l'immunité accordée par l'article ci-dessus aux vivres qui n'excèderont pas le nécessaire, n'est applicable qu'aux vaisseaux françois, et que conséquemment le titre 8 de la loi de 1791 reste entièrement en vigueur.

SECTION II. — *Dispositions particulières aux vivres et avitaillemens des navires étrangers.*

730. Les vivres et provisions des navires étrangers seront, à leur arrivée, déclarés dans le même délai et dans la même forme que les marchandises qui composeront les chargemens ; et ceux que les capitaines et maîtres desdits bâtimens voudroient introduire en France seront soumis aux droits d'entrée. (*22 août 1791, premier paragraphe de l'art. 1, titre 8.*)

Sa Majesté a décidé, le 16 messidor an 13, « Que les vivres et munitions de premier besoin seu« lement importés d'Espagne pour l'avitaillement « des bâtimens de guerre de cette nation, en relâche « dans nos ports, seront, à charge de récipro« cité, exempts des droits, sous condition d'en faire « déclaration au bureau de la douane, et de les « transporter sur ces vaisseaux sans mise à terre. »

Cette disposition, dont le ministre des finances a donné connoissance au directeur général des douanes, par lettre du 28 messidor an 13, n'est applicable qu'aux bâtimens de guerre espagnols à l'exclusion de tous autres navires, et pour les denrées qui ne sont pas débarquées, mais seulement versées. (*CD. 29 messidor an 13.*)

Le même ministre a également fait connoître, le 23 pluviose an 13, que sur la demande du chargé d'affaires de Sa Majesté catholique, l'Empereur venoit d'approuver que les bâtimens de guerre espagnols ou les corsaires armés sous le pavillon de cette nation, qui relâchent dans les ports de l'Empire, puissent y acheter de la poudre, des boulets et les munitions de guerre dont ils auroient besoin.

Le ministre de la marine a recommandé aux administrations de son département de se concerter avec les directeurs des douanes, pour que cette facilité ne devienne point un abus.

En conséquence, on ne permettra la sortie que des munitions de guerre dont les administrateurs de la marine feront passer au directeur une autorisation détaillée, d'après laquelle ce dernier fera passer l'ordre de remise aux bâtiments susdits. (*CD. 28 pluviose an 13.*)

Et définitivement une disposition impériale, du 22 brumaire an 14, porte : « Qu'il y a lieu d'exemp« ter de tous droits les vivres et munitions que les « vaisseaux de guerre espagnols en relâche dans nos « ports y prendront ou y feront venir pour leurs « approvisionnemens, sous la condition que les « bâtimens françois jouiront de la même faveur en « Espagne. »

Ces faveurs accordées à l'ancienne dynastie me semblent, à plus forte raison encore, applicables à la nouvelle.

731. Les vivres et provisions qui seront embarqués sur lesdits bâtimens, quoique déclarés pour la consommation de l'équipage, acquitteront les droits de sortie. (*22 août 1791, second paragraphe de l'art. 1, titre 8.*)

Par décision du ministre des finances, du 17 messidor an 4, « Le passager qui s'embarque sur un navire « étranger peut emporter deux matelas pour son « usage dans la traversée, pourvu qu'ils soient com-

« posés de laine vieille et hors d'état de fournir aux « fabriques nationales. »

Par lettre du 20 floréal an 10, M. le directeur général a observé que les navires étrangers arrivés dans nos ports, qui ont besoin de vivres pour leur retour, doivent en payer les droits, et qu'on ne peut leur en accorder que la quantité strictement nécessaire (*ce qui s'entend seulement des grains, farines, légumes secs et autres comestibles dont la sortie seroit prohibée*), et que si les capitaines en exigeoient pour une destination beaucoup plus éloignée que le port d'où le navire est venu, on devroit se refuser à l'excédant demandé.

SECTION III. — *Dispositions particulières aux vivres et avitaillemens des navires françois.*

732. Les vivres et provisions provenant de France, et embarqués dans les navires françois pour quelque navigation que ce soit, pourvu qu'ils soient uniquement destinés à la nourriture des équipages et passagers, jouiront, à la sortie, de l'exemption de tous droits. (22 *août* 1791, *art.* 2, *tit.* 8.)

CES dispositions doivent s'appliquer aux bateaux françois voguant sur le Rhin et sur l'Escaut, qui abordent sur le territoire de l'Empire ou en sortent.

Voir les nos 501 et 502 pour les provisions à destination des colonies.

733. Pour jouir de ladite exemption, les armateurs ou capitaines de bâtimens seront tenus de faire leur déclaration, au bureau *des douanes*, du nombre d'hommes qui composeront leurs équipages, et de celui des passagers; de déclarer aussi les quantités et espèces de vivres et provisions qu'ils voudront embarquer.

Si les quantités paroissoient trop fortes, relativement au nombre d'hommes qui devront être à bord du bâtiment et à la durée présumée du voyage, les préposés *des douanes* pourront demander que les armateurs ou capitaines des bâtimens fassent régler ces quantités par le tribunal de commerce du lieu, s'il y en a d'établi, sinon par les officiers municipaux dudit lieu, et qu'ils justifient de la fixation qui en sera faite au pied d'une expédition de la déclaration.

Dans tous les cas, le nombre d'hommes composant les équipages, celui des passagers, les quantités et les espèces de vivres embarqués, seront portés sur le permis d'embarquement, qui devra être visé par les préposés *des douanes*. (22 *août* 1791, *art.* 3, *tit.* 8.)

734. Les vivres qui seront embarqués dans un port autre que celui du départ seront chargés sur le permis d'embarquement, sauf, en cas de difficultés sur les quantités, à se conformer à l'article précédent. (22 *août* 1791, *art.* 4, *tit.* 8.)

735. Au retour dans un port de France d'un navire françois, le capitaine représentera le permis d'embarquement qu'il aura pris au départ; les vivres et provisions restans, dont il devra être fait déclaration, seront ensuite déchargés en exemption de tous droits. (22 *août* 1791, *art.* 5, *tit.* 8.)

736. Les vivres et provisions que le capitaine d'un bâtiment françois, en retour d'une navigation étrangère, aura pris à l'étranger, ne pourront être déchargés dans les ports de France qu'après déclaration, et en acquittant les droits d'entrée. (22 *août* 1791, *art.* 6, *tit.* 8.)

CES cinq derniers articles sont nécessairement subordonnés pour les quantités qui excèdent le nécessaire aux articles 12 et 13 du titre 2 de la loi du 4 germinal an 2, rapportés aux nos 728 et 729.

AVIS

Relatif à la seconde livraison de cet ouvrage.

La suite de la table de classification et la fin de ce livre III, qui traitera des Possessions françoises où les douanes sont régies par des lois particulières et du Commerce par licences, seront publiées avec les livres IV, V et VI.

Le livre IV, *des Faveurs accordées au commerce*, contiendra tout ce qui est relatif au cabotage, au transit, aux entrepôts, à la réimportation et à la réexportation, aux traités de commerce, etc.

Le livre V traitera de la Procédure, des Peines cumulatives, et des Transactions.

Et le livre VI, de la Navigation marchande.

L'ouvrage sera entièrement terminé sous le seul temps nécessaire pour l'impression.

LÉGISLATION
DES DOUANES
DE L'EMPIRE FRANÇAIS,

D'APRÈS LES SEULES DISPOSITIONS EN VIGUEUR, RANGÉES DANS UN ORDRE MÉTHODIQUE ;

vec des explications puisées dans les motifs des lois, dans les décisions ministérielles, dans les circulaires administratives, et sur tout dans les arrêts de la cour de cassation.

PAR DUJARDIN-SAILLY.

SECONDE ÉDITION.

DEUXIÈME ET DERNIÈRE LIVRAISON.

A PARIS,

Chez l'AUTEUR, rue de Vaugirard, n° 60, vis-à-vis la grille du Luxembourg.

DE L'IMPRIMERIE DE P. DIDOT L'AINÉ.

MARS 1813.

Cette livraison termine ma Législation des Douanes.

MM. les Souscripteurs qui ont payé *quinze francs* en prenant la partie de c ouvrage qui a paru en juillet dernier, n'ont rien autre chose à acquitter, po retirer celle-ci, que le déboursé du port qu'aura coûté le volume pour être ren à l'endroit où la Souscription a été faite.

Mais les personnes qui achèteront actuellement les deux parties, c'est-à-di l'Ouvrage complet, les payeront *dix-huit francs*, non compris le port qui se également à la charge des acquéreurs. Je suis forcé à établir ce nouveau prix cause du surcroît de frais que me coûte cette édition, qui est d'un tiers plus vol mineuse que celle publiée en avril 1810 nonobstant les plus petits caractères do on a fait usage pour la composition typographique des notes.

Paris, 15 mars 1813.

DUJARDIN-SAILLY.

TITRE II.

Des Possessions françoises où les douanes sont régies par des lois particulières.

CHAPITRE I. — *Des îles françoises en Europe qui ont un régime particulier.*

SECTION I. — *Iles françoises d'Europe assujetties aux douanes avec restriction.*

§. 1. *Iles de Croix, de Bouin et de la Crosnière.*

737. Le tarif général des droits de traite sera exécuté à l'entrée et à la sortie des îles de Croix, de Bouin, de la Crosnière........, et cependant les habitans desdites îles ne pourront apporter, en exemption de droits, dans les ports de France, que les produits de leur culture et de leur pêche, et seulement à la charge d'être accompagnés de certificats des municipalités, justificatifs de leur origine.

Ils pourront aussi importer en France, également en franchise, les marchandises qu'ils auront tirées de l'étranger, en représentant l'acquit des droits qu'ils auront dû payer à l'entrée desdites îles. (10 *juillet* 1791, *art.* 1.)

CET article ajoutoit à ces trois îles celle de Noirmoutier, mais depuis elle a été soumise à un régime particulier qui sera indiqué au paragraphe suivant.

738. Les bâtimens étrangers et les bâtimens françois venant de l'étranger ne seront point admis dans les îles de........ Croix, Bouin, la Crosnière...... et autres îles et îlots, hors les cas de détresse ou de relâche forcée, constatés par les préposés des douanes. (4 *germinal an* 2, *art.* 4, *tit.* 1.)

AUX trois îles nommées ci-dessus, cet article ajoute celles « de *Corse*, de *Noirmoutier*, l'Ile-Dieu, *Belle-« Ile*, Ouessant, l'île de la Montagne, Mollène-« Hœdic, l'île de Sain, et les *îles de Rhé et d'Olé-« ron* »......... Mais cette disposition n'est plus applicable à celles de ces îles dont je viens de noter les noms *en italique*,

1°. Parce qu'une loi du 19 nivose an 3 a rapporté cet article en ce qui concernoit les îles d'*Oléron* et de *Rhé;* cette loi est ainsi conçue : « L'article 4 du « titre premier de la loi du 4 germinal an 2 sur les « douanes est rapporté en ce qui concerne les îles « d'Oléron et de Rhé, et en conséquence tous les « navires neutres pourront y aborder comme dans « les autres ports de *France*. »

2°. Parce que l'île de *Noirmoutier* et *Belle-Ile en mer* ont reçu un régime spécial par la loi du 8 floréal an 11. (*Voir* n° 741.)

3°. Parce que l'île *de Corse* est aujourd'hui réputée étrangère relativement aux douanes. (*Voir* n° 749.)

Ainsi les dispositions de l'article ci-dessus et de celui qui va suivre ne concernent plus que les îles de Croix, Bouin, la Crosnière, Dieu, Ouessant, la Montagne, Mollène-Hœdic et l'île de Sain.

On verra aussi, sous le n° 747, que ces cinq dernières îles sont exemptes des droits de douanes, et qu'elles peuvent recevoir de France les bois nécessaires à leur consommation.

739. Les denrées et productions du sol, de la pêche, et le sel tiré des lieux indiqués en l'article 4 ne paieront aucun droit pour entrer en France.

Aucun objet manufacturé ne pourra être importé desdits lieux en France, tant qu'ils ne justifieront pas qu'il existe dans lesdits lieux des manufactures reconnues par le *Gouvernement*, dont lesdits objets manufacturés seront le produit. (4 *germinal an* 2, *art.* 5, *tit.* 1.)

IL importe de lire la note ci-dessus pour l'application de cet article, qui s'étend également aux îles reprises sous le nº 747.

Le sel importé de ces îles doit aujourd'hui le droit de consommation par application du décret du 11 juin 1806, qui, ne faisant aucune exception, soumet celui-ci, comme tous les autres, au régime particulier à cette denrée.

740. Les bâtimens françois pourront être expédiés des lieux indiqués en l'article 4, d'un port à l'autre, comme pour un port de *l'empire*. (4 *germinal an* 2, *art.* 6, *tit.* 1.)

§. II. *Ile de Noirmoutier et Belle-Ile en mer.*

741. Les marchandises et denrées expédiées du continent françois pour *les* deux *îles de Noirmoutier et de Belle-Ile* ne seront soumises à aucun droit de sortie et d'entrée. (8 *floréal an* 11, *art.* 65.)

Tous les articles de la loi du 8 floréal an 11, repris en ce paragraphe, avoient été spécialement rendus pour l'île de Corse, et seulement déclarés applicables à celles de Noirmoutier et de Belle-Ile par l'article 72 de la même loi, ainsi conçu : « Les dispositions des articles 65, 66, 67, 68, 69, 70 et 71 « sont communes à l'île de Noirmoutier et à Belle-« Ile en mer »... . Mais l'île de Corse étant aujourd'hui affranchie du régime des douanes par un décret du 12 juillet 1808, ces articles ne restent conséquemment en vigueur que pour Noirmoutier et Belle-Ile, en observant toutefois que l'article 71 ne peut s'appliquer à ces deux îles, puisqu'il ne contient que la nomenclature des bureaux de la Corse où l'on devoit acquitter les droits.

742. Les marchandises et denrées du crû et des fabriques de ces deux *îles* seront également exemptes des droits de sortie et d'entrée lorsqu'elles seront envoyées sur le continent françois, et qu'elles seront accompagnées d'un certificat d'origine et d'une expédition de la douane du port d'embarquement. (8 *floréal an* 11, *art.* 66.)

743. Les objets dont l'exportation à l'étranger est prohibée ne pourront être expédiés du continent, pour *les îles de Noirmoutier et Belle-Ile*, que sur des permissions particulières qui seront accordées par le Gouvernement. (8 *floréal an* 11, *art.* 67.)

744. Pour l'exécution des trois articles précédens, toutes les formalités prescrites par le titre 3 de la loi du 22 août 1791, lors de l'enlèvement par mer d'un port à destination d'un autre port de France, seront exactement remplies. (8 *floréal an* 11, *art.* 68.)

VOIR le titre des *Acquits-à-caution*, au livre IV.

745. Les marchandises étrangères dont l'importation n'est pas défendue, qui, après avoir été introduites *dans les îles de Noirmoutier et Belle-Ile*, seront expédiées pour le continent, n'y seront admises en exemption des droits qu'en représentant les acquits de paiement de ceux qui auront été perçus à leur entrée dans *ces îles*, et une expédition de la douane du port d'embarquement. (8 *floréal an* 11, *art.* 69.)

746. Les marchandises manufacturées *dans les îles de Noirmoutier et Belle-Ile*, et de l'espèce de celles dont l'importation est défendue, qui seront expédiées de *ces îles* pour les ports du continent, n'y seront admises qu'en justifiant, par des certificats authentiques, qu'elles ont été fabriquées dans *ces îles*. (8 *floréal an* 11, *art.* 70.)

SECTION II. — *Iles françoises d'Europe exemptes des droits de douanes.*

§. I. *Ile-Dieu, Ouessant, Mollène-Hœdic et de Sain.*

747. L'Ile-Dieu......, Ouessant, Mollène-Hœdic, l'île de Sain, et les autres îles qui font partie des ci-devant provinces de Bretagne et de Normandie, ne seront point assujetties au tarif général sur leurs relations avec l'étranger: cependant les sels et les produits de leur pêche seront importés en France en exemption de droits, à la charge d'être accompagnés des certificats prescrits par l'article ci-dessus: elles pourront encore recevoir de France les bois nécessaires à leur consommation, d'après les quantités dont elles justifieront avoir besoin, et les quantités en seront fixées par les *préfets* des départemens. (10 *juillet* 1791, *art.* 2.)

On a vu sous les nos 738 et 739,

1o. Que l'article 4 du titre 1 de la loi du 4 germinal an 2 défendoit d'admettre dans ces îles les bâtimens étrangers, et même les bâtimens françois venant de l'étranger, à moins de détresse ou de relâche forcée......;

2o. Que l'article 5 du même titre de la même loi ajoutoit à la faveur accordée ici d'importer en franchise les sels et les produits de la pêche, celle de faire entrer également en France, en exemptions de droits, les autres denrées et productions du sol des îles dénommées en l'article 4.

Quant au sel, j'ai déjà dit sous le no 739, qu'aujourd'hui il suivoit le régime prescrit par le règlement du 11 juin 1806.

§. II. *Ile de Capraja.*

748. *Le régime des douanes dans l'île..... de Capraja est supprimé. Celui de navigation y est seul maintenu.* (DI. 12 juillet 1808.)

En conséquence toutes les relations commerciales des ports de la France continentale avec ces îles seront considérées comme étrangères; leur navigation réciproque continuera à jouir des avantages de la nationalité. (*CD.* 2 *septembre* 1808.)

L'île de Capraja a été réunie au département du Golo par décret impérial du 9 messidor an 13. — Il avoit été accordé à ce département, ainsi qu'à celui du Liamone, la faculté de s'approvisionner de sel sous le simple droit de balance; mais depuis que la Corse est traitée comme étrangère, cette faveur est devenue sans objet réel, puisque l'exportation des sels de France pour l'étranger n'est soumise qu'à ce simple droit; néanmoins voici cet article 5 de la loi du 1er. pluviose an 13, qui avoit accordé cette faveur:

« Pendant la durée de la guerre, les départemens
« du Golo et du Liamone pourront s'approvisionner
« de sel dans l'île d'Elbe et ses dépendances, en
« payant le droit de balance; mais aussi long-temps
« que lesdits départemens jouiront de cette faculté,
« il ne pourra y être fait aucune expédition de sel à
« la destination du territoire continental de l'empire.»

Par décret du 2 février 1808, l'île de Capraja est affranchie de l'impôt du sel: ainsi le poisson salé qui sera importé de cette île en France sera réputé provenir de pêche étrangère.

§. III. *Ile de Corse.*

749. *Le régime des douanes dans l'île de Corse...... est supprimé. — Celui de navigation y est seul maintenu.* (DI. 12 juillet 1808.)

En conséquence toutes les relations commerciales des ports du continent françois avec cette île seront considérées comme faites avec l'étranger, mais leur navigation réciproque continuera à jouir des avantages de la nationalité. (*CD.* 2 *septembre* 1808.)

La Corse étant hors du rayon des douanes, on doit laisser à ses habitans la liberté de s'approvisionner de denrées coloniales pour leur consommation, et dès lors on ne doit y saisir que les marchandises de fabrication angloise. (*Décision impériale du....* avril 1812.)

750. A l'avenir les huiles d'olives, le miel, les amandes, châtaignes, noix, cédrats, citrons et oranges, la cire jaune non ouvrée, les cuirs de bœufs et de vaches secs en poil, les vins du crû du département de la Corse seront admis en France, en exemption des droits de douanes. (*DI.* 24 *avril* 1811, *art.* 20.)

Lesdits objets devront être expédiés avec des certificats des autorités locales qui en attesteront l'origine, visés par les préfets et sous-préfets, et accompagnés d'expéditions délivrées par les préposés chargés, dans les différens ports, de la perception des droits de navigation. (*Même décret*, *art.* 21.)

L'admission en franchise des espèces ci-dessus dénommées n'est accordée qu'à celles provenantes de l'île de Corse; les marchandises de l'île de Capraja ne jouissent pas de la même faveur. (*Lettre au directeur de Gênes*, *du* 31 *août* 1811.)

Il est, je pense, inutile d'observer que les marchandises qui ne sont pas reprises dans ce tarif particulier doivent les droits du tarif général.

Les poissons de mer, soit frais, soit salés, importés de l'île de Corse, et provenans de la pêche de ses habitans, doivent même être considérés comme produits de pêche étrangère. (*LM.* 15 *avril* 1812.)

Mais les goudrons que le ministre de la marine fait fabriquer en Corse, pour le service de Sa Majesté, et qui ensuite sont envoyés dans les magasins d'un port de France, ne doivent pas être assujettis aux droits. (*DM.* *août* 1812.)

§. IV. *Ile d'Elbe.*

751. Les ports et territoire de l'île d'Elbe seront francs de droits de douane. (8 *floréal an* 11, *art.* 73.)

Cette franchise n'embrasse point les droits de navigation; en conséquence les relations commerciales du port et de l'île d'Elbe avec la France doivent être traitées comme étrangères, et la navigation réciproque comme nationale. Ainsi les marchandises qui en viendront, et celles qui seront expédiées des ports de France, seront soumises à la loi commune de l'étranger; mais les navires n'acquitteront que le droit national, en remplissant les formalités. (*LD.* 29 *prairial an* 11.)

CHAPITRE II. — *Des provinces françoises qui ont un régime particulier.*

SECTION I. — *Du Régime des douanes dans les départemens anséatiques.*

752. Les lois, règlemens et tarifs de l'empire relatifs aux importations et exportations, perceptions et prohibitions, ainsi que l'acte de navigation, recevront, à compter du 20 juillet 1811, leur exécution dans les départemens des Bouches-de-l'Elbe, des Bouches-du-Weser, de l'Ems-Supérieur et de la Lippe. (*DI.* 3 *juillet* 1811.)

L'article 176 du décret du 4 juillet 1811, relatif à l'organisation générale des départemens anséatiques, porte les mêmes dispositions en ces termes:

« Les lois, tarifs et règlemens concernant les « douanes seront publiés dans les trois départe« mens, et l'organisation des directions, des bu« reaux et des brigades y sera établie.... »

753. Pour empêcher la faude en sel et en tabac, et assurer l'exécution des dispositions ......, relatives aux denrées coloniales, une ligne de douanes sera établie sur les frontières du département de la Lippe, limitrophes de la Hollande. (*DI.* 28 *avril* 1811, *premier paragraphe de l'art.* 21.)

Ce n'est pas positivement comme je viens de le transcrire que s'exprime l'art. 21 du décret du 28 avril 1811, mais j'ai dû le changer ainsi pour avoir un texte qui concorde avec ce qui, aujourd'hui, est en vigueur.

Cet article 21 disoit,

« Pour empêcher la fraude en sel et en tabac, et « assurer l'exécution des dispositions du décret du « 15 mars 1811, relatives aux denrées coloniales, « une ligne de douanes sera établie sur les frontières « du département de la Lippe, limitrophes de la « Hollande. Cette ligne fera sa jonction avec celle qui « sera conservée pour le même service sur les fron- « tières du département des Bouches-de-l'Escaut et « de l'arrondissement de Breda. »

On voit que les suppressions que j'ai faites à ce texte invoquent le décret du 15 mars 1811, et conservent la ligne de Breda. Ce décret du 15 mars est ainsi conçu :

Art. 1er. *Les denrées coloniales dénommées par nos décrets des 5 août et 12 septembre 1810, qui arriveront en Hollande, soit en vertu de licences, soit qu'elles aient été prises par les corsaires ou les bâtimens de* la *marine* impériale, *soit qu'elles proviennent de nos colonies, ne pourront être admises que dans les ports d'Amsterdam, de Roterdam et d'Embden, où elles seront immédiatement déchargées et mises en entrepôt réel.* (**DI.** 15 mars 1811, art. 1.)

Art. 2. *Lorsque les propriétaires ou consignataires desdites denrées coloniales ainsi entreposées voudront les envoyer en France, ils acquitteront les droits à leur sortie de l'entrepôt, et elles seront expédiées sous plombs et acquits-à-caution à destination de France, où elles ne pourront entrer que par la douane d'Anvers, et autres bureaux situés sur le Rhin, qui seront ultérieurement désignés par un décret spécial.* (Même décret, art. 2.)

Art. 3. *Les denrées coloniales qui auront été tirées de l'entrepôt sur la demande des propriétaires ou consignataires, et mises à leur disposition, ne pourront plus être introduites en France.* (Même décret, art. 3.)

Art. 4. *A compter du 1er. mai 1811, les productions du sol et de l'industrie de la Hollande, celles du nord et les autres marchandises étrangères, autres que celles désignées par l'article premier du présent décret, et qui auront été introduites par les douanes de la Hollande, seront admises en France sans payer aucun nouveau droit de douane.*

Art. 5. *A compter du 1er. mai 1811, les marchandises coloniales qui ont payé en Hollande le droit de quarante et de cinquante pour cent ne seront plus admises en France.*

Mais par décret du 23 août 1812, il a été disposé ce qui suit :

Art. 1er. « La ligne de douane qui sépare la Hol- « lande des anciens départemens de l'Empire sera « levée le 1er. octobre 1812.

« *Art.* 2. La ligne de douane placée entre les dé- « partemens de la Hollande et ceux des Bouches-de- « l'Elbe, du Weser, de l'Ems-Supérieur et de la « Lippe, est provisoirement conservée jusqu'à ce « qu'il en soit autrement ordonné. »

Ainsi, il n'y a plus de séparation entre les provinces françaises que celle maintenue sur les frontières des départemens anséatiques.

Aussi long-temps qu'elle existera entre ces départemens et les autres parties de l'empire, la perception des droits de sortie sur les marchandises qui y sont expédiées de France et de Hollande sera fondée, et ne pourra cesser que lorsqu'un décret spécial l'aura ordonné. (*LM.* 13 *juillet* 1812.)

Mais celles de ces marchandises qui passeront ensuite à l'étranger n'acquitteront plus de nouveaux droits de sortie, si l'acquit de ceux payés dans la ligne de Wesel est représenté aux frontières. (*LM.* 13 *juillet* 1812, *au directeur général.*)

Conformément à l'article 1er. de l'arrêté du 5 prairial an 5, l'emprunt du territoire étranger sera refusé aux marchandises expédiées des anciens départemens de l'empire pour les départemens anséatiques. (*LD.* 27 *août* 1811.) — L'arrêté cité ci-dessus, qui sera rapporté au chapitre 1er. du livre IV, ne permet l'emprunt du territoire étranger qu'autant que le transport et la conduite ne peuvent s'effectuer directement sur les terres de l'empire; ainsi il est indispensable que les marchandises destinées pour les départemens de la Lippe, de l'Ems-Supérieur, des Bouches-du-Weser et des Bouches-de-l'Elbe suivent désormais la direction de Wesel ou toute autre direction qui les dispense d'emprunter, pour arriver à leur destination, le territoire étranger, puisque, à défaut de cette précaution, elles seroient exposées, suivant leur nature, à être repoussées et même saisies, ou à payer les droits d'entrée.

ENTREPOTS. « Les marchandises étrangères, « autres que les denrées coloniales, qui auroient « acquitté les droits d'entrée dans les départemens « anséatiques, jouiront d'un entrepôt fictif de six « mois; pendant ce temps elles pourront être réexpé- « diées pour la France ou la Hollande sans payer de « nouveaux droits, mais à charge de justifier de

« l'acquittement primitif. » (*DM.* 3 *juin* 1812, *et LM.* 13 *juillet suivant.*)

Sur la question de savoir si les denrées coloniales importées, dans les villes anséatiques, par voie de licence, peuvent être expédiées pour l'intérieur et admises aussi au bénéfice de l'entrepôt; il a été répondu : « Les denrées coloniales ne peuvent jouir « d'un entrepôt fictif, et celles qui arrivent à Hambourg par voie de licence ne peuvent être envoyées « en France ni en Hollande. (*LM.* 25 *juillet* 1812.)

Les marchandises expédiées de France ou de la Hollande pour les villes anséatiques jouiront d'un délai d'un an, pendant lequel elles pourront être envoyées à l'étranger sans payer de nouveaux droits. (*DM.* 22 *août* 1812.)

SECTION II. — *Du Régime des douanes dans les provinces Illyriennes.*

§. I. *De l'administration des douanes illyriennes.*

754. Les douanes illyriennes sont sous la direction immédiate du ... directeur général des douanes de l'empire *françois.* Le directeur particulier se conformera à ses ordres et instructions; néanmoins, les préposés desdites douanes seront sous la surveillance du gouvernement illyrien.

Les bordereaux de recette et dépense seront remis chaque mois par le directeur particulier à *l'*intendant général des finances, qui règlera le mode de versement, de comptabilité et de contrôle; le compte de chaque exercice sera soumis à son examen. (*DI.* 27 *novembre* 1810, *art.* 5.)

§. II. *Du régime des douanes dans les provinces Illyriennes.*

755. Les lois et règlemens de l'empire relatifs aux déclarations tant à l'entrée qu'à la sortie, aux visites et vérifications, acquits-à-caution de transit et de circulation, aux entrepôts, à l'acte de navigation, à la contrebande, aux saisies, amendes et confiscations, recevront leur exécution dans les provinces illyriennes et y seront publiées. (*DI.* 27 *novembre* 1810, *art.* 19.)

Sur la question de savoir si dans les cantons de l'Illyrie qui ne sont pas soumis au régime des douanes, on doit s'opposer à l'admission des tissus en coton et en laine, provenans des fabriques des puissances neutres; il a été répondu : « Dans la partie de l'Illyric mise hors du régime des douanes, la « prohibition ne frappe que les marchandises anglaises « et celles des puissances avec lesquelles la France est « en guerre. » (*LM.* *août* 1812.)

756. Les bureaux de douanes de Trieste et de .... sont autorisés à délivrer des certificats partiels aux fortes expéditions de marchandises du Levant, comprises dans un même certificat d'origine, mais qui, dans l'intérêt des propriétaires, devroient être divisées pour être dirigées sur plusieurs points différens.

Les directeurs généraux des douanes de l'empire et du royaume d'Italie donneront à leurs préposés les instructions convenables pour la reconnoissance et l'admission de ces certificats partiels à l'arrivée des marchandises aux frontières respectives des deux états. (*DI.* 3 *janvier* 1812, *art.* 3.)

757. Par exception au décret du 25 juillet 1810, les bâtimens destinés au transport du sel nécessaire pour l'approvisionnement des provinces illyriennes pourront être expédiés sans être munis de licence, à condition qu'à leur retour dans les ports de l'Illyrie ils ne devront être chargés que de sel, sous peine de confiscation desdits bâtimens et de leurs cargaisons. (*DI.* 26 *février* 1811.)

« Nonobstant les dispositions de notre décret impérial du 26 février dernier, les marchandises « désignées dans l'état annexé à la minute du présent décret pourront être introduites par mer

« dans nos provinces Illyriennes, dans la propor- « tion d'un tiers du chargement des bâtimens des- « tinés au transport des sels. » (*DI.* 11 *juillet* 1811.)

Liste des marchandises dont l'importation est permise en Illyrie concurremment avec du sel, sous la condition que cette denrée composera au moins le tiers du chargement.

Acide de limon. — Aluns. — Amandes. — Aigrum, ou soit les fruits aigres, herbes fortes ou médicales, comme tamarin, etc. — Carthame, vulgairement le safran bâtard. — Coques du Levant pour enivrer le poisson. — Caroube ou carouge. — Ecorces d'oranges. — Essences. — Eponges. — Figues et autres fruits secs ou verts, comme noisettes, pistaches, oranges, etc. — Garance. — Galle pilée, noix de galle. — Liége pour bouchons, filets de pêche, etc. — Laine non travaillée. — Lin. — Peaux de lièvre et de lapin, etc. — Poil de chameau. — Raisins secs et verts, citrons ou limons et autres fruits semblables. — Soude et sel natron. — Soufre. — Valonea, qui est une excroissance du chêne valon par la piqûre d'un ver, etc., et qui sert aux tanneurs.

§. III. *Des droits de douanes et de navigation dans les provinces illyriennes.*

758. Les droits de douanes, tant à l'entrée qu'à la sortie, seront perçus dans les provinces illyriennes, conformément *à des* tarifs *particuliers*, lesquels sont communs à la haute et basse Carniole, au cercle de Villack, à celui de Gorice, à l'arrondissement de Trieste et Montefalcone, à Fiume, à l'Istrie............ (*DI.* 27 *novembre* 1810, *art.* 1.)

759. Les marchandises turques non prohibées ne seront assujetties à leur entrée en Illyrie qu'à la moitié des droits qui ont été fixés, en 1768, par la convention faite à Steigard entre la Porte et l'Autriche; on suivra le mode de perception et d'évaluation qui est usité en Autriche. (*DI.* 27 *novembre* 1810, *art.* 16.)

760. Les denrées et marchandises de toute nature transportées de ville à ville ou de province à province, sans emprunter le territoire étranger, sont exemptes de tout droit de douanes. (*DI.* 27 *novembre* 1810, *art.* 2.)

761. Il ne sera perçu pour la circulation intérieure d'autres droits que ceux connus sous la dénomination d'accises, péages, octrois, taxes ou droits d'entrée aux portes des villes sur les objets qui s'y consommeront, et conformément aux tarifs et règlemens existans. (*DI.* 27 *novembre* 1810, *art.* 3.)

« LE décret du 27 novembre dernier, relatif à l'or- « ganisation et au régime des douanes dans les pro- « vinces illyriennes, continuera d'être exécuté, à « l'exception de ce qui concerne les droits de bar- « rière, qui sont attribués à la régie de l'enregistre- « ment. » (*DI.* 15 *avril* 1811, *art.* 172.)

762. L'administration des douanes percevra les droits de bassin, de port et de tonnage. (*DI.* 15 *avril* 1811, *art.* 173.)

Ils seront acquittés ....,

1°. Les droits de navigation, selon les tarifs existans ou ceux qui seront incessamment arrêtés d'après la révision des anciens;

2°. Les droits de bassin et de port, tels qu'ils existent ou seront fixés;

3°. Les droits de bac;

4°. Enfin les droits de tonnage, tels qu'ils se perçoivent dans les ports de l'empire. (*Même décret, art.* 159.)

763. Le tarif des droits de navigation perçus dans les ports de l'empire *françois*, en exécution de la loi du 27 vendémiaire an 2, est rendu commun *aux* provinces illyriennes. (*DI.* 27 *novembre* 1810, *art.* 4.)

764. Les barques et bâtimens allant d'Illyrie dans le royaume d'Italie, et réciproquement, seront reçus comme s'ils étoient nationaux, et en acquittant seulement le droit de navigation, tel qu'il est réglé dans *le* royaume d'Italie. (*DI.* 15 *avril* 1811, *art.* 175.)

§. IV. *Des droits de transit dans les provinces illyriennes.*

765. Les draps, étoffes, soieries, toiles, et autres marchandises de fabrique françoise, expédiés pour le Levant, et qui traverseront l'Italie et l'Illyrie pour se rendre en Dalmatie, en Bosnie, et dans toute la Turquie d'Europe, ne paieront, à leur passage dans les douanes italiennes et illyriennes, pour droit de transit, que celui de balance, tel qu'il est fixé par le Tarif de l'Empire. (*DI.* 27 *novembre* 1810, *art.* 11.)

Les marchandises qui transiteront en exécution de l'article précédent sortiront de France par les bureaux de Verceil, de Casatisme *ou de Brigg*, passeront par Milan, et de Milan par Cassano, Brescia, Vérone, Vicence et Venise pour y être embarquées ou expédiées par terre en passant par le Frioul jusqu'à Lozonzo. (*Même décret, art.* 12.)

Les draps destinés pour le Levant pourront être marqués d'une estampille qui en garantira la bonne qualité, la dimension, et la nature de la fabrication. (*DI.* 21 *septembre* 1807, *art.* 1.)

Le nombre des pièces contenues dans un ballot, la largeur et la longueur de chacune d'elles seront énoncés dans la facture annexée audit ballot. (*Même décret, art.* 8.)

La carte d'échantillon contenue dans la facture et annexée sous le même numéro et la même marque au ballot expédié, devra être rigoureusement conforme aux espèces et qualités qui composeront ce ballot, et faire mention des fils qui peuvent se trouver dans la lisière de quelques pièces. (*Même décret, art.* 9.)

Les draps destinés au commerce du Levant, qu'on voudra faire estampiller ou dont on voudra faire plomber les ballots, ne pourront être exportés que par les ports de Marseille, de Gênes, d'Anvers, de Livourne, et les villes de Cologne, Mayence, Strasbourg, Verceil, Boulogne et Casatisme. La reconnoissance des colis, caisses ou balles qui les contiendront lorsque les expéditeurs la demanderont, se fera sans ouvrir ces balles, caisses ou colis; sont en conséquence rapportées les dispositions du décret du 21 septembre 1807, qui créent des bureaux de contrôle. (*DI.* 9 *décembre* 1810, *art.* 6.)

Indépendamment de l'estampille impériale apposée à chaque pièce de drap, il sera mis à la corde qui lie chaque caisse ou balle un plomb qui sera adhérent à cette corde. Ce plomb aura au milieu ces mots : DRAPS POUR LE LEVANT, et à l'exergue ceux-ci : EMPIRE FRANÇAIS. Il sera en conséquence fabriqué des types ou modèles, lesquels seront envoyés, soit aux vérificateurs (*des draps*), soit aux receveurs des bureaux de douanes par lesquels doit sortir la marchandise. (*Même décret, art.* 7.)

Lorsqu'il aura été fait un envoi de draps pour le Levant, le vérificateur (*des draps*) en informera le receveur du bureau des douanes par lequel l'exportation aura lieu : celui-ci, en accusant la réception de cet avis, lui mandera s'il a trouvé en bon état le plomb, qui devra toujours être mis à la balle ou à la caisse par le vérificateur (*des draps*), ou en sa présence. Dans le cas de la négative, ou s'il a l'opinion que ce plomb a été contrefait, il retiendra la marchandise jusqu'à ce qu'il lui soit parvenu de nouveaux renseignemens. (*Même décret, art.* 8.)

Afin d'indemniser les receveurs des bureaux des douanes des frais de la correspondance qu'ils sont tenus d'avoir avec les vérificateurs (*des draps*), conformément à l'article 7 ci-dessus, il leur sera payé pour chaque caisse ou balle une somme réglée ainsi qu'il suit : trois francs pour une caisse, colis ou balle dont le poids n'excédera pas quatre-vingts kilogrammes, et cinq francs pour toute caisse ou balle d'un poids supérieur. (*Même décret, art.* 16.)

...... Tout receveur des bureaux de douanes qui auroit exigé une somme plus forte que celle qui lui est allouée par l'article 16, sera poursuivi et puni comme concussionnaire. (*Même décret, art.* 17.)

766. Les cotons du Levant et autres marchandises de même origine dont l'importation est permise, qui seront expédiés pour la France en passant par *les*

provinces illyriennes et *le* royaume d'Italie, arriveront à Verceil ou à Casatisme sans payer d'autres droits que celui de balance. (*DI.* 27 *novembre* 1810, *art.* 13.)

767. Les fers et aciers en lames et en barres, le plomb en saumon, le soufre en canons, venant de nos provinces illyriennes, ainsi que le produit de leur sol, destinés pour la France en passant par l'Italie, ne seront soumis à aucun droit de transit, et n'acquitteront à leur entrée dans l'empire par Verceil, Casatisme ou *Brigg* que la moitié des droits du tarif françois. (*DI.* 27 *novembre* 1810, *art.* 14.)

En conséquence ces marchandises sont admises au demi-droit lorsqu'elles sont présentées à l'un des trois bureaux ci-dessus désignés avec acquit-à-caution ou passavant des douanes de l'Illyrie, attestant qu'elles ont été expédiées dans ces provinces, ou qu'elles proviennent de leur crû. — Celles qui sont dans la classe des drogueries, tels que les produits mercuriels qui forment une branche importante de l'industrie de ce pays, étant frappés du doublement ordonné par le décret du 8 février 1810, la réduction à leur égard se borne à ne les assujettir qu'aux droits primitifs du tarif. (*CD.* 7 *octobre* 1811.)

768. Les produits du sol ou de l'industrie *du* royaume d'Italie, expédiés pour le Levant en passant par l'Illyrie, ainsi que les cotons du Levant et autres marchandises de même origine qui traverseront lesdites provinces à destination du royaume d'Italie, ne paieront aucun droit de transit que celui de balance. (*DI.* 27 *novembre* 1811, *art.* 15.)

769. Les marchandises turques (*non prohibées*) qui transiteront par *les* provinces illyriennes paieront la moitié des droits de transit fixés par la convention faite en 1768 entre la Porte et l'Autriche; on suivra le mode d'évaluation et de perception qui est maintenant en vigueur. (*DI.* 27 *novembre* 1811, *art.* 17.)

770. Les marchandises expédiées des états autrichiens par les provinces illyriennes, pour être embarquées à Fiume et celles venant de l'étranger par ce port à destination desdits états, paieront pour droit de transit six francs par quintal, poids de Venise. (*DI.* 27 *novembre* 1811, *art.* 18.)

Il y a quatre sortes de poids à Venise; la livre pour le pain qui vaut en kilogramme 0,2863; la livre gros poids — 0,4777; la livre poids léger pour la soie et les drogues — 0,3015; la livre pour les galons — 0,325.

§. v. *De l'exportation du numéraire de l'Illyrie.*

771. L'exportation des monnoies d'or et d'argent nécessaires dans les échanges avec le Levant pourra s'effectuer de nos provinces illyriennes sous les conditions et avec les formalités ci-après :

1°. Les monnoies susceptibles de jouir de cette faculté ne pourront se composer que de thalers ou écus de Marie-Thérèse, de sequins, de ducats et de piastres d'Espagne.

2°. Cette exportation ne pourra s'effectuer que par les seuls bureaux de douanes de Trieste, *Sta.-Croce-Ulranick*, *d'Obnitza*, *Bunia et Brest.*

3°. Il sera fait dans lesdits bureaux, au moment de l'exportation de ces monnoies, une déclaration et une reconnoissance exacte des sommes et de la matière des espèces ci-dessus désignées. Il sera pris un acquit et souscrit un engagement cautionné de rapporter dans un délai que fixera la douane en raison de l'éloigne ment du lieu de destination, ledit acquit valablement déchargé par l'agent françois ou l'autorité locale, qui certifiera que ladite somme et valeur lui a été représentée; le rapport de cette décharge opérera seul la radiation de l'engagement. (*Dl.* 3 *janvier* 1812, *art.* 4.)

Les formalités qui auroient dû être remplies au bureau de *Costanizza* désigné par le paragraphe 2°. ci-dessus, quoiqu'il eut été mis hors la ligne par celui du 19 novembre 1811, seront remplies aux bureaux de Sta.-Croce-Ulranick, d'Obnitza, Bania et Brest. Les exportations auront lieu pour Costanizza et Spalato, et les acquits-à-caution qui assureront ces destinations seront déchargés, savoir : à Costanizza, par les chefs des régimens croates dont la signature sera légalisée par l'intendant général de l'Illyrie; et à Spalato, par les employés à la perception des droits de navigation. (*DM.* 30 *mai* 1812.)

Quant aux acquits donnés à destination de Trawinck et Salonique, la décharge continuera à en être faite par les consuls françois. (*DM.* 30 *avril* 1812.)

772. Celles des monnoies circulant dans le royaume d'Italie qui se trouvent comprises dans les désignations portées à l'article précédent, pourront passer librement de ce royaume aux provinces, et réciproquement. (*Dl.* 3 *janvier* 1812, *art.* 5.)

§. VI. *De l'exportation des subsistances des provinces illyriennes.*

773. L'exportation du riz est autorisée des provinces illyriennes à la destination de la Bosnie et des autres provinces turques, lorsque son prix ne s'élèvera pas à 50 francs le quintal métrique dans les marchés des départemens de l'ancien Piémont; à ce taux et au-dessus la sortie en demeure interdite. (*Dl.* 3 *janvier* 1812, *art.* 6.)

BOISSONS. On a vu sous le n° 424 que, par décret du 22 octobre 1811, « les dispositions des articles 7, 8 et 9 de la loi du 1er. pluviose an 13, « relatives au transport des récoltes des vignes possédées sur la rive droite du Rhin par les habitans « de la rive gauche, sont applicables aux habitans « des provinces illyriennes qui possèdent des vignes « sur la rive gauche de la Save ou sur les territoires « de l'Autriche et de la Bavière. »

ENTREPOTS. Les dispositions relatives aux entrepôts accordés aux marchandises arrivant en Illyrie ou en provenant seront classées au livre IV, titre des *Entrepôts*.

TITRE III.

Du Commerce par exceptions aux lois du blocus.

CHAPITRE I. — *Des Licences de navigation.*

SECTION I. — *De la délivrance des licences.*

774. Il sera délivré des licences pour exporter les produits de notre sol et rapporter les articles qui seront dénommés dans ces licences. (*Décision impériale du* 1er. *juin* 1809.)

Les licences ne dispensent pas les bâtimens qui en sont pourvus, tant au départ qu'au retour, des déclarations et visites ordonnées par le Code des douanes (*CD.* 6 *juin* 1809.)

Ainsi les expéditions de DÉPART continueront à être faites sous le simple paiement des droits de sortie, et les RETOURS sans autres formalités que celles établies par le Code, c'est-à-dire déclarations d'espèces et quantités, vérifications, paiement des droits d'entrée, etc. (*CD.* 12 *décembre* 1809.)

« Les licences étant signées de Sa Majesté ont « force de décret : elles protégent ainsi, dans tous « les cas, les marchandises dont elles ont autorisé « l'importation. » (*DM.* 4 *juin* 1810.)

Il résulte de ce principe qu'un navire *sequestré*, mais dont le séquestre a été levé par l'effet d'une licence, peut rentrer et sa cargaison être admise; toutefois le bâtiment qui est de propriété *séquestrée* et que son retour replace sous le séquestre qui n'avoit été levé que provisoirement, est dans le même cas de saisie que s'il fût resté dans nos ports. En conséquence, les cargaisons d'objets spécifiés importés par navires licenciés sous pavillon *séquestré* sont admissibles; si les bâtimens sont *étrangers*, le séquestre les atteint pour le corps seulement; s'ils sont *neutralisés* et de propriété françoise, constatée par acte antérieur en forme régulière, ils peuvent continuer à naviguer jusqu'aux termes de leur licence. (*CD.* 4 *juin* 1810.)

« Le délai de six mois accordé par les licences doit « courir du jour de leur signature par Sa Majesté. » (*DM.* 12 *décembre* 1810.)

Ainsi toutes les licences nouvelles portant le terme de six mois, cesseront d'avoir leur effet à la révolution de ce terme, qui devra être compté du jour où elles auront été revêtues de la signature de Sa Majesté. (*CD.* 13 *décembre* 1810.)

Lorsque des navires pourvus de licences reviendront après le terme de leur privilége, on devra les mettre sous le séquestre conformément aux intentions de Sa Majesté, qui veut que les licences soient nulles aussitôt qu'elles sont périmées. (*LD.* 10 *septembre* 1810.)

« Le délai de deux mois fixé pour le départ des « navires munis de nouvelles licences pourra être « prolongé lorsqu'il sera prouvé que les titulaires « des licences se sont mis sans retard en mesure d'ef-« fectuer leurs expéditions; mais la disposition qui « oblige les navires à rentrer dans le délai de six « mois, à compter du jour de la signature par Sa « Majesté, devra être rigoureusement maintenue. » (*LM.* 16 *mars* 1812.)

Lorsque le départ d'un navire aura éprouvé quelque retard, il devra être en conséquence justifié des motifs légitimes qui l'ont occasionné; les directeurs rendront compte de ces motifs à M. le directeur général, et ils lui feront parvenir les pièces qui auront été produites. Ils pourront toutefois autoriser provisoirement la sortie du bâtiment, lorsqu'ils jugeront qu'il n'a pas dépendu de l'armateur de l'effectuer plutôt; mais son admission au retour sera subordonnée à l'autorisation définitive de M. le directeur général. (*CD.* 18 *mars* 1812.)

« Les armateurs peuvent renoncer aux licences « qu'ils ont obtenues. » (*CD.* 25 *mai* 1810.)

Déjà cette question avoit été implicitement décidée par circulaire du 2 mars 1810. Celle du 25 mai 1810, s'exprimant à cet égard en termes positifs, en voici le texte :

Il arrive quelquefois que des armateurs renoncent au bénéfice des licences qu'ils ont obtenues, afin de n'être point obligés de remplir les conditions qu'elles imposent au départ. — Les licences étant une faveur du Gouvernement, sont essentiellement facultatives; mais lorsqu'un armateur n'en veut pas faire usage, on doit pourvoir à ce qu'il n'en fasse pas abus : en conséquence il convient dans le cas de renonciation d'exiger le dépôt de l'acte. Cette mesure obviera à l'application qu'on pourroit être tenté de faire de la licence au chargement de retour qui ne seroit admissible qu'en vertu du privilége qu'elle avoit conféré, et qui a cessé d'exister par l'inobservation des clauses auxquelles il est subordonné. On informera M. le directeur général des remises qui seront successivement faites.

775. *Il sera payé, pour chaque licence qui sera délivrée à des bâtimens françois, une rétribution de* quarante napoléons d'or, *dont il sera compté dans la forme commune des droits de douanes.* (DI. 22 juillet 1810.)

La somme fixée par ce décret étoit celle de mille fr., mais par lettre ministérielle du 18 août cette somme a été réduite à celle de huit cents francs.

Lorsque les licences seront expédiées, que M. le directeur général en aura donné avis, au moment où le bâtiment commencera son chargement, la taxe sera perçue et portée en recette. On énoncera dans les états des navires expédiés en vertu de ces licences la perception des quarante napoléons qu'ils auront subie. (*CD.* 24 *juillet* 1810.)

Les armateurs qui justifieront avoir acquitté les rétributions relatives à leurs licences, soit au ministère, soit aux préfectures où la remise leur en aura été faite, ne devront plus rien payer aux douanes pour cet objet. — Au surplus, comme Sa Majesté a décidé qu'il ne seroit accordé de licences qu'aux navires françois, on devra requérir la preuve de leur nationalité par la représentation de leur acte de francisation. (*Dernier paragraphe de la circulaire du* 28 *août* 1810.)

Les recettes dont il s'agit ne doivent pas être réunies aux produits des douanes dans les bordereaux qu'ils fournissent pour cette partie. (*CD.* 25 *octobre* 1810.)

776. *Il y aura au ministère des manufactures et du commerce un* bureau des

licences chargé de l'expédition des licences, de toutes les vérifications qui doivent en précéder la délivrance, et des résultats de celles exécutées. (*DI. 19 janvier 1812, second alinéa du paragraphe 2°. de l'art. 2.*)

SECTION II. — *De l'effet des licences.*

777. L'effet des licences est de procurer aux navires qui en sont munis la faculté de sortir et de rentrer librement, d'être exempts de toutes les formalités prescrites pour les expéditions ordinaires, et de borner les vérifications à constater l'exécution littérale des conditions de la licence, sans que les capitaines puissent être, sous d'autres rapports, inquiétés. (*LM. 4 juin 1809.*)

TELLES sont littéralement les dispositions de la lettre ministérielle du 4 juin 1809, celle qui a transmis la décision impériale qui a créé des licences.

« Les bâtimens françois qui se trouvent en Angle- « terre sans licences qui aient actuellement cours, « pourront rentrer sur leur lest dans les ports de « France sans être assujettis au séquestre. » (*Décision de Sa Majesté du 18 février 1811.*)

Je ne rapporte cette décision que pour observer qu'étant temporaire, elle se trouve nécessairement périmée aujourd'hui..... Son abrogation résulte d'ailleurs d'un refus de Sa Majesté du 11 juillet 1812; — ainsi tout bâtiment revenant d'Angleterre sans licence valide doit être mis sous le séquestre.

« Mais les navires munis de licences ou de per- « mis qui arriveront avec des chargemens de riz « seront provisoirement admis nonobstant l'irré- « gularité qui pourroit être remarquée dans leur « expédition ou le terme de leur patente. » (*Circulaire du ministre du commerce du 28 mars 1812.*)

Cette admission, dans le cas d'irrégularité, n'aura cependant lieu que sous soumission valable, et les directeurs déféreront sur-le-champ des motifs ou des circonstances qui se seront opposés à ce qu'elle fût immédiatement définitive.

Si néanmoins les causes de cette opposition étoient assez graves pour déterminer une saisie, on y procéderoit avec diligence, en offrant main-levée des riz, et exigeant le dépôt de leur valeur dans la caisse de la douane. (*Même circulaire.*)

La peine encourue pour contravention aux clauses de la licence est portée dans la licence même. Elle veut que le navire soit confisqué, le propriétaire imposé à une amende comme ayant transgressé les ordres de Sa Majesté, et la patente déclarée nulle. Dans les saisies qui seroient faites, on doit conclure à ces fins et en informer sur-le-champ M. le directeur général sans néanmoins suspendre le cours des poursuites. (*CD. 17 juin 1809.*)

Il s'est élevé des doutes sur la question de savoir quelle seroit, dans le cas prévu par la circulaire ci-dessus, la quotité de l'amende encourue, quelle loi on devoit invoquer, enfin quels seroient les tribunaux compétens pour connoître de ces sortes de contraventions... Le directeur général, consulté sur ces questions par le directeur d'Anvers, lui a répondu, le 3 juillet 1809, qu'on devra, dans les procès-verbaux constatant des contraventions de l'espèce, conclure aux fins de la soumission résultante de la licence, et procéder comme pour introduction de marchandises angloises, attendu que tous les objets non spécifiquement permis sont présumés venir d'Angleterre.

SECTION III. — *Des obligations premières des navires pourvus de licences.*

778. Aucun bâtiment porteur de licence, à l'exception des navires américains, ne pourra jouir de sa licence et sortir des ports de l'empire, s'il n'est françois et n'a rempli toutes les conditions de l'acte de navigation.

L'exception pourra aussi avoir lieu pour les bâtimens ottomans à qui des licences seront accordées pour naviguer dans la Méditerranée. (*Intention formelle de S. M. transmise par CM. 18 février 1812.*)

LA circulaire du 7 juillet 1810 avoit déjà dit :

« Il ne sera désormais accordé des licences qu'à « des bâtimens francisés. Celles qui ont été données « à des bâtimens neutres, quels que soient leurs pa- « villons, seront retirées à mesure qu'ils rentreront « dans les ports de France. »

Il n'y a donc exception aujourd'hui qu'en faveur des Américains et des Ottomans.

On trouvera au titre 2 du livre VI ce qui consacre la nationalité de nos navires, mais le pavillon n'est point d'obligation stricte; les commissaires de marine aux ports d'armement étant autorisés à accorder des neutralisations qui permettent de changer les couleurs et même les noms des marins, sous la clause, au retour, de reprendre les noms propres et le pavillon national. Quoique ces neutralisations soient valables pour un an, la licence ne l'est que pour un seul voyage. Ainsi, lorsqu'il sera terminé, la douane fera le retrait de la licence, et la renverra à M. le directeur général, qui en fera la remise au ministre. Elle y joindra une note indicative de la balance des opérations qui auront été faites. (*CM.* 18 *février* 1812.)

Il est nécessaire que son Ex. le ministre du commerce soit exactement instruit de tous les mouvemens qui s'effectuent dans les ports de l'empire à la faveur des licences et permis, et à mesure que les mouvemens s'opèrent.

En conséquence les directeurs informeront son Excellence du départ et de l'arrivée de tous les bâtimens munis de licences au moment même de leur sortie des ports de leur direction ou de leur entrée dans ces ports.

En donnant cet avis, ils indiqueront la nature de la cargaison des navires, et adresseront en même temps un état détaillé de cette cargaison par nature, quantité, valeur. S'il étoit impossible d'envoyer immédiatement cet état, ils donneront d'abord, et sans aucune espèce de retard, l'avis du départ ou de l'arrivée de chaque bâtiment, avec l'indication générale de la cargaison qu'il auroit à bord, et ils adresseront le tableau détaillé des chargemens lorsqu'ils auront recueilli tous les élémens nécessaires pour sa formation. (*Circulaire du ministre du commerce, du* 28 *avril* 1812.)

779. Il est expressément défendu à tous bâtimens naviguant avec licence de prendre à bord des passagers pour l'Angleterre, ou de ramener des passagers d'Angleterre en France, s'ils ne sont munis de passeport signé de Sa Majesté. (*DI.* 28 *août* 1810, *art.* 1er.)

Tout passager qui seroit trouvé à bord des bâtimens pourvus de licence allant en Angleterre ou en revenant, sans un passeport signé de Sa Majesté, sera mis en arrestation. (*Même décret, art.* 2.)

Tout bâtiment qui contreviendroit au présent ordre sera mis sous le séquestre à son arrivée, et il en sera rendu compte à Sa Majesté. (*Même décret, art.* 3.)

Si des navires pour cause de contravention au décret ci-dessus encourent le séquestre, le directeur de la division en informera sur-le-champ M. le directeur général, et il lui adressera copie du procès-verbal avec ses observations. (*CD.* 31 *août* 1810.)

La défense pour l'Angleterre s'applique aux pays qui sont sous sa dépendance. (*CD.* 19 *mars* 1811.)

780. Tout bâtiment porteur de licence, au moment où il rentrera dans nos ports sera tenu de remettre aux commissaires ou agens du ministre de la police toutes les lettres et dépêches qu'il aura à bord; il sera également tenu de revenir avec les mêmes hommes qui composoient son équipage au départ.

Dans le cas où, par des circonstances majeures, le capitaine se seroit trouvé dans la nécessité de remplacer quelques uns des hommes de son équipage, il en fera la déclaration au moment même de son arrivée dans le port, et justifiera que lesdits hommes sont des matelots et non des passagers dépourvus de passeports. (*DI.* 15 *mars* 1811, *art.* 5.)

A la rentrée d'un bâtiment licencié, l'administration de la marine doit faire, de concert avec celle des douanes, la vérification de l'équipage, et s'il n'est pas reconnu le même qu'au départ, le commissaire de police sera immédiatement averti et appelé pour procéder suivant les instructions qui lui ont été données. (*CD.* 19 *mars* 1811.)

CHAPITRE II. — *Des conditions du commerce par licences.*

SECTION I. — *De la balance des importations par les exportations.*

§. I. *De la formation d'un conseil chargé de l'évaluation des cargaisons.*

781. Il sera formé à Paris, près du ... directeur général des douanes, un conseil du contentieux composé de deux maîtres des requêtes et de quatre auditeurs rapporteurs. (*DI.* 31 *août* 1810, *art.* 1.)

782. Le directeur général des douanes, assisté du conseil du contentieux, fixera la valeur des cargaisons d'exportation et d'importation de chaque bâtiment porteur de licence. (*DI.* 31 *août* 1810, *art.* 2.)

783. Chaque auditeur tiendra un registre des licences qui auront été accordées pour les ports des arrondissemens ci-après déterminés, savoir :

D'Embden à Cherbourg;
De Cherbourg à Bayonne;
Des Pyrénées à Saint-Remo;
De Saint-Remo à la côte de Naples.
(*DI.* 31 *août* 1810, *art.* 3.)

784. Ce registre contiendra pour chaque bâtiment porteur de licence le numéro de la licence, la date de la délivrance, le nom de l'armateur, celui du navire et celui du capitaine, le tonnage, la composition du chargement, le jour du départ et de l'arrivée, et la décision du conseil du contentieux sur la valeur de l'importation et de l'exportation de chaque voyage. (*DI.* 31 *août* 1810, *art.* 4.)

§. II. *Des bases de l'évaluation des cargaisons.*

785. Les marchandises françoises qui peuvent être comprises dans la balance seront évaluées sur le cours des principales villes de France dans les quinze jours qui auront précédé le départ du navire. (*Décision impériale du* 17 *avril* 1812, *art.* 2.)

786. Pour fixer les quantités de chaque espèce de denrées ou marchandises que les navires pourvus de licences à destination de l'Angleterre pourront importer de ce pays en contre-valeur de celles qu'ils auront exportées de France, le conseil du contentieux établi près l'administration des douanes fera les évaluations en suivant les bases et calculs déterminés par l'art. 3. (*DI.* 17 *avril* 1812, *art.* 1.)

Il est donné connoissance des bases de l'évaluation des cargaisons de retour aux négocians qui obtiennent des licences.... Ces bases dépendent trop des circonstances, et sont conséquemment trop sujettes à des variations pour que je les consigne ici.... ce que j'en dirois aujourd'hui pourroit ainsi ne plus être en vigueur demain.

§. III. *Des décisions du conseil du contentieux.*

787. La sentence du conseil du contentieux sera arbitrale et approximative, rendue sommairement sur les pièces et sur la connoissance de la matière. (*DI.* 31 *août* 1810, *art.* 20.)

788. Cette sentence ayant uniquement pour but d'établir la balance générale des importations par les exportations, on ne pourra s'en prévaloir, ni pardevant les douanes pour le paiement des droits, ni pardevant les tribunaux pour quelque cause que ce puisse être. (*DI.* 31 *août* 1810, *art.* 21.)

SECTION II. — *De la composition des cargaisons.*

789. Aucun bâtiment à licence ne pourra désormais sortir de nos ports si le tiers au moins de la valeur de son chargement n'est composé d'étoffes, bonneteries et autres ouvrages de soie. (*DI.* 15 *mars* 1811, *art.* 4.)

Le ministre des finances a informé M. le directeur général, par une lettre du 30 juillet 1811, que S. M. a décidé le 16 que les étoffes de soie des fabriques de Crevelt et de toute autre partie de l'empire françois seroient admises pour l'exportation comme celles de Lyon, Avignon et Nimes.

Ainsi on ne devra faire aucune difficulté de comprendre dans les comptes de balance, soit des navires munis de licences ou permis, soit de ceux dont la sortie est autorisée conditionnellement, les étoffes de soie provenantes de quelque fabrique nationale que ce soit. On aura soin seulement d'exiger que leur espèce et qualité soient désignées avec exactitude dans les déclarations de valeur qui seront faites, afin de faciliter les opérations ultérieures du conseil du contentieux pour l'évaluation définitive. (*CD.* 31 *juillet* 1811.)

On continuera à adresser à M. le directeur général les actes pour être examinés par le conseil du contentieux; il importe de désigner avec soin l'espèce et la qualité des étoffes, les dorures dont elles pourroient être enrichies, etc., afin d'éclairer l'estimation définitive qui doit être fixée et portée en compte courant. (*CD.* 7 *janvier* 1811.)

On déclare souvent des soieries sous des dénominations qui ne leur sont pas propres et qui peuvent égarer le conseil dans les évaluations qu'il fixe, en indiquant des qualités supérieures qu'elles n'ont pas ou de riches ornemens qu'elles n'ont pas reçus. — C'est ainsi que de légers taffetas sont présentés comme des étoffes fortes, des broderies communes en or ou argent faux comme des broderies fines et précieuses. — Des rubans de velours roulés sur des bobines ont été déclarés pièces entières de douze à quinze mètres lorsqu'elles n'en portoient que trois à quatre. — Tous ces moyens évasifs sont faciles à déjouer. — La régularité dans les opérations de la douane suffit pour déconcerter ces fraudes. On doit donc vérifier avec beaucoup de soins les marchandises déclarées en contre-valeur, constater leur quantité et reconnoître leur espèce. — Cette reconnoissance à la vérité est susceptible de difficultés pour certaines espèces d'étoffes de soie ou autres. Lorsqu'on ne peut les spécifier avec assez d'exactitude pour présenter une base certaine aux évaluations du conseil, il faut y suppléer par les échantillons dont on formera des cartes, en marge desquelles seront désignées les quantités; on doit avoir l'attention de procéder à ces vérifications avec les ménagemens nécessaires pour prévenir la détérioration des marchandises. En y apportant les soins convenables, la sûreté de l'administration peut se concilier avec les intérêts du commerce. En conséquence ordre a été donné pour que tous les objets déclarés en contre-valeur soient soigneusement examinés, quand bien même ils arriveroient dans les ports sous les plombs des douanes intérieures de Paris et de Lyon. (*CD.* 30 *octobre* 1811.)

« On ne doit considérer comme étoffes de soie « que les fabrications composées uniquement de « cette matière, ou dont la soie formeroit la prin- « cipale valeur. » (*Décision du ministre des manu- « factures et du commerce du* 24 *janvier* 1812.)

Il résulte des explications que M. le directeur général a demandées et que le ministre lui a données par sa lettre du 4 mai 1812, à l'égard des soieries, que la décision ci-dessus du 24 janvier n'atténue point celle du ministre de l'intérieur du 1er. juin 1811. — En conséquence on peut reconnoître comme soieries toutes fabrications quelconques de soies, à la seule exception des dentelles, des soies à coudre, des tules de soie et galons d'or spécifiés dans la décision de 1811. — Celle du 24 janvier ne concerne que les fabrications dont le tiers seroit composé de soie et laine, ou de soie et coton; elle n'exclut point les articles de passementerie, bonneteries et rubannerie fabriqués en soie; les étoffes composées de cette matière, soit unies, brochées, brodées ou lamées en soie, coton, laine, or et argent vrais ou faux, les tules de soie unis ou brodés, les galons d'or et d'argent filés sur soie et les brocards. Cependant les perles fines et pierres précieuses dont ces étoffes seroient enrichies ne pourroient être comprises dans leur évaluation. (*CD.* 8 *mai* 1812.)

Un décret du 14 février 1810 portoit qu'aucun bâtiment pourvu de licence ne pourroit sortir des ports si son chargement n'étoit composé pour moitié au moins, de vins et d'eaux-de-vie, mais si ce décret ne se trouve pas complétement abrogé, au moins y a-t-il été dérogé par des dispositions postérieures relativement aux quantités à exporter qui n'est plus de moitié.

Aujourd'hui ces quantités, lorsqu'elles ne sont pas énumérées dans les licences, doivent être du sixième pour celles de la première division, et du quart pour les licences de la seconde division, conformément à la circulaire du 31 janvier 1811.

Voir, pour les permis américains, l'article qui va suivre. — *Voir* aussi la dernière note du même numéro pour le surplus du chargement.

790. Le tiers de la valeur du chargement des navires américains porteurs de permis sera également composé d'étoffes de soie des fabriques françoises; le second tiers du chargement d'exportation sera en vins et eaux-de-vie de France, et le dernier tiers à la volonté des armateurs, conformément au texte des permis et à la législation des douanes. (*DI.* 31 *décembre* 1810, *art.* 3.)

Cet article concerne particulièrement le port de Marseille, où est restreint, par le décret du 5 juillet dernier, l'exercice des permis américains dans la Méditerranée; il ne pourroit avoir d'application en d'autres ports que dans le cas prévu d'une force majeure qui auroit contraint le navire américain à y aborder, ou d'après l'autorisation spéciale de Sa Majesté, laquelle seroit transmise par M. le directeur général. (*CD.* 7 *janvier* 1811.) — *Voir* sous le nº 804 l'article *Permis américains.*

« Les vinaigres ne peuvent être admis en rempla« cement des vins à exporter dans les chargemens « des navires munis de licences; ils peuvent seule« ment faire partie du surplus des cargaisons. » (*DM.* 30 *juin* 1810.)

M. le directeur général des douanes a informé le ministre des abus qui se commettent à l'exportation par la voie des licences, de vins de mauvaise qualité, ou altérés, qui n'arrivent point à l'étranger, et souvent sont jetés en rade à la mer. — Son Excellence lui a marqué, par sa lettre du 15 janvier, que l'Empereur, en ordonnant, par son décret du 31 décembre 1810, des modifications dans la composition des cargaisons des navires porteurs de licence, n'ayant pas jugé convenable de rien changer à celles de la première et de la seconde division, on ne peut imposer de nouvelles conditions aux armateurs; mais que comme il est essentiel de veiller à ce que l'objet principal des licences soit rempli, on ne doit admettre que les vins d'une qualité loyale et marchande, en raison des lieux d'où les expéditions sont faites, et rejeter ceux qui seroient de mauvaise qualité, qui auroient été altérés. Son Excellence ajoute que l'estimation doit se faire rigoureusement d'après les prix établis pour les qualités semblables, afin qu'elles ne soient pas comprises dans l'exportation pour une somme au-dessus de leur valeur réelle. — En conséquence, on devra déguster avec soin les vins qui sont déclarés pour la balance des licences. Ceux qui seront reconnus altérés se trouvant ainsi dénaturés, et cessant d'être réellement des vins, seront rejetés du compte. On n'y admettra que ceux qui ont conservé leur caractère, quelle que soit d'ailleurs leur qualité. — Mais cette qualité sera scrupuleusement examinée pour l'évaluation, afin de ne pas créditer l'armateur d'une somme qui excède réellement la valeur exportée. — Il sera donc apporté une grande attention dans la dégustation des vins et dans l'évaluation de leur prix. Les directeurs assureront M. le directeur général de l'exactitude qui y aura été mise, en lui adressant, avec leurs observations, les actes de déclaration et de vérification qu'ils doivent transmettre pour chaque expédition. (*CD.* 19 *janvier* 1811.)

Plusieurs négocians se sont plaints des difficultés qu'ils éprouvoient de différens bureaux pour la composition de leur cargaison. Ils prétendent que l'on exige qu'elle soit formée de tous les articles dénommés dans les licences; M. le directeur général a déjà eu occasion de relever cette erreur. Son Excellence lui marque à ce sujet que les soieries et les vins sont les seuls articles dont le chargement dans les proportions prescrites par les licences doivent être requis; le surplus de l'exportation peut être formé au choix et à la volonté des armateurs, d'un ou de plusieurs des objets dont la sortie est spécialement permise. (*CD.* 18 *mars* 1812.)

SECTION III. — *Des marchandises rejetées du compte de balance.*

791. Les marchandises dont le prix n'est pas indiqué par les cours des places de commerce, ou sur la valeur desquelles le conseil du contentieux, établi près du directeur général des douanes, ne pourroit pas se procurer des renseignemens exacts, n'entreront plus dans la balance des importations et des

exportations faites par des bâtimens pourvus de licences. (*DI.* 15 *mars* 1811, *art.* 1.)

QUOIQUE ces diverses marchandises soient rayées de la balance du commerce particulier des licences, on ne s'opposera pas à leur embarquement, parce que, quelle qu'en soit la valeur qu'on n'a plus à présent d'intérêt à exagérer, leur exportation est avantageuse à l'industrie nationale; mais elles ne seront pas portées en décharge dans le compte ouvert des armateurs. On se bornera à les y insérer par simple annotation, afin d'avoir le complément des expéditions. (*CD.* 19 *mars* 1811.)

Sur la question de savoir si les marchandises non désignées dans les licences diverses pourroient également être exportées sur les mêmes navires, le ministre du commerce a décidé, le 2 juin 1812, affirmativement sous la restriction qu'elles ne seroient pas admises en compte de balance.

Ainsi les seules espèces dénommées dans les licences donnent la faculté d'importer des contre-valeurs; les autres qui ne sont pas prohibées à la sortie, provenant soit de notre sol, soit de notre industrie, pourront bien être chargées à bord des navires pourvus de licences, mais il ne sera tenu aux armateurs aucun compte pour le retour de leur expédition. (*CD.* 4 *juin* 1812.)

Bien que non indiqués par les cours des places, les objets ci-après pourront compter comme valeur dans l'exportation.

1°. La BIJOUTERIE. (*DM.* 17 *avril* 1812.)

Cette classe étant très-étendue, le ministre du commerce en a fixé les bornes en décidant que tous les ouvrages en or, argent, vermeil-argent et fausses pierres, cuivre doré et cuivre doré à fausses pierres pouvoient être exportés en contre-valeur comme bijouterie; que cependant *ceux de ces ouvrages qui, par leur main-d'œuvre ou par les objets précieux dont ils pourroient être enrichis, ne présenteroient qu'une valeur d'opinion, et sur le prix desquels le conseil du contentieux ne pourroit se procurer des renseignemens certains, ne doivent pas être admis comme valeur, ainsi que les objets qui peuvent offrir une grande valeur sous peu de volume, et donner lieu à la réimportation clandestine.* — *Voir* encore sous le n° 793.

2°. Les articles de LIBRAIRIE. (*LM.* 31 *mars* 1812.)

3°. Les pierres à MEULE. (*LD.* 5 *novembre* 1810.)

4°. Les MEUBLES, PORCELAINES et HORLOGERIE, lorsqu'ils proviendront des fabriques françoises. (*DM.* 4 *mai* 1812.)

Ainsi les *meubles* exécutés dans le siècle de Louis XIV, d'une grande valeur; des *porcelaines* dites du vieux Sèvres qui datent de la même époque, des corps de bibliothèque d'un grand prix, des cheminées de porcelaine moderne, etc. peuvent être admis, mais seulement en prenant pour base non la valeur primitive, mais le prix que ces marchandises peuvent avoir sur le marché de France.

Ces mesures sont applicables à tous les objets de même espèce. (*CD.* 8 *mai* 1812.)

792. Les tableaux et autres ouvrages d'arts qui n'ont qu'une valeur d'opinion pourront être exportés par lesdits bâtimens, mais ils ne seront plus compris dans l'évaluation des marchandises dont il leur est permis d'importer la contre-valeur. (*DI.* 15 *mars* 1811, *art.* 2.)

LES marchandises qui, sous peu de volume, ont une grande valeur, ne peuvent, par l'article qui va suivre, être comprises dans la balance.

Le ministre du commerce, par une lettre du 17 avril 1812, a rangé dans cette catégorie les diamans, perles, pierres précieuses, mosaïques et autres ouvrages d'art et marchandises auxquels s'appliquent les articles 1 et 2 du décret du 15 mars 1811, dont toutes les dispositions sont maintenues, à l'exception de celles concernant les dentelles.

Ces objets peuvent être exportés, mais sans donner droit à aucune importation.

Il en est de même des bustes et bronzes antiques qui ne seroient pas le produit de l'industrie nationale, ainsi que des porcelaines de Sèvres et autres qui porteroient des marques de service, et ne se trouveroient qu'accidentellement dans le commerce.

Il en est encore ainsi des marchandises qui n'ont qu'une valeur d'opinion, et sur le prix desquelles les experts déclareroient ne pouvoir prononcer, telles que *bijouteries en mécaniques organisées, cages et tabatières à oiseaux, pendules organisées*, etc. (*DM.* 4 *mai* 1812.)

Les articles de parfumerie de fabrique françoise, non prohibés par le tarif, peuvent être chargés à bord des navires munis de licence quoiqu'ils n'y soient pas dénommés, sauf à n'en pas comprendre la valeur dans le compte de balance. (*DM.* 26 *mai* 1812.)

Les huiles d'olive pourront faire partie des chargemens d'exportation des navires munis de licences; mais leur valeur ne sera point admise dans les comptes de balance. (*Décision de Sa Majesté transmise par LM.* 4 *avril* 1812, *et circulaire du* 10 *dito.*)

Les navires dont la sortie est autorisée pourront

charger des fils de lin de Crême et de Salo, mais leur valeur ne sera pas prise en compte de balance; ces fils ne seront considérés que comme partie additionnelle de la cargaison, à raison de leur fabrication étrangère (*CD.* 27 *août* 1811.)

793. Pourront également être exportées par les bâtimens pourvus de licences, mais ne seront plus comprises dans ladite évaluation, les dentelles qui, offrant une grande valeur sous peu de volume, pourroient être, ainsi que cela a eu lieu en effet, rapportées clandestinement et par une fraude qui détruit la balance entre les importations et les exportations. (*DI.* 15 *mars* 1811, *art.* 3.)

Il a été fait exception à la disposition de cet article qui rejette les dentelles du compte de balance, par un décret du 4 février 1812, ainsi conçu :

Art. 1. « A compter du 1er. février 1812 les dentelles et blondes de soie et de fil de toute espèce « seront admises dans les chargemens des navires, et « leur valeur comptera dans celle des exportations « obligées.

Art. 2. « Les armateurs pour faire admettre ces « valeurs par la commission du contentieux devront « produire, outre les certificats de chargement et « de départ des préposés des douanes, la facture « d'un des fabricans portés sur la liste jointe au pré- « sent décret; les autres factures indiqueront la na- « ture des ouvrages, la longueur des pièces, la lar- « geur et le prix.

« Les factures seront terminées par une déclara- « tion du fabricant, portant que l'estimation est sin- « cère et véritable, que la livraison a eu lieu effec- « tivement, et que la vente a été entièrement con- « sommée, le tout conformément au modèle annexé « au présent décret.

Art. 3. « Les fabricans portés dans la liste jointe « au présent décret qui feront eux-mêmes des arme- « mens et expéditions maritimes, se borneront à dé- « clarer la quantité et la valeur des dentelles qu'ils « chargeront à bord de leurs navires; mais leur fac- « ture devra être visée par un ou deux fabricans « autorisés par notre ministre du commerce et des « manufactures.

Art. 4. « Lorsque les armateurs ne seront que « simples commissionnaires des fabricans, ceux-ci « devront déclarer que la facture produite est con- « forme à la vente qu'ils ont faite à leur correspon- « dant à l'étranger.

Art. 5. « Les fabricans qui feront de fausses dé- « clarations quant à la valeur de la marchandise et « au prix de vente, ou quant à la réalité de la livrai- « son, et les armateurs qui feront de fausses décla- « rations quant à la réalité de l'expédition, seront « traduits devant les tribunaux des douanes, con- « damnés à une amende égale à la moitié du montant « de la facture sur laquelle le faux aura porté; en « cas de réimportation clandestine, l'amende sera « de la valeur même énoncée en la facture. »

Liste des principaux fabricans de dentelles désignés par les députés de cette fabrique.

Anvers. J.-F. Deliagre. — Vanbomberghem. — Ve. Verachter, née Legrèle. — Ve. Vaubruisset.
Alençon. J.-B. d'Ocagné. — Mercier.
Arras. Collié. — Saint-Remi.
Bruxelles. N. Deruens. — Galer Liégeois. — T'Kint Vanderborch. — J. B. Melot.
Bayeux. Tardif, fils aîné. — Leboullanger.
Courtray. Benoist frères.
Chantilly. Moreau. — Ory.
Caen. Ve. Manchon. — J.-B. Bonnaire. — A. Saint-Jore, ve. Plaisant et compagnie. — Lahaye l'aîné. — Plaisant Descoutures l'aîné. — Breban Plaisant.
Gand. Grenier Wambressy. — Meulmester. — Pierron.
Lille. N. Roussel. — Guidolphe Schwaertz. — J.-B. Duhem et W. Garlier. — J.-F. Degruytere. — Mottez père.
Puy. (*Haute-Loire.*) Bertrand et Robert. — Guichard Portat.
Malines. Vanmachten. — Sucteus.
Mirecourt. Toffart Aubry.
Paris. Le Sueur.
Valenciennes. Marlieres.
Ypres. Fontaine Teleu. — Maton Vandenpareboom.

A ce décret sont encore joints des modèles de factures. Ces factures doivent être adressées à M. le directeur général des douanes pour être soumises à l'examen du conseil du contentieux qui, par arrêté, fixera sur le cours de France, comme pour toute autre marchandise, la valeur admissible dans le compte. — Cette évaluation doit être faite avant le départ du bâtiment, sans cependant qu'elle puisse le suspendre, afin de prévenir des retards onéreux au commerce. — Lorsque l'arrêté du conseil aura été pris, il sera transmis pour en porter l'objet au crédit de l'armateur, non comme soieries, mais comme fabrication nationale.

Sur la question de savoir si un fabricant non désigné qui avoit obtenu une licence pouvoit charger des dentelles tant de sa propre fabrique que d'une autre fabrique dont le chef n'étoit point également désigné, Son Excellence a décidé, le 13 mai 1812, qu'elles pouvoient être envoyées en Angleterre, mais qu'elles ne seroient pas comptées pour l'importation de retour. (*CD.* 16 *mai* 1812.)

SECTION IV. — *De la faculté de balancer une licence par une autre.*

794. Les armateurs sont autorisés à balancer, par différens navires, les importations et les exportations faites à la faveur des licences, pourvu que les licences appartiennent à la même division. En conséquence le conseil du contentieux est autorisé à ouvrir des comptes, non seulement par navires, mais par armateurs, pour imputer à la décharge de chaque armateur les expéditions faites en son nom par tout bâtiment porteur de licences à lui délivrées. (*DI.* 17 *avril* 1811, *art.* 1.)

795. Tout armateur qui voudra obtenir une licence sera tenu, comme par le passé, d'indiquer le navire auquel cette licence sera applicable, et lorsqu'il voudra imputer sur les obligations contractées pour ce navire les opérations à faire ou faites par un autre bâtiment, il sera tenu de désigner aux douanes, dans une déclaration préalable, le navire et la licence dont le compte devra être déchargé ou crédité.

Néanmoins la balance d'une licence par une autre sera toujours opérée dans les délais de la durée de la plus ancienne date; et si l'opération faite se rattache à une licence expirée, le navire sera séquestré par les douanes, et il en sera rendu compte à Sa Majesté en conseil de commerce par le ministre *du commerce*. (*DI.* 17 *avril* 1811, *art.* 2.)

796. Les navires porteurs de licences pourront rentrer indistinctement dans tous les ports de série de leurs divisions respectives; mais les opérations faites dans une division ne pourront être balancées ou compensées par les expéditions effectuées dans une autre, sauf les exceptions particulières dont il sera rendu compte à Sa Majesté par son ministre *du commerce*, et sur lesquelles elle se réserve de prononcer. (*DI.* 17 *avril* 1811, *art.* 3.)

Il résulte des trois articles ci-dessus que la licence, qui jusqu'alors affectoit uniquement le navire, devient personnelle à l'armateur, avec cette réserve cependant qu'il devra désigner celui auquel il en fera l'application. Ce bâtiment ne sera plus tenu d'exporter lui-même en totalité la contre-valeur de ce qu'il aura importé. Il pourra être suppléé par un autre navire également licencié; mais si la licence de cet autre navire étoit expirée, il y auroit lieu au séquestre de celui auquel l'armateur a fait la première application de la licence.

La révolution de tous les mouvemens de la licence, si elle n'est plus concentrée dans le port de la série, ne doit point s'étendre au-delà de la division où ce port est placé.

Quatre divisions sont bien marquées. Les conditions attachées aux licences, variant dans ces divisions, il étoit nécessaire qu'elles y fussent remplies et que les bornes n'en pussent être franchies, sauf les exceptions particulières dont il sera rendu compte à Sa Majesté, ainsi que le prescrit l'art. 3.

Un exemple rendra sensible ces dispositions :

L'armateur qui obtiendra une licence pour le navire qu'il aura désigné dans telle série de la première division, pourra faire son expédition de tous les ports de cette série, et y revenir indistinctement.

Un compte lui est nominativement ouvert. Ce compte est crédité de la somme de l'exportation primitive; si le retour présente un excédant (*voir* n° 816), l'excédant porté en charge nécessite une nouvelle exportation qui précédemment devoit être faite par le même navire; elle peut l'être à présent par tout autre licencié dans la même division que déclarera l'armateur, pourvu que ce navire ait rempli ses propres obligations, et que sa licence ne soit pas révolue.

Afin de prévenir toute confusion, l'armateur qui voudra balancer par un autre navire l'exportation à laquelle il est obligé pour l'importation faite par son bâtiment, déclarera le nom de ce navire, le port où il est armé, la date et le n° de la licence dont il est pourvu, et les productions nationales qu'il se propose d'y embarquer; il devra, au port de l'embarquement, faire une seconde déclaration, indiquant les espèces, quantités et valeurs des marchandises qu'il expédie à la décharge du compte qui lui est propre. Ces deux déclarations seront envoyées à M. le directeur général, la première pour annotation, la seconde pour être soumise à l'arrêté d'évaluation du conseil du contentieux. Cet arrêté qui sera transmis tant au directeur du port de la série qu'à celui du port d'embarquement, sera inscrit dans le premier sur le compte ouvert, et dans ce second pour être mis à exécution, de laquelle il sera certifié, afin de décharger définitivement le compte de la somme qui aura été fixée. (*CD.* 30 *avril* 1811.)

Au surplus on déférera à M. le directeur général des douanes de tous les cas de force majeure qui déterminent la relâche des navires licenciés dans les divisions autres que celles de leur sortie. (*CD.* 8 *janvier* 1811.)

CHAPITRE III. — *Des formalités à remplir au départ et à l'arrivée des navires pourvus de licences.*

SECTION I. — *Des formalités lorsque l'exportation précédera l'importation.*

§. 1. *Des formalités à la sortie.*

797. L'armateur d'un bâtiment avec licence remettra aux douanes du départ la déclaration de son chargement et de la valeur des marchandises qui le composent, signée de lui et du subrécargue du navire. (*DI.* 31 *août* 1810, *art.* 5.)

Cette déclaration sera enregistrée et vérifiée dans la forme ordinaire par espèces, qualités et quantités. (*Extrait de la circulaire du* 7 *septembre* 1810.)

798. Le directeur ou agent supérieur des douanes fera vérifier les espèces, qualités et quantités des denrées et marchandises, et s'assurera qu'elles sont conformes à la déclaration.

En cas de fraude volontaire, le navire et sa cargaison seront mis sous le séquestre et encourront la confiscation.

.... (*DI.* 31 *août* 1810, *art.* 6.)

Le troisième paragraphe de cet article disoit :

« Le directeur général en rendra compte à Sa « Majesté en conseil de commerce, pour y être sta- « tué définitivement. »

Mais par circulaire du 16 décembre 1811, il a été mandé que « l'intention de l'Empereur est que les « saisies relatives aux fraudes commises par les na- « vires en licences soient dorénavant portées devant « les tribunaux des douanes, attendu que la dispo- « sition du décret du 31 août 1810, d'après laquelle « il devoit en être référé à Sa Majesté en conseil de « commerce, est antérieure au décret du 18 octobre, « et se trouve abrogée. »

« Les objets évalués à la douane de Paris à desti- « nation des navires munis de licences, ne pourront « être soumis à une nouvelle évaluation dans les « ports d'embarquement qu'autant que leur valeur « paroitroit très exagérée. » (*DM.* 25 *mai*, *et CD.* 30 *mai* 1812.)

Ainsi les objets expédiés sous plomb et par acquit-à caution de la douane de Paris, où leur évaluation est faite par un commissaire expert du Gouvernement, ne doivent être vérifiés au port d'embarquement que pour s'assurer qu'il n'y a pas eu de soustraction ou de substitution en route.

Les opérations des douanes maritimes se borneront à acquérir cette assurance, qu'elles attesteront dans les certificats de décharge qu'elles délivreront. (*CD.* 28 *avril* 1812.)

« Mais si le résultat de l'examen présentoit quel- « que chose de suspect sous le rapport de l'identité « ou de l'estimation, l'exportation devra être sus- « pendue jusqu'à ce qu'on ait recueilli des rensei- « gnemens suffisans sur l'identité des marchandises, « ou jusqu'à ce qu'il ait été procédé à une nouvelle « évaluation en cas de surestimation évidente. » (*LM.* 3 *juillet* 1812.)

Lorsqu'on suspendra le départ des marchandises soupçonnées de substitution, on fera immédiatement envoi des échantillons à M. le directeur général avec les observations. (*CD.* 8 *juillet* 1812.)

799. L'agent supérieur des douanes du port du départ enverra au directeur général la déclaration de l'armateur et la vérification qui en aura été faite.

Ces pièces seront transmises à l'auditeur, qui en fera le rapport au conseil du contentieux. (*DI.* 31 *août* 1810, *art.* 7.)

SI la déclaration est reconnue exacte, cette exactitude sera constatée par un acte en forme signé par les vérificateurs, contre-signé par le chef de la douane, et revêtu du visa du directeur.

On fait passer ces deux pièces à M. le directeur général; elles sont d'autant plus importantes qu'elles doivent servir à déterminer la valeur des articles exportés, et parconséquent à régler celles des denrées et marchandises qui pourront être importées en retour.

Afin de faciliter cette évaluation, le directeur appréciera dans son rapport celle que l'armateur a donnée dans sa déclaration. (*Extrait de la circulaire du 7 septembre* 1810.)

Comme Sa Majesté desire, avant que les bâtimens ne sortent des ports, connoître les espèces, quantités et évaluation au cours de la place, des marchandises qui composent les cargaisons, les directeurs devront, au fur et à mesure que les chargemens seront terminés, adresser, pour chacun des navires dont il s'agit, les divers renseignemens que demande Sa Majesté. Cet état doit parvenir en double expédition à M. le directeur général. — On préviendra au reste le commerce qu'il n'éprouvera aucun retard, et que l'ordre de laisser sortir les bâtimens sera expédié dès que les renseignemens dont Sa Majesté a besoin lui auront été remis. (*CD.* 25 *mars* 1812.)

800. Le conseil du contentieux, après avoir entendu le rapport de l'auditeur, arrêtera la valeur des denrées et marchandises composant la cargaison. (*DI.* 31 *août* 1810, *art.* 8.)

Sa décision servira à régler la valeur de la cargaison qui pourra être importée. (*Même décret, art.* 9.)

§. II. *Des formalités au retour.*

801. Au retour du bâtiment, l'armateur, le propriétaire ou le consignataire du bâtiment feront une semblable déclaration des espèces, quantités et qualités des denrées et marchandises de retour, et des prix auxquels elles ont été achetées dans le port où il a fait son chargement.

Cette déclaration sera signée de lui et du subrécargue du bâtiment. (*DI.* 31 *août* 1810, *art.* 10.)

802. Le directeur ou agent supérieur des douanes fera vérifier les espèces, qualités et quantités des denrées et marchandises, et s'assurera qu'elles sont conformes à la déclaration. (*DI.* 31 *août* 1810, *art.* 11.)

803. Il enverra ladite déclaration et le résultat de ses vérifications au directeur général des douanes.

Ces pièces seront remises à l'auditeur, qui en fera le rapport au conseil du contentieux. (*DI.* 31 *août* 1810, *art.* 12.)

Le conseil du contentieux, après avoir entendu le rapport de l'auditeur, arrêtera la valeur des denrées et marchandises composant la cargaison. (*Même décret, art.* 13.)

LES cargaisons des navires munis de licences devront, à leur retour de l'Angleterre, être mises sous la clef de la douane, et y rester jusqu'à ce que la balance des importations et exportations ait été établie; s'il y a excédant d'importation, la totalité de cet excédant demeurera en dépôt jusqu'à la réexportation définitive de la contre-valeur fixée d'après les bases de la décision impériale du 17 avril 1812. (*CD.* 24 *avril* 1812.) — *Voir* au surplus sous le n° 816.

SECTION II. — *Des formalités lorsque l'importation précédera l'exportation.*

§. 1. *Des formalités à l'arrivée.*

804. Dans le cas où les importations faites par un navire pourvu de licence précéderoient les exportations, il sera procédé pour les déclarations et vérifications comme il est prescrit *aux numéros* 801 *à* 803 ci-dessus. (*Dl.* 31 *août* 1810, *art.* 16.)

Lorsqu'il a été accordé des licences à des navires qui se trouvent à l'étranger, ils peuvent en commencer l'exercice par l'importation ; dans ce cas on se borne à mettre leur cargaison en entrepôt réel jusqu'à ce que la contre-valeur soit fixée et exportée. (*CD.* 15 *novembre* 1810.) — Combiner cette circulaire avec les dispositions placées sous les numéros 812 à 816.

Il faut encore observer qu'aujourd'hui, pour qu'un navire puisse commencer ses opérations par l'importation, il faut que la licence porte cette autorisation en termes exprès.

PERMIS AMÉRICAINS. — « Pour établir une « balance exacte entre les importations et les expor- « tations qui seront effectuées en vertu de permis « américains, il sera procédé, tant à l'époque de leur « départ qu'à celle de leur retour, à l'évaluation de « leurs cargaisons. » (*CD.* 10 *décembre* 1810.)

En conséquence, indépendamment des formalités prescrites le 17 octobre dernier pour les permis, on appliquera aux Américains les dispositions relatives aux licences ordinaires indiquées dans les circulaires des 7 septembre et 8 novembre 1810. — Ainsi, lorsque les armateurs auront produit leurs déclarations en forme d'espèces et de valeurs, il sera procédé par la douane aux vérifications dont les procès-verbaux, visés par le directeur, seront ensuite adressés immédiatement à M. le directeur général ainsi que les autres pièces. — Au surplus, l'évaluation à la sortie doit être réglée sur le cours de la place d'embarquement, en y ajoutant, par articles distincts, les droits de sortie, frais d'embarquement et autres quelconques ; et celle des marchandises importées doit au contraire être faite d'après les prix convenus de cette même place, distraction faite des droits d'entrée. (*Même circulaire.*)

Voici les circulaires que celle ci-dessus rappelle.

Circulaire du 17 *octobre* 1810. Le navire muni de permis de navigation, qui par force majeure relâchera dans un port autre que celui de sa destination, y sera admis provisoirement. Le receveur se fera représenter le permis, qui est signé de Sa Majesté et contresigné par LL. EE. les ministres *du commerce* et de la marine, et par M. le directeur général des douanes. Il l'adressera immédiatement avec les papiers de mer que le capitaine lui remettra; et, en attendant les instructions ultérieures de M. le directeur général, la cargaison restera à bord, sous la surveillance des préposés. Si le déchargement est requis par quelque motif d'urgence, avaries ou autres, on l'autorisera sous la condition de la mise en entrepôt réel ; dans les ports qui ne jouissent pas de cette faculté, le dépôt sera fait en un magasin sûr dont la douane aura une clef.

Circulaire du 8 *novembre* 1810. En transmettant les dispositions du décret impérial du 31 août précédent, concernant les importations et exportations qu'autorisent les licences, l'attention a été appelée principalement sur les évaluations qui en doivent régler la balance. — Elles doivent être faites avec une telle précision, qu'elles ne laissent aucun solde de commerce à payer en France, et ne blessent pas les intérêts des négocians, en les contraignant à des opérations extraordinaires. — La valeur des exportations peut, avec quelque soin, être assez exactement appréciée, en examinant la qualité des marchandises, et comparant le prix qu'on leur attribue avec celui qu'on leur connoît au port d'embarquement; mais il importe de détailler les espèces dans l'acte de vérification, de les indiquer de manière à en faciliter l'appréciation dans l'arrêté qui doit la fixer. Aussi il ne suffit pas, par exemple, d'énoncer seulement des vins, dentelles, etc., il faut désigner le crû des vins et approximativement leur âge, les sortes de dentelles et leurs dimensions; enfin, assigner autant qu'il sera possible le caractère distinctif de chaque genre et de chaque espèce de marchandise. A ces notions doivent être ajoutés, comme il a été précédemment marqué, l'aperçu des frais de toute nature jusqu'à l'embarquement, même ceux du fret, qui, lorsqu'ils sont gagnés par des navires françois, font partie de l'exportation, et se combinent à l'étranger pour faire partie de la valeur. — L'article 10 du décret du 31 août requiert pour les importations la déclaration des prix auxquels les denrées et marchandises ont été achetées dans le port où le chargement a été fait. — Cette déclaration doit être examinée à l'arrivée; la douane y joint son acte de vérification. Cet acte de vérification ne présente pas de données suffisantes pour éclairer sur la véritable valeur de plusieurs sortes de marchandises dont les prix, à raison des nombreuses variations d'espèces, diffèrent souvent beaucoup, tels que les indigos, entre lesquels il existe des disparités de 50 à 100 pour cent. — La douane doit donc s'appliquer à classer ces espèces et à les qualifier assez positivement pour qu'elles puissent être évaluées avec justesse. Le commerce préviendroit des retards qui lui sont très désavantageux s'il produisoit lui-même ses factures d'achat. On l'engagera à en faire le dépôt, ou, si les pièces originales lui sont nécessaires, à en remettre des copies qui seront collationnées à la douane, et que le consignataire certifiera.

805. Le conseil du contentieux arrêtera la valeur de l'importation, et déterminera en conséquence la contre-valeur qui devra être exportée. (*DI.* 31 *août* 1810, *art.* 17.)

§. II. *Des formalités au départ.*

806. Lorsque la déclaration d'exportation aura été formée, il sera procédé pour les déclarations et vérifications comme il est prescrit *aux numéros* 797 *à* 800 ci-dessus. (*DI.* 31 *août* 1810, *art.* 18.)

807. Le conseil du contentieux arrêtera la valeur de la cargaison et établira la balance avec l'importation et l'exportation. (*DI.* 31 *août* 1810, *art.* 19.)

SECTION III. — *De la vérification des navires munis de licences.*

808. Lorsqu'un navire à qui il aura été accordé une licence sera prêt à mettre à la voile, un chef de la douane se rendra à bord, et se fera représenter bijouteries et autres objets qui, sous un petit volume, présentent de grandes valeurs. Le bâtiment ne pourra partir qu'après cette vérification ; et lorsqu'elle sera terminée, il ne sera permis à aucun homme de l'équipage de descendre à terre. (*DI.* 25 *novembre* 1810, *art.* 1er.)

809. S'il est reconnu que des marchandises, faisant partie des cargaisons d'exportation, n'ont point été mises à bord ou en ont été retirées, le bâtiment et son chargement seront confisqués. (*DI.* 25 *novembre* 1810, *art.* 2.)

810. Lorsque des bâtimens munis de licences auront éprouvé, dans les ports de destination, des obstacles au débarquement ou à la vente de quelques articles de leur chargement, et les rapporteront en France, la déclaration de retour devra en être faite par le capitaine ou subrécargue aux préposés des douanes, qui monteront à bord du bâtiment avant qu'aucun homme de l'équipage ait pu débarquer : le préposé des douanes devra leur demander s'ils ont vendu toute leur cargaison, et notamment les dentelles et autres objets précieux qui seroient entrés dans sa composition, et ils seront tenus de répondre catégoriquement. Si des marchandises faisant partie de la cargaison sont trouvées sur le navire ou au débarquement sans qu'elles aient été déclarées, elles seront confisquées ainsi que le bâtiment et toute la cargaison d'importation. (*DI.* 25 *novembre* 1810, *art.* 3.)

811. Tout individu qui dénoncera les fraudes indiquées par les articles précédens, recevra un cinquième du produit des confiscations. (*DI.* 25 *novembre* 1810, *art.* 4.)

Ceux qui se rendront coupables de la fraude indiquée par les articles précédens seront condamnés, outre les confiscations et amendes, à deux mois de prison, et privés de licences. (*Même décret, art.* 5.)

La circulaire d'envoi de ce décret s'exprime ainsi : En transmettant aux directeurs, le 7 septembre dernier, *les dispositions* du décret du 31 août précédent, il leur a été observé que la valeur des importations et des exportations, autorisées par les licences nouvelles, devoit être balancée avec exactitude, et que des mesures particulières étoient prises à cet égard. — Elles manqueroient leur effet si des fabrications d'une grande valeur et d'un petit volume, telles que les dentelles, la bijouterie, etc., embarquées régulièrement sur les navires licenciés, étoient avant le départ furtivement soustraites, ou au retour secrètement rapportées; l'équilibre alors, que le système actuel a voulu établir, se trouveroit rompu; nos exportations seroient fictives et les importations réelles, d'où résulteroit.... une balance de commerce très-désavantageuse à la France.

Le décret *ci-dessus* a pour objet de parer à ces inconvéniens en prononçant des peines graves contre ces genres de contraventions. (*CD.* 29 *novembre* 1810.)

CHAPITRE IV. — *De la délivrance des cargaisons d'importation avant que la balance soit établie par l'exportation.*

SECTION I. — *Des conditions de la remise de ces cargaisons alors que le navire a commencé ses opérations par l'importation.*

812. Lorsqu'un navire porteur de licence aura commencé ses opérations par l'importation, la cargaison ne sera pas mise en entrepôt réel; néanmoins la délivrance n'en sera faite aux propriétaires ou armateurs qu'après qu'ils auront fait les déclarations ordonnées par le décret du 31 août, et que la vérification des objets importés aura eu lieu de la part de l'agent supérieur des douanes. (*DI.* 5 *décembre* 1810, *art.* 1er.)

813. Les propriétaires ou armateurs seront en outre tenus, pour obtenir la remise de leur cargaison, de souscrire l'obligation formelle d'exporter en productions du sol et des fabriques françoises, permises par la licence et par la législation des douanes, une valeur égale à leur importation, et de représenter le navire à l'expiration de leur licence, ou de payer la valeur du navire. (*DI.* 5 *décembre* 1810, *art.* 2.)

814. L'obligation d'exporter une valeur égale à l'importation sera garantie par le versement dans la caisse des douanes d'une somme équivalente au vingt pour cent ou au cinquième de la valeur importée; ces vingt pour cent seront confisqués, et appartiendront aux douanes dans le cas où l'exportation n'auroit pas lieu dans les délais précités. (*DI.* 5 *décembre* 1810, *art.* 3.)

815. Les vingt pour cent pourront être consignés facultativement en marchandises faisant partie de la cargaison importée, et qui resteroient dans l'entrepôt des douanes pour être confisquées, comme il est dit dans l'article précédent, en cas de non accomplissement de l'exportation. (*DI.* 5 *décembre* 1810, *art.* 4.)

D'après une disposition du ministre de l'intérieur, M. le directeur général avoit marqué, par sa circulaire du 3 avril 1811, que le dépôt pourroit être formé en marchandises destinées à l'exportation. Cette mesure qui a eu pour objet de faciliter les opérations de la balance de ce commerce, entrainant des inconvéniens, est réformée. (*CD.* 9 *janvier* 1812.)

Lorsque le dépôt du cinquième est formé en nature, ce qui doit avoir plus fréquemment lieu, l'évaluation préalable à la remise n'est pas nécessaire, parce que la valeur des objets retenus étant relative à celle des objets livrés, elle présente une garantie sûre et invariable de l'obligation d'exporter, en ayant soin de faire choix d'articles bien conditionnés de chaque partie de la cargaison. — Si le dépôt est en argent, la somme ne pouvant être déterminée que par l'arrêté du conseil du contentieux, on devra attendre qu'il soit parvenu pour autoriser la livraison totale. — Au surplus, le cinquième, soit en espèces, soit en marchandises, pour les nues importations, comme pour les excédans, doit être conservé dans la proportion de la valeur des objets à exporter, et restitué en partie ou en totalité lorsque les exportations sont partielles ou entières. (*CD.* 11 *décembre* 1810.)

Le décret ci-dessus a soumis l'excédant des importations à la retenue d'un cinquième en ordonnant qu'il seroit confisqué, si la balance n'étoit régularisée dans le délai de la licence.

Ce délai, par diverses circonstances, s'est trouvé souvent insuffisant; on n'a point en conséquence procédé rigoureusement contre les dépôts. Ils ont été conservés dans les magasins des douanes, et le commerce, abusant de cette facilité, ne s'est point mis en mesure de remplir les obligations qui lui sont imposées.

Comme il importoit d'accélérer la liquidation de ces expéditions, le ministre des manufactures et du commerce a rendu, le 1er. septembre 1812, la décision suivante :

1°. Les armateurs qui ont, et ceux qui auront par la suite, des importations à balancer, seront tenus d'adresser à son Excellence la demande d'une licence, telle qu'il plaira à Sa Majesté de l'accorder pour effectuer cette balance.

Cette demande devra être faite au plus tard dans les deux mois, à compter de ce jour, pour les importations actuellement faites et pour celles qui pourront avoir lieu, dans les deux mois à compter du jour où la cargaison d'importation aura été admise; la demande n'étant pas présentée dans les délais prescrits, les valeurs qui auront été déposées pour garantir l'exportation seront confisquées.

2°. L'exportation nécessaire pour balancer l'importation sera effectuée au plus tard dans les trois mois qui suivront l'obtention de la licence, à partir du jour de la signature de ce titre par Sa Majesté; à défaut de quoi le dépôt demeurera également confisqué.

Ces dispositions ne changent rien à celle de la décision du 28 avril dernier (n° 816), relativement à la partie confiscable des importations faites en vertu de licence nouvellement accordée pour l'Angleterre.

On adressera un état des importations qui restent à balancer; cet état devra indiquer les noms des armateurs, le numéro et l'espèce des licences en vertu desquelles les importations ont été faites; leur montant; le port par lequel elles ont eu lieu; la valeur des exportations qui ont été admises en déduction; la désignation des licences qui ont servi à protéger ces exportations, et enfin les noms des navires qui ont été employés à ces exportations.

A la fin de chaque mois on en adressera un semblable qui fera suite à cet état général pour les expéditions successives qui auront eu lieu postérieurement, de manière à représenter constamment la balance des opérations de licence dans les ports de chaque division. (*CD.* 14 *septembre* 1812.)

SECTION II. — *Des conditions de la remise des cargaisons rapportées, lorsque l'exportation a précédé l'importation.*

816. A l'avenir les bâtimens qui ont été pourvus de licences ne pourront faire leur retour d'Angleterre qu'avec une cargaison d'une valeur égale à celle de leur exportation, en suivant pour l'évaluation la marche tracée par la décision du 17 avril 1812. (*Décision impériale du* 27 *avril* 1812.)

S'il résulte de l'arrêté du conseil du contentieux que la valeur de l'importation excède celle de l'exportation, on opérera ainsi qu'il suit :

On suppose que les marchandises exportées ont été évaluées 200,000 francs, et celles importées 400,000 francs, on admettra pour une valeur de 200,000 francs, et même 25 pour cent au-dessus de cette somme, parce qu'il est impossible au milieu des variations que les prix peuvent éprouver, que les opérations du commerce présentent une balance exacte : cette valeur de 25 pour cent sera retenue en entrepôt réel jusqu'à ce qu'une exportation égale ait été effectuée; mais tout ce qui excéderoit 25 pour cent sera confisqué. Ainsi, dans l'hypothèse prise pour exemple, cette confiscation porteroit sur une valeur de 150,000 francs.

Cette disposition n'est point applicable aux bâtimens qui seront partis avant le premier mai, ou du moins avant que ces instructions soient parvenues. Les marchandises importées par les navires précédemment partis seront évaluées; l'armateur aura la libre disposition d'une valeur égale à celle de l'exportation; l'excédant sera mis en entrepôt réel, et Sa Majesté lui accordera une licence d'équation pour exporter la contre-valeur.

Le bâtiment pourvu de cette nouvelle licence devra revenir sur son lest; cependant si l'on exige en Angleterre qu'il fasse une exportation de 5 livres sterling par tonneau, cette facilité lui sera accordée; mais alors l'armateur sera tenu d'exporter de France une valeur égale.

Ordre a été donné pour l'exécution de ces mesures littéralement conformes aux instructions transmises par lettre de Son Excellence le ministre des manufactures et du commerce, et on a dû en prévenir les négocians qu'elles pouvoient concerner.

Il a été précédemment recommandé aux directeurs d'informer de l'entrée et de la sortie des navires munis de licences aussitôt qu'elles s'effectuent, en y joignant tous les renseignemens qu'il leur aura été possible de se procurer sur la nature et la valeur des chargemens; ils se conformeront avec plus d'exactitude que jamais à cette disposition. (*CD.* 28 *avril* 1812.)

Au surplus les licences d'équation ne formeront qu'un seul compte avec les licences accordées pour importation de denrées coloniales. (*DM.* 19 *septembre* 1812.)

Ainsi dans le cas où pour le résultat des évaluations arrêtées par le conseil du contentieux, la valeur du tiers obligé auroit été excédée par l'exportation faite en vertu de la licence première, cet excédant pourra être balancé dans la composition du chargement en exécution de la licence secondaire ou d'équation. — Si, par exemple, le navire licencié avoit commencé ses opérations en exportant le tiers de sa valeur de retour en soieries ou en vins, l'armateur ne seroit pas tenu de comprendre d'autres vins ou soieries dans son expédition secondaire. Il suffit que les deux cargaisons remplissent ensemble le vœu des décrets et présentent dans la réunion des marchandises qui les composent la quantité proportionnelle des espèces que la licence primitive désignoit. — Cette disposition ne change rien, d'ailleurs, à l'obligation imposée aux armateurs de composer leur première exportation dans les proportions voulues; cette condition est de rigueur et n'admet aucune modification. (*CD.* 23 *septembre* 1812.)

Avant le mode rappelé ci-dessus, on opéroit conformément aux articles 5 et 6 du décret du 5 décembre 1810, ainsi conçus:

Art. 5. « Lorsqu'un navire qui auroit commencé « par l'exportation ramènera une cargaison d'une « valeur supérieure à celle exportée, la même con- « dition de la consignation des 20 pour cent, ou du « cinquième, aura lieu pour la différence entre la « valeur sortie et la valeur rentrée dans les ports « de l'empire, et cela avant que l'armateur puisse « disposer des objets importés. Les 20 pour cent « seront aussi consignés facultativement en argent « ou en marchandises.

Art. 6. « Si l'armateur, après avoir consigné les « 20 pour cent, ne remplit pas en entier ses obliga- « tions, mais seulement une partie, il ne pourra « retirer de la consignation qu'une valeur propor- « tionnelle, en sorte que les douanes demeurent sai- « sies du cinquième de la différence qui existeroit « en définitif entre les importations et les exporta- « tions; ce cinquième leur sera acquis. »

LIVRE IV.

DES FAVEURS ACCORDÉES AU COMMERCE.

TITRE PREMIER.

De la permission d'emprunter le territoire étranger ou la mer pour transporter les marchandises d'un lieu à un autre de France.

CHAPITRE I. — *Des formalités au bureau du départ.*

SECTION I. — *De la levée d'un acquit-à-caution pour jouir de l'expédition en franchise.*

§. 1. *Disposition conditionnelle.*

817. LES marchandises expédiées par mer d'un port pour un autre de France ne seront sujettes à aucun droit d'entrée et de sortie.

Il en sera de même des marchandises qui ne pourront être transportées directement par terre d'un lieu à un autre de France qu'en empruntant le territoire étranger.

Mais, dans ces deux cas, elles seront soumises aux formalités ci-après indiquées. (22 *août* 1791, *art.* 1, *tit.* 3.)

CETTE facilité ne pouvant être accordée sans danger pour les espèces de marchandises qui prêteroient aux substitutions pendant leur séjour sur le territoire étranger, on l'avoit refusée aux vins de Bordeaux; mais la fraude n'étant pas à craindre pour ces vins, à cause de leur espèce unique qui en garantit l'identité, et toute substitution, tout mélange pouvant être facilement reconnus, le ministre des finances, par décision du 23 frimaire an 11, « avoit « autorisé les expéditions des *vins de Bordeaux* pour « Cologne et Mayence, en passant par la Hollande, « sous la condition de remplir les formalités que « prescrit *ce* titre du Code des douanes, relative« ment aux marchandises qui ne peuvent être trans« portées directement par terre d'un lieu à un autre « de France, sans emprunter le territoire étranger. » — Cette faculté n'étoit au surplus accordée qu'avec réserve de sa révocation instantanée, s'il en étoit abusé. — Les ports d'admission étoient, pour *Cologne*, le port de Cologne seulement; et pour *Mayence*, les ports de Bingen, Mayence, Worms et Spire. (*LD.* 17 *frimaire an* 11.)

Une autre décision du même ministre, du 25 thermidor an 13, a porté *que le paiement des droits de sortie sur les vins et eaux-de-vie expédiés par cabotage et conduits par relâche forcée dans les ports du nord, devoit être poursuivi, lorsqu'ils n'auroient pas été ramenés en France, dans le délai de quatre mois, à compter de la relâche dûment justifiée, et que les vins et eaux-de-vie présentés au retour après le même délai, seroient assujettis aux droits d'entrée, comme étrangers.*

Cette décision avoit été provoquée, parce que les vins et eaux-de-vie expédiés sous acquit-à-caution des ports de l'Océan pour ceux de la Manche et de la ci-devant Flandre, consommoient rarement cette destination sans toucher à l'étranger. On employoit à leur transport des navires neutres, munis d'expéditions simulées pour le nord, où la plupart des bâtimens se rendoient réellement et déposoient leurs cargaisons, que l'on faisoit ensuite revenir en France après un laps de temps quelquefois très-considérable.

Ces relâches, prolongées sans nécessité au-delà des délais ordinaires, ont l'inconvénient de suspendre la décharge des acquits-à-caution et le recouvrement des droits de sortie sur les parties des cargaisons qui sont retenues à l'étranger. — D'un autre côté elles peuvent favoriser des changemens dans l'espèce et la quantité des vins et eaux-de-vie expédiés de France, et la fraude des droits exigibles au retour sur les liquides qui leur auroient été substitués. (*CD.* 1er. *fructidor an* 13.) — En conséquence, le receveur principal rendra compte au directeur de toutes les demandes de franchise de droits d'entrée relative aux cargaisons présentées au retour, soit qu'elles arrivent ou non dans le terme de quatre mois..... Dans le cas où le délai auroit été excédé, le receveur refusera définitivement l'admission franche des marchandises, et se bornera à en donner avis au directeur..... Si au contraire le retour a eu lieu en temps utile, le receveur transmettra au directeur la demande de franchise ainsi que les pièces à l'appui, et attendra son autorisation pour y faire droit. (*Lettre du directeur d'Anvers, du* 23 *fructidor an* 13.)

Voir au surplus les dispositions administratives sous les numéros 824 et 831.

§. II. *Des acquits-à-caution pour les expéditions par emprunt du territoire étranger.*

818. Les marchandises sujettes à des droits de sortie seront déclarées, vérifiées et expédiées par acquits-à-caution.

Ces acquits contiendront la soumission de rapporter, dans le délai qui sera fixé suivant la distance des lieux, un certificat de l'arrivée ou du passage des marchandises au bureau désigné, ou de payer le double des droits de sortie.

Les expéditionnaires donneront caution solvable, qui s'obligera solidairement avec eux au rapport du certificat de décharge.

Si les expéditionnaires préfèrent de consigner le montant des droits de sortie, les registres des déclarations portant lesdites soumissions énonceront, ainsi que les acquits-à-caution, la reconnoissance des sommes consignées. (22 *août* 1791, *art.* 2, *tit.* 3.)

Le délai accordé pour les transports par terre est celui d'un jour par trois myriamètres (6 *lieues*) en été, et vingt-cinq kilomètres (5 *lieues*) en hiver. Lorsqu'il ne s'agit que de petites distances, on ne donne que deux heures par cinq kilomètres (*une lieue*).

L'acquit-à-caution doit fixer un premier délai pour le transport, et un deuxième pour le rapport. Le premier s'établit suivant les règles ci-dessus; mais celui pour le rapport doit être plus court à raison des facilités qu'on a pour renvoyer l'acquit après sa décharge, soit par la poste, soit par d'autres voies. (*CA.* 27 *messidor* an 5.)

Il est néanmoins à observer, relativement aux dispositions de cette circulaire, que les mesures qui y sont prescrites sur le délai à accorder pour le rapport des acquits-à-caution sont subordonnées pour les transports par mer aux nouveaux ordres transmis par circulaire du 30 septembre 1812 (*sous le* n° 831); d'où suit que les certificats de décharge ne peuvent être rapportés que lorsque M. le directeur général en a ordonné la remise, ou les directeurs pour ceux des acquits-à-caution dont ils sont autorisés à faire eux-mêmes la vérification...... Ainsi l'obligation du rapport dans les délais fixés ne peut plus exister, dans tous les cas, que pour les acquits-à-caution relatifs à des marchandises dont la vérification n'est pas ordonnée par la circulaire du 30 septembre 1812, rapportée sous le n° 831.

Pour l'état des marchandises expédiées par transit, voir sous le n° 864 la note EXPÉDITIONS DE TRANSIT.

Les acquits-à-caution étant sans objets si les soumissionnaires ne sont pas solvables, les receveurs ne doivent, dans aucune circonstance, recevoir de cautions qu'autant que leur fortune et leur crédit assurent la garantie de l'amende ou des droits dans le cas du non rapport du certificat de décharge. (*LA.* 9 *floréal an* 7.)

819. Si les marchandises expédiées sont prohibées à la sortie de France, la destination en sera assurée par un acquit-à-caution.

Les expéditionnaires (*par terre*) et leurs cautions s'obligeront solidairement par leurs soumissions à payer la valeur desdites marchandises, avec amende de cinq cents francs, dans le cas où ils ne rapporteroient pas au bureau du départ, dans le délai fixé, l'acquit-à-caution valablement déchargé; à cet effet l'estimation des marchandises sera énoncée dans les soumissions. (22 *août* 1791, *art.* 4, *tit.* 3.)

Pour s'assurer de l'identité de la marchandise qui doit rentrer dans l'empire après avoir emprunté le territoire étranger, on doit être très exact à l'estimer, peser, mesurer ou nombrer, suivant les cas, et à en faire mention dans l'acquit.

Voir la circulaire du 22 fructidor an 13, sous le nº 824.

820. ..... Il ne pourra être délivré aucun acquit-à-caution pour emprunt du territoire étranger, relativement à des marchandises, denrées et bestiaux dont le transport et la conduite pourront s'effectuer directement sur les terres de *France.* (*AD.* 5 *prairial an* 5, *art.* 1.)

Cet article commence par ces termes : « Les articles 1, 2 et 4 du titre 3 du réglement général sur « les douanes, du mois d'août 1791, seront exécutés : « en conséquence. »

821. Lorsque l'emprunt du territoire étranger sera indispensable, et qu'il y aura lieu à l'acquit-à-caution, il indiquera le bureau de douane auquel les objets qu'il énoncera devront, ensuite de l'emprunt du territoire étranger, être représentés, et le certificat de décharge ne pourra être expédié que dans ce bureau. (*AD.* 5 *prairial an* 5, *art.* 2.)

C'est par application de l'arrêté ci-dessus que l'emprunt du territoire étranger a été refusé aux marchandises expédiées des anciens départemens de l'empire pour les départemens anséatiques. (*LD.* 27 *août* 1811.)

En conséquence les marchandises françoises destinées pour les départemens de la Lippe, de l'Ems-Supérieur, des Bouches-du-Weser et des Bouches-de-l'Elbe doivent prendre leur direction sur Wesel ou toute autre direction qui les dispense d'emprunter, pour arriver à leur destination, le territoire étranger, puisque, à défaut de cette précaution, elles seroient exposées, suivant leur nature, à être repoussées et même saisies, ou à payer les droits d'entrée.

EMPRUNT DU TERRITOIRE SUISSE. — Une décision du 3 mars 1812 a autorisé l'emprunt de ce territoire pour transporter les fers des forges situées dans la direction de Besançon à destination des départemens du Léman, du Simplon et du Mont-Blanc; cette décision est ainsi conçue :

1º. Le territoire suisse pour les transports des fers sera emprunté par le bureau de Jougue.

2º. Le transit par la Suisse n'est accordé qu'aux fers en barres, barreaux, cercles, martinets, et sans distinction d'origine. (Il pourra aussi avoir lieu pour les ouvrages de fonte moulés. *DM.* 19 *août* 1812.)

3º. Cette autorisation ne s'étend pas à la grosse quincaillerie ni aux *autres* fers ouvrés.

4º. L'objet d'un même acquit-à-caution, levé à la douane de Jougue pour des fers, ne pourra pas être dirigé partiellement sur l'étranger, il devra être présenté à la fois au corps-de-garde des Echanpez, situé à l'extrême frontière, pour être vérifié par les préposés qui y font le service, lesquels verront l'exportation se consommer, et en donneront leur attestation au dos de l'acquit, sans quoi le certificat de décharge ne pourra pas être délivré.

EMPRUNT DU TERRITOIRE D'ITALIE. — L'emprunt du territoire étranger est autorisé pour les communications entre les frontières françoises du Piémont et des états de Parme et de Plaisance, et celles de la Toscane et des états romains.

Les bureaux ouverts à ces expéditions sont ceux de *Verceil*, *Plaisance*, et *San Prospero* sur les frontières du Piémont et de l'ancien état de Parme; celui de *Brig* sur la route du Simplon, et ceux de *Pietra Mala*, *Abetone* et *Foligno* aux frontières de la Toscane et de l'état romain. (*CD.* 20 *janvier* 1809 *et ordres postérieurs.*)

§. III. *Des acquits-à-caution pour les expéditions par emprunt de la mer.*

822. Les marchandises françoises, ou étrangères ayant payé les droits, pourront être exportées, franches de tout droit, d'un port françois à un autre port fran-

çois, en donnant soumission et caution d'en payer la valeur, avec amende de six cents francs, si le certificat de décharge n'est pas rapporté au bureau de départ dans le délai qui sera fixé. (4 *germinal an* 2, *art.* 1, *tit.* 7.)

CET article, quant au délai pour le rapport du certificat de décharge, est subordonné aux mesures administratives prescrites par la circulaire du 30 septembre 1812.... *Lire*, en conséquence, le paragraphe *Vérification* des expéditions de cabotage sous le n° 831.

Et quant au délai à accorder pour le transport par mer, on observera que ne pouvant être fixé dans une proportion géométriquement exacte avec la distance du lieu de destination, il doit être déterminé le plus judicieusement possible, d'après la saison et autres circonstances relatives à la navigation.

Les acquits-à-caution délivrés pour des marchandises et autres objets relatifs à l'administration de la marine doivent aussi être rapportés revêtus des certificats de décharge; mais on doit accorder pour ce rapport tous les délais et toutes les facilités qui ne sont pas incompatibles avec la sûreté de l'administration des douanes. (*LA.* 7 *fructidor an* 9.)

Les transports d'un port de France à un autre port de France ne peuvent être faits que par bâtimens françois; *voir* le chapitre *Cabotage* du livre VI; ce chapitre est sur-tout à consulter pour connoître l'ensemble des dispositions relatives à ces sortes d'expéditions. — On observera d'ailleurs que ce qui est rapporté ici concerne *la marchandise*, et ce qu'on trouvera au livre VI regarde *le bâtiment*.

823. Les négocians ou commissionnaires qui expédieront des marchandises d'un port françois à destination d'un autre port françois, seront tenus d'en déclarer la valeur au bureau de la douane du lieu de l'enlèvement; et si, lors de la vérification au départ, les préposés reconnoissent que la quantité est inférieure à celle portée sur la déclaration, et que le déficit excède le vingtième des marchandises ou denrées déclarées, la valeur des quantités manquantes sera réglée suivant le prix courant du commerce au moment de l'expédition, et le déclarant obligé de payer, à titre de confiscation, la somme ainsi réglée, et de plus l'amende de cinq cents francs. (8 *floréal an* 11, *art.* 74.)

824. Si les marchandises se trouvent être d'espèces différentes de celles déclarées, elles seront saisies et confisquées, et le déclarant condamné à payer, à titre de confiscation, une somme égale à la valeur des objets portés dans la déclaration, suivant le prix courant du commerce, et une amende de cinq cents francs. (8 *floréal an* 11, *art.* 75.)

CES deux articles sont très sages. — Avant leur promulgation on déclaroit expédier d'un port françois à destination d'un autre port de France des sucres ou des cafés, mais les boucauts étoient remplis de cendres, de sable ou de pierres, que l'on recouvroit, sous la bonde, d'une foible quantité de sucre ou de café...... Si la fausseté de la déclaration étoit découverte avant l'embarquement, on ne pouvoit, suivant la législation ancienne, saisir que les objets non déclarés, et comme ils étoient de nulle valeur, le fraudeur jouissoit de l'impunité. S'il échappoit à la vérification, le navire abordoit à Jersey ou à Guernesey, et là on substituoit au sable, aux cendres et aux pierres, du sucre ou du café; et à la faveur de l'expédition délivrée au bureau du départ, on les introduisoit au port de destination en exemption de droits.

D'autres abus avoient encore été reconnus; ils naissoient des expéditions délivrées pour le transport des marchandises circulant sous acquits-à-caution; en conséquence M. le directeur général a prescrit les dispositions suivantes pour les éviter :

Les marchandises embarquées pour circuler d'un port à un autre doivent être soigneusement vérifiées. — Des préposés doivent être cotés à bord des navires, pour surveiller l'embarquement; les aide-visiteurs, dans les ports où il en existe, pourront y être employés. — Quelque nombre de commis que les circonstances et le service permettent de coter à bord, il est intéressant que le contrôleur aux visites, ou à son défaut celui qui le supplée, se transporte fréquemment sur le port pour y vérifier les embarquemens; et qu'il s'assure par l'inspection du chargement, que les parties énoncées sur le livret des préposés de garde, ou au dos du permis, ont été réellement mises à bord. — Enfin, on doit employer tous les moyens possibles pour que les marchandises déclarées à la destination d'un autre port soient exactement embarquées en mêmes espèce et quantité. — L'acquit-à-caution ne doit être délivré que sur le certificat d'embarquement des commis qui auront été chargés de le surveiller, et, autant qu'il sera possible, ce certificat sera visé d'un employé supérieur, contrôleur aux visites, sous-inspecteur ou autre. (*CD.* 24 *fructidor an* 10.)

La vérification ci-dessus ne pouvant se faire dans les bureaux subordonnés où il n'existe fort souvent qu'un receveur, les dispositions ci-après ont été ordonnées pour prévenir, autant que possible, les abus qui ont été la suite de la négligence avec laquelle les expéditions de cabotage se délivroient dans ces bureaux. — Aucun acquit-à-caution pour la circulation de denrées coloniales et de marchandises sujettes à de forts droits à l'entrée ne sera délivré par les receveurs subordonnés qu'après les avoir reconnues eux mêmes à la visite, et avoir constaté leurs embarquemens. — Ils devront faire intervenir pour cette opération le chef du poste et les préposés qui s'y trouveront, lesquels attesteront qu'ils ont vu à bord les objets déclarés. — Indépendamment de cette mesure qui doit être rigoureusement observée, les inspecteurs, les contrôleurs de brigades, dans leurs tournées, doivent examiner avec attention les registres d'acquits-à-caution, et lorsqu'ils y reconnoîtront des articles excédant les proportions ordinaires du commerce du lieu, ils s'informeront des causes, des circonstances et du mode d'expédition; ils en feront immédiatement leur rapport, et l'adresseront au directeur de la division, qui le transmettra à M. le directeur général avec ses observations. (*CD.* 1er. *complémentaire an* 10.)

Les acquits-à-caution pour cabotage doivent toujours être délivrés avec précaution; le poids brut et net des marchandises doit être constaté; l'aunage des étoffes vérifié et exactement énoncé; les déclarations indiquer la valeur, et enfin tous les moyens doivent être mis en usage pour assurer la reconnoissance des marchandises représentées; les receveurs seront responsables des abus resultans de leur négligence. Les acquits doivent être signés du receveur et de deux autres commis, et dans les bureaux où il n'y a point de commis, le chef de la brigade signera avec le receveur. (*CD.* 22 *fructidor an* 13.)

Lorsque des sels (et autres marchandises) entreposés sont expédiés à destination d'un autre entrepôt, les acquits-à-caution doivent énoncer l'époque de la mise en entrepôt. (*CD..... mai* 1809.)

Les expéditions de sel font l'objet d'acquits-à-caution délivrés particulièrement; ils ne doivent comprendre aucun autre objet. Les états de quinzaine fournis à M. le directeur général pour l'arrivée et la sortie des sels doivent aussi être séparés de ceux adressés pour les autres marchandises. (*CD.* 27 *juin* 1806. *Voir* nos 624 et 634.)

JURISPRUDENCE. — 1o. *L'administration peut-elle poursuivre la confiscation avec amende de marchandises prohibées lorsque, trompée par de faux acquits-à-caution, la douane a délivré un passavant au lieu de saisir?* (Réponse affirmative.)

2o. *Lorsqu'à des marchandises prohibées dont l'importation formoit un délit se trouvoient mêlées d'autres marchandises dont l'importation en fraude ne formoit qu'une contravention, et que les unes et les autres étoient accompagnées d'un faux acquit-à-caution qui masquoit leur origine, l'administration pouvoit-elle, avant l'installation des tribunaux de douanes, poursuivre la confiscation des unes et des autres devant le tribunal correctionnel?* (Réponse affirmative.)

Le moyen de fraude indiqué ci-dessus avoit été employé ici. On avoit pris à la douane de Brest un acquit-à-caution pour expédier des sucres, des tabacs et du tafia par cabotage.

A l'arrivée au port de destination, portion des marchandises n'étant pas identique avec l'acquit-à-caution, on saisit cette portion, et le procès-verbal ne motiva la saisie que pour ce défaut d'identité.

Bientôt on apprit que les tabacs qui n'avoient pas été saisis avoient été, ainsi que les marchandises saisies, chargés à l'île de Jersey, et on traduisit les prévenus à la cour de justice criminelle et spéciale d'Ille-et-Villaine, qui prononça la confiscation du vaisseau, celle des marchandises saisies, et une amende triple de leur valeur, de plus le paiement d'une somme égale à la valeur des tabacs non saisis en remplacement de leur confiscation, et elle acquitta de la peine de faux.

Lors de l'importation des tabacs au port du légué, n'existoit pas l'article 26 de la loi du 22 ventose an 12; on demanda conséquemment la cassation de cet arrêt sous le prétexte que la connoissance de pareille importation n'étoit pas du ressort correctionnel, et on ajoutoit que n'y ayant eu ni saisie ni procès-verbal qui constatât la fraude prétendue commise dans leur importation, il n'avoit pu être prononcé ni confiscation ni amende.

Quant à l'amende pour les tabacs, l'arrêt attaqué n'en prononçoit pas, il n'ordonnoit le paiement de leur valeur qu'à titre de confiscation, puisqu'ils n'avoient pas été laissés sous la main de la douane; et certes il n'y avoit pas de reproche réel à faire ici.

A l'égard du défaut de saisie et de procès-verbal, la question se résolvoit, dans la circonstance reconnue que ces tabacs venoient d'une île angloise, par l'article 23 du titre 10 de la loi du 22 août 1791, qui avoit posé en principe qu'en cas de *nullité de procès-verbaux*, les marchandises prohibées à l'entrée n'en resteroient pas moins confisquées..... Si donc ces tabacs prouvés venir d'Angleterre avoient été saisis au port du légué, et qu'ils l'eussent été dans une forme qui emportât nullité, rien n'auroit pu les soustraire à la confiscation..... Or, il n'y a pas de différence entre le défaut de saisie et une saisie nulle; il n'y a pas de différence entre un procès-verbal vicieux dans sa forme et le défaut de procès-verbal.... Ce qui est nul ne produit aucun effet; ce qui est nul est censé ne pas exister; ce qui est nul est comme non avenu. — Les demandeurs ne pouvoient donc pas être mieux traités à défaut de saisie et de procès-verbal qu'ils ne l'eussent été en cas de nullité d'un procès-verbal et d'une saisie. — La confiscation étoit donc commandée par la loi, et elle fut approuvée par arrêt de cassation du 19 décembre 1806, ainsi conçu : « La cour reçoit l'in« tervention de l'administration des douanes, et « statuant tant sur ladite intervention que sur le « pourvoi de Charles Forès, Belleville et Brisous; « — attendu qu'il a été jugé par l'arrêt attaqué que « les marchandises dont il s'agit avoient été chargées « en totalité à Jersey, île angloise; qu'elles ont été « introduites en France couvertes d'un acquit-à-« caution du bureau des douanes de Brest, délivré « à la faveur d'un faux certificat d'embarquement; « que les réclamans qui sont convaincus d'avoir sur« pris ce faux certificat par une simulation d'embar« quement des objets déclarés, d'avoir coopéré à ce « faux et à l'introduction de ces marchandises en « France; que les réclamans ne peuvent pas se pré« valoir des règles établies pour la simple contra« vention, et exciper du défaut de saisie et de pro« cès-verbal dès que cette omission a été l'effet de « la fraude par eux pratiquée; que la régie ne pou« voit pas être tenue de faire une saisie de marchan« dises qui ont été introduites à la faveur de faux « certificats; et que, pour ce qui est des marchan« dises dont elle a fait la saisie au débarquement « pour fausse déclaration, il n'est pas nécessaire de « la renouveler, une saisie régulière pouvant servir, « quoique le délit qui y a donné lieu ait acquis par « l'instruction un caractère plus fort de gravité; « d'où il suit que la cour de justice criminelle du « Morbihan a été autorisée à prononcer contre les « réclamans, non seulement la confiscation des ob« jets introduits en fraude, mais encore l'amende de « la triple valeur portée par la loi; — attendu que « les tabacs en feuilles qui faisoient partie de la « cargaison dont il s'agit avoient été introduits en « fraude des lois sur les douanes; que c'étoient « des matières premières qui ne sont pas réputées « marchandises angloises, et dont l'introduction à « l'époque du débarquement n'étant pas soumise aux « peines portées par la loi du 10 brumaire an 5, la « contravention relative à ces tabacs auroit dû être « portée aux tribunaux civils si elle avoit été seule « et indépendante de la fraude et du faux qui ont « été pratiqués pour cette introduction; mais qu'elle « étoit liée au délit principal; que la cour de justice « criminelle se trouvant investie de la connoissance « de l'introduction des marchandises angloises et du « faux pratiqué pour couvrir cette fraude devoit « nécessairement juger toutes les contraventions qui « en dérivoient; les tribunaux criminels étant com« pétens pour juger les intérêts civils des parties « lorsqu'ils sont une dépendance du délit sur lequel « ils ont à prononcer; et que l'arrêt s'est conformé « à la loi en ne prononçant que la seule confiscation « pour les tabacs dont il s'agit...., la cour rejette « le pourvoi..... »

SECTION II. — *Du plombage des marchandises expédiées par acquits-à-caution.*

825. Les marchandises exemptes des droits de sortie seront expédiées par simples passavans, visés par les préposés à la vérification du chargement.

Mais s'il s'agit de marchandises dont la sortie de France est défendue, ou d'étoffes, toilerie, passementerie, quincaillerie, ou d'autres marchandises dont les droits d'entrée, si elles venoient de l'étranger, seroient au moins de dix pour cent de la valeur, les caisses, balles ou ballots qui les contiendront seront cordés et plombés.

Seront néanmoins dispensés du plombage les vins, eaux-de-vie et autres liquides, ainsi que les métaux non ouvrés. (22 *août* 1791, *art.* 3, *tit.* 3.)

A l'exception d'un très-petit nombre, tous les objets exempts à la sortie avant le 24 nivose an 5 doivent aujourd'hui la rétribution nommée *droit de balance*. (*Voir* n° 342.)

Sur la demande d'exempter du plombage les marchandises allant du Havre à Honfleur, et de ces communes à Rouen, ainsi que de Lorient à *Port-Libre*, le comité de commerce a passé à l'ordre du jour le 14 frimaire an 3, attendu que l'inconvénient de l'adoption de cette mesure paroissoit l'emporter sur ses avantages.

Si l'on plombe les marchandises, qui doivent dix pour cent à l'entrée, à plus forte raison doit-on plomber les objets dont l'importation est prohibée.

Les liquides ne sont exceptés de la formalité du plomb que lorsqu'ils sont en futailles; ainsi les vins, eaux-de-vie et liqueurs mis en bouteilles, dans des caisses ou paniers, sont sujets au plombage. (*Déci-*

sion du 22 décembre 1791.) — Il en est de même des huiles, même en outres.

Indépendamment des objets désignés dans le second paragraphe de l'article ci-dessus de la loi de 1791, ont aussi été exceptés du plombage ceux ci-après :

1°. Les poissons salés et leurs issues, provenans de pêches nationales, et expédiés en barils ou futailles par les ports pêcheurs. (*Loi du 15 novembre 1792.*) — Ceux qui sont en France sont censés avoir cette origine, lorsque la preuve contraire n'existe pas; ainsi les envois de poissons qui s'effectuent d'un port à un autre doivent être faits par acquits-à-caution sans plombage. (*CA.* 13 *nivose an* 9.)

2°. Les sels pour les salaisons, comme denrée de première nécessité, dont la circulation doit être facilitée. On peut en permettre l'expédition sans plombage, quelle que soit l'enveloppe. (*LD. au directeur de Rouen, du* 6 *nivose an* 12, *et lettre au directeur de Cherbourg, du* 16 *août* 1809.) — Il n'en est pas de même des sels destinés pour les fabriques de soude.

3°. Tous les objets expédiés par les agens du Gouvernement pour le service de la marine. (*Décision du* 2 *mars* 1793.) — Les chairs salées à l'usage dudit service sont comprises dans l'exception. (*DM.* 28 *pluviose an* 9.)

4°. Les poudres de la régie impériale expédiées par acquit-à-caution. (*Circulaire du* 20 *juin* 1792.)

5°. Les grains en sacs sont également exemptés du plombage. (*CD.* 14 *thermidor an* 10.) — Il suffit d'en constater la quantité et la nature pour prévenir les soustractions et substitutions.

826. Dans les cas où les marchandises devront être expédiées sous plomb, les cordes seront aux frais des expéditionnaires, qui paieront en outre chaque plomb sur le pied de *quinze centimes*. (22 *août* 1791, *art.* 5, *tit.* 3.)

On a vu sous les numéros 219 à 225 qu'il existe des bureaux dans l'intérieur où l'on a la faculté de faire visiter et plomber les marchandises..... Là, les plombs se paient 75 centimes; ainsi le taux de 15 centimes fixé ici ne concerne que les plombs qui s'apposent dans les bureaux de la ligne des douanes.

Pour que les plombs soient bien frappés et ne puissent être déplacés à volonté, la précaution la plus essentielle est de n'employer pour les attacher que des cordes proportionnées au calibre des conduits qu'elles traversent, parce qu'en se servant de ficelles plus minces on peut les retirer sans efforts et les y introduire de nouveau après que les plombs sont frappés, ce qui en rend l'application illusoire. Cette dernière manière d'opérer présente encore un inconvénient, c'est que la matière est alors refoulée dans l'intérieur du plomb au moyen du vide qui y existe, ce qui empêche la gravure de pénétrer. — Les visiteurs qui ne prendroient point les précautions nécessaires pour que les plombs soient apposés avec solidité, éprouveroient les effets du mécontentement de M. le directeur général; et les inspecteurs et contrôleurs aux visites doivent s'assurer de l'exécution des mesures prescrites par la présente. (*CD.* 20 *brumaire an* 12.) *Voir* au surplus le cinquième paragraphe des instructions des contrôleurs aux visites, sous le n° 36.

Les visiteurs devront remettre tous les plombs des ballots dont la destination se trouve consommée, au receveur qui restera dépositaire, jusqu'à ce qu'il s'en trouve une quantité suffisante pour les livrer à la fonte en sa présence et celle du sous-inspecteur ou de l'inspecteur. — La matière brute pourra être vendue, et le prix sera ajouté au bénéfice des plombs pour être réparti dans la forme réglée. (*LD.* 4 *frimaire an* 11.)

SECTION III. — *Des rapports et non-rapports des certificats de décharge.*

§. 1. *Du rapport des certificats de décharge.*

827. Les soumissionnaires et cautions ne cesseront d'être garans de la fidélité du certificat de décharge qu'après quatre mois pour le commerce en France, six en Europe, dix pour les Indes occidentales et l'Afrique jusqu'au cap de Bonne-Espérance, et deux ans pour tous les lieux situés au-delà du cap de Bonne-Espérance, pour les îles de France et de la Réunion, et les grandes Indes. (*4 germinal an* 2, *art.* 3, *tit.* 7.)

828. Les soumissionnaires qui rapporteront dans les délais les acquits-à-caution déchargés, certifieront au dos desdites expéditions la remise qu'ils en feront; ils

seront tenus de déclarer le nom, la demeure et la profession de celui qui leur aura remis le certificat de décharge, pour être procédé, s'il y a lieu, comme à l'égard des falsifications ou altérations de tous genres d'expéditions, soit contre les soumissionnaires ou porteurs des expéditions.

Dans ce dernier cas, lesdits soumissionnaires et leurs cautions ne seront tenus que des condamnations purement civiles, conformément à leurs soumissions... (22 *août* 1791, *art.* 10, *tit.* 3.)

Le dernier paragraphe de cet article est ainsi conçu: « Le délai pour s'assurer de la vérité du certificat de « décharge, et pour intenter l'action sera de quatre « mois; et après ledit délai la régie sera non rece- « vable à former aucune demande. » Il y a dans tout cela contradiction, et avec l'article 25 du titre 13 de la même loi du 22 août 1791 (n° 363), et avec l'article 3 du titre 7 de la loi du 4 germinal an 2 (n° 828), d'où résulte, 1°. *relativement au délai de quatre mois pour s'assurer de la vérité du certificat de décharge*, que ce paragraphe ne sauroit aujourd'hui s'appliquer à tous les acquits-à-caution, puisque l'article précité de la loi du 4 germinal an 2 a accordé des délais calculés sur la longueur des routes pour faire cesser la garantie des soumissionnaires; 2°. *relativement au délai fatal de quatre mois pour intenter l'action*, que ledit paragraphe n'a même jamais pu être invoqué, puisque l'article *postérieur* du titre 13, également rappelé ci-dessus, en rendant l'administration recevable à former demande pour paiement de droits *pendant un an*, lui a nécessairement assuré la faculté de décerner contrainte pendant le même laps de temps.

Il est clair que ces mots du second paragraphe de l'article 10 ci-dessus : *dans ce dernier cas*, ne peuvent se rattacher qu'aux porteurs des expéditions, c'est-à-dire que si les soumissionnaires et cautions ne sont pas reconnus être les complices de l'auteur du faux, alors ils ne sont passibles que des condamnations civiles, et celui chargé de faire revêtir l'acquit-à-caution d'un certificat de décharge doit seul être poursuivi criminellement.

Par une fausse interprétation, on exige des soumissionnaires qui rapportent les acquits-à-caution une attestation par écrit que les signatures dont sont revêtus les certificats de décharge sont celles des commis de la douane d'arrivée; .... c'est là créer une disposition évidemment contraire au texte même de la loi, puisqu'il est vrai de dire que si les soumissionnaires ne sont, dans le cas même de faux, responsables que des *condamnations purement civiles*, on les rendroit passibles de celles criminelles en leur faisant certifier qu'une signature fausse est une signature vraie... Comme la loi ne demande qu'une *déclaration* à souscrire au dos de l'expédition *du nom, de la demeure et de la profession* de celui qui a fait signer le certificat de décharge, il est incontestable que le soumissionnaire est en droit de se refuser à toute autre garantie.

829. Les droits consignés seront rendus aux marchands, et les soumissions qu'eux et leurs cautions auront faites seront annulées, en leur présence et sans frais, sur le registre, en rapportant par eux les acquits-à-caution revêtus des certificats de décharge en bonne forme, sauf le cas prévu par l'article précédent. (22 *août* 1791, *art.* 11, *tit.* 3.)

§. II. *Du non rapport des certificats de décharge.*

830. Si les certificats de décharge, qui devront être délivrés dans les bureaux de la destination ou de passage ne sont pas rapportés dans les délais fixés par les acquits-à-caution, et s'il n'y a pas eu consignation du simple droit à l'égard des marchandises qui y sont soumises, les préposés à la perception dans les bureaux décerneront contrainte contre les soumissionnaires et leurs cautions, pour le paiement du double droit de sortie. (22 *août* 1791, *art.* 12, *tit.* 3.)

JURISPRUDENCE. — *Le jugement d'un tribunal peut-il remplacer la décharge d'un acquit-à-caution.* (Réponse négative.)

Sur l'appel le tribunal de Bayonne avoit déchargé les soumissionnaires d'un acquit-à-caution du paiement du double droit de sortie sur des tabacs expédiés de Bayonne à Agde, et qui, au lieu de suivre la destination indiquée par ledit acquit, avoient été vendus en route par suite d'un jugement du tribunal de commerce de Perpignan, qui les avoit déclarés avariés et adjugés aux créanciers... Ces jugemens furent cassés par arrêt de la cour suprême, du 30 thermidor an 10, ainsi conçu :

« Vu les articles 1 et 2 de la seconde partie de « l'article 8 du titre 3 de la loi du 22 août 1791 « (nº 838). — Attendu qu'il résulte évidemment des « dispositions de ces articles que Miramont et com- « pagnie ne pouvoient être dispensés de payer le « double droit qu'en reproduisant l'acquit-à-caution « déchargé par le bureau désigné dans cet acquit, « qui est le bureau d'Agde; — qu'ils se sont mis, « par leur propre fait, dans l'impossibilité de faire « cette reproduction, en faisant conduire les tabacs « mentionnés au procès à Perpignan, tandis que « s'ils les avoient conduits à Agde, ils auroient pu « obtenir du bureau désigné dans l'acquit-à-caution « un certificat de décharge, s'il avoit été vérifié que « la sortie de ces tabacs étoit impossible; — qu'ainsi « les juges de Bayonne ont violé les articles ci dessus « cités, et commis même un excès de pouvoir, en « remplaçant la décharge de l'acquit-à-caution; par « ces motifs la cour casse, etc. »

831. Si les marchandises expédiées par acquit-à-caution sont dans la classe de celles prohibées à la sortie, les préposés à la perception pourront pareillement décerner contrainte pour la valeur desdites marchandises fixée par les soumissions, et pour l'amende de cinq cents *francs*, aussi conformément auxdites soumissions. (22 *août* 1791, *art.* 13, *tit.* 3.)

On a vu nº 822 que l'amende étoit de 600 francs lorsque les expéditions étoient faites par mer.

Au surplus, le taux de l'amende est subordonné à la soumission et dépend de l'espèce de marchandises. — On a vu au livre III, titre *des Marchandises qui ont un régime spécial*, qu'il avoit été prescrit pour celles-là des formalités particulières ou des peines spéciales; ainsi, lorsqu'il s'agit d'acquit-à-caution délivré pour l'une de ces marchandises, il faut recourir aux sections *Armes*, — *Drilles*, — *Grains*, — *Or et Argent*, — *Poudres et Salpêtres*, — *Sels*, — *Soies* ou *Tabacs*, suivant la circonstance.

L'article 4 du titre 7 de la loi du 4 germinal an 2 a confirmé les dispositions des deux articles ci dessus en ces termes :

« Les délais expirés, les préposés des douanes « décerneront contrainte contre les soumissionnaires « et cautions, pour amendes et valeurs des marchan- « dises expédiées sur acquit-à-caution non dé- « chargé. »

Mais par des mesures administratives approuvées encore récemment par une décision ministérielle du 6 mai 1812, il a été mandé :

« Les contraintes pour non rapport d'acquits-à- « caution ne peuvent être décernées qu'après que « l'on s'est assuré que les marchandises ou bâtimens « auxquels les acquits sont relatifs ne sont pas arri- « vés à leur destination, et que le directeur général « a été consulté avant de commencer les poursuites. »

Lorsqu'il s'agit de poursuivre, on donne d'abord un avertissement, puis on décerne la contrainte qui est signée du receveur des douanes, visée par le juge compétent et signifiée par le ministère d'un huissier ou par des préposés des douanes. — Cette contrainte équivaut à un jugement, qui, aux termes de l'article 33 du titre 13 de la loi du 22 août 1791 (nº 356), est exécutoire, nonobstant toute opposition ou autre acte....... Ainsi rien ne peut alors arrêter l'exécution, sauf le cas de la consignation du simple droit, lorsqu'il s'agit du recouvrement d'un double droit.

VÉRIFICATION DES EXPÉDITIONS DE CABOTAGE. — Il résultoit de différentes circulaires, et notamment de celle du 2 août 1809, que les acquits-à-caution délivrés pour cabotage de marchandises imposées à l'entrée à plus de cinq francs par quintal, devoient être provisoirement retenus dans les ports de destination, pour la vérification en être faite au bureau central de l'administration par le rapprochement des états que fournissent respectivement les bureaux de départs et ceux où les acquits à-caution sont retenus.

Pour simplifier cette vérification, M. le directeur général a pensé qu'on pouvoit réduire ces états à une seule espèce; ils ne seront plus fournis que par les bureaux où les acquits-à-caution auront été délivrés, mais on les divisera de manière qu'ils puissent être communiqués aux bureaux de destination sans qu'il soit nécessaire de les recopier à Paris.

Ainsi les états qui étoient adressés à l'administration pour lui désigner les acquits-à-caution retenus dans les directions sont supprimés en ce qui concerne les expéditions sur lesquelles il n'y aura pas eu de changement de destination.

On ne lui adressera plus que ceux qui ont pour objet de la prévenir de la délivrance des acquits-à-caution qui doivent être soumis à la retenue.

Chaque bureau divisera ses états suivant le nombre des directions pour lesquelles les marchandises seront destinées, et les fournira sur autant de feuilles séparées. Ils continueront d'ailleurs d'être rédigés d'après le dernier modèle et par quinzaine.

Les directeurs retireront les feuilles qui concerneront les expéditions destinées à être consommées dans leur direction, et ils les adresseront aux bureaux de destination pour servir à vérifier les acquits-à-caution qu'on remettra ensuite successivement aux consignataires.

Ils ne feront passer à l'administration que les états des acquits-à-caution relatifs aux marchandises qui doivent être transportées par cabotage hors de leur direction.

Tous les états des bureaux principaux où les expéditions seront nombreuses pourront être adressés à l'administration tels que les directeurs les auront reçus; mais chaque receveur principal formera au moins un état récapitulatif pour les bureaux subordonnés en observant de le diviser dans la forme prescrite. Les directeurs réduiront eux-mêmes en états généraux, également destinés par direction, tous ceux pour lesquels ce travail ne sera pas trop considérable.

A mesure que les états parviendront à l'administration, elle les enverra aux directions pour lesquelles les marchandises seront destinées.

Les directeurs en feront passer aussitôt des extraits dans chaque port de destination, et l'on remettra immédiatement au commerce tous les acquits à caution dont ces extraits auront fait reconnoître l'authenticité.

Les acquits-à-caution qu'on ne trouveroit point conformes et ceux qui ne seroient point désignés sur les états de la quinzaine à laquelle ils appartiendront seront adressés directement à l'administration pour être vérifiés.

Les états communiqués ayant alors rempli leur objet seront gardés comme renseignemens dans chaque direction.

Ces nouvelles mesures présentent l'avantage de diminuer considérablement le nombre des états, et sur-tout de prévenir le long retard qu'éprouvoit la remise des acquits à caution par celui qu'entraînoit le mode de vérification qui les a précédés.

Les expéditions dont la destination sera changée par suite d'accident de mer ou d'autres circonstances imprévues sortiront de la classe générale et seront vérifiés séparément.

Il est nécessaire que les receveurs des bureaux où ces dernières expéditions auront été déchargées en adressent des états particuliers à leur directeur, lesquels contiendront l'extrait des acquits-à-caution et indiqueront les motifs du changement de destination.

Le directeur vérifiera lui-même ces acquits-à-caution et il en ordonnera ensuite la remise s'ils se trouvent compris dans les états que l'administration lui aura communiqués, ce qui arrivera toutes les fois que le port de la destination primitive sera de sa direction.

Dans le cas contraire les acquits-à-caution seront retenus jusqu'à ce que le directeur en ait fourni l'extrait à l'administration et qu'elle en ait autorisé la remise après avoir pris des renseignemens au bureau du départ.

Ainsi sont maintenus pour ces expéditions seulement l'usage des états fournis par les bureaux où les acquits-à-caution sont retenus : on fera ajouter au modèle les colonnes nécessaires pour indiquer le port où les acquits à-caution devoient être déchargés, celui où ils auront été présentés et retenus, et les motifs du changement de destination. Ces états seront envoyés à l'administration tous les quinze jours.

Les premiers ordres donnés pour soumettre à la retenue les acquits-à-caution relatifs au cabotage ne se rapportoient qu'aux denrées coloniales et aux marchandises de la nature de celles sur lesquelles la fraude à l'entrée offriroit un bénéfice assez considérable pour que les spéculateurs pussent être tentés de se le procurer par la falsification ou le faux emploi des expéditions.

Les directeurs ont d'ailleurs été chargés de surveiller tous les mouvemens du cabotage pour découvrir les projets de fraude et pour les déjouer par tous les moyens mis à leur disposition.

La retenue des acquits à-caution, et même celle des passavans qui paroîtroient avoir été falsifiés ou obtenus par surprise sans embarquement de marchandises, est une de ces mesures qu'ils sont toujours autorisés à employer dans les circonstances extraordinaires; mais hors le cas de présomption de fraude, la retenue des acquits-à-caution ne sera plus prescrite généralement qu'à l'égard des denrées coloniales et des autres marchandises les plus imposées, ou de celles dont le cabotage attire une attention particulière.

Les directeurs distingueront donc désormais les expéditions que l'on aura soumises extraordinairement à la retenue et celles qui, par la nature des marchandises, y seront assujetties par mesure générale dans tous les ports.

Les premières seront envoyées directement et immédiatement à l'administration, afin qu'elle puisse les faire vérifier.

Les autres seulement resteront au bureau de l'arrivée des marchandises jusqu'à ce qu'on y ait reçu les états nécessaires pour en reconnoître l'authenticité.

On trouvera plus bas la liste des marchandises pour lesquelles la retenue des acquits-à-caution doit être générale.

Les receveurs doivent désormais éviter de confondre, dans un même acquit-à-caution, des marchandises qui donnent lieu à la retenue avec celles pour lesquelles les expéditions n'y sont pas sujettes. (*CD.* 30 *septembre* 1812.)

ETAT des marchandises dont le transport par cabotage donne lieu à la retenue des acquits-à-caution dans les ports de destination.

Aloës; — Ambre gris; — Anis étoilé.

Baume du Canada, de Copahu, du Pérou, de Tolu et de la Mecque; — Benjoin; — Bois d'acajou, jaune, de Cayenne satiné, de palixandre, de marqueterie non dénommés, rouge, de Brésil et Fernambouc, brésillet, de campêche, de caliatour, de teinture moulus, d'aloës, de gayac, néphrétique, de tamaris, de santal citrin, de santal rouge.

Cacao; — Cachou; — Café; — Canelle fine et commune; — Camphre; — Casse ou canefice, — Chocolat; — Civette, — Cochenille; — Colle de poisson; — Coton en laine; — Coton filé; — Curcuma.

Ecailles de tortue, — Ecorces de quercitron; — Eponges; — Essences aromatiques.

Gommes arabique, du sénégal, copal, lacque, résine élastique, turique, gutte, ammoniaque, de gayac, oppoponax, sagapenum; — Gingembre; — Girofle.

Huiles à l'usage de la médecine et des parfumeurs; — Huile de poisson.

Indigo; — Ipécacuanha; — Ivoire ou dents d'éléphant.

Jalap.

Morue; — Musc; — Muscade.

Nacre de perle.

Opium; — Orseille apprêtée.

Parfums non dénommés; — Poisson sec; — Poivre; — Potasses.

Quinquina.

Rhubarbe; — Rocou.

Salsepareille; — Scammonée; — Séné; — Sumac; — Sucre brut, terre et raffiné.

Thé.

Vanille.

832. Néanmoins, si lesdits soumissionnaires rapportent, dans le terme de six mois après l'expiration du délai fixé par les acquits-à-caution, les certificats de décharge en bonne forme et délivrés en temps utile, ou les procès-verbaux du refus des préposés, les droits, amendes, ou autres sommes qu'ils auront payés, leur seront remis; ils seront néanmoins tenus des frais faits par l'administration jusqu'au jour du rapport desdites pièces.

Après ledit délai de six mois, aucunes réclamations relatives auxdites sommes consignées ou payées ne seront admises, et il en sera compté par l'administration au trésor public. (22 *août* 1791, *art.* 14, *tit.* 3.)

On appelle tèmps utile celui prescrit pour la présentation de la marchandise au bureau de la destination. — Il étoit juste de faire supporter les frais du retard par les négocians, puisque la cause de ces frais provient de leur négligence.

De cet article résulte qu'on ne doit disposer des produits dont s'agit, ou des recouvremens par contraintes, que six mois après l'expiration du délai fixé par les acquits-à-caution.

On est dispensé du rapport d'un acquit-à-caution dans le cas de perte ou de prise du navire porteur des marchandises, mais on doit en justifier conformément aux articles 7 et 8 de l'arrêté du 13 prairial an 11; *voir* au livre VI.

Une décision ministérielle du 25 mai 1792 permettoit l'annulation de l'acquit-à-caution, en prouvant que la compagnie d'assurance avoit payé le navire. Voici cette décision :

« L'article 58 du titre 6 de l'ordonnance de la « marine voulant que les assureurs soient tenus de « payer l'assurance d'un navire, si après l'an expiré « du jour de son départ on n'en a aucune nouvelle, « la soumission doit être annulée si l'expéditionnaire « justifie du paiement de l'assurance. »

Néanmoins, cette disposition me semble subordonnée aujourd'hui aux mesures prescrites par les articles 7 et 8 de l'arrêté du 13 prairial an 11.

La preuve que les scellés ont été apposés sur les papiers du correspondant chargé du renvoi de l'acquit déchargé, est encore un motif de justification.

Les états d'acquits-à-caution en retard adressés chaque mois à M. le directeur général doivent présenter *séparément* ceux qui concernent les sels. (*LD.* 9 *mai* 1807.)

Aucun duplicata d'acquit-à-caution ni extrait quelconque de registres ne peuvent être délivrés sans l'autorisation de M. le directeur général. Il en est de même pour les duplicata de certificats de décharge qui ne seront délivrés que sur les duplicata d'acquits-à-caution que le directeur général auroit adressés.

On ne doit pas délivrer de duplicata d'acquits-à-caution qui seroient restés dans les bureaux par la négligence des consignataires.

Pour tout ce que dessus, les duplicata d'acquits-à-caution sont soumis au timbre. (*CA.* 8 *brumaire an* 10.)

CHAPITRE II. — *Des formalités aux bureaux de passage et à celui de destination.*

SECTION I. — *De la présentation des marchandises et de leur visite dans ces bureaux.*

833. Les maîtres et capitaines de bâtimens, et les voituriers, seront tenus de présenter les marchandises dont ils seront chargés, savoir, celles expédiées par mer, au bureau de leur destination, et celles expédiées par terre, aux bureaux de leur passage, en mêmes qualité et quantité que celles énoncées dans l'acquit-à-caution dont ils seront porteurs. (22 *août* 1791, *premier paragraphe de l'art.* 6, *tit.* 3.)

Il ne suffit pas que les cordes et plombs paroissent intacts, parcequ'il est possible de les déplacer et de les remettre dans le même état; il faut encore s'assurer que la marchandise est en mêmes quantité et qualité que celle portée dans l'acquit.

JURISPRUDENCE. — 1°. *Un acquit-à-caution doit-il être visé par tous les bureaux de la route?*

2°. *Un permis d'embarquer équivaut-il à un visa d'acquit-à-caution?*

3°. *L'attestation des préposés convoyeurs équivaut-elle à un certificat de décharge?*

Voici le fait qui a donné lieu à la solution de ces questions.

La douane d'Hoogstraeten fit, à charge de réexportation, une vente de sucres précédemment confisqués comme marchandises réputées angloises. — L'acheteur dut prendre un acquit-à-caution; il portoit quatre conditions différentes; 1°. que les sucres *seroient convoyés* jusqu'à destination par deux préposés du bureau; 2° que ces sucres passeroient par Anvers; 3°. que l'acheteur (M. Lemercier d'Anvers) et sa caution rapporteroient certificat de décharge *signé du receveur et du contrôleur des bureaux* frontière de Hollande, *ou des officiers municipaux du lieu, à défaut de préposés de douanes;* 4°. que le sieur Lemercier seroit tenu de *faire viser le présent dans tous les bureaux de la route, à peine de nullité.*

Aucune de ces conditions ne fut remplie, et en voici la preuve :

1°. Les sucres furent embarqués sur l'Escaut.... arrivés à Lillo, les préposés convoyeurs délivrent un certificat par lequel ils déclarent qu'ils ont accompagné les sucres jusque hors du territoire françois, en passant par Lillo, et *c'est de Lillo même* qu'ils datent ce certificat.... Or, en déclarant que les sucres avoient passé par Lillo, c'étoit dire bien clairement qu'ils avoient été débarqués à cette hauteur, et qu'alors ces sucres avoient pris la route de terre, et conséquemment que les préposés les avoient abandonnés avant leur arrivée au dernier bureau; car de Lillo au territoire hollandois, il y a encore, selon la direction, les bureaux de Santvlied, de Putte, ou de West-Wesel.

2°. De ce qu'à Anvers un visiteur avoit délivré un *permis d'embarquer*, on vouloit prouver que les sucres avoient passé par cette ville : d'abord ce permis n'énonçoit pas que les sucres fussent à Anvers, et dès lors ils avoient pu être embarqués sur des points intermédiaires entre Anvers et Lillo; ensuite le visiteur même n'étoit pas compétent pour délivrer ce permis. — Il y a plus, en admettant même que les sucres eussent passé par Anvers, ce qui cependant n'étoit énoncé nulle part, encore eût-il fallu y vérifier l'état des cordes et plombs, le nombre des boucauts, etc. et faire constater, aux termes de la loi, cette vérification par la signature de deux préposés de bureau, au moins.

3°. Le citoyen Lemercier, en convenant qu'il n'avoit ni certificat du *receveur et contrôleur du dernier bureau*, ni certificat *des officiers municipaux* de l'extrême frontière, attestoit de fait qu'il avoit enfreint la troisième condition de l'acquit-à-caution, puisque le certificat des deux préposés de brigade n'étoit pas celui requis par cette troisième condition.

4°. La quatrième condition n'a pas été mieux remplie, Lillo n'étoit pas le seul bureau où les sucres dussent passer...... et le seul visa, qui se trouvoit au dos de l'acquit-à-caution, constatoit qu'ils n'avoient pas même été présentés dans ce bureau, puisqu'il étoit signé de deux préposés convoyeurs.

Il est une remarque à faire, c'est que cette dernière condition de faire *viser le présent dans tous les bureaux de la route*, répondoit bien précisément à ces termes de l'article 6 du titre 3 de la loi du 22 août 1791 : *tenus de présenter les marchandises.... aux bureaux de leur passage;* dès lors la quatrième condition n'eût-elle pas été reprise dans l'acquit, encore eût-on dû la remplir pour ne pas être en contravention. — S'il se fût agi d'une expédition *par mer*, on auroit dû ne représenter les marchandises qu'à un seul bureau (celui de destination), parceque dans la loi ce mot *bureau* (de destination) est au singulier; mais pour les expéditions par terre, il est bien clair que c'est à tous les bureaux de passage, puisque dans ce cas le mot *bureaux* est au pluriel.

Nonobstant ces raisons, qui démontroient en dernière analyse qu'aucune des quatre conditions de l'acquit-à-caution n'avoient été remplies, qui dénotoient par une conséquence ultérieure que le sieur Lemercier étoit passible des peines prononcées par la loi du 10 brumaire an 5 contre tous ceux qui introduisent ou qui conservent des marchandises angloises dans le territoire françois, le tribunal correctionnel d'Anvers et le tribunal criminel des Deux-Nèthes décidèrent le contraire; mais leurs jugemens furent cassés par arrêt de la cour suprême du 17 thermidor an 8.

« Attendu, 1°. que l'acquit-à-caution dont il s'agit « imposoit au citoyen Lemercier l'obligation de le « faire viser par tous les bureaux de la route tenue « par ses marchandises, et spécialement par celui « d'Anvers; que le jugement attaqué décide en fait, « que les marchandises du citoyen Lemercier ont « effectivement passé par Anvers; et que cependant « l'acquit-à-caution n'y a pas été visé et déchargé « par deux au moins des préposés du bureau y éta- « bli; d'où il résulte une contravention à l'article 6 « du titre 3 de la loi du 22 août 1791; — attendu, « 2°. que le même acquit-à-caution imposoit au ci- « toyen Lemercier l'obligation non seulement de « faire convoyer ses marchandises jusqu'en Hol- « lande, mais encore de rapporter, conformément « au même article de la loi du 22 août 1791 (n° 836) « un certificat de décharge signé du receveur et du « contrôleur du bureau de l'extrême frontière, ce « qu'il n'a point fait : d'où il résulte une seconde « contravention au même article; — attendu, 3°. que « même en supposant le citoyen Lemercier valable- « ment dispensé par le permis d'embarquer apposé « à son acquit-à-caution par le visiteur de la douane « d'Anvers, de rapporter un certificat de décharge « du bureau de l'extrême frontière, au moins il « n'auroit pas été dispensé, qu'au contraire il auroit « été expressément chargé, par ce même permis, de « faire passer ses marchandises par le bureau de « Lillo, et par conséquent de les y présenter et faire « vérifier conformément au même article de la loi « de 1791; d'où il résulte une troisième contraven- « tion à ce même article. Attendu, 4°. que le citoyen « Lemercier, en ne rapportant pas une preuve légale « de la réexportation des sucres dont il s'agit, est « demeuré convaincu d'avoir retenu sur le territoire « françois des marchandises angloises; d'où résulte « une contravention à la loi du 10 brumaire an 5. « — La cour casse et annulle .... »

4°. *Les visa apposés dans les bureaux de rentrée suffisent-ils pour établir qu'il n'y a pas eu substitution sur le territoire étranger?* (Réponse négative.)

L'arrêt de cassation du 8 novembre 1810 a répondu à cette question en ces termes :

« Vu les articles 6 et 9 du titre 3 de la loi du « 22 août 1791; attendu que la déclaration faite au « bureau des douanes de Florence, pour la mise des « marchandises dont il s'agit à l'entrepôt de cette « ville, le passavant et l'acquit-à-caution qu'accom- « pagnoient lesdites marchandises mentionnoient « une caisse du poids de deux cent quarante kilo- « grammes, contenant des outils d'armurier, quel- « que peu de grosse quincaillerie, et un carton de « rubans provenans de fabrique françoise, suivant « un certificat joint à ces expéditions.

« Que lors de la vérification faite par les préposés « de la douane au bureau de Florence, où l'acquit- « à-caution devoit être déchargé, il a été reconnu et « constaté que la caisse ne pesoit que deux cent « trente-cinq kilogrammes au lieu de deux cent qua- « rante; — que les cordes avoient été coupées et le « plomb réapposé d'une manière tellement grossière « qu'il ne présentoit plus aucune trace des em- « preintes qu'il avoit dû recevoir; — qu'au lieu « d'un peu de grosse quincaillerie, il s'étoit trouvé « des fers à repasser du linge, pesant cinquante-cinq « kilogrammes, et par conséquent d'un poids for- « mant environ le quart de celui total de l'expédi- « tion; que les préposés ont même cru reconnoître « ces fers pour être de fabrique étrangère; qu'enfin « le carton de rubans ne s'étoit plus trouvé dans la « caisse;

« Que de toutes ces circonstances résultoit évi- « demment qu'il y avoit eu fraude, et que les mar- « chandises représentées ne s'accordant pas exacte- « ment en quantité et qualité avec ce qui étoit porté « dans les expéditions, elles cessoient d'être appli- « cables, et qu'il y avoit lieu de prononcer les peines « portées par la loi;

« Que cependant la cour de justice criminelle de « l'Arno a acquitté le prévenu, sur le principal motif « que le visa des préposés dans les bureaux de pas- « sage prouvoit que la caisse étoit rentrée intacte « sur le territoire de l'empire; et qu'ainsi aucune « substitution frauduleuse n'avoit pu être pratiquée « pendant le transport sur le territoire étranger;

« Mais qu'aux termes de l'arrêté du gouvernement « du 5 prairial an 5, ce n'est qu'au bureau indiqué « pour la décharge de l'acquit-à-caution que doivent « être faites nécessairement la vérification des cordes « et plombs, et la reconnoissance de l'identité des « marchandises représentées avec celles énoncées « dans les expéditions; que cette opération n'est que « facultative dans les autres bureaux de passage; et « que de simples visa, apposés dans ces bureaux, ne « peuvent établir une preuve de non contravention. « La cour casse et annulle, etc. »

834. Dans le cas où, lors de la visite au bureau de destination ou de passage, les marchandises mentionnées dans l'acquit-à-caution se trouveront différentes dans l'espèce, elles seront saisies, et la confiscation en sera prononcée contre les conducteurs, avec amende de cent *francs*, sauf leur recours contre les expéditionnaires.

Si la quantité est inférieure à celle portée dans l'acquit-à-caution, il ne sera déchargé que pour la quantité représentée.

En cas d'excédant (*si l'arrivée a eu lieu par terre*), il sera soumis au double droit, en observant ce qui est réglé par l'article 18 du titre 2 (n° 527).

Si les marchandises représentées sont prohibées à l'entrée, elles seront confisquées, avec amende de cinq cents francs, le tout indépendamment des condamnations qui seront poursuivies au bureau du départ contre les soumissionnaires et leurs cautions, et d'après leurs soumissions. (22 *août* 1791, *art.* 9, *tit.* 3.)

Au dernier paragraphe de cet article j'ajoute ces mots *si l'arrivée a eu lieu par terre*, parceque l'article qui va suivre de la loi du 8 floréal an 11, ayant prescrit d'autres condamnations pour les excédans qui seroient reconnus à *l'arrivée par mer*, il en résulteroit erreur si on suivoit encore cette disposition-ci pour le cas de cabotage.

Encore une autre observation, c'est que je crois bien que s'il y avoit excédant en marchandises d'espèces réputées angloises, ce ne seroit plus l'amende de 500 francs qu'il faudroit appliquer, mais bien celle de la triple valeur édictée par la loi postérieure du 10 brumaire an 5.

835. Dans le cas où, lors de la visite au bureau du port de destination, les préposés reconnoîtroient une quantité plus considérable que celle énoncée sur l'expédition délivrée au bureau du lieu du départ, cet excédant sera saisi, et la confiscation en sera prononcée avec amende de cinq cents francs.

Cependant, si l'excédant n'est que du vingtième de la quantité portée sur l'expédition, il n'y aura lieu qu'à la perception des droits imposés sur les marchandises ou denrées de même nature venant de l'étranger. (8 *floréal an* 11, *art.* 76.)

J'ai sous les yeux une circulaire du directeur d'Anvers, du 26 nivose an 11, qui dit : « Si la marchandise est différente *en qualité* de celle énoncée dans « l'expédition, il y a lieu à saisie et confiscation avec « amende de 500 francs, par le principe général que « toute fausse déclaration emporte confiscation avec « amende, et par celui qu'établit l'art. 75 (n° 824) « relativement à la préméditation d'une substitution qu'a pour objet la fausse déclaration en qualité au lieu de l'enlèvement . . . . » La conséquence que tire cette lettre ne me paroît pas juste quant au taux de l'amende; certes, au port d'arrivée, comme ailleurs, il y a lieu à saisie et à confiscation pour différence en qualité, mais c'est la loi spéciale à la marchandise, et non pas toujours le principe général qu'il faut invoquer; car, enfin, si dans le trajet il y avoit eu substitution en marchandises angloises, les peines applicables seroient bien celles prescrites par la loi du 10 brumaire an 5, et non pas une amende de 500 francs . . . . .

SECTION II. — *De la délivrance des certificats de décharge.*

836. L'acquit-*à-caution* ne pourra être déchargé par les préposés aux . . . bureaux qu'après vérification faite de l'état des cordes et plombs, du nombre des ballots et des marchandises y contenues; et il ne sera rien payé pour les certificats de décharge, qui devront être inscrits au dos des acquits-à-caution, et signés au moins de deux desdits préposés, dans les bureaux où il y aura plusieurs commis.

Il est defendu auxdits préposés, à peine de tous dépens, dommages et intérêts, de différer la remise desdits certificats lorsque les formalités prescrites par les acquits-à-caution auront été remplies, ou qu'il sera rapporté des procès-verbaux dans la forme indiquée par l'article 7 ci-après; et pour justifier du refus, le conducteur des marchandises sera tenu d'en faire rédiger acte, qui sera signifié sur-le-champ au receveur du bureau, et aucune preuve par témoins ne sera admise à cet égard. (22 *août* 1791, *second et troisième paragraphes de l'art.* 6, *tit.* 3.)

Tous les commis du bureau de destination, et deux préposés de la brigade, doivent signer les décharges d'acquits-à-caution, pour éviter les abus ou erreurs. (*Circulaire aux directeurs du* 15 *floréal an* 6.)

On a vu au n° 830 que ce certificat de décharge ne peut être expédié que par le bureau indiqué dans l'acquit-à-caution.

L'attestation des préposés convoyeurs ne peut pas équivaloir à un certificat de décharge; *voir* l'article de jurisprudence sous le n° 833.

837. Les préposés *des douanes* ne pourront délivrer de certificats de décharge pour les marchandises qui seront représentées au bureau de la destination, ou du passage, après le temps fixé par l'acquit-à-caution; et s'il s'agit de marchandises expédiées par mer, ou par terre en empruntant le territoire de l'étranger, elles acquitteront au bureau où elles seront présentées après ledit délai les droits d'entrée, comme si elles venoient de l'étranger, sans préjudice du double droit de sortie, dans le cas où il en sera dû, et dont le paiement sera poursuivi, au lieu du départ, contre les soumissionnaires. (22 *août* 1791, *art* 7, *tit.* 3.)

838. Les capitaines et maîtres de bâtimens seront admis à justifier qu'ils auront été retardés par des cas fortuits, comme fortune de mer, poursuite d'ennemis et autres accidens, et ce par des procès-verbaux rédigés à bord et signés des principaux de l'équipage, ou par des rapports faits aux juges du tribunal qui remplacera celui d'amirauté au lieu de destination, ou aux officiers de la municipalité, à défaut de ce tribunal, et les procès-verbaux ou rapports seront affirmés devant lesdits juges.

Les marchands ou conducteurs des marchandises transportées par terre seront également admis à justifier des retardemens qu'ils auront éprouvés pendant la route, en rapportant au bureau *des douanes* des procès-verbaux, en bonne forme, faits par les juges des lieux où ils auront été retenus, et à défaut d'établissement d'aucune jurisdiction, par les officiers municipaux desdits lieux; lesquels procès-verbaux feront mention des circonstances et des causes du retard.

Dans ces cas, les acquits-à-caution auront leur effet, et les certificats de décharge seront délivrés par les préposés *des douanes*.

Il ne pourra être suppléé par la preuve testimoniale au défaut desdits rapports ou procès-verbaux, qui ne seront admis qu'autant qu'ils auront été déposés au bureau de destination ou de passage en même temps que les marchandises y auront été représentées. (22 *août* 1791, *art.* 8, *tit.* 3.)

L'ARTICLE 2 du titre 7 de la loi du 4 germinal an 2 a confirmé les dispositions énoncées dans le premier paragraphe de celui-ci; cet article 2 est ainsi conçu :

« Le délai pour rapporter les acquits-à-caution « déchargés ne sera pas fatal, si les capitaines des « bâtimens justifient des causes forcées de ce retard, « ou fortune de mer, par des rapports faits en mer, « affirmés et déposés au bureau des douanes. »

Tous autres certificats que ceux voulus ici seroient insuffisans, même ceux des notaires.

TITRE II.

De la faculté d'emprunter certaines portions du territoire françois pour faire transiter les marchandises de l'étranger à l'étranger.

CHAPITRE I. — *Des lieux ouverts au transit de l'étranger à l'étranger.*

SECTION I. — *Du Transit sur le Rhin et par les départemens qui confinent ce fleuve.*

§. I. *Du Transit par Amsterdam pour l'Allemagne et la Suisse.*

839. Les marchandises qui seront admises à l'entrepôt réel d'Amsterdam pourront être expédiées en transit pour l'Allemagne et la Suisse par la navigation du Rhin. (*DI.* 18 *octobre* 1810, *art.* 166.)

840. Il sera statué, par un décret spécial, sur les conditions et formalités qui seront attachées à la faculté du transit et sur les droits auxquels seront assujetties les marchandises qui en jouiront, et sur les bureaux de sortie où elles devront être déposées et vérifiées (*DI.* 18 *octobre* 1810, *art.* 167.)

§. II. *Du Transit sur le Rhin.*

841. Les marchandises.... pourront être transportées sur le Rhin par droit de transit.... (*Arrêté du commissaire du gouvernement dans les départemens de la rive gauche du Rhin, du* 10 *thermidor an* 6, *art.* 5.)

CET article commence ainsi : *Les marchandises* de l'intérieur de la France et des quatre départemens *pourront*, etc..... Il résulteroit donc de ces termes que la disposition ci-dessus ne seroit applicable qu'aux marchandises françoises qui empruntent le territoire étranger, et qu'ainsi j'aurois dû la classer au titre 1er. de ce livre; mais comme les marchandises étrangères jouissent aussi de la faculté de transiter sur le Rhin, et que je n'ai pas trouvé de disposition propre à former un texte pour ce transit, j'ai dû faire de celle-ci une autorisation générale, c'est-à-dire applicable aux marchandises étrangères plutôt encore qu'aux marchandises françoises dont le transport sur le Rhin peut d'autant plus naturellement avoir lieu, que la limite ne finit qu'au thalweg de ce fleuve.

L'article ci-dessus et le sens que je lui donne se trouvent d'ailleurs appuyés, quant à la faculté du transit, par l'arrêté consulaire du 14 thermidor an 8, qui est ainsi conçu :

Art. 1. « L'arrêté pris le 12 brumaire an 7 par le « citoyen Rudler, alors commissaire du gouverne« ment dans les nouveaux départemens situés sur la « rive gauche du Rhin, est rapporté en tout ce qui « concerne le droit de transit perçu dans les treize « bureaux placés sur cette rive.

Art. 2. « La perception de ce droit sera rétablie « pour le tiers seulement des sommes portées aux « tarifs qui étoient en vigueur à l'époque de la « conquête.

Art. 3. « Le produit du droit de transit rétabli par « le présent arrêté, est spécialement et limitative« ment affecté aux réparations des digues, chemins « de halage et autres travaux de navigation sur la « rive gauche du Rhin.

Art. 4. « La perception du droit de transit sur le « Rhin sera faite par les préposés des douanes dans « les lieux où étoient anciennement établis les bu« reaux, ou dans tous autres lieux qui seront « désignés.....

Art. 5. « L'administration des douanes comptera, « par bordereaux séparés, du produit de la recette

« du droit de transit; elle transmettra copie de ces « bordereaux au ministre *du commerce* et *aux pré-* « *fets* des quatre départemens réunis.

« Il sera alloué à l'administration des douanes « une remise sur les recettes; cette remise sera réglée « par le ministre *du commerce.* »

Quant à la police de la navigation sur le Rhin, j'en ai déjà parlé sous les numéros 392 à 394.

§. III. *Du Transit par les départemens du Haut et Bas-Rhin et du Mont-Tonnerre.*

842. Les marchandises étrangères permises, à l'exception des toiles peintes.... et tabacs en feuilles, pourront transiter par terre à l'étranger, en entrant par les bureaux de Bourg-Libre, de Strasbourg, et sortant par celui *de Mayence*, et réciproquement, mais toujours en suivant les routes directes : elle acquitteront le droit de la balance du commerce. (8 *floréal an* 11, *art.* 55.)

PARMI les marchandises permises exceptées du transit, le texte comprend *les mousselines*, parcequ'alors leur importation étoit autorisée; mais depuis elles ont été prohibées, et dès lors il devient inutile d'en rappeler l'exception, puisque, par cela seul qu'une marchandise étrangère est frappée de prohibition, il lui est défendu de transiter sur les terres de France. — J'aurois dû également rayer l'article *toiles peintes*, si la loi avoit dit que les toiles peintes dont elle entendoit parler étoient des toiles de coton ou de fil et coton, également prohibées depuis; mais, en ne s'expliquant pas sur la qualité, elle paroît avoir voulu comprendre dans l'exception jusqu'aux toiles de lin et de chanvre lorsqu'elles sont imprimées....

Le texte de ce même article ordonnoit le transit par le bureau d'*Oppenheim ;* mais un décret impérial, du 9 vendémiaire an 13, lui a substitué celui de Mayence, *du moment où le nouvel entrepôt sera établi dans le palais électoral* de cette ville.

843. Celles déclarées en transit devront suivre leur destination pour l'étranger, sans pouvoir être mises dans l'entrepôt de Strasbourg : elles seront expédiées dans les formes ordinaires, sous plomb, et avec acquit-à-caution. (8 *floréal an* 11, *art.* 56.)

IL importe de consulter la section qui traite de l'entrepôt de Strasbourg; comme celle-ci, elle rectifie les mesures ordonnées, et sur le transit dont il est ici question, et sur l'entrepôt de Strasbourg, par les lois des 10 juillet 1791 et 7 septembre 1792, qui dès-lors se trouvent abrogées, sauf l'article 15 de la dernière, qu'on trouvera sous le n° 973.

844. Si les marchandises déclarées en transit ont été soustraites, il y aura lieu au quadruple des droits de consommation, et à une amende de cinq cents francs contre les contrevenans.

Si les marchandises expédiées en transit sont reconnues être d'espèces différentes de celles déclarées, les contrevenans seront condamnés à payer, à titre de confiscation, la valeur des marchandises déclarées, au cours desdites marchandises, et à une amende de cinq cents francs. (8 *floréal an* 11, *art.* 57.)

845. Les certificats de décharge dont les acquits-à-caution délivrés pour les marchandises expédiées en transit devront être revêtus, ne seront valables qu'autant qu'ils seront signés par le receveur et deux autres préposés. (8 *floréal an* 11, *art.* 58.)

SECTION II. — *Du Transit sur les frontières de la Suisse.*

846. Le transit de l'étranger à l'étranger, accordé........ aux départemens des *Haut et Bas*-Rhin et *du Mont-Tonnerre*, est également accordé, et aux mêmes conditions, au département du (*ci-devant*) Mont-Terrible. (26 *mai* 1793.)

847. Le transit établi par la loi du 26 mai 1793 continuera d'avoir lieu par le département (*ci-devant*) du Mont-Terrible, et par les pays d'Erguel et de Moutier-Grandval, qui y ont été réunis. (*AD.* 19 *thermidor an* 6, *art.* 1.)

848. Les formalités nécessaires pour jouir du transit seront remplies dans les bureaux de douanes de Raynach, Brislach, Cremines, Bienne et *la Cibourg*, exclusivement à tous autres. (*AD.* 19 *thermidor an* 6, *art.* 2.)

Le bureau des douanes à Perle est ajouté à ceux désignés par l'arrêté du 19 thermidor dernier, et les formalités nécessaires pour jouir du transit, y seront remplies comme dans ces autres bureaux. (*AD.* 25 *fructidor an* 6.)

C'est un arrêté consulaire, du 13 brumaire an 9, qui a substitué le bureau de la Cibourg à celui de Renans, primitivement désigné par l'arrêté du 19 thermidor an 6.

849. Les acquits-à-caution délivrés pour le transit ne pourront être déchargés que dans ceux des bureaux qui se trouveront désignés par ces expéditions pour le passage à l'étranger. (*AD.* 19 *thermidor an* 6, *art.* 3.)

Ainsi ce transit est restreint aujourd'hui aux mêmes conditions et formalités que celles propres à celui par les départemens des Haut et Bas-Rhin et du Mont-Tonnerre.

SECTION III. — *Du Transit sur les frontières d'Italie.*

§. 1. *Du Transit par Gênes pour le royaume d'Italie.*

850. Les marchandises qui seront expédiées *du royaume d'Italie* en transit par terre, à destination de l'entrepôt de Gênes, seront vérifiées, enregistrées et soumissionnées, conformément aux dispositions de l'article 47 *de la présente loi* (n° 909), et mises dans l'entrepôt.

Celles desdites marchandises qui seront envoyées *dans le royaume d'Italie*, soit par terre, soit par mer, paieront le droit de transit ...... (30 *avril* 1806, *second paragraphe de l'art.* 50.)

Les marchandises en transit destinées, pour le royaume d'Italie, doivent le droit fixé par l'art. 7 du traité de commerce du 20 juin 1808; *voir* l'article 8 de ce traité au titre des *Traités de commerce.*

Le sel, le tabac, la poudre et le salpêtre sont respectivement exceptés de la faculté du transit.

851. Les denrées coloniales, les drogueries et épiceries qui seront soumises aux mêmes droits d'entrée dans les deux états, lorsqu'elles seront tirées des entrepôts de Gênes, de la Toscane et des Etats romains, pour l'Italie, acquitteront lesdits droits à la sortie desdits entrepôts. (*DI.* 10 *octobre* 1810, *art.* 22.)

852. Les denrées et marchandises dont les droits sont différens dans les tarifs des deux états paieront, à la sortie de l'entrepôt françois ou italien, les droits portés au tarif de celui des deux états pour lequel elles sont destinées. (*Même décret*, *art.* 23.)

« Les droits perçus par anticipation seront portés « sur un registre particulier, et il en sera tenu « compte au trésor de l'état dans lequel les marchan« dises seront envoyées. » (*Même décret, art.* 24.)

Après la perception, les marchandises dont il s'agit seront exportées dans le royaume d'Italie par le bureau de Casatisme. (*CD.* 20 *octobre* 1810.)

Elles seront en outre plombées et accompagnées d'un acquit-à-caution, qui sera déchargé au dernier bureau de sortie.

853. Les marchandises expédiées de l'entrepôt de Gênes en transit pour l'Italie devront sortir par le bureau de Casatisme, en passant par Novi, Tortone et Voghère. (*DI.* 10 *février* 1808, *premier paragraphe de l'art.* 1.)

Elles seront vérifiées sur la représentation des acquits-à-caution de la douane de Gênes. (30 *avril* 1806, *seconde disposition du troisième paragraphe de l'art.* 61.)

LES articles 2 et 3 du décret du 10 février 1808 ne peuvent plus recevoir leur exécution depuis celui du 10 octobre 1810 (numéros 851 et 852), mais les articles 4 et 5 de ce premier décret sont restés en vigueur; ils sont ainsi conçus :

Art. 4. « Tout entrepôt de denrées coloniales, de « drogueries et épiceries, est défendu dans les com- « munes italiennes, hameaux et maisons isolées limi- « trophes du territoire françois, sous peine de la « confiscation desdites marchandises.

Art. 5. « Nos conseillers d'état, directeurs géné- « raux des douanes françoises et italiennes, se con- « certeront et établiront dans le service des douanes « respectives toutes les relations nécessaires à la « répression de la fraude que l'on tenteroit de com- « mettre sur les deux états. »

Bien qu'il ait été dérogé au décret du 27 septembre 1807 par celui du 10 février 1808, qui lui-même se trouve subordonné aux dispositions rapportées sous les numéros 851 et 852, je ne crois pas moins utile de rapporter ici le texte de ce décret du 27 septembre 1807, par cela que les formalités qu'il prescrit sont la conséquence des lois générales de douanes, et qu'ainsi ces formalités restent de fait en vigueur si on soumet leur application aux dispositions rapportées ci-dessus.

« *Il y aura dans la ville de Novi, département* « *de Gênes, un bureau de douanes pour le dépôt et* « *la vérification des marchandises qui seront expé-* « *diées en transit du port franc de Gênes à destina-* « *tion de l'Italie ou de la Suisse, ainsi que de celles* « *venant de l'Italie et de la Suisse à destination de* « *Gênes.* (DI. 27 septembre 1807, art. 4.)

« *Les marchandises expédiées en transit* par Novi « *seront plombées, soit à la douane de Gênes, soit* « *dans les bureaux placés sur les frontières de l'Italie* « *ou de la Suisse, et accompagnées d'acquits-à-cau-* « *tion, qui indiqueront, en détail, les quantités et* « *les espèces, ainsi que le poids, nombre ou mesure* « *de chaque balle, caisse, baril, etc. Les voitures,* « *chevaux ou mulets qui les transporteront devront* « *arriver directement à la douane de Novi, sans* « *pouvoir s'arrêter ni entrer dans aucune auberge ou* « *maison de la ville. Les marchandises pour les-* « *quelles on contreviendra à la présente disposition* « *seront saisies et confisquées, ainsi que les chevaux,* « *mulets et voitures servant au transport.* (DI. 27 septembre 1807, art. 5.)

« *Au moment de l'arrivée des marchandises à la* « *douane de Novi, les préposés, après avoir reconnu* « *l'état des plombs et cordes, procéderont à la véri-* « *fication; s'il y a excédant ou déficit aux quantités* « *indiquées sur les acquits-à-caution, ou substitu-* « *tion d'une marchandise à une autre, les soumis-* « *sionnaires encourront les peines portées par les* « *lois.* (DI. 27 septembre 1807, art. 6.)

« *Immédiatement après la vérification des mar-* « *chandises, elles seront mises dans le magasin du* « *dépôt, et portées en charge sur un registre parti-* « *culier. Lorsqu'elles sortiront du dépôt pour suivre* « *leur destination, elles seront de nouveau expédiées* « *sous plomb et acquits-à-caution, et portées en dé-* « *charge sur un autre registre.* (DI. 27 septembre 1807, art. 7.)

« *Les denrées coloniales, les toiles de coton blan-* « *ches et peintes, les mousselines, mousselinettes,* « *basins, piqués, casimirs, étoffes et draps de laine,* « *étoffes et velours de coton qui arriveront à Novi,* « *soit pour la consommation de la ville, soit pour* « *passer ensuite dans l'intérieur, devront être accom-* « *gnés d'expéditions d'un bureau des douanes, pour* « *justifier que les droits d'entrée ont été perçus sur* « *les denrées coloniales, ou que les autres marchan-* « *dises ci-dessus désignées proviennent des fabriques* « *françoises.* » (DI. 27 septembre 1807, art. 8.)

§. II. *Du Transit par la Toscane.*

854. Les marchandises expédiées du royaume d'Italie en transit pour les entrepôts de Florence et de Livourne entreront par le bureau de Pietra-Mala, sur la route de Bologne, et par celui d'Abetone, sur celle de Modène. (*DI.* 22 *octobre* 1808, *premier paragraphe de l'art.* 23.)

855. Les marchandises expédiées des entrepôts de Livourne et de Florence à destination du royaume d'Italie ..... sortiront par l'un des bureaux ci-dessus désignés. (*DI.* 22 *octobre* 1808, *troisième paragraphe de l'art.* 23.)

856. Les marchandises expédiées de Livourne ou de l'entrepôt de Florence pour le royaume d'Italie, ainsi que celles venant dudit royaume à destination de ces deux entrepôts, paieront pour droit de transit ceux fixés par l'article 7 du traité de commerce passé entre la France et le royaume d'Italie. (*DI.* 22 *octobre* 1808, *premier paragraphe de l'art.* 24.)

Les articles 22 à 25 du décret du 10 octobre 1810 sont applicables à ce transit comme à celui par Gênes : ainsi les droits d'entrée dus aux douanes italiennes sont perceptibles par anticipation; *voir* ces articles sous les numéros 851 et 852. Les dispositions de la circulaire du 20 octobre 1810 (*sous le* nº 852) sont également communes au transit par la Toscane.

857. Lorsque les marchandises seront expédiées directement de Livourne en transit pour le royaume d'Italie ..... ou de ce ..... pays pour Livourne, les droits seront acquittés dans les bureaux où les acquits-à-caution seront délivrés.

Si les marchandises sont expédiées pour l'entrepôt de Florence, les droits de transit ne seront perçus que lorsqu'elles en sortiront pour l'étranger. (*DI.* 22 *octobre* 1808, *art.* 25.)

Voir la note ci-dessus.

Le sel, le tabac, la poudre et le salpêtre sont respectivement exceptés de la faculté du transit. — (Voir *l'article* 8 *du traité du* 20 *juin* 1808, *au chapitre* du Traité de commerce avec l'Italie.)

§. III. *Du Transit par les Etats romains.*

858. Les marchandises expédiées en transit, soit du royaume de Naples, en entrant par le bureau de Terracine, soit des entrepôts de Rome, Civita-Vecchia, ou de la douane de Ripa-Grande, à destination du royaume d'Italie, seront accompagnées d'acquits-à-caution, et sortiront par le bureau de Pietra-Mala, si elles suivent la route de Bologne; par le bureau d'Abetone, si elles sont dirigées sur Modène, et par celui de Foligno, si elles sont destinées pour la marche d'Ancône et le duché d'Urbin. (*DI.* 1er. *février* 1810, *art.* 16.)

859. Les marchandises qui seront expédiées, soit du royaume d'Italie, en entrant par les bureaux de Pietra-Mala, d'Abetone ou de Foligno, soit des entrepôts de Civita-Vecchia, de Rome ou de la douane de Ripa-Grande, à destination du royaume de Naples, sortiront par le bureau de Terracine, où les acquits-à-caution seront déchargés. (*DI.* 1er. *février* 1810, *art.* 17.)

Les mesures ordonnées par le décret du 10 octobre 1810 (numéros 851 à 852), et les dispositions relatives au commerce des denrées coloniales et productions des deux Indes (numéros 581 à 591), restreignent le transit pur et simple, sous plomb et sous acquit-à-caution, aux marchandises originaires des royaumes d'Italie et de Naples, transportées de l'un à l'autre de ces royaumes ou expédiées pour les entrepôts de la Toscane et de l'État romain. (*CD.* 18 *février* 1811.)

Le sel, le tabac, la poudre et le salpêtre sont aussi respectivement exceptés de la faculté du transit. (Voir *l'article* 8 *du traité du* 20 *juin* 1808, *au titre* des Traités de commerce.)

Les droits de transit sont ceux fixés par l'article 7 de ce traité, qui a été rendu commun aux expéditions faites par les Etats romains.

SECTION IV. — *Du Transit par terre de Bayonne en Espagne.*

860. Le transit par terre de Bayonne en Espagne des denrées importées par mer dans le port de Bayonne, est autorisé par les bureaux d'Ainhoa et de Behobie. (*DI.* 20 *juillet* 1808, *art.* 57.)

861. La conversion des grosses balles, caisses et futailles, en sacs et ballots de moindre volume, s'exécutera dans l'entrepôt même de la douane et sous les yeux de ses préposés. (*Même décret, art.* 58.)

862. Les sacs et ballots seront plombés du plomb de la douane de Bayonne. (*DI.* 20 *juillet* 1808, *art.* 59.)

Le prix de chaque plomb ne pourra excéder vingt-cinq centimes. (*Même décret, art.* 64.)

Ils seront expédiés sous acquit-à-caution, délivré par la douane de Bayonne, indiquant le poids et le numéro de chaque sac ou ballot. (*DI.* 20 *juillet* 1808, *art.* 60.)

863. Les acquits-à-caution seront déchargés par le bureau de sortie, après vérification des marchandises et reconnoissance des poids et des plombs. (*DI.* 20 *juillet* 1808, *art.* 61.)

864. Lorsque la douane jugera convenable de faire accompagner les expéditions par des préposés aux frais du négociant propriétaire, l'acquit-à-caution ne sera déchargé que sur le certificat, tant desdits préposés que de ceux du service actif de Behobie et d'Ainhoa, attestant le passage des marchandises à l'étranger. (*DI.* 20 *juillet* 1808, *art.* 62.)

Le nombre de préposés chargés d'accompagner les expéditions sera réduit dans les limites du besoin, et appliqué à des expéditions assez considérables pour ne pas multiplier les frais à la charge du commerce. (*Même décret, art.* 63.)

LES dispositions ci-dessus ne peuvent plus être appliquées aux productions coloniales, puisque la réexportation en est interdite... *Voir* n° 584.

DROITS DU TRANSIT FRANC. Sur la question de savoir si les marchandises étrangères qui jouissent d'un transit franc acquitteroient le droit de balance dans l'un et l'autre cas, le ministre des finances a rendu, le 2e jour complémentaire an 5, une décision conçue en ces termes : « Toutes « les marchandises en transit qui ne sont pas assu- « jetties à d'autres droits que ceux fixés par l'art. 2 « de la loi du 24 nivose an 5, ne sont passibles que « d'un seul droit à l'entrée. » Ainsi elles ne doivent rien acquitter à la sortie. (*CA.* 5 *vendémiaire an* 6.)

EXPÉDITIONS DE TRANSIT. Ces expéditions doivent être délivrées avec beaucoup d'attention. A l'expiration de chaque mois on adresse très exactement à M. le directeur général l'état des marchandises expédiées en transit, et pour fournir aux chefs des bureaux par lesquels ces transits doivent s'effectuer les moyens d'assurer la vérification et la sortie desdites marchandises, on envoie également à M. le directeur général, successivement et sans retard, des extraits suffisamment détaillés de tous les acquits-à-caution de l'espèce au moment où ces expéditions sont délivrées. L'envoi de ces extraits d'acquits-à-caution peut être fait directement par les receveurs principaux trop éloignés des chefs-lieux de direction. Dans tous les cas, on doit suivre avec soin, dans la délivrance des acquits, la série des numéros des registres particuliers relatifs au transit, et les directeurs, en formant l'état général de ces expéditions pour chaque mois, doivent s'assurer que les extraits en ont été fournis régulièrement dans le même ordre de numéros, et sans retard ni omission. — L'état de mois ci-dessus demandé pour les marchandises expédiées en transit est rédigé indépendamment de l'état de sortie d'entrepôt dans lequel les expéditions de transit sont rappelées sommairement. (*CD.* 24 *pluviose an* 13.)

CONTRAVENTIONS AUX FORMALITÉS DU TRANSIT. — Elles donnent lieu, comme pour le cabotage ou l'emprunt du territoire étranger, à deux actions distinctes.

1°. Celle à poursuivre au bureau d'arrivée pour la non-identité des objets avec les expéditions.

2°. Celle de faire réaliser au bureau du départ, et par voie de contrainte, les soumissions qui y ont été souscrites.

Il résulte de l'ensemble des dispositions sur le transit, qu'il ne peut avoir lieu que pour les marchandises dont l'entrée est permise en France. (*Voir sous le* nº 287)...... Et cette règle générale, qui découle de la conséquence de ne pas laisser passer d'une manière ce qu'on repousse de l'autre, a encore été confirmée par l'article 8 du décret spécial du 27 septembre 1807, classé sous le nº 853; ainsi tous les objets prohibés transitant sur territoire françois sont saisissables, quand bien même ils seroient accompagnés d'expéditions, et la confiscation doit en être prononcée avec les peines et amendes applicables aux espèces, tout comme si on cherchoit à les introduire frauduleusement..... Au fait, rien ne seroit aussi facile que d'éluder les lois prohibitives, si ce principe n'étoit pas consacré.

CHAPITRE II. — *Dispositions particulières au transit de certaines marchandises.*

SECTION I. — *Du Transit des laines d'Espagne.*

865. Les laines non filées arrivant d'Espagne à Bayonne, tant par mer que par les bureaux de Behobie et d'Ainhoa, pourront, à leur sortie de l'entrepôt, être réexportées à l'étranger, en transit sur le territoire françois. (7 *septembre* 1807, *art.* 7.)

SECTION II. — *Du Transit des fromages de Suisse et des vins d'Italie.*

866. Les fromages de Suisse destinés pour l'Italie, et les vins d'Italie destinés pour la Suisse, pourront transiter par le département du Simplon, et ils n'acquitteront que le droit de balance de commerce. (*DI.* 2 *juillet* 1812, *art.* 1.)

867. Les bureaux principaux de Brigg, de Saint-Maurice *et d'Obergerstelen* seront les seuls ouverts à ce transit, qui sera assuré par des acquits-à-caution levés au premier bureau d'entrée et déchargés à celui de sortie. (*Même décret*, *art.* 2.)

868. Dans le cas de déficit au bureau de sortie ou de soustraction totale, les soumissionnaires seront contraints au paiement du double des droits d'entrée sur les quantités manquantes, et en outre à une amende de deux cents francs. (*Même décret*, *art.* 3.)

SECTION III. — *Du Transit des houblons.*

869. Les houblons du crû étranger pourront transiter sur le territoire des départemens anséatiques en payant le droit de balance à l'entrée et celui de cinq francs à la sortie. (*DM.* 15 *juillet et* 10 *octobre* 1812.)

SECTION IV. — *Du Transit des soies ouvrées du royaume d'Italie.*

870. Les soies du royaume d'Italie, travaillées en trame et organsin, qui auront été expédiées sous plombs et acquits-à-caution pour la douane de Lyon, et qui viendroient à être expédiées de ladite douane sous les mêmes formalités, à destination de l'étranger, en passant par les bureaux ouverts à la sortie des soies du Piémont, ne paieront qu'un franc vingt-cinq centimes par livre, ou deux francs cinquante centimes par kilogramme. (*DI.* 10 *octobre* 1810, *art.* 14.)

Ces soies peuvent aussi transiter à la destination du Havre en acquittant 15 francs du kilogramme à la sortie de ce port. — *Voir* d'ailleurs la section *Soies* sous les numéros 699 à 703.

TITRE III.

De la Réexportation et de la Réimportation en exemption de droits.

CHAPITRE I. — *De la Réexportation.*

871. Les dispositions de l'article 74 (*de la présente loi*, n° 823) seront applicables aux *marchandises* qui seront réexportées. (8 *floréal an* 11, *art.* 77.)

Ce n'est pas pour la réexportation de *toutes les marchandises* indistinctement que la disposition ci-dessus invoque l'art. 74 de la loi du 8 floréal; dans le texte, elle ne rend cet article applicable qu'aux seules *denrées coloniales* qui seront réexportées;... je n'ai donc rien à dire pour justifier la substitution que je me permets; je puis seulement représenter que la réexportation des productions coloniales ne pouvant avoir lieu qu'après l'acquittement des droits d'entrée (*voir* n° 584), l'article 77 ci-dessus de la loi du 8 floréal an 11 seroit actuellement sans objet, et ne pourroit ainsi trouver place ici sans induire en erreur, si je n'en étendois l'application.... Mais, je le répète, cette extension ne peut se colorer, même par la convenance qu'il y auroit de rendre communes à toutes les réexportations, et sur-tout aux exportations obligées, les dispositions de l'art. 74 de la loi du 8 floréal an 11.

872. Les marchandises admises en entrepôt qui sont prohibées à l'entrée, ou dont le droit excède dix pour cent de leur valeur, ne pourront être réexportées que sur des bâtimens de cent tonneaux et au-dessus, et sous acquits-à-caution, qui seront déchargés par les agens du Gouvernement françois dans les ports étrangers où les marchandises seront conduites. (8 *floréal an* 11, *art.* 78.)

Une lettre du directeur général, en date du 15 messidor an 11, a autorisé la réexportation par Anvers sur bâtimens de soixante à quatre-vingts tonneaux, sous les autres conditions prescrites, et en faisant convoyer le bâtiment jusqu'aux limites du territoire françois.

Et par décision du ministre de l'intérieur, du 16 frimaire an 12, les marchandises prohibées à l'entrée ou dont le droit d'importation excède dix pour cent de leur valeur, peuvent, à leur sortie d'entrepôt, être réexportées, pendant la guerre seulement, sur des navires de cinquante tonneaux et au-dessus, à l'exception des tabacs.

RÉEXPORTATION DES MARCHANDISES DE PRISES. Celles dont l'admission ne peut avoir lieu doivent être réexportées sur des navires d'au moins 100 tonneaux, et on doit prendre toutes les précautions nécessaires pour empêcher toute réimportation, soit dans le lieu même où les marchandises ont été embarquées, soit sur la côte où les navires s'arrêteroient et se procureroient des allèges. (*CD.* 26 *prairial an* 11.)

Les marchandises en entrepôt réel ou fictif, et celles provenantes de prises et admises en entrepôt sur des permissions spéciales, sont soumises pour leur réexportation aux formalités suivantes :

Le propriétaire desdites marchandises doit déclarer le port étranger où il les adresse, et faire sa soumission dûment cautionnée sur l'acquit-à-caution de le rapporter revêtu du certificat de décharge délivré par le consul françois du port de destination.

Les embarquemens de ces marchandises doivent être certifiés par le plus grand nombre de préposés possible, et un chef doit vérifier les marchandises à bord et en faire le recensement.

A l'expiration de chaque mois on doit adresser à M. le directeur général un état des acquits-à-caution délivrés pour ces réexportations, et on doit également au fur et à mesure de la rentrée desdits acquits revêtus des certificats de décharge, les envoyer à M. le directeur général pour en faire vérifier les signatures. (*CD.* 7 *mai* 1808.)

Avant le décret du 19 octobre 1810, qui a ordonné le brûlement des marchandises prohibées par la loi du 10 brumaire an 5, les acquits-à-caution délivrés pour assurer l'exportation de celles provenantes de prises, devoient porter la soumission de l'expéditionnaire et de sa caution de payer la valeur et le triple de cette valeur si les certificats de décharge n'étoient pas rapportés. (*CA.* 26 *frimaire an* 7.)

Dans l'état actuel de la législation, la faculté de la réexportation n'est pas applicable,

1°. Aux navires de prises. (*Loi du* 19 *thermidor an* 4.)

2°. A la poudre à tirer ni au salpêtre. (*Loi du* 13 *fructidor an* 5.)

3°. Aux drilles. (*DM.* 4 *juillet* 1806.)

4°. Aux productions coloniales. (*CD.* 31 *octobre* 1810.)

5°. Aux sucres raffinés. (*CD.* 2 *novembre* 1810.)

6°. Aux objets compris en l'article 5 de la loi du 10 brumaire an 5, puisque le décret du 19 octobre 1810 ordonne leur destruction.

Mais toutes autres marchandises jouissent de la réexportation, à la charge de l'effectuer directement par mer; et dans ce cas elles ne paient que le simple droit de balance. (*CD.* 21 *mars* 1807.)

873. Les laines non filées, venues de l'étranger, ne pourront être réexportées qu'autant qu'elles auront été mises dans l'entrepôt réel du port d'arrivée, et qu'elles en seront expédiées directement pour l'étranger. (30 *avril* 1806, *art.* 28.)

D'où résulte qu'à l'exception des laines en transit (*voir* n° 865), celles non filées sont prohibées à la sortie par terre.

JURISPRUDENCE. 1°. *Le propriétaire des marchandises qui doivent être réexportées est-il présumé les avoir introduites en fraude alors qu'il ne peut ni les représenter ni justifier de leur réexportation?* (Réponse affirmative.)

Quinze harasses de grès anglois avoient été vendus à charge de réexportation. — Ils furent d'abord laissés dans une église dont l'économe avoit la clef, puis entreposés dans une cave dont l'unique entrée étoit au-dessous de la fenêtre de l'acquéreur; celui-ci avoit la clef de l'un des cadenas, et lors du recensement de l'entrepôt les harasses parurent en bon état, laissant même apercevoir la poterie. — Néanmoins il y avoit eu substitution; et dès-lors on constata légalement qu'on ne pouvoit s'être introduit dans la cave que par la porte. — L'acquéreur prétendit que cette substitution ne pouvoit avoir été faite que dans l'église, entre le jour de la vente et celui de la sortie des harasses; l'administration répliqua que des voleurs ne se seroient pas occupés d'en remettre l'extérieur dans le même état, et que d'ailleurs ils se seroient adressés de préférence aux objets plus précieux qui se trouvoient dans cette église, et qu'en outre il n'y avoit eu ni observation ni réclamation de l'acquéreur lors de l'enlèvement.

Malgré cela le tribunal correctionnel de Boulogne trouvant de l'incertitude sur l'auteur, le temps et la manière de la soustraction, mit les parties hors de cour et compensa les dépens.

Sur l'appel, la cour criminelle a considéré que l'acquéreur s'étoit soumis à l'entrepôt et à la réexportation, que le magasin étoit de son choix, et qu'il étoit particulièrement tenu de veiller à la garde de ces marchandises, puisqu'il devoit les représenter à toute réquisition; mais que l'art. 15 de la loi du 10 brumaire an 5 ne parlant que de contrevenant, de délinquant, de confiscation, d'amende et d'emprisonnement, il en résultoit que l'intention n'étoit que d'atteindre ceux dont la contravention et le délit seroient constatés; qu'il n'étoit point prouvé que l'acquéreur des harasses fût, plus que tout autre, auteur de la soustraction; que s'il existoit un reproche à lui faire, ce ne pouvoit être que celui de n'avoir pas fait réexporter les marchandises... En conséquence ce tribunal ordonna la représentation en dedans un mois des marchandises dont il étoit question, sinon à payer à l'administration leur prix.

Ce jugement fut cassé par arrêt de la cour suprême, du 14 pluviose an 11, ainsi conçu:

« Vu les articles 1 et 15 de la loi du 10 brumaire « an 5; et attendu que Martin Pagès, chargé de « représenter et d'exporter les marchandises an- « gloises entreposées, dont il étoit propriétaire, ne « prouvant pas qu'aucune circonstance indépendante « de sa volonté l'ait mis dans l'impossibilité de rem- « plir ce double devoir, est de droit présumé avoir « disposé de ces marchandises, les avoir introduites « dans le commerce, et par là, d'après l'article 15 « ci-dessus cité, compris parmi les contrevenans; « — que le tribunal du Pas-de-Calais, quels que « soient les motifs énoncés dans son jugement, l'a « ainsi implicitement jugé en condamnant Pagès à « payer la valeur de ces marchandises, à défaut de « représentation, pour tenir lieu de confiscation; « qu'ainsi Pagès a été implicitement déclaré contre- « venant à l'art 1er. de la loi du 10 brumaire an 5; « — que d'après l'art. 15 de la même loi, la condam- « nation d'amende ne pouvoit être séparée de la « confiscation; qu'ainsi le tribunal du Pas-de-Calais, « en ne prononçant qu'une partie des peines portées « en cet article, y est contrevenu : la cour casse et « annulle, etc.... »

2°. *Le vol par effraction d'objets entreposés pour être réexportés, décharge-t-il le propriétaire de sa soumission, s'il n'est lui-même reconnu auteur du vol?* (Réponse affirmative.)

Il s'agissoit de marchandises angloises qui devoient alors être réexportées; elles avoient été entreposées dans un magasin d'où elles furent soustraites au moyen d'effraction faite au mur. Les auteurs de ce vol n'étoient pas connus, et tout en déclarant qu'en l'état il n'y avoit pas lieu à condamner l'adjudicataire à l'amende, le tribunal criminel avoit néanmoins décidé que cet adjudicataire représenteroit les marchandises ou en paieroit la valeur pour tenir lieu de la confiscation. — Pourvoi en cassation et arrêt du 15 ventose an 11, ainsi conçu :

« Vu les articles 4, 7 et 15 de la loi du 10 brumaire an 5 :

« Attendu qu'il est constaté que les marchandises « angloises n'ont été soustraites du magasin où elles « avoient été entreposées qu'au moyen d'effraction « faite au mur dudit magasin, dont les auteurs sont « restés inconnus; — que d'après les circonstances « particulières reconnues et déclarées, cette sous- « traction ne pouvoit être considérée que comme « l'effet d'un cas fortuit dont Debette, propriétaire « desdites marchandises à charge d'entrepôt et de « réexportation, ne pouvoit être responsable; et « aucun délit ou contravention ne lui ayant été im- « puté personnellement, aucune des peines pronon- « cées contre les délinquans ou contrevenans ne pou- « voit lui être appliquée; — que quoique le tribunal « criminel du département du Pas-de-Calais eût, par « le jugement attaqué, reconnu qu'il n'y avoit pas « lieu de condamner Debette à l'amende portée en « l'art. 15 ci-dessus cité, il l'a cependant condamné « à représenter les marchandises, ou à en payer la « valeur pour tenir lieu de confiscation; ce qui est « avoir fait une fausse application de la disposition « de cet article : par ce motif la cour casse et an- « nulle, etc.... »

3°. *Le transport des marchandises soumises à la réexportation doit-il être direct, à peine de confication et amende?* (Réponse affirmative.)

Des sucres raffinés, vendus à charge de réexportation, avoient été trouvés venant du côté de la Hollande et rentrant vers l'intérieur. Il résultoit du procès-verbal que le transport étoit oblique et rétrograde; cependant le tribunal criminel de l'Ourthe avoit annullé la saisie sur ce que la réexportation directe n'étoit pas obligatoire.

Pourvoi en cassation, et arrêt du 18 ventose an 7 ainsi conçu :

« Vu les art. 1 et 3 du titre 2 de la loi du 22 août « 1791 (*numéros* 290 *et* 292); et les art. 2 et 4 du « titre 3 de la loi du 4 germinal an 2 (*sous le* n° 292 « *et le* n° 293)...; et attendu que s'il ne résulte pas « précisément du procès-verbal de saisie du 27 fri- « maire an 6, que les sucres en question avoient été « vus sur une terre étrangère et entrer de suite sur « terre de France, ce procès-verbal prouve que ces « sucres venoient du côté de cette terre étrangère et « s'avançoient sur le territoire *françois*; — que « néanmoins l'exportation de ces sucres *devoit être « faite directement sans contour, sans pas rétro- « grade*, aux termes des lois ci-dessus rapportées; « — que quand bien même il auroit été reconnu que « ces sucres étoient les mêmes que ceux dont l'expor- « tation avoit été ordonnée en vertu de la loi du « 10 brumaire an 5, la marche auroit encore été « rétrograde; qu'au lieu de le juger ainsi le tribu- « nal criminel du département de l'Ourthe a expres- « sément autorisé le transport oblique et rétrogade, « puisqu'il l'a regardé comme légitime, et qu'il a « particulièrement motivé son jugement sur la fa- « culté qu'il supposoit au saisi de contourner et faire « des tours et détours; — que ce système n'est « propre qu'à favoriser la fraude et l'importation « des marchandises angloises dans l'intérieur de *la « France*, mais qu'il doit être proscrit comme étant « en opposition formelle avec les lois rapportées ci- « dessus; par ces motifs la cour casse.... etc. »

CHAPITRE II. — *De la réimportation.*

874. Le commerce jouira de la faculté de faire revenir de l'étranger, en exemption des droits, les marchandises françoises qui n'ont pu y être vendues, pourvu que l'origine nationale puisse être reconnue, soit par des marques de fabrique, soit par des caractères inhérens de cette origine.... (*DM.* 27 *août* 1791.)

Le droit de balance de commerce, ainsi que je l'ai dit sous le n° 342, est aujourd'hui exigible sur les marchandises présentées au retour.

La demande de retour doit être faite au directeur général des douanes, par un mémoire auquel on joint l'extrait légalisé du registre d'envoi portant facture et l'acquit de sortie.

Si les acquits représentés sont émanés de la douane de Paris, ils doivent être revêtus d'un certificat de sortie délivré par les employés du bureau par lequel l'exportation a eu lieu; alors la réimportation est permise sous acquit-à-caution à destination du bureau de Paris où la reconnoissance est faite par les commissaires experts attachés au ministère du commerce.

La chambre de commerce d'Amiens ayant réclamé contre les difficultés et les longueurs qu'entrainent les formalités à remplir pour obtenir le libre retour en France des marchandises que le commerce envoie tant dans les départemens anséatiques qu'à l'étranger, S. Ex. le ministre du commerce a rendu le 24 juillet 1812 la décision suivante :

« Les étoffes expédiées d'Amiens seront vérifiées

« aux derniers bureaux de sortie. Le fabricant joindra à son envoi des échantillons de chaque pièce « ainsi qu'un double de sa facture.

« Les préposés s'assureront de la conformité des « échantillons avec les pièces, conserveront ces échantillons et le duplicata de la facture. Celles invendues à l'étranger pourront être admises en retour « par le même bureau sur la demande qui en sera « faite par le fabricant en adressant une facture « légalisée des articles non vendus.

« L'identité devra être reconnue par le rapprochement des échantillons conservés et des étoffes « rentrantes : ce retour d'ailleurs n'aura lieu qu'après « l'autorisation du ministre et sous acquit-à-caution « pour Amiens, où le maire fera constater l'origine « par des fabricans. »

Les receveurs feront vérifier à la sortie si les échantillons sont effectivement extraits des pièces, et au retour s'ils s'y rapportent. (*CD.* 27 *juillet* 1812.)

La faveur du retour en franchise ne peut avoir lieu pour les marchandises qui ne sont pas susceptibles de reconnoissance. — Elle a été refusée par décision ministérielle du 7 frimaire an 6, aux vins et aux liqueurs, attendu qu'étant susceptibles de mélanges, leur origine nationale ne pouvoit être constatée.... Cependant il y a exception pour les vins de Bordeaux, *voir* n° 817. — Elle a aussi été refusée à des cuirs tannés, comme n'étant pas susceptibles de reconnoissance.

Mais elle a été accordée aux linons et batistes, quoique sans marques, parcequ'il a été reconnu qu'on n'en fabrique qu'en France. — Les dentelles de point d'Argentan et d'Alençon jouissent de la même faveur et par les mêmes motifs.

Et par exceptions particulières, le retour en franchise a été accordé aux vases de cuivre nommés estagnons, dans lesquels on renferme les essences expédiées pour l'étranger; il suffit de représenter l'acquit de sortie contenant la désignation de leurs poids et grandeur, et la réserve de les faire revenir. (*Décision du* 2 *brumaire an* 6.) — Aux bouteilles de verre ayant servi à l'exportation de l'huile de vitriol. (*Décision du* 17 *floréal an* 6.) — Aux bouteilles de verre exportées de Genève, pleines d'eau minérale artificielle. (*Décision du* 2 *vendémiaire an* 7.) — Ces franchises cependant ne dispensent point de l'acquittement du droit de balance.

Les marchandises auxquelles les préposés auroient apposé des plombs à leur sortie de France pour les foires d'Allemagne seroient admises au bénéfice du retour.

Il est aussi des RETOURS OBLIGÉS, par exemple, celui des futailles, que l'on ne laisse sortir vides pour la pêche de la baleine que sous la soumission de les faire rentrer pleines.

Celles également vides, destinées à aller chercher différentes marchandises et notamment des vinaigres médicinaux, ne sont aussi exportées, qu'à charge du retour en même nombre et dans les délais qui sont fixés. (*DM.* 1er. *thermidor an* 10.)

RÉIMPORTATION ET IMPORTATION *des Meubles à usage.*

Il arrive souvent que les habitans des frontières possèdent dans le pays étranger limitrophe, et réciproquement les étrangers en France, des domaines et maisons de campagne qu'ils n'habitent qu'une partie de l'année; ils y conduisent et en ramènent une grande quantité d'effets à leur usage, qui, en suivant strictement la loi, doivent acquitter les droits toutes les fois qu'ils entrent ou qu'ils sortent, mais par faveur spéciale le ministre a rendu, le 17 octobre 1791, une décision conçue en ces termes : « Permettre la sortie des meubles et effets dans l'objet dont il s'agit, à la charge de justifier d'une propriété distante de trois à quatre lieues des frontières, de l'identité des effets par la représentation « et visite d'iceux dans les mêmes bureaux par lesquels ils seront entrés et sortis, et d'une soumission cautionnée de remplir cette formalité. » (*DM.* 17 *octobre* 1791.)

Les conditions prescrites par cette décision se remplissent par la formalité d'un acquit-à-caution.

Il y a en outre à percevoir le droit de balance du commerce, déterminé par l'article 2 de la loi du 24 nivose an 5. (n° 342.)

Le même ministre des finances, et par décision du même jour, 17 octobre 1791, avoit aussi autorisé l'admission en exemption des droits ordinaires du tarif, des meubles, linges et effets à l'usage des personnes venant habiter la France; mais ne sont plus admis en franchise que le linge et les habillemens ayant servi, et l'argenterie si elle est vieille.

Les lits et leurs dépendances, les linges neufs, les glaces, miroirs, vins, liqueurs, ainsi que tous les meubles en bois, acquittent les droits.

Il en est de même de la porcelaine et de la faïence si cette dernière n'est pas de l'espèce prohibée sous le nom de terre de pipe, auquel cas elle doit rester à l'étranger.

Quant à la verrerie et aux ouvrages en métal, tels que batterie de cuisine en cuivre, fourneaux et lits en fer, ustensiles en étain, etc., la prohibition absolue dont ces articles sont frappés s'oppose à ce que l'entrée en soit permise, alors même qu'ils sont à usage.

Un état détaillé des meubles qu'on demande à introduire doit être adressé à M. le directeur général qui en réfère au ministre du commerce.

TITRE IV.

Des Entrepôts.

CHAPITRE I. — *Dispositions générales sur les entrepôts.*

SECTION I. — *Des Entrepôts réels.*

§. 1. *Des villes qui jouissent de l'entrepôt réel.*

875. Il y aura un entrepôt réel de marchandises et denrées étrangères, coloniales et autres dans les ports de Marseille, Cette, Bayonne, Bordeaux, la Rochelle, Nantes, Lorient, Saint-Malo, Cherbourg, Rouen, le Havre, Honfleur, Dunkerque, Ostende, Bruges et Anvers. (8 *floréal an* 11, *premier paragraphe de l'art.* 23.)

Il y aura un entrepôt réel de marchandises et denrées étrangères prohibées et non prohibées, coloniales et autres, dans les ports de Cologne et de Mayence. (*Même loi, art.* 44.)

La faculté de l'entrepôt est aussi accordée aux villes suivantes : — Civita-Vecchia (n° 966), — Fiume (n° 975), — Florence (n° 924), — Gênes (n° 905), — Livourne (n° 919), — Lyon (n° 938), — Raguse (n° 977), — Rome (n° 957), — Savone (n° 970), — Strasbourg (n° 971), — Trieste (n° 975).

Il y aura un entrepôt réel de denrées et marchandises étrangères non prohibées dans les ports d'Amsterdam, de Rotterdam et d'Embden. (*DI.* 18 *octobre* 1810, *premier paragraphe de l'art.* 165.)

Ces derniers entrepôts seront régis et gouvernés d'après les mêmes principes que ceux qui sont établis en France. (*DI.* 18 *octobre* 1810, *second paragraphe de l'art.* 165.)

Pour les entrepôts accordés aux villes anséatiques *voir* sous le n° 753.

Il résulte de l'art. 12 de la loi du 8 floréal an 11 (n° 880) que les villes auxquelles il a été accordé un entrepôt réel jouissent de l'entrepôt fictif.

Quelques endroits, autres que ceux dénommés ci-dessus, ont aussi obtenu des entrepôts spéciaux pour certaines marchandises, telles que *cotons*, *genièvres*, *rhums* et *tafias*, *peaux d'agneaux*, *sels*, etc. — *Voir* le dernier chapitre de ce titre, et consulter pour l'entrepôt des sels, etc. le titre 1er. du livre III et le dernier paragraphe de la note sous le n° 1005.

876. Il pourra être reçu, dans l'entrepôt réel, des marchandises prohibées, dites *de traite*, ci-après désignées; savoir : couteaux de traite, flacons de verre, rasades et autres verroteries, grosse quincaillerie, tabac de Brésil à fumer, toiles dites *guinées*, des bajulapaux, néganepaux et autres toiles à carreaux des Indes, cauris, fers de Suède, pipes de Hollande, platilles de Breslau, vases de cuisine venant de Saxe, barbuts, moques de faïence bariolées, poteries d'étain, rhum, tafia des colonies françoises ou de l'étranger, féveroles de Hollande, neptunes, bassins, chaudrons, baquettes, manilles, trompettes, cuivre rouge, clous de cuivre, verges rondes et barres plates, plomb de deux points, gros carton brun de quarante-trois à quarante-neuf centimètres sur cent dix-neuf à cent trente

centimètres, les bonnets de laine, grelots, clochettes en métal, les baïettes. (8 *floréal an* 11, *art.* 24.)

Les fusils dits *de traite* ne pourront être exportés jusqu'à la paix générale qu'après une permission du ministre de la guerre. (30 *avril* 1806, *art.* 24.)

En vertu d'une décision ministérielle du 28 nivose an 11, relative à l'admission en entrepôt, pour le commerce d'Afrique, des étoffes dites *bayettes* dont il n'existe pas de fabrique en France, les armateurs sont tenus de faire, avant l'arrivée au port d'entrepôt, leur déclaration au bureau de la douane, d'y représenter les factures détaillées, et de remettre un certificat d'origine dûment visé par un commissaire des relations commerciales.

Ces déclarations préalables sont prescrites par les lettres-patentes du 7 septembre 1728, art. 5 et 6.... Elles doivent être enregistrées, et il en est donné acte qu'on rapporte au moment de l'arrivée, en présentant les connoissemens ordinaires et les factures ci-dessus prescrites.

Ces formalités sont communes à tout article prohibé. (*CD.* 30 *nivose an* 12.)

Les marchandises sont exactement visitées, et les entrepôts sont aux frais du commerce. (*Art.* 7 *des lettres-patentes de janvier* 1716.)

§. II. *Des conditions de l'entrepôt réel.*

877. L'entrepôt réel aura lieu à la charge de réexporter, ou de payer les droits à l'expiration de l'année. (8 *floréal an* 11, *second paragraphe de l'art.* 23.)

878. Les villes auxquelles l'entrepôt est accordé n'en jouiront qu'à la charge de fournir, sur le port, des magasins convenables, sûrs, et réunis en un seul corps de bâtimens, pour y établir ledit entrepôt, à l'effet de quoi le plan du local sera présenté au Gouvernement, qui, après avoir fait examiner s'il est propre à sa destination, l'y affectera, s'il y a lieu, par un arrêté spécial. (8 *floréal an* 11, *art.* 25.)

Cette clause est de rigueur et ne peut être modifiée par les autorités locales; M. le directeur général en a recommandé la stricte exécution par sa circulaire du 17 fructidor an 10, et par une lettre au directeur d'Anvers du 1er. frimaire an 13.

879. Tous les magasins servant d'entrepôt seront fermés à deux clefs, dont l'une restera entre les mains des préposés de l'administration des douanes, et l'autre dans les mains du commerce, qui fournira et entretiendra lesdits magasins. (8 *floréal an* 11, *art.* 26.)

Ainsi on entend par Entrepôt réel le dépôt des marchandises dans un magasin affecté à cet usage, lequel est fourni par le commerce.

Le contrôle des entrepôts est établi et surveillé au moyen de registres d'entrée et de sortie qui sont tenus par des préposés à ce désignés, et par des états qui sont adressés périodiquement à M. le directeur général dans les formes qu'il a déterminées; les modèles de ces registres et états ont été envoyés avec ses circulaires des 24 thermidor et 17 fructidor an 10.

Les registres *d'entrée* sont tenus par les contrôleurs aux entrepôts dans les douanes où il en existe, et dans les autres par les premiers visiteurs; ceux de *sortie* doivent être confiés à un receveur aux déclarations. (*CD.* 24 *thermidor an* 10.)

On doit au commencement de chaque année faire un recensement général de toutes les marchandises existantes en entrepôt, afin de vérifier la balance des entrées et sorties et la concordance des mouvemens de l'entrepôt avec la recette. — Les préposés chargés de cette opération doivent s'assurer par le rapprochement des livres d'entrée et de sortie de chaque entrepôt, des quantités de marchandises qui doivent rester en magasin au 1er. janvier de chaque année; ils constatent en même temps par des vérifications générales si les mêmes quantités existent, quelles sont les différences et d'où elles proviennent. — Si l'on reconnoissoit quelque différence provenant d'une erreur d'enregistrement on devroit en référer au directeur général, qui peut seul autoriser la suspension ou la cessation des poursuites auxquelles ces différences, quel qu'en soit le motif, doivent donner lieu.

Il arrive souvent que des négocians se cèdent réciproquement des marchandises qui sont sous le régime de l'entrepôt; dans ce cas le cédant au nom duquel la déclaration d'entrée a été faite en prévient la douane. La ferme générale, par une circulaire du 9 août 1791, a annoncé qu'elle toléroit cet usage, mais sous la condition strictement observée que la première soumission fournie lors de la mise en entrepôt subsistera jusqu'à la consommation entière des quantités et espèces mentionnées dans cette soumission primitive, de manière que dans tous les temps celui qui l'aura souscrite demeure pour unique obligé et par conséquent personnellement garant du sort des marchandises ainsi que des évènemens en cas de déficit constaté lors des recensemens, ou de quelques autres contraventions quelconques aux lois sur la matière. — Aucune disposition n'ayant révoqué cet usage, qui a même été suivi sous le régime des entrepôts réorganisés par la loi du 8 floréal an 11, il continue à avoir lieu aux mêmes conditions.

Il en est de même des prorogations d'entrepôts qui s'accordent dans certaines circonstances lorsque les besoins du commerce l'exigent. La ferme générale a fait connoître le 10 janvier 1791 qu'elles ne pouvoient être accordées que par elle, ainsi le directeur général peut en accorder; il s'est même réservé de prononcer seul sur cette faveur, qui n'a lieu toutefois que sous la condition que le négociant qui l'obtient renonce, pour les marchandises qui en sont l'objet, à la faculté de les réexporter. (*CD.* 3 *vendémiaire an* 12.)

Mais hors ce cas de prorogation, l'expiration seule du délai d'entrepôt donne ouverture à la perception des droits d'entrée. (*CA.* 9 *germinal an* 4.)

Lorsque des mutations d'entrepôt sont autorisées, chaque acquit-à-caution délivré pour ces mutations doit énoncer exactement la puissance ou contrée étrangère d'où sont venues les marchandises, afin que lors de la déclaration pour la consommation, les relevés de commerce indiquent les lieux d'importations. (*CD.* 25 *avril* 1811.)

Les marchandises entreposées qui sont retirées pour la consommation doivent les droits existans lors de la déclaration de mise en consommation. (*CA.* 22 *nivose an* 4.) — *Voir* sous le n° 335.

Les marchandises admises en entrepôt qui sont prohibées à l'entrée ou dont le droit excède dix pour cent de la valeur, sont soumises lors de leur réexportation à des formalités particulières; *voir* au chapitre *Réexportation*, titre 3 de ce livre IV.

On ne peut refuser aux propriétaires ou consignataires des denrées en entrepôt la faculté de les transvaser ou changer d'emballage; le moyen de prévenir les abus dans ces manipulations est d'établir dans la soumission passée à l'entrée en entrepôt le poids brut des denrées et la tare à déduire, suivant qu'elles sont en futailles ou en sacs; à la sortie de l'entrepôt on vérifie par une nouvelle supputation de la tare des denrées qui ont été transvasées; si elles sont représentées en même poids net que celui constaté à l'entrée; au surplus on est fondé, d'après la loi du 8 floréal, art. 15, à empêcher qu'il soit fait aucune opération sans la participation de la douane.

Les ordres administratifs ci-dessus rapportés sont aussi applicables au régime des entrepôts fictifs.

JURISPRUDENCE. — *Les marchandises entreposées qui sont vendues avant leur sortie de l'entrepôt, sont-elles garantes des droits dus par le vendeur à raison d'autres marchandises?*

L'administration étoit créancière de la maison Strobel et Martiny de Bordeaux, à raison d'un crédit de droits pour marchandises importées. — Ces négocians ayant manqué, l'administration fit saisir cent boucauts de tabac qu'ils avoient déposés en entrepôt; mais ces tabacs furent revendiqués par les sieurs Kunkel et compagnie, comme ayant été achetés par eux avant la faillite, et ils soutinrent ne devoir pour ces tabacs que les droits auxquels leur importation donnoit ouverture. — L'affaire portée devant les tribunaux fut jugée en faveur des sieurs Kunkel.

Pourvoi en cassation de la part de l'administration, qui donnoit pour moyen, qu'attendu que c'est par faveur et par utilité pour le commerce que l'entrepôt est permis; que tant que les marchandises restent entreposées, elles constituent le gage spécial des droits non acquittés, il en résultoit que le propriétaire qui les a entreposées ne peut ni les changer de nature, ni les vendre sans l'autorisation de l'administration, qui ne peut perdre son nantissement par des faits qui ne sont pas les siens... Nonobstant ce raisonnement, arrêt de la cour suprême, du 27 frimaire an 13, par lequel, — « Attendu....., « quant aux tabacs non sortis, qu'aucune loi n'en « a prohibé la vente pendant le temps qu'ils sont « dans l'entrepôt; que ces ventes sont d'un usage « notoire et constant, ainsi qu'il a été jugé par les « deux tribunaux; qu'il a également été jugé en fait, « que la vente qui en a été passée à Kunkel et com- « pagnie avoit été accompagnée de toutes les mar- « ques caractéristiques qui en opèrent la consom- « mation, telles que le déplacement, nouvelles mar- « ques apposées; que le tout n'avoit pu avoir lieu « qu'en la présence et avec le concours des préposés « de la douane, nantis à cet effet d'une clef de l'en- « trepôt; qu'il n'a apparu, même dans le temps, « aucune réclamation de la part desdits préposés; « que l'administration reconnoît elle-même la vérité « de la vente, et ne lui reproche ni simulation ni « fraude; qu'il résulte encore qu'elle a eu lieu avant « la faillite de Strobel et Martiny, et dans un temps « non suspect; — attendu, qu'en l'état, les tabacs « non sortis de l'entrepôt n'étant plus alors la pro- « priété des faillis, mais celle desdits acheteurs, cette « marchandise ne pouvoit être passible envers l'ad- « ministration que des droits qui la concernoient « matériellement, suivant son poids ou sa qualité,

« conformément au tarif; que l'offre réelle en ayant « été faite, l'administration ne pouvoit s'opposer à « la sortie, ni prétendre sur ces tabacs circulant « dans le commerce des droits de garantie ou de « suite, que la loi du 9 floréal an 7, ni aucune autre, « n'a réservés à la douane; — la cour rejette... »

Voir d'autres arrêts, relatifs aux entrepôts, sous le n° 918.

SECTION II. — *Des Entrepôts fictifs.*

§. I. *Des villes qui jouissent de l'entrepôt fictif.*

880. Les ports qui ont un entrepôt fictif *sont :* Nice, Toulon, Marseille, Cette, Bayonne, Bordeaux, Rochefort, la Rochelle, Nantes, Lorient, Brest, Morlaix, Saint-Malo, Granville, Cherbourg, Rouen, le Havre, Honfleur, Fécamp, Dieppe, Saint-Valery-sur-Somme, Boulogne, Calais, Dunkerque, Ostende, Bruges et Anvers. (8 *floréal an* 11, *art.* 12.)

La ville de Gand est comprise au nombre de celles auxquelles la loi du 8 floréal an 11 accorde l'entrepôt fictif .... (22 *ventose an* 12, *second paragraphe de l'art.* 22.)

Il résulte de la nomenclature de l'art. 12 ci-dessus de la loi du 8 floréal an 11, que les villes auxquelles l'entrepôt réel est accordé jouissent de la faculté de l'entrepôt fictif.

Il a été disposé relativement à la ville de Gand, qu'il sera permis d'y faire arriver sans rompre charge, les navires entrant par le Sas de Gand, dont le port ne présente pas les commodités nécessaires pour les opérations du commerce; mais les marchandises importées à Gand par Anvers ne sont point dans le même cas; ainsi les cargaisons des bâtimens entrés à Anvers doivent être vérifiées et assujetties aux droits dans ce dernier port. (*DM.* 28 *brumaire an* 14.)

OBSERV. L'article 12 ci-dessus de la loi du 8 floréal commence ainsi :

L'admission des denrées et productions des colonies françoises n'aura lieu que par les ports qui ont un entrepôt fictif, savoir : Nice, etc.

Il y a donc relativement à cette section *des Entrepôts fictifs* cette remarque à faire, que la loi du 8 floréal n'ayant établi ces entrepôts qu'en faveur des denrées et productions des colonies françoises, il résulte et des circonstances et des décrets qui depuis ont exempté ces denrées des droits de consommation (n° 589), que l'entrepôt fictif n'a plus lieu.....; or je n'en parle ici que pour autant que si cette faveur étoit accordée à d'autres marchandises, on puisse trouver dans cet ouvrage les règles qui la régissoient.

Ce que je viens de dire de l'annullation actuelle des entrepôts fictifs se trouve implicitement annoncé dans une lettre administrative qui a répondu à la sollicitation d'une prolongation d'entrepôt pour une cargaison de bois de campêche venue à Granville sur un navire muni de licence.... On demandoit aussi si les marchandises importées de cette manière jouissoient de quelques faveurs particulières pour l'entrepôt, et si dans ce cas elles devoient être assujetties aux droits de magasinage.

Il a été répliqué : « Les marchandises importées « en vertu de licences ne jouissent d'autres privi- « léges que ceux énoncés expressément dans ces « actes. Elles sont d'ailleurs soumises au régime « ordinaire des douanes. Ainsi à Granville, où il « n'existe pas d'entrepôt, les droits sont perceptibles « immédiatement après leur liquidation; cependant, « attendu les circonstances, je vous autorise à accor- « der, pour le cas particulier dont il est question, un « entrepôt de deux mois, à compter de ce jour, pour » les bois de campêche dont il s'agit. — Quant au « droit de magasinage, il est dû si l'entrepôt a lieu « dans un local appartenant à la douane ou loué par « elle; mais on ne peut l'exiger lorsqu'il a lieu dans « des bâtimens appartenans aux consignataires, ou « dont la location est à leur charge. » (*LD.* 13 *janvier* 1812.)

§. II. *Des conditions de l'entrepôt fictif.*

881. La durée de l'entrepôt ne pourra excéder le terme d'une année. (8 *floréal an* 11, *second paragraphe de l'art.* 14.)

882. Les négocians et autres qui déclareront pour l'entrepôt *fictif*....., seront tenus de déclarer aux bureaux des douanes, avant la mise en entrepôt, les magasins où ils renfermeront leurs marchandises, et de faire leurs soumissions de les représenter en mêmes qualité et quantité toutes les fois qu'ils en seront requis, avec défense de les changer de magasin sans déclaration préalable et permis spécial de la douane, à peine de payer immédiatement les droits en cas de mutation non autorisée, et du double droit dans le cas de soustraction absolue, indépendamment d'une amende, qui pourra s'élever au double de la valeur de la marchandise soustraite. (8 *floréal an* 11, *art.* 15.)

Ainsi l'entrepôt fictif est l'avantage accordé à certaines marchandises de rester chez le négociant propriétaire, sous la soumission cautionnée de les réexporter ou d'en payer les droits au moment où elles sortiront de ses magasins pour la consommation.

Les négocians qui ont des marchandises entreposées dans des magasins à eux appartenans, sont responsables des soustractions, vols ou enlèvemens qui pourroient y être faits. (*L.A.* 22 *frimaire an* 7.)

CHAPITRE II. — *Dispositions particulières aux entrepôts de certaines villes.*

SECTION I. — *Entrepôt de Cherbourg.*

883. La ville de Cherbourg aura, outre..... la faculté *d'admettre en entrepôt réel les marchandises et denrées étrangères, coloniales et autres, celle* d'entreposer les eaux dites de genièvre, les rhums et les tafias. (8 *floréal an* 11, *premier paragraphe de l'art.* 27.)

Je suis forcé d'ajouter à cet article pour le rendre intelligible ici..... Placé dans la loi du 8 floréal dans la section même qui règle les entrepôts réels, il s'en réfère à ses dispositions, et veut là ce que je lui prête ici.... Au surplus, en voici le texte même : « La ville de Cherbourg aura en outre, aux « conditions ci-dessus exprimées, la faculté d'entre« poser les eaux dites de genièvre, les rhums et les « tafias. »

Les mots *en outre* rappellent là les articles 23 et 24 (numéros 876 et 877); et ces mots *aux conditions ci-dessus exprimées*, désignent celles des articles 25 et 26 (numéros 878 et 879), qui sont encore invoquées par l'article 47 ci-dessous. — La même loi, du 8 floréal an 11, répète aussi la disposition relative à l'entrepôt des genièvres à Cherbourg, dans son article 40, qui est ainsi conçu : « Les eaux-de-vie de genièvre, les rhums et les tafias « pourront être introduits dans le port de Cher« bourg, et y être mis en entrepôt réel. »

J'ai cru que, pour maintenir quelque concordance dans cette classification des lois des douanes, je ne pouvois présenter ces articles que dans une note, parceque détachés sans commentaires, ils ne rendroient pas dans la classification ce qu'ils signifient dans la loi.

884. Cette ville ne jouira dudit entrepôt qu'aux conditions portées aux articles 25 et 26 de la présente loi. (8 *floréal an* 11, *art.* 47.)

J'ai classé les articles 25 et 26 sous les numéros 878 et 879; et pour cet entrepôt de genièvre, rhum et tafia, il faut aussi consulter la loi du 19 octobre 1791, numéros 1000 et suivans.

885. Lesdites marchandises ne pourront être introduites que par des bâtimens de cent tonneaux et au-dessus. (8 *floréal an* 11, *art.* 48.)

SECTION II. — *Entrepôt de Cologne.*

886. Il y aura sur le port de Cologne un entrepôt réel de marchandises et denrées étrangères, prohibées et non prohibées. (1er. *pluviose an* 13, *art.* 31.)

887. L'entrepôt ne pourra être établi que dans une enceinte qui commencera à l'angle de la porte de la ville dite Markmansgasse, et finira au bastion dit Muhlengasse. (*Même loi*, *art.* 32.)

Les maisons et magasins compris dans cette enceinte ne pourront être employés qu'à recevoir les marchandises pour lesquelles on usera de la faculté de l'entrepôt. (*Même loi*, *art.* 33.)

Lesdites maisons et magasins n'auront aucune ouverture sur l'intérieur de la ville; celles qui existent seront immédiatement fermées; et tous les murs extérieurs de l'enceinte seront crépis et blanchis. (*Même loi*, *art.* 34.)

Toutes les caves existantes actuellement sur la partie du quai qui sera affectée à l'entrepôt réel, seront comblées. (*Même loi*, *art.* 35.)

888. Les égouts de la ville qui ont leur embouchure sur la partie du quai de l'entrepôt, seront fermés par deux grilles placées à quelque distance l'une de l'autre, et de manière qu'elles se trouvent dans l'enceinte du port franc. Les clefs des grilles seront remises au directeur des douanes, et les égouts ne pourront être nettoyés qu'en présence des préposés. (*Même loi*, *art.* 36.)

889. Deux chaloupes stationnaires, montées par des préposés, seront placées aux deux extrémités de l'enceinte, afin d'empêcher toutes communications par le fleuve entre la partie franche et les autres parties du port. (*Même loi*, *art.* 37.)

890. Il sera construit dans ladite enceinte un corps-de-garde pour les préposés des douanes, dont le service se bornera à tenir un état exact des bâtimens qui aborderont sur la partie franche, et à empêcher que l'on ne cherche à introduire dans la ville des marchandises, soit en pratiquant des souterrains, soit en les faisant passer par-dessus les murs. Les mêmes préposés s'assureront, chaque jour, de l'état des grilles qui fermeront les égouts. (*Même loi*, *art.* 38.)

891. La Fische-porte qui conduit de l'intérieur de la ville sur le quai d'entrepôt, sera condamnée et fermée par un mur de trois pieds d'épaisseur. (*Même loi*, *art.* 39.)

892. Le commerce prendra des mesures pour que la maison de Dusmann, commissionnaire des négocians, qui tient au mur de l'enceinte du port franc et à la porte de Markmansgasse, serve de corps-de-garde aux préposés des douanes qui seront chargés de garder l'extérieur de l'enceinte. (*Même loi*, *art.* 40.)

893. Le corps-de-garde placé à la porte de Markmansgasse, dans l'intérieur du port, près du mur d'enceinte, continuera d'être affecté au service des douanes; et celui construit près de la porte de sortie de la douane sera remis à la disposition du directeur. (*Même loi*, *art.* 41.)

894. Il sera établi un bureau de douane succursal sur la partie du quai servant à l'abordage du pont volant. (*Même loi*, *art.* 42.)

895. Les marchandises arrivant par le pont volant ne pourront entrer que par la porte pratiquée dans le mur d'enceinte, vis-à-vis la porte Markmansgasse; et les clefs de la porte resteront entre les mains des préposés des douanes.

Les marchandises destinées pour l'intérieur de la ville ne sortiront de la partie franche que par la porte du bureau des douanes. (*Même loi, art.* 43.)

896. Il sera établi à la porte du quai appelée Saltz-Thorchen un tourniquet pour le passage des gens de pied, et un corps-de-garde pour les préposés, lequel sera placé hors de l'enceinte. (1er. *pluviose an* 13, *art.* 44.)

897. Le maire de Cologne prendra les mesures nécessaires pour que le port franc ne soit ouvert qu'aux négocians, bateliers et ouvriers. Les préposés des douanes concourront à l'exécution de ces mesures. (*Même loi, art.* 45.)

898. Toutes les dépenses auxquelles donneront lieu les dispositions prescrites par les articles précédens, à l'exception de celles relatives aux chaloupes stationnaires, seront supportées par le commerce de Cologne. (*Même loi, art.* 46.)

899. La ville de Cologne ne jouira dudit entrepôt qu'après qu'il aura été constaté, par un procès-verbal rédigé par le directeur des douanes, et signé par le sous-préfet, le maire et un membre de la chambre du commerce, que toutes les conditions ont été strictement et rigoureusement remplies. (*Même loi, art.* 47.)

SECTION III. — *Entrepôt d'Embden.*

900. Toutes les marchandises déposées à l'entrepôt réel, accordé par l'art. 165 du décret du 18 octobre 1810 (n° 875) à la ville d'Embden, département de l'Ems oriental, seront assujetties à un droit de demi pour cent de la valeur. (*DI.* 24 *août* 1812, *art.* 1.)

901. Ladite perception aura lieu à l'égard des marchandises qui auroient été entreposées antérieurement à la publication du présent décret.

Elle sera confiée à un percepteur particulier, choisi et nommé par le conseil municipal et le maire de la commune. (*Même décret*, *art.* 2.)

902. Les fonds provenans de cette perception sont exclusivement affectés au remboursement des frais d'acquisition des magasins nécessaires à l'entrepôt réel, ainsi qu'à ses dépenses journalières d'entretien ou de réparations. (*Même décret, art.* 3.)

903. Le produit dudit droit sera versé, chaque mois, dans la caisse municipale, pour y recevoir l'emploi spécifié par l'article précédent, et ce, conformément aux délibérations du conseil municipal, visées par le maire et autorisées par le préfet du département de l'Ems oriental. (*Même décret*, *art.* 4.)

904. Tous les ans, au mois de janvier, il sera rendu au préfet par le conseil municipal un compte exact et détaillé des recettes et dépenses de l'exercice précédent, et il en sera référé à SA MAJESTÉ, s'il y a lieu, par *son* ministre de l'intérieur. (*Même décret*, *art.* 5.)

SECTION IV. — *Entrepôt de Gênes.*

905. Il y aura à Gênes un port franc ou entrepôt réel de marchandises étrangères prohibées ou non prohibées, à l'exception de celles venant de fabriques ou du

commerce de l'Angleterre, qui en sont formellement exclues. (30 *avril* 1806, *art.* 42.)

906. Les bâtimens et magasins qui composent le local franc actuellement existant continueront à y être spécialement affectés, et devront être isolés de tous autres édifices : toutes les fenêtres extérieures desdits bâtimens seront grillées dans un mois, à compter de la date de la présente. (30 *avril* 1806, *art.* 43.)

907. Les navires chargés de marchandises destinées pour l'entrepôt devront aborder sur la partie du quai appelée *Ponte de Mercanti.* Ils pourront aussi aborder, ainsi que cela se pratique aujourd'hui, près de la partie de l'entrepôt qui a une communication directe avec la mer.

Les portes des passages ci-dessus désignés, qui conduisent dans le local franc, seront gardées par les préposés des douanes; et tous les soirs les clefs seront remises entre les mains du receveur de la douane. (30 *avril* 1806, *art.* 44.)

908. Les capitaines ou patrons des bâtimens seront tenus, dans les vingt-quatre heures de leur arrivée, de remettre au bureau de la douane le manifeste de leur chargement, avec indication des marques, numéros des caisses, ballots, barils, boucauts, etc. qui le composeront. (30 *avril* 1806, *art.* 45.)

909. Dans les trois jours de l'arrivée des bâtimens, les propriétaires ou consignataires feront, au bureau de la douane, la déclaration des marchandises, en désignant les marques, le nombre et le contenu des caisses, balles, etc., ainsi que les quantités et espèces. (30 *avril* 1806, *art.* 46.)

910. Immédiatement après le débarquement, qui ne pourra s'effectuer que sur les deux points désignés, en présence des préposés des douanes, les marchandises seront vérifiées, pesées et portées sur deux registres, dont l'un sera tenu par un receveur aux déclarations, et l'autre par un contrôleur aux entrepôts ; les propriétaires ou consignataires feront, au bas de chacun des enregistremens qui les concerneront, leur soumission de représenter lesdites marchandises dans les délais qui seront ci-après déterminés. (30 *avril* 1806, *art.* 47.)

911. Les marchandises seront, après lesdites vérifications et enregistremens, transportées dans l'entrepôt, sous la surveillance des préposés des douanes, qui les accompagneront jusqu'à la porte intérieure du local franc. (30 *avril* 1806, *art.* 48.)

912. Lorsque les marchandises seront tirées de l'entrepôt, la déclaration préalable en sera faite à la douane, où elles seront immédiatement conduites et vérifiées. Celles arrivées par mer et qui seront réexportées par la même voie, ne paieront que le droit de balance; celles qui seront envoyées par terre à l'étranger acquitteront les droits de transit.... (30 *avril* 1806, *premier paragraphe de l'art.* 50.)

Ce droit est aujourd'hui celui fixé par l'article 8 du traité du 20 juin 1808 ; voyez au titre *des Traités de commerce.*

913. Les marchandises permises qui seront tirées du local franc pour la consommation de la France ou du duché de Parme, acquitteront les droits fixés par le tarif de l'empire françois. (30 *avril* 1806, *art.* 52.)

914. Les marchandises réexportées, soit par terre, soit par mer, ainsi que celles qui entreront dans la consommation, seront portées en décharge sur deux registres, dont l'un sera tenu par un contrôleur aux entrepôts, et l'autre par un receveur aux déclarations, avec indication des lieux de destination, et des dates et numéros des expéditions qui auront été délivrées. (30 *avril* 1806, *art.* 53.)

915. La durée de l'entrepôt sera de deux années; elle pourra être prorogée lorsque les circonstances l'exigeront : mais à l'expiration de chaque semestre les contrôleurs aux entrepôts se transporteront dans les différens magasins du local franc, et se feront représenter les marchandises par chaque propriétaire ou consignataire; s'il y a déficit, les propriétaires ou consignataires seront tenus de payer le double des droits pour les marchandises permises, et le double de la valeur pour celles prohibées. (30 *avril* 1806, *art.* 55.)

916. Aucun individu ne pourra entrer dans l'entrepôt ou port franc de Gênes, s'il n'est porteur de sa patente de négociant, ou d'une carte délivrée par le directeur des douanes. (*Même loi, art.* 56.)

917. Tout individu qui sera surpris sortant du port franc avec des marchandises prohibées ou en fraude des droits, sera, indépendamment de la confiscation des marchandises et de l'amende prononcée par les lois, condamné, pour la première fois, à six mois de prison; et pour la seconde, à un an, conformément à l'article 26 de la loi du 22 ventose an 12. (*Même loi*, *art.* 58.)

918. Les négocians qui ont des magasins dans l'entrepôt ne pourront vendre ni laisser sortir desdits magasins aucune marchandise qu'après en avoir fait la déclaration à la douane : ceux qui seront convaincus d'avoir contrevenu à cette disposition, ou d'avoir eux-mêmes confié des marchandises à des hommes salariés pour les introduire dans la ville, seront, indépendamment des peines portées par les lois, privés de la faculté de l'entrepôt, du transit et de tout crédit de droits, conformément à l'article 83, section 4 de la loi du 8 floréal an 11. (*Même loi, art.* 59.)

CETTE même loi du 30 avril 1806, par ses art. 60 à 71, a aussi créé un entrepôt à Alexandrie qui devoit être une continuation de celui de Gênes, mais ces dispositions n'ayant pas été mises à exécution, il devient inutile de les rapporter ici.

JURISPRUDENCE. — *Si des marchandises introduites dans un port franc excèdent la quantité déclarée, l'excédant est-il, comme le déficit, passible du double droit?* (Réponse affirmative.)

Le 2 mars 1807, l'inspecteur et le vérificateur de l'entrepôt de Gênes constatèrent qu'il se trouvoit dans le magasin du sieur Carbonne 1088 kilogrammes de poivre en grains, quoiqu'il n'en eût déclaré que 180 kilogrammes.

Ils citèrent, en conséquence, le sieur Carbonne devant le juge de paix, pour le faire condamner à payer le droit simple de l'excédant, et le double droit pour la totalité, conformément à l'art. 18 du titre 2 de la loi du 22 août 1791.

Le juge de paix, et, sur l'appel, le tribunal civil de Gênes ont décidé que cette loi n'étoit pas applicable au port franc de Gênes, et que la loi particulière à ce port, celle du 30 avril 1806, punissoit bien comme frauduleux, le déficit des marchandises déclarées, mais qu'elle ne prononçoit aucune peine dans le cas d'excédant.

Pourvoi en cassation, sur lequel est intervenu l'arrêt du 24 octobre 1808, qui suit :

« La cour, — vu les articles 1 et 18 du titre 2 de « la loi du 22 août 1791, les articles, 2, 4, 5 et 6 « du titre 2 du décret du 15 messidor an 13, et les « art. 44, 45, 46, 48 et 63 de la loi du 30 avril 1806;

« Considérant qu'il seroit absurde de supposer « qu'après avoir prescrit tant de formalités et pris « tant de précautions pour empêcher l'introduction « clandestine des marchandises dans l'entrepôt, la

« loi eût abandonné l'exécution de tous les réglemens à la volonté et au caprice des propriétaires « des marchandises;

« Que si le décret du 15 messidor an 13 et la loi « du 30 avril 1806 n'ont déterminé aucune peine « pour l'introduction des marchandises dans l'entrepôt, faite en fraude et contre la disposition de « la loi, c'est parceque le privilége de la franchise « du port cessant à l'égard de cette introduction, « elle devient semblable à une importation dans l'intérieur qui seroit faite en fraude, et qui se trouve « conséquemment comprise dans les dispositions des « articles 1, 18 et 20 du titre 2 de la loi générale de « 1791; que celui qui introduit des marchandises « dans l'entrepôt secrètement et sans déclaration se « ménage le moyen de les livrer à la consommation « en fraude et sans en acquitter les droits, et qu'il « viole non seulement les lois particulières aux ports « francs, mais encore les lois générales sur les « douanes; — casse, etc..... »

2°. *Quel est l'effet de la franchise accordée au port de Gênes, relativement aux marchandises prohibées qui y sont introduites, sans déclaration préalable?*

Voici un arrêt de cassation du 19 novembre 1807 qui répond à cette question, en exposant l'affaire qui y a donné lieu.

« Vu les art. 42, 47 et 48 de la loi du 30 avril « 1806;...... vu aussi l'article 26 de la même loi « qui prohibe l'importation des mousselines et des « toiles de coton blanches et peintes; — vu l'article 5, l'article 13 et l'article 15 de la loi du « 10 brumaire an 5;.... vu enfin les articles 1 et 2 « du décret impérial du 30 ventose an 13;....... « — attendu qu'il résulte de l'ensemble des dispositions des lois ci-dessus citées, que non seulement les « objets désignés en l'article 5 de la loi du 10 brumaire « an 5, mais encore toutes les denrées coloniales « étrangères et tous les objets de fabrique étrangère « qui ne sont pas accompagnés de certificats constatant qu'ils proviennent de pays alliés ou neutres, « sont réputés provenir des fabriques ou du commerce anglois; et qu'en cas d'importation il y a « lieu à l'application des peines portées à ladite loi « du 10 brumaire; — qu'en établissant à Gênes un « port franc ou entrepôt réel des marchandises étrangères, prohibées ou non prohibées, la loi en a formellement exclu les marchandises venant des fabriques ou du commerce de l'Angleterre; qu'ainsi les « marchandises qui doivent être considérées comme « telles, soit à raison de leur nature, soit à défaut « de certificats d'origine délivrés dans les formes « prescrites, ne peuvent être admises dans l'entrepôt, et y jouir du bénéfice de la franchise; — que « si, pour les objets de fabrique étrangère qui se « trouveroient entreposés après l'observation des « formalités prescrites par les articles 46, 47 et 48 « de la loi du 30 avril 1806, la présomption seroit « qu'il a été justifié que lesdits objets n'étoient pas « dans l'exception portée par l'article 42, il n'en est « pas de même lorsque les marchandises ne se trouvent dans le local franc, que par l'effet d'une « introduction frauduleuse; qu'alors elles y existent « dans un état véritable et permanent d'importation « qui les soumet à l'action de toutes les lois relatives « à l'importation; — qu'il est constaté, dans l'espèce, que le sac de café, qui est une denrée coloniale, les quarante pièces de toiles de coton peintes « dont l'entrée est prohibées, et les rouleaux de « papiers peints, objets de fabrique étrangère, qui « ont été trouvés et saisis dans les magasins des « sieurs Ghiraldo et Rapallo, y avoient été introduits sans une déclaration préalable au bureau de « la douane, sans que les préposés eussent été appelés à en faire la vérification, et par conséquent « sans qu'il eût été fait aucune justification d'origine; que dès lors la contravention devoit être « punie des peines portées par la loi. — Que cependant la cour de justice criminelle du département « de Gênes a déclaré nulle et mal fondée la saisie « dont il s'agit, sur les motifs que les objets saisis « n'étoient pas de la classe de ceux compris en l'art. 5 « de la loi du 10 brumaire, et par conséquent réputés par leur nature provenir de l'Angleterre; que « la loi du 30 avril 1806 ne prononce aucune peine « en cas de non déclaration à l'arrivée des marchandises, et que les lois, soit générales, soit particulières, ne disposant que pour les cas de contravention au moment même de l'introduction, elles « ne peuvent pas être appliquées à des marchandises « qui se trouvant dans un local franc, ont déjà été « admises et ne sont pas encore entrées en consommation; — qu'une pareille décision est en tous « les points manifestement contraire à tous les principes qui sont la base de la législation sur les « douanes, et aux dispositions précises et formelles « des lois qui régissent cette partie de l'administration, soit parceque, comme il vient d'être dit, les « marchandises énumérées en l'article 5 de la loi « du 10 brumaire an 5 ne sont pas les seules qui « doivent être réputées provenir de l'Angleterre, et « que doivent toujours être aussi considérées comme « telles, celles qui ne sont pas accompagnées des certificats prescrits pour constater qu'elles ne proviennent pas du commerce anglois, soit parceque « le bénéfice de l'entrepôt n'est accordé qu'à condition de faire la déclaration des marchandises qu'on « y veut déposer, et de faire procéder à leur vérification par les préposés des douanes, soit encore « parceque, par l'effet de la disposition de la loi générale du 22 août 1791, il y a toujours fraude et « contravention dans tous les cas de non déclaration, « ou de fausse déclaration, et par conséquent lieu à « confiscation et amende, soit enfin, parcequ'au cas « particulier, les marchandises dont il s'agit ne pouvoient pas être considérées comme admises et introduites, mais se trouvoient encore en véritable

« état d'introduction, sans qu'aucune des formalités « prescrites par toutes les lois ci-dessus citées eût « été remplie; — par ces motifs, la cour casse et « annulle...... »

SECTION V. — *Entrepôts de Livourne et de Florence.*

§. 1. *Entrepôt de Livourne.*

919. Il y aura à Livourne un entrepôt réel des marchandises étrangères prohibées ou non prohibées, à l'exception de celles venant des fabriques, des colonies, ou du commerce de l'Angleterre, qui en sont formellement exclues. (*Dl.* 23 *septembre* 1810, *art.* 1.)

920. La ville de Livourne ne jouira de l'entrepôt accordé par l'article précédent qu'à la charge de fournir, à proximité du port, des magasins sûrs et convenables....... Les frais de location seront acquittés par une légère rétribution sur les marchandises entreposées, et conformément au tarif qui *sera* arrêté. En conséquence les droits de stallagio et d'un pour cent, maintenus par le décret du 22 octobre 1808, sont supprimés. (*Même décret, art.* 2.)

921. L'entrepôt pourra être fictif pour les bois à bâtir, de construction et en planches, merrains, brai et goudron, chanvre et lin en masse ou peignés, cuirs verts et salés en poil, cuivre brut et en mitraille; fers en gueuse, en barres, en verges, feuillards, carillons et rondins; fromages; poterie de terre grossière, raisins secs; riz, et généralement toutes les marchandises que le Tarif d'entrée ne soumet qu'au simple droit de balance. (*Même décret, art.* 3.)

922. Les propriétaires ou consignataires des marchandises qui, en exécution de l'article 3, pourront être mises dans leurs magasins, feront, entre les mains du receveur de la douane, une soumission, valablement cautionnée, de réexporter dans l'année lesdites marchandises, ou d'en payer les droits. Ils seront en outre tenus de représenter, à toute réquisition des préposés des douanes, lesdites marchandises, sous les peines portées par les réglemens relatifs aux entrepôts. (*Même décret, art.* 4.)

923. La durée de l'entrepôt réel ne pourra excéder le terme de deux années. Les marchandises prohibées devront être réexportées dans ce délai : les marchandises permises seront soumises à la même condition ou acquitteront les droits. Ces dernières jouiront de la faculté du transit pour *le* royaume d'Italie, sous les conditions et formalités prescrites par *le* décret du 22 octobre 1808. (*Même décret, art.* 5.)

Le décret ci-dessus, en supprimant la franchise du port de Livourne accordée par le décret du 22 octobre 1808, et régularisée par celui du 13 octobre 1809, ordonnoit, par ses articles 6 et 7, de faire rentrer toutes les marchandises étrangères qui avoient été mises en circulation dans la ville close.

Cette condition ayant été remplie, il n'est resté à la disposition des négocians que les marchandises d'origine nationale, ou celles dont ils ont payé les droits d'entrée.

Ainsi le port de Livourne ne peut plus être considéré comme étranger, et ses relations avec les autres ports de l'empire sont réglées par les lois générales; mais les circonstances de la guerre mettant un obstacle au cabotage entre Livourne et tous autres ports françois que ceux de la Méditerranée, on ne peut permettre en conséquence aucune expédition de l'espèce pour les autres mers. Les directeurs de ces mers refuseront donc les acquits-à-caution de cabotage ou de mutation d'entrepôt qui seroient demandés à destination des ports de la Méditerranée, et ils supprimeront désormais comme inutile l'état qu'ils adressoient chaque mois d'après les circulaires des 27 décembre 1808 et 18 mars 1809. (*CD.* 25 *mars* 1811.)

§. II. *Entrepôt de Florence.*

924. Il y aura à Florence un entrepôt réel pour les marchandises étrangères non prohibées, expédiées soit de Livourne, soit du royaume d'Italie, *soit des entrepôts de Rome et de Civita-Vecchia*..... (*DI.* 22 *octobre* 1808, *art.* 16.)

925. Les marchandises expédiées de Livourne, du royaume d'Italie et *des entrepôts de Rome ou de Civita-Vecchia* pour l'entrepôt de Florence, seront mises sous plombs, soit au bureau du faubourg de Livourne, soit dans ceux de terre ouverts au transit, et accompagnées d'acquits-à-caution qui indiqueront en détail les quantités et espèces, ainsi que les poids, nombre ou mesure de chaque balle, caisse, baril, etc. (*Même décret*, *art.* 17.)

926. Au moment de l'arrivée des marchandises à l'entrepôt, les préposés des douanes, après avoir reconnu l'état des plombs et cordes, procéderont à la vérification de toutes les marchandises. S'il y a excédant ou déficit aux quantités indiquées sur les acquits-à-caution, ou substitution d'une marchandise à une autre, les soumissionnaires encourront les peines portées par les lois de l'empire. (*Même décret*, *art.* 18.)

927. Immédiatement après la vérification des marchandises, elles seront mises en entrepôt et portées en charge sur un registre. Chaque propriétaire ou consignataire des marchandises fera, au bas de chacun des enregistremens qui le concerneront, la soumission pour la sûreté des droits. (*Même décret, art.* 19.)

928. Les marchandises entreposées à Florence pourront être déclarées, soit pour la consommation, soit pour l'étranger.

Dans le premier cas, elles acquitteront les droits du tarif françois. Dans le second cas, elles seront expédiées sous plombs et acquits-à-caution pour *l'entrepôt de Rome*, le royaume d'Italie ou Livourne.

Les acquits-à-caution seront déchargés dans les bureaux de terre ouverts au transit, ou à la douane de Livourne (*ou de Rome*), suivant la destination donnée aux marchandises. (*Même décret, art.* 20.)

929. La durée de l'entrepôt sera d'un an. Avant l'expiration de l'année, les marchandises devront être déclarées pour la consommation ou expédiées pour l'étranger. (*Même décret*, *art.* 21.)

SECTION VI. — *Entrepôt de Marseille et Dépôt de Lyon.*

§. I. *Entrepôt de Marseille.*

930. Il y aura un entrepôt de marchandises étrangères dans le port de Marseille. (8 *floréal an* 11, *art.* 28.)

931. L'entrepôt sera réel, 1°. pour toutes les marchandises et denrées dont l'entrée est ou sera prohibée, ainsi que pour celles qui sont ou seront soumises au certificat d'origine; 2°. pour les articles suivans : marchandises manufacturées de toute espèce (*les savons se trouvent compris sous cette dénomination*), tabacs en feuilles, poissons salés, vins, eaux-de-vie, liqueurs, huiles, sucres, cafés, indigo, cacao, et toutes autres denrées coloniales venant de l'étranger. (8 *floréal an* 11, *art.* 29.)

932. Les négocians qui présenteront des savons à l'exportation à l'étranger, et qui justifieront avoir payé des droits sur des huiles importées dans l'année, seront remboursés des trois-quarts desdits droits dans la proportion des quantités d'huiles qui entrent dans la fabrication des savons à exporter. (8 *floréal an* 11, *art.* 30.)

PAR décision ministérielle du 25 brumaire an 11, il a été déterminé que, « la quantité d'huile nécessaire à la fabrication d'un quintal décimal de savon « blanc, rouge ou marbré, sera fixée à soixante-« quinze kilogrammes, pour calculer la prime d'ex-« portation des savons..... »

933. L'entrepôt sera fictif, sur la demande des négocians, pour toutes les marchandises et denrées dont l'entrée est permise, et qui ne sont pas désignées dans l'article 29. (8 *floréal an* 11, *art.* 31.)

934. Les marchandises et denrées destinées pour l'entrepôt réel ou fictif seront, après vérification, portées sur deux registres particuliers, tenus par le receveur des douanes.

Les consignataires remettront entre les mains de ce receveur une soumission, valablement cautionnée, de réexporter dans l'année les marchandises et denrées mises en entrepôt fictif, ou d'en payer les droits. (8 *floréal an* 11, *art.* 32.)

935. La durée de l'entrepôt réel ne pourra excéder le terme de deux ans; les marchandises et denrées dont l'entrée est ou sera prohibée, devront être réexportées dans ce délai : les marchandises et denrées permises seront soumises à la même condition ou acquitteront les droits. (8 *floréal an* 11, *art.* 33.)

936. Les navires qui arriveront à Marseille, chargés, en totalité ou en partie, de marchandises ou denrées prohibées, ne pourront aborder que dans la partie du port qui sera indiquée par le directeur des douanes, et où le débarquement s'effectuera.

Les marchandises et denrées prohibées qui seront tirées de l'entrepôt pour la réexportation seront embarquées dans le même local; et les navires à bord desquels elles seront mises ne pourront en sortir que pour mettre à la voile. (8 *floréal an* 11, *art.* 34.)

937. Les lois et réglemens relatifs aux douanes, et les dispositions de la présente loi, articles 25 et 26, seront exécutés dans le port de Marseille, en tout ce qui n'est pas contraire aux dispositions précédentes. (8 *floréal an* 11, *art.* 35.)

§. II. *Dépôt de Lyon.*

938. Il y aura à Lyon un dépôt pour les marchandises étrangères non prohibées

et denrées coloniales mises à leur débarquement dans l'entrepôt réel de Marseille. (30 *avril* 1806, *art.* 29.)

939. Toutes les marchandises fabriquées sont formellement exclues de la faculté du dépôt. (30 *avril* 1806, *art.* 30.)

940. Les droits d'entrée seront acquis au trésor public au moment où les marchandises seront tirées de l'entrepôt de Marseille pour le dépôt de Lyon ; mais la perception en sera suspendue jusqu'à celui de leur sortie dudit dépôt pour la consommation. (30 *avril* 1806, *art.* 31.)

941. Les marchandises tirées de l'entrepôt de Marseille pour le dépôt de Lyon seront mises sous plombs et expédiées sous acquits-à-caution, qui indiqueront en détail les quantités et espèces, ainsi que les poids et mesures de chaque balle, caisse, tonneau, etc., et porteront l'obligation de faire arriver lesdites marchandises à Lyon dans le délai d'un mois si elles sont transportées par terre, et dans celui de deux mois si elles sont embarquées sur le Rhône; à défaut de représentation dans le terme prescrit, les soumissionnaires seront tenus de payer le quadruple des droits. (30 *avril* 1806, *art.* 32.)

942. Les bateaux ou voitures qui transporteront lesdites marchandises devront arriver directement au dépôt de Lyon, où elles ne pourront être déchargées qu'en présence des préposés des douanes. (30 *avril* 1806, *art.* 33.)

943. Lesdits préposés, après avoir reconnu l'état des plombs et cordes, procéderont à la vérification de toutes les marchandises : s'il y a excédant ou déficit aux quantités indiquées sur les acquits-à-caution, ou substitution d'une marchandise à une autre, les soumissionnaires encourront les peines portées par les lois. (30 *avril* 1806, *art.* 34.)

944. Immédiatement après la vérification des marchandises, elles seront mises en dépôt et portées sur les registres de la douane. Les propriétaires ou consignataires feront, entre les mains du receveur, une soumission cautionnée d'acquitter les droits sur les quantités expédiées de Marseille, sans qu'ils puissent prétendre à aucune réduction pour cause d'avarie, déchet, ou tout autre motif quelconque, tant dans le transport des marchandises que pendant leur séjour au dépôt. Les acquits-à-caution délivrés à Marseille ne seront revêtus du certificat d'arrivée que lorsque ces formalités auront été remplies. (30 *avril* 1806, *art.* 35.)

945. Après le délai d'une année, à compter du jour de l'entrée des marchandises dans l'entrepôt de Marseille, elles devront acquitter ces droits et sortir du dépôt. Celles qui en seront tirées avant l'expiration du délai, paieront immédiatement les droits. (30 *avril* 1806, *art.* 36.)

946. Le bâtiment dit l'Arsenal sera spécialement et uniquement destiné au dépôt. Il continuera à rester isolé de tous autres édifices. Les portes des magasins seront fermées à deux clefs, dont l'une restera entre les mains du receveur de la douane, et l'autre en celles du commerce. Le receveur aura son logement, et ses bureaux seront placés dans les bâtimens du dépôt. (*Même loi, art.* 40.)

947. La ville de Lyon ne jouira du dépôt qui lui est accordé que lorsque les magasins destinés à recevoir les marchandises présenteront toutes les sûretés convenables, que les murs de l'enceinte dans laquelle ils seront placés auront été élevés de quatorze pieds, que le local nécessaire pour le logement du receveur et les bureaux de la douane aura été préparé; enfin qu'il aura été construit, à la porte de ladite enceinte qui donne sur le quai, un corps-de-garde pour les préposés des douanes qui seront chargés de surveiller le dépôt. (30 *avril* 1806, *art.* 41.)

UNE décision du ministre des finances, du 27 janvier 1807, autorise l'ouverture dudit dépôt. — Deux des conditions de cette autorisation sont que les ouvrages commencés dans les bâtimens de l'arsenal, où sera placé le dépôt, seront continués sans interruption jusqu'à leur entier achèvement, et qu'on n'admettra dans ce dépôt qu'une quantité de marchandises proportionnée à l'étendue des magasins en bon état.

S. Exc. le ministre des manufactures et du commerce a rendu, sur le rapport de M. le directeur général des douanes, le 29 février 1812, une décision qui permet d'expédier pour l'entrepôt de Lyon, sous les mêmes formalités prescrites pour le bureau de Verceil, les cotons du Levant qui entreront par le bureau de Brig, situé sur la route du Simplon. En conséquence, et d'après les ordres donnés par M. le directeur général des douanes, au directeur de Genêve, de qui le bureau de Brig dépend, le receveur de Lyon est autorisé à recevoir les déclarations et soumissions de ceux de MM. les négocians qui voudront faire arriver des cotons par le bureau de Brig, route du Simplon.

Par sa lettre du 2 mars 1812 M. le directeur général des douanes a chargé le receveur de Lyon de rappeler au commerce de cette ville les dispositions de faveur relatives aux entrepôts de Lyon.

Elles consistent, 1°. dans la liberté et faculté de faire arriver aux entrepôts de Lyon les denrées coloniales des ports de Marseille, Bordeaux, Nantes et le Havre; 2°. de pouvoir faire arriver par terre les cotons du Levant et ceux de Naples, par les bureaux de Verceil et de Brig.

Les premiers, c'est-à-dire les cotons du Levant, doivent être expédiés en transit des provinces illyriennes par le royaume d'Italie, pour l'un des bureaux de Verceil ou de Brig; les seconds, c'est-à-dire les cotons de Naples, après avoir traversé en transit l'état romain et la Toscane, et la partie du territoire italien qui sépare ces départemens de la frontière du Piémont, doivent être présentés au bureau de Verceil, d'où ils peuvent être expédiés pour les entrepôts de Lyon.

Enfin, le commerce a encore la faculté de tirer des cotons de Gênes et de Marseille par suite d'entrepôt pour la douane de Lyon.

SECTION VII. — *Entrepôt de Mayence.*

948. Il y aura à Mayence un entrepôt réel de marchandises et denrées étrangères, prohibées et non prohibées. (1er. *pluviose an* 13, *art.* 48.)

949. L'entrepôt sera établi dans les bâtimens du palais électoral : les murs d'enceinte de l'entrepôt et de la partie franche du port seront, ainsi que les portes d'entrée, de sortie et de communication, élevés et placés suivant le plan annexé au décret, qui affecte spécialement audit entrepôt le palais électoral. (1er. *pluviose an* 13, *art.* 49.)

950. Les bâtimens ne pourront aborder et décharger sur le quai du port franc. (*Même loi, art.* 50.)

951. Les marchandises venant de l'étranger par le pont du Rhin seront conduites immédiatement à l'entrepôt, et ne pourront, pour y arriver, suivre d'autre chemin que celui pratiqué entre le fleuve et le parapet : il sera construit sur ledit parapet un mur ou une cloison en madriers, de la hauteur au moins de quinze pieds. (*Même loi, art.* 51.)

952. Lorsque les débordemens du Rhin ne permettront pas aux voitures de se rendre à l'entrepôt par le chemin désigné en l'article précédent, elles pourront suivre la chaussée pavée qui est au-delà du parapet, et entreront dans l'entrepôt par une porte pratiquée dans le mur d'enceinte qui fera face à ladite chaussée pavée : elles seront accompagnées par des préposés jusqu'à leur entrée en entrepôt. (1er. *pluviose an* 13, *art.* 52.)

Les clefs des portes d'entrée et de sortie du port franc et de la cour de l'entrepôt resteront entre les mains des préposés des douanes : un corps-de-garde sera placé à chacune desdites portes où il sera nécessaire. (*Même loi*, *art.* 53.)

Il sera également établi un corps-de-garde à la porte qui sera construite dans la partie du bâtiment contiguë à la vieille chancellerie, pour le passage des marchandises dans la cour de l'entrepôt : les pièces qui se trouvent au-dessus de ladite porte ne pourront être occupées que par des préposés des douanes. (*Même loi*, *art.* 54.)

Les préposés de service dans le corps-de-garde intérieur seront chargés de veiller à ce qu'on n'introduise des marchandises dans la ville, soit par des communications souterraines, soit en les faisant passer par-dessus les murs; ils pourront requérir l'ouverture et faire l'inspection des caves de l'entrepôt. (*Même loi*, *art.* 55.)

Toutes les fenêtres de la vieille chancellerie qui donnent sur la cour de l'entrepôt seront fermées. (*Même loi*, *art.* 56.)

953. La douane sera placée dans l'aile du vieux palais qui fait face à la ville : une cour séparée par un mur de celle de l'entrepôt, et tenant immédiatement à la douane, sera affectée à son service. Cette cour sera divisée en deux parties, dont l'une servira pour la vérification des marchandises venant de l'intérieur, et l'autre pour celles venant de l'étranger; elle aura des portes de communication intérieures et extérieures. (1er. *pluviose an* 13, *art.* 57.)

Le corps-de-garde actuellement existant sur la place qui formera la cour de l'entrepôt sera occupé par les préposés des douanes. Il sera établi près de ce corps-de-garde un tourniquet pour le passage des gens à pied. (*Même loi*, *art.* 58.)

Le préfet prendra les mesures nécessaires pour que l'entrepôt ne soit ouvert qu'aux négocians et ouvriers : le directeur des douanes concourra à l'exécution de cette mesure. (*Même loi*, *art.* 59.)

954. Deux pataches stationnaires, montées par des préposés des douanes, seront placées sur le Rhin, aux deux extrémités de l'enceinte du port franc, afin d'empêcher toute communication par le fleuve entre la partie franche et les autres parties du port. (*Même loi*, *art.* 60.)

SECTION VIII. — *Entrepôts d'Ostende et de Bruges.*

955. L'entrepôt de Bruges fait partie de celui d'Ostende : en conséquence les capitaines des bâtimens chargés de marchandises destinées à l'entrepôt de Bruges seront tenus de s'arrêter à Ostende, et de présenter à la douane le manifeste contenant la déclaration en détail des quantités et qualités des marchandises qui composeront leurs cargaisons. Cette formalité remplie, les écoutilles seront plombées; et les bâtimens, expédiés sous acquit-à-caution, seront montés

par deux préposés des douanes, qui les accompagneront jusqu'à Bruges, et à chacun desquels il sera payé, par les propriétaires des cargaisons, deux francs par jour pour leurs frais de route.

A l'arrivée des navires dans le bassin de Bruges, les marchandises seront déchargées, vérifiées et mises en entrepôt. Il y aura fraude dans tous les cas où les quantités et qualités desdites marchandises ne seront pas conformes à la déclaration faite à la douane d'Ostende. (8 *floréal an* 11, *art.* 38.)

956. Les marchandises qui sortiront de l'entrepôt de Bruges, pour être réexportées, seront expédiées sous plomb, acquit-à-caution, et convoi de deux préposés des douanes, qui resteront à bord des bâtimens jusqu'à leur arrivée à Ostende, où la vérification sera faite. Il y aura fraude, si les quantités et qualités des marchandises ne sont pas conformes à celles portées sur l'acquit-à-caution délivré par la douane de Bruges. (8 *floréal an* 11, *art.* 39.)

Les tabacs en feuilles ne pourront être importés de l'étranger, ni les mutations d'entrepôt d'un autre port avoir lieu pour celui de Bruges. (*Disposition du* 17 *floréal an* 11.)

SECTION IX. — *Entrepôts de Rome et de Civita-Vecchia.*

§. 1. *Entrepôt de Rome.*

957. Il y aura à Rome un entrepôt réel pour les marchandises étrangères non prohibées, expédiées soit des entrepôts de Civita-Vecchia, Livourne et Florence, soit des royaumes d'Italie et de Naples, ou qui arriveront directement par mer en remontant le Tibre.

Cet entrepôt sera placé dans un local convenable, qui sera fourni par le commerce; sa durée sera d'un an : avant l'expiration de l'année, les marchandises devront être déclarées pour la consommation ou envoyées à l'étranger. (*Dl.* 1er. *février* 1810, *art.* 5.)

958. Les marchandises expédiées des entrepôts de Livourne, Florence et Civita-Vecchia, ou des royaumes d'Italie et de Naples pour l'entrepôt de Rome, seront mises sous plombs, soit aux bureaux des douanes de Livourne, de Florence et de Civita-Vecchia, soit dans ceux placés sur les frontières desdits royaumes, qui seront ouverts au transit, et accompagnées d'acquits-à-caution, qui indiqueront en détail les quantités et espèces, ainsi que le poids, nombre et mesure des balles, caisses, barils, etc. (*Dl.* 1er. *février* 1810, *art.* 6.)

959. Les marchandises étrangères qui arriveront par le Tibre, à destination de l'entrepôt de Rome, ou à celle des royaumes de Naples et d'Italie, seront vérifiées et pesées à la douane de Ripa-Grande, située sur le fleuve, à l'extrémité de la ville, et expédiées sous plombs et acquits-à-caution pour ledit entrepôt ou transit pour les royaumes d'Italie et de Naples. (*Même décret*, *art.* 7.)

960. Au moment de l'arrivée des marchandises à l'entrepôt ou dans les bureaux ouverts au transit, les préposés des douanes, après avoir reconnu l'état des plombs et cordes, procéderont à la vérification de toutes les marchandises : s'il y a excédant ou déficit aux quantités portées sur les acquits-à-caution, ou sub-

stitution d'une marchandise à une autre, les soumissionnaires encourront les peines portées par les lois de l'empire. (*DI.* 1er. *février* 1810, *art.* 8.)

961. Immédiatement après la vérification des marchandises destinées pour l'entrepôt, elles seront portées en charge sur un registre. Chaque propriétaire ou consignataire fera, au bas de chacun des enregistremens qui le concerneront, sa soumission pour la sûreté des droits. (*DI.* 1er. *février* 1810, *art.* 9.)

962. Les marchandises entreposées à Rome pourront être déclarées, soit pour la consommation, soit pour les entrepôts de Florence ou Livourne, soit pour les royaume d'Italie et de Naples; dans le premier cas, elles acquitteront les droits du tarif françois. Dans le second, elles seront expédiées sous plombs et acquits-à-caution, qui seront déchargés dans les bureaux ouverts au transit, ou dans ceux de Florence et de Livourne, suivant la destination donnée aux marchandises. (*DI.* 1er. *février* 1810, *art.* 10.)

963. Toutes les marchandises importées ou exportées par le Tibre acquitteront les droits auxquels elles sont imposées par le tarif françois, à la douane de Ripa-Grande, située sur le fleuve, à l'extrémité de la ville de Rome. (*DI.* 1er. *février* 1810, *art.* 11.)

964. Lés capitaines ou patrons des bâtimens qui remonteront le Tibre jusqu'à Rome devront faire viser leur manifeste à la douane de l'île nommée Capo-Due-Ranie, et seront tenus de recevoir à leur bord un ou deux préposés, et de payer à chacun d'eux un franc vingt-cinq centimes pour leurs frais de conduite. (*DI.* 1er. *février* 1810, *art.* 12.)

965. Les capitaines ou patrons dont les bâtimens seroient d'un trop fort tonnage pour remonter le Tibre, devront présenter leur manifeste à la douane de Capo-Due-Ranie, y faire leur déclaration et y prendre un permis de décharger leurs cargaisons sur des alléges. Ces transbordemens se feront sous la surveillance des préposés des douanes; et les alléges seront accompagnées d'acquits-à-caution, pour assurer l'arrivée des marchandises à la douane de Ripa-Grande. (*Même décret*, *art.* 13.)

§. II. *Entrepôt de Civita-Vecchia.*

966. Il y aura à Civita-Vecchia un entrepôt de marchandises étrangères prohibées et non prohibées, à l'exception de celles venant des fabriques, des colonies ou du commerce de l'Angleterre, qui en seront formellement exclues : cet entrepôt sera placé dans un local convenable, qui sera fourni par le commerce : sa durée sera d'une année. (*DI.* 1er. *février* 1810, *art.* 14.)

967. Les marchandises prohibées qui seront mises dans ledit entrepôt devront être réexportées par mer;

Celles permises qui en seront tirées pour la consommation acquitteront les droits à la douane de Civita-Vecchia.

Les marchandises destinées pour les entrepôts de Rome, Florence, Livourne et pour les royaumes de Naples et d'Italie seront expédiées sous plombs et acquits-à-caution. (*Même décret*, *art.* 15.)

SECTION X. — *Entrepôts de Rouen et du Havre.*

968. L'entrepôt de Rouen pour les marchandises et denrées étrangères non prohibées, coloniales ou autres, fera partie de celui du Havre. En conséquence, tout bâtiment chargé de marchandises destinées à l'entrepôt de Rouen se présentera au Havre, pour y faire sa déclaration des quantités et qualités de marchandises qu'il se propose de verser dans l'entrepôt de Rouen; et le principal préposé des douanes du Havre donnera acte de cette déclaration.

Lorsque le principal employé des douanes n'aura pas de raison de suspecter la contrebande, il pourra exempter le bâtiment de l'entrée au Havre.

Les bâtimens venant du Havre à Rouen seront tenus de présenter l'acte de déclaration précité aux préposés qui voudront les visiter, tant sur l'une que sur l'autre rive. Il y aura fraude dans tous les cas où l'état et l'existence des marchandises ne seront pas trouvés conformes à la déclaration. Les mêmes marchandises seront vérifiées à leur entrée dans l'entrepôt de Rouen sur l'acte de déclaration délivré au Havre; et la fraude sera constatée, si la quantité de marchandises est supérieure ou inférieure à la déclaration. (8 *floréal an* 11, *art.* 36.)

969. Toute marchandise sortant de l'entrepôt de Rouen pour être réexportée sera spécifiée, pour les poids et qualités, sur un manifeste délivré par le directeur des douanes de Rouen. Le manifeste suivra le bâtiment, et sera présenté au principal préposé des douanes du Havre, pour qu'il soit fait vérification de la marchandise; et la fraude sera constatée, s'il y a plus ou moins de marchandises que celles portées sur le manifeste. (8 *floréal an* 11, *art.* 37.)

L'entrepôt réel de la ville de Rouen sera placé dans le local désigné par la chambre de commerce de cette ville et appartenant à M. Larchenés, à la charge par le commerce de faire à ses frais toutes les dispositions nécessaires pour la sûreté et la commodité de cet entrepôt. (*DI.* 12 *décembre* 1806.)

La faculté est accordée au port du Havre d'expédier pour l'entrepôt que la ville de Lyon a obtenu par la loi du 30 avril 1806, les marchandises étrangères non prohibées et les denrées coloniales que cette dernière ville tiroit des seuls entrepôts de Marseille. (*Décision du ministre des finances, du* 27 *mars* 1810.)

SECTION XI. — *Entrepôt de Savone.*

970. Il y aura dans la ville de Savone un entrepôt de denrées coloniales et de marchandises étrangères non prohibées. Cet entrepôt, dont la durée pourra être d'une année, sera soumis aux conditions prescrites par la section 3 du titre 4 de la loi du 8 floréal an 11.

Les marchandises qui en seront tirées pour la consommation acquitteront immédiatement les droits; celles qui seront renvoyées devront être réexportées directement par mer. (*DI.* 27 *septembre* 1807, *art.* 9, *et loi du* 12 *janvier* 1810, *art.* 10.)

SECTION XII. — *Entrepôt de Strasbourg.*

971. Les marchandises étrangères, autres que celles dont l'entrée est prohibée en France, importées par le pont du Rhin à la destination de Strasbourg, pourront y être entreposées.

Les marchandises destinées pour lesdits entrepôts ne seront point vérifiées à leur passage au bureau du pont du Rhin ; mais les conducteurs seront tenus de représenter des lettres de voiture, indicatives des espèces, poids, quantités et marques de chaque colis, aux préposés dudit bureau, qui les viseront, plomberont les voitures par capacité, et les expédieront sous la conduite d'un employé, et sous la formalité d'un acquit-à-caution portant lesdites espèces, poids, quantités et marques pour la douane de Strasbourg, où les déclarations en détail, fournies par les propriétaires ou consignataires, seront aussitôt transcrites.

Les objets déclarés après vérification immédiatement faite par les visiteurs et autres préposés seront portés sur un registre qui sera tenu par le receveur de l'entrepôt, et sur lequel chaque propriétaire ou consignataire signera pour les objets qui le concerneront. (8 *floréal an* 11, *art.* 40.)

972. Les marchandises étrangères arrivant à Strasbourg par le Rhin ou la rivière d'Ill seront dispensées de la visite au bureau de la Wantzenau ; mais les bateliers seront tenus avant l'abordage d'en prévenir les préposés de la régie des douanes, et de représenter des connoissemens ou manifestes qui indiqueront les espèces, poids et quantités des marchandises, ainsi que la marque de chaque colis. Ces connoissemens ou manifestes seront visés par les préposés de la Wantzenau, et les marchandises seront conduites par l'un d'eux avec acquit-à-caution spécifiant les espèces, poids, quantités et marques à la douane de Strasbourg, où les déclarations détaillées, vérifications et enregistremens se feront dans la forme indiquée par l'article précédent. (8 *floréal an* 11, *art.* 41.)

973. Pour empêcher les abus auxquels les facilités accordées par les articles précédens peuvent donner lieu, s'il y a déficit de colis, ou s'il est constaté qu'une marchandise a été substituée à celle qui aura été déclarée, le voiturier ou le batelier sera condamné à deux mille francs d'amende par chaque colis manquant, ou dans lequel on aura mis une marchandise autre que celle déclarée ; pour sûreté de laquelle amende les voitures, chevaux et bateaux seront saisis. S'il s'agit de colis qu'on aura vu décharger dans le transport de la douane et à l'entrepôt, ou lors de la réexportation dans le trajet de l'entrepôt à l'étranger, le colis sera saisi, et le voiturier ou batelier condamné à l'amende de cinq cents francs ; si c'est un colis qu'on a voulu échanger, le colis qui aura été vu déchargé, et celui qui lui aura été substitué, seront saisis avec pareille amende de cinq cents francs : le tout conformément à l'article 15 de la loi du 7 septembre 1792. (8 *floréal an* 11, *art.* 42.)

L'ARTICLE 15 de la loi du 7 septembre 1792 édictoit les mêmes amendes, mais elles étoient applicables aux contraventions commises dans le transit, tandis que par l'article ci-dessus elles le sont seulement à celles opérées dans le transport de la douane à l'entrepôt, ou lors de la réexportation, puisque la même loi du 8 floréal an 11, qui a expressément défendu d'admettre en entrepôt les marchandises déclarées en transit, a prononcé d'autres peines pour l'infraction du transit...... Néanmoins comme j'ai dit sous le n° 843 que je rapporterois ici cet art. 15 de la loi du 7 septembre 1792, le voici :

« Pour empêcher les abus auxquels peut donner « lieu le transit accordé par les articles précédens, « les conducteurs seront tenus, à peine de mille « livres d'amende, de souffrir, à toute réquisition, « la vérification des plombs apposés aux voitures : « dans le cas où les préposés s'apercevront que les- « dits plombs ont été détachés, ou la voiture dé- « ballée, ils sont autorisés à conduire ladite voiture

« au plus prochain bureau de la route, où le nombre des colis et les plombs qui y ont été apposés « seront reconnus. En cas de déficit de colis, ou s'il « est constaté qu'une marchandise a été substituée « à celle qui aura été déclarée, ou s'il se trouve des « colis dépourvus de plombs, le voiturier sera condamné en deux mille livres d'amende par chaque « colis manquant ou sans plombs, ou dans lequel on « aura mis une marchandise autre que celle déclarée; pour sûreté de laquelle amende la voiture et « les chevaux seront saisis.

« L'amende ne sera que de cent livres lorsque le « plomb apposé à la voiture aura été détaché sans « qu'il y ait d'autre contravention : elle sera de cinq « cents livres si la voiture est trouvée déballée en « tout ou en partie. S'il s'agit de colis que l'on aura « vu décharger, le colis sera saisi et le voiturier « condamné en cinq cents livres d'amende. Si c'est « un colis qu'on a voulu échanger, le colis qui aura « été vu déchargé, et celui qui aura été substitué « seront saisis, avec pareille amende de cinq cents « livres. »

974. La durée de l'entrepôt sera de six mois, pendant lesquels les marchandises entreposées pourront être expédiées pour l'étranger par les bureaux du pont du Rhin et de la Wantzenau.

Chaque colis réexporté sera plombé, et les acquits-à-caution délivrés pour assurer le passage des marchandises à l'étranger seront déchargés par les préposés desdits bureaux, après reconnoissance du nombre des colis et d'un état des cordes et plombs, sous les peines portées par l'article 42. Les objets qui, pendant le même délai, seront tirés de l'entrepôt pour la consommation de la France, ainsi que ceux qui s'y trouveront à l'expiration de six mois, seront passibles des droits d'entrée.

Le receveur de l'entrepôt tiendra un registre sur lequel il sera fait mention de la sortie de l'entrepôt, tant pour les marchandises envoyées à l'étranger que pour celles qui auront dû acquitter les droits. (8 *floréal an* 11, *art.* 43.)

SECTION XIII. — *Des Entrepôts de Trieste et de Fiume.*

§. 1. *De l'entrepôt réel de ces villes.*

975. Il y aura dans les ports de Fiume et de Trieste un entrepôt réel des marchandises étrangères prohibées ou non prohibées, à l'exception de celles venant des fabriques, des colonies ou du commerce d'Angleterre, qui en sont formellement exclues. (*DI.* 27 *novembre* 1810, *art.* 8.)

976. Les villes de Fiume et de Trieste ne jouiront de l'entrepôt qui leur est accordé qu'à la charge de fournir, à la proximité du port, des magasins sûrs et convenables; leurs frais de location seront acquittés par une légère rétribution sur les marchandises entreposées, et conformément au tarif qu'en arrêtera Sa Majesté. (*DI.* 27 *novembre* 1810, *art.* 9.)

977. La durée de l'entrepôt ne pourra excéder le terme de deux ans; les marchandises dont l'entrée en sera prohibée devront être réexportées dans ce délai; les marchandises permises seront soumises à la même condition, ou acquitteront les droits. (*DI.* 27 *novembre* 1810, *art.* 10.)

Le titre qui sépare les articles 174 et 175 du décret du 15 avril 1811 est ainsi conçu :

« Etablissement d'un port franc à Raguse, ou « permission d'y admettre en entrepôt réel les denrées coloniales. »

§. II. *De l'entrepôt fictif de Trieste.*

978. La faculté de l'entrepôt fictif pendant un an, accordée par le décret du 3 mai 1811 à la ville de Trieste pour les cotons du Levant, est étendue à tous les autres articles de même origine non prohibés qui arriveront en Illyrie par les frontières de la Bosnie et de la Croatie turque. Les marchandises de France et du royaume d'Italie destinées pour le Levant jouiront également, lorsque leur origine aura été régulièrement justifiée, de l'entrepôt fictif pendant une année dans la ville de Trieste. (*DI. 3 janvier* 1812, *art.* 1.)

979. La première vérification des cotons du Levant pourra également s'opérer à Trieste ou à ......, au choix des propriétaires ou consignataires, qui demeureront responsables d'ailleurs des fraudes qu'une vérification ultérieure à Verceil pourroit faire découvrir. (*Même décret, art.* 2.)

J'ai classé les autres articles de ce décret sous les numéros 771 à 773. Quant aux dispositions spéciales à l'entrepôt des cotons, *voir* la première section du chapitre suivant.

CHAPITRE III. — *Des entrepôts spéciaux de certaines marchandises.*

SECTION I. — *Des entrepôts de cotons.*

§. I. *Entrepôt de Trieste pour les cotons du Levant.*

980. Les négocians du port de Trieste auront la faculté de recevoir en entrepôt fictif dans leurs magasins les cotons du Levant venant de la Bosnie, et destinés à passer en transit par les provinces illyriennes pour se rendre en France ou dans le royaume d'Italie. (*DI. 3 mai* 1811, *art.* 1.)

981. Les cotons destinés à l'entrepôt fictif seront portés sur un registre particulier de la douane de Trieste, et chaque propriétaire ou consignataire sera tenu d'y fournir une soumission valablement cautionnée, de présenter les cotons à toutes les réquisitions des préposés des douanes, sous toutes les peines prononcées par les lois et réglemens de l'empire sur les déficit et soustractions dans les quantités entreposées. (*Même décret, art.* 2.)

982. La durée de l'entrepôt fictif ne pourra excéder une année. Si, à l'expiration de ce terme, les cotons n'ont pas été expédiés pour la France ou l'Italie, ils acquitteront immédiatement les droits. (*Même décret, art.* 3.)

§. II. *Entrepôt de Milan pour les cotons du Levant.*

983. Il y aura un entrepôt réel à Milan pour les cotons du Levant arrivant par la Bosnie et les provinces Illyriennes. (*DI.* 1er. *mai* 1812, *art.* 1.)

984. Les cotons destinés pour l'entrepôt de Milan seront expédiés, soit des premiers bureaux d'entrée des provinces Illyriennes ouverts à ce transit, soit de l'entrepôt de Trieste, sous plombs et acquits-à-caution qui relateront les certificats d'origine et indiqueront le nombre et le numéro des balles. Les acquits-à-

caution seront visés au dernier bureau de sortie des provinces Illyriennes et à celui d'entrée du royaume d'Italie. (*DI.* 1er. *mai* 1812, *art.* 2.)

985. Les voitures qui transporteront lesdits cotons devront arriver directement à l'entrepôt, où elles ne pourront être déchargées qu'en présence des préposés de la douane. (*Même décret, art.* 3.)

986. Lesdits préposés, après avoir reconnu l'état des plombs et cordes, procéderont à la vérification des cotons et à leur pesée. S'il y a excédant ou déficit aux quantités indiquées sur les acquits-à-caution, ou si les cotons sont d'une autre origine que celle déclarée, les propriétaires seront soumis à toutes les peines portées par les lois et décrets. (*Même décret, art.* 4.)

987. Immédiatement après la vérification des cotons ils seront mis dans l'entrepôt, et portés sur un registre de la douane, qui indiquera le numéro et la date de l'acquit-à-caution délivré à la douane des provinces Illyriennes, le nombre de balles, leurs poids et numéro, le jour de leur mise en entrepôt, et le nom des propriétaires. Les acquits-à-caution ne seront revêtus du certificat d'arrivée que lorsque toutes ces formalités auront été remplies. (*Même décret, art.* 5.)

988. La durée de l'entrepôt sera d'une année : à l'expiration de ce délai les cotons qui se trouveront encore dans l'entrepôt devront acquitter les droits et en sortir. (*Même décret, art.* 6.)

989. Les cotons entreposés à Milan pourront être expédiés sous plombs et acquits-à-caution à destination de la France, en passant par les bureaux de *Verceil*, *Brigg* et *Casatisme.* Lesdits acquits-à-caution indiqueront les numéros et dates des expéditions délivrées dans les douanes illyriennes, l'époque de leur arrivée dans l'entrepôt, ainsi que les numéros et poids de chaque balle. (*Même décret, art.* 7.)

990. Lesdits cotons à leur arrivée dans les bureaux françois seront vérifiés et soumis à toutes les formalités prescrites pour ceux qui arrivent directement des provinces Illyriennes. (*Même décret, art.* 8.)

§. III. *Entrepôt de Paris pour les cotons de Naples et du Levant.*

991. Il y aura dans *la* bonne ville de Paris un entrepôt réel pour les cotons de Naples et du Levant. (*DI.* 21 *mars* 1812, *art.* 1.)

992. Les droits d'entrée seront acquis au trésor public au moment où lesdits cotons seront introduits sur le territoire de l'empire; mais la perception en sera suspendue jusqu'à celui de leur sortie d'entrepôt. (*Même décret, art.* 2.)

993. Tous ceux qui voudront jouir de la faculté de l'entrepôt devront, avant que les cotons puissent être admis par l'un des bureaux ouverts à l'introduction, faire à la douane de Paris une déclaration du nombre de balles, de leur poids, ainsi que de l'origine de la marchandise, et remettre entre les mains du receveur de ladite douane une soumission valablement cautionnée de payer les droits sur les quantités expédiées du premier bureau d'entrée, sans qu'ils puisse prétendre

à aucune réduction pour cause d'avarie, déchet ou tout autre motif quelconque, tant dans le transport de la marchandise que pendant son séjour à l'entrepôt. Ils s'engageront en outre à faire arriver les cotons audit entrepôt dans le délai de deux mois, à compter du jour de leur départ du bureau d'introduction. A défaut de leur présentation dans le terme prescrit, les soumissionnaires seront tenus de payer la triple valeur de la marchandise au cours de la place de Paris. (*DI.* 21 *mars* 1812, *art.* 3.)

994. Les cotons destinés pour l'entrepôt seront vérifiés à leur arrivée au premier bureau d'entrée : des échantillons seront extraits de chaque balle, et envoyés au directeur général des douanes. Les cotons seront ensuite expédiés sous plombs et acquits-à-caution qui indiqueront les poids et numéros de chaque balle, et porteront l'obligation de faire arriver lesdits cotons à Paris dans les délais prescrits par l'article 3. (*Même décret*, *art.* 4.)

SUR la question de savoir s'il ne résulte par des articles 3 et 4 ci-dessus que l'acquit-à-caution prescrit pour les cotons de Naples et du Levant, à destination de l'entrepôt de Paris, doit être délivré d'après la soumission reçue d'avance à la douane de Paris, et sans que le propriétaire soit tenu d'en fournir une autre au bureau d'entrée; il a été répondu ministériellement le 29 juillet 1812, que « la soumission faite préalablement au bureau de Paris « peut suffire avec la précaution de ne la recevoir « que de maisons connues et très solvables; en conséquence la douane d'entrée pourra délivrer l'acquit-à-caution sans exiger d'autre cautionnement « lorsqu'après avoir été informé que la soumission « a été souscrite, M. le directeur général aura autorisé la délivrance desdits acquits-à-caution. »

995. Les voitures qui transporteront lesdits cotons devront arriver directement à l'entrepôt, où elles ne pourront être déchargées qu'en présence des préposés de la douane. (*Même décret*, *art.* 5.)

996. Lesdits préposés, après avoir reconnu l'état des plombs et cordes, procéderont à la vérification de l'intérieur des balles et à leur pesée. S'il y a excédant ou déficit aux quantités indiquées sur les acquits-à-caution, ou si les cotons sont d'origine autre que celle déclarée, les propriétaires seront soumis à toutes les peines portées par les lois et décrets. (*Même décret art.* 6.)

997. Immédiatement après la vérification des cotons, ils seront mis dans l'entrepôt, et portés sur un registre de la douane, qui indiquera le numéro et la date de l'acquit-à-caution délivré au premier bureau d'entrée, le nombre de balles, leurs poids et numéros, le jour de leur mise en entrepôt, et le nom des propriétaires. Les acquits-à-caution ne seront revêtus du certificat d'arrivée que lorsque toutes ces formalités auront été remplies. (*Même décret*, *art.* 7.)

998. La durée de l'entrepôt sera d'une année : à l'expiration de ce délai les cotons devront acquitter les droits et sortir de l'entrepôt; ceux qui en seront tirés avant le terme fixé paieront immédiatement les droits. (*Même décret*, *art.* 8.)

999. *La* bonne ville de Paris ne jouira de la faculté qui lui est accordée par le présent décret que lorsqu'elle aura fourni un bâtiment convenable pour l'entrepôt, et dans lequel il y aura un logement pour les préposés des douanes qui seront chargés de la réception et vérification des cotons. Le bâtiment destiné à l'entrepôt sera reçu par *le* ministre des manufactures et du commerce. (*Même décret*, *art.* 9.)

SECTION II. — *Des entrepôts de genièvre, rhum, tafia et raisins de Corinthe.*

1000. Les eaux-de-vie de grains, dites de genièvre, venant de l'étranger, pourront être entreposées en franchise de tous droits dans les ports de Gravelines, Calais, Boulogne, Dieppe, Fécamp, Cherbourg, Saint-Malo, Morlaix et Roscoff, à la charge d'être réexportées à l'étranger dans l'année de l'arrivée, en observant les formalités prescrites pour les entrepôts, et sous les peines déterminées par l'article 5 ci-après. (19 *octobre* 1791, *art.* 1.)

PAREIL entrepôt a été accordé et aux mêmes conditions, 1°. à Dunkerque (*DM.* 18 *ventose an* 10), 2°. à Ostende. (*DM.* 18 *germinal an* 10.)

On a vu au paragraphe *Entrepôt de Cherbourg* que la faculté d'y admettre des genièvre, rhum et tafia avoit été spécialement renouvelée en faveur de ce port, par la loi du 8 floréal an 11, qui a prescrit, n° 885, de ne les importer que sur bâtimens de cent tonneaux et au-dessus.

Des arrêtés consulaires des 8 messidor an 11, pour Dunkerque et Boulogne, 24 *dito*, pour Ostende, et 8 fructidor même année, pour Dieppe, Boulogne et Cherbourg, avoient autorisé la vente dans l'intérieur des genièvres de Hollande entreposés dans ces villes..... Sur la question de savoir comment il falloit interpréter ces mots des articles 2 desdits arrêtés, *à la sortie de l'entrepôt il sera perçu un droit*,..... le ministre a décidé, le 18 vendémiaire an 12, que les droits ne devoient être perçus que lors de la déclaration pour la consommation, sur les quantités constatées à l'entrepôt.

1001. Il pourra être établi dans lesdits ports, aux frais du commerce, et dans les lieux qui seront convenus avec l'*administration* des douanes, des dépôts où les tafias des colonies françoises reçus en entrepôt pourront être convertis en rhum, en exemption de droits, à la charge d'être également réexportés dans l'année à l'étranger. (19 *octobre* 1791, *art.* 2.)

1002. Les cours et bâtimens destinés auxdites fabriques n'auront de communication extérieure que par une seule porte, placée du côté du port, laquelle fermera à deux clefs différentes, dont une sera remise à un préposé de *l'administration* des douanes, et l'autre aux propriétaires. Lesdits tafia et rhum ne pourront être extraits desdits bâtimens que pour être transportés dans les magasins de l'entrepôt, ou pour être embarqués à la destination de l'étranger. (19 *octobre* 1791, *art.* 3.)

1003. Les habitans des ports dénommés dans l'article premier pourront également recevoir en entrepôt, et réexporter à l'étranger, en exemption de droits, les raisins de Corinthe. (*Même loi, art.* 4.)

1004. Toute soustraction et tout versement auxquels les entrepôts, transversemens et conversion permis par le présent décret, pourroient donner lieu, seront punis par la confiscation de la marchandise ou de sa valeur, et d'une amende de trois cents *francs* pour la première fois; en cas de récidive, l'amende sera du double, et celui qui aura fait ou contribué à la fraude sera déchu de la faculté d'entrepôt et de fabrication. Les propriétaires des marchandises seront garans, à cet égard, des faits de leurs agens. (*Même loi, art.* 5.)

SECTION III. — *De l'entrepôt des peaux d'agneaux et de chevreaux.*

1005. *Il est accordé à la ville de Bayonne un entrepôt de six mois pour les peaux d'agneaux et de chevreaux en vert venant d'Espagne, avec faculté de les faire apprêter dans l'intervalle et ressortir pour l'étranger.* (AD. 17 floréal an 5.)

Cet arrêté n'a pas été imprimé, et je n'ai pu m'en procurer le texte.... c'est pourquoi j'en trancris ici la substance *en italique.*

J'ai parlé de l'ENTREPOT DES SELS sous les numéros 621 et suivans; depuis l'impression de ces pages il a été rendu, le 31 juillet 1810, un décret ainsi conçu :

« Les dispositions de l'article 21 du décret du « 11 juin 1806 qui accorde à différens ports un en« trepôt de sels, sont rendues communes aux villes « de Rotterdam, Embden et Dordrecht, sous toutes « les formalités et conditions qui ont été prescrites « par le susdit décret. »

Aux termes de l'article 21 du décret du 11 juin 1806 (n° 621), il ne peut s'agir, pour les villes ci-dessus dénommées, que d'un entrepôt dont l'approvisionnement pourra s'effectuer par mer et nullement d'une faculté semblable à celle qui a été accordée à l'entrepôt d'Amsterdam par le décret du 29 février 1812 classé au n° 623. (*CD.* 5 *septembre* 1812.)

TITRE V.

Des Primes et Remises.

CHAPITRE I. — *Prime à l'exportation des cotons filés et des bonneteries, toiles et autres ouvrages en coton.*

1006. A compter du 1er. septembre 1811 les toiles, bonneteries et autres ouvrages en coton sans aucun mélange d'autre matière, et les cotons filés, jouiront à l'exportation d'une prime de 220 francs par quintal métrique. (*DI.* 3 *août* 1811, *art.* 1.)

1007. Pour avoir droit à la prime fixée par l'article précédent, les marchandises auxquelles elle est accordée devront sortir par Strasbourg, et être soumises aux formalités ci-après prescrites. (*Même décret, art.* 2.)

1008. Les marchandises accompagnées des déclarations des fabricans en espèces et quantités, visées par les préfets ou sous-préfets des départemens où les fabriques sont établies, devront être présentées au bureau de la seconde ligne de la direction de Strasbourg placée à Marlenheim.

Les préposés dudit bureau s'assureront que les caisses ou balles contiennent réellement les objets indiqués par les déclarations, et les expédieront, sous plombs et acquits-à-caution, pour Strasbourg, où elles ne pourront entrer que par la porte Blanche. (*Même décret, art.* 3.)

1009. Des préposés placés à la porte de Strasbourg reconnoîtront l'état des plombs et cordes, viseront les acquits-à-caution délivrés à Marlenheim, et feront conduire les caisses et balles directement à la douane de Strasbourg, où il sera organisé un bureau particulier pour la vérification en détail des marchandises et la délivrance des expéditions de sortie. (*Même décret, art.* 4.)

1010. Les préposés du bureau spécial feront extraire les marchandises de leur emballage, s'assureront qu'elles sont de l'espèce de celles à qui la prime est accordée, qu'elles sont composées de coton pur et sans mélange, et en constateront le poids net. Immédiatement après ces opérations, les marchandises remises dans leur emballage seront expédiées sous plombs et acquits-à-caution pour le bureau de Khel, où, après une dernière vérification, les préposés certifieront au dos des acquits-à-caution qu'elles ont suivi leur destination pour l'étranger. (*DI.* 3 *août* 1811, *art.* 5.)

1011. Toutes les pièces relatives à chaque expédition, telles que les déclarations des fabricans duement visées, les acquits-à-caution délivrés tant au bureau de Marlenheim qu'à celui de Strasbourg, les certificats des vérificateurs du bureau spécial et ceux des préposés de Khel, seront visées par le directeur et adressées *au*.... directeur général *des* douanes, qui, après en avoir fait l'examen, délivrera l'ordonnance nécessaire pour le paiement de la prime. (*Même décret, art.* 6.)

1012. En cas de fausses déclarations de poids ou espèces des ouvrages de coton provenans des fabrications françoises exportées à l'étranger, elles seront punies d'une amende double de la prime qu'on auroit reçue. (*DI.* 11 *janvier* 1808, *et loi du* 12 *janvier* 1810, *art.* 8.)

La prohibition établie dans les royaumes d'Italie et de Naples de tous cotons ouvrés à l'étranger ayant paru à S. M. un encouragement suffisant pour notre industrie, elle a décidé qu'à compter du 1er. septembre 1811 la *prime* sur les ouvrages de coton de nos fabriques, expédiés à la destination de l'un et de l'autre état, cesseroit d'avoir lieu.

Ainsi, les formes prescrites par les bureaux *des frontières d'Italie*, pour obtenir le paiement de la prime, deviendront sans objet à l'époque fixée.

Les directeurs de ces frontières donneront des ordres en conformité, et informeront le commerce de cette disposition.

Ils continueront, au surplus, à faire l'envoi des états de cotons ouvrés sortant par les bureaux de leur division. (*CD.* 17 *août* 1811.)

CHAPITRE II. — *Remise à l'exportation des eaux-de-vie de grains.*

1013. Il ne sera fait remise pour les eaux-de-vie de grains exportées à l'étranger, que du droit de fabrication qu'elles auront acquitté. (20 *avril* 1810, *art.* 13.)

« Le droit fixé par l'article 37 de la loi du 25 novembre 1808, pour la fabrication des eaux-de-vie de grains, pommes de terre et autres substances farineuses, est remplacé, à compter du 1er. juillet prochain, par un droit d'un franc cinquante centimes par hectolitre d'eau-de-vie fabriquée à 17 degrés et au-dessous; de deux francs par hectolitre au-dessus de 17 degrés jusqu'à 21, et de trois francs par hectolitre au-delà de 21 degrés. » (*Même loi, art.* 10.)

1014. Elles ne pourront sortir de l'empire pour être exportées à l'étranger que par les lieux ci-après désignés, savoir : par Mayence, Coblentz et Cologne, pour celles qui prendront la voie de terre, et par Ostende, Dunkerque et le Havre, pour celles qui seront exportées par mer. (*DI.* 3 *vendémiaire an* 13, *art.* 7.)

1015. Il est (*aussi*) permis d'exporter à l'étranger par le port d'Urdingen, département de la Roër, les eaux-de-vie de grains fabriquées en France, pour jouir de la faveur accordée par les lois et réglemens. (30 *avril* 1806, *art.* 20.)

1016. Les eaux-de-vie seront en outre accompagnées d'un acquit-à-caution qui, dans les délais portés audit acquit et déterminés en raison des distances, devra être représenté à leur arrivée dans les lieux de sortie au principal préposé des droits réunis pour être par lui visé, ensuite au bureau de la douane pour y être déchargé. (*DI.* 3 *vendémiaire an* 13, *art.* 8.)

CHAPITRE III. — *Prime à l'exportation des sucres raffinés en France.*

1017. Il sera payé aux raffineurs, pour les sucres raffinés en France qui seront exportés à l'étranger, une prime de 25 francs par cinq myriagrammes.

L'exportation ne pourra être faite que par les ports indiqués par l'article 12 (n° 880), ou par les passages de Versoix, Bourg-Libre, Strasbourg, Mayence, Cologne, le Sas-de-Gand, Verceil et Pozzolo.

La prime ne pourra être réclamée qu'autant que l'expédition sera accompagnée d'un certificat du raffineur dûment légalisé. Ce certificat sera envoyé au directeur général des douanes, avec le certificat de sortie à l'étranger, pour ordonner le paiement de la prime sur une des caisses de recette des douanes. (8 *floréal an* 11, *art.* 17.)

CETTE prime est due sur les sucres tapés en petits pains expédiés pour le Levant. (*Lettre du ministre de l'intérieur*, du 22 *prairial an* 11.)

IMPORTATION DE BESTIAUX. Une lettre du ministre de l'intérieur, du 18 floréal an 12, a prévenu M. le directeur général des douanes, que le Gouvernement accordoit au munitionnaire des vivres-viandes une prime par tête de bœuf ou de vache qu'il tireroit de l'étranger pour l'approvisionnement des troupes.

RESTITUTION DE DROITS. Les droits de timbre sur les CARTES A JOUER et sur la MUSIQUE GRAVÉE sont remboursés sur les quantités exportées à l'étranger. (*Voir* n° 430.)

Le droit de garantie imposé sur les OUVRAGES D'OR et D'ARGENT est restitué à leur sortie de France. (*Voir* numéros 566 à 568.)

Les SAVONS exportés à l'étranger par le port de Marseille jouissent de la restitution des trois quarts des droits payés sur les huiles qui, importées de l'étranger dans l'année, ont servi à leur fabrication. (*Voir* n° 932.)

Le droit payé sur le SEL employé aux salaisons de viandes exportées pour l'Espagne et le Portugal est restitué à la sortie. (*Voir* n° 685.)

TITRE VI.

Des Traités de commerce entre la France et les puissances étrangères.

CHAPITRE I. — *Traité avec l'Espagne.*

SECTION I. — *Dispositions générales.*

1018. .... En attendant qu'il soit fait un nouveau traité de commerce entre les parties contractantes, toutes les communications et relations commerciales seront rétablies entre la France et l'Espagne, sur le pied où elles étoient avant la présente guerre.

Il sera libre à tous négocians françois de repasser et de reprendre en Espagne leurs établissemens de commerce, et d'en former de nouveaux, selon leur convenance, en se soumettant, comme tous autres individus, aux lois et usages du pays.

Les négocians espagnols jouiront de la même faculté en France, et aux mêmes conditions. (*Ratification du traité de paix entre la France et l'Espagne du 14 thermidor an* 3, *art.* 11.)

AINSI toutes les conditions des traités qui régloient, avant la guerre de la révolution, le commerce respectif des deux nations se trouvoient remises en vigueur par le premier paragraphe ci-dessus, et il avoit été donné des ordres en conformité, notamment par circulaires des 5 pluviose an 4, 19 frimaire an 6, et 14 frimaire an 7; mais il résulte d'un avis du conseil d'état qu'il ne peut plus en être ainsi depuis la promulgation des décrets sur le blocus. Cet avis, approuvé par Sa Majesté le 12 janvier 1812, est ainsi conçu :

Le conseil d'état qui, d'après le renvoi ordonné par Sa Majesté, a entendu le rapport de la section des finances sur celui du ministre de ce département, duquel il résulte que le 4 octobre dernier les préposés des douanes de Bayonne ont saisi, sur la chaloupe espagnole la *Notre-Dame-des-Carmes*, soixante kilogrammes de sucre brut; qu'ils ont également saisi la chaloupe et ont conclu à l'amende et aux dépens;

Que le délégué du consul d'Espagne se disposoit à faire des réclamations contre la saisie du 4 octobre, en vertu d'une convention conclue en 1787 entre la France et l'Espagne, qui porte :

Art. 1. « Les objets de contrebande trouvés à bord « des navires espagnols dans les ports, s'ils n'ont « pas été déclarés dans le temps prescrit, devront « être saisis et confisqués, mais le bâtiment et le sur- « plus de la cargaison ne pourront être arrêtés, et « le tout devra être remis au consul de cette nation, « pour être prononcé à leur égard d'après les ordres « de ce gouvernement. »

Qu'alors il se présente la question de savoir si les Espagnols peuvent encore se prévaloir de la convention de 1787, ou si au contraire cette convention a été abrogée par les lois postérieures ainsi que par le système continental sur la répulsion des marchandises provenant du commerce anglois, et si en conséquence une saisie d'objets prohibés faite à bord d'un bâtiment espagnol ne donnoit pas lieu à toutes les condamnations qui sont prononcées en pareil cas par les lois et les décrets de la France;

Vu les décrets impériaux des 21 novembre 1806, 23 novembre et 17 décembre 1807, et 29 octobre 1809,

EST D'AVIS que nonobstant la convention conclue en 1787 entre la France et l'Espagne, les décrets des 21 novembre 1806, 23 novembre et 17 décembre 1807, et en général toutes les mesures qui sont la base du système continental doivent recevoir leur entière exécution; qu'en conséquence la saisie d'objets prohibés sur un navire neutre donne lieu à toutes les condamnations et peines portées par ces décrets, sans préjudice toutefois des moyens que les propriétaires des navires saisis peuvent faire valoir devant le conseil impérial des prises.

Quelques faveurs sont cependant accordées au commerce d'Espagne :

« 1°. L'introduction par terre des laines, safrans « et jus ou bois de réglisse, provenans du sol espa- « gnol, pourra avoir lieu par les bureaux de Bého- « bie et d'Ainhoa, sans être assujettie à la formalité « des certificats d'origine, et après vérification et « visite faite conformément aux réglemens. (*DI.* 20 *juillet* 1808, *art.* 65.)

« 2°. Les cotons motril sont admis en France. « *Voir numéros* 438 *et suivans.*

« 3°. Les bâtimens espagnols sont admis sans li- « cences. *Voir le chapitre* 2 *du titre* 1er. *du livre VI.*

« 4°. Les navires marchands construits à Bayonne « pour le compte espagnol, et dont la capacité n'ex- « cédera pas trois cents tonneaux, ne seront assu- « jettis à la sortie qu'au droit de balance. (*DI.* 20 *juillet* 1808, *art.* 68.)

« La construction desdits navires ne pourra être « entreprise que d'après l'autorisation préalable du « ministre de la marine et des colonies. » (*Même décret, art.* 69.)

Les bâtimens espagnols peuvent prendre dans nos ports de la poudre, etc. pour leur armement. (*LM.* 23 *pluviose an* 13.) — Les vivres importés par les bâtimens de guerre espagnols sont exempts de droits étant versés de bord à bord. (*CD.* 29 *messidor an* 13.) — Ces mêmes bâtimens peuvent prendre des vivres dans nos ports en exemption de droits, et il en est de même pour ceux qu'ils font venir d'Espagne. (*DM.* 22 *brumaire an* 14.) — *Voir* au surplus la note sous le n° 730.

SECTION II. — *Disposition particulière à la vallée d'Andorre.*

1019. La faculté est accordée aux Andorrans d'exporter annuellement la quantité de grains et le nombre de bestiaux dont l'arrêt du conseil de 1767 leur avoit garanti l'extraction, et l'on s'assurera par des acquits-à-caution et par les moyens administratifs, que ces grains et bestiaux sont réellement destinés à la consommation des habitans. (*DI.* 27 *mars* 1806, *art.* 3.)

Pour jouir de cette faveur, les habitans de la vallée d'Andorre sont tenus d'une prestation de serment de fidélité et du paiement d'une redevance annuelle de 900 fr., en exécution du même décret.

Sur l'observation qu'il ne fait mention que des grains et bestiaux que ces habitans sont autorisés à extraire de France, tandis que l'arrêt du conseil auquel se rapporte ce décret, leur accorde la faculté d'extraire encore plusieurs autres objets, le ministre de l'intérieur a répondu, le 25 juillet 1806, que Sa Majesté, en rendant son décret du 27 mars, a voulu rétablir les habitans de la vallée d'Andorre dans la jouissance entière des droits qui leur étoient accordés par l'arrêt du conseil du 8 décembre 1767, et qui avoient été suspendus depuis 1793; qu'en conséquence ils doivent être autorisés à extraire annuellement en exemption des droits, pour leur usage et consommation et non autrement, la totalité des objets mentionnés en l'arrêt précité, savoir :

Mille charges de grains;

Trente charges de légumes;

Vingt charges de poissons appelés *congres;*

Dix charges de poivre;

Quarante mulets ou chevaux de charge pour les travaux;

Trente jeunes mulets;

Trente paires de bœufs pour le labour;

Deux cents porcs;

Vingt jumens pour porter;

Quarante vaches pour porter;

Douze cents bêtes à laine;

Et cent cinquante pièces de toile pour chemises.

En conséquence, les préposés d'Ax et de Mercus, bureaux par lesquels ces grains, bestiaux et autres objets doivent sortir, reçoivent des ordres du directeur général des douanes.

CHAPITRE II. — *Traité avec le royaume d'Italie.*

SECTION I. — *Des marchandises françoises à leur introduction dans le royaume d'Italie.*

1020. Les marchandises ci-après désignées provenant des fabriques françoises ne paieront à leur entrée dans le royaume d'Italie que la moitié des droits fixés par le tarif italien actuellement existant, savoir :

1°. Basins, piqués, nankinettes, mousselinettes, velours, draps et autres étoffes de coton, même celles mêlées de fil et de laine;

2°. Cotons filés;

3°. Etoffes de soie et de soie coton, rubans de soie;

4°. Bonneterie en soie, coton et laine;

5°. Toiles de chanvre et de lin, linon et batiste;

6°. Toiles de coton blanches et imprimées, mousselines;

7°. La bijouterie, les ouvrages d'horlogerie, ouvrages de modes, meubles de toute espèce;

8°. Les dentelles, galons de toute espèce, la passementerie;

9°. Les ouvrages de cuir et peaux de toutes sortes, les cuirs préparés;

10°. La chapellerie;

11°. La quincaillerie, les aiguilles et épingles;

12°. Les papiers peints pour tapisserie;

13°. Les savons, les huiles, les bestiaux et les produits de la pêche françoise ne paieront également que la moitié des droits du tarif italien. (*Traité de commerce entre la France et le royaume d'Italie*, *du 20 juin* 1808, *art.* 1.)

« Les toiles de coton blanches et peintes, les mousselines, mousselinettes, bazins, piqués, nankinettes, velours, draps et autres étoffes, les cotons filés, la bonneterie, et généralement tous les ouvrages de coton, même ceux mêlés de fil, de laine ou de soie, venant de tout autre pays que de l'empire *françois*, sont prohibés dans *le* royaume d'Italie. (*DI.* 10 *octobre* 1810, *art.* 1.)

« Les marchandises des fabriques de France, désignées par l'article précédent et expédiées pour *le* royaume d'Italie, devront être accompagnées d'expéditions délivrées par les douanes françoises et de certificats des fabricans françois-expéditionnaires, visés par l'administration locale. (*Même décret*, *art.* 2.)

« Les négocians françois non fabricans ne pourront faire ces expéditions que sur la représentation d'un certificat délivré par un fabricant françois qui aura obtenu un permis du ministre de l'intérieur...... pour l'introduction en Italie de marchandises désignées en l'article 1er. (*Même décret*, *art.* 3.)

« *Le* ministre de l'intérieur ne délivrera ces permis qu'après avoir pris tous les renseignemens propres à lui donner l'assurance que ceux qui les demandent fabriquent les marchandises qu'ils veulent exporter, et dans des quantités et qualités analogues à leur déclaration. (*Même décret, art.* 4.)

« Les permis seront valables pour six mois. Le ministre de l'intérieur remettra un état desdits permis au directeur général des douanes à Paris, qui en adressera un double au directeur général du royaume d'Italie.

« Les deux directeurs généraux des douanes donneront les instructions nécessaires aux préposés des bureaux soumis à leur surveillance respective, par lesquels passeront lesdites marchandises. (*Même décret*, *art.* 5.)

« *Le* directeur général des douanes (*de l'empire françois*) tiendra pour chaque fabricant qui aura obtenu un permis, un compte des quantités et qualités des marchandises énoncées en l'article premier qu'il aura exportées en Italie. Les comptes seront arrêtés tous les trois mois, et leurs résultats seront comparés avec ceux des comptes que tiendra également le directeur général des douanes du royaume d'Italie. (*Même décret*, *art.* 6.)

« Lesdites marchandises ne pourront passer de France en Italie que par les bureaux de Verceil et Casatisme; elles seront admises dans les douanes italiennes par les bureaux de Mezzana Corti et de Borgo-Vercelli. Elles n'acquitteront à leur entrée en Italie que la moitié des droits fixés pour chaque espèce par le tarif italien. » (*Même décret, art.* 7.)

Voir les autres bureaux ouverts à ce commerce sous le nº 1024.

Les denrées coloniales et autres marchandises désignées par *les* décrets du 5 août et 12 septembre 1810, acquitteront, à leur entrée en Italie, les droits fixés par lesdits décrets.

Toutes les drogueries et épiceries qui entreront en Italie paieront les mêmes droits que ceux auxquels elles sont assujetties à leur importation en France. (*DI.* 10 *octobre* 1810, *art.* 15.)

Les marchandises, animaux et denrées ci-après dénommés acquitteront, à leur entrée dans *le* royaume d'Italie, les droits ainsi qu'il suit, savoir :

	fr.	c.
Toiles blanches de chanvre et de lin qui n'ont pas de dénomination particulière, *par kilogramme*. . . .	1 fr.	00 c.
Idem, rayées, coloriées, teintes ou imprimées, *par kilogramme* . . .	1	50
Idem de Zeuzo, d'Alm et autres semblables, *par quintal*	38	00
Idem blanches ou coloriées, *par quintal*	45	00
Idem de 70 Belleville, etc., *par quintal*	30	00
Bœufs et bouvillons, *par tête* . . .	10	00
Chevaux, *par tête*.	6	00
Cochons gras, *par tête*.	2	00
Huiles d'olive, *par quintal*	20	00
Fromages de toutes espèces, à l'exception de ceux ci-après désignés, *par quintal*.	15	00
Fromages de Morée et de Morlaquie, *par quintal*.	4	00

Il n'est rien changé par cet article à ce qui concerne les toiles de chanvre et de lin, les linons et batistes des fabriques françoises qui ne sont assujettis qu'à la moitié des droits du tarif italien à leur importation dans ce royaume. (*Même décret*, *art.* 16.)

Les laines des états romains pourront être importées dans *le* royaume d'Italie, en sortant par le bureau de Foligno, où elles acquitteront un droit de 5 francs par quintal. (*Même décret, art.* 17.)

1021. Si, par les traités de commerce passés entre le royaume d'Italie et d'autres états, il étoit stipulé que quelques unes des marchandises désignées par le précédent article venant desdits états dans le royaume d'Italie, obtiendront une diminution de droits sur ceux fixés par le tarif actuellement existant, les marchandises de même espèce introduites de France en Italie, ne paieront que la moitié des droits fixés par lesdits traités. (*Traité du* 20 *juin* 1808, *art.* 2.)

« Les dispositions du traité de commerce entre la « France et le royaume d'Italie, conclu à Paris le « 20 juin 1808, auront leur exécution pour les « Etats romains comme pour les autres parties de « l'empire. » (*DI.* 1er *février* 1810, *art.* 18.)

1022. Les porcelaines de toutes sortes des fabriques françoises ne paieront que 50 francs par quintal net. (*Traité du* 20 *juin* 1808, *art.* 3.)

1023. Les draps et étoffes de toute espèce des fabriques de France paieront, à leur entrée en Italie, la moitié des droits du tarif italien; cependant si les droits actuellement imposés sur ces draps et étoffes éprouvoient quelqu'augmentation, ceux venant de France la supporteroient dans la même proportion, mais sans que la totalité du droit pût jamais excéder les trois quarts de celui porté au tarif actuel.

Si au contraire, par les effets d'un traité de commerce, d'autres états obtenoient pour les draps et étoffes de leurs fabriques une diminution sur les droits d'entrée actuellement existans en Italie, ceux venant de France jouiroient également d'une réduction dans les proportions déterminées par l'art. 2 du présent traité. (*Traité du* 20 *juin* 1808, *art.* 4.)

« L'importation en Italie des draps et étoffes de « laine, autres que ceux des fabriques françoises, « continuera d'être prohibée, à l'exception des sinagônes de drap pour habillement des mariniers et « des feutres pour les papetiers. (*DI.* 10 *octobre* 1810, *art.* 8.)

« Les draps, étoffes et autres ouvrages de laine, « expédiés de France pour l'Italie, ne pourront sor« tir que par les bureaux de Verceil et Casatisme, « et seront admis par les douanes italiennes de Mez« zano-Corti et de Borgo-Vercelli, sur la représen« tation des certificats des fabricans ou négocians, « visés par l'autorité locale et des expéditions des « douanes françoises.

« Ils acquitteront, suivant les espèces et qualités, « la moitié des droits du tarif italien. » (*Même décret, art.* 9.)

Voir les autres bureaux ouverts à ce commerce sous le no 1024.

1024. Les vins fins ou de luxe de toute espèce du crû de France pourront être importés dans le royaume d'Italie en payant, lorsqu'ils seront en cercles, par quintal, 5 francs, et lorsqu'ils seront en bouteilles, par litre, 25 centimes. Les vins communs, vinaigre et eaux-de-vie paieront la moitié des droits du tarif existant. (*Traité du* 20 *juin* 1808, *art.* 5.)

Par l'art. 11 du présent traité, les vins expédiés de France en Italie sont, en outre des droits ci-dessus rappelés, assujettis encore à ceux de consommation imposés sur les vins du pays. (*Voir* no 1025.)

1025. Les objets dénommés dans les articles précédens seront admis par les douanes italiennes, lorsqu'ils seront accompagnés d'expéditions délivrées dans les douanes de France et du certificat du négociant expéditionnaire, visé par l'administration locale; ils ne pourront entrer par terre en Italie que par les bureaux des douanes italiennes placés sur les frontières de France, et par mer, que par les ports de Venise, Goro, Remini, Sinigaglia, Ancône, Capo d'Istria, Cattaro, Spalato, Sebenico et Raguse.

Les marchandises chargées dans les ports de France pour ceux d'Italie, ci-dessus dénommés, seront mises sous le plomb de la douane du port d'embarquement. (*Traité du* 20 *juin* 1808, *art.* 6.)

« LES ouvrages de coton, draps, étoffes et autres « marchandises de laine des fabriques de l'empire, « dont les articles 7 et 9 du décret du 10 octobre « 1810 autorisent l'introduction dans le royaume « d'Italie par les bureaux françois des douanes de « Verceil et de Casatisme, et par les bureaux italiens « des douanes de Borgo-Vercelli et de Mazzana-« Corti, pourront aussi être exportés par les bu-« reaux de Plaisance, San-Prosper, Pietra-Mala et « Foligno, et être admis en Italie par les bureaux « correspondans aux douanes françoises, sous toutes « les conditions prescrites par ledit décret. (*DI.* 7 *mars* 1811.)

« Les relations commerciales entre l'empire fran-« çois et le royaume d'Italie pourront s'effectuer par « la route du Simplon, en se conformant aux dispo-« sitions du traité de commerce du 20 juin 1808, et « du décret du 10 octobre 1810. (*DI.* 19 *juin* 1811, *art.* 1.)

« Le bureau françois de Brig et le bureau italien « d'Issel, situés sur cette route, sont assimilés à ceux « de Verceil et de Borgo-Vescelli, pour l'exécution « des articles 7, 9 et 10 du décret du 10 octobre, « relatifs aux marchandises de coton et de laine « expédiées de France pour le royaume d'Italie, et « aux draps et étoffes de laine de fabrique italienne « admissibles en France. (*DI.* 19 *juin* 1811, *art.* 2.)

« Les marchandises de fabrique françoise qui se-« ront expédiées par le bureau de Brig pour le com-« merce du Levant, jouiront du transit accordé par « le décret du 27 novembre 1810, sur le territoire « du royaume d'Italie et des provinces Illyriennes. « Les cotons du Levant et autres objets provenans « du même commerce, admis en transit par l'Illyrie « et l'Italie, suivant les articles 13 et 14 du même « décret, pourront être introduits par le bureau de « Brig sous les mêmes conditions que par celui de « Verceil. (*DI.* 19 *juin* 1811, *art.* 3.)

Instruction du ministre de l'intérieur pour l'exécution des décrets relatifs à l'introduction, dans le royaume d'Italie, des ouvrages de coton fabriqués en France. (26 juillet 1811.)

§. I. *De la nature, de l'objet, de la durée et de la faculté d'user des permis d'introduction des marchandises de coton de France dans le royaume d'Italie.* — Les permis sont des actes qui contiennent une autorisation spéciale du ministre *du commerce*, accordée par lui en exécution du décret du 10 octobre 1810, et sans laquelle les ouvrages de coton des fabriques françoises, soit purs, soit mélangés d'autres matières, ne peuvent sortir de France pour entrer dans le royaume d'Italie; ils ne sont applicables qu'à ce royaume et aux marchandises de coton destinées à y être introduites pour y rester, et pour servir à l'usage et à la consommation des habitans. On n'en a besoin ni pour la Toscane, ni pour les Etats romains, ni pour le royaume de Naples.

Lorsque des envois faits à une de ces trois destinations empruntent, avant d'y arriver, quelque partie du territoire du royaume d'Italie, ils y sont admis en transit sans permis, et leur passage s'y effectue sous plombs et avec acquit-à-caution, pourvu qu'ils soient accompagnés de certificats d'origine délivrés dans la forme usitée avant le décret du 10 octobre 1810, indiquant l'espèce, le nombre, l'aunage et le poids des marchandises pour chaque balle ou caisse, et visés par l'autorité locale.

Si des ouvrages de coton étoient expédiés en Illyrie, à Venise ou dans tout pays qui, par sa position, rendroit nécessaire leur passage sur le territoire du royaume d'Italie, ils y transiteroient également sans autres formalités que celles qui viennent d'être spécifiées. Plusieurs personnes ont demandé des permis pour exporter dans le royaume d'Italie des soieries, des lainages, des tissus de chanvre, des tissus de lin, etc.; d'autres ont compris quelques uns de ces objets dans leurs pétitions qui étoient en grande partie relatives à diverses espèces de cotonnades; des demandes de cette nature ne se renouvelleront plus, si l'on ne perd pas de vue que le régime des permis s'applique exclusivement aux ouvrages de coton ou dans lesquels le coton entre comme mélange.

Les permis sont valables pour six mois; leur durée commence à courir du jour de leur date, et se termine le dernier jour du semestre inclusivement: ainsi, ce dernier jour doit s'entendre non de celui où des marchandises de coton seroient expédiées d'un lieu quelconque de l'empire pour le royaume d'Italie, mais de celui où ces marchandises peuvent être présentées à l'un des bureaux des douanes assignées à leur sortie.

Les permis n'imposent pas l'obligation d'expédier, dans le royaume d'Italie, les quantités de marchandises qui y sont désignées, ils en donnent seulement la faculté.

§. II. *Des personnes qui sont aptes à demander des permis.* — Les personnes aptes à demander des permis sont:

1°. Les fabricans de tissus ou de bonneterie de coton, les entrepreneurs de filature, les imprimeurs de toiles peintes ayant des manufactures montées et tous les ustensiles nécessaires à l'impression;

2°. Les marchands et fabricans qui achètent aux halles et marchés, ou à domicile, des ouvrages tout coton ou mélangés de cette matière, fabriqués dans des ateliers privés, soit à la ville, soit à la campagne, et qui leur donnent ou font donner les préparations du blanchissement, de la teinture, de l'impression, etc., ou qui font le commerce en grand.

§. III. *De la marche à suivre pour obtenir des permis.* — Les négocians en gros, les marchands fabricans et les fabricans de coton qui, n'ayant pas encore obtenu des permis, desirent de s'en procurer, doivent remettre au préfet du département de la situation de leur établissement de commerce ou de leur fabrique, une déclaration datée, signée d'eux, et conforme au modèle qui suit:

Je soussigné (ou nous soussignés), *ici les noms et raisons de commerce ou de fabrique*, déclare (ou déclarons) avoir maison de commerce (ou une fabrique), *indiquer la nature de la fabrique ou le genre de commerce*, dans le département de , arrondissement de , commune de , et être en état de fournir au royaume d'Italie, dans l'intervalle de six mois, les marchandises ci-après désignées (*désigner ici les marchandises*, 1°. *par leur espèce à raison de la matière qui les compose;* 2°. *par les noms particuliers qu'elles portent en fabrique;* 3°. *par leur poids*, *leur nombre ou leur aunage*.

La déclaration se terminera ainsi :

« Je prie (ou nous prions) le ministre *du commerce* de vouloir bien me (ou nous) délivrer un « permis, afin que je puisse (ou nous puissions) « profiter des avantages accordés par S. M. l'Empereur aux François qui importeront des marchandises de coton de son empire dans le royaume « d'Italie. »

§. IV. *Des certificats d'origine que les permis confèrent le droit de délivrer.* — Les permis accordés par le ministre *du commerce*, et délivrés par l'entremise de MM. les préfets, restent entre les mains de ceux qui les ont obtenus; ils ne sont joints, en aucun cas, aux envois des marchandises de coton qui sont faits pour le royaume d'Italie.

Les permissionnaires ont le double droit de signer, pour eux-mêmes et pour autrui, des certificats d'origine de la manière qui va être expliquée. S'ils font des affaires avec le royaume d'Italie, et s'ils y expédient des marchandises de coton à leur compte, ils dressent un état qui en indique les pièces et les quantités : cet état, qui relate le permis, son numéro et sa date, signé et certifié par eux, visé par le préfet du département ou par le sous-préfet de l'arrondissement, de la situation de la fabrique ou de l'établissement de commerce, accompagne l'expédition. S'ils vendent au contraire leurs marchandises de coton à des personnes qui se proposent de les introduire dans le royaume d'Italie, ils leur délivrent un certificat qui constate la quantité et l'espèce des objets vendus, et rappelle le permis avec son numéro et sa date. Avant d'être joint à l'envoi, ce certificat est revêtu du visa ci-dessus indiqué pour l'état que les permissionnaires dressent de leurs marchandises, lorsqu'ils en sont les expéditeurs directs. Ainsi, en tout ce qui tient au commerce des ouvrages de coton de France avec le royaume d'Italie, les certificats d'origine ne sont que des états indicatifs des qualités et des espèces de ces ouvrages, signés et certifiés par ceux qui ont obtenu la permission de les exporter, et de même légalisés par les autorités locales. Les marchandises de coton y seront spécifiées et désignées par leurs dénominations, d'après les espèces et la matière, et par les noms particuliers qu'elles portent en fabrique. On y indiquera les quantités par poids, nombre, aunage, etc., comme dans les déclarations en demande de permis.

Il y a une exception à ce qui a été dit des autorités compétentes pour le visa des certificats d'origine; elle a été prononcée en faveur des permissionnaires qui exploitent plusieurs maisons de commerce dans divers départemens; ils peuvent faire viser leurs certificats par le préfet du département ou par le sous-préfet de l'arrondissement du lieu d'où partent les expéditions.

§. V. *Du renouvellement de permis.* — Les permis n'étant valables que pour six mois, ainsi qu'il a été énoncé au premier paragraphe, ceux qui auroient besoin de les renouveler ne doivent pas attendre la fin du semestre pour en former la demande, la prudence leur conseille de la présenter plus tôt, afin de ne se trouver dans aucun temps hors d'état d'expédier des certificats d'origine. Les demandes en renouvellement seront contenues dans des déclarations en tout conformes au modèle qu'on a lu §. III, et remises aux préfets qui auront reçus les premières demandes; il faudra seulement ajouter avant la date et la signature:

J'ai (ou nous avons) l'honneur de rappeler au ministre qu'il m'a (ou nous a) précédemment accordé un permis, en date du , sous le n°

§. VI. *Des bureaux des douanes par lesquels les permissionnaires sont tenus de diriger les envois de marchandises de coton destinées au royaume d'Italie.* — Le décret impérial du 10 octobre 1810 avoit restreint la faculté d'introduire nos ouvrages de coton, dans le royaume d'Italie, aux seuls bureaux des douanes françoises de Casatisme et de Verceil, pour la sortie de France et pour l'admission en Italie, aux seuls bureaux des douanes italiennes de Mezzano-Corti et de Borgo-Vercelli, Sa Majesté, par un décret du 7 mars 1811, a ouvert quatre autres bureaux à cette exportation; ce sont ceux de Plaisance, San-Prospero, Pietra-Mala et Foligno. Son décret du 19 juin dernier y a ajouté le bureau de Brig, département du Simplon. Nos marchandises de coton peuvent donc actuellement sortir par ces cinq bureaux françois, ainsi que par ceux de Casatisme et de Verceil, et entrer dans le royaume d'Italie par les bureaux italiens qui y correspondent.

Paris, le 20 juillet 1811. Le ministre de l'intérieur, comte de l'empire. *Signé* MONTALIVET.

SECTION II. — *Des marchandises du royaume d'Italie à leur introduction en France.*

1026. Les marchandises désignées ci-après, provenant des fabriques ou du crû du royaume d'Italie, ne paieront à leur entrée en France que la moitié des droits fixés par le tarif françois actuellement existant, savoir :

Armes à feu ;
Faux et faucilles;
Chanvre et lin brut, peigné ou apprêté, chapeaux de paille et d'écorces de bois ;
Cire blanche, cordages de chanvre;
Fil de lin et de chanvre ;
Gazes de soie;
Fromages;
Huile d'olive ;
Parapluies de toile cirée ;
Raisins secs;
Soies grèzes et organsinées;
Toiles de chanvre et de lin ;
Toiles à voiles.

Les bestiaux et les produits de la pêche italienne ne paieront que la moitié des droits fixés par le tarif françois; les vins fins et ordinaires du crû du royaume d'Italie jouiront à leur entrée en France des mêmes avantages que ceux accordés par l'article 5 aux vins du crû de France importés dans ledit royaume : cependant, outre les droits d'entrée fixés respectivement par le présent traité, les vins seront encore assujettis, savoir : ceux de France introduits en Italie et ceux d'Italie introduits en France, aux droits de consommation imposés sur ceux du pays.

.... (*Traité du* 20 *juin* 1808, *art.* 11.)

LES droits de consommation imposés en France sont ceux d'octrois des villes et ceux perçus par la régie des droits réunis.

Le dernier paragraphe de cet article, là où il y a des points, disoit : *le riz ne paiera que deux francs par quintal;* mais par l'art. 19 du décret du 10 octobre 1810 (nº 1028), les riz exportés du royaume d'Italie en France peuvent entrer en exemption de droits.

Parmi les objets spécifiés dans cet article, il en est deux, les lins et les chanvres, qui ne sont soumis qu'au droit de balance.... De là s'est élevée la question, *si ce droit devoit aussi être réduit de moitié;* il y a été répondu négativement par circulaire du 28 septembre 1808, portant : « Le droit de balance étant d'une nature particulière, n'est pas « ordinairement compris sous la désignation de *droits du tarif,* et n'est conséquemment pas susceptible « de la réduction de moitié, que son extrême modicité rendroit d'ailleurs peu importante. »

« Le chanvre écru ou roui, exporté « d'Italie, paiera à la sortie, *par* « *quintal* . . . . 4 fr. 00
« Le lin simplement roui ou battu « paiera, *par quintal* 8 00
(*DI.* 10 *octobre* 1810, *art.* 18.)

Les marchandises reprises dans le premier paragraphe de l'article 11 ci-dessus du traité du 20 juin 1808, n'étant soumises, aux termes de cet article, qu'à la moitié des droits du tarif françois *actuellement existant,* il en résulte qu'elles ne peuvent être passibles d'aucune des augmentations survenues ou à survenir après la date du traité; donc les FAUX et FAUCILLES qui, à l'époque du 20 juin 1808, n'étoient taxées qu'à 40 francs 80 centimes, ne doivent toujours, lorsqu'elles proviennent d'Italie, que 20 francs 40 centimes, et non pas les 25 francs qu'on leur a fait acquitter dans quelques bureaux; cette perception de 25 francs a été faite comme étant la moitié du droit de 50 francs, auquel les faux et faucilles de l'étranger ont été réimposées par décret du 11 juillet 1810; mais comme la date de ce décret est postérieure à celle du traité de commerce avec l'Italie, il est évident que sa disposition ne concerne ni ne peut concerner les fabrications de ce royaume. Raisonner autrement seroit prétendre que les mots *actuellement existant*, n'ont aucune signification dans le traité, qu'ils y sont surabondans; et certes le premier paragraphe de son article 3, en établissant une exception en défaveur des draps importés de France en Italie, dénote trop clairement que la proportion a été calculée sur les tarifications *alors* existantes, et non sur celles qui pourroient exister.... S'il en étoit autrement, rien ne seroit aussi facile à l'une ou à l'autre puissance que de détruire les compensations de ce traité; il ne s'agiroit pour cela que d'augmenter les droits sur les espèces qui se fabriquent concurremment dans l'un et l'autre pays; comme cette augmentation feroit que les fabrications importées ne pourroient soutenir la concurrence de prix avec les fabrications indigènes, il en résulteroit que le traité se trouveroit à l'instant anéanti, sinon de forme, du moins de fait....

Mais bien que ces marchandises ne soient pas susceptibles de l'augmentation proportionnelle, elles le sont de la diminution; l'article 12 du traité consent à ce que, si par des traités avec d'autres puissances les marchandises désignées en l'article 11 obtenoient de payer moins que le taux existant au 20 juin 1808 celles de même espèce, venant d'Italie, n'acquitteroient que la moitié des droits fixés par lesdits traités... Or, si elles ont un privilége aussi marqué sur des origines favorisées, à plus forte raison l'ont-elles sur les origines qui ne le sont pas, et conséquemment le POISSON SEC nouvellement imposé à 8 francs au lieu de 20, ne doit-il, lorsqu'il est de pêche italienne, que 4 francs au lieu de 10 francs.. Donner un autre sens à cet article 12 seroit se mettre dans le cas de traiter souvent l'Italie plus mal que les autres puissances....

1027. Si par des traités de commerce conclus entre l'empire françois et d'autres états, il étoit stipulé que quelques unes des marchandises désignées dans le précédent article venant desdits états en France, obtiendront une diminution de droits sur ceux fixés par le tarif actuellement existant, les marchandises de même espèce introduites d'Italie en France ne paieront que la moitié des droits fixés par lesdits traités. (*Traité du* 20 *juin* 1808, *art.* 12.)

1028. Les draps de laine et les grains de verre des fabriques d'Italie pourront entrer en France en payant, savoir : les draps *la moitié des droits d'entrée fixés par le tarif italien*, et les grains de verre 20 francs par quintal. (*Traité du* 20 *juin* 1808, *art.* 13.)

« Les fabricans qui voudront envoyer en France des « draps et étoffes de laine provenans des fabriques « du royaume d'Italie, seront tenus de se pourvoir « auprès du ministre de l'intérieur dudit royaume « pour obtenir des permis semblables à ceux qui « seront délivrés en France pour les ouvrages de « coton. Lesdites marchandises seront admises en « France par les bureaux de Verceil, de Casatisme, « de Pietra-Mala, de Plaisance et de Saint-Prosper, « sur la représentation du certificat du fabricant ou « négociant expéditionnaire, visé par l'autorité lo- « cale et des expéditions des douanes italiennes.

« Elles acquitteront, à leur entrée dans l'empire, « la moitié des droits fixés par le tarif italien. » (*DI.* 10 *octobre* 1810, *art.* 10.)

Les draps et étoffes de laine des fabriques d'Italie, dont l'article 10 du décret du 10 octobre 1810 autorise l'introduction en France par les bureaux de Verceil, de Casatisme, de Pietra-Mala, de Plaisance et de San-Prosper, pourront aussi être admis par le bureau de Foligno. (*DI.* 27 *novembre* 1810.)

Le bureau de Brig a aussi été ouvert à ces expéditions; *voir* sous le n° 1024.

Sur la question de savoir si les couvertures et les bas de laine pouvoient être admis alors qu'ils provenoient des fabriques du royaume d'Italie, S. Ex. le ministre du commerce, considérant que le royaume d'Italie reçoit tous nos lainages, a pensé qu'on ne pouvoit pas s'opposer à l'admission de ces deux espèces d'ouvrages lorsqu'ils auroient été expédiés sous les conditions prescrites par le décret du 10 octobre 1810; ils auront à acquitter la moitié des droits fixés par le tarif italien. (*LA.* 17 *mars* 1812.)

1029. Les soies du royaume d'Italie entreront en France en exemption de droits. (*DI.* 10 *octobre* 1810, *art.* 13.)

Les riz exportés du royaume d'Italie en France y entreront en exemption de droits, ainsi que les crêpes de soie de fabrique dudit royaume. (*Même décret, art* 19.)

CE dernier article abroge l'article 14 du traité du 20 juin 1808, qui étoit ainsi conçu :
« Les crêpes de soie des fabriques du royaume « d'Italie continueront à ne payer à leur entrée en « France que 3 francs par pièce de 11 mètres 88 « centimètres. »

1030. Les marchandises désignées par les art. 11, 13 et 14 devront être accompagnées d'un certificat du négociant expéditionnaire, visé par l'administration locale et d'expéditions délivrées dans les douanes italiennes.

Elles ne pourront être introduites en France par terre que par les bureaux des douanes françoises placés sur les frontières du royaume d'Italie.

Les mêmes marchandises, lorsqu'elles auront été chargées dans les ports de Venise, Goro, Remini, Sinigaglia, Ancône, Capo-d'Istria, Cattaro, Spalato, Sebenico et Raguse, pourront entrer en France par ceux de Livourne, Gênes, Savone, Nice, Marseille, Toulon, Cette, Bordeaux, Nantes, Brest, le Havre et Anvers.

Elles ne seront admises dans les ports françois que sur la représentation de certificats et expéditions ci-dessus prescrits. (*Traité du* 20 *juin* 1808, *art.* 15.)

VOIR la nomenclature des bureaux de terre ouverts au commerce d'Italie, sous le n° 1024.

SECTION III. — *Dispositions de réciprocité entre les deux nations.*

§. I. *Du droit de magasinage.*

1031. Les denrées et marchandises expédiées respectivement pour l'un des deux états, soit pour la consommation, soit pour passer à l'étranger, ne paieront que la moitié des droits de garde ou de magasinage, qui sont ou pourront être établis dans les deux états pour les marchandises venant d'autres pays. (*Traité du* 20 *juin* 1808, *art.* 16.)

§. II. *De la circulation du numéraire, et de l'importation des livres.*

1032. La circulation du numéraire sera libre entre la France et l'Italie, mais la défense d'exportation actuellement existante dans le royaume d'Italie sera sévèrement maintenue. (*DI.* 10 *octobre* 1810, *art.* 20.)

1033. L'importation réciproque dans les deux états des objets de librairie sera permise sous la condition que les réglemens établis dans l'empire sur la librairie recevront leur exécution en Italie. (*DI.* 10 *octobre* 1810, *art.* 21.)

§. III. *Du transit.*

1034. Les marchandises provenantes du crû de France ou de ses fabriques, qui seront expédiées pour la Suisse, l'Allemagne et tous les autres pays étrangers, en passant par le royaume d'Italie, ne seront assujetties dans ledit royaume qu'au paiement de la moitié des droits fixés par le tarif du transit annexé au tarif général italien du 22 décembre 1808. (*Traité du* 20 *juin* 1808, *art.* 7.)

1035. Les marchandises expédiées de l'entrepôt de Gênes pour le royaume d'Italie ou dudit royaume, pour l'entrepôt de Gênes en passant par les départemens situés au-delà des Alpes, ne paieront que les droits fixés par l'article 7 pour les marchandises françoises qui transiteront par ledit royaume; le tabac, le sel, la poudre et le salpêtre sont respectivement exceptés de la faculté du transit accordé par le présent article et le précédent. (*Traité du* 20 *juin* 1808, *art.* 8.)

« Les marchandises étrangères dont la consommation est prohibée dans *le* royaume d'Italie ne pourront y transiter pour passer dans d'autres pays « étrangers. » (*DI.* 10 *octobre* 1810, *art.* 11.)

1036. Les marchandises expédiées du royaume d'Italie, soit pour les pays étrangers, soit pour quelque portion de ce royaume par emprunt du territoire françois, pourront transiter par les anciens états de Parme et de Plaisance et par la Toscane, en payant les droits fixés par l'article 7. Lesdites marchandises entreront sur le territoire françois, et en sortiront par les bureaux qui seront ultérieurement désignés. (*Traité du* 20 *juin* 1808, *art.* 9.)

Ces bureaux sont ceux de Plaisance et de San-Prospero. (*LD.* 2 *octobre* 1809.)

1037. Les marchandises expédiées de France ou de l'entrepôt de Gênes et de Livourne, à destination du port franc de Venise, ou venant dudit port franc à destination de la France et desdits entrepôts, seront affranchies de tout droit de transit dans le royaume d'Italie. (*Traité du* 20 *juin* 1808, *art.* 10.)

Je ne puis rapporter ici, relativement au transit, que les seules dispositions du traité, puisque déjà j'ai traité ce sujet sous les numéros 850 et suivans;... il faudra donc, lorsqu'il s'agira de quelque expédition de l'espèce, coordonner les articles ci-dessus avec ces numéros 850 et suivans, et consulter aussi les notes des numéros 765 à 770, et celle du numéro 821.

§. IV. *Des droits de navigation.*

1038. Les bâtimens françois qui entreront dans les ports du royaume d'Italie et les bâtimens italiens qui entreront dans les ports de France, ne paieront que la moitié des droits de navigation imposés sur les bâtimens étrangers. (*Traité du* 20 *juin* 1808, *art.* 17.)

« Les bâtimens françois et illyriens qui entreront « dans les ports du royaume d'Italie, et les bâtimens « italiens qui entreront dans les ports de France et « illyriens ne paieront que la moitié des droits de « navigation imposés sur les bâtimens étrangers. » (*DI.* 27 *juillet* 1811, *art.* 16.)

D'après cette disposition de réciprocité, les directeurs donneront des ordres pour qu'à l'avenir les navires du royaume d'Italie, dont la nationalité sera constatée régulièrement, n'acquittent que la moitié des droits tant principaux qu'accessoires auxquels les bâtimens étrangers sont assujettis.

Il convient que cette mesure soit connue du commerce dans tous les ports maritimes des directions de Trieste, Rome, Gênes, Livourne, Nice, Marseille, Toulon, Cette et Perpignan, afin que les François qui fréquentent les ports du royaume d'Italie puissent en réclamer l'application, si elle ne la leur étoit immédiatement accordée. (*CD.* 11 *juillet* 1811.)

1039. Les bâtimens italiens armés dans le port de Venise seront admis dans les colonies françoises, si leurs cargaisons ne consistent qu'en cordages, briques et denrées du crû du royaume d'Italie; ils ne pourront y porter aucuns objets manufacturés, à l'exception des crêpes de soie. Lesdits bâtimens auront la faculté de prendre en retour les denrées coloniales et de les transporter directement dans le port de Venise; ils seront traités tant à l'entrée qu'à la sortie desdites colonies comme les bâtimens françois. (*Traité du* 20 *juin* 1808, *art.* 18.)

1040. Les bâtimens italiens qui se rendront aux colonies n'y seront admis que sur la représentation d'expéditions délivrées par les préposés des douanes italiennes dans le port d'armement, et sur lesquelles seront indiquées les quantités et espèces des différentes marchandises qui composeront leurs chargemens. (*Traité du* 20 *juin* 1808, *art.* 19.)

CHAPITRE III. — *Traité avec la Suisse.*

1041. Il sera accordé, du 1er. juin au 15 novembre de chaque année, à tous les habitans suisses des cantons limitrophes de la France la libre importation des denrées provenantes des biens-fonds dont ils seroient propriétaires sur le territoire *françois* à une lieue des frontières respectives, et réciproquement en faveur des François qui auroient des propriétés frontières en Suisse. (*Traité d'alliance entre la France et la Suisse, du* 4 *vendémiaire an* 12, *art.* 10.)

1042. L'exportation et l'importation de ces denrées territoriales seront libres et exemptes de tous droits, lorsque les propriétaires respectifs auront rempli les formalités exigées par les autorités compétentes des deux puissances. (*Traité du* 4 *vendémiaire an* 12, *art.* 11.)

La libre exportation de ces denrées est limitée à celles des biens-fonds dont les Suisses sont propriétaires sur le territoire de l'empire à une lieue des frontières respectives; ainsi il n'y a point de privilége pour les domaines qui seroient situés hors de cette latitude.

Les ministres de l'intérieur et des finances ont décidé, le 14 frimaire an 12, qu'on suivroit sur la clause expresse de réciprocité l'ancien usage établi, en remplissant les formalités prescrites pour le déplacement des denrées récoltées de part et d'autre : ces formalités sont réunies dans un arrêté du 23 thermidor an 2, conçu en ces termes :

Art. 1. « Les Suisses qui possèdent et font valoir « par eux-mêmes des fonds de terre dans l'étendue « de *l'empire* françois, pourront librement en récolter le produit, et le transporter chez eux, à la « charge de faire aux greffes des municipalités des « lieux où ces biens sont situés, la déclaration de « l'étendue et consistance de leur exploitation, de « l'espèce et qualité de leurs récoltes.

Art. 2. « Les municipalités sont chargées de surveiller l'exploitation et l'exportation de ces récoltes, et demeurent personnellement responsables « des abus et fraudes qui pourroient se commettre.

Art. 3. « La quantité des exportations sera constatée non seulement par des déclarations préalablement faites aux greffes des municipalités, « mais encore par les déclarations qui seront faites « à la sortie; les municipalités en dresseront des « tableaux qu'elles enverront *aux préfets* des départemens.

Art. 4. « Les municipalités des lieux où les Suisses « possèdent des fonds de terre donneront aux propriétaires des permissions pour qu'ils puissent « récolter sans empêchement et exporter chez eux « les produits de ces fonds.

Art. 5. « La présente autorisation n'est accordée « aux Suisses qu'à la charge par ladite république de « faire jouir les François du même droit de récolter « librement et de transporter chez eux les produits « des fonds de terre que les François possèdent sur « le territoire de la Suisse. » (*Circulaires du directeur général, des* 18 *frimaire et* 22 *prairial an* 12.)

1043. Les citoyens des deux *Etats* seront respectivement traités, sous le rapport du commerce et des droits d'importation, d'exportation et de transit, sur le même pied que ceux des nations les plus favorisées; et il sera fait dans le plus court délai possible un réglement commercial, qui sera ajouté au présent traité en forme d'articles supplémentaires.......... (*Traité d'alliance entre la France et la Suisse, du* 4 *vendémiaire an* 12, *art.* 12.)

1044. Les jugemens définitifs en matière civile, ayant force de chose jugée, rendus par les tribunaux françois, seront exécutoires en Suisse, et réciproquement après qu'ils auront été légalisés par les envoyés respectifs, ou à leur defaut par les autorités compétentes de chaque pays. (*Traité du 4 vendémiaire an 12, art. 15.*)

Il résulte de l'article 15 de ce traité, que lorsqu'à raison d'une contravention de douanes, un jugement portant confiscation avec amende est obtenu contre un habitant suisse, l'expédition doit en être adressée au grand-juge, pour qu'il certifie véritable la signature du greffier.... Cette expédition doit ensuite recevoir la légalisation du ministre des relations extérieures, et enfin sous celle-ci être apposée la signature du ministre helvétique en France.

Comme cet article du traité énonce particulièrement et uniquement les jugemens rendus en matière civile, ceux rendus en toute autre matière, quoique ne portant que condamnation civile, ne sont pas exécutoires en Suisse. (*Lettre du ministre de la justice, du 6 floréal an 7, relativement à l'article 11 du traité de paix du 23 fructidor an 6, qui portoit les mêmes dispositions que cet art. 15.*)

Pour être, relativement aux douanes, justiciable d'un tribunal françois, il faut que l'habitant suisse ait été pris en flagrant délit, ou saisi et arrêté sur le territoire françois où la contrebande a eu lieu. (*Même lettre.*)

1045. Dans toutes les procédures criminelles pour délits graves, dont l'instruction se fera, soit devant les tribunaux françois, soit devant ceux de Suisse, les témoins suisses qui seront cités à comparoître en personne en France, et les témoins françois qui seront cités à comparoître en personne en Suisse, seront tenus de se transporter près le tribunal qui les aura appelés, sous les peines déterminées par les lois respectives des deux nations.

Les deux gouvernemens accorderont, dans ce cas, aux témoins les passeports nécessaires, et ils se concerteront pour fixer l'indemnité et l'avance préalable qui seront dues à raison de la distance et du séjour; mais si le témoin se trouvoit complice, il sera renvoyé pardevant son juge naturel, aux frais du gouvernement qui l'auroit appelé. (*Traité du 4 vendémiaire an 12, art. 17.*)

1046. Pour prévenir les délits de contrebande et la dégradation des forêts voisines des frontières, les administrations des douanes et les agences forestières, qui seront organisées dans les cantons suisses limitrophes, se concerteront avec celles de France, et conviendront, sous l'autorisation de leurs gouvernemens respectifs, des mesures à prendre pour unir leurs moyens de surveillance et pour se soutenir réciproquement. (*Traité du 4 vendémiaire an 12, art. 19.*)

LIVRE V.

DE LA PROCÉDURE, DES PEINES CUMULATIVES, ET DES TRANSACTIONS.

TITRE PREMIER.

De la Procédure en matière de douanes.

CHAPITRE I. — *Du mode de constater les infractions aux lois de douanes. — Procès-verbaux de saisies.*

SECTION I. — *Des formalités communes à toutes les saisies.*

1047. DEUX préposés de l'administration des douanes, ou autres citoyens françois, suffisent pour constater une contravention aux lois relatives aux importations, exportations et circulation. (9 *floréal an* 7, *art.* 1, *titre* 4.)

LES étrangers à l'administration des douanes se trouvoient déjà autorisés, et derechef même, à saisir la contrebande par le premier paragraphe de l'article 3 de la loi du 15 août 1793, qui est ainsi conçu :

« Les gardes nationaux, la gendarmerie, les « troupes de ligne et tous les fonctionnaires publics « peuvent arrêter, saisir les denrées et marchandises « entrant dans le territoire *françois*, ou en sortant, « en contravention aux lois relatives aux douanes, « à la charge de transporter les objets saisis, directement et sur-le-champ, au plus prochain bureau « desdites douanes, sauf à faire le rapport de la « saisie..... »

Et le second paragraphe de cet article, qu'on trouvera sous le n° 1070, ajoute que la confiscation des marchandises ainsi saisies sera poursuivie à la requête de l'administration des douanes.

Sous l'empire de la procédure qui a précédée celle fixée par le décret du 18 octobre 1810, les conditions exigées ci-dessus ont donné lieu aux questions suivantes :

JURISPRUDENCE. — 1°. *Des particuliers non attachés aux douanes peuvent-ils poursuivre eux-mêmes la confiscation des objets saisis, lorsque la saisie a été opérée en-deçà du rayon?* (Réponse affirmative.)

2°. *Une pareille saisie peut-elle être annullée pour défaut, soit de transport des objets saisis au bureau des douanes le plus prochain, soit d'affiche du procès-verbal à la porte de ce bureau?* (Réponse négative.)

3°. *Un marchand peut-il, sans représenter sa patente, revendiquer les objets saisis comme étant sa propriété?* (Réponse négative.)

Avant de faire aucune réflexion, voici d'abord l'arrêt de la cour de cassation, du 8 thermidor an 8, qui a répondu à ces questions : — « Considérant, « 1°. que bien que l'art. 3 de la loi du 15 août 1793 « et celle du 1er. fructidor an 3, attribuent à la seule « régie des douanes la poursuite de la confiscation « des marchandises faite même par d'autres fonc- « tionnaires ou par de simples citoyens françois ; que « bien que la loi du 10 brumaire an 5, celle du « 9 floréal an 7, et celle du 11 prairial de la même « année, paroissent supposer et même insinuer que « le droit de poursuite appartient aux régisseurs des « douanes, cependant il n'est pas possible d'attribuer

« ce droit exclusivement à la régie dans les lieux « en-deçà *de la ligne*, où il n'y a point de bureaux « de douanes et de préposés revêtus par la loi des « qualités nécessaires pour exercer les poursuites, « surtout si l'on observe que, suivant l'art. 1er. de « la loi du 11 prairial an 7, on doit observer une « célérité de procédure incompatible avec la néces- « sité d'un pouvoir de la régie, et qu'il n'y a rien « de plus convenable et de plus sûr que d'accorder « le droit de poursuite aux saisissans intéressés par « la loi au succès des saisies et de la confiscation; « — 2°. Considérant que, bien que les deux ballots « de mousselines (*elles n'étoient pas alors prohibées*), « réclamés par le demandeur, ne soient pas de l'es- « pèce des marchandises réputées angloises par l'ar- « ticle 5 de la loi du 10 brumaire an 5, ces ballots « sont de la classe des marchandises étrangères qui, « suivant l'art. 13 de la même loi, doivent n'être « admises dans l'intérieur qu'à l'aide de certificats « constatant qu'elles ont été fabriquées dans les « pays avec lesquels la *France* n'est pas en guerre, « et que la contravention à cette partie de la loi « donne lieu, suivant l'art. 15, à la traduction du « contrevenant devant le tribunal de police correc- « tionnelle, d'où il suit que ce tribunal étoit compé- « tent pour en connoître; — 3°. Considérant que « la disposition des art. 2 et 7 de la loi du 9 floréal « an 7, qui ordonne le transport des marchandises « saisies au bureau des douanes le plus voisin, et « celle de l'art. 6 de la même loi, qui ordonne l'affi- « che du procès-verbal à la porte du bureau, sont « inapplicables à l'espèce où la saisie a eu lieu, comme « ici, hors de l'enceinte où sont placés les douaniers « et leurs bureaux; — 4°. Considérant que si les « marchandises prohibées ne peuvent être saisies « dans l'intérieur en-deçà de la ligne......, cette « règle souffre exception, à l'égard des marchandises « venant de l'étranger par la route qui conduit de « l'étranger dans l'intérieur, saisies sur la voiture « même ou au moment de son déchargement, pourvu « que les préposés (ce qui comprend les autres sai- « sissans autorisés) l'aient vu pénétrer et suivie sans « interruption, aux termes de l'art. 35 du titre 13 « de la loi du 22 août 1791, surtout si l'on observe « que le réclamant n'a pas pu même désigner le con- « ducteur de la voiture; que sa direction démentoit « l'assertion du réclamant; que tout concouroit à « faire présumer qu'elle avoit évité frauduleusement « les bureaux de la frontière, ce qui est le cas de « l'art. 17 de la loi du 10 brumaire an 5; — Consi- « dérant en outre, d'une part, qu'il a été jugé dans « le fait que le réclamant n'est pas propriétaire des « deux ballots; qu'il est par conséquent non rece- « vable, et que ce fait jugé doit être tenu pour con- « stant par le tribunal;... d'une autre part, qu'il « n'avoit point de patente, bien qu'ayant, dans son « système, acheté les deux ballots pour les revendre « en même état, il fût réputé marchand en gros, « suivant l'art. 30 de la loi du 1er. brumaire an 7, « et en cette qualité soumis au droit de patente; par « ces motifs le tribunal a rejeté le pourvoi, etc. »

Observ. On sait que l'article 37 de la loi du 1er. brumaire an 7 est conçu en ces termes:

« Nul ne peut former de demande, ni fournir au- « cune exception ou défense en justice, ni faire aucun « acte ou signification par acte extrajudiciaire pour « tout ce qui seroit relatif à son commerce, à sa pro- « fession ou son industrie, sans qu'il soit fait men- « tion en tête des actes, de la patente prise, avec « désignation de la classe, de la date et de la com- « mune où elle aura été délivrée.... »

Ainsi la troisième question portée en tête de l'arrêt ci-dessus se trouve résolue par la loi du 1er. brumaire an 7 elle-même, et pour juger l'espèce il ne s'agissoit donc que de savoir si, pour acheter deux ballots de mousselines et les envoyer à un marchand pour les revendre, il falloit une patente... C'est précisément pour acheter et revendre de cette manière qu'une patente est indispensable, puisqu'en général on est marchand par cela seul qu'on achète pour revendre, et que tout individu qui achète en ballots pour revendre de même fait positivement par là acte de marchand en gros, et se met dans la nécessité d'en prendre la patente, ainsi que le décide expressément l'art. 30 de la loi du 1er. brumaire an 7, ainsi conçu:

« Sont réputés marchands en gros, quel que soit « leur commerce, tous ceux qui font des reventes, « sous les enveloppes usitées pour les premières en- « trées dans le commerce, des objets commerçables. »

Relativement aux deux premières questions, il étoit également impossible de les mieux décider pour se trouver en rapport avec les lois alors existantes sur la procédure, encore que dans toutes celles intervenues sur les saisies depuis et y compris le 15 août 1793, on voie les fonctionnaires publics, les militaires et même les simples citoyens françois autorisés à saisir, et l'administration des douanes figurer seule dans ces mêmes lois pour agir en justice à raison de ces saisies.

Mais aujourd'hui que le mode de procédure n'oblige plus à citer dans un délai fatal, que conséquemment l'article 1er. de la loi du 11 prairial an 7 est abrogé; aujourd'hui qu'il existe un ministre du commerce, je ne vois plus sur quelle disposition les étrangers aux douanes pourroient s'appuyer pour poursuivre eux-mêmes la confiscation d'une saisie opérée hors la ligne des douanes.

1048. Ceux qui procéderont aux saisies feront conduire dans un bureau de douanes, et, autant que les circonstances pourront le permettre, au plus prochain du lieu de l'arrestation, les marchandises, voitures, chevaux et bateaux, servant au transport.

Ils y rédigeront de suite leur rapport. (9 *floréal an* 7, *art.* 2, *tit.* 4.)

Les prévenus en matière de douanes ne doivent jamais être arrêtés et conduits en prison que dans le cas où l'infraction commise donneroit lieu contre eux à l'application de la peine d'emprisonnement. (*CD.* 18 *novembre* 1811.)

Mais les étrangers ne pouvant être contraints à se présenter devant les tribunaux françois qu'autant qu'ils se trouvent sur le territoire de l'empire, on doit, lorsqu'ils sont surpris avec des marchandises qui par leur nature ne donneroient lieu qu'à des peines pécuniaires, s'assurer de leur personne, pour ne pas rendre illusoires les condamnations qui pourroient intervenir contre eux, sauf au juge d'instruction à ordonner leur mise en liberté provisoire, s'ils offrent de fournir caution. (*Lettre du grand-juge*, *du* 14 *avril* 1812.)

Son Excellence a ajouté que cette mesure peut également être appliquée aux inconnus, puisqu'ils seroient dans le cas d'être arrêtés comme vagabonds et poursuivis comme tels, s'ils ne venoient à être réclamés. (*CD.* 1er. *mai* 1812.)

Cependant les préposés qui arrêtent des délinquans ne peuvent les constituer eux-mêmes prisonniers; ils doivent donc, aussitôt leur arrestation, les conduire devant le procureur impérial près le tribunal des douanes, et, dans le cas où il seroit trop éloigné, devant le juge de paix du lieu, lequel, faisant fonctions de police judiciaire, ordonnera leur emprisonnement et leur traduction devant le juge compétent. Quant à la translation dans les cours prevôtales pour les délits de leur compétence, elle sera faite par la gendarmerie, si la distance étoit trop grande pour que les préposés l'effectuassent eux-mêmes. (*Extrait de la circulaire du* 16 *janvier* 1811.)

Les prévenus peuvent aussi être conduits devant l'officier de gendarmerie le plus voisin, et les préposés remettront en même temps et dans l'un et l'autre cas, soit au juge de paix ou à l'officier de gendarmerie, une copie de leur rapport, en les invitant à donner au bas de l'original une reconnoissance de la remise qui leur aura été faite, tant des prévenus que de la copie du rapport.

Conformément à une lettre du grand-juge, du 9 juillet 1811, les juges de paix et les officiers de gendarmerie ne peuvent, sans manquer à l'art. 49 du Code d'instruction criminelle, se refuser à décerner mandat d'amener contre les contrebandiers qui sont conduits devant eux, et à les faire traduire, soit devant le procureur impérial de l'arrondissement, soit devant le procureur impérial près le tribunal des douanes.

Si, contrairement à cette décision, ces officiers de police judiciaire refusoient de décerner les mandats d'amener contre les fraudeurs arrêtés en flagrant délit qui leur seroient remis par les préposés avec copie du rapport, il en seroit dressé procès-verbal pour être transmis à M. le procureur général près la cour prévôtale. (*CD.* 18 *juillet* 1812.)

Mais les deux premières dispositions de l'art. 2 de la loi du 14 fructidor an 3 s'exprimoient littéralement comme l'article 2 ci-dessus de la loi du 9 floréal an 7; ainsi les solutions rendues d'après cette disposition étant applicables à la législation actuelle, je vais rapporter l'affaire et les arrêts intervenus sur cette matière.

Des préposés avoient saisi six mille quatre cents livres de café, sans expédition de douane, sur la digue de Pouarre près de l'Escaut, et les conduisirent non au bureau d'Axel qui étoit le plus voisin, mais à celui de Hults. — Le même jour 7 vendémiaire an 7, après avoir assigné le saisi devant le juge de paix de Hults, *pour voir affirmer leur procès-verbal*, ils se rendirent chez ce juge qui attesta qu'il leur avoit fait lecture du procès-verbal de saisie, et qu'ils l'avoient *déclaré véritable dans tout son contenu.* — Cité devant la justice de paix d'Axel, le saisi soutint que la saisie étoit nulle, attendu que les préposés, au lieu de conduire les cafés à Axel, les avoient conduits à Hults. — Jugement du 9 vendémiaire an 7, qui prononça la validité de la saisie, la confiscation des cafés, et la condamnation du saisi à l'amende de 100 francs. — Appel au tribunal civil de l'Escaut, où le saisi présenta deux nouveaux moyens : d'abord, que l'affirmation du procès-verbal devoit être faite devant le juge de paix compétent pour connoître de la cause; qu'elle l'avoit été devant celui de Hults, au lieu de l'être devant celui d'Axel; que, par suite, elle étoit nulle. — Ensuite, que la loi défendoit bien de faire circuler des marchandises dans *les deux lieues limitrophes* de l'étranger, sans expédition préalablement prise au plus prochain bureau des douanes, mais que cette défense ne s'appliquoit pas à la circulation *dans les deux lieues* limitrophes des côtes maritimes; or, disoit-il, les rives de l'Escaut doivent être considérées comme côtes maritimes..... Le tribunal civil, adoptant ces deux moyens et celui employé par le saisi devant le juge de paix, déclara la saisie nulle et ordonna la restitution. — Recours en cassation par la régie. — Arrêt du 8 nivose an 8, qui casse celui du tribunal de l'Escaut.

« Attendu, 1°. que l'*art.* 2 *de la loi du* 14 *fructi-* « *dor an* 3 n'impose pas aux saisissans, à peine de « nullité, l'obligation de conduire les marchandises « saisies au plus prochain bureau; qu'il leur pres- « crit seulement de les y conduire, *autant qu'il se*

« *pourra*; 2°. que des mesures de sûreté ayant obligé « les saisissans de transporter les marchandises à « Hults, ils avoient pu, sans nullité, affirmer leur « rapport devant le juge de paix du lieu; 3°. que les « rives de l'Escaut ne sont point côtes maritimes; « que l'on ne peut réputer telles que les lieux bai- « gnés par la mer à marée basse. »

L'affaire renvoyée en première instance, il fut jugé, 1°. que le procès-verbal de saisie n'avoit pas été *affirmé*, mais seulement *déclaré véritable*; 2°. qu'eût-il été *affirmé*, il ne l'avoit pas été devant le juge de paix du lieu de la saisie, et que par conséquent l'affirmation en étoit nulle.

Nouveau recours en cassation de la part de la régie, et le 18 floréal an 12, nouvel arrêt, mais rendu en SECTIONS RÉUNIES, par lequel :

« Vu les articles 2 et 4 de la loi du 14 fructidor « an 3.....; attendu que la loi n'exige pas absolu- « ment que les effets saisis soient conduits au bureau « le plus prochain, mais seulement autant que les « circonstances peuvent le permettre; et que, dans « l'hypothèse actuelle, les employés ont déclaré dans « leur procès-verbal, que c'étoit pour cause de com- « modité et de sûreté qu'ils avoient conduit de pré- « férence le café saisi au bureau d'Hults; que dès « qu'ils se trouvèrent dans ce bureau, aucune loi ne « leur prohiboit d'affirmer leur procès-verbal devant « le juge de paix qui y réside, quoique d'ailleurs, « pour statuer sur le fond, ils citassent la partie de- « vant le juge dans l'arrondissement duquel la saisie « avoit été faite; que l'art. 4 ne doit s'entendre que « des cas ordinaires où le transport des marchan- « dises saisies a lieu dans le plus prochain bureau; « — attendu que les préposés avoient sommé *le saisi* « de les suivre devant le juge de paix d'Hults, pour « voir affirmer leur rapport; que rien ne peut por- « ter à croire que cette intention n'ait pas été effec- « tuée, quoique ce juge, peu versé dans la connois- « sance de la langue françoise, et d'un pays nou- « vellement réuni, se soit servi d'une expression « impropre; que d'ailleurs, le défendeur a si bien « reconnu que les préposés avoient en effet affirmé « leur rapport, qu'il s'est fait un moyen de ce que « cette affirmation avoit été faite devant le juge de « paix d'Hults; — par ces motifs, casse et annulle... »

Ce qui dans ces arrêts est relatif à *l'affirmation* se trouve en quelque sorte modifié par des arrêts plus récens; *voir* sous le n° 1053.

Quant à la question de savoir si c'est le tribunal dans l'arrondissement duquel la saisie a été commise ou celui dans le ressort duquel se trouve le lieu de la rédaction du rapport, qui doit connoître de la contravention; *voir* sous le numéro 1060.

1049. Les rapports énonceront la date et la cause de la saisie;

La déclaration qui en aura été faite au prévenu;

Les noms, qualités et demeures des saisissans, et de celui chargé des poursuites;

L'espèce, poids ou nombre des objets saisis;

La présence de la partie à leur description, ou la sommation qui lui aura été faite d'y assister;

Le nom et la qualité du gardien;

Le lieu de la rédaction du rapport, et l'heure de sa clôture. (9 *floréal an* 7, *art.* 3, *tit.* 4.)

« LES circonstances qui accompagnent la fraude dé- « terminant la nature des poursuites à exercer contre « les prévenus, les procès-verbaux énonceront d'ail- « leurs ces circonstances avec la plus grande fidé- « lité. » (*Sens de la circulaire du* 20 *mars* 1812.)

Cette circulaire ajoute : Une sévère exactitude est d'autant plus nécessaire, que ces rapports font foi en justice et suffisent pour faire prononcer non seulement des confiscations et amendes, mais encore des peines correctionnelles, ainsi que celles infamantes, et même la peine capitale. L'employé qui, agissant contre sa conscience, se constitueroit faux témoin seroit très criminel : s'il ne pouvoit pas être retenu par les principes de l'honneur, au moins la crainte du danger qu'il courroit d'être frappé de la punition infligée au faux témoignage devra l'arrêter.

Si les réticences en faveur des complices de la fraude n'ont pas les mêmes inconvéniens que de fausses inculpations portées contre certains individus, elles seroient néanmoins le résultat d'une condescendance coupable, puisqu'elles soustrairoient des contrebandiers à l'action de la loi, et que la répression des délits, qui est dans son intention, ne s'effectuant pas, l'impunité entretiendroit leur audace.

Quant au défaut d'arrestation des contrebandiers ou aux facilités qui leur seroient données pour l'évasion, ce seroient encore des violations de la loi qui a formellement prescrit l'emprisonnement, et comme voie de répression, et pour assurer le paiement des amendes. Ainsi les préposés qui ne se saisiroient pas des fraudeurs lorsque la possibilité en existe, ou qui, après l'arrestation, les laisseroient évader, seroient présumés avoir cédé à des moyens de corruption, et prévaricateurs, surtout si les facilités avoient lieu à l'égard des principaux agens de la contrebande, qui, en raison de leurs facultés, pourroient employer ces moyens de corruption. Dans les cas ci dessus énoncés, les préposés devroient être destitués, et les directeurs examineroient ensuite si, d'après les circonstances, ces préposés ne devroient pas être traduits devant les tribunaux.

Les directeurs donneront aux chefs des brigades des instructions qui puissent les éclairer sur les devoirs qu'ils ont à remplir relativement à l'exactitude des rapports et aux obligations qui leur sont très expressément imposées d'arrêter et d'assurer la garde des prévenus : ils leur feront connoître en même temps que l'administration a le plus grand desir que l'effet de ces instructions prévienne des mesures de rigueur qu'elle seroit forcée de prendre si les infractions à la loi et aux ordres qui ont été transmis pour son exécution avoient lieu. (*CD.* 20 *mars* 1812.)

De ces mots *poids ou nombre*, de l'art. 3 ci-dessus de la loi du 9 floréal an 7, on avoit voulu en conclure que les saisissans devoient désigner et le poids et le nombre des objets saisis; mais trois arrêts de cassation ont fait justice de cette fausse prétention. — Le premier, en date du 17 germinal an 10, a annullé un jugement de la cour criminelle du Haut-Rhin, qui avoit accordé main-levée d'une saisie d'étoffes de soie, sous le prétexte que le rapport ne faisant mention que de l'espèce, du nombre et de l'aunage, auroit dû désigner aussi le poids. — Les deux autres, du 7 nivose an 13, ont cassé deux arrêts de la cour criminelle de l'Escaut, qui avoient annullé des procès-verbaux qui ne contenoient pas l'indication du poids des étoffes angloises qui avoient été saisies.

La conjonction alternative *ou* désigne cependant assez que les préposés ne doivent indiquer, soit le poids, soit le nombre des marchandises qu'ils saisissent, que relativement à la nature même de la marchandise.

L'un de ces arrêts, du 7 nivose an 13, est ainsi conçu :

« Vu les art. 3, 6 et 7 du titre 4 de la loi du 9 « floréal an 7;

« Attendu que dans la saisie faite chez Vancane-« ghem, toutes les formalités prescrites par les ar-« ticles ci-dessus rapportés avoient été observées ; « — que si le rapport n'énonçoit pas le poids des « objets saisis, il en énonçoit le nombre, ce qui est « suffisant, ce qui est seul nécessaire, lorsque, « comme au cas présent, il s'agit d'étoffes, l'art. 3 « ci-dessus cité laissant l'alternative entre le poids « *ou* le nombre des objets saisis et le choix de l'un « ou l'autre mode devant naturellement être dé-« terminé par la nature des marchandises ; — que « le procès-verbal de saisie a été terminé dans la « maison du saisi, lequel en a eu copie, avec dé-« claration du nom du gardien qui seroit établi, et « sommation de se trouver au bureau pour être « témoin du dépôt; — que par là tout étoit terminé « à son égard ;

« Que si au bureau on a procédé à la pesée des « ballots, c'est que ces ballots, faits dans la maison « du saisi, étant ficelés et scellés, et la nature des « marchandises ne pouvant par là être reconnue « par le receveur de la douane qui se chargeoit du « dépôt, le poids des ballots constatoit entre lui « et les saisissans, ce dont ces derniers se déchar-« geoient entre ses mains; — que s'il est arrivé que « la pesée des marchandises au bureau ait fait, dans « quelques circonstances, partie du procès-verbal « de saisie, c'est lorsque la nature des marchandi-« ses exigeoit que le poids en fût constaté, et qu'il « n'avoit pu l'être dans la maisons du saisi;...... « par ces motifs, la cour casse....

1°. *Un procès-verbal est-il nul de ce qu'il existe dans l'original et la copie délivrée une différence de date?* (Réponse affirmative.)

2°. *L'est-il de ce que les préposés se sont introduits dans une maison habitée, sans l'assistance d'un officier de police compétent?* (Réponse négative.)

Des préposés d'Anvers, accompagnés du maire de Berchem, saisissent des marchandises de contrebande dans une maison qui est reconnue ensuite faire partie de la cinquième section d'Anvers..... ils dressent procès-verbal en date du 9 février 1808, et laissent à domicile une copie qui porte celle du 8 février.

Sur la déclaration de la cour criminelle des Deux-Nèthes, que le procès-verbal est nul, l'administration se pourvoit en cassation, et le 22 juillet 1808 intervient arrêt suprême, par lequel: — « Attendu que si, d'après la loi du 10 brumaire an 5, « et l'arrêté du 4 complémentaire an 11, les préposés « des douanes doivent, lors des visites domiciliai-« res qu'ils font, se faire assister par un officier mu-« nicipal, qui doit être celui du lieu où ils la font; « cependant les saisies qu'ils peuvent faire par suite « ne sont pas viciées par l'assistance de l'officier « municipal d'un autre lieu, quoiqu'alors sans ca-« ractère légal, puisque cette assistance est, relati-« vement à ces saisies, une formalité purement in-« trinsèque, requise seulement pour garantir la li-« berté individuelle des citoyens et assurer l'invio-« labilité de leur asile, et non pour faire concourir « ces fonctionnaires à la constatation d'un délit, « pour laquelle le ministère de ces préposés est seul « suffisant; — d'où il suit que, sous ce rapport, l'ar-« rêt attaqué auroit violé la loi, commis un excès « de pouvoir et créé une nullité non autorisée par « elle, en annullant le procès-verbal dressé dans « l'espèce, sous le prétexte que les préposés se se-« roient fait assister par un officier municipal sans « caractère dans le lieu où ils l'ont rédigé : mais « attendu qu'il n'existoit aucune concordance entre

« la date de l'original de ce procès-verbal et celle de « la copie remise à Smagge, l'une étant du 9 février « 1808, et l'autre du 8 de ce mois; — et que de ce dé « faut de concordance il résulte que ce procès-verbal « n'a point de date certaine et par conséquent lé- « gale, ou qu'au moins ce procès-verbal étant du 9 « février, puisque la copie délivrée à Smagge est « du 8, l'arrêt attaqué a pu induire du défaut d'ac- « cord entre la date de l'un et celle de l'autre; « que Smagge n'avoit pas reçu la copie de ce pro- « cès-verbal dont la loi du 9 floréal an 7 ordonnoit, « à peine de nullité, que la copie lui fût remise, et « annuller par suite ce procès-verbal; — vidant le « délibéré ordonné cejourd'hui, la cour rejette... »

3°. *Quels sont, dans un procès-verbal, les détails exigés par ces mots de l'art. 3 du titre 4 de la loi du 9 floréal an 7*: les rapports énonceront la cause de la saisie, et l'espèce, poids ou nombre des objets saisis?

4°. *L'affirmation d'un procès-verbal, reçu par le juge de paix et signé de lui, peut-elle tenir lieu du* visa *exigé par l'art. 9 de la même loi, dans les lieux où il n'y a pas de bureaux d'enregistrement?* (Question indécise.)

5°. *Les jours fériés sont-ils compris dans le délai fixé pour revêtir les procès-verbaux de ce* visa? (Réponse négative.)

La première et la dernière de ces questions ont été les seules décidées; mais les raisonnemens du procureur général impérial sur la seconde m'ont paru tellement péremptoires, que je vais donner l'analyse de son réquisitoire avant de citer l'arrêt de la cour de cassation qui a décidé les deux autres..... Il ne pourra d'ailleurs que jeter le plus grand jour sur l'esprit des formalités des procès-verbaux.

Des préposés avoient saisi des drilles circulant sans acquit-à-caution, et la lettre de voiture prouvoit que le territoire batave (*alors étranger*) étoit leur destination.....

Le tribunal civil des Deux-Nèthes décida que le procès-verbal de saisie étoit nul, à raison de plusieurs contraventions à la loi du 9 floréal an 7.

La première, disoit-il, *résultoit du défaut d'expression des causes de la saisie dans le procès-verbal, et par conséquent d'une contravention à l'art. 3 du titre 4 de la loi précitée*..... Mais le procès-verbal énonçoit que les voitures chargées de drilles avoient été trouvées tel jour, à tel endroit, dirigeant leur route vers l'étranger sans acquit-à-caution, et qu'elles avoient été saisies en vertu des lois des 3 avril 1793 et 12 pluviose an 3.

La seconde étoit tirée de ce que le procès-verbal des douaniers ne désignoit pas l'espèce, le poids, le nombre, les marques et les numéros des ballots des marchandises saisies, conformément, disoit-il, *aux art. 3 et 8 du titre 4 de la loi du 9 floréal an 7*.... Mais le procès-verbal caractérisoit l'espèce de marchandises, puisqu'il disoit que c'étoient des drilles; il en désignoit aussi le poids, puisqu'il le fixoit à mille huit cent quarante livres; il énonçoit également le nombre des sacs ou ballots, puisqu'il le portoit à seize. — C'est tout ce qu'exige l'art. 3 de la loi citée...... L'art. 8 prescrit bien l'énonciation des *marques* et *numéros* des ballots, mais il ne le prescrit que pour les saisies *faites sur les bâtimens de mer pontés*, par le motif que, dans le déchargement, on peut avec assez de facilité substituer un ballot à un autre. Sur terre il n'en est pas de même, et c'est sur terre que la saisie a eu lieu.

La troisième contravention, suivant le tribunal d'Anvers, *consistoit en ce que le* VISA *supplétif de l'enregistrement n'avoit été apposé au procès-verbal que le 11 thermidor, tandis qu'aux termes de l'art. 9 de la loi, il auroit dû l'être le 10 au plus tard, et même avant midi*....... Effectivement, suivant l'art. 9 de la loi, il falloit faire viser le rapport par le juge de paix ou l'agent municipal, soit le 9 thermidor, jour de la clôture du procès-verbal, soit le 10 avant midi..... Le juge de paix en recevant, le 10 avant midi, l'affirmation du rapport, en faisant lecture de ce rapport avant d'en recevoir l'affirmation, en signant l'acte d'affirmation qui est au bas du rapport, n'a-t-il pas donné à ce rapport la formalité qu'exige la loi? Quel est l'objet de la loi? C'est que la date du procès-verbal soit assurée: c'est pour remplir cet objet qu'elle veut que le juge de paix, ou à son défaut l'agent municipal, *voie* le procès-verbal le lendemain au plus tard avant midi, et que le lendemain au plus tard avant midi, il atteste par sa signature qu'il l'a vu en effet. Or, quand le juge de paix déclare avoir fait lecture du procès-verbal, et que sa signature certifie cette déclaration, l'esprit autant que la lettre de la loi ne sont-ils pas satisfaits?.... Il importe donc bien peu que ce soit dans le corps d'un acte d'affirmation que cette déclaration soit faite et signée. L'acte d'affirmation se trouvant sur la même feuille que le procès-verbal, il est évident que ce qui se trouve au bas de l'un, se trouve par cela seul au bas de l'autre. — Mais demandera-t-on, pourquoi dans ce cas, après que l'art. 9 a exigé le *visa* du juge de paix ou de l'agent municipal, l'art. 10 exige-t-il en outre l'affirmation du procès-verbal?.... Parceque le *visa* ne peut pas suppléer à l'affirmation; car, présenter un procès-verbal à un juge de paix, ce n'est pas en affirmer la sincérité, et le juge de paix qui atteste avoir vu ce procès-verbal, n'atteste pas par cela seul que les rédacteurs en ont affirmé la sincérité devant lui..... Mais on ne sauroit conclure, par réciprocité, que l'acte d'affirmation reçu et signé par le juge de paix en exécution de l'art. 10, ne peut pas suppléer au *visa* prescrit par l'art. 9; car, encore une fois, que le juge de paix atteste avoir vu le procès-verbal lors de l'affirmation, ou qu'il atteste l'avoir vu avant ou depuis, c'est toujours la même chose et le même résultat, quant à la preuve légale et authentique que le procès-verbal n'a pas une fausse date..... Si la loi parle dans deux articles séparés du *visa* et de l'affirmation, c'est parce que le délai pour l'affirmation est de vingt-quatre heures, aux termes des articles 6 et 10 ; de manière qu'un procès-verbal clos à six heures du soir, peut encore être affirmé le lendemain à cinq heures trois quarts après midi, au lieu que le délai pour le *visa* n'est que du jour au lendemain avant midi. Ainsi quand un procès-verbal n'est pas affirmé du jour au lendemain avant midi, le *visa* simple est nécessaire ; mais il devient inutile, ou plutôt il se confond avec la réception de l'affirmation, lorsque cette affirmation est reçue le lendemain avant midi. — Dans l'espèce, l'affirmation avoit eu lieu le 10 thermidor à huit heures du matin ; le juge de paix en avoit donné lecture aux affirmans, et il en avoit rendu témoignage par sa signature ; donc le juge de paix avoit visé, véritablement visé ce procès-verbal avant le midi du lendemain de la clôture de cet acte ; il étoit donc inutile d'obtenir de lui un second *visa* ; et si celui obtenu le 11 étoit tardif, du moins étoit-il superflu.

La cour, malgré le lumineux de ce raisonnement, ne s'est point prononcée sur ce que l'affirmation reçue par le juge de paix, et signée de lui, pouvoit tenir lieu de *visa*, elle a jugé le 3 ventose an 10, comme suit : « Vu les art. 3, 8 et 9 du titre « 4 de la loi du 9 floréal an 7.....; attendu que « dans le procès-verbal portant saisie des marchan- « dises dont il s'agit, la cause en est littéralement « exprimée ; que le poids, le nombre des ballots et « l'espèce des marchandises y sont bien désignés, « et que la marque et les numéros des ballots ne « sont prescrits que pour les saisies faites sur les « bâtimens de mer pontés, et lorsque le déchar- « gement ne peut avoir lieu de suite, et que, dans « l'espèce il ne s'agit point d'une saisie semblable ; « — *que le procès-verbal de saisie a pu être visé le* « *surlendemain de sa date, dans la circonstance où* « *le jour intermédiaire étoit un décadi* (jour férié « alors) ; — attendu qu'il s'ensuit de ce qui précède, « que le jugement attaqué, en déclarant nul ledit « procès-verbal, comme contraire auxdits art. 3, 8 « et 9 du titre 4 de la loi du 9 floréal an 7, a fait « une fausse application de ces articles, etc. »

6°. *Un procès-verbal est-il nul de ce qu'au lieu du propriétaire de la marchandise, connu pour tel par les douaniers, c'est le conducteur qui a été sommé d'être présent à la description des objets saisis ?* (Réponse négative.)

7°. *Ces mots de l'art.* 3, la présence DE LA PARTIE, *s'appliquent-ils au propriétaire ou au conducteur de la marchandise saisie ?* (Ils s'appliquent au conducteur, qu'il soit ou non le propriétaire.)

L'un des *considérans* de l'arrêt de rejet, du 19 mars 1808, dont j'ai déjà parlé, a décidé très justement comme suit :

« Attendu que l'art. 3 de la loi du 9 floréal an 7, « en exigeant que la partie soit appelée par som- « mation à la saisie, pour la rendre valable, ne s'est « évidemment servie de cette expression *partie*, que « dans le sens de l'art. 1, titre 12 de la loi du 22 « août 1791, en considérant comme étant la véri- « table partie de la douane le préposé à la conduite « des marchandises saisies, et non le propriétaire « supposé de ces marchandises, auquel seulement « le droit d'intervention est réservé ; qu'il suffisoit, « dans l'espèce particulière, que le capitaine Smitt « fût légalement sommé de comparoître à la rédac- « tion du procès-verbal de saisie, ce qui avoit été « fait, sans que la douane fût tenue, sous peine de « nullité, de faire une sommation à Duchesne, quoi- « qu'il fût le réclamateur en qualité de propriétaire « des objets saisis ; qu'en conséquence celle qui lui « fut faite le fut *surabondamment* ; ce qui ne permet « pas d'y rattacher la nullité du procès-verbal de « saisie, auquel cette sommation devient indifférente « et étrangère..... »

8°. *Un procès-verbal est-il nul de ce que les préposés n'ont pas énoncé devant quel tribunal ils ont prêté serment ?* (Réponse négative.)

Il a été répondu à cette question par arrêt de la cour de cassation du 9 vendémiaire an 9, lequel, bien que rendu sous l'empire de la seconde disposition de l'art. 2 de la loi du 14 fructidor an 3, est comme s'il l'avoit été d'après l'art. 3 ci-dessus de la loi du 9 floréal an 7.

« Considérant, *dit cet arrêt*, que le tribunal cor- « rectionnel de Louvain, en annullant la saisie sous « le prétexte que les saisissans n'avoient pas énoncé « dans leur procès-verbal, les tribunaux devant les- « quels ils ont prêté serment a contrevenu à l'art. 2 « de la loi du 14 fructidor an 3, ci-dessus cité, et « que le tribunal criminel auroit dû annuller cette « disposition de son jugement ;.... la cour casse. »

9°. *Un procès-verbal est-il nul de ce qu'il n'est pas revêtu de la signature du préposé à la requête duquel la saisie a été faite ?* (Réponse négative.)

10°. *L'est-il de ce que l'assignation n'a pas été affichée à la porte du bureau ?* (Réponse négative.)

L'arrêt du 7 brumaire an 8, qui a répondu à ces questions, a aussi été rendu sous l'empire de la loi du 14 fructidor an 3 ; mais, comme celui ci-dessus, il peut également s'appliquer à l'art. 3 du titre 4 de la loi du 9 floréal an 7 ; cet arrêt est ainsi conçu :

« Vu les art. 2 et 11 de la loi du 14 fructidor an 3 ;

« Attendu, 1°. que l'art. 8 du titre 10 de la loi « du 22 août 1791, qui exige, dans le cas du dépôt

« des marchandises saisies au bureau de la douane, « la signature du receveur au pied du procès-verbal « de saisie, a été abrogé par l'article 2 de la loi du « 14 fructidor an 3, qui porte que ceux qui procé- « deront aux saisies seront seulement tenus d'obser- « ver les formalités prescrites dans cet article; d'où « il suit qu'en déclarant, dans l'espèce, le procès- « verbal de saisie nul, faute de la signature mention- « née, les juges du tribunal civil de l'Escaut ont « ajouté à la loi et violé l'art. 2 de la loi du 14 fruc- « tidor an 3 ;

« Attendu, 2°. que le défaut de mention de la de- « meure des préposés et de description des objets « saisis est démenti par la pièce même; les demeures « des préposés se trouvant dans le procès-verbal de « saisie ainsi que la description des marchandises « saisies, conformément à l'art. 2 de la même loi du « 14 fructidor an 3; d'où il suit que sous ce rapport « le procès-verbal de saisie étoit valable, et qu'en le « déclarant nul, ledit tribunal a encore violé cet « article ;

« Attendu, 3°. que l'art. 11 de la loi du 14 fruc- « tidor an 3 ne parle que des significations des juge- « mens et non des procès-verbaux de saisie; qu'il « n'exige pas qu'indépendamment de leur significa- « tion ils soient affichés; d'où il suit qu'en décidant « que l'affiche du procès-verbal ne suffisoit pas, et « qu'il falloit, en outre, qu'il fût signifié à l'agent « de la commune dans laquelle la saisie avoit été « faite, et que le jugement de confiscation du tribu- « nal devoit être affiché, le tribunal civil de l'Escaut « a fait une fausse application de l'art. 11 de la loi « du 14 fructidor an 3; par ces motifs, la cour « casse, etc .... »

1050. Il sera offert main-levée, sous caution solvable, ou en consignant la valeur des bâtimens, bateaux, voitures, chevaux et équipages saisis pour autre cause que pour prohibition de marchandises dont la consommation est defendue.

Et cette offre, ainsi que la réponse de la partie, sera mentionnée au rapport. (9 *floréal an 7, art. 5, tit. 4.*)

JURISPRUDENCE. — 1°. *Y a-t-il différence, quant à la prohibition, entre les marchandises manufacturées en Angleterre et celles provenantes du commerce anglois?* (Réponse affirmative.)

2°. *Est-il nécessaire, à peine de nullité, qu'en saisissant ces dernières, la main-levée sous caution en soit offerte?* (Réponse affirmative.)

3°. *Le séquestre mis sur un navire par mesure de haute police dispense-t-il les douaniers qui le saisissent ensuite, de l'exacte observation des formalités auxquelles sont assujettis leurs procès-verbaux?* (Réponse négative.)

4°. *Les marchandises dont l'importation est permise sans certificat d'origine, sont-elles saisissables lorsqu'elles proviennent d'Angleterre?* (Réponse affirmative.)

5°. *Les navires qui importent des marchandises provenantes du commerce anglois sont-ils sujets à confiscation?* (Réponse affirmative.)

Le navire prussien le *Tryverdriff*, destiné pour Caen, fut arrêté en l'an 13 dans la baie de Sallenelles, par ordre du ministre de la police générale, motivé sur ce que sa cargaison consistoit en marchandises chargées à Londres; qu'à la vérité il venoit directement d'Embden, mais qu'il y avoit seulement fait échelle.

Les scellés furent apposés d'abord sur les marchandises et les papiers de ce navire, et ensuite les préposés des douanes firent leurs visites et saisirent légalement les marchandises et le navire.

Convaincu par l'examen des papiers que la cargaison a été prise à Londres, le ministre ordonna que les sieurs Chaumont, armateur, Le Cauchois, propriétaire, et Beenken, capitaine, seroient traduits au tribunal correctionnel de Caen.

Là, la saisie fut déclarée nulle et main-levée donnée, à charge de réexporter des contre-valeurs, sous les motifs;

1°. *Quant à la forme*, que le capitaine n'entendant pas la langue françoise, les préposés ne s'étoient pas fait assister d'un interprète assermenté, et que de là résultoit une contravention à l'article 3 du titre 4 de la loi du 9 floréal an 7...., que les préposés n'avoient pas fait, par leurs procès-verbaux, l'offre prescrite par l'art. 5 de la même loi, de donner main-levée des objets saisis moyennant caution....; que dans le débarquement des marchandises, ils n'avoient pas observé les formalités prescrites par l'art. 8.

2°. *Quant au fond*, qu'il n'existoit pas de preuve légale que la cargaison venoit de Londres....; que cette cargaison (consistant, partie en cotons non filés et en bois de teinture dispensés alors de la formalité du certificat d'origine, et partie en marchandises dont la consommation étoit permise en France), n'auroit été saisissable qu'autant qu'elle fût prouvée venir des colonies angloises ou du commerce anglois....; qu'à défaut de cette preuve elle pouvoit, suivant la loi du 22 ventose an 12, être admise dans les ports de France, à la charge de réexporter des contre-valeurs.....; qu'à l'égard du navire, il y auroit lieu, d'après le décret du 30 ventose an 13, d'en prononcer la confiscation, mais que ce décret étoit modifié par les lois antérieures, ainsi qu'il résultoit de la circulaire explicative du directeur général, en date du 12 germinal an 13.

Appel de ce jugement à la cour criminelle du

Calvados, où il intervint arrêt contenant trois dispositions distinctes :

1°. Confirmation du jugement de première instance, en tant qu'il a déclaré les procès-verbaux de saisie nuls, pour contravention aux art. 5 et 8 du titre 4 de la loi du 9 floréal an 7.

2°. Mais, conformément à l'art. 23 du titre 10 de la loi du 22 août 1791, et à l'art. 4 de la loi du 15 août 1793, déclaration de la confiscation du navire et des marchandises sans amende, attendu qu'il étoit constant en fait que le navire avoit été chargé à Londres par le sieur Chaumont, et que le capitaine Beenken avoit fait échelle à Embden pour y déposer vingt-neuf balles de coton et s'y procurer des papiers de bord propres à masquer l'origine du restant de sa cargaison.

3°. Acquittement du sieur Le Cauchois, propriétaire du navire, comme n'ayant eu aucune part à la fraude.

L'administration, les deux condamnés et même le sieur Le Cauchois se pourvurent contre ce jugement.

Je n'examinerai ici que le pourvoi de l'administration, relativement à la forme des procès-verbaux, parceque l'arrêt de la cour de cassation répond assez, quant au fond, aux questions posées ci-dessus.

L'administration soutenoit qu'en déclarant nuls les procès-verbaux de saisie du navire le *Tryverdriff* et de sa cargaison, pour prétendue contravention aux art. 5 et 8 du titre 4 de la loi du 9 floréal an 7, la cour criminelle du Calvados avoit violé l'art. 5 même, et fait une fausse application de l'art. 8.

Bien loin de là, cette cour n'avoit fait que suivre l'art. 5, puisqu'on ne peut qu'en induire qu'il oblige les préposés à offrir, par leurs procès-verbaux, la main-levée des objets saisis, moyennant caution, et que l'art. 11 déclare littéralement que le défaut de cette offre emporte la nullité des procès-verbaux... Il est vrai que de cette obligation sont exceptées les marchandises *dont la consommation est défendue*..... Ainsi il ne s'agissoit que d'examiner si cette exception étoit applicable aux marchandises saisies.....

Déjà j'ai dit dans le huitième paragraphe de la note sous le n° 256, que la conséquence du silence des lois sur la condition de réexporter les marchandises provenantes du commerce anglois étoit qu'elles pouvoient être consommées en France.... J'y ai dit aussi qu'il n'en étoit pas de même de celles fabriquées; que, par la loi qui en ordonnoit alors leur réexportation, la consommation s'en trouvoit formellement défendue... Et par intérêt et au fait, une ligne de démarcation doit être clairement tracée entre les marchandises provenantes du commerce anglois et les marchandises provenantes des fabriques angloises.... Ici, dans l'espèce, le navire n'étoit chargé que de matières premières et de denrées coloniales; ainsi, pour que l'arrêt du Calvados eût violé l'article 5 précité, il faudroit que les mots *dont la consommation est défendue*, fussent synonymes de ceux-ci : *dont l'importation est prohibée*.... Il eût fallu que l'usage ne fût pas venu à l'appui de la différence de ces expressions.... Avant l'ordre de les brûler, on vendoit, *à charge de réexportation*, les marchandises provenantes des fabriques angloises qui étoient saisies; donc la consommation en étoit et en est défendue.... On vendoit et on vend encore, *sans autre condition que d'en payer le prix*, les sucres, cafés, etc. saisis comme provenans du commerce anglois; donc la consommation n'en étoit ni n'en est pas défendue.... Ces deux espèces sont et étoient cependant prohibées à l'importation; donc il y avoit et il y a de la différence entre une marchandise dont la consommation est défendue et une marchandise dont l'importation est prohibée.... Dès lors la main-levée devoit être offerte et doit encore l'être. (*Voir plus bas après le second arrêt.*)

L'administration disoit aussi que, par l'art. 15 du titre 4 de cette même loi du 9 floréal an 7, il est dit qu'en cas de recours en cassation contre un jugement qui aura annullé une saisie de marchandises *dont l'entrée est prohibée*, la main-levée ne pourra jamais en être accordée, même sous caution.....; que conséquemment, *en fait de main-levée sous caution, les marchandises dont l'entrée est prohibée* sont assimilées aux *marchandises dont la consommation est défendue*.

Ce raisonnement étoit spécieux.... Mais la cour du Calvados n'avoit pas à juger s'il y avoit lieu d'accorder la main-levée sous caution d'objets prohibés, dont la saisie eût été déclarée nulle par un jugement attaqué en cassation...., elle avoit à juger si les préposés des douanes avoient dû offrir la main-levée des marchandises dont l'importation seulement *et non la consommation* étoit défendue.... Elle ne pouvoit examiner si l'art. 15 avoit été trop loin en parlant de toutes les marchandises *prohibées*, ou si l'art. 5 n'avoit pas été assez loin en ne parlant que des marchandises *dont la consommation est défendue*... Un tribunal n'est pas le juge de la loi, il n'en est que l'applicateur.... D'ailleurs l'arrêt du Calvados n'auroit pu être cassé pour ce motif, puisqu'il eût fallu, d'après l'acte constitutionnel de l'an 8, qu'il contînt *une contravention expresse* aux lois, et qu'au contraire il étoit littéralement conforme à l'article qui règle le cas sur lequel il avoit à prononcer, quoique d'ailleurs cet article soit, pour un cas différent, en opposition avec un autre article de la même loi.

L'administration disoit encore : *mais les préposés ne pouvoient offrir main-levée, puisque le bâtiment et sa cargaison étant sous le séquestre de la police, n'étoient conséquemment pas à leur disposition*.... Certes ils ne pouvoient lever le séquestre; mais ils devoient déclarer que, quant à eux, ils ne s'opposoient pas à la main-levée sous caution; ne l'ayant pas fait, ils ont donc manqué à l'une des conditions prescrites pour régulariser leur saisie, et dès-lors leurs procès-verbaux devoient être déclarés nuls...

Arrêt de la cour suprême du 25 juillet 1806, par lequel : — « Considérant, sur le pourvoi de la régie « des douanes, que l'art. 5 du titre 4 de la loi du « 9 floréal an 7 exige, à peine de nullité, que, dans « les saisies qui sont faites pour autres causes que « pour prohibition des marchandises dont la con- « sommation est défendue, il soit fait offre de main- « levée des objets saisis sous caution solvable ; « — que cette formalité n'a pas été observée dans « le procès-verbal du brick le *Tryverdriff* ; — que « le séquestre mis d'autorité du gouvernement ne « mettoit pas d'obstacle à l'observation de cette for- « malité ; — que la régie, en offrant la main-levée de « la saisie faite à sa requête, ne touchoit pas au sé- « questre, et délaissoit aux parties intéressés à se « pourvoir devant qui de droit pour obtenir la main- « levée du séquestre ; — d'où il suit que la cour de « justice criminelle du département du Calvados a « été autorisée à casser le procès-verbal de saisie « dont il s'agit ; — par ces motifs, la cour rejette le « pourvoi de la régie....

« Et en ce qui concerne le pourvoi du capitaine « Beeken, de Le Cauchois, propriétaire du navire, « et de Chaumont ; — attendu... qu'il a été déclaré « constant en fait, que les marchandises dont il s'agit « proviennent du commerce anglois, et que le brick « le *Tryverdriff* a été chargé en Angleterre par le « sieur Chaumont ; — que la loi du 22 ventose an 12 « et les décrets des 1er. messidor et 4 complémen- « taire an 11 mettent au rang des marchandises pro- « hibées toutes celles qui proviennent du commerce « anglois, sans distinction de qualité ; — que l'art. 5 « du décret du 4 complémentaire an 11 ordonne « que ceux qui introduiront des marchandises pro- « venantes du commerce anglois, seront poursuivis « ainsi qu'il est prescrit par l'art. 15 de la loi du « 10 brumaire an 5 ; et que cet article prononce non « seulement la confiscation des marchandises, mais « encore des bâtimens de mer, charrettes ou autres « objets servant à leur transport ; — d'où il suit que « l'arrêt a pu ordonner la confiscation du navire le « *Tryverdriff*, ainsi que de la cargaison ; — que le « propriétaire du navire est, sur cette propriété, « responsable du fait du capitaine, et que la contra- « vention commise par ce dernier suffit pour auto- « riser la confiscation, et par conséquent qu'il n'y a « point de contradiction dans l'arrêt entre la dispo- « sition qui acquitte le propriétaire, et déclarant le « capitaine seul coupable du délit, prononce la con- « fiscation du navire... ; — la cour rejette le pour- « voi desdits Beenken, Le Cauchois et Chaumont... »

NOTA. Il résulte nécessairement des termes de la première disposition de l'arrêt ci-dessus, que pour que le procès-verbal ne soit pas déclaré nul, il faut qu'*il soit fait offre de main-levée des objets saisis sous caution solvable*, alors que la consommation de ces objets n'est pas défendue.....

Cependant la cour de cassation avoit jugé différemment en l'an 8 ; mais avant de faire des observations sur cet arrêt, je dois le rapporter..... Il dit :

« Considérant, 1°. que le tribunal criminel du « département de l'Escaut a fait une fausse appli- « cation de l'art. 5 ci-dessus cité du titre 4 de la loi « du 9 floréal an 7, en déclarant nulle la saisie dont « il s'agissoit, à défaut d'offre faite de main-levée « des grains saisis, sous caution, puisqu'aux termes « de cet article, l'offre de main-levée sous caution, « ne doit avoir lieu que par rapport aux bâtimens, « bateaux, voitures, chevaux et équipages saisis, « et non par rapport aux denrées ou marchandises « saisies ;

« Considérant, 2°. que le même tribunal a violé « l'art. 1er. de la loi du 26 ventose an 5, en décidant « que les entrepôts de grains ne sont pas défendus « d'après cette loi dans les 5 kilomètres des fron- « tières de terre, bien que le contraire soit posi- « tivement déclaré par les articles ci-dessus cités de « l'arrêté du directoire du 17 prairial an 7, et que « cela résulte aussi de l'ensemble de la législation « en matière de douanes ; par ces motifs la cour « casse..... »

Ainsi il y a discordance positive entre l'arrêt ci-dessus de l'an 8 et celui plus haut de l'année 1806.

Quel doit-on suivre ? *Au premier coup d'œil* on dira que c'est celui de l'an 8, parceque les termes diffus de l'art. 5 ci-dessus semblent ne pouvoir s'appliquer qu'aux moyens de transport ; mais *en raisonnant* on verra bientôt qu'il s'agit principalement des marchandises, et non pas exclusivement des moyens de transport..... En effet, à quoi serviroit-il de retenir des chevaux qui auroient transporté des marchandises dont la consommation est défendue plutôt que d'autres ? Pour les vendre, dira-t-on ; mais si on peut les vendre pour en faire usage sur le territoire françois, rien alors ne s'oppose à les relâcher sous caution, puisque la caution est la représentation du prix de vente...... Ce n'est donc pas exclusivement pour les moyens de transport *saisis pour autre cause que pour prohibition de marchandises dont la consommation est défendue*, qu'on doit faire offre de la main-levée sous caution, il faut la faire également pour les moyens de transport qui ont servi à introduire des marchandises dont la consommation est interdite..... C'est d'ailleurs ce qui résulte évidemment du décret du 18 septembre 1811 (No 1065).

Or, s'il faut offrir main-levée pour toute espèce de moyens de transport, qu'ils aient ou non transporté des marchandises interdites à la consommation, il est évident que l'art. 5 ci-dessus de la loi du 9 floréal an 7, seroit sans but réel si on n'appliquoit pas ses dispositions aux marchandises.....

Ce sont celles qui sont admises ou rejetées par ces lois ; donc, il n'y a que relativement à celles dont la consommation est défendue qu'on ne doit pas offrir main-levée.

1051. Si le prévenu est présent, le rapport énoncera qu'il lui en a été donné lecture, qu'il a été interpellé de le signer, et qu'il en a reçu de suite copie.....

En cas d'absence du prévenu, la copie sera affichée dans le jour à la porte du bureau.

Ces rapports, citations et affiches devront être faits tous les jours indistinctement. (9 *floréal an* 7, *art.* 6, *tit.* 4.)

L'OBLIGATION imposée aux saisissans de requérir la signature des prévenus, cesse d'exister lorsque s'agissant de marchandises abandonnées ou qu'on peut réputer telles au moment de la saisie, le contrevenant n'a été ni établi ni dénommé au procès-verbal. (*Arrêt de cassation du* 26 *brumaire an* 7.)

La mention que la copie du procès-verbal a été délivrée, n'est pas obligatoire sur cette copie comme sur l'original. (*Arrêt de la cour de cassation du* 18 *mai* 1808.)

L'affiche du procès-verbal à la porte du bureau ne doit pas être constatée par un acte séparé de ce procès-verbal, et il suffit d'y énoncer que l'affiche en sera faite. (*Voir la seconde question de droit, sous le n*° 1055.)

De ce qu'en cas d'absence de la partie saisie un procès-verbal seroit affiché après le coucher du soleil, il ne s'ensuivroit pas nullité, parceque ces mots de la loi, *dans le jour,* signifient ici le jour *de la rédaction* et non *la lumière* du jour. (*Arrêt de cassation du* 11 *floréal an* 13.)

CITATION. Là où il y a des points, cet art. 6 de la loi du 9 floréal an 7 dit : *avec citation à comparoître dans les vingt-quatre heures devant le juge de paix de l'arrondissement......* » Mais cette obligation de citer dans les vingt-quatre heures devant le juge de paix, a nécessairement cessé depuis la promulgation du décret du 18 octobre 1810, qui a créé des tribunaux de douanes, et ordonné que les affaires en cette matière seront instruites conformément au Code de procédure criminelle ; et même, avant cette loi, l'assignation ne devoit plus avoir lieu pour les espèces qui devoient être jugées correctionnellement, puisque dans ce cas le rapport devenoit plainte..... Ce que j'avance ici est d'ailleurs appuyé par les conséquences qui dérivent naturellement des différens arrêts de la cour de cassation que je vais rapporter.

1°. Des sucres raffinés avoient été saisis dans les trois lieues frontières et cette saisie avoit été annullée sur l'appel, sous le prétexte que les formalités de l'assignation n'avoient pas été remplies. Pourvoi en cassation et arrêt du 8 germinal an 7, ainsi conçu :

« .....Vu l'art. 21 du tit. 10 de la loi du 22 août « 1791, portant : *Lorsque la procédure criminelle devra avoir lieu, il ne sera pas donné d'assignation sur « le procès-verbal, mais le dépôt en sera fait dans « les trois jours de la rédaction.....*

« Attendu que l'assignation ou sommation à com- « paroître, ainsi que la fixation du jour de compa- « rution que doit contenir le procès-verbal de la « saisie...... sont des formalités purement rela- « tives au cas où la saisie doit être suivie à fins « civiles ; que dans l'espèce présente la saisie a été « et devoit être suivie devant la police correction- « nelle ; qu'ainsi lesdites assignation et sommation « étoient étrangères à la cause et au procès ; d'où « il résulte que le tribunal criminel du département « de l'Escaut, en annullant la saisie pour le défaut « desdites assignation et sommation, a fait une « fausse application des lois *de douanes ;* qu'il y a « si peu lieu auxdites assignation et sommation, « devant le juge de paix, pour l'affirmation du pro- « cès-verbal de la saisie, qu'aux termes de l'art. 15 « de la loi du 10 brumaire an 5, le contrevenant « ou délinquant doit être arrêté..... Par ces mo- « tifs la cour casse, etc. »

2°. Procès-verbal d'une saisie de grains qui n'énonçoit pas qu'il eût été donné citation de comparoître pardevant le juge de paix. Les tribunaux correctionnel et criminel déclarèrent ce procès-verbal nul. Sur le pourvoi de l'administration, arrêt de la cour de cassation du 17 floréal an 10, par lequel, — « Vu l'art. 456 du Code des délits et des « peines ; — et attendu que l'art. 6 du tit. 4 de la « loi du 9 floréal an 7 ne s'applique qu'au cas où « l'affaire est de la compétence de la justice de paix, « et que dans l'espèce particulière l'affaire étoit de « compétence du tribunal correctionnel, aux termes « de l'art. 6 de la loi du 26 ventose an 5 ; d'où il « résulte excès de pouvoir de la part du tribunal « criminel du département de l'Escaut, en son ju- « gement du 15 ventose dernier, qui a cassé le pro- « cès-verbal des employés des douanes, sur le motif « que le prévenu n'avoit pas été cité pour compa- « roître pardevant le juge de paix ;..... la cour « casse, etc. »

OBSERVATIONS. Il paroîtroit, par la rédaction de cet arrêt, que l'*affirmation* eût été nulle, si la connoissance de la saisie avoit été de la compétence du juge de paix ;.... mais c'est une supposition inexacte, et déjà le contraire avoit été décidé par l'arrêt du

11 floréal an 9, cité sous le n° 1053; aussi ne se retrouve-t-elle plus dans le suivant.

3°. *Arrêt du 21 nivose an 13* : « Vu l'art. 456 du « Code du 3 brumaire an 4, et l'art. 6 du titre 4 de « la loi du 9 floréal an 7; considérant que la citation « dont il est question dans ledit article 6 de la loi « du 9 floréal an 7, à comparoître dans les vingt-« quatre heures devant le juge de paix, n'est nulle-« ment relative aux affaires de la compétence des « tribunaux correctionnels; qu'elle a seulement pour « objet les contestations qui, en première instance, » doivent être jugées par le juge de paix, et qu'elle « n'est autre chose que l'assignation à comparoître « devant le juge de paix, à l'effet de voir rendre le « jugement et non pour voir affirmer le procès-ver-« bal de saisie; — qu'en annullant ledit procès-verbal « de saisie sur l'omission, dans ce procès-verbal, de « la citation à comparoître devant le juge de paix, il « a été fait une fausse application du susdit art. 6, « titre 4 de la loi du 9 floréal an 7, et que la cour « de justice criminelle de la Lys, qui a prononcé cette « annullation, a commis un excès de pouvoir; — Par « ces motifs, la cour casse et annulle..... »

4°. *Arrêt du 26 janvier 1810*. — « Vu l'art. 456 « de la loi du 3 brumaire an 4, §. 1; — attendu que « *l'art. 6 du titre 4* de la loi du 9 floréal an 7, n'est « applicable qu'au cas où l'affaire est de la compé-« tence de la justice de paix; que, dans l'espèce, « l'affaire étoit de la compétence du tribunal cor-« rectionnel, aux termes de l'art. 57 de la loi du 24 « avril 1806; que dès lors la cour de justice crimi-« nelle du département de la Gironde a fait une « fausse application de la loi du 9 floréal an 7, en » prononçant la nullité du procès-verbal dressé « contre François Courbe, sous prétexte que le pré-« venu n'avoit pas été cité par ce même procès-ver-« bal à comparoître devant le juge de paix; — par « ces motifs, la cour casse..... »

5°. Des mots de l'article ci-dessus, relatifs à la citation de comparoître *dans les vingt-quatre heures*, le tribunal civil d'Alexandrie avoit fait résulter la conséquence qu'il devoit être accordé au prévenu un délai de vingt-quatre heures pour préparer ses moyens de défense, et que par suite il ne pouvoit être cité qu'à l'audience postérieure à l'expiration de ces mêmes vingt-quatre heures; mais la cour suprême, par son arrêt du 3 juin 1806, a fait justice de cette fausse interprétation, en décidant qu'attendu que le procès-verbal avoit été clos le 28 frimaire an 13 *à midi*, et qu'il contenoit assignation à comparoître *le lendemain à neuf heures du matin*, les préposés, loin d'avoir violé la loi, s'y étoient au contraire formellement conformés. — *Voir* d'ailleurs, pour le délai actuel des citations, les numéros 1062 et suivans.

6°. *Un procès-verbal est-il nul de ce qu'il n'y est pas énoncé qu'il en a été délivré copie à la partie saisie, quoique présente?* (Réponse affirmative.)

7°. *Le défaut de déplacement des marchandises saisies emporte-t-il nullité du procès-verbal?* (Réponse affirmative.)

L'arrêt de la cour suprême, du 1er. février 1807, a répondu à ces questions de manière à rendre inutile tout développement :

— « Vu les art. 6 et 7 de la loi du 9 floréal an 7, « et l'art. 12 de l'arrêté du quatrième jour complé-« mentaire an 11; considérant que, dans l'espèce, la « nullité du procès-verbal de saisie étoit évidente « sous deux rapports; — qu'il avoit été omis, en « effet, de donner une copie à Vignes saisi, du pro-« cès-verbal de saisie; — que ce procès-verbal ne « contient aucune énonciation à ce sujet; — consi-« dérant, en second lieu, que les saisissans, au lieu « de déplacer, conformément à la loi, les marchan-« dises saisies, ont confié au contraire au saisi le « dépôt des ballots dans lesquels les marchandises « étoient contenues; — que le saisi a même gardé « ces ballots depuis le 28 jusqu'au lendemain 29 « floréal an 13; que par conséquent la cour dont « l'arrêt est attaqué, en prononçant dans ces cir-« constances la triple amende, malgré l'existence « de ces nullités, a violé les articles de ladite loi et « dudit arrêté, qui ne font résulter cette peine que « des procès-verbaux conformes aux formalités pres-« crites; — la cour casse le procès-verbal de saisie » du 28 floréal an 13, ainsi que la disposition de « l'arrêt de la cour de justice criminelle du dépar-« tement de la Haute-Garonne, du 22 thermidor « an 13, par laquelle cette cour a prononcé la triple « amende contre Vignes.... »

8°. *Lorsque, par la force des circonstances, les préposés des douanes étoient obligés de diviser un procès-verbal de saisie en deux contextes; falloit-il que l'assignation fût donnée au prévenu de contravention par chacun des deux contextes, ou suffisoit-il qu'elle le fût par le dernier?* (Elle ne devoit être donnée que par le dernier contexte.)

De ce que l'assignation sur procès-verbal n'est plus obligatoire, il ne suit pas qu'on ne puisse continuer à la donner ainsi, et dès lors il est encore utile de savoir comment il a été jugé sur les faits suivans :

Des préposés saisissent, dans une maison, des tabacs, des sucres et des papiers, dressent procès-verbal, en donnent lecture au saisi qui dit n'en être que le consignataire, l'interpellent de signer ce procès-verbal, font mention de son refus et lui en délivrent copie, le tout dans sa maison; mais ne pouvant y faire la pesée des marchandises saisies, ils déclarent par le même procès-verbal qu'ils vont les transporter au bureau des douanes, et ils interpellent le saisi de les y accompagner, pour être présent à l'opération qu'il leur reste à faire. —

Arrivés au bureau ils dressent un second procès-verbal constatant, par suite du premier, qu'ils ont pesé les marchandises; que celui qui s'en dit le propriétaire s'est présenté pendant la pesée; qu'il a pris note du poids et qu'il a disparu: qu'en conséquence ils ont déposé les marchandises dans le bureau. — Ce second procès-verbal est terminé par une assignation donnée au saisi à comparoir devant le juge de paix, pour voir prononcer la confiscation des tabacs, et devant le tribunal correctionnel, pour voir prononcer celle des sucres et papiers, ainsi que l'amende portée par la loi du 10 brumaire an 5; et vu l'absence du saisi ils affichent, à onze heures et demie du soir, *copie du présent contexte de leur rapport à la porte extérieure du bureau.* — Le lendemain, affirmation des deux procès-verbaux devant le juge de paix du canton.

L'affaire fut jugée, cassée et reportée au tribunal criminel de la Dyle, qui décida, le 30 messidor an 10, comme suit: — « Attendu que, lorsqu'une saisie a été pratiquée dans une maison, la loi (du 9 floréal an 7, art. 6 et 7) veut que le rapport y soit rédigé, et qu'au même moment on en délivre copie à la partie saisie; que celle-ci soit citée à comparoitre devant le juge de paix qui doit connoître de la validité de la saisie, à moins qu'une opposition n'empêche les préposés de la douane de faire cette besogne dans la maison et ne les force d'opérer ailleurs; — que dans le procès-verbal dressé dans la maison de l'intimé, lors de la saisie des marchandises dont s'agit, les saisissans n'ont point cité la partie saisie à comparoître devant le tribunal compétent, laquelle omission entraîne la nullité du procès-verbal; — qu'à la vérité les préposés des douanes, après avoir clos leur procès-verbal et enlevé les marchandises saisies, ont rédigé, trois heures après et dans un autre lieu, un autre acte que les douaniers qualifient aussi de procès-verbal, et dans lequel ils énoncent cette citation à comparoître; mais qu'à l'égard de cet acte il faut, de deux choses l'une, ou le considérer comme procès-verbal ou partie de procès-verbal dont parle le titre 4 de la loi du 9 floréal an 7, ou le considérer comme une pièce indépendante et étrangère à celui mentionné dans le même titre; qu'au premier cas, pour être valable il auroit dû, aux termes de l'art. 6, être rédigé dans la maison et contenir citation devant le juge compétent, attendu que la partie saisie, lors de la clôture du procès-verbal dans sa maison, y étoit présente, ce qui n'a pas été fait; qu'au deuxième cas la pièce en question n'auroit aucun des caractères de crédibilité attribués par le titre susdit aux rapports et procès-verbaux, etc. »

Le tribunal de la Dyle, en déclarant ainsi la saisie nulle *dans la forme*, avoit non seulement mal jugé, mais même contrevenu aux lois les plus expresses et à la jurisprudence la plus constante. — Si le procès-verbal, dans son premier contexte, ne contenoit pas l'assignation, il la contenoit dans le second, et c'étoit tout ce qu'il falloit pour remplir le vœu de la loi, ou, pour parler plus juste, le vœu de la loi ne pouvoit être rempli que de cette manière; car l'assignation étoit, dans un procès-verbal de saisie, la dernière opération que la loi prescrivoit aux saisissans; elle ne pouvoit donc être donnée qu'à la fin du procès-verbal; elle ne pouvoit donc l'être que par le deuxième contexte, lorsqu'il y avoit nécessité de diviser en deux contextes la rédaction du procès-verbal... Cette nécessité existoit ici, puisque les objets saisis devoient être pesés, aux termes de l'art. 3 du titre 4 de la loi du 22 août 1791, et qu'ils n'avoient pu l'être dans la maison du saisi; donc il avoit fallu se transporter au bureau et terminer par là le procès-verbal.... — La cour de cassation, par arrêt du 18 thermidor an 11, l'a jugé ainsi: — « Considérant, sur les nullités du procès-verbal de « saisie, tirée des contraventions aux art. 6 et 7 de « la loi du 9 floréal an 7, que ces nullités n'existent « point en fait; qu'il est constaté par le procès-ver- « bal que la description des objets saisis a été faite « dans la maison du saisi, et que le rapport y a « été rédigé; qu'il demeure constant encore que la « citation à comparoître devant le tribunal compé- « tent s'y trouve expressément comprise; que si le « procès-verbal a été rédigé, partie dans la maison « du saisi et l'autre partie au bureau de Westwesel, « c'est parce que la nature des opérations le néces- « sitoit, soit pour le poids, soit pour le dépôt, ainsi « qu'il s'y trouve établi; que ce n'est là qu'un seul « et même procès-verbal..... »

Voir la suite de cet arrêt qui est relative au déplacement des bureaux, sous le n° 214.

1052. Les rapports ne sont dispensés de l'enregistrement qu'autant qu'il ne se trouvera pas de bureau dans la commune du dépôt de la marchandise, ni dans celle où est placé le tribunal qui doit connoître de l'affaire; auquel cas le rapport sera visé le jour de sa clôture, ou le lendemain avant midi, par le juge de paix du lieu, ou, à son défaut, par l'agent municipal. (9 *floréal an* 7, *art.* 9, *tit.* 4.)

L'ENREGISTREMENT d'un procès-verbal est soumis au droit fixe d'un franc (22 *frimaire an* 7, *titre* 10, *sect* 1, §. 35.)

Lorsque les procès-verbaux de saisie et les cautionnemens y relatifs sont faits par deux actes séparés, lors même que ce dernier seroit rédigé sous seing privé et sans le concours des préposés des douanes, il n'est dû sur chacun de ces actes que le droit fixe d'un franc. — Ces deux actes doivent être soumis simultanément à la formalité s'ils sont rédigés sous la même date, et même lorsque l'acte de cautionnement, qui, dans aucun cas, ne peut être antérieur à la saisie, ne seroit rédigé que dans l'intervalle de temps accordé par la loi du 22 frimaire an 7 pour l'enregistrement des procès-verbaux de saisies; si le procès-verbal contient l'acte de cautionnement, il constate la remise en même temps que la saisie, et donne ouverture pour chacune de ces deux dispositions à deux droits distincts d'un franc fixe; s'il ne contient qu'une offre de remise sous caution non acceptée, il n'est passible que d'un seul droit d'un franc, l'offre de remise n'étant pas réalisée et les choses restant au même état. (*DM. des finances, 27 octobre* 1812.)

Il est bien essentiel de remarquer que ce n'est que dans la supposition qu'*il ne se trouve pas de bureau d'enregistrement, ni dans la commune du dépôt de la marchandise, ni dans celle où siége le tribunal compétent*, que le *visa* est demandé. On ne peut trop se fixer à ces deux points d'exceptions, crainte d'erreur; et alors même on doit veiller à ce que les formalités qui suppléent ainsi à l'enregistrement soient exactement remplies.

Cependant il ne me paroît pas qu'un procès-verbal puisse être déclaré nul, par cela seul que le visa auroit été négligé, dès-lors que l'acte d'affirmation a été signé par le juge de paix dans les délais voulus pour le visa.... *Voir*, relativement à cette opinion, le plaidoyer sur la quatrième question de droit rapportée sous le nº 1049.

Mais si un procès-verbal n'étoit pas affirmé du jour au lendemain avant midi, alors le visa seroit indispensable, parceque la nullité est réellement attachée à ce que l'heure a été dépassée....

Ainsi un procès-verbal doit toujours indiquer l'heure du visa ou celle de l'affirmation, si elle a été faite le lendemain avant midi, sans quoi il seroit nul, l'omission ne pût-elle être imputée qu'au juge de paix....; car où seroit la preuve que les préposés saisissans auroient présenté leur procès verbal au juge de paix avant l'heure fixée (*celle de midi*)? où seroit la preuve que ce juge en a reculé le visa après l'heure fixée? où seroit la preuve que si leur procès-verbal n'est pas en règle sur ce point, c'est par son fait et non par le leur?... Et quand ce seroit par la faute même du juge de paix, il est de principe que toute omission ou violation de forme commise par un fonctionnaire public, agissant à la requête d'une partie, emporte aussi bien nullité que si elle eût été commise par cette partie elle-même.

Les jours fériés ne sont pas compris dans le délai fixé pour faire revêtir les procès-verbaux du visa. *Voir* arrêt de la cour de cassation sous le nº 1049, cinquième question de jurisprudence.

De ce que le visa, pour tenir lieu d'enregistrement, doit être apposé le jour de la clôture du rapport ou le lendemain avant midi, on a voulu induire qu'un procès-verbal non enregistré dans ce délai étoit nul, et le tribunal civil d'Anvers avoit même jugé ainsi... La cour de cassation a infirmé ce jugement par son arrêt du 17 brumaire an 14, attendu que c'étoit là confondre la formalité du visa avec celle de l'enregistrement et violer l'art. 20 de la loi du 22 frimaire an 7, qui accorde un délai de quatre jours pour l'enregistrement des rapports.

1053. Les rapports seront affirmés au moins par deux des saisissans, devant le juge de paix ou *son suppléant,* dans le délai donné pour comparoître.

L'affirmation énoncera qu'il en a été donné lecture aux affirmans. (9 *floréal an* 7, *art.* 10, *tit.* 4.)

De ce que cet article n'exige l'affirmation que dans le délai pour comparoître, il ne s'ensuit pas que ce délai soit illimité comme l'est aujourd'hui celui de la citation; il découleroit au contraire de l'art. 6 de cette loi de l'an 7 (nº 1051) que le délai de la citation n'étant alors que de 24 heures, il faudroit que le procès-verbal continuât à être affirmé dans cet intervalle, à peine de nullité, si l'art. 6 de l'arrêté du 4 complémentaire an 11 (nº 1069) n'accordoit trois jours pour cette affirmation....; mais il y a cette observation à faire, que cet arrêté du 4 complémentaire n'édictant que pour les cas d'introduction et d'entrepôt frauduleux, n'est conséquemment applicable ni aux infractions à la sortie ni aux autres contraventions de douanes, et qu'ainsi le délai de l'affirmation pour ces derniers cas n'est toujours que de 24 heures.... du moins est-il prudent de la faire dans ce délai, car on ne peut pas précisément induire des articles 15 et 18 du Code d'instruction criminelle qu'ils changent cette marche, puisque ces articles ne résolvent pas même la difficulté pour les cas auxquels ils sont essentiellement relatifs.

Il est bien entendu que l'affirmation peut être faite avant le délai prescrit. (*Conséquence d'un arrêt de cassation du* 18 *germinal an* 13.)

Les juges de paix continueront à recevoir l'affirmation des procès-verbaux de douanes, sans qu'il soit besoin d'y être autorisés par de nouvelles dispositions réglementaires, le décret du 18 octobre 1810 n'ayant rien changé à cet égard. (*Lettre du grand-juge du* 13 *mars* 1811.)

Les saisissans doivent toujours écouter attentivement la lecture qui leur est donnée de l'acte d'affirmation, afin que, dans le cas où il ne contiendroit pas mention expresse de la lecture qui leur en est faite, ils puissent sur-le-champ réclamer contre l'omission de cette formalité.

L'affirmation n'est pas soumise à l'enregistrement, attendu qu'elle est le complément du rapport et non pas un acte distinct.

JURISPRUDENCE. — 1°. *L'affirmation d'un procès-verbal de saisie est-elle nulle, parceque la partie saisie n'y a été ni présente ni appelée?* (Réponse négative.)

Aucune loi ne prescrit la formalité d'appeler le saisi à l'acte d'affirmation, et il a toujours été reconnu qu'on ne peut, à cet égard, suppléer au silence de la législation. — Il est vrai que l'art. 4 de la loi du 14 fructidor an 3 s'exprimoit là-dessus d'une manière un peu équivoque; mais sous l'empire même de cette loi, on jugeoit constamment au tribunal de cassation qu'un procès-verbal de saisie pouvoit être valablement affirmé, sans que le saisi y fût présent ni même appelé; témoin un jugement du 6 nivose an 6 qui porte : « Attendu que si l'art. 4 « de la loi du 14 fructidor an 3 exige que les parties « saisies soient citées devant le juge de paix, c'est « pour voir prononcer le jugement, que cet article « prescrit au juge de paix de rendre sans délai, et « non pas particulièrement pour être présentes à « l'affirmation du procès-verbal de saisie. »

Cette jurisprudence a été consacrée par les art. 10 et 11 de la loi du 9 floréal an 7, au titre 4. Néanmoins le tribunal de l'Escaut avoit jugé différemment; mais la cour de cassation a cassé cette décision par son arrêt du 11 floréal an 9. — « Attendu « que le tribunal civil du département de l'Escaut, « en jugeant que le procès-verbal du 11 fructidor « an 7 étoit nul, pour n'avoir pas été affiché avant « le coucher du soleil, et que cette nullité entraînoit « celle de la sommation faite à la partie saisie pour « comparoître devant le juge de paix, a créé des « nullités qui ne résultent pas des expressions de la « loi; — Attendu que ni l'art. 10 de la loi du 9 floréal an 7, ni aucune loi ne prescrivent aux employés de la régie d'appeler la partie saisie à l'affirmation du procès-verbal, que le jugement a donc « évidemment contrevenu à l'art. 11 de la même loi, « du 9 floréal an 7, en admettant d'autres nullités « que celles résultantes de l'omission des formalités « prescrites par ladite loi...., etc. »

Et la doctrine de ce dernier arrêt a été formellement consacrée dans l'espèce suivante :

Les préposés des douanes avoient dressé un procès-verbal pour la saisie d'une partie de sels introduits en fraude. — Tesso père et fils, et autres prévenus de cette contravention, traduits en jugement, arguèrent le procès-verbal de nullité, sous le prétexte qu'on ne leur avoit pas donné citation pour être présens à l'affirmation. L'arrêt rendu par la cour de justice criminelle du département de la Loire-Inférieure ayant accueilli ce moyen, cet arrêt a été cassé par la raison qu'il a créé un moyen de nullité qui n'est ni prévu ni prescrit par aucune loi. — L'arrêt de cassation du 26 janvier 1810 est conçu en ces termes : — « Vu l'art. 456, §. 6 de la loi du « 3 brumaire an 4; — Et attendu qu'aucune loi n'a « prescrit que les délinquans seroient cités pour « comparoître devant le juge de paix, à l'effet d'assister à l'affirmation des procès-verbaux des gardes « des douanes; et que dès-lors, en fondant sur le « défaut d'une pareille citation, la nullité du procès-verbal dressé le 25 avril 1807, contre Christophe « et Jean Tesso, père et fils, la cour de justice criminelle du département de la Loire-Inférieure a « commis un excès de pouvoir, en ce qu'elle a créé « une nullité qui n'est prononcée par aucune loi; la « cour casse.... »

2°. *L'affirmation équivaut-elle toujours à un serment?*

Régulièrement les mots *affirmer* et *jurer* sont synonymes; mais leur synonymie cesse nécessairement lorsqu'en disant *j'affirme*, on manifeste l'intention de ne pas jurer.

Le 24 avril 1809 les préposés des droits réunis, à la résidence de Pignerol, dressent contre J. Garabiglia, cabaretier, un procès-verbal de contravention; ils se présentent, dans les vingt-quatre heures, devant le juge de paix du canton, et affirment leur procès-verbal sincère et véritable. Le juge de paix reçoit leur affirmation; mais il les interpelle d'ajouter à leur affirmation la prestation formelle d'un serment; ils s'y refusent.

Le 30 juin suivant, jugement du tribunal correctionnel qui décharge Joseph Garabiglia des poursuites de l'administration. « Attendu (*entr'autres « motifs*), quant à la teneur de l'acte passé devant « le juge de paix, que le mot *affirmer*, dans le sens « des tribunaux, signifie *déclarer avec serment;* que « si ledit acte eut énoncé purement et simplement, « et suivant l'usage, que les préposés avoient *affirmé*, c'eût été la même chose que de dire qu'ils « avoient déclaré sous serment le contenu au procès-verbal vrai; mais que cet acte énonçant que les « préposés, en disant qu'ils affirmoient, ont déclaré « en même temps qu'ils se refusoient à faire serment, « on peut légitimement en tirer la conséquence qu'ils « entendoient détacher de leur affirmation toute idée « de serment; que conséquemment et d'après l'explication restrictive des préposés, le mot affimer ne « peut plus être envisagé comme une véritable affirmation dans le sens de la loi; qu'ainsi, dans ce « sens, le défaut d'affirmation entraîne la nullité du « procès-verbal, aux termes de l'art. 26 du décret « impérial du 1er. germinal an 13. » (*Il en est de même en matière de douanes par l'art.* 11 *de la loi du* 9 *floréal an* 7.)

L'administration appelle de ce jugement. — Mais par arrêt du 24 novembre 1809, la cour de justice criminelle du département du Pô, considérant que l'acte d'affirmation ne peut, d'après l'explication des préposés, être regardé que comme une simple présentation du procès-verbal au *visa* du juge de paix, rejette la requête d'appel.

Recours en cassation de la part de l'administration des droits réunis, et le 10 janvier 1810 arrêt par lequel :

« Considérant que, d'après les art. 25 et 26 du « décret impérial du 1er. germinal an 13, les procès-« verbaux des employés des droits réunis doivent, « à peine de nullité, être affirmés devant le juge de « paix du lieu de la contravention; que l'acte d'affir-« mation doit énoncer qu'il en a été donné lecture « aux affirmans; que les procès-verbaux ainsi rédi-« gés et affirmés d'après le vœu de la loi, sont crus « jusqu'à inscription de faux; considérant qu'en ju-« geant qu'un acte d'affirmation dans lequel les pré-« posés affirmans avoient refusé, sur la réquisition « formelle du juge de paix, de déclarer que leur « affirmation étoit faite sous la religion du serment « ne constituoit pas une véritable affirmation, et « conséquemment étoit nulle, la cour de justice cri-« minelle de Turin n'a pas violé la loi.... la cour « rejette le pourvoi de la régie.... »

SECTION II. — *Des formalités particulières à certaines saisies.*

§. 1. *Saisies motivées sur le faux ou l'altération des expéditions.*

1054. Dans le cas où le motif de la saisie portera sur le faux ou l'altération des expéditions, le rapport énoncera le genre de faux, les altérations ou surcharges.

Lesdites expéditions, signées et paraphées des saisissans, *ne varietur*, seront annexées au rapport, qui contiendra la sommation faite à la partie de les signer, et sa réponse. (9 *floréal an* 7, *art.* 4, *tit.* 4.)

Si, trompée par de fausses expéditions, la douane n'avoit pas saisi les marchandises en fraude, elle pourroit en poursuivre la confiscation avec amende, nonobstant le principe : *Point de saisie, point d'action;* lequel n'est pas applicable à ce cas-ci, ni à celui où la saisie auroit été empêchée par des voies de fait et des violences. — *Voir* l'article de jurisprudence sous le no 824.

C'est le tribunal devant lequel la saisie est portée qui juge si les pièces arguées de faux donnent lieu ou non à la poursuite criminelle contre les auteurs de ces pièces.

COMPÉTENCE. — *Dans quels cas les cours prévôtales peuvent-elles connoître du crime de faux ?*

Dans l'espèce qui a donné lieu au réglement de compétence, il s'agissoit d'une altération commise sur une expédition de douanes délivrée pour l'enlèvement et le transport d'un sac de sel, afin d'utiliser le délai dans lequel le transport avoit été effectué.

La cour prévôtale d'Aix s'étoit déclarée compétente pour connoître de ce faux; mais la cour de cassation, par son arrêt du 12 octobre 1811, a réformé le jugement de la cour d'Aix, ainsi qu'il suit :

« Vu les articles 408 et 416 du Code d'instruction « criminelle ;

« Vu aussi l'art. 5 du décret du 18 octobre 1810 ;

« Attendu que les attributions des cours prévô-« tales ont été réglées par le décret ci-dessus cité, « et que ces cours ne peuvent connoître immédia-« tement que des crimes qui y sont mentionnés;

« Que si elles sont compétentes pour juger d'au-« tres crimes, ce ne peut être que lorsqu'ils ont été « commis par des personnes spécialement soumises « à leur juridiction, ou lorsque les faits se ratta-« chant à ceux qui rentrent exclusivement dans leurs « attributions, il s'établit une connexité qui ne permet « pas de diviser l'instruction et le jugement; qu'ainsi, « dans le cas de faux sur une expédition de douanes, « les cours prévôtales ne peuvent connoître du crime « de faux qu'autant qu'il auroit été commis par un « préposé des douanes agissant dans ses fonctions, « ou auroit eu pour objet une entreprise de con-« trebande ou de fraude ;

« Que, dans l'espèce, Vitalis, prévenu d'être l'au-« teur de l'altération commise sur l'expédition des « douanes dont il s'agit, n'est point préposé des « douanes, et que n'étant point prévenu de s'être « rendu coupable de l'un des crimes mentionnés « dans l'art. 5 du décret du 18 octobre 1810, la « cour prévôtale n'étoit saisie d'aucun fait princi-« pal qui pût l'autoriser à connoître accessoirement « du crime de faux ;

« Que cette cour n'auroit pu non plus en con-« noître médiatement et par voie d'appel, puisque, « sous le rapport de la contravention, le délit qui « est imputé au prévenu rentrant dans la compé-« tence des tribunaux ordinaires des douanes, ces

« tribunaux ne pourroient connoitre accessoirement « à un fait principal de fraude qui ne donne lieu « qu'à des peines correctionnelles, d'un crime de « faux qui par sa nature emporte peine afflictive ou « infamante ;

« Par ces motifs, la cour casse et annulle.... etc. »

§. II. *Saisies à domicile.*

1055. Lorsqu'il y aura lieu de saisir dans une maison, la description y sera faite et le rapport y sera rédigé.

Les marchandises dont la consommation n'est pas prohibée ne seront pas déplacées, pourvu que la partie donne caution solvable pour leur valeur.

Si la partie ne fournit pas caution, ou s'il s'agit d'objets prohibés, les marchandises seront transportées au plus prochain bureau. (9 *floréal an* 7, *art.* 7, *tit.* 4.)

On a vu sous les numéros 123 et 124, que pour opérer une saisie à domicile il faut se faire accompagner d'un officier public ou au moins le requérir.

Cet officier doit être le maire ou son adjoint, dès-lors que la visite a lieu pour autre recherche que celle de marchandises angloises; — C'est ainsi que l'a décidé l'arrêt de rejet du 12 prairial an 10.... Des préposés avoient vu introduire des *cafés* dans une maison; au lieu de requérir l'adjoint municipal de les accompagner, ils s'adressèrent au commissaire de police de Turnhout, attendu que le maire avoit donné sa démission. Sous le motif que l'arrêté du 9 ventose an 6, invoqué par l'administration, ne concernoit que les marchandises angloises, le tribunal d'Anvers annulla la saisie, et son jugement fut confirmé par la cour de cassation.

Certes, pour des cafés, *on ne jugeroit plus de même aujourd'hui, parceque des cafés introduits sans certificats d'origine, doivent être réputés marchandises du commerce anglois*....... D'ailleurs l'arrêt du 29 mars 1811, que je rapporterai tout-à-l'heure, établit qu'on ne peut pas prononcer la nullité d'un procès-verbal, par cela que les préposés n'auroient pas observé la formalité de se faire accompagner.

Le défaut de déplacement des marchandises saisies pour prohibition, emporte nullité du procès-verbal. *Voir* l'arrêt du 1er. février 1807, sous le n° 1051, septième question de droit.

Voir aussi d'autres arrêts relatifs aux visites domiciliaires, sous le n°. 119.

JURISPRUDENCE. — 1°. *Un procès-verbal est-il nul, lorsque par l'effet de l'opposition du contrevenant à ce qu'il soit rédigé dans la maison où la saisie a eu lieu, il l'a été dans le bureau de la douane?* (Réponse négative.)

2°. *Peut-il l'être parce que l'affiche du procès-verbal à la porte du bureau n'a pas été constatée par un acte séparé de ce procès-verbal?* (Réponse négative.)

3°. *Peut-il l'être sur le fondement que les préposés ont perdu les marchandises de vue pendant l'intervalle qu'il leur a fallu pour chercher leur patache et saisir le bateau qui les transportoit?* (Réponse négative.)

Relativement à cette troisième question, j'ai déjà dit, sous le n° 123, ce qu'on entendoit par ces mots: *pas perdu de vue;* l'arrêt que j'y invoque est celui qui va suivre.....

Avant, voici l'affaire. Des préposés ayant vu débarquer et introduire des marchandises sur une rive opposée, coururent à leur embarcation, et se portèrent au lieu du débarquement; mais il étoit fini, et le bateau s'éloignoit avec précipitation; néanmoins il fut amené en faisant feu dessus; — en visitant la maison vers laquelle on avoit débarqué, les préposés trouvèrent du coton filé, des cafés et du sel marin contenus en trente colis... Le propriétaire de la maison déclara ne pas connoître ces marchandises, les laissa enlever, mais se refusa à ce que le procès-verbal fût rédigé chez lui, et il le fut conséquemment dans le bureau. — Par jugement correctionnel la confiscation fut prononcée sans amende, attendu le défaut d'acte d'affiche de la copie du procès-verbal; — sur l'appel, arrêt qui répond affirmativement aux questions ci-dessus; mais sur le pourvoi, décision négative par arrêt de cassation, du 23 octobre 1807, ainsi conçu :

« Vu l'art. 11 du titre 4 de la loi du 9 floréal « an 7; — et attendu que l'art. 6 du même titre, en « ordonnant l'affiche du procès-verbal à la porte du « bureau, en cas d'absence de celui contre lequel il « est rédigé, n'exige pas, en outre, qu'il soit dressé « un acte particulier, constatant que cette affiche a « eu lieu depuis la rédaction et la clôture de ce pro- « cès-verbal; — qu'au contraire cet article se con- « tente qu'il soit dit dans ce procès-verbal que cette « affiche sera faite, en ce cas, à la porte de ce bu- « reau; — qu'il en résulte par conséquent que cette « affiche est suffisamment constatée par la seule « énonciation au procès-verbal, qu'elle sera faite; « — et que cette énonciation se trouve précisément

« dans le procès-verbal dont il s'agit; — d'où il suit « qu'en annullant ce procès-verbal, sous prétexte « qu'il n'avoit pas été rédigé de procès-verbal sé-« paré, pour constater l'affiche de sa copie à la « porte du bureau, l'arrêt attaqué a adopté une nul-« lité qu'il ne pouvoit pas admettre, aux termes « de l'art. 11 ci-dessus daté; — vu pareillement l'ar-« ticle 6 du titre 10 de la loi du 22 août 1791; — et « attendu que dans l'art. 7 du 9 floréal, il est en-« joint aux commis saisissans de rédiger leur pro-« cès-verbal dans le lieu même de la saisie, ce n'est « évidemment que lorsque cette rédaction dans ce « lieu est possible; mais que cette possibilité cesse « nécessairement, lorsqu'il y a résistance à sa rédac-« tion en cet endroit; — et que cette manière d'en-« tendre cet art. 7 de la loi de floréal an 7 est, au « reste, justifiée au besoin par l'art. 6 de celle du « 22 août 1791, qui a expressément prévu ce cas de « résistance et autorisé alors les commis à se retirer « au bureau le plus prochain pour y faire la rédac-« tion de leur procès-verbal; — attendu que, dans « l'espèce, il est constaté par le procès-verbal qu'il « y a eu résistance et opposition de la part du pro-« priétaire de la maison Cassina, où étoit faite la « saisie en question, à ce que ce procès-verbal fût « rédigé dans la maison; — que dans les circons-« tances les commis ont pu, comme ils l'ont fait, « se retirer dans leur bureau pour y dresser le « procès-verbal de cette saisie; — qu'une semblable « rédaction, nécessitée par la nature des choses, « étoit conforme aux yeux de la loi; — que cepen-« dant elle a été improuvée et par suite la saisie « déclarée nulle, parce qu'elle n'avoit pas été faite « dans l'endroit désigné par l'art. 7 de la loi du 9 « floréal; — et qu'en prononçant une pareille an-« nullation sur ce motif, l'arrêt attaqué a tout en-« semble fait une fausse application de cet article 7, « et violé l'article 6 de la loi du 22 août 1791; — « vu enfin l'article 36 du titre 13 de cette dernière « loi; — et attendu que si cet article n'autorise les « employés des douanes à faire des recherches dans « les maisons situées dans l'étendue de leur police, « pour y saisir les marchandises de contrebande, « que dans les cas où ils ne les auront pas perdues « de vue, et où ils seront arrivés au moment de leur « introduction; il doit être entendu en ce sens que « les employés doivent s'occuper uniquement et « exclusivement des moyens de parvenir à cette re-« cherche et à cette saisie sans se livrer à aucune « autre opération; en sorte que si tout en s'occu-« pant ainsi de l'objet de leur recherche, et pour « s'en emparer, ils l'ont momentanément perdu de « vue par un fait ou une circonstance indépendans « de leur volonté, la saisie qu'ils en ont faite n'est « pas moins conforme à la loi; — et attendu que, « dans l'espèce, le procès-verbal des douaniers cons-« tate qu'ils ont vu débarquer d'un bateau, et in-« troduire dans la maison de Cassina des ballots de « marchandises; — qu'ils ont quitté aussitôt leur « poste et sont venus prendre leur embarcation, « avec laquelle ils se sont portés de suite au lieu du « débarquement; — que ce débarquement se trou-« vant consommé à leur arrivée, ils ont à l'instant « placé deux d'entre eux devant la porte de cette « maison; — et que les autres se sont mis sans délai « à la poursuite du bateau qui avoit versé les mar-« chandises dans cette maison, et qui s'éloignoit « alors à force de rames; — attendu qu'il résulte de « tous ces faits que, sans divertir à un autre acte, « les douaniers se sont tenus exclusivement à la « poursuite du bateau comme des marchandises; « et ont suivi ce bateau sans aucune interruption; « — que dès lors la saisie du bateau a été faite « comme celle des marchandises, dans le sens bien « entendu de l'art. 36 ci-dessus cité; — que c'étoit « le cas par conséquent de prononcer la confiscation « de ce bateau, comme des marchandises; — et qu'en « avoir exclu le bateau sous prétexte que, pour « aller chercher leur embarcation à l'effet de s'en « emparer, les commis avoient pendant ce temps-là « perdu de vue le bateau, c'est avoir mal entendu « cet article 36, en avoir fait une fausse applica-« tion, et, par un effet nécessaire, l'avoir violé; « par ces motifs, la cour casse et annulle.... »

4°. *L'inobservation, par les préposés, de se faire accompagner d'agens administrateurs dans les visites domiciliaires, entraîne-t-elle la nullité du procès-verbal?* (Réponse négative.)

Il s'agissoit d'une saisie de marchandises réputées provenir du commerce anglois faite au domicile de Jacob Picard, négociant à Mulhausen.

Les préposés s'étoient fait assister du *sergent de police*, ainsi qualifié dans leur procès-verbal, et sur le motif que cet officier n'avoit pas le caractère voulu par la loi, ce procès-verbal avoit été déclaré nul en la forme; en conséquence la confiscation des marchandises avoit été prononcée sans amende.

Pourvoi en cassation et arrêt du 29 mars 1811, ainsi conçu :

« Vu l'art. 11 du titre 4 de la loi du 9 floréal an 7;

« Attendu que les différentes lois et arrêtés qui « prescrivent aux préposés des douanes de se faire « accompagner dans les visites domiciliaires, ou d'un « administrateur municipal, ou d'un juge de paix, « ou d'un commissaire de police, ne portent pas « qu'en cas d'inobservation de cette formalité, les « procès-verbaux qu'ils rédigeront seront nuls;

« Qu'ainsi en supposant, dans l'espèce, que la « personne qualifiée de sergent de police, dans le « procès-verbal dont il s'agit, n'eût pas en effet ca-« ractère pour assister les préposés, la cour de jus-« tice criminelle du Haut-Rhin, dont l'arrêt est at-« taqué, ne pouvoit, par ce motif, prononcer la « nullité dudit procès-verbal, et décharger en con-« séquence le prévenu de l'amende par lui encourue, « sans contrevenir formellement à la disposition de l'art. 11 de la loi ci-dessus citée; la cour casse... etc. »

5°. *Pour qu'il soit censé y avoir opposition des parties à ce que le procès-verbal d'une saisie soit rédigé dans la maison où la saisie a été faite, faut-il que les parties se portent personnellement à des violences ou à des menaces envers les saisissans?*

6°. *Depuis la loi du 14 fructidor an 3, est-il nécessaire que les préposés fassent, dans leurs procès-verbaux, mention du tribunal devant lequel ils ont prêté serment?*

7°. *Est-il nécessaire qu'un procès-verbal de saisie soit affirmé par tous ceux qui l'ont dresssé et signé? — Est-il nécessaire qu'il soit dressé et signé par tous ceux qui ont concouru à la saisie?*

8°. *L'acte d'affirmation peut-il être annullé, sur le fondement que la signature du juge de paix y est placée avant celle des affirmans?*

9°. *Que doivent et peuvent faire les préposés, lorsqu'ayant requis les juges et les officiers municipaux du lieu de les accompagner dans une maison pour y rechercher des marchandises de contrebande qu'ils y ont vu introduire, ces juges et officiers municipaux refusent de déférer à leur réquisition?*

10°. *Les marchandises que les préposés trouvent dans une maison située dans la ligne des douanes, qu'ils ont cernée après y avoir vu entrer des porteurs de ballots qu'ils avoient poursuivis jusqu'à leur arrivée dans cette maison, sont-elles de droit présumées être les mêmes qui étoient contenues dans ces ballots?*

Cette présomption d'identité peut-elle être détruite par des présomptions contraires?

Quoique rendues d'après des lois qui ont cessé d'être en vigueur depuis celle du 9 floréal an 7, les réponses aux questions posées ci-dessus sont toujours d'un grand intérêt, puisque les inductions tirées de ces premières lois sont encore celles qu'on peut tirer de la nouvelle. Je n'analyserai pas l'affaire, car elle étoit tellement compliquée, qu'il faudroit employer plusieurs pages pour en donner une idée: elle a produit trois arrêts de cassation et un décret en interprétation de lois, dont j'ai rapporté l'art. 2 sous le n° 124, et dont je donnerai tout-à-l'heure l'article 1er..... Je me bornerai donc à transcrire ces actes, et à dire qu'un des grands moyens des saisis étoit qu'un boucaut de sucre trouvé à domicile pesoit 700 liv., et que de là un homme n'avoit pu le transporter à dos, comme si les prévenus, qui avoient transporté ces sucres dans des hottes, n'avoient pas pu les vider dans un boucaut pendant les dix-sept heures qui se passèrent entre l'instant où la maison fut cernée et le moment où les préposés purent y entrer.

Le premier arrêt de cassation est du 4 floréal an 6, et est ainsi conçu:

« Attendu que le juge de paix du canton d'Eckeren et les officiers civils ou municipaux de cette « commune avoient refusé d'assister les préposés des « douanes dans les recherches qu'ils avoient à faire, « conformément à l'art. 36 du titre 13 de la loi du « 22 août 1791; que ce refus combiné avoit produit « un cas extraordinaire, qui n'avoit pu être dans la « prévoyance de la loi; que d'ailleurs l'administra- « tion centrale avoit pu valablement, et pour les- « dites recherches, donner le caractère civil à un « officier de gendarmerie comme à tout autre indi- « vidu, et lui confier le droit de remplacer momen- « tanément les agens administratifs qui refusent de « remplir les fonctions que la loi leur impose; qu'en « annullant le procès-verbal du 11 prairial et jours « suivans, sur le simple fondement que la recher- « che qu'il constatoit n'avoit pas été faite avec l'as- « sistance du juge de paix ou d'un agent adminis- « tratif, le tribunal du département des Deux-Nèthes « a donc faussement appliqué et même violé le susdit « article de la loi du 22 août 1791;

« Vu en second lieu l'art. 2 de la loi du 14 fruc- « tidor an 3...... et attendu que le procès-verbal « du 11 prairial annonçoit suffisamment la demeure « des préposés saisissans; que l'énonciation du tri- « bunal devant lequel ils avoient prêté serment n'y « étoit point rigoureusement nécessaire; qu'elle eût « été surabondante d'après l'article de la loi qui « vient d'être cité; qu'en le déclarant nul sous pré- « texte de cette omission, ainsi que de celle du do- « micile des préposés saisissans, le jugement dont « la cassation est demandée a donc violé le susdit « article de la loi du 14 fructidor an 3;

« Vu enfin l'art. 6 du titre 10 de la loi du 22 août « 1791....... — Et attendu que dans l'espèce les « oppositions à la rédaction du procès-verbal dans « la maison des saisis, et les dangers qu'y avoient à « courir les saisissans, étoient suffisamment consta- « tés; que, sous ce rapport, le tribunal criminel du « département des Deux-Nèthes a commis encore « une contravention à l'art. 6 du titre 10 de la loi « du 22 août 1791; — d'après ces motifs la cour « casse.... »

Le second arrêt est du 15 frimaire an 10, il a été rendu en sections réunies dans les termes suivans:

« Vu les art. 25 du titre 10 et 36 du titre 13 de la « loi du 22 août 1791...; — Vu aussi l'art. 2 de « la loi du 14 fructidor an 3, ainsi que l'art. 1 et la « 9e. disposition de l'art. 5 de la loi du 10 brumaire « an 5...; — Considérant que le procès-verbal des « préposés aux douanes ne présente aucune contra- « diction ni aucune incompatibilité avec la vérité, « qu'il n'a point été argué de faux, et qu'il fait foi « en justice; — Considérant, quant aux deux moyens « reproduits dans les deux jugemens des tribunaux

« criminels, savoir, le premier tiré de l'illégalité du « remplacement d'un officier civil par un militaire, « qu'il appartenoit à l'administration centrale du « département de pourvoir à ce remplacement au « cas énoncé du refus de tous les officiers civils indi- « qués par la loi; que l'administration centrale avoit « pu, d'après les circonstances extraordinaires éga- « lement constatées, donner au citoyen Le Danois « le caractère civil que les fonctions déléguées exi- « geoient; qu'il est prohibé d'ailleurs aux tribunaux « de justice de connoître des actes des corps admi- « nistratifs;

« Considérant, quant au deuxième moyen, tiré « de la rédaction du procès-verbal hors du lieu de la « saisie, que les préposés de la régie des douanes, « dans les cas de trouble et de danger, y sont auto- « risés et par l'art. 6 du titre 10 de la loi du 22 août « 1791, et plus particulièrement encore par l'art. 2 « de celle du 14 fructidor an 3 cité ci-dessus;

« Considérant, quant au moyen pris du défaut de « citation aux parties saisies pour comparoître à l'af- « firmation, qu'indépendamment des sommations « énoncées dans le procès-verbal, pour comparoître « devant le juge de paix, les lois n'exigent pas la « présence des contrevenans à l'affirmation des pro- « cès-verbaux, et que le tribunal criminel de l'Escaut « a forcé le sens des art. 3 et 4 de la loi précitée.

« Considérant que l'introduction des sucres a été « faite postérieurement à la loi du 10 brumaire an 5; « et qu'il est constaté par le procès-verbal qu'on les « a vus importer d'un sol étranger dans celui de la « France, et suivis, sans les perdre de vue, jusques « dans les maisons où ils ont été saisis de suite, con- « formément à l'art. 36 du titre 13 de la loi du 22 « août 1791 précitée;

« Considérant que les dispositions des art. 23 du « titre 10 de cette loi, et de celle du 15 août 1793, « ont été violées à l'égard des sucres abandonnés sur « la grande route, et qui faisoient partie du même « versement; — Considérant que le tribunal crimi- « nel du département de l'Escaut a commis un excès « de pouvoir en ordonnant la transcription de son « jugement sur les registres du tribunal de police « correctionnelle d'Anvers; — Considérant enfin « que la saisie des sucres étoit légitime au fond et « régulière en la forme; par ces motifs la cour... « casse et annulle... »

Les seconds juges ayant décidé comme les premiers et contrairement aux principes consacrés par la cour de cassation, l'administration émit un troisième pourvoi sur lequel il fut référé conformément à la loi du 16 septembre 1807, et Sa Majesté rendit le décret suivant :

« Considérant que si l'article 4 du titre 10 de la « loi du 22 août 1791 porte que : *lorsqu'il y aura* « *lieu de saisir dans une maison, la description* « (des marchandises saisies) *y sera faite et le procès-* « *verbal y sera rédigé;* cette disposition est modifiée « par l'article 6 du même titre, ainsi conçu; *s'il y a* « *opposition des parties à ce que le procès-verbal* « *soit rédigé dans la maison, cet acte sera fait dans* « *le bureau le plus voisin;*

« Considérant que le cas prévu par ce dernier ar- « ticle existe, lorsqu'il est constaté par le procès- « verbal que les préposés des douanes n'auroient pu « le rédiger dans la maison sans compromettre leur « sûreté, ce qui résulte quelquefois d'une seule cir- « constance, quelquefois de la réunion de plusieurs; « si par exemple il arrive, comme dans l'affaire qui « a donné lieu aux arrêts susénoncés, que la fraude « a été commise avec attroupement, de nuit, et en « même temps dans plusieurs maisons, et que les « contrebandiers inspiroient une telle frayeur dans « le lieu, que si le juge de paix ni l'officier muni- « cipal n'ont voulu assister aux opérations des pré- « posés malgré les réquisitions que ceux-ci leur en « ont faites, et que l'officier municipal a même dé- « claré qu'en se présentant il courroit le plus grand « risque de perdre la vie et ses propriétés,

« Notre conseil d'état entendu,

« Nous avons décrété et décrétons ce qui suit :

Article 1. « L'art. 6 du titre 10 de la loi du 22 « août 1791 doit être entendu dans ce sens, qu'il y « a opposition des parties à ce que le procès-verbal « des préposés des douanes soit rédigé dans la mai- « son où ils ont fait la saisie, non seulement lorsque « les parties elles-mêmes empêchent les préposés par « des voies de fait ou des actes de violence, de pro- « céder à leurs opérations, mais encore lorsqu'il « résulte des circonstances constatées par le procès- « verbal, qu'ils ne pouvoient y procéder sans com- « promettre leur sûreté. »

(*L'article 2 de ce décret, qui est du 20 septembre* 1809, *est classé au* nº 124.)

En conséquence de cette interprétation, la cour de cassation, en sections réunies, présidée par le grand-juge, rendit, le 5 janvier 1810, un troisième arrêt ainsi conçu :

« Vu l'art. 456 du Code des délits et des peines, « du 3 brumaire an 4...

« En ce qui concerne le motif de l'arrêt de la cour « de justice criminelle du département de la Dyle, « du 24 messidor an 10, pris de ce que le procès- « verbal des préposés des douanes, des 11 et 12 « prairial an 5, n'a pas été rédigé dans les maisons « où les saisies ont été faites, mais dans le bureau « d'Anvers, et qu'il n'avoit été apporté aucun ob- « stacle à ce qu'il fût rédigé dans ces maisons; vu « l'art. 4 du titre 10 de la loi du 22 août 1791..., « l'art. 6 du même titre..., et l'art. 1 du décret « impérial du 20 septembre 1809... — Attendu que, « dans le fait, il est constaté par le procès-verbal des « 11 et 12 prairial an 5, que les préposés ne pou- « voient, sans compromettre leur sûreté, le dresser « dans les maisons où ils avoient fait les saisies; et « que cela résulte, soit de ce qu'il existoit autour « d'eux des rassemblemens d'hommes dont les inten- « tions étoient d'autant plus suspectes, qu'environ

« trois semaines auparavant il s'étoit manifesté, dans « la même commune, une rebellion ouverte contre « les agens des douanes, soit de ce que les autorités « locales s'étoient refusées à leur prêter assistance « dans les visites qu'ils avoient à faire dans les mai- « sons des prévenus, soit de ce que les commissaires « du directoire exécutif près l'administration muni- « cipale avoient paru, dès le commencement des « opérations préparatoires des saisies, armés de fu- « sils pour secourir les fraudeurs, et que l'un d'eux « avoit même déchargé son arme sur l'un des pré- « posés;

« En ce qui concerne le motif pris de ce que le « procès-verbal n'a été affirmé que par une partie « des préposés saisissans; — Vu l'article 1 de la loi « du 14 fructidor an 3, et l'article 4 de la même loi. « — Attendu que, de la combinaison de ces deux « articles, il résulte que, de même que lorsqu'une « saisie a été faite par plus de deux préposés, il suf- « fit, pour la constater, que deux des préposés qui « l'ont faite, en dressent et signent le procès-verbal; « de même aussi lorsqu'un procès-verbal a été dressé « et signé par plus de deux préposés, il suffit, pour « lui donner le dernier degré d'authenticité, que « deux des préposés qui l'ont dressé et signé l'affir- « ment devant le juge de paix; — Attendu que, dans « le fait, le procès-verbal des 11 et 12 prairial an 5 « a été affirmé par dix-sept des membres de la gen- « darmerie et préposés des douanes qui avoient con- « couru à le dresser, et l'avoient revêtu de leurs si- « gnatures, nombre beaucoup plus que suffisant « pour en valider l'affirmation; — Attendu d'ailleurs « qu'il n'est pas une seule des opérations relatées « dans le procès-verbal à laquelle ne se soient trouvés « au moins deux des dix-sept affirmans;

« En ce qui concerne le motif pris de ce qu'il a été « procédé aux visites domiciliaires par suite des- « quelles ont été faites les saisies sans l'assistance « d'un juge ou d'un officier municipal du lieu; vu « l'art. 36 du titre 13 de la loi du 22 août 1791..., « et l'art. 2 du décret impérial du 20 septembre der- « nier...; — Attendu que, dans le fait, il est con- « staté que les officiers municipaux et le juge de « paix de la commune d'Eckeren ont été requis par « les préposés des douanes de les assister, tant dans « les visites qu'ils se proposoient de faire dans les « maisons des prévenus, que dans le procès-verbal « qu'ils devoient en dresser, et qu'ils ont expressé- « ment refusé d'obtempérer à ces réquisitions;

« En ce qui concerne le motif pris de ce que le « procès-verbal des 11 et 12 prairial an 5 ne con- « tient rien qui puisse établir que les marchandises « saisies dans les maisons des prévenus y eussent été « introduites en contravention aux lois; — Vu l'ar- « ticle 36 du titre 13 de la loi du 22 août 1791 ci- « dessus relaté; — Attendu que les recherches et les « visites domiciliaires autorisées par cet article se- « roient absolument sans objet, et ne pourroient « avoir aucun résultat, s'il n'étoit pas dans l'inten- « tion de la loi d'établir une présomption d'identité « entre les marchandises que les préposés ont vu « introduire dans les maisons situées dans la ligne « des douanes, et les marchandises qu'ils ont par « suite saisies dans ces mêmes maisons; qu'en « effet les préposés n'ayant pu saisir les marchan- « dises par eux poursuivies avant leur introduction « dans ces maisons, il leur a été impossible d'en re- « connoître et constater la nature; que l'identité de « ces marchandises avec celles qu'ils trouvent dans « les maisons, immédiatement après qu'ils s'y sont « introduits eux-mêmes, ne peut donc être prouvée « que par une présomption de droit, et que cette « présomption de droit est la conséquence nécessaire « du texte cité; — Attendu que, si une présomption « de droit peut être détruite par la preuve positive « d'un fait contraire à celui qu'elle suppose, elle ne « peut du moins pas l'être par des présomptions non « autorisées par la loi, et purement arbitraires; — « Attendu que, dans le fait, la cour de justice crimi- « nelle du département de la Dyle n'a opposé à la « présomption légale d'identité résultante de l'article « 36 du titre 13 de la loi du 22 août 1791 que des « conjectures frivoles, insignifiantes et toutes dé- « menties par la facilité qu'ont eue les fraudeurs à « sortir des maisons des prévenus et à en emporter « leurs hottes avant que ces maisons fussent cer- « nées; et par celle qu'ont eue les prévenus eux- « mêmes pendant le long intervalle de temps qui « s'est écoulé entre le moment où leurs maisons ont « été cernées et celui où les préposés s'y sont intro- « duits, à ranger comme ils l'ont voulu les marchan- « dises que les fraudeurs y avoient déposées; — « Attendu d'ailleurs que de l'art. 7 du titre 6 de la « loi du 4 germinal an 2..., il résulte que les préve- « nus ne pouvoient échapper à la condamnation « qu'au moyen d'une preuve proprement dite de non « contravention de leur part; et que, dans le fait, « la cour de justice criminelle du département de la « Dyle reconnoît elle-même que les prévenus n'ont « apporté aucune preuve, mais seulement des con- « jectures à l'appui de leur défense; — par ces « motifs la cour casse et annulle... »

§. III. *Saisies sur bâtimens de mer pontés.*

1056. A l'égard des saisies faites sur les bâtimens de mer pontés, lorsque le déchargement ne pourra avoir lieu de suite, les saisissans apposeront les scellés sur les ferremens et écoutilles des bâtimens.

Le procès-verbal, qui sera dressé à fur et mesure du déchargement, fera mention du nombre, des marques et des numeros des ballots, caisses et tonneaux.

La description en détail ne sera faite qu'au bureau, en présence de la partie, ou après sommation d'y assister : il lui sera donné copie à chaque vacation.

L'apposition des scellés sur les portes, ou d'un plomb ou cachet sur les caisses ou ballots, aura lieu toutes les fois que la continuation de la description sera renvoyée à une autre séance ou vacation. (*9 floréal an 7, art. 8, tit. 4.*)

CETTE loi est la première qui prescrit l'obligation de délivrer copie de chaque contexte au moment où il est signé, mais comme elle ne le prescrit que pour les saisies faites sur les bâtimens de mer pontés, il est clair que pour les autres espèces cette formalité est inutile.

On a vu sous le nº 1051, troisième question de droit, que la cour de cassation a décidé que la citation à comparoître ne devoit être donnée que par le dernier contexte.

On a vu aussi sous le nº 612, troisième décision de jurisprudence, que lorsqu'il s'agit d'une marchandisse entassée, dont la saisie ne peut être déclarée que par le résultat de la vérification, la formalité d'apposer les scellés sur les ferremens et écoutilles n'est pas applicable à ce cas, parceque l'art. 8 ci-dessus ne dispose que pour le cas de saisie à bord même du navire, et avant l'enlèvement des colis renfermant les objets saisis.

Il a encore été décidé,

1º. Par arrêt de la cour de cassation, du 3 ventose an 10, que la formalité de faire mention aux procès-verbaux des marques et numéros des ballots n'étoit applicable qu'aux saisies faites sur les bâtimens pontés;

2º. Par arrêt du 7 fructidor an 10, que les préposés n'étoient conséquemment pas tenus dans leurs rapports de figurer les marques et numéros des colis, ni d'indiquer leurs poids particuliers lorsque la saisie avoit lieu sur bâtimens non pontés;

3º. Par arrêt du 6 floréal an 11, qu'il suffisoit dans les procès-verbaux de ces dernières saisies (celles sur bâtimens non pontés), d'énoncer le nombre des colis, l'espèce de marchandises y contenues et le poids total des objets.

SAISIES POUR CONTRAVENTIONS AU BLOCUS. — Dans toutes les affaires relatives à des bâtimens saisis par les préposés des douanes, et qui comme celles-ci sont de la compétence du conseil des prises, on doit joindre toujours, et avec le plus grand soin, aux pièces constatant la saisie et qui sont envoyées à M. le directeur général pour être déposées au secrétariat de ce conseil, toutes celles de bord du bâtiment, telles que le registre ou titre de propriété, rôle d'équipage, manifeste, connoissemens, etc. (*CD. 21 juillet 1808.*)

Les rapports rédigés pour contraventions aux décrets sur le blocus, dûment signifiés à la partie, devoient, conformément à une circulaire du 30 novembre 1808, contenir la déclaration expresse que la citation devant le conseil des prises lui seroit notifiée aussitôt que les pièces auroient été déposées au secrétariat de ce conseil. — M. le directeur général faisoit effectuer ce dépôt dès que les pièces lui étoient parvenues, et sur l'avis qu'il en donnoit la citation étoit remise..... Alors, et sur le vu de cette citation, dont l'original devoit être renvoyé à M. le directeur général, le conseil prononçoit, après l'expiration du délai fixé par l'art. 13 de l'arrêté du 6 germinal an 8 (sous le nº 528), si dans ce délai la partie n'avoit point comparu ou fait fournir ses moyens de défense. — La citation devoit toujours, en conformité d'une autre circulaire du 31 mars 1809, être donnée pour comparoître ou fournir ses moyens de défense dans le délai prescrit par ce même arrêté du 6 germinal an 8, qui est de trois mois pour les prises conduites dans les ports de la Méditerranée, et de deux mois seulement pour celles des autres ports de France.

Mais, en se référant à cette dernière circulaire pour le mode de citer dans les affaires déjà existantes et où les préposés auroient énoncé dans leurs rapports que les parties seroient citées, ce qui devient alors nécessaire, M. le directeur général a réformé son ordre du 30 novembre 1808, et conséquemment celui du 31 mars 1809, pour celles de ces affaires non entamées, sur l'avis que lui a transmis M. le procureur général impérial près le conseil des prises, que les affaires qui sont de la compétence de ce conseil n'exigent point en général que les parties intéressées soient citées devant lui, et que dès qu'elles connoissent que c'est au conseil des prises qu'elles doivent adresser leurs réclamations, c'est à elles à prendre des renseignemens par les avocats qu'elles chargent de leurs défenses, du jour où les pièces de l'instruction auront été enregistrées en son secrétariat, afin de donner leur mémoire dans le délai prescrit par l'arrêté du 6 germinal an 8.

Ainsi il suffira désormais d'énoncer dans les rapports pour contraventions aux décrets sur le blocus, et dont copies sont données aux parties, que l'affaire sera portée devant le conseil des prises; et ensuite, sans qu'il soit besoin de citation, l'affaire pourra être jugée après que les pièces que l'on transmet à M. le directeur général auront été déposées au secrétariat du conseil des prises, et que les délais fixés par le réglement, à compter du jour de ce dépôt, se sera écoulé. (*CD.* 30 *avril* 1809.)

Dans tous les cas de saisies ou séquestres pour contraventions aux décrets sur le blocus, on doit en donner connoissance à M. le directeur général dans les vingt-quatre heures. (*CD.* 16 *décembre* 1809.)

JURISPRUDENCE. *Un navire d'abord mis sous le séquestre, et relâché ensuite sous caution, peut-il être confisqué lorsqu'il n'a pas été compris dans le procès-verbal de la saisie des marchandises?* (Réponse affirmative.)

Dans une affaire qui a donné lieu à plusieurs solutions étrangères à la question actuelle, on présentoit, comme moyen, qu'un navire d'abord mis sous le séquestre et relâché ensuite sous caution, ne pouvoit être confisqué lorsqu'il n'avoit pas été compris dans le procès-verbal de saisie. — Dans l'espece, le ministère public avoit appelé seulement pour annullation de la saisie des marchandises, mais la douane s'étoit pourvue sans restriction. Voici comment la cour de cassation a décidé :

« Attendu que si le procureur impérial n'avoit « fait porter son appel que sur le refus fait par le « tribunal de première instance, de prononcer la « confiscation des sucres saisis, la douane avoit appelé sans restriction; de sorte que son appellation « portoit également sur la disposition du jugement « qui avoit annullé la saisie, et sur le refus fait de « prononcer la confiscation; que la douane avoit « eu qualité pour interjeter cet appel, et qu'il nécessitoit de la part de la cour criminelle une décision sur l'une et sur l'autre des questions jugées en première instance; que dès lors la cour « criminelle. reconnoissant la validité de la saisie, « a dû, par voie de conséquence, prononcer aussi « la confiscation ;

« Attendu que si le navire n'a pas été saisi, c'est « que par le fait du capitaine Smitt, qui l'avoit « remis en mer malgré le séquestre et sous caution « de le représenter, la saisie en étoit devenue impossible; car l'on ne peut procéder à une saisie « que sur des objets qui peuvent à l'instant même « être mis sous la main de justice; et la raison dit « assez qu'en pareil cas le séquestre tient nécessairement lieu de saisie, de sorte que quand même « rigoureusement une saisie, en pareil cas, seroit « exigée pour que les tribunaux pussent prononcer une confiscation, ils n'en étoient pas moins « autorisés à la prononcer dans les circonstances.... » (*Extrait de l'arrêt de rejet du* 19 *mars* 1807.)

SECTION III. — *Dispositions générales relativement aux formalités des différens procès-verbaux.*

1057. Les rapports, ainsi rédigés et affirmés, seront crus jusqu'à inscription de faux.

Les tribunaux ne pourront admettre, contre lesdits rapports, d'autres nullités que celles résultantes de l'omission des formalités prescrites par les dix articles précédens. (9 *floréal an* 7, *art.* 11, *tit.* 4.)

LES receveurs sont responsables des rapports vicieux rédigés sous leurs yeux. (*LA.* 29 *vendémiaire an* 9.)

Les irrégularités des procès-verbaux de saisie, en matière de douanes, ne forment pas ce qu'on appelle en droit des *nullités absolues*, elles ne forment que des *nullités relatives*, c'est-à-dire des nullités établies uniquement pour l'intérêt des parties saisies et dans la seule vue de les garantir contre l'erreur ou la mauvaise foi des préposés; — ainsi, pour qu'une partie saisie puisse attaquer un procès-verbal à raison d'un vice de forme, il faut que ce vice soit tel qu'il ait pu en résulter pour le saisi un préjudice quelconque; — alors seulement il a intérêt de se plaindre, et dès qu'il y a intérêt, il a qualité pour le faire; car, règle générale en jurisprudence, l'intérêt est la mesure des actions; — mais si, loin de préjudicier à la partie saisie, le vice du procès-verbal lui a été utile, s'il a été commis en sa faveur, à quel titre seroit-elle admise à s'en plaindre? Elle n'y a aucune espèce d'intérêt; or, point d'intérêt, point de qualité; et point de qualité, point d'action. — Ce seroit donc une grande absurdité d'annuller un procès-verbal de saisie, parce que la saisie n'auroit pas été étendue à tous les objets saisissables. — *Voir* la saisie du 29 ventose an 8, sous le n° 287.

Il existe une décision du ministère de la justice, en date du mois de floréal an 8, sur laquelle je crois devoir faire quelques observations.... Voici d'abord cette décision : — « C'est une erreur de « croire que la nullité d'un procès-verbal entraine « nécessairement et toujours l'absolution des coupables; de ce que le procès-verbal est nul, il ne « s'ensuit pas qu'il n'y a pas de contravention, mais « seulement que la preuve qui devoit résulter du « procès-verbal n'existe pas; mais alors on peut la « constater par un nouveau procès-verbal, ou y « suppléer par des preuves autres que celle qui « résulte d'un procès-verbal; si la preuve de la contravention dépend d'un fait, des témoins peuvent « offrir cette preuve : ceux même qui ont irrégu-

« lièrement procédé peuvent, dans ce cas, être « entendus à l'audience; et, si la preuve existe, le « prévenu peut et doit être condamné, parce que « la preuve, qui devoit résulter du procès-verbal, « se trouve remplacée, soit par la preuve maté- « rielle, soit par la preuve testimoniale, et qu'un « prévenu peut être condamné sur une preuve ma- « térielle ou testimoniale, comme sur celle qui ré- « sulte d'un procès-verbal ». Le ministre ajoutoit, que lui et ses prédécesseurs avoient plusieurs fois donné des instructions dans cet esprit aux différens tribunaux.

Certes, de ce qu'un procès-verbal est nul, il ne s'ensuit pas qu'il n'y a pas de contravention..... Mais tirer de là l'induction qu'on peut remplacer un procès-verbal irrégulier par un nouveau procès-verbal, me paroît une conséquence d'autant moins admissible, que par cette faculté les délais fixés par la loi, en un mot, toutes les formalités prescrites seroient illusoires..... Vouloir faire entendre des témoins me semble encore moins légal; car, enfin, si l'on admettoit la preuve testimoniale en faveur d'une saisie, il n'y auroit pas de raison pour ne pas l'admettre contre cette même saisie et, dans ce dernier cas, que deviendroit la loi, que deviendroit l'ordre donné depuis aux procureurs impériaux, par l'article 12 de l'arrêté du 4 complémentaire an 11, de se pourvoir contre tout jugement qui auroit admis la preuve testimoniale contre un procès-verbal?.... Dira-t-on que si le procès-verbal est nul, ce ne sera pas contre lui que seront entendus les témoins, puisque de sa nullité doit résulter sa non-existence..... Erreur : qu'un procès-verbal soit irrégulier et nul, le fait qu'il énonce n'en demeure pas moins constant dès qu'on ne s'est pas inscrit en faux; car, en raison, il ne peut pas y avoir absolution du fond par la forme;..... dès-lors une audition de témoins opéreroit incontestablement sur le fond du procès-verbal, et le résultat de cette audition seroit une infraction positive au premier paragraphe de l'article 11 ci-dessus de la loi du 9 floréal an 7.

On verra d'ailleurs, au titre de l'inscription de faux, que sauf ce seul cas, des témoins ne peuvent jamais être entendus sur le fond d'un procès-verbal, et sous les numéros 1072 et 1073 que la nullité d'un procès-verbal n'entraine pas la nullité de la saisie elle-même; dès lors suppléer à un procès-verbal devient chose absolument inutile, en ne la supposant pas même illégale.

Jurisprudence. 1°. *La nullité d'un procès-verbal à l'égard d'un prévenu peut-elle profiter aux autres?* (Réponse négative.)

Dans l'espèce, il avoit été dressé procès-verbal de saisie de sel circulant en fraude contre Jeanne Lecou et trois autres prévenus qui, au moment de la saisie, avoient pris la fuite. — Jeanne Lecou fut seule présente à la rédaction du rapport, et les préposés négligèrent de lui en donner lecture et copie, aux termes de l'art. 6 de la loi du 9 floréal au 7.

Au lieu de déclarer le procès-verbal nul dans l'intérêt de Jeanne Lecou seulement, la cour de justice criminelle de la Loire-Inférieure l'avoit également déclaré nul dans l'intérêt des trois prévenus absens, quoique à leur égard le procès-verbal eût été affiché à la porte du bureau de la douane, conformément audit article 6.

Cette cour avoit en outre prononcé la nullité du procès-verbal de saisie, 1°. parce que des trois préposés saisissans, il n'y en avoit que deux dont le domicile étoit énoncé dans ledit procès-verbal; 2°. parce que le même rapport ne contenoit pas citation devant le juge de paix.

Pourvoi en cassation, sur lequel arrêt du 1er. février 1810, ainsi conçu :

Vu les art. 1, 3, 6, 10 et 11 du titre 4 de la loi du 9 floréal an 7;

« Considérant, 1°. que lesdits trois prévenus « étoient absens lors de la rédaction du procès- « verbal de saisie, et que dès-lors il suffisoit, pour « remplir à leur égard le vœu de l'art. 6 ci-dessus « cité; que copie du procès-verbal fut affichée dans « le jour à la porte du bureau de la douane; que « cette formalité ayant été remplie dans l'espèce, « il suit que l'arrêt dénoncé contient excès de pou- « voir et fausse application dudit art. 6, en décla- « rant le procès-verbal nul, à défaut des formalités « que cet article ne prescrit qu'à l'égard des pré- « venus présens;

« Considérant, 2°. qu'aux termes de l'art. 1er. du « titre 4 précité, deux préposés suffisent pour con- « stater une contravention, et que, suivant l'art. 10 « du même titre, l'affirmation d'un procès-verbal est « également régulière lorsqu'elle a été faite par deux « des saisissans;

« Qu'il suit de là que, lorsque le procès-verbal « de saisie énonce les qualités et demeures de deux « saisissans, il est suffisamment conforme à ce que « prescrit à cet égard l'art. 3 du titre 4 précité;

« Que, dans l'espèce, les qualités et demeures « de deux des saisissans ayant été énoncées dans « le procès-verbal de saisie, il s'ensuit qu'en décla- « rant ce procès-verbal nul, à raison du défaut d'é- « nonciation du domicile d'un troisième saisissant, « l'arrêt attaqué contient également excès de pou- « voir et fausse application dudit article;

« Considérant, 3°. que la citation du prévenu, « pour comparoître dans les vingt-quatre heures « devant le juge de paix, dont la mention au pro- « cès-verbal de saisie est prescrite par ledit art. 6 « de la loi du 9 floréal an 7, ne peut et ne doit avoir « lieu que dans le cas où la contravention doit être « poursuivie civilement devant ledit juge, et nulle- « ment dans le cas où, comme dans l'espèce actuelle, « la contravention donne lieu à poursuivre le pré-

« venu devant les tribunaux de police correction-« nelle ; d'où il suit encore qu'en annullant le procès-« verbal de saisie du 9 avril 1808, sous prétexte « qu'il ne contient point de citation des prévenus « devant le juge de paix, la cour dont l'arrêt est « dénoncé, a faussement appliqué ledit article 6, « et, par suite, créé arbitrairement un moyen de « nullité..... la cour casse et annulle..... etc.

2°. *Le doute d'un tribunal sur un fait énoncé dans un rapport, peut-il devenir motif d'annullation du procès-verbal ?*

Les juges d'appel avoient donné main-levée des objets saisis, sous le prétexte qu'il n'étoit pas constant que copie du rapport eût été remise de suite à la partie saisie.

L'administration se pourvut en cassation, et il intervint arrêt en date du 11 février 1807, par lequel :

« Vu les art. 6 et 11 du tit. 4 de la loi du 9 floréal an 7;

« Considérant qu'il résulte du rapport dressé le « 28 frimaire an 13 par les préposés des douanes, « que ces préposés se sont rendus au domicile d'Ar-« zonne et ont déclaré la saisie des marchandises « qui s'y trouvèrent; — qu'il en résulte également « que c'est sans divertir à d'autres actes qu'ils ont « dressé leur rapport ; qu'ils en ont fait une copie; « qu'ils l'ont délivrée à Arzonne ; qu'ils lui ont « donné lecture de leur original, et qu'ils l'ont in-« terpelé de le signer;

« Considérant que tous ces faits s'étant succédés « sans aucune interruption, il suit manifestement « que la copie a été remise de suite au contrevenant, « ainsi que la loi l'exige ;

« Qu'ainsi, en décidant le contraire, les juges « d'Alexandrie ont violé l'art. 11 ci-dessus cité, qui « veut que les rapports fassent foi jusqu'à inscription « de faux, et faussement appliqué l'art. 6 ; — par « ces motifs, la cour casse..... etc. »

1058. Les expéditions et toutes pièces relatives aux bâtimens, cargaisons et voitures de la saisie, seront déposées au bureau. (*4 germinal an 2, art.* 11, *tit.* 6.)

Il y a exception à cette règle pour les objets suivans :

1°. Les marchandises saisies à domicile doivent être laissées en dépôt à la partie même, lorsque n'étant point prohibées à la consommation, elle consent à donner caution solvable pour leur valeur. (*Voir* n° 1055.)

2°. Les marchandises angloises saisies dans l'intérieur peuvent être déposées soit à la maison commune, soit au greffe du tribunal. (*CD.* 8 *ventose an* 12.)

3°. Les fusils et pistolets à vent, saisis en contravention au décret du 2 nivose an 14 (n° 414), seront déposés dans les magasins d'artillerie, où l'on en paiera la valeur aux capteurs. (*CD.* 26 *fructidor an* 13.)

4°. Les lettres, paquets, journaux, du poids d'un kilogramme et au-dessous, saisis pour contravention à l'arrêté du 27 prairial an 9, seront remis au bureau des postes le plus voisin, pour être expédiés au rebut, à Paris, jusqu'à réclamation. (*Voir* n° 479.)

5°. Les livres saisis pour contravention au décret du 5 février 1810, seront déposés au secrétariat de la mairie, ou au commissariat général de la sous-préfecture ou de la préfecture la plus voisine. (*Voir* n° 499.)

6°. Les ouvrages d'or et d'argent saisis pour faux poinçons, absence de poinçons, etc., doivent être remis au receveur du droit de garantie le plus voisin, chargé, s'ils sont revêtus de marques présumées fausses, de les faire vérifier par l'administration des monnaies; et si en définitif elles étoient reconnues fausses, les objets seroient déposés au greffe du tribunal de première instance, et le rapport de saisie, ainsi que le procès-verbal de reconnoissance des marques, seroient remis au procureur impérial. (*LD.* 8 *pluviose an* 11.)

7°. Les poudres et salpêtres doivent être déposés au magasin impérial de ces matières le plus prochain. (*Voir* n° 580.)

8°. Quant aux tabacs saisis pour contravention aux lois de douanes, ils continueront à être déposés au bureau le plus prochain; mais les receveurs en devront faire immédiatement la remise au contrôle principal des droits réunis, sans attendre le jugement de confiscation.

9°. Enfin, les objets saisis par les préposés des droits réunis pour contraventions aux lois de douanes, doivent, malgré que le rapport soit rédigé à la requête de cette dernière administration, être déposés au bureau des droits réunis le plus voisin, conformément au principe adopté entre les deux administrations; que c'est à celle qui a découvert la première la contravention qu'il appartient de rester dépositaire, soit de l'objet saisi, soit du cautionnement qui le représente. (*LD.* 5 août 1807.)

Plusieurs tribunaux de douanes avoient exigé le dépôt au greffe, comme pièces de conviction, des marchandises saisies; mais par lettre du grand-juge, en date du 22 juillet 1811, il a été mandé aux procureurs généraux que pareille exigeance étoit contraire aux lois de la matière.

1059. Le lendemain du jour de la saisie, le rapport sera transcrit sur le registre du bureau des douanes. (4 *germinal an* 2, *art.* 10, *tit.* 6.)

CHAPITRE II. — *De la demande en justice pour raison d'infractions de douanes.*

SECTION I. — *De la remise des procès-verbaux, et de la citation.*

§. I. *De la remise des procès-verbaux.*

1060. Les procès-verbaux seront ....., après avoir été dûment affirmés dans trois jours au plus tard, à compter de celui où la fraude aura été constatée, remis, savoir, dans le cas de contrebande avec attroupement et port d'armes, au *procureur général impérial;* et, dans le cas de simple fraude, au *procureur impérial*, magistrat de sûreté pour l'arrondissement dans lequel la fraude aura été commise. (*AC.* 4 *complémentaire an* 11, *art.* 6.)

IMMÉDIATEMENT après leur affirmation, les procès-verbaux seront déposés aux greffes des tribunaux par les receveurs des chefs-lieux de direction, avec lesquels les autres receveurs correspondront à cet effet; mais en même temps qu'on informera M. le procureur impérial de ce dépôt, on devra lui faire connoître toutes les circonstances de chaque affaire, et le fixer sur le plus ou moins d'intérêt que chacune d'elles peut présenter.

Quant aux crimes de la nature de ceux prévus par l'art. 5 du décret du 18 octobre 1810, on doit en informer aussitôt M. le grand-prévôt de l'arrondissement, et adresser à M. le procureur général toutes les pièces qui y sont relatives. (*Conséquences de la circulaire du* 26 *mars* 1811.) — *Voir* d'ailleurs sous le n° 1128.

J'ai dit sous le n° 1053, que l'art. 6 ci-dessus rapporté n'édicte que pour les cas d'introduction et d'entrepôt frauduleux; qu'ainsi il n'est pas encore décidé si le délai de trois jours qu'il accorde pour affirmer les procès-verbaux peut être étendu aux autres espèces d'infractions.

J'ai dit aussi sous le n° 261, que ce n'est plus le tribunal dans l'arrondissement duquel est le bureau où le procès-verbal de l'introduction frauduleuse a été rédigé qui doit connoître de l'infraction, mais bien celui du lieu où la saisie a été opérée; et cela se prouve par cela que l'art. 6 ci-dessus de l'arrêté du 4 complémentaire an 11 ordonne de remettre le procès-verbal au procureur impérial, *magistrat de sûreté pour l'arrondissement dans lequel la fraude a été* COMMISE.

Cela concorde d'ailleurs avec le Code d'instruction criminelle, mais sous cette restriction que le tribunal dans le ressort duquel seroit trouvé le prévenu qui se seroit échappé, pourroit aussi connoître de la saisie. (*Voir les art.* 47 *et* 63 *du Code d'instruction criminelle.*)

Ainsi se trouvent détruites les inductions tirées par les arrêts de cassation rendus les 29 nivose et 27 floréal an 9; et comme on ne peut plus argumenter de même, je ne consignerai pas ici ces arrêts, que j'ai rapportés dans une longue note, sous le n° 938 de la première édition de cet ouvrage.

§. II. *De la citation.*

1061. Le tribunal sera saisi ..... de la connoissance des délits de sa compétence, soit par le renvoi qui lui en sera fait d'après les *lois de douanes*, soit par la citation donnée directement au prévenu et aux personnes civilement responsables du délit par la partie civile ....., et, dans tous les cas, par le procureur impérial. (*Code d'instruction criminelle*, *art.* 182.)

L'ARTICLE 182 ci-dessus donne donc à l'administration (*comme partie civile*) le droit de citer directement devant les tribunaux les prévenus de délits en matière de douanes; mais cet article ne prescrit aucunes formalités particulières, et les articles 183 et 184 ci-dessous exigent seulement que l'acte de citation contienne élection de domicile et énonce les faits, et qu'il y ait au moins un délai de trois jours, outre un jour par 3 myriamètres entre la citation et le jugement : on doit par conséquent, en ce qui n'est pas prévu par le Code d'instruction criminelle, se reporter aux lois sur les douanes, d'après lesquelles la citation peut être faite par le rapport même de saisie, soit en délivrant une copie de ce rapport, si le prévenu est présent, soit en l'affichant à la porte du bureau s'il est absent, sauf à se conformer, quant au délai, aux dispositions de l'art. 184 du Code d'instruction criminelle. (*LD.* 30 *octobre* 1811, *à Cherbourg.*)

De ce que l'art. 182 ci-dessus dit que *le tribunal sera saisi*, il ne s'ensuit pas que la *juridiction* de l'affaire lui est attribuée par la citation; le tribunal doit donc examiner s'il est ou non *compétent.*

1062. La partie civile fera, par l'acte de citation, élection de domicile dans la ville où siége le tribunal : la citation énoncera les faits, et tiendra lieu de plainte. (*Code d'instruction criminelle, art.* 183.)

Quoique l'art. 145 du Code d'instruction veuille que les citations soient notifiées par un huissier, il est certain qu'en matière de douanes une citation ne seroit pas nulle, par cela que cet exploit auroit été fait par un préposé. *Voir* numéro 125.

Le défaut d'élection de domicile dans la ville où siége le tribunal, n'entraineroit pas non plus la nullité de la citation; mais « à défaut d'élection de « domicile par la partie civile, elle ne pourra op- « poser le défaut de signification contre les actes « qui auroient dû lui être signifiés aux termes de la « loi. » (*Code d'instruction, second paragraphe de l'art.* 68.)

L'énonciation des faits dans une citation de douanes qui seroit donnée par acte séparé, ne me paroit pas obligatoire, puisque ces faits sont relatés dans le procès-verbal et que copie en est remise au prévenu, ou affichée à la porte du bureau.

1063. Il y aura au moins un délai de trois jours, outre un jour par trois myriamètres, entre la citation et le jugement, à peine de nullité de la condamnation qui seroit prononcée par défaut contre la personne citée.

Néanmoins cette nullité ne pourra être proposée qu'à la première audience, et avant toute exception ou défense. (*Code d'instruction criminelle, art.* 184.)

« Le jour de la signification ni celui de l'échéance « ne sont jamais comptés pour le délai général fixé « pour les ajournemens, les citations, sommations « et autres actes faits à personne ou domicile. (*Code « de procédure, art.* 1033.)

AJOURNEMENS. Voici, sur les ajournemens, ce que portent les différentes lois en vigueur :

« L'exploit d'ajournement contiendra, 1°. la date « des jour, mois et an, les noms, profession et do- « micile du demandeur, la constitution de l'avoué « qui occupera pour lui, et chez lequel l'élection de « domicile sera de droit, à moins d'une élection con- « traire par le même exploit; — 2°. les noms, de- « meure et immatricule de l'huissier; les noms et « demeure du défendeur, et mention de la personne « à laquelle copie de l'exploit sera laissée; — 3°. l'ob- « jet de la demande, l'exposé sommaire des moyens; « — 4°. l'indication du tribunal qui doit connoître « de la demande et du délai pour comparoître; le « tout à peine de nullité. » (*Code de procédure civile, art.* 61.)

Observ. Ces dispositions sont prises des articles 1, 2, 3 et 16 du titre 2 de l'ordonnance de 1667; elles ne sont conséquemment pas d'une application rigoureuse en matière de douanes..... On a vu sous le n° 125, que les préposés de l'administration pouvoient faire, pour raison de droits de douanes, tous exploits que les huissiers ont coutume de faire, et que la cour de cassation a reconnu que l'art. 18 du titre 13 de la loi du 22 août 1791, qui leur donne ce pouvoir, ne les astreint à aucune formalité, et dès-lors ils ne sont soumis qu'à celles voulues par la loi du 9 floréal an 7 (*numéros* 1047 *à* 1057; par analogie, ils ne peuvent donc être assujettis aux formalités du nouveau Code de procédure, puisque celles-ci sont les mêmes que celles de l'ancienne ordonnance de 1667.

Les significations doivent être enregistrées dans le délai de quatre jours. (22 *frimaire an* 7, *art.* 20.)

« Tous exploits seront faits à personne ou à do- « micile; mais si l'huissier ne trouve au domicile ni « la partie, ni aucun de ses parens ou serviteurs, « il remettra de suite la copie à un voisin, qui si- « gnera l'original; si ce voisin ne peut ou ne veut « signer, l'huissier remettra la copie au maire ou « adjoint de la commune, lequel visera l'original « sans frais. L'huissier fera mention du tout, tant « sur l'original que sur la copie. » (*Code de procé- « dure civile, art.* 68.)

« Seront assignés, 1°. l'État, lorsqu'il s'agit de « domaines et droits domaniaux, en la personne ou « au domicile du préfet du département où siége « le tribunal devant lequel doit être portée la de- « mande en première instance; — 2°. le trésor pu- « blic, en la personne ou au bureau de l'agent; — « 3°. les administrations ou établissemens publics,

« en leurs bureaux, dans le lieu où réside le siége de « l'administration; dans les autres lieux, en la per« sonne et au bureau de leur préposé; — 4°. l'Em« pereur, pour ses domaines, en la personne du « procureur impérial de l'arrondissement; — 5°. les « communes, en la personne ou au domicile du « maire; et à Paris, en la personne ou au domicile « du préfet; — dans les cas ci-dessus, l'original sera « visé de celui à qui copie de l'exploit sera laissée; « en cas d'absence ou de refus, le *visa* sera donné « soit par le juge de paix, soit par le procureur « impérial près le tribunal de première instance, « auquel, en ce cas, la copie sera laissée; — 6°. les « sociétés de commerce, tant qu'elles existent, en « leur maison sociale; et, s'il n'y en a pas, en la « personne ou au domicile de l'un des associés; — « 7°. les unions et directions de créanciers, en la « personne ou au domicile de l'un des syndics ou « directeurs; — 8°. ceux qui n'ont aucun domicile « connu en France, au lieu de leur résidence ac« tuelle; si le lieu n'est pas connu, l'exploit sera « affiché à la principale porte de l'auditoire du tri« bunal où la demande est portée; une seconde co» pie sera donnée au procureur impérial, lequel « visera l'original; — 9°. ceux qui habitent le ter« ritoire françois hors du continent et ceux qui « sont établis chez l'étranger, au domicile du pro« cureur impérial près le tribunal où sera portée « la demande, lequel visera l'original et enverra la « copie, pour les premiers, au ministre de la ma« rine, et pour les seconds, à celui des relations « extérieures. » (*Code de procédure civile, art.* 69.)

« Ce qui est prescrit par les deux articles précé« dens sera observé, à peine de nullité. » (*Même Code, art.* 70.)

OBSERV. Il faut se pénétrer de cette condition, que les lois communes ne sont applicables en douanes qu'autant qu'il n'y a pas dans les lois spéciales sur cette matière, de dispositions qui y dérogent.... C'est ce que le premier considérant de l'arrêt de rejet, du 19 mars 1807, a dit en ces termes: — « Attendu qu'il existe des lois particulières sur les « délais à observer dans les citations et autres « poursuites à faire en police correctionnelle, et « principalement en matière de douanes; de sorte « que ce n'est pas ce qui doit se pratiquer dans « l'exercice des actions civiles, qui peut être con« sulté en pareil cas: d'où il suit que les réclamans « ne sont pas fondés à se plaindre de ce qu'il n'au« roit pas été accordé au capitaine Smitt, l'un d'eux, « en le citant sur son rappel, tous les délais qu'il « auroit pu exiger en matière civile, dès qu'on lui « avoit accordé tous ceux de rigueur en matière « correctionnelle. »

JURISPRUDENCE. — 1°. *Lorsqu'il s'agit d'assigner un étranger sur une demande en cassation, dont la communication a été ordonnée par arrêt, peut-on lui donner l'assignation au domicile de son fondé de pouvoir en France?* (Réponse négative.)

2°. *Si cette assignation est déclarée nulle, cette nullité profite-t-elle à la caution de l'étranger qui a été assignée valablement?* (Réponse affirmative.)

Arrêt de la section des requêtes, du 21 janvier 1807, qui admet le recours de l'administration des douanes, contre un jugement rendu par le tribunal civil d'Oléron en faveur du sieur Marton, Espagnol, et du sieur Moncap, sa caution. — Cet arrêt est signifié, dans les trois mois de sa date, au sieur Marton en la personne du sieur Moncap, qui avoit été son fondé de pouvoirs dans l'affaire dont il s'agissoit, et au sieur Moncap lui-même, en qualité de caution, en son domicile. — La cause portée à la section civile, le sieur Marton comparoît seul et soutient qu'on n'a pu, en sa qualité d'étranger, l'assigner valablement qu'au domicile du procureur général de la cour de cassation, et en conséquence conclut à la déchéance du pourvoi de l'administration.

Arrêt du 5 août 1807, par lequel; — « Vu les « articles 69 et 70 du Code de procédure civile..., « et l'article 30 du titre 4 du réglement de 1738...; « — Attendu que Joseph-Benoît Marton est Espa« gnol et domicilié à Sallien en Espagne; que la si« gnification de l'arrêt d'admission avec assignation « devant la cour, qui auroit dû lui être donnée au « domicile du procureur général impérial près cette « cour, conformément à l'art. 69 précité, à peine de « nullité, lui a été laissée au domicile et en la per« sonne du sieur Moncap, son prétendu procureur « spécial, domicilié en France; que cette significa« tion, frappée de nullité par l'art. 70, doit être « considérée comme si elle n'avoit point été faite, et « l'arrêt d'admission comme n'ayant point été léga« lement signifié dans le délai prescrit, ce qui em« porte la déchéance absolue du pourvoi en cassa« tion, aux termes de l'art. 30 ci-dessus cité; — « — Attendu que la déchéance encourue par l'ad« ministration en faveur de Marton, premier et prin« cipal obligé, doit nécessairement produire le même « effet en faveur du sieur Moncap, sa caution; — la « cour déclare l'administration des douanes déchue « de son pourvoi... etc. »

Voir ci-dessus, au paragraphe AJOURNEMENS, les art. 69 et 70 du Code de procédure civile que cet arrêt invoque.

3°. *Si après une citation donnée au prévenu de comparoître dans les vingt-quatre heures, le préposé poursuivant ne se présente pas à l'audience dans les trois jours, le juge peut-il déclarer qu'il n'a plus le pouvoir de juger?* (Réponse négative.)

Le 31 janvier 1811, le commissaire de police, assisté d'un autre agent de police, fit à Livourne une saisie de bois d'ébène à charge d'un nommé Lupi. Le lendemain 1er. février, citation fut donnée au prévenu pour comparoitre dans les vingt-quatre heures devant le juge de paix, mais ce ne fut que le 6 février que le préposé poursuivant, au nom de l'administration des douanes se présenta à l'audience pour obtenir jugement; — le juge de paix, considérant qu'il s'étoit écoulé plus de trois jours depuis celui fixé pour la comparution, déclara qu'il n'avoit plus le pouvoir de juger; et sur l'appel, la cour prévôtale des douanes, séante à Florence, a confirmé ce jugement par le même motif. Pourvoi en cassation et arrêt du 5 mars 1812, par lequel :

« Vu l'art. 13 du titre 4 de la loi du 9 floréal an 7, « ainsi conçu : *Au jour indiqué pour la comparution « le juge entendra la partie si elle est présente, et « sera tenu de rendre de suite son jugement. Si les « circonstances de la saisie nécessitoient un délai, ce « délai ne pourra excéder trois jours; et, dans ce « cas, le jugement de renvoi autorisera la vente pro- « visoire des marchandises sujettes à dépérissement, « et des chevaux saisis comme ayant servi au « transport.*

« Attendu que les tribunaux ne peuvent admettre « de nullités ou déclarer une déchéance d'action que « dans les cas où ils y sont autorisés par une dispo- « sition formelle de la loi;

« Que l'art. 13 ci-dessus cité n'a évidemment pour « objet que d'assurer une plus prompte expédition « dans le jugement des affaires de douanes; que « l'obligation qu'il impose est personnelle aux juges « et établie dans l'intérêt de l'administration; qu'il « ne peut donc être interprété à son préjudice, lors- « que le jugement n'a pu être rendu dans le délai « indiqué;

« Que d'ailleurs la loi ne portant pas que ce délai « passé l'action demeurera éteinte, le juge de paix « qui a déclaré qu'il n'avoit plus, dans l'espèce, le « pouvoir de juger, et la cour prévôtale des douanes « qui a confirmé ce jugement sur l'appel qui en avoit « été interjeté, ont fait une fausse application dudit « art. 13, commis par suite un véritable déni de jus- « tice et un excès de pouvoir, en prononçant une « extinction d'action qui n'est établie ni autorisée « par aucune loi; par ces motifs, la cour casse... etc. »

3°. *La nullité d'une citation donnée à un délai plus court que celui fixé, peut-elle être prononcée d'office?* (Réponse affirmative.)

Le tribunal de Foligno avoit déclaré d'office la nullité d'une assignation donnée à un délai plus court que celui fixé, et sur l'appel la cour prévôtale de Florence avoit confirmé ce jugement. Pourvoi en cassation et arrêt du 15 novembre 1811 ainsi conçu :

« Attendu qu'en prononçant la nullité d'une cita- « tion donnée à un délai plus court que celui réglé « par l'article 184 du Code d'instruction criminelle, « la cour prévôtale des douanes, séante à Florence, « n'a violé formellement aucune loi, et qu'ainsi cette « disposition de son arrêt ne peut donner lieu à cas- « sation; la cour rejette, etc. »

SECTION II. — *De l'autorisation de vendre, avant le jugement du fonds, les moyens de transport et les objets de consommation qui auront été saisis.*

1064. En cas de saisie de chevaux, mulets et autres moyens quelconques de transport de marchandises en contravention à la loi sur les douanes, dont la remise sous caution aura été offerte par procès-verbal et n'aura pas été acceptée par la partie, il sera, à la diligence de l'administration des douanes, en vertu de la permission du juge de paix le plus voisin, ou du juge d'instruction, procédé, dans le délai de huitaine au plus tard de la date dudit procès-verbal, à la vente par enchère des objets saisis.

Il sera pareillement dans le même délai, et en vertu de la même permission, procédé à la vente des objets de consommation qui ne pourront être conservés sans courir le risque de la détérioration, sauf néanmoins l'exécution des articles 25 et 26 *du* décret impérial du 18 octobre 1810, en ce qui concerne les marchandises prohibées. (*DI.* 18 *septembre* 1811, *art.* 1.)

1065. L'ordonnance portant permis de vendre sera signifiée dans le jour à la partie saisie, si elle a un domicile réel ou élu dans le lieu de l'établissement du bureau de la douane, et à défaut de domicile connu, au maire de la commune, avec déclaration qu'il sera immédiatement procédé à la vente, tant en absence qu'en présence, attendu le péril de la demeure; l'ordonnance du juge de paix ou du juge d'instruction sera exécutée nonobstant appel ou opposition. (*Même décret*, *art.* 2.)

1066. Le produit de la vente sera déposé dans la caisse de la douane pour en être disposé, ainsi qu'il sera statué en définitif, par le tribunal chargé de prononcer sur la saisie. (*Même décret*, *art.* 3.)

1067. Il n'est pas dérogé, pour le jugement du fonds, aux dispositions *du* décret du 18 octobre 1810. (*Même décret, art.* 4.)

SECTION III. — *De la suite des saisies.*

§. 1. *Poursuite des saisies sur personnes connues.*

1068. La confiscation des marchandises saisies pourra être poursuivie et prononcée contre les préposés à leur conduite, sans que *l'administration* soit tenue de mettre en cause les propriétaires, quand même ils lui seroient indiqués; sauf, si lesdits propriétaires intervenoient ou étoient appelés par ceux sur lesquels les saisies auroient été faites, à être statué, ainsi que de droit, sur leurs interventions et réclamations. (22 *août* 1791, *art.* 1, *tit.* 12.)

LES propriétaires des marchandises étant civilement responsables des faits de ceux qu'ils emploient (nº 8), la revendication qu'ils exerceroient, ne pourroit avoir d'effet, même dans le cas où le conducteur seroit personnellement passible de la peine (*voir*, nº 306, *jurisprudence*); et dès-lors leur mise en cause deviendroit surabondante... *Voir* aussi nº 110, *voies interdites*, *art.* 1er.; là, la disposition légale est encore plus formelle contre la revendication.

JURISPRUDENCE. — *Ceux qui agissent pour le compte d'autrui sont-ils passibles des peines encourues, comme ceux qui agissent pour leur propre compte?* (Réponse affirmative.)

Il s'agissoit de marchandises venant de Suisse et déposées par les voituriers au bureau de Saint-Remy. Le lendemain, le sieur Marcoz se présenta au bureau pour faire expédier ces marchandises en transit pour l'entrepôt de Gênes; il remit à cet effet un certificat d'origine, en tête duquel se trouvoit la déclaration détaillée faite par les fabricans.

Mais à la vérification il fut reconnu qu'une des balles contenoit soixante-deux pièces de mouchoirs de mousseline de plus que n'en portoient la déclaration et le certificat.

Saisie fut en conséquence déclarée, et c'est contre le sieur Marcoz que les poursuites à fin de condamnation à toutes les peines portées par la loi furent dirigées.

Le tribunal devant lequel l'affaire fut portée ne pensa pas que le sieur Marcoz dût être considéré comme le véritable auteur de la contravention, et se borna en conséquence à prononcer la confiscation des marchandises.

Sur l'appel de la régie des douanes, la cour criminelle du Pô a aussi jugé que le sieur Marcoz n'ayant point introduit personnellement les objets saisis, et rien ne prouvant qu'il eût par des faits antérieurs coopéré à leur importation, il ne pouvoit être regardé ni comme auteur, ni comme complice de la fraude, et en conséquence cette cour a confirmé le jugement de première instance.

Pourvoi en cassation et arrêt du 28 juin 1811, ainsi conçu :

« Vu l'article 15 de la loi du 10 brumaire an 5; « vu aussi les articles 21 et 22 du titre 2 de la loi du « 22 août 1791, et l'article 1 du titre 12 de la même « loi;

« Attendu qu'il étoit régulièrement constaté que « c'est le sieur Marcoz qui s'étoit présenté au bureau « de la douane pour y faire expédier en transit, avec « destination pour l'entrepôt de Gênes, les mar- « chandises dont il s'agit venant de l'étranger;

« Que c'est lui qui étoit, à cet effet, porteur du « certificat d'origine contenant déclaration de l'es- « pèce et de la quantité desdites marchandises;

« Qu'il devenoit par ce seul fait personnellement « responsable de l'inexactitude de cette déclaration, « comme l'auroient été les propriétaires ou les voi- « turiers, si c'eût été par eux que le transit eût été « demandé, parce qu'en matière de contravention « aux lois de douanes, la loi atteint également ceux « qui agissent pour leur propre compte et ceux qui « agissent pour le compte d'autrui;

« Attendu qu'il a été pareillement constaté qu'il

« s'est trouvé dans un des ballots déposés la veille « au bureau de la douane par les voituriers, soixante- « deux pièces de mousseline excédant ce qui étoit « porté au certificat d'origine et en la déclaration;

« Qu'il est pleinement indifférent que l'importa- « tion se trouvât effectuée, par l'arrivée des mar- « chandises, avant que le sieur Marcoz se soit pré- « senté pour requérir le transit; que, par leur mise « en dépôt dans le bureau de la douane, jusqu'à ce « qu'on vînt remplir les formalités prescrites par la « loi, ces marchandises étoient restées en état d'im- « portation comme au moment de leur introduction, « et que la contravention n'a pu être découverte « et constatée qu'alors; que, par le résultat de la « vérification qui a été faite, ayant été reconnu qu'il « y avoit soixante-deux pièces de mouchoirs de mous- « seline non portées en la déclaration, ni mention- « nées dans le certificat d'origine, la saisie a pu être « poursuivie contre celui qui avoit fait ou présenté « la fausse déclaration, et qui coopéroit ainsi à la « contravention;

« Qu'ainsi, en jugeant que ce n'étoit pas par le « sieur Marcoz que les objets saisis avoient été in- « troduits, et que rien ne constatoit dans le procès- « verbal des préposés qu'il eût, par des faits anté- « rieurs, coopéré à leur importation, la cour de jus- « tice criminelle, qui, par ces motifs, s'est bornée à « prononcer la confiscation des marchandises et a « renvoyé le sieur Marcoz de l'action dirigée contre « lui sous le rapport des autres peines encourues, « a méconnu le vœu des lois ci-dessus et en a violé « les dispositions; la cour casse et annulle.... »

1069. La confiscation des marchandises et autres effets ainsi saisis, sera poursuivie à la requête de *l'administration* des douanes, avec amende.... (15 *août* 1793, *second paragraphe de l'art.* 3.)

Ainsi il ne dépend pas de l'administration de ne pas poursuivre l'amende.

Dans la loi, le paragraphe ci-dessus finit par ces mots : « *avec amende, qui dans tous les cas de pro-* « *hibition, même dans celui de l'entrepôt des ma-* « *tières propres à la fabrication du papier et de leur* « *circulation, sera de cinq cents livres, conformément* « *à l'art.* 1er. *du titre* 5 *de la loi du* 22 *août* 1791.... » Mais comme on l'a vu dans le cours de cet ouvrage, et notamment sous les numéros 262, 266 et 722, l'amende de 500 fr. n'est plus celle applicable à tous les cas d'introduction prohibée, et même on continue à prétendre qu'il faut toujours poursuivre l'amende triple de la valeur des marchandises saisies à l'entrée... Quoi qu'il en soit de cette opinion et de la mienne, qui n'a pas changé, il est au moins évident que j'ai dû ne pas rapporter en texte la fin du paragraphe ci-dessus, puisqu'elle induiroit en erreur si je la consignois comme disposition générale.

§. II. *Poursuite des saisies sur inconnus.*

1070. Lorsque plusieurs saisies..... auront été faites séparément sur des inconnus, dans le ressort d'un même tribunal,..... et que la valeur de chaque partie saisie n'excédera pas cinquante *francs* en argent, *l'administration* pourra en demander la confiscation par une seule requête, laquelle contiendra l'estimation de chaque partie..... Il sera statué sur ladite demande par un seul et même jugement. (5 *septembre* 1792, *art.* 5.)

Cet article, rendu spécialement pour les saisies de tabacs, est, par le suivant, applicable à toutes les saisies sur inconnus; d'où j'ai pu, pour la coordination de cet ouvrage, supprimer sans aucun inconvénient le mot de *tabac* dans les première et avant-dernière lignes, là où j'ai placé des points....

1071. Ces dispositions...... seront exécutées à l'égard de toutes les saisies, faites sur des inconnus, d'objets qui n'auront pas été réclamés. (5 *septembre* 1792, *art.* 6.)

On étoit dans l'usage de réunir dans un seul rapport, rédigé à la fin du mois, les différentes saisies opérées sur inconnus, dont la valeur ne permettoit pas d'obtenir un jugement particulier.... Cet usage autorisoit un faux matériel : aussi a-t-il été proscrit et ordonné que les préposés qui saisiront des articles d'une valeur au-dessous de 50 fr. sur inconnus, en feront le dépôt immédiat au bureau le plus prochain, pour y remplir les formalités comme dans les autres saisies.

Ainsi, lorsque des saisies seront faites sur inconnus, on n'en devra pas moins rédiger rapport, sauf ensuite à en réunir plusieurs pour obtenir un seul jugement sur requête, en conformité de la loi ci-dessus. (*LD.* 1er. *mai* 1809.)

Mais pour concilier cette disposition avec le mode

d'instruction prescrit par le décret du 18 octobre 1810, surtout pour mettre MM. les procureurs généraux et impériaux à même de faire les démarches nécessaires pour la découverte des prévenus, il convient de n'user de la faculté de la réunion que pour celles des affaires qui prendroient naissance à la même époque, dans une même direction, sauf au directeur à se concerter avec M. le procureur impérial, à qui les procès-verbaux doivent être remis sans le moindre retard, pour faire suspendre les poursuites dans les affaires où il n'y auroit pas lieu à des recherches pour la découverte des prévenus, jusqu'à ce qu'on puisse en obtenir la réunion avec de nouvelles affaires de même espèce. (*Lettre du directeur général au directeur de Marseille, du* 8 *juillet* 1811.)

Les saisies sur individus qui se sont *dénommés*, et dont le domicile ne peut être reconnu, doivent être suivies et terminées comme celles sur inconnus; on peut également en réunir plusieurs pour obtenir un seul jugement de confiscation. (*LD.* 26 *décembre* 1808.)

Mais on feroit une fausse application des art. 5 et 6 de la loi du 5 septembre 1792, si, lors des saisies sur *personnes connues*, on en cumuloit plusieurs pour obtenir un seul jugement....... La considération des frais, dont par l'effet de l'insolvabilité des fraudeurs, le trésor public peut être grevé, n'est point un motif pour s'écarter des principes, et l'on doit faire rendre un jugement sur chacune des contraventions et en poursuivre l'exécution par corps, s'il y a lieu, aussi souvent, qu'il n'y est pas satisfait. (*LD.* 18 *décembre* 1809. — Ainsi plusieurs saisies faites sur le même individu connu, doivent être suivies séparément.

Tout jugement de confiscation d'objets saisis sur inconnus, doit être délivré et signifié au maire, pour passer en force de chose jugée. (*LD.* 23 *janvier* 1808.)

Sur la question de savoir s'il doit être levé autant d'expéditions de jugement qu'il se trouve de maires dans l'étendue du même tribunal, auxquels la signification doit en être faite, il a été répondu qu'un tel mode de procéder seroit extrêmement onéreux et ne feroit qu'occasionner des frais en pure perte; qu'ainsi il ne doit être levé qu'une seule grosse du jugement rendu commun à plusieurs saisies, mais qu'il convient de le faire signifier à chacun des maires d'où ressort le bureau dans lequel la fraude a été CONSTATÉE et déposée. (*LD.* 9 *novembre* 1812.)

OBSERV. Il me semble que depuis l'arrêté du 4 complémentaire an 11, et surtout par l'application du Code d'instruction criminelle à la procédure des douanes, c'est plutôt au maire dans l'arrondissement duquel la fraude a été COMMISE qu'à celui du lieu où elle a été constatée qu'on doit signifier le jugement. (*Voir sous le n°.* 1060.)

Voici la formule de la requête à présenter pour obtenir confiscation des objets saisis sur inconnus.

A MESSIEURS COMPOSANT LE TRIBUNAL DES DOUANES DE etc.

Etat des objets saisis sur inconnus par les préposés des douanes de la direction de déposés au bureau de

Du il a été saisi par la brigade de deux caisses, etc., valeur

Du par la brigade de cinq myriagrammes tabac, évalués à

De tous lesquels objets saisis sur inconnus le receveur soussigné, demeurant à stipulant au nom de l'administration, demande la confiscation, conformément aux dispositions des art. 5 et 6 de la loi du 5 septembre 1792.

§. III. *De la suite des saisies, constatées par procès-verbaux vicieux.*

1072. Les préposés *des douanes* ne seront soumis, pour la rédaction de leurs procès-verbaux, à d'autres formalités que celles *spécialement* prescrites; elles seront observées, à peine de nullité des procès-verbaux...... Dans *ce* cas, la confiscation (*des objets saisis*)...... sera poursuivie......, mais sans qu'il puisse être prononcé d'amende, *à moins qu'il ne s'agisse d'introduction de marchandises prohibées.* (22 août 1791, art. 23, titre 10.)

CE n'est pas positivement comme je le rapporte ci-dessus que s'exprime l'art. 23 du titre 10 de la loi du 22 août 1791...... Je l'ai tronqué par la raison que, tel qu'il a été rendu, il induiroit aujourd'hui en erreur, non parceque l'art. 18 de la loi du 9 floréal an 7 a abrogé le titre 10 de la loi de 1791, mais parceque cet art. 23 se trouve modifié, et par les art. 11 et 16 de la loi du 9 floréal, et par l'article 1er. du décret du 8 mars 1811.

Avant ce décret du 8 mars, qui ajoute implicitement à la dernière disposition de l'art. 23 précité, on a, nombre de fois, soutenu son abrogation, mais toujours la cour de cassation a fait justice de cette fausse prétention, et rien peut être, en jurisprudence de douanes, n'est aussi lumineux que le réquisitoire par lequel le savant procureur général de cette cour a prouvé que, bien loin que l'art. 23 du titre 10 de la loi de 1791 fût abrogé par l'article final de la loi de floréal an 7, il résultoit au contraire de cette dernière loi que la disposition de l'art. 23, qui dans le cas de rapports vicieux prononce la confiscation des marchandises prohibées à l'entrée, étoit applicable à tous les objets ainsi saisis, sans distinction d'espèces..... Conséquemment, extraire ce réquisitoire, c'est faire réfléchir la lumière, et je ne me permettrai que d'essayer de le coordonner avec le dernier décret (nº 262).

A ces fins, voyons d'abord et les termes de l'article 23 du titre 10 de la loi du 22 août 1791, et le texte de l'art. 18 de la loi du 9 floréal an 7.... Les raisonnemens qui les suivront en deviendront plus palpables, et je me trouverai justifié d'avoir tronqué le premier de ces articles.

Art. 23 *du tit.* 10 *de la loi du* 22 *août* 1791. « Les « préposés de la régie ne seront soumis, pour la « rédaction de leur procès-verbaux, à d'autres for- « malités qu'à celles *ci-dessus* prescrites ; elles se- « ront observées, à peine de nullité des procès-ver- « baux *et des saisies*. Dans le cas *néanmoins où les* « *marchandises seroient de la classe de celles pro-* « *hibées à l'entrée*, la confiscation *en* sera pour- « suivie *à la requête du commissaire du roi*, mais « sans qu'il puisse être prononcé d'amende. » — (*On verra plus bas que les dispositions transcrites ici en italique sont les seules abrogées.*)

Art. 18 *de la loi du* 9 *floréal an* 7. « Au moyen « des dispositions énoncées dans le présent titre, « le titre 10 de la loi du 22 août 1791, l'art. 19 du « titre 6 de celle du 4 germinal an 2, et les art. 1, « 2, 3, 4 et 9 de celle du 14 fructidor an 3, sont « abrogées. »

L'article 23 du titre 10 de la loi du 22 août 1791, contient, comme on le voit, trois dispositions bien distinctes : (*c'est M. Merlin qui parle.*)

1º. Si les formalités prescrites pour la rédaction des procès-verbaux n'ont pas été observées, ces procès-verbaux sont nuls.

2º. Les saisies que ces procès-verbaux ont pour but de constater, sont également nulles dans le même cas.

3º. Néanmoins la nullité de la saisie, pour défaut de forme du procès-verbal, ne doit pas empêcher la confiscation, s'il s'agit de marchandises prohibées à l'entrée.

L'article qui contient ces trois dispositions, se trouve, dit-on, enveloppé dans l'abrogation du titre 10 de la loi du 22 août 1791, par l'art. 18 de celle du 9 floréal an 7;...... mais quelle conséquence peut on raisonnablement tirer de là ? Un peu de réflexion fera sentir que, nonobstant cette abrogation indéfinie, la troisième disposition de l'article dont il s'agit subsiste encore. — Pourquoi?..... précisément parce que la seconde de ces mêmes dispositions, dont elle n'étoit que le correctif, se trouve abrogée. — Ceci peut n'être pas clair au premier coup-d'œil, mais avec quelques explications, la vérité de cette assertion paroîtra dans le plus grand jour.

La loi du 9 floréal an 7 a établi, sur la rédaction des rapports ou procès-verbaux en matière de douanes, une nouvelle législation qui a rendu inutile le titre 10 de la loi du 22 août 1791, et voilà pourquoi elle a expressément abrogé ce titre. — Dans cette nouvelle législation, l'inobservation de certaines formes entraîne encore la nullité des procès-verbaux, et l'art. 11 est formel à cet égard. (*Voir* nº 1057.)

Mais cet article ne fait résulter de l'irrégularité des procès-verbaux que la nullité des procès-verbaux eux-mêmes;..... il ne dit point, comme le faisoit l'art. 23 du 22 août 1791, que la nullité des saisies sera par cela seul prononcée ; or, en ne le disant pas, il le défend ; et par là il déroge déjà, indépendamment de l'abrogation générale qui est écrite dans l'art. 18 de la même loi, à la deuxième disposition de l'art. 23 du titre 10 de la loi du 22 août 1791, qui prononçoit la nullité des saisies, lorsque celle des procès-verbaux étoit déclarée pour défaut de forme.

Si l'on veut se convaincre que c'est en effet dans cet esprit qu'a été rédigé le titre 4 de la loi du 9 floréal an 7, il n'y a qu'à se fixer sur son art. 16 (nº 1074); on y verra clairement que l'intention de la loi est que les saisies soient jugées, non d'après la forme des procès-verbaux, mais d'après le mérite du fond ; en effet, cet art. 16 ne dit pas *lorsque la saisie est nulle*, parce qu'il ne veut pas que les nullités de forme puissent influer sur le sort des saisies ; il dit : *Lorsque la saisie n'est pas fondée*, parceque son intention est que le fond seul, c'est-à-dire la preuve ou le défaut de preuve de la contravention, détermine la décision du juge sur la validité ou l'invalidité de chaque saisie.

Maintenant on aperçoit sans peine pourquoi la troisième disposition de l'art. 23 du titre 10 de la loi du 22 août 1791 ne se trouve pas dans la loi du 9 floréal an 7 ; c'est qu'elle y seroit surabondante et y formeroit un vrai pléonasme ;..... pourquoi en effet est-elle dans la loi de 1791 ? c'est parceque celle-ci annulloit les saisies comme les procès-verbaux, lorsque les procès-verbaux étoient irréguliers; il falloit, dans ce système, un correctif pour empêcher que la nullité des saisies ne servît de moyen pour introduire en France des marchandises prohibées à l'entrée;.... mais ce correctif est devenu sans objet dans la nouvelle loi; la nullité des procès-verbaux n'y entraîne pas celle des saisies.

Ainsi la disposition de la loi de 1791, qui ordonnoit la confiscation des marchandises prohibées à l'entrée, subsiste encore, quoique l'article dont elle fait partie soit abrogé par la loi de floréal an 7;... elle subsiste, cette disposition, non en vertu du titre 10 de la loi de 1791, puisqu'il est abrogé, mais en vertu de la loi du 9 floréal an 7 elle-même qui ne permet pas d'annuller les saisies, par cela seul que les procès-verbaux sont nuls pour défaut de forme; elle subsiste, non comme elle étoit écrite dans la loi de 1791, mais comme elle a été étendue par la loi du 9 floréal an 7..... De sorte que toute saisie fondée et constatée par un procès-verbal irrégulier entraîne, mais sans amende, la confiscation des marchandises prohibées, et, même à l'entrée, celle des marchandises non prohibées.

Il s'agit actuellement d'examiner si cette confiscation peut être poursuivie à la requête de l'administration des douanes? Je dis hardiment oui, quoique cette réponse paroisse contraire à l'art. 23 du titre 10 de la loi du 22 août 1792..... Il seroit au fait difficile d'établir qu'elle ne le fût pas effectivement, si la disposition de cet article existoit encore comme on la lit dans la loi même; tel qu'il est conçu, il ôte toute action à l'administration, dans le cas où un procès-verbal se trouve nul par défaut de formes; mais il n'ôtoit cette action que parceque la nullité du procès-verbal entraînoit la nullité de la saisie;.... puisqu'il étoit assez naturel de dire que la saisie étant nulle, c'étoit comme si elle n'avoit point été faite; or point de saisie de la part de la douane, point d'action pour elle, au moins en matière de contravention; mais comme il est évident aujourd'hui que cet art. 23 du titre 10 de la loi du 22 août 1791 ne subsiste plus dans la disposition qui déclaroit nulle toute saisie dont le procès-verbal étoit irrégulier, on ne peut plus dire que l'irrégularité du procès-verbal ôte l'action de la douane, lui ôte enfin le droit de poursuivre le principal effet de la saisie, c'est-à-dire la confiscation; donc l'administration partage ce droit avec le ministère public; donc l'administration peut l'exercer seule si le ministère public s'en abstient; donc il suffit que l'administration conclue à la confiscation dans les cas où elle doit avoir lieu, d'après l'article dont il s'agit, pour que les juges soient tenus de la prononcer.... C'est ainsi d'ailleurs que l'a constamment prononcé la cour de cassation. *Voir les articles de jurisprudence, sous le numero suivant.*

Bien loin que le décret du 8 mars 1811 ait apporté quelque changement au raisonnement ci-dessus de M. Merlin, ce décret en a au contraire sanctionné et étendu les conséquences; *sanctionné* en ce qu'il veut qu'en cas de nullité et même à défaut de procès-verbal la confiscation des marchandises dont l'entrée est défendue, soit toujours prononcée; *étendu*, en ce que l'amende et les autres peines soient également applicables, alors qu'il y a introduction d'objets prohibés.

Mais, dira-t-on, de ce que le décret du 8 mars 1811, comme l'art. 23 du titre 10 de la loi de 1791, ne parle que de marchandises prohibées à l'entrée, il doit résulter que l'importation frauduleuse d'objets admissibles, constatée par procès-verbal vicieux, n'emporte ni confiscation ni amende;.... *amende, non*, puisqu'aucune loi ne l'inflige, et qu'on doit induire qu'en ne l'appliquant que pour les objets prohibés à l'entrée, le décret du 8 mars n'a pas voulu qu'elle le fût à ceux admissibles; mais *confiscation, oui*, car sans cela la nullité du procès-verbal entraîneroit la nullité de la saisie, ce qui seroit formellement en opposition avec l'esprit de la loi du 9 floréal an 7.

1073. La disposition de l'art. 23 du titre 10 de la loi ci-dessus citée....., sera exécutée pour *les objets* dont la sortie est défendue. En conséquence, dans le cas où, à raison d'un vice de forme, il y auroit lieu d'annuller un procès-verbal portant saisie d'objets prohibés à la sortie, il est enjoint au *ministère public* d'en requérir sur-le-champ la confiscation, laquelle sera prononcée à la même audience, sans amende. (15 *août* 1793, *art.* 4.)

LITTÉRALEMENT cet article commence ainsi: « La « disposition de l'art. 23 du titre 10 de la loi ci-des- « sus citée, *relative aux objets de prohibition à l'en- « trée*, sera exécutée par ceux dont la sortie est dé- « fendue. » — De ce que cet article ne fait que rendre commun aux marchandises prohibées à la sortie, l'article 23 du titre 10 de la loi du 22 août 1791, on a voulu argumenter que l'art. 18 de la loi du 9 floréal an 7, en abrogeant le titre 10 de la loi du 22 août 1791, révoquoit aussi l'art. 4 de la loi du 15 août 1793, par cela seul que cet art. 4 rappeloit l'article 23 de ce titre 10.

Il a été démontré, sous le nº 1072, que la disposition de cet art. 23 subsiste encore et subsiste même d'une manière plus étendue par l'effet du système adopté par la loi du 9 floréal an 7, de maintenir toutes les saisies par les moyens de fond, lorsque les procès-verbaux sont nuls pour défaut de formes... Donc on ne peut pas argumenter de la prétendue abrogation de l'art. 23 du titre 10 de la loi du 22 août 1791, pour en induire celle de l'art. 4 de la loi du 15 août 1793...... Il est d'ailleurs si vrai que cet article 4 n'est pas abrogé, qu'en admettant même l'abrogation entière de l'art. 23 de la loi de 1791, l'art. 4 de 1793 se trouveroit encore en vigueur, et cela par l'art. 18 lui-même, de la loi du 9 floréal an 7, qui ne parle pas de la loi du 15 août 1793. .... On ne peut dire que c'est par oubli, puisqu'il est d'autant moins permis de le supposer, que l'art. 18 de l'an 7 ne se borne pas, dans l'abrogation qu'il prononce, au titre 10 de la loi du 22 août 1791, mais qu'il y comprend encore l'art. 19 du du titre 6 de la loi du 4 germinal an 2, les art. 1, 2, 3, 4 et 9 de celle du 14 fructidor an 3; certes, d'après le soin qu'a pris ici le législateur d'entrer dans une nomenclature aussi étendue, on doit bien croire qu'il n'a omis que ce qu'il a voulu omettre, ou, en d'autres termes, que son intention a été de ne pas abroger les lois qu'il n'a pas énoncées dans cette nomenclature.....

Au reste qu'y a-t-il de commun entre l'article prétendu abrogé de la loi de 1791 et l'art. 4 de la loi du 15 août 1793? — Dans l'un, il est question de marchandises prohibées à l'entrée, et dans l'autre il ne s'agit que des marchandises prohibées à la sortie. L'objet de l'un est donc totalement différent de l'objet de l'autre; comment donc soutenir que l'abrogation de celui-là entraîne l'abrogation de celui ci?.... Qu'importe que dans la rédaction de la loi du 15 août 1793, on commence par déclarer commune aux marchandises prohibées à la sortie, la règle établie par celle du 22 août 1791 pour les marchandises prohibées à l'entrée? Par cette manière de s'énoncer, le législateur a bien soumis les unes et les autres marchandises à un même principe de confiscation; mais quand il auroit révoqué ce principe pour les unes, il ne l'auroit pas, par cela seul, révoqué pour les autres; car s'il avoit voulu le révoquer pour toutes, il l'auroit dit: ainsi, en supposant même qu'il l'ait révoqué pour les marchandises prohibées à l'entrée, il l'a nécessairement laissé subsister pour les marchandises prohibées à la sortie.

C'est ainsi que la cour de cassation a toujours jugé, même dans le cas où l'administration des douanes seule étoit demanderesse en cassation.... Voici au surplus les arrêts qui appuient ces raisons.....

JURISPRUDENCE. — 1°. *La nullité d'un procès-verbal de saisie dispense-t-elle le juge de prononcer la confiscation des objets capturés; ou, en d'autres termes, l'art.* 18 *du titre* 4 *de la loi du* 9 *floréal an* 7 *déroge-t-il à l'art.* 23 *du titre* 10 *de la loi du* 22 *août* 1791 *et à l'art* 4 *de la loi du* 15 *août* 1793? (Réponse négative.)

2°. *Que doit-on décider, à cet égard, quand le ministère public ne conclut pas à la confiscation, et qu'il n'y a de conclusions prises à cette fin que par l'administration des douanes?*

Plusieurs arrêts de la cour de cassation ont répondu à ces questions; voici d'abord celui du 1er. germinal an 9, conçu en ces termes:

« Vu la loi du 22 août 1791, tit. 10, art. 23.... « l'art. 4 du décret du 15 août 1793;..... — Con« sidérant que les lois citées de 1791 et 1793, qui « veulent que, dans le cas où les procès-verbaux de « saisies sont annullés pour vices de forme, la con« fiscation des objets saisis soit néanmoins ordonnée « sur le réquisitoire du commissaire du roi, ne « contiennent aucune disposition dont on doive né« cessairement conclure que la faculté de demander « cette confiscation soit interdite à la régie des doua« nes, et que lorsque les juges ont refusé de la pro« noncer, le commissaire du gouvernement ait seul « le droit de réclamer contre cette violation de la loi; « qu'il n'y auroit que le vœu clairement exprimé du « législateur qui pût faire admettre une fin de non « recevoir contre une réclamation qui, lors même « qu'elle n'est formée que par la régie des douanes, « n'en est pas moins dans l'intérêt de l'état; — « considérant que la loi du 9 floréal an 7, qui a éta« bli les formes à observer pour les procès-verbaux « des préposés de la douane, n'a entendu rapporter « le titre 10 de la loi du 22 août 1791 qu'en ce qui « concerne ces formes et non en ce qui concerne « l'art. 23 de ce titre, lequel, en établissant une « modification à l'effet de réparer l'omission de quel« qu'une de ces formes, se rapprochoit de l'intention « de la loi du 9 floréal an 7, et qu'à l'égard du dé« cret du 15 août 1793, il n'est rapporté, par cette « loi, ni expressément, ni tacitement, et subsiste « dans toute sa force; — Qu'aux termes de ces lois « de 1791 et 1793, la nullité pour vices de formes « d'un procès-verbal de saisie, n'empêche pas que « la confiscation ne doive être prononcée sans amende « sur la réquisition que le commissaire du gouver« nement est tenu d'en faire;

« Considérant que, dans l'espèce, le procès-verbal « de saisie n'a été déclaré nul que pour des vices de « formes; que néanmoins le tribunal civil du dépar« tement de la Meuse-Inférieure a débouté le com« missaire du gouvernement de son réquisitoire à « fin de confiscation des objets saisis, quoiqu'il ne « résulte d'aucune des dispositions de son jugement, « qu'il ait jugé *le saisi* justifié de la contravention « qui lui étoit imputée;

« Le tribunal joint les instances formées par le « pourvoi du commissaire du gouvernement et par « celui de la régie des douanes; — déclare nulle la « signification du jugement d'admission du pourvoi « du commissaire du gouvernement, et en consé« quence ledit commissaire déchu de sa demande; « — Et sans s'arrêter à la fin de non recevoir pro« posée par le défendeur contre le pourvoi de la « régie, casse et annulle le jugement du tribunal « civil du département de la Meuse-Inférieure, du « 6 nivose an 8; renvoie les parties devant le tribu« nal d'appel séant à Liége, etc. »

Déjà la première des deux questions annoncées en tête de ce paragraphe avoit été décidée de même par arrêt du 15 prairial an 8;.... et alors de l'envoi de ce premier envoi dans les bureaux, l'administration, par circulaire du 27 prairial, recommanda de ne point faire usage des instructions qu'elle avoit transmises le 27 floréal, relativement à la décision du ministre de la justice, du mois de floréal an 8, dont j'ai parlé sous le n° 1057, et ordonnoit, à défaut de formes des procès-verbaux, d'exciper des articles des lois de 1791 et 1793 rappelés par cet arrêt, et de regarder ses instructions du 27 floréal comme non avenues.... Voici cet arrêt du 15 prairial an 8 :

« Vu les pièces du procès et les moyens contenus « au mémoire ;.... vu aussi la loi du 22 août 1791, « tit. 10, art. 23 ;..... vu pareillement l'art. 4 du « décret du 15 août 1793 ;.... — Considérant que « la loi du 9 floréal an 7, qui a établi des formes à « observer pour les procès-verbaux des préposés « des douanes, n'a entendu rapporter le titre 10 de « la loi du 22 août 1791, qu'en ce qui concerne ces « formes et non en ce qui concerne l'art. 23 de ce « titre, lequel, en établissant une modification à « l'effet de l'omission de quelqu'une de ces formes, « se rapprochoit de l'intention de la loi du 9 floréal « an 7, et qu'à l'égard du décret du 15 août 1793, il « n'est rapporté par cette loi ni expressément ni ta- « citement, et subsiste dans toute sa force ; — Con- « sidérant qu'aux termes de ces lois de 1791 et de « 1793, la nullité d'un procès-verbal par vice de « formes, n'empêche pas que la confiscation ne doive « être prononcée sans amende, sur la réquisition « du commissaire du gouvernement, auquel il est « enjoint de la faire ; — Considérant que, bien que « sur le point de fait le saisi ne se soit pas justifié « de la contravention à lui imputée, le tribunal cri- « minel de l'Escaut n'a cependant pas cru avoir be- « soin de s'assurer de la vérité ou de la fausseté des « faits portés au procès-verbal, et que, sans aucun « éclaircissement suffisant pour la décharge du saisi, « il a déclaré que la nullité du procès-verbal en la « forme suffisoit pour que la contravention ne fût « pas constatée, et pour mettre le contrevenant à « l'abri de toute condamnation ; en quoi il y a vio- « lation manifeste de la disposition des lois ci-dessus « rapportées ; — Pour ces motifs, casse et annulle... »

Deux autres arrêts, l'un du 11 floréal an 9 et l'autre du 3 ventose an 10, ont encore décidé de même.

Voici le considérant de ce premier jugement.

« Attendu qu'en décidant que l'art. 23 du titre 10 « de la loi du 22 août 1791 a été rapporté par l'ar- « ticle 18 du titre 4 de la loi du 9 floréal an 7, le « tribunal de l'Escaut a contrevenu à l'art. 16 de « cette dernière loi, qui conserve la disposition énon- « cée dans ledit art. 23 du titre 10 de la loi du 22 « août 1791, etc. »

Voici l'autre ; il forme le dernier considérant de l'arrêt du 3 ventose an 10. — « Attendu que d'apre « l'art. 4 de la loi du 15 août 1793, la confiscatior « des marchandises prohibées à leur sortie, doi « être prononcée dans le cas même où, à raison d'ur « vice de formes, il y auroit lieu d'annuller le pro « cès-verbal portant saisie de ces marchandises ; d'oi « il suit que le jugement attaqué, en ne prononçan « point cette confiscation, a contrevenu encore à ce « article, puisque les marchandises dont il s'agi « étoient prohibées à leur sortie, etc. »

Et un cinquième arrêt, du 8 frimaire an 11, a de nouveau consacré les mêmes principes ; le voici : — « Vu l'art. 23 du titre 10 de la loi du 22 août 1791.... « vu pareillement l'art. 4 de la loi du 15 août 1793 ; « — Considérant qu'en reconnoissant que le saisi « avoit contrevenu à la loi en voulant exporter du « territoire françois les chiffons saisis par les pré- « posés des douanes, et en faisant néanmoins main- « levée de la saisie à raison d'un vice de formes, le « jugement attaqué s'est évidemment écarté de la « disposition qui, en ce cas, ne fait remise que de « l'amende et non pas de la confiscation ; — Consi- « dérant que la régie des douanes demandoit la con- « fiscation et l'amende, mais que l'une ne préjudicioit « pas à l'autre, et que le commissaire du gouverne- « ment ayant été entendu dans ses réquisitoires, rien « n'a pu dispenser de prononcer la confiscation ; — « casse et annulle, etc. »

3°. *Les conclusions prises en première instance par le ministère public, partie poursuivante, conservent-elles leur effet en cause d'appel, et le tribunal d'appel est-il obligé d'y faire droit, quoiqu'elles ne soient pas renouvelées devant lui ?* (Réponse affirmative.)

Il a été répondu à cette question par arrêt de la cour suprême, du 6 messidor an 8. « Considérant « que, dans le fait, la régie des douanes et le com- « missaire du gouvernement près le tribunal de po- « lice correctionnelle avoient conclu, tant à la con- « fiscation des marchandises saisies qu'à l'amende ; « que ces conclusions subsistoient devant le tribunal « criminel, qui étoit saisi de l'appel ; que ce tri- « bunal n'ayant ni reconnu ni déclaré que les mar- « chandises n'étoient pas angloises, ne pouvoit pas « se dispenser d'en prononcer la confiscation con- « formément à l'art. 23 du titre 10 de la loi du 22 « août 1791 ; la cour casse, etc. »

§. IV. *Du résultat des saisies non fondées.*

1074. Lorsque la saisie n'est pas fondée, le propriétaire des marchandises a droit à un intérêt d'indemnité, à raison d'un pour cent par mois de la valeur des objets saisis, depuis l'époque de la retenue, jusqu'à celle de la remise ou de l'offre qui lui en aura été faite. (9 *floréal an 7, paragraphe 1 de l'art. 16, tit. 4.*)

J'ai rapporté sous le n° 612 (quatrième question de droit), une affaire dans laquelle le paragraphe ci-dessus a reçu son application.

L'indemnité accordée par cet article tient lieu des

avaries et baisses survenues dans la valeur des marchandises. (*Arrêt de la cour de cassation, du* 16 *ventose an* 9.)

Mais si le bâtiment sur lequel étoient les objets saisis avoit été retenu, il seroit dû au capitaine une autre indemnité, proportionnée au dommage qu'il auroit souffert par cette retenue. (*Arrêt de la même cour, du* 2 *messidor an* 11.)

SECTION IV. — *De l'inscription de faux.*

1075. Celui qui voudra s'inscrire en faux contre un rapport sera tenu d'en faire la déclaration par écrit, en personne ou par un fondé de pouvoir spécial, passé devant notaire, au plus tard à l'audience indiquée par la sommation de comparoître devant le tribunal qui doit connoître de la contravention ; il devra, dans les trois jours suivans, faire au greffe dudit tribunal le dépôt des moyens de faux, et des noms et qualités des témoins qu'il voudra faire entendre : le tout à peine de déchéance de l'inscription de faux.

Cette déclaration sera reçue et signée par le juge et le greffier, dans le cas où le déclarant ne sauroit écrire ni signer. (9 *floréal an* 7, *art.* 12, *titre* 4.)

CETTE loi du 9 floréal an 7 ne s'expliquant ni sur l'admission ou le rejet des moyens de faux, ni sur les suites ultérieures de la procédure, on ne peut, sur ces objets, suppléer à son silence que par les règles du droit commun, et recourir conséquemment au Code d'instruction criminelle, articles 448 à 464, en observant toutefois que les formalités particulières ici prescrites ne sont abrogées ni par ce code, ni par le décret du 18 octobre 1810. *Voir* d'ailleurs, sous le n° 1077, l'article COMPÉTENCE.

1076. Dans le cas d'une inscription de faux contre un procès-verbal constatant fraude, si l'inscription est faite dans le délai et suivant la forme prescrite par l'art. 12 du titre 4 de la loi du 9 floréal an 7, et en supposant que les moyens de faux, s'ils étoient prouvés, détruisissent l'existence de la fraude à l'égard de l'inscrivant, le *procureur impérial* près le tribunal saisi de l'affaire fera les diligences convenables pour y faire statuer sans délai.

Il sera sursis, conformément à *l'art.* 460 *du Code d'instruction criminelle*, au jugement de la contravention, jusqu'après le jugement de l'inscription de faux; et néanmoins, en vertu *du décret du* 18 *septembre* 1811, le tribunal saisi de la contravention ordonnera provisoirement la vente des marchandises sujettes à dépérissement, et des chevaux qui auront servi au transport. (*AC.* 4 *complémentaire an* 11, *art.* 9.)

DANS le texte il y a : *Il sera sursis conformément à l'art.* 536 *du Code des délits et des peines*, etc. ; et quant à la vente des chevaux, c'est l'*art.* 13 *du titre* 4 *de la loi du* 9 *floréal an* 7 qui se trouve invoqué, au lieu du décret du 18 septembre 1811..... J'ai dû remplacer l'appel de ces anciennes dispositions, par celui des dispositions qui sont aujourd'hui en vigueur.

1077. Lorsqu'une inscription de faux n'aura pas été faite dans le délai et suivant les formes déterminées par la loi du 9 floréal an 7, il sera, sans y avoir aucun égard, passé outre à l'instruction et au jugement de l'affaire. (*AC.* 4 *complémentaire an* 11, *art.* 10.)

COMPÉTENCE. *Quels sont les juges compétens pour connoître des inscriptions de faux en matière de douanes.*

J'ai déjà dit sous le n° 1054, et je répéterai plus ici que l'art. 5 du décret du 18 octobre 1810 attribuant aux cours prévôtales la connoissance des crimes et délits des employés des douanes dans leurs fonctions, il en résulte nécessairement que ces cours seules peuvent statuer sur une inscription de faux, alors que le procès-verbal a été dressé par des préposés de douanes.

Ainsi, lorsque c'est devant un tribunal ordinaire des douanes que le procès-verbal des préposés est argué de faux, il doit se conformer, et aux art. 239 et 240 du Code de procédure civile, et à l'art. 460 du Code d'instruction criminelle, qui disent :

1°. L'art. 239 : « S'il résulte de la procédure des « indices de faux ou de falsification, et que les au- « teurs ou complices soient vivans, et la poursuite « du crime non éteinte par la prescription d'après les « dispositions du Code pénal, le président délivrera « mandat d'amener contre les prévenus, et remplira « à cet égard les fonctions d'officier de police judi- « ciaire. » (*Code de procédure civile.*)

L'art. 240 : « Dans le cas de l'article précédent, il « sera sursis à statuer sur le civil jusqu'après le juge- « ment sur le faux. » (*Même code.*)

2°. L'art. 460 : « Si la partie qui a argué de faux « la pièce, soutient que celui qui l'a produite est » l'auteur ou le complice du faux, ou s'il résulte de « la procédure que l'auteur ou le complice du faux « soit vivant et la poursuite du crime non éteinte « par la prescription, l'accusation sera suivie crimi- « nellement..... — Si le procès est engagé au civil, « il sera sursis au jugement jusqu'à ce qu'il ait été « prononcé sur le faux. — S'il s'agit de crimes, dé- « lits ou contraventions, la cour ou le tribunal saisi « est tenu de décider préalablement, et après avoir « entendu l'officier chargé du ministère public, s'il « y a lieu ou non à surseoir. » (*Code d'instruction criminelle.*)

Il résulte donc des articles 239 et 240 du Code de procédure civile, que si le procès-verbal est argué de faux alors que les préposés qui l'ont rédigé vivent encore, les juges, soit en matière civile, soit en matière correctionnelle, devant lesquels l'inscription de faux est formée, ne sont pas compétens pour la juger, et ils doivent, en surséant au jugement du fond, renvoyer celui de faux à la justice prévôtale dès qu'il s'élève contre les préposés des indices de faux décisifs sur le fond. — La cour de cassation l'a ainsi jugé le 11 août 1808.

Mais si les moyens de faux n'attaquent pas la substance du procès-verbal, et si, en supposant vrais les faits allégués, la contravention n'en demeure pas moins constante, les juges doivent passer outre et procéder au fond..... C'est ce qui semble résulter du dernier paragraphe de l'art. 460 du Code d'instruction criminelle; c'est au moins ce qui résulte clairement de l'art. 9 de l'arrêté du 4 complémentaire an 11, et très évidemment des arrêts de la cour de cassation, des 26 floréal an 13 et 1er. octobre 1807.

Dans ce qui précède, je suppose toujours que les rédacteurs du procès-verbal sont vivans; car s'ils étoient morts au moment où il est argué de faux, le tribunal saisi de l'affaire resteroit compétent;..... à moins qu'on ne voulût considérer l'administration comme complice, ce qui ne seroit ni présumable ni admissible; bien qu'elle soit garante de ses préposés, elle ne l'est ni ne peut l'être, que pour les réparations civiles.

Au surplus, et ici semblent cesser toutes les difficultés, *les préposés des douanes ne peuvent être mis en jugement qu'après l'autorisation du directeur général* (voir n° 164)..... Cependant que faire si l'autorisation est refusée? car enfin on ne peut pas juger que le procès-verbal est faux, et laisser impunis les auteurs de ce faux.... Résulte-t-il de ce refus que l'inscription de faux tombe, et qu'il doit être statué sur le fond comme si elle n'avoit pas été formée?

Bien certainement non;... car l'art. 11 du titre 4 de la loi du 9 floréal an 7 cesse d'ajouter foi aux procès-verbaux contre lesquels on s'est inscrit en faux..... Or, si la loi n'y ajoute plus foi, le refus d'en faire juger les rédacteurs ne peut lui en donner, et dès-lors l'action pour contravention étant paralysée, à tort ou à droit, par ceux qui doivent la poursuivre, elle cesse nécessairement. Le refus d'autoriser les poursuites équipolle donc ici à un désistement de l'action principale.

Ainsi que les tribunaux ordinaires, la cour de cassation est compétente pour admettre ou rejeter les inscriptions de faux..... Mais elle ne l'est pas, dès-lors qu'elle les a admises, pour procéder à leur instruction, recueillir les preuves et statuer sur les pièces arguées de faux devant elle.... Elle ne peut que renvoyer les parties devant un tribunal égal en autorité à celui dont le jugement a été attaqué en cassation.

Voici le trois arrêts que j'ai invoqués ci-dessus :

Arrêt de cassation du 11 août 1808. — « Vu l'ar- « rêté du gouvernement, du 4e. jour complémen- « taire an 11, art. 9; l'article 536 et le §. 6 de l'ar- « ticle 456 du Code des délits et des peines, du 3 « brumaire an 4; les articles 239 et 240 du Code de « procédure civile; — Considérant que, suivant les « dispositions de l'arrêté du 4e. jour complémentaire « de l'an 11, ci-dessus cité, le tribunal correctionnel « de Savenay n'étoit autorisé qu'à statuer sur la « simple admission de l'inscription en faux contre « le procès-verbal des préposés des douanes dont « il s'agissoit, conformément au prescrit de l'art. 12 « du titre 4 de la loi du 9 floréal an 7; — que les « moyens de faux proposés par le prévenu Josseau « ayant été jugés pertinens, ledit tribunal devoit, « d'après l'art. 9 dudit arrêté, et les art. 239 et 240 « du Code de procédure civile, surseoir au juge- « ment de la contravention, et renvoyer l'affaire sur « le faux devant les autorités exclusivement compé- « tentes pour connoître ce délit; — que néanmoins « ledit tribunal correctionnel et la cour de justice « criminelle de la Loire-Inférieure en instance d'ap- « pel ont retenu la connoissance du faux et procédé « en même temps au jugement de la contravention, « ce qui est un excès de pouvoir et une violation « manifeste des règles de compétence établies par

« la loi ; — d'après ces motifs, la cour, faisant droit « au pourvoi de la régie des douanes, casse et an- « nulle..... »

Arrêt de rejet du 26 floréal an 13. — « Attendu « que, d'après l'arrêté du gouvernement du 4 com- « plémentaire an 11, le procureur impérial près le « tribunal saisi de l'affaire, ne peut, aux termes de « l'art. 9, faire les diligences convenables pour faire « statuer sur une inscription de faux faite contre un « procès-verbal constatant une fraude, que dans le « cas où les moyens de faux, s'ils étoient prouvés, « détruiroient l'existence de la fraude à l'égard de « l'inscrivant; que, dans l'espèce, l'arrêt attaqué « n'a déclaré inadmissible l'inscription de faux di- « rigée contre le procès-verbal dont il s'agit, que « parce qu'en supposant prouvés les faits articulés « faux par Balegno, ils ne pouvoient détruire la « fraude et la contravention évidente résultant du « rapport, puisque, dans le cas où les marchandises « ne seroient pas d'origine angloise, elles seroient « toujours réputées telles par les articles 5 et 13 de « la loi du 10 brumaire an 5, et que les moyens de « faux prouvés ne tendroient point à exclure la qua- « lité des marchandises énoncées au rapport; — d'où « il suit que cet arrêt, en prononçant ainsi, loin « d'avoir violé aucune loi, s'est au contraire con- « formé à l'art. 9 de l'arrêté du gouvernement ci- « dessus rapporté; la cour rejette..... »

Arrêt de cassation du 1er. *octobre* 1807. — « Vu « l'art. 11 de l'arrêté des consuls, du 4e. jour com- « plémentaire an 11, et l'art. 536 du Code du 3 bru- « maire an 4; et attendu que l'inscription en faux « proposée par Wickmann, portoit sur le contenu « dans le procès-verbal et sur ce qui y avoit été « énoncé par les préposés; qu'ainsi l'inscription de « faux caractérisoit une prévention de faux princi- « pal; qu'elle devoit donc être jugée par la cour de « justice criminelle spéciale, conformément aux dis- « positions du susdit article 536 du Code du 3 bru- « maire an 4, et à l'article 2 de la loi du 23 floréal « an 10; que jusqu'à ce qu'il eût été statué par cette « cour, le tribunal correctionnel devoit surseoir au « jugement de la contravention, ainsi qu'il est dit « dans le susdit article 11 de l'arrêté du 4 complé- « mentaire an 11, d'après ledit article 536 du Code « du 3 brumaire an 4; attendu d'ailleurs que les « moyens de faux présentés par Wickmann, fussent- « ils prouvés, il n'en résulteroit pas nécessairement « la fausseté des faits énoncés dans le procès-verbal, « puisqu'il est à la fois possible que des charrettes « non chargées soient parties de chez Wickmann, « et que d'autres charrettes soient également parties « de chez ledit Wickmann et aient été conduites chez « Goetgaluck; et que, si l'on admet que ce soient les « charrettes identiquement les mêmes, il est possible « qu'après les avoir montrées vides, on les ait re- « conduites chez Wickmann, où elles aient été dé- « chargées; il est encore possible que ces charrettes « aient été chargées sur le chemin; — que, sous le « double rapport de l'incompetence et de la non « pertinence des moyens de faux, la cour de justice « criminelle eût dû annuller le jugement correction- « nel; — la cour casse et annulle..... »

OBSERV. Il suit de ce dernier arrêt que les cours prévôtales ne peuvent juger les inscriptions de faux qu'en faisant le procès aux préposés, s'ils sont vivans et si leur mise en jugement est autorisée.

JURISPRUDENCE. — *Les procès-verbaux des douaniers font-ils foi jusqu'à inscription de faux, en tant qu'ils énoncent des excès et des voies de fait exercées sur leurs personnes?* (Réponse négative.)

Des préposés de Valmacca dressèrent procès-verbal, par lequel ils constatèrent qu'ils avoient été attaqués, injuriés et maltraités par un attroupement de contrebandiers armés; — plusieurs de ceux-ci furent arrêtés, et devant la cour spéciale de Casal ils firent entendre des témoins à décharge, sans s'inscrire en faux; — ladite cour les acquitta; mais le ministère public se pourvut en cassation;..... sa requête fut rejetée par arrêt du 12 juin 1807, ainsi conçu: — « Considérant que les procès-verbaux « des préposés aux douanes ne font foi jusqu'à ins- « cription de faux, qu'autant qu'ils constatent des « faits de contravention et de faude; — que ces pro- « cès-verbaux ne constatant, par exemple, que des « excès, violences, voies de fait et injures envers les « préposés, la preuve contraire est admissible dans « tous les cas; — que, dans l'espèce, le procès-ver- « bal dressé par les préposés aux douanes, consta- « toit des faits graves, tels que mauvais traitemens, « pour la répression desquels leurs auteurs avoient « été traduits devant une cour spéciale criminelle; « — qu'en cet état cette cour a pu se déterminer sur « les preuves contraires au contenu en ce procès- « verbal, quoique non argué de faux; — d'où il suit « que nulle loi n'a été violée; — par ces motifs, la « cour rejette..... »

NOTA. Sous le no 1163, je rapporterai un autre arrêt, qui a également décidé pour la négative, et j'y émettrai une opinion contraire.

La simple allégation qu'un faux se prouve par la substance d'un procès-verbal, peut-elle, sans l'inscription de faux de la partie saisie, autoriser les juges à charger le ministère public de la poursuite de ce faux prétendu, et à surseoir au jugement du fond? (Réponse négative.)

A l'audience du tribunal correctionnel de Mondovi, on prétendit qu'il se trouvoit indiqué par le procès-verbal même, qu'on n'avoit pas franchi le bureau de la douane lorsque la saisie avoit été faite, ce qui devoit suffire pour la faire déclarer nulle et renvoyer à l'étranger le basin qui en étoit l'objet; et de là on conclut à être acquitté de la prétendue contravention, et subsidiairement à ce que l'inscription en faux fût admise..... Jugement qui renvoie pour être statué sur le faux.

La partie saisie appelle de ce jugement sur le fondement que la nullité de la saisie se prouvant par le procès-verbal même, il n'y avoit pas lieu à admettre l'inscription en faux qui n'avoit été faite que subsidiairement. — Arrêt de la cour criminelle de Coni qui annulle, pour mal jugé au fond, le jugement de première instance, surseoit à statuer sur la saisie sans recevoir l'inscription de faux, et laisse le ministère public entier à poursuivre le faux par la voie criminelle.

Recours en cassation de la part de l'administration, et arrêt du 9 ventose an 13, par lequel, — « Vu l'art. 11 du titre 4 de la loi du 9 floréal an 7; « et attendu que, d'après cet article, il ne peut être « sursis au jugement des contraventions prétendues constatées par un procès-verbal qu'autant « que la véracité de ce procès-verbal est attaquée « par la voie de l'inscription de faux; — d'où il suit, « qu'en prononçant dans l'espèce que l'inscription « de faux ne devoit pas être admise, et que cependant il seroit sursis au jugement de la contravention prétendue, la cour de justice criminelle du « département de la Stura et du Tanaro a violé la « loi précitée; la cour casse et annulle..... »

La preuve testimoniale est-elle admissible sans le secours de l'inscription de faux, pour détruire le fait constaté par procès-verbal, que le conducteur des marchandises s'est écarté de la route à lui tracée par son passavant? (Réponse négative.)

Arrêt de cassation du 6 nivose an 12, qui répond à cette question comme suit:

« Vu l'article 11, titre 4 de la loi du 9 floréal « an 7, — et l'article 3 de la loi du 19 vendémiaire « an 6; — attendu que, dans l'espèce, il étoit constaté par le procès-verbal des préposés de la douane « que le conducteur des objets dont il s'agit s'étoit « écarté de la route qui lui avoit été tracée par le « passavant dont il étoit porteur; — que le procès-verbal n'a point été attaqué dans sa forme et qu'il « n'a point été argué de faux; — que le fait de la « contravention étant devenu constant, le tribunal « criminel du département des Pyrénées-Orientales « n'a pas pu, sans contrevenir formellement à la « disposition des lois ci-dessus, autoriser la preuve « de prétendus faits justificatifs tendant évidemment « à détruire la foi due au procès-verbal dont il s'agit; par ces motifs, le tribunal casse et annulle... »

Dans une déclaration d'inscription en faux, l'allégation qu'on ne sait pas écrire, *équivaut-elle à celle qu'on* ne sait pas signer? (Réponse négative.)

Procès-verbal avoit été dressé contre un sieur Bouveret; — assigné au tribunal correctionnel, il prit d'abord, au fond, des conclusions *signées de lui*; puis il déclara s'inscrire en faux contre le procès-verbal; — sur son assertion qu'il ne *savoit pas écrire*, sans qu'il ajoutât *ni signer*, la déclaration fut reçue et signée par le juge et le greffier.

Jugement qui statue, qu'*attendu que le sieur Bouveret n'a pas signé sa déclaration, quoiqu'il sache signer*, il est déchu de son inscription de faux; — sur l'appel, décision de la cour criminelle du Doubs, qui admet l'inscription comme ayant été formée régulièrement.

Pourvoi en cassation de la part de la régie, et arrêt du 14 août 1807, par lequel: — « Vu l'article 12 du titre 4 de la loi du 9 floréal an 7; et « attendu que le législateur, par cette dernière disposition, a voulu subvenir à ceux qui ne savent « ni écrire ni signer; que cependant il n'est pas de « rigueur que la déclaration d'inscription de faux « soit inscrite en entier de la main du déclarant qui « sauroit écrire; que sa signature suffit; mais que « cette signature ne peut être supposée par un acte « que d'après la déclaration faite par celui qui veut « s'inscrire en faux, qu'il ne sait pas signer; que « cette déclaration dont la faute pourroit même donner matière à contestation est de rigueur, mais « qu'elle n'a pas été faite par Bouveret; qu'il a seulement déclaré qu'il ne savoit pas écrire, mais qu'il « n'a pas ajouté qu'il ne sût pas signer; que de ce « que quelqu'un ne sait pas écrire, il ne s'ensuit « nullement qu'il ne sache pas signer, et que Bouveret, qui peut-être ne sait pas écrire, sait au « moins signer, comme on le voit par les conclusions « signées de lui, prises devant le tribunal de première instance, et par des signatures apposées aux « moyens de faux, le tout joint aux pièces; que, « quoique la signature de Bouveret soit incorrecte, « il étoit dans l'usage de s'en servir; et s'il eût déclaré ne savoir signer, il eût fait une fausse déclaration; mais qu'il suffit qu'il n'ait pas fait cette « déclaration pour que l'on doive conclure qu'il n'a « pas satisfait à ce que vouloit la loi, et pour que « tout acte fait pour remplacer la signature soit nul « et de nul effet; d'où il suit que la cour de justice « criminelle, en disant que la déclaration d'inscription de faux faite par Bouveret est régulière, et « qu'il a accompli les formalités prescrites par la loi « du 9 floréal an 7, a fait une fausse application de « l'article 12 de cette loi; — la cour casse.... »

Les moyens de faux doivent-ils être lus à l'audience, à peine de déchéance? (Réponse négative.)

Un jugement qui admet une inscription de faux peut-il être cassé pour avoir été rendu sans qu'au préalable la déclaration d'inscription de faux ait été enregistrée. (Réponse négative.)

L'administration ayant succombé dans une affaire relative à la validité d'une inscription de faux, soutint l'affirmative de ces deux questions pour moyens de cassation; mais le 11 novembre 1807 intervint arrêt par lequel la cour suprême : — « Considérant « sur le premier moyen, que les nommés Vertenbrouck, Timmermans, Venhamel et Lemmens ont « déposé au greffe leurs moyens de faux dans le « délai prescrit; qu'il a par conséquent dépendu de « l'administration des douanes de prendre connoissance au greffe de ces moyens de faux, que la déclaration d'inscription en faux avoit été faite par « ces quatre individus à l'audience du 19 juin 1807; « que la cause avoit été renvoyée, en présence de « toutes les parties, à l'audience du 24 du même « mois ; que néanmoins l'administration des douanes « ne s'est pas présentée à cette dernière audience « pour faire rejeter les moyens de faux; — Considérant que le jugement rendu le 24 juin 1807, « maintenu par l'arrêt attaqué, contient le *visa* du « jugement du 19 du même mois, et des moyens de « faux; — que par conséquent les dispositions de « l'article 184 du Code des délits et des peines n'ont « pas été violées; — Considérant sur le deuxième « moyen que l'article 47 de la loi du 22 frimaire an 7, « qui défend aux juges de rendre aucuns jugemens « sur les actes non enregistrés, ne prononce pas, « en cas de contravention, la nullité des jugemens; « que cet article rend uniquement les juges responsables des droits; que l'article 35 de la même loi « ne prononce pas non plus la peine de nullité, mais « seulement une amende contre les greffiers; — Considérant, d'ailleurs, que la déclaration d'inscription en faux dont s'agit a été constatée par les deux « jugemens rendus le 19 et le 24 juin 1807; — « Qu'indépendamment de la déclaration d'inscription en faux faite à l'audience du 19 juin 1807, les « quatre individus ci-dessus dénommés ont fait au « greffe, le même jour, une déclaration à l'appui, « qui a été incessamment enregistrée ; — la cour « rejette.... »

Si, au lieu de s'inscrire en faux au plus tard à l'audience à laquelle on est assigné, on se borne à demander l'annullation de l'assignation pour vice de formes, peut-on encore, dès-lors qu'elle est accordée, s'inscrire en faux contre le procès-verbal à la nouvelle audience. (Réponse affirmative.)

La cour criminelle de l'Ourthe a jugé pour l'affirmative, et son arrêt a été confirmé par celui de la cour de cassation en date du 22 frimaire an 13; — « Attendu que l'arrêt de la cour criminelle de la « Meuse-Inférieure, du 26 floréal an 11, confirmé « par celui de la cour de cassation, du 7 fructidor « suivant, a jugé que Jonas et Lefèvre n'avoient pas « été valablement appelés devant le tribunal correctionnel de Ruremonde, que la citation illégale, « qui leur avoit été donnée, n'ayant pu faire courir « contre eux le délai pour inscrire de faux le procès-verbal des préposés de l'administration des douanes, leurs droits à cet égard étoient entiers, lorsque, par l'effet du renvoi de l'affaire au tribunal « de police correctionnelle de Liège, ils ont été cités « à comparoître à ce tribunal; — que Lefèvre s'étant « présenté à l'audience indiquée par la citation, et « ayant fait sa déclaration de s'inscrire en faux, le « tribunal ne pouvoit refuser de recevoir cette déclaration faite conformément à la loi du 9 floréal « an 7, et dans le délai qu'elle a fixé, et qu'en con- « confirmant le jugement de ce tribunal, au lieu de « l'annuller et de déclarer l'intimé déchu de sa demande en inscription de faux, la cour de justice « criminelle de l'Ourthe n'a violé ni ladite loi de « floréal an 7, ni aucune autre; — par ces motifs la « cour rejette.... »

De ce qu'il est accordé trois jours à compter de celui de l'échéance de l'assignation, pour donner ses moyens de faux, s'ensuit-il que lorsque le prévenu ne comparoît pas sur l'assignation même, il doit être sursis pendant trois jours au jugement? (Réponse négative.)

Le 18 fructidor an 9, la cour de cassation a, par l'arrêt qui va suivre, différencié d'une manière très lumineuse le délai accordé pour s'inscrire en faux de celui fixé pour produire ses moyens de faux : — « Attendu que si, après le jugement du « tribunal de police correctionnelle, rendu le lendemain de l'assignation, le prévenu étoit privé des « trois jours que lui donnoit l'article 12 du titre 4 « de la loi du 9 floréal an 7, on ne peut accuser le « jugement de précipitation, et que le prévenu doit « s'imputer de ne s'être pas conformé aux dispositions de la loi; que si, aux termes de cet art. 12, « il eût fait, au plus tard à l'audience indiquée par « sa sommation, la déclaration qu'il vouloit s'inscrire en faux, il eût eu, à partir de ce moment, « trois jours pour faire au greffe du tribunal le dépôt des moyens de faux et des noms et qualités « des témoins qu'il auroit voulu faire entendre; mais « faute d'avoir comparu, il a dû être donné défaut « contre lui, et statué au fond; que faute d'avoir « fait sa déclaration au jour indiqué, il est, aux « termes de ce même article 12, demeuré déchu de « l'inscription de faux ou de la faculté de la faire; « qu'il faut bien distinguer deux termes indiqués « par cet article : l'un pour déclarer que l'on veut « s'inscrire en faux, et qui se termine à l'audience « indiquée par la sommation, passé le temps de laquelle la déclaration ne peut plus être reçue; l'autre « terme partant du moment où cette déclaration a « été faite, et ne finissant qu'à l'expiration des trois

« jours suivans, pendant lesquels doit être fait au « greffe le dépôt dont parle la loi; d'où il suit qu'il a « été fait une fausse application de l'article 12 du « titre 4 de la loi du 9 floréal an 7; par ces motifs, « le tribunal casse et annulle .... »

La décision d'un tribunal qui surseoit au jugement de la saisie, est-elle nulle, par cela que le dépôt des moyens de faux n'a pas été fait dans les trois jours qui suivent la déclaration de l'inscription en faux. (Réponse affirmative.)

Le sieur Calamay avoit déclaré le 3 juin 1809, à l'audience du tribunal correctionnel de Livourne, qu'il entendoit s'inscrire en faux contre un procès-verbal dressé à sa charge par les préposés des douanes. D'après cette simple déclaration, et avant toute autre procédure ultérieure, ce tribunal avoit ordonné par jugement du même jour, qu'il seroit sursis au jugement de la contravention jusqu'après le jugement de l'inscription de faux, et la cour de justice criminelle du département de la Méditerranée avoit confirmé ce jugement.

Pourvoi en cassation et arrêt du 1er. décembre 1809, par lequel,

« Vu l'art. 12 du titre 4 de la loi du 9 floréal an 7, « et l'art. 9 de l'arrêté du 4 complémentaire an 11;

« Considérant que J.-B. Calamay déclara, à l'au-« dience du tribunal de police correctionnelle de « Livourne du 3 juin 1809, qu'il entendoit s'ins-« crire en faux contre le procès-verbal des prépo-« sés, du 20 mai précédent;

« Que ce tribunal ordonna ledit jour 3 juin 1809, « d'après cette simple déclaration, qu'il seroit sursis « au jugement de la contravention jusqu'après le « jugement sur l'inscription en faux;

« Que cette manière de procéder étoit en oppo-« sition directe avec les règles tracées par la loi et « l'arrêté ci-dessus énoncé;

« Qu'en effet la déclaration de l'inscription en « faux n'est qu'un acte préliminaire insuffisant, sous « tous les rapports, pour autoriser une surséance « au jugement de la contravention;

« Qu'il est nécessaire, en outre, que l'inscrivant « fasse au greffe du tribunal, trois jours après sa « déclaration, le dépôt des moyens de faux, ainsi « que des noms et des qualités des témoins qu'il se « propose de faire entendre;

« Que le tribunal, chargé par la loi d'apprécier « les moyens de faux, examine successivement si « ces moyens, en supposant que la preuve en fût « faite, détruisent l'existence de la fraude à l'égard « de l'inscrivant; que ce n'est qu'alors que le tribu-« nal est tenu, s'il trouve les moyens pertinens, « d'ordonner la surséance au jugement de la contra-« vention;

« Considérant que, quoique postérieurement au « jugement du 3 juin 1809, les moyens de faux aient « été déposés au greffe, la décision prématurée et « nulle, contenue dans ce jugement, n'en a pas moins « été à l'audience du 21 juin 1809, la base du refus « qu'a fait ce tribunal de prononcer sur l'irrégula-« rité ou la régularité de cette inscription;

« Que ce tribunal a déclaré en effet, à cette der-« nière époque, que dès qu'il avoit admis à l'audience « du 3 juin 1809 ladite inscription, et dès qu'il avoit « ordonné la surséance au jugement de la contra-« vention, il ne pouvoit plus s'occuper des moyens « proposés par l'administration des douanes contre « ladite inscription;

« Considérant que la cour dont l'arrêt est atta-« qué, au lieu d'annuller le jugement du 3 juin 1809, « comme manifestement contraire aux dispositions « de ladite loi et dudit arrêté, a, au contraire, con-« firmé ce jugement; la cour casse et annulle.... »

CHAPITRE III. — *De la Procédure pour raison de contraventions et délits de douanes.*

SECTION I. — *Des tribunaux qui doivent connoître de ces contraventions et délits.*

§. 1. *De l'établissement et de la compétence des tribunaux ordinaires de douanes.*

1078. Il sera établi sur toutes les frontières occupées par les lignes de douanes des tribunaux auxquels est attribuée la connoissance de toutes les affaires relatives à la fraude des droits de douanes, qui ne donneroient lieu qu'à la confiscation, à l'amende ou à de simples peines correctionnelles. (*DI.* 18 *octobre* 1810, *art.* 7.)

Ainsi toutes les infractions aux lois de douanes, alors qu'elles ne se rattachent pas aux crimes énumérés en l'art. 5 du décret (nº 1128), doivent être jugées en première instance par les tribunaux ordinaires des douanes..... Il y a cependant cette induction à tirer du tableau qui détermine le ressort de chaque tribunal de douanes (sous le nº 1079), que ces tribunaux ne seroient pas compétens si la fraude, bien que simple, avoit été arrêtée hors du rayon des douanes, sauf le cas prévu par les articles 35 et 36 du titre 13 de la loi du 22 août 1791 (*voir numéros* 122 *et* 123); — et c'est sans doute par suite de cette induction qu'il a été décidé ministériellement, le 11 mai 1812, « que les saisies faites, « même par les préposés des douanes, hors du ter« ritoire de l'empire, sont de la compétence du con« seil des prises. » Or, par analogie, une saisie de marchandises réputées angloises qui auroit lieu dans l'intérieur sans poursuite de la fraude, devroit être dévolue au tribunal dans l'arrondissement duquel elle auroit été opérée.

L'art. 10 de la loi du 14 fructidor an 3 disoit :

« Les *juges* de paix qui connoissent en première « instance des saisies, jugeront également en pre« mière instance les contestations concernant le refus « de payer les droits, le non rapport des acquits-à« caution, et les autres affaires relatives aux doua« nes. » Ce que les juges de paix pouvoient, les tribunaux de douanes le peuvent, lorsqu'il s'agit d'affaires relatives à la fraude, et il leur appartient en outre de connoître des contraventions commises dans leurs ressorts respectifs, soit à la loi du 10 brumaire an 5 sur les marchandises angloises, soit à celle du 26 ventose an 5 sur les grains.

Mais le non paiement des traites données en acquit des droits de douanes n'est pas de leur compétence, par cela que le débiteur de ces traites ne peut être considéré comme fraudeur. (*DM.* 30 *novembre* 1812.)

Les délits relatifs aux bris et naufrages n'ayant jamais fait partie de ceux dont la poursuite est spécialement attribuée aux douanes, continuent conséquemment à rester dans les attributions des juges de paix, conformément à l'art. 7 du titre 7 de la loi du 22 août 1791. (*LD.* 10 *avril* 1811.)

On a jugé que la connoissance des injures et voies de fait exercées par des militaires contre des préposés, n'étoit dévolue aux tribunaux de douanes qu'alors qu'ils se rattachoient à des faits de fraude. (*Voir* nº 1128.) Je ne suis pas de cet avis, et sous le nº 1163 j'appuierai cette opinion de quelques inductions tirées des lois de douanes.

M. Carnot fait cette observation sur la compétence des tribunaux des douanes :

« L'art. 5 du décret du 18 octobre 1810 met dans « les attributions *exclusives* des cours prévôtales des « douanes les cas prévus par cet article (nº 1128), « de sorte qu'elles *seules* sont compétentes pour y « prononcer; d'où il suit que toutes les fois qu'un « de ces cas se présente, le renvoi du procès doit « leur être fait pour l'instruction et pour le juge« ment.

« L'article 7 (*ci-dessus*) du même décret ne s'étant « pas expliqué dans les mêmes termes, relativement « aux tribunaux ordinaires de douanes, il n'y auroit « qu'une incompétence *relative*, si d'autres tribunaux « se trouvoient saisis des affaires dont la connoissance « leur est attribuée. »

1079. Ces tribunaux seront établis dans les lieux et avec les arrondissemens déterminés dans le tableau annexé au présent. (*DI.* 18 *octobre* 1810, *premier paragraphe de l'art.* 8.)

ETAT des Tribunaux ordinaires des Douanes.

CHEFS-LIEUX DE LEUR SIÉGE.	ARRONDISSEMENT DE CHAQUE TRIBUNAL.
Wesel.	La direction de Wesel.
Utrecht.	Les directions d'Amsterdam et de Rotterdam.
Groningue.	— d'Embden et de Groningue.
Anvers (*DI.* 29 *novembre* 1810.)	La direction d'Anvers.
Dunkerque.	— de Dunkerque.
Boulogne sur-Mer.	— de Boulogne-sur-Mer.
Abbeville	— d'Abbeville.
Rouen.	— de Rouen.
Cherbourg.	— de Cherbourg.
Saint-Malo.	— de Saint-Malo.
Brest	— de Brest.
Lorient.	— de Lorient.
Nantes	— de Nantes.
La Rochelle	— de La Rochelle.
Bordeaux.	— de Bordeaux.
Bayonne.	— de Bayonne.
Saint-Gaudens	— de Saint-Gaudens.
Perpignan	— de Perpignan.
Cette	— de Cette.
Marseille.	— de Marseille.
Toulon.	— de Toulon.
Nice	— de Nice.
Gênes.	— de Gênes.
Voghère.	— de Voghère.
Parme	— de Parme.
Verceil	— de Verceil.
Genève	— de Genève.
Besançon	— de Besançon.
Strasbourg.	— de Strasbourg.
Mayence.	— de Mayence.
Cologne.	— de Cologne.
Livourne	— de Livourne.
Rome.	— de Rome.
Foligno	— de Foligno.
Hambourg (*DI.* 24 *janvier* 1812.)	— de Hambourg.
Lunebourg (*Même décret.*)	— de Lunebourg.
Fiume (*DI.* 13 *octobre* 1812.)	Les côtes maritimes des provinces illyriennes, depuis l'Isonzo jusqu'aux Bouches du Cattaro inclusivement, et la Croatie militaire.
Laybach (*Même décret.*)	La Carniole, la Croatie civile, Gorice, Villach, Lientz; enfin, les arrondissemens qui bordent les frontières d'Italie, de la Bavière, de l'Autriche et de la Hongrie, à l'exception de la Croatie militaire.

NOTA. *L'état general portoit aussi qu'il y auroit un tribunal de douanes à Alexandrie, mais ce tribunal a été supprimé par décret du* 12 *juin* 1811.

1080. Ces tribunaux seront sous l'autorité et inspection des cours prévôtales. (*DI.* 18 *octobre* 1810, *art.* 11.)

« L'installation des tribunaux ordinaires des douanes sera faite dans le ressort de chaque cour prévôtale par l'assesseur de ladite cour, placé le premier dans l'ordre de la nomination. » (*DI.* 24 *janvier* 1811.)

§. II. *De la composition des tribunaux de douanes.*

1081. *Les tribunaux ordinaires des douanes* seront composés d'un président, de quatre assesseurs, d'un procureur impérial, d'un greffier, et des huissiers nécessaires à leur service.

Ils ne pourront juger en moindre nombre de trois, et que sur les conclusions *du* procureur impérial. (*DI.* 18 *octobre* 1810, *second paragraphe de l'art.* 8.)

« Les assesseurs des tribunaux ordinaires des « douanes porteront des robes, ceintures et toques « de soie noire: les présidens et procureurs impé« riaux porteront le même costume, avec la cein« ture de soie cramoisie.

« Les greffiers auront la toque de soie noire, la « robe de même étoffe et couleur, mais fermée. » (*DI.* 17 *mars* 1811, *art.* 3.)

« Les tribunaux ordinaires des douanes prendront « rang après les tribunaux de première instance. » (*DI.* 1er. *juin* 1811, *art.* 3.)

Le rang des présidens des tribunaux ordinaires des douanes n'étant pas réglé explicitement par ce décret, le conseil d'état a été consulté, et il a rendu le 10 septembre 1811, un avis qui a été approuvé par S. M. le 16 dudit mois. Cet avis est ainsi conçu :

« Le conseil d'état, qui en exécution du renvoi « ordonné par S. M., a entendu le rapport de la « section de l'intérieur sur celui du ministre de ce « département, tendant à faire régler le rang des « présidens des tribunaux ordinaires des douanes;

« Considérant que le décret du 1er. juin dernier, « rendu sur le rapport du grand-juge ministre de « la justice, règle, art. 3, le rang des tribunaux des « douanes après les tribunaux de première instance;

« Que le rang des présidens des tribunaux ordinai« res des douanes se trouve réglé conséquemment et « implicitement par le même art. 3, et fixé après les « présidens des tribunaux de première instance,

« Est d'avis que les présidens des tribunaux or« dinaires des douanes doivent, d'après les dispo« sitions de l'art. 3 du décret du 1er. juin, sur les « tribunaux qu'ils président, marcher après les pré« sidens des tribunaux de première instance.... »

Un jugement de douanes qui ne seroit pas rendu par trois assesseurs ou sur les conclusions du procureur impérial seroit nul.

De ce qu'aucune loi spéciale en matière criminelle ne déroge à la loi générale qui permet, en matière civile, de récuser un ou plusieurs juges, il faut en conclure que les récusations des juges peuvent avoir lieu en matière de douanes..... Dans ce cas, c'est le tribunal dont est membre le juge récusé qui doit prononcer sur la récusation, et l'appel est recevable lorsqu'il est interjeté dans les *cinq* jours, conformément à l'art. 390 du Code de procédure civile.

Si au contraire on récusoit un assesseur d'une cour prévôtale, on ne pourroit appeler du jugement, et il faudroit recourir en cassation.

§. III. *Des fonctions des procureurs impériaux.*

1082. Les *procureurs impériaux* rendront compte au *procureur général impérial* de toutes les poursuites faites pour contravention aux lois qui prohibent les marchandises de contrebande, et *ils* lui adresseront une expédition de tous les jugemens qui seront rendus dans les trois jours de leur prononciation. (*AC.* 4 *complémentaire an* 11, *art.* 11.)

Par l'art. 198 du Code d'instruction criminelle, les procureurs impériaux ne sont tenus que d'envoyer extrait du jugement, et seulement dans les *quinze* jours qui suivent sa prononciation.

Les procureurs impériaux ont bien d'autres devoirs à remplir que ceux renfermés en ce paragraphe; la majeure partie de leurs obligations se rattachent à celles des procureurs généraux, et j'en dirai un mot sous les numéros 1129 à 1132; mais là comme ici on ne trouvera que ce qui émane essentiellement des lois de douanes, puisque le surplus se trouve tracé par le Code d'instruction criminelle.

SECTION II. — *De l'Instruction devant les tribunaux ordinaires des douanes, et du jugement.*

§. I. *Disposition réglementaire.*

1083. *Les tribunaux ordinaires des douanes* instruiront et jugeront les affaires de douanes selon les formes prescrites pour les affaires de police correctionnelle. (*DI.* 18 *octobre* 1810, *art.* 9.)

Les formes de la procédure en matière de douanes doivent donc se puiser dans le Code d'instruction criminelle, et c'est à ce code que je suis forcé de renvoyer pour les incidens, car le plan et l'agencement de cet ouvrage ne me permettent d'y insérer que les dispositions qui se lient essentiellement à une instruction ordinaire.

MM. Carnot, conseiller en la cour de cassation, et Bourguignon, magistrat du parquet de la haute-cour, ont fait d'ailleurs sur la procédure criminelle deux excellens ouvrages; et je ne me permettrois certainement pas de parler d'une matière traitée par des jurisconsultes aussi célèbres, s'il étoit entré dans leurs plans de coordonner les lois judiciaires de douanes, qui, ne se trouvant pas contrariées par le Code d'instruction criminelle, restent conséquemment en vigueur, et doivent par suite se lier avec ce code....

Ce n'est donc que pour faire ressortir ces lois judiciaires de douanes, que je fais texte de quelques dispositions du Code criminel;....... le surplus n'appartient pas à cet ouvrage, et s'il y appartenoit je ne ferois encore que renvoyer au Code d'instruction lui-même ou aux précieux Commentaires de MM. Carnot et Bourguignon, puisque d'un côté ce seroit sans nécessité que je copierois un code qui est entre les mains de tout le monde, et que de l'autre je ne pourrois insérer ici ce qui forme les quatre volumes que je viens de citer, si d'ailleurs ces Commentaires n'étoient la propriété de leurs auteurs.

On a vu, sous le n° 1061, comment le tribunal se trouvoit saisi de la connoissance des affaires de sa compétence, je vais rapporter à présent comment on procède à l'audience.

§. II. *De l'examen de la plainte à l'audience.*

1084. Dans les affaires relatives à des délits qui n'entraîneront pas la peine d'emprisonnement, le prévenu pourra se faire représenter par un avoué; le tribunal pourra néanmoins ordonner sa comparution en personne. (*Code d'instruction criminelle*, *art.* 185.)

Ainsi le prévenu n'est obigé de recourir au ministère d'avoué que quand le délit entraîne peine d'emprisonnement.

Si le saisi veut s'inscrire en faux contre le rapport, il est tenu d'en faire la déclaration par écrit au plus tard à l'audience indiquée par la sommation de comparoître. (*Voir* n° 1075.)

1085. Si le prévenu ne comparoît pas, il sera jugé par défaut. (*Code d'instruction criminelle*, *art.* 186.)

On peut former opposition à un jugement par défaut. *Voir* les numéros 1103.

1086. Les contraventions seront prouvées soit par procès-verbaux ou rapports, soit par témoins à défaut de rapports et procès-verbaux, ou à leur appui.

Nul ne sera admis, à peine de nullité, à faire preuve par témoins outre ou contre le contenu aux procès-verbaux ou rapports des officiers de police ayant reçu de la loi le pouvoir de constater les délits ou les contraventions jusqu'à inscription de faux.

Quant aux procès-verbaux et rapports faits par des agens, préposés ou officiers auxquels la loi n'a pas accordé le droit d'en être crus jusqu'à inscription de faux, ils pourront être débattus par des preuves contraires, soit écrites, soit testimoniales, si le tribunal juge à propos de les admettre. (*Code d'instruction criminelle, art.* 154.)

COMME la loi du 9 floréal an 7, art. 11, donne le pouvoir de constater les infractions aux lois de douanes jusqu'à inscription de faux, et que le silence du Code d'instruction ne peut déroger à cette loi, puisqu'elle se trouve maintenue implicitement par la disposition finale du Code pénal, il résulte alors des dispositions nouvelles comme des anciennes, qu'on ne peut être admis à faire preuve par témoins contre un procès-verbal des préposés qu'au moyen d'une inscription en faux..... *Voir* d'ailleurs des arrêts de la cour de cassation, sous le n° 1077.

Si, pour contraventions de douanes, il n'a pas été dressé procès-verbal, il ne peut y avoir lieu à poursuites, à moins qu'elles n'aient pour objets la répression des crimes mentionnés dans l'art. 5 du décret du 18 octobre 1810 (n° 1128), ou la punition d'une introduction de marchandises prohibées (n° 262),.... Je ne connois aucun arrêt de la cour de cassation qui ait admis, dans le cas de simples infractions, la preuve testimoniale pour remplacer un procès-verbal, et ce seroit contrairement à l'ensemble des lois de douanes, que, de la disposition du premier paragraphe de l'art. 154 du Code d'instruction criminelle, *de prouver par témoins à défaut de rapport*, l'on tireroit l'induction que cette preuve peut être reçue par un tribunal ordinaire de douanes, hors le cas d'introduction de marchandises prohibées.

1087. Les témoins feront à l'audience, sous peine de nullité, le serment de dire toute la vérité, rien que la vérité; et le greffier en tiendra note, ainsi que de leurs noms, prénoms, âge, profession et demeure, et de leurs principales déclarations. (*Code d'instruction criminelle, art.* 155.)

PAR cela que les procès-verbaux sont crus jusqu'à inscription, des témoins ne peuvent être entendus à l'audience qu'autant qu'il n'auroit pas été rapporté procès-verbal, dans le cas d'introduction de marchandises prohibées. *Voir* sous le n° 1086.

1088. Dans toute action sur une saisie, les preuves de non contravention sont à la charge du saisi. (4 *germinal an* 2, *art.* 7, *tit.* 6.)

IL faut donc que le saisi, contre lequel il existe un procès-verbal régulier de contravention, rapporte pour se disculper, non pas des conjectures, non pas des présomptions plus ou moins graves, mais des preuves de son innocence, et dans le langage de la loi il n'y a de preuve que celle qui consiste dans la conséquence légitime qui résulte d'un fait constant, dont la certitude autorise à conclure qu'un autre fait dont on ignoroit la vérité, est véritable ou ne l'est pas.

Il ne faut pas croire, du reste, que cet article ait été abrogé par les lois postérieures. — La loi du 14 fructidor an 3 a bien dit, art. 12, qu'*au moyen des dispositions du présent décret, le titre 6 de la loi du 4 germinal an 2 est rapporté en tout ce qui pourroit y être contraire*; mais il n'y avoit pas dans la loi du 14 fructidor an 3 une seule disposition qui fût contraire à l'art. 7 du titre 6 de la loi du 4 germinal an 2. — La loi du 9 floréal an 7 dit bien, titre 4, art. 18, qu'*au moyen des dispositions énoncées au présent titre, l'art. 19 du titre 6 de la loi du 4 germinal an 2 est abrogé*; mais de là même il suit que l'art. 7 du titre 6 de la loi du 4 germinal an 2 est maintenue; de là même il suit que cet article est violé toutes les fois que, pour acquitter un prévenu de contravention à la police des douanes, contre lequel il a été dressé régulièrement un procès-verbal, des juges se fondent, non sur des faits emportant preuve de non contravention, mais sur des circonstances qui n'ont que le caractère de présomptions, et d'après lesquelles il y a lieu, non pas d'affirmer avec certitude, mais seulement de présumer qu'il n'existe pas de contravention de la part du saisi. (*M. Merlin.*)

Ainsi, dès qu'il a été rapporté procès-verbal, on ne peut prouver utilement la non contravention, qu'au préalable on ne se soit inscrit en faux.

JURISPRUDENCE. — 1°. *Peut-on, sans inscription de faux, être admis à prouver par témoins que des douaniers en ont imposé dans un procès-verbal de saisie.* (Réponse négative.)

2°. *Le jugement du tribunal qui a admis cette preuve peut-il être cassé, quoiqu'il ne soit pas expressément motivé sur le résultat des dépositions des témoins?* (Réponse affirmative.)

Voici un arrêt de cassation, du 15 frimaire an 13, qui répond à ces questions :

« Vu la loi du 9 floréal an 7, article 11; — considérant que les faits allégués par les prévenus ne

« pouvoient avoir et n'avoient d'autre objet que de « détruire ceux résultans du procès-verbal des pré- « posés de l'administration des douanes, puisque « sans cela ils eussent été insignifians et absolument « inutiles à leur défense; — que si dans le considé- « rant de son jugement le tribunal de police correc- « tionnelle n'a pas parlé des dépositions des témoins « qu'il avoit entendus ni de leur résultat, il ne les « a pas rejetées, et n'a pas même dit qu'il jugeoit sans « y avoir égard; qu'ainsi ces dispositions peuvent « être présumées avoir influé sur sa décision et en « avoir formé un des élémens; — qu'en refusant « d'annuller un jugement qui, contre la lettre et « l'esprit de la loi du 9 floréal an 7, avoit reçu sans « inscription de faux des dépositions des témoins, « opposées par des prévenus de fraude à un procès- « verbal d'employés des douanes, la cour de justice « criminelle de la Meuse-Inférieure s'est approprié « le vice de ce jugement, et a, comme le tribunal « qui l'a rendu, contrevenu à la loi citée; que la « contravention est d'autant plus frappante, que « cette cour ne s'est pas bornée à déduire dans son « arrêt les raisons prises du procès-verbal d'après « lesquelles on a cru que la fraude n'étoit pas suf- « fisamment constatée, qu'elle a encore rappelé, dans « un considérant particulier, le fait établi par les « dépositions des témoins, et a dit textuellement « qu'il constoit par les preuves fournies par les par- « ties saisies, que le passage des saisissans avoit eu « lieu sous les murs des Macbeies, à la distance d'une « lieue de Paak, où la saisie en question a été faite; « d'où il suit que la preuve testimoniale, admise dans « l'espèce sans inscription de faux, est devenue l'une « des bases de son opinion, et a contribué à faire « écarter, comme insuffisant pour prouver la fraude, « un procès-verbal légal des préposés de l'administra- « tion des douanes; — par ces motifs, la cour casse « et annulle l'arrêt de la cour de justice criminelle « de la Meuse-Inférieure..... »

3°. *Un tribunal peut-il, lorsqu'il n'y a pas inscription en faux, faire vérifier si le lieu où la saisie a été opérée fait partie du territoire soumis à la police des douanes?*

Dans l'espèce, les saisis prétendoient que le lieu où ils avoient été rencontrés et où la saisie avoit été faite, étoit hors la ligne; qu'il leur avoit été libre de circuler dans l'intérieur avec les marchandises qu'ils avoient rapportées de Lyon, et ils ajoutoient que de l'endroit où les préposés disoient eux-mêmes avoir été placés, il étoit de toute impossibilité qu'on pût rien voir en dedans de la ligne; conséquemment ils demandèrent le toisé, qui leur fut refusé en première instance, mais accordé en appel.

Pourvoi en cassation, sur lequel arrêt du 3 mai 1811, ainsi conçu :

« Vu l'art. 11 du titre 4 de la loi du 9 floréal an 7;

« Attendu que le procès-verbal dressé par les « préposés des douanes le 20 octobre 1810, a été « reconnu régulier dans sa forme, et qu'il n'a point « été attaqué par la voie de l'inscription de faux;

« Qu'il y est formellement établi que les préposés « avoient vu venir du côté de l'étranger, et à environ « un myriamètre et demi de l'extrême frontière, plu- « sieurs individus portant des ballots, lesquels ont « pris la fuite au moment de l'approche desdits pré- « posés;

« Que ceux-ci sont parvenus à en arrêter deux, « qui ont déclaré se nommer Jean-Pierre Collin et « Joseph-Emmanuel Guillaume;

« Que les deux ballots saisis sur ces deux par- « ticuliers contenoient des mousselines dont l'im- « portation est prohibée;

« Que dès-lors ledit procès-verbal faisoit foi de la « contravention, et que la cour de justice criminelle « pouvoit d'autant moins ordonner qu'il seroit vé- « rifié si le lieu où la saisie a été faite faisoit partie « de la ligne des douanes; que même, dans le cas « où ce lieu n'y auroit pas été compris, la saisie n'en « auroit pas été moins régulière et valable, du mo- « ment qu'il étoit constaté que les prévenus avoient « été vus venant de l'étranger, se dirigeant vers l'in- « térieur et effectuant ainsi un transport frauduleux;

« Que c'est en vain que les prévenus ont prétendu « qu'il étoit impossible que les préposés eussent pu « voir, du lieu où ils disent eux-mêmes qu'ils étoient « placés, ce qui se passoit en dedans de la ligne; que « ce n'est que par l'inscription de faux qu'ils pou- « voient attaquer et détruire le fait positif constaté « à cet égard pour un procès-verbal régulier;

« Que cet acte n'ayant point été argué de faux, « aucune preuve, aucune vérification ne pouvoit « être admise contre son contenu, sous le rapport « du fait de la contravention, et qu'ainsi la cour de « justice criminelle du Jura dont l'arrêt est attaqué, « a formellement violé la disposition de l'art. 11 du « titre 4 de la loi ci dessus citée, en ordonnant qu'il « seroit procédé à un toisé, pour déterminer la vé- « ritable position du lieu où la saisie dont il s'agit a « été faite; par ces motifs, la cour casse..... »

4°. *Si, dans une saisie à domicile, la vérification est ordonnée pour constater si le lieu de la saisie est ou non dans la ligne, la douane peut-elle être soumise à contribuer pour moitié dans les avances exigées par les experts pour opérer le toisé?*

5°. *Un pareil jugement est-il préparatoire ou définitif?*

Il s'agissoit d'une saisie de sucre faite au domicile de J. Stephani dans la commune de Carden; le prévenu soutenoit la saisie non fondée, parce que, disoit-il, Carden est situé hors de la ligne; nomination d'experts, qui demandèrent qu'il fût pourvu, par avance, à leurs frais et salaires. La douane fut condamnée à contribuer pour moitié à cette avance, et elle appela de ce jugement; mais la cour criminelle de Rhin et Moselle, le qualifiant de jugement de pure instruction, déclara la régie non recevable dans son appel.

Pourvoi en cassation et arrêt du 1 février 1811, par lequel, « Attendu que dans l'espèce, où il s'agissoit de « juger par qui devroient être avancés les frais et « salaires des experts nommés pour vérifier si, comme « l'avoit prétendu le prévenu Jean Stephani, le vil-« lage de Carden, dans lequel la saisie dont il s'agit « a eu lieu, étoit situé hors de la ligne; la régie des « douanes avoit soutenu qu'on ne pouvoit la soumet-« tre à fournir à cette avance en tout ou en partie; « qu'elle se fondoit sur une disposition de la loi du « 4 germinal an 2, qui met la preuve de non contra-« vention à la charge du saisi, et sur le principe éta-« bli par l'art. 301 du Code de procédure civile, por-« tant que les frais de transport doivent être avancés « par la partie requérante;

« Que, sur cette question incidente, la disposition « du jugement correctionnel, qui a ordonné que la « régie contribueroit pour moitié dans cette avance, « et qui lui a par conséquent imposé une obligation « dont elle prétendoit ne pouvoir être tenue, étoit « une disposition véritablement définitive sous ce « rapport, et par suite essentiellement soumise à « l'appel;

« Attendu que ledit jugement, qui auroit eu au « moins le caractère de jugement interlocutoire, ne « pouvoit pas être considéré comme jugement sim-« plement préparatoire et de pure instruction; que « cependant la cour de justice criminelle s'est permis « de déclarer que l'appel n'en était pas recevable; « mais qu'en prononçant ainsi une fin de non-rece-« voir qui n'est point établie par la loi, qui est même « évidemment contraire à la loi, ladite cour a com-« mis un excès de pouvoir; par ces motifs, la cour « casse, etc......

1089. L'instruction sera publique, à peine de nullité (1).

Le procureur impérial, la partie civile ou son défenseur..... (2)..... exposeront l'affaire (3).

Les procès-verbaux ou rapports, s'il en a été dressé, seront lus par le greffier.

Les témoins pour et contre seront entendus, s'il y a lieu, et les reproches proposés et jugés (4).

Les pièces pouvant servir à conviction ou à décharge seront représentées aux témoins et aux parties (5).

Le prévenu sera interrogé (6).

Le prévenu et les personnes civilement responsables proposeront leur défense (7).

Le procureur impérial résumera l'affaire et donnera ses conclusions (8).

Le prévenu et les personnes civilement responsables du délit pourront répliquer (9).

Le jugement sera prononcé de suite, ou au plus tard, à l'audience qui suivra celle où l'instruction aura été terminée (10).

(*Code d'instruction criminelle, art.* 190.)

(1) Si l'instruction n'avoit pas été *publique*, il y auroit *nullité* du jugement, lors même que le défaut de publicité n'auroit porté que sur un des actes de l'instruction; car en matière correctionnelle comme en matière criminelle, tout est *indivisible*. — La cour de cassation a annullé, le 19 avril 1809, un jugement rendu par un tribunal de police, parcequ'une information avoit été faite à huis clos par le juge de paix; et déja elle avoit rendu un arrêt semblable le 27 frimaire an 10, quoiqu'il fût constaté que la lecture de l'information, à laquelle il avoit été procédé, avoit été faite à l'audience publique. Une décision pareille a encore été rendue le 24 mai 1811.

(2) Là où j'ai placé des points, il y a après le mot *défenseur*, « *et à l'égard des délits forestiers, le conservateur, inspecteur ou sous-inspecteur-forestier, ou, à leur défaut, le garde-général* », cette disposition ne regarderoit donc l'administration des douanes que relativement à l'induction qu'on pourroit en tirer, que ses employés peuvent aussi, par analogie, exposer l'affaire, si ce point n'étoit décidé depuis long-temps.

(3) C'est à l'agent de l'administration à exposer l'affaire, et lorsque les poursuites sont faites d'office, c'est au procureur impérial..... De ce que l'agent de la douane ne se présenteroit pas à l'audience, je ne pense pas qu'on pourroit, pour cela, déclarer la douane défaillante; car le tribunal, se trouvant saisi dans tous les cas par le procureur impérial (nº 1061), sa présence peut donc suppléer à celle de l'agent des douanes.

(4) Des témoins ne peuvent être entendus en procédure des douanes que dans les circonstances dont il a été parlé sous le nº 1087, et dans ce cas même, la déposition du témoin reproché ne peut pas être reçue. (*Art.* 156 *du Code d'instruction.*)

(5) Quant à la disposition de représenter *les pièces pouvant servir à conviction*, elle ne peut être appliquée qu'autant que ces pièces seroient des papiers trouvés sur les porteurs de la fraude, des soumissions, ou des échantillons qu'on feroit lever sur les marchandises saisies, puisque celles-ci ne peuvent être déplacées du lieu du dépôt. (*Voir* nº 1058.)

(6) De ce que le prévenu doit être interrogé, il ne suit pas qu'il doive être réassigné s'il n'est pas présent, car l'interrogatoire étant établi dans son intérêt, il lui est libre de ne pas en user, fût-il même présent.

(7) Rien ne s'oppose à ce que dans tous les cas le prévenu *présent,* ainsi que les parties civilement responsables, se fassent assister d'un défenseur.

(8) Lors même que le procureur impérial n'auroit pas conclu aux peines prescrites par la loi, le tribunal devroit, en prononçant sur le fond de l'affaire, la juger d'après les règles de droit; c'est ce qu'a décidé la cour de cassation le 20 juin 1811. Dans l'espèce, un tribunal correctionnel avoit été saisi à la requête d'une partie civile, et le procureur impérial avoit refusé de se rendre partie jointe, ne voyant pas de délit dans le fait dénoncé; ce qui n'avoit pu lier les mains au tribunal, qui avoit été légalement saisi d'après les dispositions de l'art. 182 du Code d'instruction (nº 1061).

(9) Le prévenu et les personnes civilement responsables peuvent parler après que le ministère public a fait ses réquisitions; mais la partie civile ne jouit pas du même avantage, et elle est simplement autorisée à faire remettre sur-le-champ des notes écrites au tribunal. (*DI.* 30 *mars* 1808, *art.* 87.)

(10) A égalité de voix, le renvoi ou l'absolution du prévenu doit être prononcée, la cour de cassation l'a jugé *in terminis,* par son arrêt du 21 juin 1811.

1090. Si le fait n'est réputé ni délit ni contravention *de douane*, le tribunal annullera l'instruction, la citation et tout ce qui aura suivi, renverra le prévenu, et statuera sur les demandes en dommages-intérêts. (*Code d'instruction criminelle*, *art.* 191.)

Si la saisie n'est pas fondée, voir pour les dommages-intérêts, le nº 1074.

L'art. 186 du Code rendant l'art. 159 applicable à la procédure correctionnelle, le tribunal doit donc prononcer, *par un seul et même jugement,* sur le renvoi ou l'absolution du prévenu, et sur les dommages-intérêts.

1091. Si le fait n'est qu'une contravention de police, et si la partie publique ou la partie civile n'a pas demandé le renvoi, le tribunal appliquera la peine, et statuera, s'il y a lieu, sur les dommages-intérêts.

Dans ce cas, son jugement sera en dernier ressort. (*Code d'instruction criminelle*, *art.* 192.)

Si la partie publique ou la partie civile peuvent demander le renvoi, à plus forte raison le prévenu le peut-il;...... l'article ci-dessus ne le dit pas sans doute, parceque cette faculté découle du droit naturel.

Au surplus, un tribunal de douanes ne pourroit appliquer une peine de contravention de police qu'autant que cette peine seroit édictée en réparation d'une contravention de police de douanes, comme, par exemple, l'amende de 500 fr. pour injures ou opposition à l'exercice des préposés, etc.

1092. Si le fait est de nature à mériter une peine afflictive ou infamante, le tribunal pourra décerner de suite le mandat de dépôt ou le mandat d'arrêt; et il renverra le prévenu devant le juge d'instruction compétent. (*Code d'instruction criminelle*, *art.* 193.)

C'est-a-dire que le renvoi doit être ordonné s'il résulte des débats que le prévenu doit être jugé sur un fait dont la connoissance appartient à un tribunal plus éminent.

Comme jugement de compétence, le jugement de renvoi peut être attaqué par la voix de l'appel; c'est ce qui résulte nécessairemant de l'art. 199 du Code d'instruction.

§. III. *Du jugement.*

1093. Il est expressément défendu aux juges d'excuser les contrevenans sur l'intention. (9 *floréal an 7, second paragraphe de l'art.* 16, *titre* 4.)

JURISPRUDENCE. — *La disposition ci-dessus étoit-elle applicable aux contrevenans que la loi qualifioit de* délinquans? (Réponse affirmative.)

Ou, en d'autres termes, *peut-on être réputé* délinquant, *lorsqu'on a été de bonne foi, c'est-à-dire, lorsqu'on a contrevenu aux lois de douanes sans le savoir?* (Réponse affirmative.)

Arrêt de la cour de cassation, du 2 vendémiaire an 11 :

« Vu l'article 15 de la loi du 10 brumaire an 5...; « — et attendu que les tribunaux qui ont statué sur « la demande de la régie, avoient reconnu qu'il étoit « constaté, par un procès-verbal en forme légale, « qu'il avoit été trouvé sur le navire *la Paix*, des « marchandises prohibées par la loi du 10 brumaire, « et à l'importation desquelles s'appliquoit l'art. 15 « de cette loi. — Que dès lors les dispositions de cet « article devoient être suivies par les tribunaux, et « les condamnations qu'il ordonne prononcées par « eux; — que cet article ne fait point de distinction « entre les contrevenans et les délinquans; — que « ces deux expressions sont, au contraire, synonymement employées dans sa lettre et dans son es- « prit; — qu'elles le sont même dans toutes les lois « pénales, — que c'est dans ce sens que l'art. 1er de « la loi du 3 brumaire an 4 dit, que celui qui fait ce « que la loi défend commet un délit; qu'en matière de « contravention aux lois des douanes il n'est point « permis aux juges de rechercher l'intention et la « bonne foi des contrevenans; — qu'ils ne doivent « examiner que les faits, les rapprocher de la loi à « laquelle il a été contrevenu, et appliquer la peine « qu'elle ordonne, sauf aux condamnés à se pour- « voir, s'il y a lieu, devant l'autorité administrative « supérieure, dans les cas, suivant le mode et dans « l'objet déterminé par la législation des douanes; « — que ce principe résulte de l'article 4 du titre 12 « de la loi du 22 août 1791 et des lois postérieures, « et qu'il a été rappelé aux tribunaux par le minis- « tre de la justice, ainsi qu'il conste par la lettre de « ce ministre au ministre des finances, sous la date « du 6 floréal an 4; — que le tribunal criminel du « département de la Dyle, en confirmant un juge- « ment qui avoit posé des distinctions contraires à la « loi, et accueilli des exceptions de bonne foi, là où « le fait de la contravention étoit constant, a violé « les lois fondamentales des douanes, et spécialement « l'art. 15 de la loi du 10 brumaire an 5 ci-dessus cité; « — par ces motifs le tribunal casse et annulle..... »

1094. Aucun juge ne modérera ni les droits, ni les confiscations, ni l'amende, sous peine d'en répondre personnellement. (4 *germinal an* 2, *art.* 23, *tit.* 6.)

« LES *juges ne pourront, à peine d'en répondre en* « *leur propre et privé nom, modérer les confiscations* « *et amendes, ni en ordonner l'emploi au préjudice* « *de l'administration des douanes.* » .... avoit déjà dit l'article 4 du titre 12 de la loi de 1791; mais cet article ajoutoit : *qui* (la régie) *ne pourra transiger sur les confiscations et amendes, lorsqu'elles auront été prononcées par un jugement en dernier ressort ou ayant acquis force de chose jugée.....* Cette dernière disposition a été abrogée par les nouveaux décrets sur les transactions. *Voir* le titre 3 de ce livre V.

On a vu sous les numéros 355 et 356, que si les juges refusent de viser les contraintes décernées par les préposés, ou s'ils donnent des surséances et des défenses contre ces contraintes, ils sont passibles de dommages et intérêts.

1095. Les juges.... et leurs greffiers ne pourront.... expédier des acquits de paiement ou à caution, congés, passavans, réceptions ou décharges de soumissions, ni rendre aucun jugement pour tenir lieu desdites expéditions; mais en cas de difficultés entre les marchands et voituriers, et les préposés *des douanes*, les juges régleront les dommages et intérêts que lesdits marchands ou voituriers pourroient prétendre à raison du refus qu'ils auroient éprouvé de la part desdits préposés, de leur délivrer les acquits de paiement ou à caution, congés ou passavans. (22 *août* 1791, *art.* 2, *titre* 11.)

IL ne faut pas confondre ce réglement d'indemnités pour refus d'expéditions avec celui de l'indemnité pour saisie non fondée; cette dernière est fixée par la loi à raison d'un pour cent par mois de la valeur des objets saisis. *Voir* n° 1074.

Il résulte d'une circulaire du 3 frimaire an 13,

que, quoiqu'en principe, l'opposition qui seroit faite à la délivrance des expéditions par les créanciers d'un capitaine de navire, intéressés à empêcher son départ, ne soit pas recevable, il convient, pour éviter toutes difficultés, que lorsque pareille opposition sera formée entre les mains d'un employé, que celui-ci la dénonce à l'armateur ou au capitaine, par acte extra-judiciaire, avec déclaration que les expéditions et papiers ne leur seront délivrés qu'en rapportant main-levée de l'opposition.

1096. Il ne pourra être donné main-levée des marchandises saisies qu'en jugeant définitivement, si ce n'est au cas de l'*article 5 du titre 4 de la loi du 9 floréal an 7* (*numéro* 1050), et aux conditions et exceptions y énoncées ; le tout à peine de nullité des jugemens et des dommages et intérêts de *l'administration.* (22 *août* 1791 ; *art.* 2, *tit.* 12.)

On verra, sous le nº 1119, que les jugemens ne peuvent accorder la main-levée des marchandises dont l'entrée est prohibée ; et que dès qu'il y a pourvoi en cassation contre le jugement qui ordonne celle des objets saisis non prohibés, la remise ne peut en être faite que sous caution.

1097. Les condamnations contre plusieurs personnes pour un même fait de fraude seront solidaires, tant pour la restitution du prix des marchandises confisquées dont la remise provisoire auroit été faite, que pour l'amende et les dépens. (22 *août* 1791, *art.* 3, *tit.* 12.)

Cette disposition a été confirmée par l'article 22 du titre 6 de la loi du 4 germinal an 2, ainsi conçu : « Tous les condamnés sur une saisie sont solidaires « pour la confiscation et l'amende. »

1098. Tout jugement de condamnation rendu contre le prévenu et contre les personnes civilement responsables du délit, ou contre la partie civile, les condamnera aux frais, même envers la partie publique.

Les frais seront liquidés par le même jugement. (*Code d'instruction criminelle, art.* 194.)

On peut former opposition à la taxe des dépens quoique établie juridiquement, lorsque les articles qui en constituent le montant n'ont été ni communiqués ni débattus. (*Arrêt de cassation du 11 germinal an* 9.)

Lorsque des frais sont prononcés contre des personnes insolvables, voir nº 1123.

De ce que le Code autorise les parties à se faire assister d'un défenseur, il doit suivre que les honoraires du défenseur de la partie qui gagne sa cause doivent entrer dans la taxe des frais, en suivant, à cet égard, les dispositions du décret du 16 février 1807.

1099. Dans le dispositif de tout jugement de condamnation seront énoncés les faits dont les personnes citées seront jugées coupables ou responsables, la peine et les condamnations civiles.

Le texte de la loi dont on fera l'application, sera lu à l'audience par le président ; il sera fait mention de cette lecture dans le jugement, et le texte de la loi y sera inséré, sous peine de cinquante francs d'amende contre le greffier. (*Code d'instruction criminelle*, *art.* 195.)

Ainsi le jugement de condamation, qui n'énonceroit pas formellement le fait de culpabilité, seroit nul par cela même que son dispositif ne justifieroit pas que la peine est appliquée justement.

Dans aucun cas, l'amende ne peut, dans un jugement, être confondue avec la confiscation, ni les dépens avec l'amende et la confiscation. — Chacun de ces objets doit être prononcé séparément et distinctement par les juges, afin qu'on puisse reconnoître s'ils ont observé ces lois dans leurs arrêts.

1100. La minute du jugement sera signée au plus tard dans les vingt-quatre heures, par les juges qui l'auront rendu.

Les greffiers qui délivreront expédition d'un jugement avant qu'il ait été signé seront poursuivis comme faussaires.

Les procureurs impériaux se feront représenter, tous les mois, les minutes des jugemens; et en cas de contravention au présent article, ils en dresseront procès-verbal pour être procédé ainsi qu'il appartiendra. (*Code d'instruction criminelle, art.* 196.)

Le jugement qui ne seroit pas signé d'un nombre de juges en majorité, seroit nécessairement un acte incomplet qui ne pourroit produire aucun effet.

DES NULLITES DE L'INSTRUCTION ET DU JUGEMENT. — J'avois d'abord voulu faire, des articles 407 à 415 du Code d'instruction criminelle, un chapitre particulier que j'aurois placé après celui où je traiterai de la procédure spéciale; mais on prétend que ces articles 407 à 415 ne peuvent pas être invoqués contre les arrêts des cours prévôtales, qui prononcent sur les crimes mentionnés en l'art. 5 du décret du 18 octobre 1810, et dès-lors leur place est naturellement ici........ Je ne suis cependant pas de cet avis, qu'on ne doive pas obtenir le rétablissement des arrêts vicieux des cours prévôtales, par cela qu'il est interdit de se pourvoir en cassation lorsque ces cours jugent en matière spéciale......... Je pense, au contraire, que, dès que l'instruction ou l'arrêt spécial s'est écarté du mode de procéder ou de juger tracé par le titre 6 du Code d'instruction, il y a lieu de réformer cet arrêt, et sur-tout si une cour prévôtale, appliquant une peine plus forte que celle prescrite pour le crime, se mettoit aussi au-dessus de la loi.

Au surplus, voici ce que dit le Code d'instruction criminelle sur les nullités :

« Art. 407. Les arrêts et jugemens rendus en « dernier ressort, en matière criminelle, correction- « nelle ou de police, ainsi que l'instruction et les » poursuites qui les auront précédés, pourront être « annullés dans les cas suivans, et sur des recours « dirigés d'après les distinctions qui vont être éta- « blies.

§. 1er. Matières criminelles. — *Art.* 408. « Lorsque l'accusé aura subi une condamnation, « et que, soit dans l'arrêt de la cour impériale qui « aura ordonné son renvoi devant une cour d'as- « sises, soit dans l'instruction et la procédure qui « auront été faites devant cette dernière cour, soit « dans l'arrêt même de condamnation, il y aura eu « violation ou omission de quelques-unes des for- « malités que le présent Code prescrit sous peine de « nullité, cette omission ou violation donnera lieu, sur « la poursuite de la partie condamnée ou du ministère « public, à l'annullation de l'arrêt de condamnation « et de ce qui l'a précédé, à partir du plus ancien « acte nul.

« Il en sera de même, tant dans les cas d'incom- « pétence que lorsqu'il aura été omis ou refusé de « prononcer soit sur une ou plusieurs demandes de « l'accusé, soit sur une ou plusieurs réquisitions « du ministère public, tendant à user d'une faculté « ou d'un droit accordé par la loi, bien que la peine « de nullité ne fût pas textuellement attachée à l'ab- « sence de la formalité dont l'exécution aura été « demandée ou requise.

« 409. Dans le cas d'acquittement de l'accusé, « l'annullation de l'ordonnance qui l'aura prononcé, « et de ce qui l'aura précédée, ne pourra être pour- « suivie par le ministere public que dans l'intérêt « de la loi, et sans préjudicier à la partie ac- « quittée.

« 410. Lorsque la nullité procédera de ce que « l'arrêt aura prononcé une peine autre que celle « appliquée par la loi à la nature du crime, l'an- « nullation de l'arrêt pourra être poursuivie tant « par le ministère public que par la partie con- « damnée.

« La même action appartiendra au ministère pu- « blic contre les arrêts d'absolution mentionnés en « l'article 364, si l'absolution a été prononcée sur le « fondement de la non-existence d'une loi pénale, « qui pourtant auroit existé.

« 411. Lorsque la peine prononcée sera la même « que celle portée par la loi qui s'applique au crime, « nul ne pourra demander l'annullation de l'arrêt, « sous le prétexte qu'il y auroit erreur dans la ci- « tation du texte de la loi.

« 412. Dans aucun cas, la partie civile ne pourra « poursuivre l'annullation d'une ordonnance d'ac- « quittement ou d'un arrêt d'absolution : mais si « l'arrêt a prononcé contre elle des condamnations « civiles, supérieures aux demandes de la partie « acquittée ou absoute, cette disposition de l'arrêt « pourra être annullée sur la demande de la partie « civile.

§. II. Matières correctionnelles et de police. « *Art.* 413. Les voies d'annullation exprimées en « l'article 408, sont, en matière correctionnelle et « de police, respectivement ouvertes à la partie « poursuivie pour un délit ou une contravention, au « ministère public, et à la partie civile, s'il y en a « une, contre tous arrêts ou jugemens en dernier « ressort, sans distinction de ceux qui ont pro-

« noncé le renvoi de la partie ou sa condamnation.

« Néanmoins, lorsque le renvoi de cette partie « aura été prononcé, nul ne pourra se prévaloir « contre elle de la violation ou omission des formes « prescrites pour assurer sa défense.

« 414. La disposition de l'article 411 est appli- « cable aux arrêts et jugemens en dernier ressort « rendus en matière correctionnelle et de police.

§. III. DISPOSITION COMMUNE AUX DEUX PARAGRAPHES PRÉCÉDENS. *Art.* 415. « Dans le cas où, « soit la cour de cassation, soit une autre cour im- « périale, annullera une instruction, elle pourra « ordonner que les frais de la procédure à recom- « mencer seront à la charge de l'officier ou juge- « instructeur qui aura commis la nullité.

« Néanmoins la présente disposition n'aura lieu « que pour des fautes très graves, et à l'égard « seulement des nullités qui seront commises deux « ans après la mise en activité du présent Code.

SECTION III. — *Des voies interdites contre les jugemens en matière de douanes.*

1101. Les objets saisis pour fraude ou contravention, ou confisqués, ne pourront être revendiqués par les propriétaires, ni le prix, soit qu'il soit consigné ou non, réclamé par aucuns créanciers, même privilégiés, sauf leur recours contre les auteurs de la fraude. (22 *août* 1791, *art.* 5, *tit.* 12.)

LES propriétaires ne peuvent pas même revendiquer les marchandises retenues pour sûreté des condamnations prononcées personnellement contre les conducteurs. (*Voir* n° 8 *et l'article jurisprudence sous le* n° 306)..... Dès lors les tierces oppositions ne sont pas recevables en matière de saisies opérées par les douaniers; ... mais tout propriétaire de marchandises saisies a action sur le conducteur, lorsque celui-ci est l'auteur de la fraude.

1102. Toutes saisies du produit des droits, faites entre les mains des receveurs ou en celles des redevables envers l'*administration*, seront nulles et de nul effet; nonobstant lesdites saisies, les redevables seront contraints au paiement des sommes par eux dues, et les huissiers qui auront fait aucuns desdits actes seront interdits de leurs fonctions, et condamnés en mille *francs* d'amende, sauf aussi les dommages et intérêts de l'*administration* contre les huissiers et contre les saisissans. (22 *août* 1791, *art.* 9, *tit.* 13.)

COMME les droits acquis contre l'administration des douanes ne peuvent péricliter, il étoit tout simple de proscrire des actes dont les seuls effets eussent été des frais inutiles.

SECTION IV. — *Des voies ouvertes contre les jugemens des tribunaux de douanes.*

§. 1. *De l'opposition aux jugemens par défaut.*

1103. La condamnation par défaut sera comme non avenue, si, dans les cinq jours de la signification qui en aura été faite au prévenu ou à son domicile, outre un jour par cinq myriamètres, celui-ci forme opposition à l'exécution du jugement, et notifie son opposition tant au ministère public qu'à la partie civile.

Néanmoins les frais de l'expédition, de la signification du jugement par défaut, et de l'oposition, demeureront à la charge du prévenu. (*Code d'instruction criminelle, art.* 187.)

PAR l'article 4 de la loi du 11 prairial an 7, on ne pouvoit attaquer, par la voie de l'opposition, un jugement par défaut relatif à des marchandises angloises, et il falloit en appeler;.... il n'en est plus de même aujourd'hui, puisque le décret du 18 octobre 1810 veut que toutes les affaires de douanes soient instruites et jugées selon les formes établies par le Code d'instruction criminelle.

On a vu, sous le n° 1101, que les tierces oppositions ne sont pas recevables en matière de douanes.

Le vouloir que l'opposition soit formée *dans les cinq jours* est exclusif d'un plus long délai, et il n'y a que le jour de la signification qui ne doit pas être compté.

Le jugement par défaut *seul* doit être considéré comme non avenu; quant à l'instruction, elle doit être maintenue, sauf à la continuer s'il y a lieu. (*Arrêt de la cour de cassation du* 11 *juin* 1808.)

JURISPRUDENCE. *Faut-il pour qu'un délai de rigueur commence à courir, que la partie intéressée en soit légalement prévenue?* (Réponse affirmative.)

Arrêt du 29 frimaire an 10. « Attendu qu'il est de « principe que tout délai de rigueur ne commence à « courir que du jour où la partie intéressée a été lé- « galement et régulièrement interpellée ou prévenue; « que dans l'espèce le jugement rendu contre le dé- « fendeur, le 13 germinal an 8, est par défaut et « qu'il ne lui a pas été signifié, le tribunal (de cassa- « tion) rejette ce moyen proposé par la régie des « douanes. »

Il en avoit déjà été décidé ainsi par l'arrêt de la même cour, en date du 7 fructidor an 9, et l'administration, par sa circulaire du 8 thermidor an 9, a donné ordre de notifier tous les jugemens par défaut.

1104. L'opposition emportera de droit citation à la première audience : elle sera non avenue si l'opposant n'y comparoît pas, et le jugement que le tribunal aura rendu sur l'opposition ne pourra être attaqué par la partie qui l'aura formée, si ce n'est par appel, ainsi qu'il sera dit ci-après.

Le tribunal pourra, s'il y échet, accorder une provision; et cette disposition sera exécutoire nonobstant l'appel. (*Code d'instruction criminelle*, *art.* 188.)

LA première audience est celle qui suit immédiatement le jour où l'opposition a été signifiée.

Dans le cas d'un second défaut de la part de celui qui l'auroit formée, le tribunal ne pourroit, sans excès de pouvoir, se livrer de nouveau à l'examen de l'affaire.

Mais si l'opposant gagnoit sa cause par défaut, la partie adverse pourroit encore former opposition.

Les jugemens d'appel rendus par défaut peuvent aussi être attaqués par la voie de l'opposition. (*Voir* n° 1110.)

§. II. *De l'appel.*

1105. Les jugemens rendus en matière correctionnelle pourront être attaqués par la voie de l'appel. (*Code d'instruction criminelle*, *art.* 199.)

NONOBSTANT les termes généraux de cet article, il faut tenir pour constant qu'en matière correctionnelle comme en matière civile, on ne peut appeler des jugemens *préparatoire* et d'*instruction*, mais il en est autrement des jugemens *interlocutoires*. (*Arrêts de la cour de cassation des* 1er *février et* 2 *août* 1811.)

L'appel seroit aussi recevable contre un jugement de compétence, parceque celui-ci décide d'une manière définitive.

« La faculté d'appeler appartiendra :

« 1°. Aux parties prévenues ou responsables;

« 2°. A la partie civile, quant à ses intérêts civils « seulement;

« 3°. A l'administration forestière;

« 4°. Au procureur impérial du tribunal de pre- « mière instance, lequel, dans le cas où il n'appelle- « roit pas, sera tenu, dans le délai de quinzaine, d'a- « dresser un extrait du jugement au magistrat du « ministère public près .... de la cour qui doit con- « noître de l'appel;

« 5°. Au ministère public près .... la cour qui « doit prononcer sur l'appel. » (*Code d'instruction criminelle*, *art.* 202.

Il résulte d'une circulaire administrative du 17 fructidor an 3, que si le jugement de première instance condamnoit la régie, l'appel une fois interjeté, le receveur doit mettre le directeur des douanes du département à même d'apprécier préalablement le fondement de cet appel, et faire ainsi en sorte que les instructions de ce directeur lui parviennent avant la discussion : par conséquent on ne peut pas être trop exact à lui référer immédiatement de la situation de l'affaire. Il prescrit la marche à tenir pour les suites à donner, ou il se désiste de l'appel au nom de l'administration, si le délit n'a pas été légalement constaté.

Quoique l'article ci-dessus n'ait parlé spécialement que de l'administration forestière, le droit d'appel, ne fût-ce que comme partie civile, est nécessairement attribué à l'administration des douanes, lorsqu'elle a figuré dans la cause en première instance.

Mais le recours ne seroit pas recevable si l'administration l'exerçoit sans avoir été partie en cause principale et envers des arrêts rendus contre ses agens pour des faits personnels à ces derniers. (*Arrêts de la cour de cassation des* 23 *juillet* 1807 *et* 3 *novembre* 1808.

Jurisprudence. — 1°. *Antérieurement au Code d'instruction criminelle, l'administration des douanes pouvoit-elle appeler seule et sans l'adjonction du ministère public, d'un jugement correctionnel?*

2°. *Les receveurs principaux ont-ils qualité pour appeler au nom de l'administration?*

Il s'agissoit d'un procès-verbal nul dans la forme: le tribunal correctionnel avoit donné main-levée du bâtiment et des marchandises saisies. L'administration appela seule de ce jugement, et la cour criminelle lui adjugea ses conclusions. — Pourvoi en cassation de la part des saisis, sous le prétexte que la cour criminelle avoit reçu l'administration des douanes appelante du jugement correctionnel, sans l'adjonction du ministère public, et qu'elle ne l'avoit pas déclarée déchue de son appel, à raison de ce que sa requête d'appel n'étoit signée que du sieur Lemore, receveur principal de Caen. — Arrêt de cassation, du 25 juillet 1806, par lequel, ... « Attendu que la « régie des douanes est expressément chargée par « les lois de poursuivre les contraventions aux lois « en matière de douanes, tant dans les cas dont la « connoissance est attribuée aux tribunaux de police « correctionnelle et criminels, que dans ceux qui « sont de la compétence des tribunaux civils; — que « les receveurs des douanes sont, par leurs com« missions, les représentans de la régie, et qu'ils « sont autorisés à agir en son nom; — La cour re« jette, etc. »

Pareille qualité d'appeler seule avoit déjà été reconnue à l'administration des douanes, par arrêt du 1 germinal an 9. — « Considérant (*porte cet arrêt*) « que les lois citées de 1791 (22 *août*, *art.* 23, *titre* « 10) et 1793 (15 *août*, *art.* 4), qui veulent que dans « le cas où les procès-verbaux de saisie sont annullés « pour vices de formes, la confiscation des objets « saisis soit néanmoins ordonnée sur le réquisitoire « du commissaire du roi, ne contiennent aucune « disposition dont on doive nécessairement conclure « que la faculte de demander cette confiscation soit « interdite à la régie des douanes; et que lorsque les « juges ont refusé de la prononcer, le commissaire du « gouvernement ait seul le droit de réclamer contre « cette violation de la loi; qu'il n'y auroit que le vœu « formellement exprimé du législateur qui pût faire « admettre une fin de non-recevoir contre une récla« mation, qui, lors même qu'elle n'est formée que « par la régie des douanes, n'en est pas moins dans « l'intérêt de l'état, etc. » *Voir* encore un autre arrêt sous le n° 261, troisieme paragraphe de la jurisprudence.

3°. *La partie lésée peut-elle appeler d'un jugement qui ne lui a pas été signifié?* (Réponse affirmative.)

Un juge de paix avoit donné main-levée d'une saisie de chèvres.... Comme déjà elles avaient été rendues sous caution, le particulier ne leva pas le jugement, et ne le fit pas signifier; mais l'administration s'en fit délivrer une expédition, et notifia son appel au saisi avec assignation au tribunal civil de Monaco. Là, on admit une fin de non-recevoir, sous le prétexte que nulle loi n'autorisoit l'appel d'un jugement dont la signification n'étoit pas justifiée, et que dans l'espèce rien n'indiquoit qu'elle n'eût pas été faite, d'où on ne pouvoit reconnoître si l'appel avoit été émis dans le délai prescrit.... Mais ce jugement fut cassé par arrêt du 17 mars 1806, attendu que la faculté d'appeler est de droit commun et général, et que tant que la signification d'un jugement n'a pas été faite, aucune fin de non-recevoir résultante de l'expiration du délai pour former appel, ne peut être opposée ni admise.

1106. Les appels des jugemens des tribunaux des douanes seront portés devant les cours prévôtales dans le ressort desquelles ils se trouveront: ils y seront instruits et jugés conformément aux dispositions du Code criminel. (*Dl.* 18 *octobre* 1810, *premier paragraphe de l'art.* 10.)

Ainsi, lorsqu'une cour prévôtale juge en appel, il y auroit recours en cassation par l'article ci-dessus seul, si d'ailleurs l'article 10 du même décret ne le disoit expressément. *Voir* n° 1118.

1107. Il y aura, sauf l'exception portée en l'art. 205 ci-après, déchéance de l'appel, si la déclaration d'appeler n'a pas été faite au greffe du tribunal qui a rendu le jugement, dix jours au plus tard après celui où il a été prononcé; et, si le jugement est rendu par défaut, dix jours au plus tard après celui de la signification qui en aura été faite à la partie condamnée ou à son domicile, outre un jour par trois myriamètres.

Pendant ce délai et pendant l'instance d'appel, il sera sursis à l'exécution du jugement. (*Code d'instruction criminelle*, *art.* 203.)

« La requête contenant les moyens d'appel pourra « être remise, dans le même délai, au même greffe;

« elle sera signée de l'appelant, ou d'un avoué, ou « de tout autre fondé de pouvoir spécial.

« Dans ce dernier cas, le pouvoir sera annexé à « la requête.

« Cette requête pourra aussi être remise directe- « ment au greffe *de la cour prévôtale*, où l'appel « sera porté. (*Code d'instruction criminelle*, « *art.* 204.)

« La mise en liberté du prévenu acquitté ne « pourra être suspendue, lorsqu'aucun appel n'aura « été déclaré ou notifié dans les dix jours de la pro- « nonciation du jugement (*Même Code*, *article* « 206.)

« La requête, si elle a été remise au greffe du tri- « bunal *des douanes*, et les pièces, seront envoyées, « par le procureur impérial, au greffe de la cour « *prévôtale*, auquel l'appel sera porté, dans les « vingt-quatre heures après la déclaration ou la « remise de la notification d'appel.

« Si celui contre lequel le jugement a été rendu « est en état d'arrestation, il sera, dans le même « délai, et par ordre du procureur impérial, trans- « féré dans la maison d'arrêt du lieu où siége la « cour *prévôtale* qui jugera l'appel. *Même Code*, « *art.* 207.)

Ainsi l'appel doit être interjeté au plus tard le *onzième jour*, compris celui de la prononciation du jugement ou de sa signification........ Il en étoit autrement sous le Code de brumaire an 4 : il donnoit *dix jours francs*; ce qui rendoit le onzième utile, et faisoit, avec celui de le signification, *douze jours* pour appeler.

Est-il nécessaire que la déclaration d'appel soit notifiée aux parties qui doivent défendre à l'appel.

L'article 199 du Code des délits et des peines disoit, et l'article 209 du Code d'instruction criminelle (n° 1111) répete, que la cour où le tribunal d'appel est tenu de juger dans le mois de la notification de l'appel. — L'art 6 de loi du 11 prairial an 7, ne fixoit ce terme qu'à dix jours, mais aucune de ces lois ne dit, que c'est à la diligence de l'appelant, si ce n'est le procureur général, (n° 1109) que doivent se faire les poursuites et les citations, dans les délais, et il est notoire que c'est le procureur impérial qui les fait d'office ; de là rien n'oblige celui qui a interjeté son appel en temps utile, de le notifier à son adversaire, et plusieurs arrêts de la cour de cassation l'ont décidé ainsi, notamment ceux des 11 et 13 brumaire, 17 ventose et 14 thermidor an 5.

Il dérive encore de ce raisonnement, que l'appelant n'est pas déchu de son appel, par le fait qu'il n'a pas obtenu jour d'audience pour plaider, suivant le cas, dans les délais d'un mois. — Ce fait, comme l'a jugé de nouveau l'arrêt du 2 avril 1807 (sous le n° 1111), n'étant pas le sien, il ne peut lui porter préjudice. D'ailleurs ni l'une ni l'autre des lois n'exige *à peine de nullité*, que le rapport soit fait dans les délais; c'est ce que la cour de cassation avoit déjà reconnu par son arrêt du 8 thermidor an 8.

NOTA. Pour éviter toute discussion, et encore bien qu'il ait été reconnu par divers arrêts suprêmes que rien n'oblige celui qui a interjeté son appel en temps utile, de le notifier à son adversaire, l'administration, par ses circulaires des 19 nivôse an 5 et 9 germinal an 6, a prescrit de signifier les jugemens ainsi que les appels de ces jugemens.

Et par une autre circulaire du 22 pluviose an 6, elle a observé que, s'il n'y a pas d'appel de la part du saisi dans les dix jours, on ne devra néanmoins exécuter le jugement qu'après s'être assuré au greffe qu'il n'y a point de déclaration d'appel, et que s'il en existoit une, on devroit en référer à l'administration, et suspendre provisoirement.....,. *Voir*, pour complément, l'article de jurisprudence rapporté sous le n° 1103.

1108. Passé ce délai sans appel, il sera procédé, à la requête de l'administration des douanes, à l'estimation des marchandises, partie présente ou dûment appelée, pour en constater la valeur, et il en sera ensuite disposé comme d'objets définitivement confisqués. (*11 prairial an 7, art. 5.*)

AINSI le douzième jour de la prononciation ou de la signification, le jugement peut être mis à exécution nonobstant l'art. 205 du Code d'instruction criminelle ; c'est ce qui résulte d'ailleurs du second paragraphe de l'art 203.

On a vu, sous le n° 404, qu'il devoit être procédé à deux estimations pour constater la valeur des marchandises prohibées ; *l'une* d'après les prix communs à l'étranger pour en distribuer la somme aux saisissans sur les produits des douanes ; *l'autre* pour servir de base à la triple amende d'après le prix courant en France des marchandises de même espèce. C'est de cette dernière dont il est ici question, et sur laquelle il avoit déjà été pris les décisions suivantes :

« L'estimation dont parle l'article 5 de la loi du « 11 prairial dernier, ayant pour but de fixer la « quotité de l'amende, qui, suivant la loi du 10 « brumaire an 5, doit être triple de la valeur des « marchandises confisquées, il est nécessaire qu'elle « se fasse suivant les formes judiciaires : ainsi le « condamné qui a encore intérêt à cette estimation « sous le rapport de la fixation de l'amende, doit « nommer un expert de sa part ; et, faute par lui

« d'en nommer, il doit en être nommé un d'office « par le tribunal. Les administrateurs des douanes « ont aussi la faculté d'en nommer un ; et, si les « deux experts ne sont pas d'accord, le tribunal « nommera un tiers expert pour les départager. La « récusation des experts peut avoir lieu également « suivant les formes et dans les délais déterminés. « A l'égard *du procureur général*, il n'a aucune « fonction à remplir lors des opérations des experts ; « mais il doit être entendu sur tous les points sur « lesquels le tribunal est appelé à prononcer. »

L'article 305 du Code de procédure civile dit : « Si les experts ne sont pas convenus par les par- « ties, le jugement ordonnera qu'elles seront te- « nues d'en nommer dans les trois jours de la signi- « fication ; sinon qu'il sera procédé à l'opération « par les experts qui seront nommés d'office par le « même jugement. » — Et l'article 306 ajoute : « Dans le délai ci-dessus, les parties qui se seront « accordées pour la nomination des experts, en « feront leur déclaration au greffe. » (*Lettre du grand juge, du 14 thermidor an 7.*

Cette marche paroît devoir être suivie lors même que la partie est insolvable, parce que la certitude de cette insolvabilité ne peut jamais être acquise que par la connoissance que donne à cet égard l'événement des poursuites pour le recouvrement de l'amende ; or le préalable indispensable de ces poursuites est la liquidation de cette même amende, et cette liquidation ne peut être faite régulièrement que dans la forme ci-dessus. Cependant on peut se dispenser de faire liquider lorsque la partie est inconnue. En effet, l'estimation n'auroit alors d'autre objet que de régulariser les poursuites à exercer envers un réclamateur, si par suite il s'en présentoit un ; mais ce réclamateur seroit, aux yeux de la loi, inhabile à intenter aucune action sur une saisie faite et jugée sur un inconnu, et à l'égard de laquelle tout seroit également terminé. Si on avoit à exciper d'une fin de non-recevoir invincible contre sa réclamation, on ne pourroit sans doute pas se faire un titre de cette même réclamation pour exiger de lui le paiement de l'amende. Il paroît donc, dans ce dernier cas, inutile de faire liquider. (*Lettre de l'administration au directeur de Strasbourg, du 7 brumaire an* 8.)

1109. Le ministère public près la cour qui doit connoître de l'appel, devra notifier son recours, soit au prévenu, soit à la personne civilement responsable du délit, dans les deux mois à compter du jour de la prononciation du jugement, ou, si le jugement lui a été légalement notifié par l'une des parties, dans le mois du jour de cette notification ; sinon il sera déchu. (*Code d'instruction criminelle, art.* 205.)

La notification doit être revêtue de toutes les formalités exigées pour les ajournemens (*voir sous le n°* 1063). La cour de cassation, section civile, a annullé, le 25 juin 1810, un exploit de signification de jugement qui n'avoit pas été faite dans la forme exigée par le Code de procédure civile, c'est-à-dire, à personne ou à domicile *réel*.

L'art 206 du Code d'instruction (*sous le n°* 1107) portant que la mise en liberté du prévenu ne pourra être suspendue lorsqu'aucun appel n'aura été déclaré et notifié *dans les dix jours*, il en résulte que, quoiqu'il ait été accordé un ou deux mois au procureur général pour notifier le sien, s'il le signifioit *dans les dix jours*, il produiroit le même effet que celui émis par le procureur impérial ou par l'administration.

1110. Les jugemens rendus par défaut sur l'appel, pourront être attaqués par la voie de l'opposition, dans la même forme et dans les mêmes délais que les jugemens par défaut rendus par les tribunaux correctionnels.

L'opposition emportera de droit citation à la première audience, et sera comme non avenue si l'opposant n'y comparoît pas. Le jugement qui interviendra sur l'opposition, ne pourra être attaqué par la partie qui l'aura formée, si ce n'est devant la cour de cassation. (*Code d'instruction criminelle, art.* 208.)

Voir d'abord les numéros 1103 et 1104.

« Le droit d'opposition, en matière correctionnelle, « étant accordé d'une manière générale par l'art. 208 « ci-dessus, il s'en suit qu'il doit être commun à « l'appelant et à l'intimé ; — L'appelant ne peut être « exclu pour avoir produit une requête contenant « des moyens d'appel, puisque l'art. 210 (n° 1112) « veut que toutes les parties soient entendues à l'au- « dience, à la suite du rapport ; — Un jugement « rendu contre un appelant qui n'a pas été entendu « à la suite du rapport et à l'audience, personnelle- « ment ou par son défenseur, ne peut donc prendre « le caractère de jugement contradictoire de la pro- « duction, aujourd'hui purement facultative d'une « requête contenant des moyens d'appel. » (*Arrêt de cassation du* 22 *août* 1811).

1111. L'appel sera jugé à l'audience, dans le mois, sur un rapport fait par l'un des juges. (*Code d'instruction criminelle*, *art.* 209.)

L'omission du rapport et le retard apporté au jugement ne pourroient emporter nullité que si le prévenu ou le ministère public avoit requis l'observation de ces formalités, sans qu'il y fût fait droit : dans ce cas la nullité se tire des dispositions de l'art. 408 du Code d'instruction.

JURISPRUDENCE. — *Sous l'empire de la loi du 11 prairial an 7, l'appel étoit-il périmé de ce qu'il n'y avoit pas été statué dans les dix jours de la requête d'appel au greffe de la cour, ou du tribunal qui devoit connoître de l'appel?* (Réponse négative.)

Le tribunal correctionnel de Chiavari s'étoit déclaré incompétent pour connoître d'une saisie de marchandises, faite dans son arrondissement; — L'administration appela de ce jugement, et sa requête d'appel parvint huit jours après le prononcé de ce jugement, au greffe de la cour criminelle des Apennins.... Faute de diligence, l'affaire ne fut rapportée à l'audience que quarante-quatre jours après, et sur ce fondement, cette cour décida, qu'attendu qu'il s'étoit écoulé plus de dix jours depuis l'arrivée de la requête de l'administration, elle ne pouvoit statuer sur l'appel; — pourvoi en cassation, et le 2 avril 1807, intervint arrêt suprême par lequel — « Vu « l'art. 6 de la loi du 11 prairial an 7, ainsi conçu : « *En cas d'appel, le tribunal criminel sera tenu de* « *prononcer dans les dix jours, à compter de celui* « *où sera parvenue à son greffe la requête d'appel...*; « Et attendu que cette disposition n'a pour objet « que d'assurer une plus prompte expédition dans « les jugemens des affaires où il s'agit d'introduc- « tion de marchandises anglaises, et que l'obligation « qu'elle impose est *personnelle aux juges*, qu'elle « n'établit et qu'il ne peut en résulter aucune dé- « chéance contre la partie appelante, lorsque celle-ci « s'est d'ailleurs conformée à la loi, en tout ce qui « dépendoit d'elle; que dans l'espèce, l'appel émis « par l'administration des douanes avoit été dé- « claré dans la forme et dans le délai prescrits; « qu'ainsi en refusant d'y statuer, sur les motifs que « les dix jours dans lesquels les juges étoient obligés « de prononcer, étoient expirés, la cour de justice « criminelle du département des Apennins a commis « un véritable déni de justice, et fait une fausse ap- « plication de la disposition de la loi ci-dessus rap- « pelée, ... la cour casse et annulle... »

1112. A la suite du rapport, et avant que le rapporteur et les juges émettent leur opinion, le prévenu, soit qu'il ait été acquitté, soit qu'il ait été condamné, les personnes civilement responsables du délit, la partie civile et le procureur impérial, seront entendus dans la forme et dans l'ordre prescrits par l'art. 190. (*Code d'instruction criminelle*, *art.* 210.)

J'AI placé l'article 190 sous le n° 1089.

1113. Les dispositions des articles précédens sur la solennité de l'instruction, la nature des preuves, la forme, l'authenticité et la signature du jugement définitif de première instance, la condamnation aux frais, ainsi que les peines que ces articles prononcent, seront communes aux jugemens rendus sur l'appel. (*Code d'instruction criminelle*, *art.* 211.)

AINSI voir les paragraphes de l'*Examen de la plainte à l'audience et du jugement,* numéro 1085 et suivans.

1114. Si le jugement est réformé parce que le fait n'est réputé délit ni contravention de *douane* par aucune loi, la cour..... renverra le prévenu et statuera, s'il y a lieu, sur ses dommages-intérêts. (*Code d'instruction criminelle*, *art.* 212.)

SI la saisie n'est pas fondée, voir, pour les dommages et intérêts, le n° 1074.

JURISPRUDENCE. *Une cour prévôtale, jugeant en appel, peut-elle connoître d'un autre point que de celui sur lequel l'appel est porté?* (Réponse négative.)

« Arrêt de cassation du 9 mai 1812, par le- « quel :

« Vu l'article 408 du Code d'instruction criminelle ;

« Attendu que les cours et tribunaux d'appel ne « sont saisis et ne peuvent connoître que des seuls « points qui ont été l'objet de l'appel ; que, dans « l'espèce, le tribunal ordinaire des douanes, séant « à Anvers, ayant, par son jugement du 21 août « 1811, prononcé la confiscation des denrées colo- « niales saisies au domicile de Pierre Cloudt, le 19 » décembre précédent, l'administration n'a point ap- « pelé de cette disposition du jugement, qu'elle en a « requis formellement le maintien, et que son appel « n'a porté que sur ce que la peine d'amende triple « de la valeur des objets saisis n'avoit pas été aussi « prononcée ;

« Que, de son côté, le prévenu Pierre Cloudt « n'avoit point non plus appelé dudit jugement, et « avoit même expressément conclu à ce qu'il fût dit « qu'il avoit été bien jugé par les premiers juges ;

« Qu'il y avoit donc, en cet état, aquiescement « formel de toutes les parties, en ce qui touche la « consfiscation prononcée ; que, par suite, cette « disposition avoit acquis l'autorité de la chose ju- « gée ; et que la cour prévôtale de Valenciennes « étoit pleinement incompétente pour connoître « d'une question qui ne lui avoit pas été soumise « par l'appel porté devant elle ;

« Par ce motif, la cour casse et annulle l'arrêt « rendu par ladite cour prévôtale, le 9 octobre « dernier, dans la disposition qui a réformé et « anéanti celle par laquelle les premiers juges avoient « déclaré confisquées les denrées coloniales dont il « s'agit; ordonne, etc. ».

1115. Si le jugement est annullé parce que le fait ne présente qu'une contravention de police, et si la partie publique et la partie civile n'ont pas demandé le renvoi, la cour..... prononcera la peine et statuera également, s'il y a lieu, sur les dommages-intérêts. (*Code d'instruction criminelle, art.* 213.)

VOIR la note sous le n° 1091.

Il faut ici que la demande en renvoi soit demandée par les deux parties réunies, celle civile *ou* publique seule ne pouvoit l'obtenir sans infraction à l'art. 213 ci-dessus.

1116. Si le jugement est annullé parce que le délit est de nature à mériter une peine afflictive ou infamante, la cour..... décernera, s'il y a lieu, le mandat de dépôt, ou même le mandat d'arrêt, et renverra le prévenu devant le fonctionnaire public compétent, autre toutefois que celui qui aura rendu le jugement ou fait l'instruction. (*Code d'instruction criminelle, art.* 214.)

LE recours en cassation me paroît ouvert contre un jugement de renvoi, par cela qu'il décide de la compétence.

1117. Si le jugement est annullé pour violation ou omission non réparée de formes prescrites par la loi, à peine de nullité, la cour..... statuera sur le fond. (*Code d'instruction criminelle, art.* 215.)

§. III. *De la demande en cassation.*

1118. Les arrêts rendus sur les appels (*des jugemens des tribunaux ordinaires des douanes*) seront sujets au recours en cassation. (*Dl.* 18 *octobre* 1810, *second paragraphe de l'art.* 10.)

« LA partie civile, le prévenu, la partie publique, « les personnes civilement responsables du délit pour- « ront se pourvoir en cassation contre le jugement. » (*Code d'instruction criminelle, art.* 216.)

Le ministère public ne peut être condamné, pour son pourvoi, ni à l'amende, ni à l'indemnité, ni aux frais, mais il peut être pris à partie, s'il y a lieu.

Le recours en cassation est suspensif en matière de douanes.

JURISPRUDENCE. — *Dans les affaires des douanes qui se traitent correctionnellement, le recours en cassation est-il valablement formé par le fondé de pouvoir d'un receveur principal des douanes?* (Réponse affirmative, *par arrêt du* 17 *floréal an* 11.)

Il est de principe de droit que, hors les cas formellement exceptés par la loi, chacun peut faire par le ministère d'autrui ce qui lui est libre de faire par lui-même. Or, d'une part, il a été reconnu qu'un préposé des douanes pouvoit faire par lui-même la déclaration de recours en cassation, et, de l'autre, aucune loi ne lui interdisant la faculté de faire cette déclaration par l'organe d'un fondé de pouvoir, celle-ci est donc également régulière. Un autre arrêt, du 20 messidor de la même année, l'a encore décidé ainsi, quoique les circonstances ne fussent pas aussi favorables à la régie; le pouvoir donné à l'avoué par le directeur des douanes, n'avoit pas été enregistré, mais malgré cette omission il avoit été reçu au greffe du tribunal criminel, et transmis de là à celui de la cour de cassation. On a considéré que le greffier criminel pouvoit être répréhensible de l'avoir reçu sans enregistrement préalable; mais comme en le joignant aux pièces la qualité de fondé de pouvoir se trouvoit constatée, on a admis la demande de l'administration.

NOTA. Ce principe, que les employés des douanes peuvent et doivent plaider, a aussi été consacré par des décisions, lettres et circulaires...... Il est cependant des circonstances où l'administration permet l'emploi des avoués et même des avocats; c'est 1°. dans des affaires de très grande importance et qui exigent des détails et une défense qui ne peuvent pas toujours être bien présentés par les receveurs qui n'ont pas l'habitude du barreau. (*CA.* 16 *fructidor an* 9 *et* 28 *floréal an* 10.)..... 2°. Et lorsque les affaires sont portées à des tribunaux siégeans hors la résidence des receveurs. (*LA.* 10 *messidor an* 10, *et LD.* 1er. *avril* 1809.) Mais dans ces cas, on doit prendre les mesures nécessaires pour qu'il ne soit rien exigé pour les honoraires de ces hommes de loi, lorsque les affaires sont perdues.

1119. Lorsque la main-levée des objets saisis pour contraventions aux lois dont l'exécution est confiée à l'administration des douanes, sera accordée par jugemens contre lesquels il y auroit pourvoi en cassation, la remise n'en sera faite à ceux au profit desquels lesdits jugemens auront été rendus, qu'au préalable ils n'aient donné bonne et suffisante caution de leur valeur.

La main-levée ne pourra jamais être accordée pour les marchandises dont l'entrée est prohibée. (9 *floréal an* 7, *art.* 15.)

La cour de cassation n'est pas un troisième degré de juridiction; ses fonctions diffèrent essentiellement de celles des autres tribunaux.

Avant de tracer la marche de la cassation, je dirai qu'il a été adressé sur cette matière, dans les bureaux des douanes, des instructions particulières dont voici l'extrait :

« La requête qui contient les moyens de cassation « doit être jointe à la déclaration du pourvoi et re- « mise avant que le commissaire du gouvernement » ait fait l'envoi des pièces au ministre de la justice; « copie de cette requête doit être adressée à l'admi- « nistration, pour ajouter telles additions supplétives « qu'elle jugera convenable. » (*CA.* 5 *germinal* « *an* 7.)

« En matière criminelle, le pourvoi en cassation « se régularise au greffe même du tribunal; les piè- « ces sont envoyées directement au ministre de la « justice, et le jugement est annullé ou la requête « rejetée, sans instruction contradictoire. Pour que « l'administration les connoisse tous, il est néces- « saire de lui en envoyer un état par trimestre, qui « soit double; il comprendra également les pourvois « en matière civile. » (*CD.* 26 *vendémiaire an* 8.)

« Par sa circulaire du 8 vendémiaire an 8, l'ad- « ministration avoit annoncé que les pourvois de « jugemens criminels ne sont pas admis quand la « régie n'est pas condamnée à des indemnités; mais « le ministre de la justice a ordonné aux commis- « saires près les tribunaux de déclarer l'appel et « le pourvoi, toutes les fois que les lois des 10 bru- « maire an 5 et 26 ventose même année sont mécon- « nues, et quand même l'administration ne seroit « pas condamnée à des indemnités. *CA.* 23 *brumaire* « *an* 8.) — Dans le cas cependant où ces fonction- « naires refuseroient d'émettre l'appel ou le pour- « voi, l'administration pourroit seule recourir à ce « moyen. (*CA.* 1er. *messidor an* 8.)

« Conformément à la circulaire administrative du « 29 messidor an 10, les requêtes sur pourvoi, en « matière criminelle, devoient être rédigées ou re- « vues par le directeur, et copie en être adressée à « l'administration.. ... Mais par sa circulaire du « 16 thermidor an 11, M. le directeur général a « décidé que les requêtes, au criminel comme au « civil, seroient à l'avenir rédigées par l'adminis- « tration; qu'une expédition du jugement et les « autres pièces lui seroient adressées, et qu'on lui « certifieroit que la déclaration de pourvoi a été « faite en temps de droit....... Les directeurs « devront néanmoins en adresser une sommaire au « greffe, et en envoyer une copie à l'administra- « tion, avec les pièces de la procédure, pour y faire « tels changemens et additions qu'elle jugera à pro- « pos. » (*CD.* 9 *fructidor an* 11.)

---

§. Ier. DE LA CASSATION EN GENERAL. — « Il y a, pour tout *l'empire*, une *Cour* de cassation « qui prononce sur les demandes en cassation contre « les jugemens en dernier ressort rendus par les

« tribunaux ; sur les demandes en renvoi d'un tribunal à un autre pour cause de suspicion légitime « ou de sûreté publique ; sur les prises à partie « contre un tribunal entier. (*Constitution*, *art.* 65.)

« La cour de cassation siégera à Paris, dans le « local déterminé par le gouvernement. — Elle « sera composé de quarante-huit juges. (27 *ventose an* 8, *art.* 58.)

(Elle est aujourd'hui composée de 53 juges.)

« La *cour* se divisera en trois sections, chacune « de seize juges. — La première statuera sur l'ad- « mission ou le rejet des requêtes en cassation ou en « prise à partie, et définitivement sur les demandes, « soit en réglement de juges, soit en renvoi d'un « tribunal à un autre. — La seconde prononcera « définitivement sur les demandes en cassation, ou « en prise à partie, lorsque les requêtes auront été « admises. — La troisième prononcera sur les de- « mandes en cassation en matière criminelle, cor- « rectionnelle et de police, sans qu'il soit besoin de « jugement préalable d'admission. (*Même loi*, *art.* 60.)

« Chaque section ne pourra juger qu'au nombre « de onze membres au moins ; et tous les jugemens « seront rendus à la majorité absolue des suffrages. (*Même loi*, *art.* 63.)

« La *cour* de cassation ne connoît point du fond « des affaires ; mais *elle* casse les jugemens rendus « sur des procédures dans lesquelles les formes ont « été violées, ou qui contiennent quelque contra- « vention expresse à la loi ; et elle renvoie le fond « du procès au tribunal qui doit en connoître. » (*Constitution*, *art.* 66.)

En matière de douanes, un tribunal peut contrevenir à la loi de six manières différentes : 1°. en jugeant incompétemment ; 2°. en excédant ses pouvoirs ; 3°. en consacrant par son jugement la violation des formes commises par les parties ; 4°. en violant lui-même les formes ; 5°. en décidant au fond contre la loi ; 6°. en faisant une fausse application de la loi. — Ces six contraventions donnent ouverture à cassation.

« Le recours en cassation contre les jugemens « préparatoires et d'instruction ne sera ouvert « qu'après le jugement définitif, mais l'exécution, « même volontaire, de tel jugement, ne pourra, « en aucun cas, être opposée comme fin de non- « recevoir. » (2 *brumaire an* 4, *art.* 14.)

La faculté de se pourvoir n'appartient plus à celui qui a acquiescé au jugement, soit *expressément* en déclarant qu'il acquiesce, soit *tacitement* en faisant ou se soumettant à un acte qui suppose nécessairement l'intention d'acquiescer. — Néanmoins l'exécution *passive* d'un jugement n'est pas présumée acquiescement, mais celui qui *poursuit* l'exécution est *présumé* acquiescer aux dispositions dont il poursuit l'exécution.

« L'article 5 du titre 4 de la première partie du « réglement de 1738, qui assujettit les demandeurs « en cassation à consigner l'amende de 150 francs, « ou de 75 francs selon la nature des jugemens, « sera strictement observé, tant en matière civile « qu'en matière de police correctionnelle............. (14 *brumaire an* 5, *art.* 1.)

« Les citoyens indigens qui n'auront pas la fa- « culté de consigner cette amende, seront dispensés « de cette formalité, en représentant un certificat « de l'administration municipale de leur canton, « qui constate leur indigence. — Ce certificat sera « visé et approuvé par *le préfet*, et il y sera joint « un extrait de leurs impositions. » (*Même loi*, *art* 2.)

Il faut ajouter à l'une de ces sommes le décime par franc pour subvention de guerre. — La requête est en outre soumise à l'enregistrement dont le droit est de 15 francs, plus le décime ; — il y a aussi à payer un droit de greffe de 18 à 20 francs, non compris le coût du timbre, de la requête, de la quittance, etc.

La consignation de l'amende se fait entre les mains du receveur des amendes près la cour de cassation, et sa quittance doit être jointe à la requête, en conformité du réglement de 1738.

On verra plus loin que l'administration des douanes est dispensée de consigner cette amende ; mais lorsque son pourvoi est rejeté, elle est tenue d'en verser le montant dans la caisse du receveur de l'enregistrement qui la reçoit à la charge d'en compter à la partie contre laquelle la douane s'est pourvue infructueusement. — Ainsi, si cette partie actionnoit pour cette amende, elle devroit être renvoyée devant le receveur de l'enregistrement.

« Il ne sera point admis de relief de laps de « temps pour se pourvoir en cassation. (2 *brumaire an* 4, *art.* 15.)

« Dans toutes les sections de la cour de cassation, « les affaires seront jugées sur rapport fait publi- « quement par l'un des juges, lequel n'énoncera « son opinion qu'en même temps que ses collègues « et dans la même forme. (2 *brumaire an* 4, *art.* 19.)

« En toute affaire, les parties peuvent par elles- « mêmes, ou par leurs défenseurs, plaider et faire « des observations pertinentes, les plaidoiries sui- « vront le rapport, ensuite le ministère public fera « ses réquisitions, après quoi les juges procéderont « au jugement en la forme indiquée par la loi. (2 *brumaire an* 4, *art.* 21.)

« Les parties ni leurs défenseurs ne peuvent avoir « la parole après le procureur général impérial ou « ses substituts, si ce n'est lorsque ceux-ci sont « chargés de la défense des intérêts propres de l'état. (*Réglement du* 4 *prairial an* 8, *art.* 16.)

« Le gouvernement, par la voie du *procureur* « *impérial*, et sans préjudice du droit des parties « intéressées, dénoncera à la cour de cassation, « section des requêtes, les actes par lesquels les « juges auront excédé leurs pouvoirs...... La section

« des requêtes annullera ces actes, s'il y a lieu........ (27 *ventose an* 8, *art.* 80.)

« Il y a lieu à interprétation de la loi, si la cour « de cassation annulle deux arrêts ou jugemens en « dernier ressort, rendus dans la même affaire « entre les mêmes parties, et qui ont été attaqués « par les mêmes moyens. (*Loi du* 16 *septembre* 1807, *art.* 1.)

« Cette interprétation est donnée dans la forme « des réglemens d'administration publique. (*Même loi, art.* 2.)

« Elle peut être demandée par la cour de cassa- « tion avant de prononcer le second arrêt. (*Même loi, art.* 3.)

« Si elle n'est pas demandée, la cour de cassation « ne peut rendre le second arrêt que les sections « réunies et sous la présidence du grand-juge. *Même loi, art.* 4.)

« Dans le cas déterminé en l'article précédent, « si le troisième arrêt est attaqué, l'interprétation « est de droit, et il sera procédé comme il est dit « en l'art. 2. » (*Même loi, art.* 5.)

§. II. DE LA CASSATION EN MATIERE CIVILE. — « En matière civile, le délai pour se « pourvoir en cassation est de trois mois francs, « dans lesquels ne seront point compris, ni le jour « de la signification du jugement à personne ou « domicile, ni le jour de l'échéance...... » (1 *frimaire an* 2, *art.* 1.)

Pour les gens de mer, ce délai de trois mois ne court que du jonr de leur retour en France. (2 *septembre* 1793.) — Hors du continent, le délai est de six mois pour la Corse, d'un an pour les colonies occidentales, et de deux ans pour les colonies orientales. (*Réglement de* 1738, *art.* 12, *tit.* 4, *première partie.*)

Le pourvoi en cassation pour matière civile de douanes, est suspensif, en ce sens que l'administration exige caution pour la délivrance des objets dont la restitution est ordonnée par le jugement dénoncé.

« L'instruction à la cour de cassation se fera par « simples requêtes ou mémoires déposés au greffe; « ils ne pourront y être reçus, et les juges ne pour- « ront y avoir égard, que lorsqu'on y aura joint, « en les déposant, l'original de la signification à la « partie ou à son domicile, excepté pour la requête « ou mémoire introductif, qui ne sera signifié « qu'en cas d'admission, et avec le jugement d'ad- « mission. » (2 *brumaire an* 4, *art.* 16.)

Cette requête où ce mémoire n'est assujetti à aucune forme de rédaction particulière; il suffit qu'il contienne la demande qu'on entend former et les moyens sur lesquels on appuie la cassation demandée. — Il doit être muni de la signature d'un avocat en cette cour, dont le ministère est nécessaire pour toute procédure devant elle.

« La requête ou mémoire en cassation, en ma- « tière civile, ne sera pas reçu au greffe, et les juges « ne pourront y avoir égard, à moins que la quit- « tance de consignation d'amende n'y soit jointe. — « Seront néanmoins dispensés de la consignation « d'amende, 1°. les agens de l'Etat, lorsqu'ils se « pourvoiront pour affaires qui le concernent di- « rectement; 2°. les citoyens indigens........ (26 *brumaire an* 4, *art.* 17.)

« Avant que la demande en cassation ou en prise « à partie soit mise en jugement, il sera préalable- « ment examiné et décidé si la requête doit être « admise, et la permission d'assigner accordée. » (*Premier décembre* 1790, *art.* 5.)

C'est la section des requêtes qui rend cet arrêt d'admission......... Ainsi que tous ceux de la cour, il se prononce en audience publique, après le rapport de l'affaire par un des juges, et les observations verbales de l'avocat de la partie, s'il juge à propos d'en ajouter à la requête; le ministère public est aussi entendu.

Si la demande est rejetée, tout est fini, et l'affaire ne va pas plus loin; le demandeur est condamné à l'amende de 150 ou de 75 francs, suivant que le jugement dénoncé est ou non contradictoire.

Si, au contraire, la requête est admise, l'arrêt doit être signifié dans le même délai que celui fixé pour se pourvoir; ce délai court du jour de l'obtention. — La signification doit contenir ajournenement, et, à peine de nullité, le nom de l'avocat en la cour de cassation dont le notifiant entend se servir. — Faute par le demandeur d'avoir fait signifier, dans le délai, l'arrêt d'admission, il demeure déchu de sa demande en cassation. (*Réglement de* 1738.)

Le défendeur constitue pour le défendre un avocat en la cour, soit par un acte particulier, soit par la réponse qu'il fait signifier. — Il donne sa requête en défense; ses moyens se réduisent aux trois suivans: la demande en cassation est nulle, elle est non-recevable, elle est mal fondée....... *Nulle*, pour vices dans la signification de l'arrêt d'admission...... *Non-recevable*, par opposition de fin de non-recevoir........ *Malfondée*, en ce que le jugement dénoncé ne contient ni contraventiou aux lois, ni violation de formes.

« Il ne pourra, en matière civile, y avoir plus de « deux mémoires de la part de chaque partie, com- « pris en ce nombre la requête introductive. » (2 *brumaire an* 4, *art.* 18.)

Ainsi la défense dressée est déposée au greffe de la cour, et signifiée à l'avocat du demandeur. — Celui-ci y répond, le défendeur réplique, et c'est là toute la procédure avant de comparoître.

« La section de cassation seule, et sans la réunion « des membres de *la section* des requêtes, pronon- « cera sur toutes les demandes en cassation, lorsque « la requête aura été admise...... » (1er *décembre* 1790, *art.* 10.)

Le délai pour comparoître en défendant est de

quinze jours pour Paris et les dix lieues d'alentour; d'un mois pour les autres lieux compris dans les anciens ressorts des parlemens de Paris, Rouen, Dijon, Metz, Douay et l'Artois; de deux mois pour les ressorts des autres ci-devant parlemens et cours souveraines; d'un an pour Saint-Domingue. (*Réglement de* 1738.)

Si, huit jours après l'expiration du délai, le défendeur n'a signifié ni déposé aucune défense, le demandeur lève au greffe un certificat de non-production, qu'il joint à la grosse de l'arrêt d'admission, et il poursuit la cassation par défaut... Cependant, jusqu'à l'audience, le défendeur est toujours à temps de produire sa défense.... — Mais, une fois l'arrêt rendu, la partie défaillante ne peut le faire révoquer qu'en faisant faire à l'autre partie ou à son avocat des offres réelles de la somme de cent francs pour les frais de contumace, et en présentant une requête à la cour, afin d'être restituée contre l'arrêt par défaut; à cette requête doit être jointe la quittance ou l'acte d'offre des cent francs. (*Réglement de* 1738.) — L'arrêt qui admet cette requête doit être signifié à l'autre partie, dans les délais suivans, à compter du jour de la signification de l'arrêt par défaut; savoir: de trois mois, quand l'assignation a été donnée à deux mois; de deux mois, quand elle a été donnée à un mois; et d'un mois, quand elle a été donnée à quinzaine. (*Même réglement de* 1738.)

A l'audience, l'un des juges lit le rapport de l'affaire; les plaidoiries contradictoires des parties sont entendues; le ministère public donne ses conclusions, et l'arrêt est prononcé. — Si la demande en cassation est rejetée, le demandeur est condamné en l'amende. — Si, au contraire, la cassation est prononcée, celle consignée est restituée, et un arrêt motivé renvoie les parties devant un autre tribunal.

« En matière civile, lorsque la procédure seule « aura été cassée, elle sera recommencée, à partir « du premier acte où les formes n'auront pas été ob- « servées. — Si le jugement seul a été cassé, l'affaire « sera portée devant l'un des tribunaux d'appel de « celui qui avoit rendu le jugement. Ce tribunal sera « déterminé de la même manière que dans le cas de « l'appel. Il procédera au jugement, sans nouvelle in- « struction. » (*2 brumaire an 4, art.* 24.)

§. III. DE LA CASSATION EN MATIERE CORRECTIONNELLE ET CRIMINELLE. — Voici ce que porte le code d'instruction criminelle sur cette matière :

Art. 416. « Le recours en cassation contre les ar- « rêts préparatoires et d'instructions, ou les juge- « mens en dernier ressort de cette qualité, ne sera « ouvert qu'après l'arrêt ou jugement définitif; l'exé- « cution volontaire de tels arrêts ou jugemens pré- « paratoires ne pourra, en aucun cas, être opposée « comme fin de non-recevoir. — La présente dispo- « sition ne s'applique point aux arrêts ou jugemens « rendus sur la compétence. »

Art. 417. « La déclaration de recours sera faite au « greffier par la partie condamnée, et signée d'elle « et du greffier; et si le déclarant ne peut ou ne veut « signer, le greffier en fera mention. — Cette décla- « ration pourra être faite, dans la même forme, par « l'avoué de la partie condamnée ou par un fondé « de pouvoir spécial; dans ce dernier cas, le pouvoir « demeurera annexé à la déclaration. — Elle sera « inscrite sur un registre à ce destiné; ce registre « sera public, et toute personne aura le droit de s'en « faire délivrer des extraits.

« Le délai du recours est de trois jours, à compter « de la prononciation de l'arrêt à la personne du « condamné. » (*Art.* 373 *du même Code.*) « Ce délai « de trois jours est de rigueur. » (*Arrêt de la cour de cassation du* 28 *juin* 1811.)

Art. 418. « Lorsque le recours en cassation con- « tre un arrêt ou jugement en dernier ressort, rendu « en matière criminelle, correctionnelle ou de po- « lice, sera exercé, soit par la partie civile, s'il y en a « une, soit par le ministère public; ce recours, outre « l'inscription énoncée dans l'article précédent, sera « notifié à la partie contre laquelle il sera dirigé, dans « le délai de trois jours. — Lorsque cette partie sera « actuellement détenue, l'acte contenant la déclara- « tion de recours lui sera lu par le greffier; elle le « signera; et si elle ne le peut ou ne le veut, le gref- « fier en fera mention. — Lorsqu'elle sera en li- « berté, le demandeur en cassation lui notifiera son « recours, par le ministère d'un huissier, soit à sa « personne, soit au domicile par elle élu: le délai se- « ra, en ce cas, augmenté d'un jour par chaque dis- « tance de trois myriamètres. »

Art. 419. « La partie civile qui se sera pourvue « en cassation, est tenue de joindre aux pièces une « expédition authentique de l'arrêt. — Elle est tenue, « à peine de déchéance, de consigner une amende de « cent cinquante francs, ou de la moitié de cette « somme, si l'arrêt est rendu par contumace ou par « défaut. »

Art. 420. « Sont dispensés de l'amende, 1°. les « condamnés en matière criminelle; 2° les agens pu- « blics, pour affaires qui concernent directement « l'administration et les domaines ou revenus de « l'état. — A l'égard de toutes autres personnes, l'a- « mende sera encourue par celles qui succomberont « dans leur recours: seront néanmoins dispensées de « la consigner, celles qui joindront à leur demande en « cassation, 1°. un extrait du rôle des contributions, « constatant qu'elles paient moins de six francs, ou « un certificat du percepteur de leur commune, por- « tant qu'elles ne sont point imposées; 2°. un certifi- « cat d'indigence à elles délivré par le maire de la « commune de leur domicile ou par son adjoint, visé « par le sous-préfet et approuvé par le préfet de leur « département. »

Art. 421. « Les condamnés, même en matière cor- « rectionnelle ou de police, à une peine emportant « privation de la liberté, ne seront pas admis à se

« pourvoir en cassation, lorsqu'ils ne seront pas ac« tuellement en état, ou lorsqu'ils n'auront pas été « mis en liberté sous caution. — L'acte de leur écrou « ou de leur mise en liberté sous caution, sera an« nexé à l'acte de recours en cassation. — Néan« moins, lorsque le recours en cassation sera motivé « sur l'incompétence, il suffira au demandeur, pour « que son recours soit reçu, de justifier qu'il s'est « actuellement constitué dans la maison de justice « du lieu où siége la cour de cassation; le gardien de « cette maison pourra l'y recevoir sur la représenta« tion de sa demande adressée au procureur général « près cette cour, et visée par ce magistrat. »

Art. 422. « Le condamné ou la partie civile, soit « en faisant sa déclaration, soit dans les dix jours sui« vans, pourra déposer au greffe de la cour ou du « tribunal qui aura rendu l'arrêt ou le jugement at« taqué, une requête contenant ses moyens de cas« sation. Le greffier lui en donnera reconnoissance, « et remettra sur-le-champ cette requête au magis« trat chargé du ministère public. »

Art. 423. « Après les dix jours qui suivront la dé« claration, ce magistrat fera passer au grand-juge « ministre de la justice les pièces du procès et les re« quêtes des parties, si elles en ont déposé. — Le « greffier de la cour ou du tribunal qui aura rendu « l'arrêt ou le jugement attaqué, rédigera sans frais « et joindra un inventaire des pièces, sous peine de « cent francs d'amende, laquelle sera prononcée par « la cour de cassation. »

Art. 424. « Dans les vingt-quatre heures de la « réception de ces pièces, le grand-juge ministre de « la justice les adressera à la cour de cassation, et il « en donnera avis au magistrat qui les lui aura trans« mises. — Les condamnés pourront aussi trans« mettre directement au greffe de la cour de cassa« tion, soit leur requête, soit les expéditions ou « copies signifiées, tant de l'arrêt ou jugement, que « de leurs demandes en cassation. Néanmoins la « partie civile ne pourra user du bénéfice de la pré« sente disposition, sans le ministère d'un avocat à « la cour de cassation. »

Art. 425. « La cour de cassation, en toute affaire « criminelle, correctionnelle ou de police, pourra « statuer sur le recours en cassation, aussitôt après « l'expiration des délais portés au présent chapitre, « et devra y statuer dans le mois au plus tard, à « compter du jour où ces délais seront expirés. »

Art. 426. « La cour de cassation rejettera la de« mande ou annullera l'arrêt ou le jugement, sans « qu'il soit besoin d'un arrêt préalable d'admission. »

Art. 427. « Lorsque la cour de cassation annullera « un arrêt ou un jugement rendu, soit en matière « correctionnelle, soit en matière de police; elle ren« verra le procès et les parties devant une cour ou « un tribunal de même qualité que celui qui aura « rendu l'arrêt ou le jugement annullé. »

Art. 428. « Lorsque la cour de cassation annullera « un arrêt rendu en matière criminelle, il sera pro« cédé comme il est dit aux sept articles suivans. »

Art. 429. « La cour de cassation prononcera le « renvoi du procès, savoir : — Devant une cour im« périale autre que celle qui aura réglé la compé« tence et prononcé la mise en accusation, si l'arrêt « est annullé pour l'une des causes exprimées en l'ar« ticle 299; — devant une cour d'assises autre que « celle qui aura rendu l'arrêt, si l'arrêt et l'instruc« tion sont annullés pour cause de nullités commises « à la cour d'assises; — devant un tribunal de pre« mière instance autre que celui auquel aura appar« tenu le juge d'instruction, si l'arrêt et l'instruction « sont annullés aux chefs seulement qui concernent « les intérêts civils : dans ce cas, le tribunal sera saisi « sans citation préalable en conciliation. — Si l'arrêt « et la procédure sont annullés pour cause d'incom« pétence, la cour de cassation renverra le procès « devant les juges qui en doivent connoître et les « désignera; toutefois, si la compétence se trouvoit « appartenir au tribunal de première instance où siége « le juge qui auroit fait la première instruction, le « renvoi sera fait à un autre tribunal de première « instance. — Lorsque l'arrêt sera annullé, parce que « le fait qui aura donné lieu à une condamnation se « trouvera n'être pas un délit qualifié par la loi, le « renvoi, s'il y a une partie civile, sera fait devant « un tribunal de première instance autre que celui « auquel aura appartenu le juge d'instruction; et, « s'il n'y a pas de partie civile, aucun renvoi ne sera « prononcé. »

Art. 430. « Dans tous les cas où la cour de cassa« tion est autorisée à choisir une cour ou un tribu« nal pour le jugement d'une affaire renvoyée, ce « choix ne pourra résulter que d'une délibération « spéciale, prise en la chambre du conseil immédia« tement après la prononciation de l'arrêt de cassa« tion, et dont il sera fait mention expresse dans cet « arrêt. »

Art. 431. « Les nouveaux juges d'instruction, « auxquels il pourroit être fait des délégations pour « compléter l'instruction des affaires renvoyées, ne « pourront être pris parmi les juges d'instruction « établis dans le ressort de la cour dont l'arrêt aura « été annullé. »

Art. 432. « Lorsque le renvoi sera fait à une cour « impériale, celle-ci, après avoir réparé l'instruc« tion en ce qui la concerne, désignera, dans son « ressort, la cour d'assises par laquelle le procès de« vra être jugé. »

Art. 433 « Lorsque le procès aura été renvoyé « devant une cour d'assises, et qu'il y aura des com« plices qui ne seront pas en état d'accusation, cette « cour commettra un juge d'instruction, et le pro« cureur général l'un de ses substituts, pour faire, « chacun en ce qui le concerne, l'instruction dont « les pièces seront ensuite adressées à la cour impé« riale, qui proncera s'il y a lieu ou non à la mise « en accusation. »

Art. 434. « Si l'arrêt a été annullé pour avoir pro-

« noncé une peine autre que celle que la loi applique « à la nature du crime, la cour d'assises, à qui le « procès sera renvoyé, rendra son arrêt sur la dé- « claration déjà faite par le jury. — Si l'arrêt a été « annullé pour autre cause, il sera procédé à de nou- « veaux débats devant la cour d'assises à laquelle le « procès sera renvoyé. — La cour de cassation n'an- « nullera qu'une partie de l'arrêt, lorsque la nullité « ne viciera qu'une ou quelques-unes de ses dispo- « sitions. »

Art. 435. « L'accusé dont la condamnation aura « été annullée, et qui devra subir un nouveau juge- « ment au criminel, sera traduit, soit en état d'ar- « restation, soit en exécution de l'ordonnance de « prise de corps, devant la cour impériale ou d'as- « sises à qui son procès sera renvoyé. »

Art. 436. « La partie civile qui succombera dans « son recours, soit en matière criminelle, soit en « matière correctionnelle ou de police, sera con- « damnée à une indemnité de 150 fr. et aux frais, « envers la partie acquittée, absoute ou renvoyée: « la partie civile sera, de plus, condamnée envers « l'Etat à une amende de 150 fr., ou de 75 fr. seu- « lement, si l'arrêt ou le jugement a été rendu par « contumace ou défaut. — Les administrations ou « régies de l'Etat, et les agens publics qui succom- « beront, ne seront condamnés qu'aux frais et à « l'indemnité. »

Art. 437. « Lorsque l'arrêt ou le jugement aura « été annullé, l'amende consignée sera rendue sans « aucun délai, en quelques termes que soit conçu « l'arrêt qui aura statué sur le recours, et quand « même il auroit omis d'en ordonner la restitution. »

Art. 438. « Lorsqu'une demande en cassation « aura été rejetée, la partie qui l'avoit formée ne « pourra plus se pourvoir en cassation contre le « même arrêt ou jugement, sous quelque prétexte « et par quelque moyen que ce soit. »

Art. 439. « L'arrêt qui aura rejeté la demande en « cassation sera délivré dans les trois jours au pro- « cureur général près la cour de cassation, par « simple extrait signé du greffier, lequel sera adressé « au grand-juge ministre de la justice, et envoyé par « celui-ci au magistrat chargé du ministère public « près la cour ou le tribunal qui aura rendu l'arrêt « ou le jugement attaqué. »

Art. 440. « Lorsqu'après une première cassation, « le second arrêt ou le jugement sur le fond sera « attaqué par les mêmes moyens, il sera procédé « selon les formes prescrites par la loi du 16 sep- « tembre 1807. » (*Voir cette loi, page* 451.)

Art. 441. « Lorsque, sur l'exhibition d'un ordre « formel à lui donné par le grand-juge ministre de « la justice, le procureur général près la cour de cas- « sation dénoncera à la section criminelle des actes « judiciaires, arrêts ou jugemens contraires à la loi, « ces actes, arrêts ou jugemens pourront être an- « nullés, et les officiers de police ou les juges pour- « suivis, s'il y a lieu, de la manière exprimée au « chap. 3 du titre 4 du présent livre. » (*Ce chap.* 3 *est relatif aux crimes commis par les juges.*)

Art. 442. « Lorsqu'il aura été rendu par une cour « impériale ou d'assises, ou par un tribunal correc- « tionnel ou de police, un arrêt ou jugement en der- « nier ressort sujet à cassation, et contre lequel, « néanmoins, aucune des parties n'auroit réclamé « dans le délai déterminé, le procureur général près « la cour de cassation pourra aussi d'office, et no- « nobstant l'expiration du délai, en donner connois- « sance à la cour de cassation; l'arrêt ou le jugement « sera cassé, sans que les parties puissent s'en pré- « valoir pour s'opposer à son exécution. »

SECTION V. — *De la signification et de l'exécution des jugemens.*

1120. Le jugement sera exécuté à la requête du procureur impérial et de la partie civile, chacun en ce qui le concerne. (*Code d'instruction criminelle, premier paragraphe de l'art.* 197.)

Le second paragraphe de cet article dit que les poursuites pour le recouvrement des amendes et confiscations seront faites par le directeur de l'enregistrement; mais, en matière de douanes, les préposés de cette partie peuvent seuls faire ce recouvrement. (*Circulaire du* 1 *floréal an* 5.)

En matière de douanes, les poursuites *directes* du ministère public ont pour objet: 1°. l'emprisonnement auquel le délinquant auroit été condamné; 2°. le brûlement des marchandises prohibées, dont la confiscation auroit été prononcée. (*Voir numéros* 404 *et* 405.)

Quant à l'exécution du surplus du jugement, elle doit être poursuivie par l'administration des douanes....... J'ai indiqué, sous les numéros 406 et 407, comment il falloit procéder pour les ventes des marchandises confisquées dont la consommation n'est pas interdite.

Les affiches pour ventes de ces marchandises sont exemptes du timbre. (*DM.* 27 *brumaire an* 6.)

Le droit d'enregistrement sur les procès-verbaux de ventes des marchandises confisquées est dû sur la totalité du prix de la vente, sans déduction des droits de douanes à prélever sur ce prix. (*DM.* 19 *nivose an* 12.)

L'article 34 de la loi du 22 frimaire an 7 accorde un délai de quatre jours pour cet enregistrement, dont le droit est taxé à 2 p. 100 par l'art. 69, §. 5.

Lorsqu'il y a lieu aux saisies-exécutions, l'on suit les erremens des articles 383 et suivans du Code de procédure civile, en tant qu'ils ne sont pas contraires aux dispositions spéciales de douanes.

1121. Tous jugemens rendus sur une saisie seront signifiés, soit à la partie saisie, soit au préposé indiqué par le rapport.

Les significations à la partie seront faites à son domicile, si elle en a un réel ou élu dans le lieu de l'établissement du bureau; sinon à celui du *maire* de la commune.

Les significations à *l'administration* des douanes seront faites au préposé. (14 *fructidor an* 3, *art.* 11.)

CES dispositions concordent avec celles des lois générales sur les ajournemens (sous le n° 1063); et c'est pourquoi je maintiens comme en rigueur l'art. 11 ci dessus de la loi du 14 fructidor an 3.

On ne peut entendre par *le lieu de l'établissement du bureau* que celui où la saisie a été déposée. (*CA.* 12 *prairial an* 8.)

La cour de cassation l'a aussi jugé, dans ce sens, sur une saisie opérée le 15 juillet 1808; il est vrai qu'alors la loi du 14 fructidor étoit en pleine vigueur .....; son arrêt, qui est du 28 octobre 1811, est ainsi conçu: « Considérant que la loi ne permet « l'élection de domicile que dans le lieu de l'établis- « sement du bureau; que ce lieu ne peut être géné- « ralement la commune de la résidence du juge........ « du canton, commune qui peut souvent être assez « éloignée; qu'à défaut de domicile réel ou élu dans « le lieu de l'établissement du bureau, la signification « au domicile du maire de la commune dans laquelle « ce bureau est établi, fait courir le délai de l'appel...»

Quand aux frais de signification; *voir* le paragraphe HUISSIERS, sous le n° 1125.

Il résulte des décisions explicatives données par S. Exc. le grand-juge, les 9 octobre 1811 et 9 février 1812, 1°. que l'étendue du canton de la résidence d'un huissier, et les frais de transport de cet agent ministériel hors de ce canton, doivent être fixés d'après les articles 90 et suivans du décret du 18 juin 1811; 2°. que les frais de copie doivent l'être conformément à l'art. 71 du même décret.

Les préposés de douanes peuvent faire, pour raison de droits de douanes, tous exploits et autres actes de justice que les huissiers ont accoutumé de faire. *Voir* n° 125.

La signification *à des étrangers*, des arrêts, soit préparatoires, soit définitifs, rendus par la cour de cassation, doit être faite à M. le procureur général impérial près cette cour...... Ainsi lorsqu'un pareil arrêt parvient au directeur pour des parties qui résident à l'étranger, il doit en faire le renvoi à l'administration pour faire faire cette notification, dans le délai, au domicile de M. le procureur général impérial. (*CD.* 3 *novembre* 1807.) — Cette marche, qui est celle prescrite par les articles 69 et 70 du Code de procédure civile que j'ai rapportés sous le n° 1063, a été rendue applicable en matière de douanes, par l'arrêt cité le premier sous ce même n° 1063.

1122. Les jugemens portant condamnation au paiement des droits, à celui de la valeur des objets remis provisoirement et confisqués, ou de l'amende lorsqu'il n'aura pas été prononcé de confiscation, ou enfin à la restitution des sommes que l'*administration* auroit été forcée de payer, seront exécutés par corps, ce qui aura pareillement lieu contre les cautions, seulement pour le prix des choses confisquées. (22 *août* 1791, *art.* 6, *tit.* 12.)

Sous les numéros 7 et 8, j'ai parlé de la contrainte par corps et de la solidarité pour le recouvrement des amendes, frais, etc. *Voir* ces numéros.

On a vu, sous le n° 1098, que l'on peut former opposition à la taxe des dépens.

1123. Lorsque des amendes et des frais seront prononcés au profit de l'état, si, après l'expiration de la peine afflictive ou infamante, l'emprisonnement du condamné, pour l'acquit de ces condamnations pécuniaires, a duré une année complète, il pourra, sur la preuve acquise par les voies de droit de son absolue insolvabilité, obtenir sa liberté provisoire.

La durée de l'emprisonnement sera réduite à six mois, s'il s'agit d'un délit, sauf, dans tous les cas, à reprendre la contrainte par corps, s'il survient au condamné quelque moyen de solvabilité. (*Code pénal*, *art.* 53.)

L'ART. 52 du même Code pénal dit:

« L'exécution des condamnations à l'amende, « aux restitutions, aux dommages-intérêts et aux « frais, pourra être poursuivie par la voie de la « contrainte par corps. »

Ainsi ces deux articles du Code pénal confirment

les dispositions de l'art. 6 du titre 12 de la loi du 22 août 1791 (n° 1122), et celles de l'art. 4 du titre 6 de la loi du 4 germinal an 2 (n° 7), qui prononcent la contrainte par corps pour l'exécution des condamnations de douanes..... Mais le sens de ces art. 52 et 53 du Code pénal ayant été mal saisi, S. Exc. le grand-juge a adressé, le 1er août 1812, la circulaire suivante :

« Le premier de ces articles porte que l'exécution « des condamnations pécuniaires pourra être pour« suivie par la voie de la contrainte par corps ; et « l'article suivant n'a fait que limiter la durée de cette « contrainte à l'égard des condamnés insolvables, « lorsque les condamnations ont été prononcées au « profit de l'état.

« Il résulte de ces dispositions que l'exercice de « la contrainte par corps n'est que facultatif, et doit « être considéré, non comme une prolongation ou « une commutation de peine, ainsi que cela se pra« tiquoit sous l'empire de la loi du 5 octobre 1793, « mais seulement comme un moyen d'exécution au« torisé par la loi pour parvenir au recouvrement « des amendes et autres condamnations pécuniaires « prononcées par jugement. — L'art. 197 du Code « d'instruction criminelle charge spécialement le « directeur de l'enregistrement et des domaines de « faire les poursuites et diligences relatives à cet « objet. C'est donc aux agents de la régie ou de « toute autre administration publique, intéressée au « recouvrement des restitutions et amendes, à exer« cer ou à suspendre les effets de la contrainte par « corps, selon qu'ils le jugent utile ou convenable. « Faute par eux d'avoir fait écrouer ou recomman« der le débiteur solvable ou non, on ne peut, sous « le prétexte de la vindicte publique, le retenir en « prison après qu'il a subi sa peine ; et s'il n'a été « condamné à aucune peine corporelle, le ministère « public doit s'abstenir de le faire arrêter d'office, à « moins qu'il n'en soit expressément requis au nom « de l'administration poursuivante.

« Dans le cas où la contrainte par corps auroit « été régulièrement exercée contre un condamné « insolvable., le procureur impérial devra seulement « veiller à ce que l'emprisonnement n'excède pas le « terme fixé par l'art. 53 du Code pénal, ce qui « n'exclut pas la faculté qu'auroit le directeur *de « l'administration poursuivante*, d'abréger ce délai, « s'il le jugeoit convenable pour l'intérêt de l'état. »

CHAPITRE IV. — *De la procédure spéciale.*

SECTION Ire. — *Des cours qui doivent connoître des crimes en matière de douanes.*

§. 1. *De l'établissement des cours prévôtales de douanes.*

1124. Il sera établi, jusqu'à la paix générale, des cours prévôtales des douanes dans les lieux et avec les arrondissemens déterminés dans l'état annexé au présent. (*DI.* 18 *octobre* 1810, *art.* 1.)

Etat des cours prévôtales de douanes.

CHEFS-LIEUX DE LEUR SIÉGE.		ARRONDISSEMENT DE CHAQUE COUR.
VALENCIENNES	Directions des Douanes de	Wesel. Anvers. Amsterdam. Rotterdam. Groningue. Embden. Dunkerque. Boulogne-sur-Mer. Abbeville. Rouen.
RENNES	Directions des Douanes de	Cherbourg. Saint-Malo. Brest. Lorient. Nantes.
AGEN	Directions des Douanes de	La Rochelle. Bordeaux. Bayonne. Saint-Gaudens.
AIX	Directions des Douanes de	Perpignan. Cette. Marseille. Toulon. Nice.
ALEXANDRIE	Directions des Douanes de	Gênes. Voghère. Parme. Verceil.
NANCI	Directions des Douanes de	Genève. Besançon. Strasbourg. Mayence. Cologne.
FLORENCE	Directions des Douanes de	Livourne. Rome. Foligno.
HAMBOURG (*DI.* 24 *janvier* 1812)	Directions des Douanes de	Hambourg. Lunebourg.
TRIESTE (*DI.* 13 *octobre* 1812)	Tribunaux des Douanes de	Fiume. Laybach.

« L'installation des cours prévôtales sera faite par « un membre de la cour de cassation, lequel sera « nommé par Sa Majesté...

« Dans tous les cas, cette installation aura lieu « conformément aux articles 73, 74 et 75 du décret « du 6 juillet 1810. » (*DI.* 19 *janvier* 1811.)

Ces articles sont ainsi conçus :

Art. 73. « Le commissaire recevra de tous les mem- « bres de la cour, individuellement, le serment pres- « crit par les constitutions de l'empire.

Art. 74. « Après la prestation du serment, le com- « missaire déclarera que la cour est légalement con- « stituée. »

Art. 75. « Le procès-verbal de la séance sera trans- « mis *au* grand-juge par *le* procureur général. »

§. II. *De la composition des cours prévôtales.*

1125. Ces cours seront composées d'un président grand-prévôt des douanes, de huit assesseurs au moins, d'un procureur général, d'un greffier, et du nombre d'huissiers nécessaires à leur service.

Les grands-prévôts siégeront en épée. (*DI.* 18 *octobre* 1810, *art.* 2.)

« Les grands prévôts des cours de douanes porte- « ront, dans l'exercice de leurs fonctions et dans les « cérémonies publiques, l'habit noir de velours ou « de soie, suivant la saison, l'écharpe en ceinture « de soie cramoisie à franges d'or, la cravatte de « dentelle, le chapeau à plumet noir, et l'épée. (*DI.* 17 *mars* 1811, *art.* 1.)

« Les assesseurs des cours prévôtales et les pro- « cureurs généraux impériaux près les mêmes cours « porteront des robes, étoffes de soie noire, et la « ceinture de soie cramoisie.

« Les greffiers de ces cours auront le même cos- « tume, à l'exception de la ceinture, qui sera de soie « noire. » (*DI.* 17 *mars* 1811, *art.* 2.)

« Les grands prévôts des douanes prendront rang, « dans les cérémonies publiques, après les évêques « et avant les commissaires généraux de police. » (*DI.* « 1er *juin* 1811, *art.* 1.)

« Le rang des membres des cours prévôtales sera « entre les conseils de préfecture et les tribunaux de « première instance. » (*DI.* 1er *juin* 1811, *art.* 2.)

J'ai parlé du traitement des juges et des frais des cours sous les numéros 133 à 138.

Relativement aux Huissiers, il a été écrit, le 24 mai 1811, par S. Exc. le grand-juge, la lettre suivante :

« La disposition du titre 5 du réglement du 30 « mars 1808 et celles du §. II du titre 4 du régle- « ment du 6 juillet 1810, relatives au service des of- « ficiers ministériels, tant auprès des tribunaux de « première instance qu'auprès des cours impériales « et des cours d'assises, doivent en général servir de « règle pour les huissiers attachés aux cours prévô- « tales et aux tribunaux des douanes; en consé- « quence, ces huissiers sont chargés exclusivement « de faire le service intérieur, tant aux audiences « qu'auprès des juges d'instruction, lorsque leur « assistance est nécessaire.

« Ils doivent aussi, au moyen du traitement fixe « qui leur est alloué (n° 136), faire tous exploits et « significations en matière de douane, mais seule- « ment dans l'étendue du canton de leur résidence « sans autre salaire que les frais de copie, qui doi- « vent être taxés à raison de quinze centimes par « rôle de minute. Ces huissiers ne peuvent instrumen- « ter hors du canton de leur résidence sans un man- « dement exprès, qui ne doit être donné que dans « des circonstances urgentes et extraordinaires, ce « qui est laissé à la prudence des procureurs géné- « raux et impériaux. Néanmoins, dans le cas du « mandement exprès, il ne seroit pas juste de faire « voyager l'huissier à ses frais, et on devra lui ac- « corder les mêmes frais de transport qu'aux huis- « siers ordinaires qui instrumentent en matière cri- « minelle ou correctionnelle.

« Ainsi, dans les cas ordinaires, lorsqu'il y aura « lieu de faire donner des citations ou significations « hors du canton où se fait l'instruction, on devra « se servir d'un huissier résidant sur les lieux, con- « formément à l'art. 1er de la loi du 5 pluviôse an « 13. On peut aussi faire remettre les citations par « les gendarmes ou par les préposés des douanes; « ces derniers étant autorisés par l'art. 18 du titre « 13 de la loi du 22 août 1791 (n° 125), à faire, « pour raison des droits de douanes, tous exploits « et autres actes que les huissiers ont coutume de « faire.

« Enfin, les huissiers des douanes qui sont imma- « triculés près les cours et tribunaux de douanes, « conservent le droit d'instrumenter concurrem- « ment avec les autres huissiers dans les affaires or- « dinaires, soit civiles, soit criminelles, pourvu tou- « tefois qu'il n'en résulte aucun préjudice ni aucun « retard dans l'expédition des affaires de douanes, « et s'il arrivoit que quelqu'un d'entre eux négligeât « le service pour lequel il est spécialement salarié, « la cour ou le tribunal auquel il est attaché auroit « le droit de le révoquer et d'en commettre un au- « tre pour le remplacer. »

Quant aux frais, ils se trouvent réglés par le décret du 18 juin 1811.

1126. Ces cours ne pourront juger qu'au nombre de six ou de huit membres. (*DI.* 18 *octobre* 1810, *art.* 3.)

Ainsi un arrêt prévôtal, rendu par moins de six juges, seroit nul de son essence.

L'art. 103 du décret impérial du 6 juillet 1810 s'applique nécessairement aux cours prévôtales comme aux cours spéciales, de sorte qu'elles ne peuvent jamais juger au nombre de sept juges.... Si ce nombre est présent, c'est celui qui est le moins ancien, *comme juge à la cour,* qui doit s'abstenir. (*Art.* 36 *du même décret.*)

Si pendant le cours des débats, un juge se trouve dans l'impossibilité de continuer à y assister, il faut les recommencer.

L'art. 562 du Code d'instruction criminelle, dit: « Les dispositions contenues aux articles 254, « 255, 256, 257, 258, 261, 264 et 265, relatifs « aux cours d'assises, reçoivent leur application « pour les cours spéciales. »

Mais de ces huit dispositions, il n'y avoit que les articles 257 et 265 qui sembloient pouvoir recevoir à leur exécution en matière de procédure de douanes; avant de rapporter ce qui a été décidé relativement au premier de ces articles, voici le texte des deux:

« Les membres de la cour... qui auront voté sur « la mise en accusation, ne pourront, dans la même « affaire, ni présider..., ni assister le président, à « peine de nullité.

« Il en sera de même à l'égard du juge d'instruc- « tion. » (*Code d'instruction criminelle, art.* 257.

« Le procureur général pourra, même étant pré- « sent, déléguer ses fonctions à l'un de ses substi- « tuts. »

« Cette disposition est commune à la cour impé- « riale et à la cour d'assises. » (*Même Code, art.* 265.)

Les dispositions de l'art. 257 ci-dessus, que l'art. 562 du même Code rend applicables aux cours spéciales extraordinaires comme aux cours spéciales ordinaires, ne s'appliquent cependant ni au juge instructeur ni aux membres des cours prévôtales qui ont prononcé sur la compétence; elles ne s'appliquent pas non plus aux membres de la chambre du conseil qui ont prononcé l'ordonnance de renvoi. (*Arrêt de la cour de cassation du* 16 *janvier* 1812.)

§. III. *De la compétence des cours prévôtales.*

1127. *Les cours prévôtales* prononceront en dernier ressort. (*DI.* 18 *octobre* 1810, *art.* 4.)

1128. Elles connoîtront, exclusivement à tous autres tribunaux, tant du crime de contrebande à main armée que du crime d'entreprise de contrebande contre les chefs de bande, conducteurs ou directeurs de réunions de fraudeurs, contre les entrepreneurs de fraude, les assureurs, les intéressés et leurs complices dans les entreprises de fraude.

Elles connoîtront également des crimes et délits des employés des douanes dans leurs fonctions. (*DI.* 18 *octobre* 1810, *premier paragraphe de l'art.* 5.)

L'article 3 de la loi du 13 floréal an 11 caractérise le crime de contrebande à main armée. *Voir* n° 1154.

La cour prévôtale de Valenciennes, dans son arrêt du 21 février 1812, définit ainsi le crime d'entreprise de fraude: *Plan combiné à l'avance par plusieurs personnes pour introduire en fraude sur le sol français des marchandises prohibées ou tarifées; il suppose un ou plusieurs chefs, des assureurs, intéressés ou complices.*

Généralement on entend par complice celui qui a part au crime ou délit d'un autre, qui sait en soi-même qu'il est participant; l'art. 60 du Code pénal indique quels sont ceux qui doivent être punis comme complices.

On a vu sous le n° 1054 que, le 12 octobre 1811, la cour de cassation a jugé que les cours prévôtales ne sont pas compétentes pour connoître des faux commis sur les expéditions de douanes par de simples particuliers, alors que ces faux ne se rattachent pas à l'un des crimes énumérés en l'article 5 ci-dessus et n'y sont pas tellement connexes qu'il ne soit pas permis de diviser l'instruction et le jugement.

Les cours prévôtales ne sont également compétentes que lorsqu'il y a concert prémédité par des fraudeurs de faire la contrebande et une relation propre à constituer une entreprise. (*Arrêt du* 12 *octobre* 1811.)

Les agens de police prévenus de vols de marchandises angloises qu'ils ont saisies ne sont pas, par ce fait, justiciables des cours prévôtales. (*Arrêt du* 17 *octobre* 1811.

Mais les complices des employés des douanes doivent, comme les complices des contrebandiers, être jugés par les cours prévôtales. (*Arrêt du* 9 *août* 1811.)

S. Exc. le grand juge avoit décidé, le 22 juillet 1811, ainsi qu'en a informé la circulaire du 26, que tout militaire prévenu de fraude des droits de douanes, *ou* d'injures et voies de fait envers les préposés, étoit justiciable, comme *tout autre individu*, des tribunaux de douanes, et il avoit en conséquence été prescrit à plusieurs directeurs de porter devant ces tribunaux des affaires relatives à des violences et voies de fait exercées contre les préposés. Mais la cour de cassation, par arrêt du 26 avril 1812, a jugé comme suit :

« Les cours prévôtales et les tribunaux de douanes ne peuvent connoître des crimes ou délits autres que ceux spécifiés dans les articles 5 et 7 du décret du 18 octobre 1810, et notamment des violences et voies de fait exercées contre les préposés, que lorsque ces crimes ou délits se rattachent à des faits de contrebande ou de fraude dont il leur appartient exclusivement de connoître, et avec lesquels il existe une connexité qui ne permet pas de diviser l'instruction et le jugement. »

Cet arrêt, transmis par circulaire du 12 mai 1812, a été implicitement modifié par un autre plus récent, qui a surtout prévenu les fausses inductions qu'on auroit pu tirer du premier. Voici le fait qui a donné lieu au nouvel arrêt :

Des préposés de la direction de Rotterdam étant en observation, furent assaillis par plusieurs individus qui les maltraitèrent. Ils rédigèrent procès-verbal pour constater ces violences, et l'affaire portée devant les tribunaux de douanes, donna lieu à un conflit de juridiction entre ce même tribunal et la cour impériale de la Haye. — Sur la requête en réglement de juges, la cour de cassation a décidé, le 2 juillet 1812, comme suit :

« Vu le décret impérial du 18 octobre 1810 des tribunaux et cours prévôtales des douanes avec attribution de la connoissance des crimes et délits de contrebande, et encore de toutes affaires relatives à la fraude en cette matière, expression qui comprend tout ce qui a trait à la fraude avec infraction des lois sur les douanes, et au moyen de les éluder ;

« Attendu qu'il résulte du procès-verbal dressé par les préposés des douanes, le 1er janvier dernier, qu'ils étoient dans l'exercice de leurs fonctions, et embarqués près la porte Breda à Dordrecht, à l'effet de surveiller et empêcher la fraude, lorsqu'ils furent injuriés, insultés et assaillis par le nommé Vander Stem et autres qui, par ces voies de fait et de violence exercées envers lesdits préposés, les forcèrent à lever leur poste et à se retirer ;

« Que, quoiqu'il n'ait été constaté matériellement aucune fraude ni contrebande de la part des assailleurs, il n'en est pas moins constant qu'ils ont troublé les préposés dans l'exercice de leurs fonctions ; qu'en usant de violence envers eux, et probablement dans le dessein de faire ou de favoriser la contrebande, ils ont forcé les préposés à abandonner le poste auquel ils étoient en surveillance ; qu'ainsi lesdits individus ont enfreint les lois sur les douanes, et pu procurer les moyens de les éluder.

« Attendu que le procès-verbal faisant la base de l'action qui en résultoit, que la connoissance des faits qu'il constatoit étoit nécessairement de la compétence des cours et tribunaux de douanes, seuls juges dans leur territoire de toutes les affaires relatives aux douanes, et conséquemment de toutes infractions aux lois de cette matière, et que cette compétence n'a pas pu être détournée par la plainte portée par Vander Stem et consors,

« La cour faisant droit sur le réglement de juges, formé par le procureur général en la cour impériale de La Haye, sans avoir égard aux procédures faites devant le tribunal de Dordrecht, ainsi qu'à tous jugemens et arrêts qui auroient pu s'ensuivre, lesquels demeurent nuls et comme non avenus, déboute le procureur général de La Haye de sa demande ; ordonne que l'affaire sera jugée et suivie conformément à la loi, soit par le tribunal des douanes à Utrecht, soit par la cour prévôtale des douanes à Valenciennes, selon l'ordre de leur juridiction ; ordonne, etc. »

Cet arrêt pose donc en principe que, quoiqu'il n'ait été constaté matériellement aucune contrebande ni fraude, il suffit que le trouble apporté à l'exercice des fonctions des préposés ait pu gêner leur surveillance et favoriser la fraude, pour que l'affaire soit de la compétence des cours prévôtales ou des tribunaux des douanes suivant la gravité des délits. (*CD.* 20 *juillet* 1812.)

Il me reste actuellement à examiner la disposition relative à la connoissance des crimes et délits des employés des douanes dans leurs fonctions........

L'article 5 ci-dessus rapporté, du décret du 18 octobre 1810, attribue cette connoissance aux cours prévôtales exclusivement, et l'art. 6 du même décret (no 1131) ordonne aux procureurs généraux de ces cours, de poursuivre d'office tous les crimes mentionnés en l'article *cinq*...... Suit-il de cet article *six* que les procureurs généraux puissent faire arrêter un employé prévaricateur sans l'autorisation du directeur général ?...... Je ne le pense pas ; car le décret du 18 octobre 1810 peut d'autant moins déroger à l'arrêté du 29 thermidor an 11 (no 164), que cet arrêté est une émanation de l'acte constitutionnel. Voir le paragraphe *Observations*, page 73.

J'ai même avancé, sous le no 1077, article *Compétence*, que dans le cas d'inscription de faux, le refus de mise en jugement équipolloit au désistement de l'action principale.

J'ai dit aussi, sous le no 164, que, sans l'autorisation du directeur général des douanes, les préposés qui lui sont subordonnés ne pouvoient être arrêtés sous aucun prétexte ni pour aucune raison ; mais alors je n'avois connoissance ni d'une lettre du directeur général au directeur d'Amsterdam, ni d'une instruction de S. Exc. le grand-juge......

Cette lettre et cette instruction, je les considère comme un désistement volontaire ; car assurément il n'étoit pas difficile d'argumenter différemment. Ces pièces font loi aujourd'hui ; et tout ce que je pourrois dire de contraire n'y feroit rien; je vais donc me borner à les rapporter.

L'instruction, qui est du 25 juin 1811, porte que « d'après l'avis de M. le directeur général, les procu« reurs généraux des cours prévôtales sont autorisés « à requérir l'arrestation provisoire, par mesure de « haute police, des préposés qui, prévenus d'un « délit grave, n'auroient pas été surpris en flagrant « délit. »

La lettre, qui est du 28 avril 1812, s'exprime ainsi : « Vous me soumettez, monsieur, vos obser« vations sur les difficultés relatives à la mise en « jugement des préposés des douanes, etc.

« Avant de traiter l'affaire particulière dont vous « m'entretenez, je vais vous rappeler les principes « généraux qui régissent la matière.

« L'art. 75 de l'acte constitutionnel est ainsi « conçu : *Les agens du gouvernement, autres que les « ministres, ne peuvent être poursuivis pour des « faits relatifs à leurs fonctions, qu'en vertu d'une « décision du conseil d'état; en ce cas, la poursuite « a lieu devant les tribunaux ordinaires.*

« Tant que cet article a été en vigueur, il est « évident que les préposés des douanes n'ont pu être « mis en jugement sans une autorisation supérieure; « mais il est également que cette autorisation n'étoit « nécessaire que lorsqu'il s'agissoit de délits commis « dans l'exercice de leurs fonctions. C'est ce que « d'ailleurs a décidé plusieurs fois la cour de cas« sation, et entre autres le 31 prairial an 11.

« Depuis, le gouvernement jugea à propos de « conférer au directeur général des douanes, en ce « qui concerne son administration, le pouvoir at« tribué au conseil d'état par l'art. 75 ci-dessus « rapporté. L'arrêté du 29 thermidor an 11 fut pro« mulgué. Voici quelles sont ces dispositions tex« tuelles : *Le directeur général pourra désormais « autoriser la mise en jugement des préposés qui lui « sont subordonnés.*

« Cette expression *désormais* rappelle nécessai« rement ce qui avoit lieu antérieurement. Il est « constant que le législateur a voulu que le directeur « général des douanes fit, pour ces préposés, ce « qu'avant lui faisoit le conseil d'état pour les agens « du gouvernement en général ; or, le conseil d'état « ne délibéroit sur la mise en jugement de ces « mêmes agens que dans les seuls cas où il s'agis« soit de délit commis dans l'exercice de leurs fonc« tions; donc, le directeur général ne peut pren« dre de délibération à ce sujet que dans les mêmes « cas; ou, en d'autres termes, toutes les fois que les « préposés des douanes sont prévenus de délits « étrangers à leurs fonctions, ils peuvent être mis « en jugement sans l'autorisation de leur directeur « général. Les principes qui résultent évidemment « de la combinaison de l'acte constitutionnel, et de « l'arrêté du 29 thermidor an 12, ont toujours été « suivis et maintenus.

« Cependant l'art. 75 de la constitution étoit en« core exécuté dans une partie de ces dispositions, « c'est-à-dire, que les préposés étoient encore justi« ciables des tribunaux ordinaires, lorsque le décret « du 18 octobre 1810 vint apporter, à cet égard, « un nouveau changement. Les erreurs dans les« quelles sont tombés quelques directeurs, m'enga« gent à saisir cette occasion pour écarter tous les « doutes que l'on pourroit avoir sur l'exécution de « ce dernier décret. On avoit pensé, en effet, que, « lorsque les préposés n'étoient prévenus que de « simples délits correctionnels, ils devoient être tra« duits seulement devant les tribunaux de douanes, « et qu'ils ne devoient l'être devant les cours prévô« tales que lorsqu'ils seroient prévenus de crimes dont « la répression leur appartient; on étoit, à cet égard, « dans l'erreur : l'art. 5 du décret ne contient aucune « distinction, et dès lors il n'en doit pas être établi. « Cet article porte que les cours prévôtales connaî« tront exclusivement des délits commis par les pré« posés des douanes dans l'exercice de leurs fonc« tions; donc, les tribunaux de douanes, ni aucun « autre, ne peuvent être saisis de la connaissance de « ces mêmes délits, qui, quelle que soit leur nature, « doivent être portés devant les cours prévôtales. « S. Exc. le grand-juge ministre de la justice l'a, « d'ailleurs, décidé formellement le 18 mars dernier.

« En résumant, on voit qu'il est de principe,

« 1°. Qu'un préposé des douanes ne peut être mis « en jugement sans l'autorisation du directeur gé« néral, à moins que le délit dont il est prévenu ne « soit point relatif à ses fonctions;

« 2°. Que, toutes les fois que l'autorisation est « nécessaire pour une mise en jugement, l'affaire « doit être portée devant la cour prévôtale dans la« quelle se trouve la direction à laquelle appartient « le préposé accusé;

« 3°. Qu'un employé ne peut pas non plus être « arrêté (toujours dans la même hypothèse) sans « l'autorisation du directeur général, à moins qu'il « n'eût été pris en flagrant délit, et que, dans ce « dernier cas, il ne pourroit être donné suite à l'ins« truction sans que le directeur général ait préala« blement décidé s'il y a lieu.

« Dans l'affaire particuliere dont il s'agissoit, l'em« ployé étoit au cabaret lorsqu'il s'est permis de frap« per le commissaire de police appelé pour rétablir « l'ordre troublé par le préposé lui-même : il n'étoit « donc pas en exercice, et il pouvoit être mis en ju« gement sans autorisation; mais indépendamment « encore, il avoit été destitué par le directeur; alors « il n'étoit plus sous les ordres du directeur général,

« et comme il ne peut délibérer, aux termes de l'ar- « rêté du 29 thermidor an 11, que sur la mise en « jugement des préposés sous ses ordres, il pouvoit « encore, par ce nouveau motif, être donné suite à « la procédure sans autorisation. » (*LD* 28 *avril* 1812.)

Ce dernier paragraphe est vicieux dans l'esprit même de cette lettre, car un directeur auroit alors l'initiative, et il lui suffiroit de destituer pour empêcher le directeur général de se refuser à la mise en jugement.

§. IV. *Des fonctions des grands-prévôts, des procureurs généraux impériaux, et des procureurs impériaux criminels.*

1129. *Les* grands-prévôts et *les* procureurs généraux *impériaux* près les cours prévôtales, et, sous leur autorité et surveillance, *les* procureurs *impériaux* près les tribunaux ordinaires des douanes, et tous officiers de police judiciaire, veilleront spécialement à la recherche et poursuite des crimes et délits énoncés au présent décret.

Les grands-prévôts donneront tous les ordres et feront toutes les délégations qu'ils jugeront convenables; ils se transporteront sur les lieux, ou commettront un ou plusieurs des membres, soit des cours prévôtales, soit des tribunaux ordinaires des douanes, pour s'y transporter toutes les fois que le bien du service l'exigera. (*DI.* 18 *octobre* 1810, *art.* 12.)

Aux termes du titre 6 du Code d'instruction criminelle,

Art. 563. « Le président est chargé d'entendre l'ac- « cusé lors de son arrivée dans la maison de justice.

« Il pourra déléguer ces fonctions à l'un des juges.

« Il dirige l'instruction et les débats.

« Il détermine l'ordre entre ceux qui demandent à « parler.

« Il a la police de l'audience. »

Art. 564. « Les dispositions contenues aux articles « 268, 269 et 270, relatifs aux autres attributions « du président de la cour d'assises, sont communes « au président de la cour spéciale. »

Les articles ci-dessus invoqués sont ainsi conçus :

Art. 268. « Le président est investi d'un pouvoir « discrétionnaire, en vertu duquel il pourra prendre « sur lui tout ce qu'il croira utile pour découvrir la « vérité; et la loi charge son honneur et sa conscience « d'employer tous ses efforts pour en favoriser la ma- « nifestation. »

Art. 269. « Il pourra, dans le cours des débats, « appeler, même par mandat d'amener, et entendre « toutes personnes, ou se faire apporter toutes nou- « velles pièces qui lui paroîtroient, d'après les nou- « veaux développemens donnés à l'audience, soit « par les accusés, soit par les témoins, pouvoir ré- « pandre un jour utile sur le fait contesté.

« Les témoins ainsi appelés ne prêteront point ser- « ment, et leurs déclarations ne seront considérées « que comme renseignemens. »

Art. 270. « Le président devra rejeter tout ce qui « tendroit à prolonger les débats sans donner lieu « d'espérer plus de certitude dans les résultats. »

1130. Le *procureur général impérial* et le *procureur impérial*, chacun en ce qui le concerne, seront tenus de décerner le mandat de dépôt contre les prévenus et leurs complices, s'ils ne sont pas déjà en arrestation; de requérir la délivrance du mandat d'arrêt; de dresser l'acte d'accusation, lorsqu'il y aura lieu; et, toutes autres affaires cessantes, de faire traduire les prévenus et leurs complices, soit devant la *cour prévôtale*, soit devant le tribunal des *douanes* d'arrondissement, suivant la nature de l'affaire : le tout sans aucune espèce d'interruption ni de retard, et sous leur responsabilité personnelle. (*AC.* 4 *complémentaire an* 11, *art.* 7.)

Il résulte de cet article, que le prévenu doit toujours, même lorsqu'un juge de paix l'auroit fait saisir, être conduit devant le procureur impérial; il en résulte aussi que les plaintes ou dénonciations doivent lui être adressées directement, et que ce n'est que facultativement qu'elles peuvent l'être aux juges de paix et aux officiers de gendarmerie.

D'après ces dispositions, il convient, dans tous les cas où il y a lieu d'arrêter un prévenu d'infraction aux lois de douanes (n° 1048), que les saisissans traduisent immédiatement ce prévenu devant le procureur impérial, à qui ils remettent en même temps leur rapport, qui aura préalablement été affirmé devant le juge de paix dans le temps voulu;

sauf, s'ils étoient trop éloignés du lieu de la résidence de ce magistrat, à procéder, tant pour la remise du procès-verbal que pour la traduction du prévenu, devant le juge de paix le plus voisin, ou l'officier de gendarmerie, qui prendroit les mesures et donneroit les ordres nécessaires pour l'envoi du procès-verbal et du prévenu au procureur impérial.

On doit rappeler, dans les rapports qui constatent les contraventions, les dispositions de la loi qui ordonne l'arrestation du prévenu. (*CA.* 8 *ventose an* 9.)

1131. *Les* procureurs généraux *impériaux* près les cours prévôtales seront tenus de poursuivre d'office les crimes mentionnés dans l'art. 5 du présent (n° 1128), sans qu'il soit nécessaire qu'il ait été rapporté procès-verbal contre les prévenus par les préposés des douanes. (*DI.* 18 *octobre* 1810, *premier paragraphe de l'art.* 6.)

QUOIQUE les procureurs généraux près les cours prévôtales soient tenus de poursuivre d'office les crimes mentionnés dans l'article 5, sans qu'il soit besoin d'un rapport des préposés, cependant les directeurs devront combiner et surveiller le service de manière à ce qu'il n'arrive que bien rarement que les préposés des douanes aient à se reprocher de n'avoir pas été eux-mêmes les agens directs de la découverte et de la répression de la fraude. (*Extrait de la circulaire du* 16 *novembre* 1810.)

S'il arrivoit que les directeurs eussent connoissance d'un délit quelconque en matière de douanes, lequel auroit échappé à la surveillance ou n'auroit pu, par sa nature, faire l'objet d'un procès-verbal, ils devront s'empresser de le dénoncer au procureur général ou à ses substituts. (*CD.* 24 *avril* 1811.)

1132. Les *procureurs généraux impériaux* sont spécialement chargés de surveiller la poursuite, l'instruction et le jugement de toutes les affaires concernant l'introduction frauduleuse de toute espèce de marchandises de contrebande, la vente ou l'entrepôt des marchandises angloises dans leur arrondissement.

Ils seront tenus de se pourvoir par voie de droit, dans les délais prescrits par la loi, contre tout jugement qui, au mépris de l'art. 11, titre 4 de la loi du 9 floréal an 7 (n° 1057) auroit admis la preuve testimoniale contre les procès-verbaux, ou prononcé d'autres nullités que celles admises par les dix premiers articles du même titre; enfin, contre les jugemens qui, au mépris de l'art. 16 (n° 1093) auroient excusé les contrevenans sur l'intention.

Ils rendront tous les mois, au grand-juge ministre de la justice, un compte particulier de leurs diligences à ce sujet, et de chaque affaire, en lui adressant, ainsi qu'au ministre *du commerce*, une expédition de tous les jugemens qui seront rendus en cette matière. (*AC.* 4 *complémentaire an* 11, *art.* 12.)

PARTIE des dispositions de ce dernier paragraphe avoit déjà été ordonnée par l'art. 18 de la loi du 10 brumaire an 5, ainsi conçu :

« Les commissaires du gouvernement près les tribunaux de police correctionnelle, seront tenus « d'envoyer au ministre de l'intérieur un extrait « des jugemens prononcés en conséquence des dispositions *ci-dessus*; lequel extrait contiendra les « noms, prénoms, profession et domicile des individus contre lesquels ils auront été prononcés, à « l'effet qu'il soit donné à ces jugemens la plus grande « publicité. »

Indépendamment des fonctions ci-dessus rappelées, le Code d'instruction criminelle donne encore d'autres attributions aux procureurs généraux; le titre 6 de ce Code s'exprime ainsi :

Art. 565. « Le procureur général impérial, et son « substitut le procureur impérial criminel, exercent « respectivement, dans les cours spéciales, les fonc- « tions qui leur sont attribuées pour la poursuite, « l'instruction, le jugement dans les affaires de la « compétence des cours d'assises, et qui sont réglées « par les articles 271, 272, 273, 274, 275, 276, « 277, par la première disposition de l'article 278, « par l'article 279 et suivans, jusques et compris « l'article 290. »

Voir ces articles au Code d'instruction criminelle, et *voir* aussi ce que j'ai dit sous le n° 1082.

Le procureur général près la cour impériale ne peut exercer de surveillance sur les procureurs généraux des cours prévôtales, ni sur les procureurs impériaux des tribunaux de douanes, puisqu'ils ont des attributions particulières et indépendantes. — La surveillance sur ces derniers appartient au procureur général de la cour prévôtale, et celui-ci ne doit compte de sa conduite qu'au grand-juge.

SECTION II. — *De l'instruction spéciale devant les cours prevôtales, et de l'arrêt.*

§. I. *Disposition réglementaire.*

1133. Toutes les preuves qui sont admises, d'après les dispositions du Code d'instruction criminelle, pour la conviction des autres crimes, seront reçues contre les prévenus des crimes *mentionnés dans le premier paragraphe de l'art.* 5 *du présent décret,* n° 1128. (*DI.* 18 *octobre* 1810, *second paragraphe de l'art* 6.)

Ce second paragraphe de l'article 6 du décret du 18 octobre 1810 est nécessairement corrélatif à celui qui le précède (n° 1131); ainsi on ne peut admettre les preuves permises par le Code d'instruction criminelle, qu'autant qu'il n'ait pas été rapporté procès-verbal.... ; s'il y en a un, il fait foi nécessaire jusqu'à inscription de faux, et dès lors aucune preuve qui tendroit à atténuer ou détruire son contenu, ne seroit admissible.

§. II. *De l'instruction et de la procédure anterieures à l'ouverture des débats.*

1134. Dans les affaires criminelles où le grand-prévôt n'aura pas commis l'un de ses assesseurs pour instruire, l'un des membres du tribunal ordinaire des douanes remplira les fonctions de juge d'instruction, conformément au Code criminel (*a*).

Cette première instruction et l'avis du tribunal seront envoyés à la cour prévôtale du ressort, avec l'acte d'accusation rédigé, lorsqu'il y aura lieu, par *le* procureur *impérial* près le tribunal ordinaire des douanes (*b*).

Dans les cinq jours qui suivront cet envoi, la cour prévôtale statuera sur sa compétence.

Elle statuera également sur sa compétence dans les cinq jours qui suivront les actes d'accusation rédigés par *les* procureurs généraux *impériaux*, lorsque *les* cours prévôtales auront fait l'instruction par elles-mêmes ou par des assesseurs délégués (*c*).

Lorsque la cour prévôtale aura prononcé sur sa compétence, son arrêt sera signifié dans les vingt-quatre heures aux prévenus, et, dans les trois jours suivans, transmis à la cour de cassation, sans que ces signification et transmission puissent arrêter l'instruction ultérieure, à laquelle il sera procédé jusqu'à l'ouverture des débats exclusivement, selon les formes établies par le Code criminel pour les cours spéciales (*d*). (*DI.* 18 *octobre* 1810, *art.* 13.)

Le dernier paragraphe de cet article, relatif à l'arrêt définitif, est classé sous le n° 1143.

(*a*) Les fonctions de juge d'instruction sont réglées par les articles 59 à 90 du Code d'instruction criminelle.

(*b*) Quand la première instruction, dont il est parlé dans le second paragraphe ci-dessus de l'art. 13 du décret, est complète, le rapport du juge qui en a été chargé se fait conformément aux articles 127 à 136 du Code d'instruction criminelle.

(*c*) Ainsi une cour prévôtale seroit légalement saisie des matières de sa compétence, par le seul acte d'accusation. Mais avant de pouvoir livrer l'accusé aux débats, il faut, dans tous les cas, que son arrêt de compétence lui soit revenu, *par une voie légale*, confirmé d'un arrêt de la cour de cassation.

(*d*) Voici les dispositions du titre 6 du Code d'instruction criminelle qui peuvent se rattacher à ce cinquième paragraphe du décret du 18 octobre 1810:

Art. 570. « La cour de cassation, en prononçant « sur la compétence, prononcera en même temps

« et par le même arrêt, sur les nullités qui, d'après « l'article 299, pourroient se trouver dans l'arrêt...

(*Ces nullités sont, 1° si le fait n'est pas qualifié crime par la loi; 2°. si le ministère public n'a pas été entendu; 3°. si l'arrêt n'a pas été rendu par le nombre de juges fixé par la loi.*)

Art. 571. « Aussitôt que l'accusation aura été « prononcée, et sans attendre l'arrêt de la cour de « cassation, l'instruction sera continuée sans délai « jusqu'à l'ouverture des débats exclusivement, et « dans les formes ci-après.

Art. 572. Les dispositions contenues aux articles « 291, 292, 293, 294, 295, au dernier para- « graphe de l'art. 296 et aux articles 302, 303, « 304, 305, 307 et 308, relatifs à l'instruction des « procès de la compétence des cours d'assises, sont « applicables à l'instruction des procès de la com- « pétence des cours spéciales. »

§. III. *Des débats ou de l'examen à l'audience.*

1135. Dans les trois jours de la réception de l'arrêt de la cour de cassation, le ministère public..... fera ses diligences pour la convocation la plus prompte de la cour *prévôtale* (*Code d'instruction criminelle, art.* 573.)

1136. Les dispositions contenues aux articles 354, 355 et 356, seront exécutées. (*Code d'instruction criminelle, art.* 579.)

Voici les dispositions invoquées par l'art. ci-dessus, dont la place est plus régulière ici qu'entre les numéros 1142 et 1143.

Art. 354. « Lorsqu'un témoin qui aura été cité, « ne comparoîtra pas, la cour pourra, sur la réqui- « sition du procureur général, et avant que les « débats soient ouverts par la déposition du premier « témoin inscrit sur la liste, renvoyer l'affaire à la « prochaine session.

Art. 355. Si, à raison de la non-comparution du « témoin, l'affaire est renvoyée à la session sui- « vante, tous les frais de citation, actes, voyages « de témoins, et autres ayant pour objet de faire « juger l'affaire, seront à la charge de ce témoin; « et il y sera contraint, même par corps, sur la « réquisition du procureur général, par l'arrêt qui « renverra les débats à la session suivante.

« Le même arrêt ordonnera de plus, que ce té- « moin sera amené par la force publique devant la « cour, pour y être entendu.

« Et néanmoins, dans tous les cas, le témoin qui « ne comparoîtra pas ou qui refusera soit de prêter « serment, soit de faire sa déposition, sera con- « damné à la peine portée en l'art. 80.

Art. 356. « La voie de l'opposition sera ouverte « contre ces condamnations dans les dix jours de la « signification qui en aura été faite au témoin con- « damné ou à son domicile, outre un jour par cinq « myriamètres; et l'opposition sera reçue s'il prouve « qu'il a été légitimement empêché, ou que l'amende « contre lui prononcée doit être modérée. »

Relativement au mode à suivre dans les cas particuliers où il est nécessaire d'appeler en témoignage les préposés des douanes, il a été adressé, le 4 novembre 1812, aux procureurs généraux près les cours prévôtales, une circulaire de S. Exc. le grand-juge ainsi conçue :

« Comme il est impossible de déterminer les cas « particuliers où il peut être indispensable d'ap- « peler en témoignage les préposés des douanes, « S. Exc. le ministre des manufactures et du com- « merce pense, comme S. Exc. le grand-juge, qu'on « doit laisser aux procureurs généraux et aux grands- « prévôts la faculté de faire citer les préposés dont « ils jugeront la présence nécessaire, sauf aux pré- « posés supérieurs dans le cas où ils croiroient avoir « des motifs pour ne pas permettre le déplacement « momentané de leurs subordonnés, à les commu- « niquer à l'autorité judiciaire, pour faire accorder « un sursis jusqu'à ce que les motifs allégués de « part et d'autre soient soumis à l'examen de S. Exc. « le ministre du commerce.

« Mais pour concilier l'exécution de ces mesures « avec la régularité du service des douanes, S. Exc. « le ministre du commerce a desiré, et il a paru « convenable à S. Exc. le grand-juge que, dans les « cas où la présence des préposés est nécessaire, les « citations leur soient adressées par l'intermédiaire « des directeurs, afin de donner à ceux-ci les « moyens d'ordonner les mesures de service néces- « sitées par le déplacement des préposés cités. »

1137. Les dispositions contenues aux articles 310, 311, 313, 314, 315, 316, 317, 318, 319, 320, 321, 322, 323, 324, 325, 326 et 327, relatifs à l'examen et aux débats devant la cour d'assises, seront observées dans l'examen et les débats devant la cour spéciale.

Chaque témoin, après sa déposition, restera dans l'auditoire, si le président n'en a ordonné autrement, jusqu'à ce que la cour se soit retirée en la chambre du conseil pour y délibérer le jugement. (*Code d'instruction criminelle, art.* 574.)

VOICI le texte des articles invoqués par la disposition ci-dessus :

Art. 310. « L'accusé comparoîtra libre, et seulement accompagné de gardes pour l'empêcher de « s'évader. Le président lui demandera son nom, « ses prénoms, son âge, sa profession, sa demeure « et le lieu de sa naissance.

311. « Le président avertira le conseil de l'accusé « qu'il ne peut rien dire contre sa conscience ou « contre le respect dû aux lois, et qu'il doit s'exprimer avec décence et modération.

313. « Immédiatement après, le président avertira l'accusé d'être attentif à ce qu'il va entendre.

« Il ordonnera au greffier de lire l'arrêt *de compétence avec* l'acte d'accusation.

« Le greffier fera cette lecture à haute voix.

314. « Après cette lecture, le président rappellera « à l'accusé ce qui est contenu en l'acte d'accusation, et lui dira : Voilà de quoi vous êtes accusé ; vous allez entendre les charges qui seront « produites contre vous. »

315. « Le procureur général exposera le sujet de l'accusation ; il présentera ensuite la liste « des témoins qui devront être entendus soit à sa « requête, soit à la requête de la partie civile, soit « à celle de l'accusé.

« Cette liste sera lue à haute voix par le « greffier.

« Elle ne pourra contenir que les témoins dont les « noms, profession et résidence auront été notifiés, « vingt-quatre heures au moins avant l'examen de « ces témoins, à l'accusé, par le procureur général « ou la partie civile, et au procureur général par « l'accusé ; sans préjudice de la faculté accordée au « président par l'article 269 (*sous le* n° 1129).

« L'accusé et le procureur général pourront, en « conséquence, s'opposer à l'audition d'un témoin « qui n'auroit pas été indiqué ou qui n'auroit « pas été clairement désigné dans l'acte de notification.

« La cour statuera de suite sur cette opposition.

NOTA. *S'il y a procès-verbal, aucun témoin ne peut être entendu contre sa teneur, à moins d'inscription en faux.* Voir n° 1132.

316. « Le président ordonnera aux témoins de se « retirer dans la chambre qui leur sera destinée. Ils « n'en sortiront que pour déposer. Le président « prendra des précautions, s'il en est besoin, pour « empêcher les témoins de conférer entre eux du « délit et de l'accusé, avant leur déposition.

317. « Les témoins déposeront séparément « l'un de l'autre, dans l'ordre établi par le procureur général. Avant de déposer, ils prêteront, à « peine de nullité, le serment de parler sans haine « et sans crainte, de dire toute la vérité et rien que « la vérité.

« Le président leur demandera leurs noms, prénoms, âge, profession, leur domicile ou résidence, s'ils connoissoient l'accusé avant le fait mentionné dans l'acte d'accusation, s'ils sont parens « ou alliés, soit de l'accusé, soit de la partie civile, « et à quel degré ; il leur demandera encore s'ils ne « sont pas attachés au service de l'un ou de l'autre : « cela fait, les témoins déposeront oralement.

NOTA. *Le témoin, âgé de moins de quinze ans, porté sur la liste et cité aux débats, doit prêter serment, et il n'est pas dans le pouvoir discrétionnaire du président de l'entendre par forme de renseignemens.* (Arrêt de la cour de cassation, du 6 février 1812.)

318. « Le président fera tenir note par le greffier, des additions, changemens ou variations qui « pourroient exister entre la déposition d'un témoin « et ses précédentes déclarations.

« Le procureur général et l'accusé pourront requérir le président de faire tenir les notes de ces « changemens, additions et variations.

NOTA. *La partie civile ne jouit donc pas de la même faveur? elle est d'une haute importance pour l'accusé, puisque si le témoin qui a varié dans ses dépositions étoit condamné pour faux témoignage, il y auroit lieu à la révision de l'arrêt qui condamneroit l'accusé.*

« 319. Après chaque déposition, le président demandera au témoin si c'est de l'accusé présent qu'il « a entendu parler ; il demandera ensuite à l'accusé « s'il veut répondre à ce qui vient d'être dit contre « lui.

« Le témoin ne pourra être interrompu : l'accusé « ou son conseil pourront le questionner par l'organe « du président, après sa déposition, et dire, tant « contre lui que contre son témoignage, tout ce qui « pourra être utile à la défense de l'accusé.

« Le président pourra également demander au « témoin et à l'accusé, tous les éclaircissemens qu'il « croira nécessaires à la manifestation de la vérité.

« Les juges, le procureur général et les jurés auront la même faculté, en demandant la parole au « président. La partie civile ne pourra faire de questions, soit au témoin, soit à l'accusé, que par l'organe du président.

« 320. Chaque témoin, après sa déposition, restera dans l'auditoire, si le président n'en a ordonné « autrement, jusqu'à ce que les jurés se soient retirés pour donner leur déclaration.

« 321. Après l'audition des témoins produits par « le procureur général et par la partie civile, l'ac- « cusé fera entendre ceux dont il aura notifié la liste, « soit sur les faits mentionnés dans l'acte d'accusa- « tion, soit pour attester qu'il est homme d'honneur, « de probité, et d'une conduite irréprochable.

« Les citations faites à la requête des accusés se- « ront à leurs frais, ainsi que les salaires des témoins « cités, s'ils en requièrent, sauf au procureur géné- « ral impérial à faire citer à sa requête les témoins « qui lui seront indiqués par l'accusé, dans le cas où « il jugeroit que leur déclaration pût être utile pour « la découverte de la vérité.

« 322. Ne pourront être reçues les dépositions,

« 1°. Du père, de la mère, de l'aïeul, de l'aïeule, « ou de tout autre ascendant de l'accusé ou de l'un « des coaccusés présens et soumis au même débat;

« 2°. Du fils, fille, petit-fils, petite-fille, ou de « tout autre descendant;

« 3°. Des frères et sœurs;

« 4°. Des alliés aux mêmes degrés;

« 5°. Du mari ou de la femme, même après le di- « vorce prononcé;

« 6°. Des dénonciateurs dont la dénonciation est « récompensée pécuniairement par la loi;

« Sans néanmoins que l'audition des personnes ci- « dessus désignées puisse opérer une nullité, lors- « que, soit le procureur général, soit la partie ci- « vile, soit les accusés, ne se sont pas opposés à ce « qu'elles soient entendues.

(*L'art.* 156 *du même Code dit aussi :* Les ascendans ou descendans de la personne prévenue, ses frères et sœurs ou alliés en pareil degré, la femme ou son mari, même après le divorce prononcé, ne seront ni appelés ni reçus en témoignage; sans néanmoins que l'audition des personnes ci-dessus désignées puisse opérer une nullité, lorsque, soit le ministère public, soit la partie civile, soit le prévenu, ne se sont pas opposés à ce qu'elles soient entendues.)

« 323. Les dénonciateurs autres que ceux récom- « pensés pécuniairement par la loi, pourront être « entendus en témoignage; mais *les assesseurs seront* « avertis de leur qualité de dénonciateurs.

« 324. Les témoins produits par le procureur gé- « néral ou par l'accusé seront entendus dans le dé- « bat, même lorsqu'ils n'auroient pas préalablement « déposé par écrit, lorsqu'ils n'auroient reçu aucune « assignation, pourvu, dans tous les cas, que ces « témoins soient portés sur la liste mentionnée dans « l'article 315.

« 325. Les témoins, par quelque partie qu'ils « soient produits, ne pourront jamais s'interpeller « entre eux.

« 326. L'accusé pourra demander, après qu'ils « auront déposé, que ceux qu'il désignera se reti- « rent de l'auditoire, et qu'un ou plusieurs d'entre « eux soient introduits et entendus de nouveau, soit « séparément, soit en présence les uns des autres.

« Le procureur général aura la même faculté.

« Le président pourra aussi l'ordonner d'office.

« 327. Le président pourra, avant, pendant ou « après l'audition d'un témoin, faire retirer un ou « plusieurs accusés, et les examiner séparément sur « quelques circonstances du procès; mais il aura soin « de ne reprendre la suite des débats généraux, qu'a- « près avoir instruit chaque accusé de ce qui se sera « fait en son absence, et de ce qui en sera résulté. »

1138. Pendant l'examen, le ministère public et les juges pourront prendre note de ce qui leur paroîtra important, soit dans les dépositions des témoins, soit dans la défense de l'accusé, pourvu que la discussion n'en soit pas interrompue. (*Code d'instruction criminelle, art.* 575.)

1139. Les dispositions contenues aux articles 329, 330, 331, 332, 333, 334 et 335, seront observées dans l'examen devant la cour spéciale. (*Code d'instruction criminelle, premier paragraphe de l'art.* 576.)

Voici le texte des articles invoqués par la disposition ci-dessus:

Art. 329. « Dans le cours ou à la suite des dépositions, « le président fera représenter à l'accusé toutes les « pièces relatives au délit, et pouvant servir à con- « viction; il l'interpellera de répondre personnelle- « ment s'il les reconnoît: le président les fera aussi « représenter aux témoins, s'il y a lieu. »

NOTA. *Cet article ne peut recevoir d'application en matière de douanes, que dans les cas exposés sous le n°* 1089.

Art. 330. « Si, d'après les débats, la déposition d'un « témoin paroît fausse, le président pourra, sur la « réquisition soit du procureur général, soit de la « partie civile, soit de l'accusé, et même d'office, « faire sur le champ mettre le témoin en état d'ar- « restation. Le procureur général et le président ou « l'un des juges par lui commis, rempliront à son « égard, le premier, les fonctions d'officier de police « judiciaire, le second, les fonctions attribuées aux « juges d'instruction dans les autres cas.

« Les pièces d'instruction seront ensuite transmi- « ses à la cour impériale, pour y être statué sur la « mise en accusation.

NOTA. *Le grand prévôt a aussi le droit d'ordonner l'arrestation du faux témoin.*

59.

Art. 331. « Dans le cas de l'article précédent, le « procureur général, la partie civile ou l'accusé, « pourront immédiatement requérir, et la cour or- « donner, même d'office, le renvoi de l'affaire à la « prochaine session. »

Nota. *Cet article ne peut recevoir d'application devant une cour prévôtale que lorsque le prévenu rentre* par sa qualité *dans la compétence de la cour.*

Art. 332. « Dans le cas où l'accusé, les témoins ou « l'un d'eux ne parleroient pas la même langue ou le « même idiome, le président nommera d'office, à « peine de nullité, un interprète âgé de vingt-un ans « au moins, et lui fera, sous la même peine, prêter « serment de traduire fidèlement les discours à trans- « mettre entre ceux qui parlent des langages diffé- « rens.

« L'accusé et le procureur général pourront ré- « cuser l'interprète, en motivant leur récusation.

« La cour prononcera.

« L'interprète ne pourra, à peine de nullité, même « du consentement de l'accusé ni du procureur géné- « ral, être pris parmi les témoins, les juges et les « jurés. »

Nota. *Cette nullité peut-elle, nonobstant l'article* 597, *être portée devant la cour de cassation? Oui, dans* l'intérêt de la loi, *mais dans* l'intérêt de l'accusé, *c'est une grande question.*

Art. 333. « Si l'accusé est sourd-muet, et ne sait pas « écrire, le président nommera d'office pour son in- « terprète la personne qui aura le plus d'habitude de « converser avec lui.

« Il en sera de même à l'égard du témoin sourd- « muet.

« Le surplus des dispositions du précédent article « sera exécuté.

« Dans le cas où le sourd-muet sauroit écrire, le « greffier écrira les questions et observations qui lui « seront faites; elles seront remises à l'accusé ou au « témoin, qui donneront par écrit leurs réponses ou « déclarations. Il sera fait lecture du tout par le « greffier.

« 334. Le président déterminera celui des accusés « qui devra être soumis le premier aux débats, en « commençant par le principal accusé, s'il y en a un.

« Il se fera ensuite un débat particulier sur cha- « cun des autres accusés.

« 335. A la suite des dépositions des témoins, et « des dires respectifs auxquels elles auront donné lieu, « la partie civile ou son conseil et le procureur géné- « ral seront entendus, et développeront les moyens « qui appuient l'accusation.

« L'accusé et son conseil pourront leur répondre.

« La réplique sera permise à la partie civile et au « procureur général; mais l'accusé ou son conseil « auront toujours la parole les derniers.

« Le président déclarera ensuite que les débats « sont terminés.

1140. L'examen et les débats, une fois entamés, devront être continués sans interruption. Le président ne pourra les suspendre que pendant les intervalles nécessaires pour le repos des juges, des témoins et des accusés. (*Code d'instruction criminelle, art.* 578.)

Je place ici cette disposition, parce qu'il me paroît plus régulier de la lire avant les art. 576 et 577 qu'après.

1141. Le ministère public donnera des conclusions motivées et requerra, s'il y a lieu, l'application de la peine. (*Code d'instruction criminelle, second paragraphe de l'art.* 576.)

1142. Le président fera retirer l'accusé de l'auditoire. (*Code d'instruction criminelle, art.* 577.)

§. IV. *De l'arrêt.*

1143. L'arrêt définitif sera rendu dans les formes prescrites pour les arrêts des cours spéciales par le Code d'instruction criminelle. (*DI.* 18 *octobre* 1810, *dernier paragraphe de l'art.* 13.)

Voici ce que le Code d'instruction criminelle dit à cet égard :

Art. 580. « La cour se retirera en la chambre du « conseil, pour y délibérer.

Art. 581. « Le président posera les questions, et « recueillera les voix.

« Les... juges.... opineront..... en commen- « çant par le plus jeune.

Art. 582. « Le jugement de la cour se formera à « la majorité.

Art. 583. « En cas d'égalité de voix, l'avis favo- « rable à l'accusé prévaudra. »

VOIR sous le nº 1126. — La cour prévôtale ne pouvant juger qu'au nombre de six ou de huit juges, son arrêt seroit donc nul, si elle prononçoit au nombre de sept; car enfin l'accusé pourroit perdre une voix favorable, et on ne doit pas violer impunément une disposition de cette importance, surtout lorsque la loi est d'ailleurs sévère.

1144. L'arrêt qui acquittera l'accusé statuera sur les dommages-intérêts respectivement prétendus, après que les parties auront proposé leurs fins de non-recevoir ou leurs défenses, et que le procureur général aura été entendu.

La cour pourra néanmoins, si elle le juge convenable, commettre l'un des juges pour entendre les parties, prendre connoissance des pièces et faire son rapport à l'audience, où les parties pourront encore présenter leurs observations, et où le ministère public sera de nouveau entendu. (*Code d'instruction criminelle, art.* 584.)

L'ART. 585 du même Code dit :

« Les demandes en dommages-intérêts, formées « soit par l'accusé contre ses dénonciateurs ou la « partie civile, soit par la partie civile contre l'ac- « cusé ou le condamné, seront portées à la cour « spéciale.

« La partie civile est tenue de former sa demande « en dommages-intérêts avant le jugement; plus « tard, elle sera non-recevable.

« Il en est de même de l'accusé, s'il a connu son « dénonciateur.

« Dans le cas où l'accusé n'auroit connu son dé- « nonciateur que depuis le jugement, mais avant « la fin de la session, il sera tenu, sous peine de « déchéance, de porter sa demande à la cour...... « S'il ne l'a connu qu'après la clôture de la ses- « sion, sa demande sera portée au tribunal civil.

« A l'égard des tiers qui n'auroient pas été partie « au procès, ils s'adresseront au tribunal civil. »

BIEN que l'art. 584 porte que, lorsque l'accusé est acquitté, la cour doit statuer sur les dommages-intérêts *respectivement* prétendus, cela ne peut être entendu qu'en ce sens que la cour doit y statuer pour *renvoyer de la demande* l'accusé acquitté, et pour lui adjuger la réparation qui lui est due; car l'accusé acquité ne peut être condamné à des dommages-intérêts envers la partie civile, pour raison d'un fait dont il a été acquitté.

Les déchéances prononcées par l'art. 585 sont tellement absolues que les parties ne pourroient en être relevées sous aucun prétexte.

1145. Les articles 360 et 361 recevront leur exécution (*Code d'instruction criminelle, art.* 586.)

CES articles sont ainsi conçus :

Art. 360. « Toute personne acquittée légalement « ne pourra plus être reprise ni accusée à raison du « même fait.

Art. 361. « Lorsque, dans le cours des débats, « l'accusé aura été inculpé sur un autre fait, soit par « des pièces, soit par les dépositions des témoins, le « président, après avoir prononcé qu'il est acquitté « de l'accusation, ordonnera qu'il soit poursuivi à « raison du nouveau fait : en conséquence, il le ren- « verra en état de mandat de comparution ou d'a- « mener, suivant les distinctions établies par l'ar- « ticle 91, et même en état de mandat d'arrêt, s'il « y échet, devant le juge d'instruction de l'arron- « dissement où siége la cour, pour être procédé à « une nouvelle instruction.

« Cette disposition ne sera toutefois exécutée que « dans le cas où, avant la clôture des débats, le mi- « nistère public aura fait des réserves à fin de pour- « suite. »

1146. Si la cour déclare l'accusé convaincu du crime porté en l'accusation, son arrêt prononcera la peine établie par la loi, et statuera en même temps sur les dommages-intérêts prétendus par la partie civile. (*Code d'instruction criminelle, art.* 587.)

EN matière de fraude, les dommages-intérêts doivent être proportionnés aux bénéfices que les fraudeurs auroient pu retirer de la fraude, et ils sont indépendans de l'amende. Voir nos 1157 et 1159.

1147. La cour pourra, dans les cas prévus par la loi, déclarer l'accusé excusable. (*Code d'instruction criminelle, art.* 588.)

RELATIVEMENT aux excuses, le même code dit :

Art. 590. « L'art. 367 sera exécuté.

Et cet article 367 est ainsi conçu :

« Lorsque l'accusé aura été déclaré excusable, la

« cour prononcera conformément au Code des délits « et des peines. »

JE n'ai que faire de remarquer qu'il n'y a d'excuses admissibles que celles autorisées par une loi expresse.

Je ne répéterai pas non plus ce qui se trouve sous le n° 1193 qu'en matière de douanes on ne peut juger l'intention.

Mais en matière de fraude, il peut y avoir des circonstances atténuantes, et alors la cour est autorisée à n'appliquer que des peines correctionnelles. *Voir* numéros 1158 et 1160.

1148. Si, par le résultat des débats, le fait dont l'accusé est convaincu étoit dépouillé des circonstances qui le rendoient justiciable de la cour......, ou n'étoit pas de nature à entraîner peine afflictive ou infamante;

Au premier cas, la cour renverra, par un arrêt motivé, l'accusé et le procès devant la cour d'assises, qui prononcera, quel que soit ensuite le résultat des débats;

Au deuxième cas, la cour pourra appliquer, s'il y a lieu, les peines correctionnelles ou de police encourues par l'accusé. (*Code d'instruction criminelle, art.* 589.)

JE ne vois pas comment la cour prévôtale pourroit renvoyer à la cour d'assises... Les cours d'assises ne peuvent être saisies que par suite d'un arrêt de mise en accusation prononcé par la chambre d'accusation; et ici il n'a pas pu être rendu d'arrêt pareil, puisque la cour prévôtale se trouvoit compétente d'elle-même.

1149. L'arrêt sera prononcé à haute voix par le président, en présence du public et de l'accusé. (*Code d'instruction criminelle, art.* 591.)

LE même Code ajoute :

Art. 592. « L'arrêt contiendra, sous les peines « prononcées par l'article 369, le texte de la loi sur « lequel il est fondé : ce texte sera lu à l'accusé. »

NOTA. *La peine prononcée par l'article* 369 *est celle d'une amende de* 100 *francs contre le greffier.*

593. « La minute de l'arrêt sera signée par les « juges qui l'auront rendu, à peine de 100 francs « d'amende contre le greffier, et de prise à partie « tant contre le greffier que contre les juges. Elle « sera signée dans les vingt-quatre heures de la pro- « nonciation de l'arrêt.

594. « Après avoir prononcé l'arrêt, le président « pourra, selon les circonstances, exhorter l'accusé « à la fermeté, à la résignation, ou à réformer sa « conduite.

595. « La cour, après la prononciation de l'arrêt, « pourra, pour des motifs graves, recommander « l'accusé à la commisération de l'empereur.

« Cette recommandation ne sera point insérée dans « l'arrêt, mais dans un procès-verbal séparé, se- « cret, motivé, dressé en la chambre du conseil, le « ministère public entendu, et signé comme la mi- « nute de l'arrêt de condamnation.

« Expédition dudit procès-verbal, ensemble de « l'arrêt de condamnation, sera adressée de suite, « par le procureur général impérial, au grand-juge « ministre de la justice.

596. « Les dispositions contenues en l'article 372 « seront applicables à la cour spéciale. »

Cet article 372 est ainsi conçu :

« Le greffier dressera un procès-verbal de la « séance, à l'effet de constater que les formalités « prescrites ont été observées.

« Il ne sera fait mention au procès-verbal, ni des « réponses des accusés, ni du contenu aux déposi- « tions; sans préjudice toutefois de l'exécution de « l'article 318, concernant les changemens, varia- « tions et contradictions dans les déclarations des « témoins.

« Le procès-verbal sera signé par le président et « par le greffier.

« Le défaut de procès-verbal sera puni de 500 fr. « d'amende contre le greffier. »

SECTION III. — *Des voies interdites contre les arrêts spéciaux des cours prévôtales.*

1140. Les arrêts définitifs que *les cours prévôtales* rendront, après un jugement de compétence confirmé par la cour de cassation, dans les cas prévus par le *premier paragraphe du* présent article (nº 1128), ne seront point sujets au recours en cassation. (*Dl.* 18 *octobre* 1810, *second paragraphe de l'art.* 5.)

Ainsi, dans tous autres cas que ceux prévus par le premier paragraphe de l'article 5, le recours en cassation est ouvert contre les arrêts, bien que définitifs, des cours prévôtales.

Et, alors même que ces cours jugent, après un arrêt de compétence, l'un des crimes mentionnés en l'article 5 (nº 1128), s'il n'entre pas dans les attributions de la cour de cassation de connoître de l'arrêt définitif, au moins est-ce à elle seule qu'il appartient de réviser cet arrêt, dans les cas où sa révision est autorisée.

Ce que je viens d'avancer peut porter à induire qu'on peut demander la révision d'un arrêt spécial d'une cour prévôtale; et cependant j'ai dit, sous le nº 1100, qu'on prétendoit que les art. 407 à 415 du Code d'instruction criminelle ne pouvoient être invoqués contre les arrêts définitifs de ces cours...

Quoi qu'il en soit de ce dire, je crois pouvoir soutenir qu'il y auroit ouverture au recours, si une cour prévôtale rejetoit ou retenoit la connoissance d'un crime qui seroit entré dans ses attributions par la connexité, ou sorti de sa compétence par le résultat des débats; car enfin ce ne peut être un arrêt légal que celui qui rejette lorsque les juges sont compétens, ou celui qui prononce lorsque la cour est devenue sans caractere par son incompétence.

D'ailleurs, le dernier paragraphe ci-dessus de l'art. 5 du décret du 18 octobre 1810, ne dit pas, comme l'art. 597 du Code d'instruction, que « *l'arrêt* « *ne pourra être attaqué par la voie de cassation;* » il se borne à dire que *les arrêts définitifs des cours prévôtales ne seront point sujets au recours en cassation*, et cela dans la supposition nécessaire du dernier parag. de l'art. 13 du même décret (nº 1142), que *l'arrêt définitif sera rendu dans les formes prescrites par le tit. 6 du Code d'instruction criminelle....* Donc, s'il y a transgression de ces formes, s'il y a infraction à la garantie que la loi accorde à l'accusé, s'il y a condamnation à une peine plus forte que celle applicable au crime, s'il y a eu production de faux témoins, assurément le condamné doit avoir les moyens de faire redresser ces griefs : argumenter d'une disposition qui y seroit même contraire, seroit vouloir établir qu'on peut violer impunément les lois protectrices; ce seroit, en un mot, chercher à ramener l'épouvantable arbitraire.

En recevant l'épreuve typographique de la note qui précède, je reçois en même temps le septième numéro du Bulletin de la cour de cassation.... Il s'y trouve un arrêt conforme à l'opinion que j'ai émise ci-dessus. Je l'intercalle ici avec d'autant plus de plaisir, qu'on peut en induire que l'article 408 du Code d'instruction criminelle peut être invoqué contre les jugemens des cours prévôtales. Or, si cet art. 408 est applicable à la procédure spéciale des douanes, assurément les articles 407 à 415, ces sauve-gardes des dispositions protectrices, le sont aussi.

L'affaire qui a donné lieu à cette décision est rapportée comme suit dans le Bulletin de la cour de cassation :

— Des préposés des douanes au poste de Redon, étant en exercice de leurs fonctions sur le pont de cette ville, virent, à une heure du matin, cinq individus, dont quelques-uns armés de bâtons, conduisant des bêtes de somme.

Après avoir déclaré leur qualité, ils demandèrent à ces conducteurs ce qu'ils transportoient; mais il ne leur fut répondu que par des injures suivies de violences; un des préposés fut même terrassé par un violent coup de bâton. Il ne put, à ce moyen, être procédé à la visite et vérification du chargement.

En cet état, la cour prévôtale des douanes de Rennes, se déclare incompétente pour connoître des faits de violence exercés contre des préposés, sur le motif qu'aucun fait matériel de fraude n'a été constaté.

Mais lorsqu'il y a présomption que les violences ont eu pour objet de favoriser la fraude, en formant obstacle à l'exercice des préposés, ces violences devenant un moyen de la fraude, en sont un accessoire qui en est inséparable; et dans l'espèce, la cour prévôtale étoit compétente pour procéder à l'instruction.

En conséquence, arrêt de cassation du 23 juillet 1812, ainsi conçu :

« Ouï M. Rataud et M. Giraud, avocat général;

« Vu l'article 408 du Code d'instruction crimi- « nelle;

« Attendu que les tribunaux et les cours prévô- « tales de douanes ont caractère pour connoître des « délits et crimes autres que ceux spécifiés dans les « art. 5 et 7 du décret du 18 octobre 1810, lorsque « ces délits ou crimes se rattachent à des faits de « fraude ou de contrebande, et ont ainsi avec eux « une connexité qui doit les soumettre à la même « juridiction et aux mêmes formes de procéder;

« Que, par suite de ce principe, les tribunaux et « cours prévôtales des douanes sont compétens pour « connoître des faits de violences qui ont eu pour « objet de favoriser la fraude des droits de douanes, « en formant obstacle à l'exercice des préposés, puis- « que, dans ce cas, ces violences ne sont qu'un moyen « de la fraude, et conséquemment un accessoire qui « en est inséparable;

« Que dans l'espèce, il étoit constaté, par un pro- « cès-verbal régulier, que deux préposés des doua- « nes de la brigade établie à Redon, étant en exercice

« de leurs fonctions sur le pont de cette ville, ont « vu, à une heure du matin, cinq individus dont « plusieurs étoient porteurs de bâtons, conduisant « plusieurs bêtes de somme avec chargement; que « s'étant approchés de ces particuliers, et les ayant « interpellés, après leur avoir fait connoître leurs « qualités, de déclarer ce qu'ils transportoient, ils « s'y étoient refusés; et qu'au même instant un des « préposés avoit reçu sur la tête et sur le cou deux « violens coups de bâton dont il fut renversé;

« Que toutes ces circonstances établissoient une « présomption suffisante pour régler la compétence « d'instruction, que les prévenus opéroient une « fraude, et que leur opposition à l'exercice des pré- « posés, ainsi que les violences et voies de fait dont « elle a été accompagnée, avoient eu pour but et « pour effet d'empêcher que les objets de la fraude « fussent arrêtés et saisis;

« Que ces faits de violences devoient donc être « considérés comme se rattachant à des faits de « fraude, et que la cour prévôtale de Rennes étoit « dès-lors compétente pour en connoître immédia- « tement, puisque les prévenus étoient au nombre de « cinq, et réputés d'après la loi exécuter une fraude « en attroupement armé, par l'usage qui avoit été « fait des bâtons dont ils étoient porteurs; et puisque « d'ailleurs il n'a point été reconnu que les préposés « eussent agi hors le cercle de leurs fonctions;

« Que cependant ladite cour prévôtale s'est déclarée « incompétente, sur le motif qu'aucun fait matériel « de fraude n'avoit été constaté. La cour casse, etc. »

SECTION IV. — *De l'exécution de l'arrêt.*

1151. L'arrêt sera exécuté dans les vingt-quatre heures, à moins que le tribunal n'eût usé de la faculté qui lui est accordée par l'art. 595 (*sous le* n° 1149). (*Code d'instruction criminelle*, *art.* 598.)

L'EXÉCUTION, dans les vingt-quatre heures, d'un arrêt prévôtal, est-elle obligatoire dans le cas même où rien ne s'y opposeroit...? Je ne le pense pas, car le dernier paragraphe de l'article 13 du décret du 18 octobre 1810 dit bien que cet arrêt devra être RENDU dans les formes prescrites pour les arrêts des cours spéciales, mais il ne dit pas qu'il sera *exécuté* suivant ces formes : or, en ne le disant pas, il laisse nécessairement au procureur général le droit de fixer le jour de l'exécution.

1152. Les articles 376, 377, 378, 379 et 380, seront exécutés. (*Code d'instruction criminelle, art.* 599.)

Les dispositions invoquées ci-dessus sont ainsi conçues :

Art. 376. « La condamnation sera exécutée par les « ordres du procureur général; il aura le droit de « requérir directement, pour cet effet, l'assistance « de la force publique.

« 377. Si le condamné veut faire une déclartion, « elle sera reçue par un des juges du lieu de l'exécu- « tion, assisté du greffier.

« 378. Le procès-verbal d'exécution sera, sous « peine de cent francs d'amende, dressé par le gref- « fier, et transcrit par lui, dans les vingt-quatre heu- « res, au pied de la minute de l'arrêt. La transcrip- « tion sera signée par lui; et il fera mention du tout, « sous la même peine, en marge du procès-verbal. « Cette mention sera également signée; et la trans- « cription fera preuve comme le procès-verbal même.

« 379. Lorsque, pendant les débats qui auront « précédé l'arrêt de condamnation, l'accusé aura été « inculpé, soit par des pièces, soit par des déposi- « tions de témoins, sur d'autres crimes que ceux « dont il étoit accusé; si ces crimes nouvellement ma- « nifestés méritent une peine plus grave que les pre- « miers, ou si l'accusé a des complices en état d'ar- « restation, la cour ordonnera qu'il soit poursuivi, « à raison de ces nouveaux faits, suivant les formes « prescrites par le présent Code.

« Dans ces deux cas, le procureur général sur- « seoira à l'exécution de l'arrêt qui a prononcé la « première condamnation, jusqu'à ce qu'il ait été « statué sur le second procès.

« 360. *Cet article, relatif au dépôt des minutes « des arrêts, n'est pas applicable aux cours pré- « vôtales, puisqu'elles ont un greffe particulier où « ces minutes sont réunies.* »

NOTA. *J'ai déjà dit sous le n°* 1120 *que le procureur général n'a à faire exécuter que les seules condamnations pénales et le brûlement des marchandises prohibées* (Voir les numéros 404 et suivans)... *La vente des autres objets dont la confiscation est prononcée et le recouvrement des amendes appartiennent à l'administration des douanes.*

Voir d'ailleurs les numéros 1120 à 1123.

TITRE II.

Des peines cumulatives en réparation d'infractions aggravantes aux lois de douanes.

CHAPITRE I. — *Des peines cumulatives en matière de contrebande.*

Disposition explicative.

1153. Sont marchandises de contrebande, celles dont l'exportation ou l'importation est prohibée, ou celles qui, étant assujetties aux droits et ne pouvant circuler dans l'étendue du territoire soumis à la police des douanes, sans quittances, acquits-à-caution ou passavans, y sont transportées et saisies sans ces expéditions. (13 *floréal an* 11, *art.* 2.)

SECTION I. — *Des peines applicables au crime de contrebande à main armée.*

§. 1. *De ce qui constitue la contrebande à main armée.*

1154. La contrebande est avec attroupement et port d'armes, lorsqu'elle est faite par trois personnes ou plus, et que, dans le nombre, une ou plusieurs sont porteurs d'armes en évidence ou cachées, telles que fusils, pistolets et autres armes à feu, sabres, épées, poignards, massues, et généralement de tous instrumens tranchans, perçans ou contondans.

Ne sont réputés armes les cannes ordinaires sans dards ni ferremens, ni les couteaux fermant et servant habituellement aux usages ordinaires de la vie. (13 *floréal an* 11, *art.* 3.)

PAR décret impérial, du 2 nivose an 14, « les fusils « et pistolets à vent sont déclarés compris dans les « armes offensives, dangereuses, cachées et secrètes, « dont la fabrication, l'usage et le port sont interdits « par les lois. »

Un autre décret, en date du 12 mars 1806, a remis en vigueur la déclaration du 23 mars 1728, par laquelle sont défendus le port et l'usage des poignards, couteaux en forme de poignards soit de poche soit de fusil, des baïonnettes, pistolets de poche, épées en bâtons, bâtons à ferremens et autres armes offensives cachées et secrètes. — La peine édictée par cette déclaration, pour le simple port de ces armes, est de six mois de prison et 500 fr. d'amende. (*Voir* au livre III, chapitre *Armes.*)

L'art. 14 d'un arrêté consulaire du 16 frimaire an 11, a dit:

« Tout contrebandier qui, ayant fait résistance, « aura tué ou blessé un militaire ou un préposé des « douanes; tout individu saisi les armes à la main, « ou prévenu d'avoir, à main armée, importé ou » exporté, ou protégé l'importation ou exportation « en fraude, de denrées ou marchandises; ensemble « les fauteurs, complices et adhérens, et ceux qui « auroient assuré les marchandises, seront considérés comme ayant fait partie d'un rassemblement « armé, et, conformément *à la loi du* 18 *pluviose* « *an* 9, traduits devant un tribunal spécial, qui sera « tenu d'instruire et de juger, toute affaire cessante.»

Mais cet article 14 de l'arrêté du 16 frimaire an 11, se trouve, ce me semble, abrogé par l'article 3 ci-dessus de la loi du 13 floréal, qui définit différemment le cas de rassemblement armé.

La disposition finale de cette loi dit bien :

« Il n'est, au surplus, rien innové aux lois relatives à la contrebande, lesquelles continueront

« d'être exécutées dans toutes les dispositions qui « ne sont pas contraires à la présente loi. » (13 *floréal an* 11, *second paragraphe de l'art.* 8.)

Mais c'est précisément parce que l'article ci-dessus s'exprime ainsi que la dérogation à l'art. 14 de l'arrêté du 16 frimaire an 11 me paroît plus évidente encore; car enfin, sa disposition, *tout individu saisi les armes à la main*, ne cadre certainement pas, *alors que l'individu est seul*, avec l'art. 3 ci-dessus de la loi du 13 floréal an 11, qui ne répute la contrebande avec attroupement et port d'armes, que lorsqu'elle est tentée par *trois personnes* au moins; et bien que cette dernière loi ne parle pas du cas où un douanier seroit tué ou blessé par un fraudeur armé *qui seroit seul* et sans complices, encore ne pourroit-on condamner ce fraudeur en vertu de l'arrêté du 16 frimaire an 12, et faudroit-il, pour l'assassinat, suivre les erremens du Code pénal.

JURISPRUDENCE. — 1°. *Le cas où, dans une réunion de plusieurs personnes, il s'en trouve deux seulement portant des marchandises prohibées dont une est armée d'un bâton noueux, est-il réputé avoir le caractère de la contrebande avec attroupement et port d'armes?*

Procès-verbal duquel il résulte que des préposés en embuscade ont vu arriver par la route de Hollande en France, plusieurs individus qu'ils ont jugés porteurs de contrebande; qu'ils n'ont pu en atteindre que deux, dont l'un même leur a échappé en laissant sur la place la contrebande dont il étoit chargé; que l'autre seul a été arrêté: qu'il étoit armé d'un *bâton à massue* dont il avoit fait usage à deux reprises différentes contre les saisissans. — La cour spéciale des Deux-Nèthes, devant qui le saisi fut traduit, se déclara incompétente, attendu, 1°. qu'il n'étoit pas prouvé que Jean Schales eût été accompagné de plus d'un porteur de contrebande, les autres personnes qui avoient été avec lui ayant pris la fuite à la vue des douaniers; 2°. que le bâton dont Jean Schales étoit muni n'est point une arme, mais un bâton de la nature de ceux dont se servent habituellement les villageois des environs dans leurs voyages.

Sur le pourvoi du ministère public, arrêt de cassation, du 15 floréal an 12, par lequel, — « vu « l'art. 1 de la loi du 13 floréal an 11, portant: *les « tribunaux spéciaux établis en exécution de la loi « du 18 pluviose an 9, et dans les départemens où « il n'en a pas été établi, le tribunal spécial créé par « la loi du 23 floréal an 10, connoîtront exclusive- « ment du crime de contrebande avec attroupement « et port d'armes, dans leurs ressorts respectifs*; — « vu aussi l'art. 3 de la même loi, portant: *la con- « trebande avec attroupement et port d'armes*, etc. « (*Voyez ci-dessus.*) — Et attendu qu'il résulte « du procès-verbal des préposés aux douanes et « même du jugement attaqué, que le prévenu, lors- « qu'il a été arrêté, étoit porteur de marchandises « de contrebande et qu'il étoit accompagné de plus « de trois personnes; et que la loi n'exige pas que « tous ceux qui accompagnent l'individu qui fait « la contrebande en soient eux-mêmes chargés; at- « tendu qu'un bâton à massue n'est pas une canne « ordinaire, qui fait seule exception dans la loi à « la prohibition générale de tous *instrumens conton- « dans*; que Schales d'ailleurs en a fait usage contre « les préposés comme d'une véritable massue, dont « il présente en effet le caractère principal; — la « cour casse..... etc. »

2°. *La seule tentative d'importation de marchandises prohibées, lorsqu'elle a été suivie, dans un pays limitrophe de la frontière françoise, d'attrouppemens et de violences exercées avec des armes, par des François, contre les préposés des douanes poursuivant lesdites marchandises, est-elle assimilée au crime de contrebande à main armée?*

Le 25 juillet 1806, les douaniers de Breskens et de Flessingues à bord de leur patache cinglent vers un bâtiment qu'ils soupçonnent chargé de marchandises qu'on cherche à introduire frauduleusement; ce bâtiment vire de bord et gagne la rive hollandoise. Lorsque les préposés y débarquent, le bâtiment étoit vidé et les marchandises déposées dans un cabaret. — Les préposés invitent le maire du lieu et les douaniers hollandois de se joindre à eux pour saisir... Ceux-ci s'y refusent, sous le motif qu'ils n'ont reçu pour cela aucun ordre de leur gouvernement. — Alors se forme un attrouppement considérable; les douaniers françois requièrent main-forte du commandant de l'île de Walkeren, mais avant qu'elle arrive, le tocsin sonne et les préposés sont assaillis à coups de fourche, à coups de couteau, et même avec les armes qu'on arrache à quelques uns d'entre eux. — Plusieurs sont blessés, et l'un d'eux est jeté dans le fleuve, où on l'achève à coups de pierre — Tous ces faits sont constatés par procès-verbal du lendemain... — Sept mandats de dépôt sont lancés contre sept François, prévenus d'avoir pris part à ces crimes; — deux seulement sont arrêtés.

Le 18 août, la cour spéciale de l'Escaut se déclare compétente, et cet arrêt est confirmé par la cour de cassation le 4 septembre 1806.

Le 28 octobre, la même cour de l'Escaut se déclare incompétente, sous le prétexte que la contrebande à main armée n'a pas eu lieu dans l'étendue de son ressort.

Arrêt de la cour de cassation, du 21 novembre 1806, par lequel: — « Attendu, 1°. que par arrêt « du 18 août dernier, la cour de justice criminelle « et spéciale de l'Escaut s'étoit déclarée compétente « de connoître de la procédure instruite contre Jean- « Victor Vercouter et Jean Haeutgens, détenus, et

« contre cinq contumaces; que l'exécution de cet arrêt « a été ordonnée par celui de la cour, du 4 septem« bre suivant; qu'en procédant au jugement des ac« cusés, la cour spéciale s'est déclarée incompétente « par son arrêt du 28 octobre dernier; que cependant « les faits et leur caractère n'avoient point changé par « l'instruction; que, lors du second comme lors du « premier arrêt, il s'agissoit de tentative d'introduc« tion sur la rive françoise de l'Escaut de marchan« dises de contrebande, dont la suite et le résultat « avoient été un attroupement avec port d'armes, « violences et voies de fait contre les préposés de la « douane françoise sur la rive hollandoise, avec « meurtre d'un préposé; d'où il suit que le second « arrêt de la cour de justice criminelle et spéciale est « en contradiction formelle avec le premier; qu'ainsi « cette cour s'est déjugée elle-même; — attendu, « 2°. que, par le second arrêt, la cour spéciale mo« tive sa prétendue incompétence, en disant qu'il n'y « a pas eu *de contrebande avec attroupement et port* « *d'armes, dans l'étendue de son ressort; qu'il est* « *prouvé que les accusés n'ont point accompagné les* « *marchandises présumées de contrebande, dans* « *leur transport de Philippine à Elvoesdyke, royaume* « *de Hollande; qu'ils ne sont arrivés à Elvoesdyke* « *qu'après que ces marchandises y ont été débar*« *quées; que la contrebande avec attroupement et* « *port d'armes, qui a pu avoir lieu à Elvoesdyke, n'a* « *pas été faite dans son ressort;* que ces motifs signi« fient que, pour que la cour spéciale eût pu se croire « compétente, il auroit fallu que tous les faits qui ont « suivi la tentative d'introduction de contrebande « dans l'étendue de son ressort, eussent également « eu lieu dans l'étendue de ce même ressort, ou que « du moins les auteurs des faits survenus sur la rive « hollandoise eussent été du nombre de ceux qui « ont accompagné la marchandise sur le fleuve; — « que ce système est erroné en ce que les faits dont « il s'agit, divisés par succession du temps et par la « localité, ne forment cependant qu'un fait unique, « dont les faits particuliers ne sont que les circon« stances; que dans ce fait les divers individus ont « différemment figuré; mais que le résultat est la « tentative d'introduction de contrebande avec at« troupement, port d'armes, violences, voies de fait, « et meurtre d'un préposé, puisqu'ils n'ont eu lieu « que pour soustraire les marchandises de contre« bande à la saisie à laquelle la tentative d'introduc« tion avoit donné lieu; qu'ainsi, peu importe que « les accusés ne soient jugés avoir pris part active « qu'aux derniers actes; que ces derniers actes éta« blissent une complicité, une solidarité entre eux et « ceux qui auroient pu prendre part à la totalité des « faits; la cour casse l'arrêt de la cour criminelle et « spéciale de l'Escaut, du 28 octobre 1806; et pour « être procédé en exécution de l'arrêt de cette même « cour spéciale, du 18 août précédent, renvoie..., etc.

3°. *Faut-il pour décider de la compétence, en matière de contrebande armée, que le crime soit prouvé matériellement? ou suffit-il de la nature des faits établis par un procès-verbal non attaqué de faux?*

Il résultoit d'un procès verbal dressé le 15 juin 1807, par un lieutenant et des préposés des douanes, que la veille, 14 juin, sur les dix heures du soir, il avoit été commis des violences par plusieurs hommes armés, sur deux préposés dans l'exercice de leurs fonctions.

L'un de ces préposés avoit été criblé de coups, et étoit mort peu d'heures après; l'autre préposé avoit été blessé. L'un des assaillans avoit été atteint d'une arme à feu, et n'avoit survécu que peu de momens.

Ces faits, constatés par un procès-verbal non argué de faux, établissoient la prévention du crime de violence commise à main armée par un rassemblement contre des employés dans l'exercice de leurs fonctions; et, d'après les lois du 13 floréal an 11 et du 15 pluviose an 13, cette prévention saisissoit les cours de justice criminelle et spéciale, seules compétentes pour connoître de ces délits.

Cependant la cour de justice criminelle et spéciale du département des Deux-Nèthes s'est déclarée incompétente, sur le motif que les délits n'étoient pas matériellement prouvés; motif qui doit influer sur le jugement du fond, où l'on prononce sur la culpabilité, et non déterminer le jugement de compétence qui résultoit de la nature des faits établis par un procès-verbal non attaqué, et de la prévention qui s'élevoit contre plusieurs individus, de leurs propres déclarations et contradictions.

La cour de cassation a, le 9 juin 1808, annullé cet arrêt ainsi qu'il suit:

« Considérant que, d'un procès-verbal dressé « par les lieutenant et préposés de la douane, le 15 « juin 1807, affirmé le même jour devant le juge de « paix, non argué de faux, il résulte que la veille, « 14 juin, sur les dix heures du soir, deux préposés « de la douane, nommés Raymond et Gaspard, étant « en fonctions, ont été assaillis par plusieurs hommes « armés; que Gaspard, l'un de ces préposés, a été « criblé de coups, et est resté expirant sur la place, « et est mort peu d'heures après; que Raymond, « l'autre préposé, a été blessé;

« Que, par le procès-verbal, la prévention d'un « fait matériel de violences commises, par des hom« mes armés, sur des préposés dans l'exercice de « leurs fonctions, est établie;

« Que de l'instruction il est résulté que trois des « individus appelés d'abord comme témoins, ont « excité, par leurs aveux et les contradictions dans « lesquelles ils sont tombés, les soupçons du magis« trat, et ont été traduits devant la cour de justice « criminelle et spéciale, comme prévenus d'être au« teurs ou complices des violences commises à main

« armée sur des employés en l'exercice de leurs fonc-« tions;

« Que l'instruction, sur laquelle la cour de justice « criminelle et spéciale devoit juger sa compétence, « n'étoit pas destinée à prouver la culpabilité de ces « individus, mais seulement à établir ou à détruire « la prévention qui s'élevoit contre eux;

« Que cette instruction n'a pas détruit la pré-« vention résultante de leurs propres aveux et con-« tradictions ;

« Que l'absence de toutes autres dispositions à « leur charge ne devoit être prise en considération « que dans le jugement sur la culpabilité, et non « dans celui de compétence ;

« Que le procès-verbal du 15 juin attestoit qu'il « avoit été commis des violences et voies de fait « contre deux employés en fonctions, dont l'un étoit « mort de ses blessures peu d'heures après les avoir « reçues, et l'autre avoit été blessé ;

« Que ce fait matériel, attesté encore dans les deux « autres procès-verbaux dressés le même jour, ca-« ractérisoit le délit prévu par l'art. 1er de la loi du « 19 pluviose an 13, qui en attribue la connoissance « exclusive aux cours de justice criminelle et spé-« ciale ;

« Qu'en se déclarant incompétente, la cour cri-« minelle a commis un excès de pouvoir et violé « expressément l'art. 1er de la loi du 19 pluviose « an 13 ;

« Par ces motifs, la cour casse et annulle.... etc. »

Nota. La violation porteroit aujourd'hui sur l'art. 5 du décret du 18 octobre 1810, no 1128.

4°. *Pour déterminer la compétence relativement à des prévenus de contrebande à main armée, faut-il que la preuve d'identité des individus soit acquise?*

La cour de justice criminelle et spéciale s'étoit déclarée incompétente pour connoître d'un fait de contrebande avec attroupement et port d'armes, et d'un fait de violence et mauvais traitemens exercés contre des préposés de la régie des douanes, sur le motif qu'il n'étoit pas prouvé par les procès-verbaux constatant ces deux faits non simultanés, que les auteurs des violences fussent les mêmes individus que ceux de la contrebande à main armée, et sur le motif que les préposés des douanes ne doivent pas être considérés comme compris dans la force armée dont parle la loi du 19 pluviose an 13.

Mais, 1°. il n'étoit pas nécessaire que la preuve d'identité des individus fût acquise; de simples présomptions suffisent pour établir la prévention et déterminer la compétence.

2°. Les préposés des douanes, à raison de leur embrigadement et des différens services auxquels ils sont appelés, font évidemment et nécessairement partie de la force armée à laquelle doit s'appliquer la loi du 19 pluviose an 13.

En conséquence, arrêt de cassation ainsi qu'il suit:

(Arrêt du 22 octobre 1807.) .... « Vu l'art. 1er « de la loi du 13 floréal an 11 et l'art. 1er de la loi « du 19 pluviose an 13 ;

« Attendu que, par les deux procès-verbaux dont « il s'agit, les préposés des douanes, en exercice de « leurs fonctions, ont constaté deux faits : l'un, qu'il « y a eu contrebande de sel à main armée et par plu-« sieurs individus, dont, à la vérité, aucuns n'ont « été alors connus ou désignés; l'autre, qu'étant re-« venus, quelques heures après, à la recherche et à « la poursuite des contrebandiers, ils avoient ren-« contré trois particuliers qui ont été connus et dé-« nommés, lesquels, après avoir donné un coup de « sifflet, avoient été joints par une vingtaine d'au-« tres armés, qui avoient exercé sur lesdits préposés « des violences et des voies de fait les plus graves ;

» Attendu que, pour établir la prévention et dé-« clarer ensuite leur compétence, les cours spéciales « n'ont pas besoin qu'il existe des preuves, qu'il suf-« fit de simples indices et présomptions; et qu'ainsi, « en considérant dans l'espèce les deux faits comme « se rattachant ou pouvant se rattacher les uns aux « autres, il auroit pu être fait une juste application « de la loi du 13 floréal an 11 ;

« Attendu que, dans le cas où l'on voudroit les « regarder comme entièrement distincts et étrangers « les uns aux autres, les préposés des douanes étant, « par l'effet de la loi et des décrets impériaux, en « état d'embrigadement et de réquisition sur les côtes « et frontières, pour l'exécution non seulement des « lois relatives au service des douanes, mais encore « de celles qui ont pour objet des mesures d'ordre « général, se trouvent compris dans la classe de la « force armée dont parle la loi du 19 pluviose an 13, « et que la résistance qui leur a été opposée lors de « l'événement rapporté dans le second procès-ver-« bal, ayant tous les caractères déterminés par ladite « loi, le délit devenoit essentiellement de la compé-« tence des tribunaux spéciaux; que cependant la « cour de justice criminelle et spéciale de la Loire-« Inférieure, par son arrêt du 16 juillet dernier, « s'est déclarée incompétente dans l'un et l'autre de « ces rapports; d'où il suit qu'elle a méconnu son « pouvoir et violé particulièrement la disposition de « l'art. 1er de ladite loi du 19 pluviose an 13 ;

« La cour casse, etc. »

§. II. *Des peines applicables aux contrebandiers armés.*

1155. Tous contrebandiers avec attroupement et port d'armes, et leurs complices, seront punis de mort.

Sont complices, et punis comme les contrebandiers, les assureurs de la contrebande.

Sont aussi complices, et punis comme tels, ceux qui sciemment auroient favorisé ou protégé les coupables dans les faits qui ont préparé ou suivi la contrebande; mais s'ils ignoroient qu'elle étoit faite avec attroupement et port d'armes, ils ne seront condamnés qu'à la peine des fers pour quinze ans au plus, et dix ans au moins, suivant la gravité des circonstances. (13 *floréal an* 11, *art.* 4.)

1156. Pourront les tribunaux, lorsque les contrebandiers n'auront point fait usage de leurs armes, ne prononcer contre eux que la peine portée au dernier paragraphe du précédent article, contre ceux qui auroient favorisé ou protégé la contrebande, ne sachant pas qu'elle étoit faite avec attroupement et port d'armes. (13 *floréal an* 11, *art.* 5.)

L'ARTICLE 2 de cette loi du 13 floréal (n° 1153) définit ce qu'on doit entendre par marchandises de contrebande, et l'art. 14 du décret du 18 octobre 1810 dit :

« Il n'est rien innové aux peines portées par « les lois concernant la fraude à main armée. »

Ainsi, que la fraude soit faite en marchandises tarifées ou en marchandises prohibées, les peines ci-dessus prescrites n'en sont pas moins applicables, dès que la contrebande a eu lieu à main armée.

SECTION II. — *Des peines applicables à la contrebande par complicité.*

§. 1. *Peines applicables aux entrepreneurs, aux assureurs, aux intéressés et à leurs complices dans les entreprises de fraude en marchandises prohibées, et aux chefs de bandes, conducteurs ou directeurs de réunions de fraudeurs.*

1157. Les entrepreneurs de fraude en marchandises et denrées prohibées, les assureurs, les intéressés et les complices dans lesdites entreprises, les chefs de bandes, directeurs et conducteurs des réunions de fraudeurs en marchandises prohibées, seront punis de dix ans de travaux forcés et de la marque des lettres *V. D.*;

Le tout sans préjudice des dommages-intérêts envers l'état, proportionnés aux bénéfices qu'ils auront pu retirer. (*Dl.* 18 *octobre* 1810, *art.* 15.)

INDÉPENDAMMENT des dommages et intérêts, il y a encore à prononcer la confiscation de la marchandise saisie et l'amende.

Il est, je pense, inutile de faire observer que, pour que la peine de dix ans de travaux forcés et la marque puissent être prononcées, il faut que l'entreprise de contrebande ait porté sur des marchandises frappées de PROHIBITION ABSOLUE.

1158. Les simples porteurs pourront n'être punis que de peines correctionnelles, s'il y a en leur faveur des circonstances atténuantes; mais ils seront en outre renvoyés sous la surveillance de la haute police, pour un temps qui ne sera pas moindre de cinq ans, et ne pourra excéder dix ans.

Les cautionnemens qu'ils devront fournir pour jouir de leur liberté, seront fixés d'après la demande que le directeur des douanes aura faite. (*Dl.* 18 *octobre* 1810, *art.* 16.)

PEINES CORRECTIONNELLES. *Que faut-il entendre par ces mots :* Les simples porteurs pourront n'être punis que de peines correctionnelles? *S'agit-il ici de la peine d'emprisonnement prononcée par les lois de douanes, ou est-il question de l'application de l'article 40 du Code pénal ?*

Pour procéder à cet examen, il est nécessaire

d'avoir d'abord sous les yeux le texte de l'article 40 du Code pénal; il porte:

« Quiconque aura été condamné à la peine d'emprisonnement, sera renfermé dans une maison de correction; il y sera employé à l'un des travaux établis dans cette maison, suivant son choix.

« La durée de cette peine sera au moins de six jours et de cinq années au plus, sauf les cas de récidive ou autres où la loi aura déterminé d'autres limites.

« La peine à un jour d'emprisonnement est de 24 heures.

« Celle à un mois est de trente jours. »

Ainsi, cette disposition du Code pénal laisseroit aux juges la faculté de prononcer, pour peine correctionnelle de douanes, un emprisonnement de six jours à cinq ans; latitude énorme, qui s'écarteroit essentiellement des principes d'une matière où tout doit être précis.

On a vu, sous le nº 261, que l'article 15 de la loi du 10 brumaire an 5 avoit édicté, en réparation aux infractions à cette loi, un emprisonnement de cinq jours à trois mois, et j'ai dit, sous ce même nº 261 (note 4º), que si le délinquant avoit été surpris au moment de l'introduction, la durée de l'emprisonnement devoit être de six mois pour la première fois et d'un an pour la seconde, par application de l'article 26 de la loi du 22 ventose an 12, qui dit:

« Tout individu surpris au moment où il introduiroit des marchandises prohibées, ou, en fraude des droits, des toiles de fil et coton, des toiles de coton et mousselines, des cotons filés, des tabacs en feuilles, des denrées coloniales, sera condamné, pour la première fois, à six mois de prison, et pour la seconde, à un an. »

Cet article 26 de la loi du 22 ventose, qui est spéciale à la matière des douanes, n'a pas laissé aux juges le droit de mitiger ou d'aggraver la peine; et, s'il n'y a pas eu récidive, ils ne peuvent prononcer ni plus ni moins de six mois de prison pour le cas d'introduction frauduleuse.

Les articles 16, 18 et 19 du décret du 18 octobre 1810, abrogeroient-ils et l'article 26 de la loi du 22 ventose an 12, et les autres dispositions de douanes qui limitent la peine correctionnelle d'emprisonnement?.... Je ne le pense pas; car l'art. 19 (nº. 1161) dit explicitement: *Sera puni de peines de police correctionnelle, conformément aux lois actuellement existantes.* Or, ces lois alors existantes, alors applicables, étoient celles de la matière et non pas le Code pénal, puisque l'article final de ce Code dit en termes exprès que, « dans toutes les matières qui n'ont pas été réglées par ce Code, et qui sont régies par des lois et réglemens particuliers, les cours et les tribunaux continueront de les observer. »

Donc le Code pénal n'ayant rien édicté de relatif aux matières de douanes, ce seroit s'écarter du vœu même de ce Code que de faire l'application de son article 40 aux infractions de l'espèce, et violer par suite les lois spéciales de cette matière..... Du moins tel est mon avis; et si j'étois défenseur, je me pourvoirois contre le jugement qui prononceroit différemment..... Il n'y a pas, d'ailleurs, assez de différens degrés dans les contraventions de douanes pour que la graduation de peine de six jours à cinq ans puisse être nécessaire.

1º. *Quelle interprétation convient-il de donner à ces mots de l'art. 26 de la loi du 22 ventose an 12:* SURPRIS AU MOMENT OU IL INTRODUIROIT?

RÉP. Celui-là est surpris introduisant, à l'égard duquel le rapport constate qu'il vient de l'étranger, dans quelqu'endroit, d'ailleurs, du double myriamètre qu'il soit arrêté, et même alors que, toujours suivi à vue, il auroit dépassé cette étendue du territoire et auroit pénétré dans l'intérieur. (Ceci par application de l'article 35 du titre 13 de la loi du 22 août 1791.)

2º. *Les individus rencontrés circulant sans passavans doivent-ils être considérés comme ceux surpris introduisant?*

RÉP. Indépendamment des importations, exportations frauduleuses ou prohibées, la législation des douanes parle encore de la circulation sans passavant: elle a distingué ces deux espèces de contravention, et n'a pas vu dans la dernière une importation ou exportation suffisamment caractérisée; il faut donc distinguer avec elle.

Par conséquent, celui qui est rencontré circulant sans passavant, sans que d'ailleurs on puisse légalement constater qu'il vient de l'étranger, est seulement soumis aux dispositions des articles 15 et 16 du titre 3 de la loi du 22 août 1791, de la loi du 19 vendémiaire an 6, et de l'arrêté du 22 thermidor an 10. (*Voir* Police des frontières de terre, liv. 2, tit. 5.)

On excepte le cas où les marchandises porteroient en elles-mêmes la preuve de leur origine angloise et conséquemment de leur importation prohibée, et où la loi du 10 brumaire an 5 deviendroit alors applicable. (*CD.* 10 *frimaire an* 13.)

SURVEILLANCE DE LA HAUTE POLICE. — Voici ce que dit le Code pénal:

Art. 44. « L'effet du renvoi sous la surveillance de la haute police de l'état, sera de donner au gouvernement, ainsi qu'à la partie intéressée, le droit d'exiger, soit de l'individu placé dans cet état, après qu'il aura subi sa peine, soit de ses père et mère, tuteur ou curateur, s'il est en âge de minorité, une caution solvable de bonne conduite, jusqu'à la somme qui sera fixée par l'arrêt ou le jugement: toute personne pourra être admise à fournir cette caution. »

« Faute de fournir ce cautionnement, le condamné

« demeure à la disposition du gouvernement, qui a « le droit d'ordonner, soit l'éloignement de l'individu « d'un certain lieu, soit sa résidence continue dans « un lieu déterminé de l'un des départements de l'em- « pire. »

Art. 45. « En cas de désobéissance à cet ordre, le « gouvernement aura le droit de faire arrêter et dé- « tenir le condamné, durant un intervalle de temps « qui pourra s'étendre jusqu'à l'expiration du temps « fixé pour l'état de la surveillance spéciale. »

Art. 46. « Lorsque la personne mise sous la sur- « veillance spéciale du gouvernement, et ayant ob- « tenu sa liberté sous caution, aura été condamnée « par un arrêt ou jugement devenu irrévocable, pour « un ou plusieurs crimes, ou pour un ou plusieurs « délits commis dans l'intervalle déterminé par l'acte « de cautionnement, les cautions seront contraintes, « même par corps, au paiement des sommes portées « dans cet acte.

« Les sommes recouvrées seront affectées de pré- « férence aux restitutions, aux dommages-intérêts « et frais adjugés aux parties lésées par ces crimes « ou ces délits. »

Il résulte de ces dispositions,

1°. Que le cautionnement a pour objet d'assurer le recouvrement des condamnations pécuniaires dont un fraudeur seroit ultérieurement passible, si, pendant le temps de la mise en surveillance, sa conduite donnoit lieu à de nouveaux reproches;

2°. Que la quotité du cautionnement doit être fixée, d'après la demande du directeur des douanes, par l'arrêt ou le jugement même de condamnation; mais qu'ensuite, et conformément à l'article 44 ci-dessus, on a la faculté d'exiger ou de ne pas exiger ce cautionnement, ou même, suivant les circonstances, d'en exiger un moindre que celui fixé par le jugement; et, à cet égard, le directeur doit, d'après la réputation des *condamnés* et leur plus ou moins grande habitude à la fraude, se concerter avec le procureur général, soit pour la demande des cautionnemens, soit pour provoquer l'éloignement, des frontières, des condamnés qui ne pourroient ou ne voudroient pas satisfaire à cette demande;

3°. Enfin, que ce ne seroit que dans l'hypothèse où un condamné, n'ayant pas fourni le cautionnement demandé, n'obéiroit pas à l'ordre qui lui auroit été donné de s'éloigner de la frontière, qu'il pourroit être détenu pendant un temps égal à sa mise en surveillance. (*CD.* 23 *juin* 1812.)

§. II. *Peines applicables aux auteurs et complices d'entreprises de fraudes en marchandises tarifées.*

1159. Les entrepreneurs de fraudes en marchandises tarifées, ceux qui auront conduit ou dirigé les réunions de fraudeurs, les assureurs, les intéressés et leurs complices, seront punis de quatre ans de travaux forcés, sans préjudice des dommages-intérêts envers l'état, proportionnés aux bénéfices qu'ils auront pu retirer de la fraude. (*DI.* 18 *octobre* 1810, *art.* 17.)

Ce qui indique clairement que l'article 15 de ce décret entend parler des marchandises frappées de prohibition absolue, et non de celles soumises à la prohibition relative, c'est que celui-ci établit une peine différente lorsque l'entreprise de fraude porte sur des marchandises imposées à des droits par le tarif.

1160. Les simples porteurs pourront, en cas de circonstances atténuantes, n'être punis que conformément à l'article 16. (*DI.* 18 *octobre* 1810, *art.* 18.)

L'ARTICLE 16 de ce décret est placé au n° 1158. *Voir* la note que j'y ai faite, relativement à l'espèce de peines correctionnelles à appliquer.

SECTION III. — *Des peines applicables à la fraude simple.*

1161. Toute personne qui, sans concert ni relations propres à constituer une entreprise ou une assurance, sera trouvée introduisant des marchandises en fraude des droits de douanes, sera punie de peines de police correctionnelle, conformément aux lois actuellement existantes, et renvoyée sous la surveillance spéciale de la haute police, pour un temps qui ne sera pas moindre de trois ans et n'en excédera pas six, en se conformant à l'article 16. (*DI.* 18 *octobre* 1810, *art.* 19.)

L'ARTICLE 16 de ce décret est placé au n°. 1158.

De ce qu'on admettroit l'opinion, contraire à la

mienne, que les articles 16 et 18 du décret du 18 octobre 1810 abrogent les dispositions antérieures à ce décret, qui fixent la durée de l'emprisonnement pour infractions de douanes, on ne pourroit assurément en conclure pareille abrogation pour les cas de fraude simple, puisque l'article 19 ci-dessus dit expressément qu'elle *sera punie de peines correctionnelles, conformément aux lois existantes à l'époque du 18 octobre 1810.....* Certes! il découle de ces termes que, lors même que les lois de douanes antérieures à cette date ne prononcent pas de peine d'emprisonnement, on ne peut invoquer l'article 40 du Code pénal, et que l'on doit se borner à requérir la confiscation et l'amende, s'il y a lieu.

Ainsi, l'article ci-dessus n'a ajouté aux anciennes lois pénales de douanes que le seul renvoi sous la surveillance de la haute police, et encore n'est-ce que dans le seul cas d'introduction.

1162. Tous négocians et commissionnaires qui seront convaincus d'avoir importé ou exporté en fraude des denrées ou marchandises, ou d'avoir, à la faveur de l'entrepôt et du transit, effectué des soustractions, substitutions ou versemens dans l'intérieur, pourront, indépendamment des peines portées par les lois, être privés, par un arrêté spécial du gouvernement, de la faculté de l'entrepôt et du transit, ainsi que de tout crédit de droits.

Les négocians et commissionnaires qui prêteroient leur nom pour soustraire aux effets de cette disposition ceux qui en auroient été atteints, encourront les mêmes peines. (8 *floréal an* 11, *art.* 83.)

CHAPITRE II. — *Des peines applicables aux individus qui se sont opposés à l'exercice des employés des douanes.*

1163. Toute personne qui s'opposera à l'exercice des préposés des douanes sera condamnée à une amende de 500 francs.

Dans le cas où il y auroit voie de fait, il en sera dressé procès-verbal, qui sera envoyé au *procureur impérial*, pour en poursuivre les auteurs et leur faire infliger les peines portées par le Code pénal contre ceux qui s'opposent avec violence à l'exercice des fonctions publiques. (4 *germinal an* 2, *art.* 2, *tit.* 4.)

L'ARTICLE 14 du titre 13 de la loi du 22 août 1791 contient à peu près les mêmes dispositions. *Voir* n° 113.

Il a été écrit administrativement, le 9 novembre 1811, que le singulier *toute personne* indiquoit clairement que l'amende édictée par les articles précités des lois de 1791 et de l'an 2, étoit individuelle et non pas collective; qu'ainsi il devoit être prononcé autant d'amendes de 500 francs qu'il y avoit eu de personnes opposantes à l'exercice des préposés, ou les injuriant.

Mais ce n'est pas là la grande question : il s'agit de savoir si les articles 14 du titre 13 de la loi d'août 1791 et 2 du titre 4 de la loi de germinal an 2, ne se trouvent pas abrogés par les articles 209 à 218, et 228 à 233 du Code pénal.

Avant d'examiner cette question d'abrogation, rapportons d'abord ce que dit ce Code pénal.

1°. Les articles 209 à 218, qui font partie du paragraphe REBELLION, sont ainsi conçus :

Art. 209. « Toute attaque, toute résistance avec « violence et voies de fait envers les officiers minis- « teriels, les gardes champêtres ou forestiers, la « force publique, les préposés à la perception des « taxes et des contributions, leurs porteurs de con- « traintes, les préposés des douanes, les séquestres, « les officiers ou agens de la police administrative ou « judiciaire, agissant pour l'exécution des lois, des « ordres ou ordonnances de l'autorité publique, des « mandats de justice ou jugemens, est qualifiée, se- « lon les circonstances, crime ou délit de rebellion.

210. « Si elle a été commise par plus de vingt « personnes armées, les coupables seront punis des « travaux forcés à temps; et s'il n'y a pas eu port « d'armes, ils seront punis de la réclusion.

211. « Si la rebellion a été commise par une « réunion armée de trois personnes ou plus, jus- « qu'à vingt inclusivement, la peine sera la réclu- « sion; s'il n'y a pas eu port d'armes, la peine sera « un emprisonnement de six mois au moins et deux « ans au plus.

212. « Si la rebellion n'a été commise que par une « ou deux personnes avec armes, elle sera punie d'un « emprisonnement de six mois à deux ans; et si « elle a eu lieu sans armes, d'un emprisonnement de « six jours à six mois.

213. « En cas de rebellion avec bande ou attroupement, l'article 100 du présent Code sera applicable aux rebelles sans fonctions ni emplois dans la bande, qui se seront retirés au premier avertissement de l'autorité publique, ou même depuis, s'ils n'ont été saisis que hors du lieu de la rebellion, et sans nouvelle résistance et sans armes.

214. « Toute réunion d'individus pour un crime ou un délit, est réputée réunion armée, lorsque plus de deux personnes portent des armes ostensibles.

215. « Les personnes qui se trouveroient munies d'armes cachées, et qui auroient fait partie d'une troupe ou réunion non réputée armée, seront individuellement punies comme si elles avoient fait partie d'une troupe ou réunion armée.

216. « Les auteurs des crimes et délits commis pendant le cours et à l'occasion d'une rebellion, seront punis des peines prononcées contre chacun de ces crimes, si elles sont plus fortes que celles de la rebellion.

217. « Sera puni comme coupable de la rebellion, quiconque y aura provoqué, soit par des discours tenus dans des lieux ou réunions publics, soit par placards affichés, soit par écrits imprimés.

« Dans le cas où la rebellion n'aurait pas eu lieu, le provocateur sera puni d'un emprisonnement de six jours au moins, et d'un an au plus.

218. « Dans tous les cas où il sera prononcé, pour fait de rebellion, une simple peine d'emprisonnement, les coupables pourront être condamnés en outre à une amende de seize francs à deux cents francs. »

2°. Les articles 228 à 233, qui appartiennent au paragraphe OUTRAGES ET VIOLENCES dudit Code pénal, portent :

Art. 228. « Tout individu qui, même sans armes, et sans qu'il en soit résulté de blessures, aura frappé un magistrat dans l'exercice de ses fonctions, ou à l'occasion de cet exercice, sera puni d'un emprisonnement de deux à cinq ans.

« Si cette voie de fait a eu lieu à l'audience d'une cour ou d'un tribunal, le coupable sera puni du carcan.

229. « Dans l'un et l'autre des cas exprimés en l'article précédent, le coupable pourra de plus être condamné à s'éloigner, pendant cinq à dix ans, du lieu où siége le magistrat, et d'un rayon de deux myriamètres. Cette disposition aura son exécution du jour où le condamné aura subi sa peine. Si le condamné enfreint cet ordre avant l'expiration du tems fixé, il sera puni du bannissement.

« 230. Les violences de l'espèce exprimée en l'article 228, dirigées contre un officier ministériel, un agent de la force publique, ou un citoyen chargé d'un ministère de service public, si elles ont eu lieu pendant qu'ils exerçoient leur ministère ou à cette occasion, seront punies d'un emprisonnement d'un mois à six mois.

« 231. Si les violences exercées contre les fonctionnaires et agens désignés aux articles 228 et 230 ont été la cause d'effusion de sang, blessures ou maladie, la peine sera la réclusion : si la mort s'en est suivie dans les quarante jours, le coupable sera puni de mort.

« 232. Dans le cas même où ces violences n'auroient pas causé d'effusion de sang, blessures ou maladie, les coups seront punis de la réclusion, s'ils ont été portés avec préméditation ou guet-apens.

« 233. Si les blessures sont du nombre de celles qui portent le caractère de meurtre, le coupable sera puni de mort. »

On vient de voir que les articles 209 à 218 ci-dessus sont relatifs au cas de rebellion sans voie de fait contre les personnes, et que les articles 228 à 233 concernent la punition des outrages et violences exercés envers les dépositaires de l'autorité publique.

Il est d'abord à remarquer que les peines de réclusion et de mort ne peuvent être prononcées par des tribunaux ordinaires. — Et il est aussi à observer qu'on ne peut invoquer les articles ci-dessus du Code pénal qu'autant que dans la rebellion ou les violences il n'y auroit pas eu dessein de faire ou de favoriser la fraude ; car, dans l'un de ces deux cas, ce seroit, suivant la gravité du crime ou du délit, les dispositions pénales de la loi du 13 floréal an 11 ou celles du décret du 18 octobre 1810, qui deviendroient applicables. Ainsi je raisonne ici abstraction des cas de fraude et de contrebande.

Rien, assurément, n'empêche que les artciles 228 à 233 du Code pénal ne marchent de pair avec les seconds paragraphes des articles ci-dessus cités et rapportés des lois de 1791 et de l'an 2, puisque ces dernières dispositions invoquent celles du Code pénal pour les cas de violences et de voies de fait.

Mais il n'en est pas ainsi relativement aux injures et à l'opposition sans voie de fait ; les lois de 1791 et de l'an 2 prononcent une amende et n'appellent pas cumulativement une autre peine......

En ce sens, donc, il ne me paroît pas que les articles 209 à 218 abrogent l'amende de 500 francs édictée par les lois de 1791 et de l'an 2, puisque des injures et même une opposition sans voie de fait ne constituent pas positivement une rebellion, seul cas où sont applicables les articles 209 à 218 du Code...... L'opposition, dit le Dictionnaire de l'Académie, est un empêchement, un obstacle, tandis que la rebellion est un soulèvement, une résistance ouverte qui entraîne l'idée de la révolte.

JURISPRUDENCE. — *Les procès-verbaux des préposés des douanes ne font-ils foi jusqu'à inscription de faux, que relativement aux faits de fraude et de contravention, et non pour les injures proférées, ou voies de fait exercées contre les préposés?*

Le 11 avril 1807, des préposés de douanes ont

dressé un procès-verbal, relativement à l'introduction de marchandises prohibées, et ont constaté par ce procès-verbal qu'ils avoient été insultés par Jean-Mathieu Geilin, dans l'exercice de leurs fonctions. — Celui-ci a été poursuivi par voie de police correctionnelle. — Il a offert de prouver par témoins que, loin d'avoir insulté ou menacé les préposés des douanes, ceux-ci l'avoient, au contraire, battu et maltraité. — Il a été admis à faire cette preuve. — Et c'est en se fondant sur le résultat des déclarations des témoins, que la cour de justice criminelle de la Meuse-Inférieure a jugé que Geilin n'avoit pas commis le délit qui lui étoit imputé. — Pourvoi en cassation, pour violation de la loi, qui veut que les procès-verbaux des préposés des douanes fassent foi jusqu'à inscription de faux.

Arrêt du 11 décembre 1807. « La cour, sur les « conclusions de M. Daniels, substitut du procu- « reur général, attendu que si, aux termes de l'art. « 11 du titre 4 de la loi du 9 floréal an 7, les procès- « verbaux des préposés des douanes doivent faire foi « jusqu'à inscription de faux, cette disposition n'est « relative qu'aux faits de fraude et de contravention, « et ne s'étend pas à des faits d'injures ou voies de « fait qui, par leur nature, opèrent un délit particu- « lier qui doit être poursuivi et jugé dans les formes « réglées par la loi générale, et à l'égard duquel le « procès-verbal ne fait pas foi nécessaire : — Re- « jette, etc. » (*Cour de cassation, section criminelle.*)

OBSERV. Il n'est assurément pas écrit dans la loi du 9 floréal an 7, ni même dans aucune autre, que le procès-verbal des douaniers, pour faire foi nécessaire en justice, doit être exclusivement relatif à des faits de fraude, et il résulte au contraire de la combinaison de l'article 11 du titre 4 de cette loi du 9 floréal avec l'article premier du même titre que, pour être cru jusqu'à inscription de faux, il suffit que ce rapport, lorsqu'il est régulier en la forme, *constate une contravention aux LOIS relatives aux importations, exportations et circulation* (voir n° 1047).... Si le législateur avoit voulu que l'article 11 précité ne fût applicable qu'alors qu'il avoit été constaté des faits de fraude, il n'auroit pas dit *contravention aux* LOIS *relatives*, il auroit dit *contravention aux* DISPOSITIONS *relatives*, ou simplement *contravention relative aux importations*, etc.; en se servant de l'expression *contravention aux* LOIS RELATIVES, il a donc bien évidemment entendu que le procès-verbal doit faire foi contre toutes les contraventions proscrites par les lois relatives à la matière; or, les lois des 22 août 1791 et 4 germinal an 2 ne sont-elles pas des *lois relatives aux importations, exportations et circulation*, et les injures et voies de fait ne sont-ils pas des délits de douanes que ces deux lois défendent?

On pourroit peut-être induire de l'arrêt du 2 juillet 1812, que, nonobstant celui du 12 juin 1807, page 427, la cour de cassation changeroit aujourd'hui de jurisprudence, si le procès-verbal portoit sur des voies de fait exercées par un attroupement. Je sais bien qu'on peut répliquer que le préposé seroit juge et partie dans sa propre cause si son procès-verbal faisoit foi pour des injures; mais n'en est-il pas ainsi lorsqu'il constate des importations ou des exportations frauduleuses; la saisie qu'il opère est à son profit, et dès lors cette objection est nulle;..... on auroit d'ailleurs pour les injures, comme on l'a pour des faits de fraude, le droit de s'inscrire en faux...

J'ai dit, sous le n° 113, que j'examinerois, ici, devant quel tribunal on doit procéder alors qu'il y a eu injure sans voie de fait, et sous le n° 1078 que je n'étois pas de l'avis que la connoissance des injures et voies de fait exercées par des militaires envers des préposés de douanes, n'étoit pas dévolue aux tribunaux ou cours de douanes suivant la gravité.

J'ai réfléchi depuis que toutes les inductions que je pourrois tirer des lois de douanes pour appuyer mon opinion, ne feroient pas changer les termes des articles 5 et 7 du décret du 18 octobre 1810, et que la cour de cassation ayant fixé de nouveau la compétence par son arrêt du 2 juillet 1812, sous le n° 1128, il devient inutile que je développe cette opinion, puisque ce seroit actuellement grossir ce volume sans objet.... J'en ai, d'ailleurs, dit assez sous le paragraphe JURISPRUDENCE ci-dessus pour qu'on sente d'où j'aurois tiré mes inductions.

CHAPITRE III. — *Des peines applicables à la forfaiture des agens des douanes.*

SECTION I. — *Des peines applicables aux agens des douanes qui ont favorisé la contrebande.*

1164. Tous préposés des douanes, et toutes personnes chargées de leur prêter main-forte, qui seroient convaincus d'avoir favorisé les importations ou exportations d'objets de contrebande, même sans attroupement et port d'armes, seront punis de la peine des fers, qui ne pourra être prononcée pour moins de cinq ans ni pour plus de quinze.

Ils seront punis de la peine *de mort*, si la contrebande qu'ils auront favorisée a été faite avec attroupement et port d'armes. (13 *floréal an* 11, *premier paragraphe de l'art.* 6.)

SECTION II. — *Des peines applicables aux employés qui se sont laissé corrompre.*

1165. Si les préposés des douanes reçoivent directement ou indirectement quelque récompense, gratification ou présent, ils seront condamnés aux peines portées dans le Code pénal contre les fonctionnaires publics qui se laisseront corrompre. (4 *germinal an* 2, *art.* 3, *tit.* 4.)

LES articles du Code pénal, qui règlent ces peines, sont ainsi conçus :

Art. 177. « Tout fonctionnaire public de l'ordre « administratif ou judiciaire, tout agent ou préposé « d'une administration publique, qui aura agréé des « offres ou promesses, ou reçu des dons ou présens « pour faire un acte de sa fonction ou de son emploi, « même juste, mais non sujet à salaire, sera puni du « carcan, et condamné à une amende double de la « valeur des promesses agréées ou des choses reçues, « sans que ladite amende puisse être inférieure à « deux cents francs.

« La présente disposition est applicable à tout « fonctionnaire, agent ou préposé de la qualité ci-des- « sus exprimée, qui, par offres ou promesses agrée, « dons ou présens reçus, se sera abstenu de faire un « acte qui entroit dans l'ordre de ses devoirs.

Art. 178. « Dans le cas où la corruption auroit pour « objet un fait criminel emportant une peine plus « forte que celle du carcan, cette peine plus forte « sera appliquée aux coupables. »

JURISPRUDENCE. *Les témoins peuvent-ils être entendus contre un procès-verbal des préposés aux douanes, au cas où ces préposés n'ont rédigé un procès-verbal de saisie que pour couvrir leur propre prévarication ?* (Réponse affirmative.)

LE 18 octobre 1809, des employés de Livourne avoient constaté la saisie de quatre ballots de draps. Le commissaire de police prétendoit que l'introduction de ces marchandises avoit été favorisée par ces mêmes employés, et rendit plainte dans cet objet.

L'instruction sur cette plainte ayant eu lieu, les préposés furent mis en jugement, d'après l'autorisation de M. le directeur général.

Les préposés opposèrent aux débats la foi due aux procès-verbaux, et prétendirent qu'on ne pouvoit admettre, contre le contenu au rapport par eux rédigé le 18 octobre, une preuve testimoniale.

Le tribunal, considérant que la plainte dont il s'agissoit étoit directe contre les employés, et étrangère au fait de fraude constaté par le rapport, n'a point eu égard aux moyens proposés, a entendu les témoins, et a prononcé la peine des fers contre les préposés. Ils se sont pourvus en cassation, et la cour, par son arrêt du 6 juillet 1810;

« Attendu, 1°. que le commissaire de police, « procédant à la constatation d'un délit, a pu prendre « les déclarations, non seulement des prévenus, « mais aussi de tous autres pouvant donner des « renseignemens, et que d'ailleurs, les actes de ce « fonctionnaire ne pouvoient vicier la procédure te- « nue postérieurement, en vertu de l'autorisation « donnée pour la poursuite et la mise en jugement « des réclamans;

« Attendu, 2°. que l'arrestation des prévenus a « eu lieu en vertu de mandats de dépôt et d'arrêt « régulièrement décernés, ainsi qu'il est constaté « par les pièces;

« Attendu, 3°. que la loi laisse au procureur gé- « néral impérial le droit de régler les témoins qu'il « juge convenable de faire entendre; que les accusés « ne peuvent se plaindre de ce que l'on n'a pas ap- « pelé tous les témoins à charge contre eux, et « que d'ailleurs ils pouvoient provoquer leur audi- « tion, s'ils eussent jugé qu'elle pouvoit leur être « utile;

« Attendu, 4°. qu'aucun des témoins entendus ne « se trouve dans la prohibition portée par le Code « criminel, et que l'appréciation de leur déclaration « appartient exlusivement aux juges et aux jurés;

« Attendu, 5°. qu'il a été fait une juste applica- « tion de la loi pénale aux faits déclarés par l'arrêt « attaqué;

« Attendu, 6°. que la loi qui veut que foi soit « ajoutée aux procès-verbaux des préposés des « douanes, jusqu'à inscription de faux, n'est re- « lative qu'aux prévenus de contravention, et n'est « pas applicable au cas où les préposés n'ont rédigé « un procès-verbal que pour couvrir leur propre « prévarication;

« Attendu, 7°. que d'après l'organisation parti- « culière de la cour de justice criminelle du dépar- « tement de la Méditerranée, l'instruction et le ju- « gement ont eu lieu conformément à la loi;

« Attendu, 8°. que l'expédition de l'arrêt attaqué « est dans la forme prescrite, et qu'il n'en résulte ni « ne peut en résulter que la minute de l'arrêt n'a « pas été signée par tous les juges;

« Attendu enfin que, dans l'espèce, la procédure « est régulière, et la peine justement appliquée. — « Par ces motifs, la cour rejette...., etc. »

1166. Si un des coupables dénonce la corruption, il sera absous des peines, amende et confiscation. (4 *germinal an* 2, *art.* 4, *tit.* 4.)

JURISPRUDENCE. — *La prévarication doit-elle être jugée avant de prononcer l'absolution accordée par l'article ci-dessus à celui qui dénonce la corruption?* (Réponse affirmative.)

Un particulier à qui des grains avoient été saisis, dénonça que les préposés saisissans avoient reçu de lui une somme d'argent pour le laisser passer librement, et en conséquence de cette dénonciation réclama le bénéfice de l'article 4 ci dessus. — Le tribunal de Mondovi, jugeant la prévarication suffisamment prouvée par une audition de témoins, prononça l'absolution des peines, amende et confiscation. — La cour criminelle confirma ce jugement. — Sur le pourvoi en cassation, il intervint, le 3 frimaire an 12, arrêt comme suit :

« Attendu que si, d'après la disposition de l'art. 4 « du titre 4 de la loi du 4 germinal an 2, le cou- « pable de fraude qui a dénoncé la corruption des « préposés des douanes, doit être absous des peines « d'amende et de confiscation, cette absolution est « nécessairement subordonnée à la preuve réguliè- « rement établie du fait de corruption.

« Mais qu'un fait de cette nature, constituant un « délit qui, aux termes de ladite loi, doit être puni « des peines infamantes portées par le Code pénal « contre les fonctionnaires prévaricateurs, ce n'est « que dans les formes déterminées pour la poursuite « et le jugement de tout délit emportant peine afflic- « tive ou infamante, qu'il doit être jugé s'il y a eu « ou non corruption de préposés;

« Que, jusqu'à ce que la dénonciation ait été ainsi « reconnue fondée, il ne peut y avoir lieu par les « tribunaux saisis de la connoissance du fait de con- « travention, de faire jouir le dénonciateur du bé- « néfice de la loi;

« Qu'il en est du fait de corruption comme du « fait de faux dont seroit argué le procès-verbal « constatant une contravention; que dans l'un et « l'autre cas il doit être préalablement procédé, dans « les formes voulues par la loi, au jugement du « délit, et que ce n'est qu'après le jugement qu'il « peut être statué sur les intérêts civils;

« Que, dans l'espèce, le tribunal civil de l'arron- « dissement de Mondovi, jugeant correctionnelle- « ment, s'est cependant permis de connoître du fait « de corruption dénoncé par Aschiery et de le faire « profiter immédiatement de la disposition dudit « article 4 de la loi du 4 germinal an 2; ce qui est « un excès de pouvoir que le tribunal criminel des « départemens de la Stura et du Tanaro a partagé « en confirmant, sur l'appel, le jugement rendu en « première instance par ledit tribunal civil. — Par « ces motifs, la cour casse, etc. »

SECTION III. — *Des peines applicables aux employés qui ont perçu de plus forts droits que ceux fixés.*

1167. Il est défendu *aux employés des douanes* de percevoir d'autres et plus forts droits que ceux fixés, à peine de concussion. (22 *août* 1791, *second paragraphe de l'art.* 29, *titre* 13.)

LE Code pénal dit :

Art. 174. « Tous fonctionnaires, tous officiers « publics, leurs commis ou préposés, tous percep- « teurs des droits, taxes, contributions, deniers, « revenus publics ou communaux, et leurs commis « ou préposés, qui se seront rendus coupables du « crime de concussion, en ordonnant de percevoir, « ou en exigeant ou recevant ce qu'ils savoient n'ê- « tre pas dû, ou excéder ce qui étoit dû pour droits, « taxes, contributions, deniers ou revenus, ou pour « salaires ou traitemens, seront punis, savoir, les « fonctionnaires ou les officiers publics, de la peine « de la réclusion; et leurs commis ou préposés, d'un « emprisonnement de deux ans au moins et de cinq « ans au plus.

« Les coupables seront de plus condamnés à une « amende dont le *maximum* sera le quart des res- « titutions et des dommages-intérêts, et le *minimum* « le douzième. »

J'ai rapporté sous les numéros 161 à 163, d'autres dispositions répressives, relativement à la comptabilité. *Voir* donc ces numéros.

SECTION IV. — *Des peines applicables aux agens des douanes et autres fonctionnaires qui ont favorisé des infractions aux lois du blocus.*

1168. Tout fonctionnaire ou agent du gouvernement qui sera convaincu d'avoir favorisé des contraventions aux décrets des 23 novembre et 17 décembre 1807, sera traduit devant la cour criminelle du département de la Seine, qui sera formée à cet effet en tribunal spécial, et poursuivi et puni comme coupable de haute trahison. (*DI.* 11 *janvier* 1808, *art.* 3.)

LES décrets des 25 novembre et 17 décembre 1807 sont classés sous les numéros 270 à 275; ils sont relatifs au blocus des îles britanniques.

La grande question seroit aujourd'hui de savoir si, nonobstant la création des cours prévôtales, la cour spéciale de la Seine est restée compétente pour juger les infractions aux lois du blocus.

TITRE III.

Des transactions en matière de fraude des droits de douanes.

CHAPITRE UNIQUE. — *Conditions d'après lesquelles les transactions pourront avoir lieu.*

1169. Il ne pourra être fait aucune transaction pour arrêter ou suspendre les poursuites contre les entrepreneurs de fraude, les assureurs, les intéressés et complices desdites entreprises en marchandises prohibées ou tarifées.

Il en sera de même à l'égard des auteurs, fauteurs et complices de contrebande à main armée, et des chefs de bande, directeurs et conducteurs de réunions de fraudeurs. (*DI.* 18 *octobre* 1810, *art.* 22.)

SUR la question de savoir si l'administration des douanes pouvoit consentir des transactions avec les porteurs de la fraude opérée par entreprise, lorsqu'ils n'ont été condamnés qu'à une peine correctionnelle, par application de l'article 16 du décret du 18 octobre 1810 (nº 1158), il a été écrit, le 3 août 1810, par S. Exc. le ministre du commerce, à S. Exc. le grand-juge, qu'il partageoit l'opinion que toute transaction est interdite dans les cas prévus par les articles 16 et 22 du décret du 18 octobre 1810.

1170. Dans les autres affaires de fraude, les transactions ne pourront avoir lieu, lorsque le montant des condamnations en amendes et confiscations pourra excéder la somme de trois mille francs, que par autorisation donnée par SA MAJESTÉ, sur le rapport d'une commission spéciale qu'ELLE nommera à cet effet. (*DI.* 18 *octobre* 1810, *art.* 23.)

CETTE commission spéciale a été nommée par le décret du 11 juin 1812, qui est ainsi conçu :

Art. 1er. « Il sera formé une commission spéciale « à laquelle seront renvoyées les transactions pro- « posées en matière de douanes, au-dessus de trois « mille francs, aux termes du décret du 18 octobre « 1810.

Art. 2. « Cette commission sera composée de mes- « sieurs Defermont, ministre d'état, président, « Jollivet, Dubois et Corvetto, conseillers d'état. »

L'arrêté du 14 fructidor an 10 dit, en son article 1er. :

« L'administration des douanes est autorisée à « transiger sur les procès relatifs aux contraven- « tions aux lois qui régissent cette partie du re- « venu public, soit avant, soit après le jugement. »

Bien certainement cette disposition, qui autorisoit à transiger, soit avant, soit après le jugement, est restée dans toute sa vigueur, pour les cas autres que ceux prévus par l'art. 22 du décret du 18 octobre 1810; c'est d'ailleurs ce qui résulte des différentes décisions et circulaires transmises depuis ce dernier décret.

Pour prévenir les abus auxquels les transactions pourroient donner lieu si elles étoient admises trop légèrement, M. le directeur général a pensé qu'il ne devoit lui en être proposé aucune avant que MM. les procureurs impériaux eussent été consultés relativement à la non existence des circonstances aggravantes prévues par l'article 22 du décret du 18 octobre 1810.

Les directeurs apercevront en effet qu'il seroit possible que quelques unes de ces circonstances qui auroient pu échapper aux préposés au moment de la saisie soient ensuite découvertes par les informations, même secrètes, que pourroit faire M. le procureur impérial, et qu'il importe ainsi de ne pas proposer hâtivement des transactions qui accorderoient des remises à des individus vraiment coupables, mais dont la culpabilité n'auroit pas été reconnue, faute de recherches nécessaires.

En conséquence, aussitôt qu'un rapport aura été rédigé, les directeurs devront en faire remettre une copie à M. le procureur impérial, ainsi que le prescrivent les différentes instructions, et notamment la circulaire du 18 juillet 1811, et lui donner en même temps tous les renseignemens qu'on aura pu se procurer.

Si ce magistrat, que l'on consultera à cet effet, pense qu'il n'y a aucune des circonstances ci-dessus, les directeurs informeront M. le directeur général, et lui soumettront en même temps les offres des prévenus.

Dans l'hypothèse contraire, il devra être donné suite au rapport. Mais si la cour prévôtale se déclaroit incompétente, ou si le tribunal ordinaire prononçoit lui-même, il seroit prouvé, quand cet arrêt ou ce jugement seroit définitif, qu'il n'y auroit eu aucune circonstance de la nature de celles qui, d'après l'article 22 du décret du 18 octobre, s'opposeroient aux transactions; alors, et quelle qu'ait été dans l'origine l'opinion particulière de M. le procureur impérial, et si d'ailleurs il existoit des motifs d'indulgence, et qu'il fût évident, en un mot, que le tribunal n'auroit prononcé de peine que parce qu'il est seulement juge du fait matériel, sans qu'il lui soit permis d'avoir égard à l'intention, les directeurs pourront encore référer des propositions d'arrangement qui seroient faites, en fixant aussi M. le directeur général sur le montant des condamnations encourues.

Toute proposition d'arrangement qui ne sera pas faite conformément aux instructions contenues dans la présente sera regardée comme non avenue. (*CD.* 16 *octobre* 1811.)

Les juges excéderoient leurs pouvoirs, s'ils s'immisçoient dans l'examen des motifs qui peuvent faire admettre les transactions, lorsqu'un jugement a déclaré la compétence du tribunal ordinaire. (*Lettre du ministre de la justice, du* 11 *octobre* 1811, *au procureur impérial, à Alexandrie.*)

Sur la question de savoir si, lorsqu'il ne s'agit pas d'un délit sur lequel une cour prévôtale auroit prononcé, et que le jugement émané d'un tribunal ordinaire des douanes a été pleinement exécuté sous le rapport de l'emprisonnement, il y avoit lieu de proposer l'acceptation des offres que des secours étrangers pourroient quelquefois permettre à des condamnés insolvables pour être libérés de toutes poursuites ultérieures; ou si, au contraire, on devoit se borner à surseoir à ces poursuites, sauf à les reprendre si les parties présentoient un jour quelque solvabilité, et à défaut par elles de fournir le cautionnement résultant de leur mise en surveillance, les obliger à s'éloigner des frontières?

S. Ex. le ministre du commerce a répondu, le 8 septembre 1812, que le cas où des condamnés insolvables trouvent des secours étrangers pour être, par forme d'arrangement, libérés de toute poursuite, devoit être extrêmement rare, et ne pourroit déterminer à s'écarter des principes; qu'il étoit plus régulier, et même plus avantageux aux intérêts bien entendus du trésor public, de courir le risque de ne rien recouvrer, en se bornant à surseoir aux poursuites; sauf à les reprendre si les condamnés offroient ultérieurement quelque solvabilité; qu'il étoit donc préférable d'exiger d'eux le cautionnement en vertu de la mise en surveillance, et à défaut de le fournir, de les obliger à s'éloigner de la frontière.

Ainsi, on ne doit jamais proposer de transaction, lorsqu'il n'y a pas d'autre motif que celui d'obtenir un recouvrement plus avantageux que celui qu'on pourroit espérer des poursuites judiciaires. (*CD.* 26 *septembre* 1812.)

1171. Les transactions dans les affaires de trois mille francs et au-dessous seront faites en conformité des dispositions de l'art. 2 du décret du 14 fructidor an 10. (*DI.* 18 *octobre* 1810, *art.* 24.)

En conséquence, ces transactions seront définitives : 1°. avec l'approbation du directeur sur les lieux, lorsque, sur les procès-verbaux de contraventions et saisies, les condamnations de confiscations et amendes à obtenir ne s'élèveront pas à plus de cinq cents francs;

2°. Avec l'approbation du directeur général des douanes, lorsque lesdites condamnations s'élèveront de cinq cents à trois mille francs....... (*AC.* 14 *fructidor an* 10, *art.* 2.)

Le considérant de cet arrêté est ainsi conçu : « S'il « importe à l'intérêt public de réprimer sévèrement « les fraudeurs, il est aussi de l'équité de ne pas appliquer rigoureusement les peines de la fraude à « ceux auxquels on ne peut reprocher qu'une erreur « ou l'ignorance des réglemens. — Il est d'ailleurs

« plus avantageux de terminer promptement par des « transactions, des procès de fraude, que d'épuiser « les lenteurs des tribunaux et les ressources de la « chicane, etc. »

Ces motifs font que les préposés ne peuvent consentir des transactions sur les affaires jugées en dernier ressort : il leur a également été défendu d'en faire aucune, même en cas de non jugement, et quel que fût le montant des condamnations encourues, sans en avoir référé au directeur général. (*Circulaire du 27 pluviose an 12.*)

Ainsi l'autorisation pour rendre définitive une transaction provisoire doit toujours être demandée à M. le directeur général, et par lettre séparée pour chaque affaire avant de répartir, sauf à faire consigner le montant de l'accommodement, ou à exiger une caution. (*LD. 13 janvier* 1808.) — Les lettres doivent être écrites sur des feuilles doubles.

Lorsqu'il s'agit d'une saisie de sel, le paiement des droits doit toujours être le principal objet de la transaction. (*LD. 10 octobre* 1806.)

Les transactions en matières ordinaires de sels ne seroient interdites qu'autant qu'il existeroit des circonstances aggravantes. (*CD. 7 décembre* 1810.)

Mais dans l'hypothèse même où il y auroit lieu à transaction, soit sur saisie de sel ou de toute autre marchandise, on devra s'abstenir toujours d'aucun accord provisoire, et se borner à référer simplement, à M. le directeur général, des affaires, des motifs d'après lesquels on pourroit transiger, et des conditions qui seroient dans le cas d'être exigées. — On devra également fixer M. le directeur général sur le montant des condamnations qui auroient été encourues. (*Même circulaire.*)

SUR *la question de savoir si l'on peut transiger*, 1°. *lorsqu'il s'agit d'objets tarifés;* 2°. *pour simple omission de formalités à la circulation;* 3°. *pour contravention à l'impôt du sel;* 4°. *lorsqu'il existe dans le rapport une nullité qui emporteroit la perte des condamnations d'amende;* 5°. *si le décret peut avoir un effet rétroactif?*

Il a été répondu :

Il suffit de se pénétrer des dispositions de l'article 22, pour connoître dans quel cas on ne peut admettre aucune proposition d'arrangement.

L'article 23 indique les circonstances dans lesquelles les transactions ne sont point interdites.

Ainsi, elles pourront avoir lieu dans les cas de fraude simple, soit à l'importation, soit à l'exportation, soit à la circulation, toutes les fois que les affaires ne présenteront pas un des caractères indiqués par les articles 15, 16, 17, 18 et 19; mais on ne pourra en admettre aucune sans qu'il en ait été référé à M. le directeur général, et on y indiquera en même temps la nature des circonstances et le montant des condamnations encourues.

A l'égard des saisies de peu d'importance pour simple défaut de formalité dans le transport des sels par terre, à dos de chevaux et mulets ou de petites voitures, les transactions provisoires pourront être consenties, comme précédemment, attendu la difficulté de retrouver des conducteurs sans domicile fixe et sans moyens pécuniaires; mais il en sera immédiatement rendu compte.

Quant aux nullités, elles ne peuvent jamais être opposées dans les cas prévus par l'article 5, puisque les procureurs généraux sont autorisés par l'article 6 à poursuivre d'office, sans qu'il soit nécessaire qu'il ait été rapporté procès-verbal.

Enfin la loi n'a point d'effet rétroactif pour l'application de ses dispositions pénales, lorsqu'il s'agit de transactions; elle est devenue exécutoire du jour où les directeurs ont reçu la circulaire du 16 novembre 1810, transmissive du décret du 18 octobre. (*Extrait de la circulaire du* 16 *janvier* 1811.)

La régie des droits réunis a autorisé ses directeurs dans les départemens à accepter immédiatement les propositions d'accommodement qui seroient faites pour les saisies effectuées à sa requête; en vertu de ces transactions, les prévenus sont immédiatement libérés des condamnations encourues.

En matière de douanes, au contraire, les fraudeurs, étant passibles de la détention lorsqu'ils importent du tabac ou du sel, sont mis en prison, et n'en peuvent sortir que long-temps après, et quand il y a une transaction approuvée dans la forme voulue par les articles 23 et 24 du décret du 18 octobre 1810.

Cette différence, dans les poursuites exercées contre des individus coupables de contraventions analogues, a frappé les tribunaux, et quelques uns d'eux ont manifesté le desir que la même marche fût suivie par les deux administrations.

S. Ex. le ministre des manufactures et du commerce, à qui il en a été référé, a fait connoître, par sa lettre du 5 septembre 1812, qu'il avoit été convenu, avec S. Ex. le ministre des finances, que les directeurs des douanes seroient autorisés, comme ceux des droits réunis, à conclure en matière de saisies de tabac et de sel, des arrangemens qui, *quoique provisoires jusqu'à sanction définitive*, recevroient immédiatement leur exécution relativement à la mise en liberté des prévenus arrêtés, en subordonnant cette faculté à l'obligation de prendre toujours l'avis des procureurs impériaux.

En faisant usage de la faculté accordée par cette décision, qui est spéciale aux saisies *de tabac* et *de sel*, les directeurs auront soin de prendre toujours l'avis de M. le procureur impérial, non pas seulement sur le caractère de l'affaire, ainsi que le prescrivoit la circulaire du 16 octobre 1811, mais sur les avantages que ce magistrat pourroit apercevoir dans la mise en liberté immédiate des prévenus, et ils en feront mention expresse dans les lettres où ils soumettront les arrangemens provisoires à la sanction du directeur général.

Ils auront soin aussi d'indiquer positivement le montant des condamnations encourues, conformément aux circulaires des 7 décembre 1810 et 16 janvier 1811. (*CD. du* 23 *octobre* 1812.)

Avant le décret du 18 octobre 1810, il avoit été adressé la circulaire suivante :

Quelques tribunaux, saisis d'une affaire, la poursuivoient toujours quoique terminée administrativement : le grand juge ministre de la justice a observé que les transactions étant des actes administratifs, les tribunaux ne doivent en connoître sous aucun prétexte ; il convient au surplus d'en instruire soit le procureur impérial, soit le président, afin d'arrêter les poursuites commencées. (*CD.* 13 *mai* 1808.)

Depuis, M. le procureur général près la cour prévôtale de Valenciennes, ayant rappelé les dispositions de l'arrêté du 14 fructidor an 10, relatif aux transactions, a demandé si un arrangement administratif, conclu après que l'exécution d'un jugement a été commencée, doit faire cesser l'exécution de ce jugement.

Cette question n'a pas paru douteuse, puisque autrement l'arrêté du 14 fructidor an 10 seroit illusoire ; d'ailleurs, ce principe a déja été reconnu et sanctionné. Il existe en effet plusieurs décrets rendus sur des affaires terminées par jugemens, et qui, en accordant remise des condamnations, ne libèrent pas moins de la peine correctionnelle que de toute autre.

L'effet des transactions est le même à l'égard des décisions que peut rendre M. le directeur général des douanes, en vertu de la délégation expresse que lui confère l'arrêté du 14 fructidor an 10, dans les cas où l'importance des condamnations ne met pas les affaires dans la classe de celles sur lesquelles S. M. s'est réservé de prononcer.

S. Exc. le grand juge, à qui les observations du procureur général de la cour prévôtale de Valenciennes ont été communiquées, a partagé l'opinion de S. Exc. le ministre du commerce, et a transmis des instructions conformes aux procureurs impériaux ; mais il a pensé qu'un individu détenu, soit en vertu d'un mandat, soit en vertu de jugement ou arrêt, ne peut être mis en liberté que par un ordre exprès du ministère public, spécialement chargé de l'exécution des jugemens et de la surveillance des détenus ; qu'ainsi, lorsqu'une transaction sur un délit en matière de douane a été approuvée soit par S. M., soit par le directeur général, la décision devoit être communiquée au ministère public, qui ordonnera aussitôt la mise en liberté des prévenus ou condamnés.

Cette mesure étant conforme aux principes, il a été donné des instructions dans ce sens aux directeurs des douanes ; et S. Exc. le grand juge en a transmis de semblables aux procureurs généraux près les cours prévôtales, auxquels il sera adressé à l'avenir extrait des décrets de S. M., portant approbation de transaction en ce qui concerne les affaires dont l'instruction aura été commencée dans leur ressort. (*Lettre de S. Exc. le ministre du commerce du* 31 *décembre* 1811.)

LIVRE VI.

DE LA NAVIGATION MARCHANDE.

TITRE PREMIER.

De l'entrée et de la sortie des navires.

CHAPITRE I. — *De l'abord des navires marchands dans les ports de France.*

SECTION I. — *Des conditions de leur admission.*

1172. AUCUNES denrées, productions ou marchandises étrangères, ne pourront être importées en France, dans les colonies et possessions de France, que directement par des bâtimens françois ou appartenans aux habitans du pays, des crû, produit ou manufactures, ou des ports ordinaires de vente et première exportation; les officiers et trois quarts des équipages étrangers étant du pays dont le bâtiment porte le pavillon;

Le tout sous peine de confiscation des bâtimens et cargaison, et de 3,000 fr. d'amende, solidairement et par corps, contre les propriétaires, consignataires et agens des bâtimens et cargaison, capitaine et lieutenant. (*Acte de navigation du* 21 *septembre* 1793, *art.* 3.)

IL avoit été fait deux exceptions à cette disposition de notre acte de navigation.

La première résultoit de l'art. 1er de la loi du 27 vendémiaire an 2, qui est ainsi conçu :

« La laine non ouvrée d'Espagne ou d'Angleterre, « la soie brute, les espèces d'or ou d'argent, la « cochenille, l'indigo, les bijoux d'or ou d'argent « dont la matière vaut au moins trois fois le prix « de la main-d'œuvre et accessoires, ne sont pas « compris dans la prohibition d'importation indi- « recte décrétée par l'acte de navigation. »

Assurément on ne pourroit se prévaloir aujourd'hui de cette première exception, que pour présenter des espèces et matières d'or ou d'argent, et peut être aussi des laines d'Espagne;..... quant aux laines angloises elles seroient repoussées, comme tout ce qui vient de ce pays sans licence, et la cochenille et l'indigo ne seroient admis que sous les conditions exprimées au chapitre *Productions coloniales*, n° 581 et suivans.

La seconde dérogation au premier paragraphe de l'art. 3 de l'acte de navigation émanoit aussi de la loi du 27 vendémiaire an 2, qui dit en son article 2 :

« En temps de guerre, les bâtimens françois « ou neutres peuvent importer indirectement d'un « port neutre ou ennemi, les denrées ou marchan- « dises de pays ennemi, s'il n'y a pas une prohi- « bition générale ou partielle des denrées et mar- « chandises du pays ennemi. »

Il est évident que dans l'état actuel des choses ces dispositions sont complettement en contrariété et avec les mesures prescrites contre les marchandises d'Angleterre (pays actuellement ennemi), et avec les décrets sur le blocus; que conséquemment la faculté accordée par cet article 2 de la loi du 27 vendémiaire an 2, seroit par cela seul proscrite, s'il n'y avoit de plus la circulaire du 7 juillet 1810, qui a rétabli l'acte de navigation sans renouveler les exceptions, et la circulaire du 10 septembre, même année, qui a ordonné la réexportation immédiate de toute denrée non indigène au bâtiment.

Mais si de ces deux circulaires, transmissives des intentions de Sa Majesté, il est résulté le rétablissement intégral du premier paragraphe de l'art. 3 ci-dessus de l'acte de navigation, il paroît aussi qu'il s'en est ensuivi modification aux peines édictées par le second paragraphe de ce même article 3; car, en permettant la réexportation des denrées qui ne seroient pas indigènes au pays auquel appartient le bâtiment, elles dérogent nécessairement à ce second paragraphe, qui prononce qu'elles seront confisquées avec amende solidaire de 3,000 francs, alors qu'elles ne seront pas du crû, ou que les officiers et les trois quarts de l'équipage ne seront pas du pays dont le bâtiment porte le pavillon....

Voici au surplus ce que portent ces circulaires:

« Les navires étrangers ne seront admis dans les « ports de France qu'avec des cargaisons de mar- « chandises du crû du pays auquel ils appartien- « nent..... » (*Extrait de la circulaire du* 7 *juillet* 1810.)

« Toutes autres denrées et marchandises qu'ils au- « roient à bord, si elles ne sont pas, par leur nature « ou leur origine, soumises à la saisie ou au séques- « tre, doivent être réexportées immédiatement par « les mêmes bâtimens. » (*Second paragraphe de la circulaire du* 10 *septembre* 1810.)

La première de ces circulaires laissoit aux capitaines ou subrécargues le choix de réexporter ou de mettre en entrepôt réel leurs marchandises non indigènes; la seconde ne permet plus cette dernière faculté, et elle établit que « la disposition (*relative à la réex-* « *portation immédiate de ces marchandises*) forme un « principe général dont on ne doit point s'écarter. — « Ainsi, des cotons du Levant, importés de Naples, « Venise, Ancône, ou de tous ports autres que ceux « des états qui les ont produits, par bâtimens étrangers « qui ne dépendroient pas de ces états, ne peuvent être « introduits, et doivent être réexportés par les mêmes « navires. — Cet exemple, qui est cité parceque les « cotons sont à présent une des matières les plus con- « sidérables du commerce, s'applique à toute mar- « chandise quelconque; il n'y a d'exception, dans « l'état actuel de la législation, qu'en faveur des in- « troductions faites par la voie des licences, pour « lesquelles on doit se conformer étroitement aux « conditions que ces sortes de passeports impriment. » (*Fin de la circulaire du* 10 *septembre* 1810.)

Indépendamment des conditions ci-dessus prescrites, il faut encore, pour qu'un bâtiment puisse être reçu, qu'il n'y ait pas eu infraction aux lois du blocus, et qu'on se soumette à réexporter la contre-valeur de la cargaison d'importation.

» Ainsi, on autorise l'admission des navires dont « la navigation est régulière et les certificats en due « forme; mais au préalable le conseil du contentieux « doit évaluer la cargaison, afin d'assurer la réex- « portation de la contre-valeur, qui devra être faite « par le même bâtiment. Cette marche est exactement « suivie dans tous les cas semblables. » (*DM.* 17 *juin* 1812.)

Quant aux navires qui n'apportent que des provisions du Nord, ils sont admis provisoirement par les directeurs, sous la seule condition de cautionner leur valeur à dire d'experts. (*LM.* 9 *juillet* 1812.)

Voir aussi, pour les bâtimens napolitains, sous le n° 1177; et pour les bâtimens espagnols, sous le n° 1178.

Dans les cas douteux, aucun bâtiment ne peut être admis que lorsque Sa Majesté en a donné l'autorisation.

« En conséquence, aussitôt leur arrivée, on pro- « cédera à l'interrogatoire du capitaine et de l'équi- « page; on en adressera le procès-verbal à M. le di- « recteur général, avec les certificats, papiers de « bord et autres pièces relatives tant au bâtiment « qu'à la cargaison. On suspendra l'admission jus- « qu'à ce que M. le directeur général ait transmis « l'ordre définitif de Sa Majesté, et on n'autorisera « le déchargement qu'en cas d'urgence et sous con- « dition de l'entrepôt réel. Ces mesures sont appli- « cables aux navires françois venant de l'étranger « comme à tout autre, à l'exception cependant de « ceux munis de licence, qui se seront exactement « conformés aux termes du privilége, c'est-à-dire « qui rentreront dans les ports de leur série avant « l'expiration des délais, et dont les chargemens se- « ront composés des articles spécifiés dans leur pa- » tente. Il n'est rien changé d'ailleurs aux disposi- « tions du décret du 25 juillet 1810 concernant la « sortie. (*Voir* numéros 1176 à 1178.)

« Les directeurs feront surveiller avec soin les « navires qui resteront chargés dans leurs ports, « en attendant la faculté de débarquer, afin de pré- « venir les versemens qu'on pourroit être tenté d'o- « pérer, soit en masse, soit par filtration. — Ils « donneront des ordres très précis pour l'exécution « de ces mesures, et ils mettront la plus grande cé- « lérité dans les rapports qu'ils feront et dans l'envoi « des pièces demandées. » (*CD.* 19 *février* 1811.)

SECTION II. — *Des relâches forcées.*

1173. Les capitaines et maîtres des navires, barques et autres bâtimens, qui auront été forcés de relâcher par fortune de mer, poursuite d'ennemis ou autres cas fortuits, seront tenus, dans les vingt-quatre heures de leur abord, de justifier, par un rapport, des causes de la relâche, et de se conformer à ce qui est prescrit par l'art. 4 du titre 2 du présent décret, sous les peines y portées. (22 *août* 1791, *art.* 1, *tit.* 6.)

Une observation très-importante à faire, c'est que les formalités à remplir par les capitaines ne se bornent plus à ce qui est prescrit par l'article 4 rappelé ici; il faut aujourd'hui que le capitaine remette son manifeste; sans quoi, si la cargaison est à destination d'un port de France, il encourt l'amende de 1000 francs, et est en outre condamné à une somme égale à la valeur des marchandises, en conformité de l'art. 2 du titre 2 de la loi du 4 germinal an 2, qui n'établit aucune exception en faveur des relâches forcées..... Si, au contraire, la cargaison n'étoit pas destinée pour la France, et qu'elle le fût pour un état neutre, je pense alors qu'il n'y auroit lieu, à défaut de déclaration remise dans les vingt-quatre heures, qu'à infliger les peines voulues par l'art. 3 de ce titre (*voir* n° 1175), attendu que les marchandises ne seroient pas *importées*, comme le veut l'article 1er du titre 2 de la loi du 4 germinal an 2 pour qu'on puisse appliquer les peines de son article 2, mais qu'elles seroient seulement *en relâche* par fortune de mer et non déclarées, cas supposé ici. (*Voir* numéros 305 et 306.)

Encore une autre observation : c'est que si le vaisseau en relâche avoit abordé en Angleterre, ou qu'il eût été visité par les Anglois, ou qu'il soit chargé de marchandises réputées angloises, alors il deviendroit confiscable ainsi que cette cargaison, par application des décrets sur le blocus, lesquels ordonnent aussi aux capitaines de faire une autre déclaration que celle énoncée ici. (*Voir* numéros 270 à 275.)

1174. Si un bâtiment *étranger* entre par détresse dans un port qui n'est pas celui de sa destination, le préposé de la douane permettra la décharge du bâtiment, la vente des objets de nature périssable, ou qu'il sera nécessaire de vendre pour payer les frais de radoub, conformément aux lois et tarifs : le surplus pourra être rechargé, et le bâtiment partir pour le port de sa destination, en payant le droit de tonnage, et un demi pour cent de la valeur des objets non vendus, pour frais de magasin. (4 *germinal an* 2, *art.* 6, *tit.* 2.)

Il résulte de cet article l'abrogation absolue de l'article 2, titre 6 de la loi du 22 août 1791.

J'ai ajouté au texte ci-dessus le mot *étranger*, attendu que l'art. 2 d'un arrêté directorial, du 26 ventose an 4, a dit que la disposition énoncée ici ne concernoit que les bâtimens étrangers. Voici les termes de cet arrêté :

« La disposition de l'art. 6 du titre 2 de la loi du « 4 germinal an 2, relative au paiement du droit de « tonnage sur les bâtimens entrant dans un port par « détresse, n'est applicable qu'aux bâtimens étran- « gers qui chargent ou déchargent des marchan- « dises, et à ceux qui ont besoin d'être réparés dans « les ports *de France*, ou dont la destination n'est « pas pour un de ces ports. »

Voir le troisième paragraphe sous le n° 311, où j'ai dit que le droit d'un demi pour cent n'est pas dû lorsque les marchandises sont entreposées dans des magasins particuliers (quoique sous la double clef de la douane.)

Jurisprudence. *Peut-on saisir les marchandises prohibées qui se trouvent à bord d'un bâtiment en relâche forcée ?* (Réponse affirmative.)

James Underdouwn, capitaine du smoglerr *le Crocodile*, étoit venu, le 7 juin 1807, se réfugier dans le port de Nicuport : visité par les employés des douanes, et interrogé sur les motifs de sa relâche et sur l'état de sa cargaison, il avoit déclaré avoir relâché par besoin de vivres, et porter des tabacs et eaux-de-vie. Visite faite par les douaniers de son chargement, il avoit été reconnu qu'il avoit à son bord des marchandises prohibées par la loi du 10 brumaire an 5; en conséquence, la saisie de son bâtiment et de ses marchandises lui avoit été déclarée.

Sur cette saisie, il avoit été traduit au tribunal de police correctionnelle, où la saisie avoit été déclarée valable, avec confiscation du bâtiment, des marchandises; et le capitaine avoit, en outre, été condamné à la triple amende.

Sur l'appel par lui interjeté à la cour de justice criminelle du département de la Lys, il avoit d'abord été admis à prouver, par témoins, que sa relâche avoit été forcée; et ensuite, sur le fondement que la preuve de cette exception étoit acquise par l'enquête, la cour du département de la Lys avoit infirmé le jugement de première instance, et déchargé le capitaine Underdouwn de toutes les condamnations prononcées contre lui.

Pourvoi de la régie en la cour de cassation et arrêt du 19 décembre 1807, par lequel :

« Vu l'article 1er du titre 6 de la loi du 22 août « 1791;

« Vu aussi l'article 6 du titre 2 de la loi du 4 « germinal an 2;

« Vu pareillement les art. 1 et 2 de la loi du 10 « brumaire an 5;

« Vu encore l'article 3 de la même loi;

« Les paragraphes 1er et 6 de l'article 456 de la « loi du 3 brumaire an 4,

« Considérant que de la combinaison des articles

« ci-dessus cités, il résulte clairement que si, dans « dans le principe, la relâche forcée pouvoit être « autorisée à l'égard de tous les bâtimens sans dis- « tinction, lorsqu'elle étoit nécessitée par la fortune « de mer, poursuite d'ennemis, ou autres cas for- « tuits justifiés dans les vingt-quatre heures par « un rapport en bonne forme, il n'en est plus ainsi « dans le dernier état de la législation sur les douanes « et sur la prohibition des marchandises angloises, « ou réputées telles, faute d'être accompagnées d'un « certificat d'origine;

« Qu'en effet, aujourd'hui l'exception prise de la « relâche forcée légalement justifiée ne peut plus « être accueillie par les tribunaux pour les bâtimens « de cent tonneaux et au-dessous, d'après l'art. 3 « de la loi du 10 brumaire an 5; et qu'en infirmant « le jugement rendu par le tribunal de première in- « stance, séant correctionnellement à Furnes, le 2 « juillet 1807, basé sur une juste application des dis- « positions de la loi du 10 brumaire an 5, la cour, « dont l'arrêt est attaqué, a violé cette même loi, « dont elle a méconnu l'application nécessaire, et « commis, en se dispensant de s'y conformer, un « excès de pouvoir qui doit être réprimé;

« La cour casse, annulle, etc. etc. »

Nota. La confiscation prononcée par cet arrêt contre les bâtimens au-dessous de cent tonneaux seroit appliquée aujourd'hui aux navires d'une contenance au-dessus. *Voir* sous le n° 549.

1175. Les marchandises étant à bord des navires dont la relâche sera valablement justifiée, seront, après la déclaration, déchargées et mises sous la clef des préposés *des douanes*, aux frais des capitaines et maîtres des bâtimens, jusqu'au moment de leur départ pour l'étranger. A défaut de déclaration dans les vingt-quatre heures, lesdites marchandises seront saisies et confisquées, avec amende de cinq cents *francs*, pour sûreté de laquelle le bâtiment sera retenu jusqu'au paiement de ladite amende, ou jusqu'à ce qu'il ait été donné bonne et suffisante caution. (22 *août* 1791, *art.* 3, *tit.* 6.)

Ici la formalité ordonnée et la peine édictée sont très distinctes...; elles sont applicables au cas spécial où le capitaine n'auroit pas fait de déclaration régulière de sa relâche forcée, quand bien même il auroit remis un manifeste exact.... Seulement, à juger par analogie, il paroîtroit que relativement à la cargaison destinée pour la France, il n'y auroit plus lieu à confisquer les marchandises, parcequ'elles ne sont pas censées appartenir au capitaine, mais qu'on devroit lui faire payer personnellement une somme égale à leur valeur pour compenser cette confiscation; ceci par induction que ce principe est consacré par l'article 2 du titre 2 de la loi du 4 germinal an 2..; mais l'amende, dans toutes les suppositions, ne peut être que de cinq cents francs, à moins, comme je l'ai dit au n° 1173, que le capitaine n'ait pas représenté de manifeste; ce qui établiroit alors une autre contravention.

Il paroît résulter de l'article 4, titre 1 de la loi du 4 germinal an 2, quoique disposant localement, que la nécessité des relâches forcées, dans les îles assujetties à un régime d'exception, doit être constatée par les préposés des douanes seuls.

Ladite loi, titre 2, article 11 (*voir* n° 546), veut également que la relâche forcée soit constatée par les douaniers, et là, le dispositif ne fait point d'exception; cependant par des dispositions particulières à la marine, ces relâches se constatent concurremment avec les employés de cette administration. (*Voir* les observations sous le n° 543.)

Jurisprudence. *La justification de la relâche forcée est-elle de rigueur?* (Réponse affirmative.)

Un chébec, chargé de tabacs, étoit entré au port de Marseille; le capitaine, n'ayant fait aucune déclaration dans les vingt-quatre heures, on lui déclara la saisie de son bâtiment, et l'affaire fut portée devant le juge de paix, qui refusa de prononcer la confiscation sous le prétexte de relâche forcée. — Le jugement d'appel confirma cette violation de l'art. 3 du titre 6 de la loi du 22 août 1791.

Pourvoi en cassation, sur lequel, arrêt du 16 germinal an 11, comme suit:

« Attendu que le capitaine Scarrati n'a fait, dans « les vingt-quatre heures de son abord, de déclara- « tion ni des causes de sa relâche ni de son charge- « ment, d'où il suit que le jugement attaqué a violé « l'article 3 du titre 6 de la loi du 22 août 1791, en « ne prononçant pas la confiscation du chargement; « la cour casse, etc. »

CHAPITRE II. — *Du départ des navires des ports de France.*

1176. A dater du 1er août, aucun navire ne pourra sortir des ports *de France*, à destination de port étranger, s'il n'est muni d'une licence signée de la main de Sa Majesté. (*DI.* 25 *juillet* 1810, *art.* 1er.)

CET article s'applique aux bâtimens de toute origine. (*CD.* 27 *juillet* 1810.)

Il y a cependant des exceptions.

1°. En faveur des bâtimens françois qui font le cabotage, lesquels peuvent être expédiés sous simples acquits-à-caution. (*Voir* n° 1180.)

2°. En faveur des bâtimens napolitains et espagnols qui naviguent le long des côtes, lesquels peuvent aussi partir par acquits-à-caution, comme on le verra ci-après, sous les numéros 1177 et 1178.

Hors ces cas, « la disposition ci-dessus du décret « du 25 juillet 1810 ne peut jamais recevoir d'excep- « tion que pour les navires dont une décision impé- « riale auroit fait remise sous la condition expresse « d'exporter une contre-valeur, et dans tous les au- « tres cas généralement quelconques, tel que celui, « par exemple, où une décision impériale feroit re- « mise pure et simple, le décret du 25 juillet a tou- « jours son exécution, et la sortie des navires ne peut « avoir lieu qu'en vertu d'une nouvelle décision spé- « ciale de S. M. » (*CD.* 20 *novembre* 1810.)

1177. Les bâtimens *françois* qui font le cabotage de la Méditerranée pourront être expédiés pour le royaume de Naples; mais, pour assurer cette destination, ils devront être accompagnés d'acquits-à caution qui seront revêtus d'un certificat d'arrivée par *le* consul *de France* à Naples. Ce consul adressera un duplicata de son certificat au directeur général des douanes à Paris. (*DI.* 25 *juillet* 1810, *art.* 3.)

J'AJOUTE le mot *françois* à cet article, parceque sa disposition, d'après la circulaire du 27 juillet 1810, ne s'applique qu'aux seuls bâtimens francisés.

Néanmoins, la faveur d'être expédiés par acquits-à-caution, a aussi été concédée aux bâtimens napolitains par le décret suivant :

« Les bâtimens napolitains chargés de denrées du « crû de leur pays, dont l'entrée est permise en « France, et pour lesquelles il sera représenté des « certificats d'origine, délivrés par le consul impérial « à Naples, seront admis dans nos ports et pourront « en exporter les produits des fabriques françaises. » (*DI.* 28 *août* 1810, *art.* 1.)

« Lorsque lesdits bâtimens sortiront des ports de « France, leur destination pour le royaume de Na- « ples sera assurée par des acquits-à-caution qui de- « vront être rapportés avec un certificat du consul « impérial à Naples. » (*Même décret, art.* 2.)

L'acquit-à-caution pour Naples concerne le bâtiment, et non la cargaison qui n'y seroit assujettie qu'en cas de réexportation de marchandises admises en entrepôt. (*DM.* 21 *janvier* 1813.)

1178. Les bâtimens françois pourront se rendre des ports voisins de l'Espagne dans ceux de ce royaume soumis à l'autorité légitime, avec des produits des fabriques françoises, ou des denrées ou effets destinés à l'approvisionnement de nos armées, sous la formalité d'acquits-à-caution qui seront revêtus d'un certificat d'arrivée par les autorités françoises. (*DI.* 28 *août* 1810, *premier paragraphe de l'art.* 3.)

PAREIL privilége est accordé aux navires espagnols par le second paragraphe de l'article ci-dessus, lequel est ainsi conçu :

« Les bâtimens espagnols venant des ports de ce « royaume, soumis à l'autorité légitime, seront ad- « mis dans les ports de France voisins de l'Espagne, « avec des denrées du crû du pays (*autres que les co-* « *tons, sucres, et toutes marchandises pareilles aux* « *denrées coloniales, lesquelles ne pourront être ap-* « *portées sur des bâtimens faisant le cabotage*), dont « l'entrée est permise en France, s'ils sont accompa- « gnés de certificats des autorités françoises dans le « port du départ, tant pour le navire que pour sa « cargaison.

« Ces mêmes bâtimens pourront charger en retour « des marchandises de fabriques françoises ou des « denrées et effets destinés à l'approvisionnement de « nos armées sous la formalité d'acquits-à-caution, « qui devront être rapportés avec un certificat d'ar- « rivée délivré par les autorités françoises. »

Les *duplicata* de ces certificats d'arrivée seront adressés à M. le directeur général, et on devra attendre son ordre pour annuller les soumissions. (*CD.* 31 *août* 1810.)

Telles sont, abstraction des formalités de douanes, les conditions imposées à la sortie des navires.

CHAPITRE III. — *Du cabotage.*

1179. Les bâtimens étrangers ne pourront transporter d'un port françois à un autre port françois, aucunes denrées, productions ou marchandises des crû, produit ou manufactures de France, colonies ou possessions de France, sous les peines portées par l'article 3. (*Acte de navigation du* 21 *septembre* 1793, *art.* 4.)

L'ARTICLE 3 invoqué ci-dessus est au n° 1172.

Il a été dérogé plusieurs fois à l'article 4 de notre acte de navigation; mais une lettre ministérielle du 2 juillet 1810 a transmis que « l'intention de Sa » Majesté est qu'on ne reconnoisse pour le cabo» tage que les bâtimens françois qui auroient satis» fait à ce que la loi prescrit. »

Ainsi tout transport d'un port de France à un autre ne pourra être fait que par des navires régulièrement francisés, montés d'officiers françois, et dont les trois quarts de l'équipage seront également françois, à l'exclusion des bâtimens étrangers qui, à quelque époque que ce soit, auront obtenu la permission de faire le cabotage. (*Extrait de la circulaire du* 3 *juillet* 1810.)

La disposition ci-dessus étant susceptible de développemens, il a été adressé une autre circulaire, en date du 7, pour indiquer que la lettre ci-dessus ne reconnoît par *bâtimens qui auroient satisfait à ce que la loi prescrit*, que ceux qui ont été régulièrement francisés d'après les dispositions énoncées au titre 2 de ce Livre VI.

Les diverses obligations imposées sous ce titre 2 sont de rigueur; leur inobservation, en tout ou en partie, entraîne la déchéance du privilége de la nationalité pour le voyage que le bâtiment aura fait, ou déterminera le refus d'expédition pour celui qu'il voudra faire.

Tout cabotage est interdit aux bâtimens étrangers, s'il ne leur est accordé une permission signée de la main de SA MAJESTÉ. (*Extrait de la circulaire du* 7 *juillet* 1810.)

On ne peut considérer comme cabotage l'embarquement de futailles vides, opéré dans un port par des vaisseaux étrangers, qui iroient les faire remplir de vin dans un autre port..... Cette opération n'est qu'un commencement de chargement à destination étrangère. (*Lettre du* 18 *brumaire an* 5.)

On a vu, au dernier paragraphe ci-dessus de la circulaire du 7 juillet, que Sa Majesté se réservoit de donner à des navires neutres des permissions de cabotage.... En conséquence je vais rapporter quels seroient, si la permission ne les fixoit pas, les droits de navigation qu'on devroit faire acquitter à ces bâtimens, d'après les anciennes dispositions.

Les navires neutres qui ont été autorisés à faire le cabotage ne doivent, lorsque l'objet de la permission est rempli, que les droits de navigation imposés sur les bâtimens françois; et ils perdent le privilége si le chargement qu'ils prennent en France est versé à l'étranger. (*LD.* 27 *janvier* 1806.)

Cette première disposition étoit établie par un arrêté du 17 thermidor an 3, ainsi conçu :

« Les droits dus par les bâtimens neutres qui font « le cabotage en France seront les mêmes que ceux « imposés sur les bâtimens françois. »

Et la seconde disposition l'avoit été également par lettre du ministre des finances, du 8 floréal an 8, portant que « le navire neutre autorisé, qui « a chargé dans un port de France pour un autre « port françois, des objets qu'il est forcé de porter « à l'étranger, perd l'avantage de la francisation « momentanée, et doit la différence existante entre « le droit de navigation qu'il a payé et celui qu'il « auroit acquitté sans son autorisation. »

Ainsi, lorsque des négocians expédient des navires neutres autorisés à faire le cabotage, on doit exiger d'eux une soumission pour le paiement des droits de navigation étrangère, dans le cas où ces bâtimens ne se rendroient pas dans le port de destination. (*CD.* 27 *janvier* 1806.)

Si un navire étranger reçoit dans le port de prime-abord une autorisation spéciale de cabotage, et qu'il soit employé pendant un certain laps de temps à divers transports, qu'ensuite il se rende dans un port pour y charger des marchandises à la destination de l'étranger, on ne peut considérer ce chargement comme une suite de l'importation particulière qu'il a faite. Son premier voyage est consommé, il en entreprend un second, absolument distinct et sans nul rapport avec l'autre. (*CD.* 23 *septembre* 1806.) — Donc, dans le premier cas, il doit être traité comme françois, et dans le second, comme étranger......... Ceci d'ailleurs n'est qu'une suite analogique de la disposition suivante :

« Tout bâtiment étranger, autorisé à aller d'un « port de France dans un autre, acquittera à son « entrée, s'il n'a pas d'autorisation de retour, la « moitié des droits fixés par l'art. 36 de la loi du « 27 vendémiaire an 2 (n° 1225), et la moitié de « ceux déterminés pat l'art. 35 de ladite loi (numéro « 1224); et dans le cas où le capitaine d'un bâtiment

« étranger, venant de l'étranger, auroit acquitté la « totalité des droits fixés par ledit article 35, il lui « sera tenu compte de la différence qui se trouvera « entre la moitié de ces droits et la moitié de ceux « fixés par l'article 36, s'il sort du port d'arrivée « pour un autre port de *l'empire* avec une autori- « sation spéciale. » (*DM.* 22 *thermidor an* 6.) — *Exemple* : On suppose un bâtiment étranger de 200 tonneaux venant de l'étranger au Hâvre : il acquitte à son entrée, pour frais d'expédition d'entrée et de sortie, conformément à l'art. 35 (nº 1224), une somme de 18 francs....... ; il obtient ensuite une autorisation pour prendre, dans ce port, un chargement pour Bordeaux; cette permission l'assimilant, *quant aux droits de sortie*, aux navires françois, d'après l'arrêté du 17 thermidor an 3, il ne doit, pour son expédition de sortie, *prise fictivement*, que la moitié du droit de 6 francs imposé sur les bâtimens françois; et comme il en a payé 9, il faut lui en rembourser 6. — Arrivé à Bordeaux, le préposé examine si l'autorisation comprend le retour; .... dans ce cas, le bâtiment n'est assujetti, pour l'expédition d'entrée et de sortie, qu'à 6 francs, droit imposé aux navires françois;...... mais si l'autorisation n'est pas spécialement pour le retour, l'expédition d'entrée et celle de sortie étant considérées comme distinctes, il doit payer 3 francs comme françois à l'entrée, et 9 francs comme étranger à la sortie; c'est-à-dire la moitié des droits fixés par les articles 35 et 36 de la loi du 27 vendémiaire an 2 (numéros 1224 et 1225). (*Circulaire du* 26 *thermidor an* 6.)

Sur la question : Si un navire étranger venu *en lest* pour prendre un chargement par cabotage autorisé, devoit être traité comme françois ou comme étranger, le ministre a décidé, le 22 pluviose an 7, que « il ne sera perçu que le droit de 15 centimes par tonneau, comme navire françois, à « l'entrée dans le port de chargement des navires « neutres employés au cabotage en vertu d'autori- « sation. »

Une autorisation de cabotage pour une quantité de marchandises déterminée ne peut être étendue à plusieurs bâtimens, si cette clause n'est pas exprimée; attendu qu'en la divisant, on feroit participer à la diminution des droits de navigation d'autres objets chargés sur ces bâtimens pour completter leur cargaison, auxquels cette faveur n'a pas été accordée, et on rendroit en quelque sorte la permission illimitée. (*Lettre au directeur de Saint-Valery, du* 27 *nivose an* 9.)

Un neutre autorisé à aller aux colonies doit être traité au retour comme françois. (*Décision du* 18 *floréal an* 8.)

Pour prévenir les abus, on assure, avant le départ du navire, le paiement des droits de navigation étrangère dont le bâtiment deviendroit susceptible si la destination étoit changée, et on prend à cet égard les mêmes garanties que pour les droits de sortie du chargement qui est expédié par acquit-à-caution. — On exige des négocians qui sont autorisés à charger par cabotage sur navires neutres, une soumission de payer les droits de navigation étrangère, s'ils ne justifient pas du déchargement dans un port de France. — Le receveur veille sous sa responsabilité à ce que ces soumissions soient fournies et régulièrement libellées avant la délivrance des acquits-à-caution relatifs aux cargaisons. — On avoit pensé que l'on n'étoit pas fondé à exiger cette garantie des expéditeurs, parce que généralement les capitaines sont responsables des droits de navigation; mais la permission d'expédier des marchandises sur des navires étrangers étant une faveur spécialement accordée à ceux qui les expedient, il est de droit qu'ils garantissent préalablement les conditions auxquelles elle est subordonnée; celle de consommer la destination est spécialement à leur charge; et si les capitaines des bâtimens qu'ils emploient ne donnent pas d'ailleurs les sûretés nécessaires aux droits de navigation, c'est également celui qui a obtenu la permission de cabotage qui doit remplir cette seconde partie de formalités s'il veut profiter de l'autorisation. (*LD.* 8 *avril* 1806.)

1180. Les bâtimens qui sortiront des ports *de France*, à destination d'autres ports de l'empire, seront tenus de s'y rendre directement. Il leur sera délivré des acquits-à-caution dans les bureaux des douanes, et les soumissions qui auront été souscrites ne seront annullées que lorsque lesdits acquits-à-caution auront été rapportés avec un certificat d'arrivée dans les ports de France. (*DI.* 25 *juillet* 1810, *art.* 2.)

CETTE faveur de pouvoir caboter sous simple acquit n'est applicable qu'aux seuls bâtimens francisés. (*CD.* 27 *juillet* 1810.)

Il est de droit commun que les acquits de toutes sortes soient visés dans les bureaux où ils peuvent être présentés; ainsi lorsque les navires françois faisant le cabotage relâchent, pour quelque cause que ce soit, dans des ports intermédiaires, les acquits-à-caution dont ils sont munis doivent être revêtus du visa de la douane ou du poste qui y est établi, tant à l'abord qu'au départ, afin de constater la relâche, ses motifs et sa durée. — La douane qui délivre l'acquit-à-caution doit y insérer l'obligation du visa, afin que les capitaines en soient régulièrement instruits et ne négligent pas de la remplir. (*CD.* 4 *juin* 1811.)

Les circonstances de la guerre mettant un obstacle au cabotage entre les ports françois de l'Océan et ceux de la Méditerranée, les directeurs refuseront les acquits-à-caution de cabotage pour passer de l'une de ces mers dans l'autre. (*CD.* 25 *mars* 1811.)

CABOTAGE. — Dans le langage des douanes, ce mot désigne les transports qui s'opèrent d'un port à un autre port de France, par emprunt de la mer. J'ai parlé des formalités de ces transports sous le titre Ier du livre 4.

Cabotage, en terme de marine, désigne la navigation qui se fait de cap en cap, de ports en ports... On distingue deux sortes de cabotage, le *grand* et le *petit*.

Le petit cabotage, suivant l'article 2 du réglement du 23 janvier 1727, ne s'étendoit qu'à la navigation depuis Bayonne jusqu'à Dunkerque inclusivement; mais l'ordonnance du 18 octobre 1740 lui a donné plus d'extension qu'il n'en avoit eu jusqu'alors, voici les quatre premiers articles de cette ordonnance:

Art. 1. « Seront réputés voyages de long cours, « ceux aux Indes, tant orientales qu'occidentales, « en Canada, Terre-Neuve, Groëland et îles de l'A« mérique méridionale et septentrionale, aux Açores, « Canaries, Madère, et en tous les détroits de Gi« braltar et du Sund, et ce conformément au régle« ment du 20 août 1673.

Art. 2. « Les voyages en Angleterre, Écosse, Ir« lande, Hollande, Danemarck, Hambourg, et « autres îles et terres au-deçà du Sund, en Espa« gne, Portugal, ou autres îles et terres au-deçà du « détroit de Gibraltar, seront censés au grand cabo« tage, aux termes dudit réglement du 20 août 1673.

Art. 3. « Sera néanmoins réputée navigation au « petit cabotage, celle qui se fera par les bâtimens « expédiés dans les ports de Bretagne, Normandie, « Picardie et Flandre, pour ceux d'Ostende, Bru« ges, Nieuport, Hollande, Angleterre, Ecosse et « Irlande; — celle qui se fera par les bâtimens ex« pédiés dans les ports de Guyenne, Saintonge, « pays d'Aunis, Poitou et îles en dépendantes, sera « fixée depuis Bayonne jusqu'à Dunkerque inclusi« vement, conformément à l'article 11 du réglement « du 23 janvier 1727, concernant ladite navigation; « celle qui se fera pareillement par les bâtimens ex« pédiés dans les ports de Bayonne et de Saint-Jean« de-Luz à ceux de Saint-Sébastien, du Passage et « de la Corogne et jusqu'à Dunkerque aussi inclusi« vement; — et pour ce qui concerne les bâtimens « qui seront expédiés dans les ports de Provence et « de Languedoc, sera réputée navigation au petit « cabotage, celle qui se fera depuis et compris les « ports de Nice, Ville-Franche, et ceux de la princi« pauté de Monaco, jusqu'au cap de Creuz, ainsi « qu'il est énoncé par l'article 11 du réglement du « 13 août 1726, concernant ladite navigation, et ce « nonobstant ce qui est porté par ledit réglement du « 20 août 1673, auquel et à tous autres à ce contraires, « Sa Majesté a dérogé pour ce regard seulement.

Art. 4. « Veut et entend Sa Majesté que tous les « autres voyages non compris dans les premier et « deuxième articles de la présente ordonnance, soient « censés et réputés au petit cabotage ».

Voici aussi l'arrêté du 14 ventose an 11, relatif au petit cabotage jusqu'à l'Escaut:

Art. 1. « La navigation dite du *petit cabotage* est « étendue jusques et compris l'Escaut.

Art. 2. « Cette navigation est permise à tous les « bâtimens du cabotage françois dans les ports de « l'Océan.

Art. 3. « Il n'est rien changé aux autres disposi« tions prescrites par les anciennes ordonnances ou « réglemens concernant la navigation du petit cabo« tage. »

Néanmoins, et bien que les dispositions ci-dessus de l'arrêt du 18 octobre 1740 soient encore dans toute leur vigueur, l'administration des douanes, par sa circulaire du 11 brumaire an 2, a distingué de la manière suivante le petit et le grand cabotage.

« *Bâtiment françois faisant le petit cabotage* est « celui qui va d'un port de l'Océan dans un autre « port de l'Océan, ou d'un port de la Méditerranée « dans un autre port de la Méditerranée.

« *Bâtiment françois faisant le grand cabotage* est « celui allant de l'Océan dans la Méditerranée ou « de la Méditerranée dans l'Océan »..... Cette définition a été établie pour fixer les préposés sur la manière d'exécuter l'article 30 (n° 1217) de la loi du 27 vendémiaire an 2, qui, cependant, ne fait nullement mention du grand ni du petit cabotage.

CHAPITRE IV. — *Dispositions communes à l'abord et au départ des navires.*

1181. Le registre pour entrée et sortie des bâtimens contiendra la date d'arrivée ou de départ; l'espèce, le nom du bâtiment, le nom du capitaine, le nombre des officiers et matelots, la nation dont ils sont, le lieu d'arrivée ou destination, la date ou le numéro du manifeste général des cargaisons, qui sera signé et déposé par le capitaine dans les vingt-quatre heures de l'arrivée et avant le départ, distinctement; et en outre les déclarations à faire par les consignataires et parties intéressées à la cargaison pour acquitter les droits. (27 *vendémiaire an 2, art.* 38.)

AINSI les formalités prescrites sous ce titre premier ne dispensent pas les capitaines de remplir celles voulues par les lois de douanes...; conséquemment ils ont à se pénétrer et de celles exigées pour les navires dans ce livre 6 et de celles ordonnées pour les cargaisons dans les cinq premiers de cet ouvrage... Ils ne peuvent, surtout, ignorer les dispositions relatives aux manifestes et déclarations rapportées sous les numéros 294 à 300, et 305 à 309.

RAPPORTS DE MER. — Ils doivent aussi savoir que le Code de commerce dit :

Art. 242. « Le capitaine est tenu, dans les vingt-« quatre heures de son arrivée, de faire viser son « registre, et de faire son rapport. — Le rapport « doit énoncer le lieu et le temps de son départ, « la route qu'il a tenue, les hasards qu'il a courus, « les désordres arrivés dans le navire, et toutes les « circonstances remarquables de son voyage.

Art. 243. « Le rapport est fait au greffe, devant « le président du tribunal de commerce. — Dans les « lieux où il n'y a pas de tribunal de commerce, le « rapport est fait au juge de paix de l'arrondisse-« ment. — Le juge de paix, qui a reçu le rapport, « est tenu de l'envoyer, sans délai, au président du « tribunal de commerce le plus voisin. Dans l'un et « l'autre cas, le dépôt en est fait au greffe du tribu-« nal de commerce.

Art. 248. « Hors les cas de péril imminent, le « capitaine ne peut décharger aucune marchandise « avant d'avoir fait son rapport, à peine de poursuites « extraordinaires contre lui. »

Indépendamment des rapports à remettre au tribunal de commerce dans les vingt-quatre heures de l'arrivée du navire, le capitaine est tenu d'en faire *préalablement* un au bureau de la douane.... Dès le 21 septembre 1793, l'art. 2 d'une des lois de cette date (*sous le* n° 1187) en attribuant la perception des droits de navigation à l'administration des douanes, a ordonné qu'elle connoîtroit des *rapports de mer*.... Jamais cette disposition n'a été abrogée, puisque chaque fois qu'on s'en est écarté, des décisions ministérielles en ont rappelé l'exécution, notamment celle du 17 germinal an 5..... Le Code de commerce même, bien que postérieur, n'a pas non plus entendu dispenser les capitaines de faire leurs rapports de mer aux douanes; il a seulement ordonné le renouvellement de ces rapports devant les tribunaux de commerce....; et cela se prouve par cela seul que le décret du 17 septembre 1807, qui ordonne la mise à exécution du Code de commerce au premier janvier 1808, est antérieur à ceux du 23 novembre 1807 et 11 janvier 1808, qui ont édicté que, *dans le jour de leur arrivée*, les capitaines devront faire, *au bureau de la douane*, une déclaration du lieu de leur départ, de ceux où ils ont relâché, et lui présenter leurs manifestes, connoissemens, papiers de mer et livres de bord. (*Voir* numéros 270 à 275).... Donc l'un des rapports ne dispense pas de l'autre, et bien certainement celui à la douane doit être fait primitivement, puisqu'il est exigé *dans le jour de l'arrivée*, tandis qu'il suffit de remettre celui au tribunal de commerce dans les vingt-quatre heures de l'entrée dans le port.... — Je n'établis au surplus cette combinaison des décrets sur le blocus avec le Code de commerce, que parcequ'on a prétendu que les rapports de mer devoient se faire uniquement au greffe des tribunaux de commerce; mais il a été fait justice de cette fausse prétention, par des décisions ministérielles et des lettres administratives dont voici l'extrait :

Par sa circulaire du 18 janvier 1808, M. le directeur général a d'abord annoncé que les dispositions établies par la loi du 21 septembre 1793, la décision ministérielle du 17 germinal an 5, et enfin la circulaire administrative du 27 pluviose an 7, n'étoient nullement abrogées par celles du titre 4 du Code de commerce sur le fait des rapports, qu'au contraire celles-ci coïncidoient avec les dispositions de l'art. 2 du décret du 23 novembre 1807 (n° 272), qui ordonnent impérieusement qu'à l'arrivée des bâtimens, il sera fait rapport détaillé du voyage et des événemens de mer.

Par lettre du 4 mars 1808, le ministre des finances a mandé que les obligations prescrites aux capitaines, à l'arrivée dans un port, sur les rapports à la douane et au greffe du tribunal de commerce, ne sont ni contradictoires ni exclusives, par cela qu'elles peuvent être également et simultanément remplies en faisant ces rapports par duplicata; ainsi une copie en sera remise à la douane et l'autre au tribunal de commerce, où toutefois les pieces originales, lorsqu'il en existe qui doivent être annexées au rapport, seront toujours déposées, mais à charge par le greffier d'en délivrer des expéditions au besoin.

Le ministre a, en outre, observé que la douane doit rappeler cette obligation aux capitaines, ainsi que celle qui leur est imposée de se présenter au greffe du tribunal de commerce dans les vingt quatre heures. (*CD.* 5 *mars* 1808.)

Ces dispositions ont été confirmées par une circulaire du grand-juge, adressée le 20 avril 1808, aux procureurs généraux impériaux. (*CD.* 25 *avril* 1808.)

Les douanes doivent s'opposer au déchargement de tout navire jusqu'à ce qu'il ait été justifié que le rapport a été fait au tribunal de commerce ou de paix, et on ne doit délivrer le permis que sur la représentation du certificat du greffier; cependant les poursuites à faire ne concernent pas l'administration. (*DM.* 9 *mai* 1808, *relatée dans la circulaire du* 11 *suivant.*)

Là où il n'existe ni tribunal de commerce, ni justice de paix, le rapport primitif aux douanes peut suffire. (*DM.* 1 *juin* 1808.)

A partir de l'article 242 du Code de commerce, les navires venant de l'étranger ou qui ont fait des voyages de long cours, et dont la navigation est exposée à des hasards ou à des circonstances remarquables, sont les seuls passibles de rapports; ainsi on ne doit pas exiger des capitaines de navires naviguant en rivière ou faisant le petit cabotage (*voir sous le* n° 1180, *ce qu'on entend par petit cabotage,*) le certificat prescrit par la circulaire du 11 mai ci-dessus; ces capitaines seront néanmoins libres de faire leurs rapports, lorsque des événemens particuliers réclameront cette formalité. (*Lettre du ministre de l'intérieur du* 4 *juillet* 1808, *et CD.* 13 *suivant.*)

Le registre aux inscriptions de rapports, est et doit être considéré comme un registre à souche; il est coté et paraphé par le juge de paix; il ne peut être déplacé, mais seulement compulsé par ordre judiciaire.

Les rapports de mer, n'étant qu'un objet de police maritime, n'ont aucune analogie avec les certificats relatifs aux cargaisons; ainsi on peut d'autant moins les soumettre au droit imposé sur ces certificats que toute perception doit être fondée sur un titre positif et précis. (*Lettre au directeur de Rouen, du* 4 *messidor an* 7.)

Il doit se tenir dans tous les bureaux un registre de rapports d'avaries et autres événemens de mer qu'éprouvent les bâtimens.... On y ouvrira une colonne où seront portés les numéros du registre de recette des droits de navigation, à l'article de chaque bâtiment qui les aura acquittés. (*Extrait de la lettre du* 10 *vendémiaire an* 4.)

On informera M. le directeur général des douanes, dans les vingt-quatre heures, de l'arrivée dans les ports de tous navires venant de l'étranger... S'il n'est pas possible de lui donner aussi promptement des renseignemens sur les lieux d'où ils sont venus, sur leurs cargaisons, leurs pavillons, les rapports des capitaines et l'interrogatoire des matelots, il y sera suppléé par une seconde lettre qui lui sera adressée aussitôt qu'on aura pu recueillir ces documens. (*CD.* 11 *décembre* 1809.) — On indiquera aussi le nombre des hommes de l'équipage, la nation à qui appartient le bâtiment, son tonnage, etc... De pareils renseignemens seront transmis sur les navires sortant des ports de France pour l'étranger, et on fera en outre connoître les lieux de leur destination... (*CD.* 1 *février* 1810.)

(*Voir* d'ailleurs les deux premiers chapitres de ce titre.)

Les rôles d'équipages des navires qui entrent dans nos ports doivent être visés et vérifiés par les commissaires de marine et déposés au bureau de l'inscription maritime pour servir à expédier les certificats de services ou de mort des marins, et à liquider les droits revenants à la caisse des Invalides; leur déplacement présentant ainsi beaucoup d'inconvéniens, le ministre de la marine a proposé à M. le directeur général des douanes, par une lettre du 22 juin 1810, d'y suppléer par la communication, qui sera donnée aux directeurs des douanes, des rôles originaux, avec remise de leur copie collationnée, duement certifiée et signée. Cette copie régulière, pouvant remplir le même objet que l'acte original, doit suffire aux vérifications ultérieures qu'il seroit nécessaire de faire; ainsi la douane se bornera à la requérir pour être jointe aux pièces que les directeurs seront dans le cas d'adresser à M. le directeur général. (*CD.* 26 *juin* 1810.)

TITRE II.

Des conditions imposées aux bâtimens pour jouir des priviléges attachés à la navigation nationale.

CHAPITRE I. — *Des navires qui peuvent être francisés.*

1182. Après le premier janvier 1794, aucun bâtiment ne sera réputé françois, n'aura droit aux priviléges des bâtimens françois, s'il n'a pas été construit en France ou dans les colonies ou autres possessions de France, ou déclaré de bonne prise faite sur l'ennemi, ou confisqué pour contravention aux lois de *l'empire*, s'il n'appartient pas entièrement à des François, et si les officiers et trois quarts de l'équipage ne sont pas françois. (*Acte de navigation du* 21 *septembre* 1793, *art.* 2.)

Un bâtiment étranger étant jeté sur les côtes de France ou possessions françoises, et tellement endommagé que le propriétaire ou assureur ait préféré de le vendre, sera, en devenant entièrement propriété françoise, et après radoub ou réparation dont le montant sera quadruple du prix de vente du bâtiment, et étant monté par des François, réputé bâtiment françois. (27 *vendémiaire an* 2, *art.* 7.)

Pour qu'il ne soit point abusé de cette dernière disposition, les ministres des finances et de la marine ont décidé, le 29 thermidor an 10, que *la valeur des réparations faites à un bâtiment échoué, qu'on présenteroit à la francisation, dans le sens de l'art.* 7 *de la loi du* 27 *vendémiaire an* 2, *sera constatée par l'estimation de trois experts nommés d'office, l'un par la douane, l'autre par la marine, et le troisième par le tribunal de commerce; que, pour plus de sûreté, cette estimation pourra avoir lieu en présence des officiers du port, et que le procès-verbal en sera dressé par triple expédition.* — Ainsi, on ne doit délivrer d'actes de francisation aux bâtimens étrangers échoués, que sur l'exhibition du contrat de propriété françoise, et d'un procès-verbal en due forme des réparations faites au quadruple de la valeur. L'un et l'autre doivent être relatés dans l'acte qu'on en délivre. (*Circulaire du directeur général, du* 7 *fructidor an* 10.)

Mais si le bâtiment n'avoit pas été naufragé, la circonstance que les réparations auroient excédé du quadruple le prix de la vente, ne lui donneroit pas droit à être francisé. (*DM.* 22 *prairial an* 6, *répondant à une demande particulière.*) — Dans la circonstance suivante, et par ordre du 10 février 1807, la francisation a été accordée à un navire espagnol, forcé par la guerre de rester dans un port de France où il fut vendu ensuite, pour cause d'avarie, à un François qui lui fit subir une réparation quadruple du prix de la vente.

Et depuis, pareille faveur a été accordée à plusieurs navires qui se trouvoient dans le même cas.

Étoient et seroient aussi dans le cas d'être francisés les bâtimens qui, quoique étrangers, appartenoient à des François et étoient inscrits comme tels à la ci-devant amirauté, avant le 12 nivose an 2.

La loi du 19 mai 1793 a dit : *Art.* 5. « Les navires « étrangers, ainsi que leurs agrès et apparaux, in« troduits directement en France, paieront, pour « droit d'entrée, deux et demi pour cent de leur va« leur; ceux pris sur l'ennemi seront exempts de « tous droits. » — De la combinaison de cette disposition avec l'article 2 ci-dessus de l'acte de navigation, il résulte : 1°. que le navire provenant de prises sur l'ennemi peut être francisé... ; 2°. que la francisation ne peut au contraire être accordée au bâtiment introduit en France sous les droits de tarif. — Cette conséquence a été rappelée en d'autres termes dans une circulaire du 23 pluviose an 10 : « L'article 2 de l'acte de navigation, y est-il dit, n'admet au privilége des bâtimens françois que ceux construits dans les ports de France, déclarés de bonne prise ou confisqués, auxquels il faut encore ajouter ceux naufragés dont la réparation s'élève au quadruple de la valeur ; ainsi, encore bien que l'article 5 de la loi du 19 mai 1793 ait permis l'entrée des navires étrangers en payant un droit de deux et demi pour cent, ils ne peuvent être francisés. »

On verra sous le n° 1206, que les navires neutralisés peuvent changer de pavillon, et que conséquemment ils peuvent être francisés sous le pavillon que le propriétaire indique.

Sur la question de savoir si un navire pris et conduit dans un port de Hollande (état alors allié), par un corsaire françois et acheté pour compte françois, pourroit être francisé à son arrivée dans un port de l'empire, le ministre des finances a répondu, le 11 avril 1809, que cette question se lioit à celle de tous objets venant de l'étranger, et que leur admission étant subordonnée à la décision de l'empereur, le navire, dont il s'agissoit, ne pourroit être nationalisé qu'en vertu d'une autorisation de S. M. (*Lettre du directeur général, du* 18 *avril* 1809.)

Depuis, il a été mandé par S. Exc. le ministre du commerce qu'on ne peut pas franciser un navire qui se trouve à l'étranger. (*LM.* 9 *août* 1812.)

Il n'en seroit pas de même si le navire capturé avoit été conduit dans une des îles françoises traitées comme étrangères sous le rapport commercial... (*Voir* la lettre du 11 mars 1809, sous le n° 542.)

Lorsque S. M. permet la vente d'un navire de prises, ce navire peut être francisé. (*DM.* 17 *juin* 1812.)

Les PAQUEBOTS françois doivent être francisés dans les formes et avec les formalités ordinaires. (*Lettre du ministre des finances, à l'administration des postes, du* 28 *pluviose an* 10.) — Exploités par cette administration, les paquebots sont considérés comme bâtimens de l'état, lorsqu'ils ne transportent que les dépêches et les passagers. (*DM.* 15 *floréal an* 10.)

Voici les mesures qui ont été prescrites pour mettre à exécution les lois de la navigation dans les ports des îles conquises :

« ...... Considérant qu'il est juste de faire jouir

« les bâtimens des îles conquises des faveurs accor- « dées à la navigation françoise, et de les mettre à « portée de remplir à cet effet les formalités prescri- « tes par la loi, arrête :

« Dans les ports des îles conquises, où il n'a point « été jusqu'à présent établi de bureaux pour la per- « ception des droits de douanes et de navigation, « les déclarations de propriété des bâtimens, pres- « crites par l'article 2 du décret du 21 septembre « 1793 (*sous le* n° 1187), seront passées devant les « chefs civils de la marine, employés dans lesdites « îles : ils demeurent chargés de délivrer les actes « de francisation et les congés nécessaires à la navi- « gation des bâtimens appartenants aux habitans de « ces îles, ainsi que de l'exécution des formalités « prescrites par la loi du 27 vendémiaire an 2. Ces « chefs correspondront directement, sur cet objet, « avec l'administration des douanes à Paris. (*AD.* 13 *vendémiaire an* 7.)

Voici aussi ce qui a été consenti pour les navires des pays réunis en 1810 et 1811 :

Relativement à la Hollande, le décret du 18 octobre 1810 a dit :

Art. 168. « Il sera fait, avant le 1er novembre « prochain, un état, par chaque port, des bâtimens « réunissant les conditions nécessaires pour être re- « gardés comme nationaux par les lois de la Hol- « lande : lesdits bâtimens seront francisés sur-le- « champ. »

Art. 169. « A l'avenir, pour être considérés comme « nationaux, les bâtimens devront, en Hollande « comme en France, réunir les conditions pres- « crites par les lois et les décrets de l'empire. »

Et relativement aux villes anséatiques il a été ordonné ce qui suit :

« Les navires qui se trouvent dans les ports des « départemens anséatiques ou tous autres de notre « empire et qui appartiennent en totalité à des su- « jets de nos départemens anséatiques ou autres de « l'empire françois, pourront être francisés, à l'ex- « clusion de ceux dans lesquels des étrangers pou- « voient avoir une part ou un intérêt quelconque. (*DI.* 2 *juillet* 1812, *art.* 1er.)

« La propriété de ces navires sera justifiée par la « représentation des contrats d'acquisitions authen- « tiques, ou sous seing privé, actes de construction, « ou, à défaut de ceux-ci par des actes de notoriété « passés pardevant notaires et en outre par le ser- « ment prescrit par l'article 13 de la loi du 27 ven- « démiaire an 2. (*Même décret, art.* 2.)

« Si un bâtiment appartient à plusieurs intéressés, « et que tous et chacun d'eux ne justifient pas leur « propriété suivant les formes ci-dessus indiquées, « il ne sera pas admis à la francisation. (*Même décret, art.* 3.)

« Tous les navires compris dans le présent dé- « cret, qui se trouveront à l'époque de sa publica- « tion dans les ports de notre empire, devront être « francisés dans le délai de six mois.

« Ceux qui sont dans les ports étrangers devront « également être francisés dans les six mois de leur « retour dans l'un des ports de l'empire. » (*Même décret, art.* 4.)

1183. Les bâtimens françois ne pourront, sous peine d'être réputés bâtimens étrangers, être radoubés ou réparés en pays étrangers, si les frais de radoub ou réparation excèdent six francs par tonneau, à moins que la nécessité de frais plus considérables ne soit constatée par le rapport signé et affirmé par le capitaine et les autres officiers du bâtiment, vérifié et approuvé par le consul ou autre officier de France, ou deux négocians françois résidant en pays étranger, et déposé au bureau du port françois où le bâtiment reviendra. (27 *vendémiaire an* 2, *art.* 8.)

1184. Aucun François résidant en pays étranger ne pourra être propriétaire, en totalité ou en partie, d'un bâtiment françois, s'il n'est pas associé d'une maison de commerce françoise, faisant le commerce en France ou possession de France, et s'il n'est pas prouvé, par le certificat du consul de France dans le pays étranger où il réside, qu'il n'a point prêté serment de fidélité à cet état, et qu'il s'y est soumis à la juridiction consulaire de France. (27 *vendémiaire an* 2, *art.* 12.)

La qualité de citoyen françois ne se perd pas par le titre de commissaire des relations commerciales d'une puissance étrangère. (*DM.* 28 *vendémiaire an* 9.)

Les diverses obligations ci-dessus prescrites sont de rigueur; leur inobservation, en tout ou en partie, entraîne la déchéance du privilége de nationalité pour le voyage que le bâtiment auroit fait, et détermineroit le refus d'expédition pour celui qu'il voudroit faire. (*Extrait de la circulaire du* 7 *juillet* 1810.)

1185. Tous ceux qui prêteront leur nom à la francisation des bâtimens étrangers, qui concourront, comme officiers publics ou témoins, aux ventes simulées: tout préposé dans les bureaux, consignataire, agent des bâtimens et cargaison, capitaine et lieutenant du bâtiment, qui, connoissant la francisation frauduleuse, n'empêcheront pas la sortie du bâtiment, disposeront de la cargaison d'entrée ou en fourniront une de sortie, auront commandé ou commandent le bâtiment, seront condamnés solidairement, et par corps, en six mille francs d'amende, déclarés incapables d'un emploi, de commander aucun bâtiment françois. Le jugement de condamnation sera publié et affiché. (27 *vendémiaire an* 2, *art.* 15.)

CHAPITRE II. — *Des expéditions qui constatent que le bâtiment est françois.*

SECTION I. — *Dispositions communes à l'acte de francisation et aux congés.*

1186. Après la publication du présent décret, aucun bâtiment françois ne pourra partir du port ou département auquel il appartiendra, sans acte de francisation et congé, conformément au présent décret. (22 *vendémiaire an* 2, *art.* 22.)

1187. Ces congés et actes de francisation seront délivrés au bureau du port ou département auquel appartient le bâtiment. (*Même loi, art.* 10.)

L'ACTE DE FRANCISATION est un certificat qui, en permettant aux bâtimens d'arborer le pavillon françois, leur assure la jouissance des priviléges attachés à la navigation nationale.

LE CONGÉ est la permission accordée aux capitaines de mettre en mer; c'est en un mot le véritable passe-port des bâtimens françois.

« La délivrance des congés, les rapports et déclaration pour manifestes, jaugeage, propriété, « entrée et sortie des navires sont....... attribués aux « douanes extérieures. » (*Art.* 2 *d'une des lois du* 21 *septembre* 1793.)

Un bâtiment ne doit être francisé qu'une fois, la première soumission restant toujours intacte dans le cas de vente ou de mutation de propriété. (*Lettre du* 4 *floréal an* 3.)

Les congés retirés ne doivent être envoyés à l'administration que lorsqu'elle en fait formellement la demande. (*L. A.* 9 *ventose an* 6.)

Avant de récapituler les formalités à remplir pour obtenir l'acte de francisation, j'ai à citer des dispositions qui, bien que rendues pour l'application primitive de l'acte de navigation, n'en sont pas moins, jusqu'à présent, restées les seules qu'on puisse approprier à ce qui est exigé avant la délivrance, soit de l'acte de francisation, lorsque le bâtiment n'en a pas encore été muni, soit d'un congé, lorsque le premier est expiré.

Relativement aux congés, la loi du 27 vendémiaire an 2, a dit :

Art. 23. « Le préposé du bureau laissera partir, « avec un ancien congé, les bâtimens qui ne seront « pas dans le port ou département auxquels ils appartiennent, en exigeant une soumission et caution du quart de la valeur du bâtiment, que ces « actes seront pris au bureau où ils doivent l'être, « dans un délai qui sera fixé suivant la distance du « lieu ou la longueur du voyage proposé. »

(Par analogie, les navires de prises, dont les propriétaires résident en un autre port que celui de l'adjudication, doivent être expédiés avec un congé relatant l'acte de vente, au lieu de celui de francisation, qu'on se soumet de prendre au port désigné, sous peine du quart de la valeur. (*Lettre au directeur de Brest, du* 7 *ventose an* 8.)

Art. 24. « Le préposé du port où sera le bâtiment « transmettra, s'il en est requis, à celui du port ou « département auquel appartient le bâtiment, l'état « de description, mesurage et tonnage du bâtiment, « par lui certifié.

Art. 25. « Sur cet état ainsi certifié, qui sera déposé au bureau du port ou département auquel « appartient le bâtiment, le préposé de ce bureau « recevra du propriétaire du bâtiment les cautionnement, déclaration, soumission, affirmation, « ordonnés par le présent décret, et délivrera un « acte de francisation, sur l'exhibition duquel le « préposé du bureau du port où sera le bâtiment, « lui donnera un congé. »

Relativement à l'acte de francisation, une des lois du 21 septembre 1793 a dit :

Art. 1er. « Les congés des bâtimens sous pavillon « françois seront, dans trois jours, à compter de « celui de la publication du présent décret pour « ceux qui seront dans les ports, et dans huit jours « de l'arrivée de ceux qui entreront, rapportés et « déposés au bureau des douanes nationales avec « les titres de propriété. Tout déchargement et dé- « part des bâtimens sera différé jusqu'après la déli- « vrance d'un acte de francisation.

Art. 2. « Tout armateur, en présentant congé et « titres de propriété du bâtiment, sera tenu de dé- « clarer en présence d'un juge de paix, et signer sur « le registre des bâtimens françois, qu'il est pro- « priétaire du bâtiment; qu'aucun étranger n'y est « intéressé directement ni indirectement, et que sa « dernière cargaison d'arrivée des colonies ou comp- « toirs des François n'est point un armement en « commission, ni propriété étrangère.

Art. 3. « Si l'armateur ne réside pas dans le port « où est le bâtiment, le consignataire et le capitaine « donneront, conjointement et solidairement, cau- « tion de rapporter, dans un délai convenable, les « actes de propriété et la déclaration affirmée et « signée par le vrai propriétaire des bâtimens et car- « gaisons.

Art. 4. « Si la propriété du bâtiment, et même « celle des cargaisons, pour le commerce entre la « France, ses colonies et comptoirs, n'est pas prou- « vée françoise, par titre et par serment, les bâti- « mens et cargaisons seront saisis, confisqués, ven- « dus, et moitié du produit donné à tout dénon- « ciateur. »

Ainsi, de la combinaison des différentes disposi- tions ci-dessus avec celles qui vont suivre, on con- tinue à faire résulter que les formalités à remplir pour obtenir un acte de francisation, sont :

1°. De rapporter, au bureau de la douane, les anciens congés, si le bâtiment a déjà voyagé;

2°. D'y déposer les titres de propriété;

3°. De justifier, par acte délivré par le juge de paix, qu'on a passé la déclaration et prêté le serment prescrit. (*Voir* n° 1189.). — Cette déclaration doit être passée devant un juge de paix ou tout autre of- ficier public. (*Lettre au directeur de Nice, du 21 frimaire an* 6.)

4°. De signer cette même déclaration sur les re- gistres des bâtimens françois, au bureau de la douane;

5°. De représenter le certificat d'un mesureur- vérificateur, constatant la nature, les dimensions et la contenance du bâtiment;

6°. De passer sa soumission et de fournir la cau- tion exigée par les articles 11 et 16 de la loi du 27 vendémiaire an 2 (numéros 1192 et 1191.)

On peut franciser un bâtiment dans le port où le propriétaire ne réside pas, parce qu'il peut prêter le serment de propriété, nécessaire pour la francisa- tion, devant le juge de paix de son domicile, en prendre l'acte et l'adresser au bureau du port où se trouve son navire. (*DM.* 30 *germinal an* 10.)

1188. Les noms du bâtiment et du port auquel il appartient seront marqués à sa poupe en lettres blanches, de quatre pouces de hauteur, sur un fond noir. Défenses sont faites d'effacer, couvrir ou changer les noms du bâtiment ou du port, sous peine de 3000 francs d'amende, solidairement et par corps, contre les propriétaire, consignataire, agent ou capitaine. (27 *vendémiaire an* 2, *art.* 19.)

Un armateur peut changer le nom de son navire, en prenant un nouvel acte de francisation et en remplissant les formalités d'usage près du commis- saire de la marine. (*Lettre au directeur de Rouen, du 29 nivose an* 5.)

Dans ce cas, sa marque doit être réformée. (*Cir- culaire du 12 vendémiaire an* 3.)

1189. Le serment à prêter par le propriétaire, avant la délivrance des congé et acte de francisation, sera en cette forme :

Je (*le nom, état, domicile*) jure et affirme que (*le nom du bâtiment, du port auquel appartient le bâtiment*) est un (*espèce, tonnage du bâtiment et description, suivant le certificat du mesureur-vérificateur*), a été construit à (*lieu de construction*) en (*année de construction*) a été (*pris, ou confisqué, ou perdu sur la côte : exprimer le lieu, le temps des jugement et vente*); que je suis seul propriétaire dudit bâtiment, *ou* conjointement avec (*nom, état, domicile des intéressés*), et qu'aucune autre personne quelconque n'y a droit, titre, intérêt, portion ou propriété; que je suis citoyen de France, soumis et fidèle aux con- stitutions, ainsi que les associés ci-dessus (*s'il y en a*); qu'aucun étranger n'est directement ou indirectement intéressé dans le susdit bâtiment. (27 *vendémiaire an* 2, *art.* 13.)

AUCUN propriétaire de navires ou autres bâtimens ne peut être reconnu pour tel, qu'en justifiant de cette propriété. (*Lettre du* 19 *fructidor an* 2.)

On ne peut reconnoître pour propriétaire aucun François résidant en pays étranger, s'il n'est pas dans l'un des cas déterminés par l'article 12 de la loi du 27 vendémiaire an 2 (nº 1184.) (*Lettre du* 12 *brumaire an* 2.)

En cas de fausse déclaration d'une partie de la propriété, l'on n'a droit de saisir que la portion de cet intérêt, et de dénoncer le chef aux procureurs impériaux pour faire alors les poursuites. (*Lettre du* 21 *nivose an* 2.)

1190. Le préposé du bureau se transportera à bord du bâtiment, pour en vérifier la description et le tonnage, et en sera responsable. (27 *vendémiaire an* 2, *art.* 14.)

1191. Le propriétaire ou les propriétaires se soumettront, par le cautionnement qu'ils seront tenus de donner, sous peine de confiscation du montant des sommes énoncées audit cautionnement, outre les autres condamnations prononcées par le présent décret, à ne point vendre, donner, prêter, ni autrement disposer des congé et acte de francisation; à n'en faire usage que pour le service du bâtiment pour lequel ils sont accordés; à rapporter l'acte de francisation au même bureau, si le bâtiment est pris par l'ennemi, brûlé ou perdu de quelque autre manière, vendu en partie ou en totalité à un étranger, et ce dans un mois, si la perte ou vente de la totalité ou partie du bâtiment a eu lieu en France ou sur les côtes de France, et dans trois, six ou neuf mois, suivant la distance des autres lieux de perte ou de vente.

Dans le même cas et les mêmes délais, les passes pour la Méditerranée seront remises au bureau. (27 *vendémiaire an* 2, *art.* 16.)

L'INTERVENTION de l'administration de la marine est requise par l'arrêté du 13 prairial an 11 pour concourir à l'examen des pièces justificatives de prises ou de pertes quelconques de navires français. (*Voir* sous le nº 1213.)

On avoit pensé qu'elle étoit également nécessaire pour constater le dépécement de ceux en état de vétusté dans nos ports; mais le ministre de la marine n'a pas adopté cette opinion, et il a marqué à celui des finances, par une lettre du 16 février 1809, qu'il n'y avoit point de motifs de soumettre ce dépécement aux formalités prescrites par l'arrêté du 13 prairial; « que la seule précaution à « prendre par l'administration des douanes est de « constater l'identité du bâtiment francisé avec celui « qui doit être démoli; que les propriétaires doi- « vent seulement être assujettis à faire la déclara- « tion du dépécement, sans que l'administration de « la marine intervienne pour l'autoriser; qu'il suffit « à celle-ci d'être informée du dépécement pour « rayer le navire de la matricule des bâtimens na- « tionaux. »

En conséquence, lorsqu'un propriétaire déclarera à la douane vouloir faire dépecer son bâtiment, on procédera à la jauge. Ses diverses dimensions seront soigneusement confrontées avec celles énoncées dans l'acte de francisation et au dernier congé, s'il existe, qui devront être produits et retenus: l'identité bien reconnue, on s'assurera de la démolition effective; il sera dressé procès-verbal du tout et expédition délivrée au propriétaire, pour qu'il puisse poursuivre la radiation de la matricule auprès de l'administration de la marine dans le ressort de laquelle se trouve le port auquel le navire a appartenu. (*Circulaire du directeur général, du* 24 *février* 1809.)

1192. Le propriétaire donnera une soumission et caution de vingt francs par tonneau, si le bâtiment est au-dessous de deux cents tonneaux, et de trente francs par tonneau, s'il est au-dessus de deux cents tonneaux; de quarante francs par tonneau, s'il est au-dessus de quatre cents tonneaux. (27 *vendémiaire an* 2, *premier paragraphe de l'art.* 11.)

LES soumissions se rapportant à l'acte de francisation, elles ne peuvent pas être renouvelées avec les congés qui se délivrent chaque voyage, puisque leur effet co-existe avec celui de l'acte primitif. (*Lettre au directeur de Lorient, du 28 thermidor an* 5.)

1193. Les actes de francisation et congés seront, dans les vingt-quatre heures de l'arrivée du bâtiment, déposés au bureau, et y resteront jusqu'au départ (27 *vendémiaire an* 2, *art.* 28.)

Les patentes que les capitaines étrangers présentent pour justifier de quelle nature est le bâtiment, doivent être retenues, comme les congés, jusqu'au départ.

SECTION II. — *Dispositions particulières à l'acte de francisation.*

1194. Il sera payé pour l'acte de francisation des bâtimens de cent tonneaux et au-dessous, neuf francs; de cent tonneaux et non au-dessus de deux cents, dix-huit francs; de deux cents tonneaux et au-dessous de trois cents, vingt-quatre francs, et en sus, six francs pour chaque cent de tonneaux au-dessus de trois cents. (27 *vendémiaire an* 2, *premier paragraphe de l'art.* 26.)

L'état de vétusté d'un acte de francisation donnant quelquefois lieu à la demande d'une nouvelle expédition, il s'est élevé la question de savoir si la délivrance de ce nouvel acte donnoit ouverture à la perception du droit fixé par l'art. 26 ci-dessus... L'acte de francisation est censé devoir durer autant que le bâtiment: conséquemment il ne peut pas en être des actes rapportés pour cause de vétusté comme de ceux perdus, à l'égard desquels l'art. 20 (nº 1196) prescrit des dispositions d'où dérive la perception établie par cet art. 26; ainsi le nouvel acte, substitué au vieux, ne donne lieu qu'au remboursement du timbre; il est délivré suivant les formalités prescrites par l'art. 16 (nº 1191), et on doit énoncer sur ce nouvel acte que l'original, sous tels numéro et date, a été déposé pour cause de vétusté, (*CD.* 28 *ventose an* 13.)

Les chaloupes qui dépendent d'un bâtiment françois participent à sa francisation en les annotant dans l'acte qui le concerne; mais si elles sortent du port et font des voyages séparés, on ne peut les considérer comme partie de bâtiment, et alors elles sont soumises tant à l'acte de francisation qu'aux congés. (*LA.* 2 *fructidor an* 9.)

Lorsque dans le cours d'un mois, il y a eu des bâtimens francisés dans l'arrondissement d'un receveur principal, il en adresse l'état à l'administration, à l'expiration dudit mois, en ayant soin de rappeler les mois antérieurs, s'il y en a pendant lesquels il n'aura pas été délivré d'acte de francisation. (*LA.* 29 *vendémiaire an* 4.)

1195. Les actes de francisation seront extraits du registre où seront inscrites les déclarations de constructions, mesurage, description et propriété, ordonnées par le présent décret. (27 *vendémiaire an* 2, *art.* 39.)

Si la jauge avoit été prise d'une manière inexacte, il n'y auroit pas lieu à délivrer un nouvel acte de francisation, expédition qui donneroit ouverture à un droit que les capitaines ne doivent pas, puisque l'erreur ne peut leur être imputée; on se borne donc à rectifier cette jauge sur l'acte dont ils sont déjà munis. (*Lettre au directeur de Marseille, du* 28 *frimaire an* 5.)

On doit ajouter une feuille de papier à l'acte de francisation qui ne présente plus de blanc. (*Lettre au directeur de Rouen, du* 14 *brumaire an* 10.)

Le sceau de l'état que portent les actes de francisation ne les dispense pas du timbre, auquel ils sont assujettis comme pièce faisant titre à la décharge ou à l'avantage des propriétaires du bâtiment. (*CA.* 19 *ventose an* 7.)

Les actes de francisation seront désormais sur parchemin, et seront payés 1 f. 20 c. indépendamment du timbre. (*LD.* 24 *prairial an* 13.)

Il ne doit être délivré de copie-expédition d'acte de propriété que sur la demande des parties intéressées ou en vertu d'un jugement. (*LA.* 18 *janvier* 1793.)

Les registres de francisation et de congés doivent rester perpétuellement dans les bureaux, étiquetés par année, pour y être consultés soit de la part des négocians, capitaines ou autres intéressés qui peuvent avoir besoin de prendre sur ces registres, dans tous les temps, tels renseignemens que les circonstances exigent. (*LA.* 7 *ventose an* 3.)

1196. Si l'acte de francisation est perdu, le propriétaire, en affirmant la sincérité de cette perte, en obtiendra un nouveau, en observant les mêmes formalités, et à la charge des mêmes cautionnement, soumission, déclaration et droits, que pour l'obtention du premier. (27 *vendémiaire an* 2, *art.* 20.)

Si le premier acte de francisation se retrouve, on annulle le deuxième, et mention en est faite en marge de la soumission...... Dans le cas où un acte de francisation seroit tombé au pouvoir de l'ennemi, la mention sur le nouveau porteroit que celui-ci, ainsi perdu, devient nul et de nul effet, et qu'en conséquence les soumissionnaires sont déchargés de leur cautionnement. — Dans les deux cas, il n'y a pas lieu à la restitution des droits. Si un bâtiment est pris par l'ennemi, brûlé ou perdu, sa perte doit être constatée par des pièces régulières, dans les délais fixés par l'art. 16 de la loi du 27 vendémiaire an 2 (n° 1191).

1197. Si après la délivrance de l'acte de francisation, le bâtiment est changé dans sa forme, tonnage, ou de toute autre manière, on en obtiendra un nouveau; autrement le bâtiment sera réputé bâtiment étranger. (27 *vendémiaire an* 2, *art.* 21.)

On a vu sous le n° 1188 que le changement de nom même entraîne un nouvel acte de francisation.

1198. Toute vente de bâtiment ou partie de bâtiment contiendra la copie de l'acte de francisation, et sera faite pardevant un officier public..... (27 *vendémiaire an* 2, *art.* 18.)

Cet article ajoutoit : « *Sans qu'il soit perçu plus de « quinze sous pour droits d'enregistrement, quel que « soit le prix de vente* ».... Mais cette disposition se trouve abrogée, par cela que la loi du 22 frimaire an 7 veut que la vente de tout effet mobilier soit soumise au droit de deux pour cent de la valeur, plus le décime additionnel; et comme les navires sont réputés meubles, il en résulte qu'ils paient aujourd'hui 2 fr. 20 cent. par 100 fr. de vente.

Indépendamment du droit d'enregistrement ci-dessus, il est encore dû un autre droit pour l'inscription de la vente au dos de l'acte de francisation. *Voir* n° 1199.

Les ventes volontaires des navires peuvent être faites devant les greffiers des tribunaux de commerce. (*Décision du grand juge, du 4 complémentaire an* 10.)

Et, par décision du ministre des finances, du 15 ventose an 12, les contrats de vente des bâtimens de mer, passés par des courtiers de navires et de marchandises, reçus par le Gouvernement, seront admis dans les douanes comme ceux de notaires, vu qu'étant nommés par le Gouvernement, ils sont rentrés de plein droit dans l'exercice des fonctions publiques qu'ils exerçoient avant la révolution, lesquelles comprenoient la faculté de passer les contrats de vente dont il s'agit. (*CD.* 17 *ventose an* 12.)

Le changement de propriétaire ne donne point lieu à un nouvel acte de francisation, parce que cet acte est accordé au bâtiment et non à l'armateur; on inscrit seulement la vente au dos de l'acte. (*Lettre de la commission des revenus nationaux, du 7 frimaire an* 3.)

L'acquéreur d'un bâtiment appartenant à un port, et qui veut l'attacher à un autre, doit déposer son contrat d'acquêt au bureau de navigation, déclarer l'attacher à son port, et passer la soumission cautionnée voulue par la loi. En conséquence, mention de cette vente doit être inscrite au dos de l'acte de francisation, et un certificat, énonçant toutes ces formalités remplies, sera délivré, pour que le vendeur fasse annuller la soumission relative à l'acte de francisation. (*LD.* 10 *vendémiaire an* 11.)

Si, dans le cas ci-dessus, l'ancien acte de francisation se trouve égaré, les vendeurs déclareront, à la douane du port où l'acte de francisation a été délivré, qu'ils ont adressé l'acte de francisation au nouvel acquéreur, qui, pour se conformer à l'art. 20 (n° 1196) de la loi du 27 vendémiaire an 2, devra déclarer à la douane de son port qu'il ne lui est pas parvenu. Ces deux déclarations remises constatent la perte, et un nouvel acte doit être délivré, en remplissant les formalités des art. 11 et 16 de la même loi (numéros 1192 et 1191.)

Dans le cas de vente, l'ancien congé peut servir pour se rendre au port de la résidence de l'acquéreur, en en faisant mention au dos dudit congé. (*Décision du* 28 *vendémiaire an* 3.)

La vente des navires ne peut avoir lieu en faveur des étrangers.... L'ordonnance du 7 octobre 1781 la défend en ces termes :

« S. M. étant informée que les ventes de navires « marchands à des étrangers se multiplient à un tel « point dans les différens ports de France, qu'il en « peut résulter des inconvéniens pour son service, « elle a ordonné et ordonne, qu'à compter de ce

« jour, aucun propriétaire de navire françois ne « pourra en faire la vente à des étrangers, sans en « avoir préalablememt obtenu la permission par « écrit du secrétaire d'état ayant le département de « la marine, à peine de nullité desdites ventes. Fait « défenses, S. M., aux officiers des amirautés, d'en- « registrer aucun acte relatif auxdites ventes, qu'il « ne leur soit apparu de ladite permission, laquelle « demeurera déposée au greffe de l'amirauté, et sera « relatée dans les sentences d'enregistrement desdits « actes de vente. »

Depuis, un arrêté du 24 prairial an 3 s'est exprimé sur cette défense, ainsi qu'il suit :

« Sur le rapport de la commission de la marine, « le comité de salut public s'étant fait représenter « l'ordonnance du 7 octobre 1781, l'acte de naviga- « tion et ses arrêtés des 5 pluviose et 14 floréal pré- « sente année, arrête que : Toutes les ventes de na- « vires faites à des étrangers, en contravention aux « lois et arrêtés ci-dessus, sont nulles et de nul effet. »

Ainsi, et par la disposition positive de la loi du 19 thermidor an 4, les navires sont prohibés à la sortie; mais il a été déclaré, en une décision ministérielle du 17 messidor an 6, qu'on ne doit pas comprendre dans cette prohibition, les bateaux qu'on ne peut pas leur assimiler, et dont la sortie est permise.

1199. Les ventes de partie du bâtiment seront inscrites au dos de l'acte de francisation par le préposé du bureau, qui en tiendra registre, et auquel il sera payé six francs pour chaque tel endossement. (27 *vendémiaire an* 2, *art.* 17.)

On ne doit que le même droit, quoique le bâtiment soit vendu en totalité, parcequ'il n'y a qu'un endossement.

Si on vendoit le navire en quatre portions distinctes, comme il y auroit quatre endossemens, il seroit dû autant de 6 francs.

Celui qu'un héritage rend propriétaire d'un bâtiment, doit, quoiqu'il n'y ait pas de vente, acquitter le même droit de 6 francs, parcequ'il y a mutation de propriété, qui doit être inscrite au dos de l'acte de francisation (*Décision du* 2 *germinal an* 7.)

L'inscription de la vente d'un bâtiment de mer, au dos de l'acte de francisation, doit également avoir lieu lorsque la vente en est passée devant un officier public, ou devant un tribunal de commerce. (*DM.* 26 *pluviose an* 7.)

Si, lors d'une seconde vente ou transmission de tout ou partie d'un bâtiment, on reconnoissoit que la vente, ou transmission antérieure, n'auroit point été inscrite au dos de l'acte de francisation, il faudroit faire payer, avec le second droit, le premier non acquitté. (*Lettre du* 12 *vendémiaire an* 6.)

L'inscription de la vente partielle doit être faite au port auquel le navire appartient, attendu que les soumissions et cautionnemens prescrits par les articles 11 et 16 de la loi du 27 vendémiaire an 2, (numéros 1192 et 1191) ne peuvent se subdiviser en plusieurs bureaux. (*Lettre du* 16 *fructidor an* 8.)

L'inscription d'une vente au dos de l'acte de francisation, n'étant point un contrat nouveau, n'est point comprise dans la défense portée par l'art. 23 de la loi du 13 brumaire an 7, relative à l'enregistrement, lequel interdit la transcription de plusieurs actes sur la même feuille. (*Lettre au directeur de Saint-Valery, du* 19 *messidor an* 7.)

SECTION III. — *Dispositions particulières aux congés.*

1200. Les bâtimens de trente tonneaux et au-dessus auront un congé où seront la date et le numéro de l'acte de francisation, qui exprimera les noms, état, domicile du propriétaire, et son affirmation qu'il est seul propriétaire (ou conjointement avec des François dont il indiquera les noms, état et domicile); le nom du bâtiment, du port auquel il appartient; le temps et le lieu où le bâtiment a été construit, ou condamné, ou adjugé; le nom du vérificateur, qui certifiera que le bâtiment est de construction..... ; qu'il a..... mâts....., ponts; que sa longueur, de l'éperon à l'estambord, est de.... *mètres.... centimètres;* que sa plus grande largeur est de *mètres..... centimètres;* que sa hauteur entre les ponts est de.... *mètres..... centimètres*; (s'il n'y a qu'un pont) que la profondeur de la cale est de..... *mètres..... centimètres;* qu'il mesure.... tonneaux; qu'il est un brick, ou navire, ou bateau; qu'il a ou n'a pas de galerie ou de tête. (22 *vendémiaire an* 2, *art.* 9.)

1201. Les congés ne seront bons que pour un voyage. (27 *vendémiaire an* 2, *second paragraphe de l'art.* 11.)

1202. On paiera six francs pour chaque congé. (*27 vendémiaire an 2, second paragraphe de l'art. 26.*)

AVANT de délivrer un congé, le préposé doit s'assurer que les formalités relatives à la marque et aux inscriptions des noms ont été remplies. — On y fera mention du changement de nom, s'il y en a. (*Circulaire du 12 vendémiaire an 3.*)

Lorsqu'à défaut d'imprimés pour les congés ou passavans, les préposés sont obligés d'y suppléer par *visa*, le droit doit également être perçu. (*Lettre au directeur de Toulon, du 24 nivose an 5.*)

Le ministre des finances a rendu, le 5 pluviose an 11, une décision conçue en ces termes : « Les « congés des navires au-dessus de 30 tonneaux ne « seront valables que pour un voyage; néanmoins « les bâtimens expédiés pour un port étranger pour- « ront y prendre des chargemens à toute destination, « et seront tenus de revenir dans un port de France, « à l'effet d'y renouveler leurs congés, au moins « dans le cours de l'année. Cette obligation fera par- « tie de la soumission que le propriétaire doit sous- « crire aux termes du premier paragraphe de l'art. « 11 de la loi du 27 vendémiaire an 2 (n° 1192).

« Les navires expédiés d'un port de l'Empire pour « un autre, qui ne termineroient pas leur voyage « en revenant directement dans le port de l'expédi- « tion, et qui prendroient dans celui de leur pre- « mière destination des chargemens, soit pour l'é- « tranger, soit pour tout autre port de France, fai- « sant ainsi un second voyage, doivent renouveler « leur congé.

« Les bâtimens employés dans le Levant, qui ne « seront pas revenns en France une année après la « date du congé qui leur aura été délivré lors de « leur départ, paieront le double droit du premier « congé qui leur sera expédié à leur retour : les ar- « mateurs ou capitaines seront tenus toutefois de « justifier, par des certificats des commissaires des « relations commerciales, des causes qui auront em- « pêché les bâtimens de revenir en France dans le « délai d'une année. A l'égard de ceux qui ne seroient « pas revenus en France dans l'espace de deux an- « nées, la soumission souscrite conformément à « l'art. 11 de la loi du 27 vendémiaire an 2 (n° 1192), « sera exécutée. »

Il résulte de cette décision,

1°. Qu'un navire expédié pour l'étranger doit revenir dans le cours de l'année, soit au port auquel il appartient, soit à tout autre port de l'Empire, afin de lui être délivré un nouveau congé, sur l'acte de francisation, qu'il représentera;

2°. Qu'un bâtiment françois au-dessus de 30 tonneaux, venu d'un port de l'Empire dans un autre où il consomme sa destination, s'il lui en est donné une seconde qui ne le ramène pas au lieu du départ primitif, devra, vu qu'il entreprend un second voyage, renouveler son congé et en acquitter le droit. Ce nouveau congé relatera les précédens, afin de conserver la trace de celui délivré au port dont le navire dépend;

3°. Les navires faisant le cabotage dans les échelles du Levant, qui prolongeront leur navigation au-delà du terme d'une année, devront justifier des causes qui se seront opposées à leur retour. — Ils paieront le double droit du premier congé qui leur sera délivré. — Enfin, à défaut de retour dans l'espace de deux années, l'amende de 20 ou de 30 fr. par tonneau, suivant la contenance, sera encourue. (*CD. 13 pluviose et 13 ventose an 11.*)

EXCEPTIONS. Par décision du ministre des finances du 22 prairial an 5, « les congés délivrés aux arma- « teurs d'Ostende et de Dunkerque pour les bâti- « mens au-dessus de trente tonneaux servant à la « pêche, vaudront pendant un mois, quel que soit « le nombre de leurs expéditions. »

Et par une autre décision du 27 nivose an 8, le même ministre a étendu cette faveur à tous les bâtimens au-dessus de 30 tonneaux employés à la pêche; ainsi leurs congés sont bons pour un mois, quel que soit le nombre des expéditions faites pendant ce temps.

La décision ci-dessus, pour la durée des congés, sera appliquée aux bateaux pontés au-dessus de 30 tonneaux, qui font le cabotage entre le Havre et Honfleur. (*Lettre du ministre du commerce, du 28 mars 1812.*)

Les congés des bâtimens non pontés de la rivière de Seine, quoiqu'au-dessus de 30 tonneaux, qui, par leur construction, ne peuvent aller en mer, sera d'une année, et le droit d'un franc seulement. (*DM. 18 germinal an 8.*)

Un bâtiment parti de Rouen pour le Havre en lest, ayant relâché à Honfleur, où il a chargé pour Rouen, n'est point soumis à un nouveau congé; le retour étant consommé, conformément aux dispositions supplétives de la circulaire du 13 ventose an 11, laquelle déclare, pour le cas de cabotage, passibles d'un nouveau congé, les seuls bâtimens qui ne font point leur retour au port dont ils dépendent. (*Lettre au directeur de Rouen, du 7 frimaire an 12.*)

Des derniers termes de cette lettre, il sembleroit découler que le renouvellement des congés, pour ceux des bâtimens assujettis à en prendre un autre à chaque voyage, devroit avoir lieu toutes les fois que le navire prendroit une autre destination que celle du port où il a été francisé; tandis qu'au contraire, par le sens même du second paragraphe de l'article 11 de la loi du 27 vendémiaire an 2, *les congés étant bons pour un voyage* (n° 1201), il est évident qu'on ne doit lever un nouveau congé que lorsque le bâtiment ne repart pas pour le port d'où il est venu, que ce port soit ou non celui de sa francisation, et ceci se prouve par cela qu'un voyage se composant du départ et du retour, ne peut se parfaire que par le retour au lieu même du départ.. Prendre une autre destination que celle du départ ce n'est pas retourner, c'est entreprendre un autre voyage.

1203. Les bâtimens au-dessous de trente tonneaux, et tous les bateaux, barques, alléges, canots et chaloupes, employés au petit cabotage, à la pêche sur la côte ou à la navigation intérieure des rivières, seront marqués d'un numero et des noms des propriétaires et des ports auxquels ils appartiennent. (27 *vendémiaire an 2, art.* 4.)

1204. Les numéros et noms des propriétaires et des ports seront insérés dans un congé que chacun de ces bâtimens sera tenu de prendre chaque année, sous peine de confiscation et de cent francs d'amende. (27 *vendémiaire an 2, art.* 5.)

On a vu, sous le nº 1188, que le nom d'un navire peut être changé en prenant un nouvel acte de francisation.

1205. Ceux des bâtimens qui seront pontés paieront trois francs pour chaque congé; il ne sera payé qu'un franc pour celui des bâtimens non pontés. (27 *vendémiaire an 2, art.* 6.)

La navigation intérieure des rivières qui assujettit les bâtimens aux congés, s'entend de celle qui se fait depuis la mer jusqu'au port en rivière où se trouve le dernier bureau des douanes; *par exemple:* du Havre à Rouen, de Painbœuf à Nantes; — celle qui se fait en deçà de ces bureaux, comme de Rouen à D[illegible], de Nantes à Ingrande, ne donne point ouverture au congé.

Il sera tenu un registre des congés; à mesure qu'ils seront délivrés, on y ouvrira une colonne où seront portés les numéros des registres des droits de navigation à l'article de chaque bâtiment qui les aura acquittés. (*Extrait de la lettre du* 18 *vendémiaire an* 4.)

On a vu sous le nº 1195, que les registres de congés doivent rester perpétuellement dans les bureaux.

CHAPITRE III. — *De la neutralisation des bâtimens françois.*

SECTION I. — *De l'autorisation nécessaire pour faire naviguer les bâtimens francisés sous pavillons neutres.*

1206. Les négocians françois pourront faire naviguer leurs navires sous pavillons neutres, pendant la durée de la guerre maritime, lorsqu'ils en auront obtenu la permission spéciale du ministre de la marine et des colonies. (*AC.* 13 *prairial an* 11, *art.* 1.)

« Les administrateurs de la marine, en transmettant « au ministre la demande formée par un armateur « de neutraliser un bâtiment, devront vérifier si le « navire est inscrit sur les registres des commissaires « préposés à l'inscription maritime, si l'armateur et « sa caution sont solvables. » (*Même arrêté, art.* 3.)

Il n'y a donc que les bâtimens françois qui peuvent être naturalisés, et seulement sous la permission du ministre. (*LD.* 25 *prairial an* 11.)

Le commissaire de la marine du port auquel appartiennent les bâtimens, pourra accorder des neutralisations pour un an. Ces simulations annuelles seront néanmoins renouvelées toutes les fois que le bâtiment changera de pavillon sous lequel elles auront été accordées. Ces navires neutralisés seront inscrits sur un registre particulier, sous le nom étranger qui leur sera donné... Au retour, ils reprendront leurs noms propres et leurs pavillons. (*Extrait de la circulaire du* 7 *juillet* 1810.)

1207. Les navires françois autorisés à naviguer sous pavillon neutre continueront à ne payer, pendant la durée de la guerre maritime, les droits de navigation et de douane que comme navires françois, pourvu toutefois que les armateurs ou capitaines exhibent à l'administration des douanes les preuves nécessaires pour faire reconnoître l'identité du navire. (*AC.* 13 *prairial an* 11, *art.* 11.)

On devra, à la fin de chaque mois, adresser au directeur des douanes, un état des navires neutralisés, expédiés des ports ou y arrivés; il comprendra les marchandises de la cargaison, les noms des armateurs ou consignataires, ainsi que la date et la nature des expéditions qui seront délivrées au départ, et de celles produites à l'arrivée. (*CD.* 19 *messidor an* 11.)

Les droits de sortie perçus au port de débarquement sur des marchandises expédiées à destination simulée de l'étranger, sont restitués en justifiant de l'arrivée de ces marchandises à un port de France, sur le navire désigné par l'acquit de paiement. (*Décision des* 26 *vendémiaire et* 12 *brumaire an* 2.) — La restitution est ordonnée par l'administration sur la représentation des acquits originaux de paiemens. — Quand cette représentation ne peut pas être faite, l'administration est autorisée à effectuer le remboursement sur le duplicata, à la charge que ce ne sera que trois mois après la demande, et que le réclamant sera tenu de fournir caution solidaire avec lui, de rendre la somme remboursée, si dans l'espace de deux ans de la date de l'acquit, le porteur de l'acquit original venoit à en réclamer le remboursement. (*Décision du* 24 *novembre* 1791, *confirmée par LD.* 19 *messidor an* 12.)

SECTION II. — *Des soumissions à souscrire pour faire neutraliser les bâtimens.*

1208. Les armateurs qui obtiendront la permission de neutraliser leurs navires seront tenus de fournir un cautionnement égal à la valeur du navire, laquelle sera fixée d'après l'estimation faite dans les formes usitées, et ils s'engageront à le faire réintégrer, à la paix, sous le pavillon national : l'armateur et sa caution seront solidaires. (*AC.* 13 *prairial an* 11, *art.* 2.)

1209. Les actes de cautionnement seront conformes au modèle ci-après; ils seront enregistrés au bureau de l'inscription de la marine, et il en sera remis une copie au directeur des douanes de l'arrondissement. (*AC.* 13 *prairial an* 11, *art.* 4.)

FORMULE DU CAUTIONNEMENT. — Je soussigné (*prénoms, nom et domicile*), armateur, propriétaire du navire françois... le... compris sur le registre de l'inscription à... dont l'acte de francisation, sous le n°.... a été enregistré à... le... du port de.... tonneaux... 94ᵉ... estimé... francs, que je me propose de faire naviguer sous pavillon neutre pendant la durée de la guerre maritime, en conséquence de l'autorisation qui en a été donnée par le ministre de la marine et des colonies, le... an... promets et m'engage de faire ramener ledit navire à l'époque de la paix dans un port de France, et de le faire réintégrer sous pavillon national, à la charge par moi, si cette condition n'étoit pas remplie, ou si je ne prouvois pas par des certificats authentiques, délivrés par des fonctionnaires publics, qu'à raison et par causes majeures, telles que naufrages, captures, confiscations ou échouemens ou condamnation par vétusté ou avaries, j'ai été dans l'impossibilité de le faire, de verser dans la caisse des douanes le montant de l'estimation ci-dessus mentionnée, dont le paiement est garanti par M.... qui, à cet effet, s'oblige solidairement avec moi. Je serai tenu de faire ce versement après l'expiration du délai qui aura été fixé pour le retour de mon navire; en conséquence de la déclaration que j'aurai faite au préfet du..., arrondissement maritime. Pour sûreté de la présente obligation, j'engage tous mes biens présens et à venir, me soumettant en cas d'inexécution de ma part, d'y être contraint par corps.

FORMULE DE LA GARANTIE. — Je soussigné (*prénoms, nom, profession et résidence de la caution*) déclare que je me rends et porte caution de l'obligation ci-dessus souscrite par le sieur.... armateur du navire le..., sous les mêmes clauses et conditions, me soumettant à être poursuivi et contraint solidairement pour les engagemens qu'il a contractés par ladite obligation, comme armateur du navire le.....

Je déclare en outre (*indiquer s'il a souscrit quelqu'autre cautionnement de même nature, et désigner, dans le cas, les noms de l'armateur, du bâtiment et du port de l'armement.*)

1210. Il sera tenu au bureau de l'inscription maritime, dans chaque chef-lieu de préfecture, un registre des navires françois neutralisés. Ce registre, dont il ne sera donné connoissance qu'aux propriétaires et cautions, ou à leurs fondés de pouvoirs, et seulement en ce qui les concerne, désignera : Le numéro de l'enregistrement actuel; le nom françois du navire; le port auquel il appartient; le numéro de son acte de francisation; la date et le lieu de l'enregistrement du présent acte; le port en tonneaux du navire; l'espèce de bâtiment; le nom et la demeure du propriétaire; le nom et la demeure de sa caution; la valeur du navire; la date de l'acte de cautionnement; celle de la permission de neutraliser; le pavillon sous lequel l'armateur aura déclaré que le navire doit naviguer. (*AC.* 13 *prairial an* 11, *art.* 5.)

Pareil registre sera ouvert au bureau des douanes: on annotera en marge la date de l'ordre qui aura transmis la permission du ministre; les retours qui s'effectueroient et les délibérations qui, à défaut, ordonneroient les poursuites des armateurs.

Les navires neutralisés peuvent arborer tel pavillon que ce soit, et le changer suivant les circonstances. (*Décision du ministre de la marine, du 4 août* 1806.) — Ainsi, à l'arrivée on se bornera à constater la francisation primitive du bâtiment, afin de pouvoir lui attribuer sans abus le privilége de la nationalité, qu'il conserve sous le pavillon neutre qui masque son origine. (*CD.* 7 *août* 1806.)

SECTION III. — *De la réintégration des bâtimens neutralisés, et de l'annullation des soumissions.*

1211. Dans le mois qui suivra la paix maritime, les armateurs seront tenus de déclarer au préfet maritime de l'arrondissement des lieux où sont les navires, qu'ils auront obtenu la permission de neutraliser le pavillon sous lequel ils navigueront, et l'époque probable de leur retour dans un port de France. (*AC.* 13 *prairial an* 11, *art.* 6.)

1212. Les armateurs ne pourront obtenir la décharge du cautionnement, ni être dispensés de l'obligation de remettre à la paix leurs navires sous pavillon national, qu'en produisant des certificats authentiques délivrés par les fonctionnaires publics, constatant l'impossibilité, par cause majeure, de ramener les navires dans un port de France; tels que capture, confiscation, naufrage, échouement avec perte du navire et condamnation par vétusté ou avaries. (*AC.* 13 *prairial an* 11, *art.* 7.)

1213. Les pièces produites par les armateurs pour la décharge de leur cautionnement, seront communiquées par le préfet maritime au tribunal de commerce et au directeur des douanes, pour recevoir leur avis par écrit : le conseil d'administration de la marine prononcera de suite, sauf l'approbation du ministre de la marine, s'il y a lieu ou non, à accorder la décharge du cautionnement. (*AC.* 13 *prairial an* 11, *art.* 8.)

Consulter aussi l'art. 16 de la loi du 27 vendémiaire an 2, qui est classé sous le nº 1191.

Les circulaires des 25 prairial an 11, 8 février et 24 septembre 1808, avoient tracé la marche qui devoit être suivie pour constater la perte de nos navires en mer.

Aux termes de l'art. 8 de l'arrêté du 13 prairial an 11, les pièces justificatives doivent être communiquées par le préfet maritime, tant au tribunal de commerce qu'aux directeurs des douanes pour avoir leur avis.

Le conseil d'administration prononçoit ensuite, sauf l'approbation du ministre de la marine.

Il avoit aussi été réglé que l'approbation de ce

ministre n'auroit lieu qu'à l'égard des bâtimens neutralisés, et que celle du ministre des finances seroit donnée pour ceux naviguant sous pavillon françois.

Ce réglement est changé, le ministre des manufactures et du commerce a informé M. le directeur général par sa lettre du 19 novembre 1812, que les dispositions suivantes ont été convenues entre lui et celui de la marine.

1°. Les préfets maritimes continueront à communiquer aux tribunaux de commerce et aux directeurs des douanes les pièces produites par les armateurs pour obtenir la décharge des obligations qu'ils ont contractées, soit quand ils ont expédié leurs navires sous pavillons simulés, soit lorsque l'expédition s'est faite sous pavillon françois.

2°. Les avis des tribunaux de commerce et des directeurs des douanes seront, avec les pièces produites par les armateurs, remises aux conseils d'administration, qui exprimeront leurs opinions dans une délibération spéciale.

3°. Soit qu'il s'agisse d'expédition simulée ou faite sous pavillon françois, soit que les réclamations des armateurs soient accueillies ou contestées, les préfets maritimes remettront une copie certifiée de sa délibération aux directeurs des douanes. Les directeurs en feront l'envoi au directeur-général, et sur son rapport le ministre des manufactures et du commerce prendra une décision définitive, qu'il leur transmettra pour la notifier aux parties intéressées.

Les directeurs resteront toujours chargés de faire procéder aux poursuites tant qu'il y aura lieu d'en exercer.

Ces mesures n'apportent aucun changement aux formes qui ont dû être suivies jusqu'à présent par les douanes, elles n'ont réellement pour objet que de placer entièrement dans les attributions du ministre des manufactures et du commerce, le jugement des délibérations du conseil de l'administration maritime qui étoit partagé entre lui et le ministre de la marine; l'un statuant sur les navires françois qui en portent le pavillon, l'autre sur ceux neutralisés.

Ainsi, quel que soit l'état des bâtimens françois pris, naufragés ou perdus en mer, ou à l'étranger, Son Excellence seule décidera si les soumissions qui lui sont relatives peuvent être annullées. Il convient que les directeurs joignent aux copies, qu'ils adresseront au directeur-général, des délibérations du conseil maritime, l'avis préalable qu'ils auront donné avec leurs observations, afin de pouvoir plus complettement motiver le rapport que le directeur-général doit faire au ministre du commerce.

Le ministre de la marine a donné connaissance de ces dispositions aux préfets maritimes. (*CD.* 23 *novembre* 1812.)

1214. Dans le cas où il y auroit lieu à poursuivre un armateur, à défaut de réintégration de son navire, la délibération du conseil d'administration et les pièces sur lesquelles elle sera motivée seront remises au directeur des douanes, qui fera procéder aux poursuites nécessaires. (*AC.* 13 *prairial an* 11, *art.* 9.)

Le partage des sommes provenantes des navires non réintégrés se fait suivant le mode indiqué sous le n° 189.

1215. A l'époque de la paix, les armateurs ne pourront obtenir d'actes de francisation et de congé pour les navires qu'ils auront été autorisés à faire naviguer sous pavillon neutre, qu'en représentant un extrait certifié du registre tenu à l'inscription de marine, constatant la permission précédemment accordée pour la neutralisation; l'administration des douanes fera reconnoître en même temps l'identité du navire. (*AC.* 13 *prairial an* 11, *art.* 10.)

TITRE III.

Des droits de Navigation.

DISPOSITION QUI ABROGE *les anciens droits de navigation, à l'effet d'y substituer des droits plus uniformes.*

1216. Les droits de fret, ancrage, feux, phares, tonnes, balises, signaux, lestage, délestage, pontage, traversage, et tous autres de cette nature, sous quelque dénomination que ce soit, sont supprimés. (27 *vendémiaire an* 2, *art.* 29.)

Cette même loi qui supprime ces anciens droits en a rétabli de nouveaux, sous la dénomination de droits de tonnage, etc..... Il n'en existe conséquemment pas d'autres que ceux dont il sera question dans ce titre; car je ne considère pas comme droits de navigation les sommes exigées pour la délivrance des actes de francisation et des congés, puisque, dans la réalité, elles ne sont imposées qu'en remboursement des dépenses opérées pour reconnoître et faire jouir les bâtimens françois des avantages accordés à la navigation nationale, et qu'en conséquence elles portent plutôt bénéfice que charge aux navigateurs.

Il doit être perçu en sus des droits nouveaux ci-après indiqués, le décime par franc établi en l'an 7.

Conformément à la loi du 30 décembre 1792, la perception des droits de navigation est attribuée aux receveurs des douanes. — Ainsi les actes de propriété font partie de cette attribution. (*Lettre du* 18 *janvier* 1793.)

Par suite, les receveurs des douanes se trouvent également chargés du dépôt des effets des marins morts en mer ou déserteurs, sauf à eux à verser immédiatement à la caisse des invalides de la marine en cas de vente provisoire ou définitive de ces effets, les deniers en provenants, après toutefois avoir prélevé les droits dont ils pourroient être susceptibles et celui de garde à cause de leur séjour dans les magasins des douanes. (*Opinion du ministre transmise par CD.* 9 *fructidor an* 10.)

Cette loi du 30 décembre 1792 est ainsi conçue :

Art. 1. « A compter du premier janvier prochain, « toutes les perceptions attribuées par la loi du 18 « août 1791 à des receveurs particuliers, nommés « par les tribunaux de commerce, seront faites sans « frais par les receveurs des douanes.

Art. 2. « Les receveurs des douanes compteront « de ces recettes de la même manière qu'ils comp- « tent dans les caisses des receveurs de département « pour leurs autres perceptions ».

Les art. 3 et 4 sont actuellement sans objet.

Un receveur des droits réunis ayant voulu percevoir les droits de navigation imposés par la loi du 27 vendémaire an 2, M. le directeur-général de cette administration lui a fait connoître qu'il ne devoit pas s'immiscer dans cette perception, et que ses opérations ne concernoient que celle établie par la loi du 30 floréal an 10, sur les bacs, bateaux, etc. naviguant en rivière.

CHAPITRE I. — *Tarif général des nouveaux droits de navigation.*

SECTION I. — *Des droits de tonnage.*

§. 1. *Droit de tonnage.*

1217. Les bâtimens françois au-dessus de trente tonneaux, venant d'un port françois sur l'Océan dans un autre sur l'Océan, ou d'un port françois sur la Méditerranée dans un autre sur la Méditerranée, paieront trois sous (15 *centimes*) par tonneau ;

S'ils viennent d'un port françois sur l'Océan dans un sur la Méditerranée, et *vice versâ*, ils paieront quatre sous (20 *centimes*) par tonneau. (27 *vendémiaire an* 2, *art.* 30.)

Les bâtimens françois venant des colonies et comptoirs des François en Asie, en Afrique, en Amérique, dans un port de France, paieront six sous (30 *centimes*) par tonneau. (27 *vendémiaire an* 2, *art.* 31.)

Conséquemment les bâtimens françois de 30 tonneaux et au-dessous sont exempts du droit de tonnage.

Les bâtimens provenants de prises doivent les droits, comme françois, dans leur navigation. (*DM.* 5 *thermidor an* 12.)

Les bâtimens françois, expédiés d'un port de l'Empire à un autre, ne paieront dans ceux de relâche le droit de tonnage que lorsqu'ils y déchargeront des marchandises, parce qu'alors le port intermédiaire devient accidentellement celui de destination. (*DM.* 7 *nivose an* 11.)

Par suite de cette décision, il ne faut pas assujettir aux droits de tonnage les navires françois qui entrent par relâche forcée dans nos ports, lorsque cette relâche n'est suivie d'aucune opération importante de commerce, c'est-à-dire, de déchargement ou chargement d'une partie essentielle de la cargaison. (*Circulaire du 15 nivose an 11.*)

Par ces mots *partie essentielle*, le ministre des manufactures a décidé le 24 novembre, sur les observations du directeur-général, qu'on devoit entendre le dixième, en volume, mais non en valeur, du chargement. (*CD 27 novembre* 1812.)

La décision du 7 nivose an 11 ci-dessus est une conséquence de l'article 2 de l'arrêté du 26 ventose an 5, interprétatif de l'art. 6, titre 2 de loi du 4 germinal an 2 (n° 1177), lesquels dispensent dans le même cas les navires étrangers du droit de tonnage.

Et déjà il avoit été reconnu que le débarquement ou la réparation des bâtimens naviguans sous l'escorte des vaisseaux de l'Etat, ne donnoit pas ouverture à la perception du droit, à moins qu'il n'y ait eu vente du tout ou de partie de la cargaison. (*Lettre au directeur de Dunkerque, du 9 pluviose an* 8.)

De ce que l'article 30 ci-dessus de la loi du 27 vendémiaire an 2 n'assujettit au droit de tonnage que les navires venant d'un port sur l'Océan dans un autre port sur l'Océan, etc., il en résulte que les bâtimens françois qui ne naviguent que dans les rivières, *sans emprunt de la mer*, sont exempts; mais la navigation d'un port en rivière à un autre port en rivière, par emprunt de la mer, *par exemple* de Rouen à Caen, y donneroit ouverture. (*Décision du 11 fructidor an* 5.)

La loi du 27 vendémiaire an 2 n'a point dérogé au réglement de 1701, qui n'assujettissoit qu'à un seul droit de fret les vaisseaux entrant dans les rivières, quoique leur chargement ou déchargement ait lieu dans plusieurs ports desdites rivières; conséquemment et par analogie, il ne doit être perçu, dans ce cas, qu'un seul droit de tonnage.

La loi sur la navigation n'étant exécutoire, quant à ce qui est confié aux douanes, que sur les côtes et à l'embouchure des rivières, il seroit donc contraire au vœu de la loi de vouloir traiter comme frontières maritimes les deux bords de la rivière depuis Rouen jusqu'au Havre. — Si Rouen est classé parmi les ports de mer, c'est uniquement pour l'avantage du commerce; et en conséquence, pour lever toutes les difficultés, il a été décidé que les lois sur la navigation s'exécuteroient envers tous les bâtimens de Rouen à la Bouille et autres ports de rivières qui vont à la mer, soit qu'ils s'y tiennent habituellement, soit qu'ils naviguent momentanément; et quant aux autres barques et bateaux qui ne font que les transports en rivière de Paris jusqu'à la Bouille, ils n'ont pas paru devoir être astreints à la loi. Il est à observer que le Havre et Honfleur sont réellement ports de mer : aussi tout bateau qui y entre est sujet aux droits de navigation. (*Lettre du 7 frimaire an 4, au directeur de Rouen.*)

Le principe énoncé dans la lettre ci-dessus a été appliqué à la navigation de plusieurs autres rivières. Voir sous le n°. 1248.

1218. Les bâtimens étrangers, venant dans un port de France, paieront deux livres dix sous (2 *francs* 50 *centimes*) par tonneau (27 *vendémiaire an* 2, *art.* 33.)

L'ARTICLE 33 ci-dessus ne faisant pas d'exception en faveur de la contenance du navire, il en résulte que les bâtimens pêcheurs étrangers, venant dans les ports de France vendre le produit de leur pêche, doivent acquitter le droit. (*Décision du 17 germinal an* 5.)

Il est dû dans le cas même où un bâtiment ne porteroit que des passagers. (*Décision du 3 nivose an* 5.) — Cependant un bateau pêcheur hollandois (alors étranger) sorti d'un port de sa nation pour aller à la pêche, ayant été rencontré par une frégate angloise qui l'a contraint de prendre à son bord des prisonniers françois et de les conduire à Ostende, a été exempté du droit par lettre du ministre, du 18 fructidor an 8.

Ainsi le droit de tonnage sur bâtimens étrangers est essentiellement droit acquis par le seul fait de l'entrée d'un navire dans un port, quelle que soit sa contenance et qu'il soit chargé ou non.

On a même vu, sous le n°. 1174, que le droit de tonnage sur bâtimens étrangers étoit dû dans le cas de relâche forcée,..... et conséquemment par un bâtiment échoué qui seroit conduit dans un port pour y être radoubé.

EXCEPTIONS. Mais on a exempté du droit les bâtimens étrangers à destination pour un port de France, entrant *par détresse* dans un autre port, lorsqu'ils n'y font aucune opération de commerce ou n'y reçoivent pas de réparation. (*Voir la note sous le n°. 1174.*)

La relâche pour remplacement d'un mât ne donne pas ouverture au droit, cette opération n'étant pas une véritable réparation. (*Lettre au directeur de Marseille, du 4 floréal an* 8.)

Une décision du ministre, du 7 nivose an 11, prescrit aux capitaines des navires étrangers qui prendront dans nos ports des pièces de rechange, de justifier du besoin et des causes qui les déterminent. — Déjà il avoit été permis aux navires étrangers de se doubler en cuivre dans nos ports, et de se munir des câbles, cordages et grémens qui leur manquoient, malgré la prohibition dont ces objets étoient alors frappés. Ces facilités, fondées sur le droit commun et sur une juste réciprocité, sont appliqués derechef aux pièces de rechange, d'après la présente décision. Le ministre de la marine, qui a provoqué cette décision, a observé que, pour en prévenir l'abus, les capitaines étrangers ne devoient être admis à se pourvoir de mâts de rechange que lorsqu'il seroit constaté que c'est par quelque événement de force majeure, ou par quelqu'autre cause qu'ils n'ont pu prévoir, qu'ils s'en trouvent dépourvus. (*CD.* 16 *nivose an* 11.) — Les droits de douanes sont exigibles sur ces objets.

Un bâtiment sortant d'un port et obligé d'y rentrer par vent contraire ou poursuite d'ennemis, n'est assujetti qu'à un seul droit de navigation. *Lettre du* 26 *ventose an.* 2.)

Tout bâtiment étranger qui n'est pas à la destination de France, est sujet aux droits de tonnage dans les divers ports où il relâche; mais lorsque ces relâches sont successives et à court intervalle, que la force majeure est bien évidente, on peut, eu égard aux circonstances, se borner à une seule perception, parce que le navire rentrant dans deux ports très voisins de la même côte, a deux relâches déterminées par le même motif qui se confondent en quelque sorte et peuvent être considérées comme n'en faisant qu'une seule. (*LD.* 30 *juin* 1807.)

Voir, pour les autres exemptions d'une seconde perception du droit de tonnage, sous les n°s. 1219 et 1248.

1219. Tout bâtiment, soit françois ou étranger, dont la majeure partie du chargement consistera en grains ou autres comestibles, ne sera sujet qu'à un seul droit de tonnage, quoiqu'il fasse son déchargement dans plusieurs ports; ce droit sera acquitté au premier port d'arrivée. (*AD.* 26 *ventose an* 4, *art.* 1.)

Le rechargement partiel d'un bâtiment qui étoit chargé de comestibles ne le rend pas plus passible du droit de tonnage à chacune de ses opérations que le déchargement. (*Lettre au directeur de Toulon, du* 12 *pluviose an* 5.)

Par comestibles, on n'entend que les grains, farines, légumes et autres subsistances exemptes des droits d'entrée.... Les huiles et le poisson salé n'étant point objets de première nécessité, et ayant été taxés à des droits assez forts, ne doivent pas être rangés dans cette classe. (*Lettre au directeur de Marseille, du* 13 *thermidor an* 8.) Le riz et les marrons ayant aussi été taxés à des droits, ne peuvent plus être considérés comme comestibles.

L'exemption de la perception d'un second droit de tonnage, relativement aux bâtimens françois, n'est une nouvelle faveur que pour ceux de ces navires qui chargent des comestibles en mer ou qui les transportent d'un port françois à d'autres ports de France, puisque tout bâtiment national revenant d'un port étranger, avoit déjà, quel qu'étoit son chargement, été exempté du droit de tonnage par l'art. 32 de la loi du 27 vendémiaire an 2. — *Voir* n°. 1248.

Tout navire étranger qui, après avoir chargé des productions nationales dans un port de France, ira compléter sa cargaison en marchandises aussi nationales dans un autre port où il ne fera pas de déchargement et ne recevra point de réparation, ne sera assujetti qu'à un seul droit de tonnage. (*DM.* 8 *frimaire an* 10.)

Les navires neutres qui, après avoir effectué leur déchargement dans un port de France, se rendront dans un ou plusieurs autres pour y faire ou y compléter leur cargaison de retour, ne seront point assujettis à un second droit de tonnage, soit qu'ils aient ou n'aient pas consommé leur chargement dans le port de prime-abord, soit que le chargement commencé et celui qui sera effectué soient composés, en tout ou partie, de marchandises nationales ou de marchandises étrangères prises en entrepôt. (*DM.* 12 *germinal an* 13.) — Cette décision a été provoquée par l'observation qu'a faite au ministre, le directeur général, qu'il arrivoit souvent qu'un navire étranger étoit obligé de repartir du premier port d'arrivée sur son lest, ou de n'y charger que des marchandises extraites d'entrepôt et de se rendre dans d'autres ports, afin de former ou compléter sa cargaison. — Il importe, d'après cette décision, de s'assurer que les navires étrangers arrivant sur leur lest et annoncés venir d'un autre port de France, y aient réellement abordé et payé les droits. — A cet effet il sera délivré au bureau de prime-abord, un passavant annonçant le port où le capitaine aura déclaré vouloir se rendre en relatant la date, le numéro, et le montant de l'acquit de paiement du droit. — Cet acquit sera reproduit au second bureau avec le passavant qui y sera conservé comme pièce justificative des motifs de la non-itérative perception. (*CD.* 18 *germinal an* 13.)

A plus forte raison, les navires françois qui relâchent dans plusieurs ports pour compléter leur chargement, et principalement ceux qui chargent de la soude sur la côte, ne doivent qu'un seul droit de tonnage perceptible au premier port de relâche, dans le cas où ils ne feroient aucun déchargement ou opération de commerce. (*LD.* 1 *décembre* 1808.)

Un bâtiment étranger qui charge dans un port de France des barriques vides, pour aller les remplir dans un autre port françois, ne doit plus de droit de tonnage dans ce second port, ce transport ne devant être regardé que comme un chargement commencé dans un port et consommé dans un autre.

(*Lettre au directeur de Toulon, du 1er. ventose an 5.*)

Sont également exemptés d'une seconde perception du droit de tonnage les navires étrangers qui, chargés dans un de nos ports, sont forcés de relâcher dans un autre en retournant à l'étranger, pourvu qu'ils n'y fassent pas de déchargement et n'y reçoivent point de réparation. (*DM. 27 fructidor an 4.*) — Cette exemption ayant pour but de favoriser nos exportations, n'est point applicable aux bâtimens étrangers sur leur lest. (*Décision du 5 pluviose an 5.*)

Cependant il a été consenti que lorsque les accidens qui donneront lieu à la réparation, seront survenus soit dans le port, soit à son entrée, soit même dans le trajet, le bâtiment sera exempté d'une seconde perception du droit de tonnage, pourvu qu'il prenne une cargaison de retour. Le but de cette franchise est de favoriser le commerce extérieur et les exportations. (*CD. 6 octobre 1806.*)

Voir, pour exemption entière du droit de tonnage, les numéros 1247 et 1248, et leurs notes.

1220. Le droit de tonnage sera payé dans les vingt jours de l'arrivée et avant le départ du bâtiment. (*4 germinal an 2, art. 12, tit. 3.*)

CE droit concerne le bâtiment et non la cargaison.

Il est perceptible quand même un bâtiment ne resteroit pas vingt-quatre heures dans le port. (*Lettre du 25 prairial an 2.*)

Mais il n'est dû qu'à l'abord et non à la sortie. (*Lettre au directeur de Bruxelles, relativement à des vaisseaux hollandois naviguant depuis deux ans dans la Belgique.*)

Tels sont les principes généraux; mais il y a des exceptions que j'ai déjà rapportées. Sous les numéros 1247 et 1248 on en trouvera d'autres encore.

Il est aussi à remarquer que toutes les dispositions qui concernent le droit de tonnage supposent toujours l'entrée dans un port : ainsi la relâche d'un navire dans une baie ou dans une rade (*où il n'y a pas de bureau de perception*) ne suffit pas pour l'assujettir aux droits de navigation. — Les termes précis de l'art. 33 de la loi (no 1218) ne laissent aucun doute sur cette question, qui, d'ailleurs, a été ainsi décidée par le ministre des finances le 12 thermidor an 4.

1221. .... Le tonnage des bâtimens sera calculé de la manière suivante :

« Ajouter la longueur du pont, prise de tête en tête, à celle de l'étrave à « l'estambord; déduire la moitié du produit; multiplier le reste par la plus « grande largeur du navire ou maître-bau; multiplier encore le produit par la « hauteur de la cale et de l'entrepont, et diviser par 94.

« Si le bâtiment n'a qu'un pont, prendre la plus grande longueur du bâti- « ment; multiplier par la plus grande largeur du navire ou maître-bau, et le « produit par la plus grande hauteur; puis diviser par 94 ». (*12 nivose an 2.*)

ON opère de même pour les bâtimens non pontés, à l'exception qu'au lieu de prendre la longueur de l'étrave à l'estambord, on prend celle du bateau.

On nomme BAU les solives placées d'un flanc à l'autre du navire pour affermir ses bordages et soutenir le pont. — La CARLINGUE est la pièce sur laquelle porte le mât. — L'ESTAMBORD est la pièce qui soutient la poupe du navire et surtout le gouvernail. — L'ÉTRAVE est la pièce qui forme la proue du navire. — La QUILLE est la pièce qui sert de fondement au navire; elle se prolonge de poupe en proue.

La longueur d'un navire de l'étrave à l'estambord doit être prise sur la quille. (*Décision du 19 floréal an 2.*)

La hauteur se prend de planches sous planches, sans avoir égard à la carlingue ni aux barrots.

Les COUPÉES qui se trouvent dans les navires doivent être défalquées des calculs faits pour la jauge. (*Ainsi décidé par l'administration, le 5 décembre 1807, à l'égard d'un navire du port de Granville, où il existoit un retranchement de sept pouces et demi.*) — On nomme *coupée*, le retranchement qui existe quelquefois au pont du bâtiment, soit sur l'avant, soit sur l'arrière, ce qui fait que dans cette partie le pont est plus bas que dans l'autre partie.

Toutes les dimensions pour la jauge doivent être prises intérieurement; elles donneroient un rapport exagéré si elles s'étendoient à l'épaisseur des planches et à la saillie des extrémités du bâtiment. (*CD. 8 thermidor an 10.*)

La méthode ordonnée ci-dessus n'exigeant que la connoissance de deux ou trois dimensions, il est toujours aisé de les obtenir; cependant dans le cas d'impossibilité, par le chargement du bâtiment ou pour toute autre cause, les droits seroient perçus d'après la contenance déclarée. (*LA. 13 pluviose an 3.*)

On ne doit négliger aucune fraction résultante de

l'opération, lorsqu'elle est d'un 94e. ou au-dessus.

On ne peut, à raison de ce qu'une fraction seroit au-dessus de $\frac{47}{94}$, percevoir le droit d'un tonneau entier, ce seroit un forcement de perception.

La vérification du tonnage peut être faite dans les différens ports d'arrivée, afin de s'assurer que le bâtiment est véritablement celui pour lequel on a délivré le congé.

Pour prévenir les erreurs et fixer l'attention des préposés ou les rendre responsables des variations que présente la jauge des bâtimens, ils doivent énoncer au dos de l'acquit des droits de navigation, les dimensions qui ont servi de base à leurs calculs. (*CA.* 6 *vendémiaire an* 7.)

Un arrêté du 13 brumaire an 9, sur les poids et mesures, a définitivement fixé le poids d'un tonneau de mer au poids du volume d'un mètre cube d'eau, qui est de 1000 kilogrammes. — S'il ne se calcule en douanes que sur 98 myriagrammes, c'est par erreur.

Exemple de l'opération du jaugeage d'un navire à deux ponts, ayant

93 pieds de tête en tête.
80 de l'étrave à l'estambord.
25 de largeur au maître-bau.
16 de hauteur sous planches.

Réunir les deux longueurs.....	93 pieds.	
	80	
	173	
Les réduire à moitié..........	86 ½	
Multiplier par la largeur......	25	
	430	
	172.	
	12	6 pouces.
	2162 pieds 6 pouces.	
Multiplier par la hauteur......	16	
	12972	
	2162.	
	8	
	34600	
Diviser par..................		94
	640	
	760	368
	8	

Le produit est 368 tonneaux $\frac{8}{94}$.

Exemple de l'opération du jaugeage d'un bâtiment à un pont, ayant

60 pieds de longueur.
16 de largeur.
11 de hauteur.

Multiplier la longueur...........	60 pieds.	
Par la largeur.................	16	
	360	
	60	
	960	
Multiplier par la hauteur........	11	
	960	
	960	
	10560	
Diviser par...		94
	116	112
	220	
	32	

Le produit est 112 tonneaux $\frac{32}{94}$.

EXCÉDANT DU TONNAGE. — Si dans la vérification, le nombre des tonneaux d'un navire (*étranger*) se trouve excéder de plus du dixième la contenance déclarée, l'excédant total sera assujetti au paiement du double droit de tonnage, conformément à l'art. 18 du titre 2 de la loi du 22 août 1791. (*DM.* 6 *vendémiaire an* 8.)

Le double droit du demi-droit de tonnage sera aussi perçu. (*LA.* 24 *messidor an* 11.)

L'article 7 de l'arrêt du 19 avril 1701, relatif aux fausses déclarations de tonnage, ne sera plus invoqué dans les rapports; il y sera conclu, pour l'excédant de tonnage des navires étrangers, aux seules peines portées par l'art. 18 *du titre* 2 *de la loi du* 22 *août* 1791. (LD. 29 novembre 1810.)

Ce qui a donné lieu à cet ordre, est un excédant de 3 tonneaux $\frac{66}{94}$, constaté à Granville sur le tonnage du navire l'*Adèle*, qui ne devoit jauger que 28 tonneaux $\frac{51}{94}$, d'après un acte de francisation délivré à Saint-Malo, et présenté comme celui de ce navire.... Voici, au surplus, les termes de cet ordre :

« Les préposés ont conclu par leur rapport aux « peines portées par l'arrêt de 1701, et sous ce rap-

« port ils ont procédé très irrégulièrement; car, « d'une part, l'arrêt de 1701 est méconnu par les « tribunaux, et, ainsi que l'indique une décision du « Ministre, du 6 vendémiaire an 8; ce n'est plus « cet arrêt qu'il faut invoquer dans l'espèce, mais « bien l'art. 18 du titre 2 de la loi du 22 août 1791. « — D'une autre part, il est évident que les peines « prononcées contre les fausses déclarations de ton- « nage ne peuvent concerner que les navires étran- « gers; car il existe une disposition spéciale pour « les navires françois; en effet, l'art. 21 de la loi « du 27 vendémiaire an 2, porte que si, après la « délivrance de l'acte de francisation, le bâtiment « est changé dans sa forme, tonnage, ou de toute « autre manière, on en obtiendra un nouveau, et « qu'autrement le bâtiment sera réputé étran- « ger.... etc. » (*LD.* 29 *novembre* 1810.)

JURISPRUDENCE. *Un navire qui, au port de relâche forcée, est déclaré ne pouvoir tenir la mer, doit-il le droit de tonnage?*

Cette question a été présentée à la cour de cassation, à l'occasion de la relâche forcée dans le port de Bastia, du brick napolitain l'*Archangelo*.

Ce navire, destiné pour Marseille, avoit été forcé de relâcher à Bastia le 15 thermidor an 13.

Il fut séquestré le 14 nivose an 14.

Le 3 juin 1806, une décision du conseil des prises leva le séquestre; mais le navire, ayant été déclaré hors d'état de tenir la mer, fut vendu et détruit.

Bestarelli, au nom du propriétaire, avoit payé les droits de tonnage avec réserve, il forma sa demande en restitution; elle fut accueillie par le tribunal de paix, et ensuite, sur l'appel, par le tribunal de première instance de Bastia, dont le jugement a été maintenu par arrêt de cassation du 3 juin 1812, ainsi conçu:

« Vu l'art. 6 de la loi du 4 germinal an 2;

« Vu l'arrêté du directoire exécutif du 26 ventose « an 4;

« Attendu qu'il est constant, en fait, d'après le « motif du jugement du 8 juin 1810, rendu par le « tribunal civil de Bastia, que le brick l'*Archangelo* « n'est entré qu'en relâche forcée dans le port de « Bastia, le 15 thermidor an 13; qu'il y a été sé- « questré par les agens du gouvernement; qu'il a « été retenu sous le séquestre pendant très long- « temps; qu'à la suite il a été déclaré hors d'état de « tenir la mer et d'être radoubé; qu'à la poursuite « des agens de la marine, il a été ordonné que ce « bâtiment seroit dépecé et vendu; que ce dépece- « ment et la vente ont eu lieu;

« Attendu qu'il n'est resté ès-mains des proprié- « taires aucune portion du produit de la vente, « quoique le conseil des prises eût donné main- « levée du séquestre, et que les marchandises dont « ce navire étoit chargé, avoient été expédiées pour « Marseille, leur destination; d'où il suit que la loi « invoquée par l'administration des douanes étoit « sans application; que les juges, en déclarant qu'il « n'étoit dû aucun droit de tonnage, et en ordon- « nant la restitution de la somme payée sous réser- « ve, n'ont violé aucune loi.... La cour rejette, etc.

§. II. *Du demi-droit de tonnage.*

1222. A compter de la promulgation de la présente loi, il sera perçu, dans tous les ports de *France*, une contribution dont le produit sera exclusivement affecté aux dépenses d'entretien et de réparations des ports. (14 *floréal an* 10, *art.* 6.)

1223. Cette contribution sera égale à la moitié du droit de tonnage: elle sera perçue de la même manière que ce droit. (14 *floréal an* 10, *art.* 7.)

LE ministre des finances a annoncé, par sa lettre du 23 floréal an 10, au directeur général des douanes, qu'il avoit été décidé que le décime par franc de cette moitié étoit également exigible.

Les quittances du demi-droit de tonnage sont séparées de celles du droit principal. (*Lettres des* 10 *messidor an* 10, *et* 9 *thermidor an* 12.)

Ces quittances ne sont pas soumises au droit d'acquit, mais seulement au remboursement du prix du timbre. (*LD.* 29 *thermidor an* 10.)

Une décision du ministre des finances, du 29 thermidor an 10, porte que le demi-droit de tonnage n'est pas exigible sur les bâtimens françois de trente tonneaux et au-dessous, qui sont exempts du droit principal.

Une décision ministérielle, du 10 messidor an 10, a autorisé l'imputation des frais d'impression et autres, relatifs à la perception du demi-droit de tonnage, sur le produit de cette nouvelle imposition. — En conséquence, ces sortes de frais doivent être présentés à l'administration, dans des mémoires séparés, pour être ordonnancés dans la forme voulue. (*Circulaire du* 17 *messidor an* 10.)

J'ai indiqué, sous le n°. 150, le nouveau mode de comptabilité de ce demi-droit.

Le demi-droit de tonnage n'étant soumis à d'autres dépenses que celles relatives au remboursement de droits et au prélèvement des remises accordées aux receveurs, il en résulte que rien n'empêche ceux-ci de faire exactement leurs versemens à la fin de chaque mois, et qu'à ce moyen il ne peut exister de débets. La remise accordée sur cette perception se prélève sur le produit brut, déduction faite seulement du remboursement des droits. Elle est au surplus établie chaque mois, et elle doit être présentée sur les bordereaux dans la proportion qui a été fixée sous le n°. 150. (*CD.* 30 *juillet* 1806.)

Les receveurs principaux n'ont point droit à la remise sur le produit des bureaux subordonnés. (*CD.* 19 *vendémiaire an* 14.)

Les bordereaux du demi-droit de tonnage doivent être envoyés avec exactitude dans les commencemens de chaque mois; celui fourni pour le mois de décembre, et qui apure le compte de l'année, doit être adressé dans le courant de janvier. (*CD.* 30 *décembre* 1808.)

Les bordereaux du demi-droit de tonnage doivent présenter en détail les recettes de cette espèce faites dans chaque bureau subordonné. (*CD.* 7 *pluviose an* 11.)

Anciennement on adressoit des bordereaux du demi-droit de tonnage aux préfets, au directeur général des ponts et chaussées, etc.; mais par sa circulaire du 21 janvier 1809, M. le directeur général des douanes a prévenu qu'on ne doit plus faire l'envoi de ces bordereaux qu'à lui seul.

La perception du demi-droit de tonnage doit être effective sur les navires chargés d'approvisionnemens de la guerre et de la marine, achetés directement par les agens de ces deux départemens. (*DM.* 28 *nivose an* 11, *et CD.* 4 *pluviose même année.*)

Un décret du 6 juin 1807 a établi aussi le principe que les droits doivent être payés comptant sur lesdits approvisionnemens de la guerre et de la marine.

SECTION II. — *Des frais d'expédition d'entrée et de sortie.*

1224. Les bâtimens étrangers paieront, pour frais d'expédition d'entrée et sortie, dix-huit francs, s'ils sont de deux cents tonneaux et au-dessous; trente-six francs s'ils sont au-dessus. (27 *vendémiaire an* 2, *art.* 35.)

Une décision ministérielle, du 19 brumaire an 10, porte que *la loi du 27 vendémiaire an 2, en établissant un droit d'expédition sur les navires de deux cents tonneaux et au-dessous, n'a pas eu l'intention de comprendre dans cette disposition, les embarcations de la foible contenance de quatre à cinq tonneaux.* — Cette décision s'applique particulièrement à de petites barques espagnoles retournant des ports de France dans la Méditerranée, les plus éloignés, en Espagne, et qui sont souvent forcées, pour leur sûreté, de chercher, pendant la nuit, un abri dans divers autres ports de nos côtes. (*CD.* 22 *brumaire an* 10.)

PARLEMENTAIRES. — Un bâtiment parlementaire qui chargeroit au retour des marchandises ou des voyageurs, devroit le droit d'expédition. (*Décision du* 3 *nivose an* 5.) — Ceux d'acquit, permis, etc. seroient dans ce cas également dus. (*Lettre du ministre des finances à celui de la marine, du* 2 *floréal an* 7.)

Le sauf-conduit, délivré par *les commissaires pour l'échange des prisonniers de guerre*, à des bâtimens qui *transportent* ces prisonniers en France, a pour objet seulement de les garantir contre les corsaires françois, et ne donne pas à ces bâtimens le caractère de parlementaires.... Ainsi n'étant pas frétés au compte de l'Etat, ils ne peuvent être exempts des droits de navigation. — Cependant les bâtimens affrétés par les prisonniers de guerre françois, pour effectuer leur retour dans leur patrie, jouiront des mêmes immunités que les parlementaires, s'ils ne sont chargés que de prisonniers et munis du sauf-conduit du commissaire pour leur échange, ou de tout autre caractère authentique de reconnoissance que pourra indiquer le ministre de la marine. (*Décision du* 28 *nivose an* 9.)

Les navires qui transportoient des troupes et même des prisonniers de guerre d'une rive à l'autre de l'Escaut n'étoient pas assimilés aux parlementaires. (*Lettre à l'inspecteur d'Anvers, du* 3 *nivose an* 8.)

Les vaisseaux parlementaires sont soumis, à leur arrivée dans les ports, aux mêmes formalités que les bâtimens de guerre et tous ceux employés au service de la marine; c'est-à-dire à l'exécution des dispositions de plusieurs articles de la loi du 22 août 1791. (*Lettre du ministre des finances à celui de la marine.*)

Voir, pour les droits à percevoir sur les navires étrangers qui seroient autorisés à caboter, la note sous le n° 1179.

1225. Les bâtimens françois de trente à cent cinquante tonneaux paieront deux francs; de cent cinquante à trois cents, six francs; au-dessus de trois cents, quinze francs. (27 *vendémiaire an* 2, *art.* 36.)

Le bâtiment exempt du droit de tonnage, l'est aussi de ceux d'expédition. (*Décision du* 23 *pluviose an* 2.)

Un navire sujet au droit d'expédition, doit acquitter ce droit, encore qu'il mette en mer pour la première fois.... Mais dans ce cas il ne peut devoir que les frais d'expédition de sortie, c'est-à-dire moitié de ceux fixés ci-dessus, soit par l'art. 36, soit par l'article 35 de la loi du 27 vendémiaire an 2..... Je sais bien qu'une lettre administrative du 19 floréal an 3, confirmée par une autre lettre du 18 vendémiaire an 4, n'est pas du tout en rapport avec ce que j'avance ici, mais cette lettre elle-même est en contradiction avec l'esprit d'une circulaire du 26 thermidor an 6, rapportée sous le n°. 1180...

Avant de le prouver, voici les termes de la lettre du 19 floréal an 3 : « les DROITS d'expédition sont « INDIVISIBLES et ne peuvent être perçus moitié à « l'entrée, et moitié à la sortie des bâtimens ; ils « doivent être acquittés en totalité à l'entrée, de « manière que lorsque le bâtiment, qui l'a payé, « sort, il ne doit plus rien. — Quand un bâtiment « nouvellement construit sort du port, il doit le droit « en entier, parce qu'il ne l'a pas encore payé. » — Et comme je viens de le dire, une autre lettre du 18 vendémiaire an 4, confirme cette dernière disposition, et ajoute de plus que « le droit d'expédi-« tion doit être perçu de nouveau sur un bâtiment « qui ressort du port auquel il appartient, après « avoir quelque temps suspendu sa navigation, soit « par besoin de réparations ou pour toute autre cause. »

Cependant, si conformément à la décision ministérielle du 22 thermidor an 6, à la circulaire explicative du 26 suivant, et encore à la circulaire du directeur général, du 23 septembre 1806 (*toutes trois sous le n° 1179*), on perçoit sur les bâtimens autorisés à faire le cabotage, moitié des frais d'expédition comme françois, et moitié comme étranger, lorsque le cas y échoit, les frais d'expédition ne sont donc pas *indivisibles*, et dès-lors tombe tout l'échafaudage de ces deux lettres....

D'ailleurs, en ne partant même que du sens grammatical, la taxe d'expédition n'est pas un *droit;* elle n'est que le remboursement des *frais* occasionnés pour constater l'expédition des navires ; c'est sous la seule dénomination de *frais* que la loi l'a établie, et certes elle l'eût nommée *droit*, si elle eût voulu qu'elle en fût un.... Donc, là où il n'y a lieu qu'aux frais de l'expédition de sortie, il ne peut être perçu que la moitié de la taxe d'expédition d'entrée et de sortie, et par la même conséquence, le navire qui, entré dans un port de destination, y est dépecé, ne doit également que cette moitié.... Cette dernière conséquence, au surplus, a été reconnue par lettre du 19 floréal an 13, que je rapporterai sous le n° 1248, au paragraphe coté 8.

SECTION III. — *Des droits d'acquits, de permis et de certificats.*

1226. Tous acquits, permis et certificats, relatifs aux cargaisons étrangères, seront payés un franc; ceux pour cargaisons françoises, 50 centimes. (*27 vendémiaire an 2, art.* 37.)

« L'ARTICLE 37 de la loi du 27 vendémiaire an 2, « concernant l'acte de navigation, n'est point appli-« cable aux acquits, passavans et certificats de dé-« charge des acquits-à-caution, relatifs aux droits « des douanes qui se perçoivent à l'entrée et à la « sortie des marchandises. Ces expéditions doivent « continuer à jouir de l'exemption de droits qui leur « est accordée par la loi du 22 août 1791. — L'arti-« cle 37 ci-dessus, assujettissant génériquement à « un droit d'un franc et de 50 centimes, tous ac-« quits, permis et certificats relatifs aux cargaisons, « il doit en être perçu un particulier pour chaque « expédition de la nature de celles ci-dessus, en « quelque nombre que soient les expéditions résul-« tantes de la même cargaison. » (*DM.* 17 *floréal an* 5.) — Il résulte des dispositions de cette décision, 1°. que les droits d'acquits, permis et certificats ne sont perceptibles que relativement à la navigation, sans aucun rapport avec ceux du tarif d'entrée et de sortie ; 2°. qu'ils sont dus pour chaque expédition particulière, quel que soit le nombre des acquits, permis et certificats délivrés pour la même cargaison. (*Circulaire de l'administration, du* 21 *floréal an* 5.)

On délivrera désormais des quittances distinctes pour les droits de permis et d'acquits relatifs à la navigation; le montant de ces droits sera, par la même conséquence, porté sur les registres de navigation, sans être réuni aux droits de douanes. (*LD.* 25 *vendémiaire an* 13.)

DROIT DE PERMIS. — Il résulte de la décision du 17 floréal an 5, qu'il faut que le droit de permis soit perçu sur chaque déclaration de chargement et de déchargement en tel nombre que soient les déclarans..... Mais il ne doit être délivré qu'un permis pour la même partie de marchandises, quelle que soit la durée de son chargement ou déchargement. (*Opinion de la régie, du* 16 *ventose an* 4.)

Ainsi le permis est relatif à la cargaison; donc son droit n'est pas perceptible lorsque le navire part ou arrive sur son lest... Par la conséquence contraire, il est dû dès qu'il y a lieu à embarquement ou débarquement de marchandises, même sur les navires exempts des droits de tonnage, tels que bâtimens françois revenant d'un port étranger ou naviguant dans l'intérieur des rivières, etc... Mais les produits de la pêche faite sur nos côtes en ont été affranchis par faveur spéciale. *Voir* sous le n° 1248; et en ont aussi été dispensés les bâtimens pontés ou non pontés qui naviguent en rivière sans emprunt de la mer. (*LD.* 23 *août* 1809.)

Cependant le particulier qui déclare embarquer une marchandise exempte de droits, ne doit pas payer cinquante centimes pour le passavant et cinquante centimes pour le permis, parceque le passavant devient le permis d'embarquer. (*LA.* 5 *floréal an* 4.)

Les provisions de beurre et de tabac, à l'usage des équipages, en ont aussi été dispensés lorsque les quantités n'excèdent pas dix-sept à vingt kilogrammes de beurre et douze à quinze kilogrammes de tabac par personne. (*LA.* 18 *messidor an* 4.)

Le transbordement néanmoins ne donne pas ouverture au droit de permis lorsqu'il n'a lieu que par la raison que les navires sont d'une trop forte contenance pour remonter les rivières;.... une lettre au directeur de Nantes, du 18 prairial an 7, l'a décidé ainsi relativement aux navires qui, ne pouvant entrer dans la Loire, restent au Daro, où ils reçoivent leurs cargaisons des gabares expédiées de Nantes.

Les habitans de l'île de Bréhat ne payent qu'un seul droit de permis pour le chargement et déchargement des objets qu'ils font venir de la terre ferme sur des barques de quatre à cinq tonneaux; sous la condition d'affecter particulièrement au transport de ces objets, un bateau dont le patron est choisi par le receveur des douanes et qui ne peut charger aucun autre objet. (*Arrêté du* 25 *brumaire an* 6.)

DROIT DE CERTIFICAT. — Par assimilation on perçoit le droit de certificat pour la délivrance des passeports.

Le passeport a pour objet de faire connoître que le bâtiment étranger qui sort du port y a présenté les pièces justificatives de son origine, payé les droits de navigation et rempli toutes les formalités.

Aucun bâtiment étranger ne peut mettre en mer sans cette expédition; il doit en être délivré même aux capitaines des bâtimens en relâche, pourvu que, pour le même voyage, ils n'en aient pas pris déjà dans un port de France, auquel cas on se borne à viser ce dernier.

Les passeports se délivrent sans cautionnement. Lors de leur délivrance, le préposé expédie un acquit de paiement et fait mention, sur la souche restante, de cette délivrance et du droit perçu.

DROIT D'ACQUIT. — Une lettre de M. le directeur général, du 23 janvier 1807, adressée à l'un des inspecteurs généraux, a donné, sur l'ouverture de ce droit, des renseignemens bien précis; tels en sont les termes: — « Vous m'avez marqué, Monsieur, « par votre lettre du 31 janvier dernier, que la per- « ception du droit d'acquit ne s'effectuoit pas uni- « formément dans les bureaux que vous avez véri- « fiés....... J'ai rappelé aux directeurs le principe « du droit d'acquit, lequel étant essentiellement ac- « cessoire du droit principal, n'est exigible que dans « les cas où celui-ci est perceptible. — Vous deman- « dez, par une seconde lettre du 17 de ce mois, la « définition du droit principal;.... je l'ai donnée « dans diverses circulaires sur les lois de navigation; « ce sont les droits de tonnage et d'expédition. — Il « vous paroît qu'on doit y ajouter ceux de francisa- « tion et congés....... La quittance du droit de « francisation étant inscrite au dos de l'acte, il n'y a « pas lieu à l'expédition de l'acquit, ni par consé- « quent à la perception du droit d'acquit...... Le « droit de congé est trop foible pour supporter un « accessoire qui en feroit quelquefois le doublement. « C'est par ce motif, exprimé dans mes instructions, « que j'ai décidé que sa perception n'entraînoit pas « celle du droit d'acquit. »

Le droit de permis ne donne conséquemment pas ouverture à celui d'acquit. (*Lettre au directeur de Nice, du* 9 *vendémiaire an* 7.) — Ni ce droit d'acquit ne peut être perçu sur celui des certificats auxquels se trouvent assimilés les passeports délivrés aux vaisseaux étrangers.) *Lettre au directeur de Toulon, du* 5 *pluviose an* 5.)

CHAPITRE II. — *Des taxes supplémentaires et spéciales à certains ports.*

SECTION I. — *Des taxes particulières aux ports de Cette, Agde, Vendre et Nouvelle.*

1227. .... Il sera perçu au port de Cette un droit sur les vins et eaux-de-vie expédiés, soit pour l'étranger, soit pour les ports de France, dans la proportion du tarif ci-après :

Pour chaque muid de vin de deux cent soixante-huit litres, un franc;

Et par muid d'eau-de-vie de deux cent soixante-huit litres, trois francs. (13 *floréal an* 11, *art.* 1.)

1228. Le droit établi par la loi du 13 floréal an 11, sur les vins et eaux-de-vie dans le port de Cette, est prorogé pendant cinq ans. (21 *novembre* 1808, *art.* 1.)

1229. Un semblable droit sera perçu pendant le même espace de temps dans les autres ports du golfe, depuis les bouches du Rhône jusqu'aux côtes d'Espagne. (*Même loi*, *art.* 2.)

INDÉPENDAMMENT de celui de Cette, ces ports sont ceux d'Agde, Port-Vendre, et Nouvelle.

1230. La perception de cette taxe sera faite par l'administration des douanes, et le montant versé avec celui du demi-droit de tonnage.... (13 *floréal an* 11, *art.* 2.)

LA fin de cet article est relative au versement du produit de cette taxe dans la caisse municipale, ainsi qu'il en étoit usé pour celui du demi-droit de tonnage;..... mais un décret impérial, du 17 janvier 1806, ayant ordonné pour ce demi-droit un autre mode de comptabilité, il en résulte, par analogie, que celui des taxes particulières pour l'entretien des ports, doit suivre ce nouveau régime...... *Voir* en conséquence le n° 150, où le mode actuel est indiqué.

1231. Les produits de ces droits formeront une masse, dont le montant sera incessamment appliqué à ceux de ces ports qui présentent les besoins les plus urgens. (21 *novembre* 1808, *art.* 3.)

SECTION II. — *Taxes particulières aux ports du Havre, d'Ostende, de Bruges et de la Rochelle.*

§. 1. *Droits dans leurs bassins à flot.*

1232. Il sera perçu dans les bassins à flot du Havre, d'Ostende et de Bruges, sur les navires admis à entrer et à séjourner dans lesdits bassins, une taxe d'entretien, qui sera réglée par mois et par tonneau, dans les proportions du tarif ci-après :

Bâtimens étrangers........... 75 centimes.
Bâtimens françois............ 30
Bâtimens de petit cabotage... 15
(12 *floréal an* 11, *art.* 1.)

1233. Les dispositions de la loi du 12 floréal an 11, portant établissement d'une taxe sur les navires admis à entrer et à séjourner dans les bassins à flot du Havre, d'Ostende et de Bruges, sont applicables au bassin nouvellement construit à la Rochelle. (22 *février* 1810.)

1234. Ce droit sera perçu en entier pour chacun des deux premiers mois de séjour dans les bassins à flot; il sera réduit à moitié pour les troisième et quatrième mois, et au quart pour les suivans. (12 *floréal an* 11, *art.* 2.)

Le moindre séjour sera compté pour un demi-mois.

Néanmoins ce droit sera modéré à un dixième de la taxe pour les bâtimens françois seulement qui, trois mois après avoir été désarmés, séjourneroient dans le bassin de ces villes.

Dans le cas de réarmement, ils seront de nouveau soumis au droit imposé, et dans les proportions établies ci-dessus. (12 *floréal an* 11, *art.* 3.)

1235. La perception de cette taxe sera faite par l'administration des douanes, et le montant sera versé avec celui du demi-droit de tonnage. (*Même loi*, *art.* 4.)

L'OBSERVATION que j'ai faite sous le n° 1230 s'applique à cet article; conséquemment, *voir* le numéro 150 pour le nouveau mode de comptabilité de cette taxe.

§. II. *Droits dans leurs bassins non à flot.*

1236. Ils sera établi dans les bassins non à flot du Havre, d'Ostende et de Bruges, sur les navires admis à y entrer et à y séjourner, une taxe d'entretien égale à la moitié de celle qui est établie pour les bassins à flot dans les mêmes ports, par la loi du 12 floréal an 11. (25 *mars* 1806, *art.* 1.)

1237. Les navires du port de quarante tonneaux et au-dessous, employés au petit cabotage, les bateaux passagers et les bateaux pêcheurs, ne seront pas assujettis au paiement du droit. (25 *mars* 1806, *art.* 2.)

1238. La perception de cette taxe sera faite d'après le mode établi par la loi du 12 floréal an 11. (*Même loi*, *art.* 3.)

SECTION III. — *Taxes particulières au port de Quillebœuf.*

1239. Pour subvenir *aux* dépenses *du rétablissement du magasin de sauvetage à Quillebœuf,* il sera perçu un droit additionnel au droit de tonnage sur chacun des navires ou bâtimens de mer ou de rivière qui traverseront le passage de la Seine vers Quillebœuf, savoir :

1°. Sur tous bâtimens françois, navires ou alléges, naviguant des ports ou anses des départemens de la Seine-Inférieure, de l'Eure et du Calvados, situés en rivière, à Rouen, et de Rouen auxdits ports et anses, par tonneau. . . . . 1 ½ cent.

2°. Sur tous navires françois venant de quelque autre port françois de l'Océan ou y allant, et passant devant Quillebœuf. . . . . . . 5 cent.

3°. Sur tous navires françois venant de quelque port étranger de l'Europe, situé sur l'Océan ou sur la mer du Nord, ou y allant, ou bien venant de quelque port françois de la Méditerranée ou y allant. . 5 cent.

4°. Sur tous navires françois venant des colonies ou y allant, ou faisant tout autre voyage au long cours. . . . . 10 cent.

5°. Sur tous bâtimens naviguant sous pavillon étranger, quel que soit leur voyage . . . . 15 cent.

Les bâtimens françois de vingt tonneaux et au-dessous, quelle que soit leur navigation, ne paieront rien. (*DI.* 3 *mai* 1810, *art.* 6.)

1240. Le droit ne sera acquitté qu'une fois par voyage, comprenant l'aller et le retour, et ce, en descendant la rivière; il sera perçu par le receveur de la douane à Quillebœuf, qui en tiendra le produit, mois par mois, à la disposition de la chambre de commerce de Rouen. (*Même décret*, *art.* 7.)

SECTION IV. — *Taxes particulières au port d'Anvers.*

§. I. *Droits de bassin.*

1241. A dater de la publication de la présente loi, il sera perçu dans le port d'Anvers un droit de bassin sur tous les bâtimens de mer qui entreront, soit qu'ils fassent usage ou non des bassins.

Ce droit est réglé ainsi qu'il suit :

Les navires de cinquante à cent tonneaux paieront à raison de vingt-cinq centimes par chaque tonneau ;

Ceux de cent à deux cent cinquante tonneaux, cinquante centimes par tonneau ;

Ceux au-dessus de deux cent cinquante tonneaux, soixante-quinze centimes par tonneau. (*24 ventose an* 12, *art.* 1.)

1242. L'art. 3 de la loi du 12 floréal an 11, qui n'exige des navires entrés dans les bassins à flot des ports du Havre, d'Ostende et de Bruges, que le dixième du droit pour chaque mois de séjour excédant trois mois après le désarmement, sera commun au port d'Anvers. (*DI.* 23 *avril* 1807.)

Ce droit supplémentaire, à raison du long séjour des bâtimens réputés dans le port, n'est point applicable aux navires qui cherchent un asile dans la partie supérieure de l'Escaut et de ses affluens ; en conséquence, ce droit n'est pas exigible dans le Ruppel ni dans la partie de l'Escaut supérieure à Ruppelmonde. (*DM.* 18 *novembre* 1808.)

1243. Les navires au-dessous de cinquante tonneaux, et ceux exclusivement employés à la pêche, seront exempts desdits droits. (*24 ventose an* 12, *art.* 3.)

§. II. *Droits sur les colis.*

1244. Il sera également perçu dans le port d'Anvers, à dater de la publication de la présente loi, et conformément au tableau ci-annexé, un droit de *colis* sur toutes les marchandises qui arriveront par l'Escaut, soit sur navires de mer, soit sur tout autre bateau venant de la Hollande ou de Flessingue. (*24 ventose an* 12, *art.* 4.)

1245. Le droit sera payé indistinctement sur toutes les marchandises, même déchargées de bord à bord, ou passant en transit.

Il sera dû sur les déclarations faites à la douane. (*Même loi*, *art.* 6.)

Le décime par franc établi par la loi du 9 prairial an 7, n'est pas perceptible sur ce droit de colis. (*LD.* 30 *messidor an* 12.)

Voici le TARIF DES DROITS DE COLIS dont il est question dans l'art. 4 de la loi du 24 ventose an 12... On observera que cette loi a taxé d'après les usages reçus dans le commerce, d'où résulte que les poids et mesures ci-dessous indiqués sont ceux de l'ancien système.

	fr.	c.
ALUN, autres qu'en caisses. Les 2,000 liv. poids de marc	»	50
BOIS de teinture en bloc, autres qu'en caisses. Les 2,000 liv	»	50
de construction, planches, poutres et mâts. Le tonneau de 2,000 livres . .	»	25
d'acajou, d'ébène, etc. Les 2,000 liv.	1	»
CACAO. Barrique de 800 à 1,000 livres. . . .	1	»

	fr.	c.
CACAO. Barrique de 400 à 500 livres	»	75
Balle	»	15
CAFÉ. Barrique de 800 à 1,000 livres	1	»
de 400 à 500 livres	»	50
de 200 à 300 livres	»	30
Balle de 200 à 300 livres	»	30
de 80 à 180 livres	»	10
CHANVRE. Les 2,000 livres	»	75
CHARBON. *Idem*	»	15
CIRE. La barrique de 800 à 1,000 liv. (*Dl. 22 septembre* 1812.)	1	»
COCHENILLE. Suron et caisse	1	50
Balle	1	»
COLLE de poisson. Barrique. (*Décr. du 29 fruct. an* 12.)	1	50
Suron	»	50
CORDAGES. Les 2,000 livres	1	»
COTON en laine. Les 250 livres et au-dessus.	»	50
Les 150 livres et au-dessous.	»	30
En canastres	»	30
COTON filé, comme mousseline. Balle	2	»
CUIRS secs, de bœufs, vaches. La pièce. (*Décret du 29 fructidor an* 12.)	»	3
verts. La pièce	»	5
CUIVRE, autres qu'en caisses. Les 2,000 liv.	»	50
EAUX-DE-VIE. Les 27 veltes	»	75
FERS, autres qu'en caisses. Les 2,000 liv	»	50
GARANCE. Barrique	1	»
GOMMES. Barrique	1	50
Suron	»	50
GRAINS, graines, semences, féves, etc. Le tonneau de 2,000 livres.	1	»
HUILES de Galipoli, d'Aix ou de toute autre espèce. Les 18 veltes	»	50
INDIGO. Baril, caisse ou suron	1	50
Demi-suron	1	»
LAINES du nord, de Portugal, d'Espagne ou d'Italie. La balle de 250 à 300 liv.	1	»
de 100 à 200 liv.	»	75
PELLETERIE. Peaux de lièvre, d'ours, de chevreuil. La barrique ou balle.	2	»
PLOMBS, autres qu'en caisses. Les 2,000 liv.	»	50

	fr.	c.
POILS de chèvres ou de lapins. Balle	»	75
POIVRE. La balle de 250 livres et au-dessus.	»	25
de 150 et au-dessous	»	15
POTASSE du nord, en grosses barriques	1	»
en barrique de 300 à 500 l.	»	50
RIZ. Baril	»	35
Balles du Piémont	»	15
SOUDE, en grenier. Les 2,000 livres	»	25
SUCRE brut, terré et raffiné. Barrique	1	»
Dito, caisse du Brésil	1	25
tierçon	»	60
tierçon de la Havane	»	40
sac ou canastre	»	10
SUCRE CANDI. Caisse ou demi-caisse	»	10
TABACS en feuilles, en boucauts	1	»
en paniers d'Amersford	1	»
en canastres du Brésil	»	75
en rouleaux de Vazinas, Porto Rico, etc. Par paquet de 10 à 50 livres.	»	15
en toute autre espèce d'emballage non dénommé. Par chaque 100 l.	»	15
Les 250 livres pesant et au-dessus.	»	50
THÉ. Caisses entières	»	50
Demi-caisse ou quart	»	25
TOILES de coton, blanche ou imprimée, à carreaux bleus, mouchoirs des Indes, nankins, mousselines, etc. La balle	2	»
à voiles, de Russie, de Pologne, pour emballage. La balle	»	50
de Silésie, de Harlem et d'Aberfelt, et généralement toute espèce de toile de ce genre. La balle	2	»
VINS de toute espèce. Les 27 veltes	»	50
MARCHANDISES non dénommées. Le quintal métrique. (*Décr. du 29 fruct. an* 12.)	»	10

FUMIERS et ENGRAIS de toute sorte, servant à l'agriculture, ainsi que les LÉGUMES verts et secs, sont exempts. (*Décret du 29 fructidor an* 12.)

1246. La perception de ces diverses taxes sera faite par les préposés de l'administration des douanes, et le montant en sera versé dans la caisse du receveur général du département des Deux-Nèthes, qui le tiendra mois par mois à la disposition de la chambre du commerce d'Anvers, pour être employé, exclusivement sur les mandats de cette chambre, à l'acquittement des dépenses auxquelles il est affecté. (24 *ventose an* 12, *art.* 9.)

Art. 7. « Le produit de ces droits est destiné à couvrir les intérêts, sur le pied de cinq pour cent par an, de la somme de trois cent mille francs avancée par le commerce d'Anvers pour la confection des travaux du port, ordonnés en l'an 11. — L'excédant de la recette, s'il en existe, demeure affecté, — 1°. à couvrir les dépenses de la chambre de commerce d'Anvers; — 2°. à servir les intérêts, également sur le pied de cinq pour cent par an, tant de la somme de huit cent mille francs, que de celle de neuf cent mille francs, que le commerce d'Anvers devra avancer pour la confection des travaux du port, pendant les années 12 et 13. (24 *ventose an* 12, *art.* 7.)

Art. 8. « Si, après l'acquittement des dépenses « énoncées dans l'article précédent, le produit des « droits de bassin et de *colis* se trouve supérieur « auxdites dépenses, cet excédant sera appliqué, « d'après les ordres du gouvernement, aux travaux « mêmes du port non encore terminés. (*Même loi, art.* 8.)

Art. 10. « La chambre de commerce d'Anvers « rendra compte tous les ans, d'après le mode qui « sera fixé par le gouvernement, du montant des « produits des droits, et de l'emploi qu'elle en aura « fait, conformément aux dispositions de la présente « loi. (*Même loi, art.* 10.)

« Les produits des droits de bassin et colis se« ront appliqués indistinctement, tant à l'entretien « et au balisage de l'Escaut, qu'aux travaux du port « d'échouage et du bassin d'Anvers, et aux dépen« ses autorisées par les articles 7 et 8 de la loi « du 24 ventose an 12. » (*DI.* 25 *octobre* 1806, *art.* 2.)

« Le prélèvement annuel de 35,000 francs, sur les « produits des droits de bassin et colis, établis au « port d'Anvers, ordonné par l'article 3 du décret « du 28 messidor an 13, est supprimé. » (*Même décret, art.* 1.)

TITRE IV.

Des exceptions aux lois de la Navigation marchande.

CHAPITRE I. — *Des bâtimens exceptés de l'acte de navigation.*

1247. En temps de paix ou de guerre, les bâtimens françois ou étrangers, frétés pour le compte *de l'Etat*, sont exceptés de l'acte de navigation. (27 *vendémiaire an* 2, *art.* 3.)

De la combinaison de cet article avec les lois maritimes, il résulte que, relativement aux droits de navigation, les bâtimens se trouvent divisés en quatre classes :

Première classe. — Les bâtimens appartenans à l'Etat..... Ceux-ci sont exempts de tous droits de navigation.

Deuxième classe. — Les bâtimens frétés par l'état, dont les équipages sont nourris et soldés par le gouvernement.... Ceux-là sont également exempts de tous droits de navigation. (*Décision du* 17 *brumaire an* 5.)

Troisième classe. — Les bâtimens affectés au service de l'état à tant par tonneau, et dont les équipages ne sont pas soldés par le gouvernement..... Ceux-ci sont assujettis aux droits de navigation, mais exempts de francisation et de congés. (*Lettre du* 6 *pluviose an* 7.) — Lorsqu'un capitaine de bâtiment frété pour le compte du gouvernement ne peut faire l'avance des droits de navigation, le chef civil ou militaire qui expédie le bâtiment, fournit pour ce capitaine sa soumission de les acquitter à la fin du mois, à l'effet de quoi le non-paiement du droit est énoncé sur les lettres de voiture afin que la retenue en soit faite au port de destination si le paiement du fret s'y effectue. Dans tous les cas, le fret n'est payé à ce capitaine que sur la représentation de l'acquit des droits de navigation. (*Ainsi convenu entre les ministres des finances et de la marine. LA* 21 *prairial an* 4.)

Quatrième classe. — Les bâtimens qui ne sont ni frétés ni salariés par le gouvernement.... Ceux-là sont bâtimens de commerce, et comme tels, soumis à toutes les lois de la navigation.

Cependant on excepte de cette quatrième classe, et sont en conséquence affranchis de l'acte de navigation,

1°. Les bâtimens armés en course, lesquels reçoivent leurs expéditions de la marine seulement. (*DM.* 22 *vendémiaire an* 6.)

2°. Les navires de prises voyageant sous pavillon neutre avec autorisation du gouvernement. (*Lettre du* 5 *pluviose an* 2.)

3°. Le bâtiment désarmé, tant qu'il ne met point en mer. (*Décision du* 21 *nivose an* 2.)

4°. Les bâtimens qui ne font que la navigation des rivières, sans aller du côté de la mer au-delà du premier bureau intérieur des douanes, quand ces bâtimens sont non-pontés et au-dessous de trente tonneaux. (*Lettre du* 5 *pluviose an* 2.) — *Voir sous le* n° 1217.

Sont encore exemptés de l'acte de francisation et de congé, les chaloupes et canots d'un bâtiment... Mais il doit leur en être délivré de particuliers, s'ils sont employés à d'autres usages que ceux qui leur sont propres, et autrement que pour le service des bâtimens dont ils dépendent. (*Lettre au directeur de Brest, du* 25 *fructidor an* 7.)

CHAPITRE II. — *Des bâtimens exemptés des droits de navigation.*

1248. Les bâtimens françois venant de la pêche, de la course ou d'un port étranger, ne paieront aucun droit. (27 *vendémiaire an* 2, *art.* 32.)

BATIMENS VENANT DE LA PÊCHE. Pour jouir de l'exemption, ces bâtimens ne doivent avoir à bord que les produits de leur pêche... Si cependant il s'y trouvoit d'autres marchandises qui eussent été chargées à l'étranger, la circonstance du retour d'un port étranger suffiroit pour les affranchir des droits de navigation.

Une décision du 28 pluviose an 10, porte que l'immunité accordée aux navires pêcheurs, par cet article 32 de la loi du 27 vendémiaire, est étendue à ceux qui les suppléent en transportant les produits de la pêche aux lieux les plus avantageux de la vente.

Le navire françois qui pêche sous pavillon neutre jouit de la même franchise. (*DM.* 22 *ventose an* 4.)

L'immunité n'étant accordée qu'à la pêche françoise, il faut, en conséquence, qu'il soit bien constant que le produit rapporté n'ait pas été acheté sur mer à des pêcheurs étrangers.

« Les navires expédiés pour la pêche nationale « sur les côtes, sont dispensés du droit de permis « établi par l'art. 37 de la loi du 27 vendémiaire « an 2, sur les produits de cette pêche. » (*DI.* 10 *mars* 1809.) — Ainsi ces bâtimens se trouvent aussi affranchis du droit de permis de 50 cent., auquel sont soumises toutes les déclarations de chargement ou de déchargement de cargaisons françoises; mais cette franchise, aux termes du décret, ne peut s'appliquer aux navires françois qui seroient expédiés pour des destinations lointaines; elle concerne donc uniquement la pêche que nos barques, bateaux et autres petits bâtimens font dans les parages de France, où ils vont journellement. (*Conséquence de la circulaire du* 22 *mars* 1809.)

BATIMENS VENANT DE LA COURSE. Ils ne doivent avoir à bord, pour jouir de l'exemption, que les marchandises composant la cargaison du navire capturé.

J'ai déja dit, sous le n° 542, que les navires de prises avoient été affranchis de tous droits, tant de ceux de douane par l'article 5 de la loi du 19 mai 1793, que de ceux de navigation par décisions ministérielles des 9 vendémiaire an 6, 5 thermidor an 12, et circulaire du 9 *dito*... Fussent-ils même déclarés n'être pas de bonne prise, encore seroient-ils exempts, par suite de la décision du 6 ventose an 7, à moins cependant qu'il ne fût vendu de leur cargaison après avoir été relâchés.

BATIMENS VENANT D'UN PORT ÉTRANGER. Il est clair que l'exemption ne s'applique qu'aux bâtimens françois, et pour autant qu'ils reviennent effectivement d'un port étranger..... Car s'ils s'étoient procuré leurs cargaisons de retour en mer, ils n'auroient pas acquis le privilége, puisque la loi l'attache au voyage chez l'étranger et non pas à la marchandise de l'étranger.

De la combinaison des diverses dispositions que j'ai rapportées dans ce livre 6, il dérive encore d'autres exemptions que celles voulues par l'art. 32 ci-dessus de la loi du 27 vendémiaire an 2... Pour qu'on ait, dans ce chapitre, toutes ces exemptions sous les yeux, voici un relevé des autres bâtimens affranchis :

1°. Bâtimens de la marine impériale, et ceux françois ou étrangers frétés pour le compte de l'état..... (*Conséquence de l'art.* 3 *de la loi du* 27 *vendémiaire an* 2, n° 1247.)

2°. Paquebots qui ne transportent que les dépêches et les passagers. (*DM.* 15 *floréal an* 12).....(*Même conséquence, par cela qu'ils sont considérés comme étant alors au service de l'état.*) — *Voir* sous le n° 1182.

3°. Bâtimens parlementaires à l'usage unique du gouvernement.... (*Même conséquence.*).... *Voir* la note sous le n° 24.

4°. Bâtimens trouvés abandonnés... (*Même conséquence, par cela qu'étant* épaves de mer, *ils deviennent propriété de l'état.*)

5°. Bâtimens de commerce, françois ou neutres, naviguant sous l'escorte des vaisseaux de la marine impériale. (*Lettre du* 9 *pluviose an* 8.) — *Voir* sous le n° 1217.

6°. Bâtimens chargés de fascines, madriers, etc., pour la réparation des digues et polders des départemens de l'Escaut et des Deux-Nèthes. (*DM.* 2 *thermidor an* 4, 25 *thermidor an* 5, 12 *prairial an* 6, *et CD.* 28 *thermidor an* 12, *et* 5 *brumaire an* 13.) — Les navires qui sont employés dans les ports à transporter des pierres pour les réparations que le gouvernement fait faire, ne sont pas non plus soumis aux droits de navigation. (*DM.* 16 *vendémiaire an* 14, *et LD.* 18 *dito.*)

7°. Bâtimens échoués, dont le capitaine fait l'abandon, encore que la cargaison soit sauvée. (*DM.* 7 *frimaire an* 3.)

8°. Bâtimens qui, forcés d'entrer dans un port et

d'y décharger leurs cargaisons, sont condamnés comme ne pouvant plus tenir la mer. (*DM.* 7 *frimaire an* 6.)

Voici une lettre explicative de cette disposition : « Comme la décision du 7 frimaire an 6, portant « exemption du droit de tonnage pour les bâtimens « condamnés, suppose qu'ils ont entré par relâche « forcée dans un port qui n'étoit pas celui de destina« tion, où ils ont été obligés de décharger leur car« gaison, elle ne pourroit être applicable que dans « ce cas ou dans celui où les bâtimens arriveroient « sur leur lest. — En effet, les droits de navigation « affectent le bâtiment naviguant qui transporte des « marchandises et effectue son voyage ; ainsi on doit « les percevoir toutes les fois qu'il remplit l'office qui « lui est propre, quel que soit l'état où il peut être « ultérieurement réduit. — D'après ces principes, « conformes à la lettre et à l'esprit de la loi, le droit « de tonnage perceptible à l'entrée, et LA MOITIÉ DE « CELUI D'EXPÉDITION (*ce dernier droit est donc divi« sible ; voir* sous le n° 1225) doivent être exigés, « à moins que le bâtiment ne soit pas destiné pour « le port de relâche, ou qu'il soit arrivé sur son lest « dans celui de destination ; ces deux cas seuls pou« vant faire exception ». (*LD.* 19 *floréal an* 13.)

9°. Bâtimens en relâche pour remplacement d'un mât. (*Lettre du* 4 *floréal an* 8.).... *Voir* sous le n° 1218.

10°. Bâtimens en relâche dans les golfes, anses, baies où il n'y a pas de bureaux ; ceux ancrés sur rade ou posés devant un port... Mais dans ce cas, les capitaines ne peuvent faire aucuns versemens sans s'exposer à la saisie. (*DM.* 27 *brumaire an* 5.)

11°. Bâtimens naviguant dans l'intérieur des rivières seulement, sans emprunt de la mer. (*DM.* 11 *fructidor an* 5.).... *Voir* sous le n° 1217.

Le principe de la décision ci-dessus a été appliqué aux bâtimens qui naviguent dans l'Elbe sans prendre la mer, et il a été ordonné, par décision ministérielle du 11 septembre 1812, de ne ne pas les soumettre aux droits de navigation.

Relativement à l'Escaut, il a été adressé, le 23 octobre 1810, une lettre ainsi conçue : « La naviga« tion intérieure des fleuves n'est point assujettie au « droit de tonnage, lorsqu'elle s'effectue sans em« prunt de la mer : en principe, le port principal de « commerce, situé à l'embouchure ou près de l'em« bouchure du fleuve, est considéré comme port « unique, et les autres, situés dans les mêmes eaux, « n'en sont qu'une dépendance, d'où il résulte que « le navire qui entre dans un fleuve doit acquitter, « au premier abord, les droits de tonnage ; il peut « ensuite parcourir, s'il n'en sort pas, le même fleuve « sans être assujetti à de secondes perceptions. »

Et sur la question de savoir quelles sont les limites de la navigation intérieure dans le Zuiderzée, à l'effet d'appliquer l'art. 11 du décret du 4 décembre 1811 (n° 369), il a été répondu, par lettre ministérielle du 24 juillet 1812, que l'art. 12 du même décret, ayant établi une ligne d'embarcation entre Enkhuisen et Staveren, la partie située en deçà de cette ligne doit être considérée comme formant les eaux intérieures de la Hollande, et qu'ainsi les bâtimens qui naviguent au-delà doivent seuls être assujettis aux droits de navigation.

Déja le décret impérial, du 4 août 1811, avoit dit : « A dater de la publication du présent décret, « l'administration des douanes ne pourra percevoir « les droits de tonnage dans les ports de la Hollande « que sur les bâtimens qui ne sont pas assujettis « aux droits hollandois sur le tonnage et la naviga« tion intérieure, dont la perception a été maintenue « par *le* décret du 18 octobre 1810. »

12°. Bâtimens employés comme alléges, à recevoir les cargaisons des navires qui, ne pouvant remonter les fleuves ou rivières, effectuent leurs déchargemens dans le premier port d'arrivée. (*DM.* 25 mars 1806.) — Cette décision est fondée sur ce que ce seroit percevoir, partiellement, deux fois le même droit sur un même navire, si on y assujettissoit les alléges qui en sont en quelque sorte le doublement.

13°. Enfin tous bâtimens françois de trente tonneaux et au-dessous... (*Conséquence de l'art.* 30 *de la loi du* 27 *vendémiaire an* 2, *qui n'impose que les bâtimens au-dessus de trente tonneaux*).... *Voir* n° 1217.

On a vu qu'il y avoit encore quelques exceptions à l'acte de navigation,

En faveur des bâtimens italiens et illyriens, sous les numéros 764 et 1038 à 1040.

Et enfin des exemptions d'une seconde perception du droit de tonnage, sous le n° 1219.

FIN.

TABLE HISTORIQUE

DES LOIS,

TANT SPÉCIALES QU'AFFÉRENTES AUX MATIÈRES DE DOUANES,

POUR SERVIR DE JUSTIFICATION A CET OUVRAGE.

.... 1681	Ordonnance de la marine... art. 38, *tit.* 6, sous le n. 832.
19 avril 1701	Arrêt du conseil.... art. 6, sous le n. 1217, —art. 7, sous le n. 1221.
.. janv. 1716	Lettres-patentes... art. 7, sous le n. 876.
... juin 1716	Arrêt du conseil... sous le n. 163.
23 mars 1728	Déclaration relative aux armes... *En entier*, au n. 415.
7 sept. 1728	Arrêt du conseil... art. 5 et 6, sous le n. 876.
.... 1738	Ordonnance relative à la cassation... sous le n. 1119.
18 oct. 1740	Arrêt du conseil... sous le n. 1180.
8 déc. 1767	Arrêt du conseil... sous le n. 1019.
21 août 1771	Arrêt du conseil... sous le n. 444.
7 oct. 1781	Ordonnance... sous le n. 1198.
30 août 1784	Arrêt du conseil... *sans intérêt par les circonstances.*
.... 1787	Convention conclue avec l'Espagne, *voir* sous le n. 1018.
21 sept. 1789	Arrêt du conseil portant sanction des lois des 29 août (en trois articles), et 18 septembre 1789 (en cinq articles), relatives à la circulation des grains et à leur prohibition à la sortie... (*Sans objet par la loi du 26 ventose an 5 et le règlement du 2 juillet 1806.*)
1790.	
2 mai	Proclamation du roi sur la loi du 3 avril, qui porte que « le commerce de l'Inde « au-delà du cap de Bonne-Espérance « est libre pour tous les François. »... *Régularisée par la loi du 6 juillet 1791.*
22	Lettres-patentes sur la loi du 14, qui prohibe l'entrée du sel étranger... n. 592.
5 novembre..	Loi sur l'abolition des droits de traites, et qui règle leur remplacement par un tarif unique et uniforme, pour en être les droits perçus à toutes les entrées et sorties de France (décrétée les 30 et 31 octobre)... art. 1, n. 1, — art. 3, §. 2, n. 2, — art. 4, §. 1, n. 3, — *même* art. 4, §. 2, n. 217. — *Les autres articles ayant reçu leur exécution sont devenus sans objet.*
17 novembre.	Loi relative à la réexportation des grains (décrétée le 11)... n. 446.
19..........	Loi relative au rétablissement des douanes dans le Roussillon (décrétée le 15.) Six articles... *Abrogée.*
19..........	Loi qui proroge la perception des tarifs à Valogne (décrétée le 14.)........ *Abrogée.*
1 décembre..	Loi sur les bases du tarif du Roussillon... *Abrogée.*
....	Loi pour la formation d'un tribunal de cassation (décrétée le 27 novembre, en trente-un et 8 articles.)... Art. 5 et 10, sous le n. 1119.
12..........	Loi relative aux droits à percevoir sur les marchandises du commerce françois au-delà du cap de Bonne-Espérance (décrétée le 7, en deux art.)... *Abrogée* par la loi du 15 mars 1791.
1791.	
15 mars.....	Loi contenant le tarif général des droits qui seront perçus à toutes les entrées et sorties de France... *Voir le Tarif chronologique.*
29..........	Loi relative aux droits d'entrée sur les denrées coloniales (décrétée le 18 mars 1791, en treize articles.)..... *Abrogée.*
10 avril	Loi relative à l'annullation des acquits-à-caution délivrés pour les ci-devant droits de traite (décrétée le 6 avril.)... *A reçu son exécution.*
....	Loi portant que le tarif général des douanes sera exécuté à compter du

1791.

15 avril (décrétée le 25 mars.)..... *A reçu et reçoit son exécution*, voir le tarif.

1 mai....... Loi relative à l'organisation de l'administration des douanes (décrétée le 23 avril, en vingt-cinq articles.).... Art. 3, n. 13, — art. 5, n. 45, — art. 6, sous le n. 30, — art. 7, n. 27, — art. 10, n. 33, — art. 11, n. 31, — art. 12, n. 32, — art. 13, n. 28. — *Les autres articles se trouvent modifiés ou abrogés par les lois postérieures.*

8........... Loi relative aux boissons, bois à brûler, charbons et autres marchandises (décrétée le 30 avril, en trois articles.)... *A reçu son exécution.*

13.......... Loi qui prohibe l'importation des navires étrangers (décrétée le 4 mars.)... *Abrogée* par la loi du 31 janvier 1793.

15.......... Loi relative à l'établissement de la régie (décrétée les 8 et 9 mai.)... *A reçu son exécution.*

6 juillet..... Loi relative au commerce au-delà du cap de Bonne-Espérance et aux colonies françoises (décrétée le 20 juin.).... *L'exécution en est suspendue par les circonstances.*

10........... Loi relative aux armemens des vaisseaux destinés pour les îles et colonies françoises, et à l'acquit des droits qui doivent être perçus sur les marchandises qu'ils apportent desdites colonies (décrétée le 22 juin.)... Art. 3, n. 501, — art. 4, n. 503, — art. 5, n. 505, — art. 6 à 14, sous le n. 505, — art. 16, n. 508, — art. 17, n. 509, — art. 20, n. 507, — art 21, n. 587, — art. 34, n. 588. — *Les autres articles ne peuvent plus recevoir d'exécution.*

.... Loi relative à l'exécution du tarif dans les cantons y dénommés (décrétée le 22 juin.) Art. 1, n. 737, — art. 2, n. 747, — art. 3 et 4, *sont devenus sans objet.*

.... Loi relative aux prohibitions à la sortie (décrétée le 8.)... *Regardoit le tarif.*

.... Loi relative aux marchandises étrangères importées dans les départemens des Haut et Bas-Rhin (décrétée le 7, en treize articles.).... *Abrogée* par les dispositions de la loi du 8 floréal an 11 sur l'entrepôt de Strasbourg.

29........... Loi relative au commerce du Levant et de Barbarie (décrétée le 21, en douze articles et un tarif.)...

1 août....... Loi concernant les relations du commerce de Marseille dans l'intérieur, dans les colonies et avec l'étranger (décrétée les 26 et 28 juillet, en seize, vingt-deux et neuf articles et un tarif.)... *Abrogée* par la loi du 11 nivose an 3.

13........... Loi relative à la police de la navigation et des ports de commerce (décrétée le 9, en douze, cinq, dix-neuf, trois et six articles.)..... *Abrogée*, en ce qui concerne les douanes, par les lois subséquentes sur la navigation marchande.

1791.

22 août...... Loi pour l'exécution du tarif dans les relations de la France avec l'étranger (décrétée les 28 juillet, 2 et 6 août.)

Titre I. — Art. 1, n. 339, — art. 2, sous le n. 332, — art. 3, §. 1, n. 336, §. 2, n. 337, §. 3, n. 338, — art. 4, n. 331, — art. 5, n. 341, — art. 6, n. 330, — art. 7, n. 362.

Titre II. — Art. 1, n. 290, — art. 2, n. 291, — art. 3, n. 292, — art. 4, n. 307, — art. 5, n. 308, — art. 6, n. 310, — art. 7, n. 301, — art. 8, n. 314, — art. 9, 315, — art. 10, n. 304, — art. 11, n. 312, — art. 12, n. 320, — art. 13, n. 297, — art. 14, *voir* n. 321, — art. 15, sous le n. 325, — art. 16, n. 322, — art. 17, sous le n. 333, — art. 18, n. 327, — art. 19, n. 318, — art. 20, n. 328, — art. 21, n. 326, — art. 22, n. 329, — art. 23, *abrogé*, — art. 24, *voir* sous le n. 347, — art. 25, §. 1, n. 361, §. 2, n. 364, — art. 26, numéros 293 et 295, — art. 27 à 30, abrogés; *voir* sous les numéros 303 et 310.

Titre III. — Art. 1, n. 817, — art. 2, n. 818, — art. 3, n. 825, — art. 4, n. 819, — art. 5, n. 826, — art. 6, §. 1, n. 833, §. 2 et 3, n. 836, — art. 7, n. 837, — art. 8, n. 838, — art. 9, n. 834, — art. 10, n. 828, — art. 11, n. 829, — art. 12, n. 830, — art. 13, n. 831, — art. 14, n. 832, — art. 15, n. 387, — art. 16, n. 388, — art. 17, *régularisé par A C. 22 thermidor an 10.*

Titre IV. — Art. 1 à 7, *modifiés; voir sous le n.* 288, — art. 8, n. 288.

Titre V. — Art. 1, n. 266, — art. 2, n. 267, — art. 3, n. 268, — art. 4, n. 269.

Titre VI. — Art. 1, n. 1173, — art. 2, *abrogé; voir* sous le n 1174, — art. 3, n. 1175.

Titre VII. — Art. 1 à 3, numéros 543 à 545, — art. 4 et 5, numéros 547 et 548, — art. 6, *abrogé; voir* sous le n. 549, — art. 7, n. 549.

Titre VIII. — Art. 1 à 6, numéros 730 à 736.

Titre IX. — Art. 1 à 6, numéros 398 à 403.

Titre X. — En vingt-cinq articles. — Art. 4 et 6, à la page 408, — art. 21, sous le n. 1021, — art. 23, n. 1072; — sauf ceux-là qui peuvent être invoqués pour l'interprétation, tous les autres sont abrogés par l'art. 18 de la loi du 9 floréal an 7.

Titre XI. — Art. 2, n. 1095. — Les deux autres abrogés par contrariété avec les lois subséquentes.

1791.

TITRE XII. — Art. 1, n. 1068, — art. 2, n. 1096, — art. 3, n. 1097, — art. 4, sous le n. 1094, — art. 5, n. 1101, — art. 6, n. 1122, — art. 7 et 8, abrogés par contrariété, — art. 9, n. 1122.
TITRE XIII. — Art. 1, n. 214, — art. 2, n. 215, — art. 3, n. 226, — art. 4, n. 216, — art. 5, n. 227, — art. 6, n. 81, — art. 7, *abrogé*, — art. 8, n. 117, — art. 9, n. 298, — art. 10, n. 118, — art. 11, n. 300, — art. 12, §. 1, n. 14; §. 2, n. 91, — art. 13, n. 93, — art. 14, n. 113, — art. 15, §. 1, n. 111, §. 2, n. 166, — art. 16, n. 112, — art. 17, sous le n. 165, — art. 18, n. 125, — art. 19, n. 110, — art. 20, n. 8, — art. 21, n. 131, — art. 22, n. 358, — art. 23, n. 359, — art. 24, n. 108, — art. 25, n. 363, — art. 26 et 27, n. 129, — art. 28, n. 130, — art. 29, §. 1, n. 360, §. 2, n. 1167, — art. 30, n. 335, — art. 31 à 36, n. 354 à 356, — art. 34, sans objet par suite d'un arrêté du 7 fructidor an 10, — art. 35, n. 122, — art. 36, n. 123, — art. 37, n. 250, — art. 38, n. 252, — art. 39, n. 253, — art. 40, n. 254, — art. 41, n. 246, — art. 42, n. 237, — art. 43, n. 238.

16 octobre... Loi relative aux moyens de protéger les douanes (décrétée le 30 septembre, en onze articles.)... *N'a pas reçu son exécution, ou du moins ne la reçoit plus.*

19.......... Loi relative à l'entrepôt des genièvres, tafias, rhum et raisin de Corinthe (décrétée le 23 septembre, en cinq articles.)... N. 1000 à 1004.

.... Loi relative aux poudres et salpêtres (décrétée le 23 septem., en six titres.)... *Voir*, pour ce qui regarde les douanes, la loi du 13 fructidor an 5.

1792.

15 janvier... Loi relative à la forme des congés (décrétée le 29 décembre 1791.)... *Sans intérêt pour cet ouvrage, attendu que les congés sont envoyés imprimés et ont d'ailleurs une autre forme.*

26 février.... Loi qui prohibe l'exportation des laines, chanvres, peaux, cuirs et cotons (décrétée le 24, en deux articles.)..... *Voir* au tarif.

20 avril..... Loi relative à l'exportation des cotons en laine et en graine (décrétée le 18, en deux articles.)... *Voir* au tarif.

11 mai...... Loi relative au jais brut et au jais travaillé (décrétée le 5.)... *Voir* au tarif.

27.......... Loi relative à la pêche de la baleine et du cachalot (décrétée le 23, en deux articles.)... *Voir* AC. 9 nivose an 10.

21 juin...... Loi relative aux laines et aux fils (décrétée le 14, en six articles.)... *Voir* au tarif.

1792.

21 juillet.... Loi relative aux armes (décrétée le 12 juin.)... Art. 1 et 2, n. 410 et 411, — art. 3 à 5, ne concernoient pas les douanes.

22.......... Loi additionnelle à celle du 21 juillet 1791, relative au commerce du Levant (décrétée le 30 août 1791.)...

1 août...... Loi interprétative de celles concernant le tarif (décrétée le 28 juillet, en dix articles.)... §. 1 de l'art. 9, sous le n. 336, — première disposition du §. 2 de l'art. 9, n. 336, — §. 2 et 3 de l'art. 9, n. 337... Les autres dispositions concernent le tarif.

16.......... Loi relative aux primes et encouragemens... *A reçu son exécution.*

22.......... Loi relative à l'importation des armes... Art. 1, *abrogé* par l'art. 2 de la loi du 8 floréal an 11; — art. 2 et 3, n. 408 et 409, — art. 4, *sans objet*, — art. 5, *voir* sous le n. 411.

27.......... Loi relative aux droits d'entrée sur les denrées coloniales... *Abrogée.*

2 septembre. Loi relative au poste des citoyens en cas d'alarmes.)... N. 107.

3........... Loi sur la prohibition d'entrée des monnoies étrangères de métal... *Au tarif.*

5........... Loi relative aux saisies sur inconnus... Art. 5 et 6, n. 1070 et 1071. — Les autres articles concernoient les tabacs.

.... Loi relative à l'exportation des matières d'or et d'argent... Art. 1, *modifié* définitivement par AC. 21 et 23 ventose an 11, — art. 2, *abrogé* par l'article 3 de la loi du 15 septembre 1792, — art. 3 et 4, n. 557 et 558.

7........... Loi relative au transit par les départemens des Haut et Bas-Rhin.... En quinze articles, dont le dernier reste seul en vigueur par la loi du 8 floréal an 11, *voir* sous les n. 843 et 973.

15.......... Loi relative à l'exportation des ouvrages d'orfévrerie et de joaillerie... Art. 1 et 2, *régularisés* par les AC. des 17 prairial an 10, 21 et 23 ventose an 11, — art. 3, n. 556.

17.......... Loi concernant la défense de l'exportation des grains et fourrages provenans de propriétés situées en France, appartenantes à des étrangers... *Maintenue* par AD. 7 fructidor an 4.

8 octobre.... Loi sur l'exportation des subsistances.... *Sans objet.*

14.......... Loi relative à la réduction du nombre des régisseurs des douanes, en quatre articles... *Régularisée* définitivement par AC. 29 fructidor an 9.

18.......... Loi sur la circulation des grains par le canal des deux mers... *Sans objet.*

16 novembre. Loi qui exempte du plombage les poissons salés et leurs issues, deux articles. — *Voir* sous le n. 825.

5 décembre.. Loi qui prononce la peine de mort contre les exportateurs de grains... *Abrogée.*

1792.	
7 décembre..	Loi portant que les colons peuvent tirer de France tous ouvrages neufs d'orfévrerie et de joaillerie.... *Généralisée* par AC. 17 prairial an 10.
8...........	Loi relative à l'exportation des grains dans les pays enclavés dans le territoire françois... *Abrogée.*
30..........	Loi qui attribue aux receveurs des douanes la perception des droits de navigation... *Sous le n.* 1216.
....	Loi qui charge les employés des douanes de concourir au sauvetage des bâtimens naufragés... *Voir* AC. 17 floréal an 9 et DI. 20 floréal an 13.
1793.	
8 janvier	Loi portant que celle du 8 décembre dernier, sur les grains, n'est point applicable au duché de Bouillon.... *Sans objet.*
22...........	Loi relative à la nouvelle forme des congés et des passeports des bâtimens... *Cette forme a aussi été changée.*
31..........	Loi qui permet l'importation des navires étrangers... *Voir* au tarif.
2 février.....	Loi qui accorde des primes aux corsaires qui ramèneront des bâtimens ennemis chargés de subsistances... *A reçu son exécution.*
13..........	Loi relative au paiement des primes... *A reçu son exécution.*
18..........	Loi relative aux droits à payer au bureau d'Armentières pour les toiles venant de l'étranger... *Sans objet;* cette ville n'est plus dans le rayon.
19..........	Loi relative aux denrées exportées ou importées dans les colonies ou en France par les vaisseaux américains... Les art. 1 et 4 concernoient les colonies. — L'art. 5 a été modifié par la loi du 8 floréal an 11.
....	Loi relative aux prises amenées dans les ports de France, en dix articles... *Abrogée* par AC. 2 prairial an 11.
1 mars	Loi qui annulle tout traité de commerce avec les puissances en guerre, et prohibe l'introduction de diverses marchandises étrangères... Art. 1, n. 9, — art 2, *voir* au tarif, — art. 3, n. 284, — art. 4, n. 285, — art. 5, *abrogé*, — art. 6, au tarif, — art. 7, sous le n. 549. — art. 8, *sans objet.*
....	Loi qui défend l'exportation des chevaux, bestiaux, mulets, grains et fourrages, (quatre articles.).... *Modifiée*, voir au tarif.
2...........	Loi relative à la suppression des barrières entre le département de Jemmappe et celui du Nord... *A reçu son exécution.*
11..........	Loi qui augmente le traitement des préposés des douanes... *A reçu son exécution.*
....	Loi concernant les poudres et salpêtres... *Voir* la loi du 13 fructidor an 5.

1793.	
12 mars	Loi relative aux droits d'entrée sur les denrées coloniales... *Abrogée*, voir au tarif.
26..........	Loi qui exempte de tous droits les subsistances et autres objets d'approvisionnemens importés dans les colonies par les vaisseaux américains (en huit articles.)... *Sans objet*, pour les douaniers du continent.
29..........	Loi relative à l'admisson à la traite de la gomme dans le Sénégal des bâtimens américains... *A reçu son exécution.*
30........ .	Loi qui suspend l'exécution de la loi du 2 mars 1793.... *A reçu son exécution.*
31..........	Loi qui suspend les droits de fret sur les navires employés à transporter des grains en France... *Abrogée* par cela qu'il n'existe plus de droit de fret.
3 avril	Loi qui interdit la sortie des drilles.... Art. 1, n. 442, — art. 2 et 3, n. 444 et 445.
8...........	Loi qui supprime le droit de fret dans le cas de grand cabotage... *A reçu son exécution.*
16..........	Loi qui supprime les droits d'entrée sur les chevaux. — *Voir* au tarif.
28..........	Loi qui attribue aux douanes la perception des droits de feux, phares et balisage.... *Ces droits ont été supprimés par l'article* 29 *de la loi du* 27 *vendémiaire an* 2.
9 mai.......	Loi relative aux navires neutres chargés de comestibles ou de marchandises pour l'ennemi... *Abrogée* par la paix maritime. *Mêmes mesures par les décrets relatifs au blocus.*
19..........	Loi portant suppression et modification de plusieurs droits d'entrée... Art. 1 à 4, *voir* au tarif. — Art. 5, n. 542 et sous le n. 1182. — Art. 6, *a reçu son exécution.* — Art. 7, *sans objet.* — Art. 8, *abrogé.* — Art. 9, *voir* au tarif.
26..........	Loi qui accorde au département du Mont-Terrible le transit de l'étranger..... N. 846.
17 juillet....	Loi dont l'article 3 porte que les appointemens des préposés des douanes peuvent être arrêtés pour sûreté du paiement des contributions personnelles... *Sous le n.* 165.
24..........	Loi qui suspend le transit accordé par la loi du 7 septembre 1792... *Régularisée* définitivement par la loi du 8 floréal an 11, art. 55 à 58.
15 août	Loi relative aux denrées et marchandises prohibées à la sortie.... Art. 1, *voir* au tarif. — Art. 2, *sans objet.* — Art. 3, sous les n. 1047 et 1069. — Art. 4, n. 1073.
2 septembre..	Loi relative au délai pour se pourvoir en cassation... *Voir* sous le n. 1119.
3...........	Loi interprétative de celle du 15 août 1793... Art. 1, *a reçu son exécution* — Art. 2, *voir* au tarif. — Art. 3,

1793.	n. 502. — Art. 4, *sans objet.* — Art. 5, n. 175.
6 septembre .	Loi relative aux navires chargés de grains arrivant en France... *A reçu son exécution.*
11..........	Loi portant suppression des droits sur les denrées et productions des colonies françoises... *Abrogée,* voir au tarif.
....	Loi qui prononce des peines contre l'exportation des grains... *Sans objet, d'autres dispositions ayant décidé sur les mêmes cas.*
19..........	Loi sur les droits d'entrée des tabacs et tafias, en entrepôt dans les ports... *A reçu son exécution.*
20..........	Loi qui défend l'exportation des cartons... *Voir* au tarif.
21..........	Acte de navigation... — Art. 1, *renouvelé* par l'art. 1 de la loi du 4 germinal an 2, n. 10. — Art. 2, n. 1182. — Art. 3, n. 1172. — Art. 4, n. 1179.
....	Loi relative aux congés des bâtimens sous pavillon françois... Quatre art. sous le n. 1187.
....	Loi qui attribue aux douanes la délivrance des congés, rapports, etc.... *Sous le n.* 1187.
29..........	Loi relative aux acquits-à-caution.... *Abrogée* par l'art. 1 de la loi du 19 vendémiaire an 6.
an 2.	
15 vendém...	Loi relative à la pêche du maquereau et du hareng... *Régularisée* par AC. 13 pluviose an 5.
17..........	Loi qui réunit les douanes au ministère des affaires étrangères et supprime toutes les primes... *A reçu son exécution*
18..........	Loi qui proscrit toutes marchandises de fabrique angloise. — Sept articles régularisés par la loi du 10 brumaire an 5.
27..........	Loi relative à l'acte de navigation.... Art. 1 et 2, sous le n. 1172, — art. 3, n. 1247, — art. 4 à 6, n. 1203 à 1205, — art. 7, n. 1182, — art. 8, n. 1183, — art. 9, n. 1200, — art. 10, n. 1187, — art. 11, §. 1, n. 1192, §. 2, n. 1201. — art. 12, n. 1184, — art. 13, n. 1189, — art. 14, n. 1190, — art. 15, n. 1185, — art. 16, n. 1191, — art. 17, n. 1199, — art. 18, n. 1198, — art. 19, n. 1188, — art. 20, n. 1196, — art. 21, n. 1197, — art. 22, n. 1186, — art. 23 à 25, sous le n. 1187, — art. 26, §. 1, n. 1194, § 2, n. 1202, — art. 27, *abrogé,* — art. 28, n. 1193, — art. 29, n. 1216, — art. 30 et 31, n. 1217, — art. 32, n. 1248, — art. 33, n. 1218, — art. 34, *abrogé* par la loi du 22 nivose an 2, — art. 35, n. 1224, — art. 36, n. 1225, — art. 37, n. 1226, — art. 38, n. 1181, — art. 39, n. 1195, — art. 40, *n'a pas été mis à exécution.*

an 2.	
5 brumaire...	Loi relative à une augmentation du prix des plombs... *Sans objet* par la démonétisation des assignats.
6...........	Loi qui augmente le nombre des bureaux d'entrée pour les soies et filoselles... *A reçu son exécution.*
1 frimaire....	Loi relative à la cassation... Art. 1, sous le n. 1119.
9...........	Loi relative à l'exécution des lois de douanes dans le département du Mont-Terrible... *A reçu son exécution.*
14..........	Loi qui rapporte quelques articles sur les lois de douanes... *A reçu son exécution.*
26..........	Loi qui organise les douanes en quarante inspections commerciales... Art. 11, n. 132, les autres, abrogés par l'arrêté du 16 germinal an 3.
12 nivose....	Loi qui rapporte l'art. 34 de celle du 27 vendémiaire an 2... N. 1221.
16..........	Loi qui prohibe la sortie du tan.... N. 727.
28..........	Loi relative au paiement des employés des douanes alors en activité... *A reçu son exécution.*
7 ventose....	Loi sur le mode de rédaction des états de navigation, de commerce et de comptabilité...
21..........	Loi relative à l'exportation des productions des arts et de luxe... *A reçu son exécution.*
4 germinal...	Loi relative au commerce maritime et aux douanes. TITRE I. — Art. 1, n. 10, — art. 2, principe de droit, — art. 3, *modifié,* — art. 4, n. 738, — art. 5, n. 739, — art. 6, n. 740, — art. 7, *sans objet.* TITRE II. — Art. 1, n. 305, — art. 2, n. 306, — art. 3, n. 294, — art. 4, n. 313, — art. 5, §. 1, n. 116; §. 2, n. 309, — art. 6, n. 1174, — art. 7, n. 114, — art. 8, n. 115, — art. 9, n. 311, — art. 10, sous le n. 266, — art. 11, n. 556, — art. 12, n. 728, — art. 13, n. 729. TITRE III. — Art. 1, n. 332, — art. 2, sous le n. 293, — art. 3, n. 294, — art. 4, n. 289 et 292, — art. 5, n. 291, — art. 6, n. 319, — art. 7, n. 302, — art. 8, n. 303, — art. 9, n. 325, — art. 10, n. 333, — art. 11, sous le n. 335, — art. 12, n. 1220. TITRE IV. — Art. 1, sous le n. 112, — art. 2, n. 1163, — art. 3, n. 1165, — art. 4, n. 1166. TITRE V. — Rapporté par l'art. 3 de la loi du 4 floréal an 4. TITRE VI. — Art. 1, n. 296, — art. 2, *abrogé,* — art. 3, n. 299, — art. 4, n. 7, — art. 5, n. 316, — art. 6, *régularisé* par l'art. 1, titre 4 de la loi du 9 floréal an 7, — art. 7, n. 1088, — art. 8 et 9, *abrogés,* — art. 10, n. 1059, — art. 11, n. 1058, — art. 12 à 21, *abrogés,* — art. 22, sous le n. 1097,

an 2.	
	—art. 23, n. 1094, —art. 24, *abrogé*. Titre VII. — Art. 1, n. 822, — art. 2, sous le n. 838, — art. 3, n. 827, — art. 4, sous le n. 831, — art. 5, *abrogé*, — art. 6, sous le n. 304.
23 therm....	Arrêté concernant les Suisses.... Art. 1 à 5, sous le n. 1042.
an 3.	
24 vendém...	Loi qui annulle tous jugemens pour transport des grains sans acquit-à-caution... *A reçu son exécution.*
26..........	Arrêté relatif aux courriers des malles étrangères... Art. 3, sous le n. 302.
23 brumaire.	Loi qui suspend la perception du droit de vingt pour cent, sur les cotons en laine et les laines non filées... *Voir* au tarif.
....	Loi qui abroge les articles 21 et 24 du titre 6 de la loi du 4 germinal an 2, et permet de faire des remises sur les saisies... *Modifiée* définitivement par AC. 14 fructidor an 10, la voir sous le n. 256.
11 frimaire..	Arrêté relatif au numéraire dont les capitaines étrangers peuvent être porteurs... Sous le n. 558.
12..........	Loi portant la vente des marchandises de prises.... *A reçu son exécution*; voir pour nouvelles mesures, l'AC. 2 prairial an 11.
24..........	Loi qui surseoit à l'exécution des jugemens relatifs aux grains... *A reçu son exécution.*
11 nivose....	Loi qui supprime les franchises de Dunkerque, Marseille, Bayonne, et du ci-devant pays de Labour... *A reçu son exécution.*
13..........	Loi sur les finances.... *A reçu son exécution.*
14..........	Loi qui abolit toutes procédures pour grains... *A reçu son exécution.*
19..........	Loi qui rapporte l'article 4 de celle du 4 germinal an 2, en ce qui concerne les îles d'Oléron et de Rhé.... Sous le n. 738.
27..........	Loi qui annulle les soumissions de cabotage antérieures au 1 thermidor an 2... *A reçu son exécution.*
28..........	Loi relative à une ligne de bureaux de Maubeuge à Givet... *Sans objet.*
5 pluviose...	Arrêté relatif à la navigation marchande.. *Voir* sous le n. 1179.
12..........	Loi portant réduction des droits d'entrée, et prohibition à la sortie.... Art. 4, sous le n. 288. — Les douze autres articles de cette loi et ses deux états, ont été successivement modifiés ou rapportés soit par l'article 1 de la loi du 19 vendémiaire an 6, soit par de nouveaux tarifs.
14..........	Loi qui prohibe l'exportation des graines de luzerne, trèfle, sainfoin, vesces et féveroles... *Voir* au tarif.
28..........	Loi qui suspend l'exécution de l'article

an 3.	
	43, tit. 13 de la loi du 22 août 1791... Sous le n. 238.
7 ventose....	Loi qui ordonne l'exécution du décret sur l'abolition des franchises de Dunkerque, Marseille, etc.... *A reçu son exécution.*
16 germinal..	Arrêté qui rapporte la loi du 26 frimaire an 2, et détermine l'organisation des douanes... Sous le n. 32.
18..........	Loi sur les poids et mesures... Art. 24, n. 571.
3 floréal.....	Arrêté qui détermine les chefs-lieux de direction de douanes, et les fonctions des préposés... Art. 1, *modifié*, voir sous le n. 21, — art. 2, n. 29, — art. 3, *régularisé*, voir n. 13, — art. 4, n. 34, — art. 5, n. 37, — art. 6, n. 39, — art. 7, n. 36 et 38, — art. 8, n. 42. — art. 9, n. 40 et 43, — art. 10, sous le n. 15.
24 prairial...	Arrêté relatif à la vente des navires.... Sous le n. 1198.
7 messidor...	Loi relative à l'horlogerie de Besançon... *Voir* au tarif.
14 thermidor.	Loi qui ratifie le traité de paix avec l'Espagne... Art. 11, n. 1018.
15..........	Arrêté qui permet aux prisonniers de guerre d'exporter le numéraire qui n'excède pas trois mois de leur solde... Sous le n. 558.
17..........	Arrêté relatif au cabotage... *Abrogé.*
20..........	Loi qui proroge celle du 12 pluviose an 3... *A reçu son exécution.*
27..........	Arrêté qui permet le transit de la Hollande en Suisse, *et vice versâ*... *Voir* DI. 18 octobre 1810.
14 fructidor..	Loi qui modifie plusieurs dispositions de celle du 4 germinal an 2...... Art. 1 à 5, *abrogés* par la loi du 9 floréal an 7, — art. 10, sous le n. 1078, — art. 11, n. 1121. — *Les autres articles abrogés par suite du décret du 18 octobre 1810, sur la nouvelle procédure.*
20..........	Loi qui augmente le prix des plombs... *Sans objet* par la démonétisation des assignats.
an 4.	
1 vendém....	Loi qui ordonne la mise en activité du nouveau système des poids et mesures... *Voir* sous le n. 317.
....	Loi explicative de l'article 38 du titre 13 de la loi du 22 août 1791... N. 251.
9..........	Loi sur la réunion de la Belgique... *A reçu son exécution.*
10..........	Loi sur la police intérieure des communes.... Titre IV, art. 1 et 2, sous le n. 228, — art. 3 à 5, n. 229 à 231, — art. 6, sous le n. 232. — Titre V, art. 4, n. 234, — art. 8, *voir* sous le n. 234.
20..........	Loi qui défend les achats de grains pour les exporter aux îles d'Oléron et de Rhé... *Sans objet.*

an 4.	
30 vendém...	Arrêté du comité de salut public, qui dispense les employés des douanes des frais de casernement des troupes.... Sous le n. 166.
2 brumaire...	Loi relative à la procédure en cassation... Art. 14 à 19, 21 et 24, sous le n. 1119.
4 nivose.....	Loi qui détermine le mode de perception des droits de douanes..... *Sans objet* par la démonétisation des assignats.
14..........	AD. relatif a la responsabilité des receveurs, n. 142.
8 pluviose...	AD. relatif au transport des grains..... *Sans objet.*
9..........	Loi sur le mode de paiement des amendes pour contravention... *Sans objet.*
5 ventose....	Loi qui autorise l'exportation du cacao provenant du commerce espagnol... *A reçu son exécution.*
13..........	AD. qui défend l'entrée de la poudre à poudrer de terre argileuse... *Voir* au tarif.
26..........	AD. relatif au droit de tonnage... Art. 1, n. 1219, — Art. 2, sous le n. 1174.
9 germinal...	AD. qui interdit de prendre des arrêtés contraires aux lois de douanes sur les prohibitions... *Régularisé* par DI. 26 novembre 1808.
23..........	AD. concernant le jugement des affaires de douanes dans la Belgique... *A reçu son exécution.*
23..........	Qui détermine les bureaux limitrophes de la Hollande, ouverts au transit de Suisse en Hollande... *Voir* DI. 18 octobre 1810.
2 floréal....	Loi qui admet à la consommation certaines marchandises entreposées dans la Belgique... *A reçu son exécution.*
4..........	Loi qui détermine le mode et les conditions du droit de retenue... N. 167 et 168.
28..........	AD. qui interprète celui du 23 germinal... *Rapporté* par AD. 27 thermidor an 4.
5 prairial....	AD. qui maintient à leur poste les préposés qui sont de la réquisition.... *Abrogé.*
9..........	AD. qui maintient le transit par Venlo... *Abrogé.*
....	AD. qui permet la sortie de la houille, de la chaux, de la terre de pipe et des clous, par la Belgique... *Voir* au tarif.
25..........	AD. qui exempte des droits de douanes les toiles de coton blanches tirées de l'étranger pour être peintes dans la Belgique... *Sans objet* par la prohibition des toiles de coton.
9 messidor...	AD. relatif au transit par Meyel, et des marchandises expédiées de Hollande pour la Prusse... *Abrogé.*
22..........	AD. relatif aux pièces de dépenses que les receveurs des douanes ne doivent plus remettre à la trésorerie... N. 156 à 159.

an 4.	
14 thermidor.	Loi contenant un nouveau mode de paiement des droits de douanes et de navigation... *Sans objet* par la démonétisation du papier-monnoie.
17..........	AD. concernant les bureaux et postes des douanes... N. 391.
19..........	Loi concernant l'exportation des marchandises... *Voir* au tarif.
21..........	AD. qui autorise le transit des rubans de fil et de laine, et des étoffes de fil et coton du pays de Berg pour la Suisse... *Abrogé.*
27..........	AD. qui rapporte celui du 28 floréal an 4... *A reçu son exécution.*
2 fructidor...	AD. qui désigne les bureaux de transit par Genève et le pays de Vaud..... *Abrogé.*
....	AD. qui ordonne la publication de la loi du 19 thermidor dans la Belgique.... *A reçu son exécution.*
6..........	Loi qui fixe les droits sur les marchandises du pays de Berg... *Abrogé* par la loi du 6 nivose an 10, — mais *voir* l'art. 1 sous le n. 258.
7..........	Arrêté relatif aux récoltes des étrangers propriétaires en France... N. 454.
19..........	AD. sur le paiement des droits de consommation à l'entrée des départemens réunis... *Sans objet.*
an 5.	
15 vendém...	AD. qui ordonne la publication dans la Belgique des lois relatives aux prohibitions des marchandises... *A reçu son exécution.*
23..........	Loi qui étend aux neuf départemens réunis le mode établi pour procéder dans les instances des douanes... *A reçu son exécution.*
....	AD. qui fixe le mode de paiement du droit de contrôle sur les ouvrages d'or et d'argent... *Sans objet* par la démonétisation du papier-monnoie.
10 brumaire.	Loi qui prohibe l'importation des marchandises angloises... Art. 1, n. 255, — art. 2, n. 256, — art. 3 et 4, sous le n. 256, — art. 5, n. 257, — art. 6, n. 260, — art. 7 à 10, *ont reçu leur exécution. Voir* sous le n. 255, — art. 11, n. 119, — art. 12, sous le n. 127, — art. 13, §. 1, sous le n. 285, §. 2, n. 286, — art. 14, n. 287, — art. 15, n. 261, — art. 16, sous le n. 127, — art. 17, *régularisé par l'art. 1 de l'AC. 4 complémentaire an 11*, — art. 18, sous le n. 1132, — art. 19 rapporte toutes dispositions contraires.
14..........	Loi relative à la procédure en cassation... Art. 1 et 2, sous le n. 1119.
15..........	Loi qui ordonne que le traitement des employés de douanes sera payé en numéraire.
20..........	AD. portant que les marchandises nationales seront estampillées... Sous le n. 259.

an 5.	
21 brumaire.	Loi qui rétablit le droit du transit par Maestrict, des marchandises expédiées de la Hollande pour le pays de Juliers... *Abrogée*
26.........	Loi relative à la mise à exécution de la loi du 10 brumaire an 5... *A reçu son exécution.*
3 frimaire ...	Loi portant rétablissement des droits d'entrée, réduits par celle du 12 pluviose an 3... Art. 5, n. 334, — les autres au tarif.
18.........	AD. qui permet la réexportation des piastres envoyées par le gouvernement espagnol à ses ambassadeurs... *A reçu son exécution.*
19.........	Loi qui proroge le délai fixé par celle du 26 brumaire an 5, relative à la saisie et confiscation des marchandises anglaises... *A reçu son exécution.*
24 nivose....	Loi qui permet l'exportation, et fixe les droits de sortie de diverses marchandises... Art. 1, *relatif* au tarif, — art. 2, n. 342.
5 pluviose ...	Loi qui prohibe l'exportation des poils de lapin... *Voir* au tarif.
9.........	AD. concernant le transit par la France, de divers objets de commerce entre la Hollande et l'Espagne... *Abrogé.*
19.........	Loi contenant des modifications à celle du 10 brumaire an 5... Art. 1, §. 1, n. 258; §. 2, sous le n. 285; §. 3, sous le n. 493, — art. 2, sous le n. 258, — art. 3 à 4, *abrogés* par contrariété avec des dispositions postérieures.
26 ventose...	Loi relative à l'exportation des grains... Art. 1, *modifié* par le réglement du 2 juillet 1806, — art 2, n. 455, — art. 3, n. 460, — art. 4, n. 458, — art. 5, n. 459, — art. 6, n. 455.
27.........	AD. qui restreint le transit de Hollande en Espagne.... Il est entièrement *abrogé.*
22 germinal..	Loi relative aux droits d'entrée sur les tabacs venant de l'étranger, en trois articles... abrogés. *Voir* au tarif.
23.........	Loi relative à l'organisation des douanes... N. 13 et sous le n. 27.
26.........	Loi relative aux pensions de retraite... *Sans objet.*
2 floréal.....	Loi relative aux pensions de retraite à accorder aux employés des douanes... Art. 1, n. 200 et 202, — art. 2, n. 203, — art. 3, n. 207, — art. 4, n. 208, — art. 5, n. 209, — art. 6, n. 213, — art. 7, n. 206.
5.........	Loi concernant la vente des sucres raffinés actuellement en entrepôt.... *A reçu son exécution.*
17.........	AD. qui accorde à Bayonne un entrepôt pour les peaux d'agneau et de chevreau en vert.... N. 1005.
5 prairial....	AD. concernant les acquits-à-caution par emprunt de territoire étranger.... Art. 1 et 2, n. 820 et 821.

an 5.	
5 prairial....	AD. qui prescrit des mesures pour les prises... *Abrogé;* voir pour nouvelles dispositions l'AC. 2 prairial an 11.
3 messidor...	AD. portant confirmation des entrepôts existans à Bruges, Gand, Louvain et Bruxelles, avec faculté d'y arriver sans rompre charge... *Abrogé.*
22 thermidor.	Loi qui autorise l'exportation du maïs, des haricots et des féveroles... *Abrogée* par la loi du 3 complémentaire an 5.
27.........	AD. concernant la remise des manifestes du chargement des navires neutres.... Sous le n. 294.
2 fructidor...	Loi relative à l'exportation pendant un an des bois de service en Hollande, par la rivière de Sarre... *A reçu son exécution.*
9.........	AD. concernant le partage du produit des confiscations et amendes... Art. 1, n. 180, — art. 2, sous le n. 181, — art. 3 et 4, *régularisés* par AC. du 16 frimaire an 11, — art. 5 et 6, sous le n. 181, — art. 7, *régularisé* par AC. 16 frimaire an 11, — art. 10 à 14, sous le n. 181, — art. 15, n. 179, — art. 16 et 17, *régularisés* par les dispositions nouvelles, — art. 19 à 21, sous le n. 183, — art. 22 à 26, n. 191 à 195.
13.........	Loi relative aux poudres et salpêtres... Art. 20, sous le n. 576, — art. 21, n. 572, — art. 22, n. 579, — art. 23, n. 580, — art. 30, n. 575, — art. 31, n. 573, — art. 32, n. 574, — art 37, sous le n. 580.
3 complém...	Loi qui abroge celle du 22 thermidor an 5... *Voir* pour nouvelles dispositions le réglement du 2 juillet 1806.

an 6.	
9 vendém....	Loi relative aux finances.... Art. 36, *voir* sous le n. 426.
19.........	Loi relative à la police des douanes pour les communes de Carrouge et de Thonon... *Ces mesures ont été étendues à presque toutes les frontières de terre, voir* AC. 22 thermidor an 10.
....	Loi qui prescrit les formalités pour la circulation des marchandises et denrées dans le rayon des douanes... Art. 1, portant abrogation, *a reçu son exécution;* art. 2 et 3, n. 389 et 390, — art. 4, sous le n. 385.
19 brumaire..	Loi relative au titre et aux droits de garantie des matières d'or et d'argent... Titre II, art. 21, n. 561, — art. 23, n. 565, — art. 25 et 26, n. 567, — art. 27, n. 568.
11 frimaire...	AD. qui établit un receveur général de la caisse des retraites de douanes.... Art. 1, n. 204, — art. 2, n. 212, — art. 3, n. 205.
29.........	AD. relatif au placement des bureaux de douanes dans les communes frontières... *A reçu son exécution.*

an 6.	
2 nivose.....	AD. relatif au transport des lettres et journaux... *Voir* sous le n. 476.
8...........	AD. contenant des mesures pour réprimer les désordres occasionnés par la contrebande....... Art. 1, n. 228, — art. 2, n. 232, — art. 3 à 5, ne regardoient pas les douaniers.
29..........	Loi relative aux navires chargés de marchandises angloises...... *Voir* pour nouvelles mesures les décrets sur le blocus.
3 pluviose...	AD. qui détermine le mode de perception du timbre des cartes à jouer.... *Voir* sous le n. 426.
17..........	AD. concernant la perception des droits de douanes au port de Flessingue.... *A reçu son exécution.*
9 ventose....	AD. concernant les visites des préposés dans l'intérieur, pour la recherche des marchandises angloises..... Sous le n. 119.
16..........	AD. portant levée provisoire de l'embargo mis sur les bâtimens armés en course... *A reçu son exécution.*
27..........	Ratification d'un traité de commerce avec la république Cisalpine....... *Abrogée* par le traité du 20 juin 1808.
15 germinal..	Loi relative à la contrainte par corps... *Voir* sous le n. 7.
24..........	Loi qui autorise la sortie des chanvres peignés dans les départemens du Haut et Bas-Rhin... *Abrogée*, voir au tarif.
19 floréal....	AD. concernant les cartes à jouer...... *Voir* sous le n. 426.
28..........	Loi sur la réunion de la république de Genève... *A reçu son exécution.*
9 prairial....	AD. concernant l'entrepôt des marchandises étrangères arrivées par le Rhin... *Abrogée*, voir, pour nouvelles dispositions, entrepôt de Mayence et de Cologne, à la loi du 1 pluviose an 13.
....	AD. concernant la translation des bureaux et brigades sur les nouvelles frontières... *A reçu son exécution.*
15..........	AD. relatif à l'établissement des bureaux de garantie pour les matières d'or et d'argent... *En voir* la nouvelle nomenclature sous le n. 565.
25..........	AD. qui déclare que les bâtimens chargés de marchandises angloises sujettes à réexportation ne pourront être arrêtés par les corsaires.
1 messidor...	AD. relatif aux ouvrages d'or et d'argent qui sont dispensés de l'essai... Art. 1 et 2, n. 562.
8...........	AD. concernant la récusation des juges... *Voir* le Code de procédure civile.
25..........	AD. concernant la police des lieux placés entre les bureaux des douanes et la frontière... Art. 1 et 2, n. 374 et 375.
10 thermidor	Arrêté du commissaire du gouvernement sur la police des marchandises naviguant sur le Rhin... Art. 1 et 2, n. 392 et 393. — Second arrêté du même commissaire..... Art. 1 à 4, n. 394, — art. 5, n. 841.

an 6.	
19 thermidor.	AD. qui détermine les bureaux pour le transit de Suisse par le Mont-Terrible... Art. 1 à 3, n. 847 à 849.
5 fructidor...	AD. contenant des modifications dans l'exécution du régime des douanes établies sur le Rhin... Art. 1, *a reçu son exécution*, — art. 2, sous le n. 394, — art. 3 et 4, *abrogés*, — art. 5 et 6, *au tarif*.
....	AD. qui ordonne l'exécution en Corse de l'acte de navigation... *Reçoit son exécution.*
7...........	AD. concernant le transport des lettres et journaux... *Voir* sous les n. 476 et 482.
19..........	AD. concernant le transit de Suisse en Italie... *Abrogé.*
25..........	AD. qui ajoute le bureau de Perle à ceux ouverts au transit... n. 848.
an 7.	
13 vendém...	AD. qui détermine la manière dont les formalités prescrites pour la navigation seront remplies dans les ports des îles conquises... Sous le n. 1182.
25..........	AD. qui prohibe la sortie des pierres à feu... *Voir* au tarif et sous le n. 570.
1 brumaire...	AD. concernant les bestiaux envoyés dans les pacages de l'extrême frontière... n. 376.
....	Loi sur les patentes... Art. 30 et 37, sous le n. 1047.
15..........	AD. additionnel à celui du 25 prairial an 6.
22..........	Loi portant établissement d'une taxe sur le tabac... *Voir le décret du 29 décembre 1810.*
25..........	AD. concernant la sortie des bois pour la Hollande... *Voir* au tarif.
5 frimaire....	AD. qui désigne les lieux par lesquels sortiront les ouvrages d'or et d'argent... Sous le n. 568.
2 nivose.....	Loi relative à l'exportation du poisson... *Voir* au tarif.
11..........	AD. qui détermine les bureaux pour la sortie des tabacs fabriqués... *Voir* le décret du 29 décembre 1810.
1 pluviose...	AD. concernant l'exécution des réglemens des douanes sur le territoire qui borde l'Escaut.... *A reçu son exécution.*
23..........	AD. qui ajoute le port de Boulogne à ceux désignés pour la sortie des ouvrages d'or et d'argent.... Sous le n. 568.
27..........	AD. qui désigne les bureaux de garantie où devront être marqués les ouvrages d'or et d'argent... *En voir* la nouvelle nomenclature sous le n. 565.
26 ventose...	AD. contenant des modifications provisoires à celui du 25 brumaire an 7... *A reçu son exécution.*
9 floréal.....	Loi sur les importations, les exporta-

an 7.	
	tions, le transit et la législation des douanes.
	Titres I à III. — Ils sont ou abrogés ou repris au tarif.
	Titre IV. — Art. 1, n. 1047, — art. 2, n. 1048, — art. 3, n. 1049, — art. 4, n. 1054, — art. 5, n. 1050, — art. 6, n. 1051, — art. 7, n. 1055, — art. 8, n. 1056, — art. 9, n. 1052, — art. 10, n. 1053, — art. 11, n. 1057, — art. 12, n. 1075, — art. 13, p. 417, au préambule de l'arrêt du 5 mars 1812, — art. 14, *abrogé*, — art. 15, n. 1119, — art. 16, §. 1, n. 1074; §. 2, n. 1093, — art. 17, *abrogé*, — art. 18, sous le n. 1072.
17 floréal....	Loi qui fixe les règles de comptabilité conformément au nouveau système des poids et mesures.
6 prairial....	Loi portant établissement d'une subvention extraordinaire de guerre.... Art. 1 et 2, n. 343... Les autres articles ne regardent pas les douanes.
9...........	Loi additionnelle à celle du 22 brumaire an 7 sur le tabac... *Voir* le décret du 29 décembre 1810.
11	Loi relative au jugement des prévenus de contravention à celle du 10 brumaire an 5.... Art. 5, n. 1108, — art. 6, sous le n. 1111.
17..........	AD. concernant les dépôts de grains et farines près des frontières.... Art. 1 et 2, n. 465 et 466, — art. 3 à 5, sous le n. 456, — art. 6, n. 457, — art. 7, n. 461, — art. 8 et 9, sous le n. 456.
....	AD. qui dispense les préposés des douanes du service de la garde nationale... Sous le n. 166.
18 messidor..	AD. sur l'emploi du produit des vacances au-dessus de quinze jours... Sous le n. 203.
1 thermidor..	Loi portant réduction de traitement... *Abrogée* par la loi du 25 brumaire an 8.
17..........	AD. qui prescrit des mesures pour le sauvetage.... *Voir*, pour nouvelles mesures, sous le n. 169.
17 fructidor..	Loi relative aux contributions, qui proroge celle du 6 prairial an 7.
an 8.	
13 vendém...	AD. qui établit des bureaux de garantie à Trèves, Coblentz, Mayence, et Spire... *Voir* la nouvelle nomenclature de ces bureaux sous le n. 565.
26..........	AD. contenant l'application du calcul par franc à la comptabilité publique... Art. 2, sous le n. 142.
19 brumaire ..	Loi qui prohibe l'exportation des pierres à feu... N. 569.
22 frimaire ..	Acte constitutionnel.... Art. 65 et 66, sous le n. 119, — art. 75, sous le n. 164.
23..........	Loi qui abroge l'art. 1 de celle du 29 nivose an 6 relative à la course maritime... *A reçu son exécution.*

an 8.	
25 frimaire ..	Loi qui abroge celle du 1 thermidor an 7... *A reçu son exécution.*
29..........	AC. qui remet en vigueur le réglement du 26 juillet 1778 concernant la navigation des bâtimens neutres...... *Abrogée.*
15 nivose....	AC. sur la disposition des fonds des caisses publiques... Art. 9, n. 161.
25 pluviose ..	AC. relatif à l'uniforme des préposés des douanes.... *Régularisé* par AC. 7 frimaire an 10; *voir* sous le n. 112.
27..........	AC. pour l'importation des salpêtres par certains ports.... Art. 11 et 12, sous le n. 579.
7 ventose....	Loi sur les cautionnemens.... Art. 1, n. 94, — art. 2 à 4, *ont reçu leur exécution*, — art. 5, n. 101, — art. 6, *a reçu son exécution*, — art. 7, n. 104, — art. 8, sous le n. 95. — Etat, n. 95.
18..........	AC. sur le mode et le délai pour le versement des cautionnemens... Art. 1, *a reçu son exécution*, — art. 2, n. 96, — art. 3, *ne regarde pas les douanes*, — art. 4 et 5, n. 97 et 98, — art. 6 à 10, *ne regardent pas les douanes.*
19..........	AC. sur le cabotage des grains... Art. 1 et 2, n. 469 et 470, — art. 3, *abrogé*, — art. 4 et 5, n. 472 et 473.
25..........	AC. pour l'établissement de bureaux de visite et de plombage dans l'intérieur. — Six articles, n. 219 à 224.
27..........	Loi sur l'organisation des tribunaux... Art. 58, 60, 63 et 80, sous le n. 1119.
6 germinal...	AC. portant création d'un conseil des prises... Sous le n. 528.
24..........	AC. sur le mode de paiement de l'universabilité des cautionnemens... Art. 7, n. 102, — art. 8, n. 103.
28..........	AC. relatif à l'exportation des grains... Art. 1, n. 463, — art. 2, n. 464, — art. 3, n. 467, — art. 4, n. 468, — art. 5, n. 456, — art. 6, sous le n. 456.
30 floréal....	AC. qui excepte les subsistances de la marine des formalités prescrites par l'arrêté du 19 ventose an 8.... *Voir* sous le n. 473.
4 prairial....	Réglement relatif à la cour de cassation... Art. 16, sous le n. 1119.
27 messidor..	AC. qui révoque les permissions accordées pour l'importation des marchandises venant directement d'Angleterre... *A reçu son exécution.*
14 thermidor.	AC. relatif à la perception du droit de transit sur le Rhin... Sous le n. 841.
16..........	AC. qui détermine les cas où les tabacs en feuilles importés par bâtimens français sont admis à la réduction des droits... *Voir* le décret du 29 décembre 1810.
18 fructidor..	AC. sur la disposition des fonds des caisses publiques..... *Voir* sous le n. 161.
an 9.	
13 brumaire .	AC. qui substitue le bureau de la Ci-

an 9.	
	bourg à celui de Renans pour le transit de l'Helvétie... Sous le n. 848.
13 brumaire..	AC. relatif au mode d'exécution du système décimal des poids et mesures... *Voir* sous le n. 317 et 1221.
4 frimaire....	AC. qui exige un cautionnement de la valeur totale des chargemens de grains transportés par cabotage.... Art. 2, n. 471.
5...........	AC. qui suspend toute exportation à l'étranger des beurres et chairs salés... *Voir* au tarif.
9...........	AC. qui prohibe la sortie du houblon... *Voir* au tarif.
18 pluviose..	Loi relative à l'établissement des tribunaux spéciaux... *Ne concerne plus les douanes depuis le décret du* 18 *octobre* 1810.
8 ventose....	DM. relative aux crédits des droits de douanes... N. 348.
21...........	Loi qui détermine la portion saisissable sur le traitement des employés...... N. 165.
13 germinal..	AC. qui lève la suspension de la sortie des beurres... *Voir* au tarif.
17 floréal....	AC. relatif au sauvetage des bâtimens naufragés..... Art. 1 et 2, sous le n. 543, — art. 5 et 7, sous le n. 547.
27 prairial...	AC. relatif au transport des lettres et journaux... Art. 1 à 3, n. 476 à 478, — art. 4, *ne regarde pas les douaniers*, — art. 5 à 9, n. 479 à 482.
19 messidor..	AC. qui établit des bureaux de garantie à Aix-la-Chapelle et à Cologne..... *En voir* la nouvelle nomenclature, sous le n. 565.
23...........	AC. contenant organisation de la caisse d'amortissement...... *Voir* sous le n. 103.
8 thermidor..	Avis du conseil d'état sur la saisie des pensions de retraite.... Sous le n. 212.
13...........	AC. qui prohibe les chevaux anglois.... *Voir* au tarif.
3 fructidor...	AC. qui ordonne de confisquer comme marchandises angloises les basins, piqués, mousselinettes, toiles, draps et velours de coton qui ne porteront pas la marque du fabricant et l'estampille nationale... N. 259.
24...........	AC. relatif aux déclarations et soumissions à fournir dans les douanes.... N. 317.
26...........	AC. relatif à la circulation des grains... Art. 1 et 2, n. 462.
29...........	AC. portant nouvelle organisation de l'administration des douanes... Art. 1, n. 11, — art. 2, n. 18, — art. 3, n. 20, — art. 4, n. 21, — art. 5, n. 19, — art. 6, n. 15.
an 10.	
9 vendém....	AC. portant établissement au Boulon et à Port-Vendre de bureaux de sortie d'ouvrages d'or et d'argent... Sous le n. 568.
13 brumaire..	AC. qui fixe le mode de paiement et de vérification des dépenses.... *Ce qui étoit applicable à la comptabilité des douanes a été changé depuis.*
7 frimaire...	AC. qui assigne un magasin pour l'entrepôt des tabacs à Bordeaux... *Voir* le décret du 29 décembre 1810.
....	AC. qui détermine l'uniforme des employés des douanes... N. 16.
21...........	AC. sur des bâtimens anglois chargés de matières premières... *Abrogé* par les décrets sur le blocus.
23...........	AC. qui prolonge le délai d'entrepôt des marchandises étrangères non prohibées arrivant par le Rhin à Mayence, Cologne et Coblentz..... *A reçu son exécution.*
25...........	AC. relatif aux bâtimens admis à faire le commerce au Sénégal.... *A reçu son exécution.*
5 nivose.....	Loi qui autorise l'achat d'une maison à Lauron pour la douane... *A reçu son exécution.*
6...........	Loi qui détermine que la perception des droits sur les fabrications du pays de Berg se fera conformément au tarif.... *Voir* sous le n. 258... *On a imprimé par erreur* 6 *juillet au lieu de* 6 *nivose.*
9...........	AC. relatif à la prime accordée pour la pêche de la baleine et du cachalot... *A reçu son exécution.*
8 pluviose...	AC. qui défend provisoirement la sortie par mer des veaux, des cochons, des viandes fraîches, des beurres et des œufs... *Voir* au tarif.
17 ventose...	AC. relatif aux primes accordées pour la pêche de la morue... *A reçu son exécution.*
7 germinal...	AC. relatif au commerce françois du Sénégal... *A reçu son exécution.*
....	AC. qui autorise l'exportation d'Avignon de vingt mille feuilles de cuivre à doublage... *A reçu son exécution.*
19...........	AC. relatif aux lettres arrivant par des vaisseaux.... Art. 1, n. 485, — art 2 à 6, *sans objet* pour les douanes, — art. 7 et 8, n. 483 et 484, — art. 9, *sans objet* pour les douanes, — art. 10, n. 486, — art. 11 à 13, *sans objet* pour les douanes.
8 floréal.....	AC. relatif à l'admission en entrepôt des marchandises destinées pour le commerce du Sénégal... *A reçu son exécution.*
....	AC. relatif au vol des caisses publiques... N. 162.
14...........	Loi sur les finances... Art. 6, n. 1222, — art. 7, n. 1223, — art. 8, *abrogé.* — *Les autres articles de cette loi ne concernent pas les douanes.*
17...........	Loi portant établissement d'une nouvelle compagnie d'Afrique... *N'a pas reçu d'exécution.*
29...........	Loi sur le tabac..... *Voir le décret du* 29 *décembre* 1810.

an 10.

29 floréal.... Loi qui autorise le gouvernement à changer le régime des douanes... Art. 1, n. 4, — art. 2, *abrogé*.

6 prairial.... AC. relatif à l'exportation des pierres à feu... n. 570.

.... AC. relatif à l'exécution des lois de douanes dans les départemens du Golo et du Liamone... *Abrogé* par cela qu'il n'y a plus de douanes en Corse.

11.......... AC. qui permet l'entrée du charbon de terre... *Voir* au tarif.

17.......... AC. relatif à l'exportation des matières d'or ou d'argent monnoyées ou non, vases, vaisselles etc... n. 566.

.... AC. additionnel à celui du 17 ventose sur la pêche de la morue.... *A reçu son exécution.*

.... AC. interprétatif de celui du 9 nivose sur la pêche de la baleine.... *A reçu son exécution.*

20.......... AC. relatif à l'entrepôt des marchandises importées par le pont du Rhin.... *Sanctionné* par les art. 40 à 43 de la loi du 8 floréal an 11.

27.......... AC. relatif à la délivrance des poudres de guerre pour les bâtimens de commerce... n. 576 à 578.

.... AC. relatif aux recettes... Art. 4, n. 163. — Les autres articles sont ou *abrogés* ou *renouvellés* par le DI. du 4 janvier 1808.

4 messidor... AC. relatif au commerce des îles de la Martinique, de la Guadeloupe, de Sainte-Lucie et de Tabago... *Exécution suspendue.*

6.......... AC. relatif à la perception des droits sur les armes de guerre... *Sanctionné* par la loi du 8 floréal an 11, *voir* au tarif.

.... AC. portant établissement d'un entrepôt à Marseille... *Sanctionné* par les art. 28 à 35 de la loi du 8 floréal an 11.

23.......... Arrêté du directeur général qui attribue aux contrôleurs aux visites les fonctions de sous-inspecteurs... n. 35.

2 thermidor.. AC. qui comprend la ville d'Anvers au nombre des ports pour l'introduction des tabacs en feuilles... *Voir le décret du 29 décembre 1810.*

.... AC. relatif à la réduction des droits pour cause d'avaries... *Sanctionné* par les articles 79 à 82 de la loi du 8 floréal an 11.

.... AC. relatif aux droits sur les poissons de mer venant de l'étranger... *Voir* au tarif.

.... AC. relatif aux douanes de l'île de Noirmoutiers... *A reçu son exécution.*

3.......... AC. relatif à la perception des droits de douanes sur les denrées coloniales... *Sanctionné* par les art. 9, 12, 13, 14, 16, 17, 18, 19, 20, 21 et 22 de la loi du 8 floréal an 11.

7.......... AC. relatif à la construction de navires marchands pour le compte espagnol... *Voir* au tarif.

an 10.

9 thermidor.. AC. additionnel à celui du 7 frimaire sur l'entrepôt des tabacs à Bordeaux... *Voir le décret du 29 décembre 1810.*

11.......... AC. contenant désignation des villes où il y aura un entrepôt réel de marchandises et denrées coloniales étrangères... *Sanctionné* par les art. 23 à 25 de la loi du 8 floréal an 11.

22.......... AC. relatif à l'inscription des marchandises dans les communes frontières... Art. 1 à 4, n. 377 à 380, — art. 5, n. 384, — art. 6 à 8, n. 381 à 383, — art. 9, n. 385.

23.......... AC. relatif aux entrepôts de Cologne et de Mayence... *Régularisé* par la loi du premier pluviose an 13.

25.......... AC. sur les hommes attachés aux embarcations des douanes... Art. 1 et 2, n. 82.

30.......... AC. qui ordonne la publication de celui du 17 prairial dans les quatre départemens de la rive gauche du Rhin relatif à l'exportation des matières d'or et d'argent... *A reçu son exécution.*

7 fructidor... AC. qui prescrit des formalités relatives à l'entrepôt des denrées coloniales... *Sanctionné* par l'art. 15 de la loi du 8 floréal an 11.

14.......... AC. relatif aux droits d'importation et d'exportation sur diverses marchandises... *Voir* au tarif.

.... AC. qui autorise les transactions en matière de douanes.... Art. 1, sous le n. 1170, — art. 2, n. 1171.

30.......... AC. qui supprime les bureaux de douanes établis entre la France et le ci-devant Piémont.... *A reçu son exécution.*

an 11.

10 vendém... AC. concernant l'entrepôt accordé à la ville de Cologne... *Régularisé* par la loi du premier pluviose an 13.

20.......... AC. concernant les droits à la sortie des vins de Corse... *Abrogé*, voir au tarif.

.... AC. qui fixe le droit de sortie des navires marchands construits pour compte espagnol... *Voir* au tarif.

.... AC. sur le mode de perception des droits sur les denrées coloniales.... *Sanctionné* par les art. 10 et 11 de la loi du 8 floréal an 11.

.... AC. qui fixe le droit d'entrée sur les armes blanches étrangères... *Voir* au tarif.

.... AC. portant modération des droits d'entrée sur les cotons en laine du Levant... *Abrogé*, voir au tarif.

.... AC. qui autorise les armateurs de Dunkerque, pour la pêche de la morue, à faire entrer des sels d'Espagne et de Portugal... *A reçu son exécution.*

26.......... AC. concernant les droits à la sortie des cuirs fabriqués... *Voir* au tarif.

29.......... AC. concernant l'envoi en transit, pen-

an II.	
	dant leur année d'entrepôt, des sucres, cafés, cacao des colonies françoises, et des poivres... *Abrogé.*
5 brumaire...	AC. sur l'établissement des douanes dans la 27e. division militaire... *A été mis à exécution.*
....	AC. qui fixe le droit de sortie et d'entrée des cuivres laminés... *Voir* au tarif.
12..........	AC. qui prohibe la sortie des terres des monnoies... *Voir* au tarif.
18..........	AC. qui permet la sortie des chèvres pour l'Espagne... *Voir* au tarif.
....	AC qui fixe les droits d'entrée sur la cassia-lignea... *Voir* au tarif.
5 frimaire...	AC. relatif à la déduction des droits extraordinaires de sortie payés à Saint-Domingue sur les denrées coloniales exportées par bâtimens françois... *A reçu son exécution.*
....	AC. qui étend à la distance de deux myriamètres des frontières l'exécution des réglemens de douanes... *Sanctionné* par les art. 83 à 85 de la loi du 8 floréal an 11.
10..........	AC. qui autorise l'entrepôt réel des genièvres, rhums et tafias dans le port de Cherbourg... *Sanctionné* par les art. 46 à 48 de la loi du 8 floréal an 11.
....	AC. qui autorise les smoglerrs anglois, au-dessous de cent tonneaux, de charger des eaux-de-vie de genièvre à Cherbourg... *Abrogé* par les nouvelles mesures.
16..........	AC. sur le mode de répartition du produit des saisies... Art. 1 à 6, *voir* sous le n. 182, — art. 7 à 13, sous le n. 182, — art. 14, sous le n. 1154. Réglement 1, n. 181, — réglement 2, n. 182, — réglement 3, n. 183.
24..........	AC. portant un droit sur les toiles de coton... *Abrogé*, voir au tarif.
27..........	AC. relatif au cabotage des marchandises... *Sanctionné* par les art. 74 à 76 de la loi du 8 floréal an 11.
....	AC. qui désigne les communes où seront placés les nouveaux bureaux de seconde ligne...... *A reçu son exécution.*
9 nivose.....	AC. relatif aux détachemens à fournir par les troupes de la 27e division militaire pour la répression de la contrebande... *Voir* sous le n. 182.
....	AC. sur les droits de la vanille... *Voir* au tarif.
1 pluviose ...	AC. qui fixe les droits de sortie des huiles de poisson... *Voir* au tarif.
....	AC. qui fixe le droit de sortie des pains ou tourteaux de navette, oliette, etc... *Voir* au tarif.
3..........	AC. relatif aux entrepôts de Rouen et du Hâvre... *Sanctionné* par les art. 36 et 37 de la loi du 8 floréal an 11.
4..........	AC. additionnel à celui du 20 prairial an 10 sur l'entrepôt de Strasbourg.... *Sanctionné* par les art. 55 à 58 de la

an II.	
	loi du 8 floréal an 11, et *régularisé* par DI. 9 vendémiaire an 13.
4 pluviose ...	AC. relatif au droit de sortie des beurres pour les départements maritimes.... *Voir* au tarif.
....	AC. relatif au droit d'entrée sur le sel ammoniac... *Voir* au tarif.
....	AC. relatif aux droits d'entrée sur les cornes plates ou en feuillets transparens... *Voir* au tarif.
11..........	AC. relatif au droit de sortie des étoupes de chanvre par les départemens qui bordent le Rhin... *Abrogé*, voir au tarif.
....	AC. relatif aux droits d'entrée sur les tabacs à la sortie de l'entrepôt... *Sanctionné* par l'art. 51 de la loi du 8 floréal an 11.
13..........	AC. qui accorde une prime pour la pêche du hareng... *A reçu son exécution.*
18..........	AC. portant établissement de bureaux de garantie dans les six départemens de la 27e division militaire... *En voir* la nouvelle nomenclature sous le n. 565. — *Voir* aussi sous le n. 568.
....	AC. relatif à l'exportation des soies de la 27e. division militaire... *Abrogé*, voir au tarif.
....	AC. qui met Belle-Isle en mer sous le régime des douanes... *Abrogé* par l'article 72 de la loi du 8 floréal an 11.
21..........	AC. qui ordonne l'établissement d'un bureau de douanes à Lyon... *A reçu son exécution.*
....	AC. qui institue quatre inspecteurs généraux des douanes... N. 26.
28..........	AC. qui fixe le droit d'entrée sur les savons... *Voir* au tarif.
....	AC. relatif aux maisons et emplacemens loués pour les établissemens de douanes... N. 218.
....	AC. qui autorise l'entrepôt des denrées coloniales françoises dans le port de Granville... *Sanctionné* par l'art. 12 de la loi du 8 floréal an 11.
14 ventose...	AC. relatif à la navigation dite du petit cabotage... Sous le n. 1180.
....	AC. portant établissement d'un entrepôt à Bruges et à Ostende... *Sanctionné* par les art. 38 et 39 de la loi du 8 floréal an 11.
....	AC. contenant une nouvelle fixation du droit d'entrée sur le stockfisch.... *Voir* au tarif.
17..........	AC. qui prohibe l'importation des sucres raffinés... *Voir* au tarif.
19..........	AC. qui fixe les droits de sortie sur les soies... *Voir* au tarif.
21..........	Loi relative au déplacement des fabriques et manufactures qui auroient favorisé la contrebande... N. 247.
....	AC. qui prohibe l'exportation du numéraire... N. 552.
23..........	AC. qui prohibe l'exportation de toutes

an II.	
	espèces de matières d'or et d'argent... N. 555.
5 germinal...	AC. qui prohibe la sortie des soies teintes et fleurets teints... *Voir* au tarif.
9...........	AC. relatif aux permissions pour l'exportation des piastres... N. 553 et 554.
8 floréal.....	Loi relative aux douanes.
	TITRE I. — Des Importations... *Voir* au tarif.
	TITRE II. — Des Exportations... *Voir* au tarif.
	TITRE III. — Des Marchandises prohibées... *Voir* au tarif.
	TITRE IV. — *Sect.* I, — art. 9, *a reçu son exécution*, — art. 10, n. 336, — art. 11, n. 337, — art. 12, n. 880, — art. 13, *a reçu son exécution*, — art. 14, n. 881, — art. 15, n. 882, — art. 16, *a reçu son exécution*, — art. 17, n. 1017, — art. 18, sous le n. 587... *Sect.* II, — art. 19 à 22, n. 582 à 585... *Sect.* III, — art. 23, §. 1, n. 875, §. 2, n. 877, — art. 24, n. 876, — art. 25, n. 878, — art. 26, n. 879, — art. 27, §. 1, n. 883, §. 2, n. 604... *Sect.* IV, — art. 28 à 35, n. 930 à 937... *Sect.* V, — art. 36 et 37, n. 968 et 969... *Sect.* VI, — art. 38 et 39, n. 955 et 956... *Sect.* VII, — art. 40 à 43, n. 971 à 974... *Section* VIII, — art. 44, n. 875, — art. 45, *régularisé*... *Sect.* IX, — art. 46, à 48, n. 884 et 885.
	TITRE V. — Art. 49 à 51, *sans objet*, voir le décret du 29 décembre 1810.
	TITRE VI. — *Sect.* I, — art. 52 à 54, *abrogés*... *Sect.* II, — art. 55 à 58, n. 842 à 845... *Sect.* III, — art. 59 à 63, *abrogés*.
	TITRE VII. — Art. 64, *abrogé*. — art. 65 à 70, n. 741 à 746, — art. 71 et 72, sous le n. 741, — art. 73, n. 751.
	TITRE VIII. — *Sect.* I, art. 74 et 75, n. 823 et 824, — art. 76, n. 835... *Sect.* II, — art. 77 et 78, n. 871 et 872... *Sect.* III, — art. 79 à 82, n. 344 à 347.... *Sect.* IV, — art. 83, n. 1162... *Sect.* V, — art. 84, n. 236, — art. 85, n. 365.
10...........	AC. qui accorde diverses exemptions aux salpêtres venant de l'étranger pour l'administration des poudres... *Voir* sous le n. 579.
12...........	Loi portant établissement d'une taxe sur les navires admis à entrer et à séjourner dans les bassins du Hâvre, Ostende et Bruges... Art. 1 à 4, n. 1232 à 1234
13...........	Loi portant établissement d'une taxe sur les vins et eaux-de-vie dans le port de Cette... Art. 1, n. 1227, — art. 2, n. 1230.
....	Loi relative au jugement des contrebandiers... Art. 1, sous le n. 1154, au premier art. de jurisprudence, —

an II.	
	art. 2, n. 1153, — art. 3, n. 1154, — art. 4, n. 1155, — art. 5, n. 1156, — art. 6, §. 1, n. 1164, § 2. *abrogé*, — art. 7 et 8, *abrogés*.
.. prairial...	AC. relatif aux poudres et salpêtres...
2...........	AC. sur les armemens en course et sur les prises... Art. 59 à 87, n. 510 à 538.
4...........	AC. sur le transit des piastres... N. 559 et 560.
13...........	AC. sur la neutralisation des bâtimens... Art. 1, n. 1206, — art. 2, n. 1208, — art. 3, sous le n. 1206, — art. 4 à 10, n. 1209 à 1215, — art. 11, n. 1207.
1 messidor...	AC. relatif aux certificats d'origine... *Sanctionné* par les art. 14, 15 et 16 de la loi du 22 ventose an 12.
8...........	AC. qui admet dans la consommation les genièvres entreposés à Dunkerque et à Boulogne... *A reçu son exécution*, voir sous le n. 1000.
16...........	AC. qui fixe le droit de sortie sur les raisins exportés par la 27ᵉ division militaire... *Voir* au tarif.
24...........	AC. relatif aux droits d'entrée sur les poivres... *Voir* au tarif.
....	AC. qui admet, dans la consommation, les genièvres entreposés à Ostende... *A reçu son exécution*, voir sous le n. 1000.
....	AC. qui admet, dans la consommation, les sels d'Espagne et de Portugal entreposés à Ostende... *A reçu son exécution*.
26...........	AC. qui prohibe l'exportation des chanvres... *Voir* au tarif.
....	AC. qui ouvre le port de Gand au commerce des Colonies... *Sanctionné* par le second paragraphe de l'art. 22 de la loi du 22 ventose an 12.
1 thermidor..	AC. portant qu'il ne sera reçu dans les ports de France aucun bâtiment expédié d'Angleterre... *Sanctionné* par l'art. 14 de la loi du 22 ventose an 12.
2...........	AC. qui prohibe l'exportation des cuirs tannés non corroyés... *Voir* au tarif.
....	AC. qui prohibe toute exportation de bois... *Voir* au tarif.
3...........	AC. qui fixe les droits de sortie de la gaude... *Voir* au tarif.
7...........	AC. qui défend de recevoir des marchandises prohibées dans les entrepôts de Mayence et de Cologne... *Sanctionné* par l'art. 23 de la loi du 22 ventose an 12, et *régularisé* par la loi du 1 pluviose an 13.
14...........	AC. concernant l'importation des fils d'acier pour la fabrication des aiguilles dans le département de la Roer... *Voir* au tarif.
25...........	AC. qui augmente la retenue sur le traitement des employés de douanes... Art. 1, n. 201, — art. 2, n. 210, — art. 3, n. 211.

an 11.	
29 thermidor.	AC. relatif à la mise en jugement des préposés de douanes... N. 164.
....	AC. qui autorise une transaction sur des indemnités adjugées aux préposés de douanes... *A reçu son exécution.*
....	AC. qui accorde aux raffineurs de sucre un crédit de quatre mois pour le paiement des droits de consommation... *Sanctionné* par l'art. 25 de la loi du 22 ventose an 12.
8 fructidor...	AC. qui admet dans la consommation les genièvres entreposés à Dieppe, Boulogne et Cherbourg... *Voir* sous le n. 1000.
14..........	AC. qui supprime la direction des douanes de Turin.... *A reçu son exécution.*
21..........	AC. qui établit à Baïonne un entrepôt de tabacs en feuilles... *Voir* le décret du 29 décembre 1810.
23..........	AC. qui suspend la sortie des beurres... *Voir* au tarif.
....	AC. qui prohibe l'exportation des brais et goudrons par la Méditerranée..... *Voir* au tarif.
30..........	AC. qui proroge pendant toute la durée de la guerre la prohibition de sortie des chanvres... *Voir* au tarif.
4 complém...	AC. portant réduction de droits d'entrée sur la morue et les autres poissons de mer... *Voir* au tarif.
....	AC. qui prescrit de nouvelles mesures pour réprimer les délits concernant l'introduction des marchandises angloises... Art. 1 à 5, n. 126 à 128, — art. 4, n. 263, — art. 5, n. 264, — art. 6, n. 1060, — art. 7, n. 1130, — art. 8, *a reçu son exécution*, — art. 9 et 10, n. 1076 et 1077, — art. 11, n. 1082, — art. 12, n. 1132, — art 13, n. 228, — art. 14, n. 232, — art. 15, n. 231, — art. 16, n. 233.
an 12.	
4 vendém....	Extrait du traité d'alliance avec la Suisse.... N. 1041 à 1046.
5..........	AC. relatif à l'emploi des traites données en acquit des droits de douanes.... Art. 1 à 2, n. 143 et 144, — art. 3, n. 349.
8..........	AC. qui permet la sortie des cartons fins destinés à presser les draps.... *Voir* au tarif.
6 brumaire...	AC. relatif aux droits d'entrée des cotons en laine et filés, des toiles de coton, etc.... *Abrogé*, voir au tarif.
3 frimaire....	AC. relatif à la perception des droits de sortie sur les pains ou tourteaux de navette, oliette, etc. *Voir* au tarif.
28..........	AC. qui permet l'entrée des toiles de coton par Strasbourg... *Abrogé.*
30..........	AC. qui dispense du timbre les passavans et les acquits-à-caution délivrés pour la circulation des grains.... *Sanctionné* par l'article 24 de la loi du 22 ventose an 12.

an 12.	
5 ventose....	Loi concernant les finances..... Art. 8, sous le n. 426, — art. 76, n. 564, — art. 113, sous le n. 142, — art. 114, n. 690.
7..........	AC. relatif à l'établissement d'avoués près le conseil des prises..... Sous le n. 528.
22..........	Loi relative aux douanes. Titre I. — Art. 1 à 8... *Voir* au tarif, — art. 9, n. 425, — art. 10, *au tarif.* Titre II. — *Voir* au tarif. Titre III. — *Sect.* 1, *voir* au tarif. — *Sect.* 11, art. 14, sous le n. 256 et au n. 581, — art. 15, n. 276, — art. 16 à 18, *abrogés*, *voir* sous le n. 283, — art. 19, *renouvelé* par les lois du blocus, — art. 20, *abrogé.* Titre IV. — *Sect.* 1, art. 21, *abrogé*, — art. 22, §. 1, *voir* le décret du 29 décembre 1810; §. 2, n. 880, — art. 23, *abrogé* par la loi du 1 pluviose an 13. Titre V. — Art. 24, n. 386, — art. 25, n. 586, — art. 26, sous le n. 1158, — art. 27, *abrogé.*
24..........	Loi portant établissement d'un droit de bassin dans le port d'Anvers... Art. 1, n. 1241, — art. 2, *abrogé*, — art. 3 et 4, n. 1243 et 1244, — art. 5, *abrogé*, — art. 6, n. 1245, — art. 7 à 10, n. 1246. — *Tarif*, sous le n. 1245.
28..........	AC. qui attribue au ministre des finances l'exécution des lois de douanes..... *Abrogé.*
15 germinal..	AC. qui fixe le droit d'entrée sur le quercitron... *Voir* au tarif.
15 floréal....	AC. qui permet d'introduire les tabacs en feuilles par le port de Nice.... *Voir* au décret du 29 décembre 1810.
28..........	Sénatus-consulte organique.... Art. 56, n. 92.
11 prairial...	DI. sur les sels provenans de prises.... *Voir* l'art. 2 de la loi du 1 pluviose an 13.
25..........	DI. qui permet l'exportation des grains pour l'Espagne, le Portugal, l'Allemagne et la Hollande... Premier paragraphe de l'art. 2, n. 146. — Le restant est devenu *sans objet* par suite du réglement du 2 juillet 1806.
....	DI. qui interdit l'entrée des cotons filés, toiles de coton, etc. par le port de Gand... *Prohibés à toutes les entrées.*
2 messidor...	DI. sur la marine des douanes.... Art. 1 à 9, n. 83 à 90.
11 thermidor.	DI. qui étend à la vingt-septième division militaire les dispositions de l'AC. 22 thermidor an 10, sur la circulation des marchandises... Sous le n. 377.
25..........	DI. relatif aux monnoies...Sous le n. 142.
....	Avis du conseil d'état relatif aux contraintes pour droits... Sous le n. 356.
30..........	DI. qui fixe les droits d'entrée sur la couperose verte... *Voir* au tarif.
....	DI. relatif au remboursement des droits sur les cartes à jouer et sur la musique gravée... Sous le n. 430.

an 12.	
7 fructidor...	DI. relatif à l'établissement d'entrepôts de feuilles de tabacs dans six villes de l'intérieur... *Voir* au décret du 29 décembre 1810.
....	Avis du conseil d'état relatif à la contrainte par corps pour droits de douanes... Sous le n. 7.
29...........	DI. additionnel à la loi du 24 ventose an 12 relatif aux droits de bassin d'Anvers... *Voir* au tarif de ces droits sous le n. 1245.
....	DI. qui établit un entrepôt réel à Cologne... *Sanctionné* par les art. 31 à 47 de la loi du 1 pluviose an 13.
2 complém...	DI. qui permet la sortie des bois de la Corse pour l'Italie... *A reçu son exécution.*

an 13.	
3 vendém....	DI. qui fixe le droit de sortie des cotons filés et ouates de coton.... Article 7, n. 1014... Les autres au tarif.
....	DI. qui accorde une prime pour la sortie des eaux-de-vie de grains.... Article 8, n. 1016... Pour les autres, *voir* la loi du 20 avril 1810.
7...........	Décision impériale relative à l'arrestation des conscrits réfractaires par les douaniers.... *Voir* le nouveau décret au n. 197.
9...........	DI. qui établit un entrepôt réel à Mayence... *Sanctionné* par les art. 48 à 61 de la loi du 1 pluviose an 13.
....	DI. qui substitue le bureau de Mayence à celui d'Oppenheim, pour le transit par les départemens des Haut et Bas-Rhin et du Mont-Tonnerre..... *Voir* sous le n. 842.
....	DI. qui accorde à la ville de Coblentz un entrepôt de tabacs en feuilles.... *Voir* le décret du 29 décembre 1810.
....	DI qui permet l'entrée des toiles de coton par le bureau de Coblentz... *Prohibées* à toutes les entrées.
....	DI. qui accorde au port de Cherbourg un entrepôt de tabacs en feuilles.... *Voir* le décret du 29 décembre 1810.
....	DI. relatif aux denrées coloniales qui sont tirées de l'entrepôt d'Anvers.... *Sanctionné* par les articles 66 et 67 de la loi du 1 pluviose an 13.
....	DI. qui fixe le droit de sortie des bois de teinture moulus.... *Voir* au tarif.
....	DI. relatif au transit des bois sur le Rhin... *Sanctionné* par les art. 68 à 70 de la loi du 1 pluviose an 13.
....	DI. relatif à l'exportation des armes de luxe, fabriques de Liége... *Sanctionné* par les art. 18 à 21 de la loi du 1 pluviose an 13.
26...........	DI. qui prohibe l'importation des nankins de l'Inde... *Voir* au tarif.
13 brumaire..	DI. qui permet l'exportation des grains pour l'Espagne et le Portugal... *Voir* le réglement du 2 juillet 1806.

an 13.	
9 frimaire....	DI. qui établit un entrepôt de tabac étranger à Toulouse... *Voir le décret du 29 décembre* 1810.
21...........	DI. qui permet la sortie des armes de luxe par Verceil... *Sanctionné* par l'art. 20 de la loi du 1 pluviose an 13.
3 nivose.....	DI. relatif à la marque des tabacs fabriqués... *Voir le décret du* 29 *décembre* 1810.
5...........	DI. qui permet l'exportation du blé froment pour le Hanovre... *Voir* le réglement du 2 juillet 1806.
22...........	DI. relatif à la surveillance des commissaires généraux de police dans la ligne des douanes... Art. 2, n. 243.
25...........	Loi relative au remboursement des cautionnemens... N. 100.
1 pluviose ...	Loi sur les douanes.
	TITRE I. — Art. 1, au tarif, — art. 2, n. 593, — art. 3 et 4, *au tarif*, — art. 5, sous le n. 748, — art. 6, *abrogé*, — art. 7 à 10, n. 424, — art. 11, *voir le décret du* 29 *décembre* 1810.
	TITRE II. — Art. 12 à 17, au tarif, — art. 18 à 21, n. 413, — art. 22 à 25, *sans objet*, *voir sous le* n. 454.
	TITRE III. — Art. 26 et 27, *au tarif*, — art. 28, n. 443.
	TITRE IV. — *Sect.* I, — art. 29 et 30, *voir le décret du* 29 *décembre* 1810... *Sect.* II, — art. 31 à 47, n. 886 à 899... *Sect.* III, — art. 48 à 60, n. 948 à 954... *Sect.* IV, — art. 62 à 64, *voir le décret du* 29 *décembre* 1810, — art. 65, n. 447.
	TITRE V. — Art. 66 à 71, *abrogés* ou *sans objets*.
9...........	DI. contenant fixation du droit pour l'exportation du riz, par la 27ᵉ. division militaire... *Voir* au tarif.
12...........	Loi relative aux poursuites pour l'importation des sels dans la vingt-septième division militaire... N. 698.
17...........	DI. contenant des changemens aux droits d'importation et d'exportation... *Voir* au tarif.
6 ventose....	Loi additionnelle à celle du 25 nivose an 13, relative aux cautionnemens... Sous le n. 100.
7...........	DI. qui fixe les droits de sortie des côtes de feuilles de tabac... *Voir* au tarif.
....	DI. qui réduit le droit de sortie des vins de la vingt-septième division militaire... *Voir* au tarif.
15...........	DI. qui accorde, à la fin de l'an 13, des gratifications aux employés de douanes... *A reçu son exécution.*
25...........	Avis du conseil d'état sur les décisions rendues en matière de contrebande par les conseils de préfecture... *Sans objet par la nouvelle organisation.*
30...........	DI. relatif aux certificats dont doivent être accompagnées les denrées coloniales pour être admises dans les ports de France... N. 282 et 283.

an 13.	
1 germinal...	DI. relatif aux droits réunis... Les articles 5 et 6 qui concernoient les douanes, sont abrogés par les art. 3 et 4 du DI. du 16 juin 1808, *voir* sous le n. 426.
21..........	DI. sur le droit d'entrée du chocolat... *Voir* au tarif.
23..........	DI. qui prohibe l'exportation des soies teintes et plates propres à faire de la tapisserie... *Voir* au tarif.
5 floréal.....	Avis du conseil d'état sur la formalité des procès-verbaux d'officiers municipaux, en cas de responsabilité des communes... Sous le n. 234.
20..........	DI. qui établit à Lyon un dépôt de marchandises étrangères non prohibées... *Sanctionné* par les art. 29 à 41 de la loi du 30 avril 1806.
....	DI. qui accorde une indemnité aux employés de douanes lorsqu'ils assisteront au sauvetage des bâtimens naufragés... Art. 1 à 6, n. 169 à 174.
4 prairial....	DI. concernant les contraventions aux lois sur les cartes... N. 429.
10..........	DI. autorisant l'admission des tabacs en feuilles par le bureau de Mook... *Voir le décret du 29 décembre* 1810.
17..........	DI. sur l'organisation de l'état de Gênes... *A reçu son exécution.*
18..........	DI. concernant les limites entre la France et l'Italie.
15 messidor..	DI. contenant réglement sur les douanes pour les départemens de Gênes, de Montenotte et des Apennins... *A reçu son exécution.*
....	DI. sur les finances dans les nouveaux départemens au-delà des Alpes... *A reçu son exécution.*
16..........	DI. concernant la vérification du papier sur lequel sont écrites les lettres de voiture, connoissemens, etc... Art. 1 à 3, n. 120 et 121, — art. 4, ne regarde pas les douaniers.
2 thermidor..	DI. portant création d'une régie pour l'approvisionnement et la vente du sel et du tabac dans les départemens au-delà des Alpes... Art. 3, n. 725, — art. 4 à 7, n. 691, — art. 8, n. 692, — art. 11, n. 693.
4............	DI. concernant l'exportation des soies provenantes des départemens du Pô, de la Sésia, de la Stura, de la Doire, de Marengo... *Les 9 premiers articles* sanctionnés par les art. 7 à 14 de la loi du 30 avril 1806, — et l'art. 10 *abrogé.*
8 fructidor...	DI. concernant les brigades des douanes employées pour faire la ligne des Alpes... *A reçu son exécution.* — *Voir aussi* sous le n. 694.
....	DI. concernant l'installation des douanes sur les frontières des départemens de Montenotte, Gênes, etc... *A reçu son exécution.*
13..........	DI. concernant la prohibition des cartes fabriquées à l'étranger... *Premier paragraphe de l'art.* 5, n. 426, — art. 9, sous le n. 429.
23 fructidor..	DI. concernant le droit de sortie des charbons de bois des départemens qui avoisinent le Rhin... *Voir* au tarif.
26..........	DI. relatif à la surveillance des commissaires généraux de police dans le rayon des douanes... Art. 13 et 14, n. 239, — art. 20, n. 240.
1 complém...	DI. qui fixe de nouveaux droits d'entrée sur les toiles de coton... *Abrogé*, voir au tarif.
2............	DI. relatif au régime des douanes dans l'île de Capraja.... *Abrogé* par la loi du 7 septembre 1807.

an 14.	
8 vendém....	DI. relatif aux fusils de traite... *Sanctionné* par l'art. 24 de la loi du 30 avril 1806.
10 brumaire..	DI. sur la construction des moulins dans l'étendue du rayon des douanes.... *Sanctionné* par les art. 75 à 77 de la loi du 30 avril 1806.
....	DI. sur le remboursement des droits de timbre pour la musique exportée.... *Voir* sous le n. 430.
22..........	DI. relatif au mode de restitution du droit extraordinaire établi dans les îles sur les denrées coloniales... *A reçu son exécution.*
2 nivose.....	DI. qui interdit l'usage et le port des fusils et pistolets à vent... N 414, et sous le n. 1154.

1806.	
17 février....	DI. relatif à la comptabilité du demi-droit de tonnage... Numéros 150 à 152.
18..........	DI. qui fixe le droit d'entrée du tournesol en pâte... *Voir* au tarif.
22..........	DI. qui prohibe l'importation des mousselines et toiles de coton... N. 257.
25..........	DI. qui fixe le droit d'entrée sur les tabacs en feuilles. *Voir* le décret du 29 décembre 1810.
....	DI. relatif à la police de l'entrepôt ou port franc de Gênes... *Sanctionné* par les art. 56 à 59 de la loi du 30 avril 1806.
....	DI. qui assujettit à l'entrepôt, avant la réexportation, les laines non filées, venues de l'étranger... *Sanctionné* par l'art. 28 de la loi du 30 avril 1806.
28..........	DI. qui fixe le droit à payer sur les tabacs en feuilles arrivant sur bâtimens françois. *Voir* le décret du 29 décembre 1810.
4 mars......	DI. concernant les droits d'entrée des cacao, poivre, sucre et thé... *Voir* au tarif.
12..........	DI. qui ordonne l'exécution de la déclaration du 23 mars 1728, concernant le port d'armes... N. 415.
16..........	DI. relatif au droit à percevoir sur les sels... *Au tarif.*

1806.	
22 mars.....	DI. qui fixe le droit d'entrée du chocolat. *Voir* au tarif.
25..........	Loi relative au droit d'entrée dans les bassins non à flot du Havre, d'Ostende et de Bruges... Art. 1 à 3, n. 1236 à 1238.
26..........	DI. qui fixe le droit d'entrée des crêpes de soie venant d'Italie... *Voir* au tarif.
27..........	DI. qui ordonne l'inventaire des sels et augmente le droit précédemment établi... *A reçu son exécution.*
....	DI. relatif à la vallée d'Andorre... Art. 3, n. 1019.
9 avril......	Décision de S. M. sur la tare des cotons en laine à leur importation... N. 337.
24..........	Loi relative aux finances... Art. 19, n. 99, — art. 48, n. 603, — art. 49, n. 604, — art. 50, sous le n. 694, — art. 51, sous le n. 597, — art. 52, n. 615, — art. 53, n. 616, — art. 54, n. 635. — art. 55, n. 637, — art. 59, n. 149.
30..........	Loi sur les douanes.
	TITRE I... Art. 1 et 2 *au tarif*, — art. 3 et 4, *abrogés*.
	TITRE II... Art. 5 et 6, *au tarif*, — art. 7 et 8, n. 699 et 700, — art. 9, n. 703, — art. 10 à 14, n. 704 à 708, — art. 16, *au tarif*, — art. 17 à 19, *sans objet*. *Voir* sous le n. 454, — art. 20, n. 1015, art. 21 et 22, *au tarif*, — art. 23, n. 147, art. 24, n. 412, — art. 25, *abrogé*.
	TITRE III... Art. 26, n. 257, — art. 27. *au tarif*, — art. 28, n. 873.
	TITRE IV... *Sect.* I, art. 29 à 41, n. 938 à 947... *Sect.* II, art. 42 à 48, n. 905 à 911, — art. 49, *a reçu son exécution*, — art. 50, n. 850 et 912, — art. 51, *n'a pas reçu d'exécution*, — art. 52 et 53, n. 913 et 914, — art. 54, *a reçu son exécution*, — art. 55 et 56, n. 915 et 916, — art. 57, *a reçu son exécution*, — art. 58 et 59, n. 917 et 918... *Sect.* III, — art. 60 à 71, *à l'exception de la seconde disposition du* §. 3 *de l'art.* 61, qui est au n. 853, les autres n'ont pas été mises à exécution. *Voir* sous le n. 918.
	TITRE V. — Art. 72, *a reçu son exécution*, — art. 73, *ne reçoit plus d'exécution.*
	TITRE VI. — Art. 74, a reçu son exécution, — art. 75 à 77, n. 248 et 249.
5 mai.......	DI. contenant réglement sur les boissons... Art. 1, n. 417, — art. 2, n. 423. (Les autres articles ne regardent pas les douanes ou sont abrogés.)
8...........	DI. qui place le conseil des prises dans les attributions du grand-juge... Sous le n. 528.
16..........	DI. relatif aux prix des sels dans les départemens au-delà des Alpes... n. 694.
11 juin......	DI. concernant les sels.
	TITRE I. — Art. 1, abrogé, *voir* sous le n. 596, — art. 2 à 7, n. 605 à 610, — art. 8, n. 594, — art. 9 à 11, n. 618 à 620, — art. 12, n. 612, — art. 13, n. 614, — art. 14, n. 617, — art. 15, n. 599, — art. 16, n. 688, — art. 17, n. 613, — art. 18 à 20, n. 600 à 602.
	TITRE II. — Art. 21, n. 621, — art. 22 à 26, n. 624 à 628.
	TITRE III. — Art. 27 à 32, n. 629 à 634, — art. 33 à 35, n. 675 et 676.
	TITRE IV. — Art. 36 à 40, n. 657 à 661, — art. 41, n. 670, — art. 42, sous le n. 667, — art. 43 à 46, n. 671 à 674, — art. 47 à 55, n. 648 à 656, — art. 56, n. 678.
	TITRE V. — Art. 57 à 63, *ont reçu leur exécution.*
11 juin......	DI. relatif aux cartes..... *Voir* sous le n. 426.
....	DI. sur les attributions du conseil d'état... Art. 14, sous le n. 528.
2 juillet.....	Réglement impérial relatif à l'exportation des grains.... n. 448 à 453.
8...........	DI. qui permet la sortie des osiers pour la Hollande. *Sans objet.*
31..........	DI. relatif à la comptabilité dans les départemens au-delà des Alpes... Sous le n. 155.
7 août......	DI. qui étend les mesures prescrites par l'arrêté du 22 thermidor an 10, aux frontières de terre des départemens de Gênes et des Apennins, ainsi que dans les états de Parme et de Plaisance... Sous le n. 377.
9...........	DI. relatif à la mise en jugement des fonctionnaires publics.... Art. 5, sous le n. 164.
12..........	DI. qui fixe le prix des poudres et salpêtres... Sous le n. 580.
21..........	DI. relatif aux certificats pour toucher les pensions de retraite.... Sous le n. 212.
....	DI. qui établit un bureau de garantie dans la ville de Genève... N. 563.
28..........	DI. qui étend aux départemens de la Haute-Garonne et des Basses et Hautes-Pyrénées, les mesures prescrites par l'arrêté du 22 thermidor an 10... Sous le n. 377.
18 septembre.	DI. sur le remboursement des cautionnemens des titulaires décédés ou interdits. N. 105 et 106.
23..........	DI. relatif aux certificats pour toucher les pensions. Sous le n. 212.
25 octobre...	DI. concernant les employés de douanes destitués... N. 109.
....	DI. relatif au produit des droits de bassin du port d'Anvers... Sous le n. 1246.
20 novembre.	DI. concernant la vente des chevaux et mulets saisis pour contravention aux sels... Art. 1 à 3, n. 689.
....	DI. qui fixe les droits d'entrée des fromages... *Voir* au tarif.
21..........	DI. qui déclare les îles britanniques en état de blocus... N. 270.
12 décembre.	DI. relatif à l'entrepôt de Rouen.... N. 969.

1807.	
6 janvier.....	DI. sur le droit de sortie du tuf en pierres provenant d'Andernach... *Voir* au tarif.
....	DI. sur le droit de sortie des viandes salées pour le pays de Venise... *Voir* au tarif.
12..........	DI. sur les marchandises du pays de Berg pour l'Italie... *Voir* au tarif.
25..........	DI. concernant la surveillance des douanes sur la circulation intérieure des sels... Art. 1, n. 595, — art. 2, n. 611.
16 février....	DI. relatif à l'établissement des salpêtreries... Art. 5, n. 598. — Les autres articles sous le n. 603.
16 mars	Avis du conseil d'état sur la destitution des comptables... Sous le n. 108.
28..........	DI. relatif à la sortie des bois de pin et de sapin des rives de la Meuse... *Voir* au tarif.
....	DI. concernant l'exportation du houblon pour la Hollande et l'Allemagne... *Voir* au tarif.
23 avril......	DI. qui ordonne l'établissement de magasins de sels près des côtes de la ci-devant Ligurie... Art. 1 à 4, n. 695 et 696.
....	DI. relatif aux droits de bassin du port d'Anvers... N. 1242.
11 mai......	DI. qui permet la réexportation des laines non filées arrivant d'Espagne à Bayonne... *Voir* au tarif.
....	DI. qui prohibe l'introduction des monnoies de cuivre et de billon de fabrique étrangère... Art. 1, n. 551, — art. 2, n. 140.
15..........	Convention entre MM. les directeurs généraux des douanes et des droits réunis pour le partage du produit des saisies... N. 185.
1 juin.......	DI. concernant les entreposeurs et magasiniers de sel... A reçu son exécution.
6...........	DI. relatif aux droits sur les approvisionnemens de la marine... N. 340.
....	DI. additionnel à celui du 25 janvier sur la circulation des sels... N. 596.
18 août......	DI. qui prescrit des formalités pour les saisies-arrêts ou oppositions entre les mains des receveurs de caisses publiques... Sous le n. 165.
....	DI. sur la manière de constater les enlèvemens d'eaux salées dans les départemens de la Meurthe, etc... Sous le n. 604.
7 septembre..	Loi sur les douanes... Titre I. — Art. 1 et 2, *au tarif.* Titre II. — Art. 3 et 4, n. 474 et 475, — art. 5 et 6, *au tarif.* Titre III. — Art. 7, n. 865. Titre IV. — Art. 8, *a reçu son exécution.* Titre V. — Art. 9 et 10, *abrogés*, — art. 11 et 13, *concernent la pêche.*
16..........	Loi relative à l'interprétation des lois... Sous le n. 1119.

1807.	
17 septembre.	Décision impériale relative aux sels qui ont relâché en Angleterre... *Abrogée.*
21..........	DI. contenant réglement pour la fabrication des draps destinés au commerce du Levant... Art. 1, 8 et 9, sous le n. 765. — Les autres articles sont *sans objet* pour les douanes.
27..........	DI. concernant le régime des douanes depuis les bouches de la navigation jusqu'au Var, et l'établissement d'un bureau à Novi... Art. 1 à 3, n. 395 à 397, — art. 4 à 8, sous le n. 853, — art. 9, n. 970.
....	DI. concernant le magasin de sauvetage des navires existans au Havre... *A reçu son exécution.*
16 novembre.	DI. relatif au droit d'entrée du minium... *Voir* au tarif.
23..........	DI. sur le blocus des îles britanniques, et portant saisie et confiscation des bâtimens qui auront touché en Angleterre... Art. 1 à 3, n. 271 à 273, — art. 4, n. 277.
24....	DM. relative aux ouvriers des douanes... N... 44.
17 décembre.	DI. contenant de nouvelles mesures contre le système maritime de l'Angleterre... Sous le n. 273.
1808.	
4 janvier.....	DI. relatif aux bordereaux des versemens de recette... Art. 2 à 5, sous le n. 154, — art. 6, n. 155, — art. 7, n. 154, — art. 33, n. 160.
11..........	DI. additionnel aux décrets sur le blocus... Art. 1 et 2, n. 274 et 275, — art. 3, n. 1168.
....	DI. concernant les sels levés sous acquits à caution et destinés pour les départemens au-delà des Alpes.... n. 697.
....	DI. qui fixe l'amende encourue pour fausses déclarations du poids ou espèces d'ouvrages en coton destinés à être exportés à l'étranger... *Sanctionné* par l'art. 8 de la loi du 12 janvier 1810.
....	Avis du conseil d'état portant que le recours vers lui contre une décision du conseil des prises n'a pas d'effet suspensif... Sous le n. 528.
10 février....	DI. relatif au transit de Gênes en Italie... N. 853.
25..........	DI. qui permet l'exportation des bois de chauffage des états de Parme et de Plaisance pour l'Italie... *Au tarif.*
30 mars.....	DI. relatif à la surveillance des commissaires généraux de police dans la ligne des douanes... Art. 2 et 3, n. 241 et 242, — art. 4 et 5, n.. 244 et 245.
6 avril.......	Décision impériale relative à la ville de Flessingue. *Abrogée.*
7 mai.......	Décision impériale relative au partage des saisies pour contraventions aux décrets sur le blocus... N. 188.
11..........	DI. qui ouvre les bureaux de Behobie

1808.	
	et d'Ainhoa à la réexportation des laines arrivées d'Espagne à Bayonne.
17 mai......	Arrêté sur les bâtimens de la Martinique... *Exécution suspendue.*
21..........	DI. qui prohibe l'exportation des cotons... *Voir* au tarif.
31..........	DI. relatif à l'introduction des sardines provenantes d'Espagne, et à l'exportation du bois à brûler par Saint-Jean-de-Luz... *Au tarif.*
9 juin......	DI. sur les cotons arrivant du Levant... Art. 1 et 2, n. 431 et 432.
11..........	DI. relatif aux fausses déclarations des ouvrages de coton exportés.. N. 1012.
16..........	DI. concernant les cartes à jouer... Art. 1 à 3, sous le n. 426, — art. 4, n. 428, art. 5, n. 430, — art. 6, n. 427, — art. 8, sous le n. 426, — art. 9 et 10, *ne regardent pas les douanes*, — art. 11, sous le n. 429.
....	DI. sur la culture du tabac... *Voir* le décret du 29 décembre 1810.
....	DI. relatif au port de Flessingue... *A reçu son exécution.*
20..........	Traité de commerce avec le royaume d'Italie... Art. 1 à 6, n. 1020 à 1025, — art. 7 à 10, n. 1034 à 1037. — art. 11 à 13, n. 1026 à 1028, — art. 14, *abrogé*, *voir* sous le n. 1029, — art. 15 et 16, n. 1030 et 1031, — art. 17 à 19, n. 1038 à 1040.
24..........	DI. relatif aux marchandises de prises... Art. 1 à 3, n. 539 à 541, — art. 4, *abrogé.*
9 juillet.....	Avis du conseil d'état sur les intérêts dus par les redevables de droits.... Sous le n. 163.
12..........	DI. relatif à la suppression du régime des douanes dans les îles de Corse et de Capraja... N. 748 et 749.
20..........	DI. concernant le commerce avec l'Espagne... Art. 57 à 64, n. 860 à 864, — art. 65, sous le n. 1018, — art. 66 et 67, n. 685 et 686, — art 68 et 69, sous le n. 1018.
29..........	Décision impériale relative à l'arrestation des marins ennemis par les douaniers... Sous le n. 197.
11 août.....	DI. relatif aux droits à percecevoir pour les certificats d'origine.... N. 278 à 281.
28..........	DI. relatif aux cautionnemens... Sous le n. 100.
16 septembre.	DI. relatif à la prohibition des denrées coloniales venant de l'Espagne... *Mesure généralisée.*
22 octobre...	DI. relatif à l'organisation des douanes dans la Toscane... Art. 13 et 14, n. 622, — art. 16 à 22, n. 924 à 929, — art. 23, n. 854 et 855, — art. 24 et 25, n. 856 et 857. — *Les autres articles ont reçu leur exécution ou sont abrogés.*
21 novembre.	Loi relative à une taxe de navigation dans les ports de Cette, Agde, Vendre et Nouvelle... Art. 1 et 2, n. 1228 et 1229, — art. 3, n. 1231.

1808.	
26 novembre.	DI. sur l'attribution de l'exécution des lois de douanes... N. 5.
21 décembre.	DI. relatif aux boissons... Art. 1, sous le n. 417, — art. 2, n. 418, — art. 4 à 6, n. 419 à 421, — art. 29, sous le n. 422.

1809.	
3 janvier.....	DI. relatif au papier timbré des lettres de voiture... Sous le n. 120.
26..........	DI. relatif aux navires américains venant d'Angleterre sur leur lest.... *A reçu son exécution.*
30..........	DI. qui permet l'exportation des cotons filés. *Voir* au tarif.
5 février.....	DI. qui accorde main-levée des marchandises arrivées de Hollande, et saisies à Anvers à défaut de déclaration antérieure à la prohibition... *A reçu son exécution.*
25..........	DI. qui lève l'embargo sur certains navires américains... *A reçu son exécution.*
....	DI. qui autorise l'achat pour l'étranger des navires américains confisqués, en payant quinze francs par tonneau... *Doit avoir reçu son exécution, et ne peut d'ailleurs faire règle, étant spécial.*
28..........	Avis du conseil d'état relatif aux débets des receveurs... Sous le n. 163.
10 mars.....	DI. qui dispense du droit de permis les navires expédiés pour la pêche... Sous le n. 1248.
....	DI. relatif à la prohibition du tulle.... N. 257.
24..........	Avis du conseil d'état sur les intérêts arriérés de plus de cinq ans.... Sous le n. 102.
4 avril......	Avis du conseil d'état relatif aux prises de navires ennemis par les douaniers... Sous le n. 187.
1 juin......	Décis. imp. relative à la délivrance de licences, n. 774.
4..........	DI. qui rétablit les relations avec la Hollande sur le même pied qu'avant le décret du 16 septembre 1808... *Sans objet.*
....	Avis du conseil d'état relatif au sel pour fabriquer la soude... Sous le n. 636.
1 juillet.....	DI. relatif à la passe des sacs... Sous le n. 142.
7..........	DI. relatif à la marque des ouvrages d'or et d'argent... Art. 1 et 2, *ne concernent pas les douanes.*, — art. 3, sous le n. 565.
17..........	Décision impériale du 17 juillet 1809, qui rapporte le décret du 4 juin, qui avoit rétabli les relations avec la Hollande... *Sans objet.*
18..........	DI. qui établit une ligne de douanes depuis Ries jusqu'à Bremen... *Sans objet.*
20 septembre.	DI. interprétatif de l'art. 36 du tit. 13 de la loi du 22 août 1791, et de l'art. 12 de la loi du 10 brumaire an 5..... Art. 1, page 408, — art. 2, n. 124.

1809.	
29 septembre.	DI. relatif aux certificats d'origine d'Espagne, — sous le n. 283.
7 octobre....	DI. qui admet les bois de teinture et les drogues achetés en Hollande avant la prohibition.... *A reçu son exécution.*
13..........	DI. relatif à l'immunité du sel pour les fabriques de soude... Art. 1, n. 636, — art. 2 à 11, n. 638 à 647.
....	DI. relatif à l'entrepôt de Livourne.... *Abrogé.*
16 novembre.	DI. qui attribue au conseil des prises la connoissance des saisies opérées sur la ligne des douanes depuis Ries jusqu'à Travemunde... *A reçu son exécution.*
4 décembre..	DI. qui double le droit d'entrée du laiton filé noir... *Au tarif.*
5...........	Décision impériale qui ordonne la francisation des navires ragusains..... *A reçu son exécution.*
8...........	Décision impériale qui étend la nomenclature des objets d'importation et d'exportation autorisées par des licences... *Voir* le titre licences.
22..........	DI. qui prohibe l'introduction des cotons filés... N. 257.

1810.	
12 janvier ...	Loi sur le tarif des douanes. Titre I. — Art. 1, au tarif, — art. 2 à 4, n. 539 à 541, — art. 5, abrogé. Titre II. — Art. 6 et 7, au tarif, — art. 8, n. 1012, — art. 9, au tarif. Titre III. — Art. 10, n. 970.
30..........	DI. qui ordonne la saisie des denrées coloniales dans les départemens hollandois... *A reçu son exécution.*
1 février.....	DI. qui fixe les droits d'admission sur les marchandises de prises conduites dans les ports étrangers... *Abrogé.*
....	DI. relatif à l'établissement des douanes dans les états romains. Titre I. — Art. 1 à 4 ont reçu leur exécution. Titre II. — Art. 1 à 13, n. 957 à 965. Titre III. — Art. 14 et 15, n. 956 et 957. Titre IV. — Art 16 et 17, n. 858 et 859, — art. 18, sous le n. 1021.
5...........	DI. relatif à la librairie... Art. 34, n. 487, — art. 35, n. 488, — art. 36 et 37, n. 492, — art. 41 et 42, n. 495, — art. 43 et 44, n. 496 et 497, — art. 45 à 47, n. 498 à 500.
8...........	DI. qui double les droits sur les marchandises coloniales, drogueries, épiceries et productions des Indes.... Au tarif, et *voir* n. 582.
9...........	DI. relatif à la francisation des navires ragusains... *A reçu son exécution.*
....	DI. relatif aux cartes à jouer, — art. 1 à 12, sous le n. 426.
14..........	DI. relatif aux cargaisons des navires munis de licences... *Voir* sous le n. 789.
17..........	DI. qui organise les douanes dans l'île de Walcheren. *A reçu son exécution.*

1810.	
17 février....	DI. relatif aux acquits-à-caution à délivrer pour les tabacs... *Voir le décret du 29 décembre 1810.*
22..........	Loi sur les droits d'entrée dans les bassins de la Rochelle... N. 1233.
23 mars.....	DI. qui ordonne la saisie des bâtimens américains... *Abrogé.*
26..........	DI. relatif au droit d'entrée sur la sulfate de magnésie... *Au tarif.*
9 avril......	Ordre de S. M. qui ordonne la saisie des bâtimens ottomans... *A reçu son exécution.*
20..........	Loi relative à une remise sur les eaux-de-vie de grains exportées... Art. 10 et 13, n. 1013.
....	DI. qui permet aux navires qui sortiront de Granville avec une licence, de composer la totalité de leur chargement en huîtres.
3 mai.......	DI. qui établit un droit additionnel de tonnage sur les navires qui traversent le passage de la Seine vers Quillebeuf. Art. 6 et 7, n. 1239 et 1240.
15..........	Ordre de S. M. qui ordonne la saisie des bâtimens suédois chargés de denrées coloniales.
12 juin......	DI. qui prohibe la sortie des grains pour la Hollande... *Au tarif.*
15..........	DI. qui prohibe l'exportation des seigles... *Au tarif.*
....	DI. qui double les droits à l'exportation des blés... *Abrogé*
....	DI. relatif aux smoglerrs.
18..........	DI. qui déroge aux art. 9 et 10 du décret du 13 octobre 1809, relatif aux fabriques de soude... N. 645, et en texte sous le n. 647.
21..........	DI. sur la police de la pêche.
....	DI. qui fixe un droit de remise sur les denrées coloniales saisies en vertu du décret du 30 janvier 1820... *A reçu son exécution.*
22..........	DI. qui prohibe l'exportation des blés et farines depuis l'île de Schouven jusqu'à Lorient... *Au tarif.*
2 juillet.....	Décision impériale qui remet en vigueur l'art. 3 de l'acte de navigation .. Sous le n. 1172.
3...........	DI. qui accorde des permis de navigation... *Révoqué.*
4...........	Décision impériale qui permet d'exporter la pomme de terre de primeur, de l'île de Bommel pour la Hollande.... *Au tarif.*
6...........	DI. contenant réglement sur l'organisation judiciaire.... Art. 36, sous le n. 1126, — art. 73 à 75, sous le n. 1124, — art. 103, sous le n. 1126.
9...........	DI. qui réunit la Hollande à l'empire, et ordonne qu'il y sera perçu un droit sur les marchandises coloniales qui y seront trouvées... *A reçu son exécution.*
11..........	DI. qui prohibe l'exportation des grains depuis Lorient jusqu'à Beauvoir... *Au tarif.*

1810.	
11 juillet....	DI. qui fixe des droits sur certaines marchandises, et en prohibe d'autres... *Au tarif.*
22..........	DI. relatif à la rétribution à acquitter par les navires pourvus de licences... N. 775.
25..........	DI. relatif à la sortie des navires des ports de France. — Art. 1, n. 1176, — art. 2, n. 1180, — art. 3, n. 1177.
31..........	DI. relatif aux droits de sortie des marchandises... *Au tarif.*
4 août.......	DI. relatif à l'exportation des soies.... *Au tarif.*
6..........	DI. qui fixe de nouveaux droits d'entrée sur les denrées coloniales. — Art. 1 au tarif, — art. 2, n. 323.
10..........	DI. qui fixe un droit d'entrée sur le zinc. *Au tarif.*
....	DI. qui prohibe l'exportation des blés et farines par les frontières au-delà des Alpes et par les ports de la Méditerranée... *Au tarif.*
16..........	DI. relatif aux lins récoltés dans les environs de Wellenstadt... *Au tarif.*
17..........	DI. qui autorise l'expédition de blé, seigle et avoine pour la Hollande.... *A reçu son exécution.*
....	DI. qui révoque les permis d'importation accordés par le décret du 3 juillet... *A reçu son exécution.*
18..........	DI. relatif à l'emploi de la monnoie de cuivre et de billon dans les paiemens. — Art. 2, n. 141, — art. 3, sous le n. 142.
28..........	DI. qui défend aux navires pourvus de licences pour l'Angleterre de prendre des passagers à bord... N. 779.
....	DI. relatif à la sortie et à l'admission des bâtimens napolitains et espagnols... Art. 1 et 2, sous le n. 1177, — art. 3, sous le n. 1178.
31..........	DI. relatif au mode de commerce par exception aux lois du blocus... Art. 1 à 4, n. 781 à 784, — art. 5 à 9, n. 797 à 800, — art. 10 à 13, n. 801 à 803, — art. 14 et 15, abrogés, — art. 16 à 19, n. 804 à 807, — art. 20 et 21, n. 787 et 788.
4 septembre.	DI. relatif à la recherche de la fraude sur la frontière d'Espagne... *De circonstance.*
12..........	DI. qui fixe de nouveaux droits sur les marchandises coloniales... *Au tarif,* et *voir* n. 582.
....	DI. relatif aux soudes étrangères.... *A reçu son exécution.*
....	DI. relatif à la valeur des monnoies.... Art. 3, sous le n. 142.
18..........	DI. qui fixe des droits d'entrée sur les ouates de coton... *Au tarif.*
23..........	DI. relatif à l'entrepôt de Livourne.... N. 919 à 923.
25..........	DI. relatif à l'entrée des blés et riz provenans du royaume d'Italie... *Au tarif.*
27..........	DI. qui attribue au conseil des prises la connoissance des saisies faites en Hollande en exécution des décrets contre le commerce anglois... *Modifié par le décret du 18 octobre 1810.*

1810.	
2 octobre....	DI. relatif aux marchandises coloniales existantes dans le Holstein... *A reçu son exécution.*
....	DI. relatif aux denrées coloniales existantes dans le Mecklembourg, etc.... *A reçu son exécution.*
3..........	DI. relatif aux marchandises coloniales existantes en Espagne.... *A reçu son exécution.*
....	DI. relatif à l'exportation des beurres de France... N. 416.
8..........	DI. relatif à la pêche et aux salaisons des harengs et maquereaux... Art. 3, n. 677, — art. 5, n. 679, — art. 7, n. 680, — art. 10, n. 681, — art. 19, sous le n. 653, — art. 20 et 21, n. 682, — art. 22 à 28, n. 663 à 669, — art. 29, n. 683, — art. 30 à 36, sous le n. 669, — art. 37, n. 684, — art. 38, n. 662.
10..........	DI. relatif au commerce entre la France et l'Italie... Art. 1 à 7, sous le n. 1020, — art. 8 et 9, sous le n. 1023, — art. 10, sous le n. 1028, — art. 11, sous le n. 1035, — art. 12, au tarif, — art. 13, n. 1029, — art. 14, n. 870, — art. 15 à 17, sous le n. 1020, — art. 18, sous le n. 1026, — art. 19, n. 1029, — art. 20 et 21, n. 1032 et 1033, — art. 22 à 24, n. 851 et 852, — art. 25, *n'a pas reçu d'exécution.*
14..........	DI. qui ordonne de séquestrer les marchandises coloniales qui se trouvent à Francfort-sur-le-Mein... *A reçu son exécution.*
18..........	Ordre de S. M. d'annuller toutes les licences anciennes... *A reçu son exécution.*
....	DI. relatif à l'organisation des douanes en Hollande... Art. 162, n. 449, — art. 165, n. 875, — art. 166 et 167, n. 839 et 840, — art. 168 et 169, sous le n. 1180, — art. 209 à 214, sous le n. 242... *Les autres n'ont plus ou ont reçu leur exécution.*
....	DI. qui établit une procédure spéciale pour les matières de douanes. TITRE I. — *Sect.* I, — art. 1, n. 1124, — art. 2, n. 1125, — art. 3, n. 1126, — art. 4, n. 1127, — art. 5, §. 1, n. 1128, §. 2, n. 1150, — art. 6, §. 1, n. 1131, §. 2, n. 1136... *Sect.* II, — art. 7, n. 1078, — art. 8, §. 1, n. 1079, §. 2, n. 1081, — art. 9, n. 1083, — art. 10, §. 1, n. 1106, § 2, n. 1118, — art. 11, n. 1080. TITRE II. — Art. 12, n. 1129, — art. 13, n. 1134 et 1143. TITRE III. — *Sect.* I, — art. 14, sous le n. 1156... *Sect.* II, — art. 15, n. 1157, — art. 16, n. 1158... *Sect.* III, — art. 17, n. 1159, — art. 18, n. 1160... *Sect.* IV, — art. 19, n. 1161.

1810.	
	Titre IV. — Art. 20 et 21, n. 177.
	Titre V. — Art. 22, n. 1169, — art. 23, n. 1170, — art. 24, n. 1171.
	Titre VI. — *Sect.* 1, — art. 25, n. 404, — art. 26, n. 405, — art. 27, n. 176... *Sect.* II, — art. 28, n. 406, — art. 29, n. 407.
19 octobre...	DI. qui ordonne l'anéantissement des marchandises angloises.... Art. 2, n. 265. *Les autres ont reçu leur exécution.*
24..........	DI. qui ordonne de séquestrer les bâtimens algériens... *Révoqué.*
25..........	DI. relatif aux sucres raffinés et aux soudes provenans de prises... *Voir* sous les n. 257 et 540.
31..........	Ordre de S. M. qui défend le transit et la réexportation des denrées coloniales... Sous le n. 584.
1 novembre..	DI. relatif aux marchandises coloniales qui arriveront des colonies en notre pouvoir... N. 589 à 591.
....	DI. qui prohibe l'exportation des grains, farines et légumes secs par les frontières du Rhin, du Doubs, etc.... *Au tarif.*
5...........	DI. qui prohibe l'importation des nankins... *Au tarif.*
....	DI. qui fixe de nouveaux droits sur les cuirs et potasses... *Au tarif.*
7...........	DI. qui réduit le droit d'entrée sur le cacao... *Au tarif.*
8...........	DI. relatif au traitement des juges des cours et tribunaux de douanes... Art. 1 à 9, n. 133 à 138, — art. 10, n. 139.
....	DI. qui lève le séquestre sur les denrées coloniales trouvées à Francfort... *A reçu son exécution.*
....	DI. relatif au mode d'acquitter les droits fixés pour la levée du séquestre à Francfort... *A reçu son exécution.*
12..........	DI. qui détermine les bureaux ouverts à l'entrée des cotons du Levant... Art. 1, *a reçu son exécution*, — art. 2, n. 433, — art. 3, *renouvelé par le décret du 27 novembre* 1810, — art. 4 et 5, n. 434 et 435.
14..........	Décision impériale relative à l'admission des bâtimens hollandois sortis avant la réunion... *A reçu son exécution.*
25..........	DI. qui ordonne la visite des bâtimens pourvus de licences... Art. 1 à 5, n. 808 à 811.
27..........	DI. relatif à l'admission en France des drogueries existantes en Hollande.... *Sans objet depuis la levée de la ligne.*
....	DI. qui ouvre le bureau de Foligno au commerce avec l'Italie... Sous le n. 1028.
....	DI. relatif au régime des douanes dans les provinces illyriennes.
	Titre I. — Art. 1, n. 758, — art. 2 et 3, n. 760 et 761, — art. 4, n. 763.
	Titre II. — Art. 5, n. 754, — art. 6, *régularisé*, — art. 7, *a reçu son exécution.*

1810.	
	Titre III. — Art. 8 à 10, *n.* 975 à 977.
	Titre IV. — Art. 11 à 15, n. 765 à 768.
	Titre V. — Art. 16, n. 759, — art. 17 et 18, n. 769 à 770.
	Titre VI. — Art. 19, n. 755.
29 novembre.	DI. qui crée un tribunal des douanes à Anvers... Sous le n. 1079.
5 décembre..	DI. relatif à la remise des cargaisons apportées par navires munis de licences.... Art. 1 à 4, n. 812 à 815, — art. 5 et 6, sous le n. 816.
9...........	DI. relatif aux draps destinés pour le commerce du Levant... Sous le n. 765.
12..........	DI. relatif à un droit additionnel sur les cotons de Naples... Art. 1 et 2, n. 436 et 437, — art. 3 et 4, n. 145.
14..........	DI. relatif aux droits à percevoir à l'entrée des livres... Art. 1, n. 489, — art. 2, *abrogé*, — art. 3, sous le n. 489, — art. 4, n. 491, — art. 5, n. 148, — art. 6, n. 494, — art. 7, ordonne d'appliquer les peines édictées par le décret du 5 février 1810, — art. 8, n. 492.
....	DI. relatif aux armes à feu... Art. 1 et 2, sous le n. 413. — Les autres ne concernent pas les douanes.
18..........	Décision impériale qui défend de brûler les nankins.
....	DI. qui maintient l'organisation des douanes dans les départemens anséatiques... *Voir* le décret du 3 juillet 1811.
19..........	Décision impériale qui défend de brûler les toiles de Guinée.
24..........	Ordre de S. M. portant révocation des décrets sur le blocus, en faveur des Américains... Sous le n. 275.
26..........	DI. relatif à la sortie des cotons pour l'Italie... *A reçu son exécution.*
29..........	DI. relatif au régime des tabacs... Art. 1 et 2, n. 714 et 715, — art. 21, n. 716, — art. 23 à 30, n. 717 à 724.

1811.	
4 janvier....	DI. relatif aux droits de sortie des os, cornes et sabots de bétail... *Au tarif.*
6...........	DI. qui prohibe, à l'entrée de la Hollande, le charbon de terre provenant de l'étranger... *Au tarif.*
11..........	DI. relatif aux droits de consommation en Hollande sur les substances farineuses... *Ne concerne plus les douanes.*
12..........	DI. qui accorde une gratification pour l'arrestation des déserteurs et réfractaires... N. 197.
19..........	DI. relatif à l'installation des cours et tribunaux de douanes... Sous le n. 1124.
21..........	Décision impériale qui permet l'admission des cotons du Levant par le bureau de Strasbourg jusqu'au 1er juillet 1811... *A reçu son exécution.*
24..........	DI... qui nomme M. Vergès pour procéder à l'installation des cours prévôtales... *A reçu son exécution.*

1811.	
24 janvier....	DI. qui ordonne que l'installation des tribunaux de douanes sera faite par le premier assesseur de la cour prévôtale du ressort... Sous le n. 1080.
29.........	Décision impériale relative à la composition des cargaisons des navires pourvus de licences... *A reçu son exécution.*
....	DI. qui attribue au conseil des prises la connoissance des saisies opérées dans les nouveaux départemens jusqu'à la mise en activité des cours et tribunaux de douanes... *A reçu son exécution.*
6 février.....	DI. qui accorde crédit des droits sous nantissement... Art. 1 à 4, n. 350 à 353, — art. 5, n. 357.
11..........	DI. relatif à la sortie des soudes... *Au tarif.*
18..........	Décision impériale qui permet la rentrée des navires actuellement en Angleterre... Périmée. *Voir* sous le n. 777.
19..........	Ordre de S. M. de n'admettre les bâtimens venant de l'étranger qu'après son autorisation... Sous le n. 1172.
26..........	DI. relatif aux bâtimens qui transportent du sel dans les provinces illyriennes... N. 757.
27..........	DI. relatif au régime des tabacs dans les départemens au-delà des Alpes... N. 726.
7 mars......	DI. qui ouvre les bureaux de Plaisance, San-Prosper, Pietra-Mala et Foligno, au commerce avec l'Italie... Sous le n. 1025.
....	DI. relatif aux droits d'entrée sur les potasses, guédasses, etc... Art. 1, *au tarif*, — art. 2, n. 337.
8..........	DI. relatif à l'amende et à la répartition du produit des saisies... Art. 1 et 2, n. 262, — art. 3, n. 178, — art. 4, n. 196, — art. 5, sous le n. 178.
....	DI. relatif à l'admission aux emplois... Art. 1, 3, 4, 5, 8 et 12, sous le n. 15.
....	Avis du conseil d'état relatif au remboursement des marchandises de prises qui doivent être brûlées... N. 540.
15..........	DI. relatif au compte de balance de la cargaison des navires pourvus de licences... Art. 1 à 3, n. 791 à 793, — art. 4, n. 789, — art. 5, n. 780.
....	DI. relatif aux denrées coloniales en Hollande... Sous le n. 753.
17..........	DI. relatif aux costumes des membres des cours et tribunaux de douanes... Art. 1 et 2, sous le n. 1125, — art. 3, sous le n. 1081.
25..........	DI. relatif aux marchandises coloniales qui se trouvent dans le Holstein... *A reçu son exécution.*
10 avril	DI. qui permet la sortie du zinc... *Au tarif.*
15..........	DI. relatif au régime des douanes dans les provinces illyriennes... Art. 159, n. 762, — art. 172, sous le n. 761, — art. 173, sous le n. 762, — art. 175, sous le n. 764.

1811.	
17 avril	DI. qui autorise les armateurs à balancer, par différens navires, les importations et exportations opérées en vertu de licences... Art. 1 à 3, n. 794 à 796.
24..........	DI. qui dénomme les productions de l'île de Corse qui seront admises en exemption... Art. 20 et 21, n. 750.
28..........	DI. qui établit une ligne de douanes sur les frontières du département de la Lippe... Art. 21, n. 753.
3 mai.......	DI. relatif à l'entrepôt de Trieste... Art. 1 à 3, n. 980 à 982.
17..........	Avis du conseil d'état relatif au port d'armes... Sous le n. 415.
1 juin.......	DI. qui règle le cérémonial des cours et tribunaux de douanes... Art. 1 et 2, sous le n. 1125, — art. 3, sous le n. 1081.
11..........	DI. qui nomme une commission spéciale pour connoître des transactions.... Sous le n. 1170.
12..........	DI. qui supprime le tribunal des douanes établi à Alexandrie... *Voir* sous le n. 1079.
18..........	Disposition du décret dudit jour qui fixe les frais de procédure en matière de douanes... Art. 188, § 3, n. 139.
19..........	DI. qui ouvre de nouveaux bureaux au commerce avec l'Italie... Sous le n. 1025.
....	DI. relatif à l'exportation des chevaux hongres... *Au tarif.*
22..........	DI. qui crée un ministère des manufactures et du commerce... Sous le n. 6.
3 juillet.....	DI. relatif au régime des douanes dans les départemens anséatiques... N. 752.
11..........	DI. qui modifie celui du 26 février, même année... Sous le n. 757.
23..........	DI. relatif aux mouchoirs de soie... *Au tarif.*
27..........	DI. relatif aux droits de navigation des bâtimens illyriens et italiens... Art. 16, sous le n. 1038.
....	DI. qui lève le séquestre sur les bâtimens algériens... *A reçu son exécution.*
3 août.......	DI. qui accorde une prime à l'exportation des cotons filés, toiles, bonneteries et autres ouvrages en coton... N. 1006 à 1011.
4..........	DI. sur la perception du droit de tonnage en Hollande... Sous le n. 1248.
23..........	DI. qui fixe un droit d'entrée sur les cuirs... *Au tarif.*
29..........	DI. qui ordonne que le riz ne paiera que le droit de balance à l'entrée... Sous le n. 446.
9 septembre..	Décision impériale qui défend de laisser descendre le Rhin aux blés...
....	DI. relatif à l'exportation des bois de construction travaillés au village de Grodno... *Au tarif.*
12..........	DI. relatif aux droits d'entrée sur les livres... Art. 1, sous le n. 489, — art. 2, n. 489.

1811.	
16 septembre.	Avis du conseil d'état sur le cérémonial des tribunaux de douanes... Sous le n. 1081.
17..........	DI. relatif au transport des récoltes dans les provinces illyriennes.
18..........	DI. qui permet de vendre, avant le jugement du fonds, les moyens de transport et les objets de consommation qui ont été saisis... N. 1064 à 1067.
19..........	DI. qui exempte du régime des douanes certaines portions du territoire des provinces illyriennes.
3 octobre....	DI. relatif au fil de laiton... *Au tarif.*
19..........	DI. relatif à l'exportation des beurres des départemens anséatiques... Sous le n. 416.
21..........	DI. contenant diverses dispositions sur les douanes en Hollande... *Ont reçu leur exécution.*
....	DI. qui étend à la Hollande le privilége de la régie des tabacs... *Voir* sous le n. 714.
22..........	DI. relatif aux récoltes des vignes étrangères en Illyrie... Sous les n. 424 et 773.
23..........	DI. relatif au tarif des douanes... *Voir au tarif.*
28..........	DI. relatif aux soudes des îles Glenauts... N. 709 à 713.
12 novembre	Avis du conseil d'état relatif aux contraintes pour droits... Sous le n. 356.
15..........	DI. relatif aux beurres des fromageries du département du Doubs... Sous le n. 416.
25..........	DI. qui fixe des nouveaux droits sur les thés... *Au tarif.*
26..........	DI. qui fixe des droits à l'exportation des vins fins, opérée par les smoglerrs... *Au tarif.*
2 décembre..	DI. qui fixe des droits à l'entrée des laines... *Au tarif.*
4..........	DI. qui prohibe l'exportation de la graine de pastel... *Au tarif.*
....	DI. qui autorise l'exportation des soies par le port du Hâvre... N. 701 et 702.
....	DI. relatif à la police des douanes dans la rade d'Amsterdam... 17 articles, n. 366 à 373.
6..........	DI. relatif à l'introduction des cotons motril... 9 articles, n. 438 à 441.
16..........	Décision impériale qui attribue aux cours et tribunaux de douanes la connoissance des fraudes commises par les navires munis de licence... Sous le n. 798.
....	DI. qui fixe des droits sur les cuirs introduits dans l'empire... *Au tarif.*
19..........	DI. qui accorde une prime pour les saisies de tabacs... N. 198.
1812.	
3 janvier.....	DI. relatif au régime des douanes dans les provinces illyriennes... Art. 1 et 2, n. 978 et 979, — art. 3, n. 756, — art. 4 à 6, n. 771 à 773.
12..........	Avis du conseil d'état relatif au traité de commerce avec l'Espagne... Sous le n. 1018.

1812.	
16 janvier....	DI. qui nomme M. le comte de Sussy ministre du commerce... Sous le n. 6.
19..........	DI. relatif à l'organisation et aux attributions du ministère du commerce... N. 6 et n. 23
22..........	DI. qui nomme M. Ferrier directeur général des douanes.
24..........	DI. qui établit une cour prévôtale et deux tribunaux de douanes dans les départemens anséatiques... Art. 1 à 3, sous les n. 1079 et 1124, — art. 4, n. 133.
29..........	DI. relatif à l'établissement des smoglerrs...
4 février.....	DI. relatif à l'exportation des dentelles par navires porteurs de licences... Sous le n. 793.
....	DI. relatif au transit des marchandises des états autrichiens par les provinces illyriennes.
29..........	DI. relatif à l'entrepôt des sels à Amsterdam... N. 623.
....	Décision impériale relative aux denrées coloniales séquestrées à Saint-Sébastien en Espagne.
15 mars......	DI. relatif à l'établissement des smoglerrs.
21..........	DI. qui crée un entrepôt réel à Paris pour les cotons de Naples et du Levant... 9 articles, n. 992 à 999.
30..........	DI. qui permet la sortie de l'engrais connu sous le nom de pennone... *Au tarif.*
.. avril......	Décision impériale relative à l'île de Corse... Sous le n. 749.
17..........	Décision impériale qui fixe les bases de l'évaluation des cargaisons des navires pourvus de licences... N. 785 et 786.
27..........	Décision impériale relative aux retours des navires pourvus de licences.... N. 816.
1 mai.......	DI. relatif à l'entrepôt des cotons du Levant à Milan... N. 983 à 990.
15 juin......	DI. qui étend les dispositions de celui du 17 septembre 1811 à tous les propriétaires illyriens.
2 juillet.....	DI. relatif au transit des fromages de Suisse et des vins d'Italie... 3 articles, n. 866 à 868.
....	DI. relatif à la francisation des navires des villes anséatiques... 4 articles, sous le n. 1182.
31..........	DI. qui accorde un entrepôt réel de sels aux villes de Dordrecht, Rotterdam et Embden... Sous le n. 1005.
6 août......	DI. qui permet l'exportation des grains et biscuits des provinces illyriennes pour le royaume d'Italie... *Au tarif de l'Illyrie.*
23..........	DI. relatif aux lignes des douanes qui séparent la Hollande et les départemens anséatiques... Sous le n. 753.
24..........	DI. relatif à la retenue pour retraite des employés des douanes.

1812.	
24 août.....	DI. relatif à l'entrepôt d'Emben... n. 900 à 904.
19 septembre.	DI. contenant des changemens au tarif de l'Illyrie... *Voir le tarif de ces provinces.*
22..........	DI. relatif au droit de colis de la cire au port d'Anvers... Sous le n. 1245.
5 octobre....	DI. qui autorise l'exportation des viandes fumées à Hambourg... *Au tarif.*
13..........	DI. qui établit une cour prévôtale et deux tribunaux de douanes dans les provinces illyriennes... Cité sous les n. 1179 et 1124.
22 décembre.	DI. qui fixe un nouveau droit à l'importation des faux et faucilles... *Au tarif.*
....	Avis du conseil d'état relatif au droit à payer à l'entrée des mouchoirs de fil de lin blanc brodés en fil.
....	DI. qui fixe un droit sur les mouchoirs de fil de lin blanc brodés en fil... *Au tarif.*
27..........	DI. qui accorde un entrepôt de sels aux villes de Harlingue, Hambourg, Brême et Lubeck.
30 décembre.	DI. qui accorde un entrepôt réel de marchandises étrangères coloniales et autres non prohibées dans les ports de Hambourg, Brême et Lubeck.
1813.	
1 janvier.....	DI. qui applique aux départemens de la Haute-Garonne et des Hautes-Pyrénées les mesures prescrites par le décret du 4 septembre 1810 pour la recherche de la fraude...
3..........	DI. relatif aux récoltes des territoires limitrophes de la Westphalie.
12..........	DI. qui fixe le droit d'importation du métal de cloche... *Au tarif.*
14..........	DI. qui assimile l'entrepôt des sels de Rotterdam à celui établi à Amsterdam.
31..........	DI. qui attribue aux conseils de guerre permanens de l'armée le jugement des crimes ou délits qui seroient commis en Catalogne par des employés des douanes, en matiere de douanes ou dans leurs fonctions.

Constitution.	Articles 65 et 66, sous le n. 1119, — art. 75, sous le n. 164.
Code de Commerce.	Art. 242, 243 et 248, sous le n. 1181.
Code de Procédure civile.	Art. 61, sous le n. 1063, — art. 68 à 70, sous le n. 1063, — art. 239 et 240, sous le n. 1077, — art. 1033, sous le n. 1063.
Code d'Instruction criminelle.	Art. 1, §. 2, sous le n. 8, — art. 68, sous le n. 1063.
	Art. 154 et 155, n. 1086 et 1087, — art. 156, sous le n. 1137, — art. 182 à 184, n. 1061 à 1063, — art. 185 et 186, n. 1084 et 1085, — art. 187 et 188, n. 1103 et 1104, — art. 190 à 193, n. 1089 à 1092, — art. 194 à 196, n. 1098 à 1100, — art. 197, n. 1120, — art. 198, sous le n. 1082, — art. 199, n. 1105.
	Art. 202, sous le n. 1105, — art. 203, n. 1107, — art. 204, sous le n. 1107, — art. 205, n. 1109, — art. 206 et 207, sous le n. 1107, — art. 208 à 215, n. 1110 à 1117, — art. 216, sous le n. 1118, — art. 257, sous le n. 1126, — art. 265, sous le n. 1126, — art. 268 à 270, sous le n. 1129.
	Art. 310 à 311, sous le n. 1137, — art. 313 à 327, sous le n. 1137, — art. 329 à 335, sous le n. 1139, — art. 354 à 356, sous le n. 1136, — art. 360 à 361, sous le n. 1145, — art. 367, sous le n. 1147, — art. 372, sous le n. 1149, — art. 376 à 380, sous le n. 1152.
	Art. 407 à 415, sous le n. 1100, — art. 416 à 442, sous le n. 1119, — art. 460, sous le n. 1077.
	Art. 562, sous le n. 1126, — art. 563 et 564, sous le n. 1129, — art. 565, n. 1132, — art. 573, n. 1135, — art. 574, n. 1137, — art. 575, n. 1138, — art. 576, §. 1, n. 1139, §. 2, n. 1141, — art. 577, n. 1142, — art. 578, n. 1140, — art. 579, n. 1136, — art. 580 à 583, sous le n. 1143, — art. 584, n. 1144, — art. 585, sous le n. 1144, — art 586, n. 1145, — art. 587, n. 1146, — art. 588, n. 1147, — art. 589, n. 1148, — art. 590, sous le n. 1147, — art. 591, n. 1149, — art. 592 à 596, sous le n. 1149, — art. 598, n. 1151, — art. 599, n. 1152.
Code Pénal..	Art. 10, sous le n. 128, — art. 40, sous le n. 1158, — art. 44 à 46, sous le n. 1158, — art. 52, sous les n. 7 et 1123, — art. 53, n. 1123.
	Art. 169 à 172, sous le n. 163, — art. 174, sous le n. 1167, — art. 177 et 178, sous le n. 1165, — art. 196, sous le n. 92.
	Art. 209 à 218, sous le n. 1163, — art. 228 à 233, sous le n. 1163, — art. 234, sous le n. 128.
	Art. 484, sous le n. 1158.

FIN DE LA TABLE DES LOIS.

TABLE ANALYTIQUE

DES MATIERES,

PAR ORDRE ALPHABÉTIQUE.

A.

B.

C.

D.

E.

F.

G.

H.

I.

J.

L.

M.

N.

O.

P.

Q.

R.

S.

T.

U.

V.

FIN DE LA TABLE ANALYTIQUE DES MATIÈRES.

Dans la composition de la Table des Lois, il a été omis deux décrets, qu'il importe d'y rétablir :

L'un est du 31 décembre 1810; il est relatif à la composition des cargaisons des navires porteurs de permis.... *En voir l'art.* 3, *n.* 790.

L'autre est du 26 novembre 1811; il fixe de nouveaux droits à l'importation des cordes métalliques pour instrumens de musique... *Les voir au tarif.*

FIN DE L'OUVRAGE.

www.ingramcontent.com/pod-product-compliance
Lightning Source LLC
Chambersburg PA
CBHW031721210326
41599CB00018B/2468

* 9 7 8 2 0 1 3 7 2 0 4 3 4 *